児童自立支援施設の歴史と実践

子育ち・子育てを志向する共生理念

武 千晴

勁草書房

児童自立支援施設の歴史と実践

——子育ち・子育てを志向する共生理念

目次

第Ⅱ部　児童自立支援施設の設立史と根拠法の変遷

第Ⅲ部　児童自立支援施設に継承された理念・理論

第Ⅳ部　〝繋がり〟を構築するキョウゴ・モデル

第二章　三要素の特徴と機能

序章　キョウゴ研究に至るまで

第一節　研究の背景と研究目的

児童福祉法第四十四条　教護院は、不良行為をなし、又はなす虞のある児童を入院させて、これを教護することを目的とする施設とする。（傍点筆者）

この、教護院時代の児童福祉法第四十四条に明記された「教護する」とはどういうことなのか、明瞭に説明できる、あるいは理解できる者はどのくらい存在するのだろうか。筆者は、外部の者としておそらく初めて、この「教護する」の意図するところのものを包括的に説明しようと試みる挑戦者《チャレンジャー》である。

結論から先に述べると、「教護する」ということは、それ以前の〝感化〟の理念・方法を取り込んだものである。「教護する」というと、あたかも職員による〝指導〟、あるいは〝援助〟や〝支援〟及び〝ケア〟（以下、まとめて〝技術〟）のことのようであるが、それは「教護する」の一側面に過ぎない。「教護する」ということは、例えば、「建物も教護する」という言い方が象徴している通り、主語は人間（職員）だけに留まらないのである。そして主語に無機物を持って来るのは単なる擬人化などではなく、「教護する」のルーツが〝感化〟——それも自然による〝感化〟であり環境療法的なもの——にあるためと考えられる（第Ⅲ部）。

「教護する」ということは、職員の〝技術〟のみならず、施設の設備や環境も含まれる概念ということである。つまり「教護する」ということは、本来、施設の設備及び環境、職員の理念及び実践理論、しくみ及び実践方法が三位一体（第Ⅳ部第三章）となったものである。仮にこれを「教護する」、あるいは「教護理論」（後述）の三分割としよう。この三分割は、第Ⅲ部第一章で取り上げた四冊の〝手引き〟の内容——『教護院運営要領』の『基本編』における「教護院の職員」「設備」「運営形態」「院内教護」などの項目と、同じく『技術編』の「心の接触」の内容——を再分類したものである。(1)

歴史を振り返って見れば、教護院の始まりである明治・大正時代の感化院にしろ、戦前・戦中の少年教護院にしろ、各年代の職員・関係者は不断の努力を以て施設の理念を説き、この施設の必要性を訴えてきた。そして法や施設がようやく整備されようとするころ、日本は太平洋戦争へと突入した。そして戦後、新たな政府の下で施設は教護院となり、戦直後の一九四七（昭和二二）年から二〇世紀終了直前までの一九九八（平成一〇）年の長きに渡って存続することになった（第Ⅱ部）。

まさに高度経済成長とともに発展した教護院であったが、その終焉とともに、教護院もまた存在意義が問われることになる。その要因の一つとして入所者数の減少があり、職員・関係者は改めて施設の理念や実践の——つまり、「教護する」ことの——説明が求められることになった。彼らはさかんに議論を交わし、その中で教護の「言語化」（序章、第Ⅲ部第一章）ということばも登場した。しかし、「言語化」は容易なことではなかったと思われる。結果として、本質的な説明（「言語化」）が十分になされないまま、あるいは外部の者（あるいは内部の者）が十分に理解しないまま、一九九八（平成一〇）年、教護院は児童自立支援施設へと移行してしまった、と筆者は捉えている（法改正は前年の一九九七年、施行の一九九八年により名称変更した）。

法改正後、教護院から児童自立支援施設となった施設の目的は、「児童の自立を支援する」となった。社会福祉事業の中で、数少ない「措置」[2]の残る児童福祉法で「自立」とは、しかも子どもに対して「自立」とはどういうことなのか、この説明は本質的に難しいものだ。そもそも「教護する」ことの相互理解が不十分なままに「児童の自立を支援する」ことを相互理解しなければならなくなったのであるから、これでは説明する側もされる側も、磨りガラスの上に磨りガラスを乗せるようなものではないか。

そもそも、職員・関係者の側からすると「教護する」は説明が可能だが、「児童の自立を支援する」ということは説明できないはずである。説明したとしても、それは結局、「教護する」の説明と何ら変わりがないことになる[3]。なぜならば、それは、いやそれだけは、上から下りてきたことばだからだ。第Ⅲ部で詳しく述べるが、感化院・少年教護院・教護院と児童自立支援施設とは決定的に違っている。それは、児童自立支援施設だけが、下りてきた名称だということである。施設の始まりを見れば、この施設が下からの突き上げ、――必要に迫られた担い手からの――によって成り立ってきた施設だということが解る。初期の私設の感化院は、保護者がおらず、劣悪な条件下に置かれた子どもを引き取った慈善事業であったし、その後成立した少年教護法（少年教護院の根拠法）は、感化院関係者たちが運動を起こし、議員立法で成立させたものである（第Ⅱ部）。

しかし「児童自立支援施設」は違っていた。この名称、あるいは「自立を支援する」という施設目的は――社会福祉行政における〝自立〟を推し進める施策の中で――お上から下りてきたものである。一九九〇（平成二）年：福祉八法改正、一九九三（平成五）年：障害者福祉法改正、一九九七（平成九）年：介護保険法成立と児童福祉法改正、措置から契約へ、援助から支援へ、保障から保険へ……我が国の社会福祉施策及び行政は、高度経済成長期時代の終焉後、当初描かれたいわゆる福祉国家路線を変更してきた[4]。そしてそれを最も象徴するように九七年法改正時に〝自立〟ということばが福祉施策・行政そして法律に表れたのだ（ちなみに、先の九七年法改正翌年九八年施行時には、教護院は児童自立支援施設となり、それまでの教護という職員名称は児童自立支援員となったが、同じように当時の母子及び寡婦福祉法〈現在の母子及び父子並びに寡婦福祉法〉では母子相談員が母子自立支援員と名称変更している[5]）。

我が国の児童福祉、あるいは少年司法を牽引してきたという自負があるはずの教護院の職員や元職員などの関係者は、なぜこの施設名称に対して、あるいは施設目的に対して最後まで抵抗しなかったのであろうか。一つは、彼らはこれまでも、お上の決定に時に抗い、時にいいなしながら、地道に実践を積んできたということがいえそうである。誤解を恐れずにいえば、一九九七年当時の職員・関係者は、名前が変わっても本質は変わらない、という自負があったのであろう。あるいは、体罰問題で悪名高い教護院のイメージの一掃にあってはやむをえず、と思ったのであろうか。それとも、コストのかかる施設であるがゆえ、定員割れの負い目がそうさせたのであろうか。そして実際に教護院は児童自立支援施設になった後もしばらくは〝教護院らしさ〟を保っていたのである。

ところが、時代が小泉内閣（二〇〇一～二〇〇六年）に入り、施策・行政に新自由主義的な道理が導入されてくると、〝名は変われど体は変わらず〟だったはずの施設の変化が顕著になってきた。設置主体の要請により、〝合理化〟が推し進められる、建物はコテージ式からマンション化を迫られる、職員の選考採用は廃止され、ベテランの職員が異動させられる、代わりに経験の浅い職員が行政移動してきたり、非常勤職員が採用される……などの変化が各施設で起きることになった。このような施設の設備・環境の変化に伴って、次第に施設のしくみや方法（実践）が変化していったり、その変化した実践が理念・理論にフィードバックされないばかりか、もともとの理念・理論を継承する職員もいないということが起きることになり――本来、施設の設備及び環境、職員の理念及び実践理論、しくみ及び実践方法が三位一体であったはずの「教護する」ということは――各施設共通の、あるいは職員間に共通の概念、あるいは価値観ではなくなっていくことになった。

そして今なお、「教護する」に変わる共通の概念ないし価値観は現れているとはいえず、しかし、今日も施設はその状態のまま運営されており、多くの職員が迷い、そして疲弊している状態にあると考えられる。中には、施設が新たな子どもを受け入れられない〝措置停止〟になっている場合も見受けられる。このような状況下で最も被害を受けているのはいうまでもなく、その施設で暮らす子どもたちである。

このことは、「教護する」ということが、夫婦制を基本としていることと関係している。例えば、職員の養成については国立武蔵野学院に併設された養成所があるのだが、養成所の実習では国立武蔵野学院の寮舎、つまり夫婦制の寮舎で実習を行うが、養成所の卒業生の多くは地方の——現在主流である交替制の施設に着任するのである。ある職員（ク学園、A職員）は養成所生のときの武蔵野学院での実習と、現在の施設を比較して次のように語っている。

A職員：交替制の寮で働くと、運動しててもシステム化しちゃうんですよね。これは今でも葛藤してますけど、いかに夫婦制に近づける……べきなのか、それとも夫婦制とは別のもので、交替制としての一つのノウハウになっていくのか……。今の施設に入って一年から三年くらいはよく考えたんですよ、難しいことがあると、まだ武蔵野（養成所の実習）のことも鮮明に覚えてるときは、あの時の武蔵野の先生だったらどう対応するのかな、とか……

武　　：やっぱり、（そういうときに）立ち返るのは武蔵野の先生のことでしょうか？

A職員：立ち返るのは先輩の所（寮舎）ですね。ク学園でも、（以前）夫婦制やってた先生のこととかですね。

武　　：いずれにしても先輩（夫婦制寮）の所……ですね。

A職員：そうそう、そうですね。

（二〇一四年九月、ク学園、A職員）

振り返ってみれば、教護院から児童自立支援施設へと変化した際、「教護する」を支持する者たち——多くの善意ある職員に代表される内部者たち——は、〝名は変われど体は変わらず〟と思い、自分たちは自分たちの実践を地道に行うしかないと考えたのではないか。また一方で、「教護する」を支持しない者たち——多くの善意ある研究者に代表される外部者――は、外部者の理屈で施設のやり方を批判し、〝改革〟を押しつけるのみだったのではないか。そして「教護する」ということの本来的な意味を相互理解しないまま、ただ、名称のみが変更してしまったことの弊害が、今、噴き出ているのではないだろうか。筆者が、法改正からすでに二〇年が経とうとしているのになお、「教護する」をテーマに取り上げようとする理由の一つはそこにある。

「教護する」あるいは「教護院」ということばは、現在でも職員の口から聞かれることばである。先のA職員にしても「教護院入って……」（日付同）と自身の入職のきっかけを語り始めたとき、それがあまりに自然だったので、思わず、「A先生が就職したころは、もう児童自立支援施設でしたよね？」と確認してしまうほどであった。この例のように、職員の内には、「教護する」という共通の概念ないし価値観が継承され、生き続けており、それをベースに新たな〝技術〟を模索しようと取り組む職員もいる。またあるいは、「教護する」という概念ないし価値観を内に秘めながらも、現状の設備・環境での実践は難しいと諦めかけている職員もいる。「教護する」が否定されたものの、では「児童の自立を支援する」ということがどういうことなのか、先輩は相変わらず教護、教護というし、わからない、と迷う職員もいる。

このように、現在において「教護する」の説明は、外部者よりむしろ内部者に必要とされているようにも見える。その際、「教護する」ことを捉えた学術研究があれば彼らの一助となるであろう。多忙な職員に代わって外部者が外部者の目でもって今一度「教護する」ことを捉える、ここに外部者である筆者がこの研究を行う意義が残されていると考える。

最後に、「教護する」ということを研究対象とする社会的意義について述べる。「教護する」ということには優れた点がいくつかあるが、中でも筆者が着目するのは、実践の中から生まれた我が国オリジナルのものであるということである。そしてそれが本来的に行われるならば、子どもの育ちに寄与し、彼らの権利を護る可能性があると考えている。特に、罪を犯した子どもへの対応という面だけを取り上げても、国連子どもの権利条約及び通称北京ルールズ

（少年司法運営に関する国連最低基準規則）に代表される国際基準に定められた、〝子どもを拘禁しない〟を実践しうる、世界でも珍しい考え方であり方法であり、これを明らかにする意味は大きいと考えた。

筆者自身、このような考えに至るまでに多くの時間を費やした。一二年に及ぶ研究活動の末、ようやく「教護する」ということは、先に述べたように、施設の設備及び環境、職員の理念及び実践理論、しくみ及び実践方法の三位一体が可能であれば、そのリスクを最小限に運営できるのではないか、との結論に至った。しかしこの結論はあくまでも筆者がこれまでの研究活動を本書にまとめる上での動機付けにすぎず、本書がこの仮説を証明するものではない。本書の趣旨はあくまでも「教護する」ということを文字に示すことを第一の目的とするのである。そのために、まずは各施設、各職員の内にある「教護する」という共通概念を明らかにするために、複数の施設から観察された「教護院らしい」とされる場面を抽出し、それを〝キョウゴの世界〟として報告した（第Ⅰ部）。〝キョウゴの世界〟とは、つまり、複数の施設から取り出した、〝ある場面〟の集積である。

次に文献上の「教護する」と、それに至る〝感化〟から続く理念・理論を整理し（第Ⅱ部・第Ⅲ部）、これを〝キョウゴの世界〟と照らし合わせることで新たに〝キョウゴ・モデル〟として分類した（第Ⅳ部）。つまりキョウゴ・モデルとは、理念・理論を実践する要素――それはすなわち三位一体の状態を維持する条件ともいえるが――である。このキョウゴ・モデルを構成する要素を抽出すること、これが本書の第二の目的である。

第二節　フィールドワークと調査

一九九六年夏、日本女子大学人間社会学部の三年生だった筆者は、当時の教護院で宿泊実習を行った。この時筆者は入所した子どもが短期間で子どもらしく、健やかに変わっていく様子を目の当たりにした。この体験は筆者の中で〝教護院の不思議〟となり、それはその後も消えることはなく、いつかはこの施設を対象とした研究を行ってみたいと考えていた。しかし、実際にその機会が訪れたのは二〇〇三年、リカレントで東洋大学の修士課程に進学してからのことである。

研究活動は最初文献研究から始め、翌年の二〇〇四年から施設職員への聴き取りや施設への訪問、ボランティアなどを開始した。しかし指導教授からは、調査研究ではなく文献研究をすすめられ、修士論文ではそれを行った。しかし、筆者の研究活動は（修論はあくまでも文献研究に徹しながらも）、施設訪問や職員への聴き取りを中断せず、むしろ積極的に施設の中へ入って行くようになった。

その後、二〇〇七年三月に修士課程を修了と同時に北海道函館市へ転居し、自立援助ホーム「ふくろうの家」のスタッフとなった。「ふくろうの家」は、感化法成立以前から続く北海道家庭学校（第Ⅱ部）の元職員、藤田俊二氏が代表を務めるホームであり、筆者は同氏と修士課程在学中より文通を通じて交流を深めていた。また、この年は、ホーム長に北海道立大沼学園元職員の高橋一正氏が着任したこともあり、函館在住時、筆者は教護院・児童自立支援施設の理解を深める多くの機会に恵まれた。また、二年目からは「ふくろうの家」のローテーションに入る他、児童養護施設に併設された児童家庭支援センターの非常勤相談員としても働いた。(6) このように、函館在住時は児童自立支援施設の関連施設・機関に従事したものの、二年目の夏には三度の入退院を繰り返すなど身体を壊すことになり、残念ながら函館での生活はわずか二年で終わることになった。このようにわずかな期間ではあるものの、函館での現場経験は、それでも子どもの福祉の現場の一端に触れることとなり、その経験はその後の筆者の研究活動に大きな影響を与えることとなった。

その後、筆者は学部時代の母校である日本女子大学に戻り、現在に至っている。施設への訪問や職員への聴き取りなどは現在も継続して行っており、これらの活動を筆者はフィールドワークと呼んでいる。このフィールドワークは論文のための実査というよりは、筆者自身が施設のことをより深く理解するために行ってきたものである。というよりも、一九九六年に抱いた〝教護院の不思議〟を解きたいという、素朴で純粋な気持ちから行ってきたものである。

そしてこのようなフィールドワークとは別に、筆者はこれまで二度の調査を行ってきた。一つは全国五八施設に向けたアンケート調査であり、これは修士課程修了の直前に行ったものである（この調査もまた、修士論文には収録していない）。もう一つは、函館在住時に北海道社会福祉士会の助成を受ける機会を得て、児童自立支援施設職員へのインタビュー調査を行ったものである。しかしこれら二つの調査が報告書となった(7)のは、いずれも筆者が函館から引き上げた後、博士課程へ進学してからのことであった。このように、実査修了から調査報告の発表まで時間がかかってしまったのは、先に述べた通り入退院を繰り返したことが主な原因であるが、特にアンケート調査についてはその他にも理由があった。それは、一言でいうと集計が大変に困難だったためである。

このアンケート調査は、質問紙——質問事項の選出にあたっては、先の高橋氏の協力を得た——を郵送した直後から問い合わせの電話が殺到するといった有様で、早くもこの時点で筆者は「この調査は失敗した」と気落ちしていた。ところが当時、この調査を手引きしてくださった東洋大学大学院の担当教授である大坪省三教授は、「それはすばらしい、それは施設のみな様が調査に関心を持ってくださったということだよ、是非、丁寧な対応を心掛けなさい」とアドバイスをくださった。そしてその予言（?）通り調査票はすべて戻ってきた。一〇〇％回収とは、有り難いことである。「教護は人なり」ということばがあるが、その通りだと感じた。ところがこの調査は（やはり筆者の質問紙の作り方がまずかったのであろう）、前述の通り問い合わせが多く寄せられることになった。その対応として、回答選択肢に選択したい項目がない場合は自由に記述としてもらうなどしたので、集計に手間取ってしまったのだ。大坪教授からは「第一報はとりあえず単純集計でよいので早く出すように」とアドバイスを受けていたものの、結局、報告書が出せたのは五年後の二〇一二年のことであった。なお、このアンケート調査の結果は、本書においても適宜使用している（頁数の都合で報告書の収録は叶わなかったが、著者博士論文「感化院から児童自立支援施設に至る施設に培われて来た子育ち・子育て——「教護理論」からキョウゴ・モデルへ」の付録として収録している）。

第三節　用語について

1.「教護理論」からキョウゴ・モデルへ

教護からキョウゴへ

これまでの研究成果で、筆者はこの「教護する」というところのものを、「　」付きの「教護理論」という用語を用いて表現してきた。[8] 〝教護理論〟の語を使用してきたのは、それが職員・関係者の間で使用されていることばだったからである。彼らの主たる研究発表の場である機関誌々上においても、〝教護理論〟の語が使用されてきた。文献を辿ると、〝教護理念〟や〝教護学〟などの表現もあるが（第Ⅲ部）、使用頻度が最も高いと思われた〝教護理論〟を使用することにしたのである。

次に〝教護理論〟を「　」付きで使用したことについて、これは、文献研究を進めるうちに〝教護理論〟といわれているところのものが、厳密にいうといわゆる〝理論〟ではない、ということに気付いたからである。それは、先にも書いた通り、設備及び環境、理念及び実践理論、しくみ及び実践方法が三位一体となったものが〝教護理論〟と呼ばれるところのものであること、このことを総称する場合、理念か理論か、二者択一で表現するならば、どちらかというと理念である、ということがあった。それで、〝教護理論〟に「　」を付けた「教護理論」を使用したのであるが、「教護理論」は様々な困りごとを発生させることになった。「教護理論」使用の趣旨については、もちろんその都度説明していたのであるが、それにもかかわらず、〝これは理論ではなく理念ではないか〟という指摘を受けることもしばしばであり――そもそもが、そのような誤解を避けるために「　」付の「教護理論」としているのであるが――その意図するところのものは、やはり伝わりにくいのであった。

また、筆者が研究活動を始めたときは、施設はすでに教護院から児童自立支援施設に変更していたため、「教護理論」の〝教護〟の部分に違和感を覚える人も少なくなく、中には、「なぜ、いまさら〝教護〟を持ち出すのだ、これからは児童自立支援施設だろう」と反発を露わにする方や、「今はもう、児童自立支援施設になっているんですよ」と、わざわざ教えてくださる親切な方もおられた。その他、「この研究は、教護院時代を対象としたものですか」という質問もしばしば受けた。もちろん、それは違うのであり――「教護理論」は、感化院、少年教護院、教護院時代を通じて成熟し、現在の児童自立支援施設になお継承されている「教護する」というところのものを、その用語で表現しようとしたのであると説明しているものの――残念ながらそれもあまり上手く伝わっていないようであった。

思えば、「教護理論」の語を使用した当初から、筆者はそれに替わる語を欲していた。筆者が造語することもできたが、やはり職員・関係者が使用することばを使いたかったので、注意深くフィールドワークを行ってきたが、今日までそれに替わる語は登場してはいないようである。このことは、つまりは〝教護〟を越えた概念が――〝感化〟が時代を経て〝教護〟に変わったように――まだ生まれ出ていないことを意味するのだと、この一二年に及ぶフィールドワークを通じて考えるに至ったのである。

それで筆者は今回、〝教護〟ということばをそのまま使うことにした。ただし、ただ〝教護〟としたのでは、「教護理論」を使用していたときと同じ誤解や問題が生じる可能性があると考えたので、カタカナの〝キョウゴ〟を――〝カイゼン〟（改善）や〝カワイイ〟（可愛い）のように――今回、新たに使用することにしたのである。

〝教護理論〟と「感情転移と同一化」

〝教護理論〟について、先に理念か理論かといえば理念に近いと書いたが、一方ではっきりと「理念である」とも書かなかったのには理由がある。それは「感情転移と同一化」、あるいは「感情転移と同一視」（以下、「感情転移と同一化」）という〝理論〟が、戦後の教護界に登場したためである。

この「感情転移と同一化」は、これこそが〝教護理論〟であるとして、当時の教護界を風靡し、そして今なお生きている。この語を使用する職員、これを〝理論〟とする職員は、筆者がこの研究活動に取り組み始めた二〇〇三年当時は、少なくなかった。筆者もそこに着目し、修士論文「「教護理論」再考――『教護院運営要領』を手がかりに」では、この「感情転移と同一化」を中心に文献研究を行ったものである。その際、対象となる文献を〝教護職員の教科書〟とか〝職員のバイブル〟などと呼ばれる『教護院運営要領』を中心とした。その結果、先にも述べた通り、『教護院運営要領』における「感情転移と同一化」は、ツールとしての〝理論〟(精神医学の分析的治療)ではなく、教護の営みを説明するための〝理論〟であると筆者は結論付けた。

本研究では、これらの文献研究をさらに深め、対象となる文献も広げて「感情転移と同一化」という精神医学の用語が――しかも精神分析的治療を表すこの用語が――どのような経緯でそれまでの〝感化〟的理念と融合し、「教護する」という、施設の設備及び環境、職員の理念及び実践理論、しくみ及び実践方法が三位一体となった理念・理論となっていったのか、歴史的に明らかにしようと試みている(第Ⅲ部)。

以上のことから、本書ではこれまで筆者が行ってきた研究活動の成果と区別する上でも、「教護理論」の使用をやめ、〝キョウゴ〟及び〝キョウゴ・モデル〟の語を使用することにしたのである。

キョウゴとキョウゴ・モデル

先にも述べたがあらためて整理すると、本研究において〝キョウゴ〟、あるいは〝キョウゴの世界〟とするものは、筆者がフィールドワークで得た「教護する」というところのものをありのまま表現しようとしたものである。その際、教護院における観察及び聴き取りと、児童自立支援施設におけるそれとを区別せず取り扱うこととした。また、〝キョウゴ〟とは、各施設、各職員の内にある「教護する」という共通概念を抽出するべく、職員・関係者が「教護らしい」とか「教護院らしい」とするところのものを抽出しようと試みたものである。

そしてキョウゴ・モデルとは、この抽出したキョウゴの世界――つまり営みや現象――について、文献上の「教護する」及び「教護する」に至る理念・理論を物差しとして、新たに分類・整理したものである。

その他のカタカナ表記及び「　」使用について

例えば、〝ムガイ〟は無断外出の略語であるが、これは施設によって〝ムガイ〟、〝トンコ〟、〝トンズラ〟などさまざまな呼称がある。このような専門用語や隠語などはカタカナ表記とした――その他、ハンセイ（反省日課）、コベツ（個別日課）など――。その他の専門用語や隠語などには「　」を付けた――「定員開差」、「言語化」など――。

また、施設の中にある「学校」は隠語ではないが、「　」付きとした。これは、施設の中に併設されているクラスのことである。通常、施設では「学校」とはいわずに、教室が入っている建物である〝本館〟と呼ぶことが多い。つまり、この場合の「学校」とは、私たち外部の者が解りやすくするために使用する語である。また、この「学校」は、いわゆる学校教育法の定める学校ではない場合（職員方式）、地域の分校が設置されている場合（分校方式）、施設の中に学校教育法の定める学校を新たに設置（本校方式）した場合など、施設によって違いがある（第Ⅰ部）。「教護する」という考え方では施設の中にある「学校」は、生活を共にする職員が授業を行うことになっており、また、その内容は学校教育法の定める学校では実現できないような、〝真の教育〟を目指すものとされ、つまりは教護院の中の学校こそが学校である、というような考え方が存在した（第Ⅲ部）。以上のことから、施設内にある学校については、〝ガッコウ〟とはせずに「学校」とした。

2．感化院から児童自立支援施設に至る施設

児童自立支援施設とは、児童福祉法第四四条に定められた児童福祉施設である。同施設は、一九九八（平成一〇）年の改正児童福祉法の施行により教護院から名称変更した際、通所利用も認められるようになったが、現在でも入所

利用を基本としている施設[9]である。入所した子どもたちは寮舎と呼ばれる宿舎で生活を送っている。かつては職員も、子どもたちの寮舎に併設された職員舎や、もしくは施設内に併設された職員住宅等に住み込む形態が多く採られていたが、現在は施設の外から通勤する場合が多くなっている。このように、職員が住み込みか否か等で寮舎の〝運営形態〟(詳細第Ⅰ部)が分類されるのであるが、現在残っている住み込み型の主流形態は〝小舎夫婦制〟と呼ばれるものであり、これは、実際の職員夫婦が寮舎内に住み込み就労しているものである。

施設の設立史については第Ⅱ部で詳しく整理するが、創設は明治時代の感化院にまで遡ることになる。感化院は、一九〇〇(明治三三)年の感化法の成立以前より感化院の名称が用いられ、その後、感化法による感化院、少年教護法による少年教護院、戦後の児童福祉法による教護院、そして現在の児童自立支援施設と変遷してきた施設である。本書では今述べた経緯を簡略化して〝感化院から児童自立支援施設に至る施設〟とする。なお、これ以降は、〝感化院から児童自立支援施設に至る施設〟と併用して、単に〝施設〟という表記も適宜用いることとする。

児童自立支援施設は、現在では厚生労働省が管轄する施設であるが、設置主体の内訳は、全国五八施設中、私立(社会福祉法人)二、国立二、市立四、残りの五〇施設はすべて都道府県立の施設[10]である。そして入所する子どもたちは、「不良行為をなし、又はなすおそれのある児童及び家庭環境その他の環境上の理由により生活指導等を要する児童」(児童福祉法第四四条)となっている。入所経路の内訳はおよそ児童福祉法の措置で入所する子どもが全体の約八割、残りの約二割が家庭裁判所の決定(保護処分による、いわゆる〝福祉的措置〟)による。つまり、罪を犯した子どもや「不良少年」あるいは「非行少年」と呼ばれる子ども、家出して友人宅を泊まり歩いている子ども、あるいは児童養護施設などで〝施設不適応〟を起こしたとされる子どもなどが入所している。

3．子育ち・子育て

本書の副題について、罪を犯した子どもや「不良少年」に対して、なぜ、〝子育ち・子育て〟なのか、〝矯正〟や

〝立ち直り〟の方がふさわしいのではないか、という意見を持たれる方も多いと思う。しかし、この〝育つ〟〝育てる〟という感覚こそが、この施設に培われてきた、理念・実践理論の柱ともいえる部分であると筆者は考えている。

つまりこの施設では――明治時代の感化院から現在の児童自立支援施設に至るまで――子どもたちは不適切な環境におかれた被害者であり、罪を犯さざるをえない環境にあった、または未成熟であるがゆえに罪を犯したのだ。したがって、子どもたちが十分に育ちさえすれば、その「不良性」は（結果的に）除去される、だから子どもたちを罰したりせず、十分に愛して育んでやることだ――という考え方に基づいて実践が行われてきた。しかもその方法は、職員が子どもと一緒に〝暮らす〟というかたちを採ってきたのである。そのため、この施設では〝矯正〟ではなく、〝共生〟が行われていると表現されている。

さらに、この施設では古くから、子どもたちは保護や手当てが必要ながらも、子どもそのものが〝育つ主体〟である、という考え方があるため（第Ⅲ部）、本研究では、従来、社会福祉の分野で使用されて来た〝処遇〟〝援助〟〝支援〟あるいは〝教育〟や〝治療〟などの用語はなるべく用いず、〝子育ち・子育て〟という表現を採用することとした。

4．そのほかの用語

そのほか、本研究において使用する用語等については以下の項目の通りである。

子ども・実子

施設で暮らす子どもについて、法的には、児童（児童福祉法）、虞犯少年、あるいは触法少年（少年法）などがその対象となる。また、職員（後述）が子どもについて語るとき、「生徒」という呼び方を中心に、「寮生」「子ども」「児童」あるいは「ウチの子」などとも呼称するが、本書ではすべて〝子ども〟と表記した。しかし、職員の語りや引用については、その限りではなく、職員が使用する呼称をそのまま使用した。

また、キョウゴの世界では、職員夫婦とともに彼らの実子も〝共生〟している。その実子について職員夫婦は、入所する子どもと区別するべく、「我が子」「子ども」「ウチの子」などと呼称しているが、これも本書では〝実子〟に統一した。なお、語りや引用については職員の使用する呼称のままとした。

罪を犯した子、「不良少年」、「非行少年」

現在でいうところの不良少年や非行少年は、かつて悪少年、遺棄児童、不良少年などとも呼ばれていた。施設に入所している子どもたちは、このような呼ばれ方をされがちな子どもたちも多いが、本論文では先に述べた通り〝子ども〟と表記し、必要がある場合には「　」で囲った「不良少年」「非行少年」を使用することとした。これは、国連の示すガイド――『少年』という用語を法律からなくし、『子ども』という用語で置き換えるべき」（国連ウィーン事務局著、平野訳 2001：25）――に添って行うものである。また、同ガイドには「一八歳未満の者が罪を犯したときも『罪を犯した子ども』と呼べば良く」（同）、とあり、本論においてもそれを採用することとした。

施設

先に、〝感化院から児童自立支援施設に至る施設〟について、単に〝施設〟という表記を用いるとした。その他、聴き取りなどでは、特にその必要がない限り、教護院と児童自立支援施設とを区別せず、〝施設〟とした。また、全国に五八か所ある施設の名称は、〝学院〟、〝学園〟、〝学校〟、〝センター〟など様々である（報告書 p. 24）。そのため、特に施設名を記する必要がない場合は、匿名性を担保するため〝学園〟に統一した。施設長については、〝学園長〟と〝施設長〟を適宜併用した。また、施設が特定されないために、施設名は〝ア学園〟などと表記した。このカタカナはあくまでも任意の文字であって、頭文字ではない。その他、〝猪原学園〟、〝蝶野学園〟、〝鹿山学園〟、〝白馬学園〟

など、一部、仮名（筆者が考えた仮の施設名）も併用した。

職員・関係者

現在の児童自立支援員及び児童生活支援員、かつての教護・教母を中心とした職員については〝職員〟と表記する。これは子どもたちと直接、暮らしや日課を共にする職員のことであり、いわゆる寮舎を担当する職員のことを指す。施設で働く職員には、その他にも現業職、事務職、看護師、心理士、医師などがあるが、彼らは〝職員〟とは表記せず、その都度具体的に記述する。しかし、これらの職種の職員が寮舎担当として勤務している場合は〝職員〟とする。

また、職員には元職員も含まれる。元職員には二種類あり、一つは退職者、もう一つは転勤等で元職員になった者である。聴き取りを行ったときは職員であったが現在は退職した、などの場合もあるため、これらは基本的に分けずに取り扱うこととした。

〝関係者〟とは、児童相談所など、関連施設に勤める者や元職員も含まれる。また、施策や行政に携わる者も含んで〝関係者〟とする。

なお、フィールドワークで聴き取った語りやインタビューを行ったときの記録は、個人が特定されないよう配慮して、特に必要な場合に限って任意の記号を用いて〝A職員〟あるいは〝Aさん〟などと表記した。この記号はあくまでも任意の記号であって、頭文字ではない。また、特に必要がない場合は〝ある職員〟などと表記した。

職員舎

職員が施設に住み込んでいる場合、職員の住居は次の三種類に大別される。まず子どもたちが暮らす寮舎と同じ建物に住んでいる場合、これは小舎夫婦制の職員家族に代表される方法で、他にも単独制や併立制などに見られるものである。次に、施設内の一戸建てに住む場合、これは職員住宅として用意されている場合と、空き寮舎等を利用している場合がある。前者は、一般の寮舎に転用できるか、転用できなくても子どもを幾人か預かれるような工夫があるなど、見た目も一般の寮舎に近い作りである。施設長など、本館勤務の職員やフリーの職員などが住んでいることが多いが、かつて、事務職や現業職も住み込みだったころなどは、彼らも施設内の一戸建てに住んでいたようである。最後に、施設の敷地内か、隣接した場所に団地のような集合住宅がある場合、ここにはフリーの職員や、いわゆる「寮を降りた職員」が住むなどしている。また、通勤交替制の施設においても、かつて住み込み制だったころの職員住居を残している施設がいくつかあり、そこに住まう職員もいる（なお、各運営形態については、第Ⅰ部第一章を参照のこと）。

本書に登場する職員の住居のほとんどは小舎夫婦制の寮舎である。これを職員は「ウチ」「イエ」あるいは「寮舎」などと呼んでおり、対外的に説明する必要がある場合にのみ、「官舎」「職員舎」「職員宿舎」「職員住宅」「職員居室」などとしている。これは施設内の一戸建てや団地タイプの住居の場合も同様で、共通した名称がない（先の呼称に加えて稀に「職員官舎」がある程度）ようである。これらの住居について、本書では主として〝職員舎〟と表記し、他の名称についても適宜使用することとした。

養成所

通称「養成所」、文字通り職員の養成を行う施設であり、国立武蔵野学院に併設されている。現在の正式名称は「国立武蔵野学院附属児童自立支援専門員養成所」、創設時の名称は「国立武蔵野学院附属教護事業職員養成所」である（第Ⅱ部参照）。本書においては、この二つを厳密には分けず、単に〝養成所〟と表記した。

協議会

全国五八施設からなる団体であり、教護院時代から、全国教護協議会、全国教護院協議会、全国児童自立支援施設協議会と名称変更している。本書ではこれらを特に分けずに〝協議会〟と表記する。協議会は北海道・東北ブロック、関東ブロック、中部ブロック、近畿ブロック、中国ブロック、四国ブロック、九州・沖縄ブロックの地域ブロックに分かれており、全国野球大会などはこのブロックごとに予選を行う。

なお、同協議会は、次に述べる〝事例集〟や機関誌『非行問題』、隔年毎に行われる「全国児童自立支援施設運営実態調査」の報告書などの発行元となっている。

事例集

〝協議会〟が発行するケーススタディ誌（巻によっては「ケース・スタディ誌」の表記あり）について、〝事例集〟と表記する。これは、一九八六（昭和六一）年の第一巻発行から、その後一五年に渡り毎年発行されてきたものであるが、二〇〇〇（平成一二）年に発行された一五巻（一五巻はそれまでの選出集であり、その前の一四巻は一九九九年に発行された）を以て終巻となった。ちなみに、一巻から一五巻までの一五年の間、一九九七年に児童福祉法が改正され、一九九八年の法施行に伴い教護院は児童自立支援施設となった。同年、事例集の編者が全教協（全国教護院協議会）から全児協（全国児童自立支援施設協議会）へ変わっている。事例集のサブタイトルは三種類あり、一巻から一〇巻が『非行克服現場からの告白』、一一巻から一二巻が『教護院ふれあい物語』、一三巻から一五巻が『ふれあい物語』となっており、一二巻から一五巻には事例を元にしたマンガが掲載されている。なお、一巻から一〇巻まではA5サイズ、一一巻から一五巻は新装丁となりB6サイズに変更している。

この事例集は――もちろん、個人や施設が特定されないための編集が施されているが――全国の職員が手がけた実際の事例を元に編纂されたものである。一〇巻の「あとがき」によると、「全教協の役員と全国の各ブロックから選出された、日常は子どもたちと暮らしを共にしている職員とから構成されている」（全国教護院協議会編 1995：225）[11]、「教護院で働く職員とそこで暮らす子どもたち全員による『手作りの本』」（同）ということである。筆者は二〇〇四年からフィールドワークを始めたが、職員や元職員への聴き取りでは、時々、事例集に掲載されたケースとよく似た、というかほぼ同じケースやエピソードが語られることがあった。そのような場合は帰宅後、事例集の「執筆者一覧」を確認するのであるが、するとその職員の名前が印刷されているものである。このことから、事例集に収録されている事例はすべて――編集者による編集が施されているものの――正しく実際の事例（いわゆる〝生事例〟）であることが窺い知れるのであった。現在の社会福祉施設、特に児童福祉施設においてはプライバシーの保護等、子どもの人権擁護の観点から新規の実査が大変難しい状況にある中――そして終巻となった今はなおいっそう――この事例集は当時の実際の事例を知る貴重な資料であり、本書においても二次資料として活用した。

最後に、事例集の引用にあたっては、例えば巻頭収録されたものなど、執筆者が明確な場合は通常通りの引用表記とするが、通常は〝「引用部分」（事例集①：40）〟などの簡略表記とした。また、本文中への引用の如何にかかわらず、本書巻末の引用文献・資料に事例集一巻から一五巻の一覧表を掲載した。

機関誌『非行問題』

〝協議会〟の発行する機関誌のタイトルは現在、『非行問題』であり、これまでの間、全国教護協議会、全国教護院協議会、全国児童自立支援施設協議会が発行したものがある。本書ではそれらを厳密に分けず、〝機関誌『非行問題』〟と表記した。

なお、機関誌の変遷については、史実に鑑みて判断が難しいところがあるが、本書では暫定的に『感化教育』→『児童保護』→『児童』→『教護』→『非行問題』と変遷したこととした。

九七年法改正

一九九七（平成九）年の児童福祉法の一部改正、翌一九九八年施行について、〝九七年法改正〟と表記する。施設は一九九八年の法施行により教護院から児童自立支援施設と名称変更した。なお、一九九七年度中は、根拠法である児童福祉法には児童自立支援施設の名称が用いられているが、実際に運営されている施設は名称変更せず、教護院の名称で運営していた（施行前の一年度間は教護院）。

『教護院運営要領』、HB（ハンドブック）など

第五節及び第Ⅲ部に詳しく述べるが、〝職員〟の手引き書について、『教護院運営要領　基礎篇』、『教護院運営要領　技術編』、『教護院運営指針』、『教護院運営ハンドブック』、『新訂版　児童自立支援施設（旧教護院）運営ハンドブック』は、それぞれ次の通り略称を用いることとし、引用についても同様とする。

『教護院運営要領』の二冊については、『教護院運営要領』及び『基礎篇』『技術編』を、『教護院運営指針』は『教護院運営指針』及び『指針』をそれぞれ必要に応じて使用する。

二冊のハンドブック（『教護院運営ハンドブック』及び『新訂版　児童自立支援施設（旧教護院）運営ハンドブック』）については、新HB、旧HBを使用する。

なお、その他、施設の管轄当局からは二冊の〝ハンドブック〟が発行されている――一九九八（平成一〇）年発行の『児童自立支援ハンドブック』（厚生省児童家庭局家庭福祉課監修）及び二〇一四（平成二六）年発行『児童自立支援運営ハンドブック』（厚生労働省雇用均等・児童家庭局家庭福祉課発行）――が、今回は分析対象とはしなかった。前者はゲンバの人々から手引き書としての認知・活用がほとんどみられなかったためであり、後者は博士論文執筆当時はまだ発行されていなかったためである。

筆者が行った二〇〇六年度の調査

第二節で述べた通り、本書では、博士論文の付録として収録した報告書「児童自立支援施設の設備と運営に関する

全国調査――『教護モデル』を念頭に」を適宜用いた。詳細は省略するが、この調査は、筆者が二〇〇六年から翌二〇〇七年にかけて全国五八施設に向けて行ったアンケート調査である。質問紙の配布は二〇〇六年一二月、回答は同月から翌年一月にかけて一〇〇%回収された。本書では、この調査のことを〝筆者が行った二〇〇六年度の調査〟とし、文中で表記する場合は〝(報告書 p. XX)〟、あるいは〝(報告書 pp. XX-XY)〟とした。

5. 聴き取りの引用等

フィールドワークの中から、特に語り手の会話をそのまま引用した部分については《 》でくくった。また、語られたことを筆者が要約した部分については「 」とした（下例参照）。引用の後には（ ）に聴き取った年月を記載した。聴き取りの年月について、同じ施設に数日間滞在し、その間に月が変わった場合には、インタビュー初日の月に統一した――例えば、二〇〇三年八月二九日から九月一日にかけてインタビューを行ったとして、九月一日のインタビュー記録から引用した場合には、〝(二〇〇三年八月)〟とした。また、同年同月にインタビュー等を行った場合には、月日の後に日付の若い順に①②……を付けた。例えば、二〇〇三年三月に二度、インタビュー等を行った場合は、〝(二〇〇三年三月①)〟、〝(二〇〇三年三月②)〟となる。以下、この日付について〝実査期間〟とする。

施設名は（実名掲載の許可を得ていても）基本的にはすべて仮名とし、イロハ順に〝学園〟を付けて〝(イ学園)〟などとした。また、一部の施設はイロハ順の他、X、Y、Zやa、b、c等、また筆者が任意で仮の施設名称（猪原学園、蝶野学園、鹿山学園、白馬学園など）を付けた。例外として、北海道家庭学校の作業班（部）の例や岡山県立成徳学校の〝三つの校歌〟、都立誠明学園の提携型グループホーム（以下提携型GH）など、特徴ある例を紹介する場合に限り、許可を得て実際の施設名を記載した。

次に職員について、職員についても（実名掲載の許可を得ていても）基本的にはすべて仮名とし、必要な場合にはABC、あるいはabc表記等とした。例外として元北海道家庭学校・藤田俊二氏の語りの一部――氏の著書に関連する語りや、筆者の回想部分など――は実名とした。これは、氏が故人であること、キョウゴ界にとって氏がいわば公人であること、また、生前の本人からインタビュー等について掲載の許可を得ていることから判断した。

最後に、子ども（利用者）はすべて仮名とし、ＡＢＣ表記とした。なお、敬称について、〝ちゃん〟〝さん〟〝くん〟などは、聴き取った通りの表現を優先し、敬称がつかない場合や、〝あの子〟など、呼び名が使われなかった場合には〝さん〟とした。

第四節　先行研究の整理及びレビュー

1．施設を対象とした研究

感化院から児童自立支援施設に至る施設は、児童福祉、司法福祉、教育、あるいは精神医学など、多分野に跨がる施設であることから、その研究成果も多分野で報告されてきている。筆者はこの施設に培われた理念・実践理論を対象に研究を行うものであるが、まず、理念・実践理論研究のレビューを行う前に、どのような分野でこの施設を対象とした研究が行われてきたのか、簡単に触れておくこととする。

まず、歴史研究では、特定の施設や人物、あるいは特定の年代について多くの研究が行われている。例えば、二井仁美、田澤薫、藤井常文らの留岡幸助研究、佐々木光郎、藤原正範らの少年教護院時代を中心とした設立史及び実践論研究、石原剛志による菊池俊諦研究などである。彼らの研究は、いずれも歴史的発掘――一次資料を対象とした優れたもの――であり、本研究においては特に第Ⅱ部及び第Ⅲ部において彼らの著書や編纂した文献を多く使用した。[12]なお、二井は教育学、田澤は法学に依拠しており、また、藤井は社会福祉施設職員、佐々木と藤原は家庭裁判所の調査官という経歴を持つ研究者である。[13]

次に、施設でのフィールドワークを踏まえた法学者による研究を紹介する。中でも職員・関係者の間で特に知られているのは菊田幸一と服部朗であろう。菊田はかつて、全国の教護院を訪問し、それをまとめた『少年教護院』を出版した。同著は好意的に教護院を評価した内容であった。しかし、後に彼は『少年棄民』において辛辣な教護院批判を行い、このことは、当時の職員に強い印象を与えた（このことについては第Ⅳ部第四章第二節で改めて述べる）。一方服部は、かつて北海道家庭学校で実習を行い(14)、また、現在の児童自立支援施設にアドバイザーとして関わるなど、施設との関係が深い研究者である。しばしば求められて『非行問題』誌上に寄稿しており、施設をよく知る法学者として常に中立的な立場で助言を行う著作が多く見られる。

精神医学の分野では、国立武蔵野学院の職員（医師）を中心に研究が行われている。同施設には精神科医師が常駐しており、歴代の医長――青木延春、水島恵一、阿部惠一郎、富田拓ら――は、大正時代から非行臨床における研究を重ねてきた。

このように、教育、福祉、司法などのほか、建築という分野から施設を捉えた研究もある。阿部祥子の『もうひとつの子どもの家《ホーム》――教護院から児童自立支援施設へ』（二〇〇五年、ドメス出版）は、北海道家庭学校と岡山県立成徳学校の現存する寮舎の図面を整理し、居住福祉という視点から小舎夫婦制で働く職員家族の〝暮らし〟と寮舎で生活する子どもたちとの〝暮らし〟に着眼し、その移り変わりを通して児童自立支援施設に至る実践を検証したものである。同書は発行当時、斬新で画期的な研究として内部者・外部者双方に驚きを与えたと考えられる。しかし施設を建築物や間取りから考える、という視点そのものは、環境面を重要視してきたこの施設の理念・実践理論に鑑みれば、正にメインストリームともいうべき、原点に帰る重要な研究であると筆者は考えている。

最後に、いわゆる〝学籍問題〟に関する研究がある。かつての法律では義務教育が免除されていたため、入所する子どもの学籍がなくなる、中学卒業の資格を失うなどの問題が起きていた。花島政三郎、小林英義らは自身が教護院で働いた経験を通じて〝学籍問題〟(15)に着眼し、その研究に取り組んできたものである。

2.『非行問題』に発表された研究

では、次に感化院から児童自立支援施設に至る施設に培われた理念・実践理論研究について見ていくこととする。これが本書の直接的な先行研究に当たるものである。これらは、基本的には職員や元職員など関係者によるものが中心であり、その成果は機関誌『非行問題』（二〇一七年現在、二二三号発行）を通じてあまた発表されている。『非行問題』誌上には、「言語化」の重要性が繰り返し述べられており、職員・関係者は、節目節目で自らの実践や理念・実践理論について精査する必要性に迫られ、それに応えようと努力してきた。平戸ルリ子によると、それらは「施設内部からの改革への助言」（平戸 2000：6）であり、「児童自立支援施設の場合、他の児童福祉施設と比較にならないほど長期にわたり、多くの職員によって行われて」（同）きているのである。

これら『非行問題』に発表された理念・実践理論研究の大分類を試みたところ、筆者は次に挙げる三つの節目があることに気が付いた。①「定員開差」（第Ⅱ部参照）の問題から教護院の〝生き残り〟をかけて理念・実践理論の検証が求められたもの、②九七年法改正を受けて、教護院から児童自立支援施設に移行する際、〝継承するものと改革するもの〟の取捨選択について分析するもの、そして最後に③二〇〇〇年を過ぎてから、改めて、児童自立支援施設としての理念・実践理論の再構築を考察するもの、である。

まず①の節目は『非行問題』一九六号（一九九〇年）の特集、「教護院は生き残るか」に象徴される。この特集には、小野木義男（三重県立国児学園）の「或る化石教護の独白――失うものと、失ってはならぬものと」を初めとして、七本の論文と、編集委員らによる「座談会」が収録されているが、その何れも男性職員、いわゆる寮長・もしくは元寮長の手によるものである。その内容は留岡幸助、石原登、青木延春らによる伝統的な理念・実践理論の確認と、その重要性を訴えるものであり、また自らの実践についての報告やそれらを踏まえた考察が成されている。このように寮長が執筆したものを仮に〝寮長研究〟とする。

次の節目②は、九八年改正法施行の前年、〝最後の教護院〟の年に発行された二〇三号（一九九七年）の特集である。この号では、「二十一世紀の教護院」作成推進委員会の中間報告がなされ、それに付随して熊本敬一（京都府立淇陽学校）の「教護の専門性とは」などの〝寮長研究〟のほか、国立武蔵野学院・阿部恵一郎の「教護処遇論（生活教育と治療教育）」が掲載されている。阿部は、精神医学の立場から伝統的な理念・実践理論に新しい解釈を加え、現代の精神医学の見地から、その成果について評価した。「教護処遇論（生活教育と治療教育）」は短文でありながら、伝統的な理念・実践理論の可能性と限界について考察した新たな視点を持つ論文であり[16]、中でも、「教護界を風靡しリードしてきた」（戸田 1994：200）という「感情転移と同一化」について否定的な見解を述べたことは、正に画期的な研究であったといえる。

最後の③は、九八年法改正施行後に発行された二〇七号（二〇〇一年）、児童自立支援事業一〇〇周年記念に象徴される。この号は巻頭に相澤仁（現国立きぬ川学院長）「これからの児童自立支援施設に期待するもの――継承すべきものと改革すべきもの」が掲載されており、そのほか西嶋嘉彦（当時国立武蔵野学院）の「児童自立支援施設を言語化する」など、いずれも伝統的な理念・実践理論について、取捨選択を試みたものである。

以上、三つの節目に沿って『非行問題』誌上に掲載された論文を見て来たが、全体を通じて感じることはやはり〝寮長研究〟の多さである。その特徴を一言でいうならば、伝統的な理念・実践理論と自身の実践の摺り合わせ、である。つまり、伝統的な理念・実践理論に著者の実践をフィードバックして、理念・実践理論を評価する、あるいは再構築しようとするものである。これは後継者にとっては指南書としての役割も果たすことになるが、個人的な実践の「言語化」が主となるため、先に引用した平戸のことばを借りると「あくまで一個人の意見として扱われるに止まる」（平戸 2000：6）傾向にある。また、機関誌への投稿論文という性質上、いずれも短文であり、理念・実践理論を包括的に捉えようとする研究ではない。

3. 〝寮長研究〟の一般図書

『児童自立支援施設の可能性　教護院からのバトンタッチ』

次に、職員及び元職員などによる一般書籍を見ていくこととする。

まず、小林英義（元県立教護院職員）・小木曽宏（元県立教護院職員）編著の『児童自立支援施設の可能性　教護院からのバトンタッチ』（ミネルヴァ書房、二〇〇四年）は、九七年法改正を切り口としたものであり、先の『非行問題』の区分では②に分類される。同著では、「感化法制定（一九〇〇年）以来、感化・教護事業は一世紀を経過したものの、今、この施設に求められている指導理念が見えてこないのは、一体どうしたことだろうか」（小林・小木曾 2004：iii）と問題提起し、「『継承すべき理念は何か』『転換を図るものは何か』」（同：ⅴ）ということについて、通史、教育保障、児童相談所からの見解、中卒児処遇、少年司法の五つの方向から検証するものである。

同著はその副題が示す通り、九七年法改正以降の、今後の児童自立支援施設の〝あり方〟を示すべく発刊されたものである。そのために、感化院時代からの歴史、そして伝統的な理念・実践理論を紹介してはいるもののいわばカタマリとしての「教護する」ということが――同書でいうところの「指導理念」が――筆者には見えて来なかった。複数の著者により、多角的に分析されてはいるが、これも『非行問題』同様、本書が求めるような、施設に培われてきた理念・理論、及び実践を〝包括的に捉える〟ものではない。

『児童自立支援施設の実践理論』

次に、同じく〝寮長研究〟の岩本健一著『児童自立支援施設の実践理論』を見ていくこととする。当時の彼は県立の児童自立支援施設で働く現役の職員であり、同著は彼の修士論文を書籍化したものということである。この論文は「この施設のあるべき姿としての、実践の理論化を試み」（岩本 2003：ⅰ）たもので、先の『非行問題』で区分した年代では③に該当する、いわゆる「言語化」を行う研究であり、本書の直前先行研究ということになる。

同著は岩本の〝寮長研究〟でありながら、ある特徴がある。それは、『非行問題』誌上の論文、あるいは〝寮長研究〟にありがちな「内部改革」的発想ではなく、「内部の人間であるが故、その理由を外部にのみ求めようと」（岩本 2003：1）したことである。そして岩本はその外的要因（教護院消滅の要因）について、「教護院が時代にそぐわないというクレイムは明らかに九〇年代の大衆消費社会の価値を基盤とするレトリック」（同：24）であると分析した。岩本のこの視点及び分析結果について、筆者は同意するものである。特に、「教護院を利用しなくなった社会状況がすべて『良い』とは言い切れない。個人の欲望が優先される大衆消費社会にあっては、問題行動を起こした子どもを『規制』する教護院は、その価値観からはどうしても容認できないというのが大前提としてあった」（同：24）などの主張は、まったくその通りだと考えている。

しかし、岩本の「言語化」は、まず、「個人的な援助技術を言説化し理論づけることによって児童自立支援施設全体の援助技術を理論化するその端緒となりたい」（同：120）というもので、これまでの〝寮長研究〟同様、自身の実践の「言語化」に主眼が置かれたものである。そのため、伝統的な理念・実践理論について触れてはいるが、理念・実践理論の根幹を成す『教護院運営要領』及び、石原登、青木延春への理解が十分であるとは言い難い――例えば、石原登の「非行の図式」を新ＨＢから引用するなど、原典以外からの引用が見られるなどした――。

また、岩本の「言語化」は「児童自立支援施設の実践はまさにグループワークである」（同：75）と、グループワーク（おそらくソーシャルワークの用語であるソーシャル・グループワークを差す）にその結論が求められている。確かに、岩本が示したように、例えば、「指導の三本柱」をプログラム、「全人教育」をプログラム活動、「夫婦小舎制」をグループワーク実践と置き換えて、岩本自身の取り組みを分析・考察することは可能であり、技能の伝達という点においては大いに有意義なことであろう。筆者もまた、修士論文「［教護理論］再考」においてはソーシャルワークとその関連領域の用語を使って「教護する」の「言語化」を試みた。これは、筆者がソーシャルワークに馴染みがあり、また、現在の施設が児童福祉法を根拠法とする児童福祉施設であるということからこれを行ったものである。しかし、歴史に鑑みれば、戦前の施設は単独立法であった。そして施設に培われてきた理念・実践理論及び実践方法から環境設備、しくみに至るまで、押し並べてオリジナルな発展を重ねているのである。そのため、ソーシャルワークやその関連領域の外来語を使用しての説明を行うだけでは、やはり不十分ではないかと考えるに至り、本書では、なるべくこれらの用語を使用せず、平易なことばで「言語化」することを目標としたのである（詳細第五節）。

4.「言語化」の意義――先行研究を踏まえて

以上、先行研究を踏まえた結果、これまで、感化院から児童自立支援施設に至る施設に培われてきた子育ち・子育てにおける理念・実践理論及び方法その他について包括的に捉えた十分な成果がないと判断し、本研究でそれを試みるものである。これは、施設の職員・関係者の間で長年「言語化」と称されてきたものと同義である。

これまで、「言語化」は内部者の手により、内部者、外部者のどちらにも向けて行われてきた。内部者から内部者への「言語化」は、全国規模では『教護院運営要領』やＨＢなどの指南書、あるいは事例集として著され、また、施設ごと、あるいは個人ごとでは職員間の〝技術〟の伝承・伝達のために行われてきた。一方、内部者から外部者への「言語化」は、施設の理念・理論への理解を得るために行われてきた。古くは戦前の立法化や、施設の整備のために、政府や篤志家に向けて、戦後は、設置主体を初めとする役所の人間や関連施設、あるいは地域住民等を対象として行われ、これは主として施設長や課長などの本館勤務者が担ってきたと考えられる。

先に見てきた〝寮長研究〟の多くは――特に機関誌に掲載されているものは――内部者と外部者、どちらをも対象にしながらも、しかしどちらかというと職員の側に伝えるための「言語化」――〝技術〟の伝承――という意味合いが強いと考えられる。そして外部者への説明は事例集を中心に、一般図書においても寮長の手記などが出版されて来た。これらには施設の暮らしの様子や子どもたちの変化、あるいは職員の率直な気持ちなどが描かれている。そしてもし、外部者に直接、〝施設はどんなところですか〟と問われたときは、〝一度来てみてください、そしてできたら泊まっていってください〟と――キョウゴの世界の人たちは――答えたものである。彼らは「教護する」ということが、ことばでは説明しきれないということをよく理解していたのであろう。

この方法は、設置主体側（役所側）に〝合理化〟を求められたときも行われてきたという、例えばこのような語りが聴かれた。「役人は数字を出せっていうけれど《数字を出せっていうのは役人の常套手段だ、そっちの土俵に乗ったらそれは相手の思う壺、こっちは情で勝負しなきゃ勝ち目はない》」（二〇一四年一二月、ト学園元職員）というように、職員はしばしば〝情〟に訴える方法を採ってきたのである。しかし近年、効率を求められる時代になったためか――かつては、子どもたちに良い環境を提供したいという〝情〟の価値が入り込む余裕があったが、現在はもはやその余裕がなく、より〝理〟で示す必要が出てきたのか――、筆者の元にも〝伝統的な設備や環境、しくみについて、役人が納得するような科学的なデータとか、何か有効性を示す研究成果がないものか〟というような問い合わせを施設の職員からいただくようになった（後述）。筆者のように外部者が行う「言語化」は、内部の職員のための指南書という点では具体性に欠けるが、しかし、多忙な職員に代わって過去の膨大な文献を整理することや、第三者の視点で観察した〝実践〟についてまとめることは可能である。

子どもの福祉のためには、行政と施設（そして私たち市民も加わって）が互いに〝情〟と〝理〟をやりとりし、そして〝知〟を出し合わねばならない[17]と筆者は考えている。そしておこがましいことではあるが、この研究活動がその〝理〟の部分の助けになればと願い、本書をまとめるものである。

第五節　本書の目的と構成

1．包括的な「言語化」と〃手引き〃

全国五八施設の中には創設一〇〇年を誇る施設も多く（第Ⅱ部）、施設ごとに職員・関係者などがその営みを記してきた。特に北海道家庭学校の創設者である留岡幸助は、数多くの著作を残している。このように、戦前は、それぞれの施設がそれぞれの理念・実践理論を持ち、それぞれの異なる状況に応じてそれぞれの実践を行い、そして、「言語化」もまた、施設ごとにそれぞれが行ってきたと考えられる。

それら全国施設の営みが包括的に編纂されたのは戦後になってのこと、『教護院運営要領』の発行を以てであった。『教護院運営要領』は職員の〃手引き〃として編纂されたものであるが、これが感化院時代から培われてきた施設の営みを包括的に「言語化」した初の文献といってよいだろう。そしてこの〃手引き〃は職員の間で〃バイブル〃と呼ばれる通り、理念・実践理論の土台となるものとして、児童自立支援施設となった現在においてもなお重視されているようである。

しかしなぜ、このような〃バイブル〃がありながら、職員・関係者の間では、更なる「言語化」が必要とされてきたのであろうか。というよりも、そもそも職員の間で「言語化」という表現が用いられるようになったのは、筆者が調べた限りでは、『教護院運営要領』の発行以降のことであった。つまり『教護院運営要領』という包括的な「言語化」がなされたことにより、それが一つの基準となり、「言語化」の目安となったと考えられる。

事実、『教護院運営要領』はその後『教護院運営指針』を経て、二冊のＨＢへと〃改訂〃されていくことになる（第Ⅲ部）。本書の目的は、職員の〃手引き〃の改訂版を作り上げることではないが、包括的な「言語化」を目指すことから、『教護院運営要領』を初めとするこれらの〃手引き〃を丹念に見直し、分析することは文献研究の要になると考えられた。

2. 平易なことばによる「言語化」

これまでも述べてきた通り、筆者は、「言語化」にあたって、これをなるべく平易なことばで行おうとしている。これには二つの理由がある。まず、修士論文を始め、筆者の行ってきた「言語化」を振り返ると、〝ストレングス視点〟や〝エンパワメントの関係〟など、〝福祉的〟なことばに置き換えた部分が相当部分あったということがある。これは、教護院及び児童自立支援施設が児童福祉法に依拠する児童福祉施設であることから、当初はこれが妥当だと考えたためである。次に、「感情転移と同一化」という、理念・実践理論の中心になっている用語が精神医学のそれであったため、まずはこれを〝福祉的〟なことばに置き換えることで、その実態──実は医療モデルではないということ──を示すことができると考えたためである。

しかし──これも先に述べてきた通り──施設は戦前まで単独立法であった（第Ⅱ部）ことからも明白な通り、施設では独自の理念・実践理論が培われていた。施設の多くは明治・大正時代に創設されており、我が国の社会福祉行政・制度が整う以前より実践が積まれてきている。当然、それらは戦後に輸入されたカタカナ語のソーシャルワークのそれとは異なるものであり、そのようなことばでは真の「言語化」など、当然至らないのであった。そしてこのように他分野の文言を使用していては真の「言語化」には迫りえないばかりか、用いた分野の理念・理論の影響から、時に新たな誤解を生む要因になってしまいかねない……これまでの研究活動を通じて筆者はそのように考えるに至った。

その先例としての「感情転移と同一化」にしても、これが精神医学の用語であることから、施設の営みが一見、治療モデルであるかのような誤解を与えてしまいかねない、ということがある。「感情転移と同一化」が精神医学の用語であっても、職員の行ってきたことは精神治療ではないのである。だからこそ、このことばの解釈が職員によって異なる、ということが歴史の上で起きていたと考えられた（第Ⅲ部）。そこで本書では──第三節でも述べた通り

――歴史研究を深め、「感情転移と同一化」という精神医学の用語がどのような経緯でそれまでの〝感化〟的理念と融合し、「教護する」という、施設の設備及び環境、職員の理念及び実践理論、しくみ及び実践方法が三位一体となった理念・理論となっていったのかを歴史的に明らかにしようと試みた（第Ⅲ部）。

その際、鍵となったのが『教護院運営要領』を手がけた石原登の存在である。彼は、『教護院運営要領』を編纂した後、『十代の危機　間違いのない子にする導きかた』（一九六〇年、国土社）を著している。『十代の危機』は、『教護院運営要領』と内容の多くの部分が重なるが、一般図書ということもあるのか、そのほとんどが平易なことばで書かれている。従って、本書における最も重要な先行研究の一つということになる。そのため、第Ⅲ部では『教護院運営要領』とともに詳しく分析を行った。

3．設備及び環境面の「言語化」

〝マンション教護院〟という批判

繰り返し述べるが、筆者は「教護する」ということは、設備及び環境、理念及び実践理論、しくみ及び実践方法が三位一体になったものであると捉えている。しかし、施設にとってこの三位一体の状態を継続（あるいは維持）することは、実は困難なことであるようだ。特に、設備や環境を維持することは、多くの公立施設（五八施設中五四施設が都道府県立及び市立である）にとって、難しいことと考えられる。地方の役所の側に立って理解するならば、他の社会福祉施設の多くが民営化したのに対して、児童自立支援施設は現在においても公設公営の施設がほとんど（第Ⅱ部）である。公設公営、というだけでも〝お荷物〟なのに、ただでさえ広い敷地を有し維持管理にコストがかかる上、[18]人事移動も他の部署に比べて自由にならない、中でも職員舎と施設の建築物（寮舎）が一体となった小舎夫婦制は労務管理がしにくいので廃止したい、ということである。それで寮舎の老朽化による改築に伴い、施設側に〝合理化〟を迫る、ということが多いという。

例えば、ある職員は次のように語っていた。「〝寮舎（建物）の改築に際して、寮舎と職員舎を分離し、建物を三階、四階建てにせよ、と迫られて困っている。他の職員（異業種や他種別からの移動で来た職員）は施設のことを良く知らないので、このような『マンション化』に問題性を感じていないし、施設長は「行政の人」（後述）なのでもちろん反対してくれない」（二〇一四年一〇月、X学園職員）。このような改築に際する〝合理化〟は、他の施設でも起きていた。筆者が二〇〇四年から現在にかけて訪問してきた施設においても、中舎化する、ユニット化するなどした施設があった。

　このような設置主体からの要請は、実は、教護院時代にもあったことである。特に一九七〇年代から八〇年代にかけて、このころは戦前・戦後に建てられた寮舎を改築する施設が多くあり——このころを仮に〝第一次改築ラッシュ〟とすると——二〇〇〇年ごろから現在にかけては、その〝第一次改築ラッシュ〟のときに建てられた建築物を改築する時期であり、いわば〝第二次改築ラッシュ〟であると考えられる。〝第一時改築[19]ラッシュ〟時の改築で、最も注目を浴びたのが香川県立斯道学園の改築であった。同施設は一九七一（昭和四六）年に寮舎を三階建てに改築したのであるが、多くの施設職員・関係者から〝マンション教護院〟と批判を受けた。[20] 一九七七年発行の『非行問題』一七六号においても特集として取り上げられ、同誌によると、斯道学園の場合は、単に寮舎を三階建てにしたということだけでなく、本館・「学校」・寮舎が一体となった建物になり、しかも全国初の大舎制ということ——「他の多くの教護院が採用してきた夫婦小舎制はとらず、教母単独制や、寮即学級の併立制をとってきた。現在は大舎交代制《ママ》をとっている」（『非行問題』編集部 1977：134）、また、県の福祉センター構想の一つとして多種別施設を敷地内に併設したために斯道学園の敷地が狭くなった、など、当時の教護院としては異例づくしの改築であった。同編集委員は「『これでは、子ども不在と言われてもしかたありませんね。職員の都合で翻弄されている感じがします』と発言」（同：137）しており、園長もまた、「すかさず『その通りです。これではいけないので、今、全職員でプロジェクト・チームを作って、運営の総点検をしようとしているところです』と答えられていた」（同）と、編集委員の批判を受け止めている様子である。答えた園長は改築後に赴任してきた園長であり、しかも元児童相談所の所長であった。この人事についても編集部は「相談所長が教護院長に赴任されるというのは前例はあるとはいうものの珍しい」（同：134）と記している。現在では珍しくなくなったこのような人事――施設のことを知らない、職員が「行政の人」と呼ぶ人員が行政移動によって赴任してくる――で園長になる、しかも園長が短期間で異動している、ということは――当時、寮長から〝叩き上げ〟で施設長になり定年まで勤め上げる、というのが主流であった――当時の職員（編集委員）にとっては驚くべきことだったのである（詳細第Ⅱ部）。以下、斯道学園の元職員の「随想」から引用する。

新任間も無く、老朽化した校舎、寮舎の建て替えが実現することになりました。（中略）学園改築にあたっても、現場の声は全く反映されず、まさに知事の一声で決定しました。建物の外観が、当時都会で建築されていたマンション風であったことから、マンション教護院という悪名を全国に響かせました。（中略）教育棟と寮舎を引っ付けて一つの建物とし、しかも、寮舎は二階建ての大舎制です。（中略）ひどい建物になることが解っていながら、知事に対して物申し上げられなかったことは、当時の全職員の反省であります。建物構造も施設崩壊の大きな要因になります。
今後建て替えの施設がありましたら、是非斯道学園の悪しき例を参考にされることをお奨めします。

〈垣本保（2006）「随想①　崩壊そして……」『非行問題』二一二、pp. 136–137。〉

このように、〝第一時改築ラッシュ〟のときにも〝マンション化〟や中舎、大舎への移行、あるいは夫婦制の廃止ということがあった（第Ⅱ部）。しかし、当時と現在で大きく違うのは、このような〝合理化〟に従い改築する施設がある一方で、当時は、そのようなことでは「教護する」ことが滞るとして、職員や施設、あるいは協議会の中にそれに対する批判や反対する動きがあったということである。それはつまり、彼らが実際に役所に対峙できるだけの〝力〟（後述）を持っていた、ということである。

〝マンション化〟の弊害

寮舎といえば、職員舎が寮舎の二階部分にある、などの例外を除いては、平屋が一般的である。では、子どもたちの居住スペースである寮舎を二階建て以上にすると――こうしたことも、施設の設備及び環境、職員の理念及び実践理論、しくみ及び実践方法の三位一体が崩れることになる――具体的にはどのような弊害があるのであろうか。先の〝マンション教護院〟と揶揄された、斯道学園の元職員は「以後、三十年間死角の多いこの建物構造ゆえに、無断外出、隠れた虐めの見過ごし等、施設崩壊に至る要因の一つとなったといえるでしょう」（垣本 2006：137）「荒れる子どもの対処ができない。強制引取り、家庭裁判所送致等、結果は施設崩壊、入所児童の減少です。二十年以上、児童数は十名を越えたことがありません。また、斯道学園は子どもが十名を越えると崩壊するといったことも言われておりました」（同）と振り返っている。(21)

筆者の聴き取りにおいても、〝ある施設は三階、四階建て案が出ているが、そういった寮舎は実際どうなのか〟と、元職員に聴いたところ、開口一番、「事故が心配」（二〇一四年一二月、レ学園元職員）と語った。曰く「そのような建物では子どもの命に関わる重大事故が起きかねない」（同）というのである。このように、職員の側からは、寮舎の〝マンション化〟は死亡事故にも繋がりかねない危険な改築という感覚があるのだが、このような職員の懸念は、役所の人間にしてみれば、「科学的根拠のない〝勘〟であり、データを見せろ、数字で示せ、と言われてしまった」（二〇一四年一〇月、X学園職員）ということになる。そして職員から「何かこれに対抗できる文献がないでしょうか」（同）というご要望があったので、筆者はまず、『非行問題』を中心にそれに対抗するデータや研究報告を探し始めたのである。

しかし、近年の同誌ではそれに応えるような研究報告は見当たらなかった。というよりも、設備や建築物に対する関心が薄いというか、ほとんどなくなっているようにすら見受けられた。過去の『非行問題』では、一九七三年の「沖縄県現地ルポ（一六八号）」や一九七四・七五年の「教護院探訪（一七〇・一七二号）」のように全国の教護院を同誌編集部が視察しているが、そのリポートは施設の運営形態他や子どもの様子のことだけではなく、必ず施設の概略図や寮舎図面などが掲載されており、編集部の感想や、彼らが職員に聴き取った実際の使い勝手などが記述されている。先の斯道学園が取り上げられたのは一九七七年（一七六号）の「現地特集ルポ」、その後も毎年「特集・現地ルポ」あるいは「特集・施設ルポ」が掲載され、これらは一九九六年まで続いている。これらの特集からは、いかに当時の職員が施設の設備や環境を重要視していたかが理解できる。また、いわゆる〝寮長研究〟においても、過去には、例えば寮舎の風呂が薪で沸かす風呂からガス風呂に変わったときの変化など[22]、設備や環境がもたらす影響に触れた報告が寄せられているが、近年には見られない。そしてこのような傾向は施設へ訪問した際に職員のようすからも感じることがあった。

〝合理化〟を受け入れた事情

機関誌における近年の変化、設備や環境に対する関心の薄さ、というか、教護院時代に見られた〝合理化〟への抵抗や批判が見られない、ということは『非行問題』誌上だけではなかった。実際に筆者が訪問した施設においても、寮舎が中舎化したりユニット化したりすることに関して、先のX学園職員のように、設置主体の意向に対峙しようとする職員はむしろ少数派である。というのも、日頃から役所と良好な相互関係が構築されている施設ならば、施設の意向を無視するような〝合理化〟案は提示されないし、逆に、〝合理化〟案を出されるような施設の場合、日頃から役所のトップダウンが行われていると考えられるためである。例えば、ある施設では《まぁ、小舎的中舎ってやつですね……夜間の人員（削減）のために、これ（ドア）付けて》（二〇〇七年二月、ネ学園職員）と、数年前に改築した寮舎を案内してくださった。そして、《ほとんど使わない、というか使ってない（ドア）……》（同）と見せてくださったそのドアは、二つの小舎（建物）を繋ぎ合わせたジョイント部分に設置されていた。つまり、小舎二棟を繋ぎ合わせるので実質的には小舎制で寮運営は行うが、（このドアによって二棟が繋がっているので一棟と考えて）中舎と考える、すると特に夜間の人員を減らせる――単純に小舎二棟だと夜間の人員が最低二名必要であるが、中舎なら一名で済む――というわけである。子どものためには小舎の方が良い、ということは職員自身がよく判っているため、筆者は内心、（なぜ、中舎化に従ったのか……）という思いが湧いていた。それで、小舎から中舎へ移行した経緯をたずねたところ、Y学園職員は、「中舎的（な寮舎にして）人数（定員）減らせ、と役所に言われて……《これを呑まないと（寮舎の）建て替えはなかった》」（同）と、ランニングコストを減らす代わりに寮舎を新築する、という条件だった[23]ことを明かしてくださった。

また、別の施設では、改築時にコテージ式を廃止して元の二寮（二棟）分の敷地に二階建ての建物を四棟建築した。筆者がその寮舎を見学した際、「なんだか使いにくそうですね……」と率直な感想を洩らしたところ、案内してくださった職員は、「……ここ（室内）にネット張って対応してますけどね……（中略）男子なんかはそこ（二階の外窓を指して）から飛び降りちゃいますよ（中略）……ウチなんかは、もう、（設置主体に対して）意見がいえる感じじゃなかった」（二〇一五年三月、Z学園職員）と語ってくださった。

〝合理化〟案に抵抗した例

また別のある施設では、まだ新しい寮舎がコテージ式だったので、内心、（今時珍しいな……）と感じて改築時の様子を職員に伺ったところ、改築の際、設置主体側からは二寮を繋ぎ合わせたユニット式にするように、と要請されていたが、当時の園長（今は退職している）が設置主体側と交渉して免れた、ということであった（二〇一五年三月、コ学園にて)。筆者はその退職した園長(A職員、改築当時は課長)と、改築当時を知る本館職員二名(B職員、C職員)の計三名に話を伺う機会を得た(二〇一五年三月、以下日付同)。

A職員によると、当時は役所に何度も足を運んで説得したそうである。「時には《次に(寮舎を)建て替えるまでの一〇年、二〇年、どうなってもいいなら建て替えろ!》と《喧嘩もして》、しかし、ついには(役所の意向が)《ひっくりかえって》(相手が説得されて)、逆に大変な理解を示し、『どうせならもっとよいものを造ろう』と尽力してくれた」(A職員)そうである。三人の元職員の様子から、当時の本館職員のチームワークの良さが忍ばれた。このように〝合理化〟を阻止したA職員であったが、「……けど、(敷地内の)あの銀杏並木、あれが残せなかったことだけが悔やまれる……《息子(実子)も切るのを反対したのに……》」(A職員)と語り、A職員とご家族の、施設に対する愛情の深さを感じさせた。

このように、〝合理化案〟に抵抗できた施設――それは教護院時代、児童自立支援施設を問わず――にはいくつかの特徴や共通点がある。まず、小舎夫婦制を存続しようとする意思がある場合――現行の運営形態が小舎夫婦制であり、かつ施設がその継続、あるいは存続を強く希望している場合や、あるいは設置主体が小舎夫婦制を維持しようとする意思がある、またはその理解を示している場合など――が上げられる。次に、〝合理化〟案に懸念を示す職員がいる場合――例えば現行の運営形態は交替制だが、住み込み交替制時代の《伝統》(第Ⅲ部第三章)がまだ施設に継続しており、コテージ式の重要性を熟知しているとか、本館の職員(園長、もしくは課長)がいわゆる寮長からの〝叩き上げ〟で寮生活のことをよく理解しているとか、先の例のように、寮舎を二階建てにしたときの危険性を肌で感じ取れる職員集団があるなど――である。

かつて教護院時代には、本館の役職に付いている職員(園長、副園長、課長など)が、いわゆる〝叩き上げ〟の職員で元寮長経験者が多かったため、職員側と本館側の価値観が共通しており、施設としての意見が統一しやすく設置主体側との交渉も行いやすかったと考えられる。先のコ学園は(筆者の目には新しく見えた寮舎であったが)、実は改築後一〇年以上経過しているということで、逆算すると筆者が聴き取りを開始したころ（二〇〇四年〜）と時期が重なっていた。思い返してみれば、そのころはまだ、各施設に教護院時代からの職員が残っていた。あるいはその最後の時期であったように思う。このように、職員側と本館側の価値観が共通していたことと同様に、全国の職員の価値観――それは小舎夫婦制を是とする価値観[24]に象徴される――もかつては共通していた。だからこそ、各施設と協議会との価値観が共通しており、教護院という組織自体の連帯感や結束が今よりも固く[25]、それは、設置主体の要請する〝合理化〟に対し、対峙できるだけの〝力〟となっていたと考えられる。

実は、コ学園は当時いち早く（昭和三〇年代半ば）夫婦制から交替制に切り替えた施設であった。つまり、叩き上げの寮長が本館勤務者で、さらに住み込み交替制時代の《伝統》も継承されていた施設といえる。夫婦制絶対主義ともいってよい当時の教護界にあって、夫婦制に負けない施設作りを住み込み交替制で目指した施設――このような経緯を持つ施設の職員は、しばしば「積極的に交替制に移行した施設」などと表現する（関連第Ⅲ部第三章）――の一つである。

しかし先にも述べた通り、時代を追うごとに職員の言う「行政の人」が役職に就く人事は増え続け、寮舎担当職員もまた、選考採用が廃止され、移動で着任する場合が多くなっていく、こうした傾向は児童自立支援施設になって以降、特に二〇一〇年以降強くなっていったと考えられる。このような状況下で、昨今の〝第二次改築ラッシュ〟では（教護院時代の〝第一次改築ラッシュ〟に比べて）、いわゆる〝マンション化〟に代表される〝合理化案〟に対して懸念を示す職員（先のマ学園の職員のように）は、施設においても組織においても孤軍奮闘することになりかねない。このような傾向は、今後ますます強まっていくであろう。なぜならば、冒頭に述べた通り、現行の社会福祉行政自体が〝合理化〟を「改革」の名の下に推し進めようとしていると考えられるためである。そしてこのような傾向に対して筆者は強い危機感を持っており、設備や環境の「言語化」こそ急務と考えているのである[26]。

4. 本書の構成と各部の概要

第Ⅰ部：フィールドワークの記録

本書は、序章と終章の他、四部構成になっている。以下、各部について簡単に説明する。まず、第Ⅰ部は、筆者がこれまで行ってきたフィールドワークの記録をまとめたものである。筆者は一九九六年に当時の教護院で実習を行ったことをきっかけに、二〇〇三年から同施設をテーマとした研究活動に取り組んできた。研究活動は文献研究から始め、二〇〇四年より現在にかけて継続的にフィールドワークを行っている。その間、二〇〇六年から二〇〇八年にかけては単身、函館に渡り、元教護院及び児童自立支援施設職員が代表及びホーム長を務める自立援助ホームにてスタッフとして働く他、児童養護施設に併設された児童家庭支援センターで非常勤相談員となった（注5参照）。

フィールドワークの内容は、児童自立支援施設での実習、研修、ボランティア活動、施設訪問等を通じた参与観察、職員・元職員への聴き取り等に加えて、施設及び協議会、有志による研究会への参加、または厚労省児童局主催の研究会、あるいは衆議院の院内集会等への参加及び傍聴、などである。また、これらの記録に加えて、筆者が一九九六年、教護院時代に行った宿泊実習（社会福祉援助技術現場実習）の記録も一次資料として加えた（なお、今回改めて宿泊実習を行った施設を訪問し、当時の実習記録等の使用について了承を得た）。第Ⅰ部では、これらフィールドワークの記録から、教護院時代・児童自立支援施設時代を問わず、施設で行われてきた実践について報告する。

また、このようなフィールドワークの記録を最初に置いたのは、現象（実践）としてのキョウゴの世界をまず丸ごと示すことにより、「なぜ、このようなことを行うのか」（例えば、なぜ、農業学校でもないのに農作をするのか、なぜ、不毛ともいえるような作業をするのか、なぜ、職員が住み込んでいるのか、など）という疑問を持っていただきたいと思ったからである。そして、このような視点を持って、第Ⅲ部の理念・実践理論研究を読み進めていただきたいと思ったためである。

第Ⅱ部：歴史研究――施設の設立史

続く第Ⅱ部では、主として施設の設立史について文献研究を行った。文献研究を進める内、感化院から児童自立支援施設に至る施設の設立史を通史としてまとめたものは――一一〇年以上の歴史を誇る施設でありながら――意外なほど少ないと気付いたためである。現在、全国に五八施設ある児童自立支援施設では、施設ごとに、例えば『一一〇年史』などの冊子をまとめているが、法制度と施設の成り立ちを全国規模で包括的にまとめたものはごく限られている。代表的なものに『教護事業六十年』があるが、タイトルの通り教護院時代の文献であること、当時の〝近代的な〟教護（第Ⅲ部）を啓蒙する傾向にある等の特徴がある。以上のことから、筆者はまず施設の設立史をまとめることとした。

文献は、国立公文書館の所蔵など、閲覧可能なものはこれを使用し、その他の多くはすでに出版されている図書を使用した。つまり二次資料を主とするものであるため、今回の書籍化にあたり、第Ⅱ部は省略することも考えた。しかし、次の二点を考えて、残すこととした。

まず一つは、先にも述べた通り、キョウゴの歴史を通史としてまとめた文献が乏しいためである。もう一点は、感化院から児童自立支援施設に至る施設の歴史の多く――特に教護院時代までの設立史――は、この施設の持つ理念と密接に関係していると考えたためである。例えば、一九三三（昭和八）年制定の少年教護法は、施設関係者の働きかけにより議員立法として成立した。つまり、時の職員・関係者は、その理念を具現化するために立法化を推し進める運動を行ってきたのであり、その経緯を知ることは、理念・実践理論史を当たることとほぼ同義であると考えたためである。このように、第Ⅱ部の設立史は、続く第Ⅲ部における理念・実践理論研究の土台としてそれらを支える部であると考えて、これを残すこととした。歴史研究とするにはおこがましい部ではあるが、どうぞお許しいただきたい。

第Ⅲ部：理念・実践理論（文献）研究――これまでの「言語化」の整理と分析

第Ⅲ部では、まず、第一章で、これまで発行されてきた職員の〝手引き〟四冊について分析を行った。第五節にも述べた通り、『教護院運営要領』は感化院時代から少年教護院時代までの理念・実践理論、そして実際の実践例（主に戦前の少年教護院時代の実践例）を包括的に捉え「言語化」した初の文献であり、現在においてなお、職員に支持されるものである。

このように、理念・実践理論研究を行う上で『教護院運営要領』を初めとする〝手引き〟を整理・分析しておくことは、本研究における理念・実践理論の作業方法を明確にするだけでなく、第Ⅲ部で行う理念・実践理論研究の予備学習という点でも重要である。というのも、第Ⅲ部では感化院から児童自立支援施設に至る理念・実践理論について、明治の感化院時代まで遡って文献研究を行うのである。この一一〇年以上にも及ぶ膨大な理念・実践理論史を繙くためには――そして読み進めてもらうためには――なにがしかのガイドが必要であると考えて、まず第Ⅲ部のはじめで〝手引き〟の内容を把握しておくこととした。それ以降の各章では、明治時代から現在に向かって培われてきた理念・実践理論について整理し、分析を行った。

第Ⅳ部：考察――施設に培われて来た子育ち・子育て

第Ⅳ部は、本書における核となる部である。第Ⅳ部では、第Ⅰ部で報告したフィールドワークの成果、第Ⅱ部の設立史、そして第Ⅲ部で行った理念・理論研究の成果を併せて、感化院から児童自立支援施設に至る施設に培われてきた、子育ち・子育てについて包括的に捉え、分析するもの、つまり筆者なりの「教護する」の「言語化」を試みるものである。そしてその試みを〝キョウゴ・モデル〟と名付けた。これは筆者の造語である。

この作業は、これまでの分類方法――「教護する」ためには、施設の設備及び環境、職員の理念及び実践理論、しくみ及び実践方法の三分割――を踏まえて、新たに〝キョウゴの世界〟を三つの要素、〝ワク〟、〝リョウシャ〟、〝ムラ〟に分類し直す作業、ということでもある。第Ⅳ部第一章ではこれを行った。

続く第二章では、第一章で分類したキョウゴの世界の三要素について、それぞれ分析・考察を行った。子どもの時間と空間を制限する〝ワク〟はなぜ存在するのか、そしてそれらがなぜ、子どもの育ちに寄与するのか、ゴッフマンのトータルインスティテューションに照らして分析を行った。〝リョウシャ〟については、これまでの、小舎夫婦制というしくみに集約しがちであった視点から一歩進めて、大人が子どもと〝共に暮らす〟という面から捉え直した。最後の〝ムラ〟では、「児やらい」と呼ばれるかつての村落共同体における子育てとの相違点をさぐり、施設や職員の専門性について考察した。施設はこれまで、子どもたちに「疑似家族」を提供する、ということが利点とされてきた。しかし、本来的には子どもたちが〝一人前に育ち合うしくみ〟そのもの、すなわち地域そのものを提供しようとする取り組みであったこと、そこにこそ、この施設の専門性があると筆者は捉えた。

第三章では、ワク、リョウシャ、ムラの三要素が三位一体であることの重要性を述べるとともに、改めて、これらが有機的に繋がり合った状態――キョウゴの世界――がなぜ、子どもたちの〝回復〟と育ちに寄与するのか考察を試みた。その結果、キョウゴの世界が、子どもたちに、人間の感じる、根源的な快の状態を提供するものであったこと、また、子どもたちがその〝快〟の体験を通じて自尊心を回復し、そして自ら〝育つ〟ための時間と空間を保障しようとするものであったことが導き出された。キョウゴの世界では〝共に暮らす〟ことで〝共に育ち合う〟という方法を取る。それは、暖かい〝触れ合い〟に満ちた生活である一方、大人と子ども、あるいは子ども同士でも、からだやこころの〝境界線〟を犯しやすい環境でもあった。そして、世の中の〝合理化〟や〝近代化〟が三位一体のバランスを崩してしまいやすいことや、〝問題を出させる〟キョウゴの方法は、それを排除しようとする昨今の考え方とは相容れない、ということが整理された。

キョウゴの世界では、様々な〝繋がり〟が構築される。それは、職員と子どもとが〝共に暮らす〟ことで、子どもたちと職員、子どもたちとリョウシャ、あるいは施設（ムラ）との〝繋がり〟を――この〝繋がり〟は、子どものみならず、職員の内にも構築される——育んで来たと考えられた。この〝繫がり〟は、かつて職員にとっては目的のための手段（子どもと職員の「同一化」のための第一歩）とされてきた。しかし実際に「同一化」に至ることは困難であり、その現実の中で職員は、子どもが入所している間に彼らと〝繫がる〟ことを目的とするようになってきたと考えられる。そしてその〝繫がり〟を通じて、多くの職員が子どもたちが退所した後の困難——〝退所後の人生〟——をボランタリーに支えてきたのであった。

第四章及び第五章では、キョウゴ・モデルの三位一体のバランスが崩れてしまうことへのリスクについて考察した。そのために、第四章では教護院時代に起きた死亡事件について分析し、第五章では、〝体罰〟に代表される、施設内の暴力について分析を試みた。

第六章では、現在と将来の施設に視点を移し、新自由主義的な考え方が、キョウゴの世界にどのような影響を及ぼしているのか、具体的な例を報告した。また、今後、施設がどのように変化して行くのかを考えるべく、先駆的な取り組みを行う施設の例を紹介した。

最後に本書における研究の成果と課題について整理し、これを終章とした。

注

（1）当初、従来通り「〝環境〟と〝人〟という二つの因子に分けて説明」（武 2010b：107）を試みたのであるが、博論執筆時に「この分類方法では判りにくい」との指摘を受けたため。

（2）措置、措置制度。『社会福祉用語辞典』によれば、「措置とは、行政庁が行う行政上の処分のこと。（中略）つまり、対象者と社会福祉施設等のサービス提供者とは直接の契約関係をもたない。（中略）措置制度は、戦後五〇年間社会福祉制度の根幹であった。（中略）現在、措置制度が適用される社会福祉サービスの適用範囲は縮小していく流れにあるものの、やむをえない事情がある場合などを対象として制度自体は存続している」（山縣・柏女編 2000：252）。

（3）二〇〇五年七月二九日から翌年二月二八日まで八回に亘り厚生労働省雇用均等・児童家庭局において「児童自立支援施設のあり方に関する研究会」が設置され、職員や元職員から児童自立支援施設の特徴について説明があったが、彼らの説明は正に

「教護する」ということであった。同研究会の報告書では、それらは「児童自立支援施設における自立支援についての基本的な考え方」としてまとめられている。

(4)　例えば、『社会福祉用語辞典』では福祉国家について次のように説明している。以下、一部抜粋して引用する。「その後、スウェーデンなどの北欧諸国をはじめとして福祉国家施策が先進諸国で実施され、わが国においても高度経済成長による生活・生活基盤の強化、産業政策の発達を背景に、さまざまな社会福祉サービスや社会保障制度が確立していくことになった。しかしながら、その後の世界的な不況を契機として低成長時代を迎え、一転して福祉国家は見直しを迫られることになった。(中略) わが国においても第二臨調や行革審などによって行財政システムの見直しが進められ、補助金の削除や高齢者医療の一部負担などの社会保障・社会福祉改革が推進されている」(山縣・柏女編 2000：325)。

(5)　本書出版に向けて最後のチェックをしている二〇一七年八月現在、当時の厚生労働省で九七年法改正に携わった、しかも「児童自立支援施設」の名付け親だという人物 (仮にX氏とする) に出会い、幸運にも当時の内情についてインタビューする機会を得た。筆者は率直に「児童自立支援施設という名称は、お上から下りて来た名称だと思っている」と自身の考えを述べたところ、X氏はその意見に同意してくださった。そして改めて名称変更の理由についてたずねると、X氏は、「とにかく教護院を《護りたかった》、《大好きな施設》だから」と答えた。九八年法改正時、教護院が「お取り潰しの危機」にあったことは筆者も耳にはしていたが、X氏の語りによると、筆者が考えていたよりもずっと厳しい状況だったようである (第Ⅱ部第三章)。「では、教護院が潰されないために、法改正の目玉であった『自立』を施設名称に盛り込んだ、ということですね」という問いかけに対しては《……そうだね》と答えておられた。「ある委員の人が (教護院という名称では) 暗いイメージがある、といわれ、明るいイメージにしたかった。そうすることで教護院を潰すのを防ぎたかった」ということであった。また、「児童自立」という名称に対して違和感を訴える筆者に対してX氏は《なんで？　だめ？　僕は全く違和感はないね》と言っておられた。印象的だったのは、母子生活支援施設——九八年法改正時、教護院と同じくそれまでの母子寮から母子生活支援施設に名称変更した (児童福祉法第三八条) ——については、「母子寮は絶対に『自立』としたくなかった、それだけは絶対に嫌だったから全力で反対した」と語っておられたことであった。

(6)　その他、教育機関の仕事もかけもちしていた。一年目は「ふくろうの家」と専門学校の非常勤講師及び教育大学での非常勤講師を、二年目は「ふくろうの家」と児童家庭支援センター、そして短大と教育大学での非常勤講師をかけもちしていた。このように複数の職を得たのは、当時、「ふくろうの家」のスタッフは全員無給のボランティアスタッフで運営していたため、東京から転居してきた筆者を気遣い、「ふくろうの家」の支援者である函館の方々が現金収入のある仕事を紹介してくださったためである。まったく有り難いことである。

（7）アンケート調査の質問紙配布は二〇〇六年一二月から翌年一月にかけて、回収は随時行った。報告書は「児童自立支援施設の設備と運営に関する全国調査――『教護モデル』を念頭に」と題して二〇一二年三月二〇日に発行し、全国の児童自立支援施設に配付した。インタビュー調査は、二〇〇七年北海道社会福祉士会より研究助成を受けて行った。実査は二〇〇七年八月から一二月にかけて三度に分けて、三施設で行った。その報告は、二〇一〇年七月八日発行の、社団法人北海道社会福祉士会・研究誌『道しるべ』第三号（査読付）に収録されている。

（8）例えば、修士論文のタイトルは、「「教護理論」再考――『教護院運営要領』を手がかりに」であった。

（9）通所のみで運営する施設は全国五八施設中、わずか一施設のみである。

（10）なお、大阪府堺市は二〇一二（平成二四）年三月に「堺市立児童自立支援施設基本構想」を策定し、二〇一五年現在、全国で五九番目の施設を準備中である（以下堺市公式サイトにて確認した）。URL.http://www.city.sakai.lg.jp/kosodate/hughug/seishonen_oshirase/jorei/keikaku/jiritsu_shien.html)

（11）同協議会が毎年発行（現在）している機関誌『非行問題』は、全国の各施設に当番制で編集委員が設置されるが、事例集は全国の各代表が集まって泊まり込みで作業を行う。例えば一〇巻の場合は「この事例集を刊行するにあたって（中略）三月から毎月二泊三日で、約半年の間、全国各地の教護院を会場に開催される」（全国教護院協議会 1995：224-225）とある。特に住み込み就労を行う施設職員は外出の機会が少なく、研修や事例集の編集作業などは他施設職員との交流の場となっていたようである。筆者の聴き取りにおいても、事例集の編集作業で他施設の職員と仲良くなったなどの語りが（特に年配の寮母から）聴かれた。実は、他施設の職員同士は――私たち外部の者にとっては意外に思えるほど――交流が少なく、職員は、互いの施設のことは知らないものである。特に小舎夫婦制が全盛だったころの寮母は外出の機会が極端に少なく、また、当時は携帯電話等も普及していなかったため、事例集の編集作業など協議会での全国規模での集まりは、彼らの貴重な交流の場だったと考えられる。

（12）藤井の著書『留岡幸助の生涯　福祉の国を創った男』の奥付には、「精神薄弱児通園施設・杉並児童学園、養護施設・むさしが丘学園、心身障害者福祉センター、教護院・萩山実務学校、精神薄弱児施設・東村山福祉園をへて」（藤井 1992）とあり、教護院時代に施設で働いた経歴が示されている他、本人にも直接確認した。

（13）佐々木と藤原の共著『戦前　感化・教護実践史』（佐々木・藤原 2000）の奥付による他、著者の一人である佐々木氏については直接確認した。

（14）北海道家庭学校寮長・藤田俊二の著書『もうひとつの少年期』には、学部生だったころの服部が同施設へ実習に訪れた記録が残っている（p. 195, p. 201）他、本人にも直接確認した。

（15）花島は北海道家庭学校（著書『教護院の子どもたち　学習権の保障をもとめて』奥付で確認した他、本人にも直接確認した)、小林は埼玉学園（『児童自立支援施設とは何か　子どもたちへの真の教育保障のために』奥付で確認した他、本人にも直接確認した）である。

(16)「教護院の教科書に従来記載されてきた『転移』などの問題は、実際の処遇にあっては実は極めて困難なことだったのである。児童に対して自我障害モデルを安易に適応することの危険も同様の視点によるものである」(阿部 1997：115)。

(17) 筆者は予備校時代の恩師・岡田寿彦氏（代表作『ヒマジンガーヨコハマにあらわる』などの著者）が、説得は様々な方法で行わなければならないとして、「知で訴えて駄目なら理で訴える、理で訴えてだめなら情で訴える」と語ってくださったことにヒントを得て、このように考えるようになった。

(18) 役人だけでなく、次のように語る元職員もおられた――「施設は人数の割に広大な敷地を持っている。一年で一千万以上かかってる。この自覚を職員は持て（と言いたい）」(二〇一一年五月、元職員)。

(19) 香川県立斯道学園発行「平成一八年度　事業概要」で確認した。

(20) 斯道学園長・垣本保は「『マンション教護院』と他県から物笑いの種にされてきたのは事実」と語っている（四国教護新聞二〇〇一年三月五日掲載）。

(21) なお、同施設は平成一三年に「学校教育実施にともない、前述しましたマンション教護院も改築により解消しました」(垣本 2006：139) ということである。それにしても、一九六九（昭和四四）年の改築から次の改築の二〇〇一（平成一三）年まで、実に三二年間も経過している。その間、垣本が言うような〝施設崩壊〟状態――「斯道学園に配属になった職員からは、『できるだけ早く他の職場へ転勤したい。』という声が平然とあがる状況でした。そのため二年で転勤といったことが現実に行われておりました。そんな腰掛的な人事では、子どもの自立支援などできるはずがありません」にまで至り、しかもそれが三〇年以上も続くことを考えると、寮舎の改築がいかに重要なことであるかが理解されるものである。

(22) 例えば、辻光文（1990）「小舎夫婦制の一教護として――阿武山学園に生きた日々から」『非行問題』一九六号、などがある。

(23) 施設運営の中心は子どもの措置費である。設置主体は施設の定員数で予算を算出するため、施設の定員数を減らすということは、施設の運営費が縮小されることを指す（詳細第Ⅱ部)。

(24) 例えば、「昭和四十四年、(中略) 当時学園は、小舎並立制の運営形態から通勤交替制に移行する過渡期でありました。(中略）当時中四国の教護研修会に参加しても、通勤交替制をとる私どもは、相手にされなかったというか、議論に加われなかったことを覚えております。右も左も皆夫婦小舎制でした」(垣本 2006：136)。

(25) 既にコ学園を退職していたA、B、C職員らも今でも交流があるということであった。また、筆者は一度、年に一度、全国の退職者が集まるOB会の様子を見せてもらったことがある（二〇一一年七月)。表現は不適切かもしれないが、正に彼らは

〝戦友〟であり、年に一度の集まりを楽しみにし、また、再会を喜び合っている様子であった。しかしそのOB会が、現在は人数が減少して困っている、という話を聴いたことがある（二〇一四年、もしくは二〇一五年、月日不明、また、一人ではなく数名の方から別の機会にそれぞれ伺った）。彼らの話を総合して要約すると、施設長にしても、以前は、寮長から始まって、課長や副園長を経て園長となり、退職まで施設で勤め上げるという場合が多かったが、現在は、いわゆる〝行政の人〟になり、彼らは異動で複数の職場を経験するため、施設に愛着が湧きにくく、また、退職時には別の施設であることも多いため、入会が少ないのだろう、ということであった。

(26)　設置主体の中には、善意で（施設の事業を縮小させようという意図ではなく、施設の繁栄を望んだとしても）〝合理化〟案を提言する場合もあるようだ。「改築の際、設置主体側から《要するに……あの……大舎制のような建物を言って来たんですよね。その方が合理的だろうと、要するに見えるだろうと》、子どもたちが（筆者注：子どもたちの様子が観察しやすいだろう）、《で、職員も共通認識が持ちやすいだろうと》」（二〇一〇年九月、ニ学園職員）。なお、この施設の場合は、設置主体側の〝説得〟に成功し、改築後もコテージ式の寮舎を維持できたということである。

第I部　キョウゴの世界――フィールドワークの記録

第一章　繰り返される「日常」――キョウゴの世界1

第一節　フィールドワークの概要

1．フィールドワークの概要と対象施設

対象施設

筆者はこれからキョウゴの世界を記述していくのであるが、それらは教護院、あるいは〝教護院らしい〟とされる児童自立支援施設での記録である。既に序章で述べてきたが、〝教護〟と書くと教護院時代のエピソードと誤解されがちなので、〝キョウゴ〟の語を使用することとした。また、〝職員〟についても同様に、ただ〝職員〟とし、教護院のみで働いた職員、教護院及び児童自立支援施設の両方で働いた職員、児童自立支援施設のみで働いた職員を特に区別せず一様に〝職員〟とした。それは、インタビューなどで、職員自身が自らのことを語る際、教護院時代と児童自立支援施設になってからのエピソードを区別して話していないことが多く、これも一つのキョウゴの世界を現す特徴の一つと捉えたためである。

本章の目的は、教護院時代と児童自立支援施設時代の実践とを比較する趣旨ではなく、職員が行ってきたことを、

あるいは筆者が見たり、感じ取ったりしたことを、できるだけありのままに記述することにある。このような趣旨から、教護院か児童自立支援施設かという行政的な区分はあまり意味をなさないと判断し、特に必要がない限りそれらを分けないこととした。

なお、施設名の表記等はすでに序章で述べたのでここでは省略する。

職員の表記

職員について、聴き取りの中心は直接支援職員（かつての法律上の〝教護〟及び〝教母〟、現在の〝児童自立支援員〟及び〝児童生活支援員〟等）及び直接支援職員の経験者、つまり子どもたちと実際に関わる（関わった）職員を中心に行った。また、これらの職員を〝職員〟と記述した。他の職員（臨床心理士、栄養士、看護師、事務員、その他の現業職等）の場合はそれぞれその都度明記した（序章参照）。

また、職員を指し示すことばとして〝職員〟の他、〝寮長〟、〝寮母〟の語を使用した。職員の身分や区分、そして呼び方は施設によって異なり、実は少々複雑である。例えば小舎制で男女がペアを組んで住み込み、子どもたちの直接支援を行う形態の一つである小舎夫婦制では、たいていの場合は夫である男性職員が寮長、妻である女性職員が寮母という位置づけである。しかし呼称はまた別で、職員間では寮長は寮長の場合が多いが、寮母は寮母の他、教母や保母などバリエーションがある。子どもたちからの呼び名は、寮長は寮長や寮長先生、あるいは単に先生と呼んだりする、寮母は寮母さんや教母さん、保母先生、奥さんなど、やはり呼称も施設により様々である。珍しい例では男先生、女先生、という施設もある（報告書 pp. 72–75 参照）。しかし、設置主体に届け出ている職名はというとまた別であり、夫である男性職員が児童自立支援員、妻である女性職員が児童生活支援員であることが多いが、女性職員で寮母業を行っていても児童自立支援員として登録されていることもある。ここまでの説明は小舎夫婦制の場合であり、交替制や併立制の場合はまた違ってくる。たいていは寮長やリーダーを置くことが多いが呼び名は寮長ではないなどの施設もある（報告書p.73）。

以上、職員の名称・呼称については各施設で異なり、また、そのために施設が特定される恐れもあるため、本書では〝職員〟と併せて〝寮長〟〝寮母〟とし、特に但し書きをしない限り〝寮長〟は直接支援職員である男性職員、〝寮母〟は直接支援職員である女性職員とした。

運営形態

施設でのフィールドワークに際して、改めて〝寮舎〟について書き添える。寮舎は、子どもたちが暮らす場であり、子どもたちは基本的にこの寮舎単位で行動している。寮舎の様子などについてはまた後述するが、その前に、寮舎の運営形態について触れておかなければならない。運営形態は、援助形態、支援形態、ケア形態など他にも様々な呼び方があるが本書では〝運営形態〟で統一した。運営形態は戦前の寄宿舎制や家族制度などから現在の夫婦制、単独制、併立制、交替制などとバリエーションがあり、その呼称も統一されていなかったようである。例えば夫婦制も小舎夫婦制という場合もあれば夫婦小舎制という場合もある。

また、交替制というと、現在では、職員が施設の外から通う通勤交替制と同義になりつつあるが、少数ではあるが住み込みで交替制を採っている施設（寮舎）もある。〝施設（寮舎）〟としたのは、施設の保有する寮舎すべてが同じ形態を採っていない場合があるからだ。そのため、例えば小舎交替制といっても厳密には住み込み制か交替制かは判らないのであるが、現在、通勤制といったらほとんどの場合が通勤交替制と考えて良いと思われる。また、〝通勤交替制〟という呼び方はあるが、〝住み込み交替制〟とは言わない。これは、夫婦制を〝住み込み夫婦制〟といわないのと同様で、本来は住み込みを基本とした施設であったためであろう。

更に、住み込み制にも職員の住まいによって二種類あり、a．子どもたちが暮らす寮舎の中に併設された職員舎（部屋）に職員が住まう場合と、b．施設の敷地内（あるいは施設の裏庭や隣など）に設置された職員住宅や職員官舎などに職員が住まう場合がある。夫婦制や単独制はａ．交替制はｂ．が通常である。併立制の場合は男女二人ともａ．ということは稀で、一人がａ．一人がｂ．という場合が多いようだ。交替制の内、一人がａ．その他の職員がｂ．という場合や、夫婦制だった寮が交替制に移行したために複数のスタッフの内、夫婦がａ．その他の職員がｂ．という場合も見られる。また、交替制が主たる運営主体の施設であっても、ｂ．の住み込み職員が残っていて、他の職員が施設の外から通勤してくる、という場合も見られる。いずれにしても、夫婦制や併立制に比べて、交替制で住み込み制の場合は、全員が住み込み制だったころの名残で、住み込みが一部残っている、という印象である。

どの施設でも基本となる運営形態があるが、例えば小舎夫婦制を基本とする施設であっても、寮を持てる職員夫婦が一時的に不足しており、一か寮だけ夫婦でない男女がペアを組む併立制を採っているとか、妻が産休を取っているなどして寮長が単独制を採るなどの場合がある。このような場合は、併立制（基本的には住み込み制）であっても、通勤制（二人の内一人、あるいは二人とも施設の外から職員が通って来る）での併立制という寮も見られるようになった。

以下、主たる運営形態と、その分類を簡単に書き出しておく。なお、フィールドワークは運営形態に限らず行っているが、第一章では、小舎夫婦制寮、併立制寮、小舎交替制寮などの記録を中心にまとめている。

職員構成による分類

・夫婦制：男女の職員夫婦がペアを組んで寮舎運営を行う形態。職員は住み込みを基本とする。
・併立制：夫婦でない男女がペアを組んで寮舎運営を行う形態。職員は住み込みの場合が多いが、近年は通勤する職員も見られる。
・単独制：男性、あるいは女性職員が単独で寮舎運営を行う形態。基本的に職員は住み込みである。
・交替制：職員が複数でチームを組んで寮舎運営を行う形態。チームは五人、あるいは七人など施設による。職員が施設の外から通勤してくる通勤制を採る場合がほとんどであるが、中には敷地内の職員住宅から通う例もある。この場合、チームの全員ではなく、一部の職員が住み込んでいる場合が多いようである。

職員の働き方による分類

・住み込み制：（基本的には）職員が子どもたちの暮らす寮舎に併設された職員舎に住み込む形態である。すでに述べた通り、寮舎の形態を指し示す場合には住み込み制という言い方はしない（通勤交替制という呼称はあるが住み込み交替制とは呼ばない）のが一般的である。また、住み込みといっても、寮舎内には職員の住まいが併設されていない場合もあり、その場合は、施設内やごく近くに建てられた職員住宅や職員官舎などに住まい、そこから子どもたちの住む寮舎に通う。また、住み込む職員は、寮舎運営を行う職員だけでなく、施設長や事務職など（いわゆる本館職員）も施設内に併設された職員舎に住む（住んでいた）施設もある。

・通勤制：職員が施設の外から通勤する形態であるが、運営形態の呼称としては、〃通勤制〃と単独では呼ばないのが一般的である。現在、通勤制を採る施設の多くは交替制を採っているので〃通勤交替制〃の呼称が一般的となっている。

寮舎の定員数による分類

・小舎制：定員一五名以下の寮舎を指す。しかし多くの場合は定員一杯の一五名まで子どもを入寮させることはまずないという、多くても一二名くらい、だいたい一〇名前後で調整していることが多いようである。新ＨＢによると、「八名から一〇名が理想的」（新ＨＢ：351）ということである。

・中舎制：定員一六名から二五名の寮舎を指す。しかし施設によっては入所数が少なく、中舎制寮であっても入居している子どもは二、三人ということもある（いわゆる定員割れの状態）。ではなぜ小舎制にしないかというと、建物の造りが中舎であったり、人員配置の都合上、ということもあるようだ。例えば、中舎制は子ども一人当たりの職員配置が小舎制よりも少なくてすむため、小舎制の寮舎（建物）を二つ繋ぎ併せて中舎制としている施設もある（「一か寮に一五〜二五名の子どもを指導・援助し、大舎を小さくしたもの、小舎を二つずつペアにしたものなど、いろいろ工夫され、少数の寮で施設を構成するもの」（新ＨＢ：359）ということである）。

・大舎制：定員二六名以上の寮舎を指す。中舎同様、入所数が少なく、実際の子どもが少人数であっても大舎制という場合もある。

2．先入観の統一

先に述べた通り、筆者はキョウゴの世界をできるだけ真っ直ぐに、ありのまま伝えたいと思っているが、ここで一つの問題があることに気付いた。それは、この施設について、読み手があらかじめ持っているイメージによって施設の印象が変化してしまう、場合によっては正しい情報を伝えることさえ困難になってしまう、ということであった。例えば、病院や学校は多くの人が知っていて、また、利用したことがある施設である。しかし、児童自立支援施設と聞いて、知っている人はどれほどであろうか。筆者は折に触れて、老若男女、様々な人に児童自立支援施設をご存じか、とたずねているが、多くの人はまず知らないと答える。では教護院は知っているかと問うと、中には知っているという人もいるが、しかし、その説明を聞いてみると、少年院と混同しているという場合が少なくなかった。

筆者が懸念しているのは、この施設のことをまったく知らない人、つまり先入観や差別感がまったくない人にこの施設の話をする場合である。筆者がこれから自らのフィールドワークの記録を元に語っていく施設は、穏やかで、静かで、平和な、ゆっくりとした時間と空間が広がる描写が随所に出てくる可能性がある。このような描写は、確かに施設の一場面を捉えたものに間違いない。

だがしかし、そのイメージのまま、それがすべてのように（例えば、夢のような場所だと）思い込まれてしまったら、それは施設の認知としては明らかに違ってしまうのである。例えば、極端だが具体的な例を挙げてみると、二〇〇二年には子どもが職員を襲い現金と鍵を奪って逃げ、その職員を死亡させてしまった事件が起きている、また、一九八二年と一九八七年には職員が子どもを〝体罰〟により死なせた事件も起きている。このような痛ましい事件については第Ⅳ部で改めて取り上げるが、このような事件があったこともまた、施設の一側面に間違いないのである。こうした事件は少なからず施設に対してある種の差別感を与えることになろう。

また、この施設を実際に訪れる機会のある人は、施設に用事や興味のある人であり、このような事件についても知っている可能性が高い。また、知らない場合でも、程度の差こそあれ、ある一定のイメージや差別感を持って訪問するものであり、迎える側の職員もまた、訪問者はそうしたイメージや差別感を持ってくるものだと心得ていて、そのための対応を身につけているものである。

以上のことから、筆者は、この施設のことを〝できるだけ真っ直ぐに、ありのまま伝える〟ためには、むしろ、読み手にはあらかじめ共通の先入観というか、誤解を恐れずにいえば、一種の差別感を持っていただいた方が、誤解が少なくてすむのではないかと考えるに至った。

3.「感化院に入れちゃうよ！」

では、その先入観、あるいは差別感をどのようなイメージとして統一するべきか。それはやはり実際に世間の人々の間で口伝えに語られてきた表現を用いるのが、臨場感があって良いであろう。代表的なのは「悪さをすると、感化院に入れちゃうよ」である。(1) これは筆者の母が子どもだったころ、大人からたしなめられるときに言われた実際の表現である。筆者の経験では、現在の六〇歳代以上の年配者の方々には馴染みのある表現であるようだ。

筆者は先に、施設がどれほど認知されているかいろいろな人に聞いていると書いたが、その際、教護院や児童自立支援施設は知らないが、感化院なら知っている、という人が、年配の方を中心に、少なからずいたということがあった。また、感化院を知っているかとたずねて「知らない」と答えた人に、「子どものころ、感化院に入れるぞ、と言われたことはないですか」と質問を変えると、「ああ、言われた、言われた」と思い出し、その思い出について語る人も少なくなかったのである。

では改めて、イメージの統一を図ってみよう、ここからは、是非、ご自身が子どもに戻ったつもりで聴いていただきたい。それはある日、遊び仲間の○○ちゃんに夕暮れ時、空き地や原っぱ、あるいは放課後の教室で、小声で打ち明けられるのだ――「あのね、カンカインって知ってる？　あのね、あの○○山の中にね、あるんだって、それでね、そこはね、悪いことした子やフリョウが一杯いるんだよ、だからね、悪いことするとそこに入れられちゃうんだよ」「えー、こわーい」「うん、おっかないねー」――いかがであろうか、何だかよく分からないけれど恐ろしい施設らしい、という気分になってくださったであろうか。

さて、貴方は大人になり、子どものころ聴かされた、あのカンカインを訪問する機会に恵まれた。そこは今、児童自立支援施設という名前になっていて、児童福祉施設の一つらしい――と、このような気持ちで次項以降を読んでいただければ幸いである。

第二節　キョウゴへの道

1. 手続きと訪問

施設の立地と出迎え

私が訪れた施設は駅から離れた立地に立っていることが多かった。最寄り駅というけれど、次の駅とのちょうど真ん中くらいに位置していたり、小高い丘の上にあったり、これはもう丘というより山の上だろう、と感じるような施設もあった。もっとも、社会福祉施設と病院（特に精神科病院）はこのような立地にあることは珍しくないのだけれど、この施設では、このような立地にあえて施設を置いたということである（第Ⅲ部）。

施設は、たいていはそのような立地にあるので、訪問の際は施設のご厚意で最寄り駅まで出迎えてくださることも多い。しかし、事前に電話で行った打ち合わせの時点で〝お迎え〟が決まっていることは少ない。このように書くとなんだか〝お迎え〟を催促しているようであるが、そういうことではない。基本的には自力で行くのが訪問者としては最低限のマナーであるし、また、自力で行くと、思わぬ発見があったりするので、それもまた、貴重な観察体験なのである。(2)

何が言いたいのかというと、事前に電話を差し上げたときの〝感じ〟と、訪問当日の〝感じ〟が違うことがある、ということである。〝お迎え〟のことでいえば、電話で訪問日が決まり、ではいよいよ施設までの行き方を教えてください、とたずねたときに、〝いえ、駅まで迎えに行きますよ〟と言ってくださることもあるが、とてもそっけない、というかすげない感じに対応されることもよくあることである。

そもそも施設にとって訪問者は面倒で厄介な存在であり、訪問する側も、基本的には自分が歓迎されはしない存在であることを重々承知している。そのことを覚悟した上で出向くのであるが、いざ当日になってみると、最寄り駅まで車で出迎えてくださることも少なくないのであった。出迎えに限らず、（やっぱりご迷惑だし……行くのやめようか……）と重い気持ちで出かけたのに、行ってみたら大変に歓待してくださった、ということも少なくない。

この、ヨソモノを寄せ付けない最初の雰囲気と、いざ行ってみると暖かく迎え、包み隠さず懐に入れてくださる落差にとまどうこともしばしばであった。

施設までの道のりと裏門・裏道

何度か同じ施設に通っていると、その内、施設の裏門からの道が便利だということに気付く日が来る。すべての施設でそうというわけではないが、極端な施設では、正門から行くのと裏門からアプローチするのとでは、最寄り駅が一駅違ってしまうということもあった。施設の広さは様々であるが、敷地内に複数の建物が点在するコテージ式を採用している施設なので、同じ児童福祉施設である児童養護施設と比べて敷地が広いという印象を受ける。もっと率直にいうと、余裕があるというか空間に遊びがあるという感じである。

裏門はごく小さいもので、小さな門扉は申し訳程度についているが、たいていは開け放しているか、閉まっていてもまず鍵はかかっていない、門というよりは出入り口といった案配である。対して、正門は大きな門柱が立っていかにも立派な門構えということも少なくないが、しかし門扉は開いているか、最初からない施設もある。二〇〇六年度の調査では、この門柱と門扉についても質問している（報告書p. 57）が、門扉がある、ないなどと回答していたとしても、訪問して確認してみると、実際には門扉が開いたまま錆び付いていて動かした形跡がない、などということもあった。

さて、この裏門を出ると最寄り駅への裏道になっていて、この辺りで暮らす人たちの生活道になっていることに気付く。珍しい例では、施設の敷地内の一部がそのまま地域住民の生活道となっている施設もある。(3) 筆者のような部外者は、最初は正門から入っていくのが常であるが、職員と昼夜を問わずに行動を共にする内、やがてはこの裏門・裏道を知ることになる。住み込み型の施設では、職員はその施設に暮らしているので、おつかいに出るとき、保育所に子どもを迎えに行くとき、（筆者を伴っていても）この裏門を使うのである。施設内から裏門に続く道は舗装されていないことが多く、踏み慣らされてできた道という感じで、いうなれば施設の勝手口のようなものであろう。

一度、この裏門から続く裏道を覚えてしまうと、次に訪問したときには最寄り駅からの風景がまったく違ったものになる。すべての施設がそうということではないが、極端な例を挙げると、正門から、いわば正式にアプローチしていたころは最寄り駅からタクシーに乗り、国道や幹線道路を通って行っていたものが、裏門を目指すとなると、駅に降りたらいつもとは違う出口を出て（たいていは地味な感じのする方面へ向かうことになる）、歩き出す。駅周辺を抜けるとのどかな田園風景が広がる場合もあるし、簡素な宅地に出て、そこを抜けて行く場合もある。それは施設によって違うが、いずれも施設への道は、誰かをどこかへ大量・短時間に運ぶために作られた道路ではなく、そこで暮らす地域住民の生活道を使っていくことになる。

景色を眺めながらのんびりと、あるいは最寄り駅から早足で歩いてくるとちょっと汗ばんで来るころ、前方に目指す施設が見えてくる。施設といっても建物が見えるのではない。たいていの施設はまず木というか、森が見えてくる。すると、ああ、あそこが施設だ、と目印ができて安心する。そのたたずまいは、鎮守の杜、と表現するのがぴったりである。この距離から見ると、森はひっそりと閉じているように見える。行きでも帰りでも、そこだけ音もなく、時もないかのようにひっそりと存在している。

施設への足がかり――「この人な、ほんッとに来るで」

ところで、ここで筆者がどのようにして施設への訪問の機会を得ているか、少し書いておこうと思う。

例えば、施設職員の研究会や各種大会等、全国の施設職員が集まる場に参加した際は、かつて筆者が訪れた施設職員と話をする機会に恵まれることがある。場合によっては、その集まりの後、職員と一緒にその職員の勤める施設を訪問する予定が立っていることもあった。仮に、今話している施設職員を○○さんとすると、○○さんが他の職員や他の施設の職員に筆者を紹介してくださることもある。

〝この人はな、えーと大学はどこだっけ、あ、そうそう、日本女子大学で、先生？　あ、今は学生さんなん？　ずっとな、児童自立支援施設のこと調べてはる人なんよ〟

〝あーそうなん、ほんなら今度ウチ（の施設）にも来てやー〟

〝はい、是非！〟

〝あんな、そんなことというとな、この人ほんッとに来るで。ほんま、どこでも行くんやで。マジで来るで〟最近では、こんなふうに紹介していただくと、〝はい、本当に行きます。是非寄らせてください、宜しくお願いします〟ということが多い。また後日、別の会合で再会した職員の方からは、〝ここにもいたん？　ほんま、どこでも来るんやねー〟と半ば呆れた顔をされたことも少なくない。いつのころからか、〝どこにでも来る武さん〟〝どこでも顔出すアノ人〟として認知されるに至ったように思う。

研究活動を始めたとき、筆者は何の後ろ盾もない学生で、施設に何の足がかりもなく、しかも常に勤労学生であり、資金も乏しかった。そのような境遇の筆者がフィールドワークを続けて行くためには、体当たりで、泥臭く、時間をかけて、しかしどこまでも誠実に努めるより他なかったのである。

筆者の存在は、施設にとって不可解な存在であったと思う。多くの研究者はその施設になにがしかの目的があってやって来る。しかし、筆者の場合、その目的が今ひとつハッキリしない、という感覚を持たれていたのではないだろうか。施設職員と研究者（本書では仮に〝ゲンバ〟と〝ガクシャ〟とし、〝ガクシャ〟の中には筆者のような、まだ学者にはなってないが研究活動を行っている者も含めることとする）の間には、これまでに培われてきた関係性があるが、その関係性のどれにも筆者は該当しないからである。

施設と訪問者の位置関係――ゲンバとガクシャ

まず、施設に来るガクシャは、どの方面からやって来たのか考えてみたい。第一に、医療、福祉、心理等の分野のまとまりがある。これらのまとまりのガクシャたちは、子どもそのものへ働きかけようとする研究を行っている。最近では、職員のレスパイト(4)などにも着目した研究が行われ始めているが、児童自立支援施設を対象とした研究はまだ少ない。彼らは施設にいる、あるいはこれから入るであろう、子どもたちの特徴や問題性に着目し、彼らの治療やケア等について考えている分野の人たちである。この場合、ゲンバとガクシャの目的は一致しており、施設職員自身や、ゲンバとガクシャが共同で行う研究も少なくない。ガクシャは知識と〝臨床〟との間を埋める作業ができるし、ゲンバは〝使える〟知識や手業を学ぶことができる。両者にはそのような補完的な関係性が成立しているか、その可能性がある。

次に、法学分野が挙げられる。この分野のガクシャとゲンバとの接点は、主として〝子どもの権利〟という接地面が窓口となっている。両者は〝子どもの権利保障〟という目的で基本的に一致しているが、施設内虐待などを巡って、時にガクシャがゲンバを啓蒙する、あるいは痛烈に非難する、場合によっては告発することもあるので、ある種の緊張状態が生じる場面も見受けられる。

最後に、歴史研究の分野が挙げられる。歴史研究を行うガクシャは、主として施設に保存されている（あるいは保存されているとは言いがたい状態の）資料を発掘することが重要な目的になる。発掘した資料をどのように扱うかはガクシャの倫理意識に依る部分が多く、例えば、施設の歴史的資料を発掘、整理、保存、展示に至るまで整えた、というガクシャもいれば、資料を借りてそのまま返却しないという者もいたそうである。また、施設が提供した資料が、ゲンバにとっては思わぬ解釈を加えられて発表される、ということも時にはあるようだが、これはどの分野の研究成果においても起こり得ることである。いずれにせよ、歴史研究の分野のガクシャが対象としているのは資料であって、子ども自身や、職員や施設運営等、つまりゲンバそのものを対象としないので、ガクシャとゲンバの間は直接的な影響を与え合わない、という関係性になる。

以上、ごく簡単にガクシャの分類、及びゲンバとガクシャとの関係性についてまとめてみたが、筆者はこのどの分野のガクシャの立場にも分類されない存在であるため（そもそも単独で来る学生である）[5]、ゲンバにとっては大変不可解な存在として認知される、それが常である。

2. 本館――施設の関所であり砦

正門から本館へ

初めて訪問する施設の場合、まずは正門から入って行くことになるだろう。正門は、立派な門柱がそびえているが、扉は常に開かれている。守衛のような者も立っていない。正門を通過した訪問者が次に目指す（あるいは案内される）のは〝本館〟と呼ばれる建物である。

門から本館までは、少し坂になっている場合が多い。北海道家庭学校では、門柱だけの門（門扉のない門）から本館まで、平和山の方向へ向かって川沿いにひたすら歩くことになる。その道は「三百間道路」と呼ばれており、道中にはいくつかの林や住宅や建物があり、左側の奥には牛舎が見える、と、正しく〝道中〟というのにふさわしい道のりである。しかし、他の多くの施設ではそこまでの規模ではない。門を通ると林やグラウンドが見える程度で本館である。門から本館まですぐ目と鼻の先、という施設もある。

この本館は、一見、小さな学校のように見える場合もあるし、学校に例えるならば、事務室の入っている建物、事務棟や管理棟等と呼ばれる建物のように見える場合もある。どの施設もだいたい鉄筋造りで観音開きの重たい硝子のドアがあり、玄関にはスチール製の下駄箱が並んでいる。玄関には色あせた帯が結んであるトロフィが飾ってあったり、子どもたちが書いた絵が飾ってあったり、また、こういう施設はあまりないけれど、立派な額に飾られた大きな油絵がかけてある所もあった。玄関には土足のまま用事が足せる小さな窓口があり、来訪者は、そこでちょっと腰をかがめてその窓口をのぞき込み、硝子の引き戸を開けて中にいる人に声をかけるようになっている。

本館には、施設長室や会議室、応接室、事務室や職員室などが併設されていることが多い。そしてこれがこの施設に特徴的な設備であるが、本館は「学校」を兼ねている場合が多い、というか、本館は実質、施設の中にある「学校」である。「学校」については各章で詳しく書くのでここでは省略する。

施設に住まう子どもたちにとって本館は「学校」と同義であるが、訪問者にとって本館は、いわば関所のような場所である。その関所たる詳細は後述するとして、見学者はこの本館で施設の説明等を受けた後、〝では、施設内を案内します〟と職員に伴われて、いよいよ施設内見学へと移行する。

このときの〝いよいよ〟という感覚は、案内する側、される側、双方が持っているようである。すなわち、本館の中はまだ完全な〝施設内〟ではなく、その奥が〝いよいよ〟施設内である、という感覚を双方が共有していると考えられる。先に書いた通り、門を開け放している施設なので、正門から本館までは施設内外の差が判りにくい。本館はたいていの施設で正門から最初に見える建物であり、その裏側は見えないような造りになっているため、自然とそのような感覚を持つのであろう。なお、近年では子どものプライバシー保護の観点から、施設見学では、子どもの居ない空間を案内することが多くなったようである。寮舎は案内せず、見学は本館（学校）だけ（子どもが居ない空間の見学のみ）という場合もあるようだ。

キョウゴの「保護」感覚

では、本館の関所機能に話を戻そう。訪問者はまず本館の応接室や施設長室などに通されて、そこで管理職の職員から施設の説明を受け、それから施設見学に移るのが一般的である。いわば訪問者はここで人物を改められるわけである。流石にボディチェックはないが、ボランティアの学生や実習生など、子どもたちと直接対面する可能性のある人物や入所している子どもと年齢の近い訪問者には、服装、頭髪、アクセサリー等のチェックがあることが多い。これは、学生を送り出す大学側――例えば社会福祉士国家資格取得のための社会福祉現場実習の実習生は、茶髪・化粧・派手な服装・マニキュア・アクセサリーの類は身につけない等、指導を行っているのが通常である。それらが守られていない学生はここ（本館）でお引き取り願う、という場合もあり、また、実習中にそのようなことがあればその時点で実習を中止する、ということもある。これらのことは、施設種別に限らず（児童自立支援施設での実習に限らず）、すべての社会福祉施設での現場実習に共通したことである。

このようなドレスコードに加えて、児童自立支援施設の場合は、特に、荷物の管理や貴重品の持ち込みをしない等の確認が為される場合が多い。よく、団体で見学を行う際には——それは社会福祉施設には限らないが——〝貴重品だけ持って部屋を出てください〟などと指示され、詰め所に荷物を置いて出かけることが多いと思われるが、児童自立支援施設では逆である。見学などで本館を出る場合には、貴重品を始め、不要な荷物はすべてここに置いておくような指示を受ける場合が多い。その場合、所定の袋に訪問者全員の貴重品を集めて金庫に保管することもあるし、一つの部屋を提供して部屋ごと鍵をかける場合もある。いずれにしても宿泊を伴わず、しかし本館の外に出回る訪問者の荷物は、このように本館で管理されるのが一般的である。

筆者はある施設（後述、猪原学園）でボランティア活動を行う際、司法修習生とともにこのレクチャーを受けたことがあった。その際、その司法修習生が、〝貴重品をここへ置いておくということは、ここの施設の子どもたちがやはり窃盗癖があるから紛失する、ということですか〟と質問をした。そのとき、職員は次のような説明を行った。

> 確かに、この施設に入所している子どもの中には、万引き等で入所している子どももいます。でも、今は施設の中で暮らしているので万引きはできません。けれど、もし、ここに（手近な所を指差しながら）財布があったら、その子はもしかしたら手に取ってしまうかもしれない。でもそこに財布が置いてなければ、子どもたちは財布を盗むことはありません。万引きしてしまうのは万引きしてしまうような環境があるからです。私たちはそのような環境から子どもたちを護っているのです。
>
> （二〇〇四年から二〇〇六年にかけてのボランティア期間中）

この説明を聞いた司法修習生は最初、ポカンとした顔をして、その後ちょっと複雑な表情をしていた。おそらく、彼は、悪いことをした子どもたちを閉じ込めている施設にやって来たと思っていたものが、悪い環境から子どもたちを護っている施設なのだと聞かされたため、ポカンとしてしまったのであろう。もっというと、あなた方がその悪い環境を作り出してしまうおそれがあると言われたのだから、彼が複雑な表情をしたのも無理からぬことである。このエピソードは、キョウゴの独特の保護感覚を象徴するものであったと思う（この独特の保護感覚については、また第Ⅳ部第一章で詳しく述べる）。このような保護感覚に照らしてみると、派手な化粧や服装、喫煙をする実習生などは、施設の子どもたちにとっては有害な環境の一つということになるのである。

外部者の視線と職員の視線

訪問者の所持品について、特に実習生の場合は煙草の持ち込みをしないよう、念押しされることであろう。喫煙者は禁煙してほしいという説明を受けることもある。その理由として、思わぬ事故の元になるから、という説明に加えて、〝子どもたちも、ここで暮らして一生懸命（煙草が吸いたいのを）我慢しているのです。だから、煙草の匂いがすると、とても可哀想なんです〟というようなことを話す職員もいた。

ちなみに、この〝事故〟ということについて、このころの筆者はまだ理解が浅く、火事や火傷などを想像するくらいだったのであるが、その後、ゲンバの人たちの言う〝事故〟には、いわゆる「ムガイ」（無断外出。子どもたちが施設を抜け出してしまうことをいう。詳細については後述する）など、設置主体等に〝事故〟として届けるものが含まれる、ということが後に理解された。[6]

また、メモ帳や筆記用具を持って見学に出ようとする見学者には、それも置いて行ってほしい、と説明する施設（職員）もある。職員は、その理由として、子どもたちにとっては見学者が何をメモしているのかわからないので、とても気になるし、何か自分の悪いことを書いているのではないかと誤解してとても傷ついてしまう場合がある。それに万一、そのメモを落とした場合、それが元で思わぬ〝事故〟に発展しかねないからできれば置いて行ってほしい、と話すのであるが、その職員の表情にはことば以上に訴える物がある。先の煙草のときと同様、〝それはしてくれるな、あんまりだから〟という哀しい表情を浮かべているのであった。

筆者は、かつて、自らが社会福祉現場実習を行う実習生であったし、また、実習助手として実習指導を行った経験から、施設種別に限らず、どんなにメモしたいことがあっても施設内でのメモは取らないことにしている。〝施設は、施設で暮らす人たちに取って生活の場である。通常、自宅のお茶の間に知らない人が大挙して見学に来る、ということがあるだろうか。そこで暮らしている人の立場に立ってみれば、見学者は生活の場にずかずかと入り込んでくる迷惑な存在なのだ〟というような教育を受けて来たし、またそのように実習生を指導して来たからである。

しかし、他分野の人たちの施設見学に何度か同行する機会があり、メモを取りながら見学しようとする団体の、意外と多いことに気が付いた。特に筆者の印象に残っているのは、ある教育学科の学生であった。その学生はＡ４の用箋挟みにレポート用紙を挟んでそれを左手に構え、右手に筆記用具を持って、筆記具の先を用紙に付けながら、つまり今、正に、メモを取ろうとする状態で子どもたちの住む寮舎へと歩き始めたのを見て、（このようなスタイルは、学校や幼稚園における授業観察などでは一般的に行われているのであろうか）と非常に驚いたことがある。このような見学者の様子について、筆者は今、批判的に書いたかもしれないが、そのような態度や振る舞いは、筆者を含め、訪問者は無意識に取りがちである。職員は、こうした訪問者の不作法や、その裏に隠されている差別感のようなものについても配慮し、常日頃、子どもたちを保護しているのである。

なお、先に述べたように、近年はプライバシー保護の観点から、子どもと顔を合わせないような見学コースを設ける施設が多くなっており、それに伴ってか、見学の際の見学者への注意事項も以前より省略された内容に変化しているようである。

第三節　出会いと受容

1. ひとまず引き受ける

さて、訪問者が施設内を見学するだけでなく、実習や研修等で宿泊を伴う場合は、本館にもう少し滞在することになる。たいていは、指導課長や生活課長などと呼ばれる職員、あるいは副園長などが訪問者の対応に当たり、滞在中の注意事項の確認や、訪問者の書いた「研究計画書」なるものを改めたりする。また、施設長など責任者に面会する機会が与えられる場合もある。その際、何故、貴方はこの施設で実習（あるいは研修や調査）を行いたいのか、十分な時間を与えられて説明を求められることもあるが、ごく簡単な場合も少なくない。

このような（形式的な）手続きを経て、シーツなどを借りたりした後、訪問者はこれからお世話になる寮舎担当の職員へと引き渡されることになる。本館の職員が寮舎に案内してくれることもあるが、寮舎の職員が本館まで訪問者（ここからは筆者）を迎えに来る場合も多い。

迎えに来た職員――今回は寮長（男性職員）としよう――は、身元改めが終わった筆者を引き取るが、この際、先の「研究計画書」も身柄とともに受け取ることもある。いずれにせよ本館からの引き継ぎはごく簡素なもので、筆者の所属と名前くらいなものである。

寮長は本館を出て、筆者を伴って寮舎へと続く小道を歩き出す。そして歩きながら、（この人は一体何者なんだろう、何の目的でここに来たんだろう）という疑問を抱くのであろう、筆者に宿泊の目的をたずねたり、それとなく訊いたりするのであるが、本館からの道のりは短く、すぐに我が寮への引き込み道にさしかかってしまうのであった。

するとたちまち彼の顔は〝寮長〟の顔になり、視線は前方の寮舎へと鋭く照射される。今、寮舎内で何が起きているのか、子どもたちの様子は、寮舎の雰囲気は、これからの日課の段取りは……と、五感を研ぎ澄まして寮舎内の気配や雰囲気を感じ取ろうとしているのが見て取れる。そうこうしている内に私たちは寮舎に到着してしまい、（まぁいいか、とりあえず）という感じに寮長は筆者の身の置き所を探してそこへ筆者を置くと早々と立ち去ってしまうのであった。

その後、筆者の滞在中に、時間を作り、改めて来訪の目的を訊かれる場合もあれば、そのまま最終日まで全く触れられない場合もある。訊ねられた場合、筆者はもちろん、誠意を持って答えるのであるが、先にも述べた通り、残念ながら上手く説明できた、と実感したことはこれまでなかったように思う。つまり、誤解を恐れずに極端なことをいえば、寮舎側は（おそらく本館側も）筆者の来訪理由が明確にならないまま、滞在期間中、筆者を寮舎内に置き続けるのである。このような、〝ひとまず引き受ける〟、〝とりあえず寮に置く〟という感覚は、キョウゴの世界を説明する上で重要なことである（第Ⅳ部第一章参照）。

2. 配寮——寮舎の一員として受け入れる

本館からの道は各寮舎へと続く小道へと枝分かれして行く。枝分かれした小道の先には各寮舎があり、各寮舎にはそれぞれ名前があり、表札が出ている。寮舎の名前は番号で一寮、あるいは男子二寮とか、石上館（北海道家庭学校）や愛宕寮（京都府立淇陽学校）など、それぞれに縁のある名前が付けられている場合もある。また、職員間では、担当職員の名字を取って○○寮などと呼び合う施設もある。

寮舎は横長の平屋で庭付きが多く、低い垣根で囲われており、庭には物干し竿がいくつか渡されて沢山の運動着などが干されている。庭の様子は寮舎によって違い、花壇が整っている寮舎、バスケットのゴールが置いてある寮舎、池を作ってアヒルを飼っている寮舎など、それぞれに特徴がある。

垣根越しに庭側から建物を眺めると、建物は横長で大きな掃き出し窓が並び、ごく一般的なサッシが入っている。

たいていはこの掃き出し側が南側で日当たりが良く、掃き出し窓と同じ面に一間ほどの玄関が付いている。施設によっては玄関脇に手洗い場があり、夕方など、作業を終えた子どもたちが洗濯板を使って靴下などを洗濯している光景を目にすることがあった。

玄関を入るとたいていはスノコが敷いてあり、野球のスパイクや運動靴等が下駄箱に綺麗に並べられ、玄関が乱れていることはあまりない。入り口には寮母がパッチワークしたタペストリーや、○○寮などフェルトで縫い付けた愛らしいのれんが下がっている寮舎もよく見かける。手荷物を事務室や執務室、公務室と呼ばれる小部屋（以下、事務室に統一、第二章）に置かせてもらい、いよいよ寮舎生活体験の始まりである。

子どもたちとの対面は、寮舎に入る時間によって違って来るようだ。自由時間ならば、〝おーい、みんなちょっと集まってくれー〟と、寮長が寮舎内の子どもたちを集めてくれることもあるし、食事の時間ならば筆者の食事を用意し、食卓に着かせてからのこともあった。あるいは午後の作業時間中ならば、とりあえず作業にまぜてもらうこともあり、その場合は子どもたちの誰かが必ず筆者の世話をしてくれるのであった。このようにして初日の晩は暮れていくことが多い。

そしてたいていの場合は翌朝の朝礼などで施設全体に筆者が紹介されることになる。ラジオ体操を終え、施設長のお話の後、あ、そうだった、という感じで最後に〝△△寮に実習に来た武さんです〟などと紹介されることが多い。つまり筆者は配寮された寮舎の〝お客様〟として紹介され、その寮舎はいうなれば施設内における筆者の身元引受人のような存在となるのである。これは、例えば教育実習――筆者は高等学校で教育実習を行った――などで受け持ちのクラスを紹介されるのとは全く異なる感覚である。それはいうなれば、学校のクラスは、学校の中にクラスがあるけれども、寮舎は寮舎がまずあって施設があるという感覚を持つのである。不思議なことに寮舎というものは、施設からある程度独立した存在なのである。

寮舎ということばは寮舎という建築物のことを指し示したり、あるいは施設内での生活単位のことを指し示すときに使用したりするが、誤解を恐れずにいうと、寮舎とは、寮舎それ自体が意思を持った生き物のように感じられて来る、本当に不思議な存在であり、キョウゴの世界と寮舎は切っても切り離せない深い関係にあるのであった（第二章第三節）。

このような寮舎の不思議については、今後、適宜説明して行くこととするが、ともあれ筆者は（仮にではあるが）[7]配寮された寮舎の一員として施設内に周知、認知されたのであり、この寮舎とともにこれからの生活が始まるのであった。

これより以降、筆者は施設に滞在中は配寮された寮舎と行動を共にすることになる。今、筆者は〝寮舎の人たちと行動を共にする〟ではなく、〝寮舎と行動を共にする〟と書いたが、それは書き間違いではなく、本当にそのような感覚を持つのである。そしてこれもまた不思議なことに、短期間であっても〝配寮〟された寮舎には帰属意識のようなものが芽生え、それは後々も継続するのであった。筆者の中には〝〇〇施設で実習した〟という感覚ではなくて〝△△寮で過ごした〟感覚が残っており、その後、その施設を思い出すときには、〝△△寮〟を中心にその施設のことを思い浮かべるようになるのである。

3．入寮――一員になるためのセレモニー

子どもの入所

以上、これまでの筆者の体験（施設で宿泊する際の初日の様子）を回想して来た。では、入所する子どもの場合はどうであろうか。筆者が白馬学園（仮名）で実習を行ったとき（一九九六年七月二五日から八月七日）は、筆者の実習初日に、偶然その日に入所した子どもがいたのであるが（第三章）、そのときの印象では、筆者とあまり変わらない扱いというか、筆者が入所者とあまり変わらない扱いというか、そんな印象を持ったものである。そしてこのときの印象は、その後、他の施設で宿泊した際もさほど変わらないのであった。

事例集では、入所の際、寮長が本館に子どもを迎えに行き、共に寮舎へ向かう情景がしばしば書かれている――例えば、「竜田道夫は、逃走の危惧があるというので、児童相談所での一時保護はせず、警察から直接学園にやってきました。児童福祉司につれられ、本館の事務室で簡単な手続き[8]をとり、私の寮舎にくるまで、道夫は一言も口を開かず、射るような目つきで周囲をあちこち眺めていました」（事例集③：22）――などを読んでその情景を想像すると、寮長は本館から誰であれどんな人であれ、ひとまずは引き受けて自分の寮舎へ連れて行く――そんな印象を受けるのであった。

なお、児童福祉施設へ入所する場合は、児童相談所が保護し、子どもは入所施設が決まるまで（その間は、子どもの判定や施設の選出・調整などが行われる）は、一時保護所（これは児童相談所に併設されている場合が多い）で、受け入れ先が決定するまで生活し、その後、施設に入所する、という経路を辿るのが一般的である。しかし、教護院・児童自立支援施設の場合には――特に教護院時代の「非行」相談のケースでは――先の「竜田道夫」さんのように、〝保護したらすぐに教護院に連れて行く〟ということはしばしばあったようである[9]。つまりは子どもにしてみれば〝つかまってそのまま施設に入れられた〟という状態であり、「動機づけのない強制的な入園のケース」（事例集③：67）ということになる。このような場合、国立武蔵野学院のように、入所してしばらくは鍵のかかる部屋（観察寮[10]）で過ごせればそのようなことはないが、多くの施設では最初から一般の寮舎へ配寮されるので、入所直後はムガイが多くなる。そのため（これは児童自立支援施設になってからは特に）、入所の意思を固めるまでは入所させないとか、入所時のオリエンテーションを強化するなど行って来たようである。以下、ある施設（ト学園）の入所時の様子を元職員（A職員）に伺った。

武　：入所のときは寮長が本館に迎えに行くのですか。
A職員：（子どもが）本館に来たら、オリエンテーションをね、調査課長や役職（の職員ら）それから学校の校長

（武注：ト学園は分校制なのでそこの校長のこと）、寮長……一〇人くらいで（行う）。それから寮長が（寮舎に）連れて帰る。

武　：着替えは寮で、ですよね？　家族とは本館まで……ですよね？

A職員：家族も（寮舎まで）来るよ。

武　：あ、家族も寮舎まで一緒に来るんですね。着替えは寮舎で……ですよね？

A職員：寮舎に来てから。（そのとき）変な服だったら（保護者に）持って帰ってもらう。

武　：あ、そのときに（脱いだ）洋服を保護者に持って帰ってもらうんですね。

（二〇一五年八月、ト学園、A元職員）

配寮は〝巡り合わせ〟

本館で、いわば〝入所〟の手続きを済ませると、子どもは職員に連れられて（施設によっては家族も伴って、あるいは場合によっては児童相談所の職員が連れ添って）配寮された寮舎へ向かう。子どもにとっては〝入寮〟である。入寮の前には配寮（子どもを寮舎に振り分ける作業）があるのだが、この方法が筆者にとっては大変な驚きであった。てっきり、職員会議か何かで話し合って決めるのかと思っていたのであるが、たいていの施設では、〝順番〟なのだという。つまり、子どもと職員の、あるいは寮舎内の子ども集団のマッチングをすることはなく、機械的に順番だというのである。このことについてある職員は『巡り合わせ』と語った。「施設で起きることはすべて巡り合わせ、『新入生にしても巡り会い』」（二〇一一年七月、キ学園、A元職員）というのである（第Ⅳ部第一章）。このことも併せて先のト学園元職員（A職員）に伺った。

武　：入寮……配寮については順番だと伺っているのですが。

A職員：順番だね、概ね、ね。同じ学校（原籍校）とか、地元が同じとか、仲間とかきょうだいとか……そういうのがあったら別にするけどね、そういうのがなかったら、順番だね。

（二〇一五年八月、ト学園、A元職員）

つまり、配寮の際、最も配慮されるのは、子どもの入所前の人間関係ということである。同時に複数の子どもが入所するときはもちろん、先に入所している子どもの中に、かつての遊び友だちとか、あるいは敵対するグループなどに属する子どもがいる場合は、入所そのものを検討するし、入所することに決定した後は基本的には別々の寮舎になるように配慮する、ということである。このことは重要な点であり、事例集では、一時保護になった子どもが児童相談所に『教護院に入所するか、住む場所を県外に移し、仲間関係を断ち切りなさい。』と決断を迫られ」（事例集⑤：161）て、実際に住居を移した、という例が報告されている。つまり、施設入所自体が子どもたちの環境を変えるという面（狙い、目的、詳細第Ⅲ部）があるので、入所後に元の環境の人間関係を再現するような入所や配寮は極力避ける、ということである。事例集では帰省や退所後に過去の人間関係が再開して、いわゆる「不良行為」を繰り返してしまう例が多数報告されている。(11)

入所時の〝儀式〟

一般的にも〝最初が肝心〟ということばがあるが、施設にとっても、子どもにとっても、入所する日が特別な日であることは間違いない。どのような種別の施設であっても、入所型の施設であればこの日は特別な日である。しかし、キョウゴの世界における入所の場面は、また別の――これは適当な言い方かどうか定かではないが、一種の通過儀礼的な――意味合いが含まれているようだ。その中から、最も具体的で象徴的と思われる例を以下に挙げる。

入所したらね、最初の三〇分が勝負なんだ。ウチ（の施設）では入所した日の内には丸刈りにする。すると、こーんな（手で頭にとさかを思わせるようなゼスチャーをして）、マッキンキンのモヒカンやら、いや、最初は嫌がるよ、すごく嫌がって暴れたりするけどね、でもやっちゃうと、なんだか（子どもが）ほっとして、暴走族で肩いからしてるようなやつでもね、こう、ほっとした表情になって、なんだか本当に子どもらしいね、かわいーい顔になるんだ。

（二〇〇五年一〇月、ロ学園、A職員）

女子の場合では、入所の際、それもまだ保護者のいる間に長く伸ばした髪を切る様子が事例集に報告されている（事例集⑨に収録された「がんばれ、お母さん」の事例、「みえ子」さん）(12)。こうした入所時の手続きは散髪だけではない。先に述べた通り、入寮の際には服を着替え、化粧などしている場合はそれを取る。入寮後しばらくは、電話や面会なども制限されることになる（関連・報告書 pp. 89-99）。〝丸刈り〟は、現在では子どもの権利擁護に反する行為とされており、《ヘ学園では坊主は早くから止めてる》（二〇〇六年九月、ヘ学園職員）という施設もある。しかし、先のロ学園のA職員は、子どもが《ほっとした表情になって、なんだか本当に子どもらしい》顔になる――「それまでのポジションから肩の荷を降ろすように、ほっとした表情になる」――ということが語られている。

また、先の事例集⑨の「みえ子」さんの例では、「しばらくすると、みえ子は少しふっきれたのか、たんたんと職員に、着る物や持ち物について質問をしていた」（事例集⑨：37-38）というように、身支度を調えることで気持ちが切り替わって行った様子が描かれている。先にも述べた通り、〝丸刈り〟を代表とする、髪型や服装の制限は、現在では子どもの権利を侵害するとされている。しかし、職員らはそこに意味を見出しているというか、このような入所、あるいは入寮時の手続き――筆者はこれを通過儀礼のようだと感じた――は、これを行うことによって、子どもたちのその後の施設生活が円滑になる、というか職員にとってそれは逆で、これをやらないと子どもがなかなか落ち着かない、ということを経験として知っているのであった。

そしてもう一つ、着目すべき点がある。それは職員が入所する子どもを〝子どもらしい〟〝かわいい〟と思う、という点である。このような例は事例集にも報告されている。(13) へ学園でこのエピソードを聴いたときの筆者は、ただ単にくりくりの坊主頭になった子どもたちを思い浮かべて〝微笑ましいなぁ〟と感じたに過ぎなかった。実際、へ学園を始め、坊主頭やおかっぱにしている子どもたちは、年齢より若干幼くあどけなく見えるし、愛らしい顔つきをしているのである。しかし、文献研究を進め、その上で職員に聴き取りを行ったときに改めて先の語りを思い出す、あるいは再び同じような語りを聴くなどしたときに、そのことの持つ重要性——職員と子どもとの〝出会い〟、初めて対面したときに、子どもの担当者である職員が、そのときまず子どもを〝子どもらしい〟と思い〝かわいい〟と思うこと——について理解するようになって行った（第Ⅲ部及び第Ⅳ部参照）のであった。

4. 子どもたちの印象

さて、寮舎の中ではだいたい一〇人前後の子どもたちが暮らしており——彼らは職員から〝子ども集団〟〝児童集団〟あるいは〝寮集団〟などとも呼ばれているが、ここでは〝子ども集団〟とする——この子ども集団は、どの施設でも中学二年生年齢の子どもを中心とした年齢構成となっている。だいたい中二の夏休み以降に入所して、中三が終わるまで預かり、中卒年齢で退所させる、というのが一つのパターンになっているようだ。また、施設では〝最低、一年半はいないと効果が出ない〟といわれ、中学三年の後半になると入所を敬遠することが多い。

このように、子ども集団は中学二年生年齢の子どもを中心に、小学生や中学卒業年齢（〝中卒児〟〝高齢児〟などと呼ばれる）の子どもがいる場合もある。なお、中卒児年齢の子どもについて、最近では中卒児年齢の子ども専用の寮舎である高齢児寮——〝中卒児寮〟〝自活寮〟などの呼称もある。本書では〝高齢児寮〟に統一——を設置する場合が多く見られるようになった（ちなみに、二〇〇六年度の調査では一九％の施設が高齢児寮を設置していた。報告書p.32）。

筆者が初めて施設――当時は教護院――を訪れたのは一九九六年、そのときには女子寮に〝配寮〟された。夏だったので子どもたちはみなよく日焼けしており、そこはかとなく子どもっぽい、と感じたのが施設の子どもたちの第一印象であった。

その後、二〇〇五年に別の施設を訪れたときには、施設長から「ウチは小学生も一杯いるのが自慢だよ」（二〇〇五年九月、ト学園、B職員）と説明を受けた通り小学生が多く、その折には（こんなに小さな子が……）と、幼いというよりはいたいけな感じがしたものである。ある男子は大人びたいっぱしの口調で――彼は自分がギャング団の一味なのだということであるが――彼の語る〝悪事〟の数々に相槌を打っていると、思わず抱きしめてしまいたくなるような痛々しさを感じた。そして、一九九六年の時も小学生は居たけれど、こんなに幼い感じだったろうか、これは筆者が年を取ったせいだろうか（初めて教護院を訪れたときはまだ二〇代であったが、このときは三〇代後半になっていた）、と思ったものであった。

職員からは、最近の子は小さいとか、か弱いということが聴かれるが、筆者も同様の印象を抱いている。近年は、特に男子は華奢な体格の子どもが多い、と感じており、中には肥満気味の子どももいるが、全体的に同年代の子どもたちに比べると体つきが華奢で、小さいというよりも年齢に応じた成長に至っていないという印象を受ける子どもが増えたように感じている。二〇〇五年一二月にカ学園を訪れたときは、特に男子が華奢な印象を受けた。同施設職員からも、異口同音に「弱っちぃ子が増えた(14)」などと語られた。特に教護院時代から働いている職員は、いわゆるツッパリに代表される、「不良の子」が減った、という印象を持っており、これについても同様に、一見して「不良」と判る素振りや目つきの子どもは減っていると筆者の目にも映った。

しかし時代を通じて感じることは、子どもたちはみなそこはかとなく子どもらしく、幼く、可愛く、愛らしい、ということである。というのも、彼らは皆、男子寮はいわゆるいがぐり頭や坊ちゃん刈り、女子寮はいわゆるおかっぱやショートカット、もしくは髪を黒いゴムで後ろに一本で束ねて縛っており、いずれも黒髪で、整髪料やアクセサリーなどは一切身につけていないので、同年代の子どもたちに比べて幼いという印象を受けるのかもしれない。

そして、一寮に一人くらいは知的な遅れを感じる子どもか、現在でいうところの軽度発達障がいと見受けられる子どもが見られることが多い。また、一寮に一人くらいはなんとなく他の子どもと違う感じのする子どもが見られる。その子は一人だけ他の子と頭髪が違っていたり、言葉遣いが違っていたり、あるいはやたらと元気が良かったりして、つまりは〝ちょっと浮いている〟様子の子どもである。その子は配寮されて（入所して）まだ間もない子どもであり、筆者に積極的に話しかけて来る子どもに多いという印象である。

5. 子どもたちの過去

ケース記録の閲覧

筆者の施設での初めての実習、白馬学園での実習では、子どもたちのケース記録（児童簿）を閲覧させてほしい旨を願い出ていた。申請後、幾日かの後に許可が下り、その機会を与えられた。そのときのことを筆者は鮮明に覚えている。昼下がり、筆者が配属された寮の寮長がファイルを保管している部屋へと案内してくれた。筆者がケース記録を閲覧している間、寮長は傍らの椅子に腰掛けて壁の方を向いていた。

以下は、プライバシー保護の観点から、このときに閲覧した内容に加えて、後に筆者が複数の施設の職員から聴き取った内容を区別なく記述するものである。まず、子どもたちの入所理由（これを主訴という）には、万引きや家出徘徊、そして不純異性交遊や買春に関する行為（ちなみに、当時は「援助交際」ということばはまだなかった）等、「非行事実」が記されていた。しかし、その理由には、俗にいう〝不適切な養育環境〟が必ずといって良いほどセットになっていたのである。〝不適切な養育環境〟の内容は様々で、いわゆる〝養育に欠ける保護者〟──、保護者の貧困、それに伴う借金の取り立て、保護者家族の疾病、あるいは家族がいわゆる〝ヤクザ〟であるなど──そして保護者や家族による虐待――それは肉親からの性的虐待を含む――であった。

そして家庭裁判所の決定による入所の場合には、ほぼ全てのケースで、この〝不適切な養育環境〟が決定理由の一つとして記されていた。つまり、入所の決定は、本人自身の非行事実だけでなく、というよりもむしろ子どもたちの暮らす生活の場が不適切だという理由で判断されているのであった。それは逆をいえば、同じような罪や〝非行事実〟であっても、保護者に十分な養育能力があると認められた場合には、保護観察処分となり、家庭に返される場合があるということを意味していた。

今でこそ、毎日のニュースで子ども虐待の報道がされるようになったが、一九九六年当時の日本では、まだ〝虐待〟ということばそのものがあまり使われておらず、教護院に入所している子どもたちは「不良」や「非行少年」といった、どちらかというと加害者的なイメージで語られることが主流であった。

〝養護施設の子は悪くないけど、教護院の子は子どもが悪くて入所している〟このような認識というか空気は、当時の教護院の職員にもあったし、また、筆者の所属した大学の社会福祉学科の中にもあったように思う。確かに、当時の教護院には、地域の暴走族のリーダー格とまでは行かないが二番手あたりの子どもや、中学校を代表する「不良」の子どもが多く入所していたのも事実である。

しかし、そうした子どもたちの多くは、その背景に〝不適切な養育環境〟があり、彼らは被虐待経験を持つ被害者という面も持っているということである。特に「女子非行」と呼ばれる事象の中には〝望まない妊娠〟があり、それによる中絶手術などの例も見られた。つまり、彼らは十分に傷付き、また、中学生年齢の子どもが経験するにはあまりに痛ましい経験を持つ者が多数であったということである。

筆者の立ち位置

このときの、ケース記録の閲覧を経験したことにより、筆者は第二節で書いたように、〝ここは悪いことをした子どもたちを閉じ込める施設ではなく、悪い環境から子どもたちを護っている施設なのだ〟ということの意味を、肌でというか、情の部分で理解したのであった。

この体験は、その後、筆者が研究活動を始めたときの研究スタイルに大きく影響することとなった。筆者は、大きく以下の二点を守り、その範囲内で研究活動を行うこととした。まず、子どもたちのケース記録を自ら望んで閲覧しないこと、職員へのインタビューなどでも、特定の子ども（特に今現在寮舎内に暮らす子ども）については入所理由や養育環境その他についてはたずねないこととした（なお、職員の側から自然と語られた場合についてはそれらを聴き取った。また、聴き取ったことをメモした場合には、その保管については十分注意し管理することとした）。

次に、子どもたちから筆者が直接話を聴くようなインタビュー調査は行わない、という決断をした。それは子どもたちのプライバシーに配慮するということだけでなく、子どもたちに調査が与える影響が計り知れず、予測が付かないと判断したためである。

筆者は本書において、キョウゴの世界をただありのままに受け止め、観察・記録し、その世界を理解・分類し、分析・考察を行うことを目的とした。それはこの立ち位置――子どもの過去をたずねない、子どもに直接インタビューをしない――を最も生かした研究スタイルだと判断したためである。また、使用することばでスティグマ性を伴う用語については、「不良」「非行」など、「　」を付けて表記することとしたのも、このときの体験があったためである。

仮面適応

職員が口にすることばの中に、「仮面適応」というものがある。これは子どもの状態を指すときのことばであるが、簡単にいうと〝良い子のふり〟や〝当たり障りのない態度〟を取ることをさす。

施設に子どもたちが入所した直後、子どもたちは日課やルールを守らない、あるいは反抗的な態度を示すものであり、それが次第に変化して、職員曰く「日課に乗った生活」「リズムのある生活」が送れるようになり、表情や言動も次第に穏やかになるとか、あるいは逆に、入所直後は口数も少なく、大人しくしていたものが、馴れるに従って粗暴な態度に変わって行く、などの変化を見せるそうだ。このような期間を経て、やがては落ち着いた生活が送れるようになるといわれている。しかし、入所後間もなく、〝大人しい〟態度や日課に乗った〝フリ〟をして、表面上は日課やルールを受け入れたかのように見える場合がある。この状態を「仮面適応」と呼ぶようである。

新ＨＢでは子どもの「問題行動（トラブル）」（『新ＨＢ』：121）について、「ⅰ 初期の問題行動」（同）、「ⅱ 少し生活に慣れてきてからの問題行動」（同：124）、「ⅲ 安定後、比較的後期の問題行動」（同：126）、「ⅳ 問題行動の事後指導」（同：127）に分けて説明しているが、その内の、「ⅰ 初期の問題行動」の項目の中に「表面的に迎合的態度をとり、その場を切りぬけようとする」という項目がある。このことは、職員が「仮面適応」ということばで表現しているものではないかと考えられる。

また、子どもによってはこの「仮面適応」は、施設を退所するまで続く場合があるということである。また「施設馴れ」や「里親崩れ」ということばもある。聴くからに痛々しいことばであるが、これは職員の語りを総合して考えると、乳児院や児童福祉施設、あるいは里親家庭などで過ごした経験が、彼を傷つけ、その傷付きが深く、容易に人とは打ち解けることができない状態、あるいは職員との関係性を育むのに容易ではない状態などを指すようである。そうした子どもの中には「仮面適応」の状態が長く続く場合があるということであった。

第四節　キョウゴの一日

1．日課を中心とする暮らし

寮舎での生活は、日課、あるいは生活日課（以下日課）と呼ばれるタイムスケジュールに沿って（というか従って）

動いている。一日は日課に沿って行われ、日課をこなすことで一日が終わる、という塩梅である。この日課が先の〝リズムある生活〟の基本となっている。おおまかに説明すると、午前は「学校」で座学、午後はグラウンドや畑で「作業」もしくはスポーツ、それ以外は寮舎で過ごす。「学校」のクラス分け以外では寮舎単位での集団行動が基本である。

まず、一日の日課は起床から始まる。中には起床時間の定められていない施設もあるが、たいていの施設では起床時間と就寝時間が定められており、起床時間から就寝時間まで、子どもたちは終日、日課に従って行動する。起床時間は六時～六時半の間が多く、日曜日は三〇分程度遅くなる施設が多い。起床の後、子どもたちは自分の布団を上げて洗面、身支度を調えて掃除をする。掃除はほうき、はたき、雑巾などを使って子どもたち全員で掃除をする。（二〇〇四年当時はまだ）木造の寮舎が多く、掃除の道具も掃除の仕方も昭和を感じさせる趣であった。掃除の後は施設全体で集まっての朝礼、ラジオ体操などを行い、その後、マラソンなどする場合もある。

朝礼が終わると次は寮舎に戻って朝食である。ホールと呼ばれるダイニングに食卓を作る。長机を寄せてビニール製のテーブルクロスを敷いて各自の席を作って配膳する。食事の場面はまた別途詳細を述べるのでここでは詳しく書かないが、施設内の食堂から〝食缶取り〟などと呼ばれる係が予め調理された物を運んで来て、汁物などは寮舎内の炊事場で暖め直して食べる施設が多い。ご飯だけ寮内で炊く、という施設もある。また、パン食のこともあり、その場合はトースターが二、三台並び、子どもたちは順番にパンを焼く。食事の時間はだいたい二〇分くらい。支度に手間取ると食事の時間は更に短くなる。食事が終わると一斉に片付けをする。食器は寮舎内にある炊事場で洗うことが多い。テーブルは台拭きを使って拭く。筆者は同時期に大学の調理実習の助手を行っていたのであるが、大学生の中には台拭きを知らない学生も多かった（第二章第二節）ことを考えると、中学生年齢の彼らが台拭きを持つ姿はなんだか立派に見えて来る。食器洗いも自分たちで行うが、当番制で行う寮舎が多い。このとき、簡単に掃き掃除をする寮舎もある。

片付けが終わると子どもたちは「学校」へ行く支度をする。この「学校」は、いわゆる学校教育法の、あるいは教育委員会の、あるいは地元の学校ではない。分校制を採る施設もあるがキョウゴの世界では、施設の中に「学校」があり、そこでは寮長が先生を務めている。子どもたちが「学校」へ行くときには部屋着からその「学校」の制服に着替える。着替えが終わると玄関の前に整列して点呼を取る。見送りに出た寮母に〝行って参ります〟と挨拶をして寮長とともに施設内にある「学校」へ登校する。寮母は子どもたちが登校すると寮舎内の仕事をしたり寮母会へ出かけたりする。

午前中の「学校」が終わると子どもたちはまた寮舎ごとに集まって寮舎に戻って来て部屋着に着替えて昼食の支度をする。このとき、寮長から簡単に午後の予定が伝えられることがある。昼食が終わるとまた食卓を片付けて掃除をする。午後の日課の時刻は決められているので、速やかに配膳、食事、片付け、掃除を行わないと昼休みが乏しくなるし、昼食の時間が短くなることもある。

午後はまた作業着などに着替えて「作業」に出かける。「作業」についてもまた他の章でも書いて行くが、農作業や園芸、木工など身体を動かす作業を中心に行う。「作業」の代わりにスポーツを行う場合も多く、特に行事や大会が迫っている場合などは子どもたちが率先して練習に興じる。「作業」でもスポーツでも、午後の日課が終わると子どもたちは皆、泥だらけになって寮舎に戻って来る。

寮舎に戻ると子どもたちはまた部屋着に着替えてくつろぐ。その際、おやつが出る施設もある。午後のおやつが配食されない施設でも、朝食や夕食で出た飲み物等を冷蔵庫で冷やしておいたものを飲んだり、筆者の体験では、夏休み期間だったからなのか、毎日のようにアイスバーが配られた施設や、寮母が手作りしたおやつを出してくれたこともあった。また、夏期にはおやつの後、午睡の時間があった。白馬学園ではみんなでホールに並んで寝ていたように記憶している。保育園の〝お昼寝〟のような光景を見て、ここは子どもの施設なんだなぁと妙に感じ入ったものである。まるで、幼児期を取り戻すかのように子どもたちは安眠していた。

午睡がない季節は自由時間である。ホールのカーペット敷きの所や小上がりなどで、テレビを視たり好きな音楽を聴いたり、その音楽に合わせて唄う子もいる。元気に庭で遊ぶ子もいれば静かに漫画を読む子もいて、居室のベッドで寝転がる子も見られる。一年を通じて、この時間帯が一日の内で一番のどかな印象である。

夕方になると寮内は少し慌ただしくなる、洗濯物を取り込んでたたんだり、あるいは汚れた靴下を外の洗い場で洗濯板を使ってこすったり、夕食の支度を手伝ったりと各々家事をする。そして配膳の時間になるとまたテーブルクロスを敷いて椅子を並べ、ホールの中央に食卓を作る。配膳が終わり、皆が揃うと寮長が長机の短い辺の席（いわゆる〝お誕生席〟）に座り、〝いただきましょう〟のことばをかける。寮長は一家の主、家長といった体である。寮母が職員舎（第二章第三節）で作ったおかずをもう一品、足してくれる場合もあった。夕食後は食器を洗う係、掃除をする係などに分かれてそれぞれ分担して片付ける。

夕食後は自由時間兼入浴時間となり、子どもたちはそれぞれにくつろぐ。この時間帯は居室に入る子は少なく、たいていはホールで各々楽しんでいる。ホールのテーブルを卓球台代わりに卓球を始めた夜もあった。スポーツの大会が近い場合は練習をしたいと、子どもたちから職員に願い出て、トレーニングに励む寮もあった。入浴は一人一〇分～二〇分程度、居室ごとや二人ずつなど、順番に寮内の風呂に入る。施設内にある風呂場へ行く場合は寮舎ごとに全員で風呂場へ向かう。風呂上がり、寮長を先頭に洗い髪の子どもたちが一列に並んで歩く姿はなんとも愛らしい。寮舎内に風呂がある場合は入浴後パジャマに着替える。

そして夜九時ごろには二度目のおやつが出る。このときは寮母が紙皿等に市販のスナックなどを盛りつけて各自に配る。その後は日記をつけたり勉強したりして過ごし、歯磨き等就寝準備を終えてもう一度皆ホールに集まって着席する。そして就寝前の集まり（反省会等）を終えて挨拶して就寝となる。就寝の際は、各々、居室と呼ばれる小部屋に分かれて休む。居室は二人部屋、四人部屋、六人部屋など施設によって様々である。居室の入口は硝子の引き戸が多い。日中はこの引き戸を開け放している施設が多いのであるが、就寝後は閉められて消灯する。

このように、寮舎の一日は日課に沿って繰り返され、また、日課に沿った一日はかなり忙しい。基本的には午前「学習」、午後「作業」のシンプルな予定なのであるが、食事は基本的に寮舎で摂るのでその度に食卓を作り、終わった後は片付けから掃除までその都度行うし、着替え一つ取ってもパジャマから部屋着、部屋着から制服、制服から部屋着、あるいは作業着（体育着）、作業着から部屋着、部屋着からパジャマと、日に何度も着替えるし、洗濯や風呂掃除などの家事も自分たちで行うので、一つ一つの動作が機敏でないと日課はこなせないという印象である。

2. 作業とスポーツ

暮らしの労作、あるいはスポーツ

キョウゴの朝はマラソンから始まる、というイメージがある。実際、朝食の前に走った記憶が多い。そして昼食の後は「作業」やスポーツ等、身体を動かす日課が中心となっている。スポーツはどの施設でもさかんに行われ、行事もスポーツに関するものが多い。野球大会、ソフトボール大会、マラソン大会、寒冷地のスキー大会など、施設内の大会だけでなく、野球のように全国の児童自立支援施設での対抗戦にして、ブロック大会、全国大会へと勝ち進んで行く競技もある。また、施設の大会だけでなく、地域の大会や、中体連やスポーツ少年団の大会に参加する施設もあった。寮舎の壁には、冬はマラソン、夏は水泳の記録がグラフになって貼り出されている光景をよく目にする。大会前、特に夏休みなどには朝から練習が始まり、午後も練習、夕方も練習、夜まで練習に打ち込む。職員が熱心に指導し、子どもたちを引っ張って練習している場合もあるし、子どもが率先して練習に打ち込んでいる場合もある。寮舎の壁には自己ベストの記録や距離、あるいは目標とするタイムや距離等のグラフが張り出され、大会前は寮舎全体が、そして施設全体がその競技に取り組む雰囲気一色で盛り上がる。

このようにスポーツがさかんに行われるようになった反面、キョウゴの「作業」としてかつてはメインだった農作業は縮小傾向にあるようだ。筆者の聴き取りでは、〝指導者がいなくなってやめてしまった〟というような施設(15)もあったが、規模は縮小しても農作業や園芸などを行っている施設は少なくない（筆者が行った二〇〇六年度の調査では、「寮の農場」の保有が五八施設中三三％、「施設の農場」の保有が七九％〈重複回答あり〉であった。報告書 p. 41）。筆者も複数の施設で子どもたちに教えてもらいながら畑をおこしたり、草むしりをしたりしたものであった。

ちなみに、大規模な農作業を行うことで有名な施設といえば北海道家庭学校である。同施設では園芸や畑作業を行うのみならず、酪農まで手がけ、飼育した牛から絞った牛乳でバターまで作っているのであった。[16] 毎朝の〝牛乳取り〟の当番が、朝靄の中、各寮に牛乳を運んでいる姿は、北海道家庭学校の風物詩の一つであろう。自分たちで食べるものを自分たちで作ることも然る事ながら、北海道家庭学校では施設そのものすべてが手作りということである。筆者が畑作業に加わったときのことである、大量に出た雑草を運ぶ木製の台車をふと見ると、そこに名前が刻み込まれていた。よく見るとそれらの署名は〇〇部の連名であり、おそらく制作年月日と思われる日付が記されている。このような署名は様々な道具に刻まれており、中にはもう擦れて読めなくなりかけたものもあった。北海道家庭学校では、食べ物のみならず、彼らが使っている道具や彼らが住んでいる建物まですべて歴代の子どもと職員の手によるものであり、[17] それらは土木部、木工部などに分かれて施設内の整備その他に当たっている。[18] 土木工事から作業道具に至るまで作業は正に〝本物〟なのである。このように、〝手作りの生活〟ともいえる暮らしを送っている施設は北海道家庭学校だけではない。例えば、第二章第二節で報告する鹿山学園では薪で沸かす風呂を持っている。このような施設では、子どもたちは薪割りや風呂焚きの作業も行う。これらの作業は午後の日課である「作業」時間の他に行われる、暮らしに密着した、正に生きた労働であり、暮らしの労作である。

「作業」の一コマ――白馬学園の例

白馬学園（仮名、実習期間は一九九六年七月から八月にかけて）では、畑がなかったので農作業はしなかったが屋外に小さなプールがあり、夏期は、午後の日課の「作業」時間にプール掃除を行っていた。プールは当時、おそらく防火水槽を兼ねていたのであろう、浄化槽が設置されていなかった。また、水着が傷むとの理由から塩素も入れていなかった。そのため、プールの水は一日、二日もすると苔で緑色になるので、その都度、プールの水を落としてプール内部に生えた苔を束子で一つ一つこすり落としていた。苔落としに使っているのは昔ながらの亀の子束子であり、洗剤なども一切使わないために苔はなかなか落ちず、女子寮ということもあり、これは結構な重労働であった。

このようにかなり頻繁に、しかも長時間を苔落としに費やすことを考えると、水泳のために苔落としをしているのか、苔落としをするために水泳をしているのか解らなくなって来る。（このプールは――水泳のためというよりはむしろ――苔落としのためにあるのかなぁ……）と思ったのをよく覚えている。今思い返すと、そのどちらも重要だったのだろう、と思えるのであるが、当時の筆者にとっては徒労というか、なんとなく不毛な労作、という感じがしたのである。しかしながら、こうした作業はいつの間にか無心になってやってしまうもので「終わり」の声でようやく腰を上げると、もう大分陽が傾いていることに気付く、というのが常であった。なんとなく、気持ちがスッキリしており、理屈ではなく、「作業」の大事さのようなものが解りかけた気がしたものである。

このように、（こんなこと、意味あるのかなぁ……）と「作業」に疑問を感じていた筆者に反して、子どもたちの方は集中してプール清掃に取り組んでいた。ちょっとしんどそうなのはまだ入所後期間が浅い子だけで、他の子どもたちは不平不満を言う子もおらず、その様子がなんというか、普段のときと比べてちょっと意外なほど肯定的であった。（施設生活が長くなると従順になってしまうからなのかなぁ……）そんなふうに考えてもみたが、それだけでは説明し尽くし難いものがあるような気がしていた。作業が一息ついたとき、偶然目が合った子に、「大変だね……」と話しかけると、その子は亀の子束子を持ったまま、《ううん。やらなきゃならないことだから》と、これもまたちょっと意外に（失礼ながら）立派な返答であった。このときの「ちょっと意外な感じ」をその後、筆者は長年持ち続けていた。

午睡が終わった後、日が暮れるまでプール清掃は続いた。「終わり」の合図で我に返って顔を上げると、先ほど話しかけた子も腰を上げて笑っている。こちら側からは逆光で、大きな目がキラキラして頬についた泥が渇いて白くなっていた。なんというか、少し誇らしげな、本当に晴れ晴れとした笑顔である。（そういえば、あの子は水泳が好きなんだったっけなぁ……）と思い出しながら、——そうか、あの「作業」は子どもたちに〝やらされてる〟感じがまったくなかったんだ、だからいつもと（例えば寮舎の掃除などと比べて）様子が違って見えたんだ——と思いついた。それと同時に、筆者は無意識に、プール清掃は他の作業に比べて〝キツい〟のになぜ……？　と考えていたことに気付き、ハッとしたのであった。

作業、特に農作業の有用性

フィールドワークを通じて、筆者は「作業はやってみると理屈なく気持ちがスッキリする」という体験をした。それは、いつの間にか集中してしまうことと、例えば草取りや掃除などはやった成果がすぐに目の前で見えることから、ある種の達成感や満足感が得られるからではないかと思っている。そして、特に農作業や草取りなどは、土や草を触ること自体が何となく気持ちの良いものであった。フィールドワークの中でも筆者は「作業」の時間が好きで、それも朝清掃などよりは午後の時間をかけて行う「作業」の方が好きで、無心になって終わると日が暮れている……その感覚が何ともいえない安心感というか、一緒にやった子どもたちとの一体感というか、〝さあ、片付けてお家（リョウシャ）へ帰ろう〟という感じになるのが良いのかもしれなかった。

ある職員（ワ学園、B元職員）は「作業」は便利だと語っていた。特に農作業や山仕事などはバリエーションが豊富でスポーツなどにはない優れた点があるという。B職員の語りでは、寮長が「作業」をツールとして、それぞれの子どもたちに劣等感を感じさせることなく達成感を得る体験を提供していることがよく表れている。そのためには、一人一人の子にマッチングさせることが必要なので「作業」の内容も「《全員で天地興し》みたいな感じよりも、やることが一杯在る方が良い」（二〇〇七年八月、ワ学園、B元職員）ということである。

ネタが一杯あった方がやっぱり楽ですね。そういう意味ではやっぱりやれることが少ないのってやっぱり大変です。（中略）だってスポーツって努力で決まらないじゃないですか、ハッキリいって。どんなに下手な子が一生懸命日々努力してても、突然やって来た、運動神経の良いヤツにコロッと負けちゃうっていうのがスポーツだから、アレもうどうしょうもないですよね。

（二〇〇七年八月、ワ学園、B元職員）

けど作業の場合は、その子にあった仕事っていっくらでも与えられるってところがあるので、同じ山仕事の中でも、山仕事の中にものすごい一杯バリエーションがあるわけじゃないですか。力の要る仕事と、力はなくても気の利く子が良い仕事、気が利かない子でも黙々と続けてくれれば良い仕事といろいろあるわけですよ、タイプが、山仕事には。その本人に合った所をやらせて、例えば力はなくても、ずっとその、蔓草を取っているとかですね、ずーっとまめに仕事を続けることができれば成果が出るような仕事ってあるわけなんで、それもその子にあったものっていうか、あるいはあえてその、そういうのが足りないから力はあるけれどもこっちをやらせるとか、そういうのはもちろんありますけどね、いかにもバリエーションってありますよね、その子に合った、その子の特性にあったバリエーションがあって、それの中からどれかを、その子にあったものをやらせて、その子なりの達成感を味わうってことができますよね。うん。野球とかやっててすべての子にそんなに……野球、もともとすっごい、運動苦手で、身体動かすことが苦手な子に、まぁ、無理矢理やらせる分もあるとは思いますけれども、それでもやっぱり、劣等感を感じなきゃいけない場面って、多分出て来ますよね、そういう……意味では、本人なりの達成感みたいなものを、こちらが考えさえすればほとんどの子に味わわせることができるっていう意味では「作業」ってすごく便利なんですよね。勉強だったって、一生懸命やったって、できないって子だっていっくらでもいるわけですよ。(中略)……それなりにやり方あるんでしょうけれども、「作業」みたいに、他のこと……まぁ、割と……うん、と……人員除去せずに、みんながよくできたっていうふうに思わせるっていうことができるって意味では「作業」ってすっごく便利なもの……

(二〇〇五年七月、ワ学園、B元職員)

3．指導の三本柱と「学校」

施設の中の「学校」

施設内には「学校」があることについては先に述べた。施設では「生活」、「作業」、「学習」の「指導の三本柱」という考え方(第Ⅲ部参照)があり、「学校」で行われる授業はその内の「学習(あるいは「学習指導」)」に位置づけられており、これは主として座学を指す。しかしながら、「学習」は「学校」でのみで行われるということではない。「指導の三本柱」とは、「生活」、「作業」、「学習」が有機的に結びついた状態(第Ⅲ部)を指すのであり、従って、「作業」の時間に行ったことを「学習」に結びつける、あるいは「作業」そのものが「学習」の上に成り立つ、というのが本来の「学習」の姿といえる。なお、「学校」で行った「学習」の成績は、原籍校(子どもたちが入所前に在籍していた地域の小中学校を指す)と振り替えられるが、午後のスポーツが原籍校の体育の科目に振り替えられるなども行われているようだ。なお、原籍校との単位振り替えについては長年問題となっており、このことは第Ⅱ部で詳しく述べる。

「学校」の学級編成は、能力別や複式や複々式など、そのときの子ども集団に応じた学級編成が行われている(報告書pp. 35-36)。なにしろ、公立高校のように〝入学〟時期が一定ではない上に、学力が遅れている子どもが多いので、「学校」ではそれぞれに工夫が必要なのである。「学校」での座学は教科教育を基本とするが、特に教護院時代には、その内容は施設により様々であった。教員は寮長を中心に、非常勤の職員や教員などが授業を行う。この方法はキョウゴの世界で行われて来た伝統的な方法で、「職員方式」あるいは「教護方式」と呼ばれている。その他、地元の教育委員会から教員を派遣してもらって授業を行う「教員派遣方式」や、地域の公立小・中学校の分校や分教室を置く「分校方式」、あるいは施設内に公立学校（学校教育法による学校）を設置する「本校方式」などがある。筆者が二〇〇六年に行った調査では、職員方式が二八％、分校・分教室方式が五三％（報告書p. 37）であったが、現在は更に分校・分教室方式が増えている（終章）。

「学習」の一コマ――白馬学園の例

筆者が初めて泊まり込みの実習をした白馬学園（仮名、実習期間は一九九六年七月から八月にかけて）では、体育（スポーツ）を中心とする日課が組まれており、実習期間中は夏休み期間だったということもあり、座学はほとんど行われていなかった。つまり、教科教育としてはほとんどが体育に相当するのであるが、週に一度、音楽の時間があった。以下はそのとき（実習開始一〇日目）の回想である。

音楽の時間は外部講師が担当していた。外部講師は一目見て音楽家（声楽家）という雰囲気の年配の女性であった。大きな身体に黒と赤のドレス風のワンピースを着て、髪も化粧も整えられていた。もしかしたら、今再会してみたらそれほど大柄な体格ではないのかもしれないが、当時の筆者には、彼女の圧倒的な存在感と迫力から、そのように感じたのだった。講師の女性は子どもたちに一切媚びることがなく、始終固い表情であった。その様子は気高く、指導は厳しかった。子どもたちは他の場面では見られないほど集中しており、その集中は最後まで切れることがなかった。そのため、講師はただ歌唱指導だけに専念すれば良いのであって、叱ったり、たしなめたりする必要が一切なかった。

そして音楽の時間が終わると、子どもたちの緊張が一気に解けていつもとは違う笑顔を見せる。そこはかとなく、皆の顔が上を向いている。頬はいつもよりも少し高い位置で張り、赤く染まっている。微笑んで半分になった目から見える黒目はいつもより少し大きく、黒目がちに見える。茹で立ての卵のような、と表現したら良いのだろうか、高揚した顔がつるつるして、湯気が立っているように見える。胸も張り、姿勢も良くなっていて、その良い姿勢のまま、微笑み合いながら、さえずるように音楽室から出て行くのであった。

子どもたちが教室から出た後、筆者は講師に恐る恐る話しかけた（何しろ、授業中はそれほどすごい気迫だったのである）。すると講師はゆるやかに微笑んで、《生徒たちはね、音楽の時間をとても楽しみにしているの》と言った。先ほどまでの厳しい表情が一転し、とろけるように柔和な顔であった。インタビュー中、講師は情熱的だがしずかに、そして穏やかに話をした。筆者は、講師もまた、授業中はかなりの緊張を持って臨んでいるのだということが感じられた。子どもたちの学力が低いから理解できないだろうとか、音楽家を目指していない人たちだから簡単な教材で良いだろうとか、そのような妥協が一切感じられない、立派な態度であった。

よく、施設の子どもたちは人を見抜くことに長けているといわれるが、このように、講師が〝本物〟であればこそ、子どもたちは講師に敬意を払い、より真摯な態度で授業に臨むのではないだろうか。彼らには〝本物〟に教えてもらっている、という自負があり、その分、自分が尊重されているのだ、と肌で感じることができるのであろう。そして講師が〝本気〟であれば子どもたちはより真剣に授業に集中し、そこに真のおもしろさ（interest）を感じ取るのだと筆者は思った。他施設においても、陶芸、書道、茶道などを行っており（報告書 pp. 92-94）、外部講師を招いて授業やクラブ活動を行う施設もある。外部講師（お茶の先生）による茶道を取り入れている施設職員によると、やはり茶道の時間は《すごく集中している[19]》、とのことであった。

4．ルールは絶対的な秩序

生活全般を定める手順とルール

先にも書いた通り、日課を通じての生活は大変に規律正しく、その生活は朝から晩まで分刻みで予定が組まれている、という印象である。そして日々の生活には沢山のルールがある。それは煙草を吸わない、喧嘩をしない、などの〝大きな〟ルールだけではなく、頭髪や服装等が定められているのはもちろん、生活型の施設のため、生活全般の手順とルールが何事をするにも一つ一つ、細部に渡って決められているのである。例えば、食器の下げ方一つ取っても、皿や茶碗を重ねる順番から、食器を洗い場まで持って行く順番、食器の洗い方、拭き方、仕舞い方、食器を拭いた布巾の洗い方から干し方まですべて細々と決まっているのである。

そして、そのルールは、私のような実習生にも適用される。先にも書いた通り、筆者の最初の施設体験は、学部時代に白馬学園で行った社会福祉援助技術現場実習であった。子どもたちは（将来の指導員ということで）筆者のことは一応、「先生」と呼んでくれてはいたものの、実際は〝新入生〟の体で、筆者は毎日、〝先輩〟である子どもたちに教えられ、時には叱られながら、日課とルールを覚えなければならなかったのである。これは後に職員へのインタビューで知ったことなのであるが、寮長・寮母でさえ、担当になったばかりのときには、もともとあった寮舎のルール（これを「寮舎の文化」などと呼ぶ）を身につけない限り、寮舎運営どころではなかったということである（第Ⅳ部）ので、それは当然のことであった。

ある朝、こんなことがあった。襖やガラスの引き戸の敷居を雑巾がけしていると、敷居の角に鼠色の塊があることに気付いた。何だろう、と思ってよく見てみると、それは綿埃が固く凝縮されたものであった。子どもたちが敷居を雑巾がけする際、当然ながら敷居に沿って左右に手を動かして拭くのであるが、そのときに敷居に掃き残した綿埃等があると、それはそのまま雑巾に運ばれて柱に当たる、柱に当たると雑巾と柱の間で綿埃がプレスされて柱にへばりつく、その際、例えば雑巾の素材がタオル地であったなら、もしかしたらパイルの繊維に綿埃がからめとられるのかもしれないが、子どもたちが使っている雑巾は昔ながらの手ぬぐいを縫った物だったので、その綿埃は敷居の角に残されて、それが幾日分か溜まって鼠色の塊になっていたのであった。

筆者はそのとき、例によって〝先輩〟（配寮された寮舎の子ども）に掃除の仕方を教えてもらいながら拭き掃除をしていたのだが、その鼠色の塊に気付くとそれを拾い上げて「これも取ろうよ」と言った。しかし、それを聞いた〝先輩〟の顔は見る間に不機嫌になり、軽く舌打ちをして、「それはいいの」と強い口調で言ったのであった。彼女の言い分はおそらくこういうことである。――その綿埃を片付けることは手順に入っていないから必要ない――つまりここでは、〝正しいやり方〟は細部にわたって決まっており、例えば掃除の仕方一つとっても、雑巾の絞り方から雑巾をかける順番まですべての手順が定められていて、それ以外はルール違反ということになる、従って筆者が常識と思っていた掃除のやり方はいわば〝自己流〟ということになり、それを通すことはいかなる場合も許されない、という印象であった。

そのときの筆者は、掃除を速やかに行うために手順が決まったはずなのに、その掃除がおろそかになってしまっては本末転倒ではないか、部屋を綺麗にしようという目的が、ルールを守るという目的にすり替わってしまっては、実際、施設を出た後の暮らしはどうなってしまうのだ、もっと実生活に沿った訓練が必要なのではないか、等という感想を持ったものであったが、とにかく、寮舎生活では、このように一つ一つの決まりごとを一つ一つ正しく（そして時間通りに）行えることが最重要、最優先事項なのであった。

トラブル防止のためのルール

その他、子ども同士のトラブルを避けるためのルールも多い。寮舎の壁には〝○寮のルール〟などが箇条書きになって張り出されたりしているが、その中には、ダラダラしない、返事は「ハイ」と、など、比較的馴染みのあるような項目もあれば〝人をおちょくらない〟など、地域性とオリジナル性を感じるものもある。〝人をおちょくらない〟とは、他の子どもを馬鹿にしたりしない、ということであろう。子どもたちは基本的に二四時間を同じ寮生で過ごしており、人間関係はかなり濃密といえる。些細なこと、小さなことと思われるようなことでも大きなトラブルに発展することもある。このようなルールは争いやけんかを防ぐ、というだけでなく、いじめやリンチなどが起きないよう、弱い立場の子を護るためにも設けられている。

また、〝自分の住所を教え合わない〟と併せて〝自分の過去を話さない〟というルールがある(20)（これはもちろん、筆者のような外部者もそれらを子どもたちから聴き出さないように、話を始めたら止めるように、また、筆者自身の住居なども話さないように、事前に職員からは指示を受ける、というか、この説明のときに、このようなルールがあることを外部者は知ることになる(21)）。これは過去の「非行」や地元のことが互いに知れることを防ぐため、そして退所した後やムガイ（後述）した際に落ち合って何らかの「再非行」を起こさないための予防である。筆者は複数の施設でこのようなルールについて聴き取っていたが(22)、中には「一応そうなっているけど、子どもたち同士は話すよね（それに対して特に規制はしていない）」と語る職員もいた。今回、改めて、ある施設の職員（レ学園、A元職員）に話を伺った。

武　：私が訪問した施設では、〝過去の話をしない〟っていうルールがあったんだけど、施設によっては「一応そうなってるけど、子ども同士は話しちゃうよね」って言う人もいたんだけどレ学園ではどうだった？

A職員：レ学園もバリバリそうだけど（話してはいけない、ということになってたけど）。△△先生（A職員とは別の施設の職員）の寮では掲示物に〝昔の話しはしない〟とか書いてあったと思うけどね。取り締まる……〝取り締まる〟って言い方になっちゃうけど……少年院の遵守違反じゃないけど、レ学園は（〝取り締まり〟が）すごく強いよ。ゆるい所（施設）はゆるいかもしれないけど。荒れてる寮だと（子ども同士の会話の中で）「ウチもあーだったよ」「こーだったよ」とか、話してると過去の非行のこととか、地元のこととかわかっちゃう……「それ以上はやめなー」って声かけたことあるけど。夫婦制の寮なんかだと平気で「俺ナントカでー、ケンカしたっす」っていう寮もあったよ、あー……夫婦制か交替制かにもよるのかも。

武：やっぱりルールとしては（どの施設も）話さないってことってなってるよね？

A職員：うん。退園してからの（ことを考えて）連絡先交換とかってこと（をしないというルールを設けているのは）全体的なことだと思うよ。寮によってはノートに番号振ってる寮もあった、ノートを破って連絡先交換に使わないように（中略）〝無駄な紙を与えない〟って古くからあるやり方としてあったと思う。

（二〇一五年八月、レ学園、A元職員）

このように、職員は「院内非行」や「再非行」の再発防止として子ども同士の連絡先の交換には気を配っているが、中には職員の目をかいくぐって、驚くべき方法で連絡先を伝達した例もある。ある施設では、「風呂に置かれた固形石鹸に子どもが自分の電話番号を刻んで残して、次に入浴する子どもに伝えていた」（二〇一三年一二月、ロ学園元職員、A職員）、《ムガイや喝上げのメッセージが入ってて……よくこんなこと思いつくなって（笑）。ボディソープにしたいけどする予算ないんだ》（同）ということである。ちなみに、このエピソードを語ったときの元職員は、何故か少し嬉しそうであった。このように、子どもの〝ワルサ〟と職員との攻防戦を振り返るとき、少し嬉しそうに、というかそこはかとなく楽しそうに語る職員は多い（もちろん、深刻な例もあるが）。子どもたちとの〝イタチごっこ〟も、コミュニケーションの一つ、といった体である。

5．交わされ、繰り返されることば

ヤケドしないように

職員は、常に子どもたちの力関係を考慮して一人の子どもと話しているときでも、他の子どもへの意識を忘れない、ということである。このことについて、筆者が体験したことを例に説明を試みようと思う。それは、猪原学園で調理実習に参加したときのことであった。湯気の立っている蒸し器の蓋を開けたとき、《ヤケドしないように》と気を配ってくれた女子がいた。《蒸気でやったヤケドは治りにくいから》と言われ、「そうなの、どうもありがとう。やさしいのね」と微笑んだ。すると、側にいた別の女子が〝チッ〟と舌打ちをしたのである。

今振り返ると、子どもたちは、というか私でも、（不用意だったなぁ）と思う受け答えである。「やさしいのね」は子ども自身を評価する表現だからだ。子どもたちは、〝やさしいのね〟と言われたら嬉しいし、〝嫌なやつ〟と言われたら悲しい、それは自分自身を評価されたからだ。このように、評価することばに人は敏感なものである。そして人は善意には鈍感なものである。〝やさしいのね〟は褒め言葉なのだから、言っても良いと無意識に判断していた自分がそこにいる。

子どもを褒めてはいけないということではない。だがしかし、その子どもの行動ではなく、その子ども自身を評価できるほど、筆者はその子どものことを知らないのである。しかも別の子どもの前で口にしたことは、不用意なことであった、と今は思っている。もし、舌打ちした女子の気持ちを想像するならば、〝そんな気もないくせに、あの子ったら良い子ぶってる、嫌なやつ〟とか、〝あの子、普段はちっともやさしくなんかないのに、やさしいなんて言われちゃって、気に入らない〟など、彼女には彼女の中には（舌打ちをするような）理由が必ずあるはずである。

《ヤケドしないように》と言われたとき、筆者は後ろにもう一人、女子がいることなどまるで意識していなかった。きっと職員ならば、この後にいた女子にも配慮した言動ができるのだろう……職員がする〝配慮〟とは、きっとこういうことなのだろう、と思ったエピソードである。

ゴメンナサイとアリガトウ

ところで、《ヤケドしないように》と言ってくれた子どもは、もちろん筆者を気遣ってそのように言ってくれたのだが――こんなふうに考えるのは不謹慎かもしれないが――仮に《ヤケドしないように》ということばが筆者を気遣って発せられたことではなかったとしても、そのように言ってくれた子どもは、どこかで――おそらくそれは猪原学園で――彼女自身がそのことばをかけてもらった、という経験を持っているということなのだと思うのである。確証はまったくないので筆者の勘違いかもしれないが、筆者はそのとき、そう感じたのである。そしてこのこと――彼女が猪原学園で受けたことばが筆者に向けて繰り返されたこと――を、とても尊いことだと今、振り返って考えている。

施設の中では「ありがとう」や「すみません」「ごめんなさい」などのことばが、有り体にいうと〝心を込めてない〟感じの言い方をされる場面をしばしば目にする。寮舎の中で子ども同士がぶつかったとき、食事のときに醤油を取ってもらったとき、こどもたちは「ゴメンナ」「アリガトウゴザイマス」と発声する――〝ありがとうございます〟は、〝アリィアトザイマッ〟に近い場合があるが――、それは〝寮舎のルール〟に従って発せられたことばであって、それらのルールがなかったとしたら、おそらくは口にされることはなかったであろう、ことばたちだ。フィールドワークを始めた当初は、そのあまりに早口な〝アリィアトザイマッ〟に違和感があった筆者であるが、しかしそのことばたちには意味がある、と後に考えるようになった。

ある小舎夫婦制寮（二〇〇五年九月、ト学園、C寮）――この体験は筆者がフィールドワークを始めてまだ日が浅いころのことである――C寮は男子寮で〝新入生〟が入りたて、ということもあって、ふとしたことから〝ッんだこのヤロー！〟、〝ッんだとこのヤロー！〟と、一触即発の事態を招くことがしばしばであった。このようなときに〝寮舎のルール〟で定められた「ゴメンナサイ」は効力を発揮することになる。しかし時にはそれらのフレーズが発声されなかったために――いや発せられたとしても――その場が収まらず、寮長が割って入ったこともあった。寮長に《△△に謝れ》と言われて、寮舎のルールである《ゴメンナサイ》が△△さんに向けて発声された。平坦な、聴くからに〝心とは裏腹〟という感じの《ゴメンナサイ》であった。内心、筆者はC寮長が〝そんな言い方はないだろう〟と叱るのではないか、と思った、しかし、寮長はそんなことはせず、ただ黙って座っていた。このときの筆者は、それがちょっと意外に感じたのであった。

その後、事例集や実際の職員の聴き取りなどから、筆者が思っている以上に、私たちが普段頻回に使っているフレーズ――ごめんね、ありがとう、いただきます、ごちそうさま、など――を発することが、子どもたちにとってどれほど大変なことであるかを知ることになった。(23) 第一章では子どもたちにとっては――マラソンや日課等だけでなく――食事をすることも最初は苦痛になる（後述）ことを書いた。ことばもそれと同様で、それが発せられること、そして自分の気持ちを伝える手段として使えるようになるまでには、多くの時間が必要なのであった。

あのとき、C寮長が黙って座っていたのは、おそらく《ゴメンナサイ》が言えた彼を認めていたのだと思うのである。そんなときにもし――筆者がかつて考えたように〝そんな言い方はないだろう〟などと――彼を叱ってしまったとしたら、彼はもしかしたらその後、長い間そのフレーズを発することがなかった可能性もあるのだ。今思うと、あの寮舎で何度も繰り返されていた《ゴメンナサイ》や《アリガトウゴザイマス》は、まるで〝ことばの素振り〟みたいだなぁ、と思った――それは、あの時のC寮長が野球部の監督だったので、そんなことを思いついたのかもしれない――のである。

なお、この〝ことばの素振り〟が本番で役立った例が二〇〇六年の『非行問題』に掲載されていたので、以下に引用する。

大沼学園の応援者の一人として

（株）ワタナベ電器
代表取締役　渡邊明生

（略）

当社でも、今までにたくさんの子どもたちを職場実習として迎えておりますが、どの子もみないい子でありました。

朝一番に「おはようございます」と挨拶してくれる園生。挨拶の大切さを一緒に語った思い出、配達業務で一緒にお客様の元へ行き元気に挨拶ができたとき、お客様から「ワタナベ電気さん良い従業員さんが入ったんだね」と言われて、園生と顔を見合わせて喜んだ思い出。

たかが挨拶、しかしその挨拶だけで人が評価をしてくれることを学んだとき、挨拶の尊さを実感しました。園生にとっても大きな感動だったようです。

条件反射の挨拶、学園を訪れたお客様に、子どもたちは元気に挨拶をしています。家では同じように挨拶できていたでしょうか。挨拶は小さなときから同じことを繰り返し繰り返し教えられて初めてできるようになりますね。繰り返し教えること、これは学園生活にも通じることではないでしょうか。（後略）

〈『非行問題』編集部（2006）「きゅう」『非行問題』二一二、p. 145。〉

6．「枠のある生活」

子どもを「枠に入れる」あるいは「枠のある生活」という表現がある。この意図するところは職員によって異なり、入所して日課のある生活を送ることを指す職員もいれば、中には子どもと職員の信頼関係を指す職員――子どもと職員の信頼関係ができると子どもの心に〝鍵のかかる状態〟になり、ムガイしなくなる、などという――もいた。また、「昔はそんなことば（枠のある生活とか、枠に入れるなど）なんかなかった」、と語る元職員（複数）もいた。ある職員によると、「このことばは『児童自立支援施設の将来像』から使われるようになったのではないか」（二〇一五年五月、ト学園職員）ということである。ちなみに、『児童自立支援施設の将来像』は協議会が二〇〇三年に発行したものであるが、発行責任者の岩田久に直接聴いたところによると、ほぼ岩田がまとめたものということである（二〇一一年三月）。

「枠のある生活」という用語は筆者にとって、馴染みのあることばであった。筆者が研究活動を始めたのが二〇〇三年で『児童自立支援施設の将来像』と同年であり、フィールドワークを開始したのが二〇〇四年であることが関係しているのかもしれない。そのため、このことばもまた、「ウイズの精神」「足の裏の哲学」「暗渠の精神」など、数多あるキョウゴの世界で使用されるフレーズと（年代的な）区別が筆者にはついていなかった。しかしよく思い返してみると、確かに、一九九六年の教護院時代に実習を行った際には、耳にしていなかったように思う。

また、「枠」という単語を使った表現は、職員よりも研究者や法学関係者、あるいは児童相談所の職員など関連領域の者などの方が、その使用頻度が高いようだ、ということにも後から気付いた。「枠のある生活」や「枠に入れる」「枠にはめる」などは職員の使用もあるが、例えば「強烈な枠」などの表現は、むしろ外部の者の方が使用しているようだった。筆者が推察するに、「枠のある生活」ということばは、例えば「ウイズの精神」（第Ⅲ部）のように、キョウゴの理念・実践理論や職業倫理を表現する用語というよりは、他の児童福祉施設（例えば児童養護施設）や少年院と区別する上で、(24) キョウゴの特性を――入所したら基本的に施設内だけで規則正しい生活を送る、つまり児童養護施設と比べると〝自由度〟が低いということと、少年院のように鍵を使用しない、という、この二つの特性を――表すために用いられたことばなのではないだろうか。

なお、『児童自立支援施設の将来像』では、「枠のある生活」について、「生活の空間的枠組み」（以下引用傍点部）と「時間的枠組み」（同）の二つの枠組みで説明している。前者は「施設内処遇」といわれてきた入所を基本とすることを指し、後者は「規則正しい日課に基づいた集団生活」（同）を以て「このような生活が枠のある生活と表現されてきたと考えられる」（同）としている。

○確かに児童自立支援施設の生活では、通学は、原則として施設内に配置された学校に通い、敷地から自由に外出することは認められていないなど生活の空間的枠組みは他施設にない制約がある。また起床から就寝まで、基本的には規則正しい日課に基づいた集団生活を送ることが前提となっているなど時間的枠組みのある生活である。児童自立支援施設における、このような生活が枠のある生活と表現してきたと考えられる。

〈全国児童自立支援施設協議会（2003）『児童自立支援施設の将来像』全国児童自立支援施設協議会、P.2。傍点筆者〉

第五節　ムガイとペナルティ

1.「開放処遇」とムガイ

「教護院の三悪」ということばがある。職員によって多少違いはあるかもしれないが、筆者が聴いたところによると、「ムガイ、夜尿、タバコ」だそうである。ムガイというのは無断外出のことで、ムガイは施設によって、ムガイ、トンコ、トンズラなど様々な呼び方があり、本書では〃ムガイ〃で統一することとした。鍵をかけない開放処遇を採るキョウゴの世界では、子どもの飛び出しのことを逃走などとは呼ばず、無断外出と呼んでいる（第Ⅲ部）のである。

キョウゴの世界は、一方で〃子どもを閉じ込めているのではないか〃といわれ、また一方では〃もっとちゃんと子どもを閉じ込めておいてくれないと困る〃という、大変矛盾した批判（苦情）が寄せられるところである。おそらく、施設を児童福祉施設であるというイメージを強く持っている人は〃施設内養護なんて古い、施設内処遇は子どもを地域から分断して閉じ込めている〃と批判し、少年法の保護処分の受け入れ先であると捉えている人や、「不良少年」

を〝収容〟していると捉えている人は〝家庭裁判所の決定で入所した子どもを開放処遇の施設で受け入れるのは問題だ〟などと批判するのではないだろうか。そして地域住民からしてみたら、少年法でいうところの触法少年（罪を犯した子ども）が入所している場合もあるので、〝逃がさないでほしい〟と思うのは当然なのかもしれない。

子どもが施設から飛び出してしまった際、子ども自身が罪を犯すこともあるが、中には本人が命を落としてしまう[25]など深刻な場合もある。特に女子の場合は、買春など、子どもが性被害に遭うことも考えられるので、施設にとっては正に〝事故〟の代表といえるものである。

2. 施設で最大のルール

ムガイをしない、これは施設に暮らす子どもたちに課せられた最大の、というか、唯一のルール、といっても良いかもしれない。国立武蔵野学院・富田拓は施設のルールについて、「倫理的な要求はあるいは一般の家庭や学校よりもやや高いかもしれないが、ルールそのものは、『施設から外に出てはいけない』という一点（小さくない一点ではあるが）をのぞけば、家庭内や、学校でのルールとほとんど変わらない」（富田 2005：59）――と述べている。キョウゴの世界では、このムガイが最も重いルール違反であり、そのため、これを破った者にはペナルティが科せられることになる。ペナルティとして、マラソンや穴掘りなど行う場合もあるが、ポピュラーなものに特別日課の類がある。

寮舎で過ごしていると、時々、他の寮生と離れて一人で座っている子を見かけることがある。小さな机の前にちょこんと正座して食事したり勉強したりしている様は、筆者の目にはなんだかいたいけで、可愛らしく映る。その子どもは他の寮生とは話さない、いや、話してはいけないのだ。このような特別なルールは、施設によって呼称や方法は若干異なるが、いずれも対象の子どもを一定期間寮集団から分離させるペナルティである。筆者が観察した例では、期間中は他の寮生とは別の日課を行う「コベツ（個別日課）」、別の部屋で日課から離れて一人で静かに過ごす「内省」、同じ部屋（ホール）にいて、同じ日課を行うけれども、食事や勉強など、小さなテーブルを用意して過ごす

「ハンセイ（反省期間）」などがあった。この期間中は、寮生同士での会話は禁じられ、施設内の〝学校〟への登校や全体作業（寮舎内の作業ではなく、施設全体で行う作業のこと）やクラブ活動の参加なども制限されることになる。また、「コベツ」や「ハンセイ」の内容が段階で分かれている場合もあった。例えば第一段階は別の部屋で別の日課、第二段階は同じ部屋で別の日課、第三段階は食事や自由時間に一人で過ごす、などである。

3．ムガイとの共存

ムガイの予測と対応策

ムガイは子どもにペナルティを科すのみでは当然、防ぐことはできない。「開放処遇」を採る限り、ムガイは完全に予測・予防することは不可能ともいえるものである。筆者は事例集全一五巻の中からムガイがあった事例を選り抜き、それをデータベース化したことがあるが、これらのムガイ事例を見ると、職員がムガイを予測していながらも防ぐことができなかった、という事例が多くあった。有り体にいうならば、ムガイは〝予測はできるが予防し切れるものではない〟ということのようである。

予測できるが予防できない、このことは、一見、ムガイに対して職員が無力のようであるが、そうではないと筆者は考える。まず、予測できるということは、職員がそれだけ子どもたちの心や体の変化を把握しているということである。だからこそ、職員はムガイを子どもの心の状態や活力を測る一つの目安と捉えたり、指導のチャンス（後述）と捉えたりして来たのではないだろうか。

また、予測できるということは、それに対する備えができるということである。施設を訪問した際、本館内を注意深く見てみると、どこかに必ず周辺の地図が置いてあり——課長の机の脇に、クリアケースに入れて下げられていたり、壁に貼ってある施設もあった——、その地図にはムガイが起きたときの捜索手順などが記入されているものである。その手順は、それぞれの施設が置かれている地の利や地域性に合わせて作成されており、職員たちは捜索のノウハウを構築しているのであった。

事故——先にも書いた通り施設ではムガイも事故という扱いになる——はないものとして扱う限り、対策は後手に回ることになる[26]。当然あるものとして捉え、予測することで対策は講じることができる。つまり、ムガイは完全なる予防はできないが、その対策や対応は可能と考えて良さそうである。

「ムガイは指導のチャンス」

ムガイについて、衝動的に飛び出てしまう、という語りはよく聴かれる[27]ものである。このような例はひとまず別として、ムガイについて、職員はしばしば〝心に鍵がかかる状態〟という表現をする。つまり、子どもと職員との信頼関係が築ければ、物理的な鍵を掛けなくても、子どもの心に、あるいは子どもの心と職員の心が繋がって、そこに鍵がかかってムガイはしなくなる、というのである。

また、キョウゴの世界ではムガイをむしろ肯定的に捉えるような面もあり、例えば〝ムガイは指導のチャンス〟と語る職員は多い。ある時のインタビューでは、「ずっとうじうじ鬱々してるときとか、《いっそ、ムガイでもしてくれないかなぁって思うこともある》」（二〇〇五年七月、カ学園、A職員）と語る職員もいた。互いに暮らして行く中で、何か煮詰まっているとき、子どもの内に何かことばにできないような、溜まった気持ちがあるとき、あるいは問題があるのにそれが表出されないとき（たとえば、子ども同士のいじめ、保護者との関係など）、ムガイという子どもの行動がきっかけとなり、何かしらの問題を解決できることがあるというのである。

ムガイは感化院のころから職員と施設を苦しめる最大の〝事故〟である。ムガイに関係する苦労話も多いが、筆者の経験では、ムガイについて生き生きと語る職員も多い、という印象である（もっとも、楽しく語れる範囲のエピソードということなのかもしれないが）。ムガイのときの指導がきっかけで子どもが変わった、というエピソードはいうに及ばず、《引き取り（保護された先に迎えに行く）のときはベルトを抜いておくんだ》（二〇〇五年八月、ロ学園、A職員）など、〝教護職員の裏技〟などが語られることも多い。〝行動化する〟子どもたちの活力というか、生きるエネルギーのようなものを受け止めて、それ以上の労力（パワー）を持って捜索し、引き取りに行く職員の様子が目に浮ぶようである。このような職員の語りを聴き取っていく内に、筆者には、ムガイというものが、子どもの単なる「問題行動」や施設の〝事故〟ということではなくて、気持ちをことばにして伝えるのが苦手な子どもたちが使う表現方法の一つというか、子どもと職員とが互いに共有するコミュニケーションツールの一つというか、そのように感じられて来たのであった。

なお、ムガイについては現在は減少傾向にあり、二〇〇四年から二〇〇六年ごろのフィールドワークでは、〝最近は本当にムガイが減った〟とか〝ムガイがないんだよね〟、あるいは《ムガイ、減ったね、あってもすごく近くだったり、施設の中に隠れてたり、門の所に居たりするんだよね》（二〇〇六年一〇月、ソ学園、A職員）などの声を――それは運営形態に偏らず――多くの職員から聴き取った。このことと関係して、〝内省〟などと呼ばれるムガイ後のペナルティ（他の寮生と別に、一人だけ別日課で個室などで過ごす）についても効果がなくなった、という語りが聴かれた。このペナルティは本来、子どもの方から〝音を上げる〟もの――「もう、しばらくすると『作業やらせてください』って言ってくる」（二〇〇五年七月、ワ学園、B元職員）――からこそ効果があったのであるが、現在では、「昔はね、もうみんなと一緒に作業に出たいって言って泣きついてきたものなのに、《今の子は一人で平気なの、一週間でも二週間でも、平気で（個室で）一人で過ごせるの》」（二〇〇七年六月、ワ学園、A職員）というような声も聴かれている。

逃げられた方が良い、逃げても良い

また、〝逃げられた方が良い〟とか〝逃げられるようにしておいた方が良い〟と語る職員も少なくない。それは、「寮舎内でいじめられているような弱い子の場合、逃げるしかないことがあるので、建物の構造などは弱い子が逃げられることが重要」（二〇一四年一二月、ナ学園職員）だということである。以下はある職員（ノ学園元職員、以下A職員）の語りである。

A職員：一番大事なのは命ってことだと思いますね、やっぱり。はい。（中略）今度……もし、こういうインタビューする機会があったら、（僕の先輩の）○○先生に話を聴いてもらったら良いと思うんですけど……（中略）その先生はやっぱり「命の指導」っていうふうに言っていましたね。

武　：命の指導……

A職員：はい。何があっても命だけは守れ……というふうに。だから無断外出を防ぐんじゃなくて、無断外出はしてもいいんだと。無断外出させないように閉じこもって……要するに全部締め切ってしまって、命がなくなったら終わりだ、だから逃げるようにしといていいんだっていう形……そんなこと言ってましたね……まぁ、すっごく深いんですよね。この「命の指導」って……。

（二〇〇七年八月、ノ学園、A元職員）

また別の職員（夫婦制の夫、寮長、〝D先生〟）は、ペアを組む妻（寮母）が子どもにこんなふうに語っていたのを聞いたことがあるという。

どうしても逃げたい子がいたんですよ、あの、それも家（保護者家族）のことでいろいろ悩みがあったので引き取る、引き取らないの話も出てて、ただ、親からは拒否的にされてて児相（児童相談所のケースワーカー）は動いてくれないっていう状況で、（施設にいるのが）いたたまれないような状況に子どもがなっててね、（そしたら）

寮母が何を言い出すのかと思ったら、あの……「逃げるの、我慢できなかったら逃げても構わないよー」って言って、「だから警察に捕まるようなことしてしまったら、うん、先生らどうしょうもできなくなるから、それさえ、あのー……しなかったら、D先生（寮長）がいくらでも探しに行って、連れて帰って来てあげるから」って、あんた、（自分では）探さないくせに勝手なこと言ってくれるなーって思いながら（笑）ヒヤヒヤして……（中略）まぁ、結局は逃げましたけど、逃げて、見つけて、帰ろうやって言って、どうしても帰るの嫌だったらとりあえず家に帰りなって言ったら家帰って（中略）その後寮に帰って来ましたけどね。そうやって逃げた子ってあんまり酷い事しないで帰って来てくれますね。逃げたい気持ちはもう、こちらではどうしょうも抑えようがないんでね。

（二〇〇七年一一月、蝶野学園、D寮長）

《逃げたい気持ちはもう、こちらではどうしょうも抑えようがないんでね》と〝D先生〟は語ったが、こんなふうに語ることのできる施設は、そう多くはないと考えられる。これもキョウゴの世界の特徴の一つであるが、このように子どもと一緒に暮らす職員が、子どもの様子に応じて（逃げても良いなど）、ある意味で思い切った行動が取れるのは、施設長を初めとする本館職員（第Ⅳ部第三節）の理解や、他の寮舎との連携がよく取れていることが不可欠だからである。

4. 社会の側の理解

一九八五年、「少年司法運営に関する国連最低基準規則」（通称北京ルールズ）[28]が制定され、罪を犯した子どもを拘禁しないことが明確に謳われた。罪を犯した子どもが施錠もしない施設で暮らすキョウゴの世界は、これを実践する世界的にも珍しい施設（第Ⅱ部）といえる。「開放処遇」は一一〇年以上も昔から行われて来た、古くて、そして大変新しいしくみの一つであると考えられよう。このしくみを生かすためには、実は社会の側の理解こそが必要である。「開放処遇」には、ムガイがつきものであり、そのムガイ対策はどの時代においても頭の痛い問題であった。しかし、個々のケースを繙いてみれば、良くも悪くも、人と人とが密に関わり合いながら形成されている当時の社会を垣間見ることができる。例えば戦後のケースでは、ムガイした子どもが見ず知らずの家で世話になる例や、中には嘘をついて泊めてもらった家で、そのまま奉公に上がってしまった女子の例まであった。(29)

ムガイは入所型の施設である限り、例えば児童養護施設においても起きる〝事故〟である。児童養護施設や一時保護所からの飛び出しを繰り返したため、児童自立支援施設へソチヘン（措置変）(30)、というケースも珍しいことではない。なぜ児童自立支援施設だけがこれほどまでにムガイについて批判されるのであろうか。それは、私たち外部者が〝ムガイは起きてはならない〟としているためであろう。このことは、取りも直さず、私たちの社会が「非行少年」を排除する傾向にある、ということの表れなのではないだろうか。

第六節　キョウゴの一年――猪原学園の例を中心に

1．猪原学園でのフィールドワーク

猪原学園（仮名）には、二〇〇四年から二〇〇七年までの約三年間お世話になった。週に一度の地域交流を兼ねたクラブ活動への参加を中心として、その他、年間を通じて各種行事（運動会、盆踊り、収穫祭、卒業式など）にボランティアとして参加の機会を得た。当時の猪原学園は、キョウゴらしさを感じる施設の一つであったが、特筆すべきは、猪原学園が、通勤交替制（小舎交替制）の施設だということである。

通勤交替制とは、寮舎を担当する職員が複数で交替勤務する「交替制」と、職員が施設内に住み込まずに施設の外から通勤する「通勤制」がセットになった運営形態である。ちなみに、住み込みだが交替制という施設もあったが現在は少数派であり、交替制を採る施設の多くが通勤交替制になっている。猪原学園も以前は、職員が施設内の職員舎に住まい、施設内の寮舎に通勤していた（そういう呼び方はないが、いわば〝住み込み交替制〟だった）が、現在は通勤交替制となっている（筆者がボランティアを行った期間では、一部の職員が施設内の職員舎に住んでいた）。

教護院というと、一般には小舎夫婦制のイメージが強いようである。教護院時代の主流の運営形態であったし、また、ドラマや映画のモデルにもなっているためであろう。本物の夫婦（しかも公務員カップル）が住み込んで子どもたちと共に暮らす、という形態はいうインパクトがあるのか、他分野――例えば司法や医療などからも――期待と信頼を寄せる運営形態である。先述の通り、以前は小舎夫婦制を運営する施設が多くあり（第Ⅱ部、第Ⅲ部）戦後の教護院は夫婦制を中心にその理念や実践論が考えられていた。いうなれば「教護する」ということは、この、夫婦制を前提として想定されているといっても過言ではない。換言すると、教護院時代はこの夫婦制を是とする価値観が核にあったともいえる。

このような価値観の元においては、ともすると、小舎夫婦制以外の運営形態は否定されてしまう可能性があり、また実際に交替制の施設は批判を受けることも多かったということである。このような状況（時代）にありながらも交替制に移行した（あるいは移行せざるをえなかった）施設もあった。こうした施設の中には、交替制であっても、夫婦制に負けないような「教護する」を目指した施設もあった。猪原学園はそのような施設の一つであったと考えられる。

筆者が訪問していた時代（二〇〇四～二〇〇七年にかけて）の猪原学園は、まだ十分キョウゴらしさが残る施設であった。ある職員にそう伝えたところ、「うん、猪原学園は教護院っぽいよね、《案外、猪原学園みたいな所の方が古いのかも》」（二〇〇七年二月、ネ学園職員）と語っていた。

2．〝おらが村〟意識

猪原学園の歌と「イノベン」

施設では、その施設の歌があることが多い。「△△学園の歌」や、施設名に「▽▽学校」など、「学校」が付く場合には、その歌が〝校歌〟とされていることもある。最近では分校化（第Ⅱ部）が進み、施設内の「学校（分校）」にも別に〝校歌〟が存在する場合があるので、話がやや複雑になって来た。例えば岡山県立成徳学校を訪れたときのことである。筆者が職員に「成徳には〝校歌〟ってありますか」とたずねたところ、職員は「〝校歌〟に相当する歌が三つある」（二〇一三年一二月、同施設職員）と、それぞれの〝校歌〟について説明し、その際、どの曲についても必ず、《これもまた良い歌なんだ》（同）と、本当にしみじみと語り、そして三曲全部歌ってくださったのである。施設の歌（あるいは〝校歌〟）は主に行事のときに歌唱され、筆者もいくつかの施設でそれを聴いている。子どもたちの歌声に耳を澄ましていると、この施設を創設した先人たちの想い――ここに施設ではなく、学校を築こうとしたという想い――が伝わって来るようであった。施設のオリジナル歌は、〝校歌〟として卒業式などで歌われる他、運動会やマラソン大会のときなどは応援歌としても歌われていた。猪原学園では、「猪原学園の歌」の他にも応援歌があり、行事の際にはそれらを歌い、すると施設内が独特の一体感に包まれるようであった。

ところで、職員が自身の働く施設の名前に「村」をつけて「△△村」などと呼称することはしばしば見られることである。猪原学園でも例にもれず職員が時折「猪原村」と言っている姿が見られたが、それだけでなく、猪原学園では、他にも施設名の付いた俗称が多く聞かれた。例えば、「イノベン」もその一つであった。「イノベン」は猪原弁当の略で、通常は寮舎内で摂っている昼食を、行事の際などに寮舎外で済ますときに配られる弁当のことである。もちろん、仕出し弁当などではなく、普段の食事を提供している調理室（施設内に併設する）で作られた弁当である。筆者も何度か頂戴したことがあったが、子ども（女子）が、「これ、猪原名物、イノベンだよ！」と嬉しそうに渡してくれたのが印象的であった。ふと周りを見ると、職員も子どもも「イノベン」「イノベン」とみな口々に言っているのであった。受け取った「イノベン」はずっしりと重く、大きめの容器にご飯やおかずがぎっしり詰め込まれた特製の弁当であった。

イノハラタイケイ

「イノ△△」と称される猪原名物は他にも存在するが、中でも印象深いものが「イノハラタイケイ（猪原体型）」であった。筆者がそれを知ったのは、確か調理実習の試食のときであった。ある女子が、「ここ（猪原学園）に来るとイノハラタイケイになるんだよ」と教えてくれたのだ。しかし彼女がそのことばを知ったのは、まだ猪原学園に措置される前のことだという。児童相談所の一時保護所にいたときに、かつて猪原学園で暮らしたことのある子どもから聞いて知ったのだという。

「あー嫌だ、イノハラタイケイになりたくなーい！」、「あ～、これ食べたら太るかな～」「太りたくなーい！」と、調理実習で作った菓子を前に、女子たちはそれぞれ口に出すが、そう言いながらも作ったクッキーは口に運んでしまう。いわゆる〝食べたい、でも痩せたい〟というディレンマは、猪原学園に暮らす女子に限らず、思春期の子どもたちにとって（そして今では多くの現代人にとって）共通のものではないだろうか。筆者に「イノハラタイケイ」を教えてくれた女子は、諦めたように、あるいは受け入れたように「イノハラタイケイになるんだよ（そしてなったよ）」と言っていた。その様子は、後に筆者の中で、「チャリンコの芳」（第Ⅳ部）と重なるエピソードになった。

猪原学園の生活では、一日の半分は作業やスポーツがあり、もちろん三度の食事が提供され、その際はいわゆる「丼飯」が配膳されて、食べ残しは許されなかった。子どもたちの多くは入園前に不規則な生活を送っており[33]、入園を境に劇的に規則正しく「よく働き、よく食べ、よく眠る」生活（第Ⅲ部）へと変わることになる。入園後、しばらくの間は作業にもスポーツにも〝ついて行く〟ことができないが、実は食事も同じで、時間内に食べ残しせずに食べ終わることは、彼らにとってなかなか大変なことの一つなのだという。ところが、だいたい二、三か月くらいもすると、そのいずれにも――作業やスポーツ、掃除や食事など生活全般のことに――〝ついて行く〟ことができるようになり、食事については偏食がなくなっていく、ということであった。

筆者は幾つかの施設で食事をいただいてきたが、どの施設でも、たいてい、子どもたちは筆者の丼に大盛のご飯をよそってくれるのである。そして（女子は特に）ちょっと得意げな顔をして「どうだ！」と言わんばかりに満面の笑みで筆者に丼を差し出し、その後、興味深そうに目を輝かせて筆者を観察するのであった。おそらく、自身が入寮当初、大量の丼飯と格闘して来たことを思い出すのであろう。しかし、恥ずかしながら筆者は大食いの上、早食いを強いられて来た（このことは職人の家で生まれ育ったことが関係していると思われる）のであった。子どもたちの好奇のまなざしの中、アッという間に丼を空にして見せると、子どもたちは目をまんまるに、口を半開きにしてあっけにとられたり、妙に感心したりする子もいる。近ごろの表現でいうところの〝つかみはＯＫ〟という状態になるので、筆者もこれに味を占めて〝好奇のまなざし〟を向けられるとよくご披露したものである。長年恥じていた〝早食い〟だが、これは思わぬ所で役に立ったなぁとフィールドワークを始めた当初は思ったものである。もちろん、このようなパフォーマンスは初回だけで二度目からは普通に食事をする。しかし、一回の食事の量と時間とを考え合わせると、普通の人（〝早食い〟ではない人）からしてみると十分〝早食い〟にならざるをえないのであるが……。

職員の話では、入園当初は〝食べ残しはしない〟というルールを守るために懸命に食べる、という日が続くが、規則正しい生活を続けることに[34]よって空腹感を覚えるようになり、食事の量も自然と増えて三度の食事も時間内に食べ切ることができるようになるということであった。そして入園当初はひ弱な感じのする子でも、多くの子どもがたくましく成長する、〝身体ができてくる〟、ということであった。先の女子たちのいう「イノハラタイケイ」とは、当人にとっては「太った」という印象なのかもしれないが、大人から見ると必要な発育や成長の様子を示しているものと思われた。

3.「オヤ」と「コ」

先述の通り、子どもたちは数多の手順とルールに従って行動しているが、それらが正しく行われない場合、放棄した場合、あるいは秩序を乱す場合等にはペナルティが与えられることになる（ペナルティについては後述する）。寮舎に配寮されたばかりの〝新入生〟のときは、とにかくこのルールや手順を覚え、その通りに生活を行えるようになることが第一の目標となる。もちろん、最初からはできないので、〝新入生〟の期間は、そのペナルティは免除される。他の子どもからしてみても、いわゆる大目に見るというか、目をつぶってもらいながら、それらのルールを覚えていくことになるのであった。

次に記すのは猪原学園の女子寮にいたときのことである。ある子ども（○○さん）が別の子ども（◎◎さん）に対していろいろ〝手出し〟しているような場面があった。◎◎さんも黙って○○さんのする様子を見ている。正しくいうと〝手出し〟というほどのことではないのであるが、子どもたちは自分の作業その他は自分自身でやることになっており、通常、〝手出し〟はルール違反である。また、このように子ども同士で干渉したりする場面では「××しろよ！」「チッ！　っせーな！（うるさいな）」などというやりとりの方がむしろ自然な感じだったので、二人の様子がなんだか不自然な感じがしたのである。最初は、おそらくまだ寮舎に慣れていないのであろう◎◎さんに、○○さんが親切でいろいろ教えてやっており、周りの子どももそれを容認しているのだろう、と思っていた。

しかし、よく観察すると、一日の内でその二人が一緒にいる場面が圧倒的に多いのである。ふと気付くと◎◎さんの隣には○○さんが居て、寮内での決まりやルールをその都度教えている、という具合であり、◎◎さんもまた、○○さんには反抗せず、その都度いうことを聞いている様子が見られた。では、○○さんと◎◎さんが仲良しなのかというとそういう様子でもない、しかし◎◎さんのことになると――手近に誰か他の人がいても、○○さんが離れた所にいても――必ず○○さんがやって来て、何か言ったりやったりしており、◎◎さんも黙ってそれに従っているのである。その様子がとても不思議な距離感――それは物理的にも心情的にも――を保ちながら、しかしなんとなくいつもペアになっているという様子で、それが筆者にはなんとも奇妙な関係に見えたのである。

　そこで、筆者は次に○○さんが◎◎さんの世話をしたときに、何気なく「親切ね」と声をかけてみたのであった。すると○○さんはちょっとはにかんだように笑って、《オヤだから……私は。◎◎のオヤなの。》と言って◎◎さんに目配せした。筆者はそのとき初めて「オヤトコ」という仕組みを知ったのであった。「オヤトコ」とは、〝親と子〟のことで、施設によって「オヤトコッコ」（二〇〇五年七月、ワ学園、B元職員）や「教え係」（二〇一五年四月、レ学園、B職員）[35]などの例[36]がある（本書では〝オヤトコ〟に統一）。これは〝新入生〟を子ども同士でトレーニングする仕組みの一つであり、「オヤ」と呼ばれる〝先輩〟が「コ」と呼ばれる〝新入生〟とペアになり、一定期間、一対一で世話をするものである。猪原学園では、「オヤ」を務める〝先輩〟は「ネンキ」と呼ばれる子[37]が務めていたようである。

　例えば少年院では、入所から退所に向けてバッヂの色が変わる[38]というしくみがあるそうだが、施設にはそのようなものはない。しかし、入所から退所までの間、〝段階〟のようなものはあると思われる。その第一歩が冒頭にも述べた通り、日課やルールをマスターすることであり、〝新入生〟には「オヤ」がついて世話をする。「オヤ」は「コ」がそれらをマスターするまでつきっきりで面倒見るのである。「オヤ」は《名誉職》（後述）であり、「オヤ」に指名されるような子どもは、職員のみならず寮生の人望もある子どもである。北海道家庭学校・藤田は「『親』の役を何人やったかで校内での存在感が際立ってくる[39]」（藤田 1991：21）と書いている。

　しかし、このような「オヤ」を務める子どもも、かつては「オヤ」の「コ」だったのである。そして自分の「コ」が「オヤバナレ（親離れ）」するまで面倒をみる。この「オヤトコ」というしくみは、少年院のバッヂのように、一見明確ではないように見える。しかし、他の子どもたちからも、おそらく本人にとっても、このしくみは、かなり明瞭な〝段階〟――成長の証――を感じさせるしくみのようである。

B職員：オヤコっていうシステムがあるんですね。寮の中で割とこう……信頼できるような立場になってる子が、新入生の世話係をまかされて、最低でも一か月間でも《ママ》べったり一緒に過ごす、まぁ部屋（居室）も一緒にして、教室（「学校」）も一緒で作業も一緒で、っていう形で、で、オヤとコッコっていうやつなんですけども。そのコッコがちゃんと作業やらないというときは、その……オヤの指導が良くないっていうことになっていて……（中略）オヤコと呼んでたんですけど。それでまぁ、オヤというのは名誉職でもあって、まぁかなり信頼されたという意味も含むわけですけれども、当然、すごい大変な仕事でもあって、（〔新入生〕は）いうこととそんなに……実の親の言うこともきいて来なかった子ですから、そんな、下手すれば同い年くらいの子に言われてそんなに素直にきくはずもないしね、なかなか厳しい仕事なんですけども、一生懸命やってくれるんです。

武：じゃあ入浴なんかも一緒に？

B職員：全部一緒ですけれど

武：同じ部屋で寝て

B職員：はい。で、コッコの方がやたら言うことをきかないと、少し延びたりするわけです。三か月くらい経ってても……オヤバナレ（親離れ）っていうんですけども（笑）、（中略）マトモな子で一か月、上手くいかないと三か月とかずーっと続いて……

武：三か月以上続く時もあるんですか

B職員：ありましたね。全然オヤバナレできない……

（二〇〇五年七月、ワ学園、B元職員）

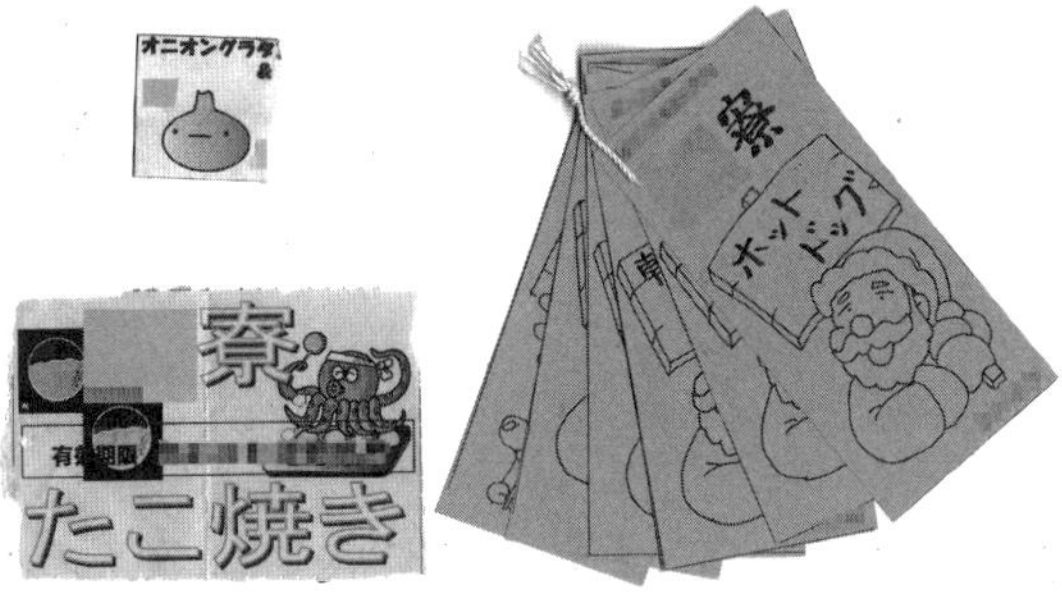

筆者が施設行事に参加した際、使用した模擬店用の券や半券

4．年中行事

キョウゴの世界と行事

猪原学園に限らず、施設ではそれぞれ文化祭や修学旅行、納涼祭、クリスマス会、そして卒業式（後述）など、年間を通じて各種行事が行われていた。納涼祭や収穫祭などでは関係各所や近隣の住民を招く施設も見られる。納涼祭では櫓が組まれ、盆踊りが披露される施設も多い。また、納涼祭や収穫祭などでは模擬店を出す施設も多い。模擬店では現金ではなく予め用意された手作りの券（次頁写真）を使う。

子どもたちはその券を手に、各模擬店を回って焼きそばを食べたり輪投げをしたりして楽しむ。ある施設の券は、色模造紙に主線だけ印刷されており、色鉛筆で彩色されていた。残念ながらその券は筆者が使ってしまって手元に残っていないのであるが、おそらく、子どもたちが一枚一枚、手作業で塗ったものと思われる。券には各自で名前を記入することになっており、予め欄が印刷してある施設もあった。このように、券に署名するのは、表向きには〝券をなくしたときの保障〟のために行うのであるが、その実、子ども同士で譲渡したり、強い子が弱い子の券を取り上げたりしないように等、トラブル防止を兼ねているという（二〇〇七年八月、カ学園職員）。

その他、施設ごとに特色ある行事が見られるが、最もキョウゴらしいと思う行事の一つに収穫祭がある。土興しから種蒔き、水やり、夏場の雑草取り……子どもたちと職員の手で世話して作った作物を収穫しての収穫祭は、キョウゴならではといえる行事の一つであろう。北海道家庭学校の収穫祭は『ひとむれ』を始め、多くの著書に描かれており、規模も盛大であるが、北海道家庭学校ほどの大規模農場でなくても各地の施設で収穫祭は行われており、猪原学園も収穫祭を行う施設の一つである。

収穫祭――猪原学園の例

猪原学園の収穫祭は、施設内の畑で作った大根や人参の収穫後、一一月下旬から年によっては一二月の初めに行われていた。晩秋とはいえ北風が吹き、収穫祭の日は毎年、真冬並みに寒いという記憶がある。暖を取るために焚き火が熾され、その中には芋を入れる。傍らでは職員がトウモロコシを茹でたり、大鍋で豚汁を作ったりしている。豚汁には施設内の畑で穫れた大根や人参が沢山入り、何とも野菜たっぷり、具沢山の豚汁ができあがる。この日の昼食は猪原名物イノベンではなく、これらの野外で調理した暖かい食べ物である。そしてメインは大きな臼と杵でつく、つき立ての餅であった。猪原学園では、石臼と木の臼との二種類の臼があり、長靴に作業着、頭にはタオルを巻いた男性職員が力強く餅をついていく。職員の顔には〝すす〟が、作業着にはドロが付いており、この祭りが職員一人一人の手作りの行事であることを物語っている。ついた餅は素早く千切り、猪原学園で育て、収穫した大根下ろしと併せて辛み餅となり、皆に振る舞われ、誰もがみな、つき立ての餅に寒さも忘れて舌鼓を打つのであった（二〇一四年二月、猪原学園元ボランティア・◇◇さんと共に回想）。

腹がくちくなった後は出し物が続く。猪原学園で欠かせない出し物は二つ、まずは猪原学園名物、「猪原太鼓」である。「猪原太鼓」にはボランティア仲間の◇◇さんも一緒に参加して、見事な太鼓を披露する。そしていよいよ最後に行われるのは、これも猪原学園名物の相撲であった。土俵は職員が土を盛って作り上げた手作りの土俵である。先ほどの職員の作業着がドロで汚れていたのは、この土俵を始め、焚き火や釜戸など、すべて職員が準備したものだからである。

子どもたちは皆、男子は裸に女子は体育着にまわしを締めて土俵に上がり、一同、やんやの声援を送ってここが猪原学園収穫祭のクライマックスである。相撲が盛り上がっている傍らでは、手の空いた職員を中心に筆者たちボランティアは片付けを始める。このころになるともう辺りは薄暗くなっており、寒さも一段と増しているのであった。

このように収穫祭を始め、猪原学園での行事はすべて――それは正に猪原学園の職員が言う通り――「猪原村」で行われている、という表現がぴったり来るようであった。というのも、猪原学園の行事の様子は、筆者が幼少期に体験した地域のそれと大変類似したものだったのだ。

保護者と運動会

運動会について、実は運動会には、いくつかの重要な意味がある。まず、運動会は保護者にとっては子どもを見る数少ないチャンス――子どもの入所後は、面会や通話などが制限されているので保護者にとっても子どもを見るチャンスである――しかし、実は、「保護者が子どもを見るチャンス」というよりは、どちらかというと、職員が「保護者に子どもを見せるチャンス」として捉えているのが運動会という行事である。

ここで保護者について少し書いておくと、保護者はもちろん様々であるが、その誰もが子どもに関心がある、ということではなく、どちらかというと、保護者は保護者自身の人生で手一杯、という場合も多いようだ。『もう一つの少年期』には、実父が息子の存在そのものを忘れていたという例[40]がある。また、両親が不明なこどもや、無戸籍の子どももいる、その上、ソチヘン前の施設（児童養護施設）からも見放されたかのような扱いを受けた子どももいる。ある施設では、次のような語りがみられた「□□（男子の名前）はね、ここに来たとき、前の施設（児童養護施設）からこーんな（と両手を広げて）ダンボールが三つ、送られて来たの、□□の荷物ぜーんぶね、前の施設からね、送られて来たの……」（二〇〇五年九月、ワ学園、A職員）。児童養護施設からのソチヘンの場合、子どもに何らかの「問題行動」があって施設に入所することが多い。ということは、子どもの「問題行動」が収まれば、またソチヘンして元の施設に戻る、というのが本来の〝措置変更〟というものである。しかし、教護院・児童自立支援施設の場合、前の施設（児童養護施設・養護施設）に戻る、という例はほとんどない（第Ⅳ部第三章第三節）。□□さんは、乳児院、児童養護施設、そして児童自立支援施設と、生まれたときからこれまで、ずっと施設で暮らして来た、ということであった。おそらく、前の施設では彼を受け入れる意思はない、ということで荷物を送って来たのだと思われる。

子どもたちの約半数は両親が揃っておらず(41)、保護者が無関心だったり、過干渉だったり、あるいは思春期特有の〝すれ違い〟があったりして、子どもと〝上手くやって行けない親〟がいる。そんな保護者に対して施設は、〝子どもの変わった姿を見せる〟ことで保護者の気持ちを変える、と職員は説明するのである。正直、初めて聴いたときには、随分消極的だな、と感じたものだった。不適切な養育環境に置いた保護者に対して、もっと働きかけてもいいのではないか(42)――しかし、施設は子ども、保護者は児童相談所、という行政上の分担(43)があり――もちろん、子どもの退所を見据えた「家庭調整」などと呼ばれる保護者対応はするのであるが――施設は立場的にも子どもへの対応が主たる目的の施設である。また、児童相談所の職員等が保護者に働きかけたとしても、「今までも周囲の専門家（児童福祉司、児童指導員）からなんらかの助言、指導がなされたにもかかわらず、なかなか改善されていないのが現状である」（事例集⑤：21）というような報告もある。筆者の聴き取りにおいても同様の声――例えば「ここの施設の存在意義というかあり方が疑問です。子どもが入所中、児相が家族を修復してくれる訳じゃないし……先に繫げて行けない」（二〇一〇年九月、ハ学園、C職員）――を聴き取っている。

このように保護者への働き方、という点には多くの疑問点や行政上のしくみの限界がある中で、職員は〝子どもの変わった姿を見せる〟ことで、保護者の変化に期待する、ということを行って来たのであろう。しかし、普段離れて暮らしている保護者に〝子どもの変わった姿を見せる〟機会はさほど多くはない。子どもの変化を保護者に示すチャンスは大きく二つ、帰省と運動会である。先にも述べた通り、どちらかというと子どもに関心の高い保護者が少ない上、勤めが忙しいとか、貧困で交通費が捻出できないなど保護者の都合もある。しかし、何とかして保護者に足を運んでもらえれば、「普通の運動会かと思って最初は来るのをしぶっていたけれど、来てよかった」と言って、我が子の成長に感じ入る保護者も少なくないということである。そのため、職員は運動会の準備には力を入れる傾向にある。筆者がボランティアとして参加した猪原学園の運動会では、組み体操がメインで行われていた。組み体操は大掛かりでどの子どもも真剣な表情で行っている。見守る大人たちは、職員も保護者もみな、一心に見守り、成功すると惜しみない拍手を送り、感極まって涙を流している様子も見られた。

「一五の自立」と卒業式

施設では卒業式を行う、というか、施設でも卒業式を行う、といった方がよいのであろうか。それは施設内の「学校」の卒業式でもあり、原籍校と呼ばれる子どもがもともと通っていた学校の卒業証書を授与する式でもあり、そして施設からの〝卒業〟を意味するセレモニーでもあると考えられる。

施設によって違いはあるが、猪原学園では、当時、二枚の卒業証書が授与されていた。猪原学園の「卒業証書」と原籍校の卒業証書である。猪原学園の「卒業証書」とは、施設の中にある「学校」の卒業証書（旧児童福祉法第四十八条「各学校の長が授与する卒業証書その他の証書と同一の効力を有する」に定められた証書）であり、原籍校とは、子どもたちが入所前に在籍していた学校のことである。

まず、子どもたちはこの猪原学園の「卒業証書」を順に授与される。一人ずつ壇上に上がって施設長からこれを受け取る。一通り授与し終わると、次に原籍校の卒業証書が授与される。壇上には子どもたち全員の原籍校の教諭（多くは校長）が席に座っており、彼らから卒業証書が授与される。原籍校の中には教諭が出席していない場合があり（それどころか、かつては原籍校が卒業証書を発行しない、などの例が少なくなかったという[44]）、そのときは施設の職員が授与していた。

施設からの〝卒業〟というのは、いわゆる「一五の自立」と呼ばれ、以前は中学校卒業年齢まで施設にいて、中学卒業と同時に退所する、ということが一般的であった。今でも、中学卒業年齢で退所する場合が多いが、かつてはほとんどの子どもが就職し、自活することで施設を〝退所〟したのでそのようにいわれていたのである。

筆者がフィールドワークを開始した二〇〇四年ごろは、まだ今でいうところの「高齢児寮」や「中卒児寮」（以降、高齢児寮で統一）などはまだ一般的ではなく[45]、その対応は各施設でもパラパラ、というか対応し始めたという所だった。中学卒業年齢の子どもが寮舎に一人くらいは「残る」（この言い方は適切ではないかもしれないが）ことになり、施設によっては寮舎の庭にプレハブ住宅を建てて、そこに中学卒業年齢の子どもが住み、アルバイトや夜間高校に通う、などの試みが行われているころであった（第三章）。このころは、かつては主流であったいわゆるオヤカタ（親方）と呼ばれる職親宅への住み込み就職などが減り、一方で高等学校への進学率はまだ低く、保護者宅へも戻れない、という子どもが寮舎に「残る」ということが起きていたのである（第Ⅱ部）。

注

（1）〝感化院以来のこわい所〟——一九七六年の機関誌『非行問題』には、秋田県立千秋学園の「福祉団地構想」の経緯について報告されている。この「福祉団地構想」は「県下の福祉施設を一か所に集めて福祉行政機能の機能化を計ろうとするもので、中央児童相談所を中心として、教護院、精神薄弱者施設、養護学校、身障者更生相談所、身体障害者更生援護施設、勤労身障者体育施設（体育館、グランド）等によって構成される一大福祉所を建設するもの」（野呂 1976：191）であり、この福祉団地構想について「児童相談所は、教護院を福祉団地に加えることによって生じた、数々のメリットを上げ」（同）たということである。その筆頭にあるものが「一、教護院が児童の福祉施設の一つであり、感化院以来のこわい所だという県民の先入観を払拭することができる」（同：192、傍点筆者）というものであった。少なくとも一九七〇年代後半では、まだ教護院は感化院のイメージの残る「こわい所」なのである。

（2）北海道家庭学校寮長・藤田俊二の著書『もうひとつの少年期』には、学部生だったころの服部朗氏が同施設へ実習に訪れた折、子どもに「服部さんてなんでも知っているんだね　先生、大学生ってみんな服部さんのように物知りなのかなあ？」（藤田 1979：195）と感心されているだけでなく、日記に、「服部さんは、去年も今年も足で歩いて来た。家庭学校に来るのに、アルバイトをしてお金をためて、歩いて来た」（同：201）と、同施設の最寄り駅であるＪＲ遠軽駅から四ｋｍもある道のりを徒歩で到着したことが、感動を持って綴られていたことが記録されている。筆者も見習いたい。

（3）埼玉学園の例。ちなみに、一九八一年の『非行問題』（一八三号）では同学園への「訪問記」が掲載されている。それには「学園内をひと巡りして意外に感じたのは、この学園は市街地のなかに設置されていることである。（中略）埼玉学園は平地でしかも住宅街の中にあり、朝夕の通学、通勤時には自転車が行き交う一般道路がある」（叶原 1981：106）と書かれているので、当時からそのようであったことが確認できる。

（4）レスパイトケア（respite care）。もとは、「障害児（者）を抱えた親・家族の介護からの一時的な解放を目的にした援助である」（山縣・柏女編 2000：387）が、現在では障がいの分野だけでなく、例えば老人介護など、様々な分野において当事者を支援する家族が一時的に支援から解放されることを指すようになった。それに伴い、「レスパイトケア」を略して「レスパイト」の語が使われ、近年では、当事者を支援する家族のみならず、社会福祉施設で働く職員や在宅支援を行うヘルパーなどにもその必要性について取り上げられるようになっている。

（5）施設への訪問は、二〇〇四年から始めて現在まで継続して行っている。その間、筆者の身分は修士課程の学生兼実習助手、自立援助ホームスタッフ兼大学の非常勤講師、博士課程後期の学生、そして現在の学術研究員と様変わりしている。

（6）このようなことは、小舎交替制職員、小舎夫婦制寮職員など、運営形態を問わず、複数の職員から聞かれたことである。そのことを職員から聞いた時点では、筆者自身が特に意識しておらず、メモを取るなどしなかったので聴き取った日時は不明であるが、筆者自身が自立援助ホームのスタッフになった際、よく思い出されたことであった。

（7）筆者はこれまで様々な〝実習〟を行ってきた。それは、「社会福祉援助技術現場実習」という科目上での実習（社会福祉援助技術演習における「実習」とは、厳密にいうと事前学習、配属実習、事後学習を含めたものであり、それらを総合して「実習」ということになっている。いわゆる「実習」と呼ばれるもの――社会調査実習の科目で実査にあたるもの――は配属実習のことである）の他にも、科目外の、実習や研修（施設によって呼称が違う。また調査目的で施設に宿泊している場合でも、施設内では〝実習〟と呼称されることがある）。本章ではこれらの〝実習〟を区別せず、また一泊であっても〝寮舎での生活体験〟として取り扱うものとする。

（8）実際に、昔は本館の手続きなどはごく簡単で、寮長が本館に呼ばれて簡単な引き継ぎで子どもを寮舎へ連れ帰る、などのことは聴いたことがある（詳細なメモはなく、これは筆者の回想である）。ちなみに、第三章で記した白馬学園での実習は、初日に新入生が入所して、筆者はその新入生とともに施設生活をスタートした。実習開始のとき、他の子どもたちはすでに午後の日課であるソフトボールの練習を始めていた。私たちは後から遅れて練習場へ駆けつけ、新入生（も筆者も）その練習にまざるという感じで、ごく自然に練習の中に入っていったと記憶している（練習が終わった後に、グラウンドで自己紹介をしたのをよく覚えている)。

(9) 事例集には、先の「竜田道夫」(事例集③:22) さんの例の他にもいわゆる〝緊急入所〟の例がある。例えば、運動会の片付けをしているとき、急に寮長が園長室に呼び出され、すると「児童相談所の児童福祉司、心理判定員、園長がいる前で、中学生と母親と思われる二人が抱き合って涙を流しながら愁嘆の場を演じています(中略)どうやら緊急入院のようです。(中略)児童相談所が学園に期待をかけ、連れて来たのですから、受け入れることにしました」(事例集③:67) という例や、他にも、『今やっと保護したのでそのまますぐ受け入れて欲しい。』という児童相談所からの電話。入園してきた良夫は着のみ着のまま、髪は伸び放題であった。そして警戒心にみちた落ち着きのない様子で時折上目づかいであたりをうかがっている中で、彼の入園の手続きをすませた」(事例集④:122) などの報告がある。また、保護者から直接、入所の問い合わせが来ることもあり、事例集でも、例えば次のような報告がされている。「夏休みも終わりに近づいたころ、『最近、生活が乱れがちの娘を入園させてほしい』と母親より電話があった。入園の手続きについては、児童相談所が窓口になっていることを説明したが、とにかく、今日中に学園を見学させてほしい、との強い希望があったため承諾すると、午後から母親と母親の姉とみえ子の三人がやって来た」(事例集⑨:37)、この見学のときに、「園長室で、母親と二人で面接を受け、お母さんとの約束が守れないときは、お母さんの言う通りに、学園に入園することを園長と約束」(同) して帰宅した。その後、「みえ子」さんは二学期が始まって間もなく行方が判らなくなり、児童相談所に保護され、二週間の間を一時保護所で過ごし、その後、入園に至ったということである。

(10) 国立武蔵野学院の観察寮には医師や臨床心理士が常駐しており、観察寮にいる間はそこで過ごす。なお、同施設職員によると、観察寮では一応、安静にしている、ということでパジャマ」を着て終日過ごす、ということであった。事例集ではこの観察寮の寮長・寮母が強制的措置の部屋(鍵のかかる個室)へ通ってパジャマを届けたり、食事を運んだりする様子が報告されている(事例集③:39)。ちなみにこの事例は深刻なネグレクトのケース(入所時一三歳、「弘志」さん)であり、彼は児童相談所に保護されたが、そこで幼い子どもに暴力をふるう、ムガイで窃盗するなどの末、家庭裁判所の決定で教護院送致となったということである。彼は『誰が着た物かわからんような物はいらん!』とわめき裸のまま部屋に入」(同:39)り、観察寮長が持ってきたパジャマは着ようとしなかったということである。しかし、「寮長が置いていたパジャマとシャツは毎日少しずつ弘志が動かし、やっと三日目にパジャマとシャツに手を通した」(同) と書いてある。なお、この事例に出てくる観察寮は、強制的措置の個室と一般寮とが併設されたタイプの観察寮(二〇一五年八月、元職員に確認)ということである。

(11) ちなみに、先の事例(児童相談所のアドバイスで転居した事例)では、引っ越し先でしばらくは何事もなかったものの、「しだいに服装違反、髪の毛を染めるなど目立つ行為が始まる。さらに、従兄のN男のグループとの関わりが、問題行動に拍車をかけた。母親が仕事に出かけると、家はたまり場となり、シンナーの匂いで充満した」(事例集⑤:161) という状態になり、その後、教護院入所となっている。
(12) 注8の「みえ子」さんの報告に同じ、「●入園　二週間ほどしてみえ子は学園にやって来た。見学のときとはうって変わって、緊張した表情で言葉も少なかった。長い髪を切るときはさすがにつらそうだったが、抵抗することもなく素直に私の指示に従った。母親は心配そうにみえ子の顔を何度ものぞいていた」(事例集⑨：37)。
(13) 例えば、事例集では、「●出会い　中学二年の秋、両親に付き添われ、真は頭に剃り込みをいれ、アロハシャツにボンタンズボンという一見いかめしそうな格好で入園した。言葉をかけるが返事がなかった。(中略)真は親が帰った後、おとなしかった。剃り込みを目立たないように丸刈りにした。そうすると、いかめしさがなくなり、顔の感じがやわらかくなった」(事例集⑦：41-42)など。
(14) 二〇〇五年七月A職員、二〇〇七年八月D職員、二〇一二年四月G職員ほか。
(15) 日付詳細不明、二〇〇四〜二〇〇五年の間に訪問した施設(交替制の施設職員)及び、二〇一五年に訪問した施設(同じく交替制の職員)など、複数の施設訪問の際に聴き取った。
(16) このバターは大変な美味である。これは余談であるが、筆者の夫は牛乳や乳製品全般が嫌いで、食べると嘔吐してしまうほどであったが、この北海道家庭学校のバターを食べて「美味しい」と感じたことをきっかけに、バターやチーズが好物になってしまったほどである。北海道家庭学校では作業も〝本物〟であるが、そこから作り出される食品もまた、〝本物〟の味なのであろう。
(17) 藤田俊二の「佐名のこと」には、「夏から土木二班で改修して来た牛舎周辺のコンクリート部分に、明日、生コンが入る事になり、そのときに土木二班全員の名前をそのコンクリートに刻みつけてくれるとかで、佐名はもう真剣な顔で自分の名前を書く練習をしている」(藤田 1991：15)というエピソードが書かれている。また、保有する山林には職員と生徒の名前が付けられている――「家庭学校四三五町歩の山林にはそれぞれの時代の職員と生徒の名前が森として残り、土木部で戦後作り続けて来た『大水槽』『泉の浄化槽』『排水コンクリート管』等々にも、数多くの先輩の名前がどっしりと刻みこまれて来たのは家庭学校の大切な歴史」(同)――ということである。
(18) 筆者が二〇〇八年に入手したリーフレットには、そ菜、園芸、木工、土木、溶接、塗装、酪農、山林、醸造、製酪が印刷されている。
(19) 日付詳細不明、第二章第一節蝶野学園でのフィールドワーク中に、女性職員二名より聴き取った。
(20) 筆者は第I部の下書きを数人の職員及び元職員に読んでいただいた。下書きをお読みくださったある施設の元職員は次のような感想をお寄せくださった――「読みすすめ、一般的にこうなんだろうと思いつつ、自分が受け入れにくい部分もありました。

ex.過去の話をしない……私が担当した寮では、生いたち、今までのことを話していました。無い物ねだりや、苦しいのは自分だけじゃなかった……等、すごくいい効果を感じました」（二〇一五年六月受、その後、直接話も伺った）――。なお、筆者は同職員の元職場である施設を訪問したことがあるが、その際、「キョウゴらしい」という感覚を持たず、また、他の職員からも「教護院らしい」というような感想は聴かれなかった。そのため、この感想は、第Ⅰ部の「キョウゴの世界」の本文には含めなかったが、近年の児童自立支援施設の報告として、ここに転載した。

(21) 猪原学園でのボランティア体験及び白馬学園での現場実習前の事前オリエンテーションを初めとして、宿泊する際には複数の施設で同様の説明を受けた。ちなみに、白馬学園の事前オリエンテーションのときの記録によると、注意事項として「主な注意事項　1．時間厳守　2．生徒に自分の住所を知らせない　3．生徒に入所理由をたずねない……」などと書かれている。

(22) 日付詳細不明、二〇〇四～二〇〇五年の間に訪問した施設（小舎夫婦制寮）で女性職員より聴き取った。

(23) 例えば、事例集⑤に収録された「ごちそうさまが言えた」（事例集⑤：45）など。

(24) 一方で、「枠のある少年院」という使い方をしている人もおられた（二〇〇五年七月、日弁連子どもの権利委員会「少年法『改正』問題に関する各会懇談会（第四回）」にて、会場より児童相談所職員を名乗る人の意見より）。

(25) ムガイした先で車を盗み、その車で事故を起こして死亡した例や、冬季に凍死してしまった例（北海道家庭学校での事故、二〇〇五年二月九日朝日新聞・夕刊で確認）などがある。なお、後者のケースについて元職員に話を伺った所、「その地域の人ならそこへ行ったら命取りになるという方向だった。もちろん、子どもたちもそのことを知っていた。なので、このケースは逃げたというよりも、自死に近かったのでは……」と語っておられた（同年）。

(26) 例えば学校での「いじめ」について、その対応の遅れが問題となっているが、それは「いじめ」はないもの、とされてきたからではないだろうか。

(27) 聴き取りの中では、例えば電車が見たいという衝動がどうしても抑えられずに飛び出してしまうとか、突然、裸足で飛び出してしまったなど、子ども自身の逃げたいという意思というよりは、ただ衝動で飛び出してしまったという例や、生き別れになった母親をどうしても探したくてムガイした、などの例も語られた。

(28) 措置変更、略して〝ソチヘン〟。児童福祉施設への入所は「措置」を基本とする。そのため、先に児童養護施設に入所（措置入所）している場合、児童自立支援施設へは「措置」を「変更」して入所することになる（第Ⅱ部第三章第四節に詳細）。

(29) 例えば、西澤稔（1995）『わが国の少女非行についての史的考察のために――横浜家庭学園の沿革を通して』には、大正から昭和にかけてのケース記録が収録されており、それにはムガイに関する記録も多く収録されている。ちなみに、筆者が著者である西澤に直接聴き取った所では、これらのケース記録は、西澤が家庭学園の職員であったころ、防空壕の雑紙――これはトイレの汚物を包む際に使用していたそうである――の中から偶然発掘した、ということであった。

(30) 罪を犯した子ども：家庭裁判所の決定で少年法の保護処分として施設に入所する場合は、少年法の触法少年がこれにあたる。

(31) 同職員によると、年代の古い順に、(1) 昭和二〇年代前半、愛唱歌ができて、それが現在まで歌い継がれている、(2) その後、職員（金光先生）作詞の校歌ができる、(3) 分校の校歌ができる（音楽の先生と文章の立つ先生とで作った）ということであった（二〇一三年一二月）。なお、同施設の「年報　平成二五年度」には、岡山成徳学校校歌、愛唱歌『少年の丘』、緑ヶ丘中学校　校歌の順でそれぞれ三曲の歌詞が印刷されている。

(32) この歌（筆者は応援歌だと思っていた歌）は、元職員への聴き取りによると、「私は大好きなんだけど、一時期は歌唱されなかった」（二〇一五年、六月）ということである。その理由は、「太平洋戦争時に子どもたちが駆り出された――地方の農場に駆り出されて――、そのときに鼓舞して子どもたちを送り出した、という歴史をそのとき（歌われなかった時期）の園長が調べて、その園長の考えで一時期、この歌は歌わないことにしようってなっていた」（同）ということである。

(33) 例えば、埼玉学園寮長・小林によると「いままで夜遅くまで遊びまわり、朝になっても寝るだけ寝ていて学校にも行かず、不規則な生活を送っていた少年たちが、教護院の規則正しい日課に馴れるのには時間を要するのだ。入所前、食事をきちんととっていた子はほとんどいない」（小林 1992：42-43）。

(34) 猪原学園やその他の職員の弁。また、別の施設では、「ここに実習に来ると作業でお腹が空くみたいで女の人でも丼ご飯を食べちゃうのよ」（二〇〇五年九月、ワ学園、A職員）という語りもみられた。

(35) 「教え係」について、以前は「教育係」と言っていたが、子どもが子どもに教育はおかしいのではないかということで「教え係」になったということであった（二〇一五年四月、レ学園、B職員）。

(36) その他、花島政三郎の著書、例えば『サナプチの子ら』では「親と連れ」（花島政三郎 1978：74）の例がある。

(37) 入所して長くいる子どもを指す（施設によっては中三年齢児など、退所が見込まれる年齢の子どもを指す場合もあるようだ）。ネンキはおそらく〝年季〟――年季明けや年季奉公の〝年季〟、つまり、「奉公人を雇う約束の年限『――を入れる』（＝その仕事に対する経験を積む）」（金田一編 1978：865）のことであろう。用法も、「〇〇さんもネンキだから」と、そろそろ退所をも見込んだときの会話で使ったり、「〇〇さん上手ね」「あの子はネンキだからね」など、子どもの仕事ぶりが手慣れている様を表すときにも使ったりするので、正に年季＝ネンキという感じのすることばである。前者の用法の場合、もちろん、子どもたちは奉公に上がっているわけではないが、正月と盆の「帰省」（帰宅訓練など）以外は自宅に戻れない、という点では本物の〝年季〟と共通している。なお、施設は措置期間が定められているわけではないが、かつて、「一五の自立」といわれたように、児童福祉施設は中学卒業年齢で措置解除となる慣例が根強かったため、（子どもの側からしてみたら）施設に入れられていたとしても、中三卒業年齢まで我慢すれば自由になれる、と思っている子もあるようだ。

(38) 中等少年院のバッヂの例――。「少年院を仮退院するまでに四種類のバッヂを付けます。最初は黄色で、緑、水色となり、いわゆる出院準備になると白色のバッヂ（中略）わかりやすくいえば、黄、緑色が下級生で、水、白が上級生という区分けになります」（田埜 1998：97-98）。

(39) なお、藤田によるとオヤの期間は三か月で、「新入生のすべての面倒を、三か月きっちり見るのが親の重い役目」（藤田 1991：23）ということである。

(40) 『もうひとつの少年期』には、家族と連絡がつかない、親が子どもに関心がないなどの例が多く綴られている。藤田が卒業生の足跡をたどり、実父を訪ねたところ、『「あーそんな子どももいましたね』と無感動に答え、一五年前に離婚した前妻が連れて行った三歳の子どものことなど、きれいさっぱり忘れていたことにたまげた」（藤田 1979：261）という例もあった。

(41) 『児童自立支援施設入所児童の被虐待経験に関する研究（第一次報告書）』によると一九九九年の調べでは「最も多かったのは実母のみで、全体の三三・五％、ついで実父母の二八・一％、実父のみの一四・二％となっている。また、継父継母は一〇・二％、実父継母は四・六％であった。ひとり親が全体の四七・七％とほぼ半数の入所児童がひとり親家族であることがわかった」（国立武蔵野学院 2000：10）ということである。

(42) 保護者対応について、「専門家の間から『子どもは変わっても、親や生活環境が、全然変わっていないので、また、非行に走ってしまう』ということを耳にする。まったくその通りだと私も思う。（中略）今までも周囲の専門家（児童福祉司、児童指導員）からなんらかの助言、指導がなされたにもかかわらず、なかなか改善されていないのが現状である。（中略）何かいい方法はないものか、いったい親を変えるのはなにかといつも疑問に思いながらこの仕事を続けてきた」（事例集⑤：21）というように、児童福祉司や児童指導員が保護者を手当しても、なかなか保護者が変わらない、というのが現状のようだ。

(43) なお、近年は施設にファミリー・ソーシャルワーカーを配置するなどの動きがあるが、実際には職員が兼任することが多いようである。

(44) 卒業式への出席を拒まれる場合もあったそうである。それどころか、原籍校ではオール三程度の成績であったのにもかかわらず、猪原学園の「学校」の成績表を原籍校の成績表に振り替える際、（成績に関係なく自動的に）オール一にされてしまうとか、あるいは学籍そのものを抜いてしまう原籍校もあったそうである。そこで猪原学園の職員が各地域の教育委員会や学校に働きかけて、猪原学園の子どもたちがすべて原籍校の卒業証書を受け取れるよう働きかけたのであるが、地域によっては断固拒否した教育委員会もあったということである。筆者がいわゆる「中卒児」と呼ばれる子どもを「中学卒業年齢の子ども」とするのはこのため――かつては原籍校での〝卒業〟ができない子どもがいたことに鑑みてこれを使用しているのである。

（45）　高齢児寮について、二〇〇〇年の『非行問題』に、「中卒児を一つの寮に集める試み」と題して、福岡学園が高齢児寮を設置するにいたるまでの報告がなされている。それによると、同学園では一九九九年に「中学卒業児を集めた寮」（佐藤 2000：65）を設置したということであった。なお、筆者が二〇〇六年度に行った調査では、五八施設中一一施設（一九％）が高齢児寮等を設置していた。

第二章　「お互い様」の暮らし――キョウゴの世界2

第一節　職員同志のコミュニティ――蝶野学園の例を中心に

1．蝶野学園でのフィールドワーク

蝶野学園（仮名）には、二〇〇五年三月に初訪問し、その後、二〇〇七年・二〇〇九年・二〇一〇年に訪問・宿泊した他、各種研修会等への参加の機会には、職員や元職員への聴き取りを行うなど、現在に至るまで、継続的にフィールドワークを行って来ている。蝶野学園は小舎夫婦制を基本としており、筆者が宿泊する際には、決まってA職員夫妻が寮長・寮母を努めるA寮に〝配寮〟された。

最初に宿泊させていただいたときは、A職員夫妻の第一子が幼かったが、今ではきょうだいも増えて子だくさんのにぎやかな家族である。そんなA寮にはいつ訪れたときでも、寮舎の子どもたちやA職員夫妻の実子はもちろんのこと、他寮の職員夫妻の実子まで寝転び、遊び、笑い、泣き、そしてご飯を食べ……と、子どもたちが実にのびのびと過ごしているのが特徴的な寮舎である。そんなA寮の〝お母さん〟であるA寮母は、筆者と同年代の勉強熱心で、そしてスマートな体型なのであるが、その雰囲気は、まるで〝どの子もまとめて面倒みるわよ！〟という昭和の肝っ玉

母さんのよう……などと書くと気を悪くされるだろうか、いや、きっと〝あははは、やーねー！〟と笑って許してくれるにちがいない、滞在中は筆者の分まで面倒を見てくださるような、大変懐の広くて深い、実に魅力的な女性が務めている。

2．畦道のある風景――二〇一〇年九月のフィールドメモより回想

久しぶりに蝶野学園を訪れる。蝶野学園は、施設全体がなだらかな斜面が広がっていて、本館から寮舎へ向かう道は少し上り坂になっている。A寮母が最寄り駅まで車（ご自宅の）で出迎えてくださった。A寮へ向かう途中で本館に立ち寄り、A寮母が筆者の使うシーツを借りてくださる。A寮母に付いてA寮までの道を歩いて行く。まるで畦道みたいな上り坂を上がって行くと、道はいつの間にか舗装から土の小道になっていて、やがて登り切って少し視界が開けた。畦道みたいな道が、今度は用水路のように見えて来る。用水路は左に右に分かれて、田んぼに見立てた各寮舎へと繋がっている。

畦道の上には幾人かの小さな女の子がお尻をついて遊んでいる。その光景を見ると、（ああ、帰って来たなぁ）と懐かしく感じる。故郷でも、ましてやどこかの地域でもない――ここは施設内なのだけれど――筆者は蝶野学園に来る度に〝懐かしい〟と思い、心の中で〝ただいま〟とつぶやいてしまう。そのように思うのだった。

畦道で遊んでいた幼児の内、二人の女児がA寮母を見つけて駆け寄って来た。彼らはA寮母の実子である。A寮母は今度は車庫からスクーターを出して来て、筆者に何か話しかけた。何かを本館まで取りに行くとか、そんな用件だったと思う。そして女の子に《乗るか？》と聞くと女の子は元気に返事をして、A寮母の足下にちょこんと乗っかった。いつもそうしているのだろう、女の子は前を向いて得意満面だ。A寮母は《じゃ、少し待っててね》と筆者に声をかけて颯爽とスクーターを走らせた。「あ……ノーヘル……」と思ってすぐに、ああ、そうか、ここは公道じゃないんだった……と思っていると、端で遊んでいたもう一人の女児が一目散に走り寄って来た。A寮母とお姉ちゃんに

置いていかれたと思ったか、もしくは自分も一緒にスクーターに乗りたかったのか、血相を変えて走り寄り、A寮母もそれに気付いたが、けれど笑って去って行ってしまった。A寮母はほどなくして帰って来たのだが、女の子はおへそを曲げてごきげんななめだ。戻って来たA寮母が《ははは、ごめんな、ごめんな》と笑いながら女の子の頭をなでている。

A寮母はいつも必ず寮舎に併設されている職員舎（A職員夫妻の自宅）に筆者を上げてくださる。職員舎の間取りは、キッチンを併設する和室（居間）――このキッチンにはカウンター式のシステムキッチンが備え付けられ、居間と対面式になっている――と、その和室にもう一つの和室（座敷）が続き部屋になっており、この二部屋の間には襖がついている。奥の部屋を出ると廊下を挟んでトイレ、風呂、もう一部屋〝寝室〟があるそうだが、こちらの〝寝室〟はほとんど使っておらず、普段は居間の奥にある座敷（続き部屋の和室）にご家族全員で寝ているようだ。続き部屋の〝仕切り〟である襖は、日中はほとんど開放されており、昼間は居間と併せて一部屋として使っていることが多いようである。

座敷には、所狭しと実子たちの服入れやおもちゃ箱などが並び、時には洗濯物が干してある。その様子をA寮母は《散らかってて……》と言うのであるが、時に洗濯物やおもちゃが出ているその部屋を、筆者は生活感があるなぁと思っても、散らかっているなと思ったことはない。むしろ、育児――中にはおむつの取れてない幼い子を含む実子きょうだいを育てているのである――に、家事に、そして二四時間労働ともいえる寮舎運営をしながら、このようにお客を迎えられる程度にいつでも片付いているのである。本当に立派で全く頭が下がるばかりである。

実子たち（とその友だち、他寮の職員の実子も一緒に）は、この居間で遊んだり勉強したり食事したりしている。夜になると、この続き部屋の奥の座敷に布団を並べて子どもたちを寝かせ、居間の方では大人たちが宴会を始める。食卓には必ずA寮母の手料理が並べられ、他寮の職員も居間側の掃き出し窓からやって来る。ある年には、A寮母が他寮の寮母全員にお声がけくださり、大宴会を開いてくださった(1)。宴会中、実子たちは襖の奥ですやすやと眠っているが、大人たちは時々その襖を開けて彼らの寝顔を見ては微笑むのであった。

このように、A寮母夫妻の職員舎での暮らしのほとんどはこの部屋――開けて一間、襖を閉めて二間の座敷――で営まれているといっても過言ではない。全くこの部屋は動いている。常に息をして躍動しているのであって、先に書いた生活感という表現には収まり切れないエネルギーを感じるのであった。

そしてその中心にはいつも明るい笑顔のA寮母がいる、というか、いてくれるのである。彼女は寮舎の一〇人前後の子どもたちと実子たち、その友人そして他寮の職員の実子や時には外部者である筆者まで面倒見てくださる。A寮母を見ていると、いつも〝A寮母さんはお母さんのプロだなぁ〟と感じるのであった。

3．助け合って暮らす職員集団

長屋的な助け合い

A寮母が他寮の職員の実子の面倒を見ていることは既に書いたが、このようなことは他の施設（小舎夫婦制の施設）でも同例が聴かれることである。というか、かつては、実子も一緒に育てる、あるいは育てられるというところが小舎夫婦制の良い所とされて来たそうだ。

別の施設の寮母は、《あの……ここ（施設）の中、一種のこう、村みたいな所があるんですよね……で、あの……（実子の）子育てもさせてもらえましたしね……それはおっきいとは思うんですよね。あの、公の場で子育て……その……子育てのことはね……自分のこと言うのはね……アレなんですけど、それはやっぱり大きいと思うんですよね》（二〇〇七年八月、カ学園、C寮母）と語っていた。

ある男性――彼は現在四〇代、小舎夫婦制寮を担当する職員夫婦の実子で、教護院で生まれ育った――によると、幼かったころを回想して次のように語っている――《いつも兄ちゃんたち（寮生たち）に遊んでもらってた》《小学校に上がる年になって、なんで俺だけ学校（施設内の「学校」）に行けないいんだろ？　なんで俺だけよその学校へ行かなきゃならないんだろ?》と疑問に思った」(二〇〇七年九月)――。キョウゴの世界とは、このように職員家族(所帯)と施設・寮舎(職場)とが一体となったものなのだな、と感じさせるエピソードである。

先の例のように――おそらく一九八〇年代頃までは――寮母が実子の子育てをしながら寮舎の子どもたちも世話する、ということは珍しくないことだったようである。というのも、かつては寮母が無給の「奥さん」(第Ⅲ部)として寮運営を担っているとか、身分が嘱託だとか――ある施設では《駐在方式》(二〇一五年三月、ケ学園職員)と呼んだそうだが――という状態(第Ⅲ部)だったのである。そして時代が進んで、寮母にも(正式な職員として)一人分の給料が支払われるようになると、小舎夫婦制は〝公私混同〟と批判される形態となって行ったという――先のカ学園の寮母がことばを濁していたのもおそらくそのせいであろう――ことになり、それに従って実子も保育園に通園させることになったようだ。(2)

カ学園のC寮母が《村みたいな所がある》と語っていた通り、キョウゴの世界では、文字通り職員同士が共同生活を行い、そこでは施設内環境・整備や行事など、すべて共同で行っていた。そこには「村のような」共生・協働するコミュニティが作り上げられたし、また、職員とその家族が生活を送る上でも、そのようなコミュニティは必要だったと考えられる。そしてその「村」では、実子の子育ても協力して行うし、また、休暇も助け合って取っていたということである――というか、驚いたことに、かつての職員には休暇というものが定められていなかったそうだ。これについては後述する――。

現在では職員が交代で休暇を取ったり、実子を保育園に預けたり、職員の生活は変化しているが、例えば、蝶野学園では実子の保育園のお迎えを寮母同士が協力し合って行うとか、何かあると互いに声をかけあっている様子がよく見られた。それらの光景は、いわゆる〝向こう三軒両隣〟と表現される、〝お互い様〟で助け合う、〝ご近所づきあい〟によく似たものであった。このような特徴は、「武さん、あそこは教護院っぽくて良いよ、一度行ってみなよ」などと他施設の職員に勧められて訪問した施設に共通のことであった。このような施設では、なんというか、施設の中が実に暖かい空気で満ちているものである。また、行事のときには職員総出で――休暇の職員もみな――参加している場合が多く見られた。

小舎夫婦制寮と休暇

現在、多くの小舎夫婦制を採る施設で採用されている特別寮（客寮、トクリョウ〈特寮〉などと呼ばれる。施設により、「交替寮」「交代寮」「特別寮」など統一されていない。新ＨＢでは「交替寮」〈新ＨＢ：354〉であり、この名称を使用する施設が多いと考えられるが、交替制の普通寮〈交替制寮〉と間違いやすいため、本書では「特別寮」と表記する）は、小舎夫婦制の職員が休暇を取る際に使用される専用の寮舎である。子どもたちは普段は担当する寮長・寮母の寮舎で暮らしているが、職員夫婦が休暇を採るときに、子どもたちがこの特別寮に移動する、という方式であるが、この方法は県立埼玉学園が採用したのが始まりとされている。一九八一年の機関誌『非行問題』には、「特別寮の運営」が掲載されているが、これによると、同施設では、「昭和四十七年に労働基準監督署から『寮担当職員の休日が確保されていない』という指導を受け、改善策を求められ」（叶原　1981：104）たことをきっかけに特別寮の設置を検討した、ということである。

当時の教護院は「全国五十七施設のうち、四十施設が方法に差はあるが夫婦制に依存している」（同）とある通り、小舎夫婦制の全盛期であった。このような時代にあって埼玉学園の特別寮（職員によると「埼玉方式」というそうである）は、他の施設職員から大変な批判を受け、「ボロクソに言われた。職員が休むとは何事だ。その時間があるなら子どもたちに関われ！の声が多かった」（埼玉学園長〈当時〉他、同施設職員や元職員からは同様の語りがあった）ということである。また、夫婦制から交替制に移行した他の施設では、移行時には子どもたちからも同様の声があった――「《休んでズルい》、と言ったそうです。子どもたちが休暇の職員に《何休んでるのって言った》」（二〇一一年九月、ネ学園職員）ということである。

現代の感覚でいうと、休暇がないというのは奇異な感じがするかもしれないが、当時を知る職員の聴き取りでは、

「前は、《ちょっとお願いねって（隣の寮舎の職員に）お願いして歯医者に行ったりできた》けれど、今は休みの日がきちんと決められていて、休みの日に全部やれって感じになって却って働きにくい」（二〇〇七年六月、夫婦制・寮母）という意見もあった。これは、休暇が定められていたとしても結局、子どもたちの状態によっては休むわけにはいかない、ということもあるので、休暇が定められていると却って不自由、ということのようだ。そのため、休暇でも寮舎に入る（ホールに出ているということ）という職員もしばしば見られた。以下は、ある小舎夫婦制寮の寮長（カ学園、B職員）に休暇について聞いたものである。

B職員：今日は僕お休みなんです。
武　：あ、そうなんですね。じゃあ貴重なお休みを……申し訳ありません。
B職員：いえいえ……（笑）
武　：あ、今、カ学園は交替寮（特別寮、先述）で休暇は取ってるんですか？
B職員：二つです。交替寮と交替職員（代替職員、後述）と。
武　：あ、職員が来る場合と、交替寮を使う場合と。
B職員：そうです。

（中略）

武　：休み……についても……休みがなくて良いっていう先生もいれば、休みたいっていう先生も……休んでると休み明けに寮がぐちゃぐちゃになると却って面倒だから、もう休みはない方が良いって先生もいれば、いや、きっちり休みたいんだって先生もいますよね……
B職員：……（僕の場合は）最初のうちは心配だったので、あんまり休み、僕は取らない方でしたね。はい。で、結局、考え方として〝時は教護なり〟だと思ってるんですよ。いかに長い時間っていうか、あの……子どもと接してるかってことによって、その……いろんなことが見えて来るっていうか、向こうも（自分のこと）解ってくるだろうしって……。あんまり多い休みはよくないだろうなって思うんですけど、適度には休まなきゃだめだろうなっていうのは。で、そういう考えでいたんですけども……、休み……を僕は今、あんまり返上しませんけども、でも、姿は見せておく。今日もそうですし。

武：あー……なるほど。休みのときもちらっと寮に入ったり……

B職員：（頷く）

（二〇〇七年八月、カ学園、B職員）

小舎夫婦制寮の休暇の方法

現在の、小舎夫婦制の休暇の取り方はおおまかに三パターンある。それはⅠ．分散方式、Ⅱ．特別寮方式（前述、新HBでは「交替寮制」〈新HB：354〉）、Ⅲ．代替職員方式（新HBでは「代替制」〈同〉、他に「交替職員方式」など施設によって表記が異なる）であり、Ⅱ．特別寮方式で使用する特別寮は――先に述べた通り、設置当初の「埼玉方式」は多くの批判を浴びたものの――現在の小舎夫婦制寮の休暇の方法として主流となっている。以下、三つの方法について順に説明する。なお、先述の通り、Ⅱ．特別寮方式は「交替寮」とする施設が多いが、本書では「特別寮」とする。それに伴い、Ⅲ．代替職員方式についても、「交替職員」とする施設が多いが「代替職員」とする。

Ⅰ．分散方式は、子どもたちを数人に分け、各寮舎に分散させて預かってもらうものである。次のⅡ．交替寮方式は、職員夫婦が休暇のとき、休暇になる寮舎の子どもたち（全員まとめて）を預かるための専用の寮舎を設ける方式である。特別寮には基本的に一組の夫婦（施設によって併立制の場合あり）が住み込んでおり、彼らは自分たちが担当する特定の子どもたち（寮生）を持たない（〝カラの寮舎〟などと呼ばれる）。普通寮（特別寮等との比較で通常の寮舎を普通寮と呼ぶ）の職員夫婦が休暇を取る場合、子どもたちは荷物を持って全員でこの特別寮に移動し、職員夫婦が休暇の間を特別寮の職員夫婦と過ごすのである。普通寮の設置数にもよるが、小舎夫婦制を主たる運営形態とする施設では、このような交替寮を施設内に一寮ないし二寮程度設置することで、各寮舎の職員が順番に休暇を取れるようにしているのである。

最後のⅢ．交替職員方式は、普通寮に交替要員の職員が休暇中の職員に代わって入る（寮舎に勤務することを〝入る〟と職員は表現する）方法である。例えば、職員夫婦の内、どちらか一人だけが休暇の場合、〝フリーの職員〟などと呼ばれる、特定の担当寮舎を持たない職員が入るのである。フリーの職員の多くは、〝寮長見習い〟の未婚の若い男性職員が多いが、小舎夫婦制寮のどちらか片方の職員がフリーになった場合——退職、あるいは移動などで夫婦制を解消したときなど——そのフリーになった方の職員がこれに当たることもある。この場合、フリーの職員は施設内に設置されている職員舎から通う、というのがこれまでの主流であったが、近年は施設の外から通勤する場合もあるようだ。また、退職後、嘱託職員などで寮母が施設の外から〝通勤〟してくる場合も見られる。偶然なのかもしれないが、退職した職員の多くが施設からそう遠くない所へ住んでおり、引退した寮母が若いフリーの男性職員と併立制を組んだり、あるいは普通寮に補助要員として入り、若い職員夫婦を助けたり、などの例も見られた。

ちなみに、先のカ学園B職員へのインタビューではⅡ．交替寮方式とⅢ．交替職員方式の併用で休暇を取る、ということであったが、かつては、交替寮がなかったので、職員夫婦が同時に休暇を取る場合であってもⅢ．交替職員方式を採っていた時代もあったようだ。その場合は、交替職員も夫婦で普通寮に入ることになり、交替する夫婦には自宅（寮舎に併設されている職員舎）を提供していたということである。そのときのことを振り返ってある職員は次のように語っていた。「泊付きって言って何泊か夫婦で寮舎を空ける休みがあるんですね、夏休みとか、《そのときは冷蔵庫をビールだけで埋めるっていうのがあって（寮舎を持った当初は）びっくりしました。冷蔵庫全部空にしてビールで一杯にしておく……。なんでしょう？ 伝統なんですかね？ 今はね、もう、（特別寮ができたから職員舎を明け渡すことは）なくなったんですけど》」（二〇〇七年八月）ということである。これはつまり〝休暇の間、宜しくお願いします〟ということであろう。先の「埼玉方式」が、かつて《ボロクソに》（先述）批判されたことと考え合わせると、小舎夫婦制の職員が休暇を取るとか、ましてや職員夫婦が揃って寮舎を空けるということは、とても大変なことだった、ということが忍ばれるようなエピソードである。

最後に、大事なことを書いておかなければならない。職員の休暇は〝その日になってみないと子どもたちには分からない〟、ということである。これは、子どもたちが不安定になったりムガイなどの事故を防止するためである。

〝お互い様〟の助け合いが必要不可欠

以前、ある小舎夫婦制の寮母に、今の施設は働きやすいかとたずねた所、開口一番、「うーん……そうですね、これだけ寮舎間が離れていると、隣が何してるのかとか、こっちが何してるのか見られたり見なくて済むし、それがやりやすいと思いますね」（武 2010a：24）と答えたことが印象的であった。というのも、筆者は労働条件や職員同士の人間関係などをたずねたつもりだったからである。まず、施設内の寮舎の並び（建物の配置）について答えられたことは全く予想外の返答であった。

先述の「村」のような、あるいは下町のご近所づきあいに見られるような（長屋的な）助け合いのあるコミュニティにあっては、職員と職員の距離も近く、また、施設である程度統一しなければならないこと――例えば、寮舎で使う台所洗剤を共同購入するので好きな洗剤を選べない、というようなことから、子どもたちの〝指導〟に関することまで――があり、職員同士の距離感は他の職場に比べて近いということがある。

だからこそ、寮舎間の間隔はある程度の距離が必要で、つまりコテージ式は職員間の良好な関係を保つという意味でも重要なのである。というか、もともとコテージ式は、一つ一つの寮舎が、それぞれ〝家族〟として独立する、という考え方に基づいてできたものである（第Ⅱ部）。序章で報告したコ学園の例――設置主体に二寮を繋ぎ併せたユニット式にすることを要請されて、当時の課長がそれを説得した――においても、「限られた土地を上手く利用しコテージ方式を維持した上に、寮舎（建物）を互い違いに建築した」（二〇一五年三月）ということであった。コテージ式はある程度の距離をもって分散して建築したい。しかしそれが叶わなかったため（いわば苦肉の策で）、各寮舎をズラして建てることにより、隣接する寮舎同士のプライバシーを守れるようにした、ということである。このようなアイディアが出たのは、説得に当たった当時の課長＝A職員が、「寮舎の中に一年半、その後は施設内の職員舎に移って計一八年をコ学園の中で暮らした」（同）経験があったからに他ならない。

特に小舎夫婦制の場合は、職員夫婦が所帯を持っていることから、暮らしの細かな部分が職員間のトラブルに発展する可能性もある。つまり、多くの〝ご近所づきあい〟と〝おつきあい〟がある場所には〝ご近所トラブル〟もまた発生する場合もある、ということである。そしてこのことは、常に職務と直結しているのである。

ある寮母は次のように語っている――「結婚して初めて寮母をやったとき、寮母の〝指導〟には何の《ガイドライン》もないことにとてもびっくりした。例えば学校の先生みたいに学習指導要領みたいなものも教科書もマニュアルもないので、結局、自分の養育された歴史――例えばおふとんのたたみ方にしても――を元に子どもたちと生活するしかなかった」（二〇一〇年九月及び二〇一五年九月、ニ学園、A職員）――。寮長にしても、寮長になったばかりのころ、先輩からは「《好きなようにやれ》と言われた」（二〇〇七年九月、ル学園、A職員）ということである。つまり、小舎夫婦制寮を運営する職員夫婦は寮母にしても寮長にしても、それぞれの夫婦がそれぞれのやり方で寮舎を運営するしかないのである。しかしそれは考えてみたら当然のことなのであった。

小舎夫婦制は、職員夫婦が子どもたちと暮らすこと、〝暮らす〟ということが基本になっているので、とどのつまりはその夫婦の暮らし方以外の方法で寮舎運営をすることはできない。そしてそこに他寮の職員が口を挟むことは、彼ら夫婦の暮らしを侵害することにもなりかねないということになる。とはいえ、時にはそれに介入していかなければならないこともあるし、また、いくら仕事とはいえ、やはり人間なので（しかも基本的にはそこで二四時間三六五日暮らしているのだから余計に）、時には綺麗事では済まされないこともあるようだ。先のビールの例を伺ったときには、筆者も正直驚いたが、無益な〝ご近所トラブル〟を予防するためにできた慣例の一つ――職員同士が互いに気持ち良く暮らし、働くための知恵――だったと考えると、正に生活の知恵、といえるのではないだろうか。

そしてひとたび職員同士の〝お互い様〟の〝助け合い〟の関係が崩れると、寮舎運営、ひいては施設運営そのものが厳しい状態になる可能性がある。例えば、ムガイが起きたときに職員同士で批判したり、責任を押しつけ合ったりすると、職員同士が孤立することになりかねない（第Ⅳ部）。中には、このことが原因で小舎夫婦制を廃止した、ということもあった（第Ⅱ部）。このような場合、職場と居住地が一緒なので職員は文字通り〝逃げ場がない〟状態になるし、〝村八分〟ということも起こりうる。休みも取りにくくなるし、また取ると更に批判を受けるので休めない、などこのような状態が続くと――よく職員が〝潰れる〟などといわれるが――閉寮ということにもなりかねない、ということである。

作業や行事など、職員同士が協力し合い、助け合って行うことが多いキョウゴの世界であるが、そもそものような職員間の〝助け合い〟のコミュニティが失われると寮舎運営そのものが立ちゆかなくなってしまうのが、キョウゴの世界の一面である。

第二節　手をかけた暮らし――鹿山学園を例に

1.　鹿山学園でのフィールドワーク

鹿山学園（仮名）は、二〇〇五年八月に初回の訪問をし、その後、二〇一一年と二〇一五年に訪問・宿泊した他、各種研修会等への参加の機会には、職員や元職員への聴き取りを行うなど、現在に至るまで、継続的にフィールドワークを行って来ている。鹿山学園は蝶野学園と同じく小舎夫婦制を基本とする施設である。施設に宿泊する場合であっても、消灯までは〝配寮〟された寮舎で過ごすが、子どもたちの就寝後は研修室や実習生が使う部屋、あるいは空き寮などの別室で寝ることが多い。しかし鹿山学園では、ベテランのA職員夫妻が寮長・寮母を務めるA寮に二度〝配寮〟され、その二度とも寮舎の中に泊めていただいた。それも一度目のときは、ホールに布団を敷いて寝て、風呂も子どもたちと一緒に入るなど、寮舎での暮らしを深く体験させていただいた。風呂までは子どもたちと一緒、ということは他の施設でもよくあったが——筆者が女性ということもあり——ホールに布団を敷いて寝た体験はこのA寮だけだったので、今思うと貴重な体験であった。

2. 懐かしい〝我が家〟

鹿山学園のA寮舎は、今では近代的な建物に建て替えられているが、筆者は古い寮舎のときの印象が強く、今でも故郷の風景のようにその佇まいを思い出すことができる。その際、一番に目に浮かぶのが、A寮のホールである（後述）。また、建て替え前のA寮舎は、まだ薪で沸かす風呂であった。筆者がフィールドワークを始めたころ、既に薪風呂は少数派になっていたのであるが、それでも薪風呂がまだ残っている（残している）施設はいくつかあった。キョウゴの世界では昔から〝風呂焚き当番〟というものがあり、子どもたちが毎日互いに協力し合い、助け合って自分たちの風呂を沸かして入浴する。そして寮舎の裏側にはその風呂で使う薪が高く積んであり、そこだけ見るとまるで里山の原風景という風情であった。

このように、どことなく味のある鹿山学園の旧寮舎のイメージと、そしてA職員夫妻が筆者よりも世代が上ということも重なって、なんとなく、A寮母は筆者にとって〝お母さん〟が暮らす実家のような感覚が——恥ずかしながら今思うと——あったのであろう、新築された寮舎を初めて見たときには、なんだか胸がしめつけられるような感覚に襲われて、我ながら（住んでいた家でもないのに……）と、驚いたものである。それほど、あの古い寮舎は〝懐かしい〟という印象を与えるようなたたずまいがあったように思う。

筆者が「すごく新しくなって驚きました。ホールもすごく明るくなりましたね」とA寮母に語りかけたところ、《やっぱり前の方が良かったけどね、薪風呂で。子どもも前の（寮舎）を知ってる子はやっぱり前の方が良いっていうよね》（二〇一五年三月）と答えていた。

3. 素朴な暮らし

旧A寮舎のホールは板張りでよく磨き上げられており、つやつや・ピカピカ・つるつるの三拍子が揃っていた。そして少し広目の小上がりは畳敷きで、そこに子どもたちのロッカーが造り付けられていた。子どもたちが「学校」へ行くときに制服に着替えるのはその畳の上で、――女子寮だったので――みなそれぞれに櫛で髪をときながら、制服のスカーフを巻きながら、あるいはスカートの裾を翻して高い声で話している、そのかしましい様子が大変微笑ましかった。今思うと、A寮ではこのように（居室ではなく）ホールで着替えていたのだなぁと思い返す。もっとも、どの寮舎でも子どもたちはワイワイとホールで着替えているものであるのだが、A寮の場合は小上がりが少し高い位置にあるのでちょっと舞台を観ているようだったのだ。

この板張りの床をつるつるにしているのはもちろん、子どもたちである。雑巾を絞って毎朝、長いホールの板張りの床に雑巾がけをする。これはやってみると、見た目以上に骨の折れるものであった。別のある施設（ナ学園）では、この雑巾がけのことを「ホール流し」というそうであるが、先の白馬学園同様、鹿山学園もまた、――モップなどは使わず――ほうきと雑巾を使って掃除をしていた。昨今、このような道具で掃除をする家庭は減っているのではないだろうか。というのも、筆者はかつて大学で調理実習の助手を二年ほど務めたことがあるのだが、その際、学生が雑巾と台拭きと布巾の区別がつかないので大変困ったという経験をした。学生に聴いてみると、家には台拭きがないというのである。では、家では何でテーブルを拭いているの？　とたずねたところ、学生は一言、「ティッシュ」と答えた、食卓が汚れると「お母さんはティッシュで拭く」ということであった。

よく、施設は〝古い〟とか〝時代錯誤〟と批判されるということであるが、今やご家庭内では台拭きは使わない、ということであれば、雑巾、台拭き、そして布巾を使う施設は、〝古い〟と言われてしまうのは致し方のないことなのかもしれない。そしてA寮では食器洗いに食器洗い用の固形石鹸を使っていた。いわゆる合成洗剤ではなく、純石鹸を使用していたのである。これは猪原学園でも同じことであった。これは一見、〝古い〟と見えるが、合成洗剤に含まれる、いわゆる環境ホルモン等の害が取り沙汰される昨今、実は〝新しい〟考え方（エコロジーな行為）といえるのではないだろうか。(3)

ある施設では、その施設が設置されるまでその地域には電気が通っていなかったそうである。それで「その施設の地域の人々からは、《感化院様が来たから〇〇町に電気が来た》と言われた」（二〇〇五年九月、ト学園、D職員）、ということであった。そのような設立時のエピソードから、「今は古い古いって言われるけど、実は、もっと昔は最先端の施設だったのよ」（二〇一一年一月、ト学園、E職員）という職員もいた。このように、キョウゴの世界は古くて新しい世界のようである、というか、フィールドワークを重ねる内に、〝古い〟と批判する人たちの視点はどこに向けられ、そして何を基準にしているのだろう、という疑問を筆者は深めて行くことになっていった。

第三節　寮舎という〝我が家〟

1．寮舎はキョウゴの土台

ホールは寮舎の要

寮舎内の間取り（子どもの居住空間）は、居室と呼ばれる部屋、ホールと呼ばれる広間、そして台所と水回り（風呂、便所、洗面所）、玄関等がある。居室は子どもの寝室兼勉強部屋で相部屋が基本であり、二人部屋、四人部屋、六人部屋など施設によって異なる。居室の中のわずかな空間が子ども各自のパーソナルスペースになる。しかし、居室はホールに面して並んでいる間取りが多く、また、基本的に引き戸であり、就寝時以外は開放されている寮舎が多いようだ。

ホールには長テーブルや人数分の椅子が置いてあり、子どもはその長テーブルで食事を摂ったり日記を書いたりする。この日記は、〝日記指導〟と呼ばれキョウゴの世界では重視されてきた。子どもが書いた日記は寮長や寮母が〝添削〟し、一言（あるいは長文が）書き添えられて返却される場合が多い。普段は集団で生活している子どもたちが、他の子どもの前では言いにくいこと――他の子どもとの関係や保護者とのこと、あるいは進路のことなど――について打ち明けたり、時には職員が口には出さないけれども子どもに伝えたいこと――暖かい励ましやあるいは厳しい意見など――を書く場合もある。このように子どもと職員とが意見や〝思い〟を交換するツールとしても活用されている。

ホールには小上がりやカーペット敷きのスペース――子どもたちが寝転んだりできるスペース――があり、子どもたちはそこで自由時間を過ごしたり、洗濯物をたたんだりしている。ホールにはテレビが一つ、本棚には児童書や漫画が置いてあり、自由時間に楽しんでいる。また、自由時間であっても居室ではなく、ホールでくつろぐ子どもが多いようであった。つまり、子どもたちは寮舎にいる間の多くの時間をこのホールで過ごしているのである。

繭玉に包まれた寮舎

自由時間のとき、どの施設でも子どもたちはホールで寝そべったり、マンガを読んだり、ラジカセをかけて一緒に歌ったりして過ごしている。鹿山学園の旧A寮の場合は、そのような時間は寮長が事務仕事をしていることが多かったように思う。旧A寮では、事務室（後述、第三節2）がなく、ホールの片隅に机と本棚が置かれており(4)、寮長はそこに腰掛けて本を読んだり、あるいは何か書類を書いたりして過ごしていた。そのときの寮長は、子どもたちを見てはいないが子どもたちの気配は感じている、という様子であり、子どもたちの方も、寮長の視線は感じていないがその気配は感じている、という感じであった。

このように、寮長一人がホールに座って事務仕事をしているとき、寮舎全体が〝静〟の状態になり、空気は落ち着き、緊張感とも違う独特の〝治まり〟感というか、そういうものにリョウシャ全体が包まれているように見えた。まるですべての物事が治まり、子どもたちは手放しでその空間でくつろいでいるような、大変おだやかでゆったりとした午後の一時、という雰囲気であった。その様は、まるでホール全体が、いや、寮舎という建物全体が、霞のような、やわらかくて暖かいもので覆われて、まるで繭玉に包み込まれているように感じたものである。

近年は、子どもの社会的養護に際して、〝安心・安全の提供〟などといわれるようになった。しかし〝安心・安全〟とは一体、何なのであろうか、筆者は虐待など不適切な養育者や養育環境から子どもたちを護るということだけではないような気がするのである。それは例えば、大人がいくら〝安心・安全〟と思う環境を提供したとしても、子どもたちが本当に〝安心感〟や〝安全感〟を持てなかったとしたら、それは彼らにとって少しも安全でも安心でもない、ということなのではないか――旧Ａ寮を思い出すと、あの状態こそが〝安心・安全〟というのではないか――そのように思うのである。

あるカリスマ寮長の寮舎

先述の通り、〝あそこは良い施設だよ、武さん一度行ってみた方が良いよ〟と、施設の職員や元職員から推薦されて訪問した施設では、いくつかの共通点がある。その一つに、カリスマ性を持った職員がいるとか、かつてそういう職員がいた、ということがある。蝶野学園もその一つで、後述するＢ職員を始め多くの職員が、それも寮長・寮母限らず――「Ｃ先生に憧れて」とか、「Ｃ先生の寮舎がすごく良くてこの仕事に就いた」、と語っていた。

「Ｃ先生」は、筆者が初めて蝶野学園を訪問したときには既に寮長は降りており、本館職員だったが、その後園長になっても変わらず職員からは、〝園長〟ではなく〝C先生〟と呼ばれていた。C園長は長く寮長を務めた末に園長になった、この世界でいうところのいわゆる〝叩き上げ〟の職員である。B職員――現在は寮長だが、これから書くエピソードは、B寮長がまだ寮長になる前、独身の、いわゆる〝フリーの職員〟であったころのことである――は、学生時代にC園長の寮舎で実習をしたことから、彼に魅せられて蝶野学園に就職した、ということであった。

〝フリーの職員〟というのは（先にも少し説明したが）、一般には担当する特定の寮舎を持っていない職員のことで、学習指導やスポーツ指導、あるいは寮舎へ補助要員として入る職員のことをいう。小舎夫婦制の場合は、将来は結婚して夫婦で寮舎を持ちたいと考えている、独身の若い男性職員が多い。従って小舎夫婦制を主たる運営形態としている施設における〝フリーの職員〟とは、将来の寮長候補として、あるいは〝寮長見習い〟として、（結婚相手を探しながら）寮長修業をする、いわば〝下積み〟の時代ということもできる。そういう意味では小舎夫婦制は正しく徒弟制度であり、このようなフリーの職員や若手の職員の中に〝良い職員〟が多く育って来ることが小舎夫婦制の存続にとって重要なことであるという。

筆者がまだ蝶野学園に通い始めたころ、B職員が施設内を歩いて案内してくださった。このように、訪問者を引率するのも〝フリーの職員〟の仕事の一つである。筆者はB職員に案内されながら、彼に蝶野学園で働くきっかけを聴いてみた。するとB職員は、学生時代のC先生の寮舎のようすやそこでの体験、それをきっかけに蝶野学園で働きたいと思ったことなど語ってくださった。やがて施設内を一通り見学し終えたとき、B職員がふと思いついたように微笑んで、《C先生のね、寮舎がまだ残ってるんですよ、もう使ってないんですけど、まだあるんです、見てみませんか》と、その空き寮に案内してくれたのであった。

B職員の後を着いて行くと、施設の片隅に、もう誰も使っていない寮舎がひっそりとたたずんでいた。板壁のその寮舎には鍵がかかっており、B職員は何度も《残念だなー》と、顔をしかめて本当に残念そうにため息交じりに言っておられた。それで、少しでも寮舎の中が見えるようにと筆者を庭側にいざなってくれた。冬近く肌寒い季節の夕暮れ時に見る、電気の点いてない旧い木造の平屋は、一見、廃屋といっても差し支えないような雰囲気を醸し出していた。しかし、裏庭の垣根越しに見るホールには——サッシではない、木枠の掃き出しの窓硝子の奥には——まだ家財道具が残されていたのである。そこには赤い格子の掛け布団が〝おちょこ〟にまとめられたままになっているこたつが置いてあり、なんともいえない暖かなぬくもりを感じるものであった。

見ていると、なんだかC寮長と、彼を取り囲む幾人かの女子の微笑みまで見えるようで、なぜか筆者は胸がいっぱいになってしまった。まるでマッチ売りの少女が、暖かい暖炉の部屋を眺めるように筆者はそこを見た。そこは現在、ホールと呼ばれるところなのであるが、その空間はどう見ても〝居間〟そのもの、あるいは〝お茶の間〟そのものという感じであった。中には入れなかったが、筆者には、そのときB職員が見せたかったもの、伝えたかったことがすべて伝わった気がしたものである。

先にも述べた通り、筆者は蝶野学園を訪問する以前からC園長とは面識があったのだが、そのときには既にC園長は寮舎を降りて（寮長を辞めて）本館の仕事をしていた。C園長から詳しく寮舎のことを伺ったこともない。カリスマと呼ばれる職員の中には、口数が少なく、大変謙虚な場合があるが、C園長はその典型のような人柄であった。つまり筆者はC園長の寮長時代を全く知らなかったのである。しかし、そのとき筆者の目に映っていたのは、紛れもなくC女子寮の光景なのであった。

聴き取りを通じて、職員の多くのが「寮舎の力」とか「力のある寮」などという表現を使う。彼らのことばの中には、まるで寮舎が一つの独立した存在——建築物を越えた存在——というニュアンスを感じることが少なくない。実際、「寮舎は生き物」という職員もいる。このC職員の旧寮者を目にしてからというもの、筆者にもなんとなくその言わんとしていることが伝わるような気がするのである。そして、後に『教護院運営要領』のあの一節（以下）は、このことを指しているのかもしれない、と思うようになった。

教護するものは単に教護職員だけではない。土地建物その他の設備のすべて悉くが教護職員の活動につれて活潑な教護活動をする。それらは単なる物的な環境ではなく実に生きた教育的環境として捉えられなければならない。

〈厚生省児童局監修（1952）『教護院運営要領　基本編』、p. 21。なお引用は職員のテクストとして『基本編』と『技術編』が合冊されたものを使用した。〉

2. 事務室と職員舎

居住空間の振り分け

小舎夫婦制を初めとする、職員が寮舎に住み込む形態の場合、職員夫婦・家族は基本的に寮舎以外の他に住居を持たず[5]、住民票も施設にあり、実子はそこから地域の幼稚園や学校等に通っている。もちろん、職員夫婦の来客もあるし、かつての卒業生も遊びに来る。住み込み就労ということばがあるが、彼らの様子は〝施設の中に所帯を持っている〟と表現した方が適切な感じを受けるのであった。

このような形態を採る場合、寮舎（建物）の作りはどうなっているのであろうか。図1は北海道家庭学校の柏葉寮という寮舎の図面である。この図面に筆者が網掛けした部分が職員の自宅に相当する部分（職員舎）である。見ての通り、寮舎（建物）と職員舎は一体の建物である。

次に間取りはどうなっているか、つまり、子どもたちの居住スペースと、職員舎はどのような配置になっているのであろうか。この二つの空間を、初期の「家族制度」（第Ⅱ部）では振り分けていなかった、つまり子どもたちと職員家族とが完全に〝同居〟する状態だったようである。筆者が聴き取ったところによると、昭和五〇年代ごろまでは

図１

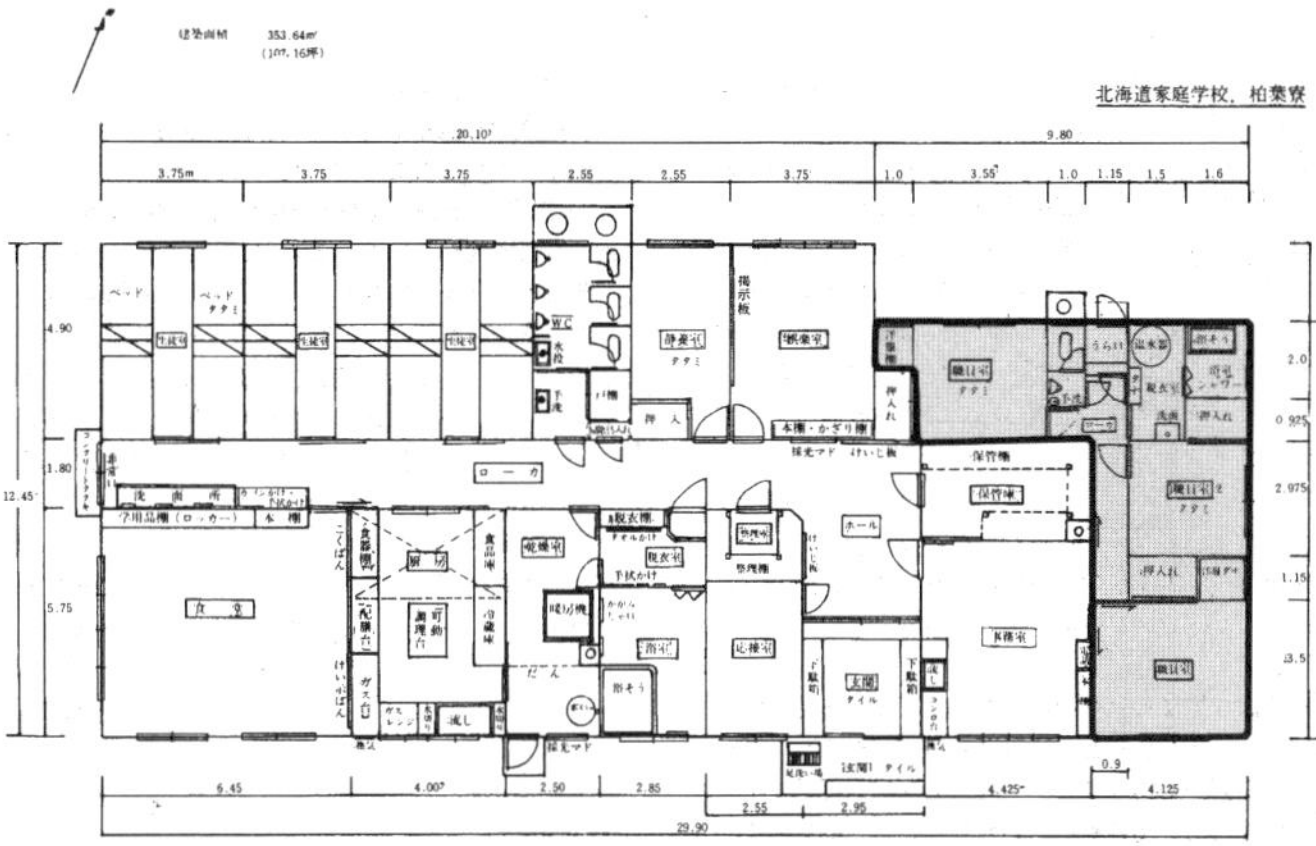

佐藤達夫（1979）「教護の退職にあたり」『非行問題』178、p. 132。
（「寮舎平面図」を元に、筆者が枠組み網掛け等加工して加えた。）

「一応、職員舎は分かれていたが風呂などは共有だった」（二〇〇五年八月、ロ学園職員）というような施設もあったようである。また、よくいわれるのが「襖一つで隔てた」という表現である。これは夫婦制を表現するのに職員がよく使うものであるが、和室の二間を襖で区切り、片方が子どもたちの居室、もう片方が職員の寝室という間取りを指す。過去の『非行問題』にはその間取りで暮らした具体的な例[6]が掲載されている。

戦後編纂された『教護院運営要領』（第Ⅱ部第二章・第三章）には各施設の間取りを掲載し、子どもたちの居住スペースと職員舎をどのように振り分けるのか、それぞれの具体的な利点や課題点などが検討されている（『基本編』pp.91-114）。

このように、以前は子どもたちの居住空間と職員の居住空間が未分化だったものが、次第に振り分けられるようになり、現在はホールや玄関を挟んで子どもたちの居住空間と職員の居住空間を区分する方法が主流となっているようである。玄関も職員用の玄関が分かれている施設が多く、寮舎の裏手に回ってみると職員家族の自転車や自家用車、そして職員夫婦の子どもの物と思われる三輪車などが置いてあり、その奥に見える小さな玄関が職員の〝自宅〟用の玄関である。

図2

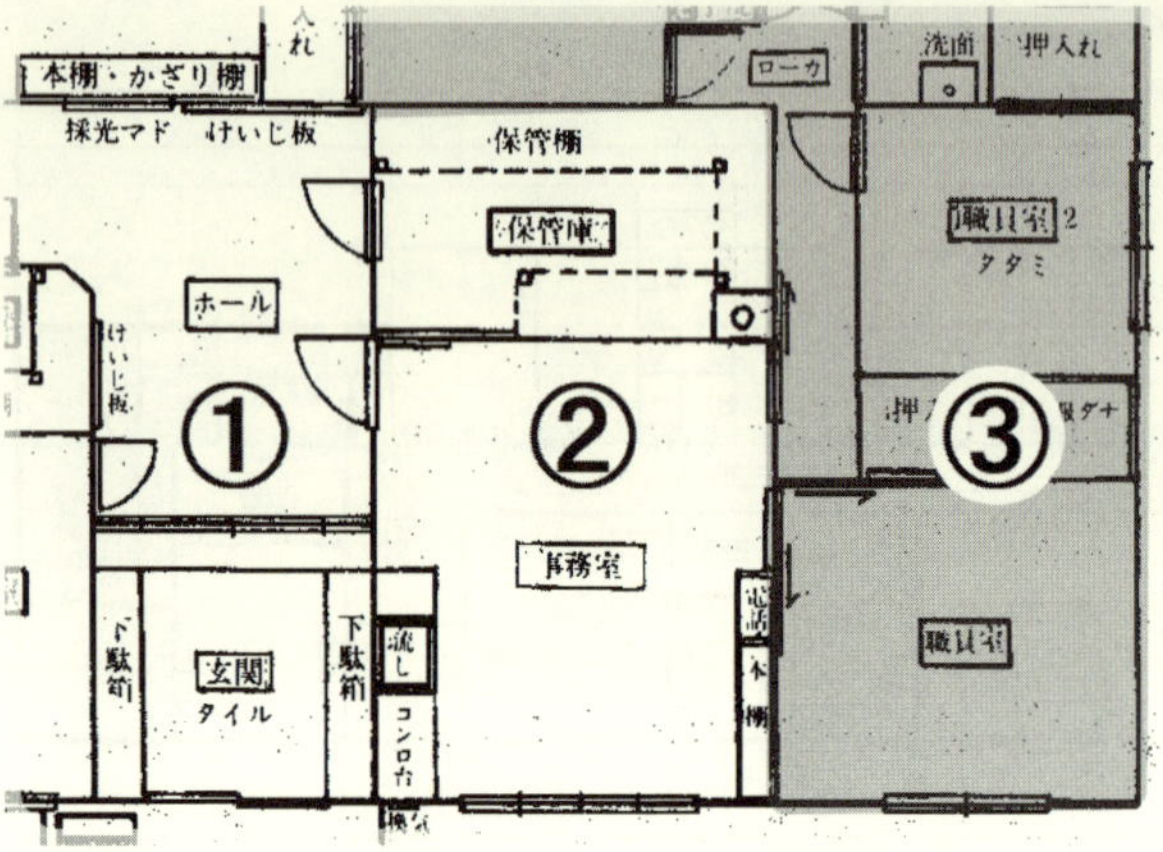

佐藤達夫（1979）「教護の退職にあたり」『非行問題』178、p. 132。
（「寮舎平面図」を元に筆者が加工した。）

事務室という空間

先ほどは、白い部分を子どもたちの居住スペースと説明したが、実はこの白い部分にある事務室（図2の②の部分の事務室と書いてある部屋、施設によって執務室や公務室などと呼ばれる。本書では〝事務室〟に統一）は、通常、子どもたちが使用するスペースではない。ここは職員が業務に必要な書類を置いていたり、薬が置いてあったり、子どもから預った私物や寮長の野球道具が置いてあったりする部屋なので、子どもにとってはホールのようにくつろいだりする場所ではなく、実際は職員が使用する部屋である。

交替制の施設ではこの部屋に子どもを立ち入らせないとか、中には鍵をかけている施設もあったが、小舎夫婦制寮を初めとする、職員舎を併設した住み込み型の寮舎では、ここの部屋は開け放たれていることが多い。子どもたちは何か用事があるときには立ち入るので、ここはいわば子どもたちと職員の共有スペースなのである。ある職員は退職に際して、「引っ越し大変でした。ウチ（職員舎）の方は案外早く片付いたのですが、事務室の方は片付けても片付けても、まだ片付け切らないって感じで本当に大変でした」という内容のお便りをくださった[7]。確かに、筆者の印象でも、この事務室は、どの施設、どの寮舎でも〝混沌〟という表現がぴったり、という印象がある（なお、図1・図2を見る限り、この寮舎の事務室はかなり大

図３

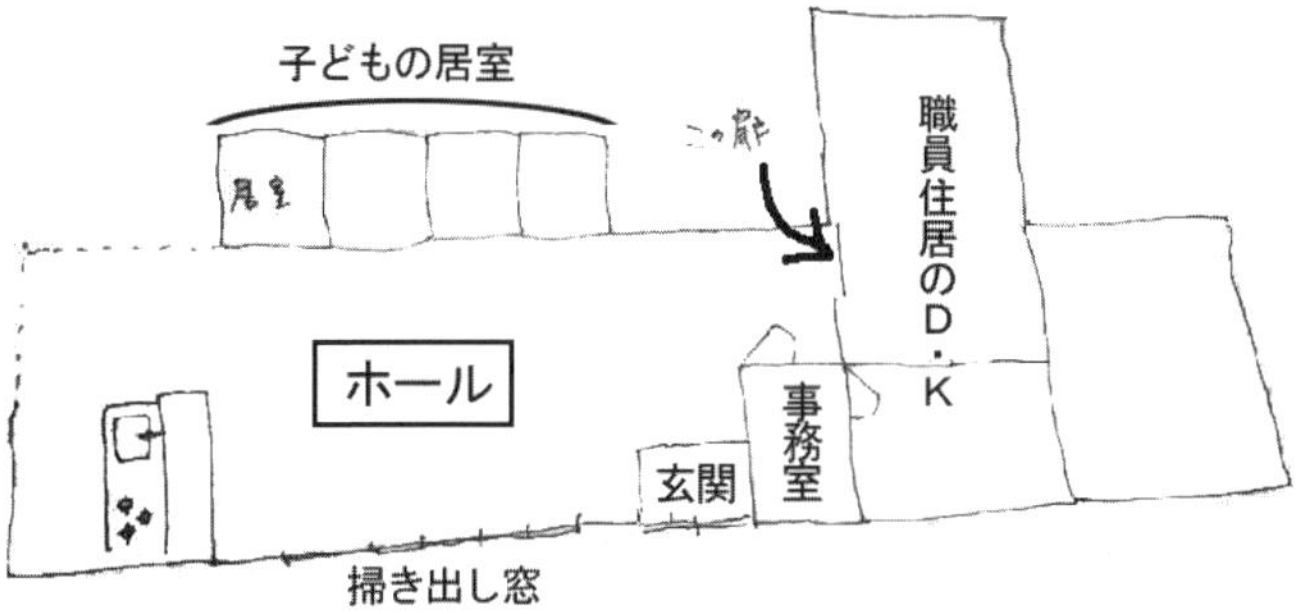

注：元職員に描いていただいた図を筆者が加工して作成した。

きいようだ。北海道家庭学校は、寮舎の造り自体も大きいので、事務室も広いのであろう）。

観察していると、どの施設、どの寮舎でもこの部屋で職員が事務仕事をしているとき、子どもたちが――とくに夜間に――入れ替わり立ち替わりやって来ては何か職員に話しかけていた。爪切りを貸してほしい、耳をかいて、絆創膏を貼って、ここが痛い、あそこが変だ……子どもたちはそれぞれにやって来ては職員に訴えるのである。その光景を見ていると、どの子どもたちも、職員と二人切りで話したい、甘えたいという様子が見て取れる。普段、集団生活をしている子どもたちにとって、この事務室は少しだけ職員と一対一で触れあう場所になっているのであった。

もう一つの〝居間〟

ホールは先の項目で述べた通り寮舎の中心となる部分であり、子どもたちにとっては居間のような存在である。図２ではホールが狭いように見えるが、実際には左側の奥の方へ長く広く延びている（図３）。一方、事務室は――先述の通り、図１・図２では広く見えるが、筆者が訪問した他の多くの寮舎では、もっとずっと狭い印象があり、デスクにパソコン、小さなテーブルがようやく収まる程度の空間（図３）である。中には、部屋といえば部屋なのだが、荷物が多いということもあって物置と呼んだ方が近いような場合もある。筆者が寮舎に入る場合――通常は荷物は持たずに寮舎に入るが――タオルや生理用品など、ちょっとした手荷物を持ち込む場合は、事務室に置かせてもらうことにしている。職員と話をする場合も基本的には事務室でするとが多い。そういう意味において、事務室は居間（寮舎の中の居間）のような機能を持っている空間である。職員ともう少し込み入った話をするとき、例えば消灯後などにゆっくりと話を伺う場合などは、職員宅の方の居間に招かれることも多い。職員宅の居間は子どもたちの居住スペース（図1、図2の白い部分）に接している部屋を当てることが多く、間取り（建物の造り）としてもその部屋が、ダイニングキッチンになっている施設が多い（図3）。この部屋（職員のD・K）を筆者は勝手に〝第二の居間〟と呼んでいる。この〝第二の居間〟の使い道は職員によって様々で、個性が出る部分、というか、職員夫妻の寮舎運営に対する考え方が反映されやすいところだと筆者は捉えている。

〝第二の居間〟には、図3「職員住居のD・K」のようにA．ホールや玄関から続く廊下側と、B．事務室側からの両方に扉が付いていることがある。その場合A．ホールや玄関から続く廊下側の扉をどうするか、つまり第二の居間をどのような空間にするか、職員によって使い方に違いが出るようだ。その使い方は大きく二つに分かれる、まず、A―1．ホールや玄関から続く廊下側の扉に本棚などを置き、完全に出入りを出来なくしてしまう、つまり、ホール側から見ると、事務室を経由してからでないと、職員の居住空間に行けない間取りにする使い方、そしてもう一つはA―2．ホールや玄関から続く廊下側の扉は開け放しておいて、のれんを下げるなどしてホールと職員の居住空間を完全には間仕切らないような使い方、の二つである。A―2のような使い方をしている職員は、子どもを適宜〝第二の居間〟に招き入れているようであり、筆者のような〝お客様〟もまた、そこへ通される場合が多い。逆にA―1のような使い方をしている場合は、〝お客様〟もまた、職員舎側の空間へは通さない傾向にあるようだ。

北海道家庭学校寮長・藤田俊二の記録には、この空間――A―1の部屋のパターンで、職員居室の方の空間を巧みに使っている様子――例えば、子どもに送られて来た小包を「僕の部屋」（藤田 1979：121）で渡し、子どもはその部屋で開封するなど――が描かれている。また、協議会の事例集では、職員が寮舎まで荷物を運んでいた際、自ら手伝って一緒に荷物を運んでくれた子どもに「少し涼んでいきなさい」（事例集⑭：55）と声をかけ、職員居室の居間で麦茶を出すシーンが描かれている（この事例はマンガで描かれており「作画　綾切真糸」となっている）。

3．寮舎の移動

居住環境が与える影響

ある施設の高齢児寮（中学卒業年齢の子どもたちが暮らす寮舎、高校へ通ったりアルバイトに出かけたりする場合もある）では、玄関を入って右側が職員舎のダイニングキッチン（〝第二の居間〟）、左側がホールという間取りであった。この寮舎では、子どもたちが高校やアルバイトから戻った際にはまずこの部屋の前に正座して帰宅を告げ、そして寮母が出迎えることにしていたようだ。(8) このように、この寮舎の寮母は〝第二の居間〟やその扉を利用して礼儀作法を教えたり、何気なく会話をすることで子どもの話を聴いたり様子を観察したりしているのであった。

また別のある施設でも、小舎夫婦制寮の寮舎の改築の際、先の施設と同じような間取り（図3、事務室とホール側と続く廊下に面して職員舎のダイニングキッチンという配置）にすることになり、その際、ホール側の扉（図3の矢印で示した引き戸）を付けるか付けないかで職員間で意見が食い違い、「かなり話し合った」ということであった（二〇一五年二月、元職員）。

このようなことは、一見、あまり重要なことでないかのようであるが――たかが扉一枚ではないか、と思いがちであるが――、職員にとってはとても重要なことなのである。それはまず、自宅住居だということもさることながら、先の例からも解る通り、この扉一枚で子どもとの関わり方が変わってしまうためである。この扉を付けるか付けないか、付けるならドアか引き戸か、ドアだったらどちら側に向かって開くドアか、引き戸なら戸袋があるかないか、そんな些細なことまで煮詰めていかなければならないのであった。

寮母への聴き取りでは、かつての寮舎の中のことを鮮明に覚えていることが多い。それは、例えば退職前の寮舎や、改築前の寮舎のみならず、自身が住んだ歴代の寮舎すべてにおいてそうであった。また、子どもたちの関わり方について伺っているときなどは、「ああ、前の寮舎はね、ここがこうだったから子どもたちの様子が見えた」とか、「今の寮舎はここがこうなっているから子どもたちの様子が見えない」とか、寮舎の作りとセットで、こういうことができる・できない、というような語りが多く聴かれた。一方、このような語りは寮長にはほとんど見られず、寮母は本当に〝寮〟の〝母〟なんだなぁ、と妙に関心したものである。

寮舎の建て替えの際、設置主体側からは、コストの面や見栄えの面を重視した建築案を出すことが多い（序章）ということがあった。特に職員住宅を兼ねる寮舎については厳しい条件を出す場合もある。役所にとっては一公務員の住宅なので特別扱いはできない、という立場なのであろう。

このように、建物の配置や間取りなど、実際に子どもたちと住んでみないと分からないことが多くあり、そこに住まう職員は、与えられた条件を最大限に生かしながら子どもたちの子育ち・子育てに奮闘している。役所の人間や、そして私たち外部の者は、職員住宅というと、子どもの福祉には直接影響しないように感じてしまいがちであるが、実はそうではなく、寮舎という特殊な建物の場合は、むしろ直結していると考えられるのである。

小舎夫婦制寮の引っ越し

先に、職員の休暇は寮舎の子どもたちには当日までは知らされないと書いた（第一節3）が、実は職員の引っ越しもまた、当日まで子どもたちには知らされないのである。職員が転勤したり転寮したりする場合、それが小舎夫婦制の寮舎である場合、職員夫婦とその家族はその寮舎に併設された職員舎に住んでいる。つまり、職員にとっては世帯の引っ越しになるのである。先の休暇の所でも述べたが、子どもたちには職員の不在や退職、転寮、転勤などはその日までは知らされず、それは職員の引っ越しも例外ではない。つまり、子どもたちにとってはある日突然、寮長・寮母が入れ替わる、ということが起きるのである。ある職員は、「朝、前の寮で子どもたちを起こして、子どもたちに分からない内に引っ越しして、次の寮舎で『おやすみなさい』を言って子どもたちを就寝させた」（二〇〇七年八月、カ学園、E職員）というから驚きである。それにしても、休暇はともかく引っ越しという大きなことが、本当に一緒に暮らしている子どもたちに知られずにできるのであろうか、話には聴いていたのであるが、実際にこの目で見てみるまでは、なんとなく想像し難いことであった。

実は、筆者はこれまでに二度、住み込み職員の引っ越しを手伝ったことがある。そしてその内の一回は、長年小舎夫婦制寮を持った職員夫妻が〝寮舎を降りる〟（夫婦制を解消して閉寮する）時の引っ越しであった。そのときに伺った寮母（閉寮ということを考慮して、日付等は省略し、ただ〝寮母〟とする）の話をまとめると、引っ越しといっても段取りがあり、①荷物を整理して捨てたり、小さなものを少しずつ運び出したりする期間、②冷蔵庫など大きな荷物を運ぶ日、③職員が本当に寮舎を引き払う日、という段階を経て行われるようだ。筆者はその内の②の前夜にこの寮にお邪魔して、②当日の半日（午前中の引っ越し）をお手伝いしたのである。筆者が前日の晩、「子どもたちは（退職や引っ越しのことを）知ってるの？」と寮母にたずねると、彼女はちょっとイタズラっぽくはにかむように笑って「ううん」と首を横に振っていた。

前夜、職員舎の居間（図2の③、〝第二の居間〟）では、寮長・寮母の子どもたち、孫たち、子どもたちの友人らが集まり、宴会が行われていた。この集まりは、筆者の歓迎と、明日には冷蔵庫を運び出してしまうので食材を食べ切ってしまうという二つの目的があり、沢山の料理が食卓に並べられていた。寮母は筆者のために他寮の寮母全員に声を掛けてくださり、〝第二の居間〟には次々と手の空いた寮母が集まって来た。《今、ベビーラッシュなの》ということで、赤ちゃんを抱いてくる寮母も多くおり、〝第二の居間〟は沢山の赤ちゃんが集まり、大変賑やかであった。

その際、ちゃぶ台の位置を動かしたい、ついでにホットカーペットを床からはがして片付けてしまいたい、ということになった。職員舎の居間の扉は開かれたままでのれんが下がっているだけである。当然、のれんの下からは家具を動かす様子が丸見えになってしまう。それで筆者が「ここ、閉めましょうか？」と引き戸を閉めるか問うと、寮母は、《いいのいいの、そんなことすると却って気付かれるから、いつもと同じの方がいい》と言って、そのまま作業をしたのであった。

その間、寮母たちは口々に、《この食器もらって》《これは?》《これすてき》《あ、私、これいただいていこうかな》などのやりとりもしていたのである。――これだけかしましくしていながら、ホールにいる子どもたちは引っ越し準備のことなどまるで気付いていない様子である。きっとこの寮母の居間には、いつも他寮の職員がおとずれて賑やかなので、子どもたちも馴れているのであろう。このように、人が集まる寮舎――蝶野学園のA寮母の〝第二の居間〟のように――というものは、たいてい、どの施設にもあるものである。

宴会をした夜の翌日（つまり引っ越しの日）は、子どもたちには行事が入っており、揃って街の映画館に行くということであった。当日は、寮長・寮母が子どもたちの外出を見送ると同時に引っ越しが始まった。それも引っ越し業者などは頼まずに、施設内の男性職員が総出で手伝ってトラックを寮舎に着け、冷蔵庫、テレビ、洗濯機、本棚、ベッドなどを運び出す。基本的に細かな荷造りはしておらず、大きい物を運んでいる間に小さいものを荷造りして、運べたら運ぶ、という状態であった。残念ながら筆者は夕方には寮舎を後にしなければならなかったので、この引っ越しを最後まで手伝い、見届けることはできなかったのであるが、きっと子どもたちが映画から戻って来るころには引っ越しはすべて終わっていて、新しく寮長・寮母となった職員夫婦が子どもたちを出迎え、そしてみんなで〝おやすみなさい〟をすることであろう。

寮舎の建て替え

小舎夫婦制寮の寮母に現在の寮舎の住環境を尋ねてみると、「前の寮舎は壁がコンクリだったでしょ、冬は寒くてね」（二〇一一年二月、チ学園職員）など、具体的な感想が聴き取れるものである。また、別のある寮母は、新築した寮舎を案内する際、「これも新築のときに職員の要望で造り付けてもらったの」と、大変嬉しそうにホールの屋根裏に設置された収納庫を開けて見せてくださった（二〇〇五年三月、ハ学園職員）。このように、寮母たちは寮舎が新築されるとその喜びを語るのであるが、同時に――これは必ずといってよいほど――「建て替え前の寮舎も良かった」ということが語られる。

寮舎の建て替えは、通常、施設内の寮舎を一度には行えないことが多い――それを行って〝マンション化〟する施設も中にはあるが――ので、時と場合によっては新旧二つの寮舎が見られることがある。ある施設では、旧寮舎（建て替えの前の寮舎）は筆者の目にはとても古く、採光もあまり取られておらず、暗く湿ったイメージで、失礼ながらとても住みにくそうに見えたのであるが、その寮舎の寮母は「前の寮舎も良かったよ、ほんと、木造でね、古かったけど」と語ったとき、ちょっと意外、という感じがしたものである。

というのも、その寮母はまだ若く、おそらく新婚当初から寮舎に入ったと考えられたからだ。巷では、結婚情報誌に新居の情報が多数掲載されているし、新婚といえば不動産屋も新築物件を紹介するものである。新婚時代は誰でも、明るく新しい家で過ごしたいはずだなどと筆者が思い込んでいたので、〝ちょっと意外〟に感じたのであろう、しかし、彼女の様子は本当にことば通りの表情で、今すぐ前の寮舎に戻っても全く構わない、という様子であった。

中には、古くなった寮舎について、ネガティブな感想を述べる寮母もいた。しかし筆者が聴き取った範囲ではそのような寮母は少数派で、ほとんどの小舎夫婦制の寮母は、どんなに古くても旧寮舎に愛着を持っている様子が見て取れた。ある職員夫妻は新寮舎に旧寮舎の絵を飾っておられた。彼女たちはかつて自分たちが暮らした歴代の（新築だけでなく、転寮などの際、暮らしたすべての）寮舎のことを鮮明に覚えており、そして細かく話をしてくださるのであった。

第四節　ほんものの情のやりとり

1．子どもと寮母

寮母さん、見て

ある小舎夫婦制の寮舎に宿泊したとき（二〇一一年九月、ロ学園、男子寮、B寮）のことである。そのころは施設内でトライアスロンに力を入れているとかで、壁には子どもたちの水泳の記録が貼り出され、みなよく練習しているのか真っ黒に日焼けしていた。筆者が事務室にいると子どもの一人がやって来て、筆者に水泳を見せたい、バタフライを見せたいと言ってきた。そして今からみんなでプールに行くから、一緒に行って見てほしいというのである。それで筆者は（すぐにその子どもの意思を汲み取って）、「本当は、寮母さんに見せたいんでしょ？」と微笑むと、その子はくねくねと身体をくねらせて、《どっちかなー……》としばらく迷った様子を見せて、《……寮母さんでいいや！》と言ったのだった。おそらく、彼の本意は〝寮母さん〟に見せたいのであって、わざわざ迷った挙げ句、《寮母さんで》と言ったのは、照れ隠しか、もしかしたら筆者へのリップサービスだったのかもしれない。それで筆者が〝留守番〟をすることになり（そのときはコベツ中の子どもがいたので寮舎を空けてプールに行くことができず、誰か〝留守番〟が必要だったのである）、B寮母がプールに付きそうことになった。その子どもはぴょんぴょん飛びはねて全身で喜びを表現していた。

この寮舎では他にも、台所に立っているB寮母の着ているパーカーのフードを、子どもが後からそっと忍び寄って、パッと寮母の頭に被せる、B寮母は《あッ……ちょっと……！》と驚く、というやりとりがあった。B寮母がまだ二〇代で若いことも関係しているのだろうか、その様子は、お母さんにイタズラする、というよりも〝ちょっかいを出す〃という感じで、それは〃お姉さん、こっちを向いて〃という感じなのだった。実は、筆者は以前にもこのイタズラを目にしたことがある。それは小舎夫婦制の寮舎ではなく、交替制の男子寮を訪問したとき（二〇一一年三月、ネ学園）のことであった。そのとき、寮舎には補助要員としてアルバイトの女子大学生が寮舎に入っていた。そのとき、全く同じように子どもが彼女の着ているパーカーのフードを被せて逃げる、という仕草をしていたのである。

寮母という存在は、寮母、つまり母に近い存在でありながら、同時に寮長の妻（女性）でもある、考えてみたら不思議な存在である。ある寮母（ワ学園、A職員）は、訪問の度に《女の人が来てくれると子どもたちが喜ぶ》と語って[9]いたが、その意味を筆者は今でもよくわからないでいる。同様に、かつて元北海道家庭学校寮長・藤田俊二氏がしばしば、「男子は女の人の優しさに触れたときだけ変わる」というようなことを――「寮母じゃなくてもいいけれど、女の人だけなんです、女の人じゃなきゃならない、女の人に優しくしてもらったときにだけ、男の子は変われるんです」というようなことを言っておられた（筆者の函館時代、序章）ことを思い出すのであるが、氏が言わんとしていることを――先ほどの寮母のことばと同様に――筆者はまだ頭では整理できないでいるのであった。

ただ、経験として、男子寮では女性は受け入れられやすい、ということは確かにあるようだ。それは筆者のようなもう若いとは決していえない女性であったとしても、男子寮ではもれなく、初対面のときから誰彼となく話しかけ、有り体にいうとちょっとチヤホヤしてくれるものである（なお、このことは女子寮で粗末に扱われる、ということではない）。また、こんなこともあった。野球部監督を務める寮長の寮舎（ト学園、C寮、第I部第一章）を久し振りに訪問した際、（おそらく五年後の二〇一〇年一一月と思われる）初対面の男子から《ぼく、先生のこと知ってる、武さん、大学の人でしょ。前、この寮に来たんだよね》と言われて驚いたことがある。確かに、筆者は以前この寮舎に宿泊したことがあるが、当時の子どもたちは一人もいなかったのである。

その男子から話を聴いた所、かつてこの寮舎にいた子どもから、筆者がその子に出した年賀状を見せてもらったことがあるのだという（ちなみに、年賀状は宿泊した翌年の正月に寮舎の子どもたち全員、一人一人に出したものである）。

その年賀状は自宅のプリンタで普通紙の年賀状に印刷したもので、写真のサイズも小さく、お世辞にも鮮明とはいえないものであった。それでもそれを受け取った子が――どうやってその年賀状を見せてもらったのかは聴かなかったが――その年賀状をある期間は保管しており、そしてそれを見せてもらった別の子どもが筆者の顔と名前を記憶し、そして初対面の訪問者である筆者と照合した、これらのことは確かな事実なのであった。

このことを今思い返してみると――いや、やはりまだことばにすることはできないのであるが――先の《女の人が来てくれると子どもたちが喜ぶ》という寮母のことばや、藤田氏の言っておられたことと関係するのかなぁとぼんやりと考えるのであった。

魚の骨、取って

またある寮舎（エ学園、A寮、夫婦制）では、夕食のとき、《これ取って～》とある子ども（Pさんとする）が魚の骨を取ってほしいとA寮母に訴えていた。Pさんはちょっと駄々をこねるような感じで足をブラブラさせている。A寮母は《自分でやんなさい》と最初は取ってやらなかった。その後、《こんばんは～》と施設長がホールに上がって来た。おそらく、今日から寮舎に入った筆者の様子を見に来てくれたのであろう。

すると、Pさんが再び《寮母さん、これ取って～》とA寮母に訴え出した。するとA寮母は、今度は骨を取ってやった。その様子を見ていた施設長が、《そんなの、自分でやんなきゃだめだぞ》と言ったので、すかさず筆者が「あ、けれど、半分は自分で取ったものね、ここまでは、自分で取ったものね」と言った、ということがあった。初対面のときは挨拶を返してくれなかったPさんであるが、このことがきっかけとなったのかはわからないが、夕食後は筆者に対しても緊張が緩んだように感じた。その日の消灯後、筆者はA寮夫妻の〝第二の居間〟（第三節）に招かれた。その際、A寮母が「Pはね、普段はあんなふうに甘える子じゃないからびっくりした」というようなことを語り始めた。

A寮母：Pはね、普段はあんなふうに甘える子じゃないから意外だった！　ほんと、魚の骨とってーなんて、あんなこと今まで言ったことないから、びっくりしたぁ！（半分は寮長に向かって）
武　：そうなんですかー、きっと私が（寮舎内に）入ったから、寮母さんが取られちゃうって心配になっちゃったんじゃないかなー？
A寮母：え～?!
武　：多分だけど。きっと、私が本当は子どもだってこと、彼らは見抜いてるんですよ（笑）。だから「寮母さんを取られちゃう！」ってライバル視されちゃったのかも……（笑）
A寮母：え～?!あはは……（笑）
武　：（笑）
武　：けど、こういうこと、時々あるんですよ。だからさりげなーく、「私は寮母さんを取らないよーアピール」をしたり……
A寮母：そうなんだ～。そういえば！　Pはね、人見知りが激しくて、普段、絶対初対面の人とは話さないの、それが武先生の前では普通に話してたから、それにも驚いた！

（二〇一五年三月、エ学園、A寮）

子どもたちが本当に〝寮母さんを取られちゃう〟と思ったかどうかは別として、筆者という存在が寮長夫妻と子どもたちの暮らしにとって〝異物〟であることに変わりはない。それで子どもたちが普段と違う態度を取ったとして、〝子どもたちはとても繊細だ〟と捉える人があるかもしれない。

このように、私たち外部の者は、彼らを特別に繊細だとか傷付きやすいとか気むずかしいとか考えがちではないだろうか。確かに、そのような面もあるかもしれないが、誰でも、自分の家に赤の他人が上がり込んで来たら嫌なものである。しかし施設で暮らす子どもたちには、〝どうして他人が入って来るの？〟と不快感を顕わにすることは、あまり認められていないように思う。誰かが入って来たら「挨拶しなさい」と言われ、もししなかったら「ちゃんと挨拶しなさい」とたしなめられるであろう。改めて、ゲンバに入れてもらうということは、罪深いことだと考える。

Pさんが寮母に甘えた態度を取ったのは、寮母という大人に、このような暴挙に気付いてほしいと無意識に訴えているからではないだろうか。そして寮母という存在を、自分を守ってくれる人だと、自分の側についてくれる人だと思い、思いながらも確認したいという気持ちを併せ持っているからではないだろうか。

ほんものの嫉妬

白馬学園での実習中、小舎夫婦制の寮舎で、ある子どもが筆者の膝の上に乗って甘えて来ることがあった。それを見た寮母（A寮母とする）はすぐさまその子どもを抱き上げて自分の膝の上に乗せ直すのである。その仕草は極端にいうと、子どもを筆者の膝の上から引きはがして、自分の膝の上に乗っける、という感じであった。このときの筆者は内心、かなり驚いた。小舎夫婦制寮自体が初めての経験であったし、内心、（な、何事が起きたのだ?!）とびっくりしてA寮母の顔を見ると、A寮母はかなり不機嫌な様子で更に驚いた、という経験をした。

この経験を筆者は長い間、理解できなかった、というか、あの時のA寮母の様子をことばにできないでいた。後に（もう一五年以上も経ってから）、「こんなことがあったんだけど……」と二人の元職員（いずれも小舎夫婦制の寮舎で実習や補助として勤務した経験がある、女性の元職員）にそれぞれ語ってみたところ、彼女たちは異口同音に「それは嫉妬ですね」と解説してくれた。プロの寮母であっても嫉妬はする、というか、プロだからこそ、嫉妬するくらい、子どものことを心から思っている、ということの現れだったのであろう。

後に白馬学園を訪れたとき、当時のA寮母を知るB職員は「A先生にはかなわないって思った」（二〇一四年一月、白馬学園にて、以下）と語った（なお、B職員はA寮母について、下の名前に〝先生〟を付けて呼んでいたが、ここでは〝A寮母〟と表記する）。その意味するところのものは、同じ寮担当の職員として、A寮母はとてもかなう相手じゃない、つまりA寮母の方が子どもたちとの絆を深められる、ということであった。そしてその理由として、次のエピソードを語ってくださった。

武　：前、先生がしてくれたA先生（A寮母）のお風呂の話をもう一度聴きたいです。

B職員：あのときはオレの所はC先生がお風呂入れてたんだけど……（筆者注：B職員はC職員と併立制のペアを組んでいた。その寮舎は女子寮だったので女性職員の「C先生」が子どもたちと一緒に入浴していたのである。それと同じく、小舎夫婦制のペアを組むA夫妻は寮母であるA寮母が子どもたちと一緒に入浴していた。なお、当時の白馬学園は施設内に共同の風呂があり、各寮舎でまとまって風呂まで移動し、順番に入浴する方式であった。）

B職員：A先生がパーティの、クリスマスパーティだったかな、寮内の、買い物で夕方出た（外出した）んだよね。それで帰りが遅くなっちゃったんだけど、そのときA寮長が「先にお風呂入っちゃいな」って（子どもたちに）言ったのかもしれないんだけど、先に（子どもたちが）お風呂行ったんだよね。それでA先生が急いで、子どもたちが「待ってるわー」って思って急いで帰って来たら、子どもたちが先に入っちゃってて、「一緒に入りたかったわー」って残念がってたら、子どもたちが「A先生に悪かったー」ってシクシク泣いちゃって、それで、そのことを次の日A先生から聴いたのかな、それで、「ウチの寮じゃありえない」って「全然かなわない」って（思って）……

武　：それはやっぱり夫婦制だからってことで……？

B職員：それもあるのかもしれないんだけど……（それよりも）本気で「一緒に入りたかったー」って残念がっ

て、それで子どもたちも、その残念がってるA先生を見て全員で泣いちゃって……そんなのウチの寮じゃありえないって、絶対、こんなのかなわないって……（A職員はここでの仕事を）仕事だと思ってないとか、単純にその子たちと楽しみたいとか、そういうのが（子どもたちには）伝わるんだと思う……

（二〇一四年、白馬学園、B職員）

B職員はA寮母の仕事ぶりについて、《仕事だと思ってない》、自身の素直な感情で接していた、というのである。それを聴いて筆者もようやく、（そうか……あの時のA寮母は、本気で嫉妬してたんだな……）と納得したのであった。キョウゴの世界、それも特に小舎夫婦制寮を持つ職員夫婦の中には、本当に素直な感情で――それは〝嫉妬〟も含めて、自分が職員だとか〝指導〟しなければいけないとかそういう立場を越えて――子どもたちに接する職員も存在する、という例の一つなのかもしれない。

寮母という仕事

職員が仕事だと思っているかどうかは別として、子どもたちは仕事以外のことを職員に望んでいる場合が多いことは確かである。何らかの理由で保護者と共に暮らせない彼らは、仕事以外で自分を認め、自分を愛してくれることを望んでいる、そう思えてならないのだ。筆者の乏しい経験(10)においても、社会的養護のゲンバで子どもたちが「仕事だ」と口にするのを聴いたことがある。例えば、「○○先生が用意してくれたのよ」などと子どもに説明したときに、「仕事だ」と言う、つまり、〝仕事だからやったんでしょ〟ということである。このセリフは直接面と向かって言われることもある。筆者が最初にシゴトダを言われたときは、思わず息を呑んでしまったのであるが、ベテランの寮母たちはそれぞれに、そしてその都度上手く対応しているようだ。ある寮母はそのように言われたときには「そうだよー、って言っちゃうよ。そうだよー、こんなに手の掛かる子、仕事じゃなきゃ付き合ってられないわーって」（二〇一〇年九月、ハ学園、B寮母）と、寮母はあくまでも明るく、ちょっといたずらっぽい口調で語っていた。

寮母に直接〝私を寮母さんの子どもにして〟とお願いする子どももいるそうだ。ある寮母は寮舎の女子から何度も、何度も、そう懇願されたという、その度ごとに寮母は「それはできないんだよ」と言い続けたということである（二〇〇五年八月、ロ学園、C職員）。

……寮母とは何と難しい仕事であろうか、子どもたちを心から可愛らしいと思い、本物の感情で接するから本気で傷付く、心身共に時にはぼろぼろになりながら、くたくたになりながらも精魂傾けて子どもたちに接して、その結果〝ほんものの母〟になってと言われたなら、今度はそれはできないと言い続けなければならない……フィールドワークの中盤ではよくそのように思ったものである。

情で仕事する

子どもたちの〝ほんものの母〟にはなれないが、しかし、例えば本物の身内のように子どもたちに接する職員夫婦はいる。例えば事例集には、退所生に専門学校の入学金を立て替え、毎月の学費を仕送りするなどして寄り添い続け、「先生というより本当の育ての親です。私は今の会社でも、教母先生のことを『親です』と紹介します。教母先生も、自分の子どものようにいつも気にしてくれます」（事例集⑫：86）と退所生に思われている例が掲載されている。

筆者が聴き取った中でも、退所生を自宅に保護した例（第三章）があった。それは全くのボランタリーな行動である。その寮母は次のように語っている――「ここの大事なものっていうのは〝人間ってこんなに良いもんなんだよ〟っていうのを教えてあげられる、それが本当に原点だって思ってる、ホントの教育だと思ってます」（二〇〇七年一一月、蝶野学園、F職員、関連第五節）――。先の、「A先生にはとてもかなわない」と語っていた白馬学園のB職員は、《オレなんかもう、情の人だから》（二〇一一年七月）と語っている、きっと「かなわない」と思ったのは、情の部分のことだったのだろう――そしてこの〝情〟という感覚はとても日本的なものなのかもしれない――。

ソーシャルワーカーの養成課程では、ワーカー・クライアント関係は常に対等であるということを講義され、また心を込めてクライアントの話に耳を傾ける〝傾聴〟という技術を訓練する。そしてワーカーは〝同情〟ではなく、〝共感〟するよう求められるのだ。施設は児童福祉施設でありながら、この基本を無視した、というか、全く知らない職員が多く存在していた。社会福祉士が職員（児童自立支援員及び児童生活支援員）要件として法律に盛り込まれたのは二〇〇七（平成一九）年の児童福祉施設最低基準改正後のことなので、筆者がフィールドワークを始めたころ（二〇〇四年）の施設では、ソーシャルワークの基本を知らない職員が多く、筆者は少々驚き、ここは児童福祉施設でありながら、いわゆる児童福祉施設とは別の所だ……と思ったものであった。欧米から輸入したソーシャルワークの考え方は、それを実行しようとすると、〝心を遣って寄り添うけれども、情に流されてはいけない〟という葛藤が（日本人の私たちの中には）起きるように思う。しかし、キョウゴの世界の人たちは、そんなもの全くお構いなしに、泣いて笑って怒って嫉妬して、子どもをかわいいと思って、憎らしいと思って、可愛そうにと思って、お金も出して、お世話もして……という具合に、それで時には疲弊して職員が〝ツブれて〟しまうことさえある、どうやらそんな世界なのである。『教護院運営要領』には次のように書いてある――「理くつをもって抑えず、むしろ情をもって動かす事」（『技術編』：121）――。

2．子どもと寮長

こんな指導があるのか！

寮長からの報告は事例集の他、一般図書も多く出版されているため、ここでは極簡単に、それも一つだけ、ある寮長のエピソードを紹介する。といってもこれは筆者の観察ではなく、ホ学園のA職員（夫婦制の寮母）が養成所時代に体験したことの聴き取りである。

それは、ある寮舎の庭で子どもが一人でバドミントンをして遊んでいたときのことであった。子どもが木の上にバドミントンの羽根を上げてしまい、そのときに寮長が行った「指導」に対して彼女は《小学生の子に対してこんな指導があるのかー！》と思って《この仕事の良さを実感》し、現在は小舎夫婦制寮の寮母を務めている、ということである。今回、改めて彼女にそのときのことを語っていただいた（以下）。

その子ね、その上げた羽根を取るのに、ラケット……その子薬いっぱい服《の》んでる子で、ＡＤＨＤで薬一杯服《の》んでて……それでラケット投げたんだよね、そしたらまーたそのラケットが（木の上に）上がっちゃって。そしたら寮長が「コラー！」って、私、（てっきり）「ラケット投げるやつがあるかーッ！」とかいうと思ってたのに、「お前もラケットの気持ちになってみろーっ！」って、ポーンって（子どもを）投げて、こう、高い高いたかーい！　みたいな感じでポーンって。

子どもはすごく笑ってて、すごい喜んでた。寮長先生も「あっはっはっは」って笑って、それで（「指導」が）終了した。

小学生の子に対してこんな「指導」があるのかー！　って、この仕事の良さを実感した、スゲーなーって思って……

（二〇一四年一二月、ホ学園、Ａ職員）

喧嘩を受けて立つ

キョウゴの世界には、一目でそれと分かる、ただならぬ雰囲気を持つ職員が存在するものである。猛者と呼んだら良いのだろうか、するどい目つき、いかつい体つき、どっしりとした態度……「叩き上げ」といわれる職員は独特の存在感と迫力があるものである（ちなみに先に報告したカリスマと呼ばれる蝶野学園のC職員は、身体は大柄であったが物腰も目つきも優しい男性であった。しかし大変存在感があり、多くの職員から支持される職員であった）。

そのC職員に憧れて蝶野学園の職員となったB職員――先のC職員の旧寮舎を案内してくれたB職員である――は、初対面のときにはまだ若手の職員であった。他のベテランや中堅職員たちと比べて年齢も若く、そこはかとなく少年の趣のある雰囲気で、体つきも細く、そして声も表情も、とても穏やかで優しい……という印象を受ける好青年、という風貌であった。

そのB職員が寮長になって寮舎を受け持っているということで、久し振りに寮舎をたずねた（二〇一〇年九月）。出迎えてくださった妻のB寮母は、既に別の所で筆者とは顔見知りになっており、快く〝第二の居間〟に通してくださった。第一章でも述べたが、〝第二の居間〟はホールに一番近い職員舎の部屋で、B寮ではキッチンが併設されていた。そこでお茶をご馳走になっていると、ほどなくしてホールから怒鳴り声が聞こえて来た。B寮母と二人、思わずホールの方を見てから顔を見合わせた。B寮母はちょっと困った表情を浮かべて苦笑いしていた。

言い争う声の一人は子どもの声――といってもその声は低く太く迫力のある、成人男性の声と変わりない声であった――もう一人の声は、あの優しい、B職員の声であった。あの、〝線の細い〟印象のB職員が、今、寮長となって、この壁の向こう側で、子どもとの、真剣勝負の喧嘩を受けて立っている……筆者はなんというか、有り体にいえば感動していた。やがてB職員は一旦、言い争いを切り上げて〝第二の居間〟に入って来た。数年ぶりに再会したB職員は、当時の面影はそのままに、何というか〝寮長の顔〟になっていた。逞しい、寮長の顔、B寮長になっていたのである（ちなみに、筆者はこれまで一二年に渡って施設でのフィールドワークを続けて来たが、このように、職員と子どもとが〝本気で〟喧嘩している場面に遭遇した――といっても声だけであるが――のは、今の所、このときだけである）。

第五節 小舎夫婦制寮という方法

1. 寮長の獲得と育成、成熟

好きなようにやれ

筆者はインタビューの際、必ず〝この施設で働くことになったきっかけ〟を伺っているが、蝶野学園では、「児童自立支援施設で働こうと思ってた訳じゃなくて、この施設で働きたいと思ったから」「C先生の寮舎が良かったから」と答える職員が複数おられたことは既に述べた。このような施設の場合、各年代にカリスマ性を持つ職員（寮長）が在籍している傾向にあり、OB・OGに話を伺うと、「〇〇先生がよかったから」など、歴代のカリスマ職員を辿って行けるのであった(11)。

キョウゴの世界に限らず、社会福祉施設のゲンバでは、このように、学生時代の実習やボランティアがきっかけとなって就職に至ることが少なくない。また、逆に職員が学生をスカウトする場合もある。キョウゴの世界では、特に夫婦小舎制を主とする住み込み型の施設でこのような傾向が見られる。

なお、キョウゴの世界では大学生や専門学校生だけでなく、当然のことながら養成所の学生も実習を行っている。そしてスカウトの特徴として（他の種別の施設には見られない特徴として）キョウゴの世界では、特に社会福祉学科や福祉系の学生を優遇しない（どちらかというと敬遠する方が多い）という傾向がある。職員からは、福祉系の学生はつまらないとか、大人しい子が多いとか、優しすぎる、真面目すぎるなどの語りが聴かれる。

筆者は以前、ゲンバの職員にどのような人材を職員として迎えたいかたずねた所、「『資格は関係なく、人柄や人間性が重要』という意見が多く聞かれた」（武 2010a：23）ということがあった。このことはつまり、〝こっちで鍛えるから資格は関係ない〟ということである。中には、「イケメン！　絶対、魅力的な人じゃないとだめだから」（二〇一四年一月）と語る職員もいたが――。

ところが、〝こっちで鍛える〟はずのキョウゴの世界では、職員のトレーニングらしきトレーニングを行わないのである。研修やマニュアルなどもなく、〝いきなりやらされる〟ことも多いということである。そして先輩にたずねても「《好きなようにやれ》と言われた」（二〇〇七年九月、ル学園、A職員）ということであった。

寮長の仕事は「職人技」や「職人芸」などといわれているが、そのトレーニング方法も職人の世界とよく似ていて、いわゆる〝真似る〟（あるいは技を盗む）という方法が主であるようだ。そのチャンスは養成所生のときの実習と、〝フリーの職員〟の時期なのだが、結局は実際にやってみるしかない、ということのようである。小舎夫婦制の場合、夫婦が違えば方法も違って来るし、また、寮舎の子ども集団は常に違うので、同じような仕事は実質できないということもある。フリーの職員を経て小舎夫婦制の寮長になった職員は、初めて寮舎を持ったときのことを「やっぱり、やってみると《こんななんだ》と思った、しんどい」（二〇一〇年九月、ハ学園職員）と語っていた。

一〇年かかって〝待つ〟を知る

施設は寮長をトレーニングするというよりは、まずはやらせる、というのが小舎夫婦制の基本的な方法のようである。そしてやらせた後、寮長が苦しんでいてもそのまま寮長に苦しませる、しかし、必要なときにはアドバイスする。以下は蝶野学園のC先生に憧れて寮長になったD職員の語りである。

この語りでは、寮長は何か子どもたちに〝指導〟する、というよりも、日常生活を送りながら子どもたちを〝待つ〟こと、そして〝待つ〟ための寮舎内環境――子ども集団のバランス――をよく保つことが本質であるということが語られている。

D職員：最初のころは僕、子どもたちに何かを教えてあげないと、何かしてあげないと、って思いに捕らわれてて、で、C先生から「ぎゅうぎゅうやりすぎだ」と、「子どもがヒーヒー言ってるぞ」って、言われてその意味が解らなかったんです。厳しさで言ったらよっぽどC先生とか先輩らの方が厳しいことしてて、ウチ（の寮の方法なんて）全然、楽なのに……解らん……みたいな感じだったんですけど、実際、そういうことだったんです。なんか……押しつけよう、押しつけようっていうのがあったのかなって思ったんですよね……

D職員：なんか、だんだん、そういう思いが薄れて来て、あのー……子どもらはでも、自分らで気付いていけるし、変わっていけるし、あの……それはやっぱり〝待つ〟ことと、あと、あのー……僕らは待ってても、周りの子らのしんどさ……その子が変わってくれるまで周りの子らにしんどさ背負ってもらわなきゃ、一緒に背負ってもらわなきゃならないっていうのがあって、で、その子らの頑張りをあの……しっかり評価していくことをしていけば、自分で気付いていってくれることが多いなって。ここ……四、五年ですけど自分の中でなんか変わっていってるって気がしてるんですよね。

（中略）

武　：傍目で見てて、子どもたちがヒーヒー言ってるぞって指摘したC先生ってすごいですね。いつ見てるんですかね？

D職員：ねー？　だから……多分子どもからも不平不満（が）よく出てたんじゃないかなって思うんですけどね、やっぱり……寮の……職員にはなかなか言わないですよね、やっぱり外で言いますよね、子ども同士の中で、とか、他の先生の中で、とか、やっぱり……しんどさ出せたんじゃないかな、実際、目に見える形で逃げ回ってたし（笑）だから……あの……最近になってやっと……まぁ、まともな指導者ができたなって言われるようになって来ました。「一時はどうなることかと思ってた」ってよく言われますけどね、そのころの話になると。

（二〇〇七年一一月、蝶野学園、D職員）

このインタビューはD職員が小舎夫婦制の寮長を始めて一四年目に行ったものである。この時点で「ここ四、五年で」ということは、かつて、寮舎を持ち始めたころに受けたアドバイスの本当の意味が、一〇年かかってようやく理解できた、ということになる。この語りは、職員が子どもたちが自ら育つのを〝待つ〟ことを知るエピソードとして語られているのであるが、また一方で、D職員を育成する側の先輩職員たちもまた、D職員が育つのを〝待つ〟様子が表れているエピソードである。キョウゴの世界では「一〇年経ったら物を言え」というそうであるが、やはり、寮長の育成には一〇年くらいかかる、言い替えると一〇年くらいすると寮長はこの域――〝待つ〟ことの大事さに気付く――に達する、ということなのであろうか。また、D職員は〝待つ〟ためには他の子どもたちの我慢や協力が必要だと語っている（第三章）。そしてそれを子どもたちに気付かせてもらった、子どもたちに《僕自身も待ってもらって、何かきっかけもらえて、気付かせてもらって、変わらせてもらってってして、子どもと一緒なんですよね》（第三章）と語っておられた。

ある日寮長の顔になる

筆者がフィールドワークを行った一二年間の間、先のB職員のように、独身時代から面識があり、現在は小舎夫婦制の寮長を務める職員が四組、新婚当初（寮舎を持った直後）から面識のあるカップルが四組あり、この八組の内、フィールドワーク開始当初から現在に至るまで継続して面会しているカップルが四組である。その四組の寮長にはちょっと不思議な共通点がある。それは、端的にいうと〝寮長はある日突然寮長の顔になる〟ということだ。実際にはある日突然人相が変わるというわけではなく、年単位で間隔を空けて再会するため、そのように感じるのであろう。

しかしそう感じる時期を考え合わせると、職員夫婦の第一子が生まれたときや第二子が生まれた後など、いわゆる〝人生の節目〟にそのような印象を持つことが多いので、これは〝寮長の顔になる〟というよりは、〝父の顔になる〟、あるいは〝一家を背負っている顔になる〟といった方が適切なのかもしれない。

これは筆者の感覚なので、あるいは勘違いなのかもしれないが、それにしても――同じ筆者の主観においても――寮母の方は寮長に見られるような劇的な変化を感じることが少ないのである。寮母の方は結婚当初の印象が継続することが多く、また、年月が経ってもあまり変わらないという感覚があるのだ。

2．寮母の獲得と育成、成熟

新婚初夜から寮舎の寮母

小舎夫婦制寮の寮母が寮母になったきっかけは、何といっても夫との婚姻が理由であることが多い。近年は、例えば養成所の出身者など、自ら施設職員になりたいという意思(12)を持って寮母になった職員も多くなったが、小舎夫婦制の場合は、やはり婚姻をきっかけに寮母（職員）になる場合が多いと考えられる。

そのため、寮長の方がまず職員として働き、後から寮母を探すという場合が多い――「女性の方が寮母を目指していて、結婚相手の男性が後から寮長になる、というケースは無くは無いが圧倒的に少ない」（武 2010a：25）――のである。

つまり、施設で働く独身の男性職員は、結婚すれば寮舎を持つことができるし、あるいは後継者養成ということから、施設長や先輩などが〝寮母候補探し〟をすることも多かったようだ。筆者の聴き取りでは、現在六〇代から七〇代くらいの職員夫妻の場合は、施設長に、「児童相談所に寮母向きの人がいるから」と、寮母を紹介された例や、寮母が独身時代に親戚の食堂を手伝っていたところ、その店を利用していた夫の同僚が、「あそこにいい娘《こ》がいる」「あいつとくっつけよう」と画策し、「看板娘」とのお見合いが成立した例などがあった。

その他、養成所では同じく国立の秩父学園附属保護指導職員養成所（現在は国立障害者リハビリテーションセンター学院に統合[13]）との合同で行事を行い、学生同士の交流の場を作るなど工夫していたようである。

二〇年を越えて「結果を出す」

寮母は寮長以上にトレーニングがないままに寮舎に入ることになる。先にも述べた通り、小舎夫婦制の寮母の多くが結婚を機に寮母になるので、新婚初日から居住地は寮舎である。その後、養成所の研修を受ける、協議会の研修を受けるなどするが、寮長と同様、寮母もまずは寮舎で働き出すのが常である。なお、寮母が養成所出身者の場合は寮舎での養成所在籍中に寮舎での実習があったり、婚姻前まで別の施設で働いた経験のある寮母もいる。

今ではベテランの蝶野学園のF寮母は、かつて全く別の仕事（「理系の出身」だそうである）をしており、婚姻を機に寮母になったということである。専門的な知識は全くなく、先輩寮母からは、「おかえりって言ってくれるだけで良い」とか「子どもが好きだったらそれで良い」などと言われていたそうだ。教護院時代の典型的な、というか王道の――言い方は不適切だと思うが〝騙された〟！　と感じた――寮母のパターンである。当然、「おかえり」だけで済むはずはなく、《泣きの涙》で辞めたいと思う日が続いたが、子どもたちとの向き合い方が分かってくると次第にこの仕事にのめり込んで行くことになった。そして遂には転勤の打診が来ても《私は転勤するんだったら辞める》と、拒否するほど寮母職に生き甲斐を見出すまでになった、ということであった。

武：元々は全く別のお仕事をされていたということですが、結婚を機に蝶野学園に来て、「私は転勤するんだったら辞める」と言って転勤を拒否したということですが、そこまで魅力的に感じたのはなんだったんでしょうか。

F職員：そうですねぇ……やっぱり最初は泣きの涙でしたよ、やっぱり。なんで私がここにいるんだろう？って思いましたよ。だからその……結局、先輩らが「私でもできますかねえ」って言ったときによく言ってたんだけど、うん、あの「おかえり」って、もうそこにいるだけでいいのよって言って、それで「子どもが好きだったら良いのよ」って言って、それがもうホントに口説き文句でね、「はぁ、そうですかー」っていう感じで、あの……（寮舎を）持ったんですけど、なかなかそういうわけにはね？〝おかえり〟だけで済まないし、ほんとにね、いるだけでも済まないし、ね、だから、「あぁ……もうこれは全然違うわー」っていうことでね、最初はほんとにその……なんていうのかな……子どもの……私はホントにね、最初は子どもの先入観持つのがいやで、ケース（児童簿などの記録）を読まなかったんですよ。「もう読まない」って思ってやってたから、あの……それはもう……ぜんぜんだめだってことは判ったから、もうやってるけど……まぁそんなことで何ていうのかな……やっぱりその……まったく……（当初は）そういうことはもうイヤで、同じように、一から一緒にやって行きたいっていう想いがあって、でもやっぱり裏切られてね、〝なんでこの子ら裏切るんだろう？〟ってやっぱり最初は解らなくて、ほんとにその、そういう勉強なんて全然してないわけじゃないですか？　ねぇ？　それでそれが解らなくって、もうほんとに……あの……ついて行けない。ほんとなんで私がこんな仕事につかなきゃならないのって感じで……ほんとに最初は思いましたよ。ほんとに最初の方はね。けれどやっぱりどんどんその……人が好きだってことはあるんですけど、確かに、ありますし、んー……やっぱり可愛い。それで自分らがやったらやっただけのことが返って来る、やっぱり自分らが〝逃げ〟に入った子どもって育ってない。もう私らそれはやっぱりイヤっていうほど解ってるから、うん。だからもうホントに、どんなに相手が「わかってくれない！」って言っても、自分らはやっぱり自分らの……姿勢をきっちり持って行ったら、いつかは（子どもたちは）わかってくれるんだ、っていうのもやっぱり判って来てるし……

武　：なるほど……

F職員：うん。やっぱりその、関わりですよね、ほんとに……そういうのが判ってきたから、もうどんどんどんどんホントにのめり込んで行った……だからホントにのめり込んで行った、っていうのかなあ……

武　：そうですか……

F職員：うん、やっぱりこの子らが〝なんでこんなふうになったんだろう〟っていうのがやっぱりすっごく解るようになって来たし、うん、だから、子どもらはホントに「こんなこと初めてだ」っていうくらいのね、こと言ってくれるんですよ。「こんな人っているんだって思ったー」って。やっぱりそこら辺だと思うんです。やっぱり私はここの大事なものっていうのはホントにその人間……っていうのを〝人間ってこんなに良いもんなんだよ〟っていうのを教えてあげられる、私もそれを目指してるから、うん。それしか私ないと思ってるし……だから学校の先生らにも「私はそこ、すっごく自信持ってますよ」って、「ホントの教育だと思ってます」って。

F職員：それがね、ホントに、本当に原点だって思ってるから、（他の若い職員にも）自信持ってね、ほんとにやってほしいなって……

（二〇〇七年一一月、蝶野学園、F職員）

F職員は、施設のことを何も知らずに寮母になり、そして最初はケース記録も《先入観を持つのが嫌で》読んでいなかった、ということである。つまり、寮母もまた、寮長と同じく、〝好きなように〟やり始めたのである。しかし、《でもやっぱり裏切られて》傷付き、当初は、《〝なんでこの子ら裏切るんだろう？〟》ということが、知識もないし、《やっぱり最初は解らなくて》、思い悩む時期が来る。専門的な知識を持たない当時のF職員にしてみれば、子どもたちの行動は、愛着障がいや試し行動などと結びつかなかったのであろう。

しかし、F職員は〝逃げ〟に入ったら子どもは育たない、ということを体験的に理解して行ったのであった。そして、子どもたちが《可愛い、それで自分らがやったらやっただけのことが返って来る》、《いつかはわかってくれるんだ》という体験を経て、やがては《〝なんでこんなふうになったんだろう〟っていうのがやっぱりすっごく解るようになって来た》、つまり、子どもたちが職員を裏切る理由が理解されて来たのだと語る。

インタビュー当時、F職員は小舎夫婦制寮で二〇年余りが経とうとしていたころであった。これらはすべてF職員の体験を通じて得た、生きた学びである。別のある寮母は、寮母になったころ、先輩寮母たちから次のように言われたという——「最初の一〇年は執行猶予がついてるから失敗しても良い、後の一〇年は恩返ししてくれ、後の一〇年は結果を出してくれ、と言われて、じゃ三〇年やるんかい！　と思った」（二〇一二年一〇月、ニ学園、A職員）——。F職員はこの標語（？）に従うと、インタビュー当時、ちょうど「結果を出す」時期だと考えられた。本当に、小舎夫婦制とは、何と息の長い仕事であろうか……。(14)

3．寮母の仕事ぶり——三人の寮母との座談会から

座談を兼ねたお茶会

一口に小舎夫婦制の寮母といっても、様々なタイプの寮母がいる。先に述べた通り、職員夫妻が職員夫妻の暮らしに沿って、あるいは人生に沿って、寮舎運営をしていくので、その方法も様々なのである。普段はお一人お一人インタビューするのであるが、ある施設に宿泊した際（ニ学園、二〇一〇年九月）は、ベテラン寮母（A職員）が二人の寮母（お二方とも中堅の寮母、B職員、C職員）を〝第二の居間〟に招いてお茶会を兼ねた座談会を開いてくださり、グループインタビューが実現した。

このとき、子どもの誕生日ケーキの話題になった。A職員は他の寮母たちに向かい、《ケーキね、どうしてる？》

と切り出した。実は、同じ施設内であっても寮舎での暮らしの具体的な部分は職員同士、互いに知らないということも少なくないようだ。お互い、生活の具体的なことや細かいことについては聴きにくかったり、聴かれたくなかったりして、同じ施設内で働く寮母でも意外と他寮のことは知らないということもある。これはニ学園に限ったことではなく、いわばインタビューに乗じて、他寮のようすを伺う職員は少なくない。例えば、複数の寮舎でインタビューを行うときなどは、さりげなく「別の寮舎ではどうやってる？」などと聴かれることがしばしばある。

子どもの誕生祝いについて、小舎夫婦制の施設では、施設では月に一度、その月に生まれた子ども全員の誕生日会を合同で行って、それとは別に各寮で個別にお祝いをすることが多いようだ。A職員は、日々のおやつを手作りするなど、いわゆる〝良妻賢母〟という雰囲気があり、教護院の全盛期時代を経験した職員である。彼女の《ケーキね、どうしてる？》という問いかけからは、〝誕生日のケーキはちゃんと手作りしている？〟というようなニュアンスが含まれている、と筆者には感じられた。

良妻賢母と新たなる寮母

A職員はまず、自身の体験から話し始めた。もちろん手作りで、それも複数個を一人で作り上げ、その手作りケーキで誕生日を祝うということであった。A職員には、寮母たるものは子どもの面倒をよく見て、とにかく手をかけて世話をする、という考え方――適切な表現ではないかもしれないが、〝日本の正しいお母さん〟であれ、というような考え方――を持っているようである。A職員は仕事に対して熱意と誇りを持っており、実際、それだけのことをして来たと伺われた。

一方、B職員A職員よりも一世代下の寮母であり、教護院時代の終盤（一九九〇年代）から教護院で働き、併立制寮を経て、同じく教護院で働く男性職員と婚姻し、小舎夫婦制の寮長・寮母となって現在に至る。小舎夫婦制寮は一〇年以上というキャリアの中堅職員である。そのB職員もまたケーキは寮舎で手作りする、ということであったが、女子寮ということもあり、男子寮担当のA職員とは全く別の考え方、方法であった。

まず、B職員は《やれって言ってもやらないから、一度やって見せる》のだそうだ。《どうせ一個じゃ足りないし、やり出したらみんな女の子は興味持って集まって来るから、そしたら後はやらせる》ということであった。つまり、寮母が最初から子どもたちに「作って」とか、「一緒に作ろう」などと言っても、子どもたちは〝乗って来ない〟ので、さりげなくホールに併設されたキッチンに立ち、まずは一人でケーキ作りを始めてしまう、すると子どもの中には必ず興味を示す子が出て来るから、まず一個は作ってみせる、子どもたちの人数を考えるとケーキは幾つか必要だから、あとは子どもたちに作ってもらう、ということである。

それも、計量などの下準備だけはしておいて、後は口を挟まず子どもたちだけでやらせるのだという。それで果たしてホールケーキはできるのだろうか、と心配すると、B職員は《最終的にできなくたって良い》と言ったのであった。これには一同、呆気に取られてしまった。しかし、確かに、そう言われて冷静に考えてみると、B職員がデモンストレーションで作って見せた最初の一つは〝お誕生祝いのケーキ〟として既に確保されているのである。その時点で〝寮母の手作りケーキで祝う〟という目的は達成されている。つまり、二個目以降のケーキは、子どもたちの興味を満たしたり、体験学習だったりと目的が変わっているのである。

B職員が行っているのは正しくソーシャル・グループワーク（ソーシャルワークの技法の一つ。以下、グループワーク）だなぁと筆者は考えた。グループワークについて、よく、〝グループでプログラム活動を行うこと〟と誤解されがちであるが、そうではないと筆者は考えている。グループワークは、グループを通じてケースワークを行うことがグループワークなのだ。従って、グループワークでは〝本人の主体性〟、つまり本人の意思による参加が前提にあるのだが、特に子どもを対象とした場合、その基本が見落とされがち、というか実際には難しいということがある。それで施設の中で行われる多くのグループワークと呼ばれるところのものは、グループによるプログラム活動であることが多いと筆者は感じている。

しかし、B職員のケーキ作りでは――B職員曰く、ただ呼びかけただけでは子どもたちは「やらない」ので――子どもたちが自主的に参加したくなるような工夫をしており、そしてそれに成功している[15]。正に寮母さんの知恵、というか、寮母さんの〝技術〟というべきものであろう。

無償の愛をたっぷりと付与しようとするA職員が伝統的な「教護する」の寮母像（第Ⅲ部）――いわゆる〝良妻賢母〟タイプ、以下〝伝統的寮母像〟――ならば、B職員は正しくニュータイプ、という印象を受けたものである。

革命的寮母

C職員は《私は、みんなが手伝ってくれる》とのことだった。C職員は男子寮、B職員と同世代の中堅職員である。B職員の印象がニュータイプの寮母ならば、C職員はニューウェーブという印象の寮母である。C職員はケーキのことだけでなく、なんというか、雰囲気が、伝統的な寮母像が求められた世代の寮母とは、筆者の目には少々違って見えるのだ。

というのも、かつての寮母は正に〝耐え凌ぐ〟といった表現がぴったりの、日本の伝統的なジェンダー役割を凝縮したような存在であり、寮母になりたてだったころを振り返り、「こんな男尊女卑の世界があったのか」（二〇一一年二月、元チ学園寮母）と語った職員もいるほどである。寮の子どもたちの世話の合間に家事、実子の育児、事務、雑務をすべて行い（場合によっては夫の両親が同居しており、彼らのお世話もしている場合もある）、寮長は呑みに出かけるけれど寮母はそれも許されず、「それでも一言も文句を言ったことはなかった、言おうものなら『一〇年経ったらものを言え』と怒鳴られて黙って頑張った」（同）という。そしてあまりの激務に、「生理が止まってしまう。夏休みなどの（長い休みの）ときに一気に（生理が）来る」「酷い便秘だった。仕事中はトイレなんか行けないから。自分の都合でなんて、トイレすら行けない、だから全く（何十年もまともに）便が出たことがなくてずっと下剤を飲んでいた。（退職後、便が正常に）出るまで何年もかかった」（同）と語る[16]ほどであった。ここまでの状態ではないものの、美容室に行く時間どころかシャンプーする時間もなく、髪を後ろで一つにまとめてしのぐとか、施設の中ではすっぴんで（もちろん、研修会などでお目にかかるときには綺麗にお化粧している方ばかりである）、夏は短パンにTシャツにエプロン、冬はトレーナーにGパンかジャージにスモックを身につけている、という寮母さんは少なくなかった。しかし、筆者がC職員の寮舎をたずねたとき、C職員はスカートを履き、かわいらしい小花柄の黄色いエプロンをつけていた。そしてC寮内はあちらこちらをレースで飾られ、寮舎というよりは、おしゃれな若夫婦の家、という雰囲気であった。C職員の小花柄のエプロンにも、同じように綺麗なレースがついており、（こんな寮母さんもいるんだなぁ）と感じたのを覚えている。

そのC職員もB職員と同じく、ホールに併設されたキッチンでケーキを作るということであった（ちなみにA職員は〝第二の居間〟に併設されたキッチンで、一人でケーキを作るそうである）。C職員は男子寮ということもあってか、子どもたちが率先してC職員を手伝ってくれる、ということであった。筆者はそのときの様子を実際に目にはしていないが、C職員の周りで我先に、と子どもたちが競ってお手伝いをしている光景が目に浮かぶようであった。

手作りの予算

ところで、誕生日ケーキを作ることは、仕事であろうか、それともボランティアであろうか。それらは職員の積極的な意思による行為であろうか。キョウゴの世界では、給料に反映されない、あるいは職務規程にないような〝シゴト〟が多く、その判断が難しい。職員によっても意見が違うであろう。

では、予算という面ではどうであろうか。具体的に、誕生日ケーキやおやつの予算はどうなっているのであろうか。まず、おやつについてはほとんどの施設が給食しており（報告書p.81）、これは予算化されていると考えられる(17)。では誕生日ケーキはどうであろうか。

ある施設（交替制寮）では、寮舎で誕生日を祝うということがなかったそうである。そこである職員（A職員、女性）が、「誕生日くらい、みんなで暖かく祝ってやりたい」と、寮舎内で誕生会をすることを提案したのであるが、他の職員から反対されたということである。理由は、「そのための予算が組み込まれてないから」ということであった。「そのくらいの材料は私が全部用意しますから」と女性職員は説得したが、「あなたはいいかもしれないけど、他の職員の迷惑になるから絶対にやらないで」と、強く反対されてしまった、ということである。その後、女性職員は職員を始め施設側への説得を重ね、現在では誕生日の費用は予算化した、ということであった（二〇一〇年六月、ツ学園、A職員）。

また、別の施設の職員（併立制寮、ヨ学園、A職員、女性）は、日々のおやつを工夫することで、寮内で祝う誕生日の予算を工面しているということであった。夜におやつ？　と私たち外部の者は少し不思議な感じもするが、多くの施設では、夜におやつの時間があるものだ。その毎日の夜のおやつの予算で市販の菓子を買わず、手作りにして節約し、誕生会のケーキなど、お祝いの予算を捻出するということであった。ちなみに、このときは、誕生会のことをたずねたのではなく、A職員から炊飯器で作るケーキの作り方を教えてもらっていたときに知ったことであった（以下）。

A職員：小麦粉と砂糖と玉子を炊飯器のお釜の中で混ぜて……
武　　：お釜の中で全部混ぜちゃって大丈夫なんですか？　分量は？
A職員：大丈夫。分量は適当で……（微笑む）
武　　：え、それでちゃんとできるんですか？
A職員：できますよ、大丈夫。
武　　：すごいなぁ、作り慣れてるんですねぇ……ホットケーキミックスなんて使わないんですね。
A職員：あ、違うんです、ミックスはお金がかかるから……

武　：？　どういうことですか？
A職員：小麦粉や砂糖は調理室からもらえるんです。でもミックスを買うと娯楽費になって……
武　：娯楽費というのがあるんですね。
A職員：はい、そこから各寮でおやつを買うこともできるんですが……それを使わないで、誕生日のときに使うんです
武　：なるほど、寮費を節約してやりくりしているんですね。

（二〇一二年一〇月、ヨ学園、A職員）

また、おやつだけでなく、朝食がパンだったことから、子どもの「ご飯食が良い」というリクエストに応えて自腹で米飯朝食を続けた例（夫婦制寮、寮母）もある。A職員は笑って《この子らが頑張ってるんだから、そのくらいのことはしてやろうって気になりますよ》（二〇〇七年一一月、ハ学園、A職員）と語っていた。

武　：先生が入られた（入職した）ときはもう、給食（筆者注＝給食の場合、調理室で調理した食事を各寮舎に配る）だったんですか？
A職員：給食です。ここはそういう意味では新しいから、給食で、だから私らもね、子どもらがご飯食が良いっていう子がやっぱりあって、それなら自分とこで独自でやろうかって言ってやりましたけどね、大変でした、やっぱり。朝ね、ご飯食を（用意するのは）。
武　：あ、そうか、朝、パンじゃなくてご飯を食べたいと……
A職員：うん。ご飯食べたい、ご飯食の方が良いって言う子がいて、じゃあいっぺんやってみようかって言って、

自分らでやりましたけどね、相当やっぱり大変でした。
武：そのご飯のお金はどうしたんですか？
A職員：いえいえいえ……自分らが……
武：かぶって？
A職員：もうあの……私らまぁ……今はどうかわからないですけれど……寮を持ってるっていうことは自分らがよくかぶって……
武：持ち出しも多い？
A職員：持ち出し多いですよ、ほんとに多い。でもやっぱり……あの……ほんとに、この子らが頑張ってるんだから、そのくらいのことはしてやろうって気になりますよ、やっぱり（笑）うん、ほんとに。

（二〇〇七年一一月、ハ学園、A職員）

4．寮母とその家族の負担

生理現象もコントロール

先の項目では、余りの激務のため、酷い便秘だった寮母の例を書いた。このような生々しい例は他にもある。ある施設で寮母二人（二〇一〇年九月、ハ学園、B職員、E職員）と話していたときのことである。筆者が、「生理のときは大変じゃないですか」と水を向けたところ、B職員が、《男子寮だからやっぱり気を遣うね》と言い、そして次に信じられないようなことを語り始めたのである。《トイレもなかなか行けないしね。けど私ね、（経血が）流れないようにできるのよ。ぐーって締めてね、それで、トイレ行ったときに、だーって》（溜めておいた経血を）一気に出すの」

ということであった。一同、「そんなことできるの?!」と驚いたが、B職員は「え？　できない？」とケロっとした様子であった。そして《この人なんかね、生理をコントロールできるんだよ》とE職員のことに話題を移したのである。E職員は、「そうそう」と笑って「行事なんかが近づいてくると、《来るな〜来るな〜って念じて》生理期間を遅らせることができる」ということであった。

このときは大変面食らった筆者であるが、その後、「月経血コントロール」なるものがあり、「昔は、お手洗いは尿や便の排泄だけでなく、月経のために行く場所でもあった（中略）お手洗いで『力んで出す』ということは、加藤さん（九一歳女性）のまわりの女性たちの間では普通に行われていたということだった」（三砂 2004：33、括弧内筆者）ということを本で読んで知り、二重に驚いた——しかも同書では「月経血コントロール」について「女性が健やかに暮らすキーが骨盤底筋の意識であり、『月経血コントロール』はそのきっかけである」（同：250）と書いてあったので三度驚いた(18)——ものである。

ムガイ捜索中に破水

先の語りは生理に関することであったが、出産に関する話題もあった。かつて、小舎夫婦制では新婚初夜から寮舎住まいならば、出産期間も寮舎で過ごしたそうである。ある寮母は、《私、頭が出て来るまでここで仕事してました》（二〇一〇年九月、ニ学園、A寮母）と語ってくださった（次頁）。かつての伝統的な寮母像が求められた時代の寮母たちは、本当に激務だったのだと思わせるエピソードである。

他施設の寮母も「出産後一週間で寮復帰した」ということであった——「生まれるまで寮舎だし、産んで帰って来ても寮舎に帰って来るわけですよね……（お産のときは）夕方五時までは補助の人が入ってくれるけれど、それ以降は帰ってしまうんですよね……」（二〇〇七年八月、カ学園、C寮母）——乳児、しかも新生児を抱えて寮舎運営とは……正直、そのご苦労は想像を絶するものである。

武　　：新婚から寮舎でしたか？
A寮母：うん、そう。
（中略）
A寮母：子どもは全員ここで生んでここで育てました。私、〇番目の子は頭が出て来るまでここで仕事してました。
武　　：えー！
A寮母：うん、だってここね、産前産後といっても、保障してくださる人が居ても、（寮舎を）回せないだけでしょ？　で、産むまで（寮舎に）いるじゃないですか？　生活だもん。（筆者補足：この前の話題で、この仕事は生活だ、と語っておられた）
二人　：（笑）
A寮母：だからお休みとか、その権利があります、とかじゃなくって、生活だからずっといるでしょ？　だから（その日も）朝から寮長が出張に行きました、ちょっと体調おかしいなと思ってたんだけど、子どもが夕方ムガイを、新入生がしました。で、「大変だー」って言いながら、でも寮長が居ないから私が自転車乗って探しました、途中でなんか熱いものが出て来ました（笑）
武　　：えー！
A寮母：それでも近くのバス停まで行って探したけど居ないからって、お隣の（寮舎の）先生に、「あのー、なんかこう、体液が出て来たから病院行きたいんですー」って言ったらその先生が病院へ連れてってくださって、私、スカートをこうやってめくって分娩台乗って産みました。
武　　：破水しちゃってたんですか?!

Ａ寮母：そうなんですよ。ちょろちょろちょろちょろ。

武　：危ないー！

Ａ寮母：（笑）あーじゃあ、○○さん、今すぐ分娩台へどうぞーみたいな。

武　：………

Ａ寮母：そんなことはなんか、でもね、そんなことはぜんぜん、自分の中では怖さではなかったですね。

（二〇一〇年九月、ニ学園、Ａ職員）

深刻な被害例

先の破水してしまった、と語る寮母は、「私体育会系でね、体力は自身あるんですよ」（二〇一〇年九月、ニ学園、Ａ職員）と明るく語っておられたが、中にはとても笑いごとではなく、流産してしまった職員も居られたそうである。[19]

ある寮母は、まだ二〇代のころ、干したはずの下着がよくなくなった、と語っていた。――《そのとき私もうね二六を過ぎてたのに……それでもなくなったの……》（男子寮、寮母）。[20]また別のある寮母は、学部生のときに、ある施設で実習を希望した所、事前に面接があり、そのとき次のように言われた、ということである――「面接官からこういう所で働きたいですかって聴かれて（中略）《女の子だから、もし男子寮に配属されたときに、食缶取りとか一緒に行って、急に竹藪の中に連れ込まれたら大きい声出せますかとか、いろんな設問があって……》（二〇一〇年九月、ハ学園、Ｄ職員。[21]ちなみにこのときのＤ職員の実習先は現在勤めるハ学園とは別の施設だそうである）。

また、まだ幼い息子が性的被害にあっていたという語り[22]（男子寮、元寮長）もあった。しかし職員はすぐに気付くことができず、被害が判ったのは加害者の子ども（男子）が退所した後だったということで、「加害者の子どもは退所後も《平気で連絡して来てたんだよ》」と語っておられた。[23]

被害とはいえないかもしれないが、生活する上で大きな負担になる、という語りもあった。ある職員（元小舎夫婦制寮母）は、ある子ども（男子）が「物陰に隠れて、身体を半分隠すみたいにしながら、常にこちらをひたすら《じーっと見てる》」ということであった。「休暇のときでも外出して帰っても、必ず物陰から見ていて、それも、職員の側から見えるか見えないかぎりぎりの位置から《じーっと見つめ続ける》」のだという。それはとても陰湿な視線で、いつも見張られているようで精神的にとても消耗した、ということであった(24)。

5．実子の負担──寮母の語りを中心に

寮舎内で実子を育てることについて──現在、六〇代から七〇代にかけての職員への聴き取りでは特に──実子に負担をかけた、と感じている職員が多いようである。彼らが寮長寮母の時代には、職員の休暇が保障されておらず、常に寮舎におり、実子よりも寮舎の子どもたちを優先させていた、という語りが聴かれる(25)。

寮母への聴き取りでは、《おっぱいあげなきゃならないけど（あげられなくて）余裕なくてごめんね、って（思ってた）。泣いてても転がしといて、よく育ったなぁって（思う）、あれは育てたといえるのかなぁ》、《（実子に）五分待って、だと（実子が）辛いから、三分、とか一分待って(26)、ってやったこともあった》（二〇一〇年一二月、ハ学園、B職員）ということが語られていた(27)。

実子に「お母さんは、生徒と話（を）してるときのほうが生き生きしてる」（二〇〇七年一一月、ハ学園、A職員）と言われた例もある。この職員は小舎夫婦制の寮母であるが、寮長は実子の通う高校も知らなかったほど、実子は《ほったらかし》だったそうだ。伝統的な寮母像が求められた世代の職員たちは、実子よりも寮舎の子どもたちを優先し、職員舎にいる時間よりもホールにいる時間の方が長かったという。しかし、A職員はそんな仕事ぶりが《子どもが真っ直ぐ育った》ことに繋がっている、と語っている。

A職員：私の子どもらでもね、いっつもいいますもん、「お母さんは、生徒と話（を）してるときのほうが生き

生きしてる」って、いいますよ。

武　：なるほど……

A職員：だけどそれはもうね……ほんとに葛藤ですけれど、でもやっぱり子ども（実子）のことは大事なんだけれども、でもやっぱり解らないときはね、子ども（実子）が小さくて解らないときはね、本当によく言いましたよ。「あんたらは、本当のお父さんとお母さんが近くにいるでしょう」って、「けど、ここのお兄ちゃんらは違うんだよ」って、「だからお母さんがいてあげないとだめなんだよ」って、子ども（実子）らにね、納得さしてね、子ども（寮生）のところに行きましたよ。だからその辛さっていうの、子ども（実子）はね、やっぱり「親の辛さ」が解らないんですよ、うん。だから本当にどういう思いで、やっぱり、その……自分らの子どもを置いてね、でもほんとに、ここはね、あの……まぁ、特に私らの年代なんかはそうなのかも判らないですけれど、ですからウチの主人なんかもね、先輩の○○先生（寮長）なんかでも、自分らの子ども、ほったらかしですから、ね。そういう世代でしたからね、本当に。

武　：うーん、うんうん（相槌を打つ）

A職員：だからね、うちらの子ども、自分のあのー……子どもがね、どの高校受けて、どの高校に行ってるのとか（夫は）知らなかったもん（笑）。

武　：（笑）

A職員：だからお父さんそれ恥ずかしいよー、って言って、「この高校に行ってるんだよ」って（実子が通う高等学校に）連れて行きましたもん（笑）。

武　：ある意味企業戦士みたいですね（笑）。

A職員：（笑）ほんと、そうですもん。

武　：私の家も自営業なんですけども、自営業のウチっていうか、親が仕事してるのを見られるウチって、やっぱり良いなって最近、思うんですよね。

A職員：そうそう！　そう！　だから私は、すっごくしんどかったけど、親の、その、働いてる姿、苦しんでる姿、喜んでる姿っていうのを、ほんっと目の前でほんとそう、自分で（実子は）見てたわけ。それで結局子どもは、もうこんな仕事イヤーって言ったんだけれども、けどやっぱそれを見せることが、結局その……ね、子どもが真っ直ぐ育った……っていうことに繋がってるもんです。

武：そうなんですね……（相槌）

A職員：うん、ね、ほんとにそれはね、しんどいけど、今思い返せばね、すごく良かったんだろうなって、やっぱり苦労した分が子どもに返って来てるんだって、思いますよ。

（二〇〇七年一一月、ハ学園、A職員）

では一方で、実子の方は寮舎で生まれ育ったことをどのように受け止めているのであろうか。実子を対象とした筆者の聴き取りはまだ例が少なく、今後の課題としたいが、文献では〝大人になったら受け止められた〟という報告がされている。(28)また、施設によっては、親子二代、あるいは三代に渡って小舎夫婦制寮を持つ職員も存在するが、先のA職員の実子は「仕事にするのは絶対にイヤって《言ってましたけどね、言ってたけれど、やっぱりボランティアにかっなり入れ込んでます》」ということであった。

また、実子がホールへ行くことについて、夫婦によってだいぶ違いがあるようだが、A職員の世代では、職員が常にホールにいたためか、実子がホールにいる場面がごく自然に語られることがほとんどである。しかしそれは幼いころのことで、そのころは自然とホールに出て来ては〝兄ちゃん〟〝姉ちゃん〟と遊んでいるが、「思春期、というか、生徒と年齢が近くなると自然と行かなくなる」というのは異口同音に聴かれることであった。

ある寮舎でのことである。その寮舎の寮母と別の寮の寮母とで、寮舎の前で立ち話をしていたときに寮母の実子（高校の制服姿だったと思う）が前を通ったが、寮母が何か声をかけても実子は不機嫌そうに〝プイッ〟とそっぽを向いて去ってしまった、という場面があった。そのとき寮母は「今ね、あの子が今丁度……（施設での生活を）イヤだのときでしょう……」と話しかけ、相手の寮母も、うんうん、そうね、という調子で相槌を打っていた。寮母は〝困ったわ〟という顔はしているものの、全く動じた様子がなかった。二人の寮母たちは、〝この仕事をしているからにはこの時期はつきもの〟という様子であった。筆者はその後何年も経って、そのとき横切った女子高校生と再会の機会を得た。彼女が赤ちゃんを抱いて職員舎に〝里帰り〟してきたときに、たまたま再会したのである。もちろん、彼女は筆者のことは覚えていないが、この寮舎はこの人にとっては〝実家〟なんだなぁと感慨深いものがあった。(29)

その他、文献上では幼い実子が「ガンを飛ばす、メンチを切る」（三枝 1987：119）様子を見て、「教護院で生活している以上この程度の学習をするのはごく当たり前であり、同種類のエピソードはそこらじゅうで耳にする。いわば日常化している」（同）としている。(30)また、『もう一つの少年期』の藤田俊二（北海道家庭学校寮長）の長男は、「寮長としての親父が知らない生徒たちの様々なことを俺はいっぱい見てきたし、生徒達の気持も俺は親父より知っていると思う」（藤田 1982：62）と興味深い感想を述べており、今後のインタビューの参考としたいと考えている。

注

（1）この宴会で筆者は施設内の寮母のほとんどにインタビュー前にお話しする機会を得た。お陰様でその年のインタビューは大変有意義なものとなった。A寮母にはこの場を借りて心から感謝したい。

（2）先のカ学園職員への聴き取りの他、複数の小舎夫婦制寮の職員や元職員に伺った。

（3）この話には実は後日談がある。A寮舎の新寮舎では、食器洗いに合成洗剤を使っていたのでたずねた所、雑貨を一括購入する職員が退職したため、ということであった。つまり、当時、雑貨を一括購入する係の職員の好みが《そういう考え方だった》（A寮母）ため、合成洗剤ではなく、食器洗い用の石鹼を一括購入し、それが各寮舎に配られていた、ということであった。以前の雑貨係の職員がエコロジーな考え方だったのか、それともキョウゴの伝統として石鹸を購入していたのかについては、また別途、本人にたずねてみたいと考えている。

(4)　後に確認した所、寮長曰く、「ああ、あれは勝手に机を置いてた」ということであった。「当時、事務室はあるにはあったが、職員居室の方であり、ホールからは見えない、離れた所にあったため、ホール内に机や本棚を置いて事務仕事をしていた」とのことである。

(5)　筆者の聴き取りによると、退職前に土地を買っておいて退職後に家を建てた、あるいは退職が近づいた年齢になったときに施設の最寄りに家を建てて、休暇のときに掃除をしたりしていた、などの例はあった。

(6)　おそらく昭和五〇年代の『非行問題』で読んだと思うのだが、寮母を集めた座談会を収録したもの（写真入りの記事であった）があり、その中では「夜の営みが大変」「襖一枚なので気を遣って……」など、かなり具体的で赤裸々な様子が報告されていた。今回、バックナンバーを見直したが、残念ながら今現在、号数など未確認である。

(7)　元小舎夫婦制寮職員、寮母より。なお、退職時ということに配慮して、年月等は省略する。

(8)　二〇一〇年九月、筆者が訪問した際も寮母はこの部屋へ筆者を招いてお茶を淹れてくださった。お茶を御馳走になっている間に子どもの一人が帰寮して、実際に挨拶する声を聴いた。寮母はその子どもも〝第二の居間〟に招き入れ、筆者と三人でお茶を飲んで一時を過ごした。

(9)　この寮舎（ワ学園、A寮）に初めて訪問したのは二〇〇五年九月であった。その後、この寮舎へは何度か通ったが、その度にA職員がこのように言っておられたことが大変印象的であった。

(10)　二〇〇七年～二〇〇九年にかけて、函館時代の自立援助ホームのスタッフ、児童養護施設に併設された児童家庭支援センターでの非常勤相談員など（序章）経験した。

(11)　蝶野学園の例で述べると、現役の職員がC先生を初め、OB・OGのいわば伝説の職員の話をしてくださった。その内のお一人、元寮長（退職者）に話を伺った所、昭和三〇年代からの歴代の職員——そのときに施設の中心となった職員について——を語ってくださった。いつの時代にも尊敬を集める職員がおられたことがよくわかる語りであった（二〇〇九年一〇月、蝶野学園元職員）。

(12)　小舎夫婦制については、「当時は夫婦制といっても、制度でも何でもない。主人の仕事だから手伝うというようなもので、月給も貰ったり、貰わんだりですよ」（『非行問題』編集部 1968：13）という経緯がある（詳細第Ⅲ部第三章）。

(13)　「国立障害者リハビリテーションセンター　自立支援局　秩父学園」のホームページで確認した（「秩父学園附属保護指導職員養成所で行っておりました養成事業は、平成二四年四月より、国立障害者リハビリテーションセンター学院に統合されまし

た」)。http://www.rehab.go.jp/chichibu/index.html

(14)「最初の一〇年は執行猶予がついてるから失敗しても良い、後の一〇年は恩返ししてくれ、後の一〇年は結果を出してくれ」と言われた寮母は、現在、寮母職三〇年を越えたそうである。そしてご自身では「今、若い人たちには五年って言ってる。今いろいろ(施設や環境も)変わって、子どもたちの様子も変わって……二年執行猶予、三年で何とかなれって言ってる」(二〇一五年九月、ニ学園、A職員)ということであった。

(15)事例集には、同じように、まず女性職員がデモンストレーションして見せることで、女子の興味をひく、というエピソードが報告されている。その事例では、女子寮を担当したが雰囲気が悪く、マスコット人形作りをきっかけに寮舎内の空気を良くしようと思いついた職員が、「子どもの前で見せる以上は、かわいらしく形のいいものができないといけない。子どもたちに〈自分もやってみようかしら〉という気持ちを引き起こさねばならない」(事例集⑦:206)と考えて、職員自身が、かなりの練習・工夫を積んでから子どもたちの前で作って飾ってみせたところ、職員の狙い通り「やはり女の子である。次第に指導に乗ってきた」(同:207)と、(現在では老人ホームでプレゼントするまでになった)マスコット人形作りが始まった経緯について書いている。

(16)後日談として、この便秘は退職後、「一〇年くらいかけて治って、《今は健康な大腸になりました》」(二〇一五年九月、チ学園元寮母)ということであった。

(17)成徳学校寮長・金光洋一郎の「少年の丘」には、戦後のララ物資――金光は「ララの救助物資」(金光 1971:83)と表記――とおやつのことが書いてある――「少年の丘の子どもたちは、ララのミルクのおかげで、早くから『おやつ』ということばを使っていました。(中略)ララのミルクがなくなっても、おやつは継続されました。必ずしも毎日とはいきませんでしたが。三時になると、サイレンが子どもたちの心をゆすぶります」(同)。と書いているため、「おやつ」は少なくても教護院となった初期から給食されていたと思われる。ちなみに金光は、この戦後の「おやつ」について「早くから『おやつ』ということばを使っていた」と書いたのは、おやつということばは昔からあったが、戦争のために「おやつということばも一時なくなっていたのです」(同)と書いている。ところが、その早くからおやつということばを知っている子どもたちが、「きょうのおやつはぞうりじゃった」「なんじゃ、きょうのおやつはぞうりかあ」などと話しているのを聴いて、最初は冗談かと思っていたが、やがて「少年の丘のサイレンが三時に鳴って、そのときに配られるものが『おやつ』なのであって、おかしだろうと、ぞうりや石けんだろうと、みな『おやつ』だったのです。ほんとうの『おやつ』という生活体験のない子どもたちだったのです」(同:83-84)と書いている。また、一九八三年の『非行問題』には一九八一(昭和五六)年度の記録に、「寮生活の時間のおやつ作りも予算的に可能となって、子どもたちは、楽しみにしていた」(山地 1983:128)と書いているが、これは通常の「おやつ」ではなく、レクリエーション的な意味合いの、〝寮炊飯〟（報告書p. 83）などと同じような種類のものと思われる。

(18) その後、Ｂ職員に確認した所、Ｂ職員も、「もしかしたらおばあちゃんから同じような話を聴いたことがあったかもしれない」ということであった。しかし、月経血コントロールをするようになったのは、寮母になってから、ということである（二〇一五年八月）。

(19) 別の施設の元職員から伺った。内容に配慮して、聴き取り日などは記載しないこととする。

(20) 注15に同じ。

(21) 小舎夫婦制寮の職員の被害ではないが、ある施設では実際に職員へのレイプ事件が起きた施設もある、ということである（内容に配慮して聴き取り日などは掲載しないこととする）。

(22) オーラルセックス、いわゆる〝性器舐め〟をさせられていたということである。これは教護院（児童自立支援施設）に限らず、かつての養護施設（現児童養護施設）のおいても古くから行われてきた――「（小学生の時代は）夜になると中学生に無理矢理ふとんの中に首をつっこまされ、性器を舐めさせられる苦行にも悩まされた」（全国養護問題研究会 1992：185、括弧内筆者）――入所型施設における子どもから子どもへの（入所者同士の）加害・被害として起こりやすいとされるものであり、この場合はその被害が実子に向かったものと考えられる。このような子ども同士の性加害・被害はこれまで表だって問題化しない傾向にあった。しかし、一九九四年に「子どもの権利条約」に批准以降、特に近年ではこのような問題が取り上げられるようになってきている。しかし、性加害をする子どもの多くが被害者である場合も多いとされ、加害者本人に加害の自覚がない場合もあり、「非常に難しい問題」となっているそうである（二〇〇六年八月、ソ学園、Ｂ職員ほか、複数の施設職員から聴き取った）。

(23) 注14に同じ。

(24) 注14に同じ。

(25) 実子への負担、ということならば、夫婦制寮に限らず、交替制の女性職員も育児の苦労（子どもを犠牲にしている、というような語り）は聴かれた。これは、筆者が直接聴き取った例ではないが、ある職員（交替制、女性）は、同じ交替制の職員（施設は別）が、育児のことについて次のように語っており、そのことで、将来の育児のことを考えた、ということである。以下はそのときの例である。「子どもさんが前の夜から発熱してたりすると、（発熱していると幼稚園では子どもを預かってくれないので）朝五時まではなんとか（熱を）ごまかして、朝五時に（なったら）座薬を入れて（幼稚園へ送る）、幼稚園では熱は下がってるけどまた上がる、そうすると施設に電話が来て、って話してて……」（二〇一〇年一二月一七日）。

(26) 後日もう一度お話を伺うと「《時間はよく使うよ、解りやすいから、私も目処がつくし、そういうふうな言い方（時間で示す）してれば》。時間で示すのは意図的にそうするね、私の方も楽だし」（二〇一五年八月、ハ学園、Ｂ職員）ということであった。

(27) 寮母の例では他にも、「長女のときはね、よく騙して……何か（長女が）やってると、こうね、そーっと抜け出してはよくホールの方へ行って……今思うとね、可哀想だったなって思う」（二〇〇七年月日詳細不明、へ学園元職員）などがある。寮長の感想（文献）では、「両親が同じ屋根の下にいても二人ともいないことが多く、寂しいか、つまらないかであったろうかと思います（中略）長女は、まだ歩けない時から階段は登ることができて、いないと思ったら、一人で二階（職員舎寝室）に行って寝ていることもありました」（小林、吉岡編著 2011：146）などがある。

(28) 文献上では、北海道家庭学校「石上館」寮長・藤田俊二の実子が、独立後、上京していた藤田を訪ね、「『俺さ、二四才になってみて、石上館で育ったのを良かったと思うようになったさ』」（藤田 1982：62）と語る場面や、「私はA学園の寮舎から施設の敷地を出て、一般の学校に通っていました。私が育った環境は、学校の友人たちとは異なった特殊な生活環境であり、学校の友人たちと同じように行動できないこともありました。思春期においては、それがとても不自由で、自分の環境を疎ましく思ったこともあります。しかし、私が自分の人格形成期にそこでみて感じたことは、いまとなっては私の財産であり（中略）恵まれた環境だったと思います」（小林、吉岡 2011：155）などがある。

(29) この記録について、実子自身に調査の詳しい説明を行っていなかったため、年月等、詳細は記さないこととした（施設及び職員には調査の説明を行い、承諾を得ている）。

(30) 三枝はこのことをきっかけに「その日常化、当然化しているメカニズムをなんらかのかたちで裏付けてみたくなった」（三枝 1987：119）として、同じ施設の職員や他の施設の職員に「家庭のかかえる問題」（同）について聞いており、何例かの報告をしている。併せて参照いただきたい。

第三章　蘇る子どもたち——キョウゴの効果

はじめに

施設に入所すると子どもたちが変わる——顔色がよくなる、生活習慣が整う、適切な受け答えができるようになる、スポーツができるようになる、学力が伸びる、いわゆる「非行性」が除去される……など——このような変化を仮に〝効果〟とするならば、その具体例はどのようなものであろうか。この章では、筆者の観察やインタビュー等からその一例を報告する。このような報告は、これまでにも協議会の発行する事例集で報告されて来たものである。しかし、それらは職員のケース・スタディ、つまり事例研究や、啓蒙（施設の取り組みを広く世に伝える）のために発刊されている（第Ⅲ部第七章第一節8）ため、それに応じた編集が施されたものであった。つまり、ある程度パターン化した構成（同）になっている。しかし、当然のことながら現実は様々、子どもたちの変化も様々である。

この章の事例は、数は少ないものの、筆者のフィールドワークの記録から抜き出したもの——第一章及び第二章で報告して来たキョウゴの世界で実際にあった例——である。本章における事例について——これまでの前二章がそうであったように——観察したものについてはそれをなるべくそのときの印象のままに、インタビューについては聴き取ったものをなるべく収録するように、務めた。

第一節　入所直後の変化――白馬学園の例

1. 青白い顔のAちゃん

一九九六年夏、筆者が当時の教護院、白馬学園の女子寮で現場実習を行ったことは既に書いた通りである。そしてその実習初日、筆者とともに入所して来た〝新入生〟が居たことも記した。この〝新入生〟を仮にAちゃんとする。なお、AちゃんのAは、頭文字ではなく、任意の文字である。

Aちゃんは中学二年生、身体は小さく、手足は細く、髪は肩に着くか着かないかくらいの長さでちょっと天然ウェーブがかかっていた。他の子どもがしばらくは茶色の髪が残るのに対して、Aちゃんは毛染めなどなく初日から黒髪だったが、髪にツヤがないのだろうか、ちょっとぼさぼさした感じに見えた。少しそばかすのある小さな顔に小さな目がついて、表情は乏しく、まるで手芸のお人形さんみたい――白いフェルトの顔に黒い毛糸の髪、目は黒い刺繍糸を玉結びして作ったお人形さんみたいだなぁ、というのが、筆者の第一印象であった。そして顔がとても青白くて、筆者はその顔色の悪さにハッとしたのを覚えている。筆者はナースとして医院や病院で働いた経験があり、特に髪のツヤや顔色が気に掛かったのかもしれないが、ともかく初日のAちゃんはそのような印象であった。

Aちゃんは全体的に幼い印象であったが、その見た目に反して口を開くとその声色の大人びていることに驚いた。そして思わずギョッとするような辛辣な物言いや、悪態ばかりが発せられるのであった。大声を出したり暴れたりということは一切なかったが、Aちゃんの態度は反抗的で、周りはすべて敵だらけだ、とでも言わんばかりのとげとげしさとふてぶてしさ、そしてどこか投げやりな態度がない交ぜになり、まるで体中から見えないとげが飛び出しているような雰囲気であった。

作業やスポーツで体育着に着替えると、細い腕の周りに半袖が余って彼女の華奢な体型がいっそう目立つ感じがした。体育帽子を被るのが嫌だったのか、頭にきちんと被らずに、そのふわふわした髪の上にちょこんと乗せるようにしており、その帽子はくにゃりと傾いていた。見るからにだらけた印象で、他の子どもが草むしりやスポーツに打ち込んでいても、ふてくされたようにしゃがみ込み、小石をつまんでは投げたりしていた。

他の子どもは、《Aにここ（教護院）は厳しいと思うよ。Aはもともとフリョウじゃないんだ。Aは養護施設にいて、そこで全然いうこと聞かなくて、何度も逃げ出して、好き勝手やってたから、それでしょうがなくなってここに来たんだよ。でもここはヨウゴ（養護施設、現児童養護施設）みたいには行かないよ》と言って、筆者にAちゃんのソチヘンの経緯[1]を教えてくれたのであった。

2．みるみる変わったAちゃん

実習が始まって三日、朝から晩までマラソン、ソフトボール、水泳、そしてソフトボール、また朝起きてマラソン、ソフトボール、プールの苔落とし、そしてまたソフトボールという日が続いていた。筆者は特に襖の綿埃の件（第Ｉ部第一章）以来、このような鍛錬生活（と筆者は感じていた）について疑問を持つようになっていた。

プールにしても、水着が傷むから塩素を入れないだなんて、そんなこと許されるのだろうか、とか、生理中でも水泳の見学が許されないなんて――ここで更に赤裸々で衝撃的なことを書くと、内装型の生理用品を使えない子どもの場合、そのまま何も手当せずにプールに入ることになっていた。その場合、プールから上がったときに股から足にかけて経血が伝い流れてしまうことがあり、そのようなときは、他の子どもがプールから水を汲んでその子どもにかけてやっていた――と、筆者の今までの常識や人権感覚では推し量れないような施設内での生活に、一体、ここでの生活は本当に子どもたちのためになるのであろうか、施設を出た後で本当に子どもたちの暮らしに役立つのだろうか、と疑念を抱くようになっていたのである。

そんな疑問を持ちながらの実習生活三日目、ふと見ると、Aちゃんの青白かった顔色が見違えるように明るく、血色良く変わっていることに気付いた。というのも、そのときの実習では、Aちゃんの暮らすA寮と、別の寮舎のB寮の二つの寮を筆者は日替わりで行ったり来たりしていたので、ずっとAちゃんと一緒ということはなく、なのでその変化をより感じたのかもしれない。もしかしたら入所初日は緊張していたのかもしれない、ということを差し引いたとしても、その日のAちゃんは、初日のAちゃんとはまるで別人のように明るく、子どもらしく、生き生きとした表情に変わっていたのであった。

その後、Aちゃんが入所して二週目ごろ、こんなことがあった。筆者と子どもで作業をしていた所、不意にAちゃんが立ち上がり、パッと出口の方向に向かって走り出したのだ。私は咄嗟に立ち上がってAちゃんの後を追おうとした。というのもこの施設ではゲートも何もない、門扉も開けっ放しの施設なのであり、逃げ出そうと思えばいつでも逃げ出せるのであった。そしてこの施設の周辺は民家が建ち並ぶ住宅地であり、駅までは徒歩十分、その手前には大きな道路も走っている。当時の筆者はそこまで頭が回らなかったが、女子ならばヒッチハイクもそう難しくはない、もし、車に乗せられてしまったら子どもの身に危険が及ぶことになる。

しかしその瞬間、他の子どもに《先生、大丈夫！》と声をかけられた。《先生、大丈夫、Aはもう、逃げないよ》それは確信めいた言い方であった。Aちゃんの方へ視線を向けると、本当に何事も起きてはいなかった。ただ、静かな時が流れていた。その景色の中でAちゃんはこっちを向いて立っていた。体育着の袖は相変わらず余って、その頭にも相変わらずくにゃりと折れ曲がった体育帽が乗っかっていたけれど、顔には子どもらしい素朴で静かな表情が浮かんでおり、手にはペンペン草だろうか、緑の草が握られていた。

3．Aちゃんと寮長

白馬学園の実習で、筆者はA寮とB寮で交互に実習を行っていた。どちらも女子寮で、Aちゃんが暮らすA寮が小舎夫婦制、B寮は併立制であった。実は、少し前までA寮も併立制だったのであるが、A寮長夫妻が結婚し、小舎夫婦制になった、ということである。つまり、A寮は新婚カップルによる、まだ新しい夫婦制寮であった。

併立制とは、婚姻関係のない男女の職員がペアとなって住み込み勤務をする形態である。男子寮の場合は男性職員が、女子寮の場合は女性職員が寮舎に併設された職員舎に住み込み、片方は施設内に併設された職員舎等に寝泊まりする、というのが併立制寮のこれまでの基本である（近年は施設の外からの通勤の場合もあるようだ）。

併立制を組むパターンは大きく二種類、最初から併立制の寮を運営する場合と、本来なら夫婦制を採りたいが、何らかの形でそれが難しいので併立制寮にする場合である。そして後者の場合は更に大きく二つに分かれ、夫婦制を行う夫婦が足りずに若い職員同士で併立を組ませる場合と、夫婦の内どちらか一人が退職や転勤などで夫婦制を解消した場合に併立制に移行する場合である。前者の場合はマッチングが上手く行けば夫婦制に発展するかも……という施設側の期待もあると考えられる。しかし、併立制は「合わないとことん合わない」「最悪だった」などと語る職員も多い(2)。

A寮長は、見るからにスポーツマンといった感じの締まった身体をしており、マラソンでもソフトボールでも必ず子どもたちに手本となるような持久力と集中力を見せていた。指導も厳しく、思春期の子どもを一〇人も前にしても全く動ぜず、態度は常に毅然としていた。新入生のAちゃんに対しても、甘い態度を見せることは全くなく、Aちゃんがルールを守れるまで、一貫して厳しい態度、厳しい表情で接していた。そんなある日、夕食にトンカツが出たときのことである。Aちゃんはトンカツが苦手らしく、トンカツを前にじっと黙ってトンカツを見つめていた。第一章でも書いた通り、そもそも施設の食事は量が多く、食べる時間も短い。たいていの〝新入生〟にとって食事の時間は苦痛の時間である――Aちゃんも例外ではなく、食事の時間は相当苦労しているようであった。筆者から見ても明らかに食べ切らなさそうな様子であったし、他の児童福祉施設では食べ残しを禁じていないのが通常である。Aちゃんがかつて暮らしていたと聞いた養護施設（当時）でも、おそらく食べ残しの禁止はしていなかったであろう(3)。

Aちゃんが（嫌だなー）というような目でトンカツをじっと見ていたとき、隣にいつものように厳しい態度で座って居た寮長が、突然、少しおどけたようにトンカツの端っこを指さして隣のAちゃんに囁いた——《この、端っこの所から食べるんだよ、ここの所は脂身で食べにくいから、ここを先に食べちゃえばいいんだ》——。寮長は、とっておきの秘策を教えてあげる、しかもAちゃんだけにコッソリ教えてあげる、と、内緒話をしているような感じで（筆者の耳にも聞こえたので、あくまでもそのようなおどけた雰囲気で）、コソコソッと囁いた。筆者はそのとき、初めてA寮長のくだけた態度を見たのであった。

このことがあってから（それ以前にも、筆者が別の寮舎で実習している間に、A寮舎内ではいろいろなエピソードがあったのかもしれないが、少なくとも筆者の観察においては）、Aちゃんは、寮長に対してちょっと甘えるような態度を取る場面が見られるようになった。やせ形だが背の高い寮長の脇に、隠れるように小柄なAちゃんがちょこんと立っている、それも心なしか寮長の陰に隠れるように立っている、そんなAちゃんの様子を見かけることが多くなり、そのころから次第にAちゃんの表情は明るく、豊かになって行ったように筆者には見えたのであった。

第二節　入所から三年後の変化——蝶野学園の例

1．ある日突然わかったBくん

先のAちゃんの例は、入所後間もなくの変化を記録したものであるが、今度は時間が経ってから、入所から三年後に大きな変化を見せた例を報告する。これは、筆者が蝶野学園の職員——第二章で「子どもは自分で変わっていけるから〝待つ〟ことだ、ここ四、五年でそういう考え方になった」（二〇〇七年一一月、蝶野学園）と語っていたD職員（寮長）の担当した子ども（男子、ここではBくんとする。なお、BくんのBは頭文字ではなく任意の文字である）である。

D職員：（子どもが変わる）きっかけが何かがわからない（a）んですよ。

D職員：だから、これが、このきっかけがあったら必ずこうなるんだ（b）っていうことがわかってるんだったら、そこへ仕向ければいい（c）んですけども、それがわからないんでね。

D職員：ほんっっとに……ある時ぽっと頑張りだしたり……するんですよね、え？　そんなことお前言わなかったのにな、みたいなこと言い出して。

D職員：一番ね、あの、ものすごいな、びっくりしたな、っていうのはね、あの、左右がわからない、わからなかった子がいたんですよ、その子ってあの……ま、知的にもちょっと、あれだし、あの、ちょっと変わった感じの子なんですけどね。

D職員：右左わからないし、で、だから、靴の左右、履き間違っても、ぜんぜん、平気なんですよ、「お前それ、気持ち悪いだろ」「ぜんぜん」みたいな。で、服も、裏表逆、前後ろ逆で着てても平気なんですよ、「お前それ、ダブルでおかしいよー」って、「いいの、いいの」みたいな、そんな子だったんですけど。

D職員：ただ、その、そういうことがある度に、「これは……やっぱ靴履き替えとこう？　こっち右でこっち左で……」とか、「これ、おかしいから前後ろ、で、裏表……」みたいなことを、まぁずーっとだから一年から二年……一年、二年くらいまでずーっと言ってて、そんで三年（目）ぐらいになって、あの、ほんとに、ご飯食べてたとき、急に、「あれー？」みたいな、「俺今、なんか知らんけど左と右がわかるようになったー！」みたいなこと言って、「えーうそー右どっちだ？」「こっち」「左どっちだ？」「こっち」、みたいな、「へーなんでわかったん？」「いや、わかんない、なんか今、わかんないけど、急にわかるようなったーっ」つって、んで、それを言って、「うわ！　お前すごいな、二年間も、一年、二年、わからなかったのに、なんでそんなことが急にわかったんだ？　キセキだ！」みたいなことみんなで、んで、まわりの子もそんなの、ぜんぜん頓着ない子だって知ってたから、「え、そんなことが起きるんかー」みたいな、「なんかすごいな」みたいな雰囲気になって、そしたら今度その子も得意満面なって……

D職員：んでその日から、左右とか、裏表とかも、一切、間違えないで着るようになって、そんでおもしろいのが、「お前、靴右左ちゃんと履くようになったな」って言ったら、「こんなの、右左間違えてたら気持ち悪い（d）し」って言い出したんですよ。

武　：利き手はあったんですか？

D職員：ああ、うん、右利きの子なんですけども。

武　：じゃあ、利き手はあったんですね、ただ（左右などの）認識ができなかった。

D職員：そうそうそう、繋がんなかったですよ。

D職員：ねぇ？　だから、その子にとってそれが必要なかった（e）のもあるだろうし、まぁ……あの……どっかで回路が別なとこに繋がってたと思うんですけど、なんかそのときに、なんか知らないけど急にパチっと来たんだと思うんですけどね……

武　：ご飯食べてるとき考えてたのかなぁ、右と左と……

D職員：いや、多分、そんな、何かを意識して考えるとかじゃなかったと思うんですけど、なんか急に、「なんか先生、今、右と左わかるようなったー」みたいな……

武　：（笑）

D職員：「なんで？」って（聴いても）「わからーん！　でもなんか急にわかるようなったーっ」て言って急に叫んだんです。

武　：へー……

D職員：だから……あの……それはびっくりしましたね。

D職員：それはね、あの、（児童相談所の）判定の先生が、この子の担当の人でもあったんでそんな話して、その先生もびっくりしてすごい喜んでくれましたね、やっぱりそれは、やっぱずぅーっと、あの……「気付くきっかけ与えながら待ってくれてたからじゃないのー」って、「でもそれってその子にとってはすごいことだよー」って、「だから、今まで、ぜんぜん、できなかったことができる、わかるようになったっていうのは、あの子の中ですごい体験だよって、だからこれから多分、いろんなこと気付きだすんじゃない？　んで、それが気付けたことが、そんだけ周りが喜んでくれて、あの、してくれたら、気付くことがすごい嬉しい体験になっただろうから、いい体験できたんじゃないのー」って言って貰えて、こっちも嬉しかったんですけどね。

武　：ある日繋がったんですねー……

D職員：うん、だからそういうことがある、だから、あの……その子はだから、極端な例かもしれんけど、みんな、どの子も日々生活する中で、時期がくればそういう気付きがある（f）、できてくる、それが、種まいてれば、種まいてればっていうか、必要なことをできるだけ伝えるようにしといて、それを強制したらだめだと思うんですけどね、あの……伝えとけば、まぁ自分で……気付けたっていう気付き（g）になって、〝教えられた〟とか、〝無理矢理、押しつけられた、でわかった、で無理矢理やってる〟、〝イヤイヤやってる〟じゃなくって、自然な形で自分でやれるようになった、自分で気付けるようになったっていうふうになっていく、それがいいかなーと思ってる（h）んですけどね。

（4．につづく）

（二〇〇七年一一月、蝶野学園、D職員）

2.「デンポウ鉄ちゃん」

D職員からBくんの例を聴いて、筆者は〝丘〟の「デンポウ鉄ちゃん」を思い出していた。〝丘〟とは岡山県立成徳学校（通称「少年の丘」、略称「丘」）のことで、「デンポウ鉄ちゃん」とは、同施設の金光洋一郎という寮長が、機関誌『非行問題』に寄せた手記である。

鉄ちゃんは、例えば「あさひがのぼる」なら、「あひるのあ、さくらのさ、ひまわりのひ、がちょうのが、のはらのの……」という方法でしか字を読むことができない、というか、「本を読むというのはこういうことだと信じきっている」（金光 1971：91）という状態であった。そこで寮長夫妻が手作りのカードを使ってなんとか、「あさひがのぼる」と読める、というか、そのように書いてあるものを書いてあるまま発音することができるようになった、というエピソードである。以下にその後の、ある日の出来事を引用する。

> そうしたある日、鉄ちゃんと二～三人の子を連れて街へ出たことがありました。
> 「せんせえ！　せんせえ！」
> 「なんだよ。」
> 鉄ちゃんにそでをひっぱられて、私はよろめきました。
> 「あれごらん、先生、うどんとかいてある！　なあ先生、こっちごらん、たばことかいてある！」
> 鉄ちゃんは、まさにとび上がらんばかりにして、店々の看板を読んでいくのです。
> 「そうだよ。あそこはたばこ屋さんだろう。だからたばことかいてあるんだよ。」

私は報われたよろこびをかみしめていました。でも、鉄ちゃん自身の歓喜は、私の何倍も大きかったろうと思います。

かつての鉄ちゃんにとっては、街の看板も全くわけのわからないへんてこなものでしかありませんでした。

「たぬきのた、ばけつのば、こどものこ、？？？」

それがはっきりと「たばこ」になったのですから、世界が一ぺんにかわったのです。

鉄ちゃんはまるでスキップしながら、つぎからつぎへと、看板を読んでいくのでした。

〈金光洋一郎（1971）「少年の丘」『非行問題』一六五、p. 92。〉

3．〝気付き〟を〝待つ〟

Bくんの例、そして「鉄ちゃん」の事例はどちらも、子ども自らが気付く〝気付き〟の瞬間を捉えたものであろう。本人自らが〝気付く〟ことによってそれが大きな喜びになり、周りも喜ぶ（何かができるようになった、という喜びと、本人が喜んでいる、ということに対する共感の喜びと）というものである。

D職員は、《このきっかけがあったら必ずこうなるんだ》（傍線b）ということはわからないという。それがわかっているなら《そこへ仕向ければいい》（傍線c）けれど、それはわからない、そして子どもの方も、何がきっかけになったのかはわからない、それはわからないけれどもわかるようになる、ということである。

そして〝気付き〟を迎えた子どもは大きな喜びに包まれる。そしてその〝気付き〟は本人の意識や感覚まで変えてしまう。全く頓着しなかった服装や靴の履き間違えが《こんなの、右左間違えてたら気持ち悪いし》というように、快・不快の感覚まで変化させてしまうということは大いに着目すべき点である。筆者もまた、幼児のころ、靴の左右が判らなかった記憶がある。家族で行った△△会館の座敷の上りに座り込み、布製の白い靴を見下ろして、うーん、うーんと悩んだことを鮮明に覚えている。そのころは、やはりBくんと同じで、左右逆に履いていても全く気付かず平気でそのまま履いていたものであった。D職員のいう通り、正しく、《その子にとってそれが必要なかった》（傍線e）のであろう。

快・不快が訴えられない人への支援や、あるいは快・不快の感覚が鈍っていたり、そもそもない人への支援はそれができる人に比べてはるかに困難である。施設で暮らす子どもの場合は、更に複雑で広範囲な対応が求められる。例えば、本人が不快、あるいはそれを行うことの必然がない（例えば「不良行為」をやめるなど）場合の対応から、Bくんの靴の左右のように、そちらの方が心地よい、という感覚を持ってないか、まだ〝気付き〟がない（例えばネグレクトなどで食卓について食事をすることなど）場合の対応まで、多岐にわたる。それらはもちろん、子どもによっても違うし程度の差もあるだろう、しかし、B職員のいう通り、《どの子も日々生活する中で、時期がくればそういう気付きがある》（傍線f）のであろう。そのためには、《自分で気付けたっていう気付き》（傍線g）が大事であり、そのために、職員は叱ったり批判したりせず、長い時間をかけて、手当てしなければならない、ということである。

なぜならば、そもそも子どもたちはすすんで施設入所に至ったわけではないからだ。具合が悪ければ病院に行く、書類がほしいから役所に行く、人は何かの理由があって何かの施設を利用するが、施設に入所している子どもたちはそうではない。彼らが自ら何かを変えようとするチャンスはそう多くはないか、あるいは大人の側からしてみたら、全く見当たらないのかもしれないように見える。しかし、子どもたちと住み込んで、一緒に暮らしてみることで、そのきっかけをつかむことができるのであろう。

そしてそのためには時間が（と職員の根気も）必要だ。足かけ三年にわたり、Bくんの靴の左右を変え続け、洋服の前後裏表を直し続けたB職員には、本当に頭が下がる思いである。寮長になった当初は《何かを教えてあげないと、何かしてあげないと》（二〇〇七年一一月）と思っていた、そしてそれが子どもたちの負担になっていたことに気付けなかった、と振り返ったB職員（第二章）であるが、このような経験も経て、《自然な形で自分でやれるようになった、自分で気付けるようになったっていうふうになっていく、それがいいかなーと思ってる》（傍線h）というように語っておられた。B職員もまた、時間をかけて考え方や仕事の仕方が変化していることが見て取れる。

4．子ども集団の力

寮は〝子どもの力〟で成り立つ

D職員は、《子どもらはでも、自分らで気付いていけるし、変わっていける》（第二章）、しかし、変わった《きっかけが何かがわからない》（傍線a）、なので《〝待つ〟こと》（第二章）と、その間は《その子が変わってくれるまで周りの子らにしんどさ背負って》（第二章）もらわなければならないので、我慢してくれた子を評価していくこと（第二章）だと語っていた。D職員は《職員の力だけでできるんじゃなくてね、あの……ほんとに、寮生のお陰なんですよね》（傍線i）、《やっぱり周りに協力してもらってることで寮が成り立ってる》（傍線j）と語る。

D職員：（〝待つ〟ということについて）ただ、それが……そこまで職員だけの力でできるんじゃなくてね、あの……ほんとに、寮生のお陰なんですよね（i）、だからあの……ほんとに……しょっちゅう子どもらにお願いばっかりしてますけどね。

武　　：そこができるかできないかがやっぱり寮が回るか回らないかっていう……肝なんでしょうね……

D職員：そうなんですかね……でも……実際、ホントに、我慢してくれるのは周りの子なんでね、虐待（被虐待ケース）の子……なんて、あの……嫌がらせでしか関われない面あるじゃないですか、どうしても、あの、最初のころはね、だからそんなときにもう……やっぱり、絶対に、手を出して解決はしないって、させてるし（中略）弱い子や年下（の子を）護るために（中略）周りの子のお陰でそんでそれを僕に気付かしてくれたきっかけがあって……寮持って五、六年目のときにADHDでね、大変な子（Cくん）がいたんです。

（筆者要約：Cくんは他の子どもに「ちょっかいを出す」方法でしかコミュニケーションが取れず、しかしD職員は「周りの子を抑えて」生活していた。しかし、やがてその子は他の子にわざと手を出させるようなことをして、手を出した子が怒られるのを見て喜ぶようになってしまった。ある日、D職員の前で殴りかかろうとした子がいてその子を止めたが……）

D職員：「こいつを寮から追い出すか、そうじゃなくてオレが今すぐ出て行くか」って言ってそうやって訴えて来てね、周り……取り囲んでる、心配して取り囲んでる子らもきっとこの子と同じ思いなんだろうなっていうのがね、ひしひし、ひしひし伝わって来てね、僕自身ももう（他の子どもたちには）謝るしかなかったんですよね……あの……「先生が悪かったなー」って言って、ただ、あのー……「こいつ……こういう生活して来たから、ほんとに、あの……みんなに相手してもらいたくてしょうがないんだよ」って、それで、あの……「関わり方を知らないから、だからそういう関わり方（を）してしまって……君らにはしんどい思いさして申し訳ないけど、それは解ってやってくれって、ただ、君らが、頑張ってくれてたのに先生、君らのこと評価しないで、我慢しろ、我慢しろ、ばっかり言ってたから、それについては、先生もだいぶ改めるし、で、だめなことしたときにはこの子にももっと厳しく接して行くから、あの……堪えてくれ」って、そしたら「わかった」って（子どもたちが）言って、それが一つ僕……やっぱり周りに協力してもらってることで寮が成り立ってる（j）んだって、あの……気付かせてもらえたきっかけだったんですね、だから、子どもにあの……お願いすることの、ね、あの……我慢してくれてる、協力してくれてることについてやっぱり口に出して、評価して行く、お礼言っていく、っていうようなこともそのときからやり始めたんですよね。

武：なるほど……〝よくやってくれてるね〟と……

D職員：ほんとにそうですね。だからほんとにあの……外ではほんとにあの……いい顔してたい子だからね、それが、あの……〝こんなヤツに舐められて〟っていう思いを一所懸命我慢してた、で、手出すなって言われるから我慢してね、そいつがもう、ほんとに、泣きながらもう……こうして拳震わしながらね、「先生にまかせといてもこいつ変わらないじゃないかー！」って怒りをぶつけて来たんです、でもね、ほんとにアレなんです、子どもって、職員に思いぶつけてくるって、結構できそうなことってできないんですよね、勇気がいるんですよ、すごい……エネルギーが要るんですよ、だからそれを……やっぱりしてくれたことで僕も気付けたんですけどね。だからあの……ほんとにありがとう、今思えば、みじめでしたけど（笑）、そのときは、ありがたかったなーと思うんですけどね、今思えばね。

D職員：僕自身も待ってもらって、何かきっかけもらえて、気付かせてもらって、変わらせてもらってってして、子どもと一緒なんですよね。

（二〇〇七年一一月、蝶野学園、D職員）

〝集団〟をサポートするのが職員の仕事

D職員は〝待つ〟ことの大切さ、また、〝待つ〟ことが可能な環境——寮集団、子ども集団——を整えることを重視していた。そのために、我慢を強いられている子どもたちを積極的に評価して行く、ということに気をつけるようになった、と語っていた。このように、〝寮集団〟や〝子ども集団〟を整える、ということを重視する職員は多い。ある職員は《芋と芋をぶつけてキレイにする……じゃないけど、芋洗いみたいに、芋と芋でぶつかって、洗われて、お互いをきれいにする……みたいなこと言うよね》（二〇一四年六月、レ学園、A元職員）と語る。これは、施設の考え方、方法として、子ども同士で育ち会う——大人が一方的に子どもを導くのではなく——ということを表している。

次に報告するインタビュイーであるC職員は重い「非行」の子どもを何人も受け持って来た寮母である。驚くべきことに、そうした子どもであっても方法は変わらず――「《この子は放火の子だからとか、窃盗の子だからとか、殺人の子だからとか》そういうことは考えない」（傍線05）――やはり同じように寮舎での暮らしが子どもを変える――《子どもたちが成長するにはやっぱり集団の力》（傍線08）、《集団によって成長してくれる》（傍線09）――と語っている。なぜその集団が子どもたちにとって〝成長〟の鍵になるのかというと、C職員は同じような境遇、同じような苦しみを背負っている子どもたちのグループ（現在でいうところのピア・グループであろうか）というところに着目（傍線06）している。そして《その集団をいかに健康的にするか》（傍線10）ということが重要で、職員の役割は日々の暮らしをサポートすること（傍線07）だと述べている。

「丹念に子どもたちと一緒に生活する」（傍線02）こと、「丹念に毎日毎日を暮らす」（傍線03）こと、《丹念に仕事するってこと》（傍線12）が、子どもたちの信頼を貰うためには必要であり（傍線11）、職員の唯一の武器であり（傍線01）、子どもたちが変わることに繋がる（傍線04）、ということであった。

まぁ……アレですよね、こう……お医者さんだったらほら、アレじゃないですか、あの、お薬と注射を持ってらっしゃってて、そういう武器があるじゃないですか、あの……こういう教護とか、あれ（職員）は……何にも持ってませんよね、武器的なものは（01）。だからやっぱり丹念に生活、子どもたちと一緒に生活する（02）っていうのかしら、（中略）机の上の仕事じゃ済まないんですよね。ほんとにあの……丹念に、毎日毎日をあの……暮らす（03）っていうか、それが一番おっきいんじゃないんでしょうかね。あの……ことばだけしゃべるんだったら学者さんでも良い訳なんですけどね、ほんと実際にあの子たちと……あの子たちの行動を変えるってなったときには、あの子たちと対峙しながら、あの子たちと生活を共にしながら、立ち向かっていくより（他は）、あの子たちの行動を変えるっていうことには繋がらないと思う（04）んですよね。そういうときはやっぱりあの……いろんなこう……技術っていうかそういうのも必要なのかもしれないんですけどね……

（中略）

いやもうほんとね、盗みにはこの薬、殺人の子にはこの薬っていうようなのじゃないですからね。ましてやあの、子どもたちをお預かりして寮を運営するっていうときには、あの……一人一人の子どものケース（記録）っていうのは頭に置いてはいますけど、あの……この子は放火の子だからとか、窃盗の子だからとか、殺人の子だからとか、そういうのよりも、そういうことといっ（一切？）……考えないですね。(05) どちらかというとやっぱり集団療法っていうのがおっきいですよね。あの……だからあの、集団療法に適応するっていうかな、その、集団もあの……なんていうんですかね……こう……やはり子どもたちの生活環境が一緒とか……ありますよね。あの、普通の中学校だったら母子家庭の子どもさんっていうのはクラスに一人か二人ですよね。でもここだったら、あの、一〇人居たら両親揃ってる子っていうのは一人か二人じゃないですか。ですからそういった生活歴っていうかそういったことからも、共通点のある子どもたちのグループっていうかな、やっぱりお互い苦しみっていうかね、いうなら生活の恥みたいなね、普通の学校だったらやっぱり恥ずかしいっていうようなことが、みんな抱えてる悩みであって、ほんとだったら隠していたいことが、あの……隠す必要ないんですね、同じグループだったらね、そういうのでこう、あれですね、ほんとに……お互い、高めながらいろいろと (06)、あの、結局、毎日、毎日の生活っていうのを、あの……「学校」へ行ってって、敷地内ですけどね……あの……暮らすっていうかね、そういうのをサポートするっていうのが寮長・寮母の役 (07) なんですよね。んー、だから集団に乗って来て、その集団が、うまーくあの……毎日、毎日が送れたら、楽しいですよね、だけど……あの……布団を被って朝寝……朝起きない子とか、それからあの……外のことばっかり考えてる子とかいますからね、ここに来た子っていうのは一人として好きで来た子、居ませんからね。で、そういう子どもたちをどう、あの……前向きに、あの、生活させて行くかっていうのが寮長・寮母のやっぱり、あの……指導っていうことになると思うんですけど。やっぱり……あの……一対一……職員と子どもの一対一の指導……っていうのは（中略）病的っていうか、まぁ、寮で、グループにとっても馴染まないっていう場合には（医療や一対一の精神療法などが）有効ですけれども、やっぱり子どもたちが成長するにはやっぱり集団の力（08）ですね。その集団によって成長してくれる（09）んで、その集団をいかに健康的にするか（10）、っていうことなんですよね。そしたらやっぱり、あの、子どもたちの信頼を貰うため（11）には、やはり朝、昼、晩と、あの動物園の動物だってそうでしょ、あの、飼育係の人が……いっくら、園長先生がたまに餌やるんじゃなくて、朝、昼、晩とちゃんと餌やりしてる飼育係の人が大事なんですね。そういうのがやっぱり寮母ですよね。ちょっと言葉悪いですけどね（笑）だから丹念に仕事する（12）ってことかしら。で、それで一番、交替制でもなくって、ここ（カ学園）でほんとにね、夫婦制でやっていますから、あの、より、密接な関係が可能になると思うんですよね。あの、職員が変わるっていうのは勤務体制ではいいですけどね。あの、心の……中で心を乱さない、子どもたちの心を乱さないためには、やはりこの夫婦でやるっていうのは、いいですよね。あくまであの……二四時間、一週間って訳じゃなくって、休暇の日に他の職員が入りますけどね、それはあくまであの……なんていうんですか……あの、交代要員として入る訳なんですよね。いろんなことに関して表立って係わって貰えるのはあくまで寮長・寮母ってなって、そういったこう一本化されたことがここでは見られるってことではないですかね。

（二〇〇七年八月、カ学園、Ｃ寮母）

リーダーとボス

こども集団について、かつては職員がリーダーを育てる、ということが積極的に行われて来たようである。以下、『新ＨＢ』に示された「集団の構成」の例より引用する。

すなわち、ひとつは各自に集団の役割を与えること、とくにリーダーシップをとる子どもを選び出すことであり、ひとつは各居室についての部屋割を決定することである。この寮の構成は別の言葉でいえば寮の社会化である。各自の役割分担はその子どもの特性を考慮して割り当てるのだが、そこには必ず子どもに対する指導的意図が含まれている。

役割の例としては、寮舎生活全般について責任をもつリーダー、各室の生活について責任をもつ室長、図書の貸し出しをする図書委員、自習についての役割をもつ学習委員などのフォーマル（formal）なものから、新入生の世話をする役割や、毎日服薬しなければならない年少児の世話をするといったようなインフォーマル（informal）なものまである。

この構成が適正であったとき、はじめて各々の子どもは寮舎への帰属意識を得て、落ち着いた生活を営むことができるのである。子どもは集団のなかで、アイデンティティ（identity）を修得していく。このことは集団というものの力を借りてはじめてなしうることであり、集団の相互作用の効果はこの点にあるのである。

清掃などの生活日課については、いちいち子どもに指示するよりも、リーダーシップのとれる子どもを育成して、その子どものサインのもとに生活日課にとりかかるような集団づくりのほうが大切である。

（中略）

この集団規範が確立していれば、ある子どもの逸脱行動があったとき、多くの場合はまわりの子らの態度表明などの作用によって、本人が非を認めざるをえない状況が生じ、職員の積極的な調整なしに解決される。これが集団のもつ「自浄作用」である。

（以下略）

〈全国児童自立支援施設協議会編著（1999）『新訂版　児童自立支援施設（旧教護院）運営ハンドブック　非行克服と児童自立の理念・理論』三学出版、pp. 252-253〉

では、新ＨＢが示すような、リーダーを中心とした寮舎運営とは、どのようなものなのであろうか。職員からよく聴かれるのは「いい意味での寮のリーダー」（原田 1990：80）が育てば、寮内が活気付いて寮舎運営もしやすくなる、というものである――「リーダーが育てば、寮の雰囲気全体が安定してきます。子どもたちが落ち着いているときは、こんなやりがいのある仕事が他にあろうかという充実を噛みしめるひとときです」（同）。しかし、そうした〝安定〟はリーダーが不在になれば当然のことながら崩れることになる――「そうした喜びも束の間、安定した子どもはさっさと親元に帰さなければいけない。そして問題を抱えた新入生をお預かりする。また一からです。これが教護院の寮生活の実際であろうかと思います」（同）。筆者の聴き取りにおいてはむしろ「ボスを作ると弱い子を護れないことがあるから、ボスを作らないようにしている」（二〇〇五年七月、カ学園、Ｂ職員ほか）など、リーダー（ボス）を置かないという職員（寮長）が増えてきている、という印象である――「昔はリーダー置けっていわれたけど」、「リーダー置くと確かに楽だけど」など、寮長同士で話し合う様子を何度か目にした。

このことについて『新ＨＢ』には、次のように書かれている。「寮集団において、望ましく無いリーダーやスケープゴート（scapegoat）に仕立てられる子どもが出ることはよくあることであるが、リーダーを屈服させても、あるいはスケープゴートをかばっても、ほとんどの場合、問題は解決しない」（『新ＨＢ』：252）ので、「寮集団においてどのようなグループダイナミクスが支配しているかに目を向けて、より望ましい集団づくりを目標にした全体指導に力を注ぐべきである」（同）。

第三節　退所生と職員との〝繋がり〟

1．〝里帰り〟する退所生たち

施設を訪問していると、時々〝卒業生〟（退所後の子ども、以下退所生）に出会うことがある。近年、白馬学園を訪れた際、あの、かつて筆者に掃除を教えてくれた女子が訪ねて来ており、胸に赤ちゃんを抱いて微笑んでいた。また、蝶野学園のF職員は、「少年院や鑑別所など、別の施設に入ったときには《特に学園のことが思い出されるみたい》」と語っておられた。また、退所生が《奥さんや同僚を連れて来る》こともあるという。それによると、退所生が妻に、F寮でのことをまるで実家のことのように語っている様子が伺われる（以下）。

F職員：少年院行ってる子でも……やっぱり少年院行ったら特に、あの……鑑別所とかでも入るじゃないですか、特に学園のことが思い出されるみたいで、F先生元気ですかって言って、え、どうしたの？　って言ったら、いや、ぼくそんなことで入ってたんですよーって、あ、そうなのー？　って、もう、そう、入ったらもう特に、ここでの生活が懐かしい……

武　：結構、結婚のご報告とかあります？

F職員：あります、あります、これはもうね、あの……手前味噌かなんかわからないんですけどね、奥さんとか、同僚とか連れて来るんですよ。

武　：なるほど、ここへ……

F職員：うん、だから……やっぱりそれは、すごく私嬉しいなって思うんですよ、自分もやっぱり学園に来てて良かったんだっていう、すっごくそれもあるし、だから奥さんとかが言われるのが、「寮母先生」って。「何？」って言ったら「この人ねー」って、「家に帰って何かあったらもう学園のことなんですよー、何かあったらこんなことしてるよーとか、そんなんばっかしなんですよー」とかって……

武：あー……蝶野学園（F寮）だとこうだったって？

F職員：そうそう、それを奥さんにしたりするんですよ。「だけどね、やっぱりそりゃそうだよねーって、うん、みんなで一緒に、ここで、泣いたり笑ったり、ご飯食べたり、いろんなことやったんだもんって、だからやっぱりそうじゃない？」って……言ってるんだけどね、そんな話をね、やっぱりする……

（二〇一〇年九月、蝶野学園、F職員）

ゆっくりとした〝里帰り〟ではなくても、いつも寮舎のことを気に掛けて連絡したり、立ち寄ったりする退所生も多くいる。蝶野学園のE職員（寮母）は、建築現場で働く退所生のことを語ってくださった。「今ねスカイツリー造ってる子がいて、なんかねその現場では最年少なんだって。でね、スカイツリー（の足場）から写メ送って来てくれる」（二〇一〇年九月、E職員）。それ以来、筆者もスカイツリーを見る度に、顔も知らない彼のことを思うようになったものである。

ある施設に宿泊したときにはこんなことがあった。ある朝、寮舎の前にトラックが駐まったかと思うと運転手が降りて来て、荷台を開けて大きな鮭を三本、ぱっぱっぱっという感じで降ろすとまたすぐにトラックに乗って去って行ってしまった。ドライバーは寮母と二言くらいはことばを交わしたであろうか、本当に、鮭を降ろすだけ降ろして立ち去ってしまったのである。寮母にたずねると、退所生（今はトラックの運転手をしている）ということであった。忙しい運行スケジュールの合間を縫って、自分がかつて暮らした寮舎に立ち寄ったのであろう（二〇〇七年六月、ワ学園、C寮)。

函館在住時、筆者は元北海道家庭学校寮長・藤田俊二氏宅で藤田元寮母の手料理をしばしば御馳走になっていた。その食卓には、いつも退所生が送ってくれたという食材が上がっていたものである。中には鹿肉など、珍しいものがあり、筆者も随分と北海道の珍味をいただき、感謝している。二〇一四年夏、氏の訃報を知ってかけつけると、氏のご自宅ではその日も退所生からの荷物が届いていた。《生徒たちには、誰にも報せてないから》と玄関先で藤田元寮母が荷をほどいたところ、中には沢山の蟹が入っていた。(4)

2. 退所生からの電話

職員も救われる

夫(寮長)が実子の通う高校を知らないのが恥ずかしくて、わざわざ夫に娘の通う高校を見せに行ったというA職員(夫婦制、寮母)は、「退所生が励ましてくれるから、仕事を続けられている」と語った。退所生が定期的に職員に連絡してくることは、職員の励みにもなっているのである。

A職員：やめたいなーってもう、ああ、自分が弱気になってるなーってときは、これも本当に不思議な感じなんですけど、絶対、退園生から電話がかかってくるんですよ。

武　　：へー!!

A職員：これは不思議ですよ。ほんとに不思議ですよ。ひょーっこりとね、今まで全然かけて来てなかったのに、ひょーっこりと、先生元気ー？　っとかね、A寮母さん元気ーっとかね、かかってくるんです。

武　　：そうですか……

A職員：それでまた勇気もらって。ああーやっぱりこの子らのために頑張らなきゃだめだーって思って、それが本当にもうね、糧になってね、（寮母業が）続いてるんです。

武：若い人が仕事がしんどいのは、退園生がまだいないから、成長した退所生の姿を見られないからだって聴きますよね……

A職員：そうですよね、そうだけど今ね、園長が嘆いてるのは、その〝帰り〟（寮舎に顔を出すなど、退所生の〝帰り〟）がないっていうのが、みなさんのときは（みなさんのときと比べて？）どう思います？　ってよく聴かれます、「みんな来るでしょ？」って、保母とだけでも、どれだけ繫がってるのって、うん、だけどそれがないでしょって、このころの子（職員）はーって、そういうのやっぱり園長は言ってますね。

武：そうですか……

A職員：うん、やっぱりそこらへんの……そのー……やっぱり違うんじゃないかーっていうのがやっぱりすっごく懸念してますね、園長は懸念してますね、今。

武：そうなんですか、私、（以前の）論文に書いちゃいました、夫婦は、結構、その……退園した後もね……

A職員：来るのは来ますよ、

武：夫婦制の方が、〝繫がり〟やすいんじゃないかって……

A職員：あ、そりゃもうぜんっぜん違いますよ！

武：そうですか、でも、年代とともに……減ってる？

A職員：うん、年代とともにやっぱり減ってくる。

A職員：だからやっぱりそこら辺の、その、関わりっていうのが、それはやっぱりその、昔は……その……週休二日制でもなかったし、ほんとに（寮舎に夫婦が）いるのが当たり前、ね、いるのが当たり前、だけど、それが今は週休になったー、ねぇ、休みだからーっていうふうになってくるー、やっぱりそこら辺の……やっぱり差じゃないですかねー……

武　　：なるほどねー……やっぱり休みほしいって声はあるんですかね？

A職員：あ、それはやっぱり思うでしょう、もうほんとに、抜く所がないんだからー……それは当然だと思いますよ。

A職員：もうほんっとに、私ら（の年代の時）だったらー、ほんとに生活の一部で、結局、ね、組み込まれてたようなもんで、その流れで、この時間になったらこっち行って、この時間になったらこっち行ってーって（笑）。

A職員：だから私の子どもらでもね、いっつもいいますもん、「お母さんは、生徒と話（を）してるときのほうが生き生きしてる」って、いいますよ。

（二〇〇七年一一月、ハ学園、A職員）

今、このときのインタビューを振り返ると、このとき筆者はどこまでA職員の言わんとしていることを汲めていただろうか、と考える。もう確かなことは思い出せないが、おそらく半分くらいしか理解できていなかったのではないだろうか。

こうやって活字に起こしてみると、一見、A職員は、若い職員が休みを取ることに不満を覚える〝お局さん〟のようである（いや、別の施設ではあるが、そのように語る寮母もいたのである）。

しかし、A職員は《今の職員には抜くところが本当にない》と語っている。それはつまり、かつて職員は常に寮舎にいなければならなかった、しかし、そのような労働条件の中には一方で「適当に息抜きをするのが無理のない方法」（小野木 1990：35）があった、ということだったのであろう。

A職員は《週休二日制》の導入で、職員が却って働きにくくなった、ということを語ってくれていたのではないか、そして《園長の懸念》とは、《週休二日制》というしくみを導入したことによる影響、すなわち子どもと職員の〝繋がり〟が希薄になっているのではないか、ということだったと考えられる。

「アフターケアー一生」

A職員の語りに見られるように、成長した退所生が施設に〝里帰り〟したり、顔を出したりすることは、職員にとっては大きな喜びになる。しかし一方で、退所して間もない退所生が、寮舎に遊びに来た際にタバコを置いて行ったり、いわゆる不良グループに戻った様子を寮生に自慢したり、違法改造したバイクで乗り付けたりするということもある。そういう退所生は寮舎には入れない、という職員や「戻ってほしくない」という職員もいる。

鹿山学園に宿泊したとき、〝ひっきりなし〟に電話がかかってくる、というときがあった。そのころはまだ携帯電話が今ほど普及しておらず、A寮母が職員舎に設置された〝自宅の電話〟を取るために、頻繁に、職員舎とホールの間を往き来していた――ホールに戻って来たかと思うとまた電話が鳴るという具合に――のである。その寮母の様子を見ていた筆者に、A寮長が、「あれは卒業生からの電話ですよ」と教えてくださったことがある。

また、別のある職員（カ学園、F元職員）の家には、一日おきに電話してくる退所生がいる、と言っておられた（二〇一五年二月）。その退職生は統合失調症ということであったが、筆者が「一日おきなんて……大変ですね」と言うと、このようなとき、決まってF職員は《「アフターケアー一生」》と答えるのであった。F職員が若いころは、『「アフターケアー一生』と先輩から言われ、退所生の面倒は一生見るものだ」とされていたということである。

退所生の中には、退所後何年も不安定だとか、統合失調症を発症して入院中だとか、無謀運転の末の事故死とか、あるいは自死してしまうということもある（後述）。また、いわゆる〝ヤクザ〟に属する者や、少年院、少年刑務所、あるいは刑務所など、法務省管轄の施設に入所している者もいる。筆者の函館時代、元北海道家庭学校寮長・藤田俊二氏が、手紙の束を机の上にうずたかく積み上げて見せてくださったことがある。それらはみな、刑務所から送られて来る退所生からの手紙であった。氏はその手紙を前に「刑務所に繰り返し入所すると、手紙を書くのがその度に上手くなる、立派な文章を書くように……そんな上手な手紙を書くようになってしまってはいけない……」というようなことを言っておられた。(5)

3．施設ぐるみで退所生を応援

Dちゃんへの「アフター」

レ学園の元職員（C職員）は、ある退所生（Dちゃん）を一年かけて「アフター」で支援した経験がある。今は退職しているC職員に約一〇年ぶりにDちゃんのことについて話を伺った。

武　：以前、Cさんが時々、精神科病院にお見舞いに行ってた子がいましたね……

C職員：あー俺が面倒見ることになった子、お見舞いに行ってカラオケに行って、俺がずっと対応してた……

武　：あ、その子のことも覚えてます、今日は、あの、女の子の……先生がすごく頑張り屋って言ってた……

C職員：あー、うん、ピンクサロンでNo.1にまでなった子……アフターでやってた……

武　：あ、そうです、そうです。

C職員：あの子は最初○○（有名飲食店）に勤めてたんだ、そこで声かけられて、ピンクサロンに行って、すごく頑張ってマンション持って、お金も持ってたんだ、（それで）二二（歳）くらいのとき、（施設に）訪ねてきたんだよ「先生、私頑張ってるから今度（お店に）来てねー!」って、その矢先、音信不通になっちゃったんだよね。

C職員：彼氏がお金も何もかも全部持って逃げて、それで彼女一人で部屋で煙草食べて……障がいが重くなって……○○市の病院に入院してたんだ、（統合失調症を）発症してて……けど、病院にはあんまり長く入院していられないから、更生保護施設だったかな、施設に移って、その施設の人から電話が来たんだ。

C職員：その施設では字も書けないし、しゃべれないし、（更生保護施設の）職員がこの子ちょっとおかしいって、向こうの（更生保護施設の）職員は、最初、「この子〝魯鈍〟(6)ですか」って聞いて来たんだ。魯鈍……魯鈍っていったらもうヒドイ……一番重い知的障がいだよ？　だから、いや、明るくて元気ですごく頑張り屋さんだって説明したんだ。それで「面会に行っていいですか」って言ったら「いいですよ」って言ってくれて、それで行ったんだ。

C職員：（面会に行ったら）彼女すごく太ってて、精神を病んでて……「俺のこと判る？」「わかる」って、（更生保護施設の人が）「施設（レ学園）のことだけは覚えてるんですよ」って……（他の記憶は全くなかった）

武：それでレ学園のC先生ってことで電話が来たんですね？

C職員：そうそう。それで（レ学園に残されていた）彼女の作った襟巻きとか、写真とか、歌集とかね……ノートに書いた、（それらを）探して、記憶が戻るように（持って行って）、それで月に一度面会して、一年間やった。

C職員：その子結局、レ学園にいるときは、本当のこと言えなかったんだ、家により付かないで、しょっちゅう家出してて（それでレ学園に入所になった）……（入所後も）親がイヤ、お兄ちゃんがイヤ、だった……レ学園に入所中にはずっと本当のこと言えなかったんだ、（記憶を）思い出すプロセスで、お兄ちゃんから関係迫られて、セックスさせられてたってこと話し始めて……（それをC職員が）受け止めをして……性虐（性的虐待）だよね……

C職員：その子とは、一つだけ約束したんだ、「約束を一つだけしてくれる？」って、彼女と約束を一つだけした、「愛してる人、本当に好きな人以外とはセックスしないでくれ」って、「いわゆる商売にはしないでくれるー？」って、それで更生保護施設から出て、記憶が完璧に戻って……その子二〇〇〇万くらい（彼氏に）騙されてた。

（二〇一五年六月、レ学園、C元職員）

C職員は《原因があるんだ》と語っていた、そしてその「原因」（兄からの性的虐待）が施設入所中には語られなかった——《病気になった原因があるなら、それをちゃんと取り除けば……》——二二歳になっていたDちゃんをC職員が「アフター」で関わり続けたところ、約一年で統合失調症が改善し、その過程の中で記憶を取り戻し、遂にはすべて記憶が戻ったということであった。

C職員：（面会から）一年経って、働いて行けるってなったところで出逢いがあって、「先生、私結婚するよ」って電話があって、けど、統合失調症があるから不安感が強くて、春とか秋にはよく電話かかって来てて……

C職員：三〜四年前の春に会ったんだけど、そのころのこと、その子すっかり忘れてたんだ。一緒にいた〇〇先生が、「お前、C先生がお前のことすごくよくしてくれて、ずっと通って面倒みてくれたんだぞ」って言っても「覚えてない」って、そのころのこと、結局二二歳から三年間の記憶が全くないんだ、病気（統合失調症）にかかってるころのことは全く覚えてない。

武：？　そのときの記憶はないけど、（その後C職員に）Dちゃんが会いに……レ学園に遊びに来たんですか？

C職員：違うの、会ったのは、卒園生みんなで会ったんだよ、みんな五〇近くになってた。
C職員：(Dちゃんはその後)職人さんと結婚して、子ども二人いるんだけど離婚しちゃったけど(元気でやってる)、ああ、そうだ、(一人目の子が)生まれたとき突然電話して来たんだけど、いきなりわあわあ泣いて、三〇分くらい泣いてた。中学のときの友だちが、遊んでたときの子で、(その友だちが)病院行って妊娠が判って、「誰の子か判らない、もし(父親と)血液型が違ってたらどうしよう、私、殺される」って(ことがあったらしくて)、「私は先生と約束してたから(誰の子かわからないってことはなかった)、こんなに自分の幸せが来るとは思わなかった」って。
武　：先生、「アフター(ケア)でやってた」って言ってましたけど……お金とか、もらってないですよね……
C職員：もちろん、お金なんかもらってないよー、けど、時間はもらってたよ、日勤のときとかで。
武　：？？？
C職員：一時期ほら、すごく子どもが減った(教護院の「定員開差」。第Ⅱ部参照)じゃない、五〇年くらい前は、(教護院だけじゃなく)養護施設なんかでも、施設がツブれるーとか、それでレ学園はいろいろあってそのころ(C職員の寮舎は)閉寮しちゃってたんだ。もちろん、(閉寮したら)他の寮舎の担当になるんだけど、そのとき「アフター」で一年間やらしてくれって(施設に)言って……「ちょっとこっち(更生保護施設へ「アフター」)行って来ます」って言って行かせてもらって、けど、交通費とかそういうのは全部なし(自腹)で。
武　：そうだったんですね、ようやくわかりました。「アフター」って(当時は制度化もしてないし予算も付いてないし)どうやってやってるのかと思ってました。

（二〇一五年六月、レ学園、C元職員）

筆者は以前、この話を聴いたとき、C職員の「アフター」という意味がよく判らなかったのであるが、今回のインタビューでようやく理解することができた。C職員は退職後一〇年以上経過した現在でも、沢山の子どもたちと関わり続けている。それはキョウゴの世界の「アフターケアー一生」ということなのだろう。しかし、C職員はそれとは別に、というかそれにプラスして、職務時間内に「時間をもらって」退所生の様子を「支援」する、「アフター」というものを行っていたのだった。現在の制度化されたアフターケアがフォーマルなそれだとするならば、キョウゴの世界の「アフターケアー一生」はその対極、インフォーマルな営みである。しかし、C職員の「アフター」はそのどちらでもない、ハイブリッドな性質を持っていたということが今回解った。

そして当時のレ学園はそのような「アフター」を柔軟な姿勢で許していたということである。「理解ありましたね」と筆者がいうと《うん。向こう（更生保護施設）も理解あったよ、面会受け入れてくれて》と答えておられた。

C職員の「アフター」で、Dちゃんは記憶を取り戻し、それは同時に自らの性的被害の体験を思い出すことにもなったが、それに対してC職員が《「受け止め」をした》ため、やがては病が改善し、施設を出て仕事を持ち、その後何年かは「アフター」を続け、結婚するに至ったということである。

C職員：（Dちゃんが性的被害を受けていたことは）一〇年経ってやっとわかったんだ、当時その子、本当のこと言えなかったんだな。

武　　：もし言えたとしても、その時代では、言っても信じてもらえなかったかも……特に親族の場合は……

C職員：けど多かったよ、昔から（親族による性的虐待は）、だから女子寮のときは女の子に言ってたよ、卒園した後、そういうことがまたあったら、絶対我慢しちゃだめだ、絶対に逃げて来いって、それで結構逃げて来たよ。

武：その場合は寮舎に泊めたりしてたんですか？

C職員：もちろん。寮舎に泊めたり、どっか別のやつ（部屋）使ったり、ジソウ（児童相談所）に保護してもらったり、ジソウが（年齢などで）だめなら婦人相談センターで対応してもらって……緊急（対応）で……

武：そうだったんですね、けど、日勤のときに行かせてくれるなんて、理解ありましたね。

C職員：そんなのもちろん、当然のことだよ！　子どもを護るためだもん、それが教護の良い所!!　だったんだけど……今は違うみたいね。

武：そうですね、退所生が（施設に）来なくなったとか、職員は（子どもに）電話番号教えちゃだめだとか……

C職員：……そんなの!!（嘆く）ケイタイが出始めたとき、（俺は）すぐ教えちゃったよ、みんなに。（笑）悪い職員ネ。

（二〇一五年六月、レ学園、C元職員）

C職員は、レ学園に逃げ込んで来る退所生が多いことから、その後、子どものシェルター設置にも尽力したのであるが、《思っていたよりシェルターとしての利用は少なかった》と語っていた。この語りは重要である。まず、子どもたちが被害に遭ってしまったとき、彼らは――大人が考えているより――〝逃げて〟来ることが難しい、ということ、そして、それを可能にするのは〝繋がり〟だということ――レ学園の退所生たちは、レ学園の職員と〝繋がり〟があったからこそ、被害に遭ったとき、レ学園に〝逃げて〟来ることができた――である。

C職員へのインタビューでは、通勤交替制（小舎交替制）の施設（寮舎）であったとしても、C職員のように「アフターケアー一生」を地で行く職員もいる（いた）のだ、ということに、改めて驚きを覚えるものである。そして当時のレ学園はC職員の「アフター」（勤務時間内の外出）を認めていた、それも、Dちゃんは、既に児童福祉法の範囲（年齢制限）を超えていたのにもかかわらず、である。様々な年齢の退所生が〝逃げて〟きたときもレ学園は対応して来た。果たして、現在の施設でそれが可能であろうか。

「そんなこと、よく（施設が）許してくれましたね」と筆者が言ったとき、C職員は、即座に《それが教護の良い所!!》と大きな声で言ったのち、《最近は……そうじゃないみたいだけど……》と小さく語った。

また、C職員は、子どもたちの児童簿その他、それまで施設が保存して来た様々な書類等が破棄されてしまったことにも憤りを覚えていた。近年、〝書類は五年で破棄〟することになったため、多くの施設で子どもたちの過去の記録が廃棄されている。例えば施設を「一五の自立」で退所したとすると、五年後は二〇歳である。Dちゃんの事例では、Dちゃんが二二歳のときに問い合わせが来たのであり、そしてレ学園にはDちゃんに関係するものが残っていたので、それらを使って記憶の呼び戻しをすることができたのである。また、前述の、施設に大きなダンボールが送られて来た子どものように、ずっと施設で育って来た子どもの場合、彼に関するものが廃棄されてしまったら、彼が将来、自身の軌跡を辿りたいと思ったときにはそれができなくなってしまうことになる、そうしたことを考え合わせると、C職員が憤りを覚えるのも無理からぬことであった。(7)

初の高齢児寮

先のC職員のように退所生をボランタリーに、というか、職員のボランタリーな行動を施設が理解し、施設ぐるみで退所生の手当を行った例は他にもある。蝶野学園のF職員は、退所生からの連絡を受けて自宅に保護した後、この保護者には適切な養育を行えないと判断して《申し訳ないんですけど、この子の面倒は私が見ますと、責任持って見ますから》と、その子どもを正式に《籍を興して》、つまり児童相談所経由で措置入所の手続きを取り、〝再入所〟させた経験がある。

当時、蝶野学園では、まだ高齢児寮の設置がなかったが、寮舎の庭に汎用的に使えるプレハブ部屋があったので、それを使って《一年間、プレハブに生活させて》、その間アルバイトに通わせ自活のための資金を貯めたということである。そして現在は《マンション借りて自立してやってます》ということであった。F職員の行動は、（結果的に）現在の高齢児寮の先駆けとなるような取り組みを行ったことになる。彼女は《自分で……高齢児創ったようなもんです》と朗らかに笑っておられた。

F職員：……今もう独立して頑張っていってる女子の……私らの一期生の子ら……でも、やっぱだいぶ私らお金出しましたからね、うん、けれどそれは親に出すんじゃなくて、この子に出すんだっていう、この子が頑張ってたからやっぱりそれを支援してやるんだって感じでやっぱり……うん、出しましたよ、ほんとに。もうあの……家追い出されるってSOSかけて来て、それならちょっと待ってててって言って、私ら行って、そしたら家賃が滞納でね、（親が）働かないから家賃が滞納でって話になって、じゃあ寮母さんこれから面倒みるわって言って……ええと、けど、何か月か見ましたからね……

武　：あ、退園生呼んで……自宅の方で？

F職員：そう。もう卒業（措置解除）さしてたから、

武　：あ、まだ高齢児とか受けてない時……

F職員：ないない、ない時。それでそれから……三か月くらい面倒みたのかなぁ、で、それでもう……やっぱりこれはどんなにお金出してもダメだと、改善しない、だからもう……親にも、自分の車バーンって乗り付けて、親に申し訳ないけれど、これ以上私が支援しても一緒だと、だから、この子の面倒、私が見る

って、お母さんはお母さんで頑張って生きてください。（笑）

武：えー……で、その子どうなったんですか？

F職員：ちゃんと今独立して生活してますよ。

武：え、その三か月……の後は？

F職員：私が引いて来て、学園に、連れて帰って来ましたよ。

武：あ、じゃあ学園の子にしたんですか？

F職員：そうです。また、卒業してから、また籍起こして……（筆者注＝児童相談所経由で入所の措置の手続を経て再入所にした）

（中略）

F職員：その子の荷物とかぜーんぶ車に積み込んでね、でね、申し訳ないんですけど、この子の面倒は私が見ますと、責任持って見ますからって……

武：その子は何歳ですか？

F職員：だから卒業してすぐですよ、一五……一六になる年ですよ。

武：じゃあ……初の高齢児？

F職員：そうですよね、自分で……高齢児創ったようなもんです。（笑）高齢児（の受け入れは当時）はなかったから……

武：事実が先行しちゃったんですね？

F職員：はいはい（笑）で一年間、プレハブに生活させて

武：プレハブはそのために作ったんですか？

F職員：いや、まぁ……面接とかね、どういう使い方してもいいよって感じで作ってもらってて、そこに一人生

活さして……

武：じゃあ最初に……もう……例を作っちゃったんですね、高齢児の。

F職員：そうですね、もう……だからボンボンそういうことは……男の子のときも、お弁当作って、やりました……そういうのはありましたよ。

F職員：でも、その子もお金貯めて自立して、今ちゃんとマンション借りて自立してやってます。結構そんな……ありますよ。

武：すごいなぁ……その……荷物持って来ちゃったっていうのが……

F職員：そう（笑）車に。びーっしり、詰めて、もう、全部。タンスとかそんなんもみーんな入れてね、ちっさいタンスでしょ、あの子らが持ってるのなんて。もうみんな積めーって言って、もう一杯、パンパンにして、ダーッ帰って来て。だからもうあのー「どうしよう、どうしよう」じゃなくて、あんたはここに居な、ってあんたはここで生活建てなおしてお金貯めて独立して行き（生き？）なって、うん、もうそういうふうにして。そんでもうこっちができることっていうのは……やっぱりあの、気を遣うでしょう、あの、普通にいたらね、だからあなたがここで大きい顔してあの、いるのには籍を上げなければならないからって、ババーンっと、もう、明くる日にババーンっと籍……あの……言って、こんなわけで籍を上げたいからって言って、それで理解してもらって、はい、わかりましたーって言って。

武：それジソウ（児童相談所）に？

F職員：ジソウに、言って。

武：ジソウも動いたんですね？

F職員：動く、だからやっぱり関係作っとくんですよ。

武：関係良いんですね。

F職員：関係良いですね。だから理解をすごくしてもらってる。

（二〇〇七年一一月、蝶野学園、F職員）

とはいえ基本的にはボランティア

先のプレハブを使った高齢児寮のケースでは、再入所して以降は施設に措置された〝措置児童〟になったが、それ以前の三か月間はF職員の完全なるボランティアであった。九七年法改正以降、「アフターケア」は法的にも盛り込まれているが、しかし、退所生の「アフターケア」は基本的には職員のボランティア、ということのようだ。

武　　：あの……アフターケアは制度化されてますよね……
F職員：だけどその専任（職員）も居ないし……（笑）
武　　：交通費がちょこっと出るくらいですか？
F職員：でもみんなボランティアですよ。
武　　：あー……みんな？
F職員：（一際声高く）ボランティアですよ！
武　　：やっぱりそうなんですね……
F職員：うん。そんなもう……そんな「アフターケア行きますよ」なんて（言って）誰も出ませんよー！
F職員：だからもう……電話かかってくるでしょ？　そしたら、「あ、わかりましたーって、けど今こんなことやってるから、これ終わって、そしたら何時にそっち行きますー」って言って、行って、とか、それが夜中であったりとか……もう……それはもう……そういうこと一杯ありますよ……

武　：子どもにしてみたら先生に来てもらいたいんだもんね……

F職員：うん。だからずーっともう結構、続いてますよ。違う施設に入ってる子とかも、やっぱりいるんですよ。

（二〇一〇年九月、蝶野学園、F職員）

4．退所生との別れ

来たかったんだろうなーって……

勤続二〇年前後、あるいはそれ以上の職員への聴き取りでは、担当した子どもが退所後に亡くなってしまうケースが誰でも二、三例はある、という印象である。(8) 亡くなった退所生の内、自費で「アフターケア」を行っていた子どももいれば、退所後は連絡がなかったという子どももいる。また、亡くなった原因は、自死、危険な運転による事故死、不慮の事故、薬物濫用などであった。

事例集⑧に収録されている北海道家庭学校寮長・藤田俊二の「続　もうひとつの少年期」によると、藤田が勤務していた一九六三年から一九九三年までの三〇年間で、担当した子どもが一七七名、内、「若くして亡くなった人五名」（藤田 1993：27）であり、その内容は、北洋で遭難死、事故死、獄死、病死、事故死という内容であった（事例集⑧：1-28）。

藤田と同じく勤続三〇年近いF職員によると、亡くなった退所生は、F職員が「確実に知っているだけでも三人」ということであった。内一人は自死であり、二人はシンナー（二〇一〇年九月）ということである。そして、シンナーで亡くなった二人の内一人は、亡くなる直前に「学園に遊びに行きたい」と連絡があったのだが、その日は行事と重なってしまい、来させることができなかった、ということであった。《ほんっとに来たかったんだろうなー》とF

職員は語っておられた（以下、なお、これは二〇〇七年時のインタビューである）。

武　：（退所生で）亡くなっちゃう子とかいますか……

Ｆ職員：それはもう……いますよ。

武　：結構……自殺しちゃう子とかも少なくないんだなーと……

Ｆ職員：いますね。それもね、一人はね、あの……丁度電話かけてきて……その子は、中二で……あ、違う、中一で来たんだ、中一で来て、で、中二のとき結局逃げて、で、少年院行ったんですよ。それで少年院行って出て来て、挨拶したり、（寮舎に挨拶に）来て。それから……それからどれくらい経ってからだったかなー……電話かけてきて「寮母先生、今日行こうって思う」って言って。「えー悪いねー、今日はー、寮母先生、行事でみんなで出かけなきゃならないんだー、だからまた違う日においでー」って言って切って、それから何日か後に亡くなったって聞いてね、あのときは本当にショックだったですよ……

武　：……自殺……？

Ｆ職員：あ、自殺じゃなくってね、シンナーだったんですよ。

武　：……（ため息）

Ｆ職員：シンナーやってて、それでその……まぁ……幻覚……なんでしょうかね、切ってしまって、出血多量みたいになってしまって、みんなが、ほったらかしでバーって逃げてしまって、怖くなって。で、亡くなってしまったんですよ。だから私もほんと……うに後悔しましたよ。「来たかったんだろうなー」って「ほんっとに来たかったんだろうなー」って。

（二〇〇七年一一月、蝶野学園、Ｆ職員）

退所生の「電話に出ない」と決めた

A職員（ケ学園、ベテランの寮長）は最近ある決断をしたという、それは退所生からの電話に出ない、ということであった。初めてA職員に面会したとき、A職員はなぜか、というか、おもむろに、というか、とにかく筆者にとっては少し唐突な感じで《電話、もう出ないでおこう、って思った》と切り出した（一回目インタビュー時）。更に続けて「退職を前にして《やったー！　って気持ち》」（同）と言われて少々面食らってしまった、ということもあり、（せっかくA職員が切り出してくださったものの）そのときは上手くインタビューすることができずじまいであった。というのも、A職員とはこれまで何度か電話でやりとりをしていたのであるが、そのときの印象では、情熱のある、〝教護らしい〟、という印象――いかにも「アフターケアー一生」というタイプと思っていたためである。

A職員は「これまで《一〇年間、夜中の二時でも》（三回目）退所生の電話に出ていた」ということであった。やはり、お電話での印象の通りである。それがなぜ、退職が視野に入る年齢になったとき、電話に出ないと決めたのか、筆者にはその意図が容易にはつかめずにいた。退職までは退所生の電話を取るが、退所後は取らないと決めた、だから今はその準備期間だ、という意味なのだろうか、それとも、電話に出ない、という行為を通じて退所生に何かを伝えようとしているのだろうか、あるいは何か傷付くことがあって、（あるいは一時的に）電話に出ないと決めた、ということとなのだろうか――。

筆者と話をする内にA職員は、ある出来事から――《考えて見ると、それ以来、電話出ていない》（三回目）ということに気付いたようである。それはA職員の、あるいは〝傷付き〟になっていたのかもしれないが、それで電話を取らないと決めた、ということではなかった。A職員は、A職員が関わることで、退所生が「良くなってるなら良いけど、悪くなってるならもう電話は出ない方が良い」（三回目）と考えていたのであった。その語りを聴いて、筆者は職員が関わって退所生の害になるようなことはない、と思い込んでいたことに気付いた。実際に、A職員が関わることで退所生が「悪くなってる」か否かは解らないが、職員もそのように考えることがある、ということを筆者は知ったのである。

「アフターケアー一生」ということばは、言い換えるなら自ら社会資源になる、ということである。そして実際に、藤田氏をはじめ、筆者が聴き取って来た職員のように、退所生と〝繫がり〟続ける職員（退職者も含む）も多い。退所生との〝繫がり〟を、どこまで継続するか――退所までか、退所後も続けるのか、一生涯に渡ってなのか――、また、どのような関わりを持つのか――相談にのる、電話を取る、電話する、家に呼ぶ、訪ねられる、訪ねていく、お金を貸す、裁判で証言する、結婚式に親として出席する――それぞれの職員が、その時々の状況に応じてその都度判断して来たのであろう。

A職員もまた、その都度考えて来たし、これからもそうなのだろうと思われる。そういえば、A職員は《（携帯の）番号は変えてないよ、番号は変えない》（三回目）――と語っておられた。電話には出ないけれど、番号は変えない……それも関わり方の一つなのかもしれないし、〝繫がり〟の一つなのかもしれない……と筆者は考えた。

〈ほぼ初対面のときの語り〉

A職員：（卒園生からの）電話、もう出ないでおこう、って思った。よく一生（子どもと）関わるっていうけど……

武　：そうなんですか。何か、そう決断するようなことがあったんでしょうか？

A職員：うん……家族のこともあるしね……もういいかなって……

A職員：あと〇年で退職なんだけどハッキリ言って、「やったー！」って気持ち。

武　：え！（驚く）そうなんですか？

A職員：うん。

武　：そうなんですね……では退職のことを考えると、そろそろ（仕事の）整理をしていこう、ということなんでしょうか？

A職員：そういう面もあるけど……家族も守らなきゃいけないし。

武　：……

A職員：（携帯電話を持って見せて）……二年くらい、毎日電話して来るコもいるけど、もう出ないでおこうって。

（二〇一五年三月・一回目）

〈その後の語り〉

A職員：（携帯の）番号は変えないけど、もともとこっちからはかけてないし、かかって来てももう出ないでおこうって。（かけてくる）方（卒園生）にしてみたらショックだろうけど……今まで出てたわけだから、急に出なくなったらなんでって思うよね……

武　：そうですか……けど、（全く電話に）出ないっていうのも怖くないですか……例えば……

A職員：うん。自殺する前の日に電話くれたコもいたよ……その子の場合は（電話に）出ないって決めてた訳じゃなくて、本当に、たまたま、出張中で、出られなかったんだけど……

（二〇一五年三月・二回目）

〈更にその後の語り〉

A職員：（卒園生からの電話には）一〇年間、夜中の二時でも電話出たよ、（ある女子で）一人目の結婚がダメで、二人目（の結婚相手が）会計士で迷ってたんだ。結局ヤクザと結婚したんだ。考えてみると、それ以来、電話出ていない。ああ、そのこと以来、出ないようになったのかも……

武　：そうだったんですね……

A職員：俺に話して（話すことで、良くないこと、あるいは良くない決断をしたことの）言い訳にされているようなら……

武　：先生に関わることで、却って卒業生のためになってないかもってことでしょうか、それで責任持てないから電話に出ないと……

A職員：（自分が）関わることで（卒園生が）良くなってるなら良いけど、（自分と）関わって（子どもが却って）悪くなってるなら……もう（電話は）出ない方が良いなって……

A職員：例え俺が電話に出たとしても、いつかは俺も死ぬわけだし、いつまでも俺ばかりでもダメだし、もっと他の人を頼ることも覚えなきゃ……

（二〇一五年三月・三回目）

第四節　「共に暮らす教育」と「よみがえる子どもたち」

本節の見出し、「よみがえる子どもたち」とは、事例集③のタイトルである。この事例集を最初に買ったのは、Aちゃんと出会った実習のときであった。当時は、施設がこの事例集を手売りしており、そのとき筆者は八巻をA寮長から受け取った。その事例集③を覆っているカバーの背表紙には「共に暮らす教育」と控えめに印刷されている。筆者にとって、このAちゃんとのエピソードは——そのときはまだ、理由や理屈は全くわからないけれども——この、「共に暮らす教育」が、「子どもをよみがえらせる」ことがあるんだ、ということを目の当たりにした、最初の体験であった。

〝非行からの回復〟というと、一般的に使われるのは〝立ち直り〟という表現ではないだろうか。しかし、この施設では、〝立ち直る〟のではなく、〝よみがえる〟のである。それは、子どもが本来持っている、生きる力のようなものが文字通り蘇って表面に現れ出でて、その蘇ったものが彼らを外側から覆い、コーティングして行く……そのようなイメージを筆者は持っている。けれど、その方法がなぜ、掃除なのか、水泳なのか、プールの苔落としなのか……当時はよくわからなかったし、今も本当のところはわかっていないのかもしれない。その理由（あるいは謎）について、これから続く各部で明らかにして行こうと試みるのが本書の趣旨である。

その前に、まず、〝なんでも、キョウゴ、という世界があって、そこで暮らす内に子どもたちが「よみがえる」ことがあるらしい〟という感覚になっていただきたい、と考えてこの部を書いた。第Ⅰ部を読んでいただき、今、少しでも〝キョウゴの不思議〟を感じてくださっていたならば、大変嬉しく思う。

注

（1）　Aちゃんの例では、最初から教護院（現在の児童自立支援施設）に入所したのではなく、最初は養護施設（現在の児童養護施設）に入所していたと考えられる。養護施設（児童養護施設）も教護院（児童自立支援施設）も〝措置〟による入所なので、Aちゃんは養護施設への〝措置〟を〝変更〟して教護院に入所したということになる。このような場合を〝措置変更〟、略してソチヘンという。

（2）　後に小舎夫婦制寮の寮母となった職員など、併立制を経験した職員から聴き取った。また、筆者の友人は障害者福祉施設に勤めていたが、障害者福祉施設でも併立制があったということである。しかし、やはり「上手く行かない場合が多いよね」ということで、施設職員からはあまりよくない印象を持たれる運営形態のようである（二〇〇五年、元障がい者福祉施設勤務職員）。

（3）　白馬学園の実習と同年の一九九六年、筆者は当時の養護施設でも宿泊実習を行っているが、その施設では食べ残しを禁じていなかった。また二〇〇八年から翌年にかけての一年間は児童養護施設に併設された児童家庭支援センターの非常勤職員を経験したが、そのときの児童養護施設でも食べ残しは禁じていなかった。同施設の栄養士に話を伺うと、「基本的に食べ残しは禁じていないが、昔の（一〇年前、二〇年前の）保育士ならば、食べ残しをしないよう、上手に食事指導する力があった」と語っていた。

（4）函館では、通夜より先に火葬する。その理由について、「函館大火があったから、それからみたいですね」と教えてくださったのは藤田俊二氏であった。何としても火葬前にお顔を拝見したいと思い、訃報を聞いた翌日駆けつけた。

（5）一言一句は合っていないかもしれないが、そのようなことを言っておられた。なお、著書の一節に、「刑務所に長くいると文字も文章も悲しいくらいに上達する」（藤田 1993：17）というものがある。

（6）魯鈍：現在の軽度の知的障がいに当たると考えられる。『大辞林』第三版によると「②軽愚に同じ」（三省堂編 2006：2727）。なおC職員は魯鈍について「一番重い知的障がい」と言っておられたが、「精神科疾患と看護」のテキストでは、「重い順に白痴、痴愚、軽愚などと呼ばれる」（鴨谷 1989：321）。「白痴はもっとも重症のもので知能が二〜三歳以下（I．Q．二五以下）のもので、〈中略〉痴愚は六〜七歳以下の知能（I．Q．五〇以下）、軽愚は一〇〜一二歳ぐらいの知能（I．Q．七五以下）のものである」（同：359、〈中略〉は筆者）であった。

（7）ある児童養護施設では、密かに児童簿を保存しているということであった。退園生が来たときや問い合わせが来たときなど、適切に対応するために保管しているのである。それはもちろん、問い合わせが来たときに、情報公開してしまうということではない。例えば、何かの問い合わせが来たときに、職員は「お答えすることはできません」などと対応するが、職員は該当する子どもに関係する書類を出してきて、「一応、見ておく」という動作を行うということである。それは、退所生のことを想う気持ちと、それからおそらくは無意識に、何かの報せに備えて〝心づもり〟しているのであろう。例えば、いつか退所生が〝逃げて〟来るかもしれないし、あるいは、退所生が関係したトラブルに巻き込まれる（例えば誰かが乱入するなど）可能性もある。退所生の情報を頭の隅に入れて置くのである。

（8）現時点での聴き取り数がまだ少なく（十数名）未集計である。なかなか聴き取りしにくい内容ではあるが、今後も継続する予定である。

第Ⅱ部　児童自立支援施設の設立史と根拠法の変遷

第一章　感化法及び少年教護法の設立

はじめに

本研究では、感化院から児童自立支援施設に至る施設における子育ち・子育てに関する内容（本研究では「キョウゴ・モデル」と表象）に迫ろうとするものであるが、その内容に入る前に、まず、この施設の成り立ちについて見ておく必要があろう。

現在の児童自立支援施設は、法制度化される以前より感化院の名称が用いられ、感化院はその後、明治・大正・昭和（一八九〇～一九三三年）と使用され、戦前に少年教護院（一九三四～一九四七年）となり、戦後、教護院（一九四八～一九九七年）、平成に入ってからの児童自立支援施設（一九九八年～現在）と四度の名称変更を繰り返した。法制度化されてからの根拠法についても、感化法、少年教護法、児童福祉法と変遷している。つまり、現在の児童自立支援施設は、実に名称変更四回、根拠法は三回の変遷を経た施設ということである。序章でも述べてきたが、児童自立支援施設は、少年法の保護処分の受け入れ先にもなっている。一方、その主たる受け入れ先である少年院はというと、一九二二年（大正一一）に矯正院として設立した後、戦後、少年院と名称変更したのみ、即ちGHQ指導の下で制定された新憲法設置に伴う法整備のときに変更したのみ、である。なぜ、感化院から児童自立支援施設に至る施設はこのような変遷を辿らなければならなかったのか。それは、この施設の複雑さや説明のしにくさ、そしてスティグマ性と深く関係している（そしてそれが故、どの時代においても予算が付きにくく、削られやすい施設になっていると考えられる）。施設のこのような変遷を見ることは、それらを浮き彫りにすることと同義である。

ところで、筆者が修士課程のころ、学舎の仲間の中には社会福祉施設や機関の歴史研究に挑む者が少なくなかった。筆者は歴史研究が主目的ではなかったものの、この第Ⅱ部（感化院から児童自立支援施設に至る施設を概観的に通史としてまとめる）の土台となるような基礎研究を行っているところであり、彼らとよく意見交換を行った。すると、社会福祉分野における歴史研究を行う者たちは一様に――もちろん、筆者も含めて――みな、その歴史を整理することに苦しんでいる、ということに気がついた。なぜ、かくも社会福祉の歴史は整理しにくいのか、仲間の苦しみ、そして自分の苦しみはどこから来るのだろうか、考えた末、筆者は〝三つの歴史の混乱〟にあるとの結論に至った。〝三つの歴史〟とは、①社会福祉施策・行政の歴史、②社会福祉学の理念・実践理論の歴史、そして③社会福祉サービスを必要とし、自らの権利を回復しようとする当事者運動の歴史、である。それら三つはそれぞれに発達してきたが、実社会ではこれらは複雑に絡まり合いながら進んで来ている。しかしながらそれらの経緯を書き留めた文献・研究成果はそれぞれ三つの立場からまとめられている、そのため、まだ自分の立ち位置が明確とはいえない学生たちは混乱してしまうのではないか――。筆者は、このような混乱を避けるため、一度はこれら三つの歴史を分けて整理する必要があるのではないか、と考えてそれを行い、その後の歴史研究の基礎としたのである。この三つの歴史で説明するならば、②社会福祉学の理念・実践理論の歴史に当たるもの――本書ではキョウゴの世界に発達してきた理念・実践理論の発達経緯になる――は、続く第Ⅲ部、第Ⅳ部でその内容とともに詳しく整理することとした。第Ⅱ部では、①社会福祉施策・行政の歴史と③当事者運動の歴史を中心にまとめた。

その際、一つ留意しておきたいことがある。それは、③当事者運動について、感化院から児童自立支援施設に至る施設のそれは、他の社会福祉行政・機関・施設等におけるそれと大きく違う点があるということだ。キョウゴの歴史の場合、当事者は子ども、それも現在でいうところの社会的養護を必要とする子どもである、という特徴がある。当事者運動というものは、通常、本人かその家族等による運動のことを指す。しかし、感化院から児童自立支援施設に至る施設の歴史の場合、子ども本人やその家族が当事者運動を起こす、ということは稀である。まず、子どもの場合は子ども自身が行政サービスの必要を感じていないか知らないということがある。そして多くの場合、彼らの家族は、離別などでいないか、貧困など複合的な問題を抱えている場合が多く、子どもの権利擁護に対して関心が低いか、むしろ子どもの権利を侵害している場合が多いのである。戦前の感化法及び少年教護法の設立史は、日本が近代化する過程における〝子どもの発見〟の中で起こったものと筆者は考えている。その最も象徴的なものが、監獄からの子どもの解放であり、そこで中心となったのは、子どもに相応しい対応を求めた大人たち――それがつまり、感化事業に携わった者たちである。つまり、彼らの活動は、①社会福祉施策・行政の歴史と③当事者運動の歴史が一体となったものであると筆者は位置づけたいのである。具体的には、第Ⅱ部の前半部――感化法、少年教護法、そして児童福祉法までの歴史は、各年代の施設関係者たちによる立法及び設立運動史を中心にまとめた。それ以降、児童福祉法成立後は、また少し視点を移して、施設と社会背景の関係を中心にまとめた。

最後に、感化院から児童自立支援施設に至る施設、そしてその根拠法についての歴史研究は、すでに多くの成果が発表されており、本研究は、そこに必ずしも新たな見解を加えるものではないということをお断りしておく。施設は、近代日本とともに発達しており、そこには明治時代から続く長い歴史がある。その膨大な歴史について、歴史研究を主としていない筆者のような者が、しかも短くまとめるということは大変に困難なことであった。省略した部分も多く、また、筆者の研究が至らない点も多々あるかと思う。あらかじめお詫び申し上げたい。第Ⅱ部は、教育学、法学、社会福祉学、精神医学等、あるいは監獄学等、各学問分野に跨がるそれらの成果を網羅し、設立史及び根拠法の変遷を通史として概観的にまとめることを目的に行った。特に前半部は、いわば各分野における歴史研究者の成果を縫い合わせたパッチワーク・キルトのような二次研究である。各ピースの詳細については、是非それぞれの著作を参照していただきたくお願いしたい。

第一節　感化法制定まで

1．監獄の近代化と分類収容

現在の児童自立支援施設は厚生労働省の管轄する児童福祉法に定められた児童福祉施設であるが、そのルーツは監獄にある。現在の感覚では想像しにくいが、我が国では明治新政府発足以降も（感化院が設置されるまでは）[1]、罪を犯した子どもや「非行少年」は、懲治監や監獄の中にある懲治場に収容されていた。それも、大人とあまり区別せずに収容されていたようである。換言すれば、監獄の近代化とともに、子どもが監獄から分離されてきたといえる。まずはその歴史を簡単に振り返ってみることとする。

まず、一八七二（明治五）年に監獄則（「監獄則並図式」太政官達第三七八号）が公布される。監獄則には「獄ハ人ヲ仁愛スル所以ニシテ人ヲ残虐スル者ニ非ス人ヲ懲戒スル所以ニシテ人ヲ苦痛スル者ニ非ス」（「監獄則」緒言より抜粋）とある通り、「旧幕府の『威嚇的刑政』から『教化主義による刑政』への転換」（矯正協会編 1984：6）が為されたものであった。その監獄則には懲治監（監獄則第一〇条）なるものが登場し、そこに収容する者には特別な処遇を行う――「懲治監には刑期を終了した二十歳未満の者及び不良行為がある幼年者等を収容して、成人の犯罪者から隔離し、寛大な措置がとられることになった」[2]（同：10）、と書かれている。しかし、この一八七二（明治五）年の監獄則は、実効性に乏しかった[3]――「この新立法は予算の都合上無視されるに至った」（菊田 1985：40）ようである。

その後、一八八〇（明治一三）年にようやく刑法・知財法が公布され、監獄則も翌年一八八一（明治一四）年に改正[4]――菊田によると「改正というよりむしろ新法と称せられるもの」（同）だが――された。一八八一（明治一四）年

表1　収容区分

	成人犯罪者			未成年犯罪者		罪を犯していない未成年者	
	脱籍無産者※1	罰金代替者	聾唖者	刑期満了の未成年者		請願懲治人	不良少年
明治五年監獄則	懲戒場	懲戒場	監獄※2	懲戒場	監獄※2	懲戒場	
明治一三年刑法			懲治場	民間※3	年齢に応じて監獄、懲治場、あるいは不論罪※4	懲治場	
明治一四年改正監獄則			懲治場	民間		懲治場	
明治二二年改正監獄則			懲治場	民間		民間	民間
明治三三年感化法			懲治場	民間		感化院・民間	感化院・民間

※1　刑期を終えた脱籍無産者。
※2　明治五年段階では、聾唖者および未成年犯罪者は老小廃疾収贖規定に従って、労役の一等減軽等が行われていたと考えられる。
※3　民間の施設については第三章（三）を参照。
※4　明治一三年刑法における「未成年犯罪者」規定については第五章（一）を参照。年齢区分（八・一二・一六・二〇歳）に応じて不論罪適用および減刑・懲治場送致を規定する（第七九～八一条）。懲治場対象者は一六歳未満（収容期間は二〇歳まで）および聾唖者（第七九・八〇・八二条）。
田中亜紀子（2005）『近代日本の未成年者処遇制度』大阪大学出版会、p. 17。

の監獄則では、懲治監は懲治場と改められた(5)。その懲治場の収容者は、「刑法に規定された不論罪による収容」（矯正協会編 1984：19）と、親の請願による、満八歳以上二〇歳以下の「放恣不良ノ者(6)」（明治一四年監獄則第一八条）とされた。前者の「不論罪」は、前年の一八八〇（明治一三）年に公布された刑法に盛り込まれたもので、それに伴い一二歳未満の者は罪を論ぜず、満八歳から(7)一二歳未満の者は懲治場に留置することになったのである。後者の親の請願による者――「請願懲治」は一八七二（明治五）年の監獄則から定められており(8)、一八八九（明治二二）年の監獄則改正まで続けられた(9)。なお、当時の収容区分については、『近代日本の未成年者処遇制度』に判りやすい表があるため、表1に転載させていただいた。

このように、懲治場は法律上、監獄と区別されていた。しかし、その設置場所は図1のように監獄の中に設置されていた(10)ため、分類収容といってもその効果は薄かったようである（第二節）。このころは、〝各地に近代監獄を設置せよ〟とのお触れは出たものの、費用の面で遅々として進まない、という状況だったようだ。

図１　松本監獄署平面図

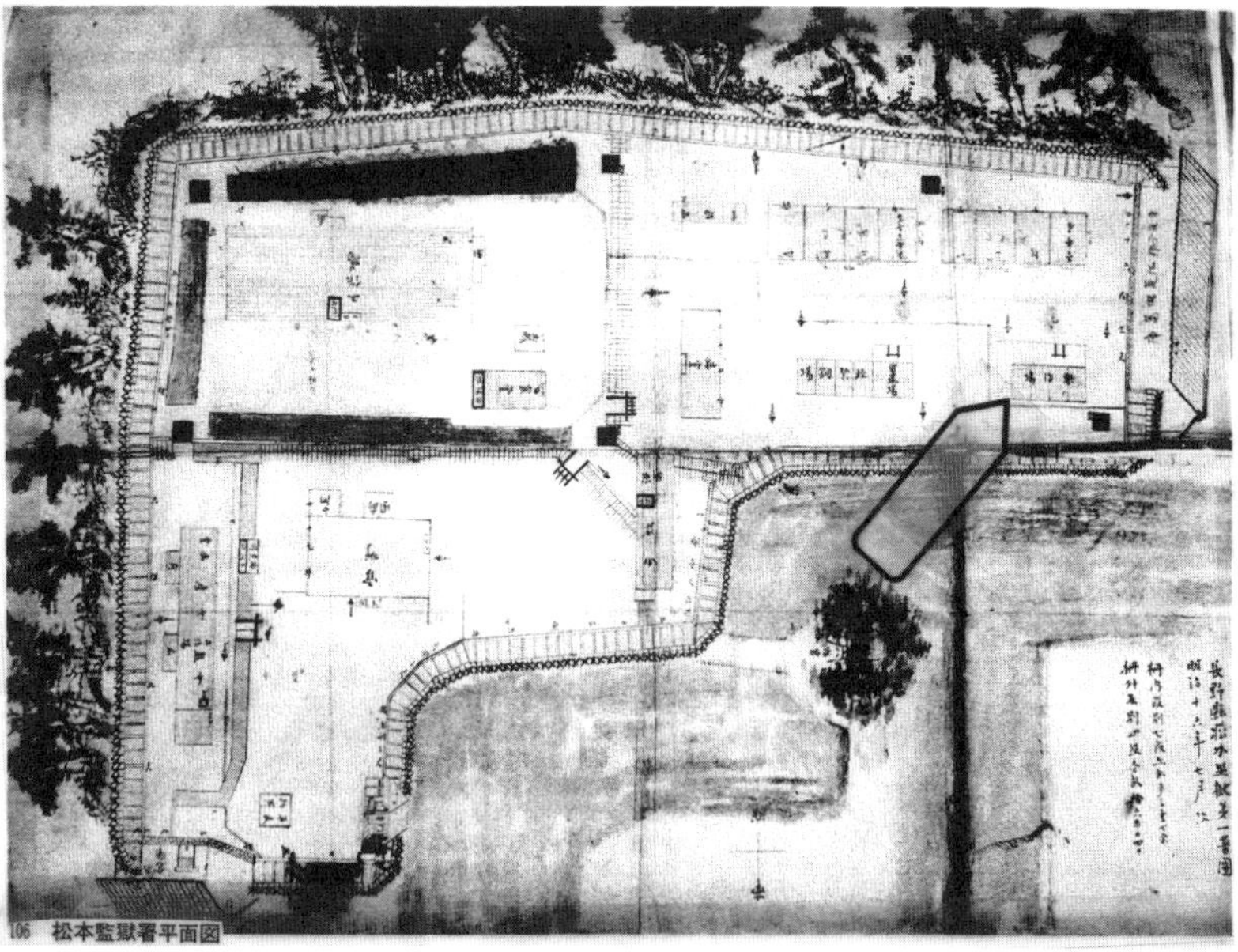

重松一義（1985）『図鑑日本の監獄史』雄山閣出版、の「松本監獄署」を元に作成した。挿絵の下には次のような解説が掲載されている「明治一六年当時の長野県松本監獄第一署。稲荷社の浮島をもつ池と背後に雑木林をもつ森に囲まれた異色の立地条件をもつ。右側には少年の懲治場もみられ、今日の少年刑務祖の沿源をかいま見るようである」（重松 1985：35）。

というのも、各地域の監獄は一八七二（明治五）年の監獄則では内務省の管轄下に置かれたものの国費は下りず、[11] 一八八一（明治一四）年の監獄則でもそれは変わらなかった（但集治監のみ内務省の直轄）[12] ため、「地方側から国費支弁が根強く主張されており、一八九〇年の帝国議会成立後、たびたび建議・主張が衆議院で唱えられていた。それが長い間主張される中で、府県側では、早晩監獄運営は政府所管に移されるだろうと見込み、新築することはおろか古いままの監獄施設を使用しつづけ、必要な修繕・改良そのものもおざなりにしたままにする府県もあらわれるに至っていた」（長沼 2000：101）という状況であった。その後、一九〇〇（明治三三）年、国はようやく地方監獄に予算を付け（「府縣監獄費及府縣監獄建築修繕費ノ國庫支辨ニ關スル件〈明治三十三年一月法律第四號〉）、以降、我が国の監獄は整備されていくことになった。

そして監獄が国家支弁となった一九〇〇（明

治三三）年、その所管は内務省から司法省へと移管する（第二節）、このことは、感化院の法制度化、ひいてはその後の施設の変遷にも影響を及ぼしたと考えられる。

2．法制度化以前の感化院

感化事業の魁、池上感化院

感化院の始まりは、明治時代、大阪の「池上感化院」——一八八三（明治一六）年、池上雪枝が「神道祈禱所を設け其処で不良少年の保護に着手」（大阪府立修徳学院編 1939：1）した——といわれる。[13] 池上は、「明治十年役経過後天神裏歓楽の街には少年少女のヨタモノが、目立つて多くなつて来たので、雪枝はそれ等の保護者の無き者を自宅に引き取つて、訓戒し適當なる処へ奉公にやつたり、手職を授けたりしてゐた」（藤里 1940：11）ということである。

『少年感化の母　池上雪枝』によると、当時の池上感化院では、池上が「少年の鑑別」（熊野ら編 1940：80）を行い、「精神教育」（同：76）、「授産事業」（同：78）、「普通学科」（同：79）などを行っていた。感化院に限らず、初期の社会福祉事業は、宗教家が慈善事業として取り組む例が少なくないが、池上感化院も「神道祈禱所」という名の通り宗教色の強いものであった。[14] 例えば、池上が行った「少年の鑑別」（熊野ら編 1940：80）とは、「占断の術を用ひて、生徒の性格を判別し能ふる限り、それに適應する學術技藝を授け」（同）た、というものであったし、「精神教育」（同：76）では、「正面に神殿を泰安し、白装束に威儀を正した雪枝が精神的なる教化に当り、生徒は数人の人々の指導によつて授産の事業に孜々として働いてゐた」（同）というものであったとされる。

しかし、「普通学科」や「授産事業」などは「午前座学午後作業」を基本とするキョウゴの世界に相通ずるものである。その内容は、「教育分野では英語に重点を置き、後に米国へ移住する二女の夫が担当した」（修徳学院編他 1988：解説1）、「職業教育」（修徳学院編他 1988：解説5）では、「洋傘の柄、石鹼、硫化染料などの製造を試み、英人技師を招いて技術を学ばせて」（同）いたということである。このように、池上感化院では「ヨタモノ」とされた子どもたちに、教養と技術を学ぶ機会を提供しており、このことは、当時としては画期的な取り組みだったと考えられる。

以上、池上感化院は行政に先がけて始められた画期的な取り組みであったものの、開院後わずかな期間で運営困難となり、やがて歴史の中に埋もれてしまうことになった。一九三〇（昭和五）年に発行された『感化事業回顧三十年』によると、池上感化院は「我が国感化院的施設の魁と称すべきものであるが今は何等の痕跡も存せず、又詳しい事を知る由もない」（内務省社會局 1930：7）と記されている。それを読んだ大阪府立修徳学院の初代院長・熊野隆治が「何とかして池上雪枝女史の事蹟を調査しなくてはならぬとたまらなく」（大阪府立修徳学院 1939：序1）なり、その調査の成果を『池上雪枝女史小傳』にまとめたということである。熊野らは更に翌年『少年感化の母池上雪枝』を著しているが、同書によると池上感化院の終焉は次のようである。「独創性と教育重視の姿勢が時代の波に乗りきれず、逆に施設運営の悪化を招」（同解説5）き、「明治十八年後半には急激な経営困難に陥る」（同）ことになり、「明治十九年には各方面に資金調達の手紙を送り、借金を重ね、公費補助運動も試みるが何れも効を奏さず」（同）、「閉鎖の年月日を明瞭にすることが出来ないが、明治二十一年の初め頃には、此の雪枝女史の畢生の事業たる感化院も、あたら、我国の最初の施設なる名も淋しく、その残骸を止めるに過ぎない状態となつた」（熊野ら編 1940：90）。

池上雪枝女史

大阪修徳学院、熊野隆治他共編、池上社（1988）『池上雪枝女史小伝／少年感化の母池上雪枝／雪枝草紙』大空社 p. 56。

感化法成立前に創設された他の私立感化院(15)——東京感化院一八八五（明治一八）年創設、千葉感化院一八八六（明治一九）年開院、岡山感化院一八八八（明治

二一）年創設、京都感化保護院一八八九（明治二二）年創設など――は、『感化事業回顧三十年』を始め、〝感化事業の歴史〟に記録が残されていたのに対して、池上感化院は感化院の魁でありながら、一度は風化してしまっていたのであった。その理由について今回は明らかにはできないが、創設の時期が早かった、地方の取り組みであった、創設者が女性だったことなどが関係しているのではないかと推測している。事実として、池上感化院はその後訪れる監獄改良に伴う感化院の法制度化の時代までは体力を維持することはできなかったのであった。もっとも、感化法発布後も、各地に設置された感化院の財政難は続くことになるのだが――。[16]

キョウゴ実践の祖、家庭学校

感化法の成立以前に創設された私立感化院は、池上感化院のように閉鎖された施設も含めて全部で一一施設ほどである。その中で、特にキョウゴ実践の祖として触れておきたい施設が家庭学校（現在の北海道家庭学校）である。同感化院は、一八九九（明治三二）年、元教誨師であった留岡幸助が創設した。[17]

留岡が北海道空知集治監の教誨師となったのは一八九一（明治二四）年のことであった。彼は「犯人を処罰する刑罰原理については全く知らなかつたので」（留岡 1929：29）、「『刑の宣告法』」（同）と呼ばれる「裁判所より罪人と共に監獄署の方へ送つて来るもの」（同）を「在勤中約三百人ほどにつきて」（同）調べたところ、「犯罪人は大体十四五歳未満で不良少年であつた。即ち百人中七、八十人は不良少年であつたこと」（同：30）を知った。留岡は集治監における囚人への非人道的な扱いを目の当たりにし、そしてそれに反して、当時は誰も行うことのなかった囚人との対話（一対一の面接）を行い、彼らの多くが幼少期から不幸な生い立ちにあること、加害者にならざるをえない被害体験を持つことを知るに至った。その後、留岡はアメリカに渡り、まずコンコルド感化監獄で囚人と一緒に監獄内で働きながら感化監獄について学び、その後念願のエルマイラ感化監獄に学んだ。[18]こうして二年間の渡米を経て、帰国後、東京巣鴨[19]に家庭学校を創設したのである。留岡の巣鴨家庭学校に一人目の子どもが入校したのが一八九九（明治三二）年、といっても当時はまだ校舎もなく「学校と云ふは名のみ、其実は混沌として、固より何等の組織もなかつたのであります」（留岡 1909：13）という状態であったということである。[20]

尤も其時分には校舎と云ふやうなものはない。廣い栗林の中に、只一軒の茅屋卽ち留岡校長の住宅があつた計りでありますから、生徒も教員も留岡の家族同様、寝食を倶にして、或は學課を學び、或は勞働に従事して居りました。本校は（中略）學校と云ふは名のみ、其實は混沌として、固より何等の組織もなかつたのであります。

〈留岡幸助編（1909）『家庭學校回顧十年』家庭學校、p. 13。〉

留岡は当時の感化院について、「皆監獄組織で是は監獄に頗る類した所の方法でやつて居る」（留岡 1901b：625）ので、これでは「世人較もすれば感化院を目して一種の監獄と同一視する弊あり」（留岡 1900：342）と批判的に見ている。[21] 彼は、「不良少年の多くは悪むべきものにあらずして寧ろ憐れむべきものなり」（留岡 1901a：4）と、その子どもの置かれた背景に着目し[22]、その不適切な環境から保護して育てる、という理想を持っていた。その理想は「感化教育」（1901b：625）という新たな理念――留岡曰く「一種奇妙な教育」（同）――を体現するべく、自らも私立感化院を創設する。彼の創設した感化院は、「家庭にして学校、学校にして家庭たるべき処遇」（同：68）を行うべく、また、感化院というスティグマ性のある名称を用いず「家庭学校」と名付けた――「私は甚だ其感化院と云ふ文字を好まぬので、自ら今立てゝ居る所の感化院見たようなものを家庭学校と名付けて居ります」（1901b：625）――のであった。

このように、留岡幸助の家庭学校は、従来の〝隔離と懲罰〟を目的とした施設ではなく、子どもの〝保護と教育〟を目指した新しい立場に立つものであった（第Ⅲ部）と考えられる。彼の存在と「家庭学校」の設立は、感化法制定に向けて大きな推進力となり、その後、多くの感化院が「家庭学校」を手本にし、以降、児童自立支援施設に至る施設の基本となったといわれている。

第二節　感化法成立及び感化法改正まで

1. 感化院の法制度化に向けて

感化法成立運動

子どもが監獄の中に設けられた懲治場に収容されている一方で、感化院という施設、あるいは取り組みが私的に始められたことは第一節で見てきた通りである。このように、初期の感化院は私的な慈善事業として始められたが、それらはやがて公的な感化事業へと発展していく。その中には、北海道家庭学校のように、現在《いま》もなお、児童自立支援施設として運営する施設もある[23]。第二節では、感化院の法制度化、つまり感化法の成立について概観する。

子どもが懲治場に収容されていた明治時代、それに異を唱える者たちが現れ、その弊害と、それに代わる施設の必要性を訴え始めた――「当時の監獄局長・大久保利武、高瀬真卿、原胤昭、小河滋次郎、有馬四郎助、留岡幸助らによって、『現行の懲治場は犯罪者養成学校であって、これに代わるべき矯治感化の施設が必要である』と論を展開した[24]」（新ＨＢ：10–11）。他方で、私立感化院長らも積極的に感化院の設立と国家支弁を求めて声を上げていた。『成田學園五十年史』によると、一八九一（明治二四）年には私立感化院の代表者が集まり[25]、「監獄ニ在ル処ノ不論罪、未丁年囚ヲ将来感化院へ入院セシムルコトヲ得ルノ途ヲ開キ裁判所ヨリ直チニ入院セシメ其費用ハ官ヨリ給与アリタキ事」（成田学園編 1936：107）などの議案について協議し、建白書を作成、政府に提出している[26]。このときの建白書は、東京感化院院長、三河感化保護院副委員長及び幹事、岡山感化院役員代表同院幹事及び相談役、千葉感化院長及び副委員長の連名で、内務大臣伯爵及び司法大臣子爵宛に出されている。更に千葉感化院では、一八九三（明治二六）年一二月には「他府県感化院の力をかりないで、千葉感化院の関係者丈で（中略）感化院免囚保護院開設方請願書を提出」（成田学園編 1936：114）、翌一八九四（明治二七）年五月にもこれと同じ人々の名で今度は、「感化院丈の開設方を貴衆両院議長に請願書を提出」（同：119）し、そして同年一八九四（明治二七）八月及び翌年一八九五（明治二八）の三月には「最初と同様に他府県感化院に呼びかけて同意を得、其の名によつて内務大臣、司法大臣に建白書を提出してゐる。之によると、当時は新潟市にも、竹内楪卿といふ方が新潟感化院を創立すべく主唱してゐたやうである」（同）ということであった。その後も「やはり千葉感化院が主唱して[27]」（同：120）「貴族院議長 公爵 近衛篤麿」（同：123）宛に請願書を提出した、ということである。こうした「感化院の関係者や有志の運動は、感化法制定への大きな原動力となり[28]、さらには監獄内の懲治教育の不備が感化院設立の胎動に拍車をかけて」（矯正協会編 1984：202-203、傍線筆者）行き、感化法は内務省監獄局事務官小河滋次郎と内務省参事官窪田静太郎により起草[29]されることになった。

ところで、先の引用傍線部「監獄内の懲治教育の不備」（同：202）とはどのようなことであろうか。例えば田中は、当時の監獄行政の問題点について次のように整理している「明治二〇年代の監獄に関しては大きな問題が三点あった。一点は人材不足である。（中略）第二点が監獄費負担問題である。（中略）第三点が入監者増加問題」（田中 2005：53-54）ということである。三点目の「入監者増加問題」については、収監する人が増えるというだけでなく、引き取り手の不在、という側面も――「明治十四年、改正監獄則で不論罪、放恣不良児の収監のほか、別房留置人の親族知己への保護取引が難航、この解消は司法福祉、刑事政策の重要な課題であった」（重松 2001：78）――あったようである。このような状況において「監獄内の懲治教育の不備」（矯正協会編 1984：202）、すなわち「改正監獄則において『未成年犯罪者』と成人犯罪者を区別して監獄に収容することが規定されたにもかかわらず、実際には幼年囚と老囚の雑居などが生じており、その結果として再犯者が増加するという悪循環が生じて」（田中 2005：54）おり、「監獄に入る者を減少させるために」（同）いわば犯罪者予備軍である「『不良少年』に対し、犯罪を犯す前に何らかの形で対策を行うことが必要であるという主張が展開されるように」（同）なり、そのことは「感化院設立の胎動に拍車をかけ」（矯正協会編 1984：202-203）ることに繋がったと考えられる。

また、感化法成立と「監獄費負担問題」（先の二点目の問題）は切っても切り離せない関係にある。先にも述べた通り監獄は国家支弁が叶わず、また府県側もお金をかけなかったため、「早晩監獄運営は政府所管に移されるだろうと見込み、新築することはおろか古いままの監獄施設を使用しつづけ、必要な修繕・改良そのものもおざなりにしたままにする府県もあらわれる」（長沼 2000：101）という状態であった。そしてそのことは、「政府にとって、外交上マイナスの影響をもたらす問題」（同）にまでなっていた。いよいよ国も監獄行政にお金を出さなければならない[30]――こうした動きの中、内務省内では密かに監獄の国費支弁法との「だき合わせ成立」（長沼 2000：101）――「監獄費国家支弁法が通過し、それによって地方費（府県費）に余裕が出来るとの想定のもとに」（同）――を狙った感化法案が練られていた[31]――「一八九八年の第十三回帝国議会では、議員提案の国費支弁法が衆議院では可決となったが、国庫に財源がないことを理由として貴族院で否決となった。しかし、その後、内務省は大蔵省と折衝して半年分の財源を確保するや、次の明治三十二（一八九九）年十一月からの第十四回帝国会義では、逆に政府側が国費支弁を提案した。この法案が成立する見通しとなったことから、内務省内部で監獄費国費支弁法とのだき合わせ成立をねらった感化法案の作成作業が本格的に始まった」（長沼 2000：101）、そしてその内務省による感化法案の立案はただちに終了し、早くも一一月八日付で内務大臣西郷従道から内閣総理大臣山県有朋にあてて提出されている。

修正されて成立した感化法

感化法案はその後、「内閣法制局との協議修正後、翌年二月十五日に感化法政府案の議会上程を上奏して」[32]（同：101-102）おり、一九〇〇（明治三三）年二月二二日衆議院通過、同年二月二三日に貴族院を通過している。このように速やかに成立した感化法案であったが、しかし、内閣法制局との協議の段階ではいくつかの修正が加えられていたということである。以降、長沼の「感化法の作成過程とその背景」を参考にその修正箇所を確認していく（なお、長沼による「感化法案の対比表」を表2として転載した）。

まず、大きな修正点として、条文の削除がある――「内務省案と政府案とをくらべてみると、条文数が二つほど政府案のほうが少ない。すなわち、内務省案の第七条と第十五条が内閣法制局との協議の結果、全文削除された」（長沼 2000：106）――まずはこの削除された内務省案第七条から見ていくこととする。修正前の内務省案の第七条は「地方長官ハ感化院長ノ意見ヲ聴キ在院者ヲ何時ニテモ退院セシムルコトヲ得」（表2）である。この項目が削除されるということは、感化院長が子どもの退所について権限を失うということである。このことが何を意味するか、長沼は次のように解説している。

> この第七条の削除が意味することは、入所児が、親族や後見人からの出願があった場合以外は、原則として満二十歳の在院限度期間までは、仮退院をのぞいて在院しつづけなければならないことである。（中略）これの削除によって、退院はあくまでも保護者などからの出願だけによるという考え方がとおり、保護者のいない未成年者の社会的自立は認められなかった。
>
> 〈長沼友兄（2000）「感化法案の作成過程とその背景」『非行問題』二〇六、p.106。〉

つまり、内務省案第七条を削除した場合、現場レベルでは、入所の必要のない子ども（院長がもうこの子どもは退院してもよいと判断した子ども）であっても退所させられず、そのまま施設に閉じ込めておく、ということもおきかねないことになる。第七条の削除は、単に感化院長の権限が抑えられた、ということに留まらず、場合によっては子どもの権利侵害にも繋がる修正であったことが読み取れる。

次に内務省案第十五条の削除について、この条文は「第五条第一号ノ処分ヲ受ケタル者ノ父母後見人若シクハ親族

表2

感化法案の対比表(3)

内務省案	政府案
第一条　感化院ハ府県ニ置ク 第二条　感化院ハ内務大臣ノ監督ニ属シ府県知事之ヲ管理ス 第三条　感化院ニ関スル経費ハ府県ノ負担トス 第四条　府県内ニ団体又ハ一私人ニ属スル感化事業ノ設備アルトキハ内務大臣ノ認可ヲ経テ第一条ノ感化院ニ代用スルコトヲ得 此ノ場合ニハ本法ノ規定ヲ準用ス 第五条　感化院ニハ左ノ事項ノ一ニ該当スル者ヲ入院セシム	第一条　北海道及府県ニハ感化院ヲ設置スヘシ 第二条　感化院ハ地方長官之ヲ管理ス 第三条　感化院ニ関スル経費ハ北海道及沖縄県ヲ除クノ外府県ノ負担トス 第四条　北海道及府県ニ於テハ其ノ区域内ニ団体又ハ私人ニ属スル感化事業ノ設備アルトキハ内務大臣ノ認可ヲ経テ之ヲ感化院ニ代用スルコトヲ得 代用感化院ニ関シテハ本法ノ規定ヲ準用ス 第五条　感化院ニハ左ノ各号ノ一ニ該当スル者ヲ入院セシム
一　地方長官ニ於テ満八歳以上十六歳未満ニシテ親権ヲ行フ適当ノ者又ハ適当ノ後見人ナク遊逸又ハ乞丐ヲ為シ又ハ悪交アリト認ムル者 二　不論罪ニ係ル幼者ニシテ懲治場留置ノ言渡ヲ受ケタル者 三　裁判所ノ許可ヲ経テ懲戒場ニ入ルヘキ者 第六条　入院者ノ在院期間ハ満二十歳ヲ超エルコトヲ得ス 第七条　地方長官ハ感化院長ノ意見ヲ聴キ在院者ヲ何時ニテモ退院セシムルコトヲ得 第八条　地方長官ハ感化院長ノ意見ヲ聴キ何時ニテモ在院者ニ対シ一定ノ条件ヲ付シテ仮ニ退院セシムルコトヲ得 前項ニ依リ仮退院ヲ許サレタル者規定ノ条件ニ違背シタルトキハ地方長官ハ之ヲ復院セシムルコトヲ得 在院者ノ逃亡シタルトキ亦同シ 第九条　感化院長ハ在院者及仮退院者ニ対シ親権ヲ行フモノトス 在院者ノ父母又ハ後見人ハ在院者及仮退院者ニ対シ親権又ハ後見ヲ行フコトヲ得ス 第五条第二号及第三号ニ該当スル者ノ財産ノ管理ニ関シテハ前二項ノ規定ヲ適用セス 第十条　感化院長ハ命令ノ定ムル所依リ在院者ニ対シ必要ナル検束ヲ加フルコトヲ得	一　地方長官ニ於テ満八歳以上十六歳未満ノ者之ニ対スル適当ノ親権ヲ行フ者若クハ適当ノ後見人ナクシテ遊蕩又ハ乞丐ヲ為シ若ハ悪交アリト認メタル者 二　懲治場留置ノ言渡ヲ受ケタル幼者 三　裁判所ノ許可ヲ経テ懲戒場ニ入ルヘキ者 第六条　入院者ノ在院期間ハ満二十歳ヲ超ユルコトヲ得ス但シ第五条第三号ニ該当スル者ハ此ノ限ニ在ラス 第七条　地方長官ハ何時ニテモ条件ヲ指定シテ在院者ヲ仮ニ退院セシムルコトヲ得 仮退院者ニシテ指定ノ条件ニ違背シタルトキハ地方長官ハ之ヲ復院セシムルコトヲ得 第八条　感化院長ハ在院者及仮退院者ニ対シ親権ヲ行フ 在院者ノ父母又ハ後見人ハ在院者及仮退院者ニ対シ親権又ハ後見ヲ行フコトヲ得ス 第五条第二号及第三号ニ該当スル者ノ財産ノ管理ニ関シテハ前二項ノ規定ヲ準用セス 第九条　感化院長ハ命令ノ定ムル所ニ依リ在院者ニ対シ必要ナル検束ヲ加フルコトヲ得 第十条　行政庁ハ第五条第一号ニ該当スヘキ者アリト認メタルトキハ之ヲ地方長官ニ具申スヘシ 此ノ場合ニ於テハ仮ニ之ヲ留置スルコトヲ得 前項留置ノ期間ハ五日ヲ超ユルコトヲ得ス
第十一条　市町村長又ハ警察官署ハ第五条第一号ニ該当スル者ト認ムルトキハ地方長官ニ具申スヘシ此ノ場合ニ於テハ仮ニ之ヲ留置スルコトヲ得 前項留置ノ期間ハ五日ヲ超ユルコトヲ得ス 第十二条　地方長官ハ在院者ノ扶養義務者ヨリ在院費ノ全部又ハ一部ヲ徴収スルコトヲ得 前項ノ在院費ヲ指定ノ期限内ニ納付セサルトキハ国税怠納処分ノ例ニ依リ処分スルコトヲ得 第十三条　父母後見人又ハ親族ハ在院者ノ退院ヲ地方長官ニ出願スルコトヲ得 前項退院願ヲ許可セラレサル在院者ニ関シテハ六ヶ月ヲ経過スルニアラサレハ再ヒ退院ヲ出願スルコトヲ得ス 第十四条　第五条第一号又ハ第十一条第二項ノ処分ニ不服アル者又ハ第十三条第一項ノ出願ヲ許可セラレサル者ハ訴願ヲ提起スルコトヲ得 第十五条　第五条第一号ノ処分ヲ受ケタル者ノ父母後見人若クハ親族又ハ第十二条第二項ノ処分ヲ受ケタル者其処分ヲ違法ナリトスルトキハ行政訴訟ヲ提起スルコトヲ得 附則 第十六条　此法律施行ノ期限及之ヲ施行スル為メ必要ナル規定ハ命令ヲ以テ之ヲ定ム 第十七条　北海道庁沖縄県ニ関シテハ命令ヲ以テ別段ノ規定ヲ設クルコトヲ得	第十一条　地方長官ハ在院者ノ扶養義務者ヨリ在院費ノ全部又ハ一部ヲ徴収スルコトヲ得 前項ノ費用ヲ指定ノ期限内ニ納付セサル者アルトキハ国税徴収法ノ例ニ依リ処分スルコトヲ得 第十二条　在院者ノ親族又ハ後見人ハ在院者ノ退院ヲ地方長官ニ出願スルコトヲ得 前項出願ノ許可ヲ得サル在院者ニ関シテハ六箇月ヲ経過スルニ非サレハ退院ヲ出願スルコトヲ得ス 第十三条　第五条第一号又ハ第十一条第二項ノ処分ニ不服アル者又ハ第十二条第一項ノ出願ヲ許可セラレサル者ハ訴願ヲ提起スルコトヲ得 附則 第十四条　本法施行ノ期日ハ勅令ヲ以テ之ヲ定ム 第十五条　北海道沖縄県ニ関シテハ勅令ヲ以テ別段ノ規定ヲ設クルコトヲ得

備考
政府案第十四条は衆議院での審議の際に「第十四条　本法施行ノ期日ハ府県会ノ決議ヲ経地方長官ノ具申ニ依リ内務大臣之ヲ定ム」と修正して可決され、貴族院では修正済み法案を可決して、感化法は成立した。

長沼友兄（2000）「感化法案の作成過程とその背景」『非行問題』206。

又ハ第十二条二項ノ処分ヲ受ケタル者其処分ヲ違法ナリトスルトキハ行政訴訟ヲ提起スルコトヲ得」（表2）というものであり、「第五条第一号」とは「満八歳以上十六歳未満ニシテ親権ヲ行フ適当ノ者又ハ適当ノ後見人ナク遊逸又ハ乞丐ヲ為シ又ハ悪交アリト認ムル者」（同）である。つまり、内務省案第十五条は、保護者等が子どもの入所に不服があった場合には訴え出ることができる、と謳っているのであるが、この条文も法制局との協議で削除されたということである。長沼の解説では、内務省案が「最終的には司法判断の帰結するところに従う」（長沼 2000：106）ものであったのに対して、「あくまでも司法判断の余地のない国家公権に基づく」（同）行政処分であるとしている。

第十五条の削除は、第五条第一号のいわゆる浮浪少年を保護し感化院に入所させた行政処分に対して、それを違法として提起する保護者からの憲法にある行政訴訟での救済の途をとざしてしまったことである。これは内務省案の段階では、入所の行政処分そのものを最終的には司法判断の帰結するところに従うという立場であったのに対して、法務局修正で、この場合の行政処分はあくまでも司法判断の余地のない国家公権に基づくものであるという立場に変わったことによる。

〈長沼友兄（2000）「感化法案の作成過程とその背景」『非行問題』二〇六、p. 106。〉

次に、その他の条文の変更箇所を見ていくこととする。まず、内務省案第八条と修正政府案第七条（感化院の仮退院を決定する条文）を比較すると、内務省案にあった「地方長官ハ感化院長ノ意見ヲ聴キ」が削除されている。このことは、「実際には感化院長の申請にもとづいて地方長官が仮退院を決定することになると思われるが、場合によっては感化院長の判断をくつがえしたり判断権を制約することも予想しうる」（長沼 2000：106）修正であった。この修正は、削除された内務省案第七条の削除と相俟って、長沼が指摘した通り「何よりも権威主義、形式主義的な手続きに後退させる修正」（同）と感じざるをえない。また、内務省案第六条「入院者ノ在院期間ハ満二十歳ヲ越エルコトヲ得ス」(表2、なお、修正政府案では「越ユルコトヲ得ス」)には「但シ第五条第三号ニ該当スル者ハ此ノ限ニ在ラス」(同)の条項が付け加えられている。第五条第三号は「裁判所ノ許可をヲ経テ懲戒場ニ入ルヘキ者」であり、その者については成人後も入所し続けることが可能、ということになっている。(33)

以上のような修正を経て政府案は作成され、(34)「帝国議会に上程された感化法案は付則の第十四条だけを修正して可決し、ただちに交付され、そして施行」(長沼 2000：115)されることになった。こうして成立した感化法は、当時の感化院関係者たちにはもちろん――いみじくも内務省案第八条の修正に際して長沼が指摘した通り――「何よりも権威主義、形式主義的な手続きに後退させる」(同：106)ものと受け止められたし、筆者もそれに同意見である。第Ⅲ部で詳しく述べるが、彼らは当時、「感化教育」(感化処分ではなく)という理念を掲げて、感化院を推進していく立場にあり、感化法案の立案者の一人、小河滋次郎も国会でその旨説明している。(36)その彼らにとって感化院とは「児童を社会的に保護して、其幸福と自由とを保証することを直接の目的とするもので、刑事政策の要求することを直接の目的とするものではない」(菊池 1928：16)のであり、従って一九〇〇(明治三三)年の感化法は、「無益な、寧ろ将来の発展を阻害すべき修正が施されて通過した」(菊池 1943：12)法律と受け止められ、当初から改正すべきと考えられていた――「其の時既に感化法改正の必要が運命づけられてゐたとも考へられるのである」(同：12)。こうした彼らの感化法改正運動は、やがては「感化法改正期正同盟会」に代表される少年教護法制定運動へと発展していくことになる(第三節~第五節)。

このように感化法は、法案を起草した小河滋次郎を始め、感化法の成立及び感化院の設立を推進しようとする者たちの意向が十分に反映されたものとはいえなかった。そしてそれは翌年出された「感化法施行規則」(内務省令第二三号)等についても同様で、「その後に出された施行規則や通牒の中には(法律案の議会での審議が)反映されておらず、両者は無関係であるような感をいだかざるを得ない」(長沼 2000：116、括弧内筆者)ほどであったという。(38)そこで帝国議会における小河の答弁を確認してみたところ、確かに長沼が指摘した通り「詳細なモデルプランが準備してあって、それに沿った答弁であったことをうかがわせる」（長沼 2000：114）ものであった[39]。これら小河が抱いていた構想が実現しえなかった理由として長沼は「直接的には内務省内部で感化事業に関する知識が豊富で推進力となるはずの窪田、小河の両当事者が、この分野から離任した」（長沼 2000：116）こと等を上げている[40]。

最後に、小河滋次郎の「地方委員」について触れておく。これもまた、構想はされていたものの感化法施行規則等には盛り込まれなかった〝小河構想〟の一つである。「地方委員」は、現在の児童委員や保護司のような存在で、保護の必要な子どもを発見・報告したり、あるいは今日でいうところの第三者委員のように施設を訪問して意見を述べる、などの役割[41]が想定されていた。この「地方委員」はその後、少年教護法において「少年教護委員」として一応の法制度化を見る（第五節）ものの、もし感化法制定時に実現していれば「一九〇〇年の早い段階で全国の各市町村に配置されるべき内容の構想であった」（同：116）ものということである。

2．感化法発布後

進まない〝義務必置〟

一九〇〇（明治三三）年感化法は公布され、全国への感化院の設置が義務づけられた（「第一条　北海道及府懸ニハ感化院ヲ設置スヘシ」）ものの、各地方の感化院（公立感化院）の設置は進まなかった。第十四条の修正[42]により、感化院の設立までには時間的な猶予が与えられた（「第十四条　本法施行ノ期日ハ府懸會ノ決議ヲ經地方長官ノ具申ニ依リ内務大臣ヲ定ム」）上、その財源は地方財源とされた（「第三条　感化院ニ關スル經費ハ北海道及沖繩懸ヲ除クノ外府懸擔ノ負擔トス」）ことが影響したと考えられる。そのため、感化法発布後、感化法の第一次改正までに新設した施設は二府三県の五施設（東京府、大阪府、神奈川県、埼玉県、秋田県）のみ、そのうち東京府は代用指定（「東京市養育院感化部ヲ代用」）（内務省社会局編 1930：22）という状況[43]であった。代用指定を受けた感化院、即ち代用感化院とは「私立の施設を内務大臣の許可を得て法による感化院に代用したものを指す」（全国教護協議会編 1964：4）ものである。一方、感化法公布以降も「感化法の適用を受けない所謂私立の感化院」（内務省社会局編 1930：24）は設立されており、「東京感化院、家庭学校、千葉感化院、三重感化院、備作恵済会感化部、阿波国慈恵院等が感化法撥布以降其の実績頗る見るべきもののあつたことは言ふまでもないが、其の以降（感化法以降）に於て創立された感化院としては、京都感化保護院、静岡県自営学館、島根県山陰慈育家庭学校及び松江育児院、広島県広島感化院、香川県讃岐保護院などが其の主なるものである」（同 193：24、括弧内筆者）とのことなので、当時は私立感化院の方が多かったことになる。財源が乏しく設置の進まない公立感化院に対して、私立感化院は慈善事業として、篤志家や皇族の寄付、帝室御下賜金、宗教団体や支援団体、あるいは職員のボランティア精神などに支えられて設立・運営していたのであった。[44]

ところで、感化法を立案した内務省監獄局は、感化法が公布された翌四月に内務省から司法省に移管（勅令一六七号）された。内務省内ではこの司法省移管を見越して前年から準備が為されていたという。例えば、赤煉瓦監獄に象徴される地方監獄の近代化の計画もこのころである――「司法省に移管する直前の明治三十二年、内務省はこれを見越し、大蔵省に監獄費標準予算の了解を取りつけて改築の第一期工事計画を立てている」（重松 1985：131）。そして監獄局の移管により、地方監獄は内務省から司法省の管轄となった。移管前の一八九九（明治三二）年から計画されていた地方監獄の第一期工事は、「明治三十四年度の予算に改築継続費として認められ（中略）明治四十一年の監獄法施行に焦点を合わせるごとく、同年七月落成の奈良監獄で予定どおり完了して」（重松 1985：129）いる。正に着々と整備されていった、という印象を受ける。奈良監獄について、筆者は写真でしか見たことがないが、西欧式の大変優美な赤煉瓦監獄であり、これは正に、かつて「絵に描いた餅」であった西欧式の監獄、一八七二（明治五）年の『監獄則図式』（「監獄則並図式」政官達第三七八号）に描かれた近代監獄そのものである。[45]

一方、感化法は「内務省内部で監獄費国費支弁法とのだき合わせ成立をねらった」（長沼 2000：101）ものであり、法案を起草したのは内務官僚の小河・窪田であった。にも関わらず、感化院は監獄局の移管に伴い、司法省監獄局の管轄とはならず、内務省地方局府県課が主管となった。なぜ、司法省は自らが立案した感化法を根拠法とする感化院を内務省に置いてきたのか、なぜ自らの管轄とし、地方監獄のように育て上げなかったのか――実際には政府の決定であろうし、感化院運営は地方行政が行う、ということであればその管轄は内務省が適当ということにはなろう――しかし、予算を付けて監獄局の管轄とすることもできたのではないか、思わず置いてきたと思ってしまったほど、筆者はこのときの移管について違和感を覚えたのである。このときの、内務省から司法省への監獄局の移管と感化院の管轄について、田中は『近代日本の未成年者処遇制度』の中で「監獄局移管問題」という見出しを付けて検討している。そこから一部抜粋・引用すると、「監獄改良運動の中から生じた感化法の運用が、司法省で行われなかった理由は（中略）監獄局移管問題が生じた段階においては、感化法は刑事裁判の執行とは関係がないと見なされていたために、司法省ではなく、内務省で行われるべきことであると考えられていた」（田中 2005：135）ということである。また、「感化法が警保局ではなく、地方局で運用された理由」（同：137）――一八八五（明治一八）年、内務省監獄局が廃止され、警保局に監獄課が設置されて以降、一八九七（明治三〇）年に内務省に監獄局が設置されるまでの間、監獄行政は警保局が行っていた――については、「明治三三年感化法制定以前の段階ですでに民間感化院が存在しており、そうした感化院の中にはすでに明治二〇年代から慈善施設と見なされ」（田中 2005：137）ていたこと等を理由に挙げている[46]。つまり、「監獄局の司法省移管の時期における感化法は、単に『未成年犯罪者』を処遇する監獄の附属法ではなく、また単に社会の治安維持を目的とした『不良少年』取締法でもなく、むしろどちらかと言えばすでに存在していた慈恵施設に関する法として解釈されていた」（同）ということである。つまり、感化院は〝福祉畑〟――当時福祉という文言はまだ使用されていなかったが――としてみなされ、内務省に据え置かれた、ということであろうか。

最後にもう一点、感化院の全国設置が進まなかった要因として、当時はまだ懲治場が残されていたことが挙げられる。政府内の調整としては「感化院が出揃うまでということで懲治場は残されることになった」（鈴木・勝山 2001：52）が、地方にとっては「あえて感化院に収容する必要がないとかんがえられたのである」（重松 1976：381）ということであった。

このように一九〇〇（明治三三）年に制定された感化法は、感化院の全国への設置が義務づけられた――戦後、〝義務必置〟などと呼ばれ、現在の児童自立支援施設においても「都道府県は（中略）児童自立支援施設を設置しなければならない」（児童福祉法施行令）としている――ものの、理念的にも、また、実際の施設の設置という点においても十分なものとはいえなかったようである。そのため、「産み棄て同然の死産法」（重松 1976：381）、「立案者の苦心も通じないまま一頓挫した（中略）あたかも〝監獄の落とし子〟のようなものであった」（同）などと評されることとなった。

特別幼年監の設置と廃止

一九〇〇（明治三三）年感化法が発布されたが感化院の全国への設置は進まず、懲治場では依然として子どもの受け入れを続けていた。一方、監獄は国庫支弁になり、監獄の改良（近代化）が進んだ。それに伴い、監獄内にあった懲治場も分離収容が進み、女性と子どもが分離されることとなった。これでようやく我が国の罪を犯した子どもや「非行少年」が、監獄から解放される……などと思いきや、それは筆者のまったくの見当違いとなった。懲治場は分離した女性と子どものために、新たな施設、「女監」と「幼年監」を設置したのである。女性はともかく、なぜ子どもは感化院ではなく、幼年監なのか……この疑問については後に触れることとして、幼年監は子どもの人権に配慮した、大変近代的な施設へと発展していくことになった。一九〇二（明治三五）年、特別幼年監に指定された浦和監獄川越分監はその魁である。

（一）　明治三十四年十二月司法省訓令第一一號在監人賞誉規程

幼年監、女監等の特設　欧米獄制の影響を受けて我監獄界に擡頭し來れる犯人個別處遇上の要求に基き先づ第一着手として明治三十五年十二月埼玉懸川越支署を以て幼年監と指定し、東京附近の幼年囚及懲治人の収容を開始し（是我國幼年監の嚆矢である）次で翌年九月七尾分監、十月唐津分監、十一月熊谷分監、十二月沼津分監、越て三十八年八月長岡分監、同年十月福島懸中村分監、三十九年一月洲本分監、同年小田原分監、同三月金澤監獄を夫々懲治人若しくは幼年囚の特設監に指定し（一）、少年の特性を考慮して特別處遇を施すことゝなつた。尚三十六年八月には市谷、巣鴨兩監獄の収禁法を改め、市谷には賭博及竊盜再犯以下の者及び幼年未丁囚を収容し、其の他は悉く巣鴨（二）に網羅することゝし（川越分監は規模狹小にして多数の少年を収容する能はざる爲三十六年九月以來懲治人のみを収容することに變更せらる）又同時に八王子分監を以て女監に指定し、次で三十九年十一月栃木分監を女監となし尚同時に堀川監獄を女懲治人の収容場とした。此等特設監の設置は我國現行拘禁制度の根幹たる分類制の權輿をなすものにして、我國監獄改良事業も漸次行刑技術の改善に及ぶに至つたことは行刑制度上の一大進歩と言はねばならぬ。

（一）1、尚明治三十七年三月横濱監獄を男瘖啞者懲治人及女懲治人の特別監となす。
2、明治三十九年特別監一覽参照（資料一）
（二）明治三十八年東京に於ける精神病者を巣鴨監獄に収禁す。
（三）明治三十九年十一月栃木分監を特別女監となし宇都宮及前橋監獄の女受刑者刑期三月以上の者を収容することゝした。尚同時に堀川監獄を以て女懲治人の収容場となし神戸、奈良、京都、膳所、の《ママ》和歌山の各監獄の女懲治人にして刑期六月以上の者を収容することゝした。

〈刑務協会（1943）『日本近世行刑史稿 下巻』刑務教会、pp. 678-679。傍線筆者〉

川越の特別幼年監（以下、川越幼年監）は、「幼年囚の教育主義の理念は、中央では、司法省監獄事務管小河滋次郎の強力な指導にささえられ、現場にあっては小河滋次郎の友人でもあった浦和監獄典獄早崎春香らの実践者によって盛り上げられて」（矯正協会編 1984：47）行った。早崎は典獄時代から「凡そ懲罰主義の時代にはふさわしくもなく、愛情による指導を実践し」（早崎 1959：27）[47]て来たという人物であり、先に取り上げた家庭学校を創設した留岡幸助からは「我監獄界に多年の経験を有せられ殊に未丁年犯罪者の処遇と云ふことに付て非常に熱心なる考を持て居らるゝ我畏友早崎典獄の如き方」（留岡 1904：79）と書かれている。その早崎と、感化法を早期した小河滋次郎が手がけ、しかも国の予算をつぎ込んだ川越幼年監の実践は、およそこれまでの監獄行政にはない、画期的なものであった。早崎曰く「内容の総てを学校風にいたしまして其頭を校長、職員を先生、懲治人を生徒或は保護児童、懲治を保護教育と称して居ります。そこで少年犯罪者の訓育は保護児童の教育と申すことになるやうでこさ《ママ》います」（早崎 1909：116）ということで、施設名称も、川越児童保護学校（もしくは川越保護学校）――「規則上の名は懲治場てこさ《ママ》いますか時勢と教育上切なる必要とに鑑みて名つけました実質上の名」（早崎 1909：116）――とした[48]。また「家庭主義保護」（同：118）や「退校後の保護」（同：120）を盛り込むなど、〝保護と教育〟を理念とする感化院も顔負け、というか、初期の感化院が寄宿舎制度（いわば先の「家族主義保護」と相対する実践方法、詳細第Ⅲ部）を採っていたことに鑑みると、感化院よりも感化教育的な理想を追い求めた施設だった[49]ようであり、すでに家庭学校を運営していた留岡もここを訪れ「川越幼年監獄を観る」（留岡 1904：76）において、先駆的な施設であること、そして資金が潤沢なこと[50]など記している。

このように華々しく開花したかに見えた特別幼年監ではあったが、その命は短かった。川越幼年監の指定は一九〇二（明治三五）年の一二月であった。しかし、「明治四十年代に入ると、この斬新な教育施策も、司法当局の眼には適切なものと映らなく」（矯正協会編 1984：47）なり、「司法省当局の規律主義の強い風潮の中で」（同：48）小河は一九〇八（明治四一）年に清国に招聘[51]、早崎は鹿児島に異動の命が下り（後述）、「これにより、我が国の少年行政史の中で最も異彩をはなった懲治人及び幼年受刑者の教育が、突然大木が折れるように終焉[52]に向かった」（矯正協会編 1984：48）ということである。早崎の妻、ムラは当時の世相をこのように表現している――「当時は、『社会』の文字を口にすれば尾行が附く程の時勢でした。司法省も懲罰主義を採つていたのでした」（早崎 1959：23）――。世相は一九〇〇（明治三三）年・治安警察法の公布、軍部大臣現役武官制の制定、そして一九〇四（明治三七）年・日露戦争の開戦という時代であった。一九〇七（明治四〇）年四月・改正刑法の公布、一九〇八（明治四一）年三月刑法施行法公布、そして監獄法公布により監獄則が廃止され、それに伴い懲治場も廃止されることになった。

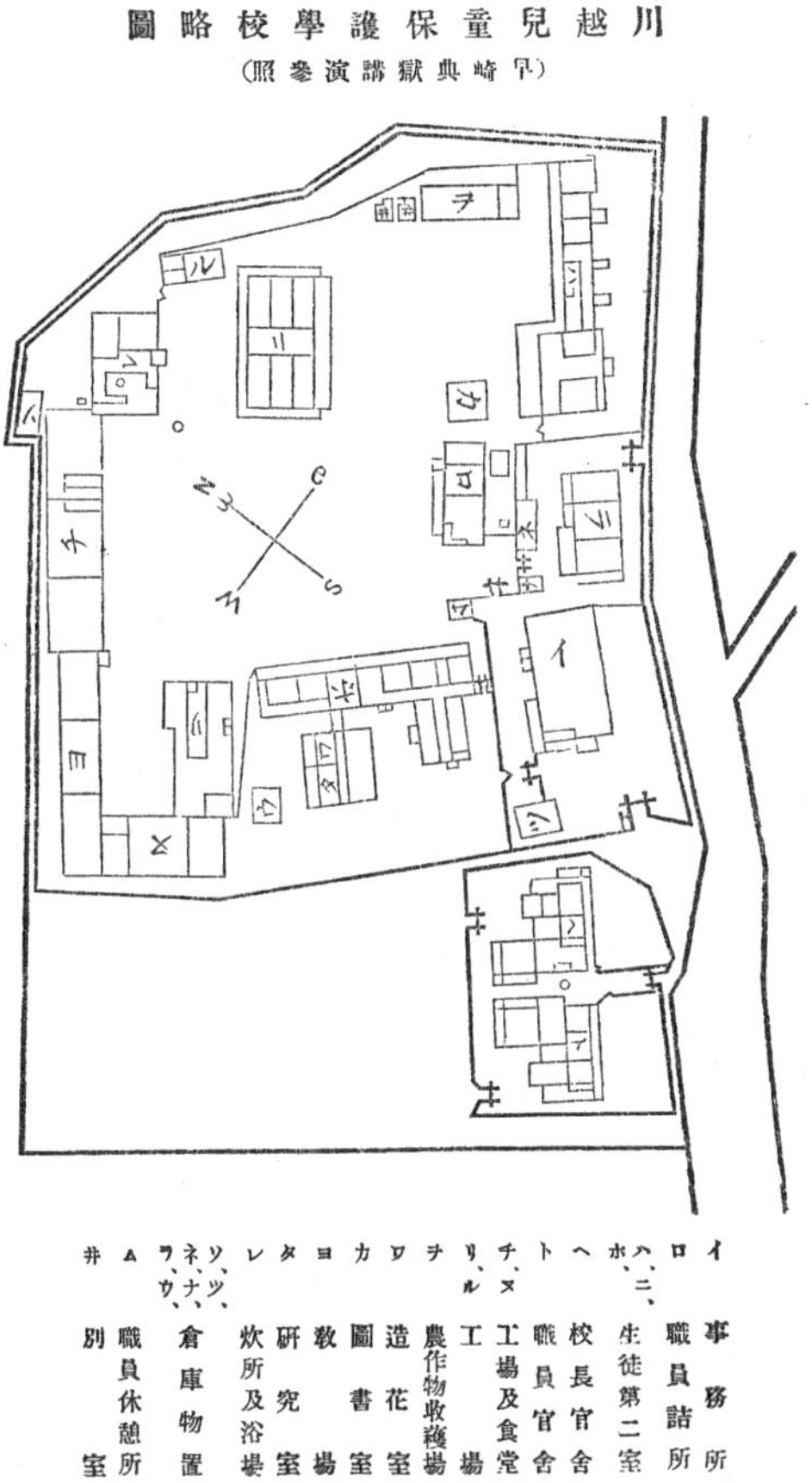

川越兒童保護學校（1905）『保護兒童ノ研究』川越兒童保護學校、p. 114。なお、転載にあたっては、児童問題史研究会監修『日本児童問題文献選集 25　保護兒童ノ研究（川越兒童保護学校編）』日本図書センター、を使用した。

小河、早崎のその後

後年は方面委員制度に尽力――小河滋次郎

ところで、懲治場が分離収容を進めたとき、なぜ司法省は幼年監を設置したのであろうか。感化法起草当初、司法省は懲治監の入監者の分類収容に際して、子どもの受け入れ先としては、感化院を想定したのではなかったか――少なくとも、感化法案が帝国議会で審議された際の小河は、感化院を中心とする――「懲治場入リトカ云フヨウナ司法処分ノ結果デ這入リマシタヤウナ者ハ、地方ニ設ケタ感化院ニ入レテ」（下引用傍線部）――未成年者処遇の計画について詳細に話している。以下は「衆議院感化法案審査特別委員会」での小河の答弁である。

（感化院は第二の懲治場になるのではないかと問われて）……成ルベクハ感化院ヲシテ感化院ト云フヤウナ看板ヲ大キク掛ケテ、官立的ノモノニ成ルベクシナイヤウナ方法ヲ立テマシテ、成ルベクハ感化ノ効ヲ収メルニハ、内部ヲ家庭ノ組織ニ致シタイ考デアリマス、種々ノ種類ノ者ガ這入ッテ参リマスカラ、サウ云フ者ニ對シテハ内部ニ一ツノ區畫ヲ立テヽ、或ハ場合ニヨリマシテハ懲戒場入リデアルトカ、懲治場入リトカ云フヨウナ司法處分ノ結果デ這入リマシタヤウナ者ハ、地方ニ設ケタ感化院ニ入レテ、サウシテ不良少年ニシテ犯罪ノ證跡ノナキ者ハ、成ルベク代用感化院ト云フ風ノ家庭ニ入レテ、一ツノ場所デ兩方ヲ混淆シナイ考ヘデアリマス、今日デモ實際各地方ニ於キマシテ、一個人ナリ或ハ團躰デヤッテ居ル感化事業ハ、幾分カ芽ハ出シテ居ルノデアリマス、唯是レガ發達シテ居ラヌダケデアッテ、大小必ズ各地方デハ設ケテアリマシテ、計畫シテ居リマスカラ、斯ウ云フ法案ガ出マシタナラバ、一私人ノ事業ガ一層完全ニ成就致スデアロウト思ヒマスカラ、斯ウ云フモノヲ奬勵シテ保護ヲ加ヘル、既チ補助ヲ加ヘルヤウナ風ニ致シマシタナラバ、費用ハ多分ニ掛ラズシテ、又第二ノ懲治場を作ル嫌ヒガナクシテ、其效績ヲ完フスルコトガ出來ルト云フ考ヘデアリマス、既ニ申シ上ゲタヤウナ具合ニ、感化院ノ方ハ成ルベク家庭組織ニシテ、所謂献身的ニ兒童ト寢食ヲ同ジクシテ世話ヲスルト云フ種類ノ人間ニ任セルコトヲ務メタイ考エデアリマス

〈明治三三年二月二〇日「第一四回帝国議会 衆議院感化法案審査特別委員会速記録」内務省監獄事務官・小河滋次郎の答弁より一部抜粋、……部分は省略部分、括弧内、傍線、波線、筆者。〉

衆議院及びに貴族院における小河の答弁（左に引用）を見ると、当初、感化院は「大小必ズ各地方デハ設ケ」（右引用波線部）、またその設置に関しては「各府縣一様ニ設置シタイ考」（左引用下線部）であったものの、衆議院で法案第十四条が削除されたことにより、貴族院感化法案特別委員会の答弁では、地方への感化院の設置が遅れてもやむなしと答弁した。「府懸の必要ニ應ジマシテ或イハ來年度カラ起コスモノモアリマセウシ、又延ビルモノモアリマセウガ、ソレデ差支ナイコトト致シマシタ」（右引用波線部）ことが窺われる。

（第十四条の削除に関する説明を求められて）唯今ノ御尋ニ付キマシテハ最初政府ノ考デハ各府縣共規模ノ大小ハアリマスルガ、各府縣一様ニ設置シタイ考デアリマシタガ、併ナガラ衆議院ノ方ノ此修正、御手許ニ廻ッテ居ラヌカモ知レマセヌガ、附則ノ第十四條ヲ修正ニナリマシテ「府懸會ノ決議ヲ經地方長官ノ具申ニ依リ內務大臣之ヲ定ム」是ハ政府モ同意ヲ致シマシタノデ、斯ウ云フコトニナリマスレバ府懸の必要ニ應ジマシテ或イハ來年度カラ起コスモノモアリマセウシ、又延ビルモノモアリマセウガ、ソレデ差支ナイコトト致シマシタ

〈明治三三年二月二二日「第一四回帝国議会 貴族院感化法案特別委員会議事速記録第一号」より説明員・小河滋次郎の説明より一部抜粋、……部分は省略部、括弧内、傍線、波線、筆者。〉

土井が「自らもその制定に尽力した感化法制の充実強化を断念し、司法官優位の司法省のなかで、懲治場の改革に奔走することになった」（土井 1980：384）と書いている通り、小河は、内務省では感化法の制定に向けて、監獄局の司法省移管後は特別幼年監の設置・充実に向けて尽力した。それは、一九〇〇（明治三三）年の感化法が不発だった――各地域への「感化法の設置」を定めたことに留まり、実際には各地方の感化院設置は進まなかった――ことが関係しているのであろうか、今回は明らかにすることはできないが、いずれにしても（内務省でも司法省でも）彼の果たした功績は多大なものであろう。

今、改めて小河の答弁を読むと――例えばそれは先の引用部分だけを読んでみても――大変先駆的な理念及び実践について語られているのであって、まるで一九八五年の「少年司法運営に関する国連最低基準規則」（通称北京ルールズ）に掲げられた「規則一一　ダイバージョン」――「ダイバージョンとは、正式な刑事司法手続きから子どもを分離し、公式なものか非公式なものかを問わずコミュニティによる支援へと移行させるもの」（国連ウィーン事務所著、平野裕次訳 2001：41）――を予見しているかのような内容である。それが故、「司法当局が教育主義から規律主義に転じ」（矯正協会編 1984：70）、規律を重んずる名目で刑事主義が復活[53]した後は、「小河が司法省にとどまる基盤は失われ、またとどまらなければならない理論的根拠もなくなっていた」（小河著、土井ら編 1980：384）のであろう、先述の通り小河は清国に招聘され、司法省を退官している。当時の様子について、『小河滋次郎集』に収録されている「小河滋次郎年譜」（以下、年代等、同年譜により確認）より一部抜粋する。

一九〇七（明治四〇年）―四四歳―　▽五月二一日　法律取調委員となる。▽五月三〇日　刑法施行法及び監獄法主催委員となる。▽六月三日　監獄法起草委員となる。▽一二月二五日　清国政府ヨリ二等第二双竜宝星をうける。▽この年、大隈重信銅像落成に際し、早稲田大学交友、学生総代として式辞を述べる。

一九〇八年（明治四一年）―四五歳― ▽四月　司法省を退官。▽四月一七日　清国政府に聘用される。清国では獄政顧問のかたわら北京法律学堂監獄学専修科教授として講義。かたわら山東省済南監獄などの監獄建設を指導。▽六月二八日　勲五等端宝章をうける。▽八月一〇日　特旨をもって正五位に叙せらる。▽一〇月七日中央慈善協会の創立にともない評議員となる。

〈小河滋次郎著、土井洋一・遠藤興一・伏木芳雄編（1980）『小河滋次郎集　社会福祉古典叢書2』鳳書院、p. 404。〉

小河は「清国の監獄制度に多大の影響を与え」（松原 2005：45）た後、一九一〇（明治四三）年・清国政府聘用を解かれ、一九一一（明治四四）年・内務省地方局事務取扱を嘱託、一九一三（大正二）年・府知事大久保利武に招かれ、大阪府救済指導嘱託となり（『小河滋次郎集』「小河滋次郎年譜」より抜粋）、後年は方面委員制度を中心に社会事業分野で活躍した[54]。遠藤興一曰く「前半生を内務官僚として、また監獄学研究者として斯界をリードした時期であるとすれば、後半生は一転してその官途を棄て、『嘱託』というなかば自由人の境涯において大阪府の自治行政と関わりを持った」（小河著、土井ら編 1980：392）ということであった。なお、後述するが、小河の大阪時代に司法省は少年法を立案し、彼はその制定に強く反対している（第四節）。

初代土山学園長に就任――早崎春香

早崎は一九〇九（明治四二）年三月鹿児島に転勤を命ぜられたが、同年の四月一日付[55]で感化院・土山学園（現在の明石学園）の初代園長となっている[56]。その経緯や土山学園での働き、そしてその後について、早崎の妻ムラの懐古談、「土山の十年」[57]から以下、抜粋・引用して説明する。

早崎は一九〇九（明治四二）年三月、埼玉から鹿児島への転勤を命ぜられたが、「明治四十二年四月、兵庫県知事服部一三、内務部長内直俊両氏の懇願を断りきれず、土山学園は国立にするという話し合いのもとに、早崎は典獄の職を辞し、兵庫県土山に赴任」（早崎 1959：23）したということである。おそらく、前年に改正された感化法（第三節）を受けて、兵庫県は感化院の〝義務必置〟を果たすべく、早崎に感化院運営を「懇願」したのであろう。監獄から感化院へ、埼玉から兵庫へ居を移した早崎夫妻であったが、しかしその後、二人には大変な苦難が待ち受けていた。

まず、「土山学園は国立にする」（同）はずだったものが、その国立化は成らず、国立化案に尽力した関係者も転任[58]させられた。ところが（本来運営主体であるはずの）県側はというと、「当時、兵庫県の理事者関係者の多くは『感化院（当時の名称）は無用の長物で県の飾り物に過ぎぬ故、多くの出費は無駄である』といい、事毎に経費を減らし、当事者は不当の圧迫を受けました」（同）という状況であった。早崎は土山学園に精神医学、心理学を学んだ精神科の医師を迎える[59]など、現在に魁けた取り組みを行ったが、県側は「ぜいたくである」（同：24）として「医師の俸給を半減」（同）した。それを早崎は「これも自分の不徳の致すところとして、以来数年間、その減給額を園長の俸給より補充し」（同）、また、一寮舎の職員が病死した折には、「直ちに県より経費削減のためその一家庭（寮舎）の閉鎖を命じて」（同、括弧内筆者）来た際は、「閉鎖された家屋は教育上好ましくない影響のあることを考へ、児童の数に変わりなきにその経費を省くといふ無理をも忍んで、園長の家内（私）が無報酬の上持ち出しで五年間、その家庭の子供等の世話を」（同）したり、時には「自費で小麦粉と砂糖を買いもとめ、飼育する山羊の乳に混ぜて（中略）ビスケットを焼き、職員の子供達と児童にほんの少しづつ『くすりですよ』と笑い乍ら分けて廻った」（同、括弧内筆者）こともあったということである。また、「その頃の土山は赤土に一面の小松の原野で夜は狐の声をきく荒地」（同）であったものを「自分の家族は犠牲にしても開墾に努力」（同）し、「麦やさつまいもが出来るやうに」（同）なるなど、早崎夫妻は献身的に働いた。早崎は、「もとよりこれが最後のご奉公という決心で、明治四十二年四月より大正八年四月までの満十年間を努力しつづけ」（同：27）、「愛情を捧げ全身全力を事業（保護教育、即ち感化事業）に打ち込んで」（同、括弧内筆者）いたが、しかし県側の理解は得られず、それどころか県会議員の逆鱗に触れて[60]園長の給料は半額になる――「俸給は半額どころかみんな持ち出しているものを」（同：25）――という状態であった。そして「時節とはいえ無理解な縮小方針に押しまくられ、体力も財力も出しつくした後で土山を文字通り追い出された」（同：27）ということであった。このような経緯で早崎夫妻は土山学園を去ったが、早崎と共に働いた土山学園の職員――ムラは「当時の協力者であつた職員の方」（同：27）としている――は、感化事業を諦めるどころか、各地の感化院で活躍した[61]ということである。ムラは「初代園長の意志を継いで困難なこの事業の責任者となり、長年努力されたことを見れば、早崎もどんなに感謝しましたことでせう」（早崎 1959：27）と書いている。このことは現在の明石学園の職員にも伝聞されており、筆者がいただいた書簡によると、「色々調べてみると、やはり明石学園の初代園長早崎春香さんは、本当に、すごい方で、その当時、早崎先生と一緒に働かれていた当時の職員のほとんどは、明石で活躍ののち、他の様々な教護院の園長として行ったそうです」（二〇一四年一二月）ということであった。

故早崎春香先生

（典獄を辞する時）

早崎春香稿、池田千年編（1933）『ひとり子の園』魚住村児童自治会。

第三節　感化法一次改正──〝義務必置〟を現実に

1. 感化院の設置を促す改正

刑法改正に伴う改正

感化法は一九〇〇（明治三三）年の公布後、一九〇八（明治四一）年と一九二二（大正一一）年の二度に亘って改正されている。しかしそれは、感化法・感化院の改良のためというよりは、「刑法の改正並少年法の制定に余儀なくされ」（左引用傍点部）たものであった。一九〇八（明治四一）年の改正（以降〝一次改正〟）は、先に述べた通り改正刑法及び監獄法制定に伴う改正であり、一九二二（大正一一）年の改正（以降〝二次改正〟）は少年法及び矯正院法制定に伴う改正である。以下、一次改正から見ていくこととする。

> 明治三十三年に、感化法が制定せられたが、其の時既に感化法改正の必要が運命づけられてゐたとも考へられるのである。それは政府の提案にかゝる感化法案が無益な、寧ろ將來の發展を阻害すべき修正が施されて通過したからである。（中略）其の上に、刑法の改正並少年法の制定に餘儀なくされて、明治四十一年と大正十一年との兩度に於て、感化法が改正せられた。
>
> 〈菊池俊諦（1943）「少年教護法の誕生まで」『兒童保護』一三─一〇、日本少年教護協會、p. 12。傍点筆者〉

繰り返しになるが、監獄と刑法、感化院と感化法の関係について今一度整理しておくと、一九〇〇（明治三三）

年・感化法公布、同年監獄局が司法省に移管したが感化院は内務省の管轄となった。一方司法省では懲治場の改良に着手、一九〇二（明治三五）年・川越支署を特別幼年監（川越保護学校）とするなど幼年者の分類収容を進めていた。しかし一九〇七（明治四〇）年・刑法改正、第四一条に「十四歳ニ満タサル者ノ行為ハ之ヲ罰セス」が盛り込まれ、懲治場留置は廃止されることになった。翌一九〇八（明治四一）年三月・刑法施行法公布及び監獄法公布（共に同年一〇月一日施行）、監獄則は廃止、懲治場・特別幼年監も廃止となった。

そして同年四月・感化法の一次改正が行われた。これは、半年後の一〇月一日から施行される改正刑法及び監獄法に伴う〝法整備〟の一つという位置づけ、つまりは廃止される懲治場の収容者（それまでの懲治人）の受け皿として感化院を機能させようということであった(62)。改正刑法及び監獄法施行と同時期（同年九月から一〇月にかけて）に開催された第一回「感化救済事業講習会」――同講習会は「明治末期から大正前期の（社会事業の専門家の）養成の中心は内務省の感化救済事業講習会であった」（吉田 1990：77、括弧内筆者）――では、司法省監獄局長・小山温が講演しており(63)、次のように述べている「（改正刑法と監獄法が実施されるに当たって）懲治人は無くなるか、それは名のみてありて懲治場に入るへき人間は無くなりはしないのである。それはと《ママ》うなるかといへ《ママ》は、十月一日以降は感化院に収容されるのである。即ち感化院に容るへ《ママ》き者か《ママ》現在に於ては監獄に居るのである。諸君か《ママ》早く此感化院の事業を盛んにして下されば何時て《ママ》も今監獄に預かつて居るところの懲治人は引渡すことに法律か《ママ》出来て居るのである」（小山 1909：86、括弧内・傍点筆者）。

国庫金補助と代用感化院

「感化院の事業を盛んに」（右引用傍点部）するためには、懲治場に変わる施設である感化院を全国に設置する必要があった。すでに公布されている一九〇〇年の感化法には〝義務必置〟（「第一條　北海道及府縣ニハ感化院ヲ設置スヘシ」）が定められており、内務省は感化院の設置を奨励した。しかし国はその予算を出さず（「第三條　感化院ニ關スル經費ハ北海道及沖縄懸ヲ除クノ外府懸ノ負擔トス」)、また、設置期日も地方の裁量にまかされていた(「第十四條　本法施行ノ期日ハ府懸會ノ決議ヲ經地方長官ノ具申ニ依リ內務大臣ヲ定ム」)ため、感化法による公立感化院(以下〝感化院〟)の設置は進まなかった――「制定されるや、政府当局は着々其の準備を為し、屢通牒を発して施設上の手続等につき注意を為し切に其の実施を奨励したが、実際に於ては容易に行はれず全国中之を見た府県は、実に寥々たるものであった」(内務省社會局編 1930：21)。

改正刑法及び監獄法が施行されることになり、感化院は「元懲治人」の「引き渡し」に対応しなければならなくなった。しかし当時の感化法は二府三県が施行したのみ(感化院の設置は代用も含めてわずかに五施設、第二節)であり、「実に効果の薄い、不発弾と言っていい結果にとどま」(佐々木・藤原 2000：98)る法であった。そのため、一次改正では設置を促す内容が盛り込まれた。まず、設置日の先延ばしが改められ(「第十四條中『府懸會ノ決議ヲ經』ヲ削ル」)、費用については各府県の負担は変わらなかったが(「第三條　感化院ニ關スル經費ハ北海道及沖縄懸ヲ除クノ外府懸ノ負擔トス」)、ようやく費用の一部が国から出ることになった(「第十一條ノ二　國庫ハ道府懸ノ支出に對シ勅令ノ定ムル所ニ従ヒ六分ノ一乃至二分ノ一ヲ補助ス」傍点筆者)のである。その勅令は翌年一九〇九(明治四二)年に出され(第一九号)、内容は「一　感化院創設費、広擴張費及彼ニ伴フ初度調弁費　　二分ノ一」「二　其ノ外ノ諸費　　六分ノ一」、「但シ事業ニ伴ウ収入又ハ寄付金等アルトキハ之ヲ控除シタル額ニ対シ補助ス」というものであった。

この改正により、「感化法改正法律発布されて、直後三年にして、沖縄県を除き全国殆んど感化院の創立を見るに至つた」(内務省社会局編 1930：31)ということである。しかしながら、先の「補助」の内容で、各府県への設置が進むものであろうか、それまで一〇年近くも進まなかった〝義務必置〟が、わずか三年でそれほどまでに充実するものであろうか。――実は、それにはからくりがあり、先の「補助」の内容には「代用感化院ニ対シ道府県ヨリ支出ヲ為ストキハ前項ノ例ニ依リ補助ス」という一文が添えられていたのである。つまり、一次改正では代用感化院が多かった、というか代用感化院の方が多かったのである――「かくて感化法改正法律發布されて、直後三年にして、沖縄県を除き全国殆んど感化院の創立を見るに至つた。その中、公立十八、私立にして代用感化院に指定されたものが二十一であつた(64)」(内務省社会局編 1930：31)。すでに述べた通り「代用感化院」とは慈善事業として私費運営していた施設を府県の感化院に代用するものである。なお、以下に設置・費用に関する部分(新旧)を抜き書きする。

新：第三條　感化院ニ關スル經費ハ北海道地方費及府縣ノ負擔トス

旧：第三條　感化院ニ關スル經費ハ北海道及沖繩縣ヲ除クノ外府縣ノ負擔トス

新：第十一條ノ二　國庫ハ道府縣ノ支出ニ對シ勅令ノ定ムル所ニ從ヒ六分ノ一乃至二分ノ一ヲ補助ス

新：第十三條ノ二　府縣ハ共同シテ感化院ヲ設置スルコトヲ得
　前項感化院ノ管理及費用分擔ノ方法ハ關係地方長官ノ協議ニ依リ之ヲ定ム若協議調ハサルトキハ內務大臣ヲ定ム

新：第十四條中「府縣會ノ決議ヲ經」ヲ削ル

旧：第十四條　本法施行ノ期日ハ府縣會ノ決議ヲ經地方長官ノ具申ニ依リ內務大臣ヲ定ム

新：第十五條ヲ削ル

旧：第十五条　北海道沖繩縣ニ關シテハ勅令ヲ以テ別段ノ規定ヲ設クルコトヲ得

国立感化院と公立感化院構想

第二節で取り上げた早崎春香の土山学園について、妻ムラによると、早崎の就任時、土山学園を国立化する約束があったということである（第二節）。このときの国立化構想がどのようなものであったか、今回は詳しく調べることはできないが、しかし、もし土山学園の国営化が実現し、国の直轄で運営される施設となっていたならば、土山学園の運営基盤は比べものにならないほど安定的なものになっていたであろう。早崎の待遇にしても――園長自らが常にわらじ履きで赤土を耕し、少ない俸給から職員の給料を工面し、また、俸給はすべて持ち出して運営を支える（第二節）――少なくともこのような状況にはならなかったはずである。当時の国の直轄の施設は（国も決して富んでいたわけではないが）、司法省の特別幼年監や一九二二（大正一一）年に設置されることになる矯正院（現在の少年院）、あるいは一九〇〇（明治三三）年の監獄局移管の際には内務省に残された集治監を見ても立派なものである。しかも、当時の感化院は民間の慈善事業とみなされる傾向にあり（第二節）、先の早崎の兵庫県のように「無用の長物で県の飾り物に過ぎぬ」（早崎 1959：23）として設置を渋る、あるいは運営に厳しい態度を取る府県も少なくなかったのではないだろうか。当時の資料からは、多くの感化院が財政難に苦しみ、職員はほとんどただ働きのような状態で献身的に施設を支えていた様子が窺われる。感化院関係者たちにとって、感化院の国立化は根強い要望であったと考えられる。

先にも述べた通り、一次改正では感化院の国立化は盛り込まれなかったが（第一条　北海道及府縣ハ感化院ヲ設置スヘシ、第二条　感化院ハ地方長官之ヲ管理ス、は据え置き、第三条　感化院ニ關スル經費ハ北海道及沖縄縣ヲ除クノ外府縣ノ負擔トス）、新たに盛り込まれた第一三条の三に「国立感化院」が登場している。これは内務省地方局長・床次竹二郎の衆議院感化法中改正法律案委員会での説明[65]によると、地方の感化院に置いておくことができないような子ども、以前なら懲治場に入るような子どもの受け入れ先として想定していたようである[66]。これは、現在の国立武蔵野学院及び国立きぬ川学院に相当する施設であるが、床次は「府県デ幾ツカノ感化院」を設置し、国立感化院は「漸次五箇所六箇所位マデハ作リタイト考ヘテ居リマス」と発言(67)している。つまり、当時の内務省は感化院の設置拡大――子どもを分類・入所させるための国立感化院の設置だけでなく、各地方に複数の公立感化院を設置する――構想があったことが窺われるものである。

第十三條ノ三　第五條ニ該當スル者ニシテ別ニ命令ヲ以テ定メタル者ハ之ヲ國立感化院ニ入院セシムルコトヲ得
　第六條乃第九條、第十一條、第十二条及第十三条ノ規定ハ國立感化院ニ之ヲ準用ス

ところで、この第一三条の三を見ると「国立感化院ニ入院セシムルコトヲ得」としているが、しかし、当時の日本には、この「国立感化院」の設置を定める法も、そして実際の国立感化院も、まだ存在していなかったのである。この条文は帝国議会衆議院感化法中改正法律案委員会でも議論を呼び(68)、衆議院本会議では矢島浦太郎議員から「……私ハ未タ嘗テ国立感化院ノ設置シテアルトコロヲ知リマセヌ、又其予算ノアルコトヲ存ジマセヌ、政府ハイツソレヲ拵ヘル御考デアルカ、幾ラノ予算ヲ以テ拵ヘルノデアルカ、唯徒ラニ条文ノミヲ設ケテ置イテサウシテ其実行ノナイト云フトキハ、遂ニ真正ノ感化ヲ見ルコトガ出来ナイヤウニナッテシマウノデアル(69)……」と質問されている。しかしながら、一次改正は急務の議題ということで感化法改正案はそのまま可決し、第一三条の三はそのまま残されたようである(70)。ちなみに、内務省側は「法文ガナクテモ国ノ財政ノ都合サヘ付キマスレバ国立感化院ノ設置ガ出来ルコト、考ヘマス(71)」としていたが、実際に国立武蔵野学院が設置されたのはそれから一二年後の一九一九（大正八）年、国立きぬ川学院の設置は更に年月を要し、開設は大戦後、一九六一年（昭和三六）年のことであった。そして我が国の国立施設はこの二施設のみである。（第四節）。

2．一次改正と感化救済事業講習会

感化法の一次改正は、「六分ノ一乃至二分ノ一ヲ補助（第一一条）」とはいえ、「当時のわが国においては恤救規則（後述）を除けば、貧民救済や育児事業などの諸事業は民間の事業とされて」（古川 1984：6、括弧内筆者）いた時代に、「はじめてわが国の社会福祉施設の設置および運営費に国庫支出制度がもたらされ、そのことは後に定着する公的措置と措置費との思想がスタートすることになる画期的な立法」（長沼 2000：100-101）という側面があった。感化院を管轄する内務省地方局では、地方に感化院の設置を促す一方、事業としての整備にも着手する。感化法の一次改正公布が一九〇八（明治四一）年四月、そして同年一〇月の改正刑法及び監獄法が施行される前月の九月に「感化救済事業講習会」なるものを開催し、感化院の運営について指導を行っている――「斯て感化法実行の時機は愈々到来し明治四十一年九月には、内務省は各府県より講習員を派遣せしめて、感化救済事業講習会を開催して、感化院の設置経営に就いての知識を授け、大いに感化法実施の促進に努めた」（内務省社会局編 1930：29）。

この感化救済事業講習会とはどのような講習会だったのか、以下、『感化院の記憶』より抜粋、引用する。これによると、富山の感化院はこの感化救済事業講習会に合わせて感化院の代用指定を行ったことが窺われる。そして府県の感化院にとって感化院の代用指定を受けること、というよりも代用に選ばれることは、私費運営の施設にとっては朗報であり、運営の大きな支えとなっていたことが読み取れる。(72)

明治四十一年五月二十六日、「本県と感化事業」と題する記事が『富山日報』に載った。感化事業の講習会が九月に行われる、富山県では感化院の設置予算がとれないでいる、私立感化院に委託されそうで深敬保育園が候補になっていると記す。

十月二十日の報道では「深敬保育園と四方孤児院の二ヵ所なるべし」と訂正されている。

柴谷（筆者注：柴谷龍寛、保育創立者）は四方孤児院を視察して知っていた。育児院は新設の建物。彼は焦ったかもしれない。二ヵ所になることはない。どちらか一ヵ所が代用感化院となると彼は感じていたはずである。七月になると講習会の内容が新聞報道された。

〈鈴木明子・勝山敏一編著（2001）『感化院の記憶』桂書房、p. 56。括弧内筆者。〉

二月二十八日（筆者注：一九〇九〈明治四二〉年）『富山日報』は《感化法施行》と題して（中略）感化院は深敬保育園に委託されることになったと伝えた。

三月五日、県知事から正式に命令書が交付され、県報告示七〇号、七一号「深敬保育園感化部を本県感化院に代用す。（中略）」という告示も報道された。

やはり柴谷（筆者注：深敬保育園長）は嬉しかったであろう。施設の永続化を願っていたに違いないのだから。

〈鈴木明子・勝山敏一編著（2001）『感化院の記憶』桂書房、p. 64。括弧内筆者。〉

古川によると、この感化救済事業講習会は二年後の一九一〇（明治四三）に行われた第一回感化院長協議会とともに内務省地方局にとって重要な意味があった――「国家法にもとづく唯一の施設としての感化院[73]による事業をテコとして政府は徐々に公私の救済事業の組織化と規整、さらには国民生活の統制に乗り出していくことになるのであるが、この協議会（第一回感化院長協議会）は先行する感化救済事業講習会とともにその端緒のひとつとなった」（古川1984：6[74]、括弧内筆者）ということである。

なお、『武蔵野学院五十年誌』によると、感化救済事業講習会は「短期の講習会であるため、所謂社会事業家養成としては頗る不充分」（次の引用傍点部）ということで、その後「感化救済事業職員養成所」（後述）を国立武蔵野学院内に設置し、翌年、「社会事業職員養成所」になったということが記されている。

　牣我国社会事業従業員養成の第一歩は明治四一年即一九〇八年に開かれた内務省主催の感化救済事業講習会がその最初である。東京で開催されること七回、地方にて開催されること二二回、計二九回で、最初は三週間であったが、後には一週間乃至十日間の会期となった。この講習会は、思想啓発や従業員の向上に資したことは勿論であるが、短期の講習会であるため、所謂社会事業家養成としては頗る不充分であった。従って（中略）大正八年には国立武蔵野学院内に会期六ヶ月の感化救済事業職員養成所が設けられ、翌九年には社会事業職員養成所と改称された。（中略）

（国立武蔵野学院（1969）『武蔵野学院五十年誌』国立武蔵野学院、p. 202。傍点筆者）

　一方、世相に目を向けてみると、日露戦争（一九〇四～一九〇五年）で日本は財政難[75]、一九〇七（明治四〇）年の恐慌、そして一次改正が行われた一九〇八（明治四一）年には戊申詔書が発布され、「節約と勤勉による国力の増強の重要性を強調し、内務省を中心に地方改良運動を推進して、町村の租税負担力を強化し、割拠的な旧村落共同体秩序を町村のもとに再編して国家の起訴を教化しようとつとめた」（石井、笠原、児玉他 1996：273-274）という時代[76]であった。二井は内務省の感化救済事業講習会について、「この講習会を機として、恤救規則による救済施策を抑制し、家族や共同体による相互扶助『隣保扶助』による防貧施策とそのための教化施策を推進することを目的とする感化救済事業が展開され、さらに、翌年からは地方改良事業講習会が雁行されるなど、内務省による、いわゆる『戦後経営』がなされ」（二井 2010：169、傍点筆者）たとしている。〝恤救規則〟とは、一八七四（明治七）年に明治新政府より公布され、一九二九（昭和四）年の救護法を経て戦後の生活保護法へ続く救貧法ではあるのだが、現在の社会福祉学、あるいはソーシャルワークの理念とは相容れない、「まったくの慈恵的、制限扶助主義的な劣悪な救貧法」（中村ら 1982：266）というものであった。このように感化法の一次改正は、「公的措置と措置費との思想がスタートすることになる画期的な立法」（長沼 2000：100–101）と捉えられる一方で、その施行の過程は、戊申詔書による内務省の地方改良運動を推進する、という側面があったと考えられる。

3．感化院が対象とする子ども

刑法第四一条「十四歳ニ満タサル者」

『感化事業回顧三十年』によると、一次改正の法案は内務省が作成し、「此の感化法改正法律案は貴衆両院於て、何らの反対修正もなく、其の儘可決されることになつた」（内務省社会局編 1930：29）と書かれている。しかし、田中によると、この改正案は「審議過程において、まったく批判が加えられなかったわけではない」（田中 2005：171）ということである。そこで衆議院における「感化法中改正法律委員会」の速記録[77]を確認してみたところ、同委員会の委員長である花井卓藏（司法省）は、政府委員の床次竹二郎（内務省）に対して、しばしば厳しい意見を述べている。特に激しく議論が交わされていたのが改正刑法第四一条と改正感化法第五条との整合性——一九〇七（明治四〇）年・改正刑法に「第四十一條　十四歳ニ満タサル者ノ行為ハ之ヲ罰セス」が盛り込まれたため、その受け皿として、改正感化法第五条にその規定を設けなければならない——であった。花井は、刑法に第四一条を設けたことにより、旧刑法の第七九条及び第八〇条を廃止したのだから、旧第七九条及び第八〇条の対象者[78]、つまりこれまで懲治場に収容していた対象者を受け入れる制度と機関ができていなければならない、即ちそれが「完全ナル感化法」であり「完全ナル感化院」であると主張した[79]。花井にいわせれば、内務省の作成した感化法改正案では完全ではない——「感化法ハ大ニ改正ヲ企テネバナラヌト思フ、然ルニ只今出テ居ルトコロノ感化法デ、満足ニ第四十一条ノ要求ヲ充タシ得ラレルカ、（中略）無論是ハ一時的ノモノデアッテ決シテ完全無欠ノモノデハナイ、完全ヲ期スル詮議ハスルノデアルト司法省ノ委員ハ答ヘテ居ル」（括弧内筆者）[80]――のである。では、感化法改正案は、花井が主張したように本当に〝完全ではない〟のか、刑法第四一条の受け皿とはなりえないのか……田中は、第五条の孕む問題点を次のように解説している。以下、『近代日本の未成年者処遇制度』より抜粋・転記する。

しかし同時に「改正案」は以下に挙げるような問題点を抱えていた。すなわち第五条の対象者に対しては、①明治四〇年刑法からは削除されたものの、監獄内にある懲治場に収容されている一四歳未満の者の取扱に関して何ら定められておらず、また②明治四〇年刑法に対応する十四歳以上の「未成年犯罪者」処遇に関する規定が存在していなかったのである。さらに③第五条第一号における「適当ニ親権ヲ行フモノ」、ならびに、「不良行為」の具体的な定義が行われていなかった。そのほか、④第一号ならびに第二号対象者は裁判手続きではなく、行政官によって感化院への入院が認められることになるが、他方、第三号対象者は裁判手続を経て入院が行われるといった、感化法対象者に対して設けられた収容手続に差があるという問題を有していた。

〈田中亜紀子（2005）『近代日本の未成年者処遇制度』大阪大学出版会、p.172°〉

田中によると、花井の主張は「感化法の改正は、明治四〇年刑法の執行の一部であり（中略）したがって、改正感化法における感化院は従来の懲治場に代わるようなものであるべきであるし、また、明治四〇年刑法における『未成年犯罪者』規定に対応できるように、欧米の『未成年犯罪者』処遇制度を研究したうえで彼らに対する特別な裁判所ならびに施設を設置することを希望し、さらには、新たに国立感化法を定め、国立感化院を設立することによって、明治四〇年刑法に合致した『未成年犯罪者』処遇制度を設けること」（同：176、括弧内筆者）という、感化法に対して大掛かりな改正を要するものであった。一方、当時の感化院は、感化法の成立で法的には懲治者の受入を開始してはいたものの、実質的には「『未成年犯罪者』よりも『不良少年』を対象」（同：177）とした施設（法）であり、[81] 内務省はその「不良少年」を「単に犯罪を犯す危険性の高い者というよりは、親権者が存在していない孤児、あるいは親権者の監督から逃れた貧児など」（同：177）として捉えていたため、感化法は「彼等を保護するのだと認識」（同）していた。更に、「『改正案』立案者ならびに政府委員であった地方局長床次竹二郎は（中略）裁判手続きは対象者に犯罪者という刻印を与えてしまうおそれがあるため、対象者にとっては有害であり、感化院入所手続に関しては行政官である地方長官の判断で十分だと考えていた」（同：178、括弧内筆者）ということである。――まるで現代の罪を犯した子どもや「非行少年」の処遇を巡る論争のようであるが、いや実際、法的なレベルでも、ケア（処遇）のレベルでも、この論争は現在においてなお重ねられているものである。

　このように、内務省側は「懲治処分者であった『未成年犯罪者』よりも、従来感化院が対象としていた『不良少年』の処遇を重視」（田中 2005：177）していただけでなく、「明治四〇年刑法の制定を契機とする感化法改正の機会を利用して、同法の完全なる施行を試みるとともに『不良少年』を含む問題を抱える未成年者に対して、より積極的に関与しようとした意図」（同：172）があったということである。確かに、一次改正の条文には、感化院の〝義務必置〟を後押しする改正が多く盛り込まれている。新旧の感化法（本項最後に記載）で比べてみると、修正や追加・削除された条文――第三条、第五条の一、第五条の二、第一一条の二、第一三条の二、第一三条の三、第一四条、第一五条――の内、傍点以外の条文はすべて設置や費用に関するものである。また、内務省が一次改正を契機に、感化救済事業講習会や感化院長協議会を開き、「感化院による事業をテコとして政府は徐々に公私の救済事業の組織化と規整、さらには国民生活の統制に乗り出して」（古川 1984：6）行ったことはすでに述べた通りである。

　つまりは田中のいうように、感化法の一次改正は、「刑法第四十一条の受け皿となるべき感化法を期待していた司法省と、刑法改正を契機として感化法の完全な施行を目論んだ内務省では、感化法の改正に対する意図が異なっていた」（同：175）ということであろう。そしてこのような内務省の動きに対して司法省は「旧懲治場処分者、すなわち『未成年犯罪者』に対する裁判手続きが必要である」（同：179）と考えており、「その手続きを定めるべく少年法の作成に取りかかる」（同）ことになった、ということである。

新：第五條　感化院ニ左ノ各號ノ一ニ該當スル者ヲ入院セシム
一　滿八歳以上十八歳未滿ノ者之ニシテ不良行爲ヲ爲シ又ハ不良行爲ヲ爲スノ虞アリ且適當ニ親權ヲ行フモノナク地方長官ニ於テ入院ヲ必要ト認メタル者
二　滿八歳未滿ノ者ニシテ親權者又ハ後見人ヨリ入院ヲ出願シ地方長官ニ於テ其ノ必要ヲ認メタル者
三　裁判所ノ許可ヲ經テ懲治場ニ入ルヘキ者

旧：第五條　感化院ニ左ノ各號ノ一ニ該當スル者ヲ入院セシム
一　地方長官ニ於テ滿八歳以上十六歳未滿ノ者之ニ對スル適當ノ親權ヲ行フ者若ハ適當ノ後見人ナクシテ遊蕩又ハ乞丐ヲ爲シ若ハ惡交アリト認メタル者
二　懲治場留置ノ言渡ヲ受ケタル幼者
三　裁判所ノ許可ヲ經テ懲治場ニ入ルヘキ者

「不良行爲ヲ爲シ又ハ不良行爲ヲ爲スノ虞アリ」の子ども

「不良行為をなし、又はなす虞のある児童」これは一九九七（平成九）年に改正される前の児童福祉法第四四条に定められた、教護院（当時）の入所対象者である（「第四十四条　教護院は、不良行為をなし、又はなす虞のある児童を入院させて、これを教護することを目的とする施設とする。」）。この「不良行為をなし、又はなす虞のある児童」が登場するのが、この一次改正であった。

先の田中の著書によると、感化法改正の内務省案の特徴は「①感化法対象者に修正を加えたこと、②対象者の年齢を十八歳未満に統一したこと、③対象者の規程において『不良行為』という言葉が使用されたこと、④感化法の施行を確実なものとするための方策が整備されたこと、そして⑤国立感化院構想に象徴されるように、国家による『未成年犯罪者』および『不良少年』の直接的な管理が試みられたこと、以上五点」（田中 2005：170）ということなので、「不良行為」という文言は内務省案によるものであろう。田中は「明治三三年感化法第五条第一号が規定した段階ではいまだ用語が定着していなかった『不良行為』という新たな用語を『改正案』第五条第一号で使用することにより、当時における逸脱未成年者、つまり、『不良少年』を定義しようとしたものであった」（同：172）と書いている。

実は、感化法にも少年教護法にも、そして児童福祉法にも「不良行為」という文言は出てくるが（本項最後に各条文を抜粋転記した）、「不良少年」という文言は出てこない。今回、筆者は、この「不良行為」という表現がどのような経緯で出てきたものなのか、歴史的な資料から明らかにすることはできないが、しかし、この「不良行為」という表現には、〝悪いのは、子どもではなく、子どもを悪くする環境〟だとする留岡の理念（第Ⅲ部）、ひいてはキョウゴの理念に通じるものを感じるのである。

（一九〇八（明治四一）年：改正感化法より抜粋、傍線筆者）

第五條　感化院ニ左ノ各號ノ一ニ該當スル者ヲ入院セシム

一　滿八歳以上十八歳未滿ノ者之ニシテ不良行爲ヲ爲シ又ハ不良行爲ヲ爲スノ虞アリ且適當ニ親權ヲ行フモノナク地方長官ニ於テ入院ヲ必要ト認メタル者

（一九三三（昭和八）年：少年教護法より抜粋、傍線筆者）

第一條　本法ニ於テ少年ト称スルハ十四歳ニ満タザル者ニシテ不良行爲ヲ爲シ又ハ不良行爲ヲ爲ス虞アル者ヲ謂フ

（一九四七（昭和二二）年：児童福祉法より抜粋、傍線筆者）

第四十四条　教護院は、不良行為をなし、又はなす虞のある児童を入院させて、これを教護することを目的とする施設とする。

（一九九七（平成九）年：改正児童福祉法より抜粋、傍線筆者）

第四十四条　児童自立支援施設は、不良行為をなし、又はなすおそれのある児童及び家庭環境その他の環境上の理由により生活指導等を要する児童を入所させ、又は保護者の下から通わせて、個々の児童の状況に応じて必要な指導を行い、その自立を支援し、あわせて退所した者について相談その他の援助を行うことを目的とする施設とする。

第四節　感化法二次改正——少年法成立に伴い改正

1．感化事業の整備

全国的組織へ

「明治四十年刑法が改正せられて十四才未満の児童は罰せられなくなり年少の非行児童は感化院に収容するよりほか道がなくなったため」（全国教護協議会編 1964：3）、一九〇八（明治四一）年一次改正以降、感化院は急ピッチで全国に整備されていく。感化院の全国的な設置状況は、「感化法改正法律発布されて、直後三年にして、沖縄県を除き全国殆んど感化院の創立を見るに至つた」（内務省社会局編 1930：31）。その内訳は、「四十一年には十県、四十二年には二十四県、四十三年には四県が感化法を実践し、大正四年沖縄に球陽學園創立を最後として全国府県に感化院の数は五十一となった」（全国教護協議会編 1964：3-4）ということである。なお、北海道について、函館訓育院が代用指定されたのが一九一七（大正六年）四月――沖縄の球陽學園創立は一二月なので沖縄よりも早い設置――留岡幸助の家庭学校に社名淵分校ができたのが一九一四（大正三年）、その社名淵分校が代用指定を受けたのは一九二三（大正一二）年、これは二次改正後のことである(82)。つまり、一九一五（大正四）年には、感化院の〝義務必置〟は――代用感化院も含めてではあるが――完了したことになる。

一方で、感化事業も全国的な繋がりを見せていく。第三節でも触れたが、一九〇八（明治四一）年には第一回感化救済事業講習会が開催され、翌年、一九〇九（明治四二）年一二月には、第一回感化院長協議会が開催されている。『第一回感化院長協議会速記録』によると、この協議会は各府県の院長が一堂に会し、各感化院の報告を行い、率直に意見を交わす会だったようである(83)。これを読むと、当時は院長自身が、現在でいうところの寮長として子どもたちと共に暮らしていることが判る。そのため、感化院長協議会といっても、ゲンバの人たちが生の声、生の事例を持ち寄る会であり、同書に解説を書いた古川は、「人の往来も情報の交換もほとんどない状態で孤軍奮闘していた院長たちにとって、お互いに体験を話し合い、意見を交換するという機会はまたとないものであったろう」（古川 1984：6）(84)としている。

また、このころには職員規定も設けられ――「然るに大正九年六月に至り勅令百八十一号を以て道府県立感化職員令が公布され、大正九年十月勅令第四百七十号を以て一部の改正が施された。此の法令により、初めて感化院に従事するものの資格が限定された」（内務省社会局 1930：76）。また、一九二二（大正一一）年には「感化教育会」が創設された。これは、小河の提案――「大正十年第六回全国社会事業大会の大阪に開かれしとき第二部会に於て小河博士より常設的研究機関若しくは聯絡機関の必要が提唱せられたが満場の会員は此提唱に共鳴したるのみならず何ものかを期待する気運の察すべきものがあつた」（感化教育会 1922：1）をきっかけに、翌日には「常設委員七名を設け内一名を幹事として創立事務を進渉することに決議され」（同）、「全国院長諸君に対し或種の機関創立の義に就き承認を求むる所があつた。一人の異議者なき状況であつたので」（同）、会則の作成、修正などを経て、一九二二（大正一一）年九月に創設したようである。(85)

国立感化院の創設

一九一九（大正八）年、待望の国立感化院である武蔵野学院が創設された。これは、一次改正時に盛り込まれた「第十三條ノ三　第五條ニ該当スル者ニシテ別ニ命令ヲ以テ定メタル者ハ之ヲ國立感化院ニ之ヲ準用ス」がようやく現実になったことを指す。『武蔵野学院五十年誌』によると、次のような理由で国立感化院は設置されたということである。

第一には感化事業はその性質上独り地方公共団体の負担に一任すべきものではなく、国家も亦その負担を分つべきもの（ⅰ）と認められた。従って癩予防費の例に倣い、国家補助の途を啓くに止まらず、必要に応じて国庫支弁の感化院を成立することが適当と考えられた。

第二には感化教育の分化、即ち分類収容が認識された。即ち不良少年中には、その性行、年齢を異にするものが頗る多く、之等を区別して感化教育を施す必要があるが、多種多様の区別を設けて感化する（ⅱ）のは、道府県の経済上容易に実現し難いこと（ⅲ）であるから、国家経済の都合を見て国立感化院を設け、地方の整備を以てしては到底感化し難い者（ⅳ）を収容し、之を矯正することの必要が認識された。

第三には議会に反映している論議を通観すれば、新刑法の制定、懲治場制度の廃止を期として、国立感化院設立が提議された為、議会においては、その即時設立を要望する声が極めて大であって、中には単に将来を見越して国立感化院の規程を改正法案中に置くのに空中桜閣の観があるとして之を攻撃するもの尠くなかった。之に対して政府は国庫財政の都合を見て設置する考えであるが、この場合に国立感化院の規程がない時には、児童を収容し難いが故に、此にこの規定をおく必要があると述べている。

之を要するに、結局議会はこの政府提案の理由を承認し、経費の許す時機を待って、国立感化院が設立されるのを期待した（v）のである。かくして国立感化院の設立は法律的には可能となったが、国家財政の状況は容易に之が実現を許さず、漸く大正六年第三九回帝国議会（vi）に至り、政府は追加予算として、国立感化院設置経費一五五、一一二円を要求した。

〈国立武蔵野学院（1969）『武蔵野学院五十年誌』国立武蔵野学院、p. 22。傍線筆者〉

設置理由を最初から順に見ていくと、第一の理由は「感化事業はその性質上独り地方公共団体の負担に一任すべきものではなく、国家も亦その負担を分つべきもの」（i）とある。一次改正以降、懲治人の受け入れ先を一手に引き受ける（法律上は）施設となったのであるから、しごく当然の理由であろう。

第二の理由は「多種多様の区別を設けて感化する」（ii）、これは、「府縣デ幾ツカノ感化院」を設置し、国立感化院は「漸次五箇所六箇所位」という構想があったこと（第三節）から、本来ならば懲治場に入所するような子どもを分類する、あるいは――これは推測であるが――戦後の教護院時代に第一種教護院、第二種教護院、第三種教護院[86]などという構想（『教護院運営指針』第Ⅲ部）があったことと考え併せると、子どもの「非行」の程度や、あるいは障がいによる分類入所を想定していたのかもしれない。このように「多種多様の区別を設けて感化する」感化院が必要であるが、「経済上容易に実現し難いこと」（iii）なので、ひとまず国立の感化院を設置して、「地方の整備を以てしては到底感化し難い者」(.iv)に対応するセンター的施設としたい、いう意図が見て取れる。しかし先述した通り、このような「多種多様な区別を設けた」施設構想はその後、感化院時代にも、教護院時代にも実現することはなかった。この感化院時代の構想は、一九一九(大正八)年の国立武蔵野学院の創立を以て実現するが、現在でも国立の児童自立支援施設は、男子を受け入れる国立武蔵野学院と女子を受け入れる国立きぬ川学院の二施設のみであり、精神科医が常駐(二施設兼任)するなど、全国施設のセンター的役割を担う施設として運営している。

第三の理由は、第三節で見てきた通り、〝実体がないのに入所の規定を設けた〟第一三条の三の条文について述べられている。即ち一次改正と同時に国立感化院を設置したかったが、予算の都合で「経費の許す時機を待って、国立感化院が設立されるのを期待した」(v)ということである。そして現実的に「経費の許す時機」(v)が訪れたのは一九一七年、「大正六年第三九回帝国議会」(vi)であった。「欧州戦乱の影響は益々感化矯正を要せる少年の数を増加する傾向にあったので、政府は前述の如く大正六年度の予算に国立感化院設置に要する経費を計上」(国立武蔵野学院 1969 : 22)したのである。ちなみに、先の予算案は衆議院の解散(寺内正毅内閣)で成立せず、しかし特別議会で追加予算として計上、可決した。その後、一九一七(大正六)年八月「国立感化院令」(勅令第一〇八号)、一九一八(大正七)年二月内務省告示で名称が定められ、同年七月「国立感化院令中改正」(勅令第三八三号)を経て一九一八(大正七)年一二月「国立感化院規則」(勅令第二二号)が定められた。そして「建築は大正七年七月二三日着工、予定の如く大正八年一月一二日に竣工」(同 : 23)、同年三月に初の院生が入所、三月二二日、開院式挙行、となっている。(87)

なお、最後に、当時の世相や経済状況を知る参考として、『わが国の少年非行についての実践考察のために』から一九一七(大正六)年の項目について以下に引用する。

✡大正六年

この年も室蘭製鋼、三菱造船等が値上げストを行い、神奈川浅野造船所では、六〇〇〇人が暴動を起こし、綿糸が暴落した。そのうえ大豪風雨により、東京に津波が来襲し死者行方不明が一一四四人を数えた。庶民の楽しみである風呂銭も値上げになり（東京市）大人四銭、十四歳未満三銭となる。煙草も値上げされ敷島十二銭、朝日十銭、バット六銭、あやめ四六銭、なでしこ二六銭となった。

全国不就学児童数が約十一万人と推定される。

〈朝日新聞により主なもの〉

二・五　米、ついに対独断交。
二・九　田や畑を捨てて都会へ、雪崩込む地方青年、農村の疾弊、地主の大恐慌（工場に流れ込む小作人）。
二・二六　欧州航路船を武装。
三・一七　露国大革命。
四・一〇　海軍職工、続々逃亡。
四・一四　不良少年の総狩[88]、根本的に一掃する手恥《ママ》。

（以下略）

〈西澤稔（1995）『わが国の少女非行についての史的考察のために――横浜家庭学園の沿革を通して』、p. 60。〉

大正期養成所の創設

一九一七（大正六）年「国立感化院令」が出され、一九一九（大正八）年、待望の国立感化院、国立武蔵野学院（以下〝武蔵野学院〟）が開院され、その後間もなく武蔵野学院に「感化救済事業職員養成所」が併設された。この養成所は内務省主催の感化救済事業講習会から発展したことは、すでに第三節で述べた通りである。「感化救済事業職員養成所」はその後「社会事業職員養成所[89]」と改称された。なお、「感化救済事業職員養成所」及び「社会事業職員養成所」について、〝大正期養成所〟とする。『武蔵野学院五十年誌』及び『国立武蔵野学院附属教護事業職員養成所五〇年誌』によると、大正期養成所は、現在でいうところの社会福祉事業を担う人材育成の中心的機関であった――「当時では、感化事業が社会事業の代表的なもので」（国立武蔵野学院 1969：294）あり、また、「このころより民間社会事業団体に養成所などが設けられるようになり、感化事業が社会事業の代表的なものであったと同時に指導的立場であった」（国立武蔵野学院編 1997：19）――ということである。

しかし乍らこの社会事業職員養成所は「僅かに五回にして、諸般の事情、殊に経費節減のために、閉鎖され」（同：207）、その後少年教護院時代に再設置されるべく少年教護法にも設置が盛り込まれた（後述）のであるが、これもまた「国の諸般の事情で再開に至らず」（国立武蔵野学院編 1997：19）、戦後、一九四七（昭和二二）年より教護事業職員養成所として再開、九七年法改正施行により一九九八（平成一〇）年より現在の国立武蔵野学院附属教護事業職員養成所となっている[90]。

2．二次改正と少年法

感化法と感化院に対する不信

これまで見てきた通り、感化法は、刑法の改正に伴い一九〇八（明治四一）年・一次改正し、感化院は刑法第四一条「十四歳ニ満タサル者」の受け皿として期待された。当初、地方財政が厳しいことから設置が進まなかった感化院であるが、一次改正後は国庫金が一部支払われることになり、また、国の救済事業もこれを後押ししたため、一九一一（明治四四）年ごろにはほぼ全国の道府県に設置された――「感化法改正法律発布されて、直後三年にして、沖縄県を除き全国殆んど感化院の創立を見るに至つた」（内務省社会局編 1930：31）。一方、時を同じくして、司法省内部では感化法・感化院とは異なる法と施設――後の少年法・矯正院法――の検討が開始していた。『少年矯正の近代的展開』によると、「少年法の制定が法律取調委員会において具体化したのは、明治四十四年九月十九日の法律取締委員会中刑事訴訟法改正審査委員会の第九十一回会議において」（矯正協会編集 1984：272）ということである。なぜ、感化法が一次改正し、感化院が全国配備されつつあるというこの時期に、司法省はこのような立案を審議し始めたのか。先の委員会においても、なぜ感化院があるのに新たな法・施設が必要なのか、といった意見が出ている――「今日監獄法感化法ニテ刑法ノ運用ニ付キ居ル何故之ヲ必要トスルヤ」（刑事訴訟法改正主査委員会日誌[91]）。これに対して、立案を訴えた者は、大きく二つの理由を述べている。

一つ目は、まず〝感化法には不備がある〟という理由であり、これはすでに第三節で見てきた通りである。司法省・花井卓蔵の帝国議会における発言では、〝懲治人〟を受け入れる法として感化法第五条は不完全であるとしており、田中は、これが後の少年法設置の要因となったとしている――「旧懲治場処分者、すなわち『未成年犯罪者』に対する裁判手続きが必要であるとする司法省は、その手続きを定めるべく少年法の作成に取りかかる」（田中 2005：179）。花井らは、罪を犯した子どもを罰しない、あるいは裁判にかけずに感化院に入所させるという感化法の手続きを是としていなかった。第二節でも触れたが、そのころの司法省は、それまでの保護主義から規律主義、あるいは刑罰主義の傾向が強まっていた[92]。一九〇六（明治三九）年・第一次西園寺内閣の下、司法大臣が松田正久に代わると特別幼年監は批判の対象となり、保護主義を採る小河や早崎は司法省を追われるという状況であった。小河・早崎が去った後、司法省内において刑罰主義が強まっていったことは容易に想像できる[93]。花井卓藏は先の法律取締委員会中刑事訴訟法改正主査委員会の第九十一回会議（以降〝第九一回刑事訴訟法改正主査委員会〟）において「幼者カ刑法上無罪トナルモ其儘ニ放任スルヲ得ス」（刑事訴訟法改正主査委員会日誌[94]）と発言、また、平沼委員も「幼年者ニ犯罪アルヤ否ハ裁判官カ認ムル必要アリ〔、〕今日の如ク行政官カ認定スルハ付加ナリ〔、〕要スルニ現行ノ感化法ハ一時ノ急ヲ救フ目的ニテ出来テ居《ママ》ルナリ〔、〕漸次改良ヲ要スルコトハ関係者ノ知ル所ナリ」（刑事訴訟法改正主査委員会日誌[95]）と発言し、感化法は一時の急場しのぎに過ぎない、新しい法を作る必要があると訴えている。

今一つは、実際の感化院は機能していないので、刑法第四一条に該当する子どもの入所先として不適切である、とするものである。平沼委員は第九一回刑事訴訟法改正主査委員会で次のように主張している[96]。以下、藤原正範「児童自立支援施設——その歴史から考える」より引用する——「当局者が感化院入院の処分を命令しても無責任な家庭の場合放置されることがあること、感化院には非犯罪者がいっしょに収容されており犯罪者を処遇する場所として適しているとは言えないこと、幼年者であっても罪があったかなかったかは行政官ではなく裁判所が決める必要があることなどの点が指摘された」（小林・小木曽編 2004：51-52）。また、花井委員は、感化事業の規模について疑問視し、刑法・感化法以外の法律の必要性について審議することを主張した[97]——「頗ル希少ニ過キ到底其目的ヲ達スルコトヲ得サルハ今日ノ有様ナリ〔〕要スルニ本問題ヲ簡却スルヲ得ス」（刑事訴訟法改正主査委員会日誌[98]）。

第九十一回刑事訴訟法改正主査委員会を皮切りに、司法省内では新法に関する審議が重ねられ、それらはやがて少年法案・矯正院法案としてまとめられた。法案は一九二〇（大正九）～一九二一（大正一〇）年にかけて三度帝国議会に提出されたが審議終了となり、更に翌年一九二二（大正一一）年の第四五回帝国議会にて可決されたということである。なお、少年法・矯正院法の起草から制定までの一連の流れについて、『少年矯正の近代的展開』より以下、抜粋・引用する。

少年の非行対策について、感化院とは別に、少年法の制定が法律取調委員会において具体化したのは、明治四十四年九月十九日の法律取調委員会中刑事訴訟法改正主査委員の第九十一回会議においてであった。刑事訴訟法改正案の第五編第二章「監獄及ヒ懲治ニ関スル手続」の条項を審議した時である。当時すでに新刑法が施行され、刑法から「懲治の規定」が削除されていたため、刑事訴訟法改正案中に規定してあった「懲治ニ関スル手続規定」も当然削除されるべきものであった。同委員会では、懲治の規定の削除に関連して、少年に関する法律の制定が重要問題として論議された。その結果、明治四十五年一月二十三日、主査委員の中から特別委員が任命され、少年に関する法律の基本的問題について討議されることになった。それに基づいて、谷田三郎委員らが作成した少年法案が審議された。しかし、少年法案は、刑法、刑事訴訟法、監獄法と関連する広範囲な立法となるため、刑事訴訟法改正主査委員会から切り離し、別個の主査委員会を設けることになった。そのため、大正三年三月十三日に「不良少年に関する法律案審査委員」が任命され、改めて、少年に関する審議に入った。（中略）大正八年七月七日、法律取調委員会長松室致は、それを司法大臣原敬に報告した。

こうして作成された少年法案及び矯正院法案は、大正九年の第四十二回、第四十三回、大正十年の第四十四回帝国議会に提出されたが審議未了となった。翌大正十一年の第四十五回帝国議会に提出され、可決された。この長年にわたる当局の努力の結果、ここに少年法及び矯正院法が公布された。

〈矯正協会編集（1984）『少年矯正の近代的展開』少年法施行六十周年記念出版、p. 272〉

少年法・矯正院法案への反対

一九〇七（明治四〇）年の刑法改正（以下〝改正刑法〟）では、第四一条に「十四歳ニ満タサル者ノ行為ハ之ヲ罰セス」を設けており、これは「処遇の手段を、刑罰から刑罰以外への教育手段へ移行させる考えが明らかな形で登場」（守屋 1977：62）したものであった。また、旧刑法と比べても刑事責任能力の下限を一二歳から一四歳に引き上げている。第四一条を見る限り、改正刑法は一見、保護主義的な修正がなされたかに見える。しかし一方、旧刑法が一四歳以上の罪を犯した子どもに対して特別な処遇を設けていたのに対して、改正刑法にはそのような条文が見当たらない。つまり「刑事未成年者の上限を十四歳とし、十四歳未満は絶対的責任無能力者とし、十四歳以上は逆に絶対的責任能力者と定め、旧刑法にみられた相対的責任能力の制度を採用しなかったし、また年少であることで法律上必要的に減軽するという思想も刑法典上は廃止した」（同：61）という内容であった。守屋は、「十四歳以上の者に対する刑罰主義の思潮は、十四歳未満の犯罪少年に対する対策を放置しておくはずはない。司法省は、刑法の制定に伴って十四歳未満の者の犯罪に対する処遇としてとりあえず感化院を利用することとし」（同：65）た、としている。[101]

このような司法省の動きに対して、保護主義を訴える小河滋次郎は反対の意を表明する。[102] 一九二〇（大正九）年一月に開催された第七九回救済事業研究会で、「非少年法案論」と題する講演を行い「少年法案に対する反対意見を約一時間にわたって講演し、少年法案に対する反対運動の先鞭をつけた」（矯正協会編集 1984：301）ということである。この講演内容は大阪社会事業連合発行の機関誌『救済研究』に収録された他、小河自ら『非少年法案論』を自費で出版。[103] 配布するまでして法案に反対した。同著は少年法・矯正院法案が審議入した一九二〇（大正九）年第四二回帝国議会衆議院の委員会においても配布された――「大正九年二月五日の議長の指命により（中略）十八名の委員附託となり、同月六日より同月廿四日迄前後八回委員會を開き審議せられたが、此間議會には小河滋次郎博士著非少年法案を委員間に配布せられ、少年法案の成立を阻止せんとした者があつた」（日本少年保護協会東京支部編 1935：28–29）。こうした小河の反対運動は、「少年法と少年裁判所制一般に向けられたのではなく、当時の司法官僚の応報刑主義、治安維持優先の官僚主義的体質を見抜いた上でのもの」（小河著、土井・遠藤編 1980：106）であった。

『非少年法案論』の内容について、二点だけ取り上げて置きたい。小河は冒頭で「之を要するに少年法は時代錯誤の立法に他ならず」（小河 1920：1）と書いている。この「時代錯誤」について、小河の理念に照らせば現代の法律を持ってしても「時代錯誤」と言わしめるのではないだろうか――それほど小河の理想は高く、現代の、国連子どもの権利条約及び通称北京ルールズ（少年司法運営に関する国連最低基準規則）に代表される国際基準に書かれているようなことが――例えば先述のダイバージョンなど――当時、すでに述べられている。感化法は子どもを司法手続きから分離し、拘禁せず、懲罰を与えないとする理念に基づいている。そしてそれは単なる理念ではなく、例えば、早崎春香は刑罰主義は却って子どもを悪くする、ということを実体験から学んでいたと考えられる。早崎は川越保護学校と土山学園との実践を比べて次のように述べている。

〔兒童は裁判すべきものに非ずして保護あべきもの〕總じて虚言と申しますれば、……。此の邊の事は……前に申し上げました記憶の病的現象が虚言の中にございますことは私も多年子供を相手にしながら川越時代まではまだ氣がつきませぬので、土山に參りましてから始めて氣がつきました様な次第でございますが……斯る事柄は裁判所や警察等で高い處から子供をネメツケテ唯一應の取調べをしたばかりでは所詮解りやうはございますまい。日常起居を共にしつゝその子共を我子として親愛する内に自然と解るので無くては不充分でございませうと存じます。況して私の川越時代のやうに普通の裁判官が醫學の知識も借らず眞理學者の知識にも頼らず唯だ感情と目分量といふやうなもので、裁判するならば再び川越時代に退化するのでございまして、私はもう川越時代の苦しかつたことを想ひ起こしますので、兒童裁判と言ふ聲を聴きますと覺えず戰慄いたします。
小河博士の御説に、少年裁判官には法律の素養よりも世故の老熟、官僚よりも家父（、）法律家よりも教育家としての資格を必要とす、と言はれてございますが、實に其の通りでございまして私の乏しき經驗では、子共は須く行政的に保護すべきもので決して司法的に裁判すべきものでは無いと確信いたします。

〈早崎春香稿、池田千年編（1933）『ひとり子の園』魚住村児童自治会、pp. 174-175。〉

もう一点は次の部分である、少し長いが引用する——「……然もこれらの先進国に於て、今日尚ほ現代的思潮に基づく感化事業の本質に反する裁判所々管の旧套を脱するに至る能はざる理由に就ては、色々込み入つた所の各国特有の事情を考へて見ねばならぬのであつて、其の総ての国情を異にする所の我国に於て、必ずしも先進各国の事例に倣はねばならぬと云ふ訳はない。況んや端西の如き諾威の如き、新たに理想的感化制度の改善を実行したる諸国に於ては、斯業を以て行政官憲の専官に移すの先例を作れるのみならず、我が現行感化制度の行政所轄主義の如きも、却て欧米の先進識者によつて其の合理的模範的なるを称賛し羨望せられつゝるほどの次第であつて見れば、今更之を捨てゝ不合理的非近代的なる裁判主義の事例に倣はんとするが如きは、抑も愚策もまた甚しと謂はざるを得ぬ」（小河 1920：14、なお波線部は○を付して協調してあったものを筆者が波線にした）。これは、少年法案が外国の司法手続きを参考にしたこと――「即チ幼年者ノ犯罪ニ対スル処分ハ実体上手続上ニ於テ欧州ニ於テモ綿密ニ研究サレ既ニ規定ヲ設ケタル所モアリ結局幼年者ノ犯罪処分ニ付テ特別ノ規定ヲ必要トス」（刑事訴訟法改正主査委員会日誌より、平沼委員の発言から一部抜粋）、「諸国ノ法制等ヲ研究シテ制定スルノ考エナリナラン」（同、花井委員の発言より一部抜粋）と対極的であり、正にキョウゴの理念の根幹であると筆者は捉えている。

小河の反対（小河は当時大阪府嘱託[104]）、そして一部に感化院関係者からも反対の声は上がっていたものの[105]、反対運動は関西を中心としたもので全国的な運動には発展しなかったようである。また、関西の反対運動も反対決議案を作成し、「貴衆両院議員に送るべし」（大原社会問題研究所編 1921：89）との意見が出たものの、決議書の「若し撤回を不可能とせは少なくも左記の修正をなす事を要求す」という項目を巡って小河と意見が対立し、「結局慎重審議をなす為め委員附託に決した」（同）ということであった[106]。

一方司法省側は、二度目の議会提出（第四三回臨時帝国議会）をするも「衆議院は通過したが会期が短かつた為貴族院にては決議を為すに至らなかつた」（同：79）が、次の議会に提出する前の一九二〇（大正九）一〇月には「既に司法省内に保護課を新設して準備事務を開始し」（同）ていたということである。ちなみに、司法省は法案を議会提出するのに先立ち、内務省と協議し、内務省は少年法案に対する意見を司法省に示していたが、「然るに司法省に於いては当時既に第四十二回議会に提出の手続を了した後であつたので、其儘議会に於ける審議を進めた」（日本少年保護協会東京支部編 1935：28-29）ということであった。

同法は翌年一九二一（大正一〇）年第四四回帝国議会を経て一九二二（大正一一）年第四五回議会にてようやく可決した。これに伴い少年法・矯正院法と感化法との折り合いを付けるため、感化法は二度目の改正を余儀なくされることになったのである。

二次改正——感化院と矯正院の棲み分け

一九二二（大正一一）年感化法中改正（二次改正）の内容は次の通りである（該当条文を新旧で示した、なお傍点は筆者）。また、二次改正の内容に続けて少年法第一条及び第四条を示す。

法第四十四號
感化法中左ノ通改正ス

新：第五條第一號中「十八歳」ヲ「十四歳」ニ改メ同條ニ左ノ一號ヲ加フ
四　少年審判所ヨリ送致セラレタル者

旧：第五條　感化院ニ左ノ各號ノ一ニ該當スル者ヲ入院セシム
一　滿八歳以上十八歳未滿ノ者之ニシテ不良行爲ヲ爲シ又ハ不良行爲ヲ爲スノ虞アリ且適當ニ親權ヲ行フモノナク地方長官ニ於テ入院ヲ必要ト認メタル者
二　滿八歳未滿ノ者ニシテ親權者又ハ後見人ヨリ入院ヲ出願シ地方長官ニ於テ其ノ必要ヲ認メタル者
三　裁判所ノ許可ヲ經テ懲治場ニ入ルヘキ者

新：第六条中「第三號」ノ下ニ又ハ第四號ヲ加フ

旧：第六条　入院者ノ在院期間ハ滿二十歳ヲ越エルコトヲ得ス但シ第五條第三號ニ該當スル者ハ此ノ限ニ在ラス

少年法
第一條　本法ニ於テ少年ト称スルハ十八歳ニ滿タサル者ヲ謂フ
第四條　刑罰法令ニ觸ルル行爲ヲ爲シ又ハ刑事法令ニ觸ルル虞アル少年ニ對シテハ左ノ処分ヲ爲スコトヲ得
一　訓戒ヲ加フルコト
二　學校長ノ訓誡ニ委スルコト
三　書面ヲ以テ改心ノ契約ヲ爲サシムルコト
四　條件ヲ附シテ保護者ニ引渡スコト
五　寺院、教會、保護團體又ハ適當ナル者ニ委託スルコト
六　少年保護司ノ觀察ニ付スルコト
七　感化院ニ送致スルコト
八　矯正院ニ送致スルコト
九　病院ニ送致又ハ委託スルコト
前項各號ノ處分ハ適宜併セテ之ヲ爲スコトヲ得

感化法第二次改正について、『感化事業回顧三十年』には次のように書いてある――「要するに第二次の改正は少年法の保護処分の実施に限り広く十四歳以上十八歳未満の不良少年に対し少年法第四条に従って九種の処分を認めた結果に外ならぬ」（内務省社会局編 1930：34）――。少年法の第一条では「少年」を「十八歳ニ満タサル者」としている。一方、感化法の第五条の一には「満八歳以上十八歳未満ノ者」が定められており、「従つて十四歳以上十八歳未

満の不良少年の保護に就いては、従来の感化法と少年法とは、こゝに重複することゝなつた」（同：33）ため、感化法第五条の一は、「満八歳以上十四歳未満の者」に改められた。また、少年審判所が新たに設置されることになり、「少年法に依る保護処分の行はるる地区に限り十四歳以上十八歳未満の者は少年法によつて処分せられ少年審判所に於いて、種々なる保護処分中感化院に収容するを適当と認められたものに限つて、その送致を受けることになつた」（同：34）ことから、感化法第五条には「四　少年審判所ヨリ送致セラレタル者」が加えられることになり、それに伴い感化法第六条も修正されたのであった。

少年法第四条の七では九つある選択肢の中の一つとして「感化院ニ送致スルコト」を定めている。この条文を見ると、後から作られたはずの少年法が、まるで感化法に先んじて作られた法であるような印象を与えるものである。

3．二次改正から少年教護法へ

小河滋次郎の反対、そして関西を中心とした感化事業関係者の反対がありながらも少年法・矯正院法は成立し、一九二三（大正一二）年一月、日本で最初の矯正院が多摩に創設された。このとき以来、我が国の少年法でいうところの触法少年を受け入れる施設は、矯正院（現少年院）と感化院（現児童自立支援施設）という、二種類の施設、それも司法省（現在は法務相）と内務省（現在は厚労省）と管轄を分かつ施設が存在することになったのである。[107]

そして日本初の矯正院が創設された翌月二月一一日、機関誌『感化教育』[108]が創刊され、各感化院長らによる原稿が収録されている。その中には、山口県立育成学校長・来栖守衛の「感化事業振興上の急務」のように、矯正院法の設置、あるいは監獄が刑務所と名称を変えたことを受けて、感化法を大きく改正し、名称もこれまでのイメージを刷新するような、教育機関であることをアピールできるようなものに変えるべきと訴えるものもあった――「感化法も根本的に一大改良を加へ児童保護教育法とか何とかいふ新しき名称を用ひ感化院なる名称をも家庭学校又は実業学校等何等か特殊の教育機関なることを標榜するよき名称とし国民一般をして斯業に対する思想を根本的に刷新せしむ必要がある様に思ふ」（来栖 1923：50)。また、土山学園・池田千年[109]は感化院が知名度が低いことを指摘、社会のニーズに応えられていないとして、このような現状をまとめて当局や世に訴えるべき、と述べている――「感化法撥布せられて以来二十二年ニ昔余を経たけれども保護教育事業の進歩遅々として殆ど一派国民には斯業の如何なるものであるかさへ明らない有様である、それに係わらす護教児（予は本論に保護教育を要する児童を護教児と呼ぶ）は日に増加し、少年犯罪の撥生するこ度毎に責任を感じ（中略）時恰も社会局は形を大きくし内容を充実せんとするの秋[110]に際し（中略）上司の一覧に供し、且つ社会の輿論に訴ふるも徒事ではなかろうと思ひ」（池田 1923：50)。

繰り返しになるが、感化法は一九〇〇（明治三三）年の公布後、一九〇八（明治四一）年の一次改正、一九二二（大正一一）年の二次改正と二度に渡って改正されたが、それらの改正はいずれも「実務の不便を匡救し乃至感化事業を発展せしむる為の改正ではなかつた」（相田 1934：28）のであり、「刑法の改正並少年法の制定に余儀なくされ」（菊池 1943：12）たものであった、つまり、司法省側の法整備に付随するものであった。少なくとも感化院関係者らはそのように捉えていたであろう。内、一次改正では一四歳未満の〝懲治人〟を引き受けるための改正だったことから、感化院はそれを機会に拡充・拡大を図ることができた。しかし、二次改正はまったくの逆であったと考えられる。司法省は新たに少年法・矯正院法を設置し、これまで感化院が受け入れていた子どもの一部を、これも新設する矯正院に入所させようというのである。少年法の成立及び矯正院の運営開始という出来事は、「不完全で物足りない」（佐々木・藤原 2000：19）とされた感化院関係者たちにとって、ある種の危機感――存在証明の必要――を感じさせたのではないだろうか。二次改正は、感化法改正の気運を高める契機となり、それはやがて少年教護法改正運動に繋がっていくことになった。国立武蔵野学院初代院長・菊池俊諦は当時を振り返って次のように述べている。

小河滋《ママ》二郎法學博士の如きは、非少年法論を著はして少年法[111]の制定に反對を表明し、天下の同志亦之に呼應した。之と同時に、感化法の革新的改正が要望せられたが、不幸にして少年法は成立し、感化法の改正は、應急的改正に止まつた。此に於て、感化法の革新的改正、法自體の發展的改正の要望は甚しく熾烈となった。

〈菊池俊諦（1943）「少年教護法の誕生まで」『兒童保護』一三―一〇、日本少年教護協會、p. 12。〉

第五節　少年教護法成立から大戦まで

1.「感化法改正期成同盟会」による運動

「少年教護法が通過した。煮豆が生へたとは此事です」（感化法改正期成同盟会 1935：25）――これは「感化法改正期成同盟会」の本部で活動していた管濟治が書いた一文である。「感化法改正期成同盟会」（以下、〝同盟会〟）は、少年教護法の立法化運動を行った中心的な会であり、『少年教護法制定顚末録』（感化法改正期成同盟会 1935）によると、一九二七（昭和二）年、三重県にて行われた愛知以西二府一六県の院長会議において、そのメンバーである、武田愼治郎（私立感化院・武田塾長）、田中藤左衛門（公立感化院・京都府立淇陽学校長）、池田千年（公立感化院・兵庫県立士山学園長）、熊野隆治（公立感化院・大阪府立修徳館長）により常設委員会が発足し、活動が始まった、ということである。同著によると、少年教護法は、内務省での立法化が難しくなったため、荒川五郎代議士による議員立法という形で法案を上程したということである。「煮豆が生えた」と表現されるほど、彼らの運動は相当に困難なものであったようだ。

以下、少年教護法案上程から成立までの経緯について、『少年教護法制定顚末録』に加えて、一九四三（昭和一八）年の『兒童保護』における、少年教護法施行十年記念に際して掲載されたもののなかから、相田良雄の「少年教護十年を顧みて」（当時七四歳、浴風会嘱託）、菊池俊諦著の「少年教護法の誕生まで」（当時六九歳、元武藏野学院長）、熊野隆治の「少年教護法議会上程の当時を想し将来の日本教護に及ぶ」（当時六二歳、武蔵野学院長）を取り上げて、見ていくこととする。なお、この三点の引用については、略して著者の名前のみを記載する。

まず、菊池の「少年教護法の誕生まで」を参考に、少年教護法制定運動の発芽から見ていくこととする。菊池によると少年教護法制定運動は感化法の改正を求めたところから始まっている――感化法は成立当時から「感化法改正の必要が運命づけられてゐたとも考えられる」（菊池 1943：11）――。また、「感化教育の形式並内容に関する思想の発展、経験の進歩は法自体の革新を要請するものが尠小では」（同）なく、全国感化院長会議においても感化法改正の要望は高まりをみせていた。更に少年法案が浮上し、とここに来て感化法の改正は「俄然朝野の大問題となつた」（同：12）ので、「感化法の革新的改心が要望せられたが、不幸にして少年法は成立し」（同）、一方、感化法改正の方は「応急的改正に止まった」（同）。このことから、「感化法の革新的改正、法自体の発展的改正の要望は甚だしく熾烈と」（同）なっていった――ということである。

一方、内務省においても感化法改正準備は「必しも怠慢でなかつた」（同：13）と菊池は書いている。内務大臣は社会事業調査会に対して感化法改正事項を諮問し、「大正十五年十月二十七日及び十一月四日の両日、社会事業調査会感化法改正に関する特別委員会が開催せられ（中略）委員会の審議を経て、改正感化法要綱なるものが決定せられた」（同：12-13、括弧内筆者）、しかし司法省や文部省との関係、事務長局の移動[112]など、「内外幾多の事情に妨げられ、改正案が現実に討究せらるゝまでには容易に至らなかった」（同：13）としている。そうした内務省の様子は実際に感化事業に従事する実務家たちにとっては、「第三者より見れば、まことに遅々として進まず、為に実際家をして悶々の情に堪へざらしむるものが頗る大」（同）であり、彼らは感化法改正に向けて調査研究を進め、「最も不得手なる法規問題に就いても、真摯なる研究」（同）も行った。しかし「同時に、政府当局の提案を得ることの困難が洞察せられ、自ら進んで之を打開することの必要が、殆ど一般に確認せられた」（同）ため、各地域の院長会を以て議員立法として法案を上程することになったということである。

「少年教護十年を顧みて」の著者相田良雄は、少年教護法は感化法とは別に考えてほしいと述べている。曰く「感化法と少年教護法との関係は旧家屋と新家屋との関係である。旧家屋を修繕改造したのではなく、全く新家屋を建築して旧家屋を廃棄したのである。故に新家屋である少年教護法を考へるとき、旧家屋感化法を考へぬでよろしい」（同：7）ということである。相田は、「少年教護法の公布を見るに至つたのは、感化法が早生児であり、撥育不良であり、栄養不足であり、神経衰弱であつたから、之に活を入れ更正させたいとの、感化事業当事者の非常な熱願に依り改正要求が発生した。具体的に言えば、その第一理由は感化法感化院といふ名称が良くない、第二は早期教護を強化しなければならぬ、第三は鑑別機関の設置、第四は監察委員の設置、第五は普通教育の均霑化等であつた」（相田1943：7）としている。まるで一九九七（平成九）年児童福祉法改正の際、教護院を刷新して児童自立支援施設としたときの理由（第三章）のようである。

ところで、先の、内務大臣が社会事業調査会に提示した諮問について、今回はその資料を確認することができなかったが、『武蔵野学院五十年誌』にその説明が書かれていた。曰く「その説明に曰く『近代社会状態の変改に伴い、不良少年漸次増加の傾向にあるに拘らず、感化事業の現状、現行感化法の不備のための少年保護の普及徹底を期すること困難である。依って現行法を適当に改正し、入院前の早期発見、院内、院外における教育保護の充実、私設感化院の監督助成各種社会事業との連絡等についてその方法を確立するの緊要なるを認む』」（国立武蔵野学院1969：19）——。「現行法を適当に改正し」とあることから、内務省は感化法の改良についてはあくまでも感化法の「改正」として捉えており、一方、相田ら感化院長たちは「感化院」という名称を刷新して、新法の成立を目指していたため、内務省とは別に少年教護法案を練った、ということであろうか——「当時政府でも夙に感化法改正の必要を認め、之が調査研究を進められつゝあつたが、殊に関西方面に於ける感化院長諸君は之を待遠うしく思ひ、大阪の故武田愼二郎君が法律学校出身であり警察官吏であつた為に改正法案の立案を為し、それを先づ関西院長諸君の審議に付し、更に先覚有識者の批判を求めて出来たのが今日の少年教護法の母胎案であつた」（同：7-8）。

熊野隆治は同盟会中では若手のメンバーであったようだ。彼の著した「少年教護法議会上程の当時を想し将来の日本教護に及ぶ」には、「感化法改正の輿論が起つたのは果たして何年頃からであつたか、文献を持たないのでわからないが、私がこの事業に従事した頃既に先輩の間にはこの声は相当濃厚であつた」（熊野 1943：19）と書いている。なお、熊野が大阪府立修徳館の館長に就任したのは一九二七（昭和二）年[113]――少年法制定が一九二二（大正一一）年、少年教護法が制定されたのが一九三三（昭和八）年[114]――である。同著においても、内務省が立法化に向けて消極的であったこと、関西勢が中心となって法改正・新法成立運動を展開したことが見て取れる――「本省にも案があるやうだが、機が未だ熟して居ない。従て如何に必要でも生やさしいことで実現出来ないものである。どうしても集中主義を取り、挺身隊を造つて進むのではなくては駄目だと思つた」（同）。先にも書いたが同盟会の発足は、愛知以西で二府六県の院長会であった。そこで常設委員が決定し、武田愼二郎、田中藤左衛門、池田千年、そして熊野がメンバーとなり「熱火の様な田中、現状に不平満々の武田、最古参の教護理想家池田等が若輩の私の尻をたゝいて盛んに気焔を上げ出した」（同：20）ということである。最初は関西のメンバーが中心になって、社会部長宛に「痛烈なる懇願書」（同）を提出したり、「長文の宣伝書」（同）を作って貴族院両議員と府県知事に配布すべく大野感化教育会長に依頼したり、また一方では法案を練り、「昭和四年六月二十六日、土山学園にていよいよ具体的に同改正草案について意見の交換」（同）をした上で、全国議長会に「感化法改正外六件」（同）を提出することも決議した。このころになると、「関西院長会は一丸となつて改正必成の意気に燃えて居た」（同）ということである。これまでも書いてきた通り、少年教護法案は内務省として上程することができなかった。ここからの熊野の筆運びは実にドラマティックである。以下、同著の引用を中心に法案通過までを見ていくこととする。また、熊野の「少年教護法議会上程の当時を想し将来の日本教護に及ぶ」より、感化法改正期成同盟会による少年教護法制定運動について、時系列でまとめたものが表3である。

「何とかして本省の提案が当然であり、かく希望して居たが、どうもその実現が困難な見通がついた」（同）ので、

表３　感化法改正期成同盟会による少年教護法制定運動

1927（昭和 2）年 10 月 21 日	三重県にて愛知以西 2 府 16 県の院長会開催、常設委員が設置される 常設委員のメンバーは熊野隆治、武田慎治郎、田中藤左衛門、池田千年の四人
1927（昭和 2）年 12 月 10 日	第一回委員会が武田塾にて行われる。それ以来、それぞれの委員の学院を順次まわって会場とする
1928（昭和 3）年 5 月	常議委員より社会部長宛、「痛烈なる」懇請書を提出
1928（昭和 3）年 9 月	「長文の宣傳書」を作成、貴衆両院議員及び府県知事に配布すべく、大野感化教育会長に依頼
1929（昭和 4）年 6 月 26 日	土山學園にていよいよ具体的に同改正案草案についての意見交換、来る全国議長会に感化法改正他六件を提出することを決議
1929（昭和 4）年 10 月	常議委員の名を以って、感化法改正要項その他六件を山崎保護課長と相田（内務省）囑託に送付
1930（昭和 5）年 10 月 14 日	比叡山延暦寺にて委員会開催、本省（内務省）提案が困難だったため、民間提出して荒川五郎に依頼することを決意、その後、その旨を島根における関西議長会に報告
1930（昭和 5）年 10 月 10 日	荒川五郎氏を広島に訪問、承諾を得る
1930（昭和 5）年 12 月 5 日	第 13 回委員会より原案の逐條検討開始
1931（昭和 6）年 5 月 16 日	日本感化教育会支部を設置、会長は田島錦治、副会長を岡島角八、名誉会長に大久保利武を推薦
1932（昭和 7）年 10 月 4 日～6 日	滋賀県にて 2 府 16 県、朝鮮総督府院長会開催、この機会に全国の代表的有志者の参集を求め「不十分ながら」全国院長会案とする
1933（昭和 8）年 1 月 17 日	第 23 回常設委員会にて、荒川代議士に法律案を手交、開催中の第 64 議会に提出（議員提出案第 2 号）、直ちに特別委員附託となる
1933（昭和 8）年 1 月 29 日	衆議院第一議会において、荒川五郎が提出理由を説明
1933（昭和 8）年 2 月 20 日	感化法改正期成同盟会が正式に創立
1933（昭和 8）年 2 月～3 月	2 月 19 日東京、3 月 12 日大阪より荒川によるラジオ放送 「諸博士の科学的見地より見たる感化法改正の必要を論じたる書類」を貴衆議員に配等、啓蒙活動 武田慎治郎は上京し一橋寮（「期成同盟」の本部）にて運動の中心となる 「期成同盟会」長として相田良雄を推し「猛運動」に移る 本会議中、荒川五郎を始め丹羽社会局長官、藤野課長、衆議院委員長牧野賤男、貴族院特別委員長大久保らの努力により 3 月 25 日貴族院本会議に上程
1933（昭和 8）年 3 月 25 日	可決決定。午後 4 時 36 分第 64 議会終了。

熊野隆治（1943）「少年教護法議會上程の當時を想し將來の日本教護に及ぶ」『兒童保護』13（10）を参考に作成した。表中の「　」内は、筆者である熊野隆治の文章からそのまま引用した部分である。

現行少年保護機關摘要

（昭和八年二月）

	感化法 内容摘要	感化法 參照	少年法 内容摘要	少年法 參照
主義	一社會政策的行政保護ニ立脚シ保護教育ヲ爲ス	（獨逸）1878年公布ノ強制教育法ハ社會政策ヨリハ寧ロ刑事政策ニ重点アリシモ1900年ノ保護教育法ハ社會政策ニ立脚セリ該法制定ニ參與セシ「クローネ」博士曰ク保護教育法ハ兒童ヲ教育センガ爲メニシテ取締ル爲メニアラズ兒童ヲ逃ガサヌ樣ニスル處ハ監獄ナリ	一刑事政策司法保護ニ立脚シ犯罪ノ豫防ト鎭壓ヲ爲ス	司法省保護課ノ發表ニ曰ク司法保護トハ釋放者保護ト少年保護トヲ包含シ刑事政策ニ立脚シ犯罪者タルベキ虞レアル者ヲ保護シ以テ犯罪ノ豫防ト鎭壓トヲ目的トス
基礎法令	(1)感化法 (2)同法施行規則 (3)國立感化院令 (4)同令施行規則		(1)少年法 (2)矯正院法	
客体	(1)主トシテ十四才以下ニシテ （イ）不良行爲ヲ爲ス者 （ロ）不良行爲ヲ爲スノ虞アル者 (2)少年法ノ保護處分ヲ適用セザル地域内ニ在ツテハ同上十八才以下ノ者 (3)親權者出願ノ場合ニ在ツテハ同上十八才以下ノ者		(1)主トシテ十四才以上ノ者ニシテ （イ）刑罰法令ニ觸ルル行爲者 （ロ）刑罰法令ニ觸ルル行爲ヲ爲スノ虞アル者 (2)地方長官ヨリ送致ヲ受ケタル場合ニ限リ同上十四才以下ノ者 (3)民法ノ規定ニ依リ懲戒場ニ入ルベキ決定ヲ受ケタル者	
目的	一、少年ヲ善良ニ教導スルノ主旨ハ全樣ナルモ年少ノ時ニヨリ豫防的早期的ニ保護教育スルヲ目的トス	獨逸刑法學者（リスト）博士曰ク少年ハ如何ナル場合ニ於テモ刑罰又ハ刑罰的處分ノ目的物トナルベキモノニアラズ	一、少年ヲ善良ニ教導スルノ主旨ハ全樣ナルモ社會ノ公安ヲ維持スル事ニ主力ヲ用フ	
手段	(1)全ク少年ノ自由ヲ認メ家族的慈愛教育ヲ爲ス (2)個性ニ適應セル學實科ヲ課ス	米國ニ於テモ少年裁判ノ系統ヨリ離レテ純教育ノ系統ノ下ニ不良兒ヲ教育セントスル思想及實行アリ從來ノ保護學校ノ觀念ヲ修正シタルモノガカリフォルニア洲ノ「二十四時間學校法」ナリトス同法ハ1917年ニ初メテ提案セラレシガ遂ニ1929年ニ法律トナレリ同法ハ「ワシントン」中央政府ノ推奬ヲ受ケ洲教育局ノ承認ノ下ニ小學令ノ内ニ加ヘラル、コトトナレリ即チ「二十四時間學校」ハ其儘ニ捨テ置カバ危險ニ陷リ遂ニ少年審判所ニ送ラネバナラヌ恐レアル兒童ヲ審査委員會ノ決定ニ依リ收容スルモノナリ審査委員會ハ兒童心理學者兒童精神病學者社會局ヨリ一名其他二名ヨリ成立ツモノトス	一、各種ノ手段アルモ年齢長ジタル者又惡習慣濃厚ナル者多キガ故ニ場合ニヨリテハ嚴格ナル規律ノ下ニ強制教育ヲ爲サヾルヲ得ザルモノトス	矯正院法案理由書ニ曰ク矯正院ニハ不良性ノ強キ少年ヲ收容シテ之ヲ教養スルコトヲ目的トシ感化院ト少年監トノ中間ニ位スル設備ナリ即チ收容セラル少年ノ教護ハ少年監ニ近ク内容タル少年ノ處遇ニ付テハ感化院ト性質ヲ同ウシ本人ノ教養ヲ以テ趣旨トス
効果	一、年少時ノ感化教護ナルガ故ニ其成績ハ晩期保護タル矯正教育ニ比シ優レルコトハ見易キ道理ナリ		一、晩期保護ナルガ故ニ其成績モ亦年少時ノ感化教護ニ比シ困難ナルベシ	
沿革	(1)感化法ハ明治三十三年ノ公布ニ係リ不良少年ニ對スル唯一ノ保護法タリシカ爾來明治四十一年一部ノ改正ヲ行ヒ更ニ大正十一年少年法ノ發布ニ伴ヒ同法第五條第一号ノ年齢ヲ十四才未滿ト改メ以テ少年法トノ調和ヲ計リ今日ニ及ベリ （附）少年法案ノ議會上程中大正十年一月大阪救濟事業研究會ハ少年法案ノ當否ニ付研究ヲ爲シタル結果少年法ノ如キハ歐米ノ摸倣ニ過キズシテ我國ノ國状ニ適セザルガ故ニ其必要ナシ若シ止ムナクンバ其適用年齢ヲ十四才以上即チ犯罪少年ニ限ルベシト議決ヲ爲シタリ又同年同月下旬内務省ニ於テ開カレタル社會事業調査會ニ於テモ前同樣ノ趣旨ニ基キ同會委員會ニ於テ少年法修正案ヲ議決セリト聞ク	感化法制定當時ノ議會議事録ニ依レバ伊澤修二氏曰ク感化院ハ懲治ト云フヤウナ目的デハナク感化薫陶ヲ期スルモノナルガ故ニ教育上重大關係ヲ有スルモノデアル然ルニ内務大臣ノ認可ヲ得ルヲ要スル事項ガアルガ文部大臣ノ方ハ無關係デアルカト質シタルニ政府委員ハ兎ニ角内務ノ監督ニ屬セシムル旨ヲ答フルヤ伊澤氏重ネテ曰ク滿八才以上十六才未滿トアルガ之ハ學令兒童デアルカラ文部即チ教育部ノ監督ニ屬スベキモノニアラザルカト問ヒ政府委員ハ第五條第一号ニアゲラレタル者ハ特種ノモノ故感化院ノヤウナ特殊ノ所ニ入レナケレバナラヌ文部大臣ト協議スベキコトモアラウガ兎ニ角内務大臣ノ監督ニ屬セシムルヲ適當ト認メルト答ヘテイル伊澤氏ハ之レニ反對シテ感化院ヲ學校ト同一樣ニ認ムベキモノト論ジテイル。	(1)少年法當初ノ目的ハ少年ノ全部ニ對シ刑事政策的ニ取扱ハントスルモノナリシガ朝野ノ論ヲ招キ遂ニ第四十二第四十三第四十四議會ニ於テハ議決未了ニ終リタリ故ニ政府ハ第四十五議會ニ於テ當時ノ輿論ニ從ヒ十四才未滿ノ少年ニ對シテハ原則的ニ「感化法ニ讓ルコト」トシ既成法案第二十八條ニ「十四才ニ滿タサル者ハ地方長官ヨリ送致ヲ受ケタル場合ヲ除クノ外少年審判所ノ審判ニ付セス」ト一項ヲ挿入シ提案セシ爲メ漸ク議會ノ通過ヲ見ルニ至レリ	第四十五議會特別委員會ニ於テ山岡政府委員曰ク十四才未滿ノ者ハ刑事責任年齢ニ達シテ居リマセヌカラ刑事裁判ノ取締ニ屬スベキモノデナク單純ナル不良少年ト見ルベキモノデアルト云フコトハ一面カラ認メラレマスガ成程行爲ハ犯罪行爲ニ外ナラヌノデアル（云々）茲ニ一ツノ分界点ヲ以テソレ以下ノ子供デアレバ地方長官ガ直ニ感化院ニ收容スルノ命令ヲ出スコトガ出來ルサウ云フ子供デモ惡性ガ甚ダ強クナツテ居リマレタ感化院ノ處置デハ到底行カナイト云フ場合ニ於キマシテハ地方長官ニ於テ之レヲ少年審判所ニ送致スル此ノ場合ニ於テハ審判所ガ初メテ手ヲ下シテ相當ナル處置ヲイタス斯ウナルト感化法ト少年法トノ運用ハ毫モ支障ヲ來サナイ所謂圓滿ニ遂行イタスコトニナリマス云々
補遺		社會政策ニ付河津博士曰ク現代ノ經濟社會組織ノ根本ヲ破壞セズシテ其病弊デアル社會下層ノ生活ノ不安定ヲ除キ之レヲシテ福祉ヲ増進シテ其質ヲ向上セシムル凡百ノ施設ヲ云フ 獨逸兒童保護法理由書中ニ曰ク兒童福祉ノ増進ハ不良ノ少年ニ對スル矯正的兒童教護ト普通兒童ニ對スル豫防的積極的ノ兒童保護トヲ包含ス云々又兒童教護ハ肉体的精神的遺傳的危險アリ或ハ已ニ墮落セル少年ニ對スル保護ヲ謂フ云々而テ法律第一條ニハ獨逸ノ兒童ハ肉体上精神上及社會上ノ發育ヲ受クルノ權利ヲ有ス	貴族院ニ於ケル少年法特別委員長田所美治氏報告中（前略）其希望ナルモノ五ツアリ、第一將來ハ刑事處分ト保護處分トヲ別ツ樣ナ研究ガ必要デアル司法當局モ其積リデアルト云ハレマシタ、第二ニハ一般少年法モ研究シテ保護ノ目的ヲ十分ニ徹底セシムル樣ニシテ貰ヒタイ、第三少年審判所ノ審判ハ裁判的司法的ニナリ易イ傾ガアラウト考フ司法省ノ所管デアルニ依ツテ教育保護トイフ目的ヲ貫ク上ニ於テ温情慈愛デ行クト云フ目的ヲ貫クニハ十二分ノ注意ヲ望ム、第四本案ハ寧ロ末デアツテ教育ノ施設ガ本デアル教育ノ施設ニ付イテハ最近ノ議會ニ於テ協贊ヲ求ムル樣ニ不良少年自身ノ薄弱等ニ對スル施設ヲシテ貰ヒタイ、第五司法省ト内務省ノ外ニ文部省トモ熟議ヲ要ス云々	刑事政策ニ付山岡博士曰ク刑事政策トハ共同生存侵害ノ行爲タル犯罪ヲ刑罰其他ノ方法ニ依リ防遏セントスルヲ其任務トス。

武田慎治郎編

感化法改正期成同盟会（1935）『少年教護法制定顛末録』改正期成同盟会。

比叡山延暦寺で委員会を開き、「いよ〳〵民間提出し《ママ》して荒川五郎氏に依頼するより外途なしと決意し、その必成を山上清澄の気に厳粛に誓った」（同）。そこからの紆余曲折は割愛するが、「終に三月廿五日、貴族院本会議に上程せられ大久保公爵委員長としての報告、満場一致の可決を見た我々は直ちに衆議院の傍聴席に入った。同日衆議院に於て色々の案が次々と可決され、一番最後に少年教護法が上程された」（同：22）。荒川五郎が説明し、議長は『別に御異議もありませぬ。第三議会を省略して委員長報告通り可決決定致します。』と宜し、同時に第六十四議会の終了を宣す。時に午後四時三十六分。傍聴して居た院長等は馳せ参じて衆議院控室に入つて荒川氏の入室を待つて居た」（同）、「何たる感激の場面であつたろうか」（同）、熊野は荒川と喜びを分かちあい、院長等期成同盟会は大急ぎで本陣一ツ橋に帰って全国に通過の報を打電した。しかし、「漸く冷静を取り戻して決議になつた法律案を見た。アツ、と驚い」（同）た熊野が法案を見直してみると、そこに重大な修正を発見したのである。

2．衆議院における審議

『少年教護法制定顛末録』（以降〝『顛末録』〟とし、引用にも略してこれを用いる）によると、少年教護法案は一九三二（昭和七）年一二月二七日に第六四回帝国議会衆議院に「代議士荒川五郎氏山下谷次氏他六十五名[115]に依りて衆議院に提出」（『顛末録』：53）され翌二八日より本会議に上程された。しかし、「当初司法省の絶対反対の意見撥表ありて頗る何色あり或は議決未了の不幸に終わることなきやを憂慮」（同）したが、荒川五郎をはじめとする代議士の「熱心周密な討議に依り遂に委員会の形成は一変し（中略）三月七日の最終会に於て全会一致の可決を見る」（同）ことになった。なお、帝国議会による審議過程は表4の通りである。

少年教護法案の原案及び議会での審議過程などは『顛末録』に詳しいため、ここでは省略するが、原案には、一四歳以上一八歳未満の者の一部を少年教護法の対象とする条文（以下原案は『顛末録』：53-57から引用する）――第一條　本法ニ於テ少年ト称スルハ十四歳ニ満タザルモノニシテ不良行為ヲ為シ又ハ不良行為ヲ為ス虞アル者ヲ謂フ。少年法

表4　第64回帝国議会議事経過表

第六十四帝國議會議事經過表

年月日	事項
昭和七年十二月二十七日	少年教護法案、衆議院提出
仝　八年一月二十八日	衆議院本會議上程、即日委員付託
仝　八年一月三十日	委員會成立
自仝八年二月一日 至仝八年三月七日	委員會七回開會ノ後、修正案可決
仝　八年三月九日	衆議院本會議上程、即日可決
仝　八年三月十日	貴族院本會議上程、即日委員付託
自仝八年三月二十日 至仝八年三月二十五日	委員會四回開會ノ後、修正案可決
仝　八年三月二十五日	貴族院本會議上程、即日可決ノ後、直ニ衆議院ニ回附
仝　八年三月二十五日	衆議院本會議上程、即日可決

感化法改正期成同盟会（1935）『少年教護法制定顛末録』改正期成同盟会、p. 52。

ヲ適用セザル地域内ニ於テハ前項ノ年齢ヲ十八歳トス。第八條第一項第二號ノ場合ニ於テハ其ノ年齢ヲ十八歳未満トス。――や、あるいは県立鑑別所・国立鑑別所が盛り込まれた条文――第五條　道、府、縣立教護院及道、府、縣立鑑別所ハ地方長官、國立教護院及國立鑑別所ハ内務大臣之ヲ管理ス。――などが盛り込まれており、また、一次改正以来、司法省が問題視している地方長官による親権の喪失と入所の決定――第八條　地方長官左記各號ノ一ニ該當シ教護ノ必要アリト認ムルトキハ之ヲ道、府、縣教護院ニ入院セシムヘシ。一、少年ニシテ適當ニ親權又ハ後見ヲ行フモノナキ者。――などがあり、議会ではこれらに司法省側がすべからく反発、少年教護法に反対していた(116)。また一方で、内務省側も立法化には必ずしも積極的でなかったようである(117)。

このような状況下にあり、荒川はラジオ放送で熱弁を振るい、また関係者と懇談を行うなどして成立に向けて尽力した――「荒川代議士の不良問題に関するラジオ放送は非常に熱の籠もつた筋の通つた議論で聴衆を痛く《ママ》感動せしめた。此会同の相談で二月二十二日に一同は衆議院に於ける同法案特別委員会並に此問題に関心を有らせるゝ議員の方々と衆議院の食堂に於て懇談することになつた事は最も大なる仕合であつた」（相田 1934：32）。『顚末録』によると、荒川は二月二二日の正午（おそらく第五回少年教護法委員会の後）に「午餐を倶にする会」（『顚末録』：113）を行い、「委員と実務者の懇談の機を与へる」（同）機会を作り、また、会の後には感化院長や代議士を率いて内務大臣、司法大臣の説得に当たり、大臣たちの理解も得られたようである――「……実務者一同を急遽麾いて議員交渉会に至る。こゝには山本内務大臣、丹羽社会局長等已に入場、一同を待つて居られる。荒川代議士は息をもつがず今回該法案提出の理由及び大臣が本案支持に深く力を用いられんことを熱誠懇望す。……山本内務大臣と入かはりに荒川氏は直ちに小川司法大臣を同室に招し更に熱烈訴ふ処あり、殊に少年法と少年教護法と何等の抵觸なき所以を力説し、……一面大臣の令兄が東京感化院の開祖即ち日本感化教育の始祖なるに解き及び、大に本法案の支持を懇望する処あり。従事者としては池田兵庫県立土山学園長、実際の立場を縷説懇請す、……大臣も少なからず感動せられたものと見え、自分も感化教育の実際に従事した事などの感想を述べて能ふ限りの努力を惜しまざるべきを声明せられた」（『顚末録』：113-114）。

その結果、一九三二（昭和七）年三月二日に行われた第九回衆議院委員会において法案は修正され、衆議院通過の目処が立ち、「法案第一条第二項の十四歳以上の者については、司法省の意見を入れ、少年鑑別機関については、これを『設置スルコトヲ得』と改めたほか、その他の修正をした。その後逐条審議に入ったが、逐条審議は、小委員会に一任」（矯正協会編集 1984：353）することになった。その後小委員会の審議を経た修正案は同月七日・第一二回委員会にて満場一致で可決し、三月九日・衆議院本会議にて可決、三月一〇日貴族院に送られた。

3．修正された少年教護法案

地方長官の権限と親権の喪失

少年教護法案は修正の後、衆議院を通過したがその後貴族院において司法省による修正が加えられていた。熊野は可決の報を打電する際その修正に気付いた――「大急ぎで本陣一橋に帰り全国に打電した。漸く冷静を取り戻して決議になつた法律案を見た。アッ、と驚いて、先づ発見したのは第八条第一項第一号に『適当ニ』の文字の脱して居ることであつた」(熊野 1943：22)――。

衆議院で少年教護法案が採決された三月九日衆議院本会議の速記録[118]で確認すると、法案第八条の一は次の通り――「第八條　地方長官左記各號ノ一ニ該當スル者アルトキハ之ヲ少年教護院ニ入院セシムベシ　一　少年ニシテ不良行爲ヲ爲シ又ハ不良行爲ヲ爲ス虞アリ且適當ニ親權又ハ後見ヲ行フモノナキ者」(傍点筆者)と「適當ニ」の文字は入っている。しかし、通過した少年教護法では、『重要事項中の最重要事項である適当ニ親権ヲ行フモノナキトキ』とある『適当ニ』の三字が司法省の反対に依り削除せられ」(相田 1943：8)ていたのであった。この「適当に」ということばを巡って相田は、「法律の解釈上親権ヲ行フモノナキと親権ヲ行フ者ナキとは、そのモノと者に依り異なるのである。前者は親権者があつても親権を行はなかつた場合、後者は親権者その人がなかつた場合を指すのであるから、從來の解釈に依れば『適当ニ』の三字がなくても宜しい筈である。然るに適当ニの三字が問題となつて削除せられた以上常識解釈に依るべしと悲観したのである。法律用語としてモノは人を指さず事といふ意味に用ゆ。明治四十年感化法改正案審議の時法制局に於て者とすれば人を指すゆゑ特にモノとしたのであることを付記して置く」(同)と説明している。次に、相田の述べた条文について、感化法、一次改正、少年教護法案、制定した少年教護法の順に書き出した(傍点筆者)。これらの条文から、改めて地方長官の権限と入所者の親権について整理を試みる。

一九〇〇(明治三三)年・感化法

第五條　感化院ニハ左ノ各號ノ一ニ該當スル者ヲ入院セシム

一　地方長官ニ於テ滿八歳以上十六歳未滿ノ者之ニ對スル適當ノ親權ヲ行フ者若ハ適當ノ後見人ナクシテ遊蕩又ハ乞丐ヲ爲シ若ハ惡交アリト認メタル者

一九〇八（明治四一）年・一次改正

第五條　感化院ニハ左ノ各號ノ一ニ該當スル者ヲ入院セシム

一　滿八歳以上十八歳未滿ノ者ニシテ不良行爲ヲ爲シ又ハ不良行爲ヲ爲スノ虞アリ且適當ニ親權ヲ行フモノナク地方長官ニ於テ入院ヲ必要ト認メタル者

少年教護法案（衆議院通過時点、速記録[119]より抜粋）

第八條　地方長官左記各號ノ一ニ該當スル者アルトキハ之ヲ少年教護院ニ入院セシムベシ

一　少年ニシテ不良行爲ヲ爲シ又ハ不良行爲ヲ爲ス虞アリ且適當ニ親權又ハ後見ヲ行フモノナキ者

少年教護法（『顛末録』より抜粋）

第八條　地方長官ハ左記各號ノ一ニ該當スル者アルトキハ之ヲ少年教護院ニ入院セシムベシ。

一、少年ニシテ親權又ハ後見ヲ行フモノナキ者

相田は、第八条の一「適當に」の文言について、「適当に親権を行うものなきとき」と、「親権を行うものなきとき」では、大きく意味が違ってくると述べている。前者は「親権者がいてもその親権を行わなかった場合」であり、後者は「親権者を行う親権者そのものがいなかった場合」である。従来の感化法では地方長官が入院を決定することが認められていた――第五条では「地方長官ニ於テ……適當ノ親權ヲ行フ者若ハ適當ノ後見人ナクシテ遊場又ハ乞丐ヲ爲シ若ハ悪交アリト認メタル者」とあり、一次改正時も同様に「適當ニ親權ヲ行フモノナク地方長官ニ於テ入院ヲ必要ト認メタル者」とある――つまり、司法省による少年教護法案の修正は、親権者がいる場合であっても入院を決

①荒川五郎　②武田慎治郎　③池田千年　④相田良雄　⑤菊池俊諦　⑥熊野隆治
感化法改正期成同盟会（1935）『少年教護法制定顛末録』改正期成同盟会。（筆者加工）

定できる地方長官の裁量を「適当に」の三文字を削除し、者をモノとひらくことで封じた、ということであろう。

当初、相田は、少年教護法案は「到底今期の議会は通過しないであろう」（相田 1934：31）と考えていた。その理由の一つとして「第一回の感化改正の時、司法省は行政処分を以て親権の喪失、児童少年の自由を拘束する等のことは不法であるとの意見を以て非常に反対せられた」（相田 1934：31）ことを挙げている。一次改正の項でも書いて来たが、内務省側は、子どもを司法手続きで裁くことの弊害と感化院では子どもに家庭的な環境と教育を与える施設であることを訴えて、行政手続き、つまり行政官の判断による入所を主張していた。

一方、司法省側は、感化院の入院といえども司法手続き、裁判官の判断による入所を主張し、また、感化院が実際には地域差があり機能していない点を指摘した。相田の回想の通り、司法省・花井卓蔵は「人ノ心身ノ自由ヲ束縛シ、強制的ニ教育シ強制的ニ保護シテ往クト云フコトハ法律ノ働キニ待タナケレバナラヌモノデアル然ル以上ハ、其処分ハ、裁判上ノ働キニ待タナケレバナラヌト云フコトハ論ヲ竢タヌ」（傍点筆者）[120]と述べている。

傍点部「法律の動き」とは明治民法との整合性を指している。答弁に立ったのは内務省地方局長・床次竹二郎である。以下、田中の『近代日本の未成年者処遇制度』より、このときの答弁について引用する。「この『親権』（第五條第一号）に関して花井はどのような場合であっても、親権の喪失を宣言するには裁判手続きによらなければならないと民法では定められているにもかかわらず、感化院に収容された者の親に限っては、行政官によって親権の喪失と実質的には同様のことが行われるが、その根拠は何であるかと質疑を行った。これに対して政府委員床次竹二郎は（中略）つまり、床次の答弁は、感化という目的を達するためには、現状では裁判を経ないで行政官である地方長官の判断によって行った方が良いと述べたにすぎず、花井の疑問に対して正面から答えたものではなかった」（田中 2005：173、括弧内筆者）ということであった。そして少年教護法案審議においても司法省はこの点を再度質疑した――「司法省側は、親権剝奪の効果を伴う少年教護院への入院について、行政官である地方長官、つまり事実上は警察署長や市町村長が裁量権を持つことは問題であると主張した」（藤原著、小林・小木曽編 2004：59）――のである。

その他の修正及び新たに盛り込まれた内容

少年教護法案に反対する司法省の動きは衆議院可決後の貴族院にてなお強く、「衆議院に於ける以上に司法省に反対の意見があつた」（相田 1934：32）ということである。また、「大蔵省が予算の増加を伴ふ法律案には此際絶対反対であると言明されたことは通過を非常に懸念せしめた」（同）とある通り、衆議院可決後も法案成立の見通しは必ずしも明るくなかったようである。相田は「衆議院通過前に貴族院の方面に諒諾を求むることは適当であるまいとの見地から貴族院の方々には余り運動を試みなかつたところ、寧ろ意外に衆議院を通過したので、此時は既に手遅れの感があつた」（同）と書いている。しかし、少年教護法は「条項に多少の修正を加へ茲に目出度最終日の最終議事に於て両院の可決を見るに至」（同：33）った。

なお、先の第八条以外で修正された条文（衆議院及び貴族院にて修正された条文）については、『顚末録』等をご参照いただくとして、ここでは簡単に条文のみ示すこととする。第一条（入所者の年齢、第八条の一について「十八歳未満トス」を削除、附則に規定）、第四条（少年鑑別機関の設置に関する修正）、第一〇条（第八条に関連した修正）、一一条（少年審判より入所した子どもの退院に関する地方長官の権限の修正）、第一二条（退院の期限を年齢ではなく「教護ノ目的ヲ達シタリト求ムルトキ」に修正）、第一七条（第一〇条に伴う修正）、第二〇条（国庫金の支出を「六分ノ一乃至二分ノ一」を「四分ノ一乃至二分ノ一」に修正）である。なお、熊野隆治は「少年教護法議会上程の当時を想し将来の日本教護に及ぶ」において「我々の出した原案で、修正されて遺憾と思つたのは大要次の通り」（熊野 1943：23）とする項目を書き出しているため、最後に転記する。

一、出願によるものは十八歳未満なること。
一、國立教護院に職員養成所を必ず附設すること。
一、道府縣には必ず少年鑑別所を置くこと、而かも院内にと制限していない。
一、少年鑑別所には必ず一時保護所を附設すること。
一、第八条の第一號は
　少年にして適當に親權又は後見人を行ふもののなき者。
一、第八条第一項第二號の處分は道府縣立教護院に委任することを得ること。
一、内務大臣、地方長官は教護院退院後の少年の保護監督をすること。
一、國庫支出を四分の一乃至二分の一としたること。
一、教護院長は在院者の學力を考査し小學校の教科を修了したるものと認定することを得ること。

〈熊野隆治（1943）「少年教護法議会上程の当時を想し将来の日本教護に及ぶ」『児童保護』一三―一〇、日本少年教護

協會、p. 23°〉

以上のような修正を加えられたものの、少年教護法には、感化事業に携わる者たちの意向を反映した改正点も盛り込まれることになった。以下、『教護事業六十年』より、その要点を転記する。

1　少年教護委員を選出して不良化防止と早期発見、保護観察に当たらしたこと。
2　少年を保護処分にする前、必要に応じて一時保護の方法を講じ得るようにしたこと。
3　少年の科学的審査のため、少年鑑別機関を設けることが出来るようにしたこと。
4　退院者に対して尋常小学校の教科終了の学力認定をすることが出来る途を開いたこと。
5　少年の保護処分に附されたことを新聞に登載することを禁じたこと。
6　少年教護院に対し国庫補助の途を開いたこと。

〈全国教護協議会編（1964）『教護事業六十年』全国教護協議会、p. 5°〉

1の少年教護委員は現在の児童委員や保護司に通じるものであり、これは感化法制定時には実現しなかった小河の「地方委員」構想が、少年教護法でようやく「少年教護委員」として法制度化したと考えてよいだろう。少年教護委員は施設と地域とが連携して施設入所前後の手当を行うものであり、現在の保護司や児童委員・民生委員の原型に当たるものと考えられる。2及び3は、少年教護院の鑑別機能について明記したものである（なお、この鑑別機能は戦後、児童相談所の役割となったが、『教護院運営要領』には鑑別について記されている〈第二章〉）。4はその後、教護院時代では児童福祉法第四八条に相当するものと考えられる（第三章）。5は子どものプライバシーへの配慮について明記しており、今日の、子どもの権利保障に通じる先駆的な視点といえよう。

4. 少年教護法施行と戦争

少年教護法には現在に通じる先駆的な視点を持つ条文も盛り込まれていたが、しかし施行後は戦争の影響で十分な実施には至らなかったようである。例えば、ようやく実現した少年教護委員についても――『児童保護』には少年教護委員の献身的な活動の様子が報告[121]される、あるいは大阪府の少年教護委員・柳政一の活躍、埼玉学園長・関根宗次の自費自弁による地方の委員への指導など[122]、地域で熱心に取り組む少年教護委員の記録が残されているものの――地域差があり、全国的にはあまり機能せず、また、司法省の反対を押してなんとか盛り込まれた少年鑑別機関についても同様で、実施は難しかったようである。『教護事業六十年史』によれば、「昭和十三年一月一日には社会局が解消発展して厚生省となり、厚生省社会局の中に児童課が新設せられ制度的には整備せられたが、昭和十二年に発生した支那事変に阻まれ、教護事業の実質的発展は著しいものがなく、新設せられた少年鑑別所の活動もほとんど心理検査の実施ぐらいに止まり、少年教護委員の如きは一部の地方を除いては有名無実で、辞令を貰ったことも忘れているというような委員が多勢いるというような状態であった」（全国教護協議会 1964：5-6）ということである。このような状態を関係者たちは不満に思い、更に少年教護法の改正を求める声もあったが、「これらの要望や、社会局児童課の努力にかかわらず、戦争に直結しない法に関する国会審議など思いもよらず、昭和十三年度に内定した国立少年教護院増設経費は、国際オリンピック大会開催経費等と同様、戦時予算に組替の犠牲となり、ただ昭和十七年社会局母子課の中に教護官一名が置かれることになり、森健蔵氏が初代少年教護官として就任したこと、少年鑑別所が二十二に増加したこと、少年教護委員が十七、二五九名に増加したこと等が形の上の進展」（同：6）ということであった[123]。

そしてやがて少年教護事業もまた、戦争に飲み込まれ、それに荷担していくことになる。当時の背景と少年教護院時代をなぞらえて見ると、日本少年教護協会が『児童保護』を創刊した一九三一（昭和六）年に満州事変が勃発、一九三二（昭和七）年の五・一五事件で政党内閣が崩壊し[124]、いわゆる転向の時代が到来、「思想・言論の取締まりも強化され、共産主義ばかりでなく、自由主義・民主主義的な学問への弾圧もなされた」（高村、高埜他 2016：145–146)。少年教護法が成立した一九三三（昭和八）年に日本は国連からの脱退を通告[125]、翌年一九三四（昭和九）年・少年教護法施行令の公布及び少年教護法施行規則の公布、同年陸軍省は「国防の本義と其教化の提唱」を発行、このころになると軍は次第に政治、経済に踏み込んで行く。そして一九三六（昭和一一）年の二・二六事件を経て、翌年一九三七（昭和一二）年六月近衛文麿が第一次近衛内閣を組織、七月には盧溝橋事件が起きやがて日中戦争へと発展した。近衛内閣は同年一〇月より国民精神総動員運動を展開したが、『児童保護』の一〇月号には――その巻には「少年教護法実施三周年記念特輯」が組まれているものの――菊池俊諦による巻頭言ではそれには触れず、国民精神総動員運動の推進が示され――「国民精神総動員運動の絶叫せられる時に当り、吾人教護の要務に任ずる者は、一層の熱誠と努力とを以て、此の運動に参加せねばならぬ。願はくは、此の運動をして真に偉大なる国民運動たらしめよ」（菊池俊諦 1937：1）――ており、続く二頁目からは近衛文麿の「九月十一日日比谷公会堂に於ける国民精神総動員に関する内閣総理大臣講演要旨」（タイトル「時局に処する国民の覚悟」）が掲載されている。高い人権意識を持ち、ジュネーブ宣言を翻訳した菊池俊諦（第Ⅲ部）といえども、当時の国家主義・軍国主義には荷担していたことがここに示されている。そして一九三八（昭和一三）年、国家総動員法が制定される。佐々木によると、「国家総動員法が公布されたが、これが転換に大きな背景になって」（佐々木・藤原 2000：497）おり、子どもの捉え方は「天皇の赤子」として位置づけられ、実践は「非常時」「総力戦」「高度国防国家」の体制に寄与するべく考えられ、子どもは戦力として教化すべき存在となっていった（同）、ということである。佐々木の『戦前　感化・教護実践史』には、各少年教護院での具体的な取り組みも掲載されているので、是非、そちらを参照していただきたい。同著にはまた、一九三〇年代の後半には少年教護院を「退園」する子どもの目標として「出征」が位置づけられ、それが美談となっていた様子も記されている。

少年教護法は一九三三（昭和八）年に成立し、その後一〇年を経ずして一九四一（昭和一六）年、日本は真珠湾攻撃を行い、世界大戦へと突き進んで行った。佐々木は「少年教護院自体は（中略）わずか一〇余の存在であった。しかし、戦後引き継がれた教護院の大枠を規定する礎となった」（佐々木・藤原 2000：363、括弧内筆者）として、少年教護院の実践について少年教護院時代を三期に分け[126]、特に法施行された一九三四年から一九三八年ごろの四年間が土台になっていると分析しているので併せて参照されたい。最後に、『教護事業六十年史』より、戦中から敗戦までの様子を転記しておく。

昭和十八年には少年教護法十周年を記念して当時としては盛大な全国少年教護院長会議が開催せられ、この事業の功労者の表彰等も行われたが、戦争は次第に苛烈となり教護事業に従事する者も多数応召し、いかに戦争に協力すべきかだけが国民全体の問題であったので、教護院でも増産々々の掛声に応じて、食糧増産や工場労働が日々の主な日課となった。愛知学園や武蔵野学院が爆撃される頃になっては、政府も国民も極言すれば、教護少年などにかまってはいられないという意識感情で、関心といえば、人的資源の涸渇したこの頃非行少年も労働力の一部たるべしと考えられ、教化改善というよりも国民活動の邪魔になる児童を一時隔離して、これを戦争のための人的資源にかえる努力でなければならないというだけであった。従って収容児も減少したが、少年教護法施行令の第一条が「皇国の道に則り……」と戦時色に塗り変えられたぐらいの他には制度組織等には大した変化もなく昭和二十年八月の終戦を迎えた。ただ一言つけ加えておきたいことは戦争に参加した多くの教護院退院生の中に、異常の殊勲を立てたものが数多く、この事実に注目した人達は教護少年及び教護院に対する認識を新たにしたことである。

〈全国教護協議会編（1964）『教護事業六十年』全国教護協議会、pp. 6-7。〉

注

（1）厳密にいうと感化院設置後も懲治場は続けられた（第二節）。

（2）「明治五年十一月に監獄則が公布されて、監獄の構内に、未決監、已決監、女監、病監から区画して懲治監が設けられた刑期を終了した二十歳未満の者及び不良行為がある幼年者等を収容して、成人の犯罪者から隔離し、寛大な措置がとられることになった」（矯正協会編 1984：10）。関連注5。

（3）明治五年の「監獄則並図式」に示された監獄は、「石造獄舎、教師の配置、動作時刻、賃金など、かつて橋本左内や吉田松陰が知る知識、望む内容、山田方谷が掲げる様式獄制改革の意見のほぼすべてを網羅する画期的なもので（中略）食料としての肉・骨汁《スープ》の給与、寝具である毛布《ブランケット》の給与（中略）鉄門・煉瓦壁・階層監獄・様式の獄衣や戒具（中略）新監獄への標本《サンプル》的性格を示すにとどまった」（重松 1985：5、括弧内筆者）ということなので、これは、不平等条約解消を含めた諸外国へのアピールという側面が強かったのではないかと推測される。

（4）「明治十四年九月に監獄則が公布された。（中略）これによって明治五年の監獄則は廃止された」（矯正協会編 1984：19）。

（5）この改正について、著者博士論文「感化院から児童自立支援施設に至る施設に培われて来た子育ち・子育て――「教護理論」からキョウゴ・モデルへ」では、監獄則の交付以来、二度目の改正であったかのように書いた――「その後監獄則が二度に渡って改正され、懲治場となり」（p.3）――が、これは勘違いによるミスである。訂正してお詫びしたい。

（6）「放恣不良ノ者ヲ懲治場ニ入レ矯正帰善セシメント其尊屬親ヨリ願出ルルトキハ第二十條第一項ノ例ニ照シテ處分スヘシ矯正帰善ノ爲メ懲治場ニ入ルヘキ者ノ年齢ハ滿八歳以上滿二十歳以下ヲ限トス」（明治一四年監獄則第一八条、傍点筆者）。

（7）一八八〇（明治一三）年刑法の第四章は「不論罪及び減輕」、その内、第一節第七九条から第八一条までが幼年者の処遇（幼年及び懲治に関する条文は第七九条から第八四条まで）である。「第七十九條　罪ヲ犯ス時十二歳ニ滿サル者ハ論セス但滿八歳以上ノ者ハ情状ニ因リ滿十六歳ニ過キサル時間之ヲ懲治場ニ留置スルヿヲ得」、「第八十條　罪ヲ犯ス時滿十二歳以上十六歳ニ滿サル者ハ其所爲是非ヲ辨別シタルト否トヲ審案シ辨別ナクシテ犯シアル時ハ其罪ヲ論セス但情状ニ因リ滿二十歳ニ過キサル時間之ヲ懲治場ニ留置スルヿヲ得　若シ辨別アリ犯シタル時ハ其罪ヲ宥恕シテ本計ニ二等ヲ減ス」、「第八十一條　罪ヲ犯ス時滿十六歳以上二十歳ニ滿サル者ハ其罪ヲ宥恕シテ本計ニ一等ヲ減ス」。なお、以下『少年矯正の近代的展開』から引用する。「明治十三年刑法は、第四章で、未成年者の犯罪行為に対して、不論及び宥恕減刑の規定を設けている。すなわち、未成年の犯罪については罪を論じない（不論罪）ことと、未成年者が、もし弁別あって犯罪を犯した時は、その罪を宥恕して減刑する（宥恕減刑）ことなどを規定した。不論罪の場合は、その少年を懲治場に留置することも定めた」（矯正協会編集 1984：9）。

(8)「平民其の子弟ノ不良ヲ優フルモノアリ此監ニ入ンヿヲ請フモノハ之ヲ聽ス」(明治五年「監獄則第一〇条懲治場」より一部抜粋)。

(9)「明治二十二年監獄則の公布によって(中略)明治十四年監獄則第十八条から第二十条に規定されていた請願懲治は削除された」(矯正協会編 1984：27)。

(10)「明治五年の監獄則では懲治監といい、(中略)明治十四年改正監獄則では懲治場と名を改め(中略)以降、懲治場は各監獄の一劃に区分して設けられ、教場の設備をもって少年に対する監獄教育というものが実施されている」(重松 1985：190)。

(11)「金囚処遇及ヒ懲役法ノミ便利ノ地ニ於テハ監獄則ニ依リ施行可然旨當省第六十一號ヲ以テ及布達置候處右ハ施行上ニ於テ別段官費ニ係ラサル樣可致更ニ爲心得此旨相達候事」(明治六年四月二四日　司法省通達第六三号、傍点筆者、なお引用は『法令全書』一七二九頁より)。

(12)「第三條　集治監は内務卿之ヲ直轄ス留置場監倉懲治場拘留場懲役場ハ警視総監又ハ府知事　東京府ヲ除ク　縣令之ヲ管理ス」(明治一四年改正監獄則第三条、傍点筆者)。

(13)「池上女史が感化院を創設したのは明治十六年六月貳拾七日である。そして其れを公式に發表したのが明治十七年八月一日であつた」(熊野ら共編 1940：58)。

(14)池上雪枝は易者であり、池上本局として『こよみの友』(一八八六年池上本局発行)を発行するなどしている。

(15)新HBによると、「感化法制定までに民間の篤志家によって一〇ヶ所に感化院が設立された」(新HB：55)ということである。なお、これらの施設設立の経緯については『感化事業回顧三十年』、『少年矯正の近代的展開』あるいは『戦前　感化・教護実践史』に詳細があるので、それらを参照していただきたい。

(16)感化院は一九〇〇年の感化法発布により法制度化されることになった。池上感化院はそれ以前の、平たくいえば、市井の人(それも女性)による、地方での取り組みだったため、感化事業の記録として積極的には残されなかったのではないだろうか。『少年感化の母　池上雪枝』に当時の大阪朝日新聞の特集記事が引用されている。残念ながら新聞記事が入手できなかったので、同書より以下、その記事を引用する。「我國感化施設の魁は明治十九年東京で錦花學院を創設した故高瀬真卿氏であると一般には信じられてゐるが、意外にもその魁こそ、高瀬氏より数年前大阪でしかも一婦人の細腕によつてはじめられたものであることが判明するに至つたものゝ(中略)同女史はそれらの不良少年少女を自宅に引取り慈愛をもつて訓戒し改悟したものは適當な家を求めて奉公に出したり職を授けたり獨立でしかも女の手で不可能とさへいはれてゐる感化事業をつづけ明治二十三四年頃松ヶ枝町で死去したものである(後略)」(熊野ら編 1940：3)。これを見ると、まず、感化事業は当時「女の手で不可能」と考えられていたことが伺われる。また、高瀬の東京感化院は「青山英和學校教授神學博士マクレー氏も亦同院の為に講演したこと等は大いに斯業の研究を刺戟し、東京感化院は漸く世人の注目する所となつた」（内務省社会局編 1930：8）とある通り、感化院という存在を世に知らしめた存在であったと考えられる。これは筆者のまったくの推測であるが、〝その東京感化院よりも古い〟池上感化院の研究は、熊野ら関西方面の関係者にとって、〝正に魁は関西にあり〟とばかりに精が出たのではないだろうか。ちなみに、高瀬の『東京感化院創業記』によると錦花學院の創設時の名称は「豫備感化院」あるいは「私立豫備感化院」であり、その後「神宮教院感化院」「東京感化院」と変遷している（高瀬 1896：3-10）。「錦花學院」は一九二三（大正一二）年より使用（司法省保護課編 1933：4）した名称である。

(17)『教護事業六十年』によると、「明治十七年に大阪で池上雪枝という婦人が、三十数名の非行少年の教化を始めたのに続いて、東京感化院、成田学園から明治三十二年に留岡幸助氏の家庭学校が設立せられたのを加えて合計十一の感化院が生まれた」（全国教護協議会編 1964：3）ということである。また、二井の調べによると、池上感化院（大阪）、私立予備感化院（東京）、千葉感化院、大阪感化保護院、岡山感化院、京都感化保護院、三河感化保護院、三重感化院、広島感化院、阿波国慈恵院、家庭学校（東京）である（二井仁美（2010）『留岡幸助と家庭学校』p.19、「表01 感化院開設時期一覧」）。なお、これらの私立感化院については、佐々木光郎・藤原正範著『戦前 感化・教護実践史』に詳しいため、参照されたい。また、『感化事業回顧三十年』によると、その他「（明治）二十四年に計劃された高松感化保護院」（内務省社会局編 1930：9、括弧内筆者）があるが、高松感化保護院については今回詳細を調べるに至らなかった。

(18) 留岡幸助の留学については、二井仁美『留岡幸助と家庭学校』や田澤薫『留岡幸助と感化教育』を参照されたい。特に二井氏は留岡研究の第一人者として、これまで多くの功績を残してきた。『留岡幸助と家庭学校』は同氏による「大学卒業論文以来の研究の集成」（二井 2010：9）の書であり、多くのことを学ばせていただいた。氏の功績に感謝したい。

(19) なぜ、巣鴨という地だったのか、ということについては第Ⅲ部第四章注1を参照のこと。

(20) 同校は翌一九〇〇（明治三三）年三月、新校舎を建設した。その年は感化法が制定（七月）された年であった。

(21)「第一回の改正監獄則に於ては懲治監と称したのを　第二回に於ては懲治場と改め又殊に囚人と懲治人を分ちて、異なる待遇を與へるやうになったのは、犯罪少年に對する処遇に付いて　一段の進歩と見るべきである。併し乍ら此等は素より不良少年を感化すると言ふ思想に基くものではなくして、未だに彼等を犯罪者として取扱ふの域を脱しなかつたのである」（内務省社會局編 1930：4）。なお、文中「第一回の改正監獄則」とは、一八七二（明治五）年発布の監獄則（「監獄則並図式」太政官達第三七八号）と推測される。

(22) 現在の北海道家庭学校の礼拝堂は、一九一九（大正八）年に建立されたものであるが、その礼拝堂には十字架がない。それは子どもたちが十字架を背負っているから、と職員から説明を受け、留岡の視点、精神が継承されていることを実感した。

(23)　注15の一一施設の内、現在も児童自立支援施設として運営している施設は、三施設（家庭学校、岡山感化院、広島感化院）、児童養護施設として現在も継続している施設は二施設（私立予備感化院、千葉感化院）、廃止された施設は四施設（池上感化院、大阪感化保護院、京都感化保護院、阿波国慈恵院）、不明二施設（三河感化保護院、三重感化院）である（各施設の刊行物などから調べた）。なお、家庭学校について、当時分校であった社名淵分校（北海道農場）が現在の北海道家庭学校となり、本校は東京家庭学校（児童養護施設）として運営している。

(24)　しかし、「この主張は当時の社会にあっては破天荒の思想であり、これらの主張者は異端者・空想論者として非難された」（新ＨＢ：11）ということである。

(25)　『成田學園五十年史』によると、一八九一（明治二四）年三月には、「恐らくこれが我國最初の感化院長協議會」（成田學園編 1936：107）が行われており、東京感化院、三河感化保護院、岡山感化院、千葉感化院の「當務者達」（同）が東京に集まり協議したということである。

(26)　同じく『成田學園五十年史』によると、一八九一（明治二四）年以降、「毎年會合協議があつたかどうか、其の後の記録に乏しいが、この年を最初として、其の後感化法の發布まで、年々政府、貴族兩院へ建白書又は陳情書を提出してゐるやうである」（成田學園編 1936：110）と書かれている。

(27)　引用元の『成田學園五十年史』は成田學園発行であり、同書によると「當園五十年を其の名称によつて大別すると千葉感化院時代、成田山感化院時代及成田學園時代の三期になる」（成田學園編 1936：凡例）、つまり、千葉感化院によるもの。また、同書には「院長會議も、建白書請願書等の提出も、總て我が千葉感化院の當局が主唱してなされてものである事が、明に察知せられるのは、實に愉快なことであると同時に、前任者方の達誠に自づと頭が下がることである」（同：124）と記されている。

(28)　『新ＨＢ』では、「この感化法制定の引きがねになったものに、一人の少年の放火事件がある。14歳の浮浪児、花村新六は銀貨50銭を貰って東京本郷春木町に放火して、実に一〇〇〇数戸を焼き、損害は当時で百数十万円といわれた」（新ＨＢ：56）としているが、同書にこの事件と感化法設立の経緯については記載がなく、筆者は未確認である。なお、この事件については、東京朝日新聞一九一六（大正五）年八月八日の記事（見出し「國立の感化院ができる　▽目下内務省で頻に調査中」）で触れられていたので以下に転記する。事件は、「三十一年頃本郷に大火があつて其呪ふべき日は當時養育院に居た花村新六といふ十四五際の一少年の手によつてためされた事が火災後偶然《ふと》した機會から發見された此少年の自白は至極簡單で或男（家事場黎棒）が天保銭一枚を呉れる約束で火を點けたといふ事」（ルビ筆者省略）ということであった。

(29)　『近代日本の未成年者処遇制度』によると、「感化法は内務省参事官窪田静太郎及び監獄局事務次官小河滋次郎によってその起草が行われた」（田中 2005：61）ということであるが、「それぞれがどの程度感化法草案作成に関与していたのか」（同：56）

ということについて、著者の田中は「現時点では不明」（同：56）としているが、しかし、現存する資料からできる限りの分析を行っている。感化法起草については、同著を参照されたい。

(30)　一八八〇（明治一三）年・刑法発布、一八八九（明治二二）年・大日本帝国憲法発布、同年監獄則の改正、一八九四（明治二七）年・日英通商航海条約への調印により、日本はようやく外国人による犯罪を自国の刑法で裁けることになった。そして「長年の条約改正交渉をのり切った政府は、一八九九年七月まで五年間の各国との条約実施猶予期間内に民法、商法などの法典整備や外国人国内犯を処遇するための監獄制度・施設の改善をすすめなければならなかった」（長沼 2000：103）という状況であった。

(31)　長沼によると「内務省での立案段階も、また法制局との修正協議についても、当時の新聞報道にはあらわれず、政府部外はおろか政府部内でも限られた範囲内での作業であったことがうかがえる」（長沼 2000：102、傍点筆者）ということである。

(32)　審議経過は「官報」速記録によると次の通り。一九〇〇（明治三三）年二月一九日衆議院本会議、翌二〇日衆議院感化法案審査特別委員会、同日衆議院本会議（確定議）、二月二一日貴族院本会議、翌二二日貴族院感化法案特別委員会、翌二三日貴族院本会議（確定議）。

(33)　「これは前年に施行された明治民法第八八二条にある懲戒場への入所に関することであり、この懲戒場への入所・在所期限は、年齢上の上限が設けられてなく、成人後であっても入所可能であった」（長沼 2000：106）、「この但し書が加わることについては内務省は抵抗したが通らなかった」（同：115）。このことについては、長沼「感化法案の作成過程とその背景」の内、見出し「親権（懲戒権）と懲戒場」に詳しいため、そちらを参照していただきたい。

(34)　著者博士論文（注5）では誤って「政府案」を「内務省案」（p.11）と書き違えていたので訂正したい。

(35)　「本案ハ本日午後ヨリ委員會ヲ開キマシテ午後ニ結了致シマシタ（中略）第十四條ニ向ッテ修正ヲ加ヘマシタル譯デゴザイマス、其十四條ハ『本施行ノ期日ハ勅令ヲ以テ之ヲ定ム』トゴザイマスルノヲ『本法施行ノ期日ハ府縣會ノ決議ヲ經テ地方長官ノ具申ニ依リ内務大臣之ヲ定ム』ト云フコトニ修正ヲ加ヘマシタ」（明治三三年二月二一日「第一四回帝国議会衆議院擬似速記録第三一号」六五三頁より、衆議院感化法案審査特別委員会委員長・永田左次郎の発言を抜粋、括弧内筆者、なお引用は明治三三年二月二一日発行「官報　号外」より）。

(36)　長沼によると「内務省におけるこの法案（感化法案）の立案者は窪田静太郎と小河滋次郎」（長沼 2000：107、括弧内筆者）である。

(37)　感化法を起草した小河滋次郎は国会での審議について次のように発言している。「……成ルベクハ感化院ヲシテ感化院ト云フヤウナ看板ヲ大キク掛ケテ、官立的ノモノニ成ルベクシナイヤウナ方法ヲ立テマシテ、成ルベクハ感化ノ效ヲ收メルニハ、内部ヲ家庭ノ組織ニ致シタイ考デアリマス……」（明治三三年二月二〇日「第一四回帝国議会 衆議院感化法案審査特別委員会速記録」内務省監獄事務官・小河滋次郎の答弁より一部抜粋、……部分は省略部分）、「……刑法ニ懲治ト云フコトガゴザイマシテ、ソレヲ監獄の懲治場ニ入レテ置キマスガ、此刑法ノ懲治場ト云フ意味ハ感化教育ト云フ考デアルノデゴザイマシテ、實際ニ於キマシテモ成ルベク教育ヲ施ス取扱ヲ致シテ居ッタノデアリマシテ、將來ノ専ラ感化教育ト云フコトヲ目的ニ致シマシテ取扱ヲスル考デアリマス……」（明治三三年二月二二日「第一四回帝国議会 貴族院感化法案特別委員会議事速記録第一号」より説明員・小河滋次郎の説明より一部抜粋、……部分は省略部）。

(38) 通常、「日本の感化法の場合には、感化院に入所する対象者の範囲はわかるものの、事業運営などの面は条文の中には盛り込まれていない。一般的にいえば、日本では法律の条文には基本的事項をあらわし、細部にわたる部分は施行規則や政省令に委ねるのが通例」（長沼 2000：116）。のため、「感化法施行規則」を見てみたところ、同規則は一一条からなる簡単なものであり、小河の答弁（注37、注39）にあるような、詳細な内容は盛り込まれていない。

(39) 注37に示した通り感化院の理念、とりわけ「家庭的」な教育を行うところであることが明確に述べられている他、定員や運営予算の算定などが詳細に述べられている。「……内務省ニ於テ調ベマシタ所ノ見込ハ各府懸ヲ通ジテ平均五十人ヲ収容スルコトガ出來マシタナラバ十分ト思ヒマス、其五十人ヲ収容シマスル見込ヲ立テマシタ経費ガ一府縣平均四千四百餘圓デゴザイマス、……是ガ經常費デゴザイマス……」（明治三三年二月二二日「第一四回帝国議会 貴族院感化法案特別委員会議事速記録第一号」より説明員・小河滋次郎の説明より一部抜粋、……部分は省略部）。

(40) 「二人の解任は、小河は同年八月にベルギーのブリュッセルで開催される第六回万国監獄会義に政府代表委員として参加するため四月から出発したことであり、窪田の場合は、同じく五月に農商務省での工場法案立案のための転任であった」（長沼 2000：116）。また、二人の解任の他、「背景としては議会審議の際にみられたように府懸側の反応がにぶく、早急に具体化させる気運にブレーキがかかってしまったことであろう。これらが、施行規則その他の法規類の成立を大巾に遅らせることになり、その内容も議会答弁のそれとはちがったものになった理由と考えられる」（同）としている。

(41) 長沼によると「小河が議会で答弁する際に用いた説明資料（中略）と思われるもの」（長沼 2000：116）が、『国家医学会雑誌』に収録された「感化法施行に関する事項」ということである。それによると、地方委員とは「府懸會議員中（東京京都大阪は區）町村長市區町村會議員警察署長小學校長其他民間の名望家中より各市町村に凡そ三人至七人の割合を以て地方長官之ヲ嘱託す」（国家医学会雑誌発行所 1901：533）る者である。また、「地方委員の職制」（同）は「感化の必要ありと認むる者を報告し又は地方長官の諮問に應ずる事」「扶養義務者の資産關係等を調査する事所在地居住の假退院者に對して監督保護を加へ及ひ其結果を毎年一回報告すること」「退院の請願に關する事」「地方委員は随時感化院を巡視して其意見を提出する事を得」（同）

と書かれている。

(42)　注35に同じ。

(43)「明治四十一年感化法が第一次改正を終わるまでに之が實施を見た府懸は（中略）二府三懸に過ぎなかつた」（内務省社会局編 1930：21-22）、「実施をみたのは、東京・大阪・神奈川・埼玉・秋田にすぎなかった」（新ＨＢ：57）など。

(44)　例えば『東京感化院創業記』では「帝室御下賜金」の見出しでその内容を掲載している（高瀬真卿 1897：17-18）。『成田學園五十年史』には「感謝録」の見出しがあり、同じく「帝室御下賜金」の他、沢山の寄付の記録が掲載されており「當園創業の當時――各宗寺院の庇護を蒙つてゐた時代は勿論のこと、其の後に於いても陰に陽に當園の為めに援助を添うした篤志家は頗る多い」（成田學園編 1936：294）とある。なお、この成田学園は一九〇八（明治四一）年、翌年施行の感化院の第一次改正の際、「内務省は施行に先立ち私立感化院へ公立転換をうながした。千葉県でも千葉感化院へ公立化を提案したが、経営主体の成田山がこれを断り、同法の施行前年、同四一年三月千葉から成田山境内に移転し、『成田山感化院』と改称して継続した」（長谷川仏教文化研究所／淑徳大学アーカイブス 2011：34）ということである。

(45)　一九〇四（明治三七）年、留岡幸助は川越幼年監（後述）を訪れ「川越幼年監獄を観る」を著しているが、その中には「吾輩の希望を以て云へば今日一ツの監獄に三十万円乃至四十万円と云ふ、一方から云ふと馬鹿々々しい金を使はずして、少しは日本の監獄建築は不完全であつても重罪監獄のみを堅牢に造て、軽罪監獄に沢山の金を入れる費用を此幼年監獄若しくは感化院の設立と云ふ方に使つたならば、其効力は実に人間の予想外に出づるであらうと思ふ」（留岡 1904：79）という記述があり、莫大な建築費をかけて近代監獄が整備されたことが窺われる。

(46)　ここでは、「感化法が警保局ではなく、地方局で運用された理由」（田中 2005：137）について、田中の文献を引用しつつ述べているのであるが、著者博士論文（注5）では、誤って、感化院が司法省ではなく内務省の管轄になった理由として引用してしまっていた（p.13）。訂正の上、引用元著者である田中亜紀子氏にお詫びしたい。

(47)「人一倍煙草好きでありましたが、服役者が禁煙の生活をしているのに、指導者が煙草を吸つていてはそのうつり香で心が乱れるといい、以来役所にいても家庭にあつても全然喫煙しませんでした。鉄窓に病臥する服役者には明るく愉快な本をその枕元に持ち行き、これを典獄は静かに読んで慰めるという、凡そ懲罰主義の時代にはふさわしくもなく、愛情による指導を実践しました。」（早崎 1959：25-26）

(48)　同施設の報告書『保護兒童ノ研究』を川越兒童保護学校の名称で発行するなど、広く使用されていたものと考えられる。

(49)　詳しくは『ひとり子の園』（池田千年編 1933）に収録されている早崎の公演「浦和の巻」を参照のこと。

(50)　留岡幸助は特別幼年監をどのように捉えていたのか。前掲「川越幼年監獄を観る」では、再犯を減らすための、拘禁に依らない処遇が幾つか述べられており、その中に感化院と特別幼年監が登場する――「犯罪者を監獄に容れては習慣犯者になつて来る、より悪しくなるから犯罪者を監獄の外で取扱ふ所の道はあるまいかと云ふことは学者が考へ出したのである。故に或は其の制度としては罰金を科したらよいではないか（中略）或は又感化院のやうなものを立てゝ未丁年犯罪を監獄から取て仕舞て、刑罰機関でなしに教育機関の下で之を処遇したいと云ふような考も出て来た。それから感化院でもなく、又従来の監獄でもない、即ち間《あい》の子のやうな幼年感化監獄《リフオーメトリー・システム》と云ふやうなものも出来て来た。川越幼年監獄は此間の子の内に這入て居るのであらうと思ふ」（留岡 1904：78）。

(51)『小河滋次郎集』に収録されている「小河滋次郎年譜」によると一九〇〇（明治三三）年、三月に感化法制定の後、四月に第六回万国監獄会義に日本代表委員として出席するため、ベルギーに出発、七月帰国後、監獄事務官となり、監獄局監務課長となる。その後、一九〇五（明治三八）年にはハンガリーで行われた第七回万国監獄会議出席、一九〇七（明治四〇）年監獄法起草委員、司法省主管事務政府委員、一二月に清国政府より二等第二双竜宝星を受けた後、一九〇八（明治四一）年四月司法省を退官、同月清国政府に聘用されている（小河著、土井ら編 1980：404）。

(52) 守屋克彦は『少年の非行と教育』の中で、「挫折と呼ぶのがふさわしい終局のように思える」（守屋 1977：53）と表現している。また、司法大臣の交代が特別幼年監の盛衰に影響したことを示唆している。曰く「監獄改良に熱心であった清浦奎吾伯が司法大臣に就任し（中略）教育的試みを支援し、川越分監についても（中略）積極的支援をする態度を示したために、幼年囚または未成年囚に対する教育的処遇の関心はしばらく典獄会同等の議題を賑わす」（同：52、括弧内筆者）ことになったが、「明治四〇年には松田司法大臣が登場し（中略）典獄会同における訓示において従来の斬新な試みの行きすぎを警告」（同）するなどした。松田司法大臣は「監獄における規律を強調することによって、従来の教育的処遇の試みに厳しく警告を発」したということである（同：53）。

(53) こうした司法省の規律主義・刑罰主義が復活した背景には、当時の世相――「当時は、『社会』の文字を口にすれば尾行が附く程の時勢でした。司法省も懲罰主義をとつていたのでした」（早崎 1959：23）――が反映したものであったことはすでに前項で述べた通りである。小河の司法省退任について、土井も同様の指摘をしている――「司法当局のそうした転換の背景として（中略）一連の治安政策上の要請を看取する必要がある。社会矛盾の激化は必然的に社会主義運動や労働運動の胎動を招きつつあったからである。小河の理想主義的立場も、そうした社会関係の矛盾対立状況のもとでは著しい観念性、主観性を帯びてくる」（小河著、土井ら編 1980：385、括弧内筆者）。

(54) 小河著、土井ら編『小河滋次郎集』に詳しい。

(55) 兵庫県立明石学園（2009）『創立一〇〇周年記念誌』で確認した。

(56) 早崎の遺稿集『ひとり子の園』に収録された池田千年（第二代土山学園長、『明石学園創立一〇〇周年記念誌』で確認）の「早崎先生」によると、早崎の退官→土山学園長就任は次のような経緯である。「……明治三十五年十二月管内川越兒童保護學校を起し、後熊谷に児童保護學校を起され、明治四十一年八月内務省感化救濟事業講習會講師を囑託せられ、仝四十二年三月二日鹿児島監獄詰を命ぜられましたが、兵庫懸立土山學園組織の爲に依願免本官となり、仝年四月一日兵庫懸立土山學園長を命ぜられました。位勳は正六位勳六等」（早崎稿、池田編 1933：737、……は省略部）。

(57) 池田千年は『ひとり子の園』「七、早崎先生」で早崎ムラについて次のように紹介している。「先生の令閨ムラ子《ママ》女史は鹿児島懸谿耶麻郡谷山村五ヶ別府九十三戸士族森長保氏の二女で、明治二十四年十月二十四日先生と結婚されました。英和女學校出身の才媛で、曾ては浦和高女に教鞭をとつて居られた事もありましたが、多くは家庭にあつて先生を内助せられました。先生の逝去後、其の墳墓の地に閑居し瞑福を祈りつゝ村の徳化の爲に力をつくして居られます」（早崎稿、池田編 1933：735-736）。

(58) 「当時は『社会』の文字を口にすれば尾行が附く程の時勢でした。司法省も懲罰主義を採っていたのでした。兵庫では服部、内村両氏、東京では井上知事（井上友一）等の国立設置の先見の明あるご意見も遂に入れられず、やがて服部、内村両氏は転任されて、土山学園の事業はまことに暗夜にともしびなき感がありました」（早崎 1959：23〈資料〉）。

(59) 「保護児童に精神病学の医師をつける（精神病学的に児童を分類教育することが早崎の理想であり、現在は精薄児童の福祉教育の分野にこの理想も実現されつつある）ことはぜいたくであるとして、早崎の迎へた特に精神病学と心理学とを学んだ医師の俸給を半減しました。（精神医学の名を考へ出したのがこの時でした。）」（早崎 1959：23-34）。

(60) 県会議員の視察の際、「在りのまゝを見聞し理解してもらい度い」（早崎 1959：25）と「自らは普断のまゝの仕事着にわらじばき姿で送迎し、特別に酒肴の用意もなく、食事は生徒と同じ膳腕にただ御飯と鳥の御汁位のもてなし」（同）をしたところ、「『いやしくも県会議員を侮辱せり。かゝる園長の俸給は半額にせよ』ということになりました」（同）ということである。

(61) 「当時の協力者であった職員の方も、その後、四国松山に奥山春二氏、鹿児島県牧之原には名古屋登槌氏、静岡県には満留進氏、鳥取には佐藤利男氏つづいて牧山望氏と、初代園長の意志を継いで困難なこの事業の責任者となり、長年努力されたことを見れば、早崎もどんなに感謝しましたことでせう」（早崎 1959：27〈資料〉）。

(62) 「明治四〇年刑法が、『未成年犯罪者』に関係する項目において、明治一三年刑法と異なっていた点は、①刑事責任能力を十四歳以上の者に認めたこと、および②懲治處分規定が削除されたこと、の二点である。この変更によって、一四歳未満の犯罪者および従来の懲治処分者の新たな受け入れ先を定める必要性が生じ、その結果、明治三三年感化法の改正が要請されるに至った」（田中 2005：168）。

(63) 内務省地方局（1909a）『感化救済事業講演集　上』内務省地方局、及び内務省地方局（1909b）『感化救済事業講演集　下』

内務省地方局、で確認した。

(64)『感化事業回顧三十年』には、「而も之等代用感化院の多くは後年縣立となつた」（内務省社會局編 1930：31）とある。各地の代用感化院については『戦前　感化・教護実践史』の付録「感化院・少年教護院の成立年表」（佐々木・藤原 2000：604-621）に整理されている。それによると一九〇九（明治四二）年（第一次改正の翌年、補助金が付いた年）より、毎年のように「代用の廃止」が続き、一九二九（昭和四）年までには終っているようである。

(65)「第二十四回帝国議会衆議院　感化法中改正法律案委員會録（速記）」第二回一九〇八（明治四一）年二月二六日。

(66)「……極ク質ノ悪イ子供デアリマスレバ、ソレヲ一ツニ他ノ子供ト置クト云フコトハ全體ノ教育上宜クナイト云フヤウナモノモアラウト思ヒマス、例ヘバサウ云フヤウナモノハ之ヲ國立ニ引受ケヤウ、尚又是マデゴザイマスレバ懲治場ニ持ッテ行クト云フヤウナ風ノモノハ之ヲ國立感化院ニ収容シタ方ガ宜カラウ……」、注65速記録より、……部分は省略部分、「政府委員（床次竹二郎）」の発言から抜粋した。

(67)注65に同じ。

(68)「第二十四回帝国議会衆議院　感化法中改正法律案委員會録（速記）」第二回一九〇八（明治四一）年二月二六日、第四回三月一三日。

(69)「第二十四回帝国議会衆議院議事速記録第拾五號」一九〇八（明治四一）年三月一五日、「矢島浦太郎」発言より一部抜粋した。……は省略した部分。

(70)「第二十四回帝国議会衆議院議事速記録第拾五號」一九〇八（明治四一）年三月一五日で確認した。

(71)「第二十四回帝国議会衆議院　感化法中改正法律案委員會録（速記）」第二回一九〇八（明治四一）年二月二六日、「政府委員（床次竹二郎）」の答弁より一部抜粋した。

(72)留岡幸助は自身が創設した家庭学校は私立運営とすることを信条としており、代用指定にすることは望んでいなかったと考えられる。

(73)戦後、施設は児童福祉法の下に定められ、助産施設、乳児院、母子寮、保育所、児童厚生施設、養護施設、精神薄弱児施設……など、児童福祉施設の最後、第四四条に教護院として定められた。単独立法ではなくなったことについて、職員・関係者は異を唱えたが結局適わず（後述）、それどころか〝今ではその末席に名前を連ねる〟と表現された。職員・関係者がこのように愁うのは、この項で見てきた通り、当時は、感化法や感化事業こそが、当時の社会福祉事業を牽引する存在だった故であろう。

(74)『日本児童問題文献選集24』に収録された『第一回感化院長協議会速記録』の「解説」を古川孝順が行ったもの。この頁数は『日本児童問題文献選集24』巻末（二九六頁の後）「解説」として振り直された頁数を記載した。

(75)「外国債七億円、内国債六億円のほか、地租・所得税・営業税などを増徴する非常特別税による計三億二〇〇〇万円など合計約一七億円の軍事費は、日本の国力の限界であった」(高村、高埜他 2016：86)。
(76)「一一万八、〇〇〇人にのぼる未曾有の戦死傷者を出した日露戦争は、終結後も増税、産業構造の変化にともなう資本家と労働者の格差増大とスラム化の進捗、寄生地主化の進行と零細小作農の増加という両極分解、消費生活の変化、恐慌・凶作等々により、国民生活を圧迫した。貧困が広がり各地で労働争議が増加し、一九〇八年六月には赤旗事件が起こる。このような状況に対して、戊申詔書が交付され、第一回感化救済事業講習会が開催される」(二井 2010：169)。
(77)「第二十四回帝国議会衆議院　感化法中改正法律案委員會録（速記）」第二回～第四回を確認した。なお、第二回：一九〇八（明治四一）年二月二六日、第三回：三月三日、第四回：三月一三日である。
(78)一八八〇（明治一三）年刑法「第七十九條　罪ヲ犯ス時十二歳ニ満サル者ハ論セス但満八歳以上ノ者ハ情状ニ因リ満十六歳ニ過キサル時間之ヲ懲治場ニ留置スルヿヲ得」、「第八十條　罪ヲ犯ス時満十二歳以上十六歳ニ満サル者ハ其所為是非ヲ辨別シタルト否トヲ審案シ辨別ナクシテ犯シアル時ハ其罪ヲ論セス但情状ニ因リ満二十歳ニ過キサル時間之ヲ懲治場ニ留置スルヿヲ得」。
(79)「第二十四回帝国議会衆議院　感化法中改正法律案委員會録（速記）」第四回、一九〇八（明治四一）年三月一三日。
(80)注77に同じ。
(81)「明治三三年感化法は、懲治処分者を対象に含んでいたが、実際には感化法が制定された後も、引き続き懲治処分者は監獄内における懲治場で処分が行われたこともあり、主たる対象は『不良少年』に限定されていた」(田中 2005：176-177)。
(82)函館訓育院については『感化事業回顧三十年』で確認、球陽學園については『感化事業回顧三十年』の他、若夏学院の『平成二三年度 事業概要』で確認、家庭学校については『感化事業回顧三十年』の他、北海道家庭学校パンフレット及び留岡幸助の著書より確認した。
(83)例えば、「實科實習に關する事項」では、「石川（佐藤文太郎君）石川縣では農業とそれから筆を拵へる手工業の二種をやつて居ります、(中略) 何分手工業の撰擇に就きましては、金の餘計掛かるものはいけませんし、(中略) 随分苦心致しました後に筆の方を採用致しました。それは將來の受容が減る氣遣はないから此仕事がなくなると云ふことはない。(中略) 一通りの練習が積みますれば先づそれを以て獨立自營ができる、そこで一日五十銭勉強すれば七十銭位の金を取られるのであります」(感化院長協議会編 1984：84) など、具体的な報告がなされている。
(84)注74に同じ。
(85)同会機関誌『感化教育』誌上における「感化教育會會則」や「感化教育會設立經過」などに設立年月日の記載はないが、第貳号に掲載されている一一年度会費が「十一年九月ヨリ十二年三月まで」(感化教育會 1923：117) とあるので、創設は一九二二（大正一一）年九月と考えられる。

(86) 第一種教護院がいわば通常の施設、第二種が「不良性が相当に深まったもの」（全国教護協議会 1969：20）を対象とした施設、第三種が医療を備え、治療的機能を持つ施設である。

(87) 『武蔵野学院五十年誌』及び一九一七（大正六）年八月二〇日『官報　第千五百十六號』、一九一八（大正七）年一一月二五日『官報　第千八百九十三號』、一九一八（大正七）年『官報　第千九百二十二號』で確認した。

(88) 残念ながら現時点において、同新聞記事の入手に至らず、国立感化院との関連も確認はできていない。

(89) 「国立感化院の創設と共に、職員養成の計画も漸く熟し、予算も講習費として年額千円余が計上され、開院後間もなく、即ち大正八年五月一三日に至り、内務省告示第三四号を以て、感化救済事業職員養成所規程が発布され、同年八月八日、感化救済事業職員養成所規則が定められた。この養成所規程は大正九年四月二七日、内務省告示第三三号を以て社会事業職員養成所規程と改正せられた」（国立武蔵野学院 1969：204）。

(90) 『国立武蔵野学院附属教護事業職員養成所五〇年誌』、国立武蔵野学院・国立武蔵野学院附属児童自立支援施設専門員養成所リーフレット『自立をめざして』で確認した。

(91) 刑事訴訟法改正主査委員会における審議〈資料21〉「刑事訴訟法改正主査委員会日誌第九一回」〈明治四四年九月十九日、以降〝刑事訴訟法改正主査委員会日誌〟。森田明（1993）『大正少年法（上）日本立法資料全集18』信山社、pp. 300-306、に収録されたものを使用した。

(92) 注52参照。

(93) 「感化法改正前にすでに未成年者の刑事政策を担う施設として、感化院が不完全で物足りないことが指摘されており、感化院の制度が完成に近づく中で、再び刑事政策的発想から『少年法案』の論議が起こってきた」（佐々木・藤原 2000：198、傍点筆者）。また、花井卓藏は「刑事訴訟法改正主査委員会日誌第九一回」において「幼年者ヵ刑法上無罪トナルモ其儘ニ放任スルコトヲ得ス」と述べている。

(94) 出典は注91に同じ。「花井委員　幼者ヵ刑法上無罪トナルモ其儘ニ放任スルヲ得ス〔、〕此ニ於テ行政廳ニ於テ夫々判斷シテ相當ノ取扱ヲ爲ス〔、〕此判斷ハ卽チ一ノ裁判ナリ〔、〕然ルニ之ヲ行政權ニ委スルハ其當ヲ得タルモノナルヤ否ハ問題ナリ〔、〕曾テ衆議院ニ於テ此問題アリ他日何等カノ立法ヲ企ツルコトトナリタルコトアリ……」（森田明 1993：302、……部分省略）。

(95) 出典は注91に同じ。「平沼委員　感化法ニ依リテ實際救治ハ出来居ラス〔、〕先ニ當局者ニ訓令ヲ撥シテ警察ニ引渡シテ或ハ或ハ家庭ニ引渡シ或イハ感化院ニ収容スル等ノ處分ヲ命令セリ〔、〕然ルニ如此者ノ家庭ニハ善良ノモノ〔ナク〕懲治ノ目的ヲ達シ難シ〔、〕去リトテ悉ク感化院ニ収容スルモ困難ナル事情アリ〔、〕仮令収容シ得ルトスルモ犯罪者ヲ収容スルニ適シタルモノ殆トナシ〔、〕即チ被犯罪者ト一緒ニ收容セサルヘカラサルニ至リ弊害アリ〔、〕次ニ幼年者ニ犯罪アルヤ否ハ裁判官カ認ムル必要アリ〔、〕今日ノ如ク行政官がカ確定スルハ付加ナリ〔、〕要スルニ現行ノ感化法ハ一時ノ急ヲ救フ目的ニテ出來居《ママ》ルナリ〔、〕漸次改良ヲ要スルコトハ當時ノ關係者ノ知ル所ナリ」（森田明 1993：303）。

(96) 注91に同じ。

(97) 守屋によると、「検事が取り扱った刑事未成年犯罪者」は増加する傾向を示しているものの、それに比べて感化院の「収容力が極めて貧弱であり、一面において国立感化院設立の要望を産むと同時に、他方で特別法制定の要望に拍車をかけ旧少年法制定への動きとなったといわれている」（守屋 1977：66）。その他新ＨＢでは「感化法が制定されてから一〇数年を経ても、いっこうに非行や犯罪少年が減少しないので、感化法は手ぬるいという批判の声があがり、大正四～五年頃から司法省では『少年審判法案』を作成して、内務省などと合議してきた」（新ＨＢ：58）など。

(98) 出典は注91に同じ、また注93と同じ発言。「花井委員　幼者カ刑法上無罪トナルモ其儘ニ放任スルヲ得ス……統計ニ依レバ少年犯罪ハ五萬餘アリテ之ヲ全國人口ノ割合ヨリ見レハ普通犯罪ヨリ多數ナリ〔、〕此等ヲ撲滅スルニハ犯罪事件ニ實驗ヲ有ルス者ニ爲サシメサレハ危険ナリ〔、〕而シテ其費用ニ付テ見ルニ自分ハ犯罪人ニ關スル費用ヲ一千三百萬圓ト計上ス〔、〕然ルニ感化事業ニハ八萬圓出獄者保護事業ニハ壹萬圓ニシテ頗ル僅少ニ過キ到底其目的ヲ達スルコトヲ得サルハ今日ノ有様ナリ〔、〕要スルニ本問題ヲ簡却スルヲ得ス〔、〕本會ニ於テ審議スヘキモノナリ……」（森田明 1993：302、……部分省略、下線筆者）。文中、「實驗ヲ有ルス者ニ爲サシメサレハ危険ナリ」とは感化院を指すものであろうか……。

(99) 旧刑法第七九条「第七十九条　罪ヲ犯ス時十二歳ニ滿サル者ハ論セス但滿八歳以上ノ者ハ情状ニ因リ滿十六歳ニ過キサル時間之ヲ懲治場ニ留置スルヿヲ得」。

(100) 注7参照。

(101) 確かに、平沼委員は第九一回刑事訴訟法改正主査委員会で「感化法ハ一時ノ急ヲ救フ目的ニテ出來居《ママ》ルナリ」と発言している（注95と同じ発言）。

(102) 「小河滋次郎年譜」より以下抜粋。「一九一四年（大正三年）―五一歳―▽三月『少年法案』（第一次案）が司法省法律取調委員会特別委員会の審議に付されたが、法案に対し小河は始終批判的立場を表明（略）」、「一九一八年（大正七年）―五五歳―（略）▽この年、少年法案に反対を表明」（小河著、土井・遠藤編 1980：404）。

(103) 「世人をして、政府は相變らず短兵急にこの法案を議會に提出することになつて一氣呵成的通過を計るの策に出づるにあらざるかを疑はしむること、獨り政府の爲めに之を惜むのみならず、斯業前途の大計より之を察し、なほこの法案の完璧を期する上より之を見ても深く遺憾に堪へざる次第である」（小河 1920：2）、「不良少年処遇の教育主義、行政権主義を主張し、感化法制定に尽力した小河にとって、司法省の少年法案提出は許すべからざる暴挙であった」（小河著、土井・遠藤編 1980：106）。

(104)「小河滋次郎は、大阪府知事大久保利武の厚い信任のもとに、大阪府の嘱託となり、大阪府の社会事業振興に活躍中であった。また、大阪救済事業研究会を創設し、その副会長として、大阪府知事官邸において毎月一回開催される救済事業研究会を指導していた。大正九年一月十日に開催された第七十九回救済事業研究会の席上において……」（矯正協会編集 1984：301）。「小河滋次郎年譜」では大阪府嘱託になったのは一九一三（大正二）年――「一九一三年（大正二年）―五〇歳―▽四月一日　府知事大久保利武に招かれ、大阪府救済事業指導嘱託となる」（小河著、土井・遠藤編 1980：404）、以降、同年譜によると一九一六（大正五）年一〇月「愛知県嘱託、同県下感化救済事業を指導、そのため大阪、愛知間を往復する生活が続く」（同）、一九一七（大正六）年八月「内務省より国立感化院長事務取扱を嘱託」（同：405）、一九一八（大正七）年六月「大阪府救済課に勤務」（同）、七月「国立感化院長事務取扱を辞す」（同）、一九二〇（大正九）年九月「内務部社会課長事務取扱となり、まもなく大阪府社会課長に就任」（同）、一九二一（大正一〇）年一月「内務省、社会事業調査臨時委員を嘱託」（同）、一一月「新設の協調会大阪支所理事に就任」（同）。

(105)「多年懸案になつていた少年法案及矯正院法案は（中略）依って政府は更に第四十三回議會の臨時議會に之を提出した。今回も衆議院は通過したが會期が短かつた爲貴族院にては決議を爲すに至らなかつた。本法案に對しては（中略）感化院當事者は殆んど皆反對である。卽ち全國感化院長會議に於ける感化院長の意見及び大阪救済事業研究會の決議に依りて明らかである」（大原社会問題研究所編 1921：79、傍点筆者）。

(106) 大阪救済事業研究会の決議の概要は次の通り――「京都大阪兵庫県各府懸の感化院長を始め關西各地の少年保護事業に關係のある人々は何れも少年法案に反對の意見を持つてゐる。而して十二月十一日午後大阪府知事官邸に開かれた救済事業研究會に於て之が反對決議案が提出された。卽ち大阪府立修徳館教諭龜山宥海氏は少年法の有害無益な事を解き左の決議を貴衆兩院議員に送るべしとの意見を提出した。　一、吾人は少年法案の撤回を希望す　二、若し撤回を不可能とせは少なくも左記の修正をなす事を要求す（筆者注：要求はイロハニの全四項目、内容は省略）右に對し小河滋次郎博士は該法案が少年保護よりも寧ろ少年懲治を主旨とせる事（中略）第二項削除の修正意見を提出した、之に對し、大阪、京都の感化院長より原案維持説或は、其の他の社會事業家からは、諸種の意見が續出し結局愼重審議をなす爲め委員会附託に決した」（大原社会問題研究所編 1921：89）。

(107) 少年法の保護処分の受け入れ先（入所）については、少年院を主に児童自立支援施設の外、児童養護施設なども定められている。なお、少年法における司法と福祉については、服部朗『少年法における司法福祉の展開』に詳しいので、是非ご参照されたい。

(108)『感化教育』はその後、『児童保護』、『児童』、『教護』を経て現在の『非行問題』に至る機関誌であり、本研究においても主たる文献の一つである。『感化教育』の発行は感化教育会であり、戦後は、全国教護協議会、全国教護院協議会を経て現在の全国児童自立支援施設協議会に至る。『感化教育』創刊号を開くと、表紙裏には「感化教育會々則」が印刷されており、「専ラ感化教育ニ關スル事項ヲ研究シ斯業ノ改善發達ヲ期スルヲ目的トス」（第三条）と、同会の目的が記されている。

(109)　池田千年は早崎春香園長在任中より土山学園にて園医として勤務し、早崎の退職後、園長兼園医として就任している（『兵庫県立明石学園　創立一〇〇周年記念誌』で確認）。林勝造によると、「池田にとって早崎の影響は大きく、終生池田は早崎を手本にしている」（林 1984：69）ということである。池田が土山学園勤務となったのも、当時勤務していた熊谷分監の「児童保護学校の表札がおろされたのち、池田は早崎のあとを追うように土山学園に移った」（同：69）ということである。

(110)　内務省社会局の設置は一九二〇（大正九）年、なお、社会局の成り立ちは次の通り。「内務省で社会事業に関する職制をおいたのは、一九一七（大正六）年の地方局救護課である、翌々年社会課、二〇年社会局になり、さらに翌々年には外局の社会局（長は長官）として後の厚生省の基礎になるものをつくった」（百瀬 2001：150-151）。

(111)　「小河滋次郎學博士の如きは、非少年法論を著はして」→著者博士論文（注5）では誤って、「小河滋二郎法學博士の如きは、非行少年法論を著はして」(p.31) と転記していたので、これを訂正して、偉大なる先人達にお詫び申し上げたい。

(112)　相田は次のように書いている。「内務省に於いても夙に繼續的に審議せられ、守屋社會部超の時代に、その改正要綱案が社會事業調査會の審議に上り決議されたのであるが、守屋部長が代議士に當選せられ社會部長の職を去られ、大野部長が後任となられたが、大野部長には別の考へがあり、此改正要綱は事務的であるとし更に改案を企てゝ居られた内に地方局長に榮轉せられた。こんなことで政府の提案は待つて居られぬと、もどかしがつて關西支部の諸氏が焦り出したのである」（相田 1934：30-31）。

(113)　大阪府立修徳学院（2008）『大阪府立修徳学院創立一〇〇周年記念誌』で確認した。熊野はその後、国立武蔵野学院第二代院長に就任（昭和一六〈一九四一〉年、『武蔵野学院五十年誌』〈p.295〉で確認。なお、同誌では、就任年について「大16」とあるが、「昭和」と考えられる）。武蔵野学院の元職員に熊野についてたずねたところ、「修徳から来た……随分なタカ派」と話しておられた。

(114)　著者博士論文（注5）では、内務省とするところを誤って「司法省の中でも感化法改正の動きがあった」(p.33) としたため、これを訂正したい。

(115)　「第六十四回帝国議會　衆議院議事速記録第八號」（『官報』号外　昭和八年一月二十九日）によると、「少年教護法案（荒川五郎君他六十六名）」と記載、また相田良雄の著にも「……六十六名といふ多數の同意を以て……」（相田 1934：31、……部省略）とある。

(116)　例えば一例として司法大臣・小山松吉は次のように発言している――「此少年教護法ハ第一條ニ於テ……而シテ第二項ニ依

ル、少年法ニ依ル保護處分ノ實施セラレナイ場所ニ於テハ、十八歳未滿ノ者ヲ教護スルト云フコトニナッテ居リマスガ、是ガ此少年法ノ趣旨ト少シク副ハナイコトニナルノデアリマス、……少年法ヲ施行セラレナイ地區ガ極メテ多イノデアリマスカラ、此部分ガ皆少年教護法ニ依ッテ、十八歳未滿ノ所謂少年法ノ支配ヲ受クベキ不良少年ガ、少年教護法ニ依ッテ支配セラルル結果ニナル、……此規程ニ依ル保護處分ヲ致スト云フコトハ、是ハ私ハ行政行為トシテ穩當ナラザルモノアリト考ヘテ居ルノデアリマス、……此教護法ヲ今日施行スルト云フコトニハ司法省トシテハ御同意ヲ致シ兼ルト云フ考ヲ持ッテ居ルノデアリマス」(「第六十四回帝国議會衆議院　少年教護法案委員會議〈速記〉第五回」より抜粋、……は省略部)。

(117) 感化法改正同盟会・相田良雄は、少年教護法案について「内務司法兩省當局の鼻毛を抜く如き提案なり」(相田 1934：28)と表現している。相田によると、内務省は感化法の改正案は翌年に上程する予定だった——「現下非常時に際し昭和八年度の歳計豫算は非常に増大し内務省関係の社會事業諸費の如き前年度に比すれば頗る多額の増加となり時局匡救事業費災害復舊費等の要求額多く加ふるに兒童虐待防止法案は議會提出の爲審議中であつたので、内務省としては感化法改正法案は明年度の議會にと思つて居られたらしかつた。此間の消息に通ずる者は荒川氏等の此提案を法律案とせず寧ろ促進的建議案としてほしかつたと思ひ又司法省方面は之を以て少年法施行上に妨げありとして反對せらるゝであろうと想像せられ、此法律案は到底今期の議會は通過しないであらうと」(相田 1934：31) いうこと、また、審議中も次のような状況が語られている——「最初特別委員會に於て本法案審議に要する材料を政府委員に要求せられたとき、左様にお急ぎにならなくてもよいといはれたことを漏聞き、されは特別委員會では握潰しの意向ならんと杞憂した。その外本法案提出上に關し政友會内に異義があつたとのことも傳聞して神經を尖がらした」(同：32)。

(118) 「第六十四回帝国議會衆議院議事速記録第二十四号」『官報号外　昭和八年三月十日』。

(119) 注118に同じ。

(120) 「第二十四回帝国議会衆議院　感化法中改正法律案委員會録（速記）第三回」一九〇八（明治四一）年三月三日。

(121) 例えば有馬純彦 (1937)「少年教護委員の活動實例（一）」『児童保護』七—一、有馬純彦 (1937)「少年教護委員の活動實例（完）」『児童保護』七—二、池末茂樹 (1937)「院外教護の實際」『児童保護』七—二、等。

(122) 「大阪府を中心とする近畿地方では柳政一氏のような献身的少年教護院が中心となって教護事業の社会的後援や、少年の早期発見、観察指導等を行いその実績は見るべきものがあった。また埼玉県では、埼玉学園長関根宗次氏が自費自弁で県内を歩き、地方毎に委員を集め指導に努めたが、この行為が主務課を動かし、その後は主務課の事業の一つとして少年教護委員の指導をするようになったので優秀な委員も輩出し、実績も挙がった」(全国教護協議会編 1964：6)。

(123) 以降、歴史的事象については、高村直助、高埜俊彦他 (2016)『日本史A』山川出版社、を参考とした。

(124)「元老西園寺公望は穏健派の海軍大将斎藤実を後継首相に推薦した。ここに大正末期以来八年間続いた政党内閣は崩壊し、太平洋戦争後まで復活しなかった」(高村、高埜他 2016：145-146、ルビ省略)。

(125)「松岡洋右ら日本全権団は、勧告案が可決した総会から退場し、三月に日本政府は正式に国際連合からの脱退を通告した(一九三五年発効)」(高村、高埜他 2016：146)。

(126) 佐々木の時代区分は次の通り、「①子どもに対する新しい教育養護の模索と試行の時期(一九三四年ごろから一九三八年ごろ)、②時局、国策に影響を受け、それに応じる教護へと変容した戦時体制の時期(一九三八年ごろから一九四五年)、③終戦直後における浮浪児対策に追われた時期(一九四五年から一九四七年末)」(佐々木・藤原 2000：364)。なお、佐々木は別の著作、「昭和前期の少年教護における『実科』」では、少年教護時代を一九三四～一九三八年ごろを「教護の理念追求期」、一九三八年ごろ～一九四四年ごろまでを「教護理念の変容期(厚生事業下の教護)」、一九四四年～一九四五年ごろを「教護の停止期(戦争末期の教護)」と区分している(佐々木光郎(2005)「昭和前期の少年教護における『実科』」『静岡英和学院大学紀要第3号』)。

第二章　児童福祉法の成立と教護院

第一節　児童福祉法の制定と「一元化」構想

1. 一人の子どももれなく――児童福祉法制定

一九四五（昭和二〇）年、太平洋戦争が終わり、日本はGHQの支配下に入る。戦争はそれまでの「不良少年」ではなく、新しいタイプの「非行少年」を輩出したといわれている。いわゆる「非行第一のピーク」(1)と呼ばれる時代の「非行少年」像である。重松は当時の「非行少年」について次のように書いている。

野放しにされた戦災孤児がやみ市にたむろし、駅前・公園に野宿、やみ煙草を売り、靴をみがき、乞食をし、時にはスリ、カッパライをして廃墟の街に飢えをしのいだのである。この群れに家出浮浪児が加わり、少年犯罪・少年非行は世間の大きな注目を引くに至った。それに昭和二三、四年頃より覚醒剤《ヒロポン》の全国的蔓延があり、これを悪の温床としたセックスとの結びつきが犯罪非行面に著しく現れてきた。その多くの少年像は、戦前のいわゆる公式的な浪費癖・怠学癖による不良少年タイプと相違し、成人と伍し、自活のためのすさまじい行動力をもった子供らであった。

〈重松一義（1976）『少年懲戒教育史』第一法規出版、p. 847。〉

また、新ＨＢ（序章）では当時の「非行」について「『生活問題型非行』の時代（一九四五〜一九五四）」（新ＨＢ：2-3）と位置づけ、以下のようにまとめている。

この間の非行の量的特徴を見れば、「財産犯」の時代であるとともに、非行内容の点では強盗（殺人）を中心とした「凶悪犯」の続出でもあったといえるであろう。すでに見たように、これらの非行の背景には社会的混乱と生活の荒廃が広がっており、私はこの特徴を「生活問題型非行」と呼び、そこに厳しい「現実生活」に格闘を挑んでいるという積極的面と、惨敗という「育ち方」時代を否定された彼らの「無惨な青春」を見るのである。当の子どもが「生活再建」の力を獲得することを重視して、社会政策の充実を求めつつ、援助が展開されたのも当然のことであった。

〈全国児童自立支援施設協議会編著（1999）『新訂版　児童自立支援施設（旧教護院）運営ハンドブック　非行克服と児童自立の理念・理論』三学出版、pp. 2-3。〉

児童福祉法は――そして次項で取り上げる少年法も――このような子どもたちへの対処を念頭に、いわゆる「浮浪児対策」という[2]意味を含んでいた。しかし、成立した児童福祉法は、その対象を「浮浪児」に留めない、〝一人の子どももれなく〟網羅する法として成立する。児童福祉法は、我が国における基本的、包括的な子どもの法であるという理念を込められている。以下、『教護事業六十年』より児童福祉法設立の経緯についてまとめられた部分を抜粋して引用する。

> 昭和二十一年十二月十一日、厚生大臣から中央社会事業委員会に対して、「現下の情勢に鑑み、児童保護事業を強化徹底することは特に緊要のことと思う。よってこの具体策に関してその会の意見を尋ねる」という諮問がなされた。そして同時に示した法案要綱は「保護を要する児童をその資質及び境遇に応じて保護する」児童保護事業の法制化案であった。これに対し中央社会事業委員会は政府の構想に根本的批判を加え、「厚生省立案の児童保護法案要綱は少年教護法、矯正院法、児童虐待防止法等現行法規の綜合と保育所制度の確立であって、原案の保護対策の主な点は、不良少年及び刑事訴追をしない犯罪少年と被虐児童であり、要するに特殊の問題児童の範囲を出ない。この際根本理念を転回して、法の趣旨、目的を特殊児童に限らず、全児童を対象とし、一般福祉の増進を図る明朗且つ積極的なものとするために、法の名称も児童福祉法とする方がよい」という意味の意見とともに、政府案よりもはるかに積極的で明るい児童福祉法案をつけて政府に答申した。政府はこの答申に基き、昭和二十二年八月、新憲法での第一回国会に「児童福祉法案」を提出し、十一月二十一日今日の児童福祉法が成立した。
>
> 〈全国教護協議会編（1964）『教護事業六十年』全国教護協議会、pp. 8–9。傍点筆者〉

引用文中にある「児童保護法案要綱」（児童保護法要綱案）は、中央社会事業委員会によって「根本的批判」を加えられたと書かれている。ではその内容はどんなものであったのか。中央社会事業委員会の委員の一人である山高しげりは次のように述べている。

小委員會で最初私たちにの手にくばられたのは「兒童保護法要綱」であり、その建前はあくまで問題の子供の保護、すなわち孤兒、浮浪兒、不良兒、被虐待兒、心身欠陥兒等が對象であつて、一般正常兒に關しては僅かに保育所が挿入されているに過ぎなかつた。（中略）これは少年教護法兒童虐待防止法等を一括したものに他ならないのだつた。

「これはあまりにも暗すぎる――」頁をくつてみて各委員の想いは同じであつた。（中略）そして結局それは積極的に「一般兒童の福祉を助長するために基本法を制定せよ」というところに一致した。（中略）司法省や文部省との關係についてもいく度か風を孕んで、この時代にいたつてもまだ役所の縄張り争いは絶えぬのかと、民間委員の胸をいたましめたことも正直ないではなかつたが、結局どうにか話合はついた。憲法のようにつけることになつた前文はぜひ兒童憲章にしたいといふ希望がつよく[3]、その爲に出來た特別小委員會のごとき、暮も正月もはじきとばして徹夜に近い勉強ぶりであつたりして、日本の子供のためにと希う委員たちの精進によつて、とゝのわないながらも明るい原案が、二十二年の新春早々作り上げられたのである。

〈山高しげり（1949）「兒童福祉法を語る」『こどものしあわせ』清水書房、p.5。なお、引用は、網野・柏女・新保編（2005）『児童福祉基本法制　第2巻』に収録されたものを使用した。〉

つまり、厚生省側の立案は旧来型のいわゆる要保護児童を対象とする「児童保護法」案であったのに対して、中央社会事業委員会が示したものは社会的養護の必要な子どもだけでなく、広くすべての子どもをその範囲とする、〝一人の子どももれなく〟という、現在に続く「児童福祉法」案であった。山高の、「過去の日本においてもこの種の法律が全然企圖されなかつた譯ではない。又部分的に子供をまもる法律もないではなかつた。しかも『部分ではなく全體を』の聲は滿州事變以來遠く追いやられ、やがて子供が最大の犠牲者となる他はない戦争の日がやってきた」（山高 1949：3-4）ということばには、正に戦争のない世にしか子どもの幸せはなく、そして戦争が終わった今こそ、そうした世にふさわしい、子どもの福祉と、そして権利を護る――同じく中央社会事業委員であった山崎曰く「兎にも角にも兒童の福祉を國家の責に於てまもる」（山崎 1949：29）――法律を作らんとする高い目標が見て取れる。このような児童福祉法の理念にあって、少年教護院もまたそれまでの単独立法から児童福祉法の下に位置づけられたのである。(4) 児童福祉法制定により少年教護法は廃止され、少年教護院は新たに教護院と改めて、児童福祉法第四四条に定められることとなり、以来、児童自立支援施設になった現在においても、その根拠法は変わらない。以下、敗戦直後から児童福祉法案が制定されるまでを簡単に時系列で記述しておく。(5)

一九四五（昭和二〇）年八月敗戦、九月「戦争孤児保護対策要綱」が決定される。翌年一九四六（昭和二一）年四月に「浮浪児その他児童保護等の応急措置に関する件（厚生省社会局長通達）」が発せられ、同年「一一月三日に新憲法が制定され、二二年五月に施行されたが、新憲法に謳われた生存権の保障と、福祉国家建設の決意がその後の児童福祉法発展の基礎となった」（山崎著、山内・山崎・小田編 1984：41）。同年九月一九日、大都市を対象として「主要地方浮浪児等保護要綱」が通知された。(6) 翌一九四七（昭和二二）年は、「わが国の児童福祉にとって逸することのできない大きな意味を有する年となった」（同）。まず、三月に「厚生省内に『児童の福祉を保証する』事務を掌る児童局が設置され」（全国教護協議会編 1964：9）た。そして九月一八日、新憲法下における第一回国会に児童福祉法案が提出され、一一月二一日に採決、一二月一二日に公布された。なお、施行は翌年一九四八（昭和二三）年一月一日から一部施行、四月一日全部施行した。ちなみに、戦後、昭和三〇年代末までに整えられたいわゆる「福祉六法」(7)の内、最初に制定されたのが児童福祉法であり、「じつに福祉という名を冠した最初の立法であった」（中村優一ら編 1982：218）。

2. 少年教護事業関係者による「一元化」構想

少年教護事業関係者らの新法案について、『児童福祉法成立資料集成　上巻』の「法律案成立過程資料、同関連資料」を確認したところ、感化法改正期成同盟会で中心的役割を担った熊野隆治を初めとする関西の少年教護院関係者たちが児童福祉法成立に際して法律案を提出していたことが判る――「児童保護問題についての中部日本少年教護協会の建議（昭和二〇年一一月）」、「少年教護法改正要綱試案（長野案①）〈日付不明〉」、「少年教護法中改正法律案（長野案②）〈日付不明〉」、「少年保護法試案（熊野案①）〈日付不明〉」、「少年保導法（仮称）試案（熊野案②）〈日付不明〉」、「少年教護法改正試案（熊野案）の説明〈日付不明〉」、「関西少年教護協会の少年教護改正意見（昭和二一年一月）」(pp. 609–632)――。

ところで、少年教護事業関係者らは、これらの新法案に際して少年法との統合を考えることはなかったのであろうか。『教護事業六十年』を見てみると、新法案には少年教護院及び矯正院の統合が検討されていたことが伺われる。以下、引用する。

さて、戦後の大きな社会的変革に対処し、教護事業も新しい構想によって新しい発足をしなければならないので、教護院長は地方毎に会議し、児童保護立法の総合化、少年教護法と少年法の一本化、所轄省の一元化等の問題を議論し、次の諸君の構想も当局へ進言せられた。

△少年保護法試案
武蔵野学院長　熊野隆治

△新児童保護体系の構想
萩山実務学校長　島田正蔵

△所轄省、総合法、経営主体、児童保護委員、鑑別委員会等に関する意見書
関東少年教護協会有志協議会
中部日本少年教護協会
△少年教護法改正についての建議
関西少年教護協会
△教護院の拡充強化に関する建議
柳政一氏他近畿一府六県少年教護委員会代表

〈全国教護協議会編（1964）『教護事業六十年』全国教護協議会、p.9。傍点筆者〉

当初、厚生省が立案した児童保護法要綱案（『教護事業六十年』には〝児童保護法案要綱〟と表記）について、森田は次のように述べている――「少年教護法第八条一行一号の『適当ニ』の削除によって司法省から煮え湯を飲まされたような敗北感を抱き続けていた厚生省（旧内務省社会局）と少年教護院関係者にとって、GHQのバックアップの下での児童保護立法制定の気運は、昭和二年の『改正感化法案要綱』以来の捲土重来のチャンスと思われた。昭和二一年一一月、厚生省社会局援護課でまとめられた『児童保護法要綱案』は、こうした年来の関係者の願望をほぼそのまま盛り込んだ法案であった」（森田 2005：314）、「法の対象を一八歳未満の不良行為少年、保護者の監督の適当でない児童、および犯罪少年に大きく広げてこれに対する強制処分権を地方長官の権限の下に収めるとともに（中略）少年審判所を道府県の『児童保護相談所』に吸収するという青写真を描いている。少年法上の審判所による保護処分制度は総て廃止され、矯正院は少年教護院にふりかえられている。端的にいってこれは、かつての小河滋次郎が『非少年法案論』で念頭においた児童保護立法を絵にかいたような法案である」（同）――。『非少年法案論』は、先にも書い

感化教育會（1925）『感化教育』5。（掲載は目次の次の頁）

た通り、一九二二（大正一一）年の少年法案が議会に提出される直前に小河が著したものであるが、これを小河は自費で刷って熊野に配布を依頼した――「然して其冊子八百部を私の手許へ送られて、之を有志の方へ寄贈して呉れとのことであつた」（熊野 1925：102）――という、その熊野が、児童福祉法案作成において――先に確認しただけでも三案も――提出している、これは、一九二五（大正一四）年に死去した小河の意思を継いでのことだったのではあろうか。しかし、このような少年教護法と少年法の統合――森田によると「一元的な『児童保護法』構想」（森田 2005：315）――に司法省が反発しない訳はない、その上、厚生省側もあっさりとこの構想を引っ込めてしまう――「少年法関係者からの激しい反対にさらされた厚生省立案当局は、一元的な『児童保護法』構想を短期間のうちに断念したようである。この転機にあたっては、犯罪少年は少年法に委ね、同時に要保護・不良児という『暗い』方面ばかりではなくもっと『明るい』一般の児童を対象とした『福祉法』を制定すべし、という中央社会事業委員会の審議が大きく作用していた」（森田 2005：315）のであった。

3. 国会における「一元化」を巡る議論

児童福祉法案は、一九四七（昭和二二）年九月一八日、第一回国会衆議院厚生委員会議にて政府提出案として提出された。その際、山崎道子委員会理事（中央社会事業委員会委員）より、司法大臣に向けて少年法と児童福祉法を一本化したい、という質疑が行われている。少し長いが、以下、引用する。

○山崎（道）委員　それでは児童福祉法案の審議にあたりまして司法大臣にちよつとお伺いしたいのでございます。この児童福祉法案は児童全般の福祉を増進するために立案された法律であると私は理解しておるのでございますが（中略）同じ年齢の子供が、一つは厚生省関係のこの児童福祉法で保護され、またある一部分の者は司法省関係の少年法によつて処分されるというようなことは、母心として私はどうしても納得しがたいのでございます。私はあくまでも子供に悪人はいないと信じております。ですからこの児童福祉法案が出た以上は、一本にして児童を護つてまいりたいと考えておるのでございます。ただしかしながら刑罰と申しますか、一応すべてを児童福祉法に包含して、それによつて児童相談所で鑑別して、それを限度に応じて附託するということもあり得るとは思うのでございますが、根本的に二つの法律によつて保護していこうというのにつきましては了承しがたいのでございます。その点につきまして司法大臣の御意見を伺いたいと思います。

○鈴木国務大臣　お答えいたします。この児童福祉法を立案いたします場合に、ただいま山崎委員の御質問のようなことは一番問題になつた点であります。できるならば同一法案として司法省と厚生省との共管にするか、あるいはどちらか一方で管理することにするかということは考慮されたのでありますが、結局いろ〳〵考慮いたしました結果、一般的に言う不良少年はこの児童福祉法で救済をし、教育をし監護をしていこう、そして虞犯少年と申し上げておりますが、犯罪を犯すおそれのある少年と、現実に犯罪を犯した犯罪少年、この二つの類型に属するものは少年法に規定をし、司法省の管轄とすることに相なつたのであります。深い理論的根拠があるわけではありませんが、結局そういう段階的な差別があるということは現実の問題として認めざるを得ないのでありますするから（後略）。（中略）法律としては一つの統一されたものにすることがよろしいという御議論は十分根拠があるのでありますけれども、取扱いの上においてただいま申すような分類が可能であります以上は、それを統一的に規定することは立法技術的にかなりむずかしい。実際の行政面における取扱いとしてもむずかしい。こういう点からやはりただいま申し上げたように、少年法と児童福祉法という二つの法律をつくることに決定いたしたのであります。司法省としてもそれに賛意を表したわけであります。

○山崎（道）委員　大臣のお言葉ではございますが、従来少年教護法というものがあり、これも不良少年を見てまいりました。そして少年法と二本建になつていたのでありますが、これにおきましても非常に末端におきましては摩擦があつたのでございます。（中略）ただ単に保護で直り得ると思うような少年をも、おまわりさんが絶えずがちや／＼と出入りをいたしております。そういたしますと今度児童福祉法ができまして、児童委員ができて児童の保護には細心親心をもつて保護していこうというときに、やはり末端におきましてこれは不良だというような先入主からと申しましょうか、その少年法によつて隣の家の子供は同じ程度であつても児童委員が来ている、隣の家はおまわりさんが来ているというようなことから、よけい子供心をゆがめていくというような場合も、これから多く起きてくるのではないかということを最も憂慮するものでございます。でございますから私はどうしても福祉法へいただきまして、そしてそういう強盗とか殺人とかいうようなものは別といたしまして、温かい親心で指導してまいりましたならば、私はそこまで落とさなくて済む子供が多くあると思うのであります。私も方面委員をいたしましたり、あるいは社会事業の真似事もいたしておりました関係で、少年法にかかつておりました子供を、（中略）私預からせていただきました。それで非常に成績をあげてきたような記憶もございますので、この際いろ／＼な行きがかりもありましようしするけれども、敗戦後の日本の状態から見ましても、一番恵まれないのが子供でございます。その子供を初めて法律によつて福祉を増進していこうという親心をもつてでき上がろうとしております法律の出発にあたりまして、私はまげて一本にして（後略）。（中略）根本的な法律はこの福祉法一本でまいりたい(8)、かように考えているのでございますが、御意見を承りたいと思います。

〈「第一回国会衆議院厚生委員会議事録第十六号」より、傍点、括弧内筆者。なお、引用については、児童福祉法研究会（1979b）『児童福祉法成立資料集成　下巻』ドメス出版、p. 17、を使用した。〉

児童福祉法案と少年法案の一本化を求める山崎道子委員――先に述べた通り、児童福祉法案を作った中央社会事業委員会の委員の一人である――に対して、司法大臣・鈴木義男の答弁は、従来の二元論的な、つまり少年法は独立法として保持する意向を示している(9)（引用部傍点）。これに対して山崎は、少年法と少年教護法に分かれていることで実際には「摩擦」があること、罪を犯していない子どものところにも「おまわりさん」が来ていること、それによって「よけい子供心をゆがめていく」心配があること、自身の方面委員等での活動を通じて、「少年法にかかっておりました子供」を預かり「非常に成績をあげてきた」経験などを話し、「敗戦後の日本の状態から見ましても、一番恵まれないのが子供」であり、児童福祉法は「初めて法律によつて福祉を増進していこうと」いう法なのだから、「まげて一本にして」ほしいと訴えている(10)。

次節で述べるが、このときにはまだ新憲法下の元、少年法（昭和二三年少年法）は成立しておらず、家庭裁判所も存在していなかった。このころ、司法省で少年法立案に携わる者たちはGHQ・ルイスから少年法案をより保護主義的なものにするよう、要求されている最中であった（第二節）。ルイスの主張は、「少年保護関係のリーダーであった」（児童福祉法研究会 1979b : 114）(11) 宮城タマヨが国会小委員会で述べている通り(12)、このときの児童福祉法一本化構想に近いものであったと思われる――「この間GHQに参りましたときに、ルイス博士からちょっと手渡されたものを読んでみますと（中略）どうも今度私共が児童局を設けまして、そうしてすべてを一つにしてやるという案に、或いは似ているのじゃないかと思う点もございますので、一遍この委員会にルイス博士を招きまして、意見を聴いて見たら或いは参考になりはしないかということを考えているのでございます」（児童福祉法研究会 1979b : 352）(13)。宮城が渡されたというルイスの文章が何であったか、今回は明らかにはできないが、この小委員会（一九四七〈昭和二二〉年一〇月九日）が開かれるまでに、ルイスが司法省に渡した文章、例えば「少年法改正に関する提案」や「少年法改正意見」（第二節）を読む限り、まったくもってその通り、児童福祉法の目指す理念とGHQ・ルイスの意向（アメリカ・パレンス・パトリエの理念と方法）とは近しいものである。次節にて、少年法案をめぐる司法省とGHQのやりとりを整理したが、この過程を追っていると、当時の司法省が厚生省ともGHQとも同じような対立姿勢であったことが見て取れる。なぜこのときに提案された児童福祉法との一本化案が進まなかったのか――もっとも、少年法のみならず、幼保一元化など、他の管轄との統合も実現しなかったことから察するに、行政・官庁・機関のセクショナリズムは、あの大戦をしても破壊されなかった、ということであろうか[14]――山崎道子、宮城タマヨなどの国会における発言は、おしなべて戦争で一番の被害者であった子どもたちにこそ、それも〝一人の子どももれなく〟健やかな生活、社会福祉を行き渉らせたい、という願いに基づいている。こうした提案があったのにも関わらず、「国会審議はほぼ、政府委員が他法、つまりその所轄官庁との辻褄をあわせる程度の答弁に始終してしまった」（児童福祉法研究会 1979a：104）ことは、大変残念なことである[15]。

4．就学免除と「準ずる教育」――一九五一（昭和二六）年の改正

児童福祉法は一九四七（昭和二二）年の制定以降、短期間の内に改正を繰り返している。『教護事業六十年』によると、その内教護院に関わる改正は一九四八（昭和二四）年の改正と一九五一（昭和二六）年の改正である――「児童福祉法は、その後、昭和三十二年までに十五次の改正が行われたが、この中で教護事業に直接関係の深いのは次の二つである。その一つは昭和二十四年の第三次改正（筆者注、制定より三回目の一部改正、「日本法令索引」の「法令沿革一覧」では（第一次改正）と表記[16]）で、従来少年法により扱われていた十四歳未満の触法児童をもっぱら児童福祉法で扱うこととすると同時に十四歳以上十八歳未満の虞犯少年は児童福祉法と少年法の両方で取扱い得るものとして少年法との関係を調整し……。その二は昭和二十六年の第五次改正（筆者注、同じく「法令沿革一覧」では（第三次改

正〕）で……」（全国教護協議会 1964：9–10、……は省略部、括弧内筆者）。この内、一九四九（昭和二四）年の改正については第二節で述べることとして、ここでは（時系列では前後してしまうが）一九五一（昭和二六）年の改正について触れておく。一九五一（昭和二六）年の児童福祉法一部改正の内、教護院に関係するものは主に次の二点である。

一つ目は、児童福祉施設の長が親権を行う場合が明確になったこと、いわゆる〝二五条事案の緊急措置〟に関するものである。改正法第三三条の二から四において、親権喪失、後見人の選任、解任の請求を定めたものであり、虐待などの通告（児童福祉法第二五条）がない場合でも、児童相談所は第三三条を行使できるとした。

もう一つは学校教育に関することである。まず、改正法第四八条では、児童福祉施設に入所する子どもに対して、就学の義務を誰が負うのか――「保護者に準じて」施設長が就学義務を負うこと――が定められた。しかしこれには例外があり、教護院はその限りではなく、「在院中学校教育法の規定による小学校又は中学校に準ずる教科を修めた児童に対し、修了の事実を証する証明書を発行することができる」という――いわゆる「準ずる教育」――が付け加えられたのである。改正前にも「準ずる教科」（左引用内傍線部）は明記されていた。しかし、改正前は、施設長が「準ずる教科」を修めさせることで学校教育を「修了したものと認定」する、としていたものが、改正後は卒業証書と同格の証明書を「発行することができる」と改正された。[17] このことにより「教護院だけは、院内において、文部大臣の勧告の範囲で、必要な教科を行い得るとした」（全国教護協議会 1964：10）、つまりは〝就学免除〟ということである。この「準ずる教育」の誕生は、後に入所する子どもの学籍がなくなるなど、無学籍問題に発展することになった（第三章）。

〈一九五一（昭和二六）年児童福祉法一部改正時（傍線筆者）〉

第四十八条　養護施設、精神薄弱児施設、盲ろうあ児施設、虚弱児施設及びし体不自由児の長は、学校教育法に規定する保護者に準じて、その施設に入所中の児童を就学させなければならない。

教護院の長は在院中学校教育法の規定による小学校又は中学校に準ずる教科を修めた児童に対し、修了の事実を証明する証明書を発行することができる。

教護院の長は、前項の教科に関する事項については、文部大臣の勧告に従わなければならない。

第二項の証明書は、学校教育法により設置された各学校と対応する教育課程について、各学校の長が授与する卒業証書その他の証書と同一の効果を有する。但し、教護院の長が第三項の規定による文部大臣の勧告に従わないため、当該教護院における教科に関する事項が著しく不適当である場合において、文部大臣が厚生大臣と協議して当該教護院を指定したときは、当該教護院については、この限りでは無い。

〈一九四七（昭和二三年）児童福祉法制定時（傍線筆者）〉

第四十八条　養護施設、精神薄弱児施設及び療育施設に入所中の児童のうち、学校教育法第二十二条又は第三十九条の規定により就学させられるべき者に対する教育については、学校教育法の定めるところによる。

教護院の長は、在院中、学校教育法の規定による小学校又は中学校に準ずる教科を修めた者に対し、小学校又は中学校の課程を修了したものと認定しなければならない。

前項の教科に関する事項については、学校教育法第二十条又は第三十八条の監督廳の承認を受けなければならない。

前項の規程により、承認を受けた教護院の教科に関する事項については、文部大臣（國の設置する教護院以外の教護院については、学校教育法の規定による都道府懸監督廳）が、これを監督する。

第二項の規定による認定を受けた者は、学校教育法の規定による小学校又は中学校の課程を修了した者とみなす。

第二節　少年法の成立と児童福祉法

1. 昭和二三年少年法

少年法──パレンス・パトリエとの〝複合体〟

先の児童福祉法より遅れること約七ヶ月、翌年一九四八（昭和二三）年、少年法が〝改正〟された──新憲法下で成立した少年法、以下これを〝昭和二三年少年法〟とし、一九二二年に制定された少年法を〝大正一一年少年法〟とする──。森田明『少年法の歴史的展開』によると、昭和二三年法の特徴は大きく次の三つ、GHQ主導の下に成立したこと、アメリカ・パレンス・パトリエの思想（後述）を多く反映していること、家庭裁判所を設置したこと、である。

アメリカ・パレンス・パトリエ少年司法とは、「一八九九年のイリノイ少年裁判所を嚆矢として展開した」（森田2005：2）もので、その基礎にあったのは「親子間の親密な保護・依存関係をモデルにして、独立した児童福祉管轄権を国家法の中に創出しようという構想であった」（同）ということである。森田は、このアメリカ・パレンス・パトリエと感化法の関係について次のように書いている。

アメリカ・パレンス・パトリエの少年司法の児童・少年観は、ほぼリアルタイムに日本に伝播し、非行少年をも親の監護欠損の角度から取り扱う感化法（一九〇〇年）を成立させた。この法案の起草事務に当たった小河滋次郎やその先達である留岡幸助によって紹介・導入されたパレンス・パトリエの理念は、一方で、わが国の少年関係者の間に強い共感を引き起こした。ここに花開いた「感化教育」の情熱は、翻訳イデオロギーとしてのパレン

> ス・パトリエと言うよりは、むしろこれによって触発されたところの日本社会に伝統的な母性的保護への感受性の流露であったように見える。
>
> 〈森田明（2005）『少年法の歴史的展開――〈鬼面仏心〉の法構造』信山社、p.4。傍点筆者〉

感化法では、子どもの親権は感化院長にあり（「第八条　感化院長は在院者及假退院者ニ對シ親権ヲ行フ」）、いわば親に代わって国が子どもを養護する法である。また、森田のいう「日本社会に伝統的な母性的保護」（引用傍点部）が何を意味するものなのか、同著では明確に書かれてはいないが、筆者は、感化院時代から培われてきたキョウゴの世界の――ある種前近代的な子育ち・子育て――の要素を多分に含んだものであり、そしてそれはもちろん、輸入されて行われたものではないと考えている（第Ⅲ部）。

さて、話を少年法に戻すこととして、森田は先の引用部分に続けて次のように書いている――「他方でしかし――幾分逆説的に響くが――この鋭敏な感受性ゆえにこそ、『十六歳未満の非行・犯罪少年には一律に刑事責任がない』としたアメリカの理想主義はわが国の場合あまりに単純に過ぎる、と言う批判と懐疑もまたほぼ同時に起こってきた」（森田 2005：4-5）、「かくして、感化法の二二年後に制定された少年法は、『子供は罪人にあらず』というアメリカ型の児童福祉的少年観を批判して、アメリカ法を換骨奪胎する作業の上に成立した法体系であった」（同：5）――。第一章で見てきた通り、司法省は、保護と教育を掲げた感化法に対しては強い反発を示し、管轄内にある特別幼年監はこれを廃止し、大正一一年少年法を成立させた。そして先述の通り、戦後の法整備においても児童福祉法の統合を拒んだ。それは旧来の少年法の趣旨を保ったまま、独立法として存続させたかったためであろう。つまり司法省の刑罰主義的な考え方は、敗戦後も変わっていなかったのである。その司法省がアメリカ・パレンス・パトリエの精神やしくみを容易に取り入れるはずはない。森田曰く「かつて、パレンス・パトリエを思想的に継承した『内務的』感化

表５：昭和 23 年少年法案起草から国会審議に入るまでの主な経緯

1946（昭和 21）年	司法大臣官房保護課で、少年法、矯正院法及び司法保護事業法の改正要綱案を立案、司法保護改正諮問委員会に示す。司法保護改正諮問委員会は、それ等三法の改定要綱について審議の結果、少年法の部分的改正と、少年年齢を二十歳に引き上げること等を決定。
1946（昭和 21）年 11 月 3 日	日本国憲法公布
1947（昭和 22）年 1 月	山高しげりら中央社会事業委員会の委員により「児童福祉法案」①がまとめられる。
1947（昭和 22）年 1 月 7 日	司法大臣官房保護課では、司法保護改正諮問委員会の結果をまとめ、「少年法改正草案」②、「矯正院法改正案」を矯正院法改正草案として、GHQ 民間情報局公安部行刑課長、ルイス博士に提出。
1947（昭和 22）年 1 月下旬	GHQ ルイスより「少年法改正に関する提案」③が示される。その後まもなく少年院法に関する提案（通称パール法）が渡される。
1947（昭和 22）年 2 月 26 日	GHQ ルイス博士から司法大臣官房保護課へ「少年法改正意見」④が出される。
1947（昭和 22）年 5 月 13 日 6 月 2 日	GHQ 側に意見書「少年法の改正草案に対するルイス博士の提案についての意見」⑤―1 を提出。翌月、司法大臣官房保護課より「現在の少年審判所をして保護処分を行わせることのよしあしについて」⑤―2 が出される。
1947（昭和 22）年 9 月 18 日	第一回国会衆議院厚生委員会議にて「児童福祉法案」が政府提出案として提出される。山崎委員が鈴木司法大臣に質問。
1947（昭和 22）年 10 月 9 日	「第一回国会参議委員構成委員会社会事業振興に関する小委員会」開催、宮城タマヨ委員が「ルイス博士から手渡されたものが児童福祉法案に似ている」と発言（本章第一節）
1947（昭和 22）年 12 月 12 日	児童福祉法公布、施行は 1948（昭和 23）年 1 月 1 日（一部を除く）、4 月 1 日より全部施行。
1947（昭和 22）年 12 月 15 日	ルイス博士から「少年裁判所法草案（少年裁判所に関する未完成案）」⑥が司法省保護課（柏木千秋、池田浩三、内藤文質）に渡される。
1947（昭和 22）年 12 月 17 日	1947（昭和 22）年 11 月中旬に至って、法務庁設置法の立案にあたって少年裁判所の設置が確定、12 月 17 日、法務庁設置法が公布され、その第 15 条に「少年裁判所」Ⓐが明記される。
1948（昭和 23）年 1 月 1 日	1 月 1 日家事審判法施行Ⓑ、交付は 1947（昭和 22）年 12 月 6 日。
1948（昭和 23）年 1 月 20 日	司法大臣官房保護課は、そのルイス博士の草案に沿い「少年法第三改正草案」⑦をルイス博士に提出（保護課としては少年法案を 1 月 21 日から開かれる第 2 回国会に間に合わせようと考えていた）。
1948（昭和 23）年 1 月 21 日	第二回国会衆参本会議開始Ⓒ ── 会期 1947（昭和）22 年 12 月 10 日～ 1948（昭和）23 年 7 月 5 日 ──

1948（昭和23）年 2月6日	2月6日、「日本の少年裁判所に関する提案（柏木のいう『少年裁判所法の示唆案』と思われる）」⑧—1が交付される。 これは12月15日の「⑥少年裁判所法草案（少年裁判所に関する未完成案）」を修正したものであり、保護課立法部はこれらを翻訳し、注釈を付けて2月7日、「少年裁判所法に関するG・H・Qの提案」⑧—2とした。
1948（昭和23）年 2月15日	法務庁Ⓓが発足して司法省は廃止される。法務庁行政長官の管轄下に矯正総務局、成人矯正局、少年矯正局が置かれる。
1948（昭和23）年 4月5日	少年矯正局立案部は「少年裁判所法第一次案」⑨をPSDに提出する。これは、1948年2月6日にGHQ、CIS、PSDより与えられた提案に基づいて4月5日に立法部私案としてPSDに提出したもの。
1948（昭和23）年 5月5日	法務庁少年矯正局は、「少年裁判所法第一次案」⑨の修正案として、少年の刑事事件の特別処理の部分を別立てとした、二本立ての法案、「少年裁判所法第二次案」⑩—1及び「少年刑事事件特別処理法第一事案」⑩—2を立案し、これ等をGHQに提出。
1948（昭和23）年 5月18日	最高裁判所民事部がGHQ政治部と会議を行Ⓔい、少年審判所を地方裁判所から独立させ、地方裁判所と同列のものにするならば、家事審判所もまた、地方裁判所から独立させるべき、と訴える。 「当時はGHQとしても、少年審判所を少年裁判所とすることは大体決まつていたのであるが、これを地方裁判所の一部とするか、またはこれと独立のものとするかについては、まだ決まつていなかったようである」（「家庭裁判所十年の歩み」p. 14）
1948（昭和23）年 5月	※「法務庁少年矯正立法部では……ルイス博士から少年裁判所が……いわゆる家事事件についても裁判権を持つべきであるとの強い提案を受けた」（『家庭裁判所十年の歩み』p. 14）
1948（昭和23）年 5月	GHQ内部で家事審判所と少年審判所を併合した家庭裁判所として、地方裁判所とは独立の裁判所を創ることで政治部と公安部の意見が一致する。公安部は法務庁側と、政治部は最高裁判所側と折衝することになる。Ⓕ （『家庭裁判所十年の歩み』p. 15）
1948（昭和23）年 5月21日	GHQ係官と日本側とで、昭和二三年五月二一日について話合いが行われ」た。その際、「家事・少年一緒にして『家庭裁判所』を作ったらどうか」という意見が始めて出る。Ⓖ （森田宗一「少年審判所（案）から家庭裁判所へ」p. 54）
1948（昭和23）年 5月22日	昭和二十三年五月二十日、法務庁において、かねて少年法の改正によつて創設を予想されていた少年裁判所と、当時の家事審判所とを合わせて、家庭裁判所を創設することとし、裁判所法改正法律と少年法改正法律とを起草することに決定した。（『家庭裁判所十年の歩み』p. 16）

1948（昭和23）年5月25日	二本建案（⑩—1、⑩—2）もあったが、結局「少年法案」⑪としてまとまる。
1948（昭和23）年6月14日	閣議は、GHQ情報局の承認を受け、法務庁少年矯正局が立案した少年法案を、少年法を改正する法律案とすることを決定。
1948（昭和23）年6月16日	内閣は、理由書を添えて、少年法を改正する法律案を第二回国会に提出、同日、同案は衆議院司法委員会に付託された。
1948（昭和23）年6月19日	少年法を改正する法律案を審議する司法委員会（第一回）が開催される。

森田明（2005）『少年法の歴史的展開』、柏木千秋（1959）「少年法のできるまで」、森田宗一（1989）「少年裁判所（案）から家庭裁判所へ」、最高裁判所事務総局（1959）「家庭裁判所十年の歩み」、法務省刑事局（1970）『少年法及び少年院法の制定関係資料集』、矯正協会編集（1984）『少年矯正の近代的展開』等を参考に作成した。

法との対決を通して自らを形成したわが少年法は、ここで二度目の、しかもより直接的なパレンス・パトリエ理念からの挑戦に遭遇した」（同：277）、つまり、司法省が交渉しなければならない相手は——それまでの内務省から——GHQに変ったのであった。司法省は少年法案を巡って、時にはGHQをいなし、時には反発し、時には無視し、実に老獪に立ち回り、なんとか司法省立案の少年法案を国会上程しようとする。しかし結局、一部GHQの意向を取り込まざるをえなかったのが昭和二三年少年法であった。表5は司法省とGHQとの主なやりとりを整理したものである(18)。

〝内務的〟保護主義と家庭裁判所

先にも述べた通り、昭和二三年少年法には新たに家庭裁判所が盛り込まれた。これは大正一一年少年法との大きな違いであった。図2は現在の手続きの流れを示したものである。家庭裁判所は図2①に示しているが、昭和二三年法で家庭裁判所という機関が新たに設置されたことで（結果的に）、日本における罪を犯した子どもの手続きは、まず家庭裁判所に全件送致される、というしくみになったのである——「すべての少年事件は家庭裁判所に送致され（全件送致）、同裁判所が刑事処分相当と認めるときは、これを検察官に送致（逆送）するように」（法務省法務総合研究所編 1997：392）なった——。

しかし、戦後、昭和二三年少年法を成立させようとしていた司法省は、このような機関をまったく想定していなかった。一九四七（昭和二二）年一月に司

図２　2015年時点での少年非行の流れ及び刑事司法手続（成人）の流れ

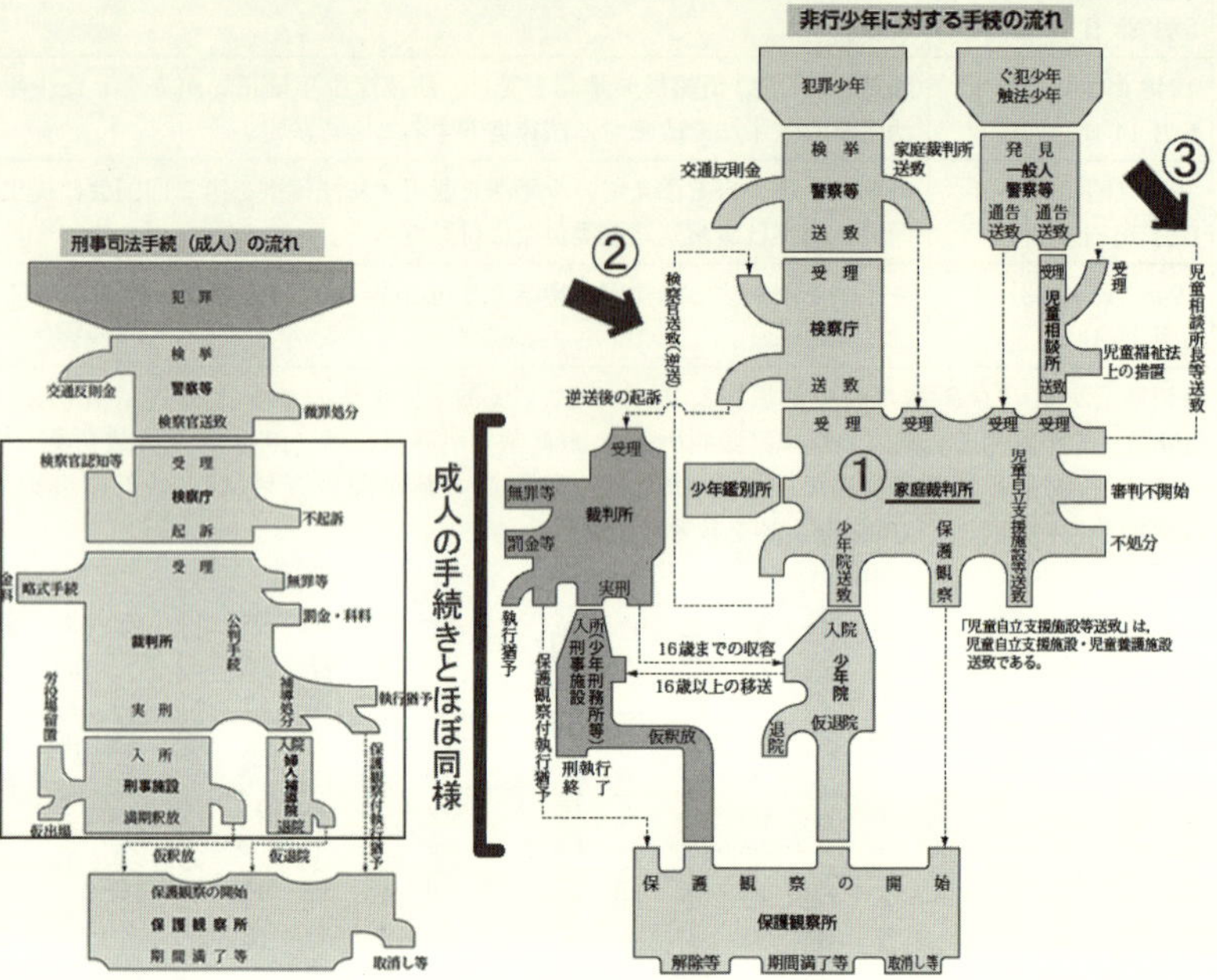

法務省法務総合研究所（2012）『犯罪白書（平成24年版）―― 刑務所出所者等の社会復帰支援』日経印刷。2―1―2図及び3―2―1―1図を元に作成した。

法省側がＧＨＱに提出した「少年法改正草案[19]」を見ると、家庭裁判所の設置に関する条文は見当たらない。また、裁判所も同様で、「少年審判を裁判所内にとり入れることは考えておらず、まして家庭裁判所を創設するなどという考えは無かった」（森田宗一 1989：54）ということである。では、なぜ家庭裁判所が設置されたのか、それはＧＨＱの要請、すなわち、アメリカ・パレンス・パトリエに基づく保護主義的な手続きを少年法に盛り込むよう、ＧＨＱに要請されたためである。これからその経緯を交えながら当時の家庭裁判所を巡る議論について辿ってみたいと思うが、ここで示すことができるのは全体のごく一部であり、省略した部分も多いため、詳細については森田明『少年法の歴史的展開』、柏木千秋「少年法のできるまで」、森田宗一「少年裁判所（案）から家庭裁判所へ」、最高裁判所事務総局「家庭裁判所十年の歩み」、法務省刑事局『少年法及び少年院法の制定関係資料集』、矯正協会編集『少年矯正の近代的展開』等をご参照いただきたい。なお、これらの文献を参考として表5を作成した。また、先に挙げた文献からの引用については、以降、省略表記を用いる。

先にも述べた通り、司法省側が草案した「少年法改正草案」(表5②)に家庭裁判所は盛り込まれていなかった。当初、司法省側は「従来の少年審判所を存続させ、憲法の精神に沿って旧少年法に若干の手直しをすればよいという考えであった」(森田「家裁へ」:54)ためである。少年審判所は、大正一一年少年法「少年ニ對シ保護處分ヲ爲ス爲少年審判所ヲ置ク(第一五条)」に盛り込まれたが、その設置は「東京市と大阪市とに各一ヵ所設置されたに過ぎなかった」(「歩み」:12)ということである。その後ようやく一九四二(昭和一七)年に全国施行されたが、「各控訴院の管轄区域ごとに一庁あったにすぎず」(同)、「わずか七ヵ所の審判所設置による〝全国設置〟(中略)を達成するだけで二〇年を要した」(森田『展開』:271、括弧内筆者)ということである。保護処分を請け負う少年審判所は「昭和二年末にいったんは司法省の省議を通った(中略)が、思想検察制度拡充の動きのあおりを受けて頓挫」(同、括弧内筆者)していたというのである。[20] その後、戦後のいわゆる浮浪児対策で「昭和二十一年八月、これを一挙に十八庁に増加した」(「歩み」:12)というような状況であった。

また、少年審判所の行う「保護処分」にしても、当時は現在と大きく手続きが異なっており——少年事件といえども——すべての事件がまずは検事の手に委ねられていたのである。筆者などは現在の法から学び、また、子どもの権利保障を訴える立場——還元すれば保護主義を是とする立場——から、子どもの案件はまずはこれをすべて児童相談所へ集め、必要があれば児童相談所から家庭裁判所に送り、家庭裁判所から検察庁へ送致される(逆送、図2②)という流れでこの手続きを理解していたことから、大正一一年少年法における手続き、すなわち検事に先議権がある、ということの理解がなかなか難しかったものである。[21] 当時の司法省の説明(表5⑤—1「意見」:37-39)によると、「検事は警察に対して犯罪捜査の指揮権を持ち、検事と警察とが特に密接な関係にあることがあずかって力ある」(『資料集』:39)ので、警察は多くの少年犯罪事件を検事に送っており、「刑罰と保護処分と何れが相当かを検事が決定し、検事が不起訴にして少年審判所に送致した事件についてのみ保護処分を加える」(同:37)という流れであった。

つまり、少年審判所に送られた時点で、現在でいうところの逆送（逆送、図2②）は行われない――「保護処分を課せられることはあっても刑罰を課せられることはないという保障がある」（同：38）――というしくみであった。

司法省の「少年法改正法案」（表5②）を受けてGHQルイス（PSD／PB：公安部・行刑班）は、「少年改正に関する提案」（表5③）、「少年法改正意見」[22]（表5④）を司法省側に示した。当時法案作成に携わっていた柏木千秋はルイスの「少年改正に関する提案」について、「アメリカ合衆国標準少年裁判所法（一九四三年版）の最初の部分――主として少年審判所の jurisdiction の部分――の写しに近いもの」（柏木「できるまで」：21）であり、「旧少年法の部分的改正でこと足りると思っていた当局にとって非常な驚きであったことはいうまでもない」（同）と述べている。少年法について、児童福祉法案[23]（表5①）との統合を拒んだ司法省であったが、ここでまた再び――森田明曰く「内務的」――保護主義と対峙しなければならなくなり、「官房保護課はかくして、ルイス『改定意見』後の一〇ヵ月間、ルイスに対する反論と抵抗に全力を挙げることに」（森田『展開』：277）なったのである。例えば、刑事処罰の対象とする年齢にしても、少年審判所の機能（少年審判所が行政処分の一つである保護処分を行うことの可否、表5⑤―2）にしても、これらはみなかつて感化法や少年教護法を巡って何度も内務省側と対峙してきたことである。

ここで筆者は今一度、早崎春香のことばを思い出すのである。以下引用するが、文中、「川越時代」とあるのはもちろん、川越特別幼年監のことである。第一章でも述べたが、早崎は川越特別幼年監に勤務した後、地方感化院・土山学園の園長として子どもたちと寝食を共にした人物ある。川越幼年監は別名川越保護学校といい、その手厚い保護教育の様は留岡幸助をして驚かせ[24]、彼の著「川越幼年監を観る」には、「家族制」と呼ばれる居住スペースがあり、そこでは女性職員が配置されていること、戸外に農園を持ち、「農業教師」を迎えて農業を実践していることなどが記述されており、子どもたちの着ている衣服に至っては「どうもあの着物では立派過ぎると思ふ」（留岡 1904：80）とまで言わしめている。このように〝保護的な〟環境であった川越時代について、早崎は「苦しかつた」と振り返っているのである。早崎は、子どもを裁くという行為は、子どもが大人に対する不信感を抱いてしまい、また、事件のことについても、裁判所では本当のことが言えないものだ、と自らの経験から述べている。「行政的に保護すべきものので決して司法的に裁判すべきでは無い」という早崎のことばは、真の〝保護教育〟とは、子どもを保護したそのときから始められる必要がある、即ち裁いてしまってからでは遅い、と伝えているようである。

斯る事柄は裁判所や警察等で高い處から子供をネメツケラ唯一應の取調べをしたばかりでは所詮解りやうはございますまい。日常起居を共にしつゝ其の子供を我子として親愛する内に自然と解るので無くては不充分でございませうと存じます。況して私の川越時代のやうに普通の裁判官が醫學の知識も借らず心理學者の知識にも頼らず唯だ感情と目分量といふやうなもので、裁判するならば再び川越時代に退化するのでございまして、私はもう川越時代の苦しかつたことを想ひ起しますので、兒童裁判と言ふ聲を聞きますと覺えず戰慄いたします。

小河博士の御説に、少年裁判官には法律の素養よりも世故の老熟、官僚よりも家父法律よりも教育家としての資格を必要とす、と言はれておりますが、實に其の通りでございまして私の乏しき經驗では、子供は須く行政的に保護すべきもので決して司法的に裁判すべきものでは無いと確信いたします。

〈早崎春香稿、池田千年編（1933）『ひとり子の園』魚住村児童自治会、p. 175。〉

一方で、司法省と対峙するGHQもまた、一枚岩ということではなかったようだ。GHQ内では、少年法・少年院法を巡ってPSD（公安局）とPHW（公衆衛生福祉部）では意見が対立していた(25)。このような複雑な状況の中、昭和二三年少年法は起草され、成立後も修正が加えられ、そしてそれは現在なお続いている(26)。こうした昭和二三年少年法立案時における、司法省の保護主義との対峙、あるいはその末の妥協過程を最も象徴的に表しているのが、家庭裁判所ではないだろうか(27)。この新たなる機関について、以降、その成り立ちを概観しておくこととする。

家庭裁判所の創設

ルイスの意見「少年法改正に関する提案」(表5③)、「少年法改正意見」(表5④)を受けて、司法省は一九四七(昭和二二)年五月一三日「少年法の改正草案に対するルイス博士の提案についての意見」(表5⑤―1)を提出、ルイス案について三つの特徴――1．少年の犯罪事件が検事の手元に行くことなく、先ず少年審判所に送られ、少年審判所が、自ら保護処分に付するか、それとも、刑罰を科するため裁判所に移送するかを決定する、2．刑事責任年齢の引き上げ、3．少年審判所が一定の事件については、成年に対しても管轄権を有する(『資料集』：35)――をあげ、これをほぼ全面拒否し、従来通りでよいとしている。

このような司法省側の対応――大正一一年少年法を基盤とした少年審判所の手続きを維持し、保護主義的な手続きを取り入れようとしない――に対して、ルイスはおそらく業を煮やしたのであろう、まず「少年裁判所法草案(少年裁判所に関する未完成案)」(表5⑥)を司法省保護課の柏木らに渡した。それはアメリカの少年裁判所の法手続を示したものであった――「一二月一五日に至ってルイス博士から『少年裁判所に関する未完成案』(表5⑥)なるものが交付された。これは明らかに標準少年裁判所に準拠したもの[28]」(柏木「できるまで」：22)――。そして更に〝完全版〟(「日本の少年裁判所に関する提案(柏木のいう『少年裁判所法の示唆案』と思われる)」表5⑧―1)を交付する――「当時保護課においては同月二一日から開かれる第二回国会(表5Ⓒ)に間に合わせようと念願していたのであるがしばらくのちルイス博士から『諸君はあわてる必要はない。自分の方で用意してある案を翻訳すればよいのだ』といわれ、二月六日附で『少年裁判所法の示唆案』(表⑧―1)なるものを交付された」(同)――。なお、ルイス〝未完成案〟と〝完成版〟の間に司法省は少年法案(「少年法第三改正草案」表5⑦)をルイスに提出している(これには少年裁判所は盛り込まれておらず、従来通りの少年審判所が規程されている)。

またこの間、一九四七(昭和二二)年一二月一七日、法務庁設置法が公布され、同法第一五条[29]に「少年裁判所」(表

5Ⓐ）が明記された。国立公文書館所蔵の資料で法務庁設置法を確認したところ、「少年審判所」と印刷されている所を、「審」の文字を手書きで「裁」に直しているのが確認できた。どの時点で、あるいはどのようないきさつでこのような修正となったのか、今回は調べることはできなかったが、これでいよいよ保護課立法部も、また裁判所も少年裁判所設置に向けて〝外堀が埋められた〟ことになる（なお、翌年一九四八〈昭和二三〉年一月一日家事審判法が施行した）。

ルイスからの提案――少年法と併行して少年裁判所法を成立させ、少年裁判所を設置するという構想は、――当局立法部のみならず――裁判所側もこれに反対の立場をとることになった――「司法省初め現場の少年審判所方面には、それに反対する声がつよかった。さて独立の少年裁判所を裁判所組織内に設置することになって、裁判所内に大きな問題が起こった」（森田「家裁へ」：54）。まず、「人的物的に厖大な予算がかかる」（同）こと、「少年裁判所が家事事件の一部につき裁判権を持つべきであるとの提案が含まれていた」（「歩み」：14）こと――もっとも立法部はこれに対して「わが国では家事事件は民事事件であつて、民事裁判所のみがその裁判権を持つべきものであるとの理由で、その提案を拒否」（最高裁判所事務総局 1959：14）していたということであるが――また、「〝少年裁判所が独立するなら、今まで地裁の支部である家事審判所も独立させてほしい〟という要望が家事審判関係からつよく起った」（森田「家裁へ」：54）ということである。現行では、少年事件は少年審判所、家事事件は家事審判所（30）（表5Ⓑ）が取り扱うことになっていた。そこで最高裁判所民事部は、同年五月一八日、GHQ政治部と会議（表5Ⓔ）を行い（31）「少年審判所と家事審判所とは、地方裁判所に対する関係において同様であるから、前者が独立しながら後者が独立しないのはおかしい」（「歩み」：13）、「もし少年審判所が独立しないならば、家事審判所も独立しないでいいと考える。しかし少年審判所の件は、われわれ民事部の管轄事務ではないのであるから、少年審判所を独立のものにする方がよいかどうかについての意見は述べられない」（32）（同）などと訴えた。しかしながら現状においては、少年裁判所を設置するだけでも人的物的に膨大な予算を必要とするのに、「そのうえ家事審判も独立するとどうなるか。これも人的物的に膨大な予算となる。それは困る」（森田「家裁へ」：54）という事情もあった。

「家庭裁判所十年の歩み」によると、この会議の直後に、ルイスは立法部に対して再度「少年裁判所が少年の遺棄ならびに扶養懈怠に関する事件、両親の離婚ならびに婚姻取消に関する事件、養子縁組に関する事件および後見人選任に関する事件等、いわゆる家事事件についても裁判権を持つべきであるとの強い提案」（「歩み」：14）を行ったということである（表5※）。しかし、立法部は二月六日のときと同様、「同じ理由を繰り返して拒否した」（同）――「わが国では家事事件は民事事件であって、民事裁判所のみがその裁判権を持つべきものであるとの理由で、その提案を拒否して来ていた」（同）――ところ、ルイスから「最高裁判所からGHQに対し、家事審判所独立の希望が出ていること（中略）、家事審判所の独立には反対である」（同：15、括弧内筆者）ことなどが伝えられ、少年裁判所の創設について「法務庁側の再考を促し」（同）少年裁判所の予算見積書を作成するよう要望したとしている。かくしてGHQには、法務庁からは少年裁判所の予算見積書が、最高裁判所からは家事審判所独立に関する予算見積に関する意見が提出された。「その結果、GHQ側ではSCAPで協議し、家事審判所と少年審判所とを併合した裁判所、すなわち家庭裁判所として、地方裁判所とは独立の裁判所を創ることで意見の一致を得たようで、その線で、公安部は法務庁側と、政治部は最高裁判所側とそれぞれ折衝した」（同、表5Ⓕ）ということである。

その後「昭和二三年五月二一日にその問題について話合いが行われ、〝それではアメリカにも少年裁判所の延長として少年・家事裁判所または家庭裁判所というアイデアがあるから、家事少年一緒にして『家庭裁判所』を創ったらどうか〟という意見が始めて出た」（「家裁へ」：54）（表5Ⓖ）ということである。かくして法務庁側は、ルイスの「この際、少年事件と家事事件とについて広い裁判権を持つ裁判所を創設することが、極めて進歩的な試みである」（「歩み」：15）という意見を受け、また、裁判所側では「最高裁判所側は、かなり強い反対意見もあったようであるが、家事審判所を地方裁判所から分離独立させるためには、少年裁判所との合同も止むを得ないということになって、家庭裁判所創設に同意する」（同：16）ことになった――森田明のことばを借りれば「一種の妥協・折衷案」（森田明

2005：292）でここに家庭裁判所の創設が決定したのである。

法案については、「法文の整理・推敲はすでに（中略）ある程度済んでいたのでむしろG・H・Q案をどの程度まで修正して承認をうるかという点が問題とされた」（柏木「できるまで」：22、括弧内筆者）、「二本建にすることも考案されたのであるが（「少年裁判所法第二次案」表5⑩―1及び「少年刑事件特別処理法第一事案」表5⑩―2）、結局少年裁判所の組織・権限部分だけを裁判所法の中に込み入れ、最初からの線に戻つて（「少年法第三改正草案」表5⑦と思われる）少年法の改正で行く事ことになつた」（同：23）ということである。かくしてまとめられた「少年法案」（表5⑪）は、柏木ら法務庁の「念願」の通り、第二回国会に提出され、審議入りとなった。

2．少年法改正に伴う入所

昭和二三年少年法制定時

昭和二三年少年法は一九四八（昭和二三）年に制定し、翌一九四九（昭和二四）年一月一日より施行されることになった。これに対応するべく、厚生省児童局は、一九四八（昭和二三）年の暮れ、各都道府県知事宛に「改正少年法と児童福祉法との関係について」という通知（厚生児発第八九七号）を出している。以下、主な内容は次の通りである。

一、罪を犯した少年及び十四歳に満たないで刑事法令に触れる行為をした少年は、家庭裁判所の審判に付せられ、児童相談所においてはこれを取り扱わない。これは従来の少年法（大正十一年法律第四十二号）第二十八項の取扱と異なるところである。但し、罪を犯した少年又は十四歳に満たないで刑事法令に触れる行為をした少年とは、たとえば具体的に〈以下略〉

二、特に問題の多い十四歳以上十八歳未満の虞犯少年の取扱については、前掲国家地方警察刑事部長通知五の

（イ）、（ロ）に掲げられている基準に則して措置されたい。

三、浮浪児の一斉保護については、警察署及び家庭裁判所と聯絡し、三者協力してこれを行うことが望ましい。但し、児童相談所長の行う一時保護の権限は、児童の保護のために必要なときは、児童自身の意思を問うことなく、これを行うことができるものと解する。

なお、児童相談所に対して、警察職員から要保護児童を把捉した旨の通報があつたときは、直ちに引き取りにゆく等できるだけ必要な措置をとるべきであるが（以下略）

〈「改正少年法と児童福祉法との関係について（昭和二十三年十二月二十八日厚生省児発第八九七号各都道府県知事宛厚生省児童局長通牒）」より抜粋・引用、〃〈以下略〉〃及び傍点筆者。なお、引用に当たっては、児童福祉法研究会（1979b）『児童福祉法成立資料集成　下巻』ドメス出版、p. 422 を使用した。〉

以下に、児童福祉法と少年法の分担（どのような子どもを対象とするのか）について、一九四七（昭和二二）年九月一八日第一回国会において鈴木国務大臣が説明した部分[33]と、その後、家庭裁判所が設置された後とで簡単に整理してみた。両者を比べると、昭和二三年少年法が制定された時点では、児童相談所、家庭裁判所という文言が盛り込まれただけで、対象とする子どもの内容は変わっていないことがわかる。

〈昭和二二年：鈴木司法大臣の説明[34]〉

（1）一般的に言う不良少年→児童福祉法で救済、教育、監護する

（2）虞犯少年

（3）犯罪少年

（2）（3）→少年法に規定をし、司法省の管轄とする

〈昭和二三年少年法と児童福祉法〉
（1′）一般的に言う不良少年→児童福祉法・児童相談所で取り扱う
（2′）虞犯少年
（3′）犯罪少年｝→少年法・家庭裁判所で取り扱う

触法少年の受け入れ――一九四九（昭和二四）年の改正

昭和二三年少年法は一九四八（昭和二三）年に制定（法律第一六八号）、翌一九四九（昭和二四）年一月一日施行してわずか半年後の六月一五日に一次改正が行われている（法律第二一二号）。この改正に伴い児童福祉法も改正され、教護院では、「従来少年法により扱われていた十四歳未満の触法児童をもっぱら児童福祉法で扱うこととすると同時に十四歳以上十八歳未満の虞犯少年は児童福祉法と少年法の両方で取扱い得る」（全国教護協議会編 1964：10）ことになった。つまり、児童福祉法で取り扱う範囲が広まったのである。しかもこの改正は、単に、これまで少年院が受けていた子どもの一部（触法少年、後述）を教護院で受けることになった、ということだけでなく、入所の手続きにおいても変更された。触法少年及び虞犯少年は家庭裁判所よりも児童相談所を優先させる――これまで家庭裁判所で受理していたものの一部を児童相談所で受ける（図2の③、図2は現在の手続きの流れ）ことになったのである。[35]

なぜこのような改正がなされたのであろうか、森田によると「昭和二四年再改正には、PHWのイニシアティヴがとりわけ強く働いた」（森田 2005：367）ということである。PHWとはGHQ内部の公衆衛生福祉部であり、少年院への入所年齢についてはこのPHWとPSD（公安部）の意見対立があった、そして「PHWの担当者自身は、昭和二三年法成立直後の時点ですでに再改正の方針を固めていた」（同）というのである。以下、昭和二三年少年法と一九四九（昭和二四）年一次改正時の第三条を転記する。

〈一九四九（昭和二四）年一次改正時、……省略部、傍線、＊は筆者〉

第三條　次に掲げる少年は、これを家庭裁判所の審判に付する

一　罪を犯した少年

二　十四歳に満たないで刑罰法令に触れる行爲をした少年

三　次に掲げる自由があつて、その性格又は環境に照して將來、罪を犯し、又は刑罰法令に触れる虞のある少年

（イ）……。

（ロ）……。

（ハ）……。

（ニ）……。

2　家庭裁判所は、前項第二号に掲げる少年及び同項第三項に掲げる少年で十四歳に満たない者については、都道府縣知事又は兒童相談所長から送致を受けたときに限りこれを審判に付することができる。

第六條（＊）に次の二項を加える。

2　警察官、警察吏員又は保護者は、第三條第一項第三号に掲げる少年について、直接これを家庭裁判所に送致し、又は通告するよりも、先づ先兒童福祉法（昭和二十二年法律第百六十四号）による措置にゆだねるのが適当であると認めるときは、その少年を直接兒童相談所に通告することができる。

3　都道府縣知事又は兒童相談所長は、兒童福祉法の適用がある少年について、たまたま、その行動の自由を制限し、又はその自由を奪うような强制的措置を必要とするときは、同法第三十三條及び第四十七條の規定により認められる場合を除き、これを家庭裁判所に送致しなければならない。

（＊）第六條　家庭裁判所の審判に付すべき少年を発見した者は、これを家庭裁判所に通告しなければならない。

〈昭和二三年少年法（制定時）……省略部、傍線筆者〉

第三條　次に掲げる少年は、これを家庭裁判所の審判に付する

一　罪を犯した少年及び十四歳に満たないで刑罰法令に触れる行爲をした少年

二　次に掲げる自由があつて、その性格又は環境に照して將來罪を犯す虞のある少年

（イ）……。

（ロ）……。

（ハ）……。

（ニ）……。

2　家庭裁判所は、前項第二号に掲げる少年で十八歳に満たない者については、都道府縣知事又は兒童相談所長から送致を受けたときに限り、これを審判に付することができる。

一九四九（昭和二四）年少年法改正により、第三条はこれまで二つだった項目が、三つに分けられた。即ち、1．罪を犯した子ども（罪を犯した少年、犯罪少年）、2．罪を犯した子どもの内、年齢が一四歳未満の子ども（一四歳未満の刑罰法令に触れる行為をした少年、触法少年）、3．いわゆる「不良少年」などと呼ばれる子ども（虞犯少年）である。この改正で、虞犯少年及び触法少年は、司法上の手続きよりも児童福祉法の手続きが優先されることになったのである。同時に一部改正された少年院法では、初等少年院の収容年齢であった「おおむね十四歳以上」の「おおむね」が削除され（少年院法第二条の二）、また、犯罪者予防更正法（法律第一四二号、一九四九〈昭和二四〉年施行）に基づいて設置される地方少年保護委員会も一四歳未満の少年を取り扱わない（犯罪者予防法第二条）ことになったので、これ

により、触法少年はすべて児童福祉法の施設（実質的には教護院）に入所することになったのである。前項の分類で整理すると次のようになる。

〈昭和二四年改正少年法と児童福祉法〉

（1″）一般的に言う不良少年→児童福祉法（児童相談所）で取り扱う

（2″）虞犯少年→児童福祉法・少年法の両方で取り扱う

（児童福祉法の対象：一四歳以上一八歳未満・少年法の対象：二〇歳未満まで）

（3″）罪を犯した子ども ｛触法少年（一四歳以上一八歳未満）→児童福祉法（児童相談所＊）／犯罪少年（一八歳以上）→少年法（家庭裁判所）｝

＊児童相談所は必要がある場合は子どもを家庭裁判所に送致する。但し、家庭裁判所の決定による保護処分の受け入れ先は児童福祉施設に限る（少年院には収容しない）

また、少年法第六条の三が加えられたことにより、児童福祉法第二七の二「都道府縣知事又は兒童相談所長は、兒童福祉法の適用がある少年について、たまたま兒童の行動の自由を制限し、又はその自由を奪うような強制的措置を必要とするときは、第三十三條及び第四十七條の規定により認められる場合を除き、事件を家庭裁判所に送致しなければならない」が加わった。これにより、児童福祉施設においても強制措置が認められるようになり、「国立武蔵野学院の他、宮城、東京、神奈川、名古屋、大阪、京都、兵庫、岡山、広島、福岡の各教護院は、強制措置をすることができる教護院として指定された」（全国教護協議会編 1964：10）のであった。

第三節　戦後の教護事業の充実

1．養成所の復活

一九四七（昭和二二）年一二月一二日、法律第一六四号により、児童福祉法が公布、翌一九四八（昭和二三）年一月一日より施行され（四月一日完全施行）、少年教護院は教護院となった。児童福祉法成立当時よりしばらくは、教護院も戦災孤児（敗戦孤児）の対応等、戦後処理に追われていた。現場では「多くの浮浪児がトラックで送致されてくるが、一夜明けるともぬけの空、またそれを送致するといったことが繰り返された」（佐々木・藤原 2000：570）という状況であった。(36)

このような戦後のただ中、一九四七（昭和二二）年八月二六日には「教護事業職員養成所規定」（厚生省告示第54号）が公布され、国立武蔵野学院に付設された教護事業職員養成所が法的に整備された。『武蔵野学院五十年誌』によると、「昭和一七年少年教護協会の委託により長期研修生二名が本院に委託された。そして第二次大戦後少年教護法が、児童福祉法に発展的解消するに及び、武蔵野学院に教護事業職員養成所が再び附設され、此処に多年の願望が実現することになった」（国立武蔵野学院編 1969：207）と、大正時代に戦争で閉鎖を余儀なくされた社会事業職員養成所（創設時の名称は感化救済事業職員養成所、第一章第四節）の復活を歓喜している。

2．国立化構想再燃

全教協改組及び機関誌の発行

その直後、非行第一のピークと呼ばれた一九五一（昭和二六）年に児童福祉法の第五次改正が行われ、いわゆる

「準ずる教育」と就学免除が法律に明記される（先述）。機関誌『非行問題』の前身である『教護』が創刊されたのはこの頃である。『教護』は、最初、関東教護連盟（その後関東教護院協議会）の機関誌として発行され、その後全国誌となった（第三部第一章）。なお、機関誌を編集・発行している全国教護協会（後に全国教護院協議会）は、日本教護職員連盟から改組したもので、一九五三（昭和二八）年、同連盟が「中央委員会を開き、全国から二十八名が会同して全教協への発展的改組と全国機関誌の発行を決めた」（杉谷 1994：11）ということである。

杉谷秀樹は『非行問題』二〇〇号記念に際して、「編集長は、萩山実務学校の初代校長であった島田正蔵でした。氏は努力を以て自らその創刊の任にあたり、最初は、紙一枚、二枚のリーフレット物でしたが、毎月欠かすことなく活版印刷の『教護』が発行され、第二十四号からは、B6判・わら半紙使用の二十頁前後の小冊子になりました」（同：9）と回顧している。まだ物資が少ない中、もちろん、パソコンもワープロもない時代に、おそらく和文タイプライターで（杉谷によると「萩山実務学校は、当時、職業指導に活版印刷部を擁しており、自前で出版をすることが可能でした」〈同〉）一文字、一文字打ったのであろう、業務の傍ら月刊誌を発行し続けた島田と萩山実務学校の職員の熱意には打たれるものがある。

盛り上がる国立化構想

杉谷によると、「機関誌創刊の頃、全国の教護職員の一大関心事は、教護院を国立にすべしという問題」（同）で、「全教協の発足、機関誌の誕生が卵で、国営問題が鶏なのか、その逆なのかは分かりませんが、このような関連が創刊の背景にあったと思われます」（同：11）と書いている。一九五三（昭和二八）年の『教護』第三一号は「教護院国立問題特集號」、同年一二月の三六号は「全編が国営問題であり、その前提は教護院法の単独立法であるとの主張が記述され」（同）たということである。同号ではその背景は詳しく述べられていないということであるが、杉谷は「児童福祉法制定以前は単独法の『少年教護法』に拠って運営されていたこと（中略）かつては教護職員令による国家公務員であったという矜持があり、加えて地方公務員へ身分を切り替える場合の待遇上の不備があった（中略）もう一つはこの時期、我が国の経済は厳しい状況に喘いでおり、都道府県の財政が逼迫して、ために各県の教護院の運営に財政上の格差が生じ、その拡大が懸念された事情が見受けられたとされます」（同：9）としている。

振り返れば、大正時代の懲治場の廃止に伴い、感化院の地方整備が必要だった折（第一章第四節）にも、地方財政による施設のバラ付きが〝感化院の不信〟を招く一因となっていたが、戦後、全国の触法少年を一手に引き受けることになった（前述）教護院時代にも、同じような問題が再燃していたようである。そして結果としてこのときにも国立化は成らなかった。現在においても国立施設は男子一、女子一施設（後述）のみである。

3.『教護院運営要領』発行

このように国立化構想たけなわな時期、ＧＨＱによる占領がおわった翌年の一九五二（昭和二七）年、その後、〝教護職員のバイブル〟と呼ばれることになる『教護院運営要領』の基本編が発行され、次いで一九五六（昭和三一）年に技術編が編纂された。『教護院運営要領』については第Ⅲ部で詳しく述べるのでここでは省略する。

ただ、一つだけ、ここで触れておきたいことがある。それは、『技術編』の項目に「鑑別編」が設けられていることである。新たに制定された児童福祉法では児童相談所が子どもの「判定」を行うことになっており、同書でもそのことについて書かれている。同書ではそれを踏まえた上で、現在でいうところのインテークの必要という視点から、この「鑑別編」があると説明しているが、この時代に国立化の気運が大いに高まっていたことを考え合わせると、かつて少年教護法に盛り込まれたものの大戦によって阻まれた鑑別所の設置を想定して――国立化が実現すれば鑑別編も必要になるとのことから――盛り込まれた項目なのではないか……と考えたくなる――戦後、児童相談所の出現により、梯子を外されたという感覚のある職員もいるであろう――のである。

第四節　戦後から高度経済成長へ

1．国立きぬ川学院の創設

戦後、連合軍の統治が解けた昭和三〇年代になると高度経済成長が始まり、翌一九五六（昭和三一）年には「もはや戦後ではない」といわれる時代になった。教護院も拡充し、一九五七（昭和三二）年の「地方自治体法の改正に伴い、横浜、名古屋市、京都市、大阪市、神戸の五大都市は都道府県なみに教護院設置の義務が課せられ」（全国教護協議会編 1964：10）ることになった。

そして一九六一年（昭和三六）年、「教護界年来の待望」（同）であった国立女子教護院である「きぬ川学院」が創立し、初代院長には『教護院運営要領』を手がけた石原登（在任期間一九六一年〜一九六七年）が就任、同院はその建設設計の段階から石原の理念が反映し、「きぬ川方式」と呼ばれた。

振り返って見ると、大正時代には、「多種多様の区別を設けて感化する」ための施設配備が適わず、とり急ぎ、センター的機能を付加した国立感化院を設置した（第一章第三節）が、その後、国立の施設はできず、また、戦後の教護院の国立化構想も実現しなかった。そのような中、二つ目の国立教護院、きぬ川学院が創設されたのである。これにより国立武蔵野学院が男子の、きぬ川学院が女子の、全国施設のセンター的機能を担う施設となったのである。

なお、最後に付け加えると、きぬ川学院の創立以前に、実質的にきぬ川学院の機能を担ってきた――全国の「女子教護児童」を受け入れてきた――のは、留岡幸助に「お前は男をやれ、わたしは女をやる」（高瀬 1982：207）といって日本で最初の女子教護院を創設した有馬四郎助による横浜家庭学園であったということである。(37)

2. 現在とほぼ同じ体制に

『教護事業六十年』によると、「教護院の数は終戦当時は五十であったが、浮浪児対策につれて次第に増加し昭和二十五年には六十一となった。しかし浮浪児問題も次第に解決し、教護院から養護施設に転じたものもあって、昭和二十九年には五十二施設と減少したが」（全国教護協議会編 1964：10）先の国立きぬ川学院の創設を以て「教護院は国立二、公立五十四、私立二、計五十八となった」（全国教護協議会編 1964：10）。この時点で、ほぼ現存の施設と同じ施設が出揃い、以来、九七年法改正まで、長い教護院時代（感化法時代三一年間、少年教護法時代四年間、教護院時代五〇年間）を迎えることになる。

なお、一九四九（昭和二四）年、「私立教護院の許可について」（厚生省児童局長通知第四四一号）を以て、「今後は私立施設を教護院として認可することはこれを差し控えるようにされたい。但し、右は今後新たに許可する場合についてであつてすでに当局宛貴職より認可報告を済ませた私立教護院については、差し当たり従来通りとされたい」（児童福祉法研究会 1979b：500）と通知された。

以上の経緯から、国内の私立教護院は、留岡幸助の創設した北海道家庭学校と、有馬四郎助が創設した横浜家庭学園が、それぞれ男子、女子の唯一の私立教護院として存続し、今日まで続いている。それ以外の施設はすべて公設公営であり、その後、厚労省主導で民営化の動きが出てくるのは二〇〇六年、二一世紀になってからのことである(38)。

注

（1）「昭和二六年（筆者注：一九五一年）をピーク（一六万六、四三三人）とする第一の波（中略）第一の波は戦後の経済的及び社会的な混乱とその終息を背景とする二〇年代の動き」。法務省法務総合研究所編（2005）『犯罪白書』国立印刷局、p. 187。括弧内筆者注及び中略は筆者。

（2）この「浮浪児対策」は、現在の児童福祉施設においてもなお、この時代の影響が残っている、との指摘がある、「各施設の処遇方針は、全体的には戦後すぐの時代と大差がなかった。特にその傾向は、現在の児童自立支援施設と児童養護施設といった古い歴史を持つ施設に強いように思われる」（平戸 2000：3）等。

（3）実際に児童憲章が制定されたのは一九五一（昭和二六）年である――「中央社會事業委員會の小委員會で原案作成のとき憲法の前文のような形でつけようとした児童憲章が、政府案では法文の中へ第一條から第三條としてふくまれてしまつたのであつて、この三ヶ條にこの法の精神ともいうべき児童福祉の原理が盛られているからである」（山高 1949：7）。

（4）「従来の少年教護法、矯正院法、児童虐待防止法、母子保護法などの範囲を大きく乗り越え、わが国児童福祉の理念を法第一条に『すべての国民は、児童が心身ともに健やかに生まれ、且つ育成されるよう努めなければならない。すべて児童は、ひとしく生活を保障され、愛護されなければならない』と高く掲げたのであった」（山崎著、山内・山崎・小田編 1984：41）。

（5）中央社会事業委員会と児童福祉法成立の詳細については『児童福祉法成立資料集成　上・下』及び『続　児童福祉法成立資料集成』をご参照いただきたい。

（6）「戦後社会の混乱と共に浮浪児が街頭に溢れ、その対策は大きな社会問題であった。そこで応急措置として関係機関が全部協力して浮浪児の発見保護につとめ、昭和二十一年九月十九日には厚生次官名をもって東京、神奈川、愛知、京都、大阪、兵庫、福岡の七大都府県知事に対し、『主要地方浮浪児等保護要綱』が通知され（た）」（全国教護協議会編 1964：7、括弧内筆者）。

（7）児童福祉法・一九四七（昭和二二）年、身体障害者福祉法・一九四九（昭和二四）年、生活保護法一九五〇（昭和二五）年、精神薄弱者福祉法（現「知的障害者福祉法」）・一九六〇（昭和三五）年、老人福祉法・一九六三（昭和三八）年、母子福祉法（現「母子及び寡婦福祉法」）・一九六四（昭和三九）年の六法（年はいずれも制定年）。

（8）山崎はまた、少年法との統合だけでなく、「保育園と幼稚園一體にしなければならない」（山崎道子 1949：30）とも訴えていた。「法の基本精神即ち児童はひとしく愛護されねばならぬとするならば、設備の良い幼稚園へゆく一部特權階級の幼兒と、繪本一つろくに揃つてない保育所へゆく勤労階級の幼兒と、こんな差別的なやり方があつて良いのであろうか。文相の答辨では、『幼稚園は幼兒を教育し保育所は子共を預かるので性質が違う。』といわれたが、こんな考え方で最も重大な幼兒教育から差別がつけられて、果たして將來の民主日本建設があり得るとは思えない」（同）。

（9）このことについて森田は「少年法の立案者にとっては犯罪少年と養保護児童の一元的管轄は無用の混乱を引き起こしかねないものと考えられた」（森田 2005：316）と説明している。

（10）これに対して鈴木国務大臣は、児童福祉法の優先：できるだけ温かい親心をもって児童福祉法で監護する。どうしても児童福祉法で処理できなかったら司法省の管轄による少年法で監護する。保護主義の徹底：a．本来、司法省を離れて裁判所で処理すべき問題（強盗、殺人等）であっても、万一やむをえないときに司法処分に付する裁判所で判決を下し監獄に入れる。b．虞犯少年については警察官ではなく、少年保護司を差し向ける。c．少年法といえども愛の法律である。など答弁している。
(11)　児童福祉法研究会（1979a）『児童福祉法成立資料集成　上巻』ドメス出版、の「解題」より、佐野健吾「第六部　国会関係資料」。
(12)　「第一回国会参議委員構成委員会社会事業振興に関する小委員会」一九四七（昭和二二）年一〇月九日、なお確認は、注11の文献により行った。
(13)　「第一回国会参議委員構成委員会社会事業振興に関する小委員会会議録第三号（抄）昭和二十二年十月九日（木曜日）午前十時三十七名分開会」より、なお引用は、児童福祉法研究会（1979a：352）『児童福祉法成立資料集成　上巻』ドメス出版、に掲載されたものを使用した。
(14)　宮城タマヨは大正一一年少年法通過の際の速記録を例に上げて「実に感化院《ママ》法と少年法がこんがらがりまして、随分議会でも問題であつたように記憶しております（中略）畑争いと申しますか、こだわるというような点が行政面の方でも実際面の方でもございます」（児童福祉法研究会 1979b：350）と述べ、児童福祉法の一元化を訴えている。幼保一元化については注8を参照。また、佐野健吾は児童福祉法の一元化案が実現しなかったことについて、児童福祉法の満一八歳未満という年齢規定により、「国会審議はほぼ、政府委員が他法、つまりその所轄官庁との辻褄をあわせる程度の答弁に始終してしまった」(p.114) こと、あるいは、当時の子ども観が「『子どもの福祉は母親の福祉による』という母子一体の発想にあまりに固着しすぎていたのではないか」(p.104) などの指摘をしている（注13の佐野健吾「第六部　国会関係資料」pp.103-115)。
(15)　注14参照。
(16)　著者博士論文「感化院から児童自立支援施設に至る施設に培われて来た子育ち・子育て――『教護理論』からキョウゴ・モデルへ」では、『教護事業六十年』の通り、「第三次改正」「第五次改正」の表記を使用した。
(17)　第五次改正について、著者博士論文（注16）では誤って「『準ずる教育』（正しくは『準ずる教科』）を定めた」としたが、これは誤りだったので訂正したい。正しくは、制定時の「準ずる教科」という文言部分が変更されたのがこのとき（第五次改正時）であった。
(18)　参考『少年法及び少年院法の制定関係資料集』。同資料集には、少年法案を巡って司法省とGHQが交わした法案、修正案、意見書などが収録されている、是非、ご参照いただきたい。
(19)　注18と同文献に収録、pp.14-33。
(20)　思えば少年教護院法制定時、法案に少年鑑別所の設置や「少年法ヲ適用セザル地域内ニ於テハ（法案第一条）」対象年齢を一八歳未満とすることに対して司法省側が大変な反対を示したことも、このことと関係があるのであろうか。当時、司法省はどれほど少年審判所の活用、つまり保護処分を行うことを考えていたのであろうか。これらはいずれも今回は明らかにできないが、今後の課題としたい。

(21) 柏木千秋「少年法のできるまで」の「三　制定するまでの問題点」には次のような一節があった。「対象少年の問題について（中略）国内的に、虞犯少年の取扱について厚生省当局と鋭く意見が対立するという一駒があったことを附記しておこう。すなわち厚生省当局としてはいわゆる触法少年と虞犯少年はすべて児童相談所に送致され、そこから必要に応じて家庭裁判所に送致されるべきであるという立場を主張しており、数次の接渉の末そして最後には法務局の審議においてようやく現行法のような内容に落ち着いたのであるが、国会でまた一もめし、おまけに国会側で印刷した法案の一部に誤植があったため議員の修正案が出されるというような問題も起こつた」（柏木 1959：24）。これを読んだとき、今でもまったく同じ論争があること、そして劣等生ながらもかつて社会福祉学科に所属した筆者や、ソーシャルワーカーとして働く筆者の先輩たち、あるいはキョウゴの人たちの内《なか》にも、触法少年に関しては、柏木のいう「厚生省当局」の考え方と丸切り同じであるということ（第二章第二節）を思い、国会で司法省側に食い下がった山崎道子氏（第一節）らの理念の灯火は受け継がれているのだなぁと感慨深いものがあった。

(22) 森田は「少年法改正意見」（表5④）について次のように分類している。A．少年法は少年の『保護を受ける権利』の保障を目的とすべきこと、B．少年事件では検察官の先議権は認められないこと、C．少年審判所は少年を刑事裁判所へ移送する裁量権を持つが、一六歳未満の場合は認められないこと、D．少年審判所は少年の福祉を害する成人に対する一定の管轄権を有すること、の四点が示されており、は、アメリカ・パレンス・パトリエの理念及びアメリカの少年標準裁判所法に基づくものであった（森田明 2005：276）。

(23) 保護主義については守屋克彦『少年の非行と教育』に詳しいので是非、ご参照いただきたい。

(24) 「若し数百年後の歴史家が日本監獄制度を論ずる時に当た《ママ》ては、此川越幼年感化監獄の如き制度は特筆大書すべきものであると思ふ」（留岡 1904：79）。

(25) 森田明『少年法の歴史的展開』第九章。

(26) 服部朗『少年法における司法福祉の展開』に詳しい、是非ご参照いただきたい。

(27) 「少年法のもとでは、旧少年法当時と比べて、少年犯罪対策を担当する機構が大幅に改変されたことをここであらためて指摘しておくことは必要なことであろう。その最も大きな特色が、処遇決定機関としての家庭裁判所の誕生であったことはいうまでもない」（守屋 1977：197）。

(28) 柏木は「少年法改正に関する提案」（表5③）についても、「アメリカ合衆国標準少年裁判所法（一九四三版）の最初の部分——の写しに近いものであった」（柏木 1959：21）と述べている。

（29）「法務廳設置法」（国立公文書館蔵）
第十五條　法務総裁は、昭和二十四年三月三十一日までは、従來司法大臣の管理に属した少年の保護に関する事務を引き続き管理し、罪を犯す虞のある少年に関する事務は、少年裁判所によつて保護処分を受けた少年に関するものを除いては、同年四月一日から、これを厚生大臣の管理に移すものとする。

法務総裁は、第一項の施設の収容者に関する記録を審査し、罪を犯した少年及び少年裁判所によつて保護処分を受けたその他の少年は、昭和二十四年三月三十一日までに、これを官公立施設に移し、私立の矯正施設は、同日限り、これを廃止しなければならない。

法務総裁は、前項の移管が終了するまでは、厚生大臣と協力して、すべての私立矯正施設が高い標準において管理され及び運営されるよう、これを厳重に監督しなければならない。

（30）「家事審判所が、家庭に関する審判および調停を専ら取り扱う地方裁判所の支部として、発足し、地方裁判所本庁所在地に四十八庁、地方裁判所各支部所在地に二百二十七庁設けられた」（最高裁判所事務総局 1959：12）。

（31）「そこで、最高裁判所事務局民事部において、家事審判法の制定および家事審判所の創設の事情にかんがみ、この機会に家事審判所も少年審判所と同様に、地方裁判所から独立させることが相当であるとの結論を得、昭和二十三年五月十八日ＧＨＱ政治部と第一回の会議を行つた」（最高裁判所事務総局 1959：13）。

（32）「家事審判所の分離独立に関する総司令部係官との会議録」より（最高裁事務総局家庭局 1959：13）。今回はこの会議録の原文を入手することはできなかった。文中に引用したものは、「家庭裁判所十年の歩み」『家庭裁判月報』一一―一、に抜粋されていたものである。

（33）「第一回国会衆議院厚生委員会議事録第十六号」より。なお、引用については、児童福祉法研究会（1979b）『児童福祉法成立資料集成　下巻』ドメス出版、p. 17 を使用した。

（34）「第一回国会衆議院厚生委員会議事録第十六号」司法大臣・鈴木義男の答弁より、整理した。

（35）これにより、「触法少年の裁判所直送制度は、こうしてわずか四ヶ月で終わりを告げ、虞犯・触法少年の取扱いに関する法のスタンスは、奇しくも大正少年法二十八条二項の行政機関先議制と同じ枠組みへと回帰した」（森田 2005：367）ことになった。

（36）例えば少年の岡（岡山成徳学校の愛称）・金光洋一郎は、「戦後すぐの、浮浪児をたくさん収容していたころは、それは毎日のことで、まるで底のぬけたバケツに水を汲むような気がしたものです」（金光 1971：87）と書いている。筆者の聴き取りにおいても、ある県立施設の訪問時、職員が施設内を案内してくださった際、現在では廃屋となっている寮舎の前で、戦後はここも

「すずなりで入りきらないほど」（二〇〇六年一〇月、ソ学園、C職員）子どもがいた、というエピソードを語ってくださった。

(37) 横浜家庭学園元職員及び国立武蔵野学院元職員等、複数人より聴き取った。

(38) 厚生労働省雇用均等・児童家庭局は二〇〇五年～二〇〇六年にかけて「児童自立支援施設のあり方に関する研究会」（以降〝あり方研〟）を設置、筆者も傍聴していた。その時の筆者の印象では、局側は〝義務必置〟の廃止や〝公設・公営〟について積極的であったものの、施設側の意見に圧されて現状維持となったという印象である（なお、当時は公設公営に賛成する施設の名前が二、三上げられていたが、その中には途中で意見を変えた、などの声もあり、いずれにしても筆者は正確な情報を摑むに至らなかった）。このように、一度は民営化案を〝引っ込めた〟かのように見えた厚労省であるが、その後、二〇〇九（平成二一）年度の地方分権改革推進委員会の勧告により、児童自立支援施設職員の職員身分を廃止（公務員に限らない）するという、事実上の〝民営化容認〟を行った。しかし、二〇一五年現在、私立の児童自立支援施設は設置されていない。

第三章　教護院の終焉

第一節　求められる近代化もしくは〝合理化〟

これまでの章では、感化院、少年教護院、そして戦後の教護院と、主として法案と施設の制定・設置に向けた職員・関係者の運動史について見てきた。それによると、施設の設立の多くが施設の関係者等の、いわば〝下からの突き上げ〟による立法化であり、法整備の歴史であったといえる。こうやって培われてきた土台により、戦後の施設は、新政府の元で新たなる憲法、そして児童福祉法の下に教護院となり、そして高度経済成長とともに発展し、盛り上がりを見せたといえる。

施設は、戦後はいわゆる〝浮浪児収容〟を主として行ってきたが、その後、ツッパリグループや暴走族など、〝行動化する子どもたち〟――外に向けてエネルギーを発散する子どもたちが多く入所するようになり、教護院の職員はそのエネルギーをスポーツ、「作業」、あるいは行事に転換し、活気ある事業を展開したと考えられる。教護院時代の中盤は、各施設の取り組みが充実し、野球大会を初めとする全国大会も開かれた。いわゆる教護院時代の全盛期である。それらの報告は、事例集を初め数多発表されている〝寮長研究〟を参照していただきたい。

しかし、その〝盛り上がり〟も非行第三のピークといわれる一九八三（昭和五八）年ごろから陰りを見せる。そのころは、二つの死亡事件（第Ⅳ部第四章）が起きた時期でもある。教護院時代は――歴史を振り返ってみると――昭和という時代とともに繁栄していったように見える。以降入所者数は減り続け、当時の協議会（全教協）も危機感を抱くようになり、一九九〇（平成二）年の機関誌『非行問題』には「特集・教護院は生き残るか」が組まれた。やがて、教護院は閉鎖的だとか時代にそぐわない〝古い〟施設であるなどの批判（後述）を受け、九七年法改正時に児童自立支援施設となり、教護院は消滅した、とされている（第Ⅳ部第七章）。

この教護院時代の〝問題〟については第Ⅳ部で述べることとして、本節では、このような批判の裏で、教護院時代の、施設を取り巻く環境の変化について、ごく簡単ではあるが概観しておくこととする。そのため、今回、改めて機関誌『非行問題』――この機関誌はその時代ごとの〝時代〟を如実に映し出していると――バックナンバーを辿った。なお、引用にあたっては第二節に限り、〝（一六七号：80）〟のように簡略表記とする。また、一六七号までは全国教護協議会、一六八号から二〇四号までは全国教護院協議会、二〇五号以降は全国児童自立支援施設協議会の発行となっている。

第二節　昭和四〇年代後半から昭和五〇年代初頭

1．「定員開差」の問題――昭和四〇年代後半～

一九七二（昭和四七）年発行の機関誌『非行問題』一六七号には「全国教護院長会議報告」が収録されている。その会議では、厚生省（当時）阿部育成課長から暫定定員の引き上げについて指示説明がされている（見出し「三、定員と現員の開差について」）――「昨年は八〇％以下の充足施設では暫定定員を設ける形で指導して来たが、今年度は更に八三％以下については暫定定員を敷くということになった」「この問題については以前から都道府県を通じて行政指導して来た。（中略）しかし依然としてその後も施設によっては開差の著しいところがある。（中略）行政的には会計検査院、行政管理庁からの指摘もあるので、（中略）八〇％→八三％と、逐次是正をしてきた」「皆さんの要望が強かった年度初頭の充足率算定は困るという点については、今年度は前年度の各月の初日現在の児童数を基準とし、さらに、前年度の各月の入所児童の最も少ない月二ヵ月分を除き、一〇ヶ月の平均で算定することにした」（一六七号：80）――。

「暫定定員」とは、別名「予算定員」と呼ばれる通り、予算、つまり措置費を算出する時に用いる定員のことである。この暫定定員を決定する時に用いるのが「充足率」、これは施設の定員数と実際に入所する子どもの人数から算出される。そして施設の定員数と暫定定員との差が開いていることを「定員開差」、あるいは「開差」と呼ぶ。

内容を要約すると、次の通りである――子どもの数が少ない施設では、定員数で予算を付けてしまうと過多になる、そこで〝暫定定員〟を設けて対応してきたのであるが、今度からその基準を厳しくすることにした。しかしながら、施設側からは、年度末など特に子どもの少ない月で充足率を算定してしまっては運営が厳しい、との声があった。そこで今回、充足率の算出方法を工夫することにした――。現在、充足率の算定に使われている方法は三通りあり、その内の一つが導入されたのがこの時期だったということを示すものである。

以上、施設の予算について少々細かく書いてしまったが、私たち、外部の者にとってはこのあまり馴染みのない「定員開差」の問題が――先に問題と書いてしまったが、実はこれが教護界を長年苦しめた（あるいは今なお苦しめる）一大問題だったのである――。

2．設備・建物の〝合理化〟1――昭和五〇年代初頭〜

昭和五〇年代に入る前にはすでにコテージ式を廃止するとか、あるいは夫婦制を廃して交替制にするなどの施設が増えてきたものと思われる。一九七五（昭和五〇）年一七二号では菊田幸一が「全国各地を歩きましたが（中略）ある所では新しくできた教護院が少年院の建物とほとんど変わらない姿でできあがっている。(中略) 一方では夫婦小舎制ということで伝統的な処置がなされているかと思えば、他方では少年院と同様な状況におかれている所もあります。(中略) つまり教護院が本当の意味での非行少年処遇の最後のトリデであり、最前線となりうるか、あるいは少年院化するかの岐路に現在立っており、ここで明白な方向付けをすべき時にあるように思うのであります。そうでなければ、もしかすれば少年院が刑務所化してきたと同じように次には教護院が少年院化する危険なしとしないのであります」(一七二号：23-24) と述べている。

菊田のいう「少年院化」というものがどのようなものであるかは定かではないが、『準ずる』教育」、「職員による体罰」、「短髪について」など問題提起していることから、おそらく、菊田は全国施設を視察してみて、施設の中には夫婦制を交替制に移行した施設や、あるいは農業中心の「作業」から、いわゆるシゴキや体罰などの鍛錬教育が中心になっている施設が多い、という印象を持ったのであろう。菊田が指摘したこれらの〝問題〟は、教護院時代が終わるまで――あるいは今日に至るまで――〝施設の暗部〟として常に外部者の批判の対象となり問題視されることになった。

もちろん、協議会においても施設の環境や建物の建て替えとそれに伴う施設のしくみその他の〝合理化〟については懸念を示しており、このころ (昭和五〇年代) の『非行問題』誌上では、度々特集が組まれ、全国各施設の現状が報告されている。例えば、一九七六 (昭和五一年) 発行一七四号には、東北ブロックの「交替制」についての特集――「記念特集 (五) 秋田、青森に『交替制』を探る」――が組まれている。それによると、秋田県立千秋学園では「昭和四十九年に隣接していた自動車の試験場の敷地拡張に千秋学園の土地を吸収するという我々職員には寝耳に水という不意のでき事が起こり、不本意な気持ちで、現在地に移転せざるを得なく」(同) なり、しかも移転にあたって施設は「福祉団地の中の教護院」(同) となることを余儀なくされた。その内容は、「中央児童相談所・千秋学園・精薄更生相談所・大平療育園・身体障害者援護施設の相談所及び指導所・勤労身体障害者の体育館・そして水や電気を供給するエネルギーセンターが建設された。現在身体障害者の施設の医師公舎建設が終わりますと、二期工事として身体障害者のグランド、テニスコート、プールなどの附帯設備にかかります」（同：174-175）というものであり、誌上でも議論となっている。

また同学園では移転前は夫婦制――「小舎夫婦制の形態で運営されていた」（一七四号：175）――であり、しかも「和気あいあいという雰囲気でした。テレビのチャンネルを自分の子弟と児童が取り合いしたのがなつかしく思い出されます」（同：177）――の施設であったが、それを移転・改築に伴い「寄宿舎方式」（同）――これはおそらく現在の大舎交替制と思われる――に移行することになった、ということである。しかし、運営形態の変更については職員も、「やや疑問視して（中略）いったんは小舎制への構想に傾いていましたが、県に帰れば多くの問題点が山積みされていて、人員増などはとても望めない状態であったので、現在職員でこの学園を出発せざるを得なかった」（同）と語られていることから、交替制にする上では、本来的には人員増加しなければならないが、それは見込めず、現行（夫婦制時代の）職員数で交替制へと移行しなければならなかったため、一寮当たりの定員数の多い中舎、大舎への移行を余儀なくされた、という内情が述べられている。なお、先の「寄宿舎方式」に関しては、「協議して、折衷案として設計段階でできるだけ寮舎制の利点をとり入れた中舎制に落ち着きました」（同：178）ということである。それにしても、この移転に伴って「経費として現在まで十数億円の投資をしてきた」（同：175）というのであるから、箱物・砂利関係には予算が回るが人員には予算が付かない、という当時の地方行政のあり方を垣間見るようである。そして翌年一九七七（昭和五二）年一七六号には〝マンション教護院〟と揶揄された斯道学園の記事（序章）が掲載されている。

また、みやざき学園も、同時期の一九七五（昭和五〇）年に移転改築をきっかけに運営形態を変更した施設である。その経緯が一九八〇年の『非行問題』に報告されているので以下引用する。

どの様な施設においても移転改築等に直面した場合行政レベルの思考では、建物をどの様な造りにするか、今後の運営形態をどうするか、改めて問われるのは当然のことであろう。みやざき学園もそうであった。結果は永年続いた夫婦制から交替制に踏み切ったのである。何故、夫婦制をとらなかったかは（中略）ドン底まで夫婦制が落ちたという歴史がある。その当時の愼修學校（筆者注：みやざき学園は改築に当たり、施設名も改名した）の総意が凡て夫婦制に反対するものではなかったが、行政レベルとは別に組合レベルの思考においても夫婦制に反対する積極的行動があったことは事実である。

〈『非行問題』編集部（1980b）「特集　南九州探訪（二）　みやざき学園を訪ねて」『非行問題』一八〇、p.55。下線筆者。〉

このように、みやざき学園においても、移転改築を機会に設置主体の〝合理化〟案に従い、夫婦制から交替制へ移行した、という経緯があった。しかしここで注意を払っておきたいのは「行政レベルとは別に組合レベルの思考においても夫婦制に反対する積極的行動があったことは事実」（『非行問題』編集部 1980b：55、引用傍点部）という部分である。これまで述べてきたように、行政主導で施設の〝合理化〟が進められたということは事実である。しかし、その一方で、特に小舎夫婦制の場合、職員の高負担（「学校」での授業や、ムガイが起きたときの対応など、関連第Ⅳ部第四章、第二章等）ということもまた、事実である。なお、組合活動について——先のみやざき学園での詳細は不明であるが——、かつての小舎夫婦制では、職員の休暇そのものがなかったということがあり、その休暇の確保のために組合で交渉した、という例があった（第Ⅳ部第二章）。

3．勤務体制と運営形態――昭和五〇年代初頭～

先に取り上げた一九七五年の『非行問題：一七二号では、福岡学園・前田満男が「『五人制の勤務について』」と題した原稿を寄せており、通勤交替制勤務と労働基準法との関係が述べられている。それによると「昭和四十六年五月一日より、従来の三人制より、県当局の指示で、五人制勤務にて、一寮の運営に当たっている。この五人制について、全国的に夫婦制を取り入れている教護院の多い中で、変則勤務として大いに注目を浴びて批判を受けていることも事実である。ところが、時代の流れが《ママ》他県より紹会もあって、二、三の県で福岡方式を検討されていることも事実である」（一七二号：49-50）としている、現在主流になっている五名の職員による交替制がまだ少数派であったこと、そして交替制であっても夫婦制に近い形（三人交替制）を採ろうとする施設が多くあったことが読み取れる。――「率直に言って五人制が交互運営上、ベターであると思っていません。寧ろ、教護院の実態から、夫婦制が望ましいことについて決して否定の立情場《ママ》をとっているのではなく、県の事情によると人事委員会の公開公募の原則に立って、試験採用（上級、中級、初級）が主になっているので、人材（夫婦）を得ることが出来ない。加えて、労働基準監督署の施設従事職員の労働時間が、全国的に取り上げられ問題になっている今日、断続勤務体制なり、諸手当の増額、身分問題、等では解決出来ず、もはや、当園では夫婦制度の導入は、不可能」（同）としている。福岡学園では、このころ（昭和五〇年代初頭）の時点ではすでに施設の伝統的なリクルート――選考採用、通称〝一本釣り〟などと呼ばれ、施設が直接雇用に近い形で職員を選考する――が行われていないこと、そして労働基準法との関係で人員を五人制にせざるをえないことなどが述べられている。ちなみに〝断続勤務〟は、児童養護施設では現在でも行われている方法[1]である。このことから、公設公営の教護院では、いち早く労働基準法遵守が施行されていたことが見て取れる。

4.「学校」の問題──昭和五〇年初頭〜

先に述べた通り、一九七五（昭和五〇）年一七二号では福岡学園の五人制について書かれているが、それとともに同施設の分校制導入についても関心が寄せられていたようだ。同号（一七二号）では福岡学園における分校制導入について、特集（「九州地区特集」）の「1．座談会『福岡学園の分校制度について』」（一七二号：108）で取り上げているが、施設内の「学校」について、「教護院における全人教育の伝統は、知育偏重の社会的風潮の中では、さわやかではあるが、しょせん、準じた教育によって見なされているだけである。それは、児童の福祉と言いながら、正規の学校教育を受ける機会から遠ざける機能を果たしていることになり、まさに児童の社会的な障害を形成しているように思われる」（一七二号：57）と否定的である。そして「『教護院における教育』を検討する必要がある」（同）と提言するのみならず、「教護院が懲治、隔離と無縁のものであるならば、堂々と社会的発言をなされるべきものである」（同）との意見が掲載されている。なお、同じ号では長野県中央児童相談所係長・竹内要が「『切り捨て』と『見なし』教育の痛み」（一七二号：57）と題して、地域の学校から「非行少年」が徹底的に排除されている様子が、学校教員との生々しいやりとりを通じて書かれている。

続く一七三号（一九七六年発行）では「特集──教育権の保障──」（一七三号：29-104）が組まれており、『非行問題』誌上の「教護院における『教育』」についての論議が、学籍の問題から〝教育権の保障〟へと変わりゆく様子がよく表れている。なお、四八条をめぐる、いわゆる〝準ずる教育〟問題は、その後、一九八八（昭和六三）年一九四号で大きな特集が組まれている。「特集・教護院と学校教育」では、田中幹夫「はるかなる道のり」（一九四号：25-32）、埼玉学園（現国立武蔵野学院長）・相澤仁「準ずる教育か学習指導要領か」（同：33-49）、神戸市立若葉学園・伊村文雄「派遣教員方式と生教分化」（同：50-54）、編集部「学習指導に関する調査結果の報告」（同：55-98）の四本が掲載されており、「学習指導に関する調査結果の報告」では、「1．学習指導体制」、「2．学籍・卒業証書の取扱い」、

「3．クラス編成・クラブ活動等」、「4．効果的な学習指導方法等」、「5．出身校との関係」について全国調査の結果が報告されている。その内、「1．学習指導体制」の項目の中から（1）実施方法の結果のみ転記すると、調査時全国五七施設中、「教護院内」（教員方式、あるいは教護方式と考えられる）が四五施設（七九％）でまだ主流であり、「派遣教員方式」（派遣教員＋教護等）」が四施設（七％、ちなみに「派遣教員のみ」は〇施設）、「分校併設方式」（分校方式と思われる）が二施設（三・五％）、「分教室併設方式（分教室のみ）」が二施設（三・五％）、分教室併設方式（分教室＋教護等）」が四施設（七％）であった。

最後に、職員の使う用語で〝生教分離〟というものがある。これは、「公明党が政治と宗教の分離を唱えた頃にできた語呂合わせの造語で、いわんとするところは生活（保護の分野）と教育（学校教育の分野）を分離して行おうということである。具体的には寮の活動と教室の活動を別にし、寮の指導は教護・教母が、教室の指導は教員（学科指導を専任する教護・教母、または分校分教室制を採るところでは教諭）が担当する」（小嶋 1989：128）というもので、先の『非行問題』一七二号では「生教分離をした時、即ち分校が設置された時」（一七二号：116）のように教護職員が「学校」（「学習指導」）から撤退し、分校にまかせる、という意で使われているようである。また、一九四号の若葉学園の例では「派遣教員方式と生教分化」によると、「生教分離」（一九四号：54）が分校設置、「生教分化方式」（同）が「派遣教員方式」を指す用語として使用されている(2)。

『非行問題』誌上ではその後も一九九三（平成五）年一九九号「特集（一）教護院の教育について考える」に五本の論文、一九九四（平成六）年二〇〇号「学習指導は今……」に三本の論文……と「学校」の問題が取り上げられて行く。なお、教護院の「学校」については後述する。

第三節　昭和五〇年代後半から平成

1. 設備・建物の〝合理化〟2——昭和五〇年後半〜

昭和五〇年代後半からは、もはや寮舎の中舎化、勤務形態の夫婦制から交替制への移行は全国的な流れになっていたようである。一九八三（昭和五八）年一八六号には岐阜県立わかあゆ学園の中舎化した寮舎——「収容棟と名付けられた寮舎は、一棟二寮制のものが食堂機械棟をはさんで二棟」（一八六号：38）などが紹介されている。一九八六（昭和六一年）一九二号では建設中の岩手県立杜陵学園の例——「男子は二十四名定員の中舎二棟をサービス棟（食堂、浴室、学習室、娯楽室付き）でむすび、女子は十二名定員の小舎となる」（一九二号：36）。なお、「男子を中舎にしたのは、寮を、子ども達の生活の場にしたいので、そのための職員を何とか浮かそうとしたからです。それでもきつい。（中略）これからの勤務体制は、また、ぎりぎりの交渉と、職員の工夫で作り出して行きます」——が掲載されている。また、同号山形県立朝日学園では「夫婦制が二ヶ寮、そして単独制が一ヶ寮」（一九二号：46）であるが、編集部の感想では「我々が抱く純然たる夫婦制というイメージからは大分離れている感じ」（同）であり、「結果的には、夫婦寮については、六〜八名の職員が関わっている（中略）実質交代《ママ》制に近いのかもしれない」（同：47）というルポがあり、夫婦制が変則運営されている様子が報告されている。また、同施設では、「男子寮では、子どもは五名しかおらず、掃除の分担も大変そうだった」（同：40）、施設全体でも「今年度は、ほぼ十名前後で推移しており、とにかく非常に児童が少ないのが現実である。現在の暫定定員は二〇名ということだが、それでもまだ開きがある」（同：45）と、入所する子どもの数が少なく深刻であることが示されている。

一方で、このころ（昭和五〇年代後半）は、これまでにない取り組みも行われている。一九八二（昭和五七）年一八五号では、現在でも珍しい他地域への入所の例――「京都市が他府県の教護院へ、児童を措置するようになったのは昭和五十三年から」（一八五号：16）――が報告されており、また、先の杜陵学園（一九二号）ではいわゆる不登校の子どもの受け入れ――「『登校拒否』というのが、ここ五年間で三・八％入園している」（一九二号：28）が行われている。なお、「登校拒否児が入園してきたのは、昭和四十九年から」（同）であり、「はじめはことわったが、児相からたのみこまれて引き受けたのがはじめ」（同）ということである。

2.〝多様化〟の問題――昭和六〇年代初頭～

一九八七（昭和六二）年一九三号では「特集・入所児の多様化の中で」（一九三号：24-61）が組まれており、四本の研究報告が掲載されている。まず、特集（一）では子どもの多様化――「今の教護児は果たして『質的に多様化』しているだろうかと話し合った。そこでは、最近の非行児の特徴としてツッパリがあり、他方にはいわゆる『網の目にかからない子ども』が、ひ弱、幼稚、未熟、衝動的である共通面が指摘された（一九三号：24）――を取り上げている。

特集（二）では、子どもの多様化に伴う進路の多様化――「昭和三十年代前半までであれば（中略）『悪いことをしない人間にして下さい』と願っていたであろう親の意識が進学率の上昇と共に変わって来た結果（中略）『高校に行けないなら判を押しません』『進学させてくれるなら同意します』と短絡的な考え方をする親に児童相談所は『本人の努力次第で高校、職業訓練校に進むことのできる道は開けている』と答える場合がある。従って入所時に『〇〇高校合格出来るように頑張れョ』と励まして帰る親がいる。まるで進学塾にでも入所させたかのように考えている。親が親なら子も子である。授業に行くと満足にアルファベットも書けないのに『先生俺《ママ》れ進学できっぺか？』と真顔になって聞いてくる」（一九三号：37-38）――が報告されている。

特集（四）では（特集〈三〉は「養護施設からみた教護施設」である）、福岡学園の医務室勤務の職員から入所する子どもの変化──「十年程前までは単に病気といえば細菌性のものでしたが、最近ではこれに代わって、多難とされるウィルス性のもの、心因性のもの等がクローズアップされ、そして病気でない病人、（中略）『肩がこる』『首すじが痛い』『目が疲れる』と変調を訴え、更に、朝の寝起きが悪い、顔色が悪い、疲れ易い、姿勢が悪い、動作が鈍くだらだらしている、など起立性調節障害の連絡が多くなってきました。（中略）精神面でも以前は、精神分裂病、躁うつ病、てんかん等で通院治療としておりましたが今日では、神経症、心身症、正常の境目にあるものにとって代り、加えて無気力児童、社会性をなくした集団不適応児、情緒、精神面の発育障害児と多岐に亘っております」（一九三号：55）と報告されている。

これらの報告は、いずれも近年職員が〝子どもが変化した〟と語る内容と重複していることである。

3．平成から九七年法改正直前まで

一九八九（平成元）年一九五号では「特集・中部教護院の現状」が組まれている。特集の中扉には、編集部からの短文が掲載されており、それには、「家庭の空洞化、都市化による非人間化、学校教育の変化、土曜閉庁の実現化など厳しい社会の変化の中で、非行少年の変わり行く様と共に教護院も変わることを余儀なくされている」（一九五号：16）と書かれている。そして、「ある教護院は非行少年の変わり行く様と共に教護院も変わることを余儀なくさせられている。ある教護院は、時代の先をよみ、積極的に変えようとし、又、あるものは、伝統を守ろうとする」（同）と、全国の施設が、すでに、かつてのような共通の価値観に基づいた実践──それは理想とする理念はまだ共通なのかもしれないが、具体的な実践としては──ではなくなっている、もしくは、なくなりつつあることを示しているようである。そして一九九〇年代に入ると同時に──「特集・教護院は生き残るか」という、衝撃的なタイトルの特集が組まれた一九六号（一九九〇〈平成二〉年）が発行される。この特集では、ベテラン職員やOBによる論文が掲載されている。これは後に〝残すものと改革するもの〟あるいは〝継承すべきものと改革すべきもの〟といわれるようになっていく、一九六号は正にその〝残すもの〟あるいは〝継承すべきもの〟を集めた号であったと考えられる。

一方、〝改革するもの〟については、一九九二（平成四）年一九八号「特集・二一世紀の教護像を求めて」、一九九三（平成五）年一九九号「特集（二）　教護院への提言」、一九九四（平成六）年二〇〇号「特集Ⅰ　児童処遇と運営形態」、一九九七（平成九）年二〇三号「特集　教護院への課題と展開」と九七年法改正まで模索が続く。

そして一九九七年児童福祉法改正、翌一九九八年施行、教護院が児童自立支援施設になってからもなお、一九九八（平成一〇）年二〇四号「巻頭論文　二一世紀に向けての教護院の課題と展開」、一九九九（平成一一）年二〇五号「巻頭論文　教護から児童自立支援へ」及び「特集　座談会――児童自立支援施設に期待するもの――」、二〇〇〇（平成一二）年二〇六号「特集　児童福祉法改正その後」、二〇〇一（平成一三）年二〇七号には厚労省児童家庭局（現国立武蔵野学院長）相澤仁「特別寄稿　これからの児童自立支援施設に期待するもの――継承すべきものと改革すべきもの――」……と特集が組まれ、論文が掲載され続けるが、だがしかし――序章にも書いたとおり――今日に至るまで、〝教護〟に変わる共通した価値観ないし概念は未だ登場していない、というのが筆者の見解である。

第四節　「定員開差」――教護院時代の〝問題〟1

第三節で見てきた通り、教護院時代の後半は「定員開差」の〝問題〟を切り口に、施設のあり方に対して多くの〝合理化〟を迫られる時代だったといえる。そしてそれはこれまでの施設の理念や方法、あるいはしくみに対して〝問題〟を突きつけることでもあった。教護院時代で特に〝問題〟として挙げられたことは、先の「定員開差」と「準ずる教育」、そしていわゆる体罰に代表される鍛錬教育――それは〝指導〟ということばに集約される――ということになるだろう。そのうちの、体罰については第Ⅳ部第四章で取り上げるため、本章では「定員開差」と「準ずる教育」の〝問題〟に焦点を当て、施設の歴史的背景を総括していきたいと思う。

1.「定員」と「暫定定員」

教護院時代の問題と聞いて職員・関係者がまず思い浮かべるのは、「定員開差」であろう。「定員開差」とは、施設の定員に対して充足率が満たないことを指す。施設は措置費によって運営されるので、入所する子どもが減り続けると予算が削られて運営そのものが立ちゆかなくなる。そのため、施設にとって〝問題〟には違いないのだが、これはどちらかというと施設側というよりも設置主体や厚労省側が〝問題視〟することにより、施設に圧力がかかり、それで施設側も〝問題〟として捉える、というイメージなのだと考えられる。

小野木によると「二〇年も前から厚生省で『開差』という新造語が用いられ、これの充足に努めよと、機会ある毎に叱咤されてきた」（小野木 1990：29）ということである（一九九〇年『非行問題』一九六号）第二節で述べた「定員開差」は一九七〇年代にはすでに〝問題〟になっていたということである。

しかし、そもそも施設に措置権はなく、直接入所者を募っているわけではないので、施設側では入所者数を増やすことはできないし、また——社会的養護にある子どもや少年法の保護処分になった子どもが入所する施設なので——本来ならば入所者は少ない方が良いはずなのだが、施設を管理する設置主体である都道府県や、あるいは厚生労働省にとって、「定員」を満たさない施設は、社会的ニーズがない、あるいは社会的ニーズに応えられていない（潜在的ニーズを拾えていない）と考えて〝問題〟とするようである。そしてその〝問題〟の原因を施設のしくみや方法、職員の資質にあると考えて、あるいは単純に無駄なものは縮小するという考えで、「改革」や〝合理化〟を促す、ということになる。つまり、役所にとって施設の評価を決める大きな要因として「定員」があり、教護院時代の半ば頃からは、その「定員」を満たせない状況が続いた、ということなのだろう。

そのことを象徴しているのが「暫定定員」である。表6—1、表6—2は、一九九七（平成九）年発行の『全国教

表6—1

年度最多・最少人員

No.	施設名	平成8年度 定員	暫定定員	最多 月	最多 人員	最少 月	最少 人員	平成9年度 定員	暫定定員	最多 月	最多 人員	最少 月	最少 人員
1	武蔵野学院	150		4	51	7	43	150		8・11	47	4	38
2	きぬ川学院	100		3	60	7・8・9	44	100		3	65	4・5	55
3	向陽学院	48		1・3	41	6	32	48	46	5・8・9	40	12・2	37
4	大沼学園	60	48	10・12	42	6・7	35	60	48	11・1	34	5・6	31
5	北海道家庭学校	85	75	12	60	6	50	85	66	12	68	4	49
6	青森学園	50	16	1・2・3	12	5・6・7	7	50	12	11	17	5・6	8
7	杜陵学園	60	25	6	20	10	17	60	23	6・7	18	9	13
8	さわらび学園	50	18	8・2・3	16	11・12	12	50	18	1・3	17	5・6・10	12
9	千秋学園	75	31	2	24	4・5・6	17	75	24	10	27	3	18
10	朝日学園	35	6	2	8	11	5	35	8	7	7	3	3
11	福島学園	50	20	2	30	4	24	50	31	7	34	4	28
12	茨城学園	136	65	3	64	9	48	136	61	3	62	6	50
13	那須学園	60	22	3	22	6	15	60	23	12	26	5	17
14	群馬学院	60	25	3	37	4	14	60	36	9・11	31	5	27
15	埼玉学園	120	88	3	90	4・5	69	120	94	1	92	5	71
16	生実学校	80	42	2	38	9	26	80	41	3	35	4	25
17	誠明学園	140		3	121	10	85	140		3	128	6	96
18	萩山実務学校	84		3	80	6	49	84		3	84	9	69
19	国府実修学校	100	41	9・10	45	4・5	38	100	41	4・5	39	11・12	29
20	横浜家庭学園	50	12	11	15	4	11	50	17	7	17	4	15
21	向陽学園	60		12・3	25	5	20	60		4・1・2	25	6	19
22	新潟学園	80	14	8	10	3	5	80	10	2	17	4	4
23	富山学園	80	8	2	4	4~12	2	80	8	1~2	10	4~6	2
24	児童生活指導センター	60	20	4~6	15	10	9	60	14	11	18	4	12
25	和敬学園	45	23	4・5・1・2	19	8	16	45	22	12	22	2・3	17
26	甲陽学園	40	13	4	12	6	10	40	14	12	15	4	9
27	波田学院	70	22	3	15	4	10	70	16	12	17	6	6
28	わかあゆ学園	50	6	1	8	5	3	50	6	9	9	4	5

全国教護院協議会（1997a：4）『全国教護院運営実体調査　平成9年1月』。

表6—2

No.	施設名	平成8年度						平成9年度					
		定員	暫定定員	最多		最少		定員	暫定定員	最多		最少	
				月	人員	月	人員			月	人員	月	人員
29	三方原学園	90	42	12	47	4	26	90	51	8	44	5	36
30	愛知学園	96	31	12	27	8	17	96	29	1	27	5	12
31	玉野川学園	96	19	4	19	9	11	96	16	1	21	4	10
32	国児学園	60	39	2	35	7•8•9	30	60	37	1•3	37	6•7•8	28
33	淡海学園	80	41	12	42	6	32	80	45	2	38	5	31
34	淇陽学校	90	48	3	34	9•10	25	90	34	11•12•1	35	9	28
35	修徳学院	250	159	11•1	148	5	122	250	167	3	143	5	114
36	阿武山学園	124	84	3	87	4	61	124	90	3	81	4	65
37	明石学園	130	48	3	68	4	43	130	73	3	82	6•7	68
38	若葉学園	130	40	3	45	5	35	130	49	3	51	4	45
39	精華学院	60	30	2	36	5	20	60	30	3	31	6	18
40	仙渓学園	50	30	2	26	4	13	50	30	2	38	5	18
41	喜多原学園	96	17	10	17	5	12	96	19	12	17	10	12
42	わかたけ学園	70	43	3	35	5	29	70	41	11	37	4	30
43	成徳学校	90		8	83	4	67	90		3	80	10	64
44	広島学園	70	34	3	34	4	18	70	29	3	32	4	21
45	育成学校	90	30	3	34	5	22	90	36	3	53	4	27
46	徳島学院	60	28	3	26	4	18	60	27	4•12•2	22	10	16
47	斯道学園	60	9	2	11	5	7	60	11	2	11	9	5
48	えひめ学園	108	25	2•3	15	7•8	6	108	12	10•2	20	4	11
49	希望が丘学園	60	23	1	14	7	11	60	17	3	31	4	13
50	福岡学園	75	39	12	37	4	27	75	42	7	31	4	25
51	虹の松原学園	75	28	11	30	5	22	75	32	10	30	4	21
52	開成学園	105	35	12	41	4•5	25	105	40	6•10	35	3	11
53	清水が丘学園	50	22	3	23	4•9	13	50	22	4	20	10•3	12
54	二豊学園	72	14	12	13	6•9•10	7	72	10	2•3	14	4•5	7
55	みやざき学園	45	12	8	12	3	6	45	12	12•1	14	4•5	6
56	牧ノ原学園	60	42	3	32	7	15	60	29	4	33	12	21
57	沖縄実務学園	50	25	2	24	11	14	50	22	4•5•6	22	12•1	13

全国教護院協議会（1997a：5）『全国教護院運営実体調査　平成9年1月』。

護院運営実体調査』の写しであるが、ここに一九九六年のデータが掲載されている。これを見ると、ほとんどの施設でこの「暫定定員」を設置しているのが分かる。

先にも述べた通り「暫定定員」というのは別名「予算定員」ともいわれ、この定員数で予算を算出するのである。「定員」で算出した場合、定員に満たない施設だと予算過剰になるとの考えから、ほとんどの設置主体がこの「暫定定員」を設置しているということである。「暫定定員」の算出方法は三種類あるが、その内の一つは、昨年度の月ごとの在籍数の内、最多の月と最小の月を差し引いた残りの一〇ヶ月の平均を出すという方法で、施設では他の二種類の方法でも算出して、一番多い人数を「暫定定員」とするということである。つまり、「暫定定員」は、常に「定員」を満たしていないことを表しているということになる。

一方、「定員」というのもあって、これは一般的な入所定数のことを指す。しかし、多くの場合、この人数一杯まで子どもを受け入れることはほとんどないということである。実際に寮舎を見てみるとよく分かるが、「定員一五名」となっている寮舎でも、一五人が暮らすには確かに手狭で、また、いつ何時新入生が入ってくるかもわからないので、職員のいうように「一二〜一三人がせいぜい」（二〇一〇年八月、ナ学園職員）ということである。また逆に、戦後の浮浪児対策などで、中舎制や大舎制など、大きな寮舎があり、それを建て替えずに使っている場合などは、現状の入所者数に合わない大人数の「定員」となってしまう、ということもあり、「暫定定員」が予算の算出に使用されているのであった。

なお、少数だが都市部に設置されているなどの理由から常に満員に近い状態の施設では、これを設定していない施設もある（表6―1、No. 17・18など）。

2．入所者数の推移

次に、教護院時代の入所状況の推移を見てみることとする。入所状況は、通常、「定員充足率」で見るということ

図3

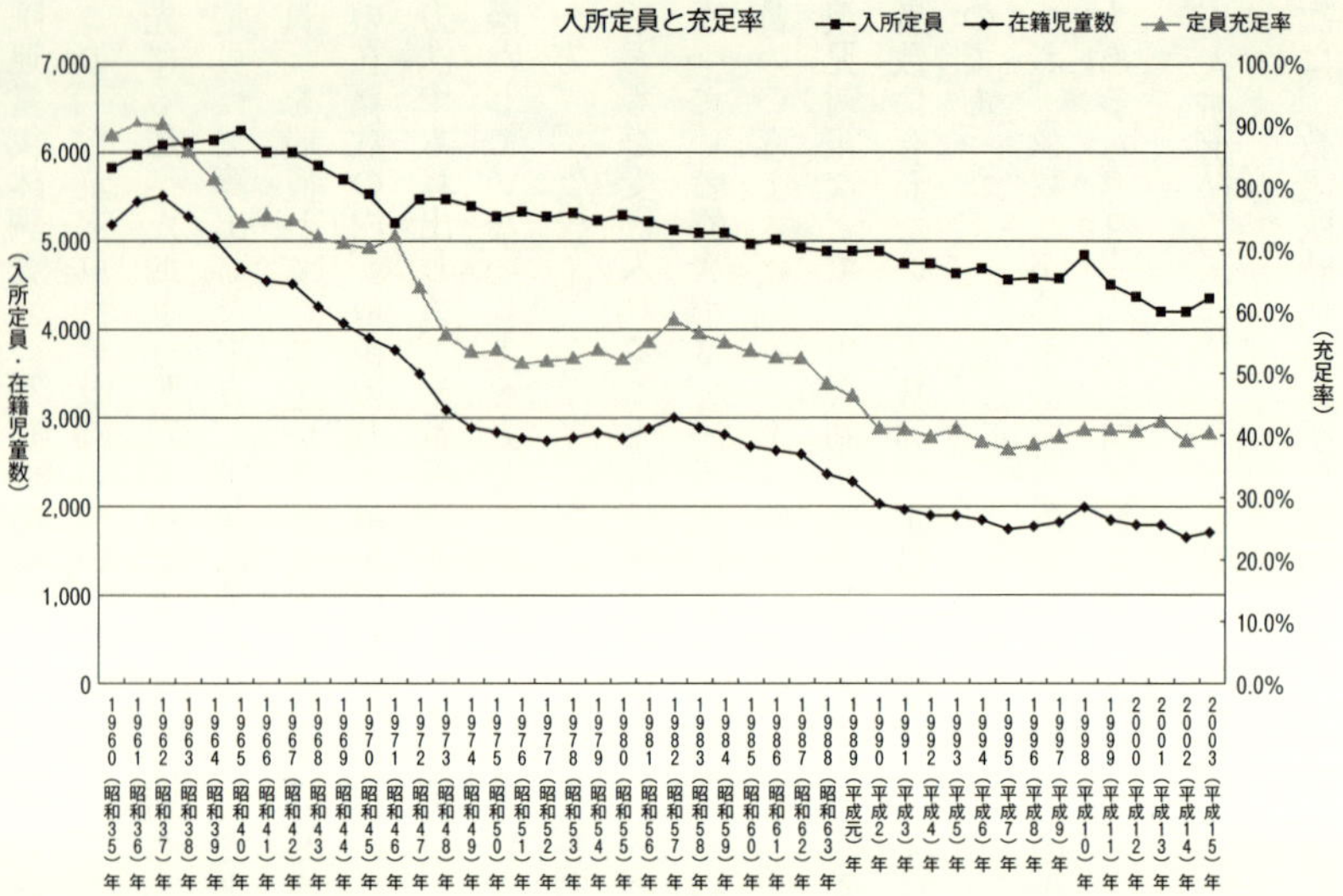

「第1回児童自立支援施設のあり方に関する研究会」厚生労働省雇用均等・児童家庭局の資料「児童自立支援施設の施設数、定員、現員の推移」のデータを用いて作成した。

である。この「定員充足率」とは、前年度の一〇月一日（現在は二月一日）の在籍数と「定員」数で割り出すものである。

図3を見ると、教護院時代の入所率は一九六一（昭和三六）年の九一・九％を最高年とし、その後徐々に減り続け、一九六四（昭和三九）年時は八一・七％、小野木のいう「二〇年前」の一九七〇（昭和四五）年は七〇・六％、一九八三（昭和五八）年には五六・七％まで落ち込んでいる。その後も入所率は上がらず、一九九六（平成八年）には三八・八％、これまでの最低率となった。そして教護院は〝生き残る〟ことができず、翌年一九九七（平成九）年児童福祉法の改正、翌年施行により教護院は児童自立支援施設になった（なお、法改正後、四割を切っていた入所率は一時的に四割を超えたが、再び二〇〇二（平成一四）年、二〇〇三年（平成一五）年と四割以下となっている）。

「定員開差」の問題は、ただ単に入所率が低いとか定員充足率が低いということだけでなく、地域間の「定員充足率」のバラつき、ということが指摘されてきた[3]。確かに、表6―1・6―2を見ると、施設間でかなりの違いが見て取れる。施設は〝義務必置〟（第二章第三節）[4]なので例えば人口割合などではなく、各都道府県に一ヵ所以上設置することになっているため、このような地域差が生じるのである。

また、原則としてA県の子どもならA県の施設に措置される。措置費がA県から出るためである。つまり、越境入所は原則として行われない（国立は別）。ところが、各施設は各設置主体の状況に応じた運営を行っており、各施設で特色を持っている。様々な個性ある施設を全国に保有することは教護院の強みともいえるが、一方で、措置される施設は――子どもはもちろん――児童相談所も選べないので、地方間の格差、すなわち施設間の格差が問題になってくるのである。例えば、A県が保有する施設が中舎交替制の施設ならば、他の運営形態の施設には入所できないことになる。ある施設職員（小舎交替制勤務）は、「この子は絶対、夫婦制のとこで見てあげた方が良いって思っても、（夫婦制の施設には）入れてあげられない。武蔵野は夫婦制だけども、武蔵野に入れるためには（子どもが）悪いことしなくちゃならないから……悪いことしなきゃ良いとこに入れてあげられないってのも、おかしな話ですよね……」（二〇一四年九月、ク学園、A職員）と語っておられた。

施設の運営は措置費でまかなわれるため、入所者数が少ないと施設運営は当然のことながら縮少されがちになる。子どもの人数が少ないと行事や作業、寮舎生活にも影響する。特に教護院は共同生活を基礎としているので、ある程度の人数がいないとその力を発揮できないことになる。そうなると児童相談所としても措置がしにくくなる……という悪循環が生じるということである。「定員開差」の問題は施設にとって正に死活問題だが、構造上、施設側の努力のみではこれを解決することは難しいと考えられた。

3．措置しにくい施設

施設の入所経路は、児童相談所の措置と家庭裁判所の保護処分の二種類がある。前者は児童福祉法に基づく措置であり、この場合は保護者の同意を前提とする。後者は家庭裁判所の審判で少年法の保護処分となったとき、家庭裁判所は児童相談所に送致し、児童相談所が施設に措置する。なお、正しくは児童相談所に措置権があるのではなく、児童相談所長が都道府県知事の委任を受けて措置するものである。

では、「定員充足率」はどちらの経路の減少によるものであろうか。厚生労働省「児童自立支援施設のあり方に関する研究会」第一回資料「児童自立支援施設における家庭裁判所の決定による措置児童の割合（%）」によると、家庭裁判所経由の入所率は、一九七八（昭和五三）年度一二・四%、一九八三（昭和五八）年度一七・〇%、一九八八（昭和六三）年度二一・一%、一九九三（平成五）年度二一・一%、二〇〇三（平成一五）年度二八・七%とむしろ増加していた。ということは、入所の減少は児童相談所の措置が減っているためということになる。[5] ではなぜ、児童相談所からの措置が減少したのか。

よく聞かれるのが〝タイミングが合わない〟ということである。そもそも、施設は児童相談所にとっては措置しにくい施設ということがある。寮舎の状態によっては新入生を受けられないことがあるし、新入生が一人入るだけで寮舎が安定するまでにはかなりの時間を要するので続けては受けられない。むしろ、寮舎が安定しているときこそ新入生が入ってきてほしくないというのが職員の本音のようだ。

しかし児童福祉施設である以上、それでも措置を受けなければならないときはある。それで続けて新入生を受け入れたところ、寮舎内のバランスが崩れ、寮舎運営が立ちゆかなくなり、最悪の場合は寮舎が閉鎖してしまうこともある。ここまでになると職員のダメージも大きく、寮舎運営は行えないので施設としては一寮少ない寮舎で運営しなければならなくなり、当然、しばらくの間は措置を受け入れられない状態――〝措置停止〟状態になってしまうこともある。

このような施設の事情がありながら、一方で、児童相談所としてはなるべく早く措置したいということがある。[6] 一時保護所に長く子どもを保護しておくことはできないし、特に「不良少年」の場合は、保護するだけでも大変なので、保護したらそのまま施設に連れてくる、ということも教護院時代には珍しくなかったそうである。子どもは当然納得していないので施設を飛び出してしまうことになる。しかし、児童相談所からしてみると、〝せっかく保護したのに逃がしてしまう〟ということで、子どもを保護すること自体を止めてしまう――などということもあるそうだ。[7] 児童相談所にしてみれば、入所させたい時には渋られて、入所させた子どもは逃がしてしまう――このようなイメージを持たれてしまうと、より措置が減る――という悪循環になってしまうということである。

4．廃止の危機

このようなことから、教護院という施設は、次第に設置主体、即ち地方自治体にとって〝お荷物施設〟になって行った――九八年法改正時には、自治省（当時）からも〝義務必置〟を外すよう要望が出ていたということである[8]（二〇一七年八月、X氏へのインタビュー。氏は九八年法改正時、厚労省内でその条文作成に携わった人物であると考えられる。〝義務必置〟を外すということは、施設の死を意味する。それでなくても〝お荷物〟の施設である。設置義務がなくなれば、当然、これを運営する自治体はなくなるであろう。局内では法改正を機に教護院の「廃止や当時の情[9] 短との統合案も出ていた」（同）ということであった。そこでX氏は「何とか教護院という施設を残すために」（同）名称変更をはじめ、条文改正を行ったと語っておられた。[10]

第五節　「準ずる教育」――教護院時代の〝問題〟2

1．就学免除と「準ずる教育」

第二章第一節で見てきた通り、児童福祉法の第五次改正時に、「準ずる教育」が盛り込まれ、教護院に入所する子どもたちは就学免除がいわば法的に認められることになった。教護院は入所施設であり、また、「施設内処遇」（第Ⅲ

部第一章）を採る施設であるため、子どもたちは地域の小・中学校ではなく、施設内の「学校」で座学を行ってきた。しかし、そこで〝問題〟になったのが、この児童福祉法第四八条の二――「在院中学校教育法の規定による小学校又は中学校に準ずる教科を修めた児童に対し、修了の事実を証する証明書を発行することができる」――中の、「修了の事実を証する証明書を発行することができる」というものであった。これは、つまり、教護院の中の「学校」の〝卒業証書〟が出せるということである。

第一章で報告した猪原学園のように、猪原学園と、原籍校と、二種類の〝卒業証書〟が授与されれば問題はなかったが、原籍校によっては卒業証書を発行しないとか、あるいは学籍そのものを抜いてしまうということが起きたのである。なぜこのようなことが起きるのか、服部朗は次のように分析している。

戦前のわが国では、義務教育という言葉は、学校教育を受けなければならない臣民の義務を意味していたため、これが就学義務という言葉と入り混って、就学義務が免除されると児童の受けるべき教育も免除され、したがって、学籍もなくなるというように誤って受け取られているせいであろうか。

〈服部朗（1993）「教護院のゆくえ（二）」『非行問題一九九、p. 43』〉

猪原学園においてもかつて同じように子どもの学籍がなくなってしまうことがあったということである。元職員への聴き取りでは、原籍校ではオール三程度の成績であったのにも関わらず、猪原学園の「学校」の成績表を原籍校の成績表に振り替える際、（成績に関係なく自動的に）オール1にされてしまうとか、あるいは学籍そのものを抜いてしまう原籍校もあったと語っておられた。原籍校にしてみれば、ようやく厄介払いができた子どもに対して、戻ってきてほしくない――驚くことに、それで措置解除ができない、つまり子どもを地域に戻せないというケースもあったそうである（二〇一五年六月、猪原学園元職員）。

そこで猪原学園の職員は、各地域の教育委員会や学校に対して、猪原学園の子どもたちが全員、原籍校の卒業証書を授与できるよう働きかけたのであるが、地域によっては断固拒否した教育委員会もあったということである。それで――第一章で報告したように――どうにか卒業証書は出してもらえたものの、卒業式には出席しない、という原籍校もあったということだ。では、当時の学校教育法による学校とはいかなる場所であったのか、次の項目で見ていくこととする。

2．進学差別と就職差別

学校教育と社会構造

当時の日本の学校教育法による学校とその社会背景がどのような状況であったのか、岩木秀夫『ゆとり教育から個性浪費社会へ』より以下引用する。なお、図4は、文部科学省の『平成20年度学校基本調査速報』の参考図表に筆者が矢印を加えたものである。

> 高校進学率は、一九六五（昭和四〇）年に七〇％をこえ、一九七四（昭和四九）年には九〇％をこえて、高等教育の準義務化という言葉が登場するほどになりました。〈中略〉その結果、普通科高校のあいだには、大学進学実績を反映した学校間格差がひろがり、受験地獄の元凶がこの学校格差とされ〈中略〉格差是正が高校施策の重要課題とされていきました。
>
> この大学の大衆化にもかかわらず、高卒就職率は一九七四（昭和四九）年には四八％で、進学・短大進学率よりあいかわらず、一六％もたかい水準にありました。世界史上まれにみる高度経済成長のなかで、新規学卒一括採用、終身雇用・年功序列制が社会に広がり、定着していきました〈中略〉。

図４
卒業者数，就職者数及び就職率等の推移［中学校］

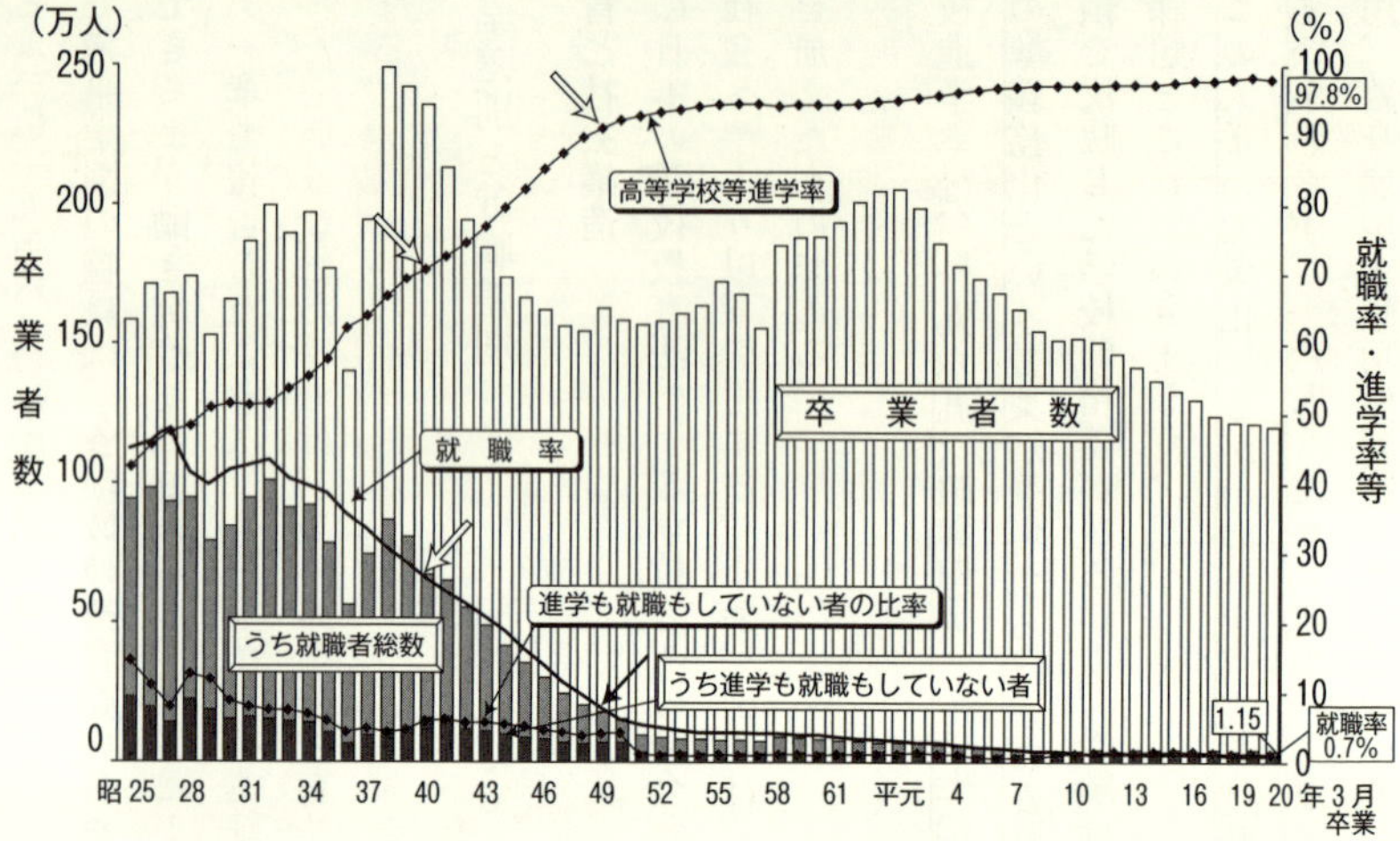

（注）１「進学も就職もしていない者」は，家事手伝いをしている者，外国の高等学校に入学した者又は進路が未定であることが明らかな者である。
２ 昭和50年以前の「進学も就職もしていない者」には，各種学校，公共職業能力開発施設等入学者を含む。

文部科学省「卒業者数、就職者数及び就職率等の推移［中学校］」『平成20年度学校基本調査速報』参考図表（同省ホームページ）より作成した。

高校が就職希望の生徒に、学業成績と就職先についての実績資料にもとづいて、一人一社を学校紹介し、企業は学校紹介された生徒を合格させるという「実績主義」が、そのような超売り手市場の混乱をさけるために成長していきました。高校進学があたりまえになり、中卒では就職が不利だが高校を出れば仕事がいくらでもあるという状況の中で、中卒浪人はタブーになりました〈中略〉。

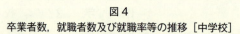

〈岩木秀夫（2004）「ゆとり教育から個性浪費社会へ」筑摩書房、p.88。〈中略〉及び傍線筆者〉

日本は一九六三[11]（昭和三八）年に大学進学率が一五%を越えてマス型に入っている。それに従って高等学校の進学率も「一九六五（昭和四〇）年に七〇%をこえ、一九七四（昭和四九）年には九〇%をこえて、高等教育の準義務化という言葉が登場するほど」（岩木 2004：88）の「大学の大衆化」（同）が起きたのにもかかわらず、我が国は世界的にも希に見る高度経済成長期にあり、「高卒就職率は一九七四（昭和四九）年には四八％で、進学・短大進学率よりあいかわらず、一六％もたかい水準」（同）で、「高卒に対する求人倍率は一九七三（昭和四八）年には八倍に達するというありさま」（同）という状況であった。

一方、中学生の就職率（図4）を見ると、一九六五（昭和四〇）年におよそ三八％程度あったのに対して、一九七四（昭和四九）年にはおよそ九％にまで一気に減少しており、以降、一九七九（昭和五四）年ごろから五％を切るなど低下しつづけている。岩木のいうように、「高校進学があたりまえになり、中卒では就職が不利だが高校を出れば仕事がいくらでもあるという状況」（同：89）である。

つまり、このことは、高校に進学しない限り大学への進学はもちろんのこと、就職さえもおぼつかない、ということを示唆している。高等学校進学率が九割を超える社会にあってなお、教護院に暮らす子どもたちには就学免除が認められており、それは九七年法改正まで続いたのであった。

差別され排除される子どもたち

花島政三郎の調査によると、「一九八五年から一九八七年の三ヶ月間に復学したケース九七七人のうち、高校へ進学した者は九六人であり、また同じ時期に教護施設から直接高校へ進学した者は三〇一人であるから、合わせて三九七人の者が高校進学者ということになる。この三ヶ月間の教護施設退所者数は五八三三人であるから教護施設在籍者の高校進学率は六・八一％ということになる。高校進学率が九五％を越える県が数多く見られる現在、一〇％にも達しない高校進学率というものは異常としか言いようがない」（花島 1990：41）ということである。

花島は、教護院出身者の子どもたちが、「施設出身者」というラベリングをされ、進学差別、あるいは就職差別を受け、このような差別から、退所生たちが暴力団へと吸収されていく可能性を懸念している。高等学校が就職先と太いパイプで繋がっていた時代において、就学差別はそのまま雇用差別とバンドルされてしまっていた――それは現在も変わっていないのかもしれないが——のである。花島は、「暴力団への供給源としての役割を教護施設が果たさなくて済むように、せめて高校進学の道を確保していかなければならない。そのためには学籍や内申書の問題を解決しておかなければならない」（同：42）と訴えている。

先の猪山学園の元職員の語りでも聴かれたことであるが、花島の調査においても、「『オール一の内申書を持たされたという事実は今回の調査でもいくつも報告されている。『オール一』の内申書や、内申書への『教護院入所』の記載は、『この受験生を落とせ』と言っているに等しいことは明白である」（同：41）と述べている。

このような、当時の学校教育法における学校側の、施設で暮らす子どもたちへの差別的な態度や行動からは、「非行少年」の〝学校からの排除〟を徹底させようとする、何か信念じみたものさえ感じるようである。

厚生省内部の無関心

一方、厚生省側はどうだったであろうか。以下、『教護』一四四号（「学習問題特別号」）に掲載された「教護院における学習指導論議の歴史的経過と今後の展望」によると、次のようである。

先の教護院長会における小嶋氏の学籍質問等もあってこの学科指導と学校教育の関係については、養護課でもかねてから飯原事務次官と小川技官が文部省側と細目打合わせを行って来たが、教護第五一号（昭和三〇・三）で同事務官より次のような説明を行っている。

（中略）

即ち教護院は学校ではない、教育委託はできない、措置児童は出席停止ではなく義務教育を猶予又は免除されたものであるという見解で、飯原氏のこの見解はその後十年、養護課長になっても変らず、今年の院長会でもこの論旨で滋賀、長野、京都等としきりに応酬しておられた。

〈『教護』編集部（1966）「教護院における学習指導論議の歴史的経過と今後の展望」『教護』一四四、pp. 14–15。〉

このように、このときの文部省側には歩み寄る気配はまったくなかったようである。しかし一方で、厚生省側も何か特別に交渉したという様子もなく、「飯原氏のこの見解はその後十年、養護課長になっても変らず、今年の院長会でもこの論旨で滋賀、長野、京都等（の院長）としきりに応酬しておられた」（『教護』編集部 1966 : 15）ということである。これを見る限り、文科省側は、ただ、法規上の筋道に沿って説明をしているだけ、厚生省側は、ただそれを持ち帰っただけであり、そこには省庁の激しい対立があったということでもなく、また、双方歩み寄るなどの以前に、〝役人の無関心〟という感じを受けるものである。しかも、厚生省の役人は、府県の院長に文部省側の説明を繰り返すのみ、という状態である。

小嶋によると一九五七（昭和三二）年に「院長代表が厚生省と会談し、文部省側がこのように追出し的態度であるのを厚生側はどう受けているか、何とか良策はないかと質したところ、文部側に抗議してくれるどころか、逆にこれは法的に正しい解釈で已むを得ないと突っ放され、卒業証書の問題だけは地方地方で折衝して実績を積んでくださいと、まるで他人事のような態度であった」（小嶋 1966 : 26）というから、当の当局こそが、相当無関心だったのであろう。

歴史を振り返ってみれば、内務省は感化院、司法省は特別幼年監の管轄ということから、明治時代には、地方自治体の運営する感化院は大きく水をあけられた。大正に入ると矯正院法が成立し、感化事業者たちは議員立法で少年教護法を制定させた。しかし、ここ昭和の時代に来て、教護事業者たちが対立する相手は――関連領域にある他の省庁ではなく――厚生省内部の役人になってしまったのであった――。

国の役人がこのような態度である以上、私たち、子どもたちと一緒にいるゲンバの職員は足並みを揃えて訴えよう

――当時の滋賀県立淡海学園長・小嶋直太朗は思っていたのではないだろうか。しかし、小嶋の訴えは、当時の教護事業者たちの賛同を得られなかったようである。

教護院の学習指導について述べるに当り（中略）昭和二十九年の全国教護院長会に於て、初めて私は教護院に在る児童の学籍について質問し、併せて出身小、中学校の卒業証書が得られないものかと提案した。その時には（中略）誰一人としてこれに耳を藉してくれず、私は独り淋しく撤退した。以降九年私は毎年々々同じ事を繰返し叫んでいるが、少しも進歩の跡がないと嘆く。（中略）この運動について一番困ったことは厚生文部両省が誠意を示してくれない事よりも、先ず教護院従事者の理解不足、足並みの不揃いであった（中略）これでは教護院打って一丸となって当局を動かす力が湧いて来ず、文部厚生両省が互に己が領分から出す意見に立てこもり、児童を投げると投げかえすキャッチボールを演じさせる根本原因となっていたことは確かであった。

〈小嶋直太朗（1964）「教護院における学習指導について」『教護』一二七、p. 13〉

3．第四八条を巡る論争

一九六五（昭和四一）年一月の『教護』（『非行問題』の前身）は、「学習問題特集号」を組んでいる。同誌編集部がまとめた「教護院における学習指導論議の歴史的経過と今後の展望」によると先の小嶋が問題視する以前に、「内藤、島田論争」というのがあったということであるが、今回は省略する。

この特集では、先の小嶋を含む六人が原稿を寄せているが、後々まで影響したのは何といっても先の小嶋直太朗の見解と、石原登の「学習問題私見」であろう。両者の意見は児童福祉法第四八条を巡ってまったく違う意見に分かれているのである。

小嶋は、同誌に「学習指導正当化への長い道」を発表し、憲法二六条に教育を受ける権利が定めてあるのに対して、児童福祉法第四八条では教護院長にその就学義務が課せられていない、これは「立法措置として誤っていないか」（小嶋 1964：39）としているのに対して、石原は、憲法二六条は、感化院時代から続く、我が教護院における独自の学習権を認めた「希に見るすばらしい名法文」（石原 1965：25）としているのである。

小嶋は同原稿で、「教護事業が献身的なものである上に更に献身を重ねさせた、いうなれば職員の犠牲において築かれたものである。（中略）当局はこれを既存の事として、学科指導は当然教護がなすべきものであると決めこみ、最低基準制定の時には、人的に何の考慮も払わず涼しい顔をして来た。一方、学校を追われ教護院で学科指導を受けている子どもの学籍はどうなっているかと見るに、（中略）甚だしきは失踪として除籍されているものさえあった」（小嶋 1964：29）と訴えた。そして「運営要領の中少なくとも学科指導に関する項は新しく書きかえられなければならないと思うが、未だにこれを金科玉条とする意見が出たりする」（同：28）として、三年後に発行される『教護院運営指針』でメインライターを勤めた原動力とも思える発言をしている。

一方、小嶋に「改訂」を提言された『教護院運営要領』を作った石原登は、そもそも、学校教育法の行っている受験準備が中心の教育が「不良少年」を作り出し、彼らを排除したのではないか、受験勉強では真に学ぶ喜びは得られない、感化院時代から培われてきた豊かな教育は法第四八条によって保障されている、だからこれを変えるべきではない、と主張した。石原は、後に岩木が「つまりは、全国民を平等に勉強と学歴競争に巻きこむ学校体系です。これが、画一教育や偏差値序列教育と呼ばれて来たものの起源です」（岩木 2004：84）と書いた、正に我が国の学校教育システムと、それがもたらす弊害とを鋭く批判して[12]、「このゆがんだ学習形態が劣等感を醸成し、集団性（惰性）の発育を阻止し、青少年を非行にかりたてているのです。（中略）さて、教護院の先生方は、この異常な教育の様相をどう考えておられますか。（中略）教護児童たちが、こんな教育方法で幸福になれるとお考えになっておられるのでしょうか」（石原 1965：25）と問いかけたのである。

この石原の発言について小林は、「国立教護院長の発言は、当時としては教護院関係者、関係機関の者に重く受け止められたと思われる」（小林 2006：57）と分析している。このような経緯から、以降九七年法改正に至るまで、児童福祉法の第四八条が改正されることはなかったと考えられる。

なお、ゲンバでは、それぞれの施設が理念や状況に応じて各教育委員会とやりとりするなど、各々学籍問題や卒業証書の問題に対応してきたと考えられる。その中には「たまりかねて教師派遣、分校制度をとる院も出て来た」（小嶋 1966：29）ということであった。

4.「準ずる教育」対立意見のその後

四八条を是とする理念

小嶋と石原、どちらの意見も、子どもの幸福を願って、それぞれに教護院内の「学校」について考え発言したものである。しかし、このときの二人にはもしかしたら予測しえなかったであろうことが、その後、それぞれに起きるのである。

まず、石原について、彼は〝教育とは何か〟を考えて、受験準備が中心の教育に異を唱えて第四八条を是としたが、教護院の、「真に学びの喜びを求めた教育」を証明するはずだった「教護院の卒業証書」は、「一般小中学校長発行の卒業証書と同等の価値があるとはいえ、社会では施設の退所証明にしかならず、本人や保護者から歓迎されるものではなかった」（小嶋直之 2010：22）「教護院出身の肩書きが少年の社会生活上決してプラスにならないことから、きわめて例外的なケースを除いては、これまで在籍していた小中学校より卒業証書が発行されている。この点は分校制度で学校教育を行っている教護院でも同じ」（花島 1994：52）ということで、子どもたちに差別とスティグマを与えることになってしまったのである。

そしてもう一つ、とても大きな落とし穴があった。石原は、「特に教護児童たちの大部分は進学はしないのです」（石原 1965：25）と考えていた――つまり、就職するのにわざわざ受験準備が中心の学校教育に追随する必要はない――と考えていたが、しかし、先に見てきた通り、日本は「大学の大衆化」（岩木 2004：88）が起きているのにも係わらず、高度経済成長のために高卒者の求人倍率は八倍という高倍率で、「中卒では就職が不利だが高校を出れば仕事がいくらでもあるという状況」（同：89）に社会は大きく変化したのである。もっとも当時はこのような考え方をしていたのは石原だけではなく、「高校進学ではなく中卒で卒業人としての道を歩ませることが得策である。こうした考えは教護施設全体に根強く存在」（花島 1990：42）した、ということである。

このようなことから、当時の退所生たちは中卒はおろか、中学卒業すら認められない状態で「一五の自立」をしなければならないという、大変厳しい状況におかれることになった(13)のである。小学校、あるいは中学校からの排除がそのまま社会からの排除となり、暴力団へ吸収される可能性――「ある教護施設の退所者の例では、二〇才までに一五・六％の者が暴力団に加入している」（花島 1990：42）という事態になっていたのである。

四八条の改正を求める運動のその後

一方、子どもたちの学籍問題を解消しようと運動を行ってきた小嶋直太朗は、その後『教護院運営指針』の発行に努めるなど運動を続けてきたが、同じ教護事業に携わる者たちの（特に関東勢の）賛同を得られないでいた。

子どもの学籍や卒業証明を獲得する気持ちが、『教護院運営要領』の否定と改訂へと彼を突き進めたことが、あるいは同業者たちの反感をかってしまったのかもしれないし、またあるいは、彼の教員出身という経歴から――普段から学校教育法の学校と教員とに冷遇されている職員たちに――不要な誤解を与えたのかもしれない。筆者の聴き取りにおいても、「あの人は……教員だよね」など、彼の経歴についてあまりよいイメージを抱いていない職員が、特に関東に多く見られた(14)。

表7

3-2　教護院と児童自立支援施設対照表

現行	改正後
〈教護院〉	〈児童自立支援施設〉
ア　名称等が社会的に否定的評価（スティグマ性）	ア　名称を「児童自立支援施設」に改め、単に入所者を保護・指導するだけでなく、児童の自立支援を目的とする施設とする
イ　一般社会から隔絶された閉鎖的施設	イ　従来の入所形態のほか、通所形態も採り入れるとともに、自立支援の観点から退所後のフォローアップ等も強化
ウ　家庭の養育機能の低下等による新たなニーズへの対応が不十分	ウ　家庭の養育機能の低下等による新たなニーズに対応するため、対象児童を「不良行為をなし、又はなすおそれのある児童」のほか、「家庭環境その他の環境上の理由により生活指導等を要する児童」にも拡大
エ　入所児童については、施設内において学校教育に準ずる教育を実施	エ　入所児童について通常の学校教育を実施

柏女霊峰編（1998）『改正児童福祉法のすべて　児童福祉法改正資料集』ミネルヴァ書房、p. 164。

協議会の関西ブロックと関東ブロックとの対立ということも背景としてあるのかもしれない。特に関東には石原が院長を務める国立きぬ川学院があり、彼と『教護院運営要領』を支持する熱心な職員が多かったと思われる。

いずれにしても「教護院打って一丸となって当局を動かす力」（小嶋 1964：13）とまではならず、また、厚生省（当時）がこの件に積極的ではなかったこともあり、彼の、子どもたちに学籍を保障する運動はなかなか法改正には至らず年月が過ぎていった。

そんな彼に転機が訪れたのは一九八五（昭和六〇）年のことであった。養成所出身で大阪弁護士会に所属する弁護士の田中幹夫氏に手紙を送ったのである。[15] そして「翌年一月の正月休み明け早々」（田中 1988：25）に二人は会って話をする。その際、田中が「『日弁連に人権救済の申立をして、人権問題として日弁連から発言させましょうか』とつぶやいた」（同：27）ことをきっかけに、一九九〇年、「平成二年三月『教護院にある児童の教育を受ける権利に関する意見書』を日本弁護士連合会人権擁護委員会に申したて」（小嶋直之 2010：22）ることになった。このとき、小嶋はすでに淡海学園院長退任後、まる二一年が経過していた。彼の院長就任期間、一五年六ヶ月よりも長い時を経ていたことになる。この間のエピソードについては、田中が『非行問題』一九四号に寄せた「はるかなる道のり」を参照していただきたい。

長い時間がかかったが、小嶋の積年の想い——子どもたちに中学校の卒業を認めてほしい、卒業証書を出してやってほしい——という彼の素朴で暖かい気持ち、あるいは「学習指導を充実させたいという気持ち」（岩本 2003：34）は、平成に入ってから〝学習権の保障〟を訴える人権問題として認知されることになったのである。田中が申し立てを行った一九九〇（平成二）年は、奇しくも『非行問題』一九六号に特集「教護院は生き残るか」が組まれた年である。

「準ずる教育」は学習権の侵害に当たる——このスローガンは、「教護院の改革」と法改正の流れとともにクローズアップしていくことになった（表7）。小嶋の「学習指導正当化への長い道」運動は、九七年法改正にて、ようやく第四八条の改正に至ったのである。しかし、岩本曰く——「小嶋の考える教育は、この時すでに学校には残っていなかったのである」（岩本 2003：34）——。

注

（1）教護院時代の教護院の断続勤務とは違うのかもしれないが、現在の児童養護施設における断続勤務は、職員が朝から夜まで働く内、子どもが学校や幼稚園に通っている間を休憩時間とするもの（いわゆる中抜け）である。勤務時間そのものは八時間を越えないが、拘束時間は長くなる方法である。なお、現在の児童養護施設はほとんど社会福祉法人などの民営の施設である。

（2）ちなみに筆者は「生教分離」について、生活の場（寮舎）と学びの場（「学校」）を分ける、という意味で教わったのであるが、筆者のまったくの勘違いなのか、それともそのような用法もあるのか、現在のところ、未確認である。

（3）野田正人らの調査では、一九八二（昭和五七）年からのデータを元に定員と充足率の推移をその特徴により四パターンに分類して考察している——（野田ほか 2004）「非行問題に対応する福祉サービスのあり方に関する調査研究」『厚生労働科学研究（子ども家庭総合研究事業）』。その他、同研究の分担研究者であった平戸ルリ子は、『中国児協 2002』に「児童自立支援施設へのふりかえりと今後の処遇への視点」を発表（平戸ルリ子（二〇〇二）「児童自立支援施設へのふりかえりと今後の処遇への視点」『中国児協 2002』中国地方児童自立支援施設協議会）している。その他、中島円実・佐野政彦（2003）「児童自立支援施設入所の状況と傾向（概要）」『司法福祉学研究』三、才村眞理（2005）「非行問題に対応する児童福祉サービスのあり方に関する調査研究──児童相談所の非行相談における調査結果にもとづく」日本司法福祉学会『司法福祉学研究』五。

（4）他に〝設置義務〟〝必置義務〟などの呼び方もある。根拠法は次のとおり。「都道府県は、法第三十五条第二項の規定により、児童自立支援施設を設置しなければならない」（児童福祉法施行令第三十六条）。

（5）野田正人らの調査（注3）を見ても──これは教護院時代ではなく、児童自立支援施設になってからの調査であるが──「児童相談所が受理した非行関係相談は一貫して減少しており、このことと児童自立支援施設の入所者数のカーブとは似た傾向を示して」（野田ら2004：5）おり、児童自立支援施設の入所状況の変化は、児童相談所の受理した非行相談件数との関連が深いことを示唆している。

（6）子どもは保護されたのち、入所施設が決定するまでの間は一時保護所（通常、児童相談所に併設されている。また、一時保護の委託を受けた他施設で一時保護という場合もある）で過ごす。なお、一時保護所はその名の通り一時的な保護をするための施設なので、子どもは学校に通うなどもできない施設である。

（7）日弁連子どもの権利委員会「少年法『改正』問題に関する各会懇談会（第四回）」にて、会場からの声より。元教護院勤務を名乗る人から「児童相談所は虐待相談が多く、非行相談の専門性が整っておらず、警察に頼っている」（二〇〇五年七月）という発言があったところ、児童相談所の職員を名乗る人から、「（児童相談所への）虞犯通告をされた場合、親が対応しない限りは一四歳以上になって少年院、というのが現状です。《はっきり言って非行の子は野放しです。（少年院に入れるまで年齢が上がって）少年院に取って（保護して）もらうしかない》」（同）の声があった（二〇〇五年七月）。

（8）X氏によると《自治会の人》からの要望で、知事を通じて自治省からの要望として〝義務必置〟を外すよう、強い要望が出ていたということである。歴史を振り返ってみれば、自治省は元内務省である。かつて大正時代には、感化院の全国への普及、つまり施設の〝義務必置〟を施行することと共に地方改良運動を展開し、いわば、国民統制の基礎を築いた内務省が、時を超え、平成の世になって、その〝義務必置〟を解除せよというのだから、歴史は皮肉なものである。

（9）情緒障害児短期治療施設。二〇一七年四月一日より「児童心理治療施設」に名称変更した（二〇一七年三月三一日厚労省通知）。

（10）名称変更については序章の注4を参照。当時の教護院は、入所者数の減少や学校教育を巡り、人権侵害を指摘される（第五節）など、存続の危機にあった。X氏へのインタビューによると、意外なことに教護院の体罰問題（第Ⅳ部第四章参照）は《表だっては問題になってなかった》（二〇一七年八月）ということである。その他、他省・他機関との調整として最高裁判所との調整が語られていた。当時、家庭裁判所が教護院送致を命じても児童相談所側が「措置が適当ではない」としてこれを阻む余地があった――このこともまた、感化院時代から続く〝地方長官の権限〟問題（最高裁側にしてみれば）である――これを必ず送致するようにする、ということといわば引き換えに厚労省側は虐待通告事例の対応（俗に「二八条事例」あるいは「二八条事件」などと呼ぶ）を迅速に処理してもらうよう交渉していた、ということである。当時、一時保護所では家庭裁判所の決定を待つ子どもで常に満杯状態だったためである。

（11）「大学生が適齢年齢人口の一五％をこえるような事態になると、その国の高等教育システムの基本的性格は、エリート型から多数者を対象とするマス型へと変質化する」（マーチン・トロウ著 天野・喜多訳 1976：191）。

（12）「私はこの四年間に栃木県内でざっと三百の学校をまわりましたが、先生方の多くが、わかっていながらどうすることもできないこの現状に苦しんでおられることを知りました。少年たちは就学した瞬間から十数年受験準備の鎖につながれ（中略）ただ大学の校門だけを見つめ、家業を手伝うでもなく、自然に親しむでもなく、個性もなければ友人もない一ヶのロボットです。生き生きした少年達をこんな状態に追い込まなければならない先生たちが、苦しまれるのは当然でしょう」（石原 1965：24）。

（13）北海道家庭学校寮長・藤田俊二の著書『もうひとつの少年期』には次のように書かれている。「この本の題名を［もうひとつの少年期］としたのは、むかし、［少年期］というベストセラーになった本を読んだときの、『いい気なもんだなー』、母子そろっての鼻もちならないエリート意識に苦々しく呆れた記憶がいまもあるからです。大学はおろか高校からも中学からも切り離され、なにもかもが不如意な生活の中で不思議に明るく伸びつづけている少年たちの完成こそ、真に『少年期』と呼ぶにふさわしいと、敢えてこの本の題名としました」（藤田 1979：12）。

（14）日付詳細不明。関東の施設職員を中心に異口同音に語られた。

（15）この手紙のことは、田中幹夫（一九八八）「はるかなる道のり」『非行問題』一九四号の中で書かれている。田中は、文中では「K氏」としているが、筆者は淡海学園の職員から「小嶋先生の本を送ります」と、わざわざこのページに「K→小嶋直太朗」と付箋を貼った同書をいただいたのである（二〇一一年二月）。また、他の複数の元職員からも、この「K氏」は小嶋直太朗のことだということを聴き取っているため、「K氏」＝小嶋直太朗と読み変えることにした。

第Ⅲ部　児童自立支援施設に継承された理念・理論

第一章　理念・理論の変遷

第一節　「言語化」への取り組み

第Ⅱ部で見てきた通り、戦後、キョウゴの職員・関係者は自らの理念・理論、そして実践を「言語化」する必要性に迫られた。戦後の混乱期には統一した〝手引き〟が必要であったし、また、オリジナルの理念・理論を発表する必要――それも〝科学的〟な説明で――が求められていたと考えられる。それと同時に、施設は全国的な〝平均化〟――これは〝規格化〟というよりは、新憲法下の児童福祉施策としての、社会的養護サービスのクオリティを一定基準以上に保つということである。簡単にいうと、A県で保護された子どもはA県内の施設に措置されることになるが、その際、B県とのサービスの差がない方が望ましい、ということである。

もとより、職員・関係者は明治の時代から、自らの実践の「言語化」に取り組んできたのであり、感化院時代の機関誌『感化教育』はいうに及ばず、例えば留岡幸助を初めとして、各施設の職員が自らの施設での取り組みを報告、研究発表を続けてきたのであった。そして戦後、それまでの理念・理論・実践を踏襲して編纂された『教護院運営要領』は、正に満を持して登場した職員の〝手引き書〟であったといえる。以下、元きぬ川学院・戸田森夫の「教護院懐古」から引用する。

昭和二十七年（一九五二年）教護院運営要領が出来て、児童福祉法としての教護院が明示されると共に、教護活動が徐々に研究充実してきました。

運営要領は出来るまで、戦後の混乱期下教護院も夫々暗中模索の状態で、いわば各地各様の教護活動をして混乱し、前述のように昔の単独法の復活を希望する論が院長会議で永らく叫ばれていました。

厚生省は辻村教護官と武蔵野学院石原・伊佐両先生と教護院の指針となるものが必要とて鋭意研究され、先ず、全国教護院から教護活動実例を集め、養成所一期二期卒業生の若い職員も分類整理を手伝う等苦労の末先ず、両先生で技術篇を先にまとめました。従ってあのような時代的名称がつけられたので、後年専門諸先生の顰蹙をかうことがあったように思います。しかし技術篇を本にして取捨選択し、つくりあげられた基礎篇は、正に教護院のバイブルで、この本の後にも前にもこれ以上の教護院運営原典はないと信じています。

〈戸田森夫（1994）『非行問題』二〇〇、pp. 24–25。〉

このような背景もあり、『教護院運営要領』の編纂は進められた。しかも、『教護院運営要領』はそれまでの理念・理論に加えて実践をフィードバックしたものであった。『教護院運営要領』の技術篇の冒頭には、「一、この技術篇は、全国の教護院から提出された教護事例と、これまで教護院において研究されていた教護の事実から抽出して、児童の性行改善の技術を類型的に解説したものである」（厚生省児童局監修　1956）と記されており、これはつまりキョウゴの世界を包括的に捉えた初の「言語化」の成果であったと筆者は考えている。

表１　戦後編さんされた４冊の手引き書

タイトル	発行年	編集・監修
①『教護院運営要領』	1952年	厚生省児童局
②『教護院運営指針　非行からの回復とその方法論』	1969年	全国教護協議会
③『教護院運営ハンドブック　非行克服の理念と実践』	1985年	全国教護院協議会
④『新訂版　児童自立支援施設（旧教護院）運営ハンドブック　非行克服と児童自立の理念・理論』	1999年	全国児童自立支援施設協議会

第二節　キョウゴの〝手引き〟

1．四冊の〝手引き〟

この『教護院運営要領』は現在に至るまで、キョウゴの基本的な考え方の礎になっているといえる。そのことは、『教護院運営要領』以降、現在までに発行されている〝手引き書〟を見れば理解できる。これらの〝手引き書〟はいずれも『教護院運営要領』の内容が継承され続けている。本第Ⅲ部はキョウゴの理念・理論の源流を辿り、整理する部であるが、その道案内役として、まず、この〝手引き書〟の変遷から見ていくこととする。

〝手引き書〟は、戦後間もなく編纂された『教護院運営要領』から現在に至るまで、全部で四冊編纂されている。表1は、その四冊の〝手引き書〟を年代の古い順に並べ、任意に①〜④の番号を付けたものである。なお、序章でも述べた通り、これらの〝手引き書〟のタイトルは、①『教護院運営要領』、②『教護院運営指針』、③旧HB、④新HBと簡略表記することとする。なお、④新HBのタイトルは、表に転記した通りであり、「(旧教護院)」という部分は筆者が付け加えたのではなく、もともとこのようなタイトルである(これまでの研究発表において、誤解を受けたことがあったため、念のため、書き添える)。

2．新旧ハンドブック

新ハンドブック

表２　新旧 HB の章立ての比較

章立て	旧 HB	新 HB
序　章	戦後における少年非行の動向	戦後少年非行の動向
第１章	教護	子どもの自立支援の理念
第２章	教護の展開	子どもの自立支援の展開
第３章	寮舎	寮舎
第４章	教護職員	職員
第５章	教護院の問題点と課題	児童自立支援施設の問題点と課題

①『教護院運営要領』はどの程度、今日にその内容が継承されているのか、または職員の間で重要視されているのか、現在使用されている手引きである④新ＨＢから見てみることとする。

まず、④新ＨＢは、基本的には教護院時代の③旧ＨＢを引き継いだ内容となっている。この二冊の違いを簡単にいえば、まず九七年法改正で盛り込まれた「自立支援」に伴う変更と、今日的な問題に対応する内容が追加されたことである。例えば新ＨＢには「年長児指導」（「高齢児」「中卒児」と呼ばれる子どもを対象とした指導）や、アフターケア、懲戒について、虐待について等が盛り込まれている。一方、削除されたものとして、③旧ＨＢ「生活教育」の項目には具体的な日記指導の例が掲載されていたが、④新ＨＢではそれがなくなっている、等である。

また④新ＨＢの巻末には索引がついており、これによって④新ＨＢの活用性が大きく広がったと考えられる。筆者はまた、④新ＨＢの編纂に関わった元職員から話を聴く機会を得たが、④新ＨＢで新たに盛り込まれた内容は、いずれも実践の「言語化」の賜であり、③旧ＨＢの改訂（という認識でおられた）は大変な苦労だったということであった。

つまり、④新ＨＢはまったく新たな〝手引き書〟ではなく、③旧ＨＢの改訂版という位置づけであったということである。それはいうなれば、いみじくもタイトルが指し示している通り、児童自立支援施設の〝手引き書〟というよりは、「旧教護院」の〝手引き書〟という感覚であったのだろう。序章で述べた通り、児童自立支援施設になってから約一〇年くらいはこのような感覚の職員が多かったと思われる。筆者が児童自立支援施設でのフィールドワークをキョウゴの世界に含めたのはこのためである。

当時の職員の感覚としては、施設の名称が教護院から児童自立支援施設へ変更したが（内容は何ら変わらない）というもの（第Ⅳ部第七章）だったと考えられる（序章・第Ⅳ部第七章）。このことは、③旧ＨＢと④新ＨＢを比べてみればよく判る。例えば表2は、新旧ＨＢの章立てを並べたものであるが、これを見ると、単に「教護」という文言を「自立支援」へ変更しただけである。そして何よりも、④新ＨＢには、「従来の『教護』の語は『子どもの自立支援』という言葉に変わった」（「子どもの自立支援の意義」より全国児童自立支援施設協議会編著 1999：28）と書かれている。

以下、④新ＨＢの〈凡例〉より、引用・転記する。

平成九年の児童福祉法の改正により、「教護院」は「児童自立支援施設」と改称され、職名の「教護」は「児童自立支援専門員」、「教母」は「児童生活支援員」となり、子どもを「教護する」は子どもの「自立を支援する」という語を使うことになり、本書ではそれに沿い編集した。しかし、児童福祉法改正前については、そのときの法に沿った語を使用した。

〈全国児童自立支援施設協議会編著（1999）『新訂版　児童自立支援施設（旧教護院）運営ハンドブック　非行克服と児童自立の理念・理論』三学出版、p. v。〉

このように、④新ＨＢでは、「教護」と「自立支援」は用語の読み替えであるという立場を取っている。なお、「自立支援」の意義については、「教護」の意義を基礎に次のように説明している（文中「図1―1」は〝図1〟として転載した）。

図１　子どもの自立支援の図

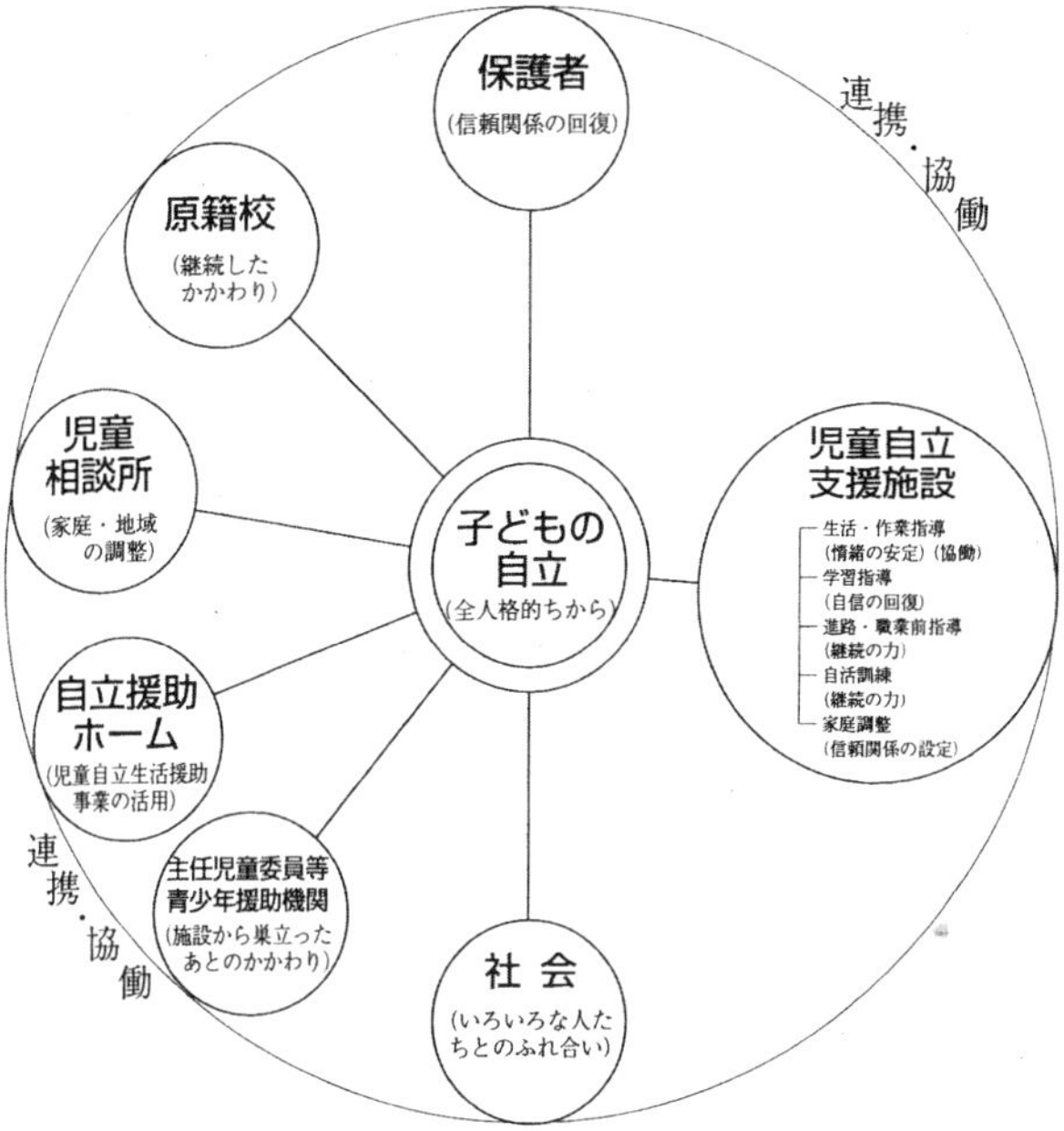

全国児童自立支援施設協議会編著（1999）『新訂版　児童自立支援施設（旧教護院）運営ハンドブック　非行克服と児童自立の理念・理論』三学出版、p.29。

平成一〇（一九九八）年四月より、従来の「教護」の語は『子どもの自立支援』という言葉に変わった。このことから、この『子どもの自立支援』の意義を、『教護』の意義を基礎にしながら、以下に明らかにしたい。

児童自立支援施設の子どもたちが自立していくためには、子どもたちを取りまく大人たちのかかわりが最も大切である。この視点に立って、「子どもの自立支援」の意義を右の図１―１（図１）からとらえてみる。

〈全国児童自立支援施設協議会編著（1999）『新訂版　児童自立支援施設（旧教護院）運営ハンドブック　非行克服と児童自立の理念・理論』三学出版、p.28。〉

平戸ルリ子は④新ＨＢについて「『指導』という言葉が前面に出てきており、常に何かを教えなければならない、させなければならないといった職員の考え方を、いまだにどこかで引きずっているような内容が見られる」（平戸 2000：15）と、児童自立支援施設になってもなお、教護院での実践が引き継がれている、ということを指摘している。

旧ハンドブック

前項目では、④新ＨＢが③旧ＨＢの改訂版であるということを述べてきた。では、③旧ＨＢはどのような〝手引き書〟であったか。端的にいうと、③旧ＨＢは、①『教護院運営要領』と②『教護院運営指針』、特に①『教護院運営要領』を土台に編纂されたものであると考えられる。例えば、国立武蔵野学院・阿部惠一郎は、③旧ＨＢについて、「教護理念の変遷として、留岡幸助、菊池俊諦、青木延春や『教護院運営要領』『教護院運営指針』に述べられている理念を紹介して、独自の理念はない」（阿部 1997：117）と評している。

本節では①『教護院運営要領』、②『教護院運営指針』について、イントロダクションとして〝手引き〟としての概要を述べ、次節以降詳細を追っていくこととする。

3. キョウゴのバイブル『教護院運営要領』

①『教護院運営要領』は、先にも述べた通り、戦後初の全国共通の手引き書として厚生省児童局監修として発行されたものであり、一九五二年に『基本編』が、一九五六年に『技術編』が発行されている（以降、①『基本編』、①『技術編』と表記、引用においてもこれを使用）。①『教護院運営要領』はまた、厚生省児童局発行でありながら、「国の刊行物としては異例ともいうべき」（④新ＨＢ：16）もので、いわゆる官僚的なトップダウン方式の〝手引き〟ではないという特徴を持つ。

これを手がけたのは、当時、国立武蔵野学院教官であった石原登（後にきぬ川学院初代院長）と同学院の医官であった伊佐喜久雄とされている。④新HBによると、当時、厚生省児童局の児童福祉官、辻村泰男が「石原、伊佐を深く信頼し、尊敬していたので、この教護院運営要領の内容についてはすべてを託していた。このことから、この教護院運営要領は戦後折にふれて石原と伊佐が討議した合作である」（全国児童自立支援施設協議会編著 1999：16）ということである。なお、石原は「足の裏の哲学」で名高く[1]、彼の理念や精神は、通称「カバイズム」[2]として今でも教護院関係者の間に受け入れられている人物である。

①『教護院運営要領』は、現在の児童自立支援施設になった後でも――その後に、②『教護院運営指針』、③旧HB、④新HBと発行されているにもかかわらず――職員の間で読み継がれる〝手引き書〟である。特に教護院時代からの職員に信頼されており、『非行問題』誌上等にも度々取り上げられている。例えば、「正に教護院のバイブルで、この本の後にも前にもこれ以上の教護院運営要領はないと信じています」（戸田 1994：25）、「これを超えることは誰にもできないのではないか」（大谷 1988：16）などである[3]。

①『教護院運営要領』は、また、石原の著書である『十代の危機』と重複する部分が多く、この二冊は養成所の講義においてなお使用されている[4]〝手引き書〟である。

4．馴染まなかった『教護院運営指針』

②『教護院運営指針』を手がけたのは、当時滋賀県立淡海学園長・小嶋直太郎であった。彼は当時の文部省の学校教育を積極的に教護院に取り入れるなど、時代に即した「教護学」を樹立しようとした人物である。

②『教護院運営指針』は、基本的には①『教護院運営要領』の改訂版という位置づけであった（後述）が、使用している用語には変化が見られる。例えば①『教護院運営要領』における「生活指導」「学科指導」「職業指導」の「指導の三本柱」は、②『教護院運営指針』では、「学ぶ教育」「働く教育」「暮らしの教育」の「三つの教育」と、「指導」が「教育」という文言に改められている。

ところが、この後発行された③旧ＨＢでは再び「生活指導」「学習指導」「作業指導」と、「教育」が「指導」に戻っている。ちなみに、現在の〝手引き〟である④新ＨＢでは、「生活指導（暮らしの教育）」「学習指導（学ぶ教育）」「作業指導（働く教育）」という折衷表記となっている。(5)

また、②『教護院運営指針』には、「教育」ということばだけでなく、「治療」、そして「治療教育」ということばも使用された。この「治療」は「厳密な意味の医学的・心理学的なものに限るのではなく、それらを含んで非行を治すためのあらゆる営みを意味」（③新ＨＢ、全国児童自立支援施設協議会編著 1999：23）するということである。それはつまり、②『教護院運営指針』の「治療」とは、医療行為としての「治療」ではないが、子どもの非行が「治る」ということを指し示す、いわば〝治療的〟な行為ということであろうか。職員・関係者からはよく、子どもが〝よくなる〟ということが聞かれるが、この〝よくなる〟ことを「治る」と捉える、ということであろうか。

このことは、また各項目で詳しく見ていくが、②『教護院運営指針』が発行された時代には、「非行」を疾患、あるいは症状として捉える傾向があったといえる。(6)機関誌『非行問題』は、それ以前は『教護』という誌名であったが、一九六六年に『非行問題』となり、表紙もロールシャッハ・テストを連想させるデザインに変っている（図２）——(7)この時代はまた教護及び教護院に〝近代化〟ということがいわれる時代であった（なお、編集発行を行っている全国教護協議会は一九七三年一六八号から全国教護院協議会へ、表紙は翌年一七〇号から現在のデザインになっている、図３）——。

一九八一年発行の『非行問題』一八三号では、前編集事務局長である廣渡修が「教護院運営『要領』及び『指針』のアンケートの結果」と題してこの二冊がどれだけ現場の職員に参考にされているか等、調査を行っている。

その調査によると、①『教護院運営要領』については、夫婦制を対象に書かれている、労働条件や寮長を主、寮母を従とする考えが男女平等の現代とは合わない、等の批判はあるが、支持する層も厚く、また、読んだことがある者についてはその八割が運営や教育の参考にしているという結果が出ている。

一方、②『教護院運営指針』は①『教護院運営要領』よりも知られていないし読まれていないという結果である。

図2

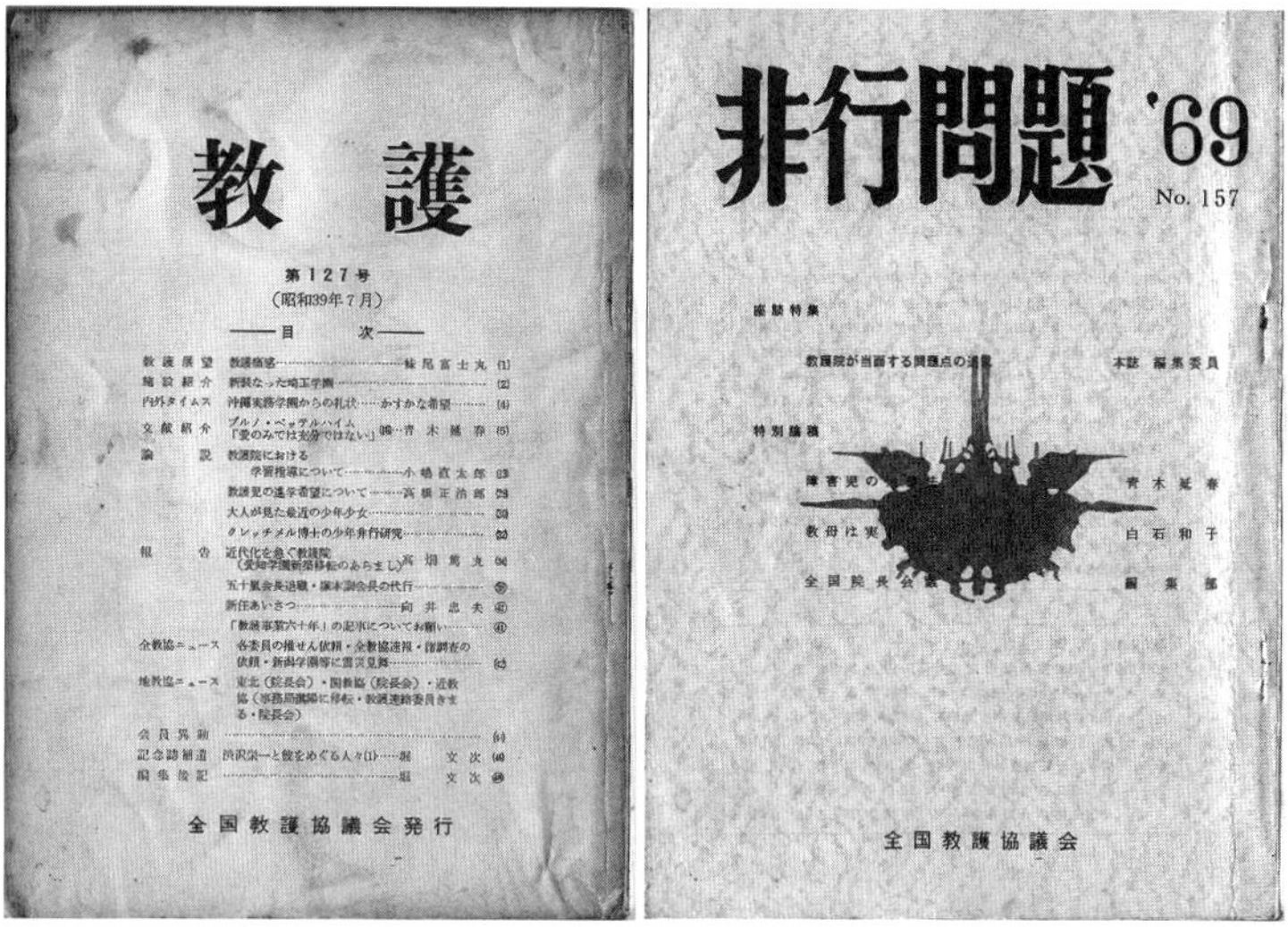

左：全国教護協議会（1964）『教護』127。
右：全国教護協議会（1969）『非行問題』157。

図3

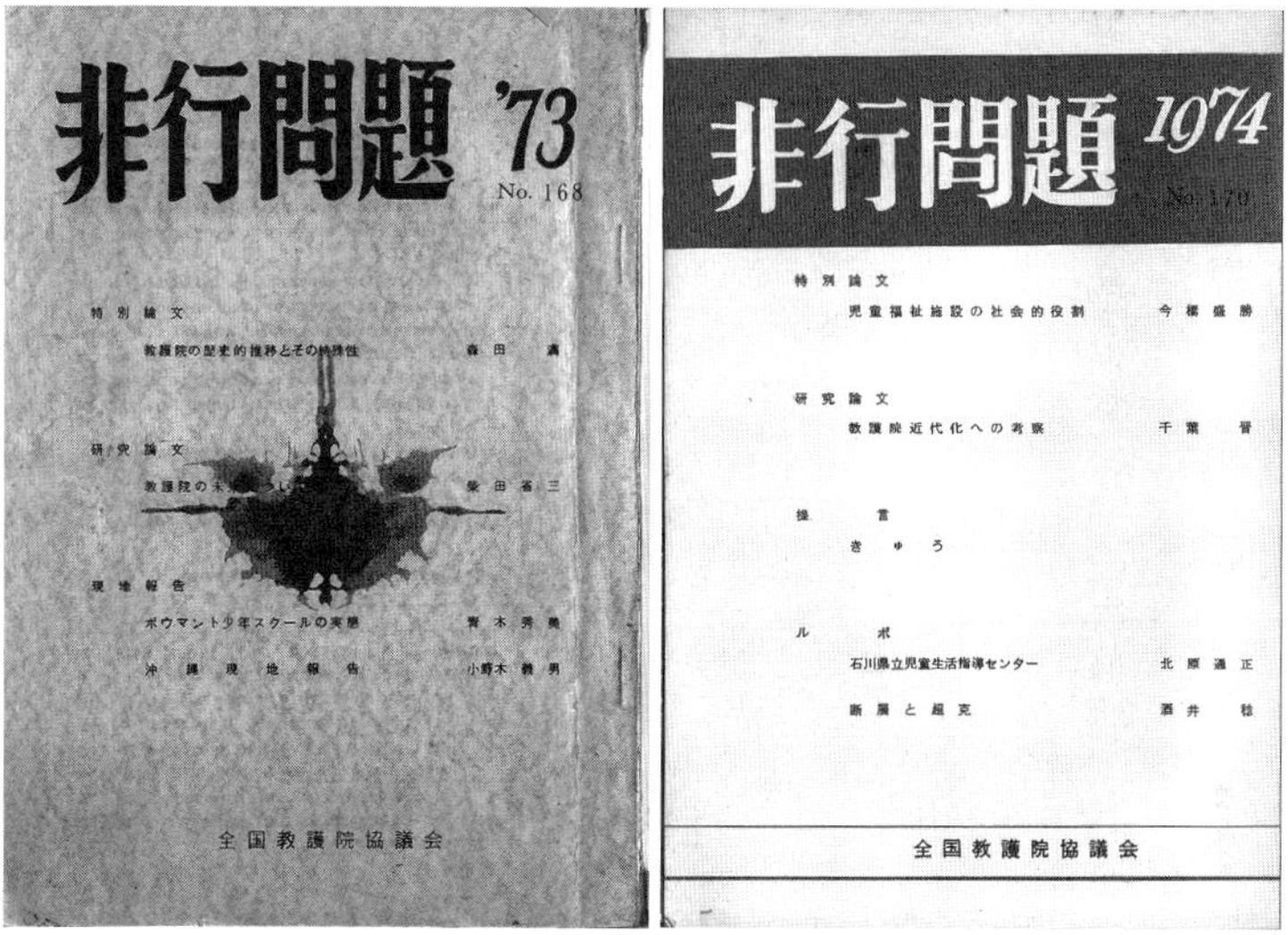

左：全国教護院協議会（1973）『非行問題』168。
右：全国教護院協議会（1974）『非行問題』170。

また、アンケート問12は②『教護院運営指針』についての意見や感想等、自由回答になっているが、その中には「『教護学』の表現は疑問」（廣渡 1981：94）や「学者でもない教護が『教護学』などを打ち立てる必要はないように思う、むしろ実際面での意味づけこそ必要であろう」（同）など、「教護学」への抵抗意見が寄せられている。また、「『指針』はこの程度でかまわないから、早く『新要領』を作ってほしいと思う」（同：95）という意見も見られた。

元埼玉学園・小林英義は、②『教護院運営指針』について、「小嶋の思い入れに比べると教護界では大きな反響もなく、小嶋の希望である『運営要領の改訂版』には至らなかった」（小林 2006：57）としている。

おそらく、当時のキョウゴの世界では、教護院の営みを「教育」と表現してしまうことへの抵抗があったと考えられる。それとともに第Ⅱ部第三章で書いた通り、②『教護院運営指針』を手がけたのが、当時、学校教育導入を訴え続けていた小嶋直太朗であったことも、②『教護院運営指針』が〝手引き書〟として浸透しにくかったことの要因の一つではないかと考えられる。このことは、また後に触れる。

第三節　理念・理論の中心

1．『教護院運営要領』が節目

以上、戦後発行された四冊の〝手引き〟を手がかりに、キョウゴにおける理念・理論の核となる部分について考えてきた。年代の新しいものから遡ると、④新HBは③旧HBの改訂版であり、③旧HBは②『教護院運営指針』というよりも①『教護院運営要領』の改訂版という位置づけであったと考えられる。

②『教護院運営指針』は当初、「『運営要領』の改訂のスタートだったはず」（『非行問題』編集部 1980a：10）が、「会員の意見・感想等の反応がないばかりか、全教協が何ら取り組みをしていない」（同）状態であり、結果的には

先に述べた通り「『運営要領の改訂版』には至らなかった」（小林 2006：57）という評価であった(8)。つまり、③旧HBが①『教護院運営要領』の改訂版とみなされ、更にそれを改訂したものが④新HBであると考えられる。

以上のことから、キョウゴの理念・理論研究を行う上で、①『教護院運営要領』を一つの節目として捉えることは妥当であろう。仮に①『教護院運営要領』が「基本」とするならば、それ以前は「古典」、それ以降は「モダン」といえよう。

留岡幸助を代表とする理念・理論、そして感化院時代からの実践の蓄積が戦後、①『教護院運営要領』として「言語化」され、ことばを得た理念・理論はより意識的に実践されることになる。新旧二冊のHBは①『教護院運営要領』に現代的な解釈を加えた〝実践上の手引き書〟という意味合いの濃い〝手引き〟であり、②『教護院運営指針』はどちらかというと理念・理論を精査することに重きを置いた性質のものだったのではないだろうか。それはつまり、キョウゴの基本的な理念・理論は①『教護院運営要領』にある（若しくはそれが受け入れられている）のであり、いみじくも新HBが「基本教護理論として継承され、教科書としても広く読まれ研究の対象とされてきた」（新HB：19）とした通り、職員のバイブルとされてきた所以なのであろう。

2．基礎理論とされた『教護院運営要領』

先に筆者は①『教護院運営要領』以前が「古典」だと述べたが、それを仮に料理に例えると、①『教護院運営要領』は、いわゆる「さ・し・す・せ・そ」の基礎調味料が出揃った時代といえるのではないだろうか。①『教護院運営要領』に書かれている理念・理論を基礎調味料とすると、その匙加減は各施設、あるいは各寮舎、または各職員に委ねられることになる。「本らい一人格であるべき教護院だが現実は寮舎の数だけ、いや、職員の数だけ異なる考えを持っている」（小野木 1990：30）ということは、いうなればこのようなことと筆者は捉えている。そしてそれら、各施設、各寮舎、各職員単位で味つけされ、実践された内容を再び「基礎理論」にフィードバックする――しかも実践は日々パラレルに行われているのである――ことは、実は極めて困難なことであり、①『教護院運営要領』の「改訂」は容易ではなかったと考えられる。

その一方で①『教護院運営要領』の「改訂」が進まなかったのは、そもそも①『教護院運営要領』には「改訂」の必要が認められなかった、ということも考えられる。実際に、「なぜ『教護院運営要領』があるのに『教護院運営指針』ができたのかわからない」と語る職員もいた。

また、基本だけ抑えてある〝手引き〟は特に全国施設の設置主体が異なる児童自立支援施設（及びかつての教護院）ではアレンジがしやすく受け入れられやすかったと考えられる。というのも、例えば全国のすべての施設が法務省直轄で運営される少年院と比較して、児童自立支援施設（及びかつての教護院）の主たる設置主体は各都道府県であり、各施設はそれぞれの設置主体の事情に添った実践が行われている（そうならざるを得ない）のである。

しかもその実践は、「建物も教護する」（第六章）というように、ソフトの面ばかりではなく、ハードの面にも重きを置くもので、例えば寮舎の運営形態など、時に施設の意向よりも設置主体の意向が優先される場合もある（序章）。このような条件下では、基本的な理念・理論で構成されており、実践にある程度の自由度のある〝手引き〟が、使いやすかったと考えられる。

3.『教護院運営要領』と「古典」の関係

キョウゴの世界では、〝手引き〟と併行して、「ウイズの精神」「指導の三本柱」「三能主義」「足の裏の哲学」など、多くの用語・隠語が生まれ、伝承され、そしてその過程でそれらの用語・隠語もまた、変化が加えられていったと考えられる。例えるなら、「さ・し・す・せ・そ」の「せ」は何であったか、あるいは「そ」はソースだろう、など、職員によっては根拠の不確かなものや新たな解釈が加わったものもあったと考えられる（ちなみに「せ」は醤油、「そ」は味噌である）。職員らによる各種研究会などでは必ずといっていいほど、各々の職員の「教護理論」を摺り合わせる作業が必要になってくる（後述、一二章）のであるが、それは、各自の匙加減や味付けがちがう上、理念・理論あるいは技術が、こうした用語・陰語によって伝えられたためであろう。そこで本章ではまず、それらの理念・理論・あるいは実践、あるいは用語のルーツを辿ることにしたのである。

先に筆者は①『教護院運営要領』が理念・理論及び実践を包括的に捉えた初めての「言語化」されたものだと述べた。しかし、①『教護院運営要領』が基礎調味料だとすると、「古典」の代表である留岡幸助は、いうなれば醤油の元となった径山寺味噌を日本に持ち帰ったと伝えられる禅僧ではないだろうか。留岡はペスタロッチーやルソーに学び、また、米英視察に出たが、彼はそれらから得た内容をそのまま彼の創設した感化院・家庭学校に取り入れることなく、時には批判的な目を持って家庭学校の青写真を描き、実践していった（第二章〜第四章）のである。そして径山寺味噌を運搬する途中で偶然分離されたたまりは、その後日本独自の醤油に発展し、以降、径山寺味噌ではなく醤油を生産するようになっていったが、しかし、たまりはたまりで醤油とはまた別に、たまり醤油として現代に受け継がれているように、①『教護院運営要領』と「古典」とは、そのような関係にあると考えられる。つまり、キョウゴの理念・理論の先行研究として①『教護院運営要領』に絞って文献研究を行うのでは不十分であり「古典」を網羅することは重要であると考えるのである。

4．キョウゴの理想、北海道家庭学校

①『教護院運営要領』は感化院時代からの理念・及び実践論がひとまずの「言語化」をみた〝手引き〟であり、また職員にも受け入れられた書物である。『教護院運営要領』が活字となったバイブルならば、留岡幸助の創設した北海道家庭学校は、正に聖地そのものであり、生きた実践の〝手本〟であるといえる。

しかし不思議なことに、『教護院運営要領』には、留岡幸助を始め特定の人物や特定の施設の実践が紹介されているという項目はない（なお、現在の新ＨＢや旧ＨＢには留岡幸助の理念や北海道家庭学校等の個別の理念や実践が紹介され

ている。これは、旧HBが全国教護院協議会編、新HBも全国児童自立支援施設協議会編と、いずれも職員団体によるものであったのに対して、『教護院運営要領』が厚生省児童局の刊行物であったことが関係しているのであろうか)。

教護院は留岡幸助の創設した北海道家庭学校と有馬四郎助の創設した横浜家庭学園を除いてすべて公立の施設であり、また、新たに私立（社会福祉法人など）が教護院を設置することは法的に認められなくなっていたので、この二施設は例外的に認められた私立の教護院であった。特に、大規模な敷地や農場を所有する北海道家庭学校は、「あそこは別格」といわれる通り、職員の憧れともいえる、いわば理想の施設として職員の間で評価された施設である。そこでの営みは、各施設がすぐに取り入れられるような類のものではなく、先に書いたような〝手本〟とは実はいいが、たいものである。北海道家庭学校で実習や見学を行った職員の語りを要約すると、「あそこは別格」、あるいは「規模が違い過ぎて参考にならない」ということばで語られるのであるが、そのときの職員の顔は、目を細め、口角の上がった情景の表情や、瞳が開き、高潮した興奮の表情や、あるいは神妙な面持ちや感服した、というような敬服の表情などで語られたものである。

つまり、留岡幸助の理念と北海道家庭学校に培われた実践は、キョウゴの基本的な理念・理論として、理想として、あるいは原点として職員の内に位置づけられていると考えられる。理念・理論研究を行う上で、『教護院運営要領』が一つの節目である一方、留岡幸助の理念・理論及び北海道家庭学校の実践もまた、大きな塊として捉える必要があろう。

以上のことから、本章では、キョウゴにおける主たる理念・理論について、まずは感化院時代の留岡幸助の文献を中心に時系列に沿って戦後の四冊の〝手引き書〟までを辿っていくこととする。

最後に、これ以降、四冊の〝手引き〟について、それぞれ『要領』(『基本編』及び『技術編』)、『指針』、『旧HB』、『新HB』と表記することとする、また、文中の引用においても同一表記とする。

注

（1）「足の裏の哲学」：新ＨＢ p. 17 によると、石原が菊池寛賞を受賞した際、石原の友人である山本有三が、「彼は足の裏の皮のように目立たない存在であるが……」とあいさつしたものが「足の裏の皮」になり、やがて「足の裏の哲学」といわれるようになった。この哲学は石原の「諦めの哲学」を基調にし、児童自立支援施設に至る施設で働く職員の生き方、姿勢を裏打ちするものとして息づいてきた、としている。この「足の裏の哲学」は「暗渠の精神」（第四章第四節）とともに、黙って仕事に打ち込む、というような職員の姿を象徴するものであり、そのような姿は〝美徳〟とされてきたと考えられる。しかし近年はこのような〝美徳〟について、「とにかく、この情報化社会において、教護院のものいわぬ体質は大きなマイナスに相違ありません」（原田 1990：94）として、「しかし両先生とも、いうべき時には大胆に発言され、書物を著しては社会に向かって教護院をデモンストレートされてきたことは忘れてはならぬと思います」（同）というような意見も出ている。

（2）「カバイズム」：新ＨＢ p. 17 によると、石原が菊池寛賞を受賞した際、石原の友人である山本有三が、「彼は足の裏の皮のように目立たない存在であるが、非行少年の愛護、指導に新方式を打ち樹てた人である。今日これはカバイズムと呼ばれて全国の教護院で採用されている」とあいさつした、としている。戸田森夫は『石原登先生の思い出』に、「先生は常日頃から『カバ』を自称されておりました」（『石原登先生の思い出』編さん委員会 1986：7）と書いている。機関誌『非行問題』には石原の「『カバ』雑言」をシリーズで掲載し、「石原哲学の平易な表現と相俟って多くの会員に好んで読まれ」（杉谷 1994：18）たという。

（3）筆者の大谷嘉行は第六代国立武蔵野学院長（任期一九八三年〜一九八八年）である（元職員及び『武蔵野学院五十年誌』で確認した）。

（4）一六年度卒業生から聞き取った。

（5）①『教護院運営要領』の「職業指導」が③旧ＨＢにおいて「作業指導」になっていることは、関係者の間でも議論が分かれるようである。今回は詳しく検証できなかったため、今後の課題としたい。

（6）第二章でも触れたが、機関誌『教護』は、杉谷秀樹（一九九四）「教護事業の変遷映して二百号」『非行問題』二〇〇号、及び杉谷秀樹「全教協機関誌小史」『非行問題』一八〇号によると、当初、関東教護連盟（現在の関東児童自立支援施設協議会）の機関誌であった。戦後の物資乏しい中、萩山実務学校の初代校長・島田正蔵が「独力を以て自らその刊行の任に」（杉谷 1994：9）当たったものであり、印刷も萩山実務学校で行っていた。その後「第二十八号から、その性格を改めて全国誌に格上げ」（杉谷 1994：9）し、その後一四七号で編集長が国児学園・内山太郎に移った際（編集長は萩山実務学校・島田正蔵→萩山実務学校・堀文次→国児学園・内山太郎と変遷）、『非行問題』と改題された。しかし、この改題について、関東教護協議会の了解のない状態のまま発行されてしまったため、「萩山実務学校は改題後の二号を全部まとめて送り返し」（一四九号「後記」）同施設が全国教護連盟を一時脱退するという事態に及んだ。関東教護協議会の行ったアンケートによると、改題反対の方が多かったということである。詳しくは、先の島田の文献の他、全国教護協議会（一九六七）『非行問題』一四九号の「全教協ニュース」及び「後記」を参照のこと。

（7）この表紙について杉谷は「表紙のロールシャッハに似たインクブロットが、やゝ奇抜な感じも致しますが、いかなる困難にも挫けることなく、目的とする非行問題解明の高嶺に向けて飛躍する丹頂の鶴が、その形態から想像できます。非常にシンボリックです」（杉谷 1994：20）と感想を述べている。

（8）筆者の聴き取りにおいても、①『教護院運営要領』（あるいはそれを手がけた石原登）が今でもバイブルだという内容の発言をする職員・関係者は多くあったが、②『教護院運営指針』については辛辣な意見が多いという印象であった。しかしそれは、主として関東圏の職員・関係者からの語りであることが影響していると考えられる（石原登は国立きぬ川学院長（関東）であったが、②『教護院運営指針』は滋賀県立淡海学園長・小嶋直太朗がチーフライターであった）。聴き取りによると、このころ、昭和四〇年代の始めには「関東（関教協、関東教護院協議会）と関西（近教協、近畿教護院協議会）の間で軋轢があった」（カ学園職員等）ということである。また、小嶋が、いわゆる「公教育導入」に向けて尽力し、日弁連に意見書を出したこと（第Ⅱ部第三章）について批判的な態度を示した職員は少なくなかった。また、彼が「小学校教員」（小嶋 2010：22）であった影響も考えられる。筆者の率直な印象では、キョウゴの世界の人たちは、例えば菊池俊諦などの偉人であっても元学校教員である人物は評価が低い印象がある。評価が低いというのは少し語弊があって、例えば、〝ああ○○先生、あの人は学校の先生だったんだよね〟というように、（自分たちとは違う）という感じで、少し区別する感覚で語られることが多いのであった。

第二章　施設内処遇と開放処遇――留岡幸助と家庭学校1

第一節　留岡幸助と家庭学校

留岡幸助（一八六四～一九三四）による家庭学校[1]の創設と、その実践は、その後の感化教育に多大なる影響を与えたことは第Ⅱ部第一章に記した通りである。留岡の理念及び実践理論は、現在の児童自立支援施設に至る基本となっているといわれる。例えば新ＨＢには、「理念の変遷」、「児童自立支援事業の沿革」、「職員と専門性」、「職員の専門教育」など、主要な項目では必ず留岡について紹介している。

施設を施錠することなく開放的な暮らしを行う「開放処遇」を初めとして、「小舎夫婦制」や「三能主義」など、施設の環境からしくみ、プログラムに至るまで、彼の理念と実践論は現在に受け継がれているところである。本章では、留岡幸助と彼の創設した私立感化院・家庭学校について、文献研究を行うものである。

第二節　出てはいけない、しかし閉じ込めない

児童自立支援施設は第一種施設であり、現在も「入所」を基本とした施設である。一九九七年児童福祉法改正、翌

一九九八年施行（以降、九七年法改正とする）において通所利用も可能になったが、二〇〇九年発行の『全国児童自立支援施設運営実態調査』によると「通所指導」を行っている施設はわずかに六施設である（全国児童自立支援施設協議会 2009：54）。内、通所のみ行っている施設は一ヶ所のみであり、他の五施設はいずれも入所を基本とした施設である。

つまり、現在の児童自立支援施設は法的には施設の通所利用が明記されたが、基本的には入所型という形態を取っているといえる。そして児童自立支援施設の「入所型」とは、単なる入所利用というだけでなく、施設内で二四時間を過ごす「施設内処遇」のことを指す。各施設の入所のしおり等には、入所後は施設内の寮舎で生活を行い、入所後しばらくは電話や面会の制限があること、また、職員に無断で外出できないことなどが書かれていることが多い。学校も例外ではなく、例えば児童養護施設のように施設外への小・中学校へ通学することはできない(2)。

しかし一方で、少年院のように門やドアに鍵がかかっていないというのも特徴の一つである。これは「開放処遇」といって、ほとんどの施設は夜間でも寮舎に鍵をかけていない(3)。正門についてはもともと門扉がついていないところが多く、門柱だけが両脇に立っているという風景は、児童自立支援施設を象徴する光景であろう。次頁の写真は留岡の著書、一九二四年に発行された『自然と児童の教養』より転載した当時の家庭学校（北海道分校）の入り口の様子であるが、北海道家庭学校のエントランスは今でも門扉がなく門柱が立っているだけである。

このように門扉のない施設は多く存在する、筆者が行った二〇〇六年度の調査においても門柱も門扉もない、門柱はあるが門扉はない、門扉は開いたままである、（夜間などで）門扉は閉めるが施錠はしないといった回答が全体の七六％であった（報告書 p. 57）。同質問において「門扉は開いたままである」と回答していたある施設を訪問したところ、回答の通り門扉は開いたままであり、しかも――おそらく一度も閉じられたことがないのであろう――その状態のまま錆び付いて朽ちていた、という状態であった。

中には寮舎や門扉の施錠をする、と回答した施設もあったが、それは子どもの飛び出し予防ではなく、安全確保の

留岡幸助（1924）『自然と児童の教養』警醒社書店。

ために施錠している、という但し書きがしてあるなど、実質的に〝閉じ込める〟ための施錠はないと考えられた。

なお、一九五〇年の児童福祉法改正により、一部の施設では強制措置をとることができるようになったが、これは国立武蔵野学院等での一時的な措置であり、極めて限定された場面での使用ということである（第六章）。

このように、施設の外に出てはいけないという「施設内処遇」と、子どもが出ようと思えばいつでも出られる「開放処遇」という、この一見相反する処遇が混在しているところに児童自立支援施設に至るこの施設の特徴がよく出ているといえる。

次の詩は、元成徳学校・金光洋一郎の「門」から転載(4)した。キョウゴの世界の「施設内処遇」でありながら「開放処遇」であるという特徴がよく表されているため、次に引用・転記する。なお、文中の〝丘〟は岡山県立成徳学校の愛称、〝少年の丘〟のことであり、職員は今でも〝丘〟という表現を使う(5)。

◇門

丘には
垣はないが門はある。
門はあるが扉はない。
コンクートの二本の柱。
近くにさくらとぐみがある。

最初にここをはいる子は、
きっとだれかに連れられて来る。
目をしばたたく母か
口をゆがめた父か
まゆをかしめた遠縁の叔父など……
あるいはのんきそうな孤独さで
もの慣れた児童相談所員と……
その時、門に扉はない。
何気なくはいって、長い坂を
ゆっくりゆっくりのぼりだす。

父母が、あるいはその他の同伴者が
背を向けて坂を帰っていくとき
門柱は急にはっきりする。
そしてさびさびと門の向うへ消えたとき
門には見えない扉がたつ。
鉄のように黒く高く――。
無断外出は禁ぜられる。

子どもはしきりに門を見る。
扉が消えたり見えたりする。
柱がせばまったりひろがったりする。
ある子はいく日もたしかめる。
扉はない。扉はない。

ある子は初手からまっしぐら
見えない扉を突き破る。
扉ととっ組むある月日……。

だがお使いに出されるとき
あるいはみんなで映画や遠足に行くとき
なんという抵抗のない門であろう。
ただひょっこりと立っている。
コンクリートの二本の柱。

あるいはぐみの実をかみに
向うの三さ路のどんぐりひろいに
出るほどでなく出るときの
門柱のしずかさあたたかさ――
どんぐりのよろいをこすりおとし
ぐみの汁をなすりつけ
夕映えが遠い墓山を浮べると
子らは自分で扉をとざす。
おそらくは自然木の
不器用で低い柵のようなやつを――

やがて明るいある朝に
子どもは堂々と輝く門柱を見る。
その透明な扉は外へ向って開き
新しい世界への入口となっている。
その扉は向うから
あたたかいあまたの手によって
大きくいっぱいに開きに開く。

しかしまた、ある子は外から帰ってきて
古い邸のがんじょうな厚板の扉を見る。
かんぬきがかかっているかもしれない。
ほとほとと、ためらいながらたたいてみ
る。
後悔と絶望と
再び暗まって見えだした世間とを
小さい影に曳きずりながら――

丘には
垣はないが門はある。
門はあるが扉はない。
コンクリートの二本の柱。
近くにさくらとぐみがある。

金光洋一郎（1971）「少年の丘」『非行問題』166。
なお、転載にあたり、同著者（1979）『少年の丘とこどもたち』三省堂、を参考に段落を二段表示とした。

第三節　分離するが孤立しない施設

1. 近代化する社会の犠牲者

近年、施設はしばしば「施設内処遇」（入所型）であるということが批判されている。しかし、「施設内処遇」は決して子どもを閉じ込めるために考えられたしくみではない。留岡は第Ⅱ部第一章でも述べた通り、現在でいうところの非行少年と呼ばれる子ども（当時は「悪少年」「不良少年」「遺棄児童」などと呼ばれていた）の背景に着目し、彼らが劣悪な養育環境にある被害者であること、依ってこの環境から子どもたちを遠ざけて、自然の豊かな環境に置くことが重要であるとした。

彼のこのような考えの中には、子どもたちは近代化する社会の犠牲者であるという視点があった(6)。留岡は『自然と兒童の教養』において、新聞に掲載された「都市《とし》の子供達に運動場を與へよ」という記事を長々と引用し、「都會生活が兒童《じどう》の撥達に何一つ便宜《べんぎ》を興へず、凡ての仕掛が兒童《じどう》を束縛《そくばく》すること」（留岡 1924：74）、「物質的の都會《とくわい》は兒童の心身に大害《だいがく》のあること」（同）、「都會生活は概《がい》して子供本位《ほんゐ》ではなく大人本意なる」（同：76）ことなどを述べて、子どもたちにとっては自然の豊かな環境が必要であると論じているのである。

なお、留岡のいうところの自然の豊かな環境について、留岡清男（幸助の四男であり、北海道家庭学校第四代校長を務めた）は、後に「自然地理的な環境だけでなく」、「人文地理的聚楽を意味する」（清男 1964：25）と表現している。

ところで、もう一遍、東京巣鴨の家庭学校で行った、十五年間の教育実践の結果を絞ってみると、その結論は、自然の豊かな環境をつくるということが、不良少年の教育にとって、最大不可欠の要件である、ということになるのである。勿論、彼の考えた自然の豊かな環境というのは、自然地理的な環境だけでなく、善良な人間社会がこれに配される、人文地理的聚楽を意味するのである。彼が、生誕満五十年を期して、北海道の僻地遠軽村に、一千町歩の教育農場の創設を思い立ったのも、この結論からの帰結であった。

〈留岡清男（1964）『教育農場五十年』岩波書店、p. 25。傍点筆者〉

留岡は、「都會が膨張すればするほど是等の自然の要素が人間の生活の間から次第に欠如して了ふ。而して人の子が不良傾向を帯びて惡化し堕落して遂には犯罪者にまで零落《おち》ぶれる」（同：5）と考えていたのであった。

2. 地域社会とともに

留岡は人間社会に毒された社会から子どもたちを遠ざけ、自然の豊かな環境を求め、そこに感化院を創設した。それは一見、子どもたちを地域から断絶し、孤立させているかのようである。しかし留岡は子どもたちを社会から孤立させようとした——いわゆる、隔離・収容しようとした——のではなく、「健全なる『ファミリー』」（留岡 1902：58）と、そして「感化農場と新農村」（1914c）を作り、そこに子どもたちの暮らしの場を置こうとしたのである。

後述する通り、彼は国の植民制度《コロニー・システム》（留岡 1914a：285）とともに北海道の開墾を行い[7]、村落を作り、その中に施設（当時は巣鴨家庭学校の分校）を作ったのであった。また、巣鴨時代からの日曜学校や図書室や博物館など、施設を開放し地域住民の文化の発展に貢献した[8]。かつて、施設が置かれた集落の名は社名淵であったが、その後、地元の人たちが感謝の気持ちを込めて留岡と改めたという。『一路白頭ニ到ル——留岡幸助の生涯』（高瀬 1982）には、現代でも施設周辺地域の人たちが北海道家庭学校に入校している子どもに対して深い理解を示すエピソードが綴られている[9]。つまり、創設時の北海道家庭学校（当時の佐名淵分校及び農場）は地域社会と一体であり、その連帯感は現在にも続いているると考えられる。

このように、施設が地域と一体となって発展していったケースは他にもある。ある施設では、施設の中を地域住民が通過していく様子がよく見られる。制服を着た学生や買い物帰りの主婦などが施設の中を歩いており、いわば、施設の中がその周りに住まう人々の生活道や抜け道になっているのである。通り抜ける人も、通り抜けられる（施設の中の）人たちも、本当に何気ない日常の夕暮れ時という様子である。通り抜ける人の肩越しに見える、寮舎の洗濯物やそれらを取り込む人の姿は、まるで〝向こう三軒両隣〟の風景のようである。

この施設はまた、設置主体や児童相談所との連携も良い様子で、かねてより筆者はなぜこのように良好な関係にあるのか疑問であった。職員に話を聴くと、児童相談所とは互いに人事異動での交流があり、積極的に施設への理解を深めている、ということだったが、それだけでは説明し尽くし難い、地域との〝繋がり〟のようなものを筆者は感じていた。

あるとき、退職間近のベテラン職員から話を聴く機会を得た際、「感化院様が来るってことで○○（町名）に電気が通った」（第Ⅰ部第二章）というエピソードを聴き取ることができた。おそらく、感化院の時代から、この施設は地域とともに、あるいはこの地域は施設とともに発展していったのであろう。

このように、キョウゴにおける「開放処遇」は、子どもを閉じ込めない、というだけでなく、施設自体が地域と分断されない、という特徴があるといえる。

第四節　開放処遇と無断外出

1．逃亡防止装置のない感化院

第Ⅰ部第一章にも書いた通り、子どもを閉じ込めているのではないか、という意見がある一方で、もっとちゃんと子どもを閉じ込めておいてほしい、という意見も挙がるのがキョウゴの世界である。そのため、子どもが施設の外に飛び出してしまうムガイは開放処遇を採る施設では避けられない恒久的な問題であり、現在に続く古くて新しい問題ともいえる。しかしどんなにムガイが起きても施設は「開放処遇」を変えることはない、それは、施設が児童福祉施設であるということもさることながら、それ以前にキョウゴの理念・理論の根幹だからであろう。

第Ⅱ部でも書いたが、施設が法的根拠を持ったのは一九〇〇年の感化法からであるが、当時の感化院は懲治場に変わる施設として、いわば治安維持的な意味合いが濃かったため、「開放処遇」は必ずしも当然のことではなかった。(10)留岡幸助も「殆ど監獄の如き趣き」（留岡 1900：342）の感化院があるとしている。(11)

しかし留岡幸助の創設した家庭学校は、逃亡防止装置のない感化院であった。以下、『家庭学校』第八章「本校の生命」より一部抜粋、引用する。

我が國に於ける感化院を見るに、高き墻壁を以て其の周圍を圍ひ、且つ其の門扉に看守人を置き、而して在院者の逃亡を防かんとするものあり、勿論感化教育に於て甚だ困難を感するは生徒の逃亡なり。故に其逃亡を恐るゝは當然なりと雖、看守人を置きて之か爲に立番せしめ、墻壁を圍らして之を防ぐが如きは、教育上策の得たるものにあらず。教育に於て重んずべきは信任にあり。生徒教師を信任し、教師生徒を信任せざるべからず。而して信任の本體は友情にあり。友情の本質は愛なり。若し教員と生徒の間に愛情存せんか逃亡何かあらん。若し愛情存せざらんか、高壁あり、刀驗あり、萬卒ありと到底彼等の心理に潜める逃亡を禦ぐこと能はず。故に家庭学校は愛を以て其の生命と爲し、愛の力は最も高く且つ堅固なる墻壁よりも更に一層高く且つ堅固なりと爲すものなり。ウヰツヘルンが設立せる『ラウヘス、ハウス』感化院の生命も亦基督によりて現はされたる愛情にありき。ウヰツヘルンの金言は吾人の尚ほ忘れんと欲して忘るゝ能はざる所なり。曰く、

『キリストの精神の存する所には最も鞏固なる墻壁と雖も、之を用ゆるに由なし。』

“No wall is the strongest wall, where the spirit of Christ is.”

と、實に家庭制度に於て重んずべきは此の語なり。感化院をして苟くも下宿屋的若しくは今日の所謂學校的ならしめれば即ち止む。（中略）

感化教育とは感化者と被感化者との間に愛即ち友情を程能く實行するにあり。（中略）故に感化事業に於て第一に要する所は人物を得るに在り。愛情に富み、友誼に厚き人物を得るに在り。此の人物を得ずして如何に敷地広やかなるも、校舎備はるも、其の他百般の方法整ひたりと雖、到底感化の目的を遂げ得べきにあらず。愛は感化教育の生命なり。

〈留岡幸助（1901a）『家庭學校』警醒社書店、pp. 50–52。〉

留岡が引用している「“No wall is the strongest wall,where the spirit Christ is.”」の引用元は、留岡研究の第一人者である二井仁美によるとスティーブンソンの“Praying and Working”だということである。留岡所有の同書には、この引用箇所のある頁の欄外に、「感化学院ニハ壁鉄窓アル可ラズ。宜シク愛心ヲ以テ充タス可シ」（二井 2010 : 74）

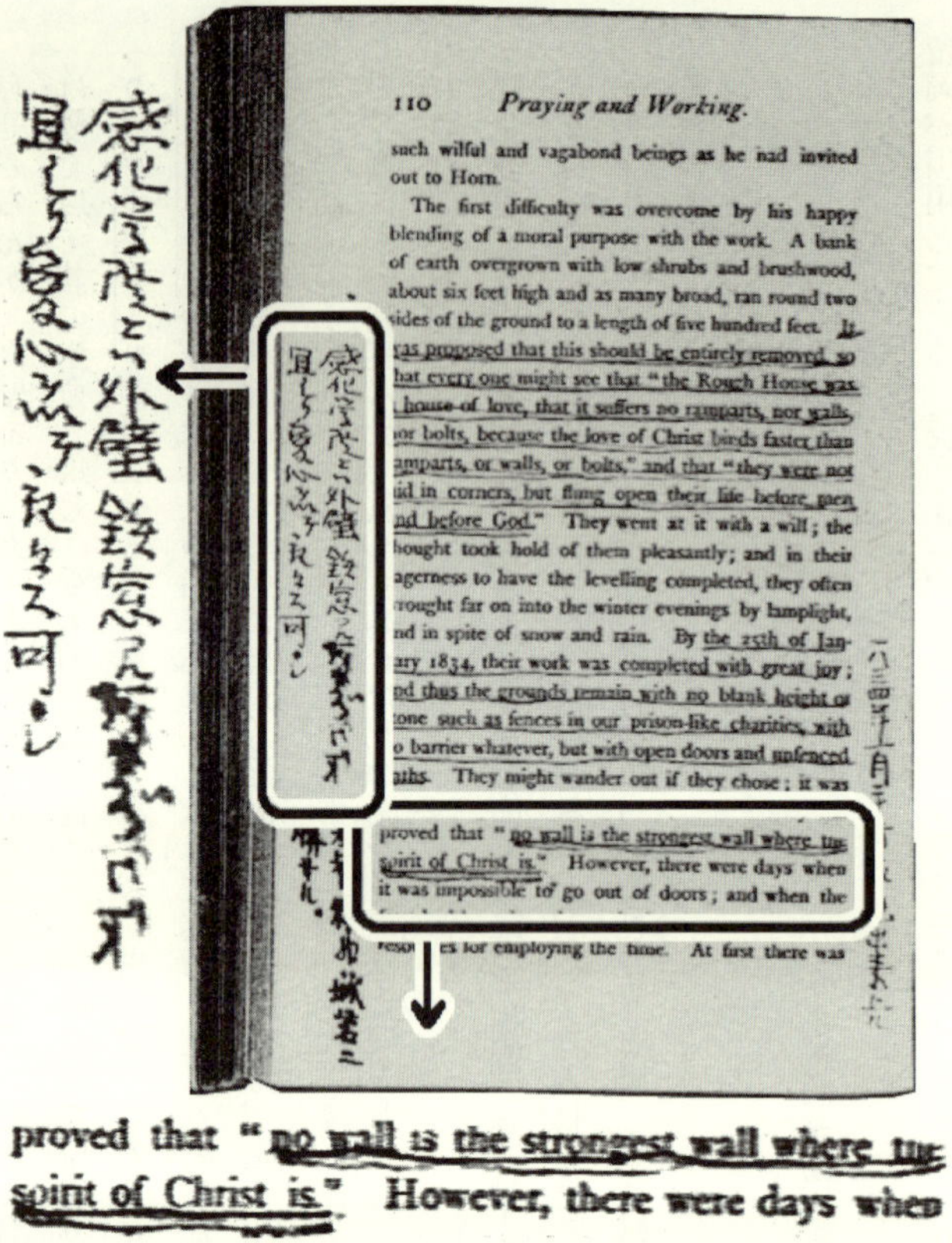

二井仁美（2010）『留岡幸助と家庭学校――近代日本感化教育史序説』不二出版、の背表紙より複写の上加工し作成した。

という書き込みがあり、また、「書き込みは、同書中のヴッツへルンを扱う章にきわだって多い」（同）ということである。二井は「留岡は、米国の感化院を視察したさい、そこに逃亡防止装置がなかったということを手帖に記録していなかったが、（中略）本書（先の“Praying and Working”）を読み、『愛是最堅之牆壁也《あいこれさいけんのしょうへきなり》』すなわち愛は最も堅固な障壁である、という理念にいたったと考えられる」（同：76）[12]とし、「それは、キリストの愛こそが、生徒たちを施設に留まらせそこで成長させる堅個の力の源となるのであり、『家族制度』に逃亡防止装置はなじまないという考え方であった」（同：76）と分析している。

このように留岡のいう愛とは、

彼がクリスチャンであったことから、キリスト教的な愛であったと思われる、しかし「若し教員と生徒の間に愛情存せんか逃亡何かあらん」とは、正に、職員がいうところの、「子どもとの信頼関係」が子どもを「心に鍵がかかる状態」にして、ムガイがなくなる、というところのものではないだろうか。また、引用後半の、「故に感化事業に於て第一に要する所は人物を得るに在り」とは、職員の間で「教護は人なり」といわれているものに通じていると考えられる。そして「愛情に富、友誼に厚き人物を得るに在り」は、そのまま求められる職員像ということになるであろう。『教護院運営要領』には、職員の要件として「特に必要」とされているものについて、「人間性に対する真実の愛情を感ずることの出来る人柄」（『要領』：10）としている。

2．家庭学校内の〝監獄〟

『愛是最堅之牆壁也《あいこれさいけんのしょうへきなり》』を理念とし、当初、逃亡防止装置のなかった家庭学校であったが、やがて高塀で囲い、格子を設置した寮舎ができることとなる。転機となったのは一九〇八年の懲治場の廃止であった。これにより、それまで収監されていた子どもは法的にはすべて監獄から分離されることになり、分離された子どもたちの受け入れ先として感化院が期待され、感化法が改正、設置の進まなかった公立感化院が整備されていくこととなった（第Ⅱ部）。

留岡の設立した家庭学校は私立の感化院であったが、このとき、東京府代用感化院として指定を受けることになり、改正感化法による「裁判所ノ許可ヲ経テ懲治場ニ入レルヘキ者」を受け入れることになったのであるが、実は、それまで家庭学校に入校していた生徒は「実費生が全体の五六・四％を占めて」（二井 2010：181）いたのである。その実費生たちは、「月謝以外に校費、食費および部屋代が必要であり、実費制の負担額は相当」（同）の費用を保護者等が負担できるような、いわば恵まれた家庭の子どもたちであった。家庭学校では、その実費生と、新たに受け入れることになる代用感化院生とを分けるため、代用感化院専用の寮舎（第四家族舎）を作り、その建物には高塀と格子が備え付けられたのである。それは「三メートル近くの塀を設け、窓の格子を堅固にして逃亡に備えた」（同：173）ものであった。

代用指定された家庭学校には新入生が相次いで入所することになる。家庭学校には新入生の入所の拒否権がなかったため、第四家族舎は常に新入生を迎え入れることになり、落ち着くことがなかった、そして第四家族舎の子どもたちは「監獄のように閉ざされた空間をつくる格子、鍵、高い塀という逃亡防止装置設置に挑戦するように」（同：187）なり、無断外出が繰り返されたという状態であった。

更にこの第四家族舎に「他の家族舎で問題を起こした少年が、第四家庭舎に送られ（中略）家庭学校内の懲罰的な機能が付与され」（二井 2010：193、括弧内筆者）るようになっていく。このような状況について、第四家族舎の家族長――第四家族舎の職員構成は、「錦古里を家族長とし、錦古里の妻多賀子、河北秀雄」（二井 2010：182）であり、これは「一覧」（第三章表3）のNo. 50、51、及びNo. 35の職員と考えられる――は、「代用感化院寮舎であっても、『起臥寝食ヲ共ニシテ、家庭的ノ教育』をなし、『家族的団欒』のできる家族舎にしなければならない」（同：184）として改善を求めていた。

しかし、第四家族舎は「錦古里の思惑とは反して」落ち着くことがなく、「生徒間では、暴力行為やイジメが絶えなかった」という、そして「たんに子どもの喧嘩と片付けられない、刃物を用いた、生命にかかわりかねない暴力行為もあった」（同：184）という状態であった。

3．無断外出という用語

二井によると、第四家族舎の「家族長」である錦古里の日誌には、「無断外出」の他に「逃走」という記録があったそうである。二井曰く、「逃走」は「戻ってくる気のない事例」（同：185）の場合使用されているという。そして「無断外出」ということばは、「『家庭』であることを標榜する家庭学校では、生徒が飛び出していくことを、戻って来ることのない『逃走』ではなく、無断で外出した『無断外出』という言葉で表現しようとした」（同）ということである。それは、「『家庭』から出て行ったことを『逃げた』『逃走した』と捉えることは、『家庭』という考え方に矛盾していると考えた」（同）からであるとしている。

なお、現在では、これらの区別はなく、子どもたちの施設からの飛び出しはすべて「無断外出」（前述の通り、略称ムガイ、隠語ではトンコ、トンズラなど、本論ではムガイに統一）である。新ＨＢではムガイについて、「職員に無断で施設から外出すること」（新ＨＢ：85）と説明している。そして職員がこの無断外出、ということばを用いる理由として、「児童福祉施設であり、開放処遇だから」と、子どもの人権論で説明する場合が多い。しかしもともとは二井のいう通り、「『無断外出』という言葉は、戻るべき『家庭』（学園、あるいは寮舎）が前提にある」（同）ために生まれてきたことばなのであろう。

4.「家族的生活」の困難

家庭学校の小笠原委託

その後、第四家族舎の逃走予防装置は撤去されることになる。二井によると当時「難物」といわれた、現在でいうところの「処遇困難児」を小笠原に「委託」――小笠原修齋學園が仲介機関となり、感化院生を島内農家に委託していた――することになったから――「家庭学校生の小笠原送致は、代用感化院認定後、逃亡防止装置のない家庭寮から「逃亡」する生徒への対処として始められたのではないかと考えている」である（二井 1999：30）。

小笠原への委託（「島行処分」）については、二井の研究成果、『第二次感化法施行期（一九〇八―一九二二）における家庭学校の生徒の動態』や『留岡幸助と家庭学校』に詳しく述べられているため、そちらを参照していただきたい。なお、同著によると、小笠原への「委託」は家庭学校に始まったことではなく、東京府が感化法を施行する前年の一九〇五年より、東京市養育院感化部井之頭学校（現在の萩山実務学校）より小笠原諸島への「委託」がされていたということである。

第一回感化院長協議会での報告

家庭学校に限らず、他の施設でも感化法二次改正の頃は、問題も多く試行錯誤していたようである。第Ⅱ部でも述べた通り、懲治場の廃止により、各感化院は十分な費用や設備が整わない中、対象となる子どもを一手に引き受けねばならなかったのである。

『第一回　感化院長協議會速記録』（会議は一九一〇〈明治四三〉年開催）には当時の地方各地の感化院長による報告が記録されているが、「精神病者兼低能兒」（感化院長教議会編 1910：57）や「夜盲」（同：123）の子どもの例などが挙げられており、本来は感化院が対象としていないような子どもでも引き受けざるを得ない様子が伺われる。また、入所後「肺結核」になった子どもの例では、「縣病院に入院のことを申出」たが叶わず、しかも（同：123）と「然るに縣の方からは院生一人につき一ヶ月漸く六圓づゝ補助になつて居りますが、却々肺結核を六圓十圓でやれる譯のものではありませぬ、殆んど七八十圓も院費を之が爲に費やしました」が「可憐さうに院の方で斃れたのであります」ということである。この院長は「一度收容した以上は仕方がありませぬが」（同）と厳しい運営情況を報告している（同：122-123）。

また、「寢食を共にする」「家族制度」についても、困難な状況が報告されている。例えば、「私に二人の娘がございますが、甚しきは其大きい方の娘を強姦せんとすること三回あつた」（同：106）や、「私の三つの女の子を十三の子供が尻を捲りまして解放した」（同：110）などが語られている。

おそらく、当時の「家族制度」の寮舎（cottage）は、現在のように職員家族専用の部屋がなく、風呂や便所等も共有の、子どもたちと完全な「同居」状態にあったと思われる。このような状況下で感化院の理念（これはそのままキョウゴの理念として引き継がれるが）や方法である「開放処遇」を初めとする「家庭的な生活」を貫くことは簡単なことではなかったと考えられる。

なおその後の経緯をごく簡単に整理しておくと、（一九〇八（明治四一）年の感化法改正以降）一九一五（大正四）年、沖縄県の球陽学園（現沖縄県立若夏学院）が県の代用感化院に指定されたのを最後に全府県の公立感化院が設置完了した。そして一九一九（大正八）年には関係者念願の国立武蔵野学院が創設され[13]、地方感化院の「感化困難」な子どもの受け入れが開始されることになった。このようにようやく法的整備も整い始め、感化院関係者にとっては本来の感化院の理念や理想を実践に振り向けられると思われた一九二二（大正一一）年、小河滋次郎を初めとする監獄改良に携わった者たちそして感化院関係者の反対を圧して少年法及び矯正院法が成立し、それに伴って感化法は改正（第二次改正）することになった（第Ⅱ部第一章）。そして一九二五（大正一四）年、感化院生の「委託」先であった小笠原修齋學園が閉鎖され、「島行処分」はなくなった。

5. 無断外出研究

家庭学校の無断外出対策

感化法の第一次改正（一九〇八年）から第二次改正（一九二二年）の間、留岡幸助は一九一四（大正三）年、内務省嘱託を辞し、彼の「教育法」である、「自然七分人間三分」（同：185）の「天然の感化」を本格的に実践するべく北海道の地に家庭学校の分校及び農場（現在の北海道家庭学校）を建設する――「私が預《あづ》かつた少青年で百分比例の八十人《にん》は善良《ぜんりやう》になつたのである。そこで私は小仕掛《こじかけ》の教育《けういく》は成功《せいかう》したのであるから、今少しく大仕掛に私の教育法《けいいくはふ》を實《じつ》施《し》して見たいと思つた」（留岡 1924：序説4）――。

北海道分校は、広大な原生林を切り拓いて造られた。そのため自然が非常に厳しく、子どもたちが逃げ出そうと思っても容易に逃げ出せる環境ではなかった。

今一つは『恵の谷』の自然が少年の逃走を防ぐ、之は實に感化事業に取つて造化の妙用と謂はねばならぬ。逃走を自然が豫防すると云ふのは、夏期山に隠るれば山には荊棘が刺を出し、藪蚊、蜱、蜂、虻等が居て到底束の間もじつとしては居られぬ。冬季になると山も川も湖も野も悉く積雪に閉され、吹雪に荒らされるから逃げても目的は達せられず、よし汽車で逃げるにしても津輕海峡を越す迄には、數十數百の停車場があるから、一電打たば各驛の警官が取り抑へてくれる。斯様な譯であるから小青年の逃亡は自然が豫防してくれるのである。

〈留岡幸助（1924）『自然と児童の教養』警醒社書店、p. 181。引用にあたり、ルビを省略した。〉

このような、いわば天然の逃走予防装置だけでなく、留岡は子どもたちに自然や家畜に触れさせることで「逃走予防」になるとも書いている。例えば、「荒くれた而かも逃癖のある小青年等を交る交る乗せてやると、大概のものは乗馬の樂を知つて逃走することを忘れる」（前掲同：179–180、ルビ省略）や、「逃走癖のある少年は山女を釣りに遣る。すると半日もかゝらぬ内に澤山釣つて來る。山女は北海道の香魚である。頗る美味しい、釣る樂と食ふ愉快とが合致して逃げるよりは釣る方を好む、之で逃走を防ぐのである。其内に少年は家族生活《ファミリーライフ》に馴致されるから自と逃走は止むのである」（同：180、ルビ一部を除き省略）などである（もっとも同書は、家庭学校の広報的な側面もあったと思われるので、実際はこのような成功例ばかりではないとも思うのであるが……）。

各施設での無断外出対策

留岡の家庭学校のように、「自然が予防」をしてくれない他の感化院はどのようにムガイ対策をしていたのであろうか。前出の第一回　感化院長協議会においても、ムガイ対策は議論されており、地方の感化院長より様々な報告が出ている。

例えば、「京都（梁瀬善念君）　逃走豫防に就ては私の方は多いので、之れは關係者が非常に苦心をして居ります。

一ヶ月に一回位は必ず逃走いたします。豫防の方法としまして、（中略）日曜祭日等には力めて遠足などして居ります。京都は歴史に富んだ土地でありますから、彼方の神社佛閣、此方の名所舊蹟と参拝し、且つ遊覧いたします、さうすると一日朝から諸所を遠足して廻るから、非常に疲労して來ます、もう一週間や二週間は外に出たくならぬ位になりますから、成るべく遠足をさせるやうにして居ります（後略）」（感化院長教議会編 1910：58、括弧内筆者）や、「東京（櫻井圓次郎君）逃走豫防方法に就きましては、（中略）私の方は多數の生徒に少数の雇人で、却々思ふやうに参りませぬから、兒童の中から優等なものを選抜して、それを組長若しくは副組長と云ふ名の下に之れを優待して、其の者に部下の子供を監督させることを頼んで置きますが、之れが主に逃走を防いで居るやうになつて居ります。（中略）それからもう一つ逃走を防ぐに最も効果のあるのは、前々日からご馳走を豫告して置くことです。併し私の方の悪い者になりますと、院の御馳走位では利かないものがあつて困ります。けれども一年以上教育したものは、逃走がないと云ふ位になりました。（後略）」（感化院長教議会編 1910：59、括弧内筆者）などである。

これらの例は、現在の施設でも似たような工夫が見られるところである。前者の京都と似た例では、これはムガイ対策ではないが、修学旅行中にトラブル防止のために移動を多くして、なるべく多く歩いて子どもたちを疲れさせるようにするなど、工夫した、という例があった。また、後者の東京の例に挙げられている、子どもの中に「組長若しくは副組長」を作るという方法については、中心となる子どもを育てることで、寮舎内が安定する、あるいは活気付くなどの利点の他、寮運営が楽になる（例えば、寮長の「指導」をその子どもが肩代わりすることによって、寮長が楽できる、など）ということはしばしば聞かれたことであった[14]（第Ⅰ部第一章）。

また、北海道の施設からは時代を先取りしたような取り組みが報告されている。「北海道（小池九一君）此逃走豫防に就きましては、深く研究をして居る譯でありまして、私の方の収容兒童十名の中、五名迄逃走をしたので、其子供は如何なる望みを以て逃走するかを研究し詳細に調べて見ますと、甘いものが食べたいとか、綺麗な衣服が着たいとか、五名共多少は違ひますが、人のものを取つてそんなことをしたいのであります。そこでそれを防ぐには（中

星屋千重編集発行（1981）『留岡清男先生遺作集』
（向かって左：有馬四郎助・右：留岡幸助）

略）殊に有効と思ひましたのは自分の知つて居る家にお客に行くのです。彼方から呼ばれたから行くと云ふことで、多少手料理の御馳走でも受けます。其中には子供は膝を折つて居りますから窮屈に感じますが、一面には大層娯楽になつて殆んど一變して皆逃げないやうになりました。常は十分働く習慣を付けて置て、日曜祭日を利用して連れて行くと云ふことにして居ります。（後略）」（同：61、括弧内筆者）

この北海道の取り組みは、現在、東京都が行っているフレンドホーム事業を先取りしたかのようである。なおフレンドホーム事業は、児童養護施設や乳児院に入所している子どもを休日などに一般家庭で預かる東京都の制度であり、ホームページ上で確認する限りでは、対象となる子どもは「乳児院や児童養護施設」に暮らす子どもであって、児童自立支援施設については記載がなかった。(15)

以上、大正時代からムガイ研究とその対策は続けられており、特に一九二三（大正一二）年の機関誌(16)の発行以降、その成果は機関誌を通じて発表されるようになっていった。(17)特に一九一七年以降、国立武蔵野学院が創設されてからは、ムガイに対する統計研究も進み、データから無断外出の特に多い月（盆暮れ正月）を割り出し、そのときには一時帰省を実施(18)する、子どもにムガイの兆候が現れたら注意する、など、各施設における予防策が工夫されるようになった。

注

（1）第Ⅱ部第一章にも書いたが現在の北海道家庭学校は、一八九九（明治三二）年巣鴨に創設した家庭学校の北海道分校・農場であったものが、一九六八（昭和四三）年に社会福祉法人北海道家庭学校としての認可を受け、東京家庭学校より分離独立して現在に至っている。

（2） 高齢児（中学を卒業した年齢の子ども）については、施設外の高等学校へ通学したり、アルバイトに通うなどしている。

（3） 二〇〇五年四月、厚生労働省雇用均等・児童家庭局家庭福祉課が行った全国調査、「児童自立支援施設に関する実態調査について」の質問Ⅵ（2）より。同調査の調査結果は、二〇〇五年七月二九日に行われた「児童自立支援施設のあり方に関する研究会第一回」資料として配付された。なお、筆者が行った二〇〇六年度の調査では、夜間の施錠について、「外側から施錠している〔内側からは開かない状態〕」と回答した施設はわずかに3施設（58施設中）であった（報告書 p. 56）。

（4） 金光の詩はその後一九七九年に発行された『少年の丘と子どもたち』にまとめられた。今回引用したのは『非行問題』一六五号に掲載されたものである。『非行問題』掲載時には、「少年の丘」というタイトルの後、「見えない扉を突き破る　扉ととっ組むある月日――」という二行が添えられている。

（5） 施設を「丘」という愛称で呼ぶ他、退職した職員が「私が丘を下って×年になります」などの使用例もある。また、岡山成徳学校では本格的な陶芸を行うが、その際、誰が持っていっても良い作品には「丘」と記す決まりがあり、茶碗の糸底などに「丘」の文字が刻まれている（訪問時確認）。

（6） 「林學博士田村剛氏《たむらごうし》は大正十二年三月十二日東京朝日新聞に『都市《とし》の子供達に運動場を興へよ』との題下《だいか》に、都會生活が兒《じ》童《どう》の撥達に何一つ便宜《べんぎ》を興へず、凡ての仕掛が兒童《じどう》を束縛《そくばく》することを論じて」（留岡 1924：74）。

（7） 二井仁美（2010：226–229）『留岡幸助と家庭学校――近代日本感化教育史序説』不二出版、pp. 226–229、等を参照した。

（8） 「夏の農繁期には幼児のための保育所・木陰の家を、産婦や病人のためには救急箱を備え、衛生組合を組織する。日曜学校を開校し、有志農家のために一羊会《ひとむれ》という宗教的会合も開く。小作農家の子弟のために農場の畜舎を急改造して仮校舎にあて、遠軽小学校下佐名淵特別分教場を開設して授業を始める。また、図書館や博物館などの文化施設を地域に開放する。絶えず新しい農業経営のあり方を考え、造田のために助成をし、副業の一環として養鶏を奨励し、酪農化のために乳牛を買い付けた。さらに、小作農家の結束と資本の蓄積を計るために平和鶏卵貯金組合や平和飼牛組合などを組織した。（中略）こうした理想的な農村づくりは、社名淵分校を中核として、地域の組織化と発展を目指す、今日言うところの地域福祉の実践そのものであった」（藤井 1992：286）。

（9） 高瀬は「地域の人々」として、地域の人へのインタビューを掲載している。名古屋からきた屯田兵の三代目という人物に飲食店で話しかけたところ、「留岡幸助？　ああ、あの人はこの町ではちょっと格が違いますね。なにしろ、家庭学校では脱走のことを〝無外（無断外出）〟といっている。その無外をした子が、街で何かを盗んだとしても、ガタガタいう人はいませんよ。

別に甘やかすというわけじゃありませんが、家庭学校ははじめからこの地域と密接に結びついているのです」（高瀬 1982：6）というエピソードが綴られている。

(10) 例えば、留岡幸助と親交の深い有馬四郎助が創設した横浜家庭学園でも施設の周りに鉄条網を張り巡らせていた記録がある（乳児保護協会 1961：16）。

(11)「世人較もすれば感化院を目して一種の監獄と同一視する弊あり。現に某所に設置したる者を観るに、殆ど監獄の如き趣ありて、外囲を廻らすに高き板塀を以てし、某懲罰法亦監獄内に於けるの観あり。余輩惟へらく、感化院の名称其物は已に教育的に非るが如しと。」（留岡 1900：342）

(12) 留岡幸助は一七歳のとき洗礼を受けたクリスチャンであり、第Ⅱ部第一章でも記した通り、教誨師であった。詳しくは、留岡幸助（1999）『自叙／家庭学校』日本図書センター、を参照のこと。なお、「家庭學校撮則」には「本校生徒教養ノ方法ハ専ラ職業ヲ加フルニ徳育、知育、體育及宗教ヲ以テス但シ宗教ハ基督教ニ據ル」（留岡 1901a）と書かれている。現在の北海道家庭学校においても、日曜日には礼拝があり、日々の暮らしの中では食事前にはお祈りを、就寝前の集まりでは賛美歌を歌うなどしている。湯上がりのパジャマ姿で唄う子らを見て、何とも愛らしいと思ったものである。

(13) 当時国立感化院は武蔵野学院のみであった。

(14) 子どもの中にリーダーを置くことについて、これは場合によっては、権力や暴力で子どもたちを支配する〝ボス〟を作ることになってしまう、子ども間のいじめに繋がる、あるいは職員のいうことよりも〝ボス〟のいうことに従う子どもが出るなどの問題を生じる場合があるため、批判的な立場を取る職員もいる。筆者の聴き取りにおいても〝ボスは作らないようにしている〟と語る職員もいた。筆者のフィールドワークの経験では、現在六〇代以上の元寮長経験者の間では、リーダー格の子どもを作ることは、ある種のセオリーのようになっているが、五〇代くらいの寮長からは〝ボスは作らないようにしている〟と語る職員が多い、という印象である。

(15) 東京都福祉保健局のホームページより。http://www.fukushihoken.metro.tokyo.jp/kodomo/satooya/seido/hotfamily/f_home.html

(16) いろいろな解釈が考えられるが、本研究では機関誌の変遷を『感化教育』→『教護』→『非行問題』と考えた。

(17)『非行問題』史上、統計を駆使した研究報告として、一五六号の佐久間健による「『監禁太郎』の研究――無断外出予測の試み」、一五六号の土田健治による「無断外出　その行動様式の実態」などがある。

(18)『もう一つの少年期』には、以前の北海道家庭学校では帰省が実施されていなかったと書いてある。また、現在でも国立武蔵野学院等、帰省を実施していない施設もある。

第三章　寮舎制と小舎制及び夫婦制——留岡幸助と家庭学校2

第一節　今日に続く基本的な方法としくみ

以下は留岡の『家庭學校』からの引用であるが、この文面の中には、現在の施設の基準となっていることなどが多数含まれているため、少し長いが引用することとした。以下、本節ではしばしばこの引用分の一部について引用・あるいは参照しつつその内容を補足していくため、任意で番号を付け傍線を引いた。以降、本節における引用・参考文献についてはこの番号を用いることとする。

余が家庭學校を設立したるは此の点に重きを置き、家族制度によりて不良少年を感化せんと欲するに過ぎず。今其の家族制度に就きて説かん。家庭學校に於いては、一校舎に十五人を容るゝを以て最多数と爲す。出來得可くんば十人を一家族に収容せんと欲す（①）。普通教育に於ては之を校舎と名附くれども、感化教育に於いては之を家族と称す。一家族中には家族長なる男子ありて一家を監督す。家族長に次くに主婦《メツロン》Matron.なるものあり（②）て之を補佐せり。家族長は一家族内の規律を掌るものにして且つ毎日午前は生徒を教育し、午後は生徒と共に勞作し（③）、且つ補助主婦《アシスタント、メツロン》なるもの（④）あれば之を助けて炊事被服等母たるべき務を盡し、生徒にして疾病に罹れる者ある時は看護の任に當るなり。一家族内には食堂あり、教場あり、其他家族に必要なる凡ての機關具備し、純然たる家族的生活を爲すものとす（⑤）。故に苟も生徒の心身に關する一切の利害は即ち家族長及主婦の利害にして、啻に口を以て教ふるのみならず、身を以て彼等を率ひ互に喜憂を頒ち寝食を倶にせざる可らず（⑥）、斯る生活を称して、感化教育に於ける家族的生活とは言ふなり。斯くて間接直接に人情を知らしめ、義理を教へ、家族の温かなる愛によりて成長したる者と等しき人情を養成せしめんと欲す（⑦）。之を爲さんと欲せば勢ひ單に口舌の教訓のみに依る可らず、實際的に活ける教訓を與へざる可ざるや論を埃たず（⑧）。

〈留岡幸助（1901a）『家庭學校』警醒社書店、pp. 63-65。傍線、括弧内筆者〉

第二節　小舎制と寮舎制のルーツ

1. 小舎制（少人数によるケア）

まず、寮舎の定員について、留岡は、一校舎に一五人が最大として可能なら一〇人程度を一家族に収容する（①）としている、これは現在の小舎制の人数とほぼ同じである。小舎制は一五人を限度とされており、多くの施設が一寮舎の定員を一五名に設定している。しかし、実際に見てみると、定員一五名ではかなり狭いという印象であり、多くの施設では、実質一〇名前後の子どもたちが一か寮で暮らしているようである。ある施設では職員が子どもの居室を案内しながら、「ウチは一五人定員ってなってるけど見てもらって判る通り一五人は絶対入らない、もう一二、一三人も入れれば一杯、一〇人とか、八人くらいが一番良い人数」（二〇一〇年八月、ナ学園職員）と語っておられた。

留岡は海外視察での、家族制とはいうのものの、実は寄宿舎式で大所帯であるとか、あるいは女性スタッフが不在であるなどの体験を踏まえて、自らの感化院・家庭学校における「家族的生活」を構想したのである。

> 不良少年を教育する上に於て大切なるは家族即「ファミリー」を造るのであります。（中略）子供を完全に發達せしめやうとするには、溫然たる家族を作らねばならぬ、不良少年を改良するに「インスチチューチョン」ではいかぬ。どうも「インスチチューション」の中に生活する少年は、獨立、勤勉、正直、忍耐等の徳が起らぬ、是等の徳を呼び起こすとが出來なければ、不良少年を改良することが出來ない、ソコデ不良少年を改良するには、健全なる「ファミリー」を作りて、校舎ともし、又家塾ともして、男女の教師が飲食起臥を共にしてやらなければならぬ。英國や米國にある家族制度は、概ね一家族三十人又は六十人であります、併し一家族に五十人も六十人も子供が居りましては、個々人々に監督が往き届きませぬ、行き届かなくては感化は出來ませぬ、（中略）不良少年の出るのは、多く彼等が適當なる監督を受けて居なかったと云う所から起こるのであるから、此の家族制度を採用するとすれば、十五人か二十人の「ファミリー」を作らねばならぬと思ひます。ソコデ我校では、十五人を定員として、（尤も時としては十八人も居ることもありますが）、夫を一の家族としまして、男女の教師を一家族に一人宛つけて監督を致させます、男女の教師は不良子弟と寝食を共にしてやつて居る斯の様に家庭的境遇の内に置くやうにしなければ、不良少年の感化は頗る困難であると思ひます。
>
> 〈留岡幸助（1902）『家庭學校第貳編』警醒社書店、pp. 56–59。括弧内、傍線筆者、なお、文中の引用は、児童問題史研究会監修『日本児童問題文献選集1』を使用した。〉

傍線部「英國や米國にある家族制度は、概ね一家族三十人又は六十人であります」という部分は、ミシェル・フーコーの「監禁的なるもの」（フーコー 1977：294）を髣髴とさせる。フーコーはこの「監獄的なるもの」の最たる施設

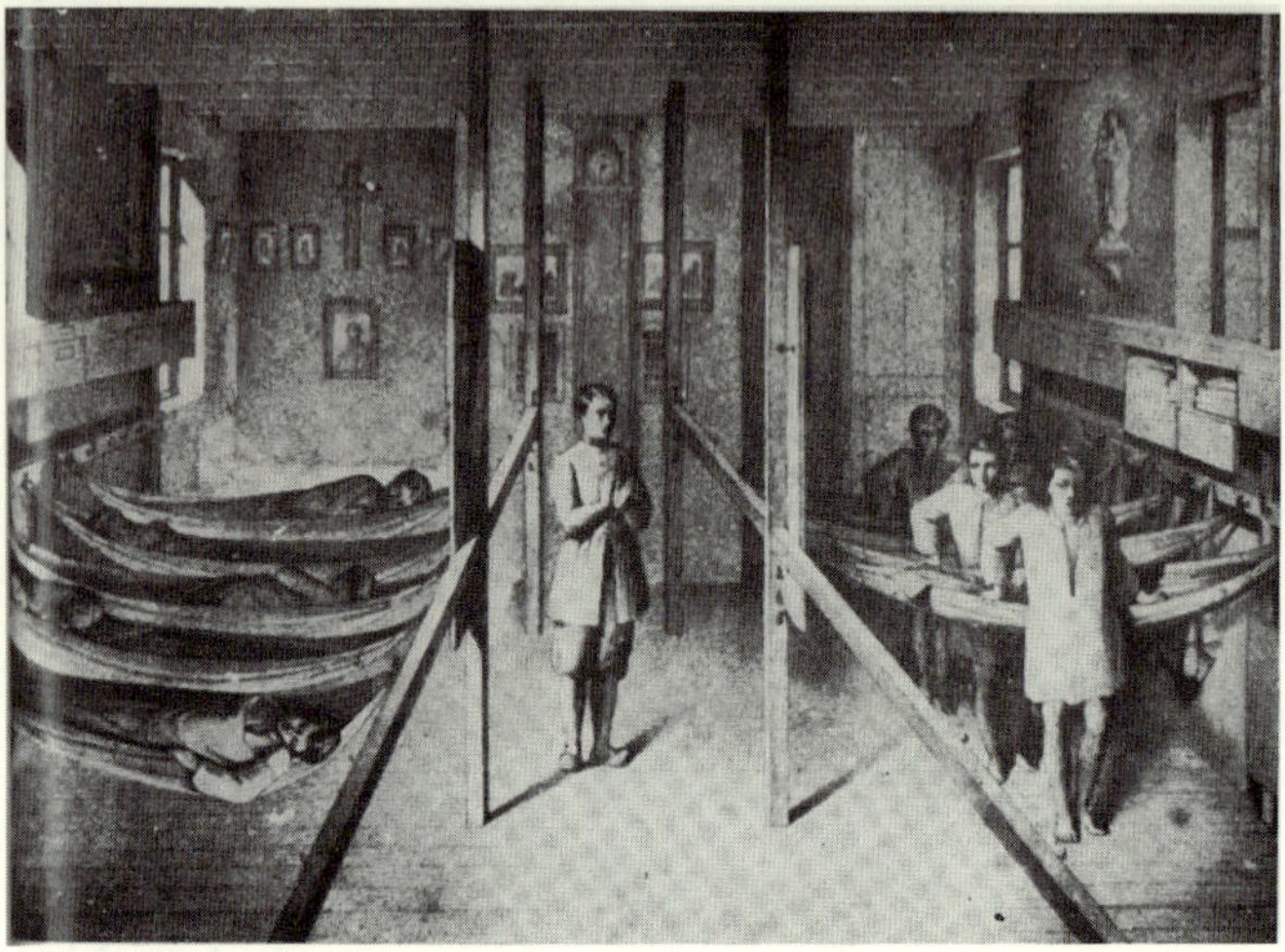

「メトレー集落施設での就寝時」
ミシェル・フーコー著、田村俶訳（1977）『監獄の誕生――監視と処罰』大進堂。

として「メトレー（フランス中部アンドル＝エ＝ロワール県の村）の少年施設」（同）を挙げている。二井によると、メトレー式の「家族制度」は「日本の他の感化院においても採用されていた。（中略）高瀬真卿の東京感化院では、フランスのメトレー農業矯正院の規則を参考にして『家族制度』により生徒を指導していた」（二井 2010：104）ということである。つまりこれら、メトレー式の〝家族〟とは、「生徒をグループに分けるときの単位にすぎない」（同：83）ものであった。

留岡は「『インスチチューション』ではいかぬ」と書いている。この「インスチチューション」の語に含まれているものとは例えばフーコーの「監禁的なるもの」であり、ゴッフマンのトータルインスティテューション（第Ⅳ部第二章第一節）ではないか。フーコーはメトレーについて「規律・訓練の最も強度な状態における形態であり、人間の行動にかんする強制権中心のすべての技術論が集約される見本である」「そこには『僧院・監獄・学校・連隊などのそれぞれの要素』が存在している」（フーコー 1977：194）と書いており、正に留岡はそれらに対して「それではいかぬ」と考えてコテージを用いた家族制度――「ファミリー」を造る――を構想したのであろう。

留岡のこの少人数によるコテージ式及びオリジナルの「家族

制度」は、現在の「寮舎」(コテージ式の宿舎)、「小舎制」(1)(コテージを使った少人数によるケア)、「夫婦制」(職員夫婦が子どもたちと共に暮らす)のルーツになっている。

なお留岡が考え出したこのオリジナルの形態、「コテージ」+「ファミリー」は、小舎夫婦制の原型であるともいえるであろう。

2. 寮舎制（コテージによる宿舎）

先の項目で述べた通り、留岡は英米のような、あるいは東京感化院のような「家族制度」ではなく、敷地内に一軒家（Cottage）を建て、そこで「純然たる家族的生活を為す」⑤というファミリー・システムを採用した。このことから、彼の「家族制度」を小舎夫婦制の祖とする意見はよく聴かれるところである。筆者もそのことについて異論はないが、しかし、(夫婦制のルーツであるということだけでなく)コテージによる寮舎運営を採用した、ということを高く評価したいのである。

キョウゴの世界で「寮舎」といえばコテージ式ということは半ば自明のことである。しかし、設置主体側にとってはそのような発想はなく、これまでも様々な〝合理化〟案が示されてきた。序章でも述べたが、ある施設では、設置主体である県の指導で校舎と寮舎を繋ぎ合わせた建物を建築することになり、このことは『非行問題』を始め、関係者の間で問題視され議論を呼んだ(序章)。また、別の施設では、創設当時は風光明媚な土地であったものが、近年、駅から徒歩二〇分圏内の宅地になり地価が高騰したため「建物をビル化して余った土地を別の用途に活用せよ」と要請された、ということである。それに対して施設は設置主体である県に対して、何故、児童自立支援施設には広い土地が必要なのか、自然が豊かでなくてはならないのか、寮舎と校舎を分離させせないとならないのか、など説明し、何とか免れた、ということであった。近年では、夫婦制を維持する条件として「マンション化」が提言されたという例まで現れて――これまで、寮舎の立替を機に夫婦制を廃止せよ、とか、夫婦制を廃止するからコテージ式を排する、という話しはしばしば聴かれて来たが――これには筆者も大変驚いた。(2) 改めて、設置主体にとって寮舎は、児童福祉施設としての最低基準を満たしていればそれでよく、極端にいえば、夫婦が住み込みさえすれば、建物はどんな建物でもかまわないという認識なのであろう。このことは、定員数が同じなら、寮舎でもユニット式でも変わらないという発想も同じであろう。

寮舎制（Cottage）は広い敷地と複数の建築物を有し、更に小舎にすると中舎・大舎に比べて人件費もかかるので、設置主体にとってはコスト高ということになる。そのとき、施設長や課長など、本館に叩き上げの職員が勤務していれば、都道府県との交渉もできるであろうが、異動で着任した役職であるとそれが難しいと考えられる。職員・関係者が彼らを「行政の人」（第Ⅳ部第一章）と呼ぶのは、このような共通理解がない――寮舎一つとっても――ためであろう。

留岡の取り入れた「家族制度」は、現在の「夫婦制」や「小舎制」（Cottage）、「寮舎制」などが一体となったものであり、そのすべてのルーツであると筆者は考えている。留岡の「家族制度」は、単に職員が住み込むということではなく、そこで実際の暮らしが行われること、独立した暮らしを送ることを基本としていたため、当然のことながら住環境は独立し、設備（食堂あり、教場あり、其他家族に必要なる凡ての機關具備し〈⑤〉）が整っている必要があったのである。即ちキョウゴの世界における寮舎とは、自然豊かな敷地内に複数の寮舎が点在するか、ある程度の距離を保って別棟として建築されているものであり、近年、児童養護施設などで採用されつつあるユニット式などの〝小人数化〟に対応した建物などとはまったく別のものなのである。

3. 村落共同体的な環境（共生・協働する組織）

留岡の「家族制度」は、不適切な養育環境にあった子どもたちに愛される体験を提供する、という意味があった。彼のいう「家庭的境遇」（留岡 1902：59）とは、「家庭にして學校、學校にして家庭たるべき境遇」（留岡 1901a：68）

であり、断じて施設ではないのである。彼は家庭学校を感化院という施設——収容所——にしてしまうことに強い抵抗を持っていたと考えられる。今一度、留岡の文献から引用する。

下宿屋に永く住ひますと、人が自然に没趣味になるのであります。（中略）不良少年を改良するに「インスチチューション」ではいかぬ、どうも「インスチチューション」の中に生活する少年は、獨立、勤勉、正直、忍耐等の徳が起こらぬ、是等の徳を呼び起すことが出來なければ、不良少年を改良することが出來ない、ソコデ不良少年を改良するには、健全なる「ファミリー」を作りて、校舎ともし、又家塾ともして、男女の教師が飲食起臥を共にしてやらなければならぬ。

〈留岡幸助（1902）『家庭學校第貳編』警醒社書店、p. 58。なお、文中の引用は 児童問題史研究会監修『日本児童問題文献選集1』を使用した。〉

留岡は、家庭学校内に、家である寮舎を建て、学校を建て、畑を開墾し酪農を行った。正に「獨立自營」を可能にする環境を整備しようとしたのであり、彼の家庭学校は施設というよりも、村落共同体といった方が適切であろう。また、彼はホスピタリズム——いわゆる施設病——ゴッフマンのいうところの「学習解除・阻碍」(3)になることを予防する、という視点も持っていたようである。そのためにも『「インスチチューション」ではいかぬ」と考えていたのであろう。

将来九十人を収容すれば十五人宛を一軒に住居せしむ。則ち玆に六軒を造るの要あり。已に六家あれば斯に社会を為すが故に、相互の義務あり、独立の生活を為すと同時に、家族と社会に対する義務を解せしむるに力むべし。

而して他日実際社会に入るの準備此間に成るを信ず。

〈留岡幸助（1900）「感化事業に就て」『社会』二―一三、p. 543。なお、文中の引用は同志社大学人文科学研究所（1978）『留岡幸助集　第一巻』を使用した。〉

留岡の家庭学校は、今日でも職員・関係者の間で理想の施設として憧憬されているといえる。私立である家庭学校は――設立当初、留岡の考えた通り、――他の多くの都道府県立の施設に比べて、より自由な発想と柔軟な実践を行うことができた。各都道府県立の施設では、家庭学校と同じ規模での実践は難しいのが事実であったが、それでもそれぞれの施設は各設置主体に即した――あるいは許された条件の下で――家庭学校のスタイルを取り入れていったと考えられる。

第三節　夫婦制のルーツ――留岡幸助の「家庭制度」

1．今日の主たる運営形態と小舎夫婦制

現在、施設の運営形態は、小舎夫婦制、単独制、併立制、小舎交替制、中舎交替制、大舎交替制等があり、中でも本物の夫婦が寮舎運営を行う小舎夫婦制は、職員・関係者のみならず、例えば司法の分野からなど外部からの期待も高い運営形態である。認知度も他の運営形態より高く、児童自立支援施設や教護院というと、映画やドラマの影響[3]もあるのか小舎夫婦制を思い浮かべる人が多く、中にはそれのみが施設の運営形態であると誤解している人もあるようだ。かつて教護院時代は戦後五十年続き、小舎夫婦制の全盛期であったことが影響しているのかもしれない。

現在の運営形態になる以前は、夫婦制と寄宿舎制という区分であった。『教護事業六十年』によると、「感化院時代には、寄宿舎方式が多く、昭和の初期までこの方式を採用していた教護院が十三ヶ所もあった」（全国教護協議会 1964：12）ということから、小舎夫婦制は昭和に入った後に増えてきたと考えられる。昭和二（1927）年の感化教育会の議事録にも「私の處では家族制度になつてゐませんが將來家族制度にするがよいと思ひますが」（感化教育会 1927：83）という記述に見られる通り当時の各地域の施設では、現状は寄宿舎制であるが、ゆくゆくは家庭舎方式にしていきたい、という希望を持っていたことが伺い知れる。

児童の収容形態も感化院時代には、寄宿舎方式が多く、昭和の初期までこの方式を採用していた教護院が十三ヶ所もあったが、この方式では監督の不徹底、責任の不明確、責任の転嫁等のため、児童間にボスの横行等好ましくない面の発生も少なくなかったので次第に小舎制に移行していった。しかし一小舎内に複数の職員がいて各職務を分担するいわゆる併立制は、命令二途に出て児童を混乱させるというような協調の困難性や、男女という人間愛憎の葛藤から生ずる弊害もあって、次第に割合無難で落ち着きのある夫婦制を採用する教護院が多くなり、現在はこの制度を採っているものが最も多い。

〈全国教護協議会（1964）『教護事業六十年』、p. 12。〉

小舎夫婦制の全盛期には職員・関係者の間で小舎夫婦制でなければ教護院ではない、という雰囲気が強くあり、別の運営形態を採る施設職員は肩身が狭かった、と語る職員は多い（第Ⅳ部第一章）。現在でも、小舎夫婦制の施設は一目置かれる存在であるといえる。

筆者が行った二〇〇六年度の調査では、施設創設当時の運営形態について質問しているが、寄宿制と回答した施設は五施設であった。（報告書 p. 25）この結果は、寄宿舎制の教護院が一三ヵ所もあったとする『教護事業六十年』等、過去の文献と一致していない。今回は時間の都合で再調査が行えなかったが、これは恐らく、回答した職員が、自身の施設について、開設当初は夫婦制であったと誤解している場合が多かったものと考えられる。例えば、創設当初（感化院時代）は寄宿舎制であったが、昭和に入って夫婦制となり、夫婦制で運営していた期間が長く、回答者自身が入職した際には、すでに小舎夫婦制寮として長きに渡って運営がなされていたため、創設当初から夫婦制であったと誤解している、などである。特に夫婦制から交替制への移行を経験した職員にとっては、かつて夫婦制だったことのイメージがより強く印象付いているものと考えられる。このような経験を持つ職員へのインタビューでは、かつて、自身の施設が小舎夫婦制であったことへの誇りと、また、そこを原点としている語りが多く聴かれたものであった。昔も今も「できることなら夫婦制」「子どもにとっては夫婦制が一番」と考える職員は少なくないようである。

2．環境の転換と「家庭的生活」

留岡幸助の著書『家庭學校』の第三章は「環境の轉換」という見出しである。曰く、「不良少年の教育は、普通教育と異なりたる方法に依りて教育せざる可らずや明か」（留岡 1901a：19）なので、「環境の轉換」が必要というのである。

しかし、ただ子どもを社会から分離して建物に隔離するのではだめで、「環境の転換」先は「家庭」でなければならない、これが彼の「家族制度」の根本的な考え方である。留岡の感化院は、施設（いわゆる感化院）でもなく、学校でもなく、もちろん監獄でもない、「道徳的分子多く、而かも愛情温かなる家庭」（留岡 1901a）を用意して、子どもたちを感化する所を目指して創設された。不良少年が発生する原因の多くは環境なのだから彼らの環境を移し、普通の家庭に置いて普通の教育を授ければ普通の人になるであろう、というのが留岡の理念というか信念である。従って、「普通教育と異なりたる方法」とは、教育の内容を変えるのではなくて、彼らの育つ環境を変えるということである。

また「第三章　環境の轉換」の後半は、「英国の監獄学者モリソン」（留岡 1901a：22）の『少年犯罪者《ジュベナイル、オツフエンダー》』を参考に不良少年は犠牲者であること、彼らには「境遇の転換」が必要で、彼らは「教育的に処遇」することが有効であり刑法の威嚇では効果がないこと、そして処遇には教育が必要であることなどを長々と引用し「感化教育の要點を言現はして遺憾なしと謂ふべし」と結んでいる。

3．人情を養成し義理を教える

「環境の転換」を計り「不良少年」を「家族制度」の下に置く、更に職員は生活を通じて子どもたちを愛し、また情を交換することで人情を養成し義理を教える（⑦）と留岡は述べている。このことは、後に「心の接触」、あるいは「感情転移と同一化」表現されるものと同義であろう。

子どもたちに教訓・訓戒の類は逆効果であることは、戦後発行された『教護院運営要領』にも繰り返し書かれていることである。「指導」はあくまでも暮らしを通じて行われる、しかもその暮らしは「實際的に活ける教訓」（⑧）でなければならない、つまり「感化」は天然に依るものだけでなく、人間もまた、「感化」を起こす資源であり、職員は子どもたちのモデルとなるべき存在ということであろう。

4．女性を中心とした「家族制度」

先に筆者は、小舎夫婦制のルーツは留岡幸助の家庭学校にあるとされている、と述べた。しかし彼の著書には「小舎夫婦制」という表記は見られない。彼が自ら創設した感化院・家庭学校に取り入れたのは「家族制度」であった。

不良少年を教育する上に於いて大切なるは家族即「ファミリー」を造るのであります。「ファミリー」と云ふものを拵《こしら》へて、此中で子供を育てると云ふことにしなければならぬ、（中略）不良少年をして健全なる發達を遂げしむる所は、即ち家族の内であります、（中略）段々不良少年を調べて見ると、「ファミリー」の無いものが多いやうであるから、どうしても完全なる家庭を作ると云ふことが、必要であると感じたのであります（中略）。ソコデ我校では、十五人を定員として、（尤も時としては十八人も居ることもありますが）、夫を一の家族としまして、男女の教師を一家族に一人宛つけて監督を致させます、男女の教師は不良子弟と寝食を共にしてやつて居る斯の様に家庭的境遇の内に置くやうにしなければ、不良少年の感化は頗る困難であると思ひます。

〈留岡幸助（1902）『家庭學校第貳編』警醒社書店、pp. 56–59。なお、文中の引用は児童問題史研究会監修『日本児童問題文献選集1』を使用した。〉

藤井常文は、留岡の「家族制度」について「男性の教師以上に、主婦《メツロン》（規則第七条の呼称では家母、家母補）の地位と役割を前面に掲げ、教師夫婦が中心となって生徒の処遇に当たる様にした」（藤井 1992：211）としている。このことについて筆者は、女性主体の寮舎運営であったという点に異論はないが、「夫婦が中心となる」ということについては、いささかの注意が必要ではないだろうか。例えば二井は「創設時より留岡が重要としたのは、夫婦であることよりもむしろ家族舎制の構成員に女性職員が存在」（二井 2010：104）することであり、「創設当時は夫婦であることが原則ではなかった」（同）としている。

表3は、『家庭学校の同行者たち』に掲載されている「旧職員名簿一覧」（以下引用の際には「一覧」とする）より、一八九九年から一〇年間、一九〇九年までに就職した職員（一度退職して再度就職した者については初回の就職の年とした）について抜粋し、一部加工して作成したものである。この表によると、夫婦で家族長・主婦というペアは一九〇六年の河北夫妻（表3 No. 35、36）が初出のようである。そして、夫の前職欄には「巣・生徒」とあることから、こ

れは元は家庭学校の生徒であった者が後に家族長になったということではないだろうか。ちなみに河北夫妻は、まず夫が一九〇六年に就職し、妻が一九一二年に就職している。

「家族制度」について留岡は、一九〇一年発行の『家庭学校』では、「家族長なる男子」、主婦《メツロン》、そして補助《アシスタント、》主婦《メツロン》という職種を挙げている（②、④）。また、同年発行の「感化教育」においては、「女教師二人、男教師一人、他から助ける教師が一人で都合四人で一つの家庭を作つて、寝食を共にし着物も縫ふて着せると云ふ風にして、本当の親のやうには出来ませぬが、親に変わり教育してやる積であります」（留岡 1901b：635）と述べている。

　第二は不良子弟を家庭的生活の内に置くことであります。（中略）一体一般教育の方から考へましても（中略）今日の如く学校教育は智識ばかり発達致しましても、真正の意味に於ける教育の実を挙げることは出来ないと確信して居ります。不良少年の教育に於て殊に然りであります。不良少年の多くは家があつても家庭が悪る《ママ》かつた為に悪くなり、（中略）矢張不良少年を改良するには家庭を作らなければならないと思ひます。（中略）
　私が亜米利加で見た感化院はファミリー・システムと言ひますが家族制度になつて居らぬ、（中略）亜米利加の如き進歩したる國に於てすら三十人を一家族に収容するのは何故かと申すに経費に困ると云ふのであります。然しそれは所謂ゆる算盤の問題であつて教育の問題ではないと思ひます。（中略）私の所には四十坪の家を建てゝ女教師二人、男教師一人、他から助ける教師が一人で都合四人で一つの家庭を作つて、寝食を共にし着物も縫ふて着せると云ふ風にして、本当の親のやうには出来ませぬが、親に変わり教育してやる積であります。（後略、傍点筆者）

〈留岡幸助（1901b）「感化教育」『社会』三―六、pp. 634-635。なお、引用には同志社大学人文科学研究所

表３

旧職員名簿一覧					
No.	氏　名		就職時期	退職時期	役　割
1 2	上野	他七郎 百合	1899.10 1901.5	1907.3 1907.3	巣鴨本校家族長 『人道』編集者 巣鴨本校教師
3	横山	さの子	1900.1頃	1901.8	巣鴨本校教師
4	谷	平吉	1900.2	1900.秋	巣鴨本校教師
5	国分	きく子	1900.1頃	1901.1	巣鴨本校
6	寺尾	菊子	1900.4頃	1901.6	巣鴨本校保母
7 8	小塩	高恒 ウタ	1900.7 1912.4 1900.7 1912.4	1903.11 1933.4 1903.11 1933.4	巣鴨本校教頭 『人道』編集者兼務 副校長　茅ヶ崎分校責任者 巣鴨本校教師 巣鴨本校・茅ヶ崎分校教師
9	明田	つる	1901.1		巣鴨本校家事取締
10	安藤	とも子	1901.8		巣鴨本校教師
11	吉田	清次郎	1906	1907.2頃	巣鴨本校教師 『人道』編集者兼務
12	安藤	さく子	1901.8		巣鴨本校
13	本田	もと子	1901.8		巣鴨本校教師
14	種村	鎌吉	1901.8		巣鴨本校工業部教師
15	寺尾	あい	1901		巣鴨本校家事取締
16	厳本	捷治	1901		巣鴨本校音楽教師
17	亀岡	甝			巣鴨本校実業教師
18	島	述			巣鴨本校校医（主任医）
19	吉川	亀四郎	1901.8	1909.9	巣鴨本校教師　幹事 『人道』編集者兼務
20 21	井上	良三 兵子	1902	1906.3	『人道』専従編集者　後、兼務
22 23	坂井	義三郎 美以子	1902.春	1904.12秋？	巣鴨本校幹事
24	原	真男	1902.6	1903.1	巣鴨本校体育教師
25 26	篠崎	篤三 八重子	1902.9	1922.2 1922.2	『人道』慈善事業師範部担当　巣鴨本校教頭 社名淵分校教頭
27	伊達	初子		1906.3頃	巣鴨本校家事取締
28 29	西村	茂次 しげの	1903.頃	1911 1911	巣鴨本校教師 『人道』編集者兼務
30	好地	由太郎	1904	1905.5	巣鴨本校家事取締兼実業教師

31	神代	すみ子	1904.8	1923.9	巣鴨本校保母　茅ヶ崎分校主婦長
32	山本	忠次郎	1905.頃	1914.8	巣鴨本校会計庶務　『人道』編集者兼務
33 34	横山	有策 艶子	1905 1912	1906 1919	『人道』編集者 『人道』編集者
35 36	河北	秀雄 信代	1906.5 1912.10	1915.4 1915.4	巣鴨本校家族長　『人道』編集者兼務 巣鴨本校主婦
37 38	高見	登一 玉子		1906.末	巣鴨本校庶務　『人道』編集者兼務
39	柏木	松雄	1906.1	1906.10	巣鴨本校教頭　『人道』編集者兼務
40 41	藤波	茂平 きん子	1906.秋		巣鴨本校炊事担当（厨夫） 巣鴨本校炊事担当
42 43	堺	弥三郎 （夫人）	1906.10	1910	巣鴨本校教師　『人道』編集者兼務（柏木の後任）後、専従
44	渡辺	亥三郎	1906.12	1907.4	『人道』編集者
45	細越	省一	1907.1	1912.1	『人道』編集者
46	大村	実	1907.1	1908.1	『人道』編集者
47	生江	孝之	1907.1	1908.1	『人道』編集者
48	井幡	順造	1907.4	1908.8	巣鴨本校園芸部教師
49	嚢田	長義	1908.5	1913.3	巣鴨本校教師　『人道』編集者
50 51	錦古里	忠次 多賀子	1908.4 1922.1	1912.3 1928.3	巣鴨本校幹事　『人道』編集主任 巣鴨本校庶務会計主任
52	駒田	孝義	1908.9		巣鴨本校園芸部教師
53 54	中村	孝三郎 梅子	1909.10 1911.3		巣鴨本校家族長兼西洋洗濯部主任 巣鴨本校同部主婦
55	吉田	直子		1911.4	巣鴨本校看護婦
56	豊崎	善之助	1909.1	1910.1	『人道』編集者

土井洋一（1993）『家庭学校の同行者たち』大空社、に掲載されている「旧職員名簿一覧」（pp.890-100）を元に作成した。

（一九七八）『留岡幸助著作集　第一巻』pp. 625〜641 を使用した。〉

主婦《メツロン》、そして補助主婦《アシスタント・メツロン》という二人の女性スタッフ[5]を置く、あるいは「女教師二人」という表現を見ても――二井の指摘した通り――留岡は、女性職員を置くことで「道徳的分子多く、而かも愛情温かなる家庭」（留岡 1901a：20）とすることに重きを置いていたと考えられる。

　これを仮に現在の運営形態に当てはめてみるならば、小舎夫婦制というよりは併立制（夫婦ではない男女のスタッフがペアで寮舎運営に当たる）や、小舎夫婦制の変形形態（夫婦プラス1や三人制など）に近いと考えられる。そして男性よりも女性に比重を置いた寮舎運営という点から考えると――戦後発達した夫婦制は、男性（寮長、教護）を核にした運営形態であり、女性（寮母、教母）はあくまでも男性の補佐役と考えられていた――女性二人の併立制に寮長、そしてフリーの職員の四名という感じであろうか。

　そこで、今一度「一覧」の表3を確認してみると、単独で氏名が載っている者のうち、女性の名前と思われる人物を数えたところ一一名おり、その内訳は「教師」三名、「保母」二名、「家事取締」三名、看護婦一名、記載なし（不明）二名の計一一名であった。彼女らは「夫の妻」として入職したのではなく、独立して働く女性たちだったと考えられる。

　着目すべきは巣鴨本校で「保母」であった神代すみ子（表3No. 31）である。「一覧」によると、神代は巣鴨本校で保母とした働いた後、茅ヶ崎分校の「主婦長」を勤めており、その「身分」欄には「（一男一女の未亡人）」「関東大震災時に殉職」と記してある。二井によると神代は教師幸田金三郎と幼年生徒一〇名を連れて茅ヶ崎分校へ渡り、「茅ヶ崎分校の家族舎を担当する『家族長』には女性職員神代すみ子（1968-1923）が就任した」（二井 2010：281）とあり、神代が併立制寮の寮長を務めていたことが伺われる。一方、幸田金三郎は「一覧」によると一九二二年一一月に入職しており、社名淵分校家族長助手を経て茅ヶ崎分校教師となっている。現在でいうところのフリーの職員（いわば寮長見習い）を経て、神代と併立制のペアを組んだということではないだろうか。[6]

以上、二井が「創設当初は夫婦であることが原則ではなかった」（二井 2010：104）という通り、初期の家庭学校を現在の運営形態に当てはめてみるならば、併立制の変形形態の寮舎（cottage）を中心に、小舎夫婦制の変形形態の寮舎（cottage）との併用だったのではないかと考えられた。

5．期待される「お母さん」の愛

小舎夫婦制のルーツはひとまず留岡の「家族制度」として差し支えないであろう。しかし彼の「家族制度」は、現在の小舎夫婦制のように、職員が「夫婦」であるということよりも、寮舎に女性がいる、より正確にいうと「お母さん」がいることの方が重要であったのではないだろうか。

前述の通り、留岡の「家族制度」には「メツロン」という女性スタッフを置くことになっており彼はこれを「主婦《メツロン》」、「家母《メツロン》」、「取締《メツロン》」と様々に表記している。おそらく、当時それに該当する職業が日本にはなかったためであろう。彼の「家族制度」は、彼なりのパレンス・パトリエ（国親思想）の体現ということもあろうが[7]その親の役割については、何を置いても「子どもを愛する」ということ、そしてその主たる体現者（提供者）として、「メツロン」という女性職員を配置したものと考えられる。

> ナゼさう云ふ風にしたかと云ふと家庭でなければ人間は良くならぬ、少年ばかりではない私でもさうです。このことにつきては一の経験がありますが、私の妻が昨年六人の子供を残して死にました。（中略）妻の死んで以来私の信仰は幾分か衰へたやうに思ひます。私は家庭があつても妻が無い為めに、信仰も弱くなり、徳義も衰へはすまいかと云ふ恐があります。其故に不良少年の如きには家庭がないから悪しくなつたのでありますから、家庭見たようなものを作らなくては、工芸と学問ばかりを教へてもいけないと云ふ確信を持つてゐる。（中略）ソコ

デ家庭を作つて親となり、姉妹となり、（中略）、デ私の考へる所に依ると家庭の道徳的中心力は主婦《メツロン》にある。此主婦の温然たる愛情が子供を感化するために必要（⑨）であります。此愛情がありますから子供も育ち家族も和楽して行く。仮令屋敷があつても愛情なければ家庭はありませぬ。お母アさんがあつても愛のないお母アさんならば家庭ではない。畢意不良少年が家族に生じ来る重なる原因は母たる人の愛情が冷か（⑩）であるか、或は愛情が此子供に偏して彼の子供に普からざることによります。即ち愛情の偏頗に依て不良少年が出来ます。故に教育上最も大なる勢力を持つて居るものは家庭に相違ない。家庭と云ふ境遇を作らずして人間を教育することは間違つて居る。今の所謂学校なるものは上は大学より、下は小学に至るまで道徳的力乏いから、生徒が道徳的に良くならぬと思ふ。（後略、傍線筆者）

〈留岡幸助（1901b）「感化教育」『社会』三―六、pp. 635-636。なお、引用には同志社大学人文科学研究所（1978）『留岡幸助著作集　第一巻』pp. 625-641 を使用した。〉

留岡は「不良少年が家族に生じ来る重なる原因は母たる人の愛情が冷やゃか」（⑩）なため等と考えており、（⑨）「此主婦の温然たる愛情が子供を感化するために必要」であるとして、多くの女性職員を起用していた。留岡の「家族制度」はいわば母系制とでもいおうか。

留岡の「家族制度」は三つの点で画期的なしくみであったと考えられる。第一に、寄宿舎制が主流であった時代に「家族制度」を取り入れたこと、第二に女性を柱とした「家族制度」であったこと、第三に、女性職員が有給であったこと（後述）である。

先にも触れたが「家族制度」は「日本の他の感化院においても採用されていた」（二井 2010：104）ということである。しかし当時の、例えば東京感化院の「家族制度」は、「私立予備感化院では院長高瀬が院長高瀬一人が父であり、それぞれの『家族』は生徒だけで構成されていた。つまり『家族』というのは、生徒をグループに分けるときの単位にしかすぎない」（同：83）というものであった。ちなみに東京感化院は、後に一八九六（明治二九）年に「女子部」が設置されている。その「女子部」には「女子部の職員は、教師、家族長、授業手《ママ》に至るまで婦女を以て之に充つ」（矯正協会 1984：140）とあり、女性職員を起用していることが判る。しかしこれは留岡の「家族制度」のように子どもを愛するという目的というよりは、同性による支援という意味合いが高いと思われる。

小舎夫婦制について、特に夜間勤務では女性職員による運営がしばしば疑問視される[8]ことがあった。筆者の寮母への聴き取りにおいても、干した下着がなくなるなどの例があった（第Ⅰ部第二章）。このことから考えても、男子生徒のみを預かっていた家庭学校に、女性職員を中心とした「家族制度」を採用した留岡の取り組みは、実に革新的であったのではないだろうか。

しかし、昭和に入ってからの——特に戦後の教護院時代に全国に広まっていった小舎夫婦制寮の多くは、寮長が先にリクルートされて、その妻が寮母に収まるという場合が多かったと考えられる。その傾向は現在の児童自立支援施設になってからも続いており、「結婚を機に寮母になる例が現在においてもまだ多く、女性の方が寮母を目指していて、結婚相手の男性が後から寮長になる、というケースは無くは無いが圧倒的に少ない」（武 2010a：25）のである。

仮に留岡の「家族制度」を母系制的とするならば、現在の「小舎夫婦制」は父系制的である。この違いはどの段階でどのようにして生じたのであろうか。

6．夫婦による「家族制度」

有給の「保姆」と無給の「奥さん」

先の問について、寮母の身分、率直にいうと給料に着目することが一つの鍵になるのではないだろうか。先にも述べた通り、留岡幸助の「家族制度」は女性を重視したものであり、家庭学校における女性職員は有給であった。これは当時の社会事情としては画期的なことであったといえる。

『家庭學校』の「會計報告」（留岡幸助〈1901a〉『家庭學校』の本文と付録の間に収録されている）によると、一八九九（明治三二）年、家庭学校の創設年の四月～一二月までの「俸給」は三六円、一八九〇（明治三三）年一月～一二月の「俸給」は五〇二円五三銭、とありその内訳は記載されていないが、翌年発行された『家庭學校　第貳編』には職種別の俸給が掲載されている（留岡幸助（1902）『家庭学校二編』巻末付録に収録された「明治卅四年自一月至十二月家庭學校經費収支決算書」）。それによると「院長俸給　金六百圓」、「教員俸給　金六百圓」、「保姆俸給　金四百参拾貳圓」であり、それぞれ、「院長一人年俸六百圓」、「教員兼家族長二人一人月俸貳拾五圓十二ヶ月分」、「保姆二人一人月俸十圓保姆補二人一人月俸八圓十二ヶ月分」とある。つまり院長が年俸制で六〇〇円、教員兼用家族長が月給二五円、保姆が一〇円、保姆補八円である。田澤によると、このような「家庭学校の職員待遇は、一九二〇（大正九）年の道府県立感化院職員令（大正九年勅令第一八一号）に影響を与えた」（田澤 1999：196）という。

しかし、小舎夫婦制の寮母の多くは寮長と結婚したことで妻が務める、という場合が多く、かつては無給であったという。[9] ちなみに、感化院時代の「保母」について、『感化院の記憶』によると、着物一つ着せるにしてももちろん手縫いで、しかも全部「保母」が縫っていたようである。「もちろん園生のものだけではありません。当時は下着から何から、売っているものを買って着るというわけではなくて、着物の洗濯といったって、洗濯機があるわけじゃなく、ほどいて洗い張りですからね…」（鈴木・勝山 2001：223）――洗い張りとは、着物の縫い目をほどいて一度反物の状態に戻し、それを洗って洗濯糊を引いて板に張って乾かして、また着物に仕立て上げるというものである――この作業を預かった子どもたち全員分の着物に行っていたとは驚きである。

さて戻って、寮母の身分と給料について、筆者の聴き取りでは昭和の時代に入っても寮母は嘱託扱いで、下駄や浴衣などが支払われていた、つまり現物支給であった、という施設があった。一九六一（昭和三六）年に寮舎運営をスタートさせた国児学園・小野木の例では――そのころ小野木は独身だったので――自分の母親と寮舎を受け持ったということである。これに関して――「寮舎担当教母は、昔から金一封程度の待遇であったため、無資格の母親でも、別に問題はなかったようである」（小野木 1990：33）と書いている。

先の二例とはまた別のある施設では、このような無給の寮母を「奥さん」と呼び、文字通り寮母は奥にいればよく、（寮舎運営の）仕事はさせないという時代があったということである（確かに、キョウゴの世界では、女性性に対する期待が高く（第Ⅳ部第一章）、その中には、「極端にいえば、教母は、ちらりと姿を見せるだけで十分」〈武蔵野学院教護問題研究会 1974：46–47〉という意見もあったようである）。このような風習からか、寮母が有給になってからは、「奥さん」なのに給料をもらっている、給料に見合った働きをしていない、等の批判、あるいはまったく逆に、寮母が子どもたちと作業やスポーツ、レクリエーション等に参加することへの批判（「奥さん」なのに奥にいない）など、小舎夫婦制の寮母は常に批判の対象であったという。筆者の聴き取りにおいても、五〇代以上の元寮母からは異口同音にこのような批判を受けたという語りがあった。なお、「奥さん」という呼び方は現在でも見られ、筆者が行った二〇〇六年度の調査では、「奥さん」と呼んでいる施設は「寮母さん」と呼んでいる施設と並んで多いという結果（報告書 p. 74）であった。

男性職員と「奥さん」による「家族制度」の発展

留岡幸助の「家族制度」では、女性職員は「メッロン」として従事し、彼女らは有給であった。しかし、その「家族制度」から派生した（はずの）小舎夫婦制では、女性職員は寮長の「奥さん」であり無給であった、この変化はどこで生じたのか。

田澤によると「家庭学校の職員待遇は、一九二〇（大正九）年の道府県立感化院職員令（大正九年勅令第一八一号）に影響を与え」（田澤 1999：196）、保姆職に対して「独自に給与が支払われる制度が、公的にも確立した」（同）という。しかし職員要件に「無資格でも『三年以上感化又ハ教育ニ関スル公務ニ従事シタル者』は認容を受けることができた」（同：196–197）ため、「実際に、この規定によって教諭の妻が保姆となる例は少なくなく、そのために女性職員に当たり外れが目立つといった声はまま聞かれた」（同）ということである。田澤は、「この規則は、夫婦職員による家族制度《ファミリー・システム》を維持するための一種の抜け道である」（同）としている。

一方で、一九一九（大正八）年に設置された国立武蔵野学院には女性職員が置かれなかった。しかしこれは有給のそれを指すのであって、実際には「教諭の妻は児童の衣食の世話に携わっていた」（田澤 1999：199）ということである。「奥さん」――寮長の妻が無給で子どもたちの世話をする――の登場により、女性職員の存在は、「徐々に主体的専門家から従属的立場へとあり方を変えていった」（田澤 1999：197）ということである。

ではなぜ国立武蔵野学院に有給の「保姆」が置かれなかったのであろうか。その理由について田澤は、少年法・少年院法の施行を挙げ、「少年法案への対立意識から、国立感化院が保護主義を後退させる目的で家族制度《ファミリー・システム》に消極的であったとしても不思議は無い。ゆえに国立感化院は、保護主義の象徴である保姆を設置しなかった」（田澤 1999：201）としている。確かに、少年法案及び矯正院法案は感化院の採る保護主義への批判から起こったものであったことは第Ⅱ部でも見てきた通りであり、田澤の仮説は興味深いものである。

しかし、皮肉なことに、この「奥さん」方式の登場で「家族制度」は全国施設へ普及したと考えられる。しかしそれは、当初、留岡が採用した「メツロン」による「家族制度」とは若干異なるものであった[10]。更に田澤は、「夫婦職員による家族制度《ファミリー・システム》」（同：102）つまり後の夫婦制は、「家族制度《ファミリー・システム》を『家』制度イデオロギーの枠内で受容」（同：102）とすることになったと指摘している。

土山学園の「家庭主義」

では、地方公立感化院の「家族制度」がどのようなものであったのか、感化法改正期成同盟会のメンバーであった池田千年の「家庭主義の保護教育所（感化院）に於て職員子弟に如何なる影響ありや」（以下に一部引用）を参考に見てみることとする。

日本の保護教育は歐米先進國に比較して撥達したので多くの試験時代を經ないで、歐米の最も理想とする所を實際に行はん事に努めた事は日本最初の保護教育所である東京感化院が家庭主義を標榜したに見ても、斯業の先輩留岡先生が其學校に家庭學校と云ふ名を附けられたるに見ても知る事が出來る。其后多くの保護教育所は殆ど皆家庭主義を採用し、若しくは理想とした狀態で、寄宿舎主義とか軍隊主義とか、學校主義とか云ふ様な主義は至つて少ないのである。然し家族主義と云ふもヤモメ主義、後家主義、有妻男子主義、夫婦子無主義、各種混合主義、等があつて一様ではないが、余が今主として述べたいと思ふのは余が經驗しつゝある兵庫懸立土山學園の様に家庭組織で夫婦子有り主義を採用し、夫は族長（家長）妻は保姆（主婦）として職員子弟も全居寝食をも共にする場合即ち護教兒と密接の關係ある場合に（中略）

（中略）

保護教育に家庭組織は理想的であるが其の理想を段々實現して見ると夫婦組織とならざるを得ない、多くの男女の内には獨身で保護教育に適當した人があるに違いないし、又夫婦者であつても適任ではない人はあるには違いないけれども、先づ美しい家庭と云ひますならば夫婦と子供の三者が揃ふにある事異論のない事である。（後略）

〈池田千年（1923）「家族主義の保護教育所（感化院）に於て職員子弟に如何なる影響ありや」『感化教育』二、pp. 12-13。〉

この著作で池田は、「家庭主義」ということばを使っているが、これは「寄宿舎主義とか軍隊主義とか、學校主義とか云ふ様な主義」(池田 1923：12)とは対立する概念ということである。興味深いのは、夫婦による「家族制度」について、「段々實現して見ると夫婦組織とならざるを得ない」と述べているところである。この、「ならざるを得ない」としている理由は、コストや人員等、運営上の理由(先に述べた運営のしやすさ)から「其の理想を段々實現」していった結果として「ならざるを得ない」ということなのだろうか、それとも池田のいう「美しい家庭」(田澤のいう『家』制度イデオロギーの枠)を実現しようとしたときに「ならざるを得ない」のであろうか。おそらく、それらの要素は両方あったように思われる。そしてこのようなことは、「家族制度」を取り入れようとした各施設にもあったのではないだろうか。

男性職員と「奥さん」による「家族制度」の弊害

夫婦による「家族制度」(後の小舎夫婦制)は、「児童の独立自営を援助する営みが、伝統的な男女の性別役割分担の固定観念から抜け出せなかった」(田澤 1999：199)という面もあろう。実際、寮母が「主体的専門家から従属的立場へとあり方を変えていった」(同：197)ために起こった問題は少なくなかったと考えられる。田澤も指摘しているが、まず、女性の就労条件と職務上の地位が不当であったこと、寮母職の質が一定しなかったこと——寮母職を「寮長の妻」が担う(無資格者であっても)ため、寮母職の「当たり外れが目立つ」(同)などが挙げられる。同様のことはその後、しばしば指摘されており現代においても聴かれることである。(11)

先にも述べたが留岡幸助の「家族制度」という概念は、他の感化院へ派生していく段階で夫婦——正しくいうと男性職員とその「奥さん」——による形態として変化し、そこには犠牲や問題がありながらも浸透・定着していったと考えられる。転じて、これまで小舎夫婦制の〝問題〟とされてきたものの多くは、職員が夫婦である、ということではなく、職員構成及び就労条件が「寮長とその奥さん」であったことに依る——奥さんは、駐在さんの妻のような存在だからお給料はいらないとか、職員として認められないなど——ということなのではないか。そしてその〝問題〟

とは、社会全体としてのジェンダーバイアス、各夫婦間におけるジェンダーバイアス、あるいは就労要件に際する性差別など、このような〝問題〟が渾然一体となった〝問題〟だったのではないか――つまり、「家族制度《ファミリー・システム》」を『家』制度イデオロギーの枠内で受容した」（田澤 1999：102）――ということなのであろう。

第四節　「家族的生活」と愛情の付与

1. カウンターパートとしての「家族制度」

留岡幸助による「家族制度」には、女性を重視したスタッフ構成（主婦 Matron.〈②〉や補助主婦〈④〉の配置）により、ごく一般的な家庭的環境に子どもたちを置き（純然たる家族的生活を爲す〈⑤〉）、そして子どもたちを自分の家族と同じように愛する（家族の温かなる愛によりて成長したる者と等しき人情を養成〈⑦〉）などの特徴があった。

これらの特徴を持つ「家族制度」は、寄宿舎制へのカウンターパートとして感化院の担い手たちに受け入れられていった――「其后多くの保護教育所は殆ど皆家族主義を採用し、若しくは理想とした状態で、寄宿舎主義とか軍隊主義とか、学校主義とか云ふ様な主義は至つて少ないのである」（池田 1923：12）――。これは当時としては（あるいは現在においても）画期的なことであった――何しろ〝悪少年〟や〝不良少年〟を、ただ社会から分離・隔離・収容するのではなく、ごく一般的な家庭のような環境、ごく一般的な家庭で得られるような愛情を注ぐというのであるから――。

そして「家族主義」は、各施設で可能な形態――「ヤモメ主義、後家主義、有妻男子主義、夫婦子無主義、各種混合主義、等があつて一様ではない」[12]（同）――を取りながら実践されたようである。しかし、様々な事情から夫婦を中心とする形態が――前章で述べた通り最善ではないものの、運営しやすい形態として定着していったと考えられる

――「保護教育に家庭組織は理想的であるが其の理想を段々實現して見ると夫婦組織とならざるを得ない」(同：13)。

家庭学校においても――設立当初は、現在でいうところの併立制＋フリー職員〈家族長、主婦、補助主婦〈②〉〈④〉〉のようなスタッフ構成だったものが――やがては夫婦による「家族制度」が中心となったようである。それはどのような事情で、いつからか、など――留岡がどの時点で夫婦による「家族制度」を採用したいと思っていたかなど――今回は明らかにすることはできないが[13]、後に留岡が、「私の持論としては家庭は夫婦が其の組織の根本となるべき筈であるから、夫婦の居ない處には家庭もない譯です。(中略) 金は少々かゝっても成るべく夫婦氣の合った感化事業に趣味を持つ人を求めて仕事を進めていかなければなりません」(留岡 1912b：458、括弧内筆者、一九一二〈大正元〉年十一月感化救済事業講習会における講義草稿より)、と述べていることから、彼もまた、夫婦による「家族制度」を行いたいと考えていた――それは少なくとも北海道へ「移住」(第四章) する以前から――ようである。[14]

2.「家庭主義」と職員夫婦の実子

ここで今一度、池田のいう「家庭主義」を見てみることとする。前述の通り、彼は「家庭主義」について、その職員構成によって、ヤモメ主義、後家主義、有妻男子主義、夫婦子無主義、夫婦子有り主義、各種混合主義などに分類している。

この内、ヤモメ主義、後家主義、有妻男子主義は現在でいうところの単独制ということになるであろうか。このように単独制のバリエーションが多いのは、職員一人が住み込めば寮舎運営が開始できるからであろうか――というのも、夫婦で「家族主義」(「家族制度」と同義とする) を行う場合は、二組目の職員夫婦の、いわば〝所帯〟を施設内に迎え入れる必要がある。その際、開設当初は施設長夫妻が子どもを預かるなどで始められた施設などは、家屋が一つということも考えられるため、単独制の方が (夫婦制に比べて) 取り入れやすかったのではないだろうか――そう考えると、「有妻男子主義」というのは現在でいうところの単身赴任、ということになるのであろうか――。

もう一点、池田が職員夫婦に子どもがいるか否かで「夫婦子無主義」「夫婦子有り主義」とに分けていることは興味深い。後の（教護院時代のオーソドックスな）夫婦制は、ペアである職員が婚姻とともに寮舎運営に携わり、寮舎の歴史とその夫婦家族の歴史が同時進行する[15]ものであった。その間、職員夫婦には実子が生まれ育っていくことは自然なことであり、また、夫婦制の利点の一つともされてきたものである。草創期の小舎夫婦制の寮舎運営が実際にはどのようなものであったか――池田のいう「夫婦子無主義」「夫婦子有り主義」の実体など――について、今回は詳細を明らかにすることはできず、今後の課題としたい。

3.「家族」と「家庭」

留岡は「家族制度」と「家庭制度」、「家族的生活」「家庭的生活」を同じ著書の中でも併用しており、それらは厳密に区別なく使用しているようである。前述の通り池田は「家庭」を使用した「家庭主義」の使用も見られる。

辞書で「家族」と「家庭」を引くと、「家族 family　夫婦関係を基礎にして、そこから親子関係や兄弟姉妹の関係を派生するかたちで成立してくる親族関係者の小集団」であり、「家庭 home　家族が生活を営んでいる場のこと」であった（いずれも『社会学小辞典』[16]より抜粋、引用）。

留岡が「家族」ということばを使ったのは、「家族即「ファミリー」を造るのであります」（留岡 1902：58）という用法がある通り、「家族制度《ファミリー・システム》」から使用されたものであろう。では、池田の「家庭」はどうであろうか、筆者は池田の「家庭」という使用に「場」の提供というニュアンスを感じるのである。

留岡の感化事業、特に北海道分校及び農場は、後述する通り植民制度《コロニー・システム》（留岡 1914a：285）と一体となったものであった。それは突き詰めていえば、職員家族も、そして預かる子どもたちも、北海道の地に移住して、そこに定住する事業であり、そこで「独立自営」のための農地を開墾しながら発展していくというものであった。家庭学校の「家族舎」は、family であると同時に、共に「独立自営」のために協働する family であり、そして職員たちはキリスト教の下に連帯するfamilyであったと考えられる。そこには一から共同体を作り、そのために団結していこうとする、あるいは血縁を越えた一つの結束を感じるのである。

一方、池田が園長を務める土山学園は県立の「保護教育所（感化院）」であり、そこは県内の対象となる子どもたちを引き取る、現在でいうところの社会的養護に純粋特化した施設として発展していく使命がある[17][18]。留岡の「感化」が、子どもたちが〝結婚して子を産むまで〟を想定し、預かった子どもたちを小作として雇い、いわば自前で就職先を用意することでその子の人生までを網羅することが可能な植民制度《コロニー・システム》とするならば、他の公立施設は、時期がきたら子どもたちを社会に出さなければならないという決定的な制度の違いがある。つまり、公立施設ではごく短い期間で子どもたちに「家族的生活」（あるいは「家庭的生活」）と「愛情」とを付与して「感化」しなければならない立場にあるといえる。

仮に家庭学校の「家族」が、村落共同体的な、共生・協働する集団とするならば、他の公立感化院に展開したと思われる、夫婦を中心とする「家庭」は、専ら消費と愛情のやりとりを行う近代社会的なそれに重なるものである。

今述べてきたことは、池田の「家庭主義」から派生して筆者が思考を辿っていったものであり、池田の「家庭主義」を分析するものではない。しかし、公立感化院の性質上、このようなことが考えられるのではないだろうか。

なお、家庭学校はその後代用指定を受け、補助金を受けることにより、一定の収入を得ることになった。また、生徒を小作として雇い入れるという当初の構想は発展せず、植民制度《コロニー・システム》も清男の時代には農地と小作とを開放し、やがては純粋に児童福祉施設になっていった（第四章）。

第五節　二四時間を通じた関わり

1.「職員方式」

全国五八施設のリーフレットを見ると、日課表が印刷されている場合が多い。だいたいが午前中は学習、午後は作業・スポーツ・レクリエーション・クラブ活動などになっている。いわゆる、生活、学習、作業の「指導の三本柱」(19)と呼ばれるものであり、日課は大きく午前の座学と午後の戸外での活動（作業ないしスポーツ）となっている。今日、基本となっているこのようなスタイルは、日本で最初の感化院とされる池上感化院（設立は感化法制定より七年前の一八八三年）のころから行われていたということである。佐々木によると、少年教護院時代になると「学科指導に力を注」（佐々木・藤原 2000：441）ぐようになり、「教科は小学校令に準じて授業が行われ、やがて子どもに尋常小学校修了の資格を付与できるようになった。（中略）多くの施設は午前は朝会の後、四時限の学科指導に充てた」（同）。このころには全国の少年教護院において「生活」「学科」「実科」というスタイルが定着していたと考えられる。また、午後の「作業」について、戦前は「実科」と呼ばれていた。

留岡もこのような方法を採っていた。まず、座学ばかりを強調した近代教育では「頭でっかち」になると考えて心と体と頭のバランスのとれた教育を家庭学校で実践した。家庭学校の日課では午前が「教科」――この「教科」においても留岡は遺跡の発掘へ行くなどフィールドワークを重視していた――、午後は農作業というカリキュラムであった。

留岡が農業を重視したことは第四章で触れるが、ここでは、その指導に当たる職員について着目したい。曰く、「一家族内の規律を掌るものにして且つ毎日午前は生徒を教育し、午後は生徒と共に勞作し」③とするもので、これは現在の「職員方式」（あるいは「教護方式」）と呼ばれる学習形態に当たる。

これは子どもたちと寝食を共にする寮長が学習面でも指導を行うというしくみで、「指導の三本柱」で説明すると、生活、学習、作業のすべての場面で寮長が子どもたちと行動を共にするしくみということである。いわば同じ職員が

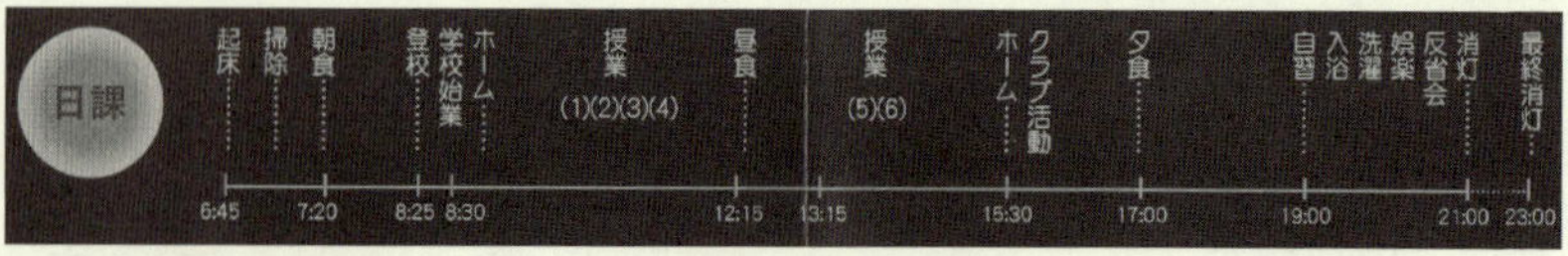

↑佐賀県立虹の松原学園リーフレットより

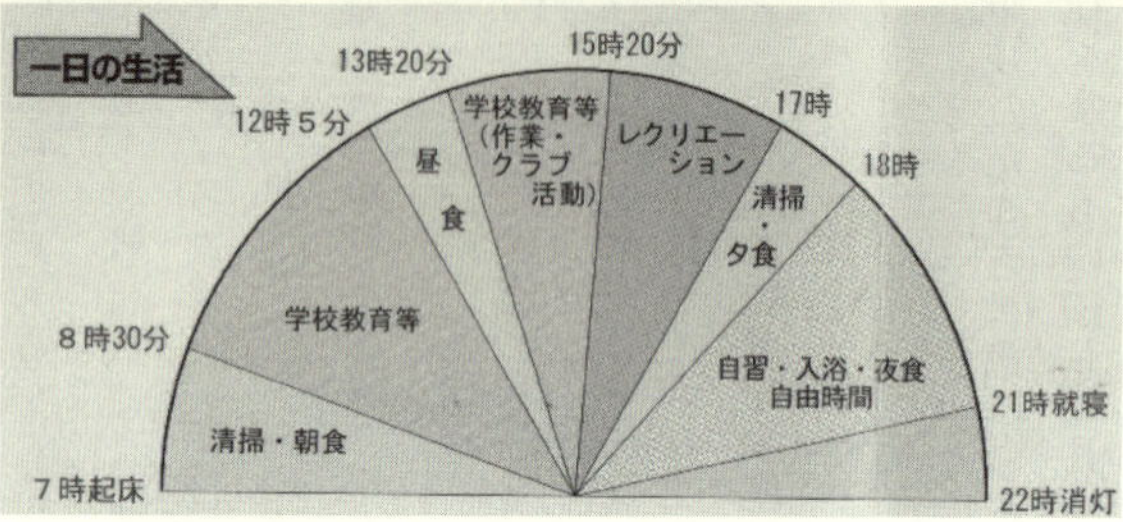

↑国立武蔵野学院「自立をめざして」より

◆生活日課《せいかつにっか》〔季節《きせつ》によって変《か》わることがあります〕

午前	6:30	起床《きしょう》
		掃除《そうじ》・朝食《ちょうしょく》
	8:30	登校《とうこう》・朝礼《ちょうれい》
	8:45	授業《じゅぎょう》
	⌇	
	12:35	下校《げこう》
		昼食《ちゅうしょく》・昼休《ひるやす》み
午後	1:45	クラブ活動《かつどう》
		寮活動《りょうかつどう》
	3:45	掃除《そうじ》
		夕食《ゆうしょく》・自習《じしゅう》
		入浴《にゅうよく》・おやつ
	10:00	就寝準備《しゅうしんじゅんび》
		消灯《しょうとう》

（5）子どもさんの毎日の生活日課について
（季節に応じて変更があります。）

午前	6：30	起床・洗面
		清掃・朝食
	8：30	登校・朝礼　ラジオ体操
	8：45	教室学習
	12：35	下校
		昼食
午後		クラブ活動・寮活動
	17：00	清掃
		夕食・自習
		入浴・間食
	9：00	就寝
		（自主学習の時間は別に配慮します）

↑大阪府立修得学院「学園生活のしおり」（左）「保護者の方へ　学院の生活について」より（右）

子どもたちと二四時間を共に過ごすしくみといえる。

2.「指導の三本柱」

彼は著書『家庭學校』に、「一家族内の規律を掌るものにして且つ毎日午前は生徒を教育し、午後は生徒と共に勞作し」（③）と書いている。これを現在の「指導の三本柱」で説明すると、留岡の「教科」が「学科」に、「職業教育」が「作業」に、そして寮舎での暮らしが現在の「生活」に当たると考えられる。これはつまり同じ職員（寮長）が、二四時間を子どもたちと「共に」過ごすしくみであることは先に述べた通りである。留岡は子どもと「愛情的の関係」を持った職員が作業にしても座学にしてもあたらなければならないとしている。

其故に不良少年の如きには家庭がないから悪しくなつたのでありますから、家庭見たようなものを作らなくては、工芸と学問ばかりを教へてもいけないと云ふ確信を持つてゐる。（中略）ソコデ家庭を作つて親となり、姉妹となり、一の愛情的の関係から其内で工芸も教ふれば教育もすることにならなくてはならぬ。

〈留岡幸助（1901b）「感化教育」『社会』三―六、p.636。なお、引用には同志社大学人文科学研究所（1978）『留岡幸助著作集　第一巻』pp.625-641を使用した。〉

しかし後に留岡は「職業教育には私は失敗ばかりしました」（留岡1912b：467）と振り返っている。初期の家庭学校においては職業訓練に職人などのプロフェッショナルを家庭学校の「教師」として採用したが、それが定着せず損失ばかりであったと後に振り返っているのである。

五、職業教育　職業教育には私は失敗ばかり致しました。大工を初めに、石鹸製造、状袋貼り、色々の事を試みましたが悉く成功しませんので困りました。其の失敗の原因が（中略）第一には感化院内の空氣に副ふ様な職人が居ないことであります。

（中略）卑猥の歌を教へたり、仕事の最中に淫りがましい話をしたりする。職人としての腕前は宜しくとも、考へが教育的でないから、迚も永くは置く事が出來ない。（中略）

モウ一つの困難は教育と經濟の衝突です。何程職業教育が大切でも年中損失を重ねて居ては學校の経濟に支障を生じ延いて事業の不成立を來たします。そこで先刻も申しました様に學科の教授の出來る人が、大工や農業、其他の職業教育を達者に兼ね教えることが出來るやうにならないと感化院の職業指導は成立ち得ないのであらふと思ふ。

〈留岡幸助（1912b）「感化教育　感化事業實施方法」（大正元年十一月感化救済事業講習会における講義草稿、pp. 467-468）。なお引用は、留岡幸助君古稀記念事務所（1933）『留岡幸助君古稀記念集』pp. 421-499を使用した。〉

この引用文を読む限り、「愛情的の関係」にある職員が、子どもの学科や職業指導に当たる、という方法は、必ずしも最初からのことではなかったように思われる。

留岡は家庭学校において、質の良い教育を子どもたちに提供しようとしていた。一か寮に「女教師二人、男教師一人、他から助ける教師が一人で都合四人」（留岡 1901b：635）という人員もさることながら、「一覧」（表3）を見ると、初期の家庭学校には「音楽教師」（No. 16 東京音楽学校卒）、「実業教師」（No. 17）、「体育教師」（No. 24 監獄学校生徒?·）、「園芸部教師」（No. 48 東京帝大農科大学助手）など専門領域の講師を用意していることが判る。また、留岡は、家庭学校の生徒（家庭学校は入校している子どもを生徒と呼ぶ）に、袴を支給し、これを着用して座学を行ったという。決して楽ではない財政の中でも生徒全員に袴を支給したことについて田澤は、「川越児童保護学校では、生徒に絣の袷に小倉袴の制服を着せ、保護学校生としての誇りをもたせて矯正の成果をあげようと試みた（川越児童保護学校編［1906：20］）。袴をめぐる留岡の意図は言説を通して明らかにされてはいないが、大筋においては川越児童保護学校と相通ずるとみてよいだろう」（田澤 1999：138）としている。これらの高い水準（と思われる）の教育環境は、「普通教育」――留岡は後に「教育上の処遇種々」（留岡 1912b：454-486）として、一、環境の転換・二、家族制度・三、身体の訓練・四、普通教育・五、職業教育・六、徳育……など九項目に整理している――か、それ以上の教育を提供しようとしていたことの表れ[21]だと思われる。
留岡は不良少年と呼ばれる子どもの「境遇の転換」をして、不良少年と呼ばれる子どもをその環境から離し、普通の子どもと同じような環境に置けば普通の子どもと同じようになり、そこで普通の教育と訓練を授ければ、普通の社会人になれる、という理念を（モリソンの『少年犯罪者《ジユベナイル、オツフエンダー》』の引用を用いて）説いている。

英國の監獄學者モリソンも其の名著『少年犯罪者《ジユベナイル、オツフエンダー》』中に論じて曰、『不健全（中略）『犯罪者の慘憺たる境遇を轉換して之を教へ、出來るだけ普通の人と同一の立場に置き、同一なる生活を爲さしめ、他の人々の如く工藝的習慣を養成せしめなば、彼れ犯罪者は多くの場合に於て、普通人民の如くならん』と。是れ即ち英米及び獨逸に於て少年犯罪者を改良するに、個人的慈善團体を採用したる所以なりとす』と、感化教育の要點を言現はして遺憾なしと謂ふべし。

〈留岡幸助（1901a）『家庭學校』警醒社書店、pp. 22-24。傍点筆者、なお、傍点部分には、犯罪者のように、句読点を除くすべての文字に◎がされていた。〉

留岡にとって感化院における教育は正に「普通教育」であり、「職業教育」であった。子どもたちは感化院に入院し、その中にある「純然たる家族的生活」⑤が用意された「家族制度」の寮舎（cottage）に住まい、それから同じ敷地内に用意された「学校」に通う、正しく留岡が、「私は甚だ感化院と云ふ文字を好まぬので、自ら今立てゝ居る所の感化院見たいようなものを家庭學校と名付けた」（留岡 1901b：623）と述べた通りである。
彼はいわゆる更生とか矯正――彼は「矯正訓戒」などの表現を使っているものの――それらのことを行うということではなく、純粋に社会人たるべく人間を教育するという理念を持っていたと考えられる。

そこには彼の高い人権意識が遺憾なく発揮され、また質の高い教育のために投資もなされたが、実践を重ねる内に、「感化院内の空気に副ふ様な職人が居ない」（留岡 1912b：467）ことや、「教育と経済の衝突」（同：468）などの「失敗」（同）が起きることになり、「学科の教授の出来る人が、大工や農業、其他の職業教育を達者に兼ね教へることが出来るやうにならないと感化院の職業指導は成立ち得ない」（同：468）と考えるようになったようである。

こうした経緯はともあれ、留岡の家庭学校の実践では、「愛情的の関係」にある職員が学科や職業指導に当たるようになり、そしてそれは「普通人民」つまり社会人の育成であり、彼のいう「矯正訓戒」（留岡 1901a：19）とは、現在のそれが意味する内容とは異なり、いわば環境改善、そして愛と教育の意であったと考えられる。

3．共に暮らす

「愛情的の関係」にある職員が学科や職業指導に当たるようになったこと、これは現在の「指導の三本柱」に受け継がれていると考えられる。「生活」「学習」「作業」のすべての場面で、同じ職員が子どもたちの指導に当たり、二四時間を通じて子どもたちに関わり、子どもたちと共に働き、共に学び、共に暮らす、このようなしくみはやがて、職員が子どもを「全人格として捉える」、そして職員もまた「全人格を以てこれに当たる」という、キョウゴの理念――それは後に「全人教育」とされる――として発展していった（あるいは〝活字化〟や〝言語化〟されていった）と考えられる。

教護院時代には「ウイズの精神」が盛んにいわれた（第一〇章）が、その意図するところのものは職員が子どもたちと行動を共にし、苦楽を共にすることである。子どもたちと「共に」ということが重視され、プログラム活動はいうに及ばず、例えばペナルティとして子どもに課せられた正座やマラソンでさえも「共に」行った、これが「ウイズの精神」だと語った職員もいた。このような「ウイズの精神」や「共に」ということの原点は、「共に暮らす」ということにあったと筆者は考えている。

留岡は、「身を以て彼等を率ひ互に喜憂を頒ち寝食を倶にせざる可らず」（⑥）と書いている。

注

（1）なお、「小舎制」は二〇〇三年の国立児童自立支援施設の調査において、虐待を受けた子どものケアとして優れているという調査結果を出している。国立武蔵野学院、国立きぬ川学院（2003）『児童自立支援施設入所児童の自立支援に関する研究――退所児童に関するアンケート調査を視点にして（第一次報告書）』。によると、虐待を受けた子どもへのケア形態として、夫婦制の方が有位であるものの、中舎制、大舎制と比較すると、小舎制が、夫婦制、交替制を問わず有意である、という結果である。

（2）序章「〝マンション教護院〟という批判」で報告したマ学園の例がそうであった。寮舎の改築に伴い、小舎夫婦制及びコテージ式を廃止せよとの意向が設置主体側から伝えられ、当初、設置主体側は夫婦制の廃止を強く訴えていたということである。その後、施設側の説得により、夫婦制に対する理解は深まったものの、むしろ夫婦制を存続させる条件として「マンション化」を提案されたということであった。役所の考え方としては、公共の施設である学園と、公務員住宅が一体になっていることを強く問題視していたということである。

（3）「〈学習解除・阻碍〉untraining」E・ゴッフマン著、佐藤毅・折橋哲彦訳（1984：15）『アサイラム』誠信書房。

（4）『もう一つの少年期』『オサラバ坂に陽が昇る』など。

（5）『家庭学校の同行者達』によると、この主婦《メツロン》、補助主婦《アシスタント、メツロン》は、「直後に『家母』・『家母補』に改められた」とある。また、「主婦」や「家事取締役」は当時の職員名簿上の「役割」欄には登場しないが、「家母」職とみなしてよいだろうということ、また、一九二〇年代中ごろには「主婦」が「保母」に変わる（同時期に「家族長」は「寮長」に引き継がれる」とのことである。

（6）このように、男性職員がフリーの職員として寮舎運営の補佐を務めながら将来の寮長としてトレーニングを積むというしくみは、現在の小舎夫婦制を主とする施設ではよく見られるものである（第Ⅰ部）。また、小舎夫婦制の寮長が退職などで寮母のみになった場合、フリーの男性職員とペアを組んで併立制寮になる、という例も珍しくない。

（7）田澤によると「留岡（幸助）においては、家庭学校創設当初から、イン・ロコ・パレンティス概念をもとの意味といくらか違えて受容しているところがある」として、アメリカの「監護能力に欠ける保護者から未成年者を奪う児童救済策の正当化につかわれるよりも、もっぱら施設の家庭的処遇と親代わりの機能をイメージさせるのに役立った」としている。それ故、留岡校長は「収容児童の身柄にかかわる一切の責任をもった」のであり、また、「校長の権限に対する不満を封じる装置として伝家の宝刀的な意味を持っていた」とする。そして「親が子になすような範囲での体罰」が行われていた、としている（田澤薫（1999）

『留岡幸助と感化教育』勁草書房、（　）内筆者）。留岡は主として女性職員に子どもを愛する役割を期待していたようである。

(8) 例えば、武蔵野学院教護問題研究会（1974）「共同研究　教護院の夫婦担当寮舎制度」『非行問題』一六九。

(9) 例えば、「昔は、夫婦制といっても、制度でも何でもなく、奥さんが主人の仕事だから手伝ったのである」（武蔵野学院教護問題研究会 1974：48）。

(10) 田澤は、「こうして浮上した感化院の保姆像は、留岡が家庭学校の家母《メツロン》で描いたものとは幾分異なっている。（中略）彼女たちをよるべなき非行児童にむかわせ、教育理念に沿うはたらきをさせたのは、宗教上の動機や職業教育や就職条件の力ではなく、夫が感化教育に従事しており、そこに非行児童がいたから、というのが一番現実に沿った見方と思われる」（田澤 1999：198）としている。また、この時代（大正）の世相では、女性が職業に就くことへの評価も肯定的になっており、「国家に代わって非行児童の世話をする夫の補佐として母親代わりとなる仕事は、まさに時代の価値観に適うものであった」（同）ということである。そして「家庭学校の家母《メツロン》にはじまる全国の感化院の保姆は、妻や母の役割の範囲内で職に結びつき、夫婦小舎制の中でこそ活きる存在であった」（同 198-199）と評している。

(11) 例えば一九七七年の機関誌『非行問題』には、四国ブロックの施設で併立制を採用する施設が多いことに際して、「第一は、夫婦制では教護教母の適格者を得ることが難しい（中略）夫婦制では不適格者でも教護の妻というだけで採用せざるを得ない弱さがある。教母の質の悪さは夫婦制の場合に多いといわれている所以」（『非行問題』編集部 1977：103）としている。また、武のインタビューでは（「当たり外れが目立つ」）ということについて、「くじ引きみたい」（武 2010a：25）と表現した寮母がいた。

(12) 池田は、当時の「家族制度」の実践状況を「ヤモメ主義、後家主義、有妻男子主義、夫婦子無主義、各種混合主義、等があつて一様ではない」（1923：12）と報告しているが、これは現在の小舎夫婦制においても見られるものである。小舎夫婦制を主たる運営主体とする施設では、夫婦プラス1や三人制など、それぞれに工夫した夫婦制が見られるし、また、夫婦制寮の他に、単独制や併立制で運営する寮舎を設けるなどして夫婦制を維持・存続するよう努めている。

(13) 二井によると「のちに留岡は、『一家族舎には十五名以内の生徒を収容し、夫れに必ず家族長夫婦を置』〔小川実也 1924:30〕くことを基本とするにいたるが、創設当時は夫婦であることが原則ではなかった。（中略）四人の職員が一つの『家族』『家庭』の担当者と考えていた」（二井 2010：104、括弧内筆者）としている。そこで、引用された小川の著書を確認したのであるが、このような記述はみられなかった。同書（『留岡幸助と家庭学校』）の引用・参考文献一覧には、小川の著書が他に二点あるので恐らくそのいずれかの文献にあるものと思われるが、そのいずれも今回は入手できず、確認できなかった。

(14) 注12に書いたような夫婦制の問題点については、留岡も同様の指摘をしている。本文引用中、（中略）とした部分を引用する――「ところが家族制度は之を經營する上に於て種々の困難があります。（中略）夫婦揃うて人を得ることも中々六づかしい。主人は不良少年の世話に熱心だが細君の方が冷淡で、それが爲に主人迄も感化事業をやめるといふことも私の出会つた苦い經驗の一つであります。ですから家族制度の實施は中々の困難を伴つては居りますが、人間を改造するといふ一大事業をやるといふのに、間に合わせ事をしても駄目ですから」（留岡 1912b：458）。

（15）武千晴（2010）「夫婦小舎制における寮担当職員の育成及び養成」『道しるべ』三、北海道社会福祉士会。

（16）濱嶋・竹内・石川編（1977）『社会学小辞典〔新版〕』有斐閣。引用には二〇〇三年発行新版第六刷を使用した。

（17）初期の感化院は宗教家が設立した施設も多かった。しかし感化法第一次改正時に私立の感化院が代用指定を受けその後に公立となる、あるいは新たに設置主体の要請により公立感化院が設立されていくなどして公立公営が原則（北海道家庭学校と横浜家庭学園は例外）となっていく（第Ⅱ部）。

（18）拙著博士論文『感化院から児童自立支援施設に至る施設に培われて来た子育ち・子育て』では、この文章の後に続けて、土山学園について「職員は土地を開墾する必要はなく、生産活動はプログラムとしてのそれであり、「独立自営」のために行うのではない」と書いたが、正しくは土山学園においても土地の開墾を行っていたため、これを訂正したい。土山学園初代園長・早崎春香の妻ムラによると、「その頃の土山は赤土に一面の小松の原野で夜は狐の声をきく荒地した。百姓たちは開墾しても不毛の地であると忠告しましたが（中略）学園のためには俸給を投げ出し、自分の家族は犠牲にしても開墾に努力しました。やがて不毛の野原に麦やさつまいもが出来るやうになり」（早崎 1959：24、括弧内筆者）と述べており、当時の土山学園においても、食糧確保のために土地を開墾していたようである（第Ⅱ部第一章第二節）。

（19）新ＨＢには「生活指導（暮らしの教育）」「学習指導（学ぶ教育）」「作業指導」（働く教育）」と表記されている。児童福祉法最低基準では「生活指導、職業指導、学科指導」となっている。

（20）引用部分は『保護兒童ノ研究　第二回報告』二〇頁である。ちなみに原文は次の通り（「絣の袷」については記述がないようである）――「同校は努めて彼等を普通兒童として、處遇しつゝあるのである。其日常の起居、生活、交際、衣服言語に至るまで、悉く普通の兒童の如くならしめ、敢て彼等をして異様の感を起さしめないといふことに、非常の骨を折つて居るやうである。彼の兒童をして、洋服を着せしめ、又は袴を着せしめ、帽子を冠らしめ、名を呼ぶ様附にする等、普通の人をして、却つて異様に感ぜしむるものがある」（川越兒童保護學校 1906：20）。

（21）留岡は家庭学校を創設する際、「自分は文部省に出頭して、兒童の衛生を司る某局長に会って、『不良少年の教育に就き、文部省はもっと力を入れて貫ひたいものだ』と懇談に及んだことがある。某時局長のいふには、「一般の教育さへ行き届かぬのに不良少年の教育！なんて云ふ設備をする暇がない」と、けんもホロヽの一言ではねつけられて仕舞つた。自分は共に語るに足らずと思つて、匆々席を立つた」（留岡 1909：495）ということがあった。留岡の家庭学校の子どもたちに「普通教育」をという願いは強かったと考えられる。なお、二井によると「家庭学校には華族や政府高官、豪商など非常に富裕な家で育った生徒も、経済的困窮の辛酸を嘗めてきた生徒も入校していた」（二井 2010：107）ということである。

第四章　天然の感化と暮らしの労作——留岡幸助と家庭学校3

第一節　天然の感化

1．感化農場での実践

留岡幸助は、自らの教誨師としての経験、米英での研修、あるいはルソーやヒューデメッツ、ペスタロッチなどに学び、「天然の感化」を行うべく当時はまだ自然豊かな環境であった巣鴨[1]の「樹木鬱蒼たる三千六百坪の地」（留岡 1924：157）に家庭学校を創設した。彼は巣鴨の家庭学校で「自己流《じこりう》ではあるが自分が考へた理想《りそう》と主義との實行」（留岡 1924：序説3）をし、その一五年に及ぶ取り組みについて自ら「小仕掛《こじかけ》の教育《けういく》は成功《せいかう》した」（同：序説4）と評価し、「今少しく大仕掛に私の教育法《けいいくはふ》を實施《じつし》して見たいと」（同）と考えていた。

そして巣鴨の地が「學校のツイ近所まで町が出來てしまつて自然分子の多かるべき教育地としては大に其の價値が減少して」（留岡 1912b：456）しまった[2]ことに併せて「従来本校が教育の主たる一要素であつた農業方面を大に拡張しやうといふ」（留岡 1914b：298）ことで、「北海道北見国紋別郡上湧別村サナプチ原野に一千町歩の土地を得て（中略）多年の宿望たる感化農場を設立」（留岡 1914c：299）し、より本格的な「天然の感化」による感化教育を行うこととした。

ちなみに、なぜ留岡が北海道の地を選んだかというと「農作物でも南は早熟する」（留岡 1924：序説5）ので「熱帯地方では少年の教育上適当であるまいと考へた」（同：序説5）ためであった。留岡は「不良少年は概して早熟か晩熟かである。彼等の中には殊に早熟が多い」（同：序説5）ため、ゆっくりと育つ時間が必要と考えたのであろう。[3]

留岡の「自然七分人間三分」（同：184-185）による感化教育は、この北海道の地の、家庭学校の分校及び感化農場で、「独立自営」という目標に向かって本格的な実践を始めることになる。なお、彼のいう「天然」あるいは「自然」とは、「一切の森羅萬象を指して謂ふ」（同：5）ものということである。

私は此處《こゝ》に都會生活の上に自然《しぜん》の要素《ようそ》が缺如《けつじよ》してゐると云つたが、それなら一體《たい》自然とは何んなものであるか。私の所謂《いわゆる》自《し》然《ぜん》Nature とは輝《かがや》く太陽や、數へ切れぬ星《ほし》や、月《つき》や、山《やま》や、水や、花《はな》や、木や、禽《とり》や、獸《けもの》、さては雨《あめ》、雪《ゆき》、霧《きり》、霜《しも》等、又四季の變化や、潺々《せん〴〵》たる小川の流《なが》れに至るまで、一切の森羅萬象《しんらばんしやう》を指して謂《い》ふのである。

〈留岡幸助（1924）『自然と児童の教養』警醒社書店、pp. 4-5。〉

2. 人間三分に天然七分の教育

「人間三分天然七分の教育は不良少年に宜い」（留岡 1901b：634）、それも農業が効果的であるということを留岡幸助は巣鴨の家庭学校時代から感じていたと思われる。例えば、飼い与えた子犬を虐待してしまうような「いたづら息子」（同）に、じゃが芋の収穫をさせたところ、彼が夢中になって掘り起こしたことを見て取った留岡は、「人間の言ふことは聞きませぬが天然の馬鈴薯には従ふ」（同：634）と思うに到り、「さふ云ふ事実を以て考へて見ても、人間三分天然七分の教育は不良少年に宜い」(同) と考えるようになっていたということである。

そして留岡は巣鴨での一五年を含む通算二五年の実践を経て『自然と児童の教養』を著した――同書は、家庭学校の支援者を募るための、あるいは啓蒙を兼ねていたのか、いわゆる「成功事例」が多く書かれているが、しかし、書かれているエピソードそのものは、実話であろう――。同著にも先の馬鈴薯のエピソードが綴られており、なぜ、作物が子どもを感化するのか、彼の考えが述べられている。曰く、「天然は『プレヂュデス』(4)と云《い》ふものを不良少年《ふりやうせうねん》に有《も》つて居りませぬから、自然に子供《こども》を感化《かんくわ》するのである」(留岡 1924：163) ということである。以下、少し長いが引用・転記する。

我が生徒《せいと》の或者《あるもの》には(中略)何をさせても爲《し》ない、其處《そこ》で或る夏《なつ》のこと、馬鈴薯の畑《はたけ》に追いやつて之を掘《ほ》らして見ましたが、何《なに》を命《めい》じても嫌《いや》がる者が馬鈴薯を掘ることに限《きり》つては、日の暮《く》れる迄やつて居りました。止《や》めろと云つても止めなかつた。(中略)是《これ》は私が考へますのに全く天然《てんねん》の御陰《おかげ》であると思ひます。天然は『プレヂュデス』と云《い》ふものを不良少年《ふりやうせうねん》に有《も》つて居りませぬから、自然に子供《こども》を感化《かんくわ》するのである。其處で不良少年は其初期に於ける感化の方法《はうはふ》としては、成るべく人間《にんげん》より遠けて之を花の下に置いたり、畑に置《お》いたりするが宜い。農業《のうげふ》といふものは歐米各國では重に《ママ》不良少年《ふりやうせうねん》の感化に採用して居ると云ふことは、私はさう云ふ理屈《りくつ》があるからだと思ひます。

人間社會《にんげんしやくわい》に酔つて居る不良少年は、一と先《ま》づ人間社會と隔離して『ネーチユア』で感化《かんくわ》せなければならぬ。人《にん》間社會《げんしやくわい》で惡くなつた者を人間の多い社會で善くすると云ふ事は、極《きはめ》て六ヶ敷いので、見ること聞くことが罪惡《ざいあく》の種である。それで飽《あく》まで蕪《かぶら》を作らせたり葱《ねぎ》を作らせたりするが宜い。蕪や葱は不良少年《ふりやうせうねん》に作られたからと云ふて、汝《なんじ》が作るのだから成長《せいちやう》してやらないとは申しますまい。不良少年と雖《いへど》も正直に勞働《らうどう》さへすれば必ず好く出來《でき》るに違ひない。其處で不良少年は考《かんが》へるであらう、人間《にんげん》は我を不良少年として取り扱ふけれども、馬鈴薯や葱は我《われ》を不良少年と見《み》て居らぬと見へる、如何となれば骨折て勞作《らうさく》さへすれば馬鈴薯も葱も善《よ》く出來ると、而して平素《へいそ》懶《らん》惰《だ》でありし不良少年も大に面白味《おもしろみ》を感じて仕事に精出すやうになります、是《これ》が即《すなは》ち自然《しぜん》の感化《かんくわ》であります。

右は家庭學校成立後《かていがくかうせいりつご》短くはあつたが、少年の上に自然《しぜん》が及ぼした感化の一實驗《じつけん》でありました。

〈留岡幸助（1924）『自然と児童の教養』警醒社書店、pp. 163-165。括弧内、下線筆者。〉

また、第二章第四節でも述べた通り、乗馬をさせたり山女を釣りに行かせたりすることでムガイの予防になることや、鳴き声の大人しい牛の世話をさせることで気性の荒い子どもが柔和になるなどの実例を挙げている。その理由については、「動物は爲にすることなくして、鳴き、眠り、食ふ狀態の裡には、何か人の心を動かす能力《ちから》があるらしいのである、之を無爲の感化とでも云ふのであろうか」（留岡 1924：184）と考察している。

留岡はこのような実践を通じて、「人よりも牛馬が少年を感化すると云ふことは少し奇矯の語のやうであるが、事實は以上申し述べた通りである」（留岡 1924：183）として「天然の感化」の力を用いることの有用性を述べている。

このように、「人間の悪くした人間、即ち不良少年は人間の力のみを以て改良することは出来ぬと言う事を発見」（留岡 1901b：632）した、あるいは確認した留岡は、「人間三分に天然の力七分の割合でやつたら宜い」（同）という考えは、その後の北海道における大規模な感化農場での実践を通じて更に補強されていくこととなった。

今《いま》一つの實驗《じつけん》は、校長や教師や其他の職員《しよくゐん》の感化《かんくわ》も決してないとは言はぬが、人《ひと》よりは牛馬の方が少年を感化する力があるらしい。少年を馬につけると逃走《たうそう》が止《や》み、快活《くわいかつ》がまし、元氣が旺盛《わうせい》になる。（中略）牛は女性的《じよせいてき》であるから、荒らくれた少年でも長く牛の世話《せわ》をさせると自《おの》づと柔順《おとなし》くなる。實に之は不可思議《ふかしぎ》である。（中略）人よりも牛馬《うしうま》が少年を感化《かんくわ》すると云ふことは少し奇矯《きけう》の語のやうであるが、事實《じじつ》は以上申し述《の》べた通《とほり》である。

大町先生は（中略）動物《どうぶつ》は爲《ため》にすることなくして、鳴《な》き、眠《ねむ》り、食ふ狀態の裡《うち》には、何か人の心《こころ》を動《うご》かす能力《ちから》があるらしいのである、之を無爲の感化とでも云ふのであらうか。拙吟《せつぎん》にも

人《ひと》よりも牛《うし》がよくする子供哉《こどもかな》

と云ふのがあるが、全く大町先生と同感《どうかん》である。

斯様《かやう》な譯《わけ》で開闢以來未だ曾《かつ》て斧鉞《ふえつ》を容《い》れざる原生林《げんせいりん》の中に這入つて生活をなし、而かも或る程度《ていど》まで原生林《げんせいりん》を開拓《かいたく》して、自然七分人間三分と云ふやうな生活振《せいくわつぶ》りをして見ると、人家稠密《ちうみつ》、車馬《しやば》絡繹《らくえき》、塵芥《じんかい》にまみれ、煤煙《ばいえん》に汚《けが》され、吐く呼吸《いき》、吸《す》ふ呼吸《いき》の毒素《どくそ》を呑んで生活して居る都人士《とじんし》には『惠の谷』は、全くの別天地《べつてんち》である。この別天地こそ人の子を教育《けういく》する適地《てきち》である。（完）

〈留岡幸助（1924）『自然と児童の教養』警醒社書店、pp. 183–184。〉

第二節　三能主義

留岡の「能《よ》く食べ能《よ》く働き能《よ》く眠る」という「三能主義」は、「家族制度」とともに、職員に知られるところである。[5] よく働きよく食べよく眠ることにより、子どもの心身を健康にし、基本的な生活習慣や生活リズムを整えるとして、現在に継承される理念である。

吾人が多年実験し来りたる感化教育は、少年をして能く働かしむると共に、能く食はせ、而して亦能く眠らしむるにありき。この三要件は啻に少年を教育するに於て必要なるのみならず、凡ての人類を教育するに於ても亦誠に必要欠く可らざるものなり。（中略）仰も礎とは吾人の既に述べたる勤労、飲食　睡眠の三事なりき。吾人

は之を称して感化教育の三能主義となす。

〈留岡幸助（1915）「三能主義」『人道』一一三、p. 379、括弧内筆者。なお、引用は同志社大学人文科学研究所（一九七九）『留岡幸助著作集　第三巻』pp. 379-383 を使用した。〉

詩人グレー曰はずや、

（中略）

と。嗚呼、平和を欲するものは昼間強く勤労かざるを得ず。勤労くものは勢い眠らざるを得ず、吾人は従来人生の三福を唱道し来りたるものなるが、その三福とは勤労、飲食、睡眠を適度にすることとなり。能く働き、能く食らい、能く眠らするは感化教育の真諦にして、この三者を習ひ性とならしむるに於て少年は感化せらるべく、性情は矯正せらるゝなり。

〈留岡幸助（1915）「三能主義」『人道』三八三、p. 379。なお、引用は同志社大学人文科学研究所（一九七九）『留岡幸助著作集　第三巻』pp. 379-383 を使用した。〉

施設では基本的に食べ残しが許されない。これは他の児童福祉施設（例えば児童養護施設等）では見られないことである。あるいは、同じ少年法の保護処分の受け入れ先である少年院においても、現在は食べ残しをしても良いことになっているそうである。(6)

第Ⅰ部でも報告した通り、施設では食事量が多く、ご飯はたいてい丼大の茶碗によそわれている。この丼飯は「三能主義」の象徴のように各施設で見られるものである。そしてこのご飯を入所したばかりの子どもは苦労して食べ切ることになるが、やがて時間内に食べ終わるようになり、三ヶ月もすると足りないほどになるそうである。これは施設を見学や実習に来た大人にもいえることで、職員の話では、女性でも作業に参加した後は（中学男子と同じ丼飯が）入ってしまうということであった（第Ⅰ部第一章）。

現在の施設では午後の作業の時間がクラブ活動やスポーツに充てられることも多くなっているが、本来の「三能主義」は作業というよりも「労作」を重視したものである。また、労作としては特に農業が尊ばれた、農業が尊ばれたのは先の「天然の感化」を期待したこと、そして職業訓練という面もあった(7)。

第三節　独立自営

1．感化農場と新農村の設立

留岡幸助の北海道佐名淵における「感化農場」は、単に子どもを「善くする」、つまりその後いわれた「不良性の除去」のために作られたということではなかった。彼の感化の目的は、「元来感化救済事業の骨子ともいふべきは独立自営の人間を造る」（留岡 1914b：298）という通り、「独立自営」にあった。

そのためには「欧米の所謂コロニー・システム（植民若しくは農業制度）を採る事が最も適当で且つ肝要」（同）と考えて、「北見国門紋別郡上湧別村サナプチ（社名淵）原野に一千町歩の土地を得」（同）て、「壱千町歩の裡に壱百五十戸の小作人を入れ、一面感化事業に着手すると同時に、他面に於ては百五十戸の新農村を造らんとする」（同）壮大な計画を立てたのであった。それは「単なる不良少年のための感化農場ではなく、それをその中に包摂する、理想的な農村聚楽の建設を夢みるもの」（留岡 1964：25）であった。

そうはいうものの、（中略）一千町歩の教育農場の創設は、只単に、東京巣鴨における家庭学校の、十五年間の教育実論が結論したというだけでなく、後述するように、家庭学校を経営する傍、内務省の嘱託として、全国各地を巡歴し、地方改良や戦後経営の実際を指導することによって、地域農村社会建設の理念と熱意とが成熟し、それがこれにからまって帰結したものなのである。従って、北海道僻地の教育農場は、単なる不良少年のための感化農場ではなく、それをその中に包摂する、理想的な農村聚楽の建設を夢みるものだったのである。

〈留岡清男（1964）『教育農場五十年』岩波書店、p. 25。（中略）及び傍点筆者。〉

彼の巣鴨での取り組みは、子どもたちに健全なる「ファミリー」（留岡 1902：58）を提供することにあったが、北海道農場では「健全な新農村」（留岡 1914b：298）そのものを創設することにあり、それは留岡清男（留岡幸助の四男、第四代家庭学校長。以降、(8)二人を区別するため〝幸助〟〝清男〟と表記）のいう通り、単なる感化教育、感化事業を越えて「理想的な農村聚楽の建設を夢みるもの」であった。幸助は、次のように述べている。

感化事業の立場から云へば、新農村の設置は単に一の副業たるに過ぎない。けれども之を社会的立場より云へば、新農村を設立することは即ち主にして感化事業は客である。百五十戸即ち一戸五人とみて、都合七百五十人の男女を正直勤勉の農民に育て上げることは極めて愉快なる事業である。けれども其の経営や極めて困難であるを感ぜねばならぬ。

〈留岡幸助（1914c）「感化農場と新農村」『人道』一〇八、p. 306。なお、文中の引用は、同志社大学人文科学研究所（1979）『留岡幸助著作集　第三巻』pp. 299-327 を使用した。〉

幸助は「農村新設すると同時に、感化農場を設立するのであるから、一挙両得とは此事であります」（留岡 1914b：298）とする一方、「今後幾年の久しきにして果たして此の計画が完全に成就するであろうか。自分一生のうちに其成功を見ることが出来ぬかも知れぬ」（留岡 1914c：299）との不安も吐露している。

幸助の北海道への「移住」は一九一四（大正三）年、そのころの様子は「十坪斗りの板屋が田中理事の盡力で建設され、一ヶ月斗り前に鈴木良吉君が三人の生徒を連れて共同生活をして」（留岡 1924：序 10）おり、「土地は千町歩もあるが一歩も原始林の内部へ這入《はい》ることが出來ぬ」（同：12）という状態であった。このような状態から地道に「原始林」を開墾し、飲む水にも困り、また山火事の被害に遭いながらも一から現在の北海道家庭学校を建設していったのである。一〇年後の一九二四（大正一三）年に発行された『自然と児童の教養』には、現在に残る門柱（第二章）、恵の谷、礼拝堂、畜産部の酪農風景などの写真が掲載されている。牛舎の写真には、「畜産は農業と相伴ふもので大正四年ホルスタイン種の牝牛一頭を得て以來、大正十二年五月までに審殖して六十七頭を得たから更に資本を投じて新築したのが此の建物である」との説明文が掲載されている。

藤井によると、当時、「道東で酪農業に手を出すとは、何んと無謀な冒険」（藤井 1992：275）だと見なされていたそうであるが、「酪農部を創設して、バターの製造を始める。製品化されたバターは十字印バターの商標で内地に出荷され、高く評価されるように」（同：276）なったということであった。

この「新農村」は、当初、「一千町歩の内、八百町歩を十一年間に開墾することゝなし、内五十町歩を我が校の自作農地となし、残り七百町歩を一農家に五町歩宛分配するとして、百五十戸の小作人を移住せしめ（中略）感化部に於いては五十町歩の農場に百五十人の少年を収容する予定」（同：395）であった。幸助は開墾後一一年目からは「一万二千円の年収入が自作及び小作より上がる目算」（同）で、「之を運用して其が経常費に充当せんと」（同）考えていたが、二井や藤井(9)によると小作人の入植は思うように進まなかったということである。

2. 家庭の再生産までを網羅

幸助は、家庭学校を退所した後の子どもたちについて、「身分や才能に応じ、或は学校に、或は徒弟にやるといふやうなことに就き却々苦心する」（留岡 1912a：229）と述べている。幸助もまた現代でいうところの子どもたちの〝進路〟（第Ⅳ部第三章）に苦心しながら世話している様子が伺えるものである。

しかし、彼は「夫れ許りでは未だ感化事業が徹底したとは云はれない」（同）として、「感化事業の徹底」は今日でいうところの〝進路指導〟の範疇では収まらないものであった。それは、「今一歩進んで嫁を取つたり、婿にやつたりして、和楽の家庭を造らせるやうに致さねばならぬ。某所迄行かねば私等の責任は全うせられたとは云われない」（同）、つまり家庭の再生産までを目標としていたのであった。

預かった子どもの結婚相手まで世話する、この考えは現代の感覚で考えると違和感を覚えるかもしれないが、かつての日本の社会では「結婚という大きな儀礼によって完全な社会人となる」（大藤 1982：26）ものであった。子どもたちは「第一に労働力が人並みになり、生産にも分配にも一人前と勘定されること、第二には結婚できる体になったということ」（同：190）を以て成人と見なされ、そして結婚によって「完全な社会人となる」（同：26）という考え方である。

つまり、留岡幸助が理念として掲げた「独立自営」とは、子どもを「健全なる『ファミリー』」（留岡 1902：58）に保護することに始まり、そこで「家族的生活」（あるいは「家庭的生活」）と愛される体験を提供し、「普通教育」や「職業教育」を授け、その後の〝進路〟を斡旋するのみならず、「健全な新農村」（留岡 1914b：298）にて職を用意し、更にはその子が伴侶を得て所帯を持つことで「完全な社会人となる」までを網羅するものであったといえる。

このように、幸助の「感化」とは、単に不良少年を預かって彼を「善くする」——後の「不良性の除去」——というだけではなく、「独立自営」という高い目的があった。彼は監獄で教誨師としてたくさんの囚人たちの話を聴いていた（第Ⅱ部第一章）。幸助は、彼等が子どもの頃から〝行き場のない〟人たちであったことに鑑みて、「独立自営」という目標を立てたのであろう。

3．実物教育と職業教育

実物教育

幸助は一九〇一年の講演会で、[10] 家庭学校の方法について次の三点を挙げている。第一に境遇の転換、第二に家族的生活（家庭的生活）――この二つについては第三章第三節にすでに述べた――そして実物教育である。

なぜ実物教育が必要なのか、それは、不良少年にとってはキリストの教えも釈迦の教えも「チットも有難くない」（留岡 1901b：637）のであまり効き目がない、「ソコデ実物教育でないと彼等に了解せしむることは六ヶ敷」（同）のであって「一言で言へば耳から這入る所の教は彼等には分からぬと云ふて差支え無い、目から這入る教育でなければ到底六ヶ敷」（同）ので、「即ち実物教育でなければ往かぬ」（同）と説明している。

そして――ここからが重要なのであるが――実物教育を行うには、校長自らが毎日朝五時に起きる必要がある、そして教師が先に立って「労働」に出なければならない。そしてその教師は、「他所の学校に行けば三十五円も四十円も取つて中学校の教師になることは難でも《ママ》」（同）ない優秀な人材である、そのような優秀な教師であるけれども、彼らは「襷掛で尻端折《シリカラゲ》で鍬を取つて畑で働いて」（同）おり、しかし「さう云ふ風にして見せなければ、不良少年は言ふことを聴かないです」（同）と述べているのである。

職員がよく使うことばの中に「ウイズ」あるいは「ウイズの精神」というものがある（第一〇章）。これは、作業でもマラソンでもペナルティの正座でも、とにかく何でも子どもと「共に」職員が行う、という意味がある。これは年齢を問わず非常によく耳にする、いわば職員に人気のことばである。そのウイズ程ではないものの、しばしば聴かれることばに「率先垂範」がある。[11] 職員がまず先に率先して行い、子どもたちとともに何でもする、即ち、「着物も縫ふて着せる、飯も炊いて食はせる、先生自ら下女となり、百姓となりて生徒を自ら率い」（同：637-638）ることである。そしてこれを行うことで「外かの感化院にあるやうな塀もなく、又門番も付けずにやつて往ける」（同：698）というのである。

これは、C寮母の「共に暮らすことで子どもたちの信頼を貰える」、それが「薬も注射も、何も術を持たない私たちの唯一の武器」という語り（第Ⅰ部第三章）に通ずるものである。いわゆる職員のいう、子どもたちとの「信頼関係」――留岡曰く「道徳的感情」[12]（同）――であり、それは職員が共に暮らすこと、率先して働くことで得られると――幸助もC寮母も――述べているのである。「実物教育でなくてはいかない」（留岡 1901b：638）、これは、キョウゴの世界における本質的な理念であり、方法なのであろう。

職業教育

留岡幸助は「獨立自營の人間を造る」（留岡 1912b：468）ためには「職業の訓錬が一番大切」（同）であり、「感化教育はどうしても飯を食べられるやうな職業を得させることを土臺として教育するといふことに歸着する」（同：469）として、「職業教育」を重視してきた。

彼は巣鴨の家庭学校の時代から「職業教育」に力を入れ、各方面のプロフェッショナルである職人を雇い入れるなどしたものの、「失敗ばかりした」ことについては先述の通りである。幸助が家庭学校の「職業教育」を、農業を中心として行ったのは、「天然の感化」に期待する面もあるが、他の方法を行うにはコストがかかりすぎる、という面もあったのかもしれない。

留岡はまた、次のようにも述べている――「私の學校では以前は中學程度の教育までもやらせましたが、乞食の様な生活をしたものでも、二三年で居て中學教育を受けると忽に理窟を云うて困らせる様に」（同：469）になったので、「義務教育の終了後は、朝から晩まで働かせる方針に改め」（同）たところ、「理窟は云はなくなるし、仕事は多くするし、従順になるし、腕は上がるし、誠に不思議に感じた」（同）、「今日の教育は何處に往つても理窟を教へ過ぎて」（同）いる――。

この講演では又、「職業教育」における農業について、「團體所在の地方狀勢に俟つべきもの」（同：471）であり、「必ずしも農業に固執する必要はない」（同）が、「土地其の外農業施設の利用に便なる地方に於ては農業採擇の方針に立つて事業を進むが宜しかろう」（同）としている。そして「農民の鄕土離畔と都會集中の二原因により農民の激減する爲（中略）兒童は悉く農民にする目的で教育するが」（留岡 1912b：470）よく、「未墾荒蕉の土地に兒童を移住させるがよい」（同：471）と植民制度《コロニー・システム》（留岡 1914a：285）を是とする発言をしている。

家庭学校の「感化農場」は「天然の感化」による癒し、そして「職業教育」としての農業、更には「独立自営」のため、「飯を食べられるやうな職業」を得ること、更には社会改良――清男曰く「地方改良」（後述）――をも兼ね備えたものであったのである。

第四節　「しごと」を通じた暮らし――留岡清男と北海道家庭学校

1.「地域社会学校」から「教育農場」へ

戦後の復興

幸助の築いた「感化農場」と「新農村」は、その後、太平洋戦争で深刻な――「戦前は、乳牛を三十六頭も飼育したことがあるが、戦時中の作付転換によって、戦後は、たった一頭しか残らなかった」（留岡 1964：91）被害を受けた。戦後の荒廃した蔬菜畑、傷み放題にいたんだ建物、食料も乏しくなった北海道の分校及び農場の再建に尽力したのが、幸助の四男、清男――彼は一九五二（昭和二七）年、施設が社会福祉法人に改組し分校から北海道家庭学校に改称した際に第四代校長として就任する——であった。

清男はまず、「最小必要量の経済的基礎」（同：100）と、「教育は胃袋から」（同：11）をスローガンに家庭学校の再建に尽力する。

君は知らないだろうが、今から十三年ほど前、家庭学校には、戦中戦後の荒廃のために、乳牛は一頭に減り、鶏は一羽もいなくなりました。（中略）教育は、先生でも、生徒でも、お腹がへっては出来るものではありません。満腹することは教育でも何でもありませんが、それは、教育が行われるための不可欠の前提条件であります。そこで、私は、「教育は胃袋から」という標語を掲げて、乳牛をふやし、養鶏をはげんで、栄養価の高いものを生産することに躍起になりました。一時は、私のことを、養鶏校長などといって、カゲロをきく先生もいました。

〈留岡清男（1964）『教育農場五十年』岩波書店、pp. 127-128。〉

清男が手がけた家庭学校の復興は、地域の復興とともに行われた、正に地域再建であった。一九五五（昭和三〇）年に行われた創立四十一周年記念式で述べた式辞を見ると、彼が父、幸助が創設した「理想的な農村聚楽」（留岡 1964：25）を再建するべく、また、「地域社会学校」（留岡 1956a：57）としての使命を果たすべく、尽力している様子がよく表れている。

最後に、北海道家庭学校は、少年を教育する学校であるばかりではなく、近隣農家の生産と生活とを引き上げる地域社会学校の使命をもっております。精米製粉工場を設けて、地域社会学校としての、最初の手掛かりをつくりましたが、併し、働きかけはここからであります。去年の末、酪農部は、三頭の乳牛を、付近農家に、五ヶ年の年賦償還を条件として、分譲しました。酪農部の最初の基礎牛五頭は、十ヶ年の年賦償還を条件として、森永乳業会社から借入れたものでありますから、私たちは、同じ様な条件で、農家の人々に貸し付けたいのでありますが、酪農部の経済力は、まだまだそこまでには達しておりません。養鶏部もまた、同じように、初雛の譲渡を、六ヶ月後の月賦償還を条件として、行いたいのでありますが、それまでには、養鶏部の経済力はまだ達していません。ここ当分は地力の増進と、技術の錬磨とによって、生産力を増強することに邁進しなければなりません。従って、酪農部も養鶏部も、近隣農家に対して、本格的に働きかけ、地域社会学校としての、本領を発揮するようになるには、なおこのさき、数年を必要とするでありましょう。

かくの如く、私たちの学校は、（中略）ようやく六合目にさしかかったところでありまして、極めて危険な段階にあるといわなければならないのであります。（後略）

〈家庭学校機関誌『一群』に収録された「創立四十一周年記念式々辞」（昭和三十年九月二十四日）より、なお引用は、星屋千重編集発行（1981）『留岡清男先生遺作集』pp. 57-63 を使用した。〉

小作地の開放

一方で清男は、遠軽の家庭学校に赴任する際、「心ひそかに小作制度の撤廃、家庭学校農場の開放を決意」（留岡 1956b : 64）していた。彼は「小作料を徴収する地主の権利について疑問をいだき、小作制度を撤廃するために、自作農家を創設することに踏み切った」（留岡 1964 : 65）のである。

清男の小作地を開放する構想に対して父、幸助は「自作農地は出来ても、自作農は移り変わる」（留岡 1956a : 65）として、懸念を示したという。しかし、小作地は開放されて家庭学校の所有地は四三〇町歩となった。

農業の恐慌と農家の窮状とは、このようなものであったが、しかし、どんなに温情をこめて小作農家を分家と呼んでも[13]、また、分家のために産業組合をつくって、その生産と生活とを高めようとしても、所詮、小作農家は小作農家であって、地主としての家庭学校は、秋になると、小作料を徴収しなければならなかったのである。

（中略）

地主は、一体、何の権利を持って、小作農家から小作料をとりたてることができるのであるか。（中略）

家庭学校は、その内側において、小作制度に対する懐疑と否定をもつようになったが、同時にまた、その外側においては、小作争議は頻発し、農民運動は燎原の火の如く、全国の各農村に広がったのである。（中略）

家庭学校は、結局、小作制度を廃止し、自作創設維持資金によって、小作農家の自作化を決意するようになった。（中略）

分家が暖簾わけして自作農家になるに当たって、家庭学校では一つ一つの分家に、若干の薪炭林をつけ加えて、餞別とした。それは、自作農家になったとしても、薪炭に窮することがあってはいけないから、それに備えて、薪炭林を育成することを希望した次第である。

〈留岡清男（1964）『教育農場五十年』岩波書店、pp. 58–60。〉

児童福祉法下の施設へ

小作農の開放はまた、家庭学校が下社名淵産業組合から切り離されていくことにもなった。藤井によると、下社名淵産業組合は、幸助が組織した「小作農の結束と資本の蓄積を計るために平和鶏卵貯金組合や平和飼牛組合」（藤井 1992：286）が元になり、「昭和五年、二つの組合の発展的形態として下社名淵産業組合」（同）として設立したものである。この組合は「生産資材や日用品の共同購入を行い、鶏卵と牛乳による資本の蓄積に取り組む」（同）としている。つまり、小作農家にとって貴重な現金収入を守り、また、その蓄えによって必要資材や物品を現金購入する重要な役割を担っていたと考えられる組織である。

この下社名淵産業組合からの「孤立」について清男は、「必ずしも得策ではなかったようである」（同）と考えており、父幸助ならば避けたであろうとしている。それはまた、「新農村」とともに歩んできた分校及び「感化農場」が、「こじんまりとした内容の教育事業に専念しなければならない」（留岡 1964：61）ことを指していた。

小作地の開放についての調査立案が進められるのと併行して、下社名淵産業組合の発展的解消が進められた。というのは、当時政府の方針として一町村一組合主義の政策がとられ、従って、北海道の如き広大な地域をもつ町村に対しても、一町村一組合主義の方針が強行されたからである。（中略）それと時を同じくして、家庭学校の内部には、外延的な対外活動を切り下げて、少年教護という家庭学校本来の仕事にたてこもり、こぢんまりとした内容の教育事業に専念しなければならない、という考えもあったのである。

今から考えると、この消極的な封鎖主義は、必ずしも得策ではなかったようである。恐らく、留岡幸助先生が脳溢血の発作に病んで、死去するようなことがなかったならば、このような消極施策は採らなかったであろう。たとえ一町村一組合主義の政策が強行されたにしても、従って、下社名淵産業組合が村内の他の産業組合と合併されたにしても、下佐名淵産業組合の実質は、別の形と機能をもって、継続したであろう。小作地を開放したことはよろしいけれど、地方改良の骨組となる下社名淵産業組合を切離して、敢えて孤立したということは、家庭学校をして、本来固有した二つの目的の一つを失わしめ、その立地的基盤を失わしめたにもひとしい、といわなければならないからである。

〈留岡清男（1964）『教育農場五十年』、pp. 60-61。傍線、括弧内筆者〉

このような戦後の変化は、だがしかし、後に清男が回顧する通り「亡父の思案も、また私の意見も、結局は、時勢というものではなかったかと思う。（中略）おそかれ早かれそうなるものだったように思う」（同：65）という、時代の流れの中で起きたことであった。

このようにして、分校及び農場は、地主（「本家」）[14]としての役割を終え、また、「地域社会学校」という役割を縮小させることになった。このことは、入所した子どもたちを小作農として入植させるという、「独立自営」に実質的な終りを告げるものでもあった。そして戦後の新憲法の下に制定された児童福祉法による施設は、新たに措置費による運営が行われることになった。

このような時代の変化を受けて、家庭学校は「外延的な対外活動を切り下げて、少年教護[15]という家庭学校本来の仕事にたてこもり、こぢんまりとした内容の教育事業に専念しなければならない」状況になっていった[16]といえる。清男のこの表現は消極的なイメージである。しかし、このときの機転、そして戦後復興とともに実践された清男の「教育農場」での取り組みは、それまでの「職業教育」的な意味合いの強かった「作業」を越えて、新たに北海道家庭学校の、そしてキョウゴの根幹を成す理念——清男曰く「日常生活の隅々にまで滲透し、日々の実践の中で鞭撻され、鍛錬されるところの、最大公約数の精神的支柱」（留岡 1964：123）の確立——へと繋がっていくのである。そしてそれは、「しごと」（同：122）を通じてのみ得られるものということである。

2.「職業教育」から「流汗悟道」へ

自分たちの手による暮らし

小作農を受け入れる「新農村」を手放したことで、家庭学校で行われる農業は、「独立自営」のための職業指導という意味合いが薄れていくことになった。一方で、清男の時代は——原始林を開墾していた時代とは異なって——必ずしもすべてが自分たちの手で作り上げなくてもよい時代の当来でもあった。

あるとき、清男は北海道家庭学校の子どもたちを観察・記録するうちに、子どもたちが薪を無駄遣いした際、注意をしても、「拳骨をくれても」また繰り返すということに気付いた。このことから彼は「少年たちにとって、注意や、警告や、拳骨は、役に立たない、ということを知るように」（留岡 1964 : 71）なり、対策を練った。そして「真冬のある寒い朝、午前三時頃に、全校に非常招集を発令」（同）して子どもたちと薪運びを行ったのである。山から寮舎まで薪を運び降ろすのは大変な作業であった。

その後、子どもたちが使う薪を「小作農家の人々によってつくられた薪と、少年達が汗と膏とを投下してつくった薪とに分けて、観察記録を比較対象してみた」（同 : 72）ところ、清男は、「明らかに、自分の汗と膏とを投下してつくった薪の方が、遥かに分量が少なく、且つ合理的に使われていること」（同）に気付いた。

このことを機に清男は、今度は子どもたちと土木工事を始めたのである。それまでは、橋にしても「市街地から土工夫や職人をよんでつくらせた」（同）ものであったが、「少年たちは、馬を追いながら曳いて来る荷馬車を、容赦なく橋の欄干にぶっつける」（同 : 73）ので、「そのうちに壊されてしまう」（同 : 72）のであった。そこで、「校外から土木工夫や職人を連れて来て、木造の橋をつくることは、一切やめて」（同 : 73）、目方が数十貫もある三尺土管を購入し、「少年達と一緒になって、川底を浚い、チェーン・ブロックを操りながら、三尺土管を並べた（中略）危険を伴う作業に慎重を期しながら、全身は泥だらけになり、ズブ濡れに」（同）なりながら、数日間かけて土管暗渠を完成させ「私たちも、少年達も、一斉に歓声をあげ」（同）たということである。するとそれ以降、子どもたちは橋替わりに設置された土管暗渠の上を通るとき、必ず下に降りて土管の並びや水の流れなどを確認してから「さも満足げな微笑を浮かべて、土管暗渠の上を渡ってゆく」（同）ようになったということである。

この行為を清男は「鑑賞」と表現している。曰く、「鑑賞は、自然に発生するものではない。作品の中に、自分の汗と膏が投下されるからこそ、作品を鑑賞したくなるのである。鑑賞は愛情を生み、愛情はものの管理を育ててゆ

「薪割り」
川上重治（1978）『川上重治写真集　家庭学校と留岡幸助』北海道新聞。

く」（同）のだということである。清男の取り組みはその後も続き、服地を買って子どもたちに洋服を縫わせる、オヤツで出される菓子を買い入れるのをやめて畑に小麦と小豆を作らせて、収穫した材料でオヤキを焼かせるなどを試みて、洋服をつくろう回数が減ったこと、それまで出ていたオヤツに対する不平を「いうわけにいかなくなった」（同：74）ことなどを記録している。そして「自分の労働力を投下してつくったものに、不平のもって行きようはなく、自然と満足し、感謝する念が湧くのであろう」（同）とした。

「暗渠の精神」と「暗渠精神」

「暗渠の精神」は「足の裏の哲学」とともに、職員のあるべき姿勢──地道でひたむきで熱心で、けれど目立たない影の努力を惜しまない、というような──そのようなことを表すときに用いられることばである。新ＨＢには、「暗渠は人目につくことはなく、湿地の地下にあって水を抜き、作物の生長を助ける。家庭学校には、教員と子どもたちとでつくった無数の暗渠があって、地上の作物を豊かにみのらせている」（新ＨＢ：23）と「暗渠の精神」について説明している。

まず、この「暗渠の精神」のルーツを確認してみると、清男の著書『教育農場五十年』に「暗渠精神」という見出しがあった。それは、北海道家庭学校のある支援者の甥の「堀江青年」を実習生として預かったエピソードとして綴られている。以下、引用する。

私は、言葉をついで、堀江青年に言いました。人々は、この学校に来て、自然の景色が素晴らしいといいます。また、先生も生徒も、実によく働くといいます。だが、そういったことは、眼にみえるもの、手にふれて知ることのできるものであります。そういうものは、大したものではないのであります。本当に知ってもらいたいものは、眼にみえず、手にとってふれることのできない、精神的なものであります。つまり、この家庭学校の精神的支柱は何か、ということであります。そして、それを、みんなはどのように共有しているか、ということであります。（中略）堀江青年は、暫く考え込んでいましたが、素直に答えました。家庭学校の精神的支柱は何かということについて、まだ明確にはわかりません。（中略）

私は、暫くだまっていましたが、やがて、堀江青年に尋ねました。君は、暗渠というものを知っていますか、と。突拍子もない質問でしたが、案の定、堀江青年は、暗渠という言葉を知らなかったのであります。言葉を知らなかっただけでなく、暗渠はどうしてつくらなければならないか、暗渠はどんな効果をもたらすものか、ということを知らなかったのであります。（中略）

君は知らないだろうが、今から十三年ほど前、家庭学校には、戦中戦後の荒廃のために、乳牛は一頭にへり、鶏は一羽もいなくなりました。（中略）

それはともかくとして、乳牛の頭数は、段々にふえて行きました。（中略）乳牛の頭数がふえることと、飼料畑がこえることとの間には、いたちごっこの循環関係がある、ということになります。（中略）少しずつ乳牛をふやしながら、少しずつ余計に堆肥を畑にいれて、徐々に畑をこやしてゆく外に、道はないのであります。（中略）

ところが、(中略) 土地の肥沃度を、急激に引きあげるようになるときが、到来するのであります。それは、どういうときかと申しますと、少しずつ余裕がついて来て、耕地を掘って暗渠を埋め、そこに暗渠工事を施すことができるようになるときであります。つまり、それによって、水はけがよくなり、飼料畑の単位収量が飛躍的に増加するときであります。

堀江君、君は、毎日、楽山寮から精米所へ通勤していますが、通勤の途中、一面にひろがってみえる畑の底に、土管が四方八方に埋められている、ということを知っていますか。暗渠は、地の底にかくれて埋められています。表面から、眼でみることはできません。しかし、地の底にかくれている暗渠があるために、地上に播かれた種子が、腐ることなく、芽を吹き出し、花を咲かせ、実をみのらせることができるのです。人々の眼には、新芽の青さが見えます。花の美しさが見えます。豊かな実りが見えます。しかし、そういったものは、みんな、地の底に埋もれている暗渠のお陰だということを、見抜く人は極めて稀であります。私たちは、新芽も、花も、実も、惜しみなく人さまに差し上げたらいいと思います。所詮、私たちは、静かに、黙々として、地の底にかくれて、新芽を吹き出させ、花を咲かせ、実をみのらせることができさえすればよろしいのであって、それが暗渠というものの効用であり、誇りだと思うのであります。私たちは、いつも、暗渠であることの誇りをもちたいものだと思うのであります。(中略)

〈留岡清男 (1964)『教育農場五十年』岩波書店、pp. 126–130〉

ちなみに、これらの暗渠を地中に埋め込む作業——これを暗渠排水工事というそうである——は、湿地帯などの水分を排出する土木工事ということである。例えば、北海道家庭学校では一九六〇 (昭和三五) 年に「蔬菜畑と養鶏部の飼料畑とに、千三百メートルに及ぶ暗渠排水工事」(留岡 1961 : 143) を行ったが、このときの施工で使用した暗渠

星屋千重編集発行（1981）『留岡清男先生遺作集』。

はそれまで使用していた「ソダ暗渠[17]で、不完全なもの」（同：142）とは違い、「素焼きの土管」（同：143）を使った難工事だったようである。

今秋、収穫のあとかたずけが一段落つくと、全校をあげて、全面的に暗渠排水の工事をすることになりました。蔬菜畑と養鶏部の飼料畑とに、千三百メートルに及ぶ暗渠排水工事を完成しました。重粘土地帯に、幅五十センチ、深さ百センチの溝を掘りあげることは、並々ならぬ苦労であります。また、溝の底に素焼きの土管を並べ、その上に苅り集めた熊笹をかぶせて埋め戻しする作業は、細心の注意を必要とするものであります。この苦労と、この細心の注意とをもって、よくもやり遂げました。やり遂げた生徒も先生も、ホッとして、完成の喜びにひたりましたが私はそれをみて、感謝と感激との心で一杯になりました。

〈家庭学校機関誌『一群』に収録された「大いなる疑問——念頭の課題（昭和三十六年一月一日）」より、なお引用は、星屋千重編集発行（一九八一）『留岡清男先生遺作集』pp. 141-146 を使用した。〉

現在、伝承されている「暗渠の精神」は、先の新ＨＢに見た通り、職員の心構えを示すフレーズとして説明されている。しかし、先に見てきた留岡清男の『教育農場五十年』に示されている「暗渠精神」では、どちらかというと、「教育農場」に必要な「最大公約数の精神的支柱」（留岡 1964：120）を暗渠に例えている、という印象がある。以下、「最大公約数の精神的支柱」について考えてみることとする。

堀江君、君は、家庭学校の精神的支柱がどういうものであるかということを、知らないと答えましたが、それはもっともなことだと思います。なぜなら、私たちは、日々、暗渠となって、耐え忍ぶと同時に、黙々として人さまに仕え、花も実も、そっくりそのまま人さまに与えて喜ぶことができるような、そういった人間になりたいと思うのであります。そのことが、とりもなおさず、家庭学校の精神的支柱である、と思うからであります。この精神的支柱は、眼をもってみることができず、手をもってふれることはできません。それは、ただ、黙々として粉骨砕身し、苦業をかさねてゆく日常生活の中にのみ、結晶するものであります。堀江君、精神的支柱は、濡れ手に粟、といったような安易な方法で、摑みとることができるものではありません。それは、黙々として、忍従と苦業とを積みかさね、その中から育てられてゆくものだ、ということを、お互いに確認し合おうではありませんか。

〈留岡清男（1964）『教育農場五十年』岩波書店、pp. 130–131。〉

清男曰く「創立者留岡幸助先生[18]は、キリスト教をもって、教育の精神的主柱」（同）とし、そして「キリスト教精神は、亡父なきあと、一貫して、教育農場をささえた精神的支柱であることに変わりはない」（同）としながらも、

「しかし、そうはいうものの、神の国を地上にうち建てるためには、神の教えを、凡夫の心構えにおきなおして、日常実践の隅々に、滲透させることが必要である」（同：120‒121）、それは頗る困難なことであるが、「最大公約数の精神的支柱を確立し、それを共有しなければ、教育農場の運営は前進しない」（同：123）と述べている。

そしてその「最大公約数の精神的支柱を確立し、共有することは、ことばで説き、理窟で理解しても駄目」（同）なのであって、なぜならばそれは、説いて理解すべきものでなく、日常生活の実践の中において、鞭撻され、訓練されるものだから」（同）として、その具体例の一つに、先の「暗渠精神」の項目が設けられているのである。

清男のいう「最大公約数の精神的支柱」とは、一言でいうと、「しごと」（同：122）を尊び黙々とそれに励み、また、それを互いに助け合って行うことを通じて感謝を知る、ということであろう。この考えには宗教を越えた一つの真理があると考えられる。このように、清男の「凡夫の心構えにおきなおして、日常実践の隅々に、滲透させる」（同：120）という作業は、結果として、キリスト教に依らずに北海道家庭学校の、ひいてはキョウゴの世界の「精神的主柱」となっていったと考えられる。

なお、「最大公約数の精神的主柱」の説明のために清男は「暗渠精神」ともう一つ、「若き青年教師に送る書」（同：131）という項目を設けている。こちらの項目にはより明確に、「家庭学校が培って来たところの精神的支柱の一つが（中略）仕事に対する仮借なき厳しさ」（同：136）であること、それを事実認識できるのがこれまで家庭学校の職員と子どもとで建設してきたものと、そしてこれから建設すべきものを具体的に把握すること、「そういった事実認識に徹しないような教育論は、一片の抽象論であって、たわいない空論」（同：136）に過ぎないことを述べている。そして、「一片の善意から、協力とか協同とかいう生活態度は生まれません。泣いても笑っても、為しとげなければならない『しごと』に直面するところに、他人の協力の必要を再発見するのであります」（同：137）と書いている。

ことになる。

「流汗悟道」

清男が「精神的支柱」として大事にした理念と実践は、清男が第五代校長に指名した谷昌恒へと引き継がれていく(19)

就任後の谷は、北海道家庭学校での実践を豊かな表現力で描き出し、『教育力の原点』を始め、多くの著書を執筆し、第二回ペスタロッチー教育賞を受賞した。彼はより明確に、北海道家庭学校で「子どもが働く」ことについて、「職業指導ではない」（谷：1996：194）として、「強いて言うなら流汗悟道です」（同）と答えている。

家庭学校で「なぜ子どもが働くか」という問題が出た。家庭学校では、野菜はほとんど自給しています。酪農もやっている。四〇〇町歩からの山の造林も全部やっている。広い敷地も塵ひとつなく、きれいに草を刈ったり清掃したり、コンクリート・ミキサーを廻して、型枠に入れて、U字溝をつくって、それが五〇、一〇〇とできると、校内の道路脇にきちんと側溝をつくっていきます。ともかくも汗を流している。これは職業指導か、という話になりました。いや、職業指導じゃないです。職業指導だったら、それなりにちゃんと機械を備えたり道具を備えたりして、職業指導は職業指導らしくしなくてはなりません。職業指導ではないです。強いていえば、流汗悟道です。汗を流すことによってはじめてわかる。

〈谷昌恒（1996）『教育力の原点』岩波書店、p. 184。〉

谷は、この「流汗悟道」について、「汗をかいて汗をかいて、はじめて道を悟る、何かがわかってくる。何かがわかってくることのなかに、親の苦労、親の心配、そういうこともある。（中略）流汗悟道の生活とはそういうことを言うのです」（谷 1996：182）と説明し、例として、北海道家庭学校の中で、たまたま牛のお産に立ち会った体験を作文にした子どもの例（第Ⅳ部第一章）を挙げている。

先ほどの少年の話ですが、村上という酪農部の部長は、牛のお産がもう少し先だと思って、草地に行って、トラクターで仕事をしていた。そのあいだに牛が産気づいてしまって、たまたまそこにこの少年がいて、感動的な牛のお産に立ち会う。ひと汗もふた汗もかいているうちに、この子どもは何かがわかった。

その牛のお産と、自分が母親を殴ったということと、まことに突飛な、しかし、いかにも子どもらしい連想です。心から悪かった、といっているのです。

〈谷昌恒（1996）『教育力の原点』岩波書店、p. 182〉

この「流汗悟道」は「創設者、留岡幸助の『流汗悟道』の精神」（山下 2006：6）とするように、幸助の時代から受け継がれてきた理念である。この理念は清男に引き継がれ、谷の時代に正にことばを得て、つまり「言語化」されて職員・関係者のみならず、広く一般の理解を得たと考えられる。

なお、新ＨＢにおいては、指導の三本柱の「作業」――その中でもとりわけ「汗を流し体で覚える作業」（新ＨＢ：163）として「流汗悟道」が紹介されているが、北海道家庭学校における「作業」とは、「生活を営む上で必要なこと全てを総称して『作業』と呼んでいます」（山下 2006：5）ということである。

生活、学習、作業の有機的な結びつき

「しごと」（今日でいうところの「作業」）は、時に批判の対象になることがある。なにしろ、公立の小・中学校では、そのほとんどの時間が座学であるのに対して、施設では半日を「作業」に充てているのであるから、批判されるのも

無理からぬことであろう。清男は特にこの「しごと」を重視し、そして今日でいうところの「生活」「学習」「作業」が有機的に結びついた「教育農場」であることを目標としていた。以下、「大いなる疑問――念頭の課題――」を引用しつつ繙いてみる。

清男にとって、教科書の内容をなぞらえただけの「学習」カリキュラムは、「不完全な形」――「読むこと、書くこと、数えることの三つの能力を、せめて最小限度に保障することは大切であります。だから、教務部の諸先生は、この一点に力を注いで、各学年の教材配当を工夫したのであります。しかし、それは、いってみれば、正常な小・中学校の教材の配当を、わが教育農場にあてはめて、それをもじったものであり、いわば、不完全な形のカリキュラムに外ならないようであります」（留岡 1961：145）――であった。このことは、「生活指導」についても同様であり、「『教場でさわがない』とか、『集合を早くする』とか、『便所をよごさない』とか、『けんかをしない』」（同：145）などの目標は、彼にしてみれば、「総じて『こと勿れ主義』の消極的なもの」（同）であり、「生活の原理が、生活指導の項目に結晶していない」（同）ということになる。

清男は、カリキュラムについて、「正常な小・中学校のカリキュラムを真似たり、ほどよく圧縮したりしたものではなく、わが教育農場の教育目標をはっきりさせ、それも即し、それに併せて、読む力、書く力、数える力が身につく、というものでなければならない」（同：145）とし、また、子どもたちが「あきることを知らない、ずるいことをさせない、ながつづきせざるを得ないような、はっきりした目標」（同：144）を用意すること、また、「その目標はみんなに共通するものであるかどうかということ」（同）に注意を払わねばならないとした。清男はその具体的な例として「蔬菜畑と養鶏部の飼料畑とに、千三百メートルに及ぶ暗渠排水工事」（留岡 1961：143）についての反省会を例に挙げている。

清男は、この反省会が、「総計約二時間にわたる反省会」（留岡 1961：143）であったのにもかかわらず、子どもたちは日ごろのように飽きたりせず、「みんな熱心に、大袈裟にいえば、かたずを飲んで、話しにきき入るといった調子」（同）であったこと、それは、「話の主題も内容も、自分たちが汗水流して完成した暗渠工事のことであり、完成の喜びをわかち合う事柄だったからであろうと思う」（同：143-144）と述べている。更に、担当職員が、今後行っていかなければならない酪農部の暗渠工事の手伝いを呼びかけた際には、「誰も彼もみんな手をあげて、『やります』『やります』といって賛成」（同：144）したことを振り返り、「はっきりした目標をもつ、みんなのためになる仕事というものは、小さい少年たちもこのように張り切らせるものか、ということを、この眼でみた」（同：144）と述べている。

そして清男は、このような「生活の原理が、生活指導の項目に結晶」（同：145）した方法を、「どの先生にもひとしく身につけてもらいたい」（同：146）と要望した――「このことは、決して容易な業ではありません。恐らく、復興十年目を迎えるに当たって、最も重要な課題の一つになるものであります。だからこそ、敢えてここに、この問題をとりあげて、昭和三十六年の新年を迎えるに当たり新しい課題と、その課題に替える決意とを、共々にかためたいと思う次第であります」（同）――。

ちなみにこのスピーチが行われた二年後の一九六三（昭和三八）年の『ひとむれ　収穫感謝祭特集号』（これは清男が『教育農場五十年』pp.153-199に再録したものである）の「概要」には、「私たちは、寮生活と、学習指導と、作業指導との三つが、有機的に結びつくように心掛けています」（同：153）と記してある。

この時代は、第Ⅱ部でも示した通り、一九六三（昭和三八）年が「非行第2のピーク」といわれた年であり、翌年一九六四（昭和三九）年には我が国の高等学校進学率が七〇％を越えたときである。この北海道家庭学校における指導の三本柱の「有機的な結びつき」という文言は、その後激増する高等学校進学率を予見したかのようである。やがて近いうちに〝学び〟は受験のための学習にすり替わる時代が到来する、そのような時代になれば、家庭学校のような〝学び〟を受けた子どもは学歴という点で不利益になるであろう。しかし、そのような時代になったとしても、家庭学校は、真の〝学び〟を追求し、実行し続けるために、現在の方法を常に見直し、洗練させること――先の清男のスピーチには、そのような思いが込められているように筆者には感じられるのである。

注

(1) 「英吉利の人で社會改良に熱心な學者が家庭學校へ尋ねて來ましたて『此の學校の缺點は巣鴨の監獄に近く建物を作つたことである』と申しました。それは本當です。墓地だとか、監獄の附近だとか、遊廓の近所へ感化院は作るべきものではない。内務省から感化院を作る計畫のある府懸へ通牒した公文にも明かに其の注意が画いてある。にも係わらず、私が何故さういふことを敢てしたかといふと、これは私が内務省の囑託である關係上出勤のできる範囲に學校を建てなければならぬといふ理由から餘義なく餘り内務省と懸け離れない小石川の郊外に作つたのであります。(中略)私が居ります巣鴨は全くの片田舎で誰も餘り往き來は致しません」(留岡 1912b：455)。

(2) 他にも、施設が設置された場所の開発が進んだために移転した施設はある。例えば、埼玉学園は「浦和町の発展著しく、感化事業に適さない環境になったため」(埼玉学園 2006：10)、一九三一(昭和六)年、現在の上尾市に移転した。

(3) 留岡はまた、「七、自然は事を爲すのに、決して一足飛びでなく、一歩一歩よりと確實に進むのである」(同：38)と、コメニウスの九大原則を例にして、「永久の事業に生んとするものは悠々と漸を追うて、秩序正しく築き挙げなくてはならない」(同)としている。彼は子どもの育ちのみならず、感化事業そのものも、焦らず一歩一歩着実に行うことが必要だと考えていたと思われる。

(4) 「プレヂュデス」：prejudice, 偏見

(5) 例えば新HBには、p. 12に掲載されている。

(6) 少年院訪問時に聴き取った。なお、ある児童自立支援施設の職員は、少年院との交流研究会で食べ残しのことが話題になり、児童自立支援施設では食べ残しを認めていないと話したところ、少年院の教官から「食べ残しを認めないのは人権侵害だ」と指摘されたということであった(二〇一五年一月、元職員)。

(7) 家庭学校では、退所した子どもたちを小作農として入植させる構想があった(第四節)が、その他の施設においても、農作業には「天然の感化」の他に、職業訓練という面があった――「感化院が、力を注いだ日課の一つに実科がある。午後の四時間が充てられた。園内の農地における農作業や手工業が主である。(中略)子どもに農業の技術・知識を獲得させることによって、退園後の自活に役立たせるというものであった。将来、農村部へ戻る子どもには農業技術が必要であった」(佐々木・藤原 2000：296-297)。

（8）家庭学校による地域貢献については第四節、また、第二章注8に、藤井常文『福祉の国を創った男　留岡幸助の生涯』より一部引用・転記した。

（9）例えば、二井仁美（二〇一〇）『留岡幸助と家庭学校——近代日本感化教育史序説』不二出版、藤井常文（一九九二）『福祉の国を創った男　留岡幸助の生涯』法政出版、など。

（10）留岡幸助（1901b）「感化教育」『社会』三—六。なお、文中の引用は、同志社大学人文科学研究所（一九七八）『留岡幸助著作集　第一巻』pp. 625-3641を使用した。

（11）『教護院運営要領』を手がけた石原登は次のように述べている。「率先垂範ということがいわれます。まことに貴重なことです。だが模範を示すことができなければ教護はできないかというと、そうとも限らないようです。」（石原 1966：24）。

（12）「又ペスタロジーが言ひましたに、『余は子供に説明を与へることをせざりき。（中略）余は口にて道徳上の説明をする前に当たりて、先づ子供の道徳的感情を喚起せむことを努めたり。』と道徳的感情が生徒と先生の間に起らずして、幾莫口で言ふとも決して活動は起らぬ」（留岡 1901b：637、なお、『　』内は改行し字下げで印刷されていたものを筆者が『　』に入れた）。

（13）藤井によると入植して小作となった小作農家のことを「小作人と呼ばず、学校の本家に対して分家と呼んだ」（藤井 1992：284）ということである。

（14）注13に同じ。

（15）一九三三（昭和八）年少年教護法発令、翌一九三四（昭和九）年法施行により感化院は少年教護院となる。戦後、一九四七（昭和二二）年児童福祉法制定、翌一九四八（昭和二三）年法施行により、少年教護院は新たに児童福祉法下の教護院となった。

（16）一九六七（昭和四二）年の「創立満五十三年の日に」で、清男は次のように述べている。「ところで、教育農場の現場にいる私たちは、現場の仕事に追いまくられて（中略）ついつい、少年の教育に追い回されて、もう一つの地域社会の建設という目的を疎かにしがちになるのであります。殊に、地域社会の建設は、忍耐を必要とし、（中略）今までいくつか捨石をうちましたが、例えば、稲作共同経営組合とか、精米麦加工工場とか、乳牛の貸付とか、といったような仕事の結果を考えてみますと、その歩止まりは、せいぜい『便利で重宝だ』と思われるのが関のやまで、うんざりするのであります。しかし、もう一度、教育農場本来の目的を想い起し、地域社会の建設を、少年の教育に併行させて、推し進めなければならないと思うのであります。それは、今後も引きつづいて、私たちが探るべき基本路線の一つだからであります」（留岡 1967：198、なお引用は、川上重治（一九七八）『家庭学校と留岡清男』北海道新聞社、に収録されたものを使用した）。これを読む限り、清男の「地域社会の建設」に向ける情熱は、昭和四〇年代に入っても持続していたといえる。また、著者博士論文「感化院から児童自立支援施設に至る施設に培われて来た子育ち・子育て——「教護理論」からキョウゴ・モデルへ」では、引用文献の著者が「村上重治」となっていた。

訂正してお詫びしたい。

(17) ホクレン農業協同組合連合会（施設資材部　資材課）の「土管取扱いマニュアル」によると、ソダとは粗朶であり、江戸時代中期に「石礫、粗朶、丸太を用いて暗渠排水を行った記録がある」ということである。また、素焼き土管を使った暗渠は、まず、一九七〇年代に知識として伝わった。国内での土管が試作されたのは一八七九（明治一二）年であったが、一九三九（昭和一四）年ごろでもまだ粗朶暗渠が主流であり、この後、素焼き土管暗渠に変わっていったと書かれている。一九四七（昭和二二）年になると道内の土管の増産体制が整い、「暗渠排水事業の増加に伴い土管の製造量も増加の一途をたどる」、そして一九六八（昭和四三）年には合成樹脂が登場するため、北海道家庭学校が施工したと思われる一九六〇（昭和三五）年当時は、素焼き土管による暗渠が主流であったと考えられる。

(18) 元北海道家庭学校・藤田俊二によると清男は父幸助のことを終生変わらず「留岡幸助先生」と呼び続けたそうである。以下、藤田の著書より引用する。「戦後の困難な時代に、敢えてその事業を継承して今日の礎を築き上げた留岡幸助先生の四男である留岡清男先生が、終生変わることなく、我が父を『留岡幸助先生』と呼びつづけたことに対しても、深く感動するものがあります」（藤田 1979：8-9）。

(19) ちなみに、谷はクリスチャンであったが、藤井によると、清男はそれを知らずに谷を校長として迎えたということである。後任に基督者ということを念頭に置かずに人選をしたことについて藤井は「精神的支柱として基督教の精神を重視していたにもかかわらず、この点に関してはきわめて割り切った考え方を抱いていたようなのである」（藤井 1992：301）としている。このことについて筆者は基本的には藤井を初めとする歴史研究者による今後の成果を待つ立場にあるが、清男の「最大公約数の精神的支柱」（留岡 1964：120-137）を読む限りでは、清男はキリスト教の教えを直接説くことではなく、共働する「しごと」を通じた北海道家庭学校の「精神的支柱」を描き出そうとしているように筆者は感じるのである。つまり、清男は基督者か否かというよりも、その「精神的支柱」に共感（あるいは共鳴）できるか否かを重視していたのではないだろうか。だからこそ、谷が基督者であることを知ったとき、「感に堪えたように『これが導きというものだろうか』とつぶやいた」（藤井 1992：302）のではなかったか――。

第五章　人格的全体性——菊池俊諦

第一節　主体としての子ども

1．菊池俊諦概要

菊池俊諦（一八七五〜一九六七）は、国立武蔵野学院の初代院長であり、感化法第二次改正後の感化教育界の指導者として「代表的存在であった」（吉田 1990：73）人物である。また、感化教育会創立時の幹事であり、少年教護法の制定を推し進めた感化法改正期成同盟会のメンバーの一人であった。近年では「ジュネーブ宣言」を最初に和訳した人として知られるなど、子どもの権利思想史の面からも改めて着目される人物である。[1]

菊池は当時、まだ懲治場と変わらぬ内容であった初期の感化院において、感化処分ではなく、「感化教育」たる重要性を強調し、また少年教護法の制定に向けて尽力した（第Ⅱ部第一章）。

本節では、彼の著書の内、特に感化・少年教護に関係したものから菊池の子どもへの権利意識、そしてキョウゴの世界に継承された理念・実践理論について抽出を試みることとする。具体的には次の著書——『児童保護論』（少年教護法が発布される二年前、一九三一年出版）、『少年教護論』（太平洋戦争が勃発した翌年、一九四二年発行）、『児童福祉百題』（菊池俊諦が九七歳の誕生日の際にまとめられ一九七一年に発行）を中心に繙くこととする。

2．菊池の倫理観

子どもの権利に着眼

まず、菊池の倫理観について概観する。それがよく現れていると思われるのが著書『児童保護論』である。この書籍はユニークな構成になっており、「感化教育の根本精神　感化教育座談会」、「改正感化法案要綱」等の項目を除いて、「清談會の形式に擬し、自ら一問一答を試みたる」（菊池 1931：3）とする通り、本編のほとんどが「問」と「答」による問答形式になっている。恐らく、啓蒙書として読まれ易いよう工夫したものと考えられる。

一九三一（昭和六）年に発行された同書によると当時の風潮（社会的な子ども観）は次のようであった――「社會國家が兒童を眺める場合には、少くも二つの考へ方がある。一は實用的功利的見解であり、一は本質的人格的見解である」（同：91）――。その内、前者の価値観に照らすと、「現実の児童に対する国家社会のあり方には、役に立つものは保護して立たないものは放任する」（石原 2014：7）ということになる。つまり戦時下において、役に立つ子どもは人的資源、つまり労働力の一部であり、そうでない子どもは保護の対象外、ということである。

これに対して菊池は、「從來といへども所謂人道主義的理想により、兒童を取扱ふべしと論じてゐた人も、少なくなかつたが、今日では科學に立脚した人類の連帯を確認し、之を原理として兒童を考へるやうになつたのである。ヂュネーヴ宣言も畢竟此大原則に據つたものであると思ふ」（同：105）と、一九二四（大正一三）年に採択されたジュネーブ宣言を取り上げ、こどもの人権擁護について訴えている。

一九七一（昭和四六）年、菊池が九七歳のときにまとめられた『児童福祉百題』には、児童憲章、そして戦後制定された（現在の）児童福祉法を評価し、これらは、我が国の子どもの福祉を担ってきた先人たち――これには当然感化事業に携わった者も含まれる――の不断の努力によるものであると記している（以下、抜粋・引用）。

三、福祉の理想と実際

児童の福祉に関する理論と実際とは（中略）。現在の児童憲章や児童福祉法などを見れば、頗る複雑多様であり、美善を尽くしているように思われる。評論家の中には、余りにも理想的で、国情や民情に添わないと論ずる人も、あるほどである。併し是は、昔からの理論的並実際的研究の成果であり、蓄積であると看做すべきである。我が国だけについて見ても、明治の初め頃から、児童の問題が留意せされ、理論と実践とが、種々の面から研究された結果である。其の間における先覚者の苦心は、なまやさしいものではなかった。戦後アメリカ思想の移植のように、論ずる人々のあるのは、誠に意外と断ぜざるを得ない。

〈菊池俊諦（1971）『児童福祉百題』、p. 8〉

菊池の高い意識に対して、石原は、「単に大正デモクラシー下の雰囲気にのっかり一時期使われたというようなものではなく、菊池の議論・思想に中軸をなすものであったことを示している」（石原 2014：7）、「『児童の権利』の視点から『国家的功利主義』を批判し、心理学・教育学の知見に支えられ、武蔵野学院における実践をふまえ、展開された彼の児童保護論は戦前における最良の結果であったといえよう」（石原 2014：14）と評価している。

感化院の時代からその事業に携わってきた菊池は、石原がいうように、また本人がいう通り、「アメリカ思想の移植」（菊池 1971：8）などではなく、子どもが権利の主体である――親や宗教的な神や仏の所有物ではなく――という認識を、早い時期から抱いていたと思われる。以下、『児童保護論』より抜粋・引用する。

本質的に考へれば、總ての兒童に對して、それ〴〵適切なる保護教養を加ふべきものである。兒童の運命が親に支配されたのは過去の時代であつた。國の都合によつて、支配されたのは、過去の時代であつた。（中略）殊に況んや、幼弱なる兒童に對してをやで、常に是等の者を罪人同様に考へんとするが如きは、思はざるの甚しきものである。此のやうに彼等を遇する前に、先づ彼等を人として、兒童として、遇する必要がある。而して之を斯く遇することは、社會最大の責任であらねばならぬ。

〈菊池俊諦（1931）『兒童保護論』玉川學園出版部、p. 97。〉

このように、高い人権意識から感化事業に尽力し、また、ジュネーブ宣言を翻訳し、自らも子どもの権利保障のために多くの著作を残している菊池であるが、一方で、国民精神総動員運動を奨励する文章（『兒童保護』巻頭言、第Ⅱ部第一章）が残されていることは――筆者個人の率直な感想として――大変残念に思う(2)。

権利主体である子ども

このように、菊池が示した子どもの人権に関する意識は当時（あるいは現代においてもなお）画期的なものであった。それは、一言でいえば主体の変換である。つまり、慈善や施しを受ける者から当然の権利を持つ者へ、子どもにおいては保護の対象から育つ主体へ――菊池の人権感覚には「主体としての子ども」という核があったと考えるのである。第Ⅱ部でも触れた通り、感化法が制定される以前の、私的に始められた初期の感化院は、神道、仏教、キリスト教などの宗教的精神に影響を受けて創設された。そこには宗教的な根拠があり、それらを背景とした活動は「慈善」という意味合いが強かったと思われる。しかし感化法制定後、特に一九〇八（明治四一）年の改正により、全国に整備が進んだ公立感化院（地方感化院）は、近代社会における国家事業として位置づけられたものであった。そしてその事業の運営に当たっては、宗教に代わる共通の理念が必要とされていたと考えられる。

留岡幸助はキリスト教精神に突き動かされて家庭学校を創設し、一九〇五（明治三八）年に機関誌『人道』を創刊した。「児童主体」という理念は正に、「人道」的な活動から、近代社会における「人権」保障への転換期であったと筆者は考えるのである。――この時代の感化事業は、正しく今日の社会福祉事業を支える根拠を示すものであった。

第二節　「教護」の語

1.「教護」と「少年教護」の造語

菊池俊諦は『少年教護論』において、「教護」ということばの定義に触れている。この項目ではこの著書に書かれた「教護」ということばについて見ていくこととする。

菊池によるとまず、「少年教護の文字は、少年教護法に於いて初めて使用せられたる新造語」（菊池 1942：5）であり、「感化教育」と「少年教護」の内容は同じものである、としている。同じ内容でありながら何故「少年教護」ということばを用いるのかというと、「感化」ということばにスティグマ性がある――「感化教育」は、「寧ろ推奨すべき語」（同：6）なのであるが、当時の感化院の中には「刑事施設若は其の一種なりとする思想態度が一般的に存在し」（同）ていたため、「感化院に収容せられてゐる少年を眺むる風が甚だしく濃厚であつた」（同）――ため、いわばやむをえず、「少年教護」という新造語を使用したということである。

ではなぜ、「少年教護」という名称になったかというと、理由はいくつか考えられるが、その一つは次のようである。まず、先の理由から関係者たちはすでに「感化教育」の使用をやめて、その代りに「教育保護」や「保護教育」ということばを使うようになっていた。このことから「保護教育といふ語の簡約として造成せられた」（同：5）のが「教護」であったということである。

また、「教護」の語は、少年教護法制定当時、すでに使われていたことばであった。例えば次のような例があった。

> 傳ふる所によれば、大阪府に於いては早くも大正十一年三月、警察部刑事課内に、教護係といふ係を新設したるが、此の語は故小河滋次郎博士の創意にかかるとのことである。又校外教護といふ語も屡〻使用せられた。大正十四年、岡山市に於いて少年少女補導相談所が開設せられてより、神戸、大阪、岡崎、豊橋の諸市に保導《ママ》機關が設けられ、續いて教護聯盟、訓育聯盟等の名稱を有する多くの團體を生じた。
>
> 〈菊池俊諦（1942）『少年教護論』成美堂書店、p. 7。〉

このような使用例の外、「一部の人々の間には、慣熟語として使用」（同：7）していたので、「少年教護法立案者が之を聯想せられたることは疑いないところであるが、然し、單に之を模倣したものとは認められない。寧ろ感化教育の傳統を尊重するの精神により、教育保護者は保護教育の語を簡約して、造成したものであろう。」（菊池 1942：7）としている。

そして最後に、「教護」に「少年」を付けて「少年教護」としたのは、少年法との関係があると菊池は書いている。曰く、「殊に少年の語を冠したる所以のものは、少年法と比較對照して、何者に對して教護を加ふべきかを明示せんことを意圖したものであろう。」（同：8）ということである。

しかしながら、同じ「少年」であっても、少年法の「少年」は「十八歳に満たざる犯罪少年並虞犯少年を意味」（同）するが、少年教護法の「少年」は、「十四歳に満たざる者にして不良行爲を爲し又ハ不良行爲を爲す虞のある者を」（同）指す。このように、同じことばなのにも拘わらず内容が異なることは、「甚だ奇怪なるが如くなれども、我が法制に於いては必ずしも稀有の例ではない」（同）としている。

2.「感化教育」「教育保護」「保護教育」と「教護」の違い

「感化教育」の意味

次に、「教護」と「感化教育」「教育保護」「保護教育」などのことばの違いについて、これらは「一般には異語同義と考へられてゐるが、仔細に吟味すれば、夫々に特別の意義を有してゐる」（菊池 1942：10）のであり、それらを説明することは「教護の意義を明白にする」（同）として、それを行っている。

まず、「感化教育」について、菊池によると、この語もまた、感化法制定以前より使われていた慣用語であるが、感化法やその他の規定には感化教育の意義を明示した条文が見当たらず、「强ひて謂へば、感化院の在院者に獨立自營に必要なる教育を施し實業を練習せしめ、女子に在りては、家事裁縫を修習せしむることが感化教育」（菊池 1942：10）であり、「換言すれば、感化院といふ特別なる施設に、所謂特殊少年を収容して、獨立自營の教育を施すことが感化教育であつた」（同）ということである。

また、「親權者又は其の他の保護者が、兒童の監督教養を怠りたる、又は誤りたる、若は爲す能はざる場合に於いて保護者に代わりて」（同：11）行うもので、従って「社會的並國家的教育施設に屬する」（同）ものである。その主義方針は少なくとも三つあり、「少年に對し行政權による感化處分を爲すこと」（同）、「少年の教養保護に就きて教育訓練主義を採擇したこと」（同）、「社會的に保護を加へたこと」（同）であると説明している。

このような感化の理念に鑑みると、「感化教育の語は、其の字義に於いても、其の意義に於いても何等忌避すべきものなきに拘わらず、刑罰的聯想に煩はされたるが爲、其の代用語の一として教育保護といふ新語が選擇せられた」（同：12）のであって、本来的には「感化」の語を変更する必要はなかったのだと菊池は繰り返し述べている。

「教育保護」

「教育保護」は前述の通り、「感化教育」の同義語として使用されてきたのであるが、「其の意義が必ずしも明確に理解せられなかつた」(菊池 1942：12) として、菊池は「教育保護」についても説明を試みている。

「教育保護」は、ある者は教育の保護と理解し、普通教育を保障せんがためのものとした、またある者は教育的保護と理解して教育を根本主義とする児童保護としていたという。これを更に進めて「普通教育の社會化なりとし、之が實行は兒童保護事業に依るべきものなりと斷ずるものがある」(同) という。菊池曰く、そもそも教育とはすべての子どもを対象とするはずのものなのに、「舊小學校に於いては、貧困兒童、不良兒童、障害兒童の教育に就きては全く無關心の狀態」(同：13) なのは明白で、「是等兒童の特別な教育乃至取扱に關しては、全然兒童保護事業に其の發案權を委ねてゐる有樣」(同) であり、「少くとも不良兒童に關する限りに於いては、學校は當該兒童の出席を停止するのみで、總てを兒童保護事業に一任してゐる觀があつた」(同) ということである。

このような、学校教育を廻る菊池俊諦の憤りは、感化院時代の留岡幸助――文部省に出向いて不良少年の教育にもっと力を入れてほしいと訴えた折、「けんもホロゝの一言ではねつけられて仕舞つた」(留岡 1909：495) ――などや、或いは戦後、高度経済成長からその後の時代、学校教育からはじき出されたいわゆる「ツッパリ」や「不良」の受け皿となっていた教護院時代の学籍問題 (第Ⅱ部) に至るまで、職員・関係者の、いわば時を越えた、共通の想いであろう。

以上のことから菊池は、「教育保護」ということばは、「普通教育社會化を主とする保護施設を意味する」(菊池 1942：13) のであって、つまりは「教育訓練を主義とし中軸とする特殊なる兒童保護施設を意味するが故に、教育保護といふ語は、感化教育といふ語の代用としては、最も適當と看做された」(同) としている。

かつて留岡が「不良少年の教育は、普通教育と異なりたる方法に依りて教育せざる可らずや明かなり」(留岡 1901a：19) といった「異なる方法」とは、「環境の轉換」(留岡 1901a：19) であり、それは即ち感化院の中の「家庭的境遇」（留岡 1902：58–59）に子どもたちを置くことであって、その中で行われているのはあくまでも「普通教育」や「職業教育」であるとしたように、菊池もまた、「感化院」あるいは「少年教護院」の中で行っているのは、刑事処罰的な〝閉じ込めと懲らしめ〟ではなく、保護と教育（それも「普通教育」と「職業教育」）なのだという立場であったことが伺えるものである。

「保護教育」

「教育保護」と並んで使用されているのが「保護教育」という語であり、これもいろいろ説明されているが、「一般に認められてゐるのは、獨逸の兒童保護法制に於ける保護教育といふ語」（菊池 1942：14）ということである。菊池は感化事業に尽力した小河滋次郎の影響で――「獨逸感化事業の父と呼ばれ、保護教育に貢獻淺からざりしクローネ博士に師事せられ、同博士の所説を祖述する所が少なくなかつた」（同：15）――「保護敎育、保護兒童、保護少年などの語は、十數年前から一般的に廣く使用せられた」（同）としている。

以上、「感化教育」「教育保護」「保護教育」の三語は、「全く異語同義に慣用せられ來つたが故に孰れの語を使用する場合に於いても感化事業の形式並内容を最も如實に示すものとして一般に理解せられた」（同：15–16）ということである。

「校外教護」及び「少年保護」

菊池はまた、「校外教護」という語にも触れている。「校外教護」と「少年教護」は同じ意味ではあるものの、「仔細に吟味すれば大に異なる」（菊池 1942：9）のであって、曰く、「校外教護」は「大體に於いて學校教育の保護若は學校教育の社會的進出を目的としてゐるが、少年教護は、少年の教育的保護若は保護的教育を意味してゐる」（同）、換言すれば「校外教護」は「學校教育が家庭又はは社會に於いて冒瀆せらるゝことを防壓し小國民をして健全なる生活を獲得せしめんことを企圖してゐる」（同）が、「少年教護」は「社會的保護といふ基礎觀念の下に、充實徹底した教育を施さんことを目的としてゐる」（同）ということである。つまり、担い手と対象の違いということであろうか。

また、「少年教護」と「少年保護」についても「字義同一なるが如くにして、其の意義の大に異なるもの」（同）の中でも、「最も著しきもの」（同）である、「少年保護」の語は、「少年法に謂ふ所の少年の保護處分と關聯する語で、少年教護とは自ら異なつている。獨り法律的論據に於いて異なるのみならず、其の傳統的意義に於いても亦大に異なつている」（同）ということである。これは法的根拠及び理念の違いによるもので、菊池曰く「少年保護」は「司法保護を基礎觀念」（同）、一方「少年教護」は「社會保護を基礎觀念として」（同）いる、と説明している。つまり両者は少年法との関係で使い分けられるべきことばであり、これらを同一視して使用することは、菊池にとって「決して妥當ではない」（同：10）のであった。

「教護」に込めた想い

菊池は少年教護法制定時において、これら用語の定義が不徹底であったとしながらも、「多年の傳統的事實と實務者の主觀的經驗と科學的研究とが、法の客觀的基礎となつたことは毫も疑を容れない」（菊池 1942：16）と、「教護」の語の正当性（あるいは妥当性）を示している。

先に述べた通り、「感化」ということばを替える必要はないと考えていた菊池であるが、「感化教育を表明せんが爲に案出せられた」（同：5）「教護」ということばには、感化法制定以来今日までの、「少くも五十有餘年の歳月を經過してゐる」（同：3）理念と実践（「其の思想的根據の重大且深遠なるものある所以」（同：16））があり、それを担い手たちは「明確に認識せねばならぬ」（同）としている。

以下に引用したのは、『少年教護論』の冒頭、第一章第一節「少年教護の意義」（同：3）の最後の文章である。これには、菊池の「教護」ということばに込められた想いが綴られており、そこには彼の少年教護事業に対する真摯で前向きな姿勢が現れていると思われる。類似することばは幾つかあれど、その根拠とする理念と実践はまったく違うものなのだ、と菊池は述べているのであろう。

それは、いうまでもなく、感化事業から少年教護事業へと受け継がれた、子どもを権利主体として捉え、彼らの権利を保障するために従事する、それである。菊池のこの文章は、少年教護事業に携わる者の誇りと、また、同じ事業に従事する者たちに示されたメッセージ（職業倫理）が伝わってくるようである。

切言すれば、教護の二字は教育保護若は保護教育の簡約によりて、機械的に造成せられたものではなく、又世間屢〻傳へらるゝが如く、一般社會の好感を獲んが爲のものでもなく、其の思想的根據の重大且深遠なるものある所以を明確に認識せねばならぬ。世間若し誤りて、警察教護、校外教護などの語に追随せるものと爲すものあらんか、是實に過去數十年來の感化事業獨自の發達進歩を無視するものである。吾人は斷じて之に與することを欲しない。

〈菊池俊諦（1942）『少年教護論』成美堂書店、p. 16。〉

第三節　「天然の感化」から「人格的感化」へ

1.「人格的全体性」

菊池俊諦が、子どもの権利に対して高い意識を持っていたことは、これまで述べてきた通りである。[3] その意識を最も象徴する表現の一つである「人格的全體性」（菊池 1942：226）という理念について述べることとする。「人格的全體性」はまた、「全人格性の發達」（同：43）、「全人的教養」（同：47）や、「全人的方法」（同：223）などの使用が認められる。

これらはいずれも子どもを全体として捉える、という考え方であり、新ＨＢが示す児童自立支援施設の目的である「全人格的ちからの向上」（新ＨＢ：28）の「全人格」にあたる部分と考えられる。

子どもを全体として捉えるとはどういうことかというと、子どものある一面だけを見て賞賛する、あるいは批判するなどしてはならない、ということであり、菊池は以下の通り説明している。

九　全人的方法

少年の生活は複雑多端である。而して少年の教護は、其の生活の各方面と密接なる關係を有するものなるに拘らず、從來動もすれば其の一方面を捉へて、其の全體を論ずる傾向があつた。（中略）窃盗少年の名の下に若は放火少年の名の下に其の少年の全人格が無視せられてゐる實例は世に尠なくない。息づまる節約によつて吾が弟妹にお年玉を贈る少年あらば、世間は直に驚異の眼を放つであらう。（中略）併しながら、斯くも驚異し斯くも賞讃するのは、少年の全面的生活を把握せずして、唯僅かに其の一面を擇んで判斷するの結果である。同様に、窃盗性、放火性の存在を以て、直に其の少年の生活全面を批判し去ることは、吾人の寧ろ不可解とする所である。されば、吾人は人格の一面を捉へると同時に、其の全面を正當に理解することを誤つてはならぬ。吾人は假りに之を人格的全體性と名づける。

〈菊池俊諦（1942）『少年教護論』成美堂書店、pp. 223-224。傍点筆者〉

2.「人格的感化」

菊池は「教護」の中心概念について、次のように説明している。曰く、「監護教育に關する教護、道徳教育及國民教育の基礎に關する教護、獨立自營に必要なる知識技能に關する教護」（菊池 1942：33）そして「在院者の資質向上に關する教護」（同）である。しかしこれらは「便宜的に之を分解して解明した」（同）ものであり、また、これらは「相對立すべきものではなく、少年其の人の人格の内に統合せられるべきもの」（同：33-34）であるとしている。それは、「切言すれば、少年は多種多様なる方面より刺戟を享受しつつ、之を人格的に統合して、全人的活動を爲すに至る」（同：34）としている。

そのためには、子どものある一側面に、職員のある一側面が触れるのではだめなのであって、これには「人と人との全體的、綜合的關係が、其の根底を爲すものである」（同：225-226）、そして「人格的感化」（同：226）は互いの「人格的全體性の間に顯れ來る所の特別事象を意味する」（同）としている。つまり菊池は、子どもをまず全人格として捉えること、そして子どもへの教育は偏らずにその全人格を育てるようにすること、そのためには職員もまた（子どもたちと寝食を共にして）全人格を以てそれに当たることを示していると考えられる。

> 而して教護の如き極めて複雑なる事柄、切言すれば、人を扱ふ事業に於いては、人と人との全體性、綜合的關係が、其の根底を爲すものである。（中略）世に謂ふ所の人格の感化は甲者の人格的全體性と乙者の人格的全體性との間に顯れ來る所の特別事象を意味するものである。而して所謂人格的感化は神祕的性質を有するものである。（中略）單なる言葉の交換ではなく、又單なる知識の交換でもない。要素的に見た人格の面と面との交渉のみでは、直に人を動かすものではない。特異なる人格的關係の存するは、全體的に、綜合的に顯現した不可思議なる威力であり、神祕的なる力である。曰く言ひ難き力である。極言すれば、教護當事者の全靈的活動と、少年の全靈

的活動との間に存する相互關係に由りて現はれ來る一種の超理的事實である。

〈菊池俊諦（1942）『少年教護論』成美堂書店、pp. 225–226。〉

菊池の「人格的全體性」を持って子どもを捉える、という理念は、留岡が「不良少年の多くは悪むべきものにあらずして寧ろ憐れむべきものなり」（留岡 1901a：4）と、その背景（被害性）に着目したことと同じ視点、つまり偏見なく子どもを捉えるということと同義であろう。しかしその方法については、留岡は「人間三分天然七分の教育」（留岡 1901b：634）を強調していたのに対して、菊池の『少年教護論』では、「人格的感化」という用語を用いていることが特徴的である。

菊池はこの「人格的感化」について、「教護當事者の全霊的活動と、少年の全霊的活動との間に存する相互關係に由りて現はれ來る一種の超理的事實である」（菊池 1942：226）と表現しているが、これは後に「職員の意思、希望と同一化して、それらを自分のものとし、最後には、職員の全人格と同一化してこれを取り入れ、かくして彼等の人格構造が作りあげられてゆく」（『技術編』：124–125）とする、「感情転移と同一化」を連想させるものである。(4)

第四節　「院外教護」と「少年教護委員」

少年教護法は感化院関係者の運動から議員立法により制定された法である（第Ⅱ部第一章）。同法には、彼らが感化院時代から要望していたいくつかの次項が盛り込まれたが、少年教護委員もその一つであった。

菊池の『少年教護論』によると、少年教護委員が法に盛り込まれたことにより、「我が國の少年教護制度は世の所謂院内教護と院外教護との二大部門に分たれ、二者の調和統合に、其の重點を置くやうになつた」（菊池 1942：234）

としている。そして、四章立てて構成されている『少年教護論』の一章を割いて「少年教護委員」の説明に充てている――該当する章は第三章、ちなみに目次は、第一章 少年教護の概要、第二章 少年教護思想の概要、第三章 少年教護院外に於ける教護、第四章 少年教護の将来、である――。同書によると、少年教護委員の任務の内容は、現在でいうところの地域間の連携調整、リーチングアウト、子どもの就労支援、里親的な関わり、アフターケア、家族との関係調整、ソーシャルアクション、啓蒙活動など多岐に渡るものである。これらは、後の、いわゆる「出口問題」や「十五の自立」といわれる子どもたちの「進路」(第Ⅳ部第一章)やアフターケアに対応し、また、二〇〇四年の児童福祉法一部改正による地域のセンター化構想(5)――児童自立支援施設が相談業務を担う――を先取りしたかのようである。

しかし、実際の「少年教護委員」は、一部の地域では熱心に取り組む者がいたものの(6)、太平洋戦争に施行が阻まれ、また、戦後は児童相談所の設置により廃止されたことは既に第Ⅱ部第一章で述べたところである。

菊池俊諦（1931）『児童保護論』玉川學園出版部。

注

（1）例えば、石原剛志（2005）「菊池俊諦児童保護論の展開と「児童の権利」概念――一九二〇年代後半における業績の検討を中心に」『中部教育学会紀要』五、pp.1-13、など。

（2）これを菊池俊諦がどのような思いで書いたものなのか――あるいは署名だけなのかもしれないが――今回は明らかにできず、

今後の課題としたい。

（3）注2に同じ。

（4）新HBには、青木延春の「感情転移と同一化」を説明する頁において、「人的な感化（感情転移、同一化）」（新HB：20）と、「人的感化」が「感情転移と同一化」と同義であることを示す表現がある。また、田澤薫は教護院の目的である「不良性の除去」について、「人格の根本的改造を意味する」（田澤 1999：78）としている。それに対して留岡幸助の「独立自営」は、「それまでせずとも普通人民の如く犯罪とは無縁の生活を営むことができれば、それで良いとする」（同）ものだと書いている。ここに示された菊池の「人格的感化」――人間的感化ではなく――ということばには、この田澤のいう、「人格の根本的改造」を思わせる響きがあり、感化から教護への一つの時代の転換を感じるものである。

（5）「児童自立支援施設のあり方に関する研究会」議事録参照。

（6）『児童保護』誌上には、有馬純彦（1937a）「少年教護委員の活動實例（一）」『児童保護』七―一、及び有馬純彦（1937b）「少年教護委員の活動實例（完）」『児童保護』七―二、池末茂樹（1937）「院外教護の實際」『児童保護』七―二、等、ケースに献身的に当たる少年教護委員の活動報告が掲載されている。他に大阪府の少年教護委員、柳政一の活躍や埼玉学園長、関根宗次の自費自弁による地方の委員への指導など実績もあった（第Ⅱ部第一章参照）。

第六章　建物も教護する――『教護院運営要領』（基本編）

第一節　現在に続く理念・実践理論

1．キョウゴ職員のバイブル

第二節でも書いた通り『教護院運営要領』は、「基本教護理論として継承され、教科書としても広く読まれ研究の対象とされてきた」（新HB：19）、職員の〝手引き書〟である。一九六一（昭和三六）年入職の職員によると「当時、先輩たちから口ぐせのように『教護院運営要領』を熟読するようにいわれた」（『非行問題』編集部 1980a：18）というものであり、それは平成の世においても養成所の講義でもしばしば引用される〝手引き〟[1]である。

施設へ訪問した際、職員のデスクに目をやると、辞書や新旧ハンドブックと共に『教護院運営要領』が置かれていることがある。このように、児童自立支援施設になった現在においても尚、机上に常備されている様子を見ると、これは正に職員のバイブルなのだろうと感じるものである。

2. 『基本編』と『技術編』

『基本編』及び『技術編』概要

『教護院運営要領』は、基本編と技術編の二冊で構成されている（以降それぞれ『要領』、『基本編』、『技術編』と表記）。『基本編』が編集されたのが一九五二年、『技術編』が四年後の一九五六年である。

この二冊の内容は、「基本編では、主として教護院の施設活動を運営する仕方という面からの問題をとりあげることを当面の目的とするものとし、特定の少年を如何にして教護するかという、いわば教護技術の各論的な問題は、後の技術編に於て取り扱うこととしたい」（『基本編』：2）という配分になっている。つまり、主として概論的なもの、環境や設備に関することや事業や運営に関することが『基本編』に、主として職員の子どもへの関わり方を示したものが『技術編』に編纂されているということである。

盛り込まれた「鑑別編」

『技術編』には「鑑別編」という項目が添えられており、「鑑別編」は、四章立てで構成されている。少年教護法が児童福祉法に統合されて以降、子どもの「鑑別」は、施設から分離され、児童相談所がその役割を担うことになった。つまり、『技術編』に書かれている通り、「児童相談所の鑑別に従って、収容した児童を教護するだけであってよいわけである」（『技術編』：191）。

何故、教護院には無用とも思われる「鑑別編」が収録されているのだろうか。同書では、児童相談所が行う「鑑別」――「最近では判定といわれている」（『技術編』：190）――なお、現在の児童相談所においても「判定」である――と同様、院内でも同じような「鑑別」――これはいわゆる「見立て」と呼ばれるものであろう――が必要なので、「これも広く鑑別と呼んでいいと思う」（同：191）からと説明している。

第一圖

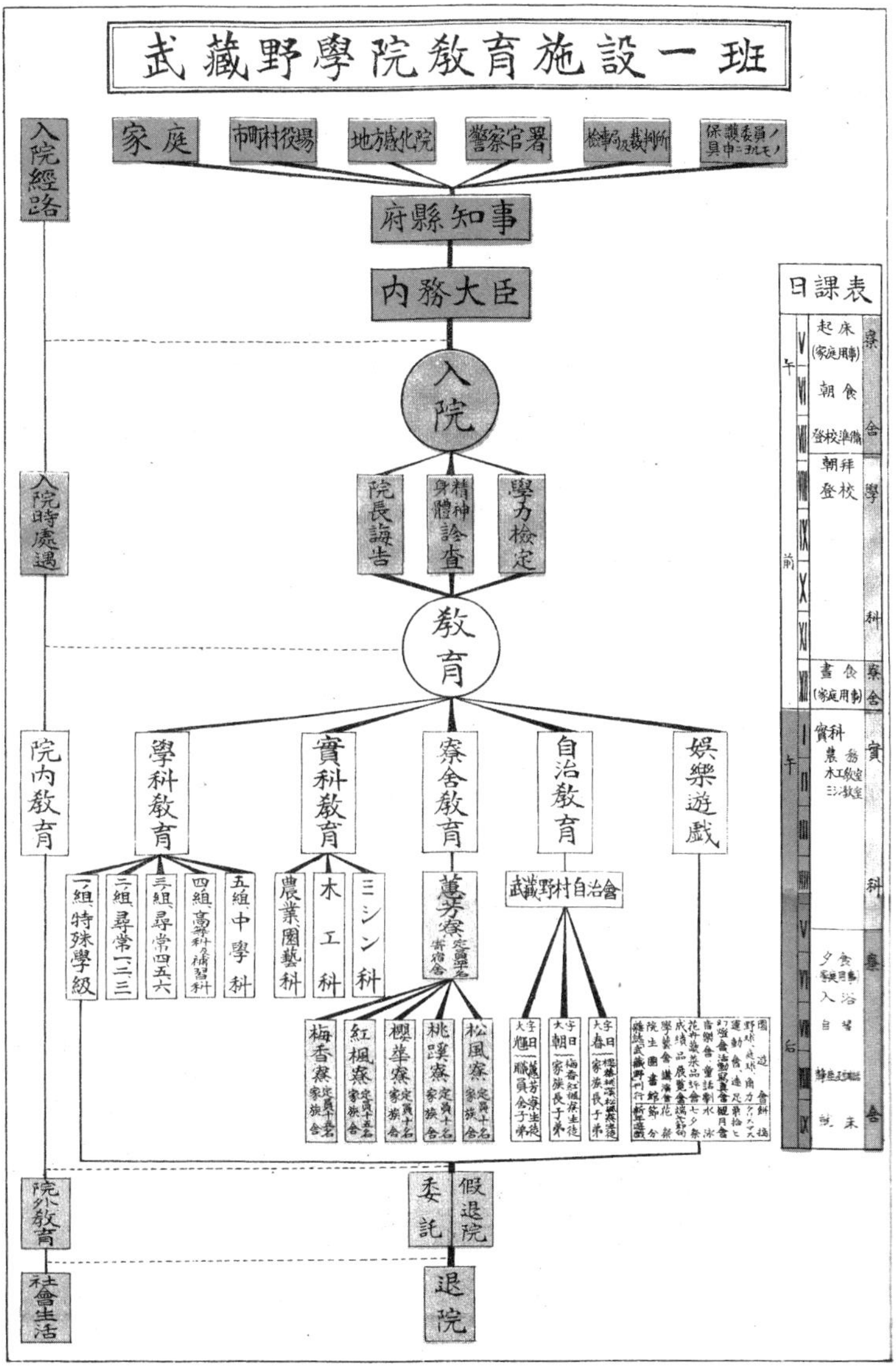

内務省社会局（1921）『感化教育資料　武蔵野学院研究報告書』。

しかし、理由はそれだけではなく、当時の職員・関係者の間では、「単独法の復活を希望する論が院長会議で永らく叫ばれて」（戸田 1994：25）おり、また、「全国の教護職員の一大関心事は、教護院を国立にすべしという問題」（杉谷 1994：10）であったため、かつて少年教護院の機能の一つであった「鑑別」をその自負を込めて残した、あるいはまた、再び「鑑別」機能が施設に復活したときのために収録したとも考えられるのではないだろうか。

「院内教護」と「院外教護」

「鑑別編」の内訳は、第一章から「教護院の鑑別」、「問題の発見」、「経過の観察」、「退院の基準及び予後の予想」となっており、この内容は、ケースの発見から判定、対処の判断、退所、退所後の受け入れ先についての注意点まで網羅したものである。これは『基本編』の七[2]、「院内教護」の対になるもの——つまり「院外教護」の内容なのではないだろうか。

前章でも述べた通り、院内教護は——少年教護法に少年教護委員が盛り込まれたことにより——「院内教護と院外教護との二大部門《ママ》に分たれ」（菊池 1942：234）たものである。このことについて菊池は「感化法時代に於いては、施設収容を本態とし施設以外に於ける感化方法に對しては頗る無關心であつた」（同：234）としているが、しかし、小河滋次郎の「地方委員」にしてみても、地域と連携しながら施設運営を行うという発想自体は感化院当時からあったものと考えられる——図4は一九二一（大正一〇）年発行の『感化教育資料　武藏野學院研究報告』に収録されたものであるが、既に「院内教育」「院外教育」という棲み分けが示されている。

これまでも述べてきた通り、児童福祉法に位置づけられてからの施設は、児童相談所と役割分担をしたことにより、措置権と「院外教護」を切り離し、その内容——例えば、ケースの発見（リーチングアウト）やアフターケア[3]など——は児童相談所の役割として位置づけられた（施設はその後半世紀の実践を経て、入所施設としての役割を純粋特化していくことになる[4]）。教護院の中には「大阪方式」と呼ばれる、「教護」（現在の児童相談専門員）と児童相談所のワーカーを兼任する、という方法を取る地域も現れたが、基本的に教護院は措置された子どもに対してケアを行う「院内教護」を主とする施設となっていったのである。

第二節　『基本編』——環境やしくみを中心に

1．罪質に捉われない分類

『基本編』では、「三、教護院の事業の対象」について、まず、当時の法的な対象であった十四歳以上十八歳未満の虞犯少年と説明し、その「不良行為」について「複雑多様であって、これを列挙することは困難」（『基本編』：7）としながらも、「喫煙・飲酒・怠惰・遊蕩等犯罪の原因となり易い悪癖、浮浪、金品の無断持ち出し及び、窃盗、空巣搔払、掏摸、横領、詐欺、恐喝、強盗、放火、傷害、殺人、性的非行等」（同）を挙げ、「その範囲は成人の犯罪種別と殆ど異るところがない」（同）としている。しかし、これらの「不良行為」について、「教護という立場から考える場合には、その罪質ということにあまり捉われてはならない」（同）と書かれている。では、どのような視点に立つかというと、「不良行為を惹き起こすような傾向性あるいは性癖が、どの程度出来ているかという点」（同：8）であり、それは「その児童がこれまでにどの位繰返して不良行為をしたかということが一つの手掛かり」（同）としているのである。つまり、いつごろから「不良行為」が始まって、これまでにどのくらい繰り返しているのか、ということであり、その視点に従って分類したのが以下である。

第一型　不良行為をなす虞れのある心身の状態及《ママ》はそのような環境条件にある者
第二型　不良行為をはじめて行った者

第三型　繰返し不良行為をなしたが、未だそれが習癖となってはいない者
第四型　不良行為が既に習癖となっている者
第五型　不良行為が病的性格に起因している者（例えば性的異常児、残忍性行為常習児、ただしこの傾向が特に強く地方の教護院で教護することが困難な者については国立教護院に収容する）

〈厚生省児童局監修（1952）『教護院運営要領　基本編』。括弧内筆者、なお引用は職員のテクストとして『基本編』と『技術編』が合冊されたものを使用した。〉

第一型は、子どもの「不良行為」を「心身の状態」や「環境条件」によるものとしており、これは留岡幸助が子どもの養育環境や生育歴に着眼したこと、あるいは菊池俊諦が子どもの行為の一面を見て「直に其の少年の生活全面を批判し去ることは、吾人の寧ろ不可解とする所」（菊池 1942：224）としたものであろう。つまり、「不良行為」を行う子どもには「不良行為」を行わざるをえない状況がある、ということを示していると思われる。

第二型は、現在「初発非行」と呼ばれる子どもである。施設では、この「初発非行」年齢を因子とした統計分析が行われることが多い。また、新ＨＢにはこの第三型、第四型の「習癖」の判定方法について以下の五項目が挙げられている。

①非行の期間が二年以上にわたっている場合
②非行の回数が数回でなく一〇を単位で数える場合
③非行の範囲が自家や知人の狭い範囲でなく広く一般に及んでいる場合
④非行内容や手口が技術的に習熟している場合

⑤本人の言語・風ぼう・態度が習癖化の様相を呈している場合

〈全国児童自立支援施設協議会編著（1999）『新訂版　児童自立支援施設（旧教護院）運営ハンドブック　非行克服と児童自立の理念・理論』三学出版、p. 43。〉

この五項目の内、「三つ以上該当する項目があれば、一応習癖化しているとみなされる。現在、児童自立支援施設の子どもの非行程度を統計化するとき、上記の五型が使用されている」（新HB：43）ということである。第五型は、精神疾患によるものや現在でいうところのパーソナリティ障害等を指していると考えられる。

『基本編』では、この分類について、「大たい段階的なものと云えるが、然し必ずしも第一から弟五まで順を追って移行するものではなく、むしろこれらは要教護児のタイプを示すもの」（『基本編』：8）としている。

そして限られた定員の中で優先すべき子どもについては、「第四及び弟五にあたるものだけは、先ず全部これを引き受けて、更に収容力の余裕の如何では第三型、更にすすんで第二型あるいは第一型中で《ママ》収容保護することが必要」（『基本編』：9）としている。つまり、いわゆる〝重い子〟といわれる子どもから積極的に預かる、ということが明記されている。その上で、「不良性というものは疾病と同じように早期に発見して手当をすれば癒ることも亦はやい」（同）ので、在宅では収まらない場合は「教護院が引き受けた方が有効で適切な措置」（同）と書かれている。

また、「精神薄弱児で不良傾性」（同）をもつ場合は「他の児童福祉施設には期待出来ないから、教護院でこれを引き受けなければならないことではあるが、ただ、その不良性が直接精神薄弱なるが故の非社会性に由来し、十分な施設的養育保護を行いさえすればそれで不良行為が消滅するというような児童については、これを精神薄弱児施設の保護の手に委ねるが妥当であろう」（同）としている。

当時はまだ情緒障害児短期治療施設も設置されておらず[5]、該当する子どもは一手に教護院が引き受けていたと考えられる。また筆者の二〇〇六年の調査においても、全国の八割以上の児童自立支援施設に軽度発達障がいと思われる子どもが暮らしていることがわかった（報告書pp. 48-52）。感化院時代の例では、精神疾患の子どもが地方感化院に入院している報告[(6)]もあり、この施設が感化院の時代から〝行き場を失った子どもたち〟を引き受けてきた〝最後の砦〟（第Ⅳ部）であったことが読み取れる。

2. 職員要件と「人格の交流関係」

人柄重視の「教護」

『教護院運営要領』には、実際に子どもと生活を共にする職員（法律に定められた「教護」、法律上に性別要件はないが、多くは「寮長」として勤務する、小舎夫婦制寮においては夫である男性職員を想定していると考えられる）について、法律要件の外に以下のような資格要件が書かれている。

まず、「常に自らを反省をすることを知る人物」（『基本編』：10）であり、「人間と人間社会とに対する不断の興味をもつ人物」（同）、そして「その結果として人間性に対する真実の愛情を感ずることの出来る人柄」（同：10-11）であり、具体的にいうと、以下のような人物である（なお、このイロハニの分類の下には更に小分類があったが、省略した）。

イ　人に頼られ、人を惹きつけるような人柄であること。

ロ　他人に対し影響力のある教育的な人物であること

ハ　偏り易い性格ではなく、常識的、普遍的な人物であること。

ニ　行動的、実践的な人物であること。

〈厚生省児童局　監修（1952）『教護院運営要領　基本編』、pp. 14-16。大分類のみ引用、なお引用は職員のテ

クストとして『基本編』と『技術編』が合冊されたものを使用した。〉

つまり偏見なく、人間的な魅力と愛情とに溢れ、自らを反省し、また中立的な立場に自身を置けるバランスの良い人物ということになろうか。このような「人柄」に加えて以下のような身体的な条件が必要とされている。

イ　教護としての精神的、肉体的労働に耐えうる感官機能と体力を持ち、伝染性疾患や、慢性疾患のないこと。

ロ　他人に特にいやがられるような風貌でないこと。

〈厚生省児童局監修（1952）『教護院運営要領　基本編』、p. 16。大分類のみ引用、なお引用は職員のテクストとして『基本編』と『技術編』が合冊されたものを使用した。〉

ちなみに、当時の法律（施設最低基準第九十九条）では、「教護」の資格として①養成所の出身者②大学で心理学・教育学又は社会学を修め、学士を持ち、一年以上児童の教護事業に従事した者　他としている。『教護院運営要領』が発行された当時（戦直後）、一九五四（昭和二九）年の大学・短期大学進学率が一〇％であった（第Ⅱ部第三章図3）ことに鑑みると、エリートの中でも文武両道、そして人格者という人物像が浮かび上がってくる。加えて、いわゆる人柄の良い人――『教護院運営要領』の求める教護像は、例えば心理治療を行うような特別な資格や教育を受けた者ではなく、人格や「人柄」に重点が置かれている――が職員（特に寮長、後述）として求められていた、ということである。

補助者「教母」

教護院時代の法律に定められた、子どもたちと生活を共にする職員は、先の「教護」と、そして「教母」であった。この「教母」には性別要件があり、「女性のみがこれに当る」（『基本編』：18）としている（現在の「児童生活支援員」は性別要件は撤廃されている）。

『教護院運営要領』において「教母」は、「必ず寮長の妻でなければならないというわけのものでなく」（同）と書かれているものの、しかしどのような運営形態（スタッフ構成）であっても「教母は常に教護のよき共働者であり、男の手では及ばない生活面についての保護指導を担当すべきものである。教母の仕事は教護の仕事への協力という点に特徴があるので、この点を無視して、寮生活に於ける命令が二途に出るような結果を招くようなことがあってはならない」（同）としている。このような「教母」像は田澤のいう「従属的立場」の「保姆」像（第三章）であり、戦後当時のジェンダー・ロールから逸脱しないものであったといえよう。

一方で、「命令が二途に出る」ことを避ける、ということも寮舎運営では重要なことであり、実際の場面では、リーダーとなる職員が一人おり、「従属的立場」の職員がペアを組む、というスタッフ構成が、寮舎運営はスムース、ということがあるようだ。例えば交替制の寮舎では複数の職員が交替で勤務するため、職員ごとに言うことが違うと、そこを子どもに突かれて最終的には寮舎運営もままならないような状態になることがあるそうだ。『教護院運営要領』では、女子寮等で女性二名のスタッフによる寮舎運営についても書かれているが、その場合であっても「適した人柄の女性が教護になって、必要に応じ補助者としての教母を置く」（『基本編』：18）としている。曰く「一寮を経営するには自ら秩序統一が必要であって、そこに主導的立場に立っ《ママ》べき教護と、共働者としての教母との序列が存するべきである」（同：18–19）ということであって、この「主導と共働者」の関係は必ずしも性別役割分担とは限らないという立場である。

また、「六、運営形態」の頁（『基本編』：30–43）では夫婦制について、「この様式の長所を生かすように、殊に寮長寮母が相互に補足的な仕事をすること。換言すればいたずらに二人で同形の教護活動に正面から努力するのではなく、寮母は裏面、側面から寮長の活動を補うように影の力となるということがこの制度による効果を挙げるのに非常に有効である」（『基本編』：41）と書いている。つまり、夫婦制という運営形態は、後に石原が述べた通り、「従来の実績からみて、いろんな面で一番問題が少ない」（「石原登先生の思い出」編さん委員会 1986：61）ということであり、それはつまり、寮長・寮母は必ずしも性別分担には拠らないが、運営上安定しやすい形態、ということであろう。

このような役割分担について、小舎夫婦制の職員は以下のようにイメージしていたと考えられる。以下、北海道家庭学校職員・軽部洋子の「強さとあたたかさと」より引用する。

寮長との連携という事については、頭の中ではこんな風に思い描いています。寮長はあまり細かい事はいわないが、ここ一番という時は大きな雷を落としてもらう。その時私はハラハラと見守る。そして頃合いを見計らって慰め静かに諭す。また、生徒が寮長になかなかいえない事をそれとなく双方に伝え仲をとりもつ。

〈軽部洋子（1995）「強さとあたたかさと」『非行問題』二〇一、全国教護院協議会、p. 83。〉

この引用部分に続けて軽部は、「しかし、これは実際には理想であってうまくいく事ではありません」（軽部 1995：83）としており、その「理想」を実践する上での困難性について述べているが、このような「理想」の役割分担が「頭の中」にイメージされていた職員は男女問わず多かったと考えられる。

なお、『教護院運営要領』には、その外に「教母」に対する要件は特に書かれていない（外に法的条件が記してあるのみである）。「教護」がその「人柄」について明記されていたのに対して、「教母」のそれには全く触れていないといっても良い。これは、「教護院の現状を見ると教母は家庭寮の寮長たる教護の妻である場合が多い」（『基本編』：18）

ため、あまり要件を挙げても意味がない、ということであろうか。

人格の交流関係

子どもたちと生活を共にする職員である「教護」と「教母」の内、寮長として寮舎運営の主導権を握る「教護」には、特に求められる要件が明記されている。それは先述した通り人柄の良い人格者とでもいおうか——。このような人物が「教護」という職種に求められるのは、「教護するという過程は、いわば人格の交流関係であるから、これに相応しい人柄でなければならない」（『基本編』：14、傍点筆者）ためである。

このように「基礎編」では「人格の交流関係」と書かれているものが、後の『技術編』で、「人格構造自体の改善強化」（同：124）とされているもの——「まず模倣から始まり、次に職員の意志、希望と同一化して、それらを自分のものとし、最後には、職員の全人格と同一化してこれをとり入れ、かくして彼等の人格構造が作り上げられてゆく」（『技術編』：124-125）——であろうか。『基本編』の「四、教護院の職員」の項目の冒頭には、次のように書かれている。

四、教護院の職員

既に述べた通り教護院で教護を行なうものは、教護院にある人的及び物的なすべてのものであり、またこれらによって醸し出される雰囲気というようなもの（①）である。その中でもこの全体を意識的に創り出すのは職員である（②）から、職員の占める役割は誠に大きいといわねばならない。

教護院の事業は極めて特殊な仕事である。その対象とするものは世間から見放され、排斥されがちな児童たちである。これらのものをただ世間の迷惑にならないように隔離するだけではなく、彼等のもつ多様な歪みを正して（③）その本来のあるべき姿にたち返らせる仕事（④）である。しかも対象の選択は許されない。学校の場合のような義務教育免除者という如きものは教護院にはない。誰も相手にしなくなったものを最後に引き受ける場所が教護院なのである。(7)

〈厚生省児童局　監修（1952）『教護院運営要領　基本編』、p.8。傍線、括弧内筆者、なお引用は職員のテクストとして『基本編』と『技術編』が合冊されたものを使用した。〉

これを見ると、確かに「彼等のもつ多彩な歪みを正して」（③）という部分はあるいは「人格の根本改造」や「人格改造」といえるかもしれない。だがしかし、強調されているのは「醸し出される雰囲気というようなもの」（①）であり、職員は子どもに直接働きかけてそれを正すというよりは、その「醸し出される雰囲気のようなもの」（①）を「意識的に創り出す」（②）のが職員の職務というニュアンスである。また「本来のあるべき姿にたち返らせる」（④）とは、子ども本来が持っている力に着目する、現在でいうところのストレングスの視点であり、それは環境を整えれば普通の子どもになるとした留岡幸助の理念（第三章）に近いのではないかと考えられる。

いずれにしても『基本編』には、はっきりと「人格の根本改造」や「人格改造」を目指した理念や実践理論は明記されていないようである。

このような表現は別の項目にも見られる。例えば、「六、運営形態」の頁（『基本編』: 30-43）の夫婦制の解説では、次のように書かれている。

教護の単位が通常、寮集団であることを考えると、その寮内の生活の雰囲気が教護にとっては非常に大きなはたらきを演ずる（⑤）ので、この雰囲気をかたよらない健全なものにするということ、及び、寮長寮母の性格によって、これに配合する個々の児童の性質を考え、更にまた、そこの寮にある他の児童との関係を考える、というような複雑微妙な考慮が、実地にあたっては一番必要であろう。

なお、これはいう迄もないことであるが、教護過程は児童と教護職員という二つの人間的要素の間に成立する⑥のであるから、児童の側だけを見て分類を考えることは誤りで、具体的問題としては、つねにその児童を担当する教護職員の性格や持ち味を生かし、両者の組合わせが符合するように考慮する⑦ことを忘れてはならない。教護院内に於ける児童の調査判定は、こういう点から云っても必要なのである。

〈厚生省児童局　監修（1952：36-37）『教護院運営要領　基本編』。傍線、括弧内筆者、なお引用は職員のテクストとして『基本編』と『技術編』が合冊されたものを使用した。〉

この項目でも「寮内の生活の雰囲気が教護にとっては非常に大きな働きを演ずる」⑤と「雰囲気」を強調している。しかし、「教護過程は児童と教護職員という二つの人間的要素の間に成立する」⑥としているものは、教護（寮長）と子どもの間に存在する関係であると考えられる。この表現は、先に述べた「人格の交流関係」（『基本編』：14）というものと同義であろう。

また、『基本編』では職員と子どもとの「組合わせ」⑦について「符合するように考慮する」⑦とあるが、後述する通り、実際には入所した子どもは分類せず、順番に配寮している（第Ⅳ部第一章）後に発行される『技術編』では、「俗にいう虫のすかない場合がある。（中略）こんな場合、児童の前歴を見て、その悲惨な過去に同情を感じて、始めて職員の心がとけたり、児童と一緒に生活しているうちに、ふとその特徴に興味を感じ、これからこの児童を次第に愛するようになり、教護に成功した例もある。この意味において、教護院では、職員自身が、児童に対する愛情の発生、または増加を工夫することは、職員の職務に対する最大の努力であるといってよい」（『技術編』：120）と、書いてあり、こちらの方は現状に即した〝指南〟となっているようである。

3．環境の重視とその変化

設備のすべて悉くが教護活動をする

筆者が第Ⅰ部で書いてきた、キョウゴの独特の考え方である、「建物も教護する」ということは、『教護院運営要領』の「五、設備」の項目に明記されている。以下、引用する。

五、設　備

教護するものは単に教護職員だけではない。
土地建物その他の設備のすべて悉くが教護職員の活動につれて活潑な教護活動をする。それらは単なる物的な環境ではなく実に生きた教育的環境として捉えられなければならない。

〈厚生省児童局監修（1952）『教護院運営要領　基本編』、p. 21。なお引用は職員のテクストとして『基本編』と『技術編』が合冊されたものを使用した。〉

留岡幸助の「天然の感化」（第四章）も自然環境と農業を重視した、現在でいうところの環境療法的なものであったが、『教護院運営要領』ではそれが建築物にも及んでいるのが特徴といえる。また、先に述べた通り、このような物的環境を含めた「醸し出される雰囲気というようなもの」（『基本編』：8）の中には職員も含まれており、更に職員はこのような「雰囲気というようなもの」（同）を「意識的に創り出す」（同）ことが求められているのである。まるで職員が「感化」発生装置のようであるが、このような表現が、『教護院運営要領』には随所に見られるのである。

「一つ屋根の下」の変化

この項目には、施設の立地条件、建築物の要件などが記されており、建物の間取りなど細かく記されている。また、『基本編』の付録として「全国教護院の土地・建物及び寮舎についての実態調査資料」が掲載されており、全国施設の間取りが掲載され、いくつかに分類されている。

この実態調査資料は、「昭和二十四年度に、国立教護院武蔵野学院調査課に於て、建物其の他の設備に関し調査を行つた資料中から、適宜選んだもの」（『基本編』：81）であり、「Ⅰ全国教護院の土地建物に関する資料」（同：82）「Ⅱ現存する寮舎の設備とその長短についての総括」（同：84）、「Ⅲ現存の寮舎とその長短についての実例―長短については各教護院の意見による―」（同：91）という構成である。

「Ⅲ現存の寮舎とその長短についての実例」では、寮舎（建物）の型を「Aカギ型寮舎」（同：91）、「B□又は□型」（同：99）、「C棒型第一型」（同：103）、「D棒型第二型」（同：108）などに分類し、該当する実際の施設の平面図を掲載し、それぞれ「利点」と「難点」が書き添えられている。それらは、日当たりや設備など建築物として優れているか否か、家庭舎或いは家族舎らしいか否か、事故を防ぐなど管理がしやすいか否か、職員のプライバシー若しくは職務上の機密が保てるか否かなどがポイントとなっている様である。

例えば、図4は埼玉学園の例であるが、Aの間取り図については「C棒型第一型」（同：103）に分類されており、この型は「回答の二〇％」（同）ということである。図中、間取り図Aにおける利点（「一　衛生上」）の一つを挙げると、「寮舎の向が東南向でそれに建造りが高く全部がガラス窓の為め冬期間日光が室一ぱいに入り、日中は大変暖かで火鉢等の必要がない」（同）と、その日当たりの良さを挙げている。また「二　教護上」の利点の一つは「建築物が一本建のため子供達一人々々の寮舎生活がよく解り、常時観察するに好都合である」（同）としている。そして

図５

埼玉学園寮舎略図Ａ

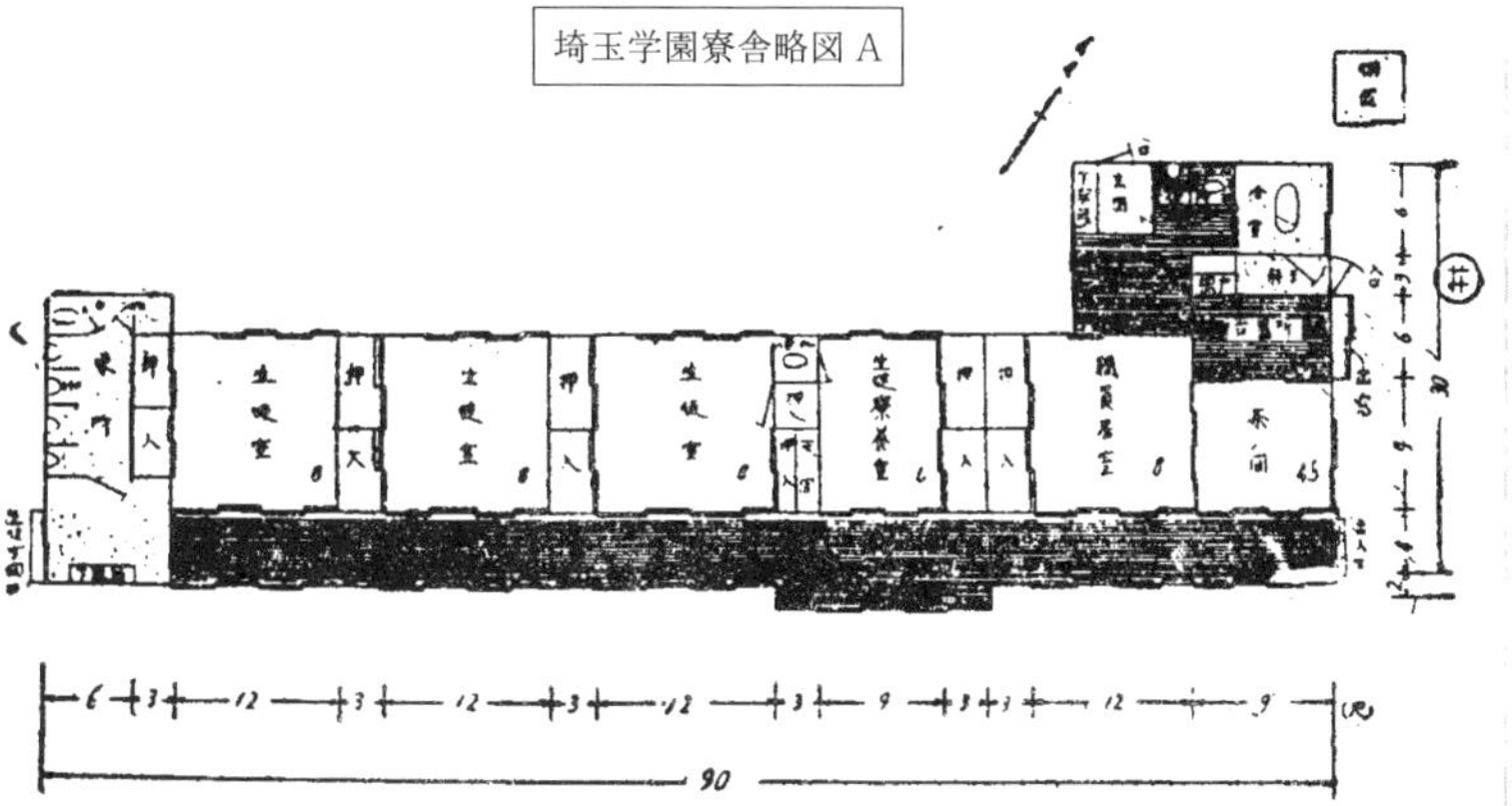

埼玉学園寮舎略図Ｂ

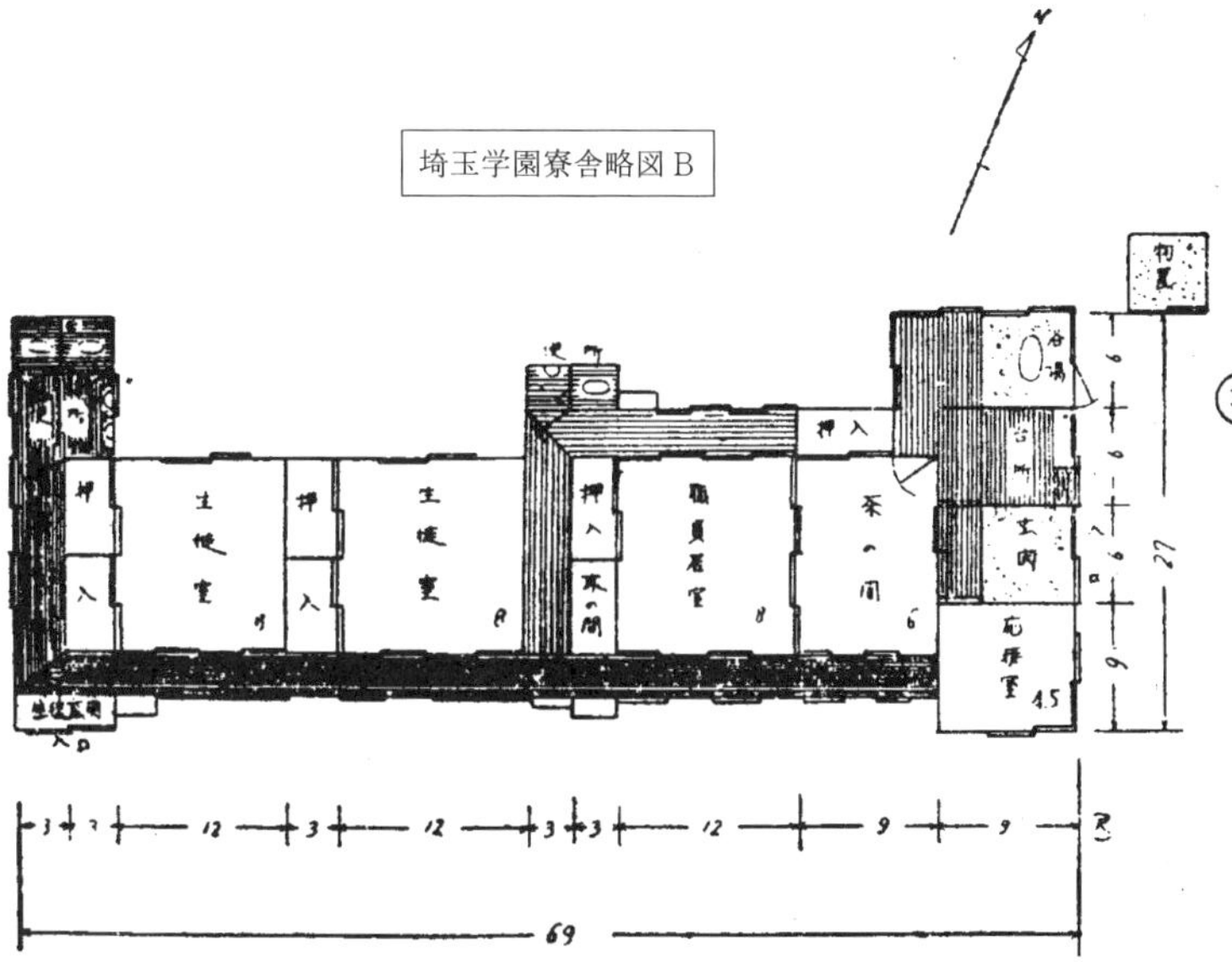

厚生省児童局 監修（1952）『教護院運営要領　基本編』、p. 105、を元に作成した。
なお引用は職員のテクストとして『基本編』と『技術編』が合冊されたものを使用した。

「参考」として次の通り書き添えられている。

参　考

生徒居室と職員居室とが壁一重という点は余り感心出来ないが、それと云つて生徒と職員との居室を隔離的にして監視室（又はこれに類した室）などを備えて遠くの方から子供を監視することも家庭寮式の経営にとつては余りよくないことだと思う。

その点生徒と寮長及び保母等が室内の諸用事に便なる様、時には生徒達が気懸りなく保母室（職員居室の間）等に行つて自由に雑談の出来る様な建方が必要なことだと考えられる。

〈厚生省児童局監修（1952）『教護院運営要領　基本編』、p. 104。なお引用は職員のテクストとして『基本編』と『技術編』が合冊されたものを使用した。〉

この「参考」には、夫婦のプライバシーの保護のためには居室を離したいが、それでは子どもたちを「監視」するようになってしまうのではないか、これでは「家族舎」らしくなくなってしまうのではないか、と懸念している様子が伺われる。後半の、「生徒達が気懸りなく保母室（職員居室の間）等に行つて自由に雑談の出来る様な建方」は、現在の事務室（あるいは執務室など、序章）や、第Ⅰ部で書いた〝第二の居間〟のような部屋を指していると思われる。現在では、埼玉学園を始め児童自立支援施設の寮舎の多くが、職員居室とホールの間に事務室を挟む形の間取りが採用されている。

ホールは子どもたちの居室に面した居間兼食堂のような空間である。前頁、埼玉学園の間取り図を見ると、この時代の寮舎にはまだホールがなく、一つの室が居間にも寝室にも食卓にもなる、日本の伝統的な座敷の使い方をしていることが見て取れる。また、群馬学院では「利点」に「寝室をベッド式とし畳を使用しない」(『基本編』：93) とあり、夜尿症の子どものケアがし易い、子ども同士の「性的悪戯が行われない」(同) などが挙げられている。これを見ると、時代を経るごとに、例えば、一般家庭の「座敷」をそのまま寮舎に採用していたものが、共同生活に適した部屋として工夫されて行くなどしたようすが伺われる。

なお、当時の埼玉学園ではBの間取り (図4、下の間取り) で寮舎を新築しており、これについては「Aの不利の点をいくらか考慮して設計及び建築したるものなることを書添えておきます」(同) としている。Bの間取りは現在のように事務室を一室挟む形ではないが、職員居室の押し入れと廊下を隔てて子どもたちの居室が設計されており、居室が隣り合っている間取りに比べるとかなり考慮された設計及び建築であったことであろう。現在でも、施設に行くと間取りの違う寮舎が建っている場合があり、古い建物から順に建て替えたため、そのようになっているということである。(8)

感化院時代には、「恐らく感化院創設の諸先輩は、自分の家族と一緒に少年たちをあずかって教育されたことと思います」(戸田 1994：27) とある通り、子どもたちと職員家族とが、全くの同居状態であった施設も少なくなかったと思われるが、このようないわば〝同居型〟の寮舎から、戦後、事務室を挟む間取りにする、あるいは「従来共同風呂であったが此の家庭舎には風呂を設置した」(9) (広島学園、『基本編』：97) など、同じ家屋の中で、全くの同居状態から段階を追って職員居室を分離させてゆく様子が、『教護院運営要領』の資料からも読み取ることができる。

「天然の感化」の変化

『基本編』の「五、設備」では「農業のための相当な農耕地は、特別な場合を除いては、先ず共通的に必要であろう。従って土質等も農耕に全然不適当なものであっては支障ある場合が多い」(『基本編』：23) と、農業に必要な農耕地を確保することが重視されている。しかし、その理由については「職業指導」のための農業という位置づけであり、留岡幸助の「天然の感化」に通じるような、環境療法的な意味合いについては特に記されていない。なお、『基本編』の付録「Ⅰ全国教護院の土地建物に関する資料」には、当時の耕地面積が掲載されており、「全国教護院耕地平均」は五、八二五坪（一坪＝三・三㎡として）、一九・二二三㎡である。筆者の二〇〇六年に行った調査では、約三・七四四㎡であった。(10)

では、施設の立地についてはどうであろうか、『教護院運営要領』の「五、設備」の項目において「教護するためにはよい環境が欲しい」（『基本編』：21）として挙げられた条件は以下の通りである。

一　位置

教護するためにはよい環境が欲しい。スラム街に不良少年の発生の多いことを考えればこれは当然の要求である。それと共に、児童を教育し保護するために適した条件も必要である。すなわち

イ　山川、高低、林野、平地等適当に富んだ地勢

ロ　眺望のきく広々とした場所

ハ　児童を誘惑するような環境が近くにない場所

ニ　水利、防火に便利な場所

ホ　危険の少ない場所

というようなことが先ず考えられる。

〈厚生省児童局監修（1952）『教護院運営要領　基本編』、p. 21。なお引用は職員のテクストとして『基本編』と『技術編』が合冊されたものを使用した。〉

都会を避けること、そして豊かな自然環境を求めるという点では、留岡の「天然の感化」に通じる考え方であるが、一方で、「こういう条件だけだから、えて《ママ》教護院は、山野の僻地に選ばれがちである。しかしながら、教護院の位置としては、これだけでは充分でなく」（同：21-22）として、「次のような条件も考慮に入れる必要がある」（同：22）としている。

イ　児童、職員等の生活に適する所
ロ　一般社会との連絡に不便を感じないような所
ハ　将来の拡張、発展に差し支えない所

〈厚生省児童局監修（1952）『教護院運営要領　基本編』、p. 22。なお引用は職員のテクストとして『基本編』と『技術編』が合冊されたものを使用した。〉

感化院時代に「天然の感化」と「独立自営」を実現するために留岡幸助が求めた土地は「新農村」の設立を含め、北の広大な大地であった（第四章）、しかし、『教護院運営要領』では、そのような「人里はなれた環境では、ながい間には必ず不便を来すし、一般社会との連絡のつきにくい教護院は運営上不便を感ずることが多く、非常の場合等に思わぬ支障を来たし易い」（同）としているのが特徴である。

留岡の「独立自営」は少なくとも構想の上では子どもたちを小作農として入植させるという〝出口〟を想定したものであった。しかし戦後の教護院は（というか、他の多くの施設では）、一定期間子どもを預かる入所施設として専門特化したのであり、他機関との連携の上で成り立つものである、入退所の手続き、あるいは退所後の子どもたちの就職先の斡旋、あるいは入所中の父母の面会という点に於いても「人里はなれた環境」（同）では不都合が生じるのであった。

4．寮舎の運営形態

寮舎の特徴

『基本編』には、「六、運営形態」の項目がある。この項目は寮舎の運営形態その他を論ずるものである。まず、寮舎が「開放処遇」か否かということ、これは「閉鎖式、半閉鎖式、開放式というような色々な形が考えられるが、現在の教護院は、開放式をとっている」（『基本編』：30）とあり、戦後の教護院ではすべて開放式になっていることが書かれている。また、一九五〇（昭和二五）年の児童福祉法改正時に盛り込まれた強制措置（家庭裁判所の決定などにより強制措置になった場合には、鍵のかかる部屋の使用が認められる。国立など一部の施設に設置されている）についても、「極めて特殊例外的なもので全体としては、教護院は開放式に運営されているということが出来る」（同）としている。ちなみに、強制措置がついて入所した場合でも、多くはその限度期間が終了する前に、普通の寮舎へ移す場合が多いという。筆者の聴き取りでは、国立武蔵野学院では二週間（かつては一ヶ月ほど）で普通寮に移し、国立きぬ川学院では最初から普通寮に入寮させる（二〇一四年一一月、国立武蔵野学院元職員に確認）ということであった。

寮舎の運営形態については「今までわれわれは大部分の教護院が、寮舎制すなわち家庭寮式の運営形態をとっている事実」（『基本編』：31）と、「寮舎式」（同：32）や「分舎方式」（同）ということから、現在の小舎夫婦制が主流であったということであろう。建物については「教護院には分舎方式が望ましい。事実、我が国の教護院の大部分はこの方式によって運営されてきた。そして今後もこの様式ですすむべきである」（同）とあり、留岡幸助の一軒家（Cottage、以降コテージ式）が強く支持されてきたことがわかる。

寮舎の分類

『教護院運営要領』ではまた、「性状素質あるいは年齢別等同じような特徴を持った児童を一群に集める」（『基本編』：33）ような、子どもを分類して配寮する寮舎運営についても書かれている。例えば「児童の院内生活の成績に応じて賞罰的な意味で分類する」（同：35）というのがあるが、「これも考え方としては成り立つが、これを生活集団の分類に用いることは、あまり望ましいことではない」（同：35）、「それが日常生活の集団分類の基準になったりしては、いわゆる差別待遇となって結果はわるい。教護院における強制措置は決してかかる意味での賞罰的分類と考えるべきではない」（同：35-36）としている。

このことは、留岡幸助の家庭学校の第四家族舎（代用感化院専用の家族舎）――運営する内に当初は予期していなかった施設内における懲罰的な使用がされるようになる（第二章）――を設置した際の経験に通じるものと考えられる。他にも、「入所後の経過期間によって、初期、中期、後期という風に別け、不良傾向改善に応じて組を編成するという如き考え方も一部に試みられている」（同：36）が、これもまた、「然しながら現在のところでは、どこの教護院も必ずこれに拠らなければならないというような唯一絶対の分類方法というものは、いまだ定め難い」（同）としている。このような、例えば学年別やＩＱ別、あるいは「非行」の内容別で寮舎編成を行っているという施設は現在でも、少なくとも筆者は見たことがない。

なお、現在では普通寮の外に中学校卒業年齢の子どもで構成される「高齢児寮」や、小舎夫婦制寮の職員が休暇の場合に使用する「特別寮」（第Ⅰ部第二章第一節）などを持っている施設が全体の45％である（報告書 p. 32）。

また、一寮舎あたりの子どもの人数については、「出来れば一寮舎を一人の教護（寮長）と一人の教母で相当してその児童数が十名位というところが望ましいが、現実的には、児童福祉施設最低基準で定められた一人当り児童数八人の二人分、即ち夫婦で一寮十六人という限度までは、相当せざるを得ないであろう」（『基本編』：37）としている。現在では職員一人当たりの子どもの数は変更しているが、現在においても、定められた「定員」数（例えば一五人）に対して、職員が理想とする人数は、例えば「八人」など、一〇人前後と答える職員は多い（第Ⅰ部）。

では、少ない方が良いかというとそういうことでもなく、「既に随所で述べた通り、教護には、一つの雰囲気の力というものが大切であり、あまり少数であると、手はとどくが、この小社会の醸し出す気風の迫力が出て来ない」（同）としている。

この「雰囲気」という単語は、職員の項目でも、建物の設備の項目でも出てきたものである。ここでは、このような「雰囲気」が寮舎内に生まれること、そしてそれは子どもの人数に左右されるものであることが書かれている。そしてここでいうところの「小社会の醸し出す気風の迫力」とは、職員がよく使う「寮舎の力」や「集団の力」、「子ども集団の力」（第Ⅳ部第一章）というものであり、いわゆるグループ・ダイナミクスのことであろう。なお新ＨＢには「グループダイナミクス（集団力学）」の項目で「自立支援の技術」（新ＨＢ：251）として紹介されている。

最後に、寮舎の運営形態については、単独制、併立制[11]、夫婦制、と、今日と同じ運営形態の説明もなされている。これまでも見てきた通り感化院当時の「家族制度」は、「小舎夫婦制」として戦後の主流運営形態となっていた。ちなみに、「寮長」という呼び名はかつては「族長」（家族長の略）と呼んでいたそうである（二〇一三年七月、ト学園元職員）。

『教護院運営要領』には、「夫婦制が如何なる場合にも最上無二のものだという盲信も不可である」（『基本編』：42）と書かれているが、同書を編纂した石原登は自ら「夫婦制を支持している」（「石原登先生の思い出」編さん委員会1986：61）としており、他の職員からも、「教護の神様といわれた石原は徹底した夫婦制の擁護者であり、家庭的な暮らしの雰囲気のなかで無為にして化すを教護の理想とした」（杉谷1994：18）、「石原先生の寮運営が夫婦制絶対論」（戸田1994：27）と評されていた。これは『教護院運営要領』が国の刊行物であり、全国的な〃手引き〃であることから（小舎夫婦制を採用できない施設に配慮して）、そのような明言を避けたのか、あるいは「形は夫婦制の家庭寮で、実は夫婦の支配する小農奴達の家庭であるかのようなことが生じては大変である」[12]（『基本編』：42）というようなリスクを考えてのことなのか、それとも時と共に石原の意識が変化したものなのかは正確にはわからないが、『基本編』

ではこのように書かれている。

なお、『技術編』が発行された昭和三〇年代（『基本編』は一九五二・昭和二七年、『技術編』は一九五六・昭和三一年発行）の運営形態は「夫婦小舎制と生活・学科・職業核指導領域の三位一体制は、昭和三十年代の初期の頃は、各教護院の尤も望ましい運営形態として、全国にも自明のことと認められていました。（中略）併立制や単独制の寮舎も現実には可成ありましたけれども、（中略）夫婦制が採られるまでの経過的な次善の対応であると見做されていました」（杉谷 1994：15）とある通り、多くの施設で採用されていた運営形態であった。そして『教護院運営要領』が――特に『技術編』は――小舎夫婦制を中心とした〝手引き〟であることは、職員にとってはいわば自明のことであった。

5.「指導の三本柱」

『基本編』の「七、院内教護」には、今日、「指導の三本柱」と呼ばれているところのものについて記されている。

それによると、「教護院内に於ける児童に対する教護活動は一つの統一された全体過程であるが、強いて分析すると、これを大きく、生活指導、学科指導、職業指導という三つの側面にわけることが出来る」（『基本編』：44）とし、「これら三者は、それぞれが完結した構成部分で、これを三つ集めれば教護になるというような性質のものではなく、一つの教護という活動を三つの窓からのぞいた姿態である」（同）とし、「従って、教室で行うのが学科指導、作業場で行うのが職業指導というような考え方は少なくとも教護院では通用しない。農場で作業をしている内容のあるものが、学科指導という方面から見れば学習であり、同時に別な見方をすれば生活指導でもある。そして院内の児童の生活の悉くが教護される生活であるというような関係にあるものである」（同）と、「院内教護」を三分することについて、注意を促している。

このことは、かつて留岡清男が述べた各指導場面が有機的に結びつくようにするために、職員の創意工夫が必要であるとしたもの（第三章）、あるいは菊池俊諦の「全人的方法」（第五章）に通ずるものであると考えられる。

注

(1) 二〇〇三（平成一五）年度入学生への聴き取りによる。教科書として使うことはなかったが、石原登の『十代の危機』と併せて、資料として使用することがあったということである。

(2) 『基本編』は『技術編』のような「章」ではなく、一、二、三、……と全十項目である。

(3) 民生委員や児童委員もケースの発見やアフターケアとして期待される社会資源の一つであるが、その活動の実際は、『教護院運営要領』に書かれている「院外教護」とはほど遠いといった感がある。

(4) その後、児童自立支援施設にアフターケアが法的に盛り込まれたのは、二〇〇四年の児童福祉法の一部改正である。「児童自立支援施設は（中略）個々の児童の状況に応じて必要な指導を行い、その自立を支援し、あわせて退所した者について相談その他の援助を行うことを目的とする施設とする」（児童福祉法第四四条、傍点部が改正部分）。

(5) 情緒障害児短期治療施設は一九六二（昭和三七）年児童福祉法一部改正時に児童福祉法第四十三条の二に定められた施設である。なお、二〇一七年四月一日より「児童心理治療施設」に名称変更した（二〇一七年三月三一日厚労省通知）。

(6) なお、これについて留岡幸助は「感化院の管轄ではない」としている。

(7) ここでも、教護院で預かる子どもについて、どこからも行き場を失った子どもを預かる〝最後の砦〟であることが示されている。

(8) このように、順番に建て替えず、一度に建て替える方法だと、敷地の関係上、分舎式（コテージ）にできず、集合住宅化させられてしまうこともあるようだ（序章、第Ⅰ部、第Ⅳ部）。

(9) 阿部祥子（2005）『もうひとつの子どもの家　教護院から児童自立支援施設へ』ドメス出版、は、北海道家庭学校及び岡山成徳学校の実際の図面を整理し、その移り変わりについて詳細に報告・分析しているため、併せて参照されたい。

(10) 全国の農地の合計二一七・一四八㎡を全国の施設数である58施設で単純に割ったものである。この面積は、武千晴（2010）「児童自立支援施設における農場の継承と変容——二〇〇六年度悉皆調査結果を手がかりに」『司法福祉学研究』一〇、p. 119に掲載した表から用いた。なお、同調査において「田畑は無い」と回答した施設は五八施設中四施設であった（報告書・p. 41）。

(11) 「寮長、寮母が夫婦でない場合を仮に併立制ということにする」（『技術編』：39）。

(12) 石原自身も「教護院に奉職して間もない頃、私は夫婦制の勤務が理解できず、生意気にもある教護院へ行って、『夫婦制のようなバカバカしい勤務はおやめなさい』と忠告したことがありました。今思い出すだけで穴へもはいりたい恥ずかしさです。」（「石原登先生の思い出」編さん委員会：1996：63）と述べている。

第七章　心の接触／感情転移――『教護院運営要領』（技術編）

第一節　『技術編』――心の接触

1.『技術編』に示された「技術」とは

職員の事例を編纂

『技術編』は「全国の教護院から提出された教護事例と、これまで教護院において研究されていた教護の事実から抽出して、児童の性行改善の技術を類型的に解説したもの」（『技術編』：115）としている。

先にも述べた通り、『教護院運営要領』を編纂したのは国立武蔵野学院の伊佐喜久夫と石原登であり、その分担は、「大半を石原氏が、鑑別と医療の参加について伊佐氏が分担執筆された」（宮澤 1987：71）ということである。

『教護院運営要領』作成に参画した宮澤修[1]によると、全国から集めた「成功事例」（職員・関係者はよくこのような表現をする）を石原が一旦分析して初稿を書き上げ、それをまた複数の職員で討論したということである。以下、「教護院の戦後を築いた人々　青木延春、石原登両先生の事ども」より引用する。

厚生省は青木氏を武蔵野学院長に発令すると同時に、武蔵野学院に永年勤務した石原、伊佐氏に教護官として厚生省児童局に兼務する発令をした。教護官とは全国の各教護院の運営を指導助言する職種である。この時まで教護院は経験だけが物をいう処であり、指導するにしても何の基準もなかった。

両氏の仕事はまずこの基礎作りから始まった。石原氏は全国の教護院を廻り、児童の改善につながった諸事例を集め、この内容を分析して四年後には初稿として案を示した。全国研究会や武蔵野学院の若手の職員（青木光二氏や筆者もこれに参画させていただいた。）の十数次にわたる討論の結果、厚生省から「教護院運営要領」として昭和三十年に発表された。（中略）技術編は石原氏の面目躍如としたユニークなものである。職員と児童の間の「心のつながり」に始まり、児童の生育歴上に不完全だった点を補う「成長法」と、その言動上の特殊性癖を改善する「修正法」の内容を夫々十数項目について記し、たいていの場合成長法のみで目的を達せられるとある。後に石原氏は「すべて事実をもとに記したので、特定の理論から演繹したものではない。これを起点として将来の研さんと進歩が望ましい。」と述べておられた。

〈宮澤修（1987）「教護院の戦後を築いた人々　青木延春、石原登両先生の事ども」一高同窓会誌『向陵』二九―一、p. 71°〉

石原の面目躍如たる『技術編』

『教護院運営要領』編纂に当たり、初稿の検討を行った一人である宮澤修――当時は「若手の職員」であった――によると、「技術編は石原氏の面目躍如としたユニークなもの」（宮澤 1987：71）と書かれている。

それを裏付けるように、『技術編』の内容は、石原の著書『十代の危機』と重複した部分が多くある。特に、『教護院運営要領』「第二章　安定法（成長法）」及び「第三章　修正法」の部分はその傾向が強く、『十代の危機』が『教護院運営要領』の副読本か参考書であるかのように見えてくる。またそのためか、『十代の危機』もまた、『教護院運営要領』と共に職員によく読まれているようである。よって、本節では適宜、石原の『十代の危機』から文章や図を引用して使用することとした。

「技術」の内訳

『教護院運営要領』は、「不良癖を改善しようとする場合には、二通りの方法がある」(『技術編』: 127)として、安定法(成長法)と修正法を挙げている。修正法が「たとえてみると、傷をなおすのには、薬をつけたり、繃たいをしたりして、治療をすること」(同)であり、「一方、栄養を充分にして、傷が自然に治癒すること」(同)が安定法(成長法)ということである。つまり、「不良癖」に対して、「可能なものについては直接これを改善すること」が修正法であるが、しかし、「元来あらゆる非行は心の不安定と不可分の関係にあるので、まず心を安定させ、心身の健全な発育をはかれば、自然に不良癖が除去され、また、不良癖だと思われていたものがかえってその長所と変ずるようになるものである」(同: 127)とある通り、安定法が基本である、ということである。

そして安定法と修正法の中には「主として医学的、心理学的治療に属するものがある。これを狭義の治療教育という」(同)としている。つまり、『技術編』の「技術」部分は安定法、修正法、そして狭義の治療教育の三つに大別されている。しかし、「勿論各種の教護技術は、いずれもこの三面を備えており、各個に独立した技術ではなくして、人格構造の調整という複雑な治療教育活動を、いろいろの観点から説明したものにすぎないから、これらを劃然と区別したり分類したりすることは、不可能なことであるが、便宜上」(『技術編』: 127-128)、それらの要素で分けた、ということである。そしてそれらの「技術」の前提となるものが「心の接触」(同: 118)であり、「心の接触」は先の三つの「技術」とは別の章が設けられている。

「自然によくなる」技術

『技術編』の冒頭「まえがき」には、「教護院の特性は（中略）普通の教育を受けることができるように人格構造を調整すること」（『技術編』：115）と書かれている。そして教護院時代の目的である「不良性の除去」について、「現象的な悪癖の機械的矯正というような感を与えやすいが、実は健全な人格形成のための必要の充足をいうのである」（同）としている。

後述する通り、この「不良性の除去」という教護院時代の目的(2)は、「現象的な悪癖の機械的矯正」（同）のように思われがちである。しかし、その内容は「健全な人格形成のための必要の充足」（同）をいうのであって、その技術とは、「教護院の運営そのものが技術であり、指導プランすなわち教護システムそれ自体が技術なのである」（同：116）としている――少なくとも理念上は――のであった。

少し解りにくいが、これが何を意味しているのかというと、ここでいう「技術」とは、何かの理論や方法、あるいは治療プログラムでもって子どもを「矯正」したり「治療」したりする、そういう類のものではなくて、「教護システム、教護院の運営、職員の人間そのもの等によって、或る年月の間に自然によくなるというような形をとる」（同：117）ということであり、つまりはかつて「感化」といわれていたことと基本的な理念は変わらないものと考えられる。『技術編』の「まえがき」には「財産の引きつぎ」（同：117）がと綴られており、それは、以下の文章でしめくくられている。

一、教護技術も、ほかの科学と同じく日進月歩しなければならないものであって、（中略）完全なものでないことは勿論である。

また、説明も殆ど加えてないのであるが、前述のように従来の教護の事実を類型化したのであるから、いわば、今後の教護のための素材の提供であり、財産の引きつぎである。これに新しい事実を加えて、分類を発展させたり、たえず科学的検討を加えて新しい理論を発見したりして、今後の教護理論体型を進歩大成させることは、教護事業者に与えられた課題なのである。

〈厚生省児童局　監修（1956）『教護院運営要領　技術編』、pp. 118-119。傍点筆者、なお引用は職員のテクストとして『基本編』と『技術編』が合冊されたものを使用した。〉

2．心の接触

すべての「技術」の前提

『技術編』の第一章は「心の接触」（『技術編』：118）である。この「心の接触」は、教護の技術を行う上で、「一切この接触を前提」（同）とする基本的なものである。この「心の接触」があるが故、教護院では「いわゆる技術を特別に考慮することなくして教護の行われることは、薬を用いないでも自然の回復力により病気がなおるのと同一」（同）としている。

この「心の接触」がないままでは「どんなに教護方法を工夫してみても一切は無駄」（同：119）なのであり、またこれがあることによって、「教護システム、教護院の運営、職員の人間そのもの等によって、或る年月の間に自然によくなるというような形をとる」（同：117）ことが可能になる、ということである。

そしてこの「心の接触」とは、「いわゆる愛」（同：118）であるとしている。以下、「心の接触」における「愛」についで引用する。

この心の接触とは、いわゆる愛である。しかしながら、一般に用いられている愛という言葉のニュアンスには、

「甘さ」の感じのみが非常に強い。教護においては、このニュアンスの少い、他のあらゆる愛の様相、たとえば尊敬とか、信頼とか、打ちとけるとか、恐ろしいけれども何んとなくひきつけられるというような場合が含まれているので、あえて心の接触という表現を用いる。

〈厚生省児童局監修（1956）『教護院運営要領　技術編』、p. 118–119。なお引用は職員のテキストとして『基本編』と『技術編』が合冊されたものを使用した。〉

この「心の接触」を特に大事にするのは、子どもたちが措置によって入所することと関係があると『技術編』には書かれている。つまり子どもたちは、「自ら求めて教護されるのではない」（同：119）のである。そして本人自身が自らの認知や行動に対して問題性を感じていない場合も多い――ソーシャルワークでいうところのニードを持っていない（あるいは自覚されていない）ということであり、つまり子どもたちは嫌々入所してくるのである。

このような特徴を持つ施設であることから入所時には特に注意が必要で、入所する子どもたちは「さざえのように反感、恐怖、侮辱、慢心、ひねくれ等の固い殻をかぶって」[3]（同）おり、このような状態のときには「どんなに教護方法を工夫してみても一切は無駄」（同）であるどころか、職員の不適切な振る舞いによっては取り返しの付かないことになる（後述）、ということである。

「教護効果」が現れはじめるのにはきっかけがあり、それは、子どもたちが「何か心を打たれるような教護者の行動に接して、驚嘆、または感謝等によって心が征服されるとか、無理のない接触の中に自然にうち解けるとかして、この殻が除かれ、はじめて、教護効果が現れはじめる」（『技術編』：119）ということであり、その後の「生活指導や職業指導の場合においても、職員やそのふん囲《ママ》気が、児童の尊敬や心服をかちえることが教護の第一歩であることは勿論で、強制措置の場合も、これによって、児童が喜んで、職員のいう事や規則に従うようになれば、効果の半分を果たしたと考えてよい」（同：112）ということである。

そのためには、まず職員が「職員の優越感等いわゆる先生意識の過剰とか、自己の性癖に合致しない児童に対する嫌悪感とか、低能や不良行為に対する侮辱等」（同：119-120）の「障壁をとり去って、児童に快く心が接触するよう心掛けるべき」（同：119-120）であり、「俗にいう虫のすかない場合」（同：120）があっても「職員自身が、児童に対する愛情の発生、または増加を工夫」（同）して、心を開いて子どもたちに接しなければならない、ということである。

「積極的の好ましい感情転移」から「職員の全人格と同一化」する過程

更にこの「心の接触」について、『技術編』では「精神力動学的の見地から考えて見てみよう」（『技術編』：122）として、「心の接触」を「積極的の好ましい感情転移」（同）ということばに置き換えている。この「積極的の好ましい感情転移」（心の接触）が、「最後には、職員の全人格と同一化してこれを取り入れ、かくして彼等の人間構造が作り上げられてゆく」（同：124-125）というのである。

では「積極的の好ましい感情転移（心の接触）」から「職員の全人格と同一化」まではどのような過程を辿るのか、以下、少し長くなるが『技術編』より引用する。

> 生活指導や職業指導の場合においても、職員やそのふん《ママ》囲気が、児童の尊敬や心服をかちえることが教護の第一歩（①）であることは勿論で、強制措置の場合も、これによって、児童が喜んで、職員のいう事や規則に従うようになれば、効果の大半を果たした（②）と考えてよいだろう。
>
> 以上のことを、精神力動学的の見地から考えて見よう（③）。
>
> 心の接触は、積極的の好ましい感情転移である。人間は誰しも、過去に他の事情のもとで発生した感情を相手

に移すものであるが、教護児童は、多くは、虐待され、放置され、叱責され、満たされなかった悲惨な過去をもっているから、初めから積極的な好ましい感情転移を起すことは殆どない。消極的な転移すなわち憎悪を、意識的無意識的に抱くか、または固い殻に入って、表面だけ良好な人間関係を示すかが常である。前者は、フテブテしい態度、逃走、規則無視、不信、乱暴等職員を挑発刺戟するような行動にでる。これに対して、職員が立腹したり、罰を加えたりすれば、これは彼等の思う壺であり、彼等の憎悪に正当な根拠を与え、永久に暖い心の接触を来すことは困難となろう。また後者の一見好ましい人間関係は、実は、固い殻の表面を覆う防御である（④）から、職員の努力は一向に、真の影響力をもたず、失望して、叱責、懲罰等の手段に出がちであるが、その有害なることは前者と同じである。職員の側における反対攻撃性が、厳に、否定されるのは、この為である。職員は、常に、楽天的な明るい態度で、安定した情緒をもち、いかなる時も、児童の側にたち、彼等と共にある態度で、気長に、積極的な感情転移が起るのを待たねばならない（⑤）。これと共に、彼等を、文句なしに受入れる施設全体のふん囲気や、少人数からなる家族舎の暖い環境が、児童の安定感、信頼感をまし、積極的の感情転移が次第に芽生えてくる（⑥）。それは、まず、職員と児童との相互関係に現われ、次いで職員を中心とした児童達の小グループ内における彼等の相互関係に現われる（⑦）。そこで初めて児童達は、相互に自我を支持し合いながら職員の影響力を受けるようになる。

元来、教護児童は、情緒が発育不全であり、人格構造が均衡してでき上がっていない。原始的な未分化な欲求が盛んであり、自我の制禦力は弱く、超自我が確立していない。この状態を、潜在的反社会性といい、顕在的反社会性の前提をなすものであるから、この人格構造自体の改善強化が教護の目標となる（⑧）。そして、このような未発達は、遺伝素質の為も若干あろうが、主として、幼少期、殊に五才迄の家庭内の好ましくない人間関係の結果とみられている。そして、職員に対して積極的感情転移の状態に入った児童は、満たされなかった幼少時に帰って職員の影響力を受け、次第に原始的な慾望はおきかえられ、反応形成、昇華等の経緯をたどり、自我は強められ、超自我は広く深く形成され、遂には現実に適応した社会性を獲得するようになる。その経緯は、まず模倣から始まり、次に職員の意志、希望と同一化して、それらを自分のものとし⑨、最後には、職員の全人格と同一化してこれをとり入れ、かくして彼等の人格構造が作り上げられてゆく⑩のである。彼等が変化する⑪というのは職員と同一化する為である。この点、職員のあり方そのものが教護の技術といわれるゆえんである。そして前にも述べた通り、これはすべて積極的感情転移があって初めて起る心理的現象⑫であるから、いかにしてその状態に児童をもってくるかは、実にすべての技術の基であるといわなければならない。また、その技術は、要は職員の理解と、心構えと、人格構造そのものであるから、その意味では、技術以前の技術⑬であり、本技術篇の安定法、修正法等はすべて、自我を強化し原始的慾望を純化し、超自我を完成させるための、いわば実際的具体的の方法である。

〈厚生省児童局　監修（1956）『教護院運営要領　技術編』、pp. 122–125。傍線、括弧内筆者、なお引用は職員のテクストとして『基本編』と『技術編』が合冊されたものを使用した。〉

3．『技術編』における「感情転移と同一化」

説明のための「理論」

「感情転移と同一化」、あるいは「感情転移と同一視」は、教護の技術として、あるいは理論とされてきたものである。新ＨＢにも、「自立支援の技術」（新ＨＢ：227–234）として紹介されている。

しかし、『教護院運営要領』（『技術編』）における「感情転移と同一化」は、ツールとしての技術、あるいは理論というよりは、「以上のことを、精神力動学的の見地から考えて見よう」③とある通り、説明のための「理論」であるといえる。それは、感化院時代から培われてきた実践のいわば「言語化」である。

すなわち、田澤や岩本が指摘する「人格の根本改造」や「人格改造」のように（第五章注4、第一〇章第一節）、それ自体を目的として行うという性質のものではなく、「彼等が変化する」⑪という現象、あるいは事実——筆者が目の当たりにしたAちゃんの変化（第Ⅰ部）や、あるいは菊池俊諦が「不可思議なる威力であり、神秘的な力である。曰く言ひ難き力」（菊池 1942：226）としたもの——について、「精神力動学的の見地から考えて」③みた結果、その見地の用語を使って説明したもの、ということではないだろうか。菊池が「不可思議なる威力であり、神秘的な力である。曰く言ひ難き力」（菊池 1942：226）について、「教護當事者の全霊的活動と、少年の全霊的活動との間に存する相互關係に由りて現はれ來る一種の調理的事實」（同）と表現（活字化）したように、『教護院運営要領』では、「精神力動学」の用語を使用してそれを著した（活字化した）ものだと筆者は考えるのである。

ところで、『教護院運営要領』は石原登の考えが色濃く反映したもの——「大半を石原氏が、鑑別と医療の参加について伊佐氏が分担執筆された」（宮澤 1987：71）——であるが、石原登の考え——「教護感」とでもいうべきか——、特に寮舎運営の考え方はどのような背景に基づくのであろうか。

元武蔵野学院・戸田森夫は、「武蔵野学院にて寮を担任されましたことはあるのですが、僅かの期間でしたから」（戸田 1994：26）としている通り、彼自身はいわゆる「叩き上げ」の寮長ではなく、寮長経験は浅かったようである——筆者の聞き取りにおいても、「石原先生は寮持ったっていってもほんの少しの期間だったから」など、同様の語りが聴かれている。「一〇年経ったらものを言え」（第Ⅰ部第二章）の世界では、石原登といえども、（寮長としての）職員の評価は低いようである——。戸田は、「昭和十年教護主任として就職されて以来、（中略）全国の施設を観たり、中でも、教護の鬼とまでいわれ、石原先生の講義によく話された赤羽先生に據るところが多かったのでしょう」と、「赤羽先生」(4)が石原に影響を与えたのではないかとしている。

石原自身も晩年、自らの寮長経験を振り返って、「隣の寮に赤羽先生がいた。偉い先生で児童が心服していたんで、その先生にみんな教わったよ」（『非行問題』編集部 1976：112）と語っている他、「私が考えている教護院」に「赤羽先生」が登場するなどしている。[5] 石原は全国を視察した際、あるいは「赤羽先生」の寮舎を見た際に、「不可思議なる威力であり、神秘的な力である。曰く言ひ難き力」（菊池 1942：226）を目の当たりにしたのではないだろうか。

第Ⅰ部でも報告した通り、左右前後裏表の区別の付かない子どもがある日突然その区別が付くようになった例などは、その子に対して職員は何か特別な訓練や練習等、何もしてこなかった、ということであった。寮長の語りでは「多分、毎日の積み重ね、毎回、毎回、その都度直してやったことが積み重なったとしかいいようが無い」（蝶野学園、D職員）のであって、これは正に菊池のいう「不可思議なる威力であり、神秘的な力である。曰く言ひ難き力」（同）というものが、寮舎の中で働いた、ということなのであろう。

「職員やそのふん囲気が、児童の尊敬や心服をかちえることが教護の第一歩」①という文言は、石原が「赤羽先生」の寮舎で「児童が心服していた」（『非行問題』編集部 1976：112）という表現と重なっているように見える。そして「児童が喜んで、職員のいう事や規則に従うように」②なる、つまり「彼等が変化する」⑪様子を石原は「感情転移と同一化」ということばを使って説明を試みたのではないだろうか。

「感情転移と同一化」は誰の執筆か

しかしここで一つの疑問が起きる。『教護院運営要領』における「感情転移と同一化」は、誰が著したものなのだろうか――。『教護院運営要領』を主に書いたとされる石原の著作には、このことについて書かれたものが見当たらない。例えば、『十代の危機』はその内容の多くが『教護院運営要領』と重複しているが、その記述はない。同書は一般図書なので使用していないのかというと、そういうことでもなく、機関誌『非行問題』に寄せた「私のめざす教護院」や「私が考えている教護院」（後述）においても書かれていないのである。

職員・関係者の認識では、「感情転移と同一化」は国立武蔵野院長であり医務課長でもあった青木延春の理念とされている（後述）。青木は『少年非行の治療教育』を著し、その著書の中で「感情転移と同一化」について述べている。しかし、同書と『教護院運営要領』を比べると「感情転移と同一化」の説明はボリュウムもかなり少なく、また、文体も少し違うように筆者には見えるのである。

では、「鑑別と医療の参加について伊佐氏が分担執筆された」（宮澤 1987：71）という伊佐喜久夫の手によるものなのだろうか、この「医療の参加について」が、具体的にはどの部分を指したものなのか解らないが、「鑑別」の項目と「感情転移と同一化」の部分を比べると、やはり文体が少し違っているように筆者には見えるのである。

残る可能性は、石原が医師である青木か伊佐の助言を受けて執筆したか、あるいはこのメンバーによる共同執筆、もしくは、彼らの共通の部下によるものか──青木は当時国立武蔵野学院長であったし、伊佐は同医務課長、(6)石原は同調査課長であり、(7)同じ職場であり、同じ敷地内に住み込む者同士であった。そしてこの青木、伊佐、石原の三人は、養成所を創ったメンバーでもあり、(8)協働経験もある。このことから『教護院運営要領』における「感情転移と同一化」とは、石原と青木、石原と伊佐、あるいは三人による共同執筆、あるいは共働推敲によるものではないだろうか（第八章で再び触れる）。

『教護院運営要領』は、教護職員の〝手引き〟なので、読み手は必ずしも「精神力動学的の見地」に明るい人物であるとは限らず、寧ろそうでない場合が多数であろう。そのような〝手引き〟に何故、「精神力動学的の見地」を用いて「教護の技術」の説明を行ったのか──残念ながら今回は『教護院運営要領』における「感情転移と同一化」を執筆した人物を特定することはできなかった。

「感情転移と同一化」──特に「同一化」について

筆者はもちろん、「精神力動学的の見地」に明るくはないが、しかし『教護院運営要領』が特別に精神力動学の知識を持たないと思われる全国の施設職員の〝手引き〟であるという性質上、門外漢の筆者にも理解できる可能性はあろう。ここでは、実践がどのように感情転移と同一化ということばに落とし込まれて説明されているのか、つまり「言語化」されているのか見ていくこととする。

まず、『教護院運営要領』技術編では、先に述べた「心の接触」について、「精神力動的の見地から考えて見」（『技術編』：118）ると、それは「積極的の好ましい感情転移である」（同）としている。「心の接触」については前項目の2．を見ていただければよいが、これはいわば受容と愛であり、このことは（教護職員に限らず）、対人援助に携わる支援者にとっては基本的で普遍的なことであろうと思う。ともあれ、『技術編』では、このことをして「感情転移」――「積極的な感情転移」――としているのである。

では、「同一化」についてはどうであろうか。「心の接触」の章では、「感情転移」と「同一化」とが、特に項目を分けて説明されていないので少し解りにくく、また、特に説明がないのである。ただ、「職員の意志、希望と同一化して」（『技術編』：124）や、「職員の全人格と同一化して」（同）とあるだけである。

そして、職員に対して積極的感情転移の状態に入った児童は、（中略）その経緯は、まず模倣から始まり、次に職員の意志、希望と同一化して、それらを自分のものとし、最後には、職員の全人格としてこれを取り入れ、かくして彼等の人格構造が作り上げられてゆくのである。彼等が変化するというのは職員と同一化する為である。この点、職員のあり方そのものが教護の技術といわれるゆえんである。

〈厚生省児童局監修（1956）『教護院運営要領　技術編』、pp. 124–125。なお引用は職員のテクストとして『基本編』と『技術編』が合冊されたものを使用した。〉

この「同一化」の状態を、先の「赤羽先生」の例で考えてみると、「赤羽先生」は「何事にも徹底して完遂する方で、後年寮の建て替え時、先生の築かれた寮庭を整理しましたが、庭園の細部にわたる美的配慮に唯々驚きました」（戸田 1994：27）という様子であり、また「退院生」の方も、「部屋に入る時は膝をついて声をかけ、返事を聞いてから膝ついたまゝ戸を開けて入ることが習慣化されてました」（同）ということから、「赤羽先生」と「退院生」とは、その物腰や所作が似通っていたものと思われる。しかし、行動様式が似ていることと「同一化」とは一致するのであろうか、それとも行動様式が似通ってくることを「同一化」とするのであろうか、「同一化」とは具体的にはどのような状態をいうのか――『技術編』を読む限り、これらは見えてこない。

また、「退院生」が赤羽先生の「意志、希望と同一化して、それらを自分のものと」⑨したい、という意識を持っていたか、ということについても疑問が残る。「卒業生」の場合がどうであったかが不確かということだけでなく、そのような本人の意識や希望があって初めて「同一化」と成るものなのか、それともそのような意識がなくても「同一化」となるものなのか、それらについても不明瞭である。

現象としては、「職員やそのふん囲気が、児童の尊敬や心服をかちえること」①で、子どもたちの内に、「児童が喜んで、職員のいう事や規則に従うように」②なるという様子は見られることであろう。先の「赤羽先生」の例でいうと、石原は「隣の寮」の「赤羽先生」の実践について、「児童が心服していた」（『非行問題』編集部 1976：112）と観察している。このような状態が現象を想定して「同一化」ということなのであろうか。

また、その有効性と持続についても疑問である。『教護院運営要領』には「いわゆる病的性格児のようにこれに反応しないものもある。原則として、社会的及び心理的原因によるものの大部分は、この感情転移と同一化が有効である」（『技術編』：126）とあるが、この「有効である」というのは、「感情転移と同一化」という考え方で捉えてよい、ということなのか、その考えに従って行動してよい、ということなのか、それとも、結果として「有効である」のか、筆者には解りにくかった。またその効果の持続についても記述がなく不明である。

「感情転移と同一化」はエビデンスか理論か

仮に「感情転移と同一化」のモデルとなった関係性が「赤羽先生」とその寮舎の子どもたちであるとするならば、「赤羽先生」は、「自分のお子様も院内で教育するという信念の方」（戸田 1994：27）であることから、おそらく子どもたちと生活を分けない〝同居型〟か、それに近い生活だったと推測される。それはつまり感化院的な「発生時代の疑似家族のような原始的な夫婦制」（「石原登先生の思い出」編さん委員会 1986：64）であって、「赤羽先生」と「退院生」の間には、少なくとも「赤羽先生」の側には、親子関係に近い関係性を求めたことが推測できる。

このような感化院的な――いみじくも石原自身が「発生時代の疑似家族のような原始的な夫婦制」（「石原登先生の思い出」編さん委員会 1986：64）と表現したようなものは、留岡幸助が「家族的生活」（あるいは「家庭的生活」）としたものであり、そしてそこで行われていた（あるいは目指していた）のは、留岡がかつて「斯くて間接直接に人情を知らしめ、義理を教へ、家族の温かなる愛によりて成長したる者と等しき人情を養成せしめんと欲す」（留岡 1901a：64-65）と説明したところのものであろう。

『技術編』は全国の事例を集めて編纂したものであり、そこからある一定の法則性を見ようとするのが『技術編』の使命――「全国の教護院から提出された教護事例と、これまで教護院において研究されていた教護の事実から抽出して、児童の性行改善の技術を類型的に解説したもの」（『技術編』：115）――である。そして、「感情転移」という用語についてはこの「類型的に説明」をするために、が用いられたのと考えられるのであるが、「同一化」の方は、それとは逆にむしろ精神医学の用語を説明しているように筆者には読み取れるのである。つまり、「感情転移」はこれまでの営みを抽象化するために使用されたが、一方、「同一化」は精神医学の教えを広めるために用いられたよう見えるということである。

ところでなぜ、筆者がこのようなことに着目するのかというと、ゲンバの人たちが「感情転移と同一化」を説明する際に、人によって、「感情転移」部分だけを説明した（と思われる）場合と、「同一化」部分だけを説明した（と思われる）場合とがあったためである。そして、多くの場合職員は、精神医学の方法として「感情転移と同一化」を認識しているものの、しかし、その内容を説明に当っては、「感化」以来の伝統的な手法について述べる、ということが多かったのである。そのため、説明を受ける方は、「感情転移と同一化」が理論なのか理念なのか非常に混乱する、ということが起きるのであった。そこで今回、彼等の〝バイブル〟である『教護院運営要領』を繙いてみたのであるが、筆者が読む限り、職員の語りを聴いているときと同じ様な混乱が生じたものである。このことはつまり、職員はそれぞれに〝バイブル〟に示された「感情転移と同一化」を解釈しており、特に統一はされていない、ということを示しているのであろう。なお、「ウイズの精神」についても同様のことが生じており、これについてはまた別の章を設けて考察する。

寮長と子どもの関係を示す

『教護院運営要領』の「感情転移と同一化」には、「幼少時、ことに五才迄の家庭内の好ましくない人間関係の結果とみられている。そして、職員に対して積極的感情転移の状態に入った児童は、満たされなかった幼少時に帰って職員の影響力を受け、次第に原始的な慾望はおきかえられ」（『技術編』：124）とある。これは親子関係に代表される、第一次的関係を想定しているものと考えられる。しかし、ここでの説明に、主たる第一次集団である「家族」の語や、あるいは「家族的生活」・「家庭的生活」ということばは使用されていない（第三章）のである。(9)

なぜ、『教護院運営要領』では「家族的生活」という表現を避けたのであろうか――折しも教護院時代は小舎夫婦制が定着し、またその形態が主流となっていた時代にもかかわらず、である――。

『基本編』では「夫婦制が如何なる場合にも最上無二のものだという盲信も不可である」（『基本編』：42）として、「形は夫婦制の家庭寮で、実は夫婦の支配する小農奴の家庭であるようなこと」（『技術編』：42）や「寮長寮母が実父実母と全く同じでなければならないという懸念にとらわれ、起居動作の悉くの点で児童を形式的にも自己の家族と同一に取扱うことを強いられ、その結果却って不自然さが生じて来るというようなこと」（同）など、夫婦制のリスクについても明記されている。このようなことを避けるために「家族的生活」という表現を用いなかったのであろうか。

それとも全国の施設の中には「寄宿舎制」を採る施設があったため、「家族的生活」という表現を避けたのであろうか。〝科学的〟説明が求められた時代に、「家族的生活」という説明では不十分と考えられたためだろうか。あるいは、「家族的生活」＝国親思想とされてしまうことを避けたのであろうか。これらは推測の域を出ないが、いずれにしても、『教護院運営要領』の「感情転移と同一化」では、「家族」あるいは「家族的生活」や「家庭的生活」という表現は用いられていない。

また、第一次的関係について、留岡幸助の「家族制度」や「家庭的生活」が、いわば「お母さんの愛」を想定したものであり（第三章）、母と子の関係を重視したものであったのに対して、『教護院運営要領』の「感情転移と同一化」は、「教護」という、多くは男性職員である寮長と、子どもを想定したものであることに特徴があるといえる（第三章）。

愛と情

「感情転移と同一化」が、寮長と子どもを想定したものであるならば、「心の接触」の前半部分に書かれている「愛」が、「たとえば尊敬とか、信頼とか、打ちとけるとか、恐ろしいけれども何んとなくひきつけられるというような場合が含まれている」（『技術編』：118-119）と説明されていることに納得がいく。

この心の接触とは、いわゆる愛である。しかしながら、一般に用いられている愛という言葉のニュアンスには、「甘さ」の感じのみが非常に強い。教護においては、このニュアンスの少い、他のあらゆる愛の様相、たとえば尊敬とか、信頼とか、打ちとけるとか、恐ろしいけれども何んとなくひきつけられるというような場合が含まれているので、あえて心の接触という表現を用いる。

〈厚生省児童局監修（1956）『教護院運営要領　技術編』、pp. 118–119。なお引用は職員のテクストとして『基本編』と『技術編』が合冊されたものを使用した。〉

しかし、この「愛」を「職員の側から」（『技術編』：119）説明した文面では、表現した部分では、「たとえば尊敬とか、信頼とか、打ちとけるとか、恐ろしいけれども何んとなくひきつけられるというような場合が含まれている」（『技術編』：118–119）というような表現では収まらない、いわば〝無条件の愛〟ともいうべき「愛」が示されているのである。

以上は、児童の側からいったのであるが、逆に職員の側からいっても児童に対して門戸を閉じているような場合がある。

たとえば、「おれはお前を教護してやる職員であり、お前は教護をうける哀れな児童である。」とか、「おれは立派な善人であるが、お前は不良児である。」というような職員の優越感等いわゆる先生意識の過剰とか、自己の性癖に合致しない児童に対する嫌悪感とか、低能や不良行為に対する侮辱等である。

職員は、これ等の障壁をとり去って、児童に快よく心が接触するよう心掛けるべきである。また、ある児童には心を開くことが出来るが、ある児童にはどうしても愛を感じることが出来ない、すなわち、俗にいう虫のすかない場合がある。こんな場合は、どんなに努力しても教護は成立しない。これは職員として最も苦しい立場である。こんな場合、児童の前歴を見て、その悲惨な過去に同情を感じて⑭、初めて職員の心がとけたり、児童と一緒に生活しているうちに⑮、ふとその特長に興味を感じ、これからこの児童を次第に愛するようになり、教護に成功した例もある。この意味において、教護院では、職員自身が、児童に対する愛情⑯の発生、または増加を工夫することは、職員が職務に対する最大の努力であるともいってよい⑰のである。

〈厚生省児童局監修（1956：119-120）『教護院運営要領　技術編』。傍線、括弧内筆者、なお引用は職員のテクストとして『基本編』と『技術編』が合冊されたものを使用した。〉

引用の通り、職員の側は担当する子どもと相性が合わないから愛せない、というようなことは許されないのであり、職員は常に自らの心を開いていなければならないものである。それは専門的信頼関係（ラポール）や共感とは全く違うものであり、例えばソーシャルワーカーの養成課程ではソーシャルワーカーは同情ではなく「共感」を持ってユーザー（あるいはクライエント）と接すると学ぶが、それは、ワーカー・クライアント関係は対等であるとする（あるいはあろうとする）ためである。

しかし、『教護院運営要領』では、「同情を感じて」⑭職員の内に子どもを愛しむ気持ちを沸き起こさせようとする、そしてそれが「職員が職務に対する最大の努力であるともいってよい」⑰とするのである。これは正しく無償・無条件の愛であり、生理的に沸き上がる感情のそれを指していると思われる。

留岡幸助はキリスト者であり、彼のいう愛の根底にはキリストの愛、すなわち神の愛が想定されていたと考えられる。そして彼には「士族の魂も町人の魂も神様の御前に赤裸々で出る時には同じ値打ちのあるものだ」（留岡 1931：662）というキリスト教の信仰に基づいた理念があり、その信仰は家庭学校の土台であったと思われる。また一方で、近代社会を支えるものは人権思想である。

しかし、この『教護院運営要領』にある「愛」とは、宗教的なそれとも、いわゆる人権論から来るものとももまた別のものと考えられる。それは、いうなれば好き嫌いという感情をも含む「情」である。職員の「愛」とは、「愛情」

⑯）であり「同情」⑭）であり、それは例え好きになれない子どもでも「児童と一緒に生活しているうちに」⑯）湧いてくる、感情を指している。つまり、職員は本当に子どもを好きになり、愛しむ気持ちが必要とされると考えられる。

4．全体のふん囲気

「施設全体のふん囲気」とは何か

職員と子どもが「心の接触」を果たし、その二者の間に「感情転移と同一化」と表現される状態が訪れるためには、職員がまず子どもを心から愛すること、そして「常に、楽天的な明るい態度で、気長に、積極的な感情転移が起こるのを待たねばならない」（『技術編』：123）という心構えが必要になる。しかし、それだけではなく、「これと共に、彼等を、文句なしに受け入れる施設全体のふん囲気や、少人数からなる家庭舎の暖かい環境」（同）が必要であるとしている。

職員は、常に、楽天的な明るい態度で、気長に、積極的な感情転移が起こるのを待たねばならない。これと共に、彼等を、文句なしに受け入れる施設全体のふん囲気や、少人数からなる家庭舎の暖かい環境が、児童の安定感、信頼感をまし、積極的の感情転移が次第に芽生えてくる。それは、まず、職員と児童との相互関係に現われ、次いで職員を中心とした児童達の小グループ内における彼等の相互関係に現われる。そこで初めて児童達は、相互に自我を支持し合いながら職員の影響力を受けるようになる。

〈厚生省児童局監修（1956）『教護院運営要領　技術編』、p. 123。傍点筆者、なお引用は職員のテキストとして『基本編』と『技術編』が合冊されたものを使用した。〉

この「施設全体のふん囲気」というものは、『基本編』においても「雰囲気」としてしばしば述べられているものである。この「ふん囲気」というものが、「薬を用いないでも自然の回復力により病気がなおるのと同一」（『技術編』：118）に、「教護システム、教護院の運営、職員の人間そのもの等によって、或る年月の間に自然によくなるというような形を取るのが大部分」（同：117）という経過を辿るのであり、そして「指導プランすなわち教護システムそれ自体が技術なのである」（同：116）ということである。

つまり「施設全体のふん囲気」とは、先に述べたような、職員の子どもに対する心からの慈しみの気持ちと情というようなものが、施設全体から漂っている状態を指すのであろう。そのためには、少なくとも職員は全員、このような深い愛と情を持っていること、そしてその気持ちが職員集団の力（グループ・ダイナミクス）に働きかけている状態をいうのではないだろうか。

職員の評価の基準

この「施設全体のふん囲気」について、職員の一人一人が、それも現業職や事務員に至るまで、子どもに対する深い愛と情を持った者であるか否かについては確かめることはできないが、第Ⅰ部で報告した通り、確かに、良い雰囲気の施設や良い雰囲気の寮舎というものは存在する。

そしてその良い「ふん囲気」というものが、職員・関係者の、施設や寮舎の評価になっていることも確かである。筆者はしばしば職員・関係者から「武さん、今度A施設に行ってみると良いよ、あの施設はすごく雰囲気良いよ」などとお声がけいただくことがある、例えば、「あの施設は達成率[10]がすごく良い」とか「ニドガク[11]が全然ないから行ってみると良いよ」などということは聞いたことがない。褒めるときには必ずといって良いほど「雰囲気が良い」という表現を使うのである。つまりは職員・関係者の評価とは、全く成果主義的なそれではないのである。

それと同時に職員の目標としてもこの「ふん囲気」というものが意識されていると考えられる。第Ⅰ部で報告した寮舎の職員らもみな、寮舎内の雰囲気を気にかけていた。「良い雰囲気をつくることが寮長の仕事」というような声も異口同音に聞かれるものである。

これらの、職員が語る「雰囲気」が『教護院運営要領』のいう「ふん囲気」について述べているのか、それとも一般的な「雰囲気」の意味で使っているのか、その割合を確認することは、今はできないが、職員が施設や寮舎の「雰囲気」を意識し、それを評価基準にしていることは確かである。そして『教護院運営要領』の表現する「施設全体のふん囲気」というものと、職員が「良い雰囲気」というところのものは、（職員の「ふん囲気」か「雰囲気」かの使い分けは問わないとして）、筆者には同じに感じられるものである。

第二節『技術編』——安定法（成長法）

1. 概要

「第一章心の接触」という章が終わり、続く「第二章　安定法（成長法）」からは教護の「技術」ということになっている。先に述べた通り、この項目では石原の『十代の危機』と重複している内容が多いため、適宜同書から引用しながら整理を試みる。

2. 各論

「心の不安定の原因」

まず、心の不安定の原因について「安定法（成長法）」では以下の通り整理している。

1　生育要件の欠除
2　律動性の欠除
3　栄養の欠除
4　自信の欠如
5　興味の欠如

もしこれ等の欠陥が除去されて、心が安定し、心身が健全に成長するようになれば、不良癖も自然に消滅する場合の多いことは勿論である。

運営要領基本編中の生活指導、学科指導、職業指導の各項は、この方向に従った運営方法を示したものが大部分である。以下この項目について述べてみよう。

〈厚生省児童局　監修（1956）『教護院運営要領　技術編』、pp. 128–129。なお引用は職員のテクストとして『基本編』と『技術編』が合冊されたものを使用した。〉

この「心の不安定の原因」と、「安定法（成長法）」の小項目を任意に付き合わせると以下のようになる。

1　生育要件の欠除……(2)　生育要件の調整
2　律動性の欠除………(3)　律動法
3　栄養の欠除…………(4)　栄養法
4　自信の欠如…………(5)　自信法
5　興味の欠如…………(6)　興味法

生育要件の調整

この項目の「生育要件の調整」とは、「個人生活の不安定」（『技術編』：129）と「社会生活の不安定」（同）を満足させることといいかえられる。

そして「個人生活の不安定」については「個人生活の安定は、適当な衣食住を与え、病気があれば治療をし、衛生的習慣によって生命を守り、心身を健全に成長させることによってえらえる」（同：130）とし、「社会生活の安定」（同）は「社会性の満足」（同）にあり、それについては以下の三通りを挙げている。そして「教護の観点からすれば、児童の社会生活の安定は、個人生活の安定に先行するように思われるが、個人生活と社会生活とが矛盾なく両者共に充足されて、始めて安定するものである」（同：131-132）ということである。

そしてこれらを満たす「社会性の満足」（同）については以下の「三段階に分けて考えられる」（同）としている。

1　自己を愛し保護してくれる人間があること

2　仲間があること

3　自分の愛する人間があること

非常に幼少の頃は、1だけあればよいが、次第に大きくなるに従って1、2が必要となり、ずっと大人になると1は必ずしも要せず、2、3が必要になってくる。教護院においては、この1、2、3が与えられて安定する。音信不通であった親から手紙が来て安定するのは、1を回復したことになる。幼少の児童の世話をするようになって安定したのは、3を得たことになる。

〈厚生省児童局監修（1956）『教護院運営要領　技術編』、p. 130。なお引用は職員のテクストとして『基本編』

と『技術編』が合冊されたものを使用した。〉

職員は1の条件を充足できること、寮舎に十数人の子どもがいて社会生活の指導をすることは2の条件に相当すること、また、「一寮舎に同じ年令の児童ばかり収容せず、年令等に差のある児童達を混合収容している場合の利益は、3の条件（大きい児童が小さい児童を世話し）1の条件（小さい児童が大きい児童にたよる）を充足するのに便利な点である」（『技術編』：131）としている。

「心の接触」で述べられていた、「これと共に、彼等を、文句なしに受け入れる施設全体のふん囲気や、少人数からなる家庭舎の暖かい環境」⑥というものが、職員と子どもとの関係に留まらず、「社会性の満足」ということが含まれていることがここで述べられている。これらの「社会性の満足」は、寮舎だけでなく、学科指導の場合においても「クラスによる学習は社会性を満足させ」（『技術編』：131）、職業指導の場合も「集団作業は社会性を満足させ、職業能力の習熟は、社会における自己の地位の安定をはかっていると考えてよい」（同）としている。

なお、『十代の危機』では、「三つの人間関係」として書かれている。これによると、『教護院運営要領』で「3自分の愛する人間があること」（『技術編』：130）について、「すなわち自分が可愛がることのできる人間」（石原 1960：19、図6）となっており、「愛する」が「可愛がる」となっている。

『教護院運営要領』には「愛」について、いわゆる愛、愛情、同情、他のあらゆる愛の様相（尊敬、信頼、打ちとける、恐ろしいけれども何んとなくひきつけられる）など、子どもが寮長に抱く

図6

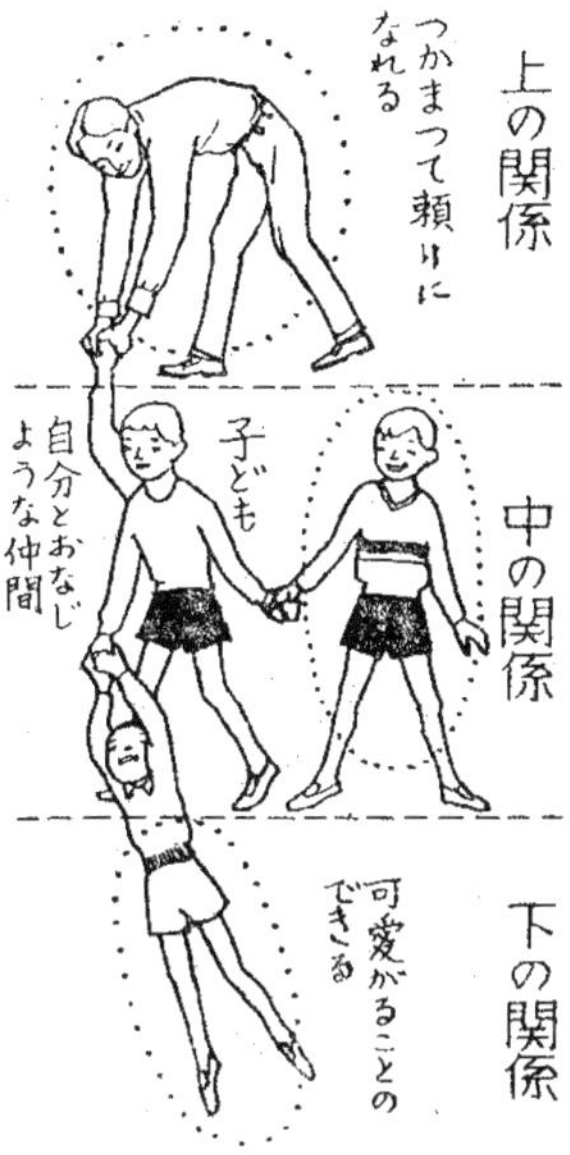

石原登（1960）『十代の危機——間違いのない子にする導きかた』国土社、p. 19。

（とされる、またはこれを抱いてもらうという職員の目標としての）「愛」のバリエーションは例に挙げられていたが、「幼少の児童の世話」（『技術編』：131）に対する「愛」についてては具体的な記載がなかった。この「可愛がる」は正しく寮舎内で「年少の児童」に抱くであろう（あるいは期待する）「愛」の種類であろう。

律動法

律動法とはリズムのある暮らしを目指すものである。曰く「教護児童の生活には、律動性、すなわちリズムがない。リズムは自然の法則である。リズムの快感は、自然の運行に調子を合わせる快感である」（『技術編』：134）とする。いわゆる「指導の三本柱」を中心とする日課は、「学科指導、職業指導も、それらが日々の時間割の中に組まれ、児童生活律動化に大きな役割を果たしている」（同）というように、感化院時代からこの施設に培われてきたものである。このことは『基本編』の「七、院内教護」の「一、生活指導」の項目においても「ハ　生活に律動性を与えること」（『基本編』：50）と整理されている。

栄養法

『教護院運営要領』では、「生活が安定し、且つリズミカルになっても、栄養が欠けていては健全な成長は望まれない」（『技術編』：135）としている。この「栄養法」は『基本編』にも「ホ　充分な栄養を正しく摂取させること」（『基本編』：52、「七、院内教護」の「一、生活指導」の項目）にまとめられている。そしてこの「栄養」の指し示す物は、いわゆる食物に含まれる「栄養素」という概念に留まらず、『技術編』にはこのような豊かな表現が散見できる。これが故、宮澤は「技術編は石原氏の面目躍如としたユニークなもの」（宮澤　1987：71）としたのであろう。

イ　日光、空気、香、色等、口以外の器官から摂取されるものも広義の物質的栄養物と考えてよい。かりにこれを味覚外の栄養物⑱と名付けてみよう。

ロ　また、更に栄養物の意味を、心身の発育並びに能力の伸長に資するものという点まで拡大すれば、精神的栄養ともいうべき各種の要素が考えられる。第一は、世間にいわゆる愛情である。俗に母親が愛情をこめて作った食物は、愛児をふとらせるが、憎悪をもって作った形式的な食物には味がないといわれている⑲が、衣食その他を通じ、児童は愛情を食うものであるという言葉は、ただ、比喩的表現とのみいいえないものがあるようである⑳。（中略）

ハ　第二に、一般にいわゆる学習が、精神的栄養であることはいうまでもない。

ニ　次ぎに、社会的要素ともいうべきものが考えられる。人間が社会的生物である関係から、ジャングルの中において単独生活をしていては完全に成長せず、主として仲間等との社会生活によって初めて各種の能力が発達する。たとえば、児童は、学習の際によい教科書を得るよりも、よい仲間と共に学んだ方が、成績がより上昇する等の如きである。

　この現象は、普通に感化という言葉をもって表わされている㉑が、これは食物のように外から与えるというよりも、これによって、児童に内在する能力が引き出される場合が多い㉒ので、その場合の仲間、すなわち社会的栄養は引き出すための薬㉓と考えてよい。

ホ　また、社会的栄養の一種ともいえるのであるが、両性の与える児童への影響㉔というようなものが考えられる。すなわち、児童は、バランスのとれた両性の社会の中で生育するのが望ましいの㉕で、性的にかたよった社会環境の中で生育した場合、どうしても、人格にゆがみが見られるようである。特に両親の一方が欠けている場合に、この影響が大きいようである。男女共学の利点も、これがその理由の一つにあげられているが、特に教護院で、夫婦制度が最も多く実施されているのも、欠損家庭の多い教護児童の人格の円満な発育の為に、この要素が大きな役割をもっているからであろう㉖。

図７

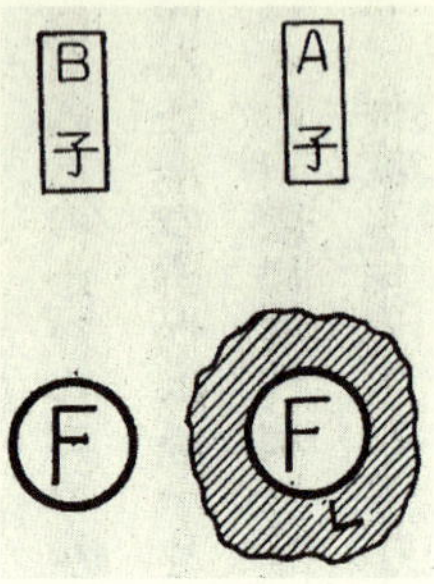

石原登（1960）『十代の危機――間違いのない子にする導きかた』国土社、p. 43。

次に栄養の摂取に当っては、そしゃくの時間、運動、野外活動等食欲の増進及び食物のよき消化吸収㉗についていわれていることの他に、教育的にみて次のような摂取の態度㉘が考えられる。

イ　平和な心をもってこれを摂取すること

ロ　日光、空気、香、色等、前述の味覚外の栄養の価値を知り、意識的にもこれを楽しむ態度であること

いわゆる情操教育はこの態度の養成に大きな効果をもっている

ハ　興味をもって学習すること

ニ　仲間と共に食い、遊び、学び、働き、眠ることを楽しむ㉙こと

等である。

一方折角摂取された栄養も、しばしば次のような場合に徒費㉚されている場合がある。

イ　覚醒剤、喫煙、その他あらゆる非衛生的行動

ロ　怒、悲、憂、しっと、闘争等

ハ　無断外出等の無意義な行動

〈厚生省児童局監修（1956）『教護院運営要領　技術編』、pp. 135-139。傍線、括弧内筆者、なお引用は職員のテクストとして『基本編』と『技術編』が合冊されたものを使用した。〉

文中「味覚外の栄養物」⑱について、『十代の危機』は「見えない栄養」として説明されている。特に、「俗に母親が愛情をこめて作った食物は、愛児をふとらせるが、増悪をもって作った形式的な食物には味がないといわれて

いる」⑲ということについては、石原の勧める教護院（きぬ川学院と思われる）で、おしるこ会を開いたときに過食してしまう子どもの例を挙げている。

図7のA子、B子を子どもとすると、母はA子が好きだけれどB子が好きでない、このような時、A子の物質的食物（図7右側）にはLのように「ぼた餅のアンコのような心の養分」（石原 1960：41）が付加されているがB子にはそれがない。だからB子が「満足感を得るためには幾杯もたべなければならない」（同）としている。

転じて、他人を傷つけたり、犯罪を犯しても、自分は何とも感じないような人を「情緒的ドライ」（同：43）とし、そのような人は、「情緒が枯れているかまたは始めからないのです。なぜこんなドライな人間ができたのでしょうか」（同）として、その理由の一つに「情緒の栄養を食べているかいないか」（同）という点を挙げている。

これにはいろいろの理由があるでしょうが、この理由の一つは、情緒の栄養を食べているかいないかという点であるようです。図にかいて示しますと、（図8の）1のように前述の情緒のアンコのついている栄養をとった人はでき上がってからはやはり情緒の衣をきておりますが、2のように物質的栄養だけででき上がった人間は情緒的には裸体です。

図8

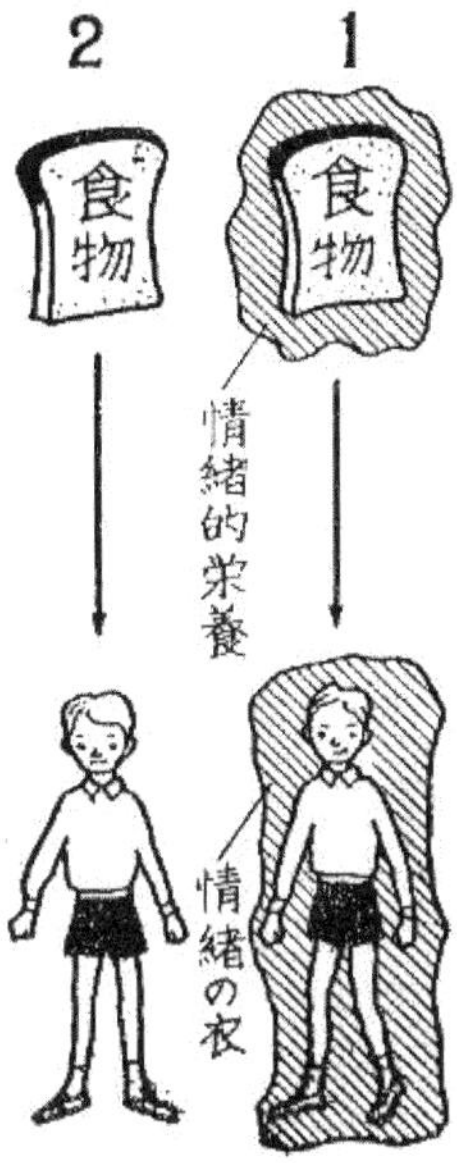

石原登（1960）『十代の危機――間違いのない子にする導きかた』国土社、p. 43。

情緒の衣を着ている人間は人と接する際に情緒で接触しますから、他人の気持ちというようなものがよくわかります。エゲツない行動は情緒の衣に妨げられるので、用もないのにあわれな老婆や幼児を殺すようなことができないのです。また他から彼を傷つけようとしても情緒の衣が保護をします。

〈石原登（1960）『十代の危機　間違いのない子にする導きかた』国土社、pp. 43-44。括弧内筆者。〉

石原は、現在でいうところの愛着障がいや情緒障がい等にあたるものについて、自身のことばである「情緒の衣」「情緒的には裸体」で表現したと思われる。また、この説明は、留岡が感化事業に身を投じるきっかけとなった体験[12]にも通じるものである。

また、「比喩的表現とのみいいえないものがあるようである」（⑳）とした、この「比喩的」とは、『技術編』の「母親の愛情こめた食物はたとえ貧弱な材料であっても最大限の栄養を子供に与えうる。（中略）もしも比喩的表現が許されるのならば、子供は食物と共に、食物の中に秘められた無形の母親の心を喰べるのである」（『技術編』：52）を指していると思われるが、この、「比喩的表現とのみいえないものがあるようだ」（⑳）としているものについて、筆者は興味深い説明をみつけた。

それは「細胞のかけら」や「手の常在細菌」の作用による、という説である。曰く「手料理の中にはつくった人の細胞のかけらがスパイスとして入る（伊達 2006：42）というもので、「愛がある人の体の一部を食べるということは、愛のある自分をつくることになる」（同：48）とするものである。これらは伊達友美（栄養学博士・管理栄養士）の著書から引用したものであるが、伊達は更に「愛の無い食べ物ばかり食べていては、愛のある人にはなれません。拒食症などで食べるのが怖いという人は必ず『自分が嫌い！』といいます。愛情不足で自分を愛せなくなっているのです」（同：44）と述べている、書いている。

これに関連して、『基本編』では、誰がこの〝愛ある食事〟を作るのであろうか。施設ではまず「教護院に於ける炊事についての根本問題は、家庭寮炊事か共同炊事か、ということ」（『基本編』：27）がある。「この無形の愛情を喰べさせることほど効果がある愛情教育はないと云えよう。食事の問題は食の問題だけでは決してない。それは多分に精神的な問題なのである」（『技術編』：52-53）という点から考えるなら、家庭寮炊事が良いということになろう。しかし、「然し乍ら、教護院は本来一つの施設であり、多数の児童を特定数の職員が生活を共にして教護するところであるから、能率、経済というところも必然的に考慮されなければならない[13]」（同：27）、と、各施設の運営状態に拠っては難しい場合もあること、あるいは「寮別の、寮母による炊事だという点で陥りがちな、様々な危険や欠点」（同：53）、つまり、「公私の混淆」（同：27）などの問題点がある[14]。それで、「施設としての教護院ではやはり共同炊事をとる方が適当」（同：53）であるが、「共同炊事は、ともすれば欠陥を持ち易いからそこに特別の工夫と努力が必要」（同）とあり、理想と現実の悩ましい部分がそのまま書いてある。それで、「特に食堂で食事をとらせる場合には、必ず職員がいつも席を同じくして共に食事し、正しい食事の仕方を教えることが大切である」（同：29）としている（なお、筆者の二〇〇六年の調査においても職員が一緒に食事を摂るかを問う項目を設けている。報告書 pp. 76-78、p. 116.）。

また、「栄養法」では「社会的栄養の一種」㉔として「両性の与える児童への影響」㉔や「バランスのとれた両性の社会の中で生育するのが望ましい」㉕としている。このことは、夫婦制の利点としてしばしば聴かれるものである。この項目においても「特に教護院で、夫婦制度が最も多く実施されているのも、欠損家庭の多い教児童の人格の円滑な発育の為に、この要素が大きな役割をもっているからであろう」㉖と、夫婦制の利点について明記されている。

この「栄養法」では栄養の摂取だけではなく、「消化吸収」㉗や「徒費」㉚についてもふれており、「摂取の態度」㉘の項目にある「仲間と共に食い、遊び、学び、働き、眠ることをたのしむ」㉙という部分は、先にふれた「三つの人間関係」やあるいは留岡の「三能主義」などを想定していると考えられる。

このように、「栄養の増進の為の諸条件」（『技術編』：139）、つまり「栄養物」⑱、「摂取の態度」㉘、「徒費」㉚、これらが充足すれば、「たとえ与えられる食物が、必要以上の栄養価がなくても、児童の心身の発育が著しく改善され、これによって、自然にその不良癖が消滅したり、不良性癖だと考えられていたものが、逆にその長所とかわるような事例はしばしばみられるところである」（同）ということである。

また、「味覚外の栄養物」⑱として挙げられた項目、あるいは「摂取の態度」㉘として取り上げられた項目は、いうなれば人間に心地よいという「快」の状態をもたらす要素であり、一方、「折角摂取された栄養」㉚でも、「徒費」（同）されてしまう項目は、人間に「不快」という状態をもたらす要素と考えられる。

つまり、環境が重要なのであり、それは文中にもある通り、「感化という言葉をもって表されている」㉑ものである。そしてそれは、「食物のように外から与えるというよりも、これによって、児童に内在する能力が引き出される場合が多い」㉒としている。この視点は今日でいうところのストレングスの視点といえる。そして「その場合の仲間、すなわち社会的栄養は引き出すための薬」㉓とは、「児童に内在する能力」㉒を「引き出すための薬」㉓＝「社会的栄養」（同）であると考えられる。この考え方は、森田ゆりの定義するエンパワメント――「それは人と人との関係のあり方だ。人と人との生き生きとした出会いの持ち方なのである。（中略）わたしとあなたが互いの内在する力にどう働きかけあうかということなのだ。力のある者がないものにそのパワーをおすそ分けするのでもない、持てる者が持たざる者にあげる慈善行為でもない、お互いがそれぞれ内に持つ力をいかに発揮し得るかという関係性」（森田 1998：14）――に極めて近いといえる。

自信法

『基本編』で「七、院内教護」の「一、生活指導」の項目である「ニ　児童の劣等感を解消させること」（『基本編』：50）や「ハ　自己の属する集団についての自信を与える事」（同：56）は、「いずれもこの自信の問題を取り扱ったもの」（『技術編』：144）であり、更に「基本編の中でのべた職業指導も、自信の伸長ということがその目的の一つであることはいうまでもない」（同）としている。そこで「三、職業指導」の項目をみると、「教護院の作業は職場労働ではないから、児童を無意義に労働させたり、又過重な労働を課したりあるいは生産だけを目当てとして教護の目的を見失うことがあってはならない」（『基本編』：65）、「職業指導は特定の職業的技能の賦与というよりは、むしろ教護そのものに必須な一面であると考え無ければならない」（同：64）というようなことが書かれている。

この「自信法」は、「教護児童の大部分は、劣等感の影響が最も多いといわれている。すなわち自信の欠如である」（同：140）という考えに基いている。入所する子どもたちの多くは自信が欠如しているから「学習にも、作業にも能力の低い者が非常に多い、これが不良行為にはしる原因となっている」（同：140-141）が、「能力の発揮、伸長、減退は自信と非常に関係が深いので、教護児童の能力も、なお、かくされたものが多分にあると考えてよい」（同：140-141）、そして「能力が引き出されると自信を増し、自信の増大はまた能力の伸長となるという相互関係にある。教護院においては、児童取扱の工夫の大部分がこの点に集中され、学習指導や職業指導、生活指導が殆どこの線に沿って運営されている」（同：141）ということである。

このような運営をするためにはまず、職員の心構えが常に適正であることが望まれる。指導者意識の過剰によって子どもに劣等意識を与えたり、善意的意識が子どもの「境遇、経済的または能力的貧困を憐れみ、これが児童をして自己の不遇や、能力の不足を意識せしめるような結果となることを極力避け、むしろ反対に、職員は貧困や精神薄弱のよさを、真に研究意識し、児童が現在ある地位に誇りと希望をもつようにし向けること」（同：141-142）と職員に注意を促している。以下、「どんな場合に児童の自信が増大されるか」（同：141）について書き出す（大項目のみ、その下の小項目は省略した）。

1　職員の心構えが適正であること
2　責任をもたせること
3　感化によること
4　適正の教科や作業をさせること

5　適層の生活や作業をさせること
6　適正・適層の作業以外を省略すること
〈厚生省児童局監修（1956）『教護院運営要領　技術編』、pp. 141-143。大項目のみ引用し、その下のイロハなどの小項目は省略した。なお引用は職員のテクストとして『基本編』と『技術編』が合冊されたものを使用した。〉

更に着目すべきは「児童が、自分の属するものに関する誇りをもつというようなことも、この自信の項の中に取り入れてよいであろう」（同：144）、「すなわち、自己の収容されている教護院や寮舎、自己を指導する院長や職員に関する誇り、或は、自分に課せられている生活、学習、職業等が他の一般児童に劣るものでないという誇り等である」（同）という部分である。子どもたちが自身の暮らす寮舎や施設に誇りを持つようにする、これはつまり帰属意識を持たせる、ということに通じるであろう（帰属意識については第Ⅳ部でまた述べる）。

子どもが施設生活に誇りを持つことで自信につながる――このことはしばしば、作業やスポーツでの成績のことと捉えられがちであるが、筆者はむしろ、日常のありふれた生活の中で積み重ねられることが大事なのだと考えている。例えば、猪原学園においても子どもたちは――調理実習の片付けのとき、シンクの中を一滴も残さず、台拭きで水滴を拭き清めて見せたとき、丼にご飯を山盛りよそって手渡してくれたとき、そして「猪原学園の歌」を胸を張って歌っているとき――沢山の〝ちょっと誇らしそうな顔〟を見せてくれたものである。藤田俊二の「佐名のこと」では、佐名くんが研修旅行のとき、「『僕たち普段ちゃんと暮らしているから楽しいんだよね！』と、びっくりする様な事」（藤田 1991：12）をいった。このことも佐名君の自信の表れだったのだろう。そして実際にこのころの佐名君は、運動や作業ができるようになってきて、寮長は、「なんだか段々、男らしくなりつつある」（同）と思ったり、週番をまかせたもののやっぱりだめで、「なんとか人並みにになる日がくるのだろうか」（同）と心配したりしている時期であった。決して何でも満足にできるというものではないものの、できるところは認められていることや、あるいは、これまでとは違った生活を営んでいること自体が佐名くんの自信に繋がっていたのではないだろうか。

『十代の危機』には「ほんものの自信」という項目があり、その見出しには「自信があれば、潜んでいた能力が充分に発揮されます。ではその自信をどうしたら与えることができるでしょうか」（石原 1960：53）と書いてある。これには劣等感と非行の関係が『教護院運営要領』よりも詳しく述べられている。

その中に「似非《にせ》の優越感」ということが書かれている。それは「たとえば酒とか麻薬とかによって一時的にこれを忘れようとする逃避適応、あるいは、大言壮語したり、他人の悪口などをいって似非《にせ》の優越感で一時的にごまかす擬《ぎ》態《たい》適応、あるいは何か他のことで他に勝《まさ》ることをやって自信を得ようとする代償適応などです。この代償適応が冒頭に述べました中学生の非行に大いに関係があるのです」（同：58–59）ということである。そのためには「劣等感の解消すなわち自信の回復」（同：59）を計るということになるが、それに当たっては「親や教師の心構え――自信を育てるための根本的態度」（同）があるとしている。この内容は、「自己の優越感で子どもに劣等感を感じさせる」（同）ことがないように、など、『教護院運営要領』の「1　職員の心構えが適正であること」と同じである。『十代の危機』では更に図9を使って説明を加えている。

図９

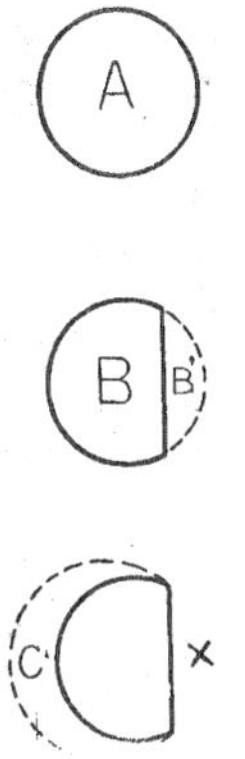

石原登（1960）『十代の危機――間違いのない子にする導きかた』国土社、p. 43。

Aは特別に欠陥のない児童です。BはB′という欠陥をもっている児童といたします。このB′という欠陥は貧乏な境遇とか少し頭が悪いというようなことです。そこでBをA同様の丸い欠陥のない児童にしてやろうという場合、貧乏に対しては金を与え、頭の悪い点は指導によってもっと賢くしてやろう。いいかえればB′という欠陥を補充してやろうというのが今までの考え方ですが、これは昔の慈善事業と同じく、憐れみの心をもってBをながめることになります。これではBは劣等感を持ちます。

ではどうすればいいかといえばB′という欠陥の部分は一応考えにいれないで、BというプラスのC円のように大きくのばしてゆくやり方です。

どんなことでも、どんな人でも全部よいとか全部悪いとかいうものはありません。よいといわれていることも裏をかえせば悪い面もあります、悪いといわれていることには必ずよい面があるものです。

〈石原登（1960）『十代の危機　間違いのない子にする導きかた』国土社、pp. 60-61。〉

菊池俊諦は、「過去の教護と現在の教護との間には幾多の相違あれども、其の顕著なることの一は、過去に於いては、其の習癖の矯正に力を専らにし、現在に於いては、其の習癖缺陥の矯正と同時に長所の發見助長に力を致すことである」（菊池 1942：225）としていた。彼のいう「全人格性の發達」（菊池 1942：43）とは、図8でいうとBにB′を補いながら、同時にB部分も大きく育て、一廻り大きな丸い円にする、ということであろうか。

ところが石原は、「欠陥の部分は一応考えに入れないで」（石原 1960：60）おこうというのである、これは「不良性の除去」という目的が課せられた教護院時代にあって、大胆な考え方ともとれる。しかしそれは換言すれば自己の受け入れということではないだろうか。少なくとも、職員には、一旦は「あなたのまま、ありのまま」の子どもを受け入れることが求められているのではないだろうか。。BにB′をを補充すればBは劣等感を持つ、というのはそのためではないだろうか。彼の「諦めの哲学」の中に「劣等感を称える」というのがある、彼によると劣等感もまた、利点の一つなのである。

劣等感を称える
一病長寿という言葉があるが、絶対無病は危ういものだそうだ。同様に自信満々、劣等感を持っていない人間程、崩壊の不安を感じさせるものはない。得意然たる人間は自分は気持ちよさそうだが、他人にとってはあまり愉快なものではないから、周囲も人も得意の鼻を折るために若干の力が集結されるからね。不良のよさの一つは、彼等が劣等感を持っていることが大きな理由の一つであるようだ。最大最強の魔除けは、劣等感だと思う。
又、空腹感のない人間は成長が止まるように、劣等感を持たない人間は進歩発展しない。我々は一生劣等感を持った生徒でありたい。先生といわれる程の馬鹿になった途端に心身共に発達が止まるよ。

〈「石原登先生の思い出」編さん委員会（1986）『石原登先生の思い出――残された言葉』「石原登先生の思い出」編さん委員会、p. 28。〉

興味法

これは、何か特別なことに興味を向ける方法ではなくて、「日常普通事」（『技術編』：145）に関心を向ける方法、ということである。それは「原則的にいって、普通人の生活の大部分を占めるいわゆる日常普通事に対し十分な興味をもっているものは、不良行為というような異常な行動はしない」（同）からであって、「教護児童の大部分は、食物とか暴力とかのみに異常な関心を示し、その他の事柄にはむしろ無感動で、児童でありながら遊びにすら関心を示さないものが少なくない(15)」（同）から、としている。

このように、食べ物や暴力など、「その他の事柄にはむしろ無感動で、児童でありながら遊びにすら関心を示さないものが少なくない」（『技術編』：145）のは、「教護児童の大部分は、食物の獲得と身体的防禦に全精力を消耗してきたともいえるのだから無理もないことである」（同）いうことである。つまり「興味法」とは、子どもたちが不適切な養育環境で育ったために失われた〝子どもらしさ〟や年齢に応じた遊びや暮らしを取り戻すために、「日常普通事」（同）の大切さを知ってもらう、そのための興味の持っていき方であり、いわば回復の方法、ということである。

その前提として――「特に安定、栄養に欠けては児童の中に健全な興味は発生しないし、自信の如きは、興味と裏腹の関係にあるといってよい」（同：145-146）と、これまでの「技術」がその前提にあることを断った上で――「興味の推進に必要なもの」（同：146）を挙げている。以下、補足説明を省略し、見出しのみ引用する。

1　一般の遊びにすら興味をもっていないような児童には、普通のいわゆる学科や作業に興味を持たせようとしても、困難な場合が少なくないことは勿論で、大体次のような順序に進むのが普通である。

　イ　簡単な情緒的遊び（メンコ、ビー玉等）

　ロ　スポーツ

　ハ　音楽、絵画等芸能的活動

　ニ　簡単な作業

　ホ　普通の学科

　ヘ　職業的作業

2　適能の教科や作業をさせること

3　広義の玩具を与えること

4　適正　5　適層　6省略　これ等については、何れも自信の項（「自信法」の「どんな場合に児童の自信が増大されるか」〈同：141〉）で説明したから繰返さない。

7　感化によること

〈厚生省児童局監修（1956）『教護院運営要領　技術編』、pp. 146–148。説明は省略し見だしのみ引用した。なお引用は職員のテクストとして『基本編』と『技術編』が合冊されたものを使用した。〉

第三節　『技術編』――修正法

1．概要

「修正法」は、期待法、単純原因の除去、自覚法、昇華法、文化法、自然法、集団法、独自法、経済法、形態法、対病法、職業法、自信喪失法、逆手法、その他の15項目からなる。「修正法」の項目が「安定法」より多いのは、「安定法」が「すべての児童に共通し且つ安定、成長の要素の多い方法」（『技術編』：128）であったのに対して、「個々の児童の人格構造の欠陥や各種各様な不良癖を、どうして根本的に是正するかという問題」（同：150）であり、「従って、極めて個別的な方法」（同）だからということである。

これらの方法は「相互に矛盾するものもあり、同じ方法でも、児童個々、又は時と場合によって、その適用を異にすべきであって、千篇一律のものではないことは勿論である」（同）が、しかし、「他の方法と同様その根本には一貫した原理」（同）があり、それは「『あらゆる生物は必要または不必要に遭遇すると変化するものである』という生物学上の法則」（同）であるという。特筆すべきはこの次であり、つまり、「教護児童の不良癖も何等かの内外の必要があって発生したものである」（同）というものである。この視点は、後述する石原の「非行の図式」（第三節）や橋本和明の「回避行動」（第一一章第一節）に通じるものと思われる。

なお、修正法は、「この生物学上の法則を修正法にあてはめると、『不良性の消滅のために、必要な条件の中に児童を置く』ということになる」（同：150–151）と説明されている。「修正法」の冒頭には、「個々の児童の人格構造の欠陥や各種各様な不良癖を、どうして根本的に是正するかという問題」（同：150）とあったが、その方法なり「技術」なりは、あくまでも「必要な条件の中に児童を置く」（同：151）ということであり、基本的には「感化」的なそれであるということである。

2. 各論

以下、冒頭に挙げた15項目を挙げるが、見出しを中心に内容は適宜省略・編集することとする。なお、その作業においては、できるだけ原文で使われている通りとした。

期待法（『技術編』：151-152）

教護者は自己個人の力を過信してはならない。児童の改善については、児童自身において自らが改善されていく力、すなわち自然の力が、大きな役割をしている。それには「時」が必要である。急がずあせらず心の安定を図り、その自我支持に努めながら、過を犯さないよう、環境を調整し、かくして或る時期に達して自然に治癒するのを待つべきである。

単純原因の除去（『技術編』：152-153）

不良行為は、便宜上実用的に分類すれば、単純原因によるものと、習慣的原因によるものと、性格的原因によるものとある（以降、各項目の説明については、本文で例として上げられている「浮浪」の例を使って編集した）。

・単純原因（家人に叱責されて家出浮浪した場合）
・習癖的原因（度々浮浪している中に、浮浪生活が身につき、たいした原因がなくて浮浪するもの）
・性格的原因（先天的、または後天的にじっとしていられない性格のために浮浪するもの）

また、規則的に食事を摂ることも反抗的行動の動機となる場合が多いので、これも単純原因の発生防止といってよいということである。

自覚法（『技術編』：153-157）

児童が自己の不良癖を自覚して、自然的に修正の意志をもつようになること。そうなれば、この改善は半ば達成したともいえる。そのためには訓戒を避けるなどの注意が必要である。

昇華法（『技術編』：157-160）

この「昇華」とは、精神分析に用いられているような、原始衝動の昇華を指すのではなく、児童が従来の劣等感や不良行為の意識を自然に忘れ去って、全く新しい心の世界に住む、すべての場合を指している。従って、広い意味においては、安定法は、一面、昇華法といえる。

これまで、教護院で、入院の日を誕生日にしたり、或は、新しい名前をつけてやったりしたことがあるが、それはやや小細工の嫌いがあり、効果もあまり期待できなかったようであるが、この意図の一端であったと思われる。

『十代の危機』では「過去を忘れさせる—昇華法《しょうか》—」（石原 1960：100）という見出しで「非行のあった過去を忘れさせ、新しい心の世界に住めるようにしむけるのも一つの方法です」（同）としている。

文化法（『技術編』：160-161）

野性的生活力が発達した児童に対して文化的生活様式を尊び、これに慣れさせる。遊戯の指導によって子供らしさを回復する。

自然法（『技術編』：161-162）

デュ・メッツの「土は人を化し、人は土を化す」を示したもの。野性的児童とは全く反対に、文化中毒ともいうべき要保護児童には、自然に親しみ、早寝早起の原始的生活に復帰して、眠れる野生をゆり起し、自然のリズムに合した規則的生活の楽しみに帰ること。

これは留岡幸助の「天然の感化」（第四章）と思われるが、『技術編』ではそのようには書かれていない。なお『十代の危機』には、次のように感化院時代の理念や実践が紹介されている。

> 日本でも感化事業の先覚者留岡幸助や早崎春香といった人たちはみなこの自然法を最重要視され、留岡氏は北海道に家庭学校を開かれ五百町歩の原野の中で少年たちと共に生活されました。この家庭学校は今の氏の遺志を継いで、御子息の清男氏が経営しておられます。早崎春香氏も当時の典獄という栄職をすてて、兵庫に農工学校を開かれ、わらじばきの高官といわれながら少年たちと農業生活をされました。先生の像は農人形といわれて、現在明石学園の校庭に建っております。
>
> 人類の物質的文化が進むに従い、人間の生活も変化してゆきます。その途上の落伍者や副産物の中に文化中毒者が発生します。これを癒《いや》すのは自然の力が何よりも強力です。
>
> 〈石原登（1960）『十代の危機　間違いのない子にする導きかた』国土社、p. 107。〉

集団法（『技術編』：162-163）

「恰かも河中の石が流れの中で磨かれて丸くなる」ように、集団生活はその社会の秩序を維持するために、その分子たる各個人を社会化する力をもっている。教護院は集団生活であるので、児童は教護される者であると共に、また教護する者である所以の一つである。

独自法（『技術編』：163-165）

叱言など他からの干渉をできるだけ少なくする、自分の押し入れ、場所、物、仕事等を与える等、独自の活動分野をできるだけ拡げ豊かにする。

経済法（『技術編』：165）

「物を粗末にし物に対する不平が多いのは、要教護児童の特徴の一つである」。これには、自分で消費するものを自分で生産させ、自分で使用するものは自分で製作するという原始的経済生活の体験が有効である。

形態法（『技術編』：166-167）

衣服住居、言葉づかい、歩き方など形式的、物質的面から態度や性格を改善し得る場合も少なくないので、これらを整える。

大病法（『技術編』：167-168）

病気は稀に遭遇し、これを適当に利用すれば、実に有効な教護の機会であるから、特にこれを技術の中に加える。事例集や筆者の聴き取りでも、子どもが病気や怪我をした時に、職員と打ち解け、それを機会に子どもが変わったということはよく語られるものである。

職業法（『技術編』：168-169）

反社会性は職業をもたないことと関係が深い。職業活動の中には、殆んど全部の安定、修正の諸法則を充足し得る要素を含んでいる。従って、職業指導はこの意味において重要な役割をになうものである。

自信喪失法（『技術編』：169-171）

劣等感が不良行為の大きな原因の一つであり、反対に自信が児童の心身、能力の発育を促進し、児童を健全に成長さえ、間接の不良癖の除去となることは前章の安定法、自信の項において述べた。しかし、反面、教護児童は、自己の劣等感の心理的代償として、不良行為の能力に自信を持ち、また、他に対してもこれを誇示し、児童関係においては不良行為の経験または能力が優位を示す場合が甚だ多い。故に、若し不良行為に対する自信を喪失させる事ができるならば、他の正常行為についての自信を獲得せざるを得ない心理的必要に遭遇し、改善の一転機となり得るものである。不良行為について自信を失い、その心が謙虚になった児童は、その風貌が子供らしく変化するのが普通である（この「風貌が子供らしく変化する」ということは筆者の聴き取りでも聞かれたものである〈第Ⅰ部〉）。

自信を喪失する例には、次のようなものがある。

1　教護院の職員、児童、設備及び運営等が醸し出すふん囲気が強力であって、児童を圧倒し、自己の無力を自覚する場合

2　優秀強力な職員に遭遇した場合

3　自分よりいわゆる役者が一枚上の児童に遭遇した場合

4　不良行為の技術は、運動競技のようにたえず反復錬磨していないとその腕がにぶるものである。故に、数カ月間院内に保護して、その錬磨の機会を与えないでおき、社会に出てこれを実行しようとする際、不安のため

に失敗し、これによって自信を喪失する場合（この典型的な例として、「チャリンコの芳」の例がある。スリだった「芳」が教護院での暮らしからスリを諦めるというエピソードである。〈第Ⅳ部〉）

5　不良行為の技術に必要な心、または身体の状態が変化して不安を生じる場合

逆手法（『技術編』：171-172）

たとえば、放火癖のある児童に火の作業を行わせたりなどであるが、逆手はあくまで逆手であって正道ではないから、むやみに行うものではなく、穏健着実な正道を行うべきである。

その他（『技術編』：172-173）

これまで述べてきた方法以外にも児童の性癖、行動の変化をはかる場合が種々考えられると思うから、常に工夫を怠ってはならない。また宗教の効果も、昔から顕著な事実が認められているものの、これはフラナガン神父や留岡幸助のような特殊な宗教人によってのみ可能であって、一般の教護院に要求することは困難である。また、結婚が性格や行動に影響を及ぼす影響は甚大なものがあり、これによって改善した実例も多いが、十八歳未満の児童を対象としている教護院で実施することもできないので、宗教法、結婚法ともいうべきものは本編では省略する。

第四節　『技術編』——治療教育

1.『教護院運営要領』における「治療教育」

これは、先に「安定法（成長法）」「修正法」と共に三分割したものの、「主として医学的、心理学的治療に属する

ものがある。これを狭義の治療教育という」（『技術編』：127）である。これは、「教護院において、医学、心理学の利用される場合」（同：174）を指しており、次の三つに分けられる。

一、いわゆる保健衛生及び診療

二、教護技術の医学的心理学的根拠づけ、または、補強

三、医学的心理学的手段による教護

この一の場合は、一般にいわゆる保健衛生及び診療と共通であり、ここではのべないが、ただ、対象が本来可塑性に富む児童であること、更に、教護児童は素質上でも、環境上でも、この方面に欠陥のあったものが多いことから、普通に考える以上に充分な配慮が必要であることを注意しておかなければならない。

ところで、教護院では、普通、医学を以上の意味でのみ考える場合が多い。一応もっともではあるが、これでは、教護と併行している医学の問題（31）であって、教護に入りこんだ医学（32）とはいえない。前に三つの場合を外見上区分したが、意味の上からは、この一も三（三は二の特殊な場合である）も二の意味において理解されるべきもの（33）ものなのである。

およそ、生きた児童を現実に教育しようとして、その精神面のみをみて身体面を忘れるような非現実的行動はゆるされる筈がない（34）。ことに特殊児童については、この両面が絶対に不可分としなければならない。この身体―医学的方面を分析し、また補強すべきものとして、医学及び心理学が教護技術たり得る（35）のである。これが二の場合であり、本来の教護院の医学及び心理学（36）である。

この心身の関係性を科学的に実証する見解は、今のところ必ずしも多くはないが、その相関性は疑う余地がないから、この前提に立って教護を行う（37）ことが望ましい。

〈厚生省児童局監修（1956）『教護院運営要領　技術編』、p.174。傍線、括弧内筆者、なお引用は職員のテクストとして『基本編』と『技術編』が合冊されたものを使用した。〉

2．「治療教育」という用語

「治療教育」は誰が行うものか

この、「教護と併行している医学の問題」㉛と、「教護に入りこんだ医学」㉜とは、どのように違うのであろうか。「教護と併行している医学の問題」㉛というのは、双方の連携のない状態であり、「教護に入りこんだ医学」㉜とは、双方の連携がある、あるいは双方が混じり合って一体となったものなのであろうか。

また、これらは概念上のことなのか、それとも実践上のことなのか、「理解されるべきもの」㉝とは、理想と現実の、どの部分に焦点を当てたものなのだろうか（理念上ではこうあるもの、としても現実として実践が難しい、ということはゲンバではしばしばあることである）。特に後半部分、「この心身の関係性を科学的に実証する見解は、今のところ必ずしも多くはないが、その相関性は疑う余地がないから、この前提に立って教護を行う」㊳というのは、先駆的な取り組みをしているが、まだそれが認知されていないので啓蒙する、という要素を含んでいるように見える。実践（現実）と理念（理想）との関係はどうだったのであろうか。

「生きた児童を現実に教育しようとして、その精神面のみをみて身体面を忘れるような非現実的行動はゆるされる筈がない」㉞という部分は、精神科疾患がある、あるいは医療行為を受ける必要がある程度に反社会的、非社会的行為があるという子どもであっても、治療に専念させる――例えば閉じ込めてそれを行うなど――ことはせずに、通常の教護院での暮らしを基盤とする、という意味なのだろうか。

そして「この身体――医学的方面を分析し、また補強すべきものとして、医学及び心理学が教護技術たり得る」

㉟）というところの「教護技術」とは、誰が行うものなのであろうか、a．医者や心理学者など「教護」（以下寮長）以外のプロフェッション（以下専門職）が行うものか、a′．専門職と寮長が連携して行うものなのか、それともb．専門職が寮長となって行うものなのか、あるいはc．寮長が専門職のような知識を身につけて行うものなのだろうか。

考えられる例

先のことを具体的に考えてみると次のようになる、a．の場合は、子どもは通常の寮舎（これを普通寮とする）で生活し、そして他の病気や怪我と同じように、施設外の病院や施設へ通院する、あるいは非常勤の医師の当番日に医療行為その他を受けるという状態である。例えば国立武蔵野学院の場合は医師が施設内に常駐しているので、子どもは普通寮で暮らしながら時々医務課の医師に診てもらう、このような状態である。

a′．は、a のいわば変形で、寮長が専門職の助言を受け、それを日々の営みに反映しながら教護を行う、あるいは現在でいうところのチーム医療を行う際のメンバーの一人となる、このような状態である。

b．は、専門職者自身が診察室や観察寮を離れ、普通寮の寮長となり、教護を行う状態、つまり、他分野の専門職が寮舎運営を行うものである（この場合、国立以外の施設で実施することは難しいので、構想、というか将来的な展望ということになる）。

c．は、b．のように専門職ではないけれど、それに準じた学びやトレーニングを受けた寮長が、教護を行う状態である（この場合も、b．と同じく、このような状態を目指していく、という構想である）。

これらに加えてもう一種類、d．通常の教護のことを「治療教育」と呼ぶものである。これはつまり、「感化を行う」を「教護する」といい換えたように、「教護する」を「治療教育を行う」といい換えた状態を指す。実は、「非行臨床」などのことばがあるように、非行を一つの疾病、あるいは症状、あるいは障がいと捉えて、「治療」するという考え方もあるからである。この場合、医療行為を行っているということでなくとも、〝非行を治す〟などという表現が使われる。

医療的なアプローチ等を必要とする子ども

先に述べた通り、非行を疾病と捉えてこれを治療する、という捉え方がある一方で、施設に入所する子どもの中には精神科疾患を持っているケースがあり、このことが、いわゆる教護の「言語化」を複雑にしてきた要因の一つだったのではないかと筆者は考えている。

感化院時代に開催された感化院長協議会の速記録にも、福岡の感化院より、「只今のところでは一名精神病者兼低能児が居りまして、軽い精神病者でありますが、其病の起つた時は其擧動なり何なりが始末にゆかぬので、それを普通のものと一緒に置ておくと云ふのは（中略）之れは何とか仕様のないものでありませうか」（感化院長協議会編1984：57-58）という発言が記録されている。これについては留岡幸助が「精神病者は感化院で取扱ふ限りでないとおもいます」（同：58）と答えているが、例え〝取り扱う限りではない〟と施設側が考えていても、入所希望があり、またこれを受けざるを得ないということもあるだろう。そしてそれは現代も同様で、このような場合、施設側が措置を拒むことは――〝最後の砦〟である施設には――実際には難しい場面も多いと思われる。特に、教護院時代には、まだ軽度発達障がいという区分が一般的ではなかったため、いわゆる「ボーダー」といわれる子どもも含めると医療的なアプローチや、専門的な訓練を必要とする子どもは、一定数、教護院に措置されていたと考えられる。

加えて更に複雑なのは（というか、これがキョウゴの不思議なのであるが）、入所時には診断名がついていたけれど、集団に入れたら何も問題もなく暮らしを送れている、とか、暮らしている内に薬が不要になったなど、いわゆる治療行為を行わなくても「治って」しまったということがある（報告書p.48）、この場合、病院の診断や児童相談所の判定の誤りだったのか、それとも診断・判定は正しかったけれども子どもが変化した（〝治った〟）ということなのか、解りにくいということがある。しかし、「治って」しまった、という事実が転じて、〝治して〟いるとなり、〝治す〟ことができると変化して、教護は〝治す〟〝治せる〟技術なのだということになり、それを「言語化」するにあたり、「治療教育」ということにした、ということは考えられないだろうか。

新たな用語

『教護院運営要領』の『技術編』は、全国の実践を集めて精査したものである、実践にはそれぞれことばが与えられ、概念化した。つまり「言語化」（あるいは活字化〈第一二章〉）したのであった。

その内のひとつに、「感情転移と同一化」というものがあった。これは、施設の営みを「精神力動学的の見地から考えて見てみよう」（『技術編』：122）という試みで、その見地からのことばが使われた。

一方、「治療教育」という用語については、実践を「言語化」したものなのか、それとも新しい概念の啓蒙なのか、筆者には判断が付かなかった。

「感情転移と同一化」と「治療教育」という、この二つの用語が取り入れられた経緯はまた別途考える（第八章）が、いずれにしても本研究では明確にはわからなかった。しかしともかく、『教護院運営要領』にはこの二つのことばが盛り込まれたのである、ここではひとまずそのことだけを確認しておくこととする。

第五節　『技術編』――教護技術の適用

1. 特に目立つ形はとらない

『技術編』「第五章　教護技術の適用」には、それまで述べてきた「技術」を「運用」するにあたっての注意事項が述べられている。

まず、教護の「技術」とは、「或時には数年の長きにわたって児童の生活の中で、自然に、特に目立つ形はとらないで実施されるもの」（『技術編』：184）である。そして、「これは必ずしも職員が常にこれを意識におき、作為的に行動しなければならないという意味ではない」（同）ということである。つまり、「技術」といえども、それは、職員がツールとして直接行使する、というものではなく、それが「施設全体のふん囲気」となって供給されなければならない、というものだと考えられる。


しかしながら、序文の中でも力説したように、これは必ずしも職員が常にこれを意識におき、作為的に行動しなければならないという意味ではない。技術の運用が曲解されて、院内がいわゆる道徳臭、教訓臭に満ち、深刻、悲痛または感傷的、形式的愛情等の様相を示す場合は、必ずしもよい教護院のふん囲気とはいえない。むしろ、職員は、実科、学科に励み、児童はよく遊び、よく学び、笑いざわめく子どもらしさに満ち満ちた平凡な教護院にしかずである。

教護技術は一面児童改善の原則を示すものであるから、職員は自然の中にこれを体得し、自由活達な言動がそのままこの法則に適い、教護院の土地、建物、設備、運営の一切が、無理なくこの法則に合致しているのが望ましいのである。

この技術と職員、設備、運営等との関係は、基本編の各所に述べられており、この技術編の中でも（……参照）の形で、この点を指摘してあるから、ここには繰り返さない。

〈厚生省児童局監修（1956）『教護院運営要領　技術編』、pp. 184–185。なお引用は職員のテクストとして『基本編』と『技術編』が合冊されたものを使用した。〉

2．処遇段階

「教護技術の適用」の章では、「段階処遇と教護技術」についても整理されており入所から退所までを三段階に分けて考えている。これは、「院の組織としては、そういうことになっていなくても、職員の心の中では、個々の児童が段階的に扱われている場合が多い」（『技術編』：186）ということである。

第一期　院内に落ちつくまでの時期
第二期　各種不良癖の除去される時期
第三期　一般社会に復帰するための準備の時期

〈厚生省児童局監修（1956）『教護院運営要領　技術編』、p. 186。なお引用は職員のテクストとして『基本編』と『技術編』が合冊されたものを使用した。〉

例えば少年院のように、バッチの色が変わるとか、具体的な係が決まるとか、そのようなしくみは教護院及び児童自立支援施設では行われていない。しかし、子どもが寮舎の中で段階を追って役割が増えたりしていくことはどの施設でもあることである。(16)

この三段階の期間はキョウゴの基本的な〝流れ〟になっていると考えられる。それは「職員の心の中では、個々の児童が段階的に扱われている」（同：186）、いわゆる「見立て」の基準になっているということもあるだろう、そしてこの〝流れ〟が退所までの基本的なパターンとして意識されている、ということがあるかもしれない。

例えば、協議会が発行していた事例集（序章）はこの〝流れ〟にそって編集を加えられていると考えられる。これは、各施設におけるケース記録（いわゆる「生事例」といわれる）を元にケーススタディ集としてまとめたもので、いわばキョウゴの〝副読本〟のようなものである。この事例集は事例研究の資料として役立つだけでなく、施設の啓蒙活動という目的も兼ねているので、編集グループによる作業が加えられており、読み物としても成立するようになっている。

この事例集の一つ一つのケースの〝流れ〟がこの三段階に添っていると思われるのである（実際にはこの三段階に、入所時と退所時を加えた形式が多い）。このことについて服部は、「書き方として、それぞれがもっと自由な形式をとってもよいのではないかと思うこと。時には、時間の軸をとりはらってもいいし、一瞬や一コマを徹底的に描いてもいいし、起承転結的な章立てでなくてもいいのではないだろうか」（服部 1996：43）と指摘している。

そして『技術編』における各段階における「教護技術の適用」は、以下の通りである。

第一期においては、主として、心の接触、安定法、興味法が適用され、若干の不良癖が黙許されても、まず、院内に落ち着くことに重点がおかれる。

第二期においては、時期も長く、教護院生活の大部分をしめるので、個々の児童と、場合に応じ、すべての技術が適用される。

第三期においては、一応不良癖も除去されたあとであるので、主として社会復帰の準備、すなわち、学校へ帰るものは学力の養成、就職するものには勤勉、忠実、頑張り、一般社会の勤労時間に相当する長時間の持続力等の訓練が必要であろう。

なお、一般社会での生活様式とか、対人の心構え等の習慣が必要であることはいうまでもない。すなわち、この時期は、普通の社会の生活、学校における教育、職場等と大して変りがないわけである。

〈厚生省児童局監修（1956）『教護院運営要領　技術編』、pp. 186–187。なお引用は職員のテクストとして『基本編』と『技術編』が合冊されたものを使用した。〉

第一期、第二期については理解できる。しかし、第三期の「一般社会での生活様式とか、対人の心構え等の習慣が必要」（『技術編』：186-187）については、具体的にはどのように行っていたのであろうか、教護院では入退所の時期が子どもによってまちまちであり、また、日々は日課に添って流れているものである、退所間近の子どもだけを特別に、しかも施設外の生活に近づけるような取り組みは難しかったのではないだろうか。現在の児童自立支援施設には「高齢児寮」第Ⅰ部第一章のような、中学生年齢以上の子どもが暮らす寮があり、その寮では通常日課は行わず、別の日課を行う、あるいは施設外にアルバイトに出かける、というようなことが試みられているが、このような寮はまだ当時の教護院にはなかったはずである。

あるいはもっと臨機応変に、職員住宅の方へ住まわせるとか、職業訓練に出るとか、善意や任意で行われた取り組みがあったのであろうか。

なお、『新ＨＢ』では「問題行動（トラブル）」（『新ＨＢ』：121-127）という項目で、この時間軸を使用していると思われる（「ⅰ　初期の問題行動」、「ⅱ　少し生活に慣れてきてからの問題行動」、「ⅲ　安定後、比較的後期の問題行動」）。

第六節　その他の文献による安定法

1.「私のめざす教護院」

石原の「私のめざす教護院」には、「成長法」について、「病気を癒す方法のみ考えるよりも、より健康になろうとすることが大切であるという考え方」（「石原登先生の思い出」編さん委員会（1986：85））と注を入れている。

また同書では、『教護院運営要領』の「施設全体のふん囲気」（第一節）とされたものについて、更に「情性」「情緒的な土壌」などのことばに置き換えてその説明を試みている。以下、引用する。

講義メモ（一）

私のめざす教護院

教護院は、一般には治療機関と考えられているが、私は成長法による効果を重視し、「養育機関」という立場を採る。

〔注〕成長法（病気を癒す方法のみ考えるよりも、より健康になろうとすることが大切であるという考え方）

児童の情性が養育され、情緒がより豊かになれば、非行の問題大部分は解消されると信じている。少なくとも「悪事はすれども非道はせぬ」人間にはなり得ると考える。

植物を育てる時、植物そのものにあれこれ直接手を加えるより、植物の成育に最も適した土地、環境に植えることが、よく育つための最大の力となる。教護院は非行児童にとって、そういう土地、環境であることが第一だと思う。

児童の情性が養育されるのに適した教護院というのは、ケースワーカーやセラピストである職員が児童を単に直接教育しようとしたり、治療しようとするのでなく、その中で生活していると、誰でもが自然に情性が成長し、豊かになるようなものを持っている、人的物的雰囲気の環境であることが必要である。

いいかえれば、一般に教護院では児童の教護を直接担当する職員が、いろいろな方法で児童を改善させるものと考えられているが、私はそうではなくて、その教護院の中に生活する全職員（直接教護に当たるとされている以外の職員もすべて含めて）、家族（幼児も、家畜も）Ⓐ、全児童及び院内の物的環境、設備等全部が醸し出す雰囲気の力Ⓑが、栄養や刺激となって児童の情性を育てるⒸものであって、この情緒的な土壌Ⓓこそが最も有効且つ効果的な教護であると考える。

そういう教護院であるための条件は、「職員、家族、児童等全員と、院内環境の全部からの情緒の放出が豊かである」ことと要約してよいⒺ。

そのために必要なことは、

（以下、全7項目を省略）

〔注〕1　ここにいう楽しさとは、人間として真の快適な生活を意味する。いわゆる娯楽のようなもののことではない。

2　教育するのは全体の雰囲気Ⓕであるが、直接児童に責任を持つのは寮生については寮長、担当時間においてはその担当者であり、それぞれ責任を外に転嫁することはできないⒼ。

3　情緒は知能よりも原始段階であるから、情緒の発育なくして知能の発達はあり得ない。無情緒の人間に学習を強いるのは、食意欲のない人間に食を強いるようなものであるⒽ。

〈「石原登先生の思い出」編さん委員会（1986）『石原登先生の思い出——残された言葉』、pp. 85-87。傍線、括弧内筆者〉

『教護院運営要領』のいう施設全体が醸し出す「ふん囲気」（第一節同書引用①）という表現は「私のめざす教護院」においても、「全部が醸し出す雰囲気の力」Ⓑや「教育するのは全体の雰囲気」Ⓕとして使用されているが、しかしそれは『教護院運営要領』のように「感情転移と同一化」を起こすという説明ではなく、新たに「児童の情性を育てる」Ⓒという表現となっている。そしてその「全体が醸し出すふん囲気の力」Ⓑとは、「情緒的な土壌」④であり、それはまた、「情緒の放出が豊かである」Ⓔこととしている。

その「情緒の放出」Ⓔを行うのは設備や家畜などを含めたものであり、「その教護院の中に生活する全職員」Ⓐである。「直接教護に当たるとされている以外の職員もすべて含めて」Ⓐとあるのは、当時の教護院では、寮舎担当の職員だけでなく、施設長、事務職、給食、現業職に至るまで住み込みであったためである。[17]

特筆すべきは責任の所在が明記されていることである。「全体の雰囲気」Ⓕで子どもを見るが、それぞれの子どもに対して責任を負うのはそれぞれの寮長であり、それぞれの担当者（作業指導のときはその担当者、学科指導のときはその指導者等）であり、その「責任を外に転嫁することはできない」Ⓖとしている。

なお、「無情緒の人間に学習を強いる」Ⓗとは、『十代の危機』で「情緒的には裸体」（石原 1960：44）としたもの（第二節）のことであろう。「食意欲のない人間に食を強いるようなもの」Ⓗということは、入所したばかりの子どもには、まだ座学は難しいということを指していると思われる。以下、北海道家庭学校・藤田俊二の『もうひとつの少年期』より引用する。

児童福祉法第四四条によって入校させられてくる少年たち、家庭裁判所の「教護院入所による性行の改善を至当とする」という審判を経て入校させられてくる少年たち、そのいずれもが自分から望んで家庭学校に入校したものではないだけに、正直にいえば、入校当初から六ヶ月くらいは弱々しそうに怯えたものと、大人への烈しい不信と、一瞬のうちに夜の闇の中にとんでいきかねない虎のような勢いとが、複雑に眼の中に交錯していて、学習どころではない不安定な日々がつづきます。
この子を不安定にさせたものは、させているものは何なのだろう？　このことをまず模索する一日一日の中で、次第に何かが見えてきます。
家族間の葛藤に対するこの子の恐れと憎しみ、（中略）。どちらかといえば自分の側ではないと思う中学校の教師に対する疎外感。これらの、胸のつかかえのようなものに対する真剣な対応がまず寮長の仕事であり、「教護院」の「教護」の部分になります。

〈藤田俊二（1979）『もうひとつの少年期』、pp. 10–11 晩聲社。〉

藤田のこの文章は、入所したばかりの子どもの様子と、それを見守る職員の心情とをよく映し出していると思われる。

このように現場の職員の多くが、入所した子どもたちに対して、まず安定してくれること、逃げ出さずに寮舎での暮らしを始めてくれることを望んでおり、そしてその「安定」の時期が来るまでは、正直、座学を行う段階ではない、ということを実感していると考えられる。

『教護院運営要領』や石原の「私のめざす教護院」にある「安定法」とは、文字通り子どもの「安定」を目指したものである。そのためには施設全体が入所した子どもに、〝あなたにいて欲しい〟や〝あなたが大事だ〟とするメッセージを発し、そのメッセージで子どもたちを包み込むことが必要なのではないか、石原のいう「情緒の放出が豊かであること」（Ⓔ）とは、このことを指していると筆者は考える。

2．「私が考えている教護院」の「情性」

先の、「私のめざす教護院」には、「児童の情性を育てる」（Ⓒ）という表現があったが、この「情性」については特に記載がなかった。調べたところ、『非行問題』の「きゅう」というコーナーに「私が考えている教護院」という短文が掲載されていたので、そこに書かれている「情性」について見ていくこととする。

「私が考えている教護院」には、「情性」に、「情性（人間関係の情緒）」という補足がついている（a）。教護院の仕事はその「情性」を育むことであり、そのためには「良い雰囲気」が必要だ（c）、そしてその「良い雰囲気」とは笑顔の多さで解る（d）と書いてある。

掲載誌は一九八〇（昭和五五）年の発行であり、これは石原が九一歳で亡くなる五年前、八八歳のときに書かれたものと思われる。この短文は、石原の教護理念・理論が凝縮しているようである。

私が考えている教護院

十才の少女がハッキリした理由もなく、幼い少女をアパートの屋上から突き落として殺した事件[18]は、近頃世間の話題となった出来事でした。それについては、教育者や心理学者がいろいろいっているようでしたが、どれも具体的な意見でなく、（中略）。私はこんな少女でも情性（人間関係の情緒）（a）が発育すれば正常になり得ると信じております。殺人に限らず、大ていの非行は情性が豊かであれば起きないのです。

ずっとまえにきぬ川学院で、収容児童の知能、行動力、情緒について調査しました（b）ら、知能は一般児童の平均より少し低く、行動力は同じで、情緒が非常に劣っているという結果が出ました。そこで少年の非行を無くすためには、原則として情性を促進すればいいということになります。では情性の発育の促進にはどうすればいいでしょうか。

図 10-1

不良行為は環境によって発生する事例が多く、大方は次の様な図式で表わすことが出来る。

不安定感（舎内的統制力）×対象×機会（舎外的統制力）＝不良行為

児童自身のもつ内的な統制力を含めた不安定な感情と、対象と、外的な統制力を含めた機会の相乗によって起る。不安定感、対象、機会のうち一つでもない時は不良行為は起らない。スーパーマーケットでの万引や、シンナー乱用児童の場合を想定したら凡そ分ると思う。

図 10-2

かつあげ、つまり恐喝をしてしまった。

これは、非常に短絡的な例だが、問題行動が発生するには、

〔両親の喧嘩〕×〔塾帰りの坊ちゃん風の小学生〕×〔人通りのない路地〕がきっかけになる。

しかし、このような状況におかれた誰もが恐喝にはしるかというと、そうではない。大抵の子どもには、善悪の判断や問題的行動をストップさせる力が働く。

でも、俊夫の場合、そういう力を育ててもらう家庭が不安定で、十分な力がつく機会（場）がなかったと考えられる。先人は、問題行動を下記の公式で表現した。

問題行動＝不安定×対象×機会－自己統制力

図 10-1：中田康盛（1975）「教護実践 —— 山梨県立甲陽学園方式」『非行問題』172、p. 70。
図 10-2：西嶋嘉彦（2001）「児童自立支援施設を言語化する」『非行問題』207、p. 113。

昭和38年３月　院長室にて

「石原登先生の思い出」編さん委員会（1986）『石原登先生の思い出 —— 残された言葉』。

図 11

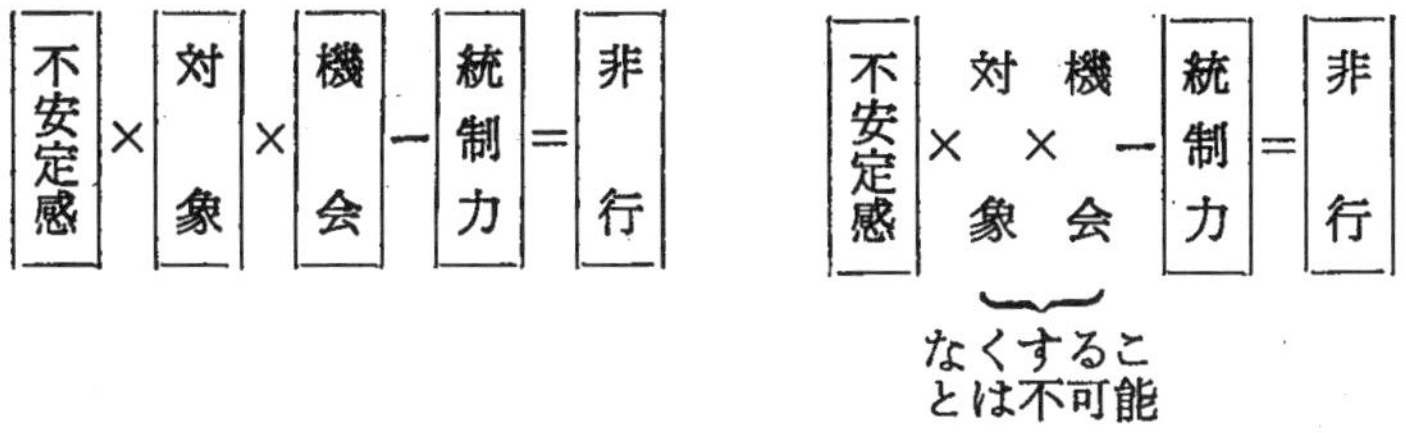

図 12

不安定感：怒りとか恐怖とか劣等感などの対人関係の中での不快な感情、強烈な食欲・性欲、退屈で刺激を求める気持ち、異常な好奇心など、落ち着いてられない気持ちのこと

対　象：盗むお金とか、性的非行の相手とか、放火の物体など

機　会：人目のない時とか、いっしょに行動してくれる仲間のいる時とか、非行をすることのできる機会のこと

統制力：正確にいうと自己統制力、ふつうに良心といわれているもので、非行をしようという気持ちを抑える力。

※この三つがそろって初めて非行が成り立つ。この中の一つがゼロになれば非行は起こらない。

※しかし、この三つの条件がそろっていても、もし統制力というものが強い場合には非行は消される

※統制力とは自分の統制力ばかりではなく、家族とか、仲間とか、統制を助けるものが周囲にいるとますます強くなる。反対に悪い仲間が周囲にいて統制を妨げたり、酒などを飲んで統制力が麻痺したりすると弱まる

出典：石原登（1960）『十代の危機　間違いのない子にする導きかた』国土社、pp. 7-9、を参考に整理した。

（中略）

集団はたとえてみれば土地で、その雰囲気は養分です。（中略）

そこで教護院の本質的な仕事は、よい雰囲気の集団生活による児童の情性発育の促進（c）ということになります。

雰囲気のよしあしは笑顔の多寡でわかります。笑顔の多い教護院はよい教護院（d）で、しかめっ面の多い教護院はわるい教護院です。

明石学園長だった赤羽先生は、「教護院はお風呂屋のようなものだ」といっていました。名言だと思います。

〈石原登（1980）「私が考えている教護院」『非行問題』一八〇、p.79。傍線、括弧内筆者〉

第七節　石原の「非行の図式」

「足の裏の哲学」や「カバ雑言」など(19)、石原の理念・理論は職員の中で受け継がれてきているが、それと共に、「非行の公式」や「非行の起きるメカニズム」などといわれ、今日まで継承されているものがある。

図10は、その使用例を機関誌『非行問題』より転載したものである。図10-1が一九七五年に山梨県立甲陽学園・中田康盛が不良行為と環境との関係を示したものであり、図10-2が二〇〇一年国立武蔵野学院（当時）・西嶋嘉彦が〝かつあげ〟の例を示したものである。これらの図は、いずれも石原登の『十代の危機――間違いのない子にする導きかた』に掲載された図を元に作成したものと考えられる。

そして図11が『十代の危機』から転載したものである。左が「非行の図式」という項目において「図式」として掲載されていたもので、右が「非行の防止」という項目において「方程式」として掲載されたものである。なお、図11を参考に作成したのが図12である。

石原は、対象と機会をなくすのは不可能なため、不安定感をなくするか《ママ》、統制力を強くするか以外に方法はないといっている。

つまり教護院とは、一時的にこの対象と機会をなくすところであり、そうした環境において、統制力（自我の強化と超自我の確立）を養うということになる。

第Ⅰ部では筆者のボランティアのときの体験を元に、財布などを不用意に施設内に置かないということは「万引きしてしまう様な環境」に子どもたちを置かないためであり、施設はそのような環境から子どもたちを護っている、つまり施設内は「子どもたちに罪を犯させないような環境」を保っているのだ、という説明を受けたことを報告した。このようなことを図式化したのが石原が考案した図であると考えられる。

注

（1）宮澤修：元国立武蔵野学院医務課長。なお、『武蔵野学院五十年誌』、『非行問題』一六六号などでは「宮澤」ではなく「宮沢」であるが、本文で引用した「教護院の戦後を築いた人々　青木延春、石原登両先生の事ども」（一高同窓会誌『向陵』収録）では「宮澤」であったため、本書では「宮澤」に統一した。

（2）教護院時代の目的について「不良性の除去」という根拠法である児童福祉法第四四条では「教護する」という表現を用いている。「第四十四　教護院は、不良行為をなし、又はなす虞のある児童を入所させて、これを教護することを目的とする施設とする。」

（3）相田良雄（1941）「逃走と環境」『児童保護』一一―一〇日本少年教護協会、に、子どもたちが無断外出をする理由がまとめられている。これは少年教護院時代の研究発表であるが、筆者のヒアリングで聞かれたものとも合致する部分が多く、また、少年教護院時代を経て編纂されたものが『教護院運営要領』であるため、参考までに以下に引用する。

1．収容當初

第一　恐怖
こんな所に入れられて、どんな目に逢わされるのかとの恐怖である。是まで悪い悪いと責められ、憎まれ、打たれ撲られ、さいなまれて来た、それが今こんな所に入れられ、此上どんな目に逢わされるかとの恐怖で逃げ出すのである。
第二　反抗
おれをこんな不安な所へ入れた。鍵が何だ錠前が何だこんな物はお茶の子さいさいだとして反抗気分で逃出す（以下略）。
第三　不安
此処より外に居るべき所はない、此処に居よといわれても、何時まで置かれるのか、更に刑務所に送られるのではないかとの不安から逃出すのである。

（4）赤羽芳雄と考えられる。国立武蔵野学院（在職機関一九三〇年一月九日〜一九四五年一〇月一一日）退職後、群馬学院長（現在の群馬学園、在任機関一九四五年一〇月一一日〜一九五〇年九月一五日、内、一九五一年からは赤羽堆と共に夫婦制寮長〈院長兼任〉と思われる）、更にその後明石学園長（在任期間一九五〇年九月一五日〜一九五三年九月三〇日）という経緯である。在職、在任期間は国立武蔵野学院（1969）『武蔵野学院五十年誌』、及び、群馬県立群馬学園（2008）『きぼう　創立一〇〇周年記念誌』、明石学院については職員に電話で確認した。元国立武蔵野学院職員への聴き取りによると、学院内の道路の一部を寮長時代の赤羽先生と子どもたちで作り上げたというエピソードが語られていた（二〇一四年、一二月）。

（5）「明石学園長だった赤羽先生は、『教護院はお風呂屋のようなものだ』といっていました。名言だと思います。」石原登（1980）「私が考えている教護院」『非行問題』一八〇、p. 79。

（6）宮澤修によると「運営要領が公表されるのと前後して、石原氏の親密な協働者伊佐氏が胃癌のため病没された。昭和三十年の子供の日である」（宮澤 1987：71）ということである。『国立武蔵野学院五十年誌』（国立武蔵野学院、一九六九年発行、p. 296）で確認すると、伊佐喜久夫の医務課長在任期間は「昭二三・一二・一六」から「昭三〇・五・五」であり、青木は同日の「昭三〇・五・五」に医務課長に就任（院長と兼任）している、青木が医務課長を退任したのが「昭三〇・七・一」でありその同日に宮澤修が医務課長心得として就任し、「昭三三・三・一〇」に医務課長となっている。おそらく、伊佐の急死により、青木が院長と医務課長を兼任した（青木が医務課長を退任後、伊佐が医務課長となるまでは医務課長不在ということになる）のであろう。

（7）宮崎によると、石原は「既に就職当時から石原氏こそ次期院長との期待が職員の中に多かった」（宮澤 1987：70）人物であり、筆者も同様のことを聴き取ったことがある。曰く、「青木先生が院長になったので、石原先生はきぬ川学院に行った」つまり、きぬ川学院の創設を待って同学院長に就任した、ということであった。

（8）青木は晩年、「養成所を創ったのが院長としての初仕事なんで強い印象があるな。石原先生や伊佐先生〈当時の医務課長伊佐喜久夫先生〉と一緒にやったんだがね。石原先生がいい出しっぺでとても熱心だった」（『非行問題』編集部 1976：107）と語っている。青木の退職後医務課長となった宮澤修はこのことについて次のように回顧している「青木氏は院長就任の時に教護院に最も望まれるのは優秀な職員であると考え、既に武蔵野学院の設立当時附設され、数年にして閉鎖されていた社会事業職員養成所を復活しようとした。これには石原、伊佐両氏とも異存なく協力し、GHQの了解も得、厚生省の努力もあって、昭和二十二年八月に厚生省告示第五四号をもって教護事業職員養成所規定が公布され、直ちに業務を開始した」（宮澤 1987：70）。

（9）「第一次的関係（primary relation）の主要な特徴として、（1）全人格的な対応、（2）親密なコミュニケーション、（3）個人の充足の3つがある」（ブルーム、セルズニック&ブルーム 1987：90）。

（10）かつて教護院時代には「教護達成」ということがいわれた。法的目的が「教護する」というものであったためであると考えられ、現在においても、「児童自立達成」などと使われている。「教護する」と同じように、「教護達成」ということについても、外部の者が理解するのは難しいものである。しかし、現実には「達成」でなくても退所するケースは少なくないとのことである。詳しくは第四章に書くこととする。

（11）「ニドガク」一度施設を退所した後、再び入所した子どものことを、このように呼ぶ施設がある。

（12）留岡は、彼が「私の居た空知集治監は日本一の最も悪い犯罪人ばかり集まつて」（留岡 1929：30）いる空知集治監で教誨師を勤めていた。そのときに「先づ囚人はどんな具合にして囚人になったのかを取調べ」（留岡 1929：29）ようと「在勤中約三百人ほどにつきて取調べた」（同）ところ、「犯罪人は大體十四五歳未満で不良少年であった。即ち百人中七、八十人は不良少年であつたことを知つた」（同：30）のであった。そして「如何に悪いと云つても色々の關係で不良少年となり、不良がかうじて大罪人となつたのであるから（中略）之を減少して行くのは孤児の教養、不良少年の感化にあたること」（同：31）だと思ったということである。

（13）『基本編』には、「教護院に於ける炊事についての根本問題は、家庭寮炊事か共同炊事か、ということ」（『基本編』：27）、「共同炊事がよいということになっても、こんどはそこで出来たものを、各家庭寮に運搬して食事をするか、炊事場に隣接した食堂でとるか、という問題がある」（同：28）とあるが、現在ではほとんどが後者である（筆者が行った二〇〇六年度の調査では、各寮舎で調理している施設は極めて少なく、58施設中4施設、また、食事する場所は約72％が寮舎である〈夕食の例、報告書P.81〉）。

（14）「公私の混淆」（『基本編』：27）について、古い例ではララ物資の横流しの話など聴いたことはあるが（また、食費に限らない例ならば、横領事件などもあったそうであるが）筆者の聴き取りや観察ではこのようなことはなかった。むしろ、職員の方が持ち出している（このことが良いことか悪いことかは別として）ことがほとんどであった（第Ⅰ部第二章、Ⅳ部第二章）。ただ例外として、「セイクン」などと呼ばれる費用（生活訓練費、子どもに支給される小遣いのようなもの、買い物訓練や、通信のための葉書や切手などを購入する）の半額を、子どもたちに無断で、日々のおやつ作りの材料費（毎日手作りで提供していたそうである）に充てていた、という例があった。

(15)　このことを示す例として——これは適当ではないのかもしれないが——筆者がある施設に宿泊した際、ある小学生年齢と思われる男子が「俺はギャングだ」と話してくれたことがあった。彼の入所の経緯を筆者は知らないが、彼の認識では、彼はギャングの一員であり、大人の社会で生きてきたのである。彼の風貌は、身長一五四㎝の筆者の胸の下くらいの身長で、おでこが広く、いわゆる子どもらしい顔立ちであったが、口調はとても大人びていて、使うことばも大人のようであった。彼は筆者を大人の女性として（そして自分も大人の男性として）、ギャング稼業の話をしている様子であった。彼はおそらく同年代の子どもが興味を持つであろう遊びや持ち物などには興味を示さないであろうと思われた。

(16)　例えば、藤田俊二（1991）「佐名のこと」『非行克服現場からの報告⑥　明日にはばたけ』全国教護院協議会、などは、入所から退所までの詳細な記録があり、その様子が時系列で理解できるものである。

(17)　全国すべての施設で全職員が住み込みだったか否かの確認は今回取れなかったが、筆者の調べでは、少なくても国立武蔵野学院、北海道家庭学校、横浜家庭学校は、教護院あるいは児童自立支援施設になってからも、すべての職員が住み込みで働いていた。

(18)　これはおそらく次の触法事件と思われる、以下服部朗『少年法における司法福祉の展開』より引用する。「一九七九年一〇月にも、上野で小四の少女（A一〇歳）が小二の少女（B七歳）を十三階建てマンションの屋上に連れていき、（中略）突き落として殺害するという事件が起きている。（中略）当時の新聞によると、Aは当初、Bから（中略）悪口をいわれたため、Bをこらしめてやろうと思ったと話していたが、その後、テレビのコントをまねて、マンションから突き落としてみたくなったと話すようになった。上野署は、東京都児童相談センターに『番組の模倣が動機になった』として書類を送り、事件発生から約三週間後の一一月一日に台東児童相談所はAを教護院（現児童自立支援施設）に入所させる措置を決めた」（服部 2006：232）。なお服部は、この触法事例を二〇〇四年の「類似性の高い事件」（同）と比較して、二〇〇四年の事件ではいわゆる〝厳罰化〟が進んでいること、そして触法事件に対する報道が「統計的な裏付けのない非行傾向に関する報道と結び付いて、少年非行全体が低年齢化・凶悪化しているという『一般化』を生む。この『一般化』は（中略）社会的脅威を強調する方向への演繹的『一般化』である」（同：233）と指摘している。つまり、この時代は、重大触法事件が何度も、繰り返しメディアに取り上げられることにより、あたかも少年犯罪が「低年齢化・凶悪化」しているかのように報道され、また実際の重大触法事件も〝厳罰化〟している、ということである。服部は、このような「演繹的『一般化』」により、社会不安が高まることになり、「『高いフェンスのない児童自立支援施設では重大事件を犯した少年の処遇は不可能ではないか』といった声は、この不安を表している」（同）としている。

(19)「足の裏の哲学」については第Ⅲ部第一章の注1参照、「カバ雑言」は機関誌『教護』（『非行問題』の前誌）に連載されていた。同誌編集を務めた戸田によると、この企画を始めた経緯は、「会員のだれもが手にとって思わず一つか二つは読んでしまうような、教護に関する軽い随筆等を多く載せることに努めました。そのなかの秀逸な企画が石原登の『カバ雑言』シリーズであり、石原哲学の平易な表現と相俟って多くの会員に好んで読まれました」（戸田 1994：17-18）ということである。

第八章　「病める子ども」と治療教育――青木延春

第一節　教護界と青木延春

1. 青木延春と国立武蔵野学院

青木延春（一九〇二〜一九八六）は、第三代国立武蔵野学院長を務めた人物である。『新ＨＢ』によると「教護理論の確立のために、精神医学の見地を導入して、『教護院運営要領』を理論的に裏付け補強している」（『新ＨＢ』：19）としている。

青木は「感情転移と同一化」や「ウイズの精神」（「with の精神」「ウィズの精神」「ウイズの精神」などと表記される。本書では「ウイズの精神」に統一）を提唱したとして職員・関係者に知られており、戸田によると「青木先生のこの理念は、教護界を風靡しリードしてきました」（戸田 1994：26）というものである。

青木は院長就任以前に、感化院時代の終わり近くの一九三〇（昭和五）年〜一九三二（昭和七）年まで「院医」として務めたが、(1)「当時の青木氏は感化事業にさして強い興味はなく、専ら乳幼児の脳の顕微鏡標本に向かって居られ」（宮澤 1987：69）たという。

院長として再び武蔵野学院に戻ったのは一九四六（昭和二一）年の終戦直後、すなわち少年教護院時代の終わり近くであった。宮澤によると、青木は戦時下での職務の影響や、相次ぐ家族の死、その他家族の不幸な事情や事故が重なるなどから「神経症的な面が見られ」（同：70）たり、「酒精依存癖」（同：73）などがあったという、そして「この苦しみを切り抜けて来られたのは、石原氏の心の支えがあったからであろう」（同：73）と石原登が青木をサポートしていたことを明している。

養成所の再建、そして『教護院運営要領』の編纂と、伊佐、青木、石原の三名は、宮澤が「第二次大戦後、教護院の再出発の礎を築かれた恩人」（同）という通り、戦後の復興期、教護事業を支えた人物といえる。

2.『新ＨＢ』における『少年非行の治療教育』

『新ＨＢ』では「青木延春の『少年非行の治療教育』」という見出しで、彼の「全体療法」、「感情転移と同一化」、「〝with の精神〟」について解説しており、ここでは青木の著書である『少年非行の治療教育』が引用されている。以下は『新ＨＢ』の内容をまとめたものである。なお、見出し（a.～c.）は筆者が付けたが、その内容はすべて『新ＨＢ』の pp. 19-20 からそのまま引用した。これは職員・関係者が「青木の教護理念」としているものであると考えられる。

全体療法及び感情転移と同一化

教護は職員だけではなく、土地や建物、その他設備が職員の活動につれて、有機的に統合されて教護活動となる理念をオーストリアのアイヒホーン（Aichhorn, A.）の精神分析理論によって全体療法として位置づけている。

そして、「反社会性性格の人格構造を変え、社会適応性を獲得するために絶対不可欠の要素として、感情転移と同一化が教護技術の基本である。両親的立場ではなく、大人のイメージを保ちながら子どもの側に立ち、その味方となり、その行動を認めてやる事から子どもの成長を見守り、積極的感情転移の設定によって、子どもの幼児期を再現して原始的本能を修正し、自我を強化し、さらに同一化を通じて子どもの超自我を強化させようとする事が、治療教育の仕事である」といい、積極的な感情転移の設定と同一化を通じて超自我を変化させることを教護と規定した。(『新ＨＢ』：19–20、傍線筆者)

with の精神（筆者注：『新ＨＢ』ではこの項目は"with"と表記）

児童精神医学のカナー（Kanner, L）は人間関係設定の基本として、あるいは各種治療や教護のための基本として「子どもと共にある精神」（with の精神）は、絶対に不可欠の要素である」としたが、青木はこの「with の精神」を日本の文化風土に支えられた、教護院の実践のなかから生まれた思想として定着させたのである。(『新ＨＢ』：20、傍線筆者)

『新ＨＢ』による総括

これらの児童自立支援の理念は、児童自立支援施設の子どもを愛育機能の乏しい家庭や地域社会のよくない環境から離して、小舎制による家庭舎形態の施設のなかで、主として人格的な感化（感情転移、同一化）によって子どもの自立を支援して、子どもの性格行動の改善や社会自立の獲得をはかるようにする。そのために、職員は子どもと共に暮らして、これにあたらなければならない。としたのである。(『新ＨＢ』：20、傍線筆者)

3．『少年非行』と米国留学

二冊の『少年非行』

『新ＨＢ』に紹介されている青木の著書『少年非行の治療教育』（一九六九（昭和四四）年発行）を見てみると、序に「本書を世にだしてからすでに十二年経過し、しかも残念ながら絶版になっていた」（青木 1969：3）と書いてある。つまり、同書はその「絶版になっていた」本を青木が増補訂正したもの、つまり改定版と考えられるが『少年非行の治療教育』には、特に「改訂版」などの表記はなく、奥付も「初版発行」となっている。

そこで発行年から一二年前の文献を調べると、青木の著書に『少年非行　その本態と治療教育』一九五七（昭和三二）年発行というものが見つかった。これら二冊の目次を比べたところ、よく似ていたため、同書が「絶版になっていた」本であろう(2)。『新HB』で紹介されているのは、後から発行された『少年非行の治療教育』（本人によると増訂正版にあたる）のことであると考えられる。

米国留学及びレドルの影響

青木の著書『少年非行　その本態と治療教育』及び『少年非行の治療教育』には「レドルの自我障害の症状」「レドルの反社会的自我」の項目があり、宮澤修は「パイオニア・プロジェクトを終わったばかりの教育学者F・レドル博士に会ったのを契機に新生面を出された（中略）青木氏の著書に昭和三十二年の『非行少年』と昭和四十四年の『非行少年の治療教育』がある。前者は青木氏の本来の考え方が、後者には米国留学の影響があるが、筆者はむしろ前者に親しみを感ずる」（宮澤 1987：73）と書いている（文中の『非行少年』と『非行少年の教育』はそれぞれ『少年非行』及び『少年非行の治療教育』ではないかと思われる）。

『武蔵野学院五十年誌』で確認したところ、「青木延春　昭和二八年一一月八月一四日から昭和二九年二月八日まで、出張先、アメリカ合衆国、WHOフェロー、主題、施設の運営」（p. 275）とある(3)。青木は晩年、この留学について「渡米して驚いたのは有識者が挙げて教護院なんか見るのはよせといっているんだ。小舎制といいながら五十人も入っていてね。まるで理解がないんだね。アメリカへ行った最大の収穫はよい書物を発掘できたことだね。それでレドルを我が国に初めて紹介できたし（中略）レドルとは親しく一緒に飯を食ったなぁ」（『非行問題』編集部 1976：

108）と回顧している。

宮澤によると、「留学のお土産は力動精神医学の導入であった。レオ・カナーの言葉の『二十世紀は児童と共にある（With the children）精神医学でなければならぬ』から、『ウイズの精神』と強調された。更に従来精神薄弱の教育に用いられた『治療教育』の概念を非行児教育にも導入された」（宮澤 1987：73）ということである。

第二節　青木延春の『少年非行の治療教育』

1.『少年非行の治療教育』の序から

「新たな用語」は青木によるものか

『新ＨＢ』や戸田などの職員・関係者がいうように、教護界に「治療教育」や「感情転移と同一化」などを導入したのが青木だとすると、『教護院運営要領』に登場した「治療教育」や「感情転移と同一化」（これを筆者は第七章で「新たな用語」とした）も青木によるものなのであろうか。

戸田は、「青木先生は、運営要領の教護職員と児童との接触は心の接触なくして治療はありえないとあるが、先生は、この心の接触ということを、感情転移ということで説明されました」（戸田 1004：25）と書いている。これは少し解りにくいのであるが、同著の中に、「心の接触（石原先生流魔術的表現）を感情転移という医学的用語で解釈された」（同：29）と書いているので、前者引用の「先生は」は、「（石原）先生は」であると考えられる。

ちなみに、『技術編』の発行は『非行少年―その本態と治療教育』（一冊目の『少年非行』）の発行の前年である。ここで再び、『教護院運営要領』に「感情転移」を盛り込んだのは誰か、という疑問が湧いてくる。宮澤のいう通り「大半を石原氏が、鑑別と医療の参加について伊佐氏が分担執筆された」（宮澤 1987：71）ということであれば、石原が、青木の講義や、あるいは出版を控えた『非行少年』の草稿などを参考に「感情転移」について書いたということなのだろうか。しかし、そもそも石原は「治療教育」という用語を用いることに抵抗があったのではないだろうか、だからこそ、「心の接触」や「情性」などということばを用いたのではないだろうか（第七章）。

もし仮に「感情転移」（及び「と同一化」）の部分のみ、石原とは別の人物が執筆していたとするならば、それはやはり青木（か、あるいは『教護院運営要領』の初稿の「十数次にわたる討論」〈宮澤 1987：71〉に参加した宮澤など）による執筆、ということはないだろうか。そのように考えてみると、『教護院運営要領』と『少年非行の治療教育』の文章は重なる部分が多くあり、その可能性も捨て切れないように思うのである。特に青木と石原はかつて養成所の設立に向けて協働し、また、石原が青木を精神的に支えていた間柄（第七章）なので、あるいは二人の共同執筆ということがあっても不思議はないように思うのである。

いずれにしても、職員・関係者のいうところの「感情転移」や「同一化」は、『教護院運営要領』のそれと、青木の『少年非行の治療教育』（や、あるいは講義）でのそれとが未分化であり、そのため、人によって説明が異なるのではないかと考えられた。

「治療教育」の〝手引き〟

『少年非行の治療教育』の章立ては、「第一章　反社会的性格」及び「第二章　分類」は、「レドルの自我障害の症状」（青木 1969：25）や、「ボベーのＷＨＯに提出し、発表された報告書『少年犯罪に関する精神医学的見解（Psychiatric Aspect of Juvenile Delinquency）』」（同：66）など、主として欧米の文献を紹介している。つまりこれらは「治療教育」を行う上で必要な基礎学問や知識を紹介した部分といえる。そしていよいよ「第三章　治療教育」に入るという章立てであるが、中でも「（7）全体療法」の項目は、『教護院運営要領』と一致する項目が多いのが特徴である。辻は「昭和三十年代になると、教護活動も盛んになり（中略）予算面にも充実した教護内容が整備され（中略）癒々教護院の近代化時代に移行して来ました（中略）運営要領は教護院必携のバイブルであることは、疑う余地はないと思いますが、青木延春先生を初め専門家の先生方は、基礎篇は別とし、技術篇の拡充したものをとの運動を盛んに叫ばれました」（辻 1994：25）と回顧している。そして青木の『少年非行の治療教育』の序の「追記」には、この著書を発行したいきさつ（本人曰く『少年非行 その本態と治療教育』を「増補訂正」したいきさつ）について、「非行の治療教育学もまた日進月歩の動きをしているが、その根本思想はアイヒホーンやレドル、またはボベー等の所論を、共通の土台にしていることは間違いない。それで本書を増補改訂して、世の求学の士の手引き書にしたいとかねがね考えていた。」（青木 1969：4）。このことから、『少年非行の治療教育』は、青木にとって『教護院運営要領』の「技術編の充実したもの」として位置づけていたのではないかと考えられる。

『教護院運営要領』の『技術編』は、第七章でも述べた通り、全国の実践を集めて精査したものである、それはつまり、感化院時代からの実践の「言語化」（あるいは活字化〈第一二章〉）であった。『教護院運営要領』における「感情転移と同一化」の少なくても「感情転移」の説明は、先に「心の接触」という平易なことばで説明され、更に「精神力動学的の見地から考えて見てみよう」（『技術編』：122）と、それが「精神力動学的の見地」から述べたもの、つまり説明したものと明記されていた。しかし、「全体療法」ということばについては、それが、実践の「言語化」（精神力動学的の見地からの説明）なのか、そうでないのか筆者には判断がつかなかった（第七章）。しかし『少年非行の治療教育』で青木は、「治療教育」が土台にしているのは、アイヒホーンやレドル、あるいはボベーなどであると明示しているのだ。

『教護院運営要領』と『少年非行の治療教育』は多くの内容が一致しており、特に「感情転移と同一化」の根拠となる文献は——職員の間ではこの二冊は特に区別なく取り扱われている例が見られるなど——未分化である。確かに、この二冊は「感情転移と同一化」という同じ用語を説明した、いずれも職員の〝手引き〟となる本である。そのため、この二冊は一見、同じようであるが、実は大きく異なっていると筆者は捉えている。それは、『教護院運営要領』は実践の「言語化」であり、教護職員の〝手引き〟であるのに対して、『少年非行の治療教育』は、教護職員の〝手引き〟である前に、まず「治療教育」の〝手引き〟なのである。つまり、『少年非行の治療教育』は、「治療教育」という概念がまずあって、その中に教護院という「治療施設」があり、その教護院は「全体療法」を行う施設である、という位置づけの〝手引き〟であると考えられる。

2.「病める子ども」と「治療教育」

まず、青木の『少年非行の治療教育』における「治療教育」の概念から理解していくこととする。

しかし、犯罪精神医学は生物学派あるいは心理学派と対立すべきものではなく、ボベー博士がラーフォン博士の言葉を借りていったように、すべての反社会性は生物学的、心理学的、社会学的現象（中略）であるとする考え方に、我々は全面的に賛成するものである。どんな反社会性もこの三つの原因が多かれ少なかれ、ともに作用して形成されるものである。（中略）それは他の原因が比較的少ないだけであって、全然関与していないことは考えられない。（中略）かくのごとく反社会的性格は生理学的にも心理学的にも、脳や精神に欠陥があって形成されるものであるから、いわゆる非行少年は病める子ども達であるといわねばならない（①）。けっして環境だけで、または、自分達の勝手で不良行為を繰りかえしているのではなく、その人格構造がふつうの子ども達とは相違している（②）からである。したがって叱責したり、憎んだり、訓戒したり、訓練したりする前に（③）、まずその病的な人格構造を社会に適応できる、健全な人格構造に再編成することが必要であり、これこそ当然治療教育の眼目（④）とならなければならない。これも原因にしたがって生物学的、心理学的および社会学的の三つの分野にわけ得るだろうが、この三者は各個別々に独立したものであってはならないことは当然であり、打って一丸とした、全体としての治療教育（⑤）こそ真に我々のとるべき方法であろう。近時この意味の治療教育が

歴　代　院　長

初代院長　菊地俊諦　　二代院長　熊野隆治　　現院長　青木延春

国立武蔵野学院（1969）『武蔵野学院五十年誌』国立武蔵野学院。

ようやく認識されてきたが、これは治療と教育とを併用するというのではなく、治療即教育、教育即治療という観点からのものである。これこそ近代教護の特徴⑥といえよう。

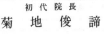

〈青木延春（1969）『少年非行の治療教育』国土社、pp. 2-3。傍線、括弧内著者。〉

青木は、子どもたちが「不良行為」を行うのは、「人格構造がふつうの子ども達とは相異しているから」②としている。こうした表現はこれまでの「活字化」されたキョウゴの世界では見られなかったことである。「普通の人と同一の立場に置き、同一なる生活を爲さしめ、他の人々の如く工藝的習慣を養成せしめなば、彼れ犯罪者は多くの場合に於て、普通人民の如くならん」（留岡 1901a：22-24）と自著でモリソンのことばを引用した留岡幸助は、悪いのは環境で、「環境の転換」（第三章）を行うとした。菊池俊諦は「人格的活動の一面に囚はれることなく、其の全面に不斷の注意を佛ひ、以て人格的全體性の建設に努力すること」（菊池 1942：225）と「全人格制の發達」（菊池 1942：43）を説いた。石原登は「欠陥の部分は一応考えにいれないで」（石原 1960：60）いわばその子らしさを育てるとした。そして『教護院運営要領』では「人格構造自体の改善強化」（『技術編』：124）や

「人格構造の調整」（『技術編』：127）という表現はあるものの、『少年非行の治療教育』にあるように、「欠陥があって形成される（中略）病める子ども」①であって、「環境だけで（中略）不良行為を繰り返している」②のではないというような、ハッキリとした表現は出てこなかったと思われる。このような表現は、「不良行為」を行う子どもの被害性には全く目を向けていないかのように思われる。

ではなぜ彼らは「不良行為を繰り返している」②のかというと、いわば〝病んで〟いるからそうさせてしまうのである。そして「人格構造がふつうの子ども達とは相異している」②、つまり〝病んで〟いるのはその子の人格であるので、「その病的な人格構造を社会に適応できる、健全な人格構造に再編することが必要」④なのであって、それを行うのが「治療教育」④、ということである。

そしてその「治療教育」の方法は、「生物学的、心理学的および社会学的の三つの分野」⑤を独立させず、「打って一丸とした、全体としての治療教育」⑤でなければならない、ということである。

3．治療教育──「感情転移」と「同一化」の過程

感情転移

『少年非行の治療教育』における「感情転移」の内容は、『教護院運営要領』の「心の接触」における内容とほぼ一致しており、「感情転移」の説明はフロイドのそれである。以下、引用する。

（4）感情転移

感情転移（transference）はこれに続く同一化（identification）とともに、教護技術の基本であり、反社会的性格の人格構造を変え、社会適応性を獲得させるために絶対に必要な心理的過程である。アイヒホーンはこれを再教育者に与えられた武器であるとまでいっている。

およそ人格構造は反社会的と社会的とを問わず、その根源はきわめて根深く（中略）しかし、多くの場合幼少時代の情緒的環境の関与する割合が大であるから、ここに再教育の希望が残されている。しかしながら、幼少時代に基盤がつくられた性格はとうてい一朝一夕に変化するものではない。（中略）しかし、もしも幼少期に形成された性格の基盤から変えて行くことが出来れば、性格を実際に変化さすことが可能な筈である。

およそすべての性格の基盤は、五歳以前の家庭内の情緒関係によって決定されるから、いろいろの性格遍倚は当然この初期の情緒関係の欠陥から起こるとみてよい。したがって、問題の児童が幼児が、父母に依存する状態に似た感情を再現することがもし可能であれば、幼児期の教育をはじめからやり直すこともでき、その性格の基盤をたて直すこともできよう。所が幸いにして、人間には以前の感情を他人に移す特性がある。フロイドはこれを感情転移と名づけたが、この特性こそその条件を可能にするものであり、反社会性の治療に最も重大な役割を果たすものである。（中略）

この感情転移は、神経症や反社会性の児童にいっそう強く現れてくる。幼少時の情緒関係に欠陥のあったものほどこの感情転移を強く起こしやすいからである。（中略）彼を家庭から離して全く違った環境に移しても、彼は誰に対しても同じ様な態度で行動する。施設で親切な職員に好意的に世話されても、彼は疑い、憎み、職員の努力を無にするために、できるだけ悪意のある行動をし、職員から叱咤され、処罰されるのを期待しているようにみえるのはこのためである。

〈青木延春（1969）『少年非行の治療教育』国土社、pp. 130-131。括弧内筆者。〉

対象関係と「積極的の感情転移」

『教護院運営要領』では「心の接触は、積極的の好ましい感情転移である」（『技術編』：122）としている。『教護院運営要領』では「対象関係」ということばを使用していないが、説明の内容は『少年非行の治療教育』と一致している。特に職員のとるべき態度の部分はほぼ『教護院運営要領』と同じ文章である。以下『少年非行の治療教育』から引用するが、引用中の傍線部分はフレーズや使用する漢字まで『教護院運営要領』と一致する部分であり、点線部分は漢字の使用や表現の違いなど若干の違いは認められるが前後のつながりなど文章としてはほぼ一致する部分である。

この感情転移は児童とはじめて接触した時は、どんなに熟練した再教育者でもはなはだ不愉快なことが多い。（中略）原始的本能の修正は単に模倣では達せられない。児童と母親、後には父親やその他の家族もくわわっての好ましい情緒関係によってはじめて可能となる。幼児が母親に対して設定する情緒関係は、最初の対象関係（object relationship）でもあり、（中略）乳幼児がいかに母親に愛されたいか、またいかに一人で放置されたくないのかの願望が、彼の原始的本能を修正していく原動力であることはすでにのべた通りである。反社会的な児童ではこの過程がまだ十分には達成されていない。対象関係を設定したい衝動は、ふつうの児童と同じ様に存在していたのであるが、今だにみたされることがなかったのである。（中略）すなわち愛されたい、一人で放置されたくないという幼稚な願望（中略）がなお現存している。ただこの子どもらしい願望は増悪や攻撃におおいかくされて表面的には認められないだけである。ゆえに最初は前にものべた様な増悪と敵意との感情転移であっても、時がくれば愛情にみちた積極的の感情転移になる機縁となろう。このことがなければ我々は全く無力である。

（中略）

さて前にものべた様に、はじめから再教育に好適な積極的な感情転移を起こすことはほとんどない。彼等は多くは虐待され、放置され、叱責され、みたされなかった悲惨な過去をもっているから、望ましくない感情転移すなわち憎悪や悪意を意識的、無意識的に抱くか、または固い殻にはいって表面だけ良好な人間関係を示すかが常である。前者はフテブテしい態度、逃走、規則無視、不信、乱暴など職員を挑発、刺激する様な行動にでる。これに対して職員が立腹したり、罰をくわえたりすれば、これは彼等の思うつぼであり、彼等の増悪に正当な根拠を与え、永久に積極的な暖かい人間関係の設定は困難となろう。後者の一見好ましい人間関係は、じつは不信と増悪の固い殻の表面を覆う防御であるから、職員の努力は一向に真の影響力をもたず、したがって失望して叱責、懲罰などの手段にでがちであるが、その有害なことは前者の場合と同一である。職員の側における反対攻撃性が厳に否定されるのはこのためである。

しかし、（中略）我々はあせらず急がず、常に楽天的な明るい態度で、安定した情緒を保ち、いかなる時も児童の側にたち、彼等とともにある態度で、気長に信頼と愛情と依存にみちた好ましい感情転移が起こるのを待たねばならない。これとともに彼等を文句なしにうけいれる施設全体の雰囲気や、少人数からなる小舎の（家族舎の）暖かい環境が、児童の安定感、信頼感を増し、積極的の好ましい感情転移が次第に芽生えてくる。それはまず職員と児童（と）の相互関係であり、ついでは、（職員を中心とした）児童達の小グループ内における彼等の相互関係である。かくしてはじめて彼等は相互に自我を支持しあいながら職員の影響力をうけるようになる。

〈青木延春（1969）『少年非行の治療教育』国土社、pp. 132–133。傍線、点線、及び括弧内筆者。〉

感情転移が設定されたときの見極めとその解消

『教護院運営要領』では感情転移と同一化の過程の内、感情転移部分の説明に重きを置いており、同一化については感情転移ほど詳しく説明されていなかった。しかし『少年非行の治療教育』では「感情転移」の項目に「感情転移が設定された後」について述べられるなどしている。

それによると、まず、「感情転移が最高潮に達した時期」⑦を見落とさないことが大事である。その時期には子どもが「幼児が父母にする様な依存の姿」⑧を現すが、そのことが示す「重大な意義を理解しない様なことがあってはならない」⑨、その時期の対応を誤ると「大切な治療教育の時期をみすみす失ってしまうことになる」⑩からだ。そして、「感情転移の解消」⑪についても忘れてはならない。「いつまでも幼児期の感情転移の状態を続けることは児童の正常な発育に有害である。なぜならこれは幼児期に行われなかった過程に帰って、これをはじめからやり直している」⑫状態なので、「その時期の再教育が一応すんだ時は、人格発達その後の段階に移っていくべきである。すなわち依存から独立へ、感情転移からふつうの対象関係へと進んで行く様に」⑧、職員は「意識してこれを処理せねばならない」⑬ということである。

この様にして感情転移が設定された後で、はじめて職員は真の影響力を児童におよぼすことができる。児童は幼少児のみたされなかった願望の時代にかえって、職員との好ましい情緒関係のもとに自己の原始的本能を修正していく。したがって、感情転移が最高潮に達した時期をあやまたずに正確に把握してこれに応ずることが最も大切である⑦。この時期を見定めることは、経験のある者には容易である。ちょうど、幼児が父母にする様な依存の姿⑧、まつわりつく様な感じ、あとを追ったり、近くに寄ってきたり、あるいは注意をひく様なことを、わざとしでかしたりする。こんな児童の幼稚な姿を煩わしいと感じたり、馬鹿々々しいと考えたりして、そのもつ重大な意義を理解しない様なことがあってはならない⑨。そのために児童は失望し、愛情が憎悪に変わっていき、大切な治療教育の時期をみすみす失ってしまうことになる⑩。

最後に今ひとつ忘れてならないことは、この感情転移の解消⑪のことである。いつまでも幼児期の感情転移の状態を続けることは児童の正常な発育に有害である。なぜならこれは幼児期に行われなかった過程に帰って、これをはじめからやり直している⑫のであるから、その時期の再教育が一応すんだ時は、人格発達その後の段階に移っていくべきである。すなわち依存から独立へ、感情転移からふつうの対象関係へと進んで行く様に、意識してこれを処理せねばならない⑬。この過程でとくに重要視されるのは同一化の現象である。（中略）同一化とは「愛されたい、一人で放置されたくない」という願望や、「愛するものを自己の所有としたい」願望などを放棄して、そのかわりに愛する者を自己の内部にとりいれて、これと同一化すること（⑭）であり、児童の超自我形成のために絶対に必要な過程である。我々は児童にこの心理的過程を通じて、その超自我即ち良心を強化し、独立させてやる必要がある。そしてそれこそ再教育の眼目ともされるものである。

〈青木延春（1969）『少年非行の治療教育』国土社、pp. 134-135。傍線、括弧内筆者。〉

同一化と対象備給

『教護院運営要領』では、同一化についての定義は特になされてなかった（第七章第一節）。一方、『少年非行の治療教育』では、「感情転移」と「同一化」の項目がそれぞれ設けられている。しかし、この「同一化」の項目の説明のほとんどは、同一化のおきる過程の説明であり、「治療教育」に関するそれの説明は最後の部分（⑮）のみである（なお、「感情転移」の項目にも若干説明がある⑭）。

また、『少年非行の治療教育』では、同一化の説明に「対象備給」という用語が使われており、これは『教護院運営要領』にはなかったものである。

（5）同一化

同一化（identeification）の心理過程は、感情転移とともに治療教育上きわめて大切であることは、すでに繰り返しのべた通りである。児童は自己愛の時期が過ぎれば、対象愛への時期へと進んでいく。すなわち、リビドーを外部の人にあたえるのでこれを対象備給（object cathexis）とよぶ。児童はその発達の過程において繰り返し対象備給を行い、つぎつぎと対象を変えていくものであるが、この過程はすべてそのときどきの痕跡を児童のなかに残していく。すなわち、児童は彼の心の中に対象とした人の性質や傾向を取り入れて、自分と同化するのであって、この過程を同一化という。この同一化は原則として対象備給がすぎさった後に起こるが、時には同時に、またはそれ以前に起こることもある。しかし、いずれにしても、同一化は対象備給がすんだ後に長く続くものである。

かくして愛の対象から離れていくごとに、同一化を通じて児童の人格のなかに、新しい性質が取り入れられていくのであるから、フロイドは個人の性格は過去の一連の対象備給の沈殿物であり、またこれ等の対象選択の歴史からなりたっているといったのである。また児童の自我に起こる変化の量は、同一化が起こった時の年齢に関係がある。（中略）最初の同一化は自我がまだきわめて弱く、完全に依存的である乳幼児期に起こるので、最も永続的な強い影響力をもっている。そして最初の愛の対象は、ふつうの場合、母親である、したがって母親は児童の人格形成上最も重大な関係をもつ。時期的には母親より遅れるけれども、父親もまた間も無くこの重大な役割にくわわる。この初期の同一化は自我に変化を起こすばかりでなく、自我のなかで特殊な立場をとり、自我のほかの部分に対して批判的な、あたかも外界における両親的な機能をもつ。フロイドはこれを超自我、あるいは理想自我とよんだ。すなわちふつうのことばでいえば良心であるが、その基礎が初期の同一化の結果、形成されるのである。これはその後の同一化によって深められ、強められていくことは前にのべた通りである。

治療教育の仕事は、積極的感情転移の設定によって、児童の幼児期を再現して原始的本能を修正し、自我を強化し、さらに同一化を通じて児童の超自我を変化させようとすることである。性格が変わるということはある意味では、その児童の超自我が変わるということである。そして超自我が変わるということは、職員と同一化するということである。「人が教護する」とよくいわれるが、単なる教育とか躾とかの概念から離れた、新しい意味でその正しいことが再認識されよう（⑮）。

〈青木延春（1969）『少年非行の治療教育』国土社、pp. 143–145。傍線、括弧内筆者。〉

4. 全体療法

「全体療法」の定義と概要

『少年非行の治療教育』の序では、以下のことが述べられていた。曰く、「反社会的性格は生理学的にも心理学的にも、脳や精神に欠陥があって形成されるもの」（青木 1969：2）である。従って、「犯罪精神医学は生物学派はあるいは心理学派と対立すべきものではなく」（同）、治療教育もまた、原因に従って「生物学的、心理学的および社会学的の三つの分野にわけ得るだろうが、この三者は各個別々に独立したものであってはならないことは当然であり、打って一丸とした、全体としての治療教育こそ真に我々のとるべき方法であろう」（同：2-3）。

この、「生物学的、心理学的、および社会学的」分野が「打って一丸とした、全体としての治療教育」とは、どのようなものであろうか。『少年非行の治療教育』には「全体療法」の項目がある。『新ＨＢ』の説明もこの項目から求めていると考えられる。この項目は文中に『教護院運営要領』が紹介される（②）など、青木が（後年特に）強調した部分（第七章）と考えられるので取り上げる。

（7）全体療法

反社会的性格の治療教育は心理学、医学、教育学または環境療法などあらゆる面から総合して全体として行なわれねば効果は薄い。児童の処置に平行して環境を調整したり、親達の態度を変化させたり、生活の場をかえたりするのも皆このためである。施設治療では児童と起居をともにしているので、いっそうこれを徹底して行ない得る長所がある。全体療法（total therapy）の思想は比較的新しい傾向であり、施設のあり方について正しい目標を与えた（⑯）ものといえる。我が国では厚生省児童局の教護院運営要領がこれを力説し（⑰）、米国ではミシガン大学のラビノウィッチ、ウエーン大学のフリッツ・レドルなどが熱心にこれを唱導している。なかんずくレドルの著書「内部よりのコントロール（Comtrols From Within）」は始終これを基調として書かれてある。

施設においては児童は二十四時間そこに居住しているから、そのなかの一、二時間をいかに完璧に個別的治療教育が行われたとしても、残りの時間が精神外傷的要素にみちていたり、あるいは無関心な冷淡な空気が支配していたりすれば、なにほどの効果が期待できるのだろう。彼等の生活が単調で無味乾燥であったり、理解のない職員が叱責や説教ばかりしていたとすれば、結果がおもしろくないのは当然である。

個別的治療教育の必要は誰しも知っているが、それを効果的に行なうにはまずそれより前に施設全体の運営が適正になされていなければならない。すなわち施設のあらゆる面が施設の根本目的と合致する様に、少なくともそれを破壊せぬ様に、さらに進んではすべてが治療教育そのものにならなければならない。これがすなわち全体療法的設計である。このためには本章の全部にわたって記載した事項が、施設の隅々まで具体化されることが必要であるが、ほかの項にもれている点はつぎの様なものである。

〈青木延春（1969）『少年非行の治療教育』国土社、pp. 168-169。下線、括弧内筆者。〉

『新HB』では、『少年非行の治療教育』が「精神医学の見地を導入して『教護院運営要領』を理論的に裏付け補強している」（『新HB』：19）と書いてあった。青木はこの「全体療法」が、「施設のあり方について正しい目標を与えた」（⑯）としている。それはつまり、施設（入所型）は子どもの「保護」や「養育」（あるいは「養護」）のみならず、「治療教育」のための施設であると、すなわち「病的な人格構造を社会に適応できる、健全な人格構造に再編すること」（④）が目的なのだということになる。

第Ⅱ部でも見てきた通り、地域の「ヨタモノ」を引き取るなど、私的に始められた感化院が、監獄の近代化の流れの中で法的に定められた施設となり、少年教護院時代を経て、戦後の新憲法の下、教護院として児童福祉法に定められたものである。その教護院を「理論的に裏付け補強」（『新ＨＢ』：19）するものが「治療教育」であるとは、一体どういうことなのであろうか。筆者には疑問であるが、しかし、もし仮にこの説明を用いるとするならば、田澤や岩本が指摘する通り、教護院は「人格の根本改造」や「人格改造」（第五章注4、第一〇章第一節、第七章第一節）を目的とした施設である。

なお、「全体療法」の項目は、「1　土地、建物その他の設備について」「2　日課について」「3　職員の保護について」「4　病的行動について」「5　愛情について」「6　退行と逃避について」「7　精神外傷について」「8　柔軟性について」「9　グループの情緒安定について」の九項目から成り立つが、それまでの理念・理論と大きく違うなど、幾つかの項目についてのみ詳細を述べることとする。

自然環境・農耕地については特に明記せず

まず、「1　土地、建物その他の設備について」について取り上げる。この項目は『教護院運営要領』の『基本編』部分を引用し⑱、『教護院運営要領』同様、環境整備の重要性を説いている。それは、土地、建物その他の設備などの環境因子は「社会学的衝撃の問題」⑲を子どもに与えてしまう可能性があるので、「直接児童の再教育に関係のないことで、過重な衝撃を与えるのはできるだけ避けた方がよい」⑳としている。

『教護院運営要領』では立地の良さ、敷地の広さ、あるいは農耕地の確保など、自然環境についても明記されていたが、『少年非行の治療教育』ではそれらが見られない。つまり、感化院時代からの理念であった天然自然のもたらす治癒効果、というものについて、ここでは特に触れられていないのが特徴である。

更に特筆すべきは破損、損傷の類について、「ある程度は情緒障害治療の過程として必要である」㉑としているところ、それらをあらかじめ経費として計上しておく（「このための物と予算があることが望ましい」（㉒））という部分である。

かつて、留岡幸助が、なるたけ普通の人の生活と普通（かそれ以上）の教育を提供しようとした結果、「教育と経済の衝突」（留岡 1912b：468）に悩まされ、清男の時代に施設内に子どもたちと一緒に土管暗渠で橋を作った、その橋を子どもたちが「鑑賞」する様を見て、清男が「自分の汗と膏が投下されるからこそ、作品を鑑賞したくなるのである。鑑賞は愛情を生み、愛情はものの管理を育ててゆく」（留岡 1964：73）と気付いた、このような実践に比べて、非常に合理的で治療的な視点である。

そして最後の下線分、「物や場所からの誘惑を避けることも忘れてはならない。（中略）彼等を耐えがたい誘惑にあわせて、その弱い自我を根底からゆすぶることはけっして自我を強化する所以ではない」（㉓）という部分は、石原の「非行の図式」（第七章）と通じる部分である。これについては別途取り上げる（第六節）。

1　土地、建物その他の設備について

厚生省の教護院運営要領の設備の章に「教護するものは教護職員だけではない。土地、建物その他の設備のすべてがことごとく教護職員の活動につれて活発な教護活動をする」と書いてある（⑱）。児童達は実際家屋の位置、構造、設計、配置、家具の種類、あるいは運営の方法からくる雰囲気に対してきわめて敏感である。もちろん場所、物、空間が発散する気分に感応するのは、誰にでもあることであるが、情緒障害の児童にはとくにはなはだしい様である。この見地から注意をむけるべき点としてはまず社会学的衝撃の問題（⑲）がある。児童の従来の生活経験からあまりにかけ離れた建築や生活の様式をとることは、いわゆる社会学的衝撃に導き彼等の自我を混乱させる危険がある。しかし、児童の過去の生活のあり方をそのまま真似して彼等が気安く感ずる様、第二のスラムをつくった方がよいという意味ではない。直接児童の再教育に関係のないことで、過重な衝撃を与える

のはできるだけ避けた方がよいというのである⑳。
つぎに物品の選択と配置にも特別の考慮が払われなければならない。（以下略）
場所の配置もまた大切である。（以下略）
また破壊と消耗の余地を考慮することも大切である。施設では破壊と消耗が早いのがふつうであって、それは児童が乱暴なためと、職員が不注意なためとみられ勝ちであるが、そのある程度は情緒障害治療の過程として必要であることが理解されねばならない。したがって、これを予定してこのための物と予算があることが望ましい㉑。
物や場所からの誘惑を避けることも忘れてはならない。（中略）彼等を耐えがたい誘惑にあわせて、その弱い自我を根底からゆすぶることはけっして自我を強化する所以ではない㉒。
〈青木延春（1969）『少年非行の治療教育』国土社、pp. 169–171。傍線、括弧内筆者。〉

「家族」や「家庭」の語の不使用

『教護院運営要領』における「感情転移と同一化」は、母と子の親子関係に代表される、第一次的関係を想定しているものと思われた（第七章第一節）。しかし、同書では、「家族」（あるいは寮長・寮母）と子どもとの関係について、あまり触れられていない――当時は〝家庭寮式の運営形態〟が主流であったのにもかかわらず――ことに筆者は違和感があった。『基本編』にも、「今までわれわれは大部分の教護院が、寮舎制すなわち家庭寮式の運営形態をとっている事実から、教護院は、寮舎制をとるものという前提に立って色々述べて来た」（『基本編』: 31）とある通り、〝家庭寮式の運営形態〟は前提のはずである。ところが〝職員の技術〟が指南されるはずの『技術編』では、「職員」――これは寮長を想定していると考えられる――と子どもとの関係性は、「感情転移と同一化」を中心とした説明なのである。

『基本編』には、寮舎制の利点について、「家庭的あるいは家庭的雰囲気を与え、これを満足させ家庭的生活的な長所を入れ易いこと」（同：32）などと書かれているが、この「家庭的」や「家庭的雰囲気」についての詳細は、『基本編』にも『技術編』にも書かれていない。『教護院運営要領』の編纂者の一人、石原登は、実子も寮生も一緒に育てたという「赤羽先生」に強い影響を受けていたことは前述の通りである。それならば、もう少し〃家庭寮式の運営形態〃の「家庭」についても詳細が示されてもよい気がするのであるが、なぜないのであろうか。寄宿舎制を取らざるをえない施設への配慮なのか、それとも〃家庭寮式の運営形態〃が〃公私混同〃と非難され危険性があるためなのか、あるいは〃家庭寮式の運営形態〃が主流であるということで、「家庭的」や「家庭的雰囲気」は説明するまでもない、自明のことだからなのか、または〃家庭寮方式の運営形態〃が、夫婦で営む現状から、職員が夫婦であるが故の弊害の方が実は大きい、ということなのだろうか。『基本編』には次のように書かれている。

夫婦制が如何なる場合にも最上無二のものだという盲信も不可である。形は夫婦制の家庭寮で、実は夫婦の支配する小農奴達の家庭であるようなことが生じては大変である。
また、これとは反対に、寮長寮母が実父母と全く同じでなければならないという概念にとらわれ、起居動作の悉くの点で児童を形式的にも自己の家族と同一に取扱うことを強いられ、その結果却って不自然さが生じてくるというようなことも、永い間には却って教護の妨げとなるものである。

〈厚生省児童局監修（1952）『教護院運営要領　基本編』、p. 42。なお引用は職員のテクストとして『基本編』と『技術編』が合冊されたものを使用した。〉

このような、職員夫婦に対する注意事項は、実は「治療教育」という視点でまとめられたものなのではないか。青木の『少年非行の治療教育』の「5　愛情について」という項目には、これらとほぼ同様の注意事項が――更に具体的に――書かれている。

> 5　愛情について
>
> 愛情が職員としての不可欠の要素であることは今さらいうまでもない。治療教育の施設では愛情はことに基本的なものであって褒賞的な意味をもってはならない。（中略）彼等の自我はまだ弱くて賞罰に適当に反応できないし、また治療教育に適する好ましい人間関係を設定することも困難となる。したがって、まず彼等には大量の愛情㉓と愉快な生活とを衣食住の様に最低の生活条件として与えられなければならない。（以下略）
>
> また愛情について一番問題になるのは小舎の寮長、寮母である。児童の小集団と、寮長・寮母は起居をともにしているので、父親的・母親的愛情で児童に接するという表現がしばしばなされる㉔。しかし親代わりには実際上なれないし、またなろうとしてはいけない。なぜなら父親的、母親的愛情で挑めば、児童は当然親子関係を偽装する。親子関係の様な、深くかつ微妙なものは児童の側で、その心の準備ができる前に押しつけてはいけない㉕。むしろ親切なおじさん、おばさん的態度で児童に暖かく接するにしくはない㉖。
>
> 〈青木延春（1969）『少年非行の治療教育』国土社、pp. 175-176。傍線、括弧内筆者。〉

この説明を読む限り、精神医学の側に立って夫婦制を見てみると、職員が夫婦であることのリスクは決して低くはないようである。「治療教育」では、職員が「再教育者に与えられた武器」（青木 1969 : 130）といわれる「感情転移と同一化」を使ってこれに当たる。その際、もし子どもの置かれている状況が「家族制度」であるならば、職員には相当の注意が必要になってくる。なぜならば、「家族制度」では、「寮長・寮母は起居をともにしているので、父親的・母親的愛情で児童に接するという表現がしばしばなされる」(㉔)ため、「児童は当然親子関係を偽装する」(㉕)がしかし、「親子関係の様な、深くかつ微妙なものは児童の側で、その心の準備ができる前に押しつけてはいけない」(㉖)からである。

親切なおじさん、おばさん的態度

ではなぜ、『教護院運営要領』では、寮長を中心とした「感情転移と同一化」が想定されていたのであろうか。当時、小舎夫婦制が多数だったことに鑑みると、『少年非行の治療教育』にある通り、「親切なおじさん、おばさん的態度」(㉖)と説明してもよかったように思うのである。

施設で暮らす子どもたちについて、職員はしばしば〝非常に敏感で絶対に嘘やごまかし、上辺だけの態度は通用しない〟ということが語られる。(4) 先に挙げた設備の項にも、「児童達は実際家屋の位置、構造、設計、配置、家具の種類、あるいは運営の方法からくる雰囲気に対してきわめて敏感である」(青木 1969：169)と書かれている。このように「敏感」な子どもたちが、「親切なおじさん、おばさん的態度」(㉖)の職員に、「大量の愛情」(㉓)を感じることは可能なのであろうか。この、「親切なおじさん、おばさん的態度」(㉖)というものは、一見、解りやすいようで、実はあまり具体的な説明ではないように思うのである。

寮舎制及び小舎制の支持

『新ＨＢ』の「青木延春の『少年非行の治療教育』」の項目では、「全体療法」、「感情転移と同一化」そして「with の精神」(同著では〝with〟と表記)の精神を紹介し、まとめとして「小舎制による家庭舎形態の施設」の中で「職員は子どもと共に暮らす」ということが書かれている。しかし、青木の『少年非行の治療教育』では「子どもと共に暮らす」ということと、「with の精神」については、特にこれを強調した部分は無いようである。ただ、「9　グループの情緒安定について」（青木 1969：178-179）という項目に、これに繫がると思われることが書かれていたので以下に引用した。これによると、青木は「いずれにしても独立した生活集団を形成するのが、教護院では絶対必要な条件であり、この条件を一番よくみたすのが小舎制であると思う」㉝と述べている。この「独立した生活集団」というのは、寮舎制、すなわち留岡幸助の採用した敷地内の一軒家（Cottage、第三章）を指すと考えられる。そしてこの「生活集団」の「生活」部分に「共に暮らす」ということが含まれていると思われるが、当時の教護院では夫婦制（つまり住み込み就労）が主流であり、いわば「共に暮らす」ことは自明のことであったため、あえて強調しなかったのであろうか。

人数については、「集団の大きさ」㉜として「十二人前後が一番適当であるらしい」㉜としていることから、青木のいう「小舎制」とは、少なくてもコテージであること、そして少人数からなる「集団」を想定しているものと考えられる。しかし、『新HB』にあるような「家族舎形態」についてはどうであろうか。

『新HB』には「小舎制による家庭舎形態の施設」とあり、この「家庭舎形態」を仮に「家族舎制度」や「家族的」――職員・関係者はしばしばこの表現を使う――のことだとすると、青木はそれらについては特に条件として挙げていないようである。先の項目でも見てきた通り、「治療教育」を行うに当たって「家族制度」はむしろリスクを伴うものであり、青木本人もその後「少人数の生活集団が生命なんだ」（『非行問題』編集部 1976：109）、「夫婦制は無くなっても治療的共同体が維持できればいいんだよ」（同）と語っている(5)。

なお、この項目では「厚生省の教護院運営要領には『自己の属する集団について自信を与えること』いった表現をしている」㉚と、『教護院運営要領』の「安定法」の中の「自信法」に記されており、「児童が、自分の属するものに関する誇りをもつというようなことも、この自信の項の中に取り入れてよいであろう」（同：144）、「すなわち、自己の収容されている教護院や寮舎、自己を指導する院長や職員に関する誇り、或は、自分に課せられている生活、学習、職業等が他の一般児童に劣るものでないという誇り等である」（同）について取り上げている。そして「反抗的ではあってもグループの情緒的結合は大切にしなければならない」㉗「なぜならば、それは後になって積極的な好ましいグループの雰囲気に変わっていく可能性があるからである」㉘。「また、極力グループの象徴との情緒結合をはかる必要がある」㉙と補足している。

また、「児童の治療はまず不安定感をのぞくことからはじめねばならない」㉛とある、この「不安定感をのぞく」ということについては次項で取り上げることとする。

9　グループの情緒安定について

児童の安定感はその属するグループの情緒的安定の心理からも多分にもちきたされるものである。しかし彼等はその情緒障害のために容易には、好ましいグループの人間関係を設定することはできない。それでも一緒に生活している間にその萌しは折に触れて見ることができるものであるから、これを積極的に助長し、育成する様に働きかける必要がある。そのためには好ましいグループの雰囲気の場を、できるだけつくりだす様に工夫せねばならない。（後略）

また、反抗的ではあってもグループの情緒的結合は大切にしなければならない㉗。グループの情緒的結合は時として施設や職員に対する防御として発生する。すなわち、彼等の結合はただ攻守同盟的な反抗的なものであることがある。しかしこの場合でも彼等の引き起こすでき事は別として情緒結合そのものは保護し助長せねばならない。なぜならば、それは後になって積極的な好ましいグループの雰囲気に変わっていく可能性があるからである㉘。

また、極力グループの象徴との情緒結合をはかる必要がある㉙。施設は彼等にとって生活する場所という以上にかならずなにか象徴的の意味をもつものである。それは好ましくない象徴のことも多かろうが、また好ましい場合も少なく無い。時には施設は意地の悪い抑制者として彼等に映ずるだろうが、職員の不断の努力によって施設を積極的な好ましい象徴とすることは不可能ではない。そうなればその象徴は児童の理想自我が、まだ不十分な時でもその行動に相当の影響力をもつだろう。この点について厚生省の教護院運営要領には「自己の属する集団について自信を与えること」といった表現をしている(30)。

児童の属するグループのなかでも最も重大なものは、その生活集団である。よく結合した、くつろいだ、相互に支持しあう様な生活集団のなかにいれば、個々の児童はまだ自我、超自我が未発達でも、グループの道徳規準といった様な雰囲気に支えられて行動もできるし、またその雰囲気によって本当にくつろぐこともできる。

前にも述べた様に、児童の治療はまず不安定感をのぞくことからはじめねばならない(31)。そのためにはよい生活集団にいれる必要があるが、その集団は適当に小さくないと、情緒混乱した彼等はかえっていっそう不安定になる。この集団の大きさはボベーは七人ぐらい、ベッテルハイムは六人ぐらい、米国の基準では二十人ぐらいが望ましいといっているが、我々の経験では十二人前後が一番適当であるらしい(32)。いずれにしても独立した生活集団を形成するのが、教護院では絶対必要な条件であり、この条件を一番よくみたすのが小舎制であると思う(33)。現在各国とも主として小舎制を採用しているのはこのためである。

以上はレドルがあげた条件を中心として解説したのであるが、その他にも施設運営のあらゆる面を治療教育そのものとするのがいわゆる全体療法的設計である。

〈青木延春（1969）『少年非行の治療教育』国土社、pp. 175-176。傍線、括弧内筆者。〉

5. 不安定感を取り除く

先の項目で引用した「9　グループの情緒安定について」の中の、「不安定感」㉛については、「第二章　分類」の「三　ボベーの分類」に述べられている。この項目は彼が「WHOに提出し、発表された報告書『少年犯罪に関する医学的見解』（Psychiatrie Aspect of Juvenile Delinqency）」を紹介したものである。青木はボベーの分類の結論について、「ボベー博士がラーフォン博士の言葉を借りていったように、すべての反社会性は生物学的、心理学的、社会学的現象（boo-psycho-sociological pheno-menon）であるとする考え方」（青木 1969：3）（第二節）を引用し、「そのいずれを軽視して反社会性の正しい認識はあり得ない」（同：75）と繰り返している。そして、「心理学見地からみて、いろいろの反社会性になにか共通の最大公約数とでもいえる一般的法則はないだろうか」（青木 1969：76）として、ボベーの「不安定感から始まる悪循環」（青木 1969：106）について述べている。

ボベーは以上の分類の結果としてラーフォン（Lafon）のことばを借りて、（中略）真に妥当なことばである。また心理学見地からみて、いろいろの反社会性になにか共通の最大公約数とでもいえる一般的法則はないだろうか。ボベーはこの最大公約数的なものとして、いかなる原因によるものにも、常に不安定感（feeling or insecu-rity）がある㉞ことをあげている。問題が身体的疾患や虚弱からきたものも、または脳の発育不全によるものでもすべて自我の発達か調和を失っているので、外界の現実との適応が充分にいかず、したがって不安定感を発生する。（中略）すべてこれらの心理条件は不安定感をともなっている。

この不安定感は必然的に不安（anxiety）となる㉟。不安とはなん等外界の理由なしに起こる恐怖、すなわち心の内部よりでてくる心配懸念である。そしてこの不安は非常な心の緊張を引き起こし、この緊張はどんな代償を払っても解消を必要とするほど強烈になる。この解消を得る最もふつうの方法は攻撃的反抗である㊱。

そして攻撃的反応にはごく軽微のものから、激しいものまで無数の程度があり、窃盗、暴行、放火、殺人等の犯罪行為に終わるものもある㊲。その結果として罪悪感を生じついでまた不安感となる㊳。この悪循環すなわち不安定感―不安―攻撃―罪悪感―不安定感―不安―攻撃―㊴原因のいかんを問わずすべての習慣性犯罪者にみられる最大公約数的症状である㊵この見解もまたおおいに肯定に値するものと思う。

〈青木延春（1969）『少年非行の治療教育』国土社、p. 76。傍線、括弧内筆者。〉

彼は、ボベーが「いかなる原因によるものにも、常に不安定感（feeling or insecurity）がある」㉞としたことを挙げ、この「不安定感は必然的に不安（anxiety）」㉟となり、その不安は「非常な心の緊張を引き起こし、この緊張はどんな代償を払っても解消を必要とするほど強烈になるとする。この解消を得る最もふつうの方法は攻撃的反抗」㊱となり、その衝撃的反応は様々な「犯罪行為に終わるものも」㊲あり、その犯罪行為が「結果として罪悪感を生じついでまた不安感となる」㊳……このような悪循環について、「不安定感―不安―攻撃―罪悪感―不安定感―不安―攻撃―」㊴と表現し、この悪循環は「原因のいかんを問わずすべての習慣性犯罪者にみられる最大公約数的症状である」㊵としている。

そして「第三章　治療教育」の「一　予防」において、このボベーの「不安定感からはじまる悪循環」（青木1969：106）をあげ、「この悪循環が発生することを予防すれば、当然不良化を予防できるはずである」（同）として、「大規模な精神衛生運動によって、個々に不安定感の発生を防いでいけば、なん世代かの後には、必ずや習慣性の犯罪者の数は減少するに違いないであろう」（同）と書いている。

一方、石原の非行の図式（第七章）も同じように「不安定感」を挙げている。この図式の「不安定感」がボベーのそれを意味しているのか否かは判らないが、石原はこの「不安定感」を使って教護院の存在説明をしている点がユニークである。

注

（1）国立武蔵野学院（1969）『武蔵野学院五十年誌』国立武蔵野学院、で確認した。

（2）青木の二冊の『非行少年』内、最初の本（『少年非行　その本態と治療教育』）は今回入手できなかったが、二冊目の『少年非行の治療教育』が発行された一九六九（昭和四四）年の『非行問題』に、同書の案内が掲載されており、「かつて全国社会福祉協議会から発刊されていた『非行少年』――その本態と治療教育――が改稿され、このほど装もあらたに再刊された」（全国教護協議会 1969：32）とあった。なお、〝改訂後〟の『少年非行の治療教育』の方も発行から七年後には絶版になっていたようである。一九七六年の『非行問題』には青木へのインタビューが掲載されており、その話題が出ている。そのとき青木は――編集部に「現在絶版ですが、欲しがっている人が多いんです」（『非行問題』編集部：107-108）といわれて、「君、あんな本はね。日本にも外国にもないよ」（同：108）と答えている。

（3）このアメリカ出張について、著者博士論文「感化院から児童自立支援施設に至る施設に培われて来た子育ち・子育て――「教護理論」からキョウゴ・モデルへ」では、「伊佐喜久夫は『職員の要請』、宮沢修は『臨床指導』の主題で同行している」と書いたが、これは誤りだったので訂正したい。この三人は確かに「出張先、アメリカ合衆国、WHOフェロー」に行っているが、期間がそれぞれ異なっていた（青木と伊佐は出張期間が一部重なる）。伊佐喜久夫は「昭和二八年八月一四日から昭和二九年二月八日まで」、宮澤修は「昭和三四年八月二九日から昭和三五年二月二八日まで」であった。なお、確認した文献『武蔵野学院五十年誌』では、宮澤は「宮沢」となっている（第七章注1）。

（4）異口同音に、多くの職員から聴かれたことである。

（5）この「治療的共同体」という表現は広島学園・天満士朗も使用しており、彼は一九七四年発行の『非行問題』に「教護院という治療的共同体（人工的自然）」（天満 1974：76）と書いている。

第九章　全人教育――『教護院運営指針』

第一節　治療と教育、そして治療教育

『教護院運営指針』には、「教護の理念」について、「『教護の対象は教護児童である』そしてそれは『教護児童である前に児童である』と書かれている（『指針』：13-14）。

『教護院運営指針』は、『技術編』の一三年後、一九六九年に発行された。ちなみに『技術編』が発行されたのが、政令指定都市に教護院が配置され、「もはや戦後ではない」といわれた一九五六年である。同書が発行された時代は、『新ＨＢ』の「四つの時期」（『新ＨＢ』：2-8）で考えると、戦後の「生活問題型非行」（一九四五年～一九五四年）の時代を過ぎ、「社会変動型非行」（一九五五年～一九七〇年）から「育成問題型非行」（一九七一年～一九八九年）へ差し掛かろうとする、一九六九年であった。いわゆる「遊び型非行」といわれるものが増え始める時代であった。このような風潮の中、「非行児」である前に「児童」である、と確認した『教護院運営指針』の意義は大きい。

しかし、その「児童」に対する行いについては「教育」と「治療」ということばで説明している点が特徴的である。『教護院運営指針』における「教護の対象」とは、すなわち「子どもを立ち直らせること」（『指針』：14）＝「治療」を指している。そして「教護児童である前に児童」に対応するものは、「子どもを伸ばすこと」（同）＝「教育」（「全

図13

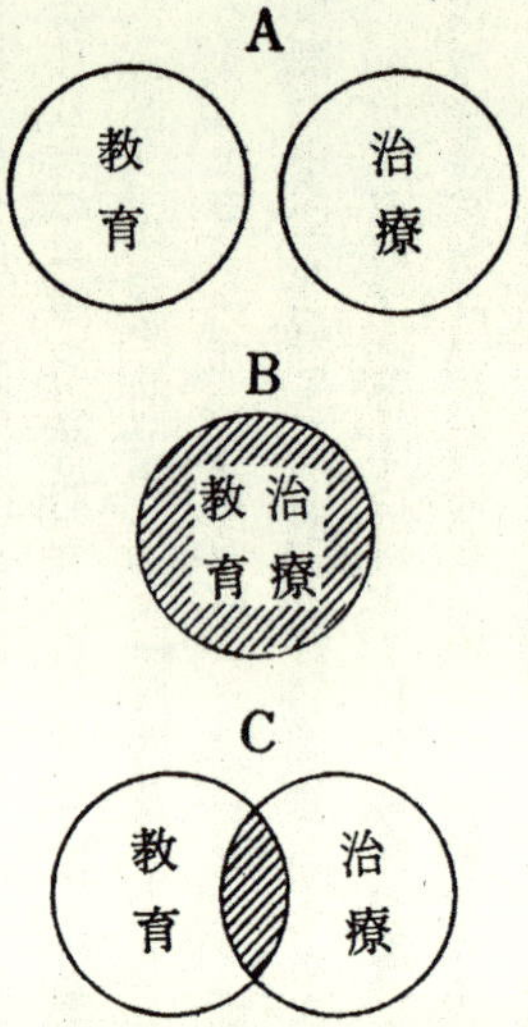

註　C図の場合、指導者により、対象者により、あるいは同一指導者同一対象者であっても，時と場合によって両円の交錯度合が融通無げに変ってくる。

全国教護協議会（1969）『教護院運営指針——非行からの回復とその方法』全国教護協議会、p. 16。

図14

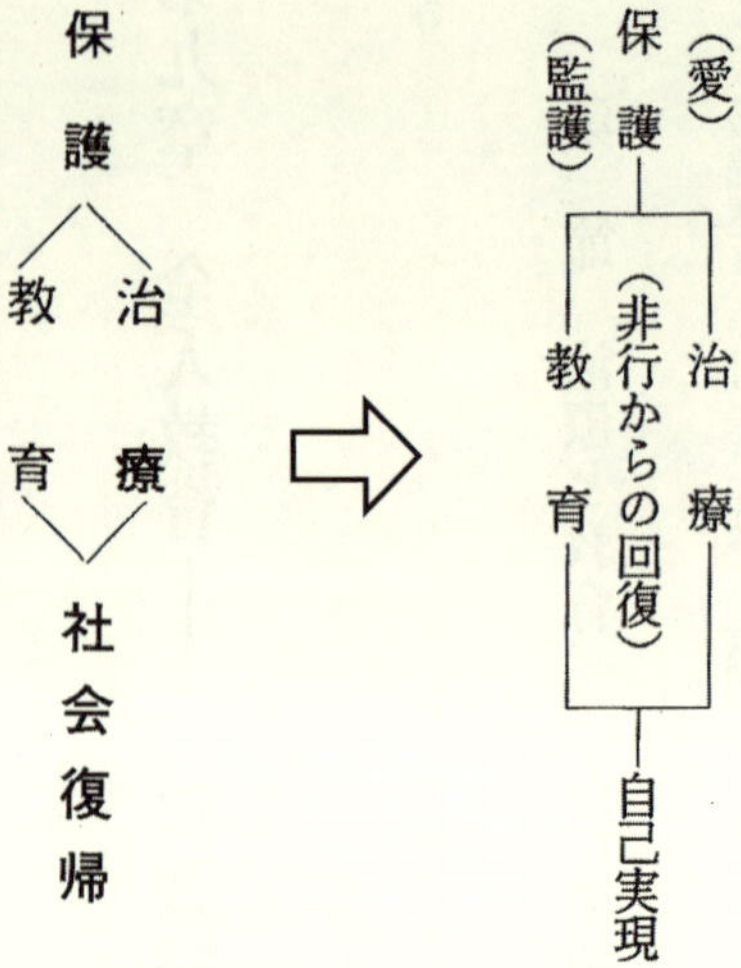

左：全国教護協議会（1969）『教護院運営指針——非行からの回復とその方法』全国教護協議会、p. 19。

右：全国教護院協議会（1989）「教護について思うこと」『非行問題』195、p. 126。

人教育」）である。

このような視点は、『教護院運営要領』に示された、「或る年月の間に自然によくなるというような形を取る」（『要領』：117）という表現、即ち環境さえ整えてやれば自然に育つという、〝感化〟的な理念とは異なり、子どもは育つ主体であるという視点が失われているように感じるものである。

『教護院運営指針』では、この「治療」と「教育」について、図13を用いて説明しており、「治療教育は——よく誤解されるのであるが——A図のように治療と教育（分離論）ではなく、そうかといってB図のように治療即教育（一体論）でもない。真実はC図のように、各々が使命を担いながら、しかも一方が他方を促し、他方が相手を進める、

（平均論）そのようにして効があがっていくのである」（『指針』：16–17）としている。筆者が第七章の「治療教育」の項で述べた「治療教育」は誰が行うものか、で考えると、a'．専門職と寮長が連携して行うものに概当しようか。

また、『教護院運営指針』では、この「治療」と「教育」の前提として、「保護があることを忘れてはならない」、「保護は教護の基盤ともいえる」（『指針』：17）としている。しかし一方で、「しかし、ここに保護を強調しながらも戒めなければならないことがある」（同）、「いつまでも保護のみに甘んじていないだろうか」（同：18）とこれまでの教護事業を反省している。そして新たなる理念として、図14の左側のように表した。そして「教護とは、不良行為をなし、またなすおそれのある児童を保護し、情意の障害を治療し、また教育によって能力を開発して人格の発達をはかり、もって社会に適応し、進んで自己を実現するようにさせる営みをいう」（『指針』：19）と定義した。

なお、この図は二十年後の一九八九年の『非行問題』一九五号誌上において、「社会復帰」が「自己実現」（全国教護院協議会 1989：126）（図14の右側）に置き換えられて使用されている。

第二節　「治療」の分類と職員の立ち位置

では、先の図に示された「治療」について、『教護院運営指針』ではどのように述べているのか。目次の「第二章　治療」は、一　情緒障害、二　性格理論からの考察、三　治療の立場から見た不良行為の分類、四　治療の方法、に分かれている。

「二　性格理論からの考察」では、フロイトだけでなく、ロージャーズを取り上げているところが『教護院運営要領』との違いである。

そして「非行は情意障害からおこるものである」（『指針』：42）という立場から、「三　治療の立場から見た不良行為の分類」を次のように分けている。なおこれらは、同項目（pp. 42–50）を筆者が任意で整理したものである。

A一時型急性―A急性、一過性非行
B情意障害型（狭義の情緒障害）―B_1不適応非行、B_2感応非行
C特殊型―C_1神経症非行、C_2精神病質非行
D習癖型―D習慣非行

そして次の項目「四　治療の方法」では、先の「分類」にそれぞれ対応した「治療」の方法が以下の通り示されている（pp. 50–64の内容を元にして筆者が任意で整理した）。それによると、「感情転移」と「同一化」はB′社会療法（Social therapy）に位置づけられており、また、「ニ　場面面接」と「ホ　保護者も治療に協力させる」が取り入れられているところが『教護院運営要領』との違いであった(1)。

A′環境型療法（Milieu therapy）
B′社会療法（Social therapy）｛イ　感情転移　ロ　同一化　ハ　洞察／ニ　場面面接　ホ　保護者も治療に協力させる｝
C′心理療法（Psycho therapy,Psychiatric therapy）
D′訓練療法

以上、「三　治療の立場から見た不良行為の分類」と「四　治療の方法」のマッチングは、A―A′、B_1・B_2―B′、C_1・C_2―C′、D―D′となっている。

特筆すべきは、「ホ　保護者も治療に協力させる」（『指針』：59）が銘記されていることである。なぜならば、子ど

もは入所に至るまで「親（またはこれに代わる保護者）と子との関係は、不調整であることが多く、これが非行化の最大の因となっている」（同：59–60）からである。これは戦後のいわゆる〝浮浪児〟対策が迫られた時代から、現代的な、保護者が居ながらにして入所するケースに対応するものであろう。それは、「親をさし措いての治療は成り立たない」（同：61）のであって、職員は、「親になるのではなく、親子関係調整の産婆役である」（同）、「親ほどの愛と意気を持ちながら、親になってしまってはならない。まことにむつかしい役である」（同）としている。

第三節　「全人教育」

『教護院運営指針』では、それまでの「指導の三本柱」に代表される、知育だけとか、徳育だけとかというふうに偏らない、いわば生きることそのものを包括的に捉えた実践について「全人教育」（『指針』：65）と表現している。これは、菊池俊諦が「全人的教養」（第五章）と表現し、『新ＨＢ』では「全人格的ちからの向上」（『新ＨＢ』：82）と記されているところのものであろう。このように『教護院運営指針』では「教育」という表現を多用しているところが特徴の一つである。

また、『教護院運営指針』では、『教護院運営要領』における「指導の三本柱」は、「生活指導」、「学科指導」、「職業指導」から「学ぶ教育」、「働く教育」、「暮しの教育」と改められている。(2)

特に「学ぶ教育」については、「学科指導でなく学習指導であるべきである」（『指針』：77）「学科をつかって学習指導をする」（同）としている。この場合の学科とは、文科省下の学校における「教科」のことであろうが、『教護院運営指針』では、教科書にせよ、学科にせよ、それそのものを機械的にこなすのではなく、それらを使って子どもを「伸ばす」ことが「学ぶ教育」において大切であるとしている。

また、「学ぶ教育が知を軸とした緊張の場であり、働く教育が力を軸とした開放の場であり、暮らしの教育が情を軸とした安らぎの場であった。教護院においてはこの三つの教育が、生命力の伸張充実という考えの上に立って、時と所と相手を変えて、心地よいリズムとなってくり返されているが、これはまことに妙を得た独特無比の教育法といえよう」（『指針』：95、傍点筆者）と、三つの教育の調和に価値を置いている。傍点部は、『教護院運営要領』における「律動法」（第七章）に相当するであろう。そして永く子どもを包括的に捉え、保護され、癒され、生きるための智恵と方法を学ぶ場であったところのものが「全人教育」ということばに表現されたと考えられる。

『教護院運営指針』の筆者がどれ程意識して「教育」ということばを使用したものであるのか、本研究では明らかに追求できないが、感化院時代の環境療法的な視点、大正時代の「児童主体」という概念や菊池俊諦の「全人格としての子ども」、そして『教護院運営要領』の「待つ」という姿勢から比べると、いわゆる近代における教育というか――高度経済成長以降の子どもを育てる上でのスピード感や大人が子どもを引き上げる視点が感じられる表現である。(3)

第四節　その他

1.「不良」、「非行」から「問題の行為をする児童」へ

次に、用語について、『教護院運営指針』ではそれまで「不良」、「非行」、と呼ばれてきたものを「十八歳未満の問題の行為をする児童」（『指針』：はしがき）と置き換えている。これまでも、例えば『教護院運営要領』では「たとえば不良という熟語の如き、これを用いないで他にもっと支障の少ない言葉を使用する方がよいという意見も首肯できるが、この「要領」では従来使い慣れ、簡潔でしかも一義的なこの言葉を、敢えてそのまま使用することとした」（『基本編』：3）としている通り、一般社会に向け、「不良」あるいは「非行」ということばを用いることに、釈然としない思いが永年に渡り職員関係者の間にあったのであろう。

古くは留岡幸助が、「不良少年の多くは悪むべきものにあらずして寧ろ憐れむべきものなり」（留岡 1901a：4）と表現し、現代には北海道家庭学校の藤田俊二が「こんないじらしい心根の小学六年生の少年を非行少年と呼ぶ奴がいたらその場で殴り倒してやる！」（藤田 1979：115）と表現したところには、現場の職員の子どもを見るまなざしと、世間でいう「非行少年」のイメージとの間に著しい乖離が存在しているといえる。(4)

『教護院運営指針』では、それを「問題の行為をする児童」と表現している。これは現在の「問題行動」に通じるものであろう。なお、岩本は「問題行動」について、「問題」に「『試すために解くことを要求すること』（question）」（岩本 2003：50）の意味があることから独自の解釈を加えている。曰く、「不良や非行という『良くない』というレッテルを子どもに貼るための用語を用いるのではなく、子どもが行為を通じて大人に投げかける疑問という意味をもつ『問題行動』という用語を、以降において使用する」ということで、自著にこの用語を使用している。(5)

2．評価の視点

『教護院運営指針』では「評価」に一章を設け「教護の実践と共にある評価（evaluation）の問題を考えなければならない」（『指針』：143）としている。

『指針』では、リンカーンの「人民の政治、人民による政治、人民のための政治」（同：152）を例に、これに教護を当てはめて「教護の評価、教護による評価、教護のための評価　といえないだろうか、ということである。それは、評価は教護のものであり、また、評価は教護しながら教護の中で行われるべきものであり、そしてまた、評価は教護にさからうものでなく、教護のためのものでなければならないからである」（同：153）と説明されている。これは現代でいうところの自己点検や自己評価ということであろうか。

「点検」の内容は職員の評価と次に子どもの変化の評価に分けられている。特に後者の説明では、「行動を起こさせる児童の人格（Personality）がどのように変容発達したかを把握することこそ、真の教護評価であることを知らなければならない」（同：144）とあるように、子どもの人格形成を評価することが求められている。それは一見、心理検査のそれのようであるが、その方法はというと「いわゆる（心理）検査と呼ばれる方法でなされるよりも教護に融合して行われるべきものである」（同：145、括弧内筆者）としている。曰く、心理検査のように「本人の知らないものを浮き彫りに」（同：144）するだけでは不十分なのであって、「児童がみずからを変容し、どのようにしていくかを考えさせることこそ（これを人格の意味づけという）さらに大切」（同：145）であって、「そのようなことは教護・教母と児童とが、身と心を接し、互に理解しあい、互に向上しつつある姿の中において、始めてなし得るものである」（同）と説明している。その実際例は以下の通りである。

注　例えば気が短いという性質があり、またその気短さを測定する方法があったとして、これを測定してみても、それは評価にはならない。むしろ本人自身が自分の気短さを知り、それをどのように受け止め、かつ自分の周囲に起ってくる事がらについて、対処する力がどれだけできたかをみきわめることこそ、真の教護評価というべきである。ここに診断と評価のちがいがある。
〈全国教護協議会（1969）『教護院運営指針――非行からの回復とその方法論』全国教護協議会、p. 145。〉

このことから今一度「教護と共にある評価」（同：152）を考えてみると、職員が常に子どもを評価しながら、併せて自己点検をし、自己研鑽を欠かさない、ということになるであろうか。

3．アフターケア
『指針』ではアフターケアについて、職員の職務であるとしている。

事後指導は教護のきめ手であり、画竜点晴《ママ》の重要事である。しかもこれは教護院の職員が中心となってやらなければならない。職員の手不足から心ならずもおろそかになり、事後を悪くするならば、それは本人の不幸はもとより、職員にとっても教護意欲を減殺して、教護上の大きな損失を招くものと言はなければならない。

〈全国教護協議会（1969）『教護院運営指針――非行からの回復とその方法論』全国教護協議会、p. 159。〉

児童福祉法により児童自立支援施設におけるアフターケアが盛り込まれたのは二〇〇四年の改正から[6]である。「事実が法に先行する」ということばがあるそうだが、ゲンバの職員たちは長年、ボランタリーな関わりを続けてきたものである。また、「『アフターケヤー三年』というスローガンがある。再非行はたいてい退院後三年以内に起こり、三年もてば後は一人立ちさせてもまず大丈夫だという、長い経験から割り出されたことばがある」（『指針』: 154）と、特に退所後の三年間は注意するよう喚起している。ちなみに、先の二〇〇四年の改正時に盛り込まれたアフターケアーは「おおむね一年以内の退所した子どもについて」である。

また、「事が起こる前の訪問一回は、事が起こってからの訪問三回に勝ることを忘れてはならない」（同：158）として、本人の成長を助けること、雇主の理解協力を求めること、保護者の協力をはかることを目的としている。

第五節　「教護院の近代化」

1.「教護院の形態と機能」より

謎めいた概要

『教護院運営指針』の「第一章　教護序説」「四　教護院の形態と機能」には、当時まだ法的に認められていない事項が盛り込まれている。それが、将来展望として書かれているのではなく、既存のものであるかのように、あるいは現在施行されていることであるかのように、何の断りもなく、断定的に書かれているのである。

このように、この節は大変違和感のある節ではあるが、ここにはおそらく現状・現行に対する不満や不便、あるいは不備と、今後に向けての希望・要望が含まれていると思うので、最後に書き添えることとする。

なぜならば、これらの項目は現代に通じる「問題」――多くはキョウゴ近代化や施設の合理化といわれる――でもあるからである。

施設の種類分化

『教護院運営指針』「第一章　教護序説」「四　教護院の形態と機能」「1　種類」の項目では、教護院には次のものがある、として「第一種教護院」「第二種教護院」「第三種教護院」を挙げている。しかしこれらは法的に位置づけられた分類ではないので、例えば構想として、とか、将来的にはこのように整備するのが望ましい、などの注や断りが一切なく、「教護院には次のようなものがある」(『指針』:20) としてしまっていることには違和感がある。

第一種教護院

不良性が軽微で、短期間三〜六ヶ月で教護効果の期せられるものを収容する。全寮制の他に週日制、通院制も考えられる。現在は未だ設置に至っていないが、公私立で小規模のものが数多く作られることが望ましい。

第二種教護院

不良性が相当に深まったものを収容する。在院期間は二〜三ヶ年を目標とし、中規模のものを種類別（性別、年令別、処遇別）に設けられるのが望ましい。現在、都道府県立及び特別市立のものがこれに当たる。

第三種教護院

不良性が高度のもの、不良性が病的負因によるもの、特別な医療を伴う者などを収容するもので、各々の目的にそうものが特別に設けられなければならない。これには強制措置のできる設備も必要である。現在、国立のものがこれに当たるが、まだ種類に乏しい。

〈全国教護協議会（1969）『教護院運営指針――非行からの回復とその方法論』全国教護協議会、p. 20°〉

なお、この分類は、「昭和三十八年四月、全教協が決議して各方面に提出した要望書」（全国教護協議会 1964：255）の項目として（七、第一種教護院の新設、八、第二種教護院の拡大強化、九、国立教護院（第三種）の拡充）として盛り込まれている上、更にそれに添付された陳情書において、「要望項目のうち第一種、第二種、第三種教護院の新設、拡充による分類収容の必要性を強調」（同）したとしている。

同要望書の項目は計一五項目であるが、その中には「十三、特別法の制定」という項目があり、これは「教護院法の如き特別法を制定し、教護体系を法制上から整備することが必要である」(同：250) というものであり、つまりは単独立法化を要望するものであろう。先の第一種から第三種教護院構想は、この単独立法化と共に要望されるものであると考えられる。

この要望書と、先に引用した『教護院運営指針』で示されたものを比べると、文章表現は異なっているが、内容についてはほぼ一致するものである。

この要望書及び陳情書は、全国教護協議会がまとめた『教護事業六十年』の「第五章　教護事業の課題」に全文引用されており、筆者もその引用文で確認したものである (ちなみに、この第五章の執筆者は同著のまえがきによると、青木延春であった)。

職種の専門・分化

『教護院運営指針』「第一章　教護序説」「四　教護院の形態と機能」「2　職員」には、「教護思潮の進展、組織の分化、また職員勤務の面から、事務官の増員、セラピスト、学習指導員、栄養士、看護婦を新たに置き、また医師、精神科医は専任の適任者を置かなければならない」(『指針』: 21) としている。

これは留岡幸助が「愛情的の関係」にある職員が学科や職業指導に当たるとした理念 (第三章)、あるいは『教護院運営要領』の、「教護院内に於ける児童に対する教護活動は一つの統一された全体過程である」(『基本編』: 44) という方法論ではなく、専門・分化した新たなる教護院を想定したものと考える。

「教護院の近代化」

『教護院運営指針』「第一章　教護序説」「四　教護院の形態と機能」「4　機構と運営」には、まとめとして「教護院の近代化」について述べられている。以下、抜粋、引用する。

教護院にはこのように多くの部門があるにもかかわらず、長い間未分化のままに運営され、そして多芸多能な職員が何事も取り込んで当たってきた。これは「人間を作る」ためには、良い方法であったかもしれない。しかし教護院の規模が大きくなり、内容も複雑になり、社会との交渉が増してくると、支障や欠点が出てきた。そこでよさを生かしながら支障を少なくするために、分化できるもの、またはできやすいものから、分化していくことが考えられる。これが近ごろ叫ばれる教護院の近代化であって、道を深め、合理的に運営していくためには、どうしてもやって行かなければならない仕事である。

分化の第一は庶務系列である。第二は心理療法部門（①）で、これはその専門職員が当たるので分けられる。第三は学習部門（②）であろう。近ごろ学習指導の重要性が認められて、教護に占めるウェイトは大きくなり、また成果を挙げるために研究、準備、整理などに多くの時間と労力を要するので、専ら当たる者が必要になってきた。また、学習は知的面が多いので、残る三部門の中では先ず分化しやすいものである。しかしこれを安易に行うと、分化が分離になるので、慎重な態度で臨まなければならない。

教護院は、このようにして各部門に教員が配置され、しかもこれらが教護の意義を理解して協力し、機能が充分に発揮されるよう運営されなければならない。

〈全国教護協議会（1969）『教護院運営指針——非行からの回復とその方法論』全国教護協議会、pp. 27–28。傍線著者。〉

『教護院運営指針』の表現でいうと「心理療法部門」（①）については、青木延春も述べていたところである。「学習部門」（②）の分化については、『教護院運営指針』のメインライターである小嶋直太朗がその後、学習権の保障を求めて日弁連に要望書を提出し、それが今日の「分校化」に繋がるものとなったことはすでに第Ⅱ部で述べたものである。

2．寮舎機能の分化

『教護院運営指針』では、先の「心理療法部門」(①)や「学習部門」(②)だけでなく、寮舎や教護、教母の機能も「分化の方法」(『指針』：100)を取るべきであるとしている。これは、今までとは別の章、「第四章　保護」「二　寮舎のはたらき」「ロ　寮舎は治療や教育の場である」という項目に述べられている。

ロ　寮舎は治療や教育の場である

われわれは長い間教護を未分化の形でとらえてきた。その態度からは、寮舎こそは教護の本場であるとされるのは当然である。しかし、教護を治療と教育に分け、両者の連繫を考える立場としては、治療や教育の場は必ずしも寮舎に限られず、むしろ院全体の場で、全職員の協力体制下で行われるものと考えを拡げる。(中略)何もかもを寮舎に持ち込んで、入院から退院までの全教護を、一組の教護と教母が引き受けるというのは、これからのやり方としては避けるべきである。もちろんその中心的存在は教護、教母であるが、だんだんに分化の方法を考えて、各分野が使命を全うし、教護の全体効果をあげることに努めなくてはならない。

〈全国教護協議会(1969)『教護院運営指針――非行からの回復とその方法論』全国教護協議会、p. 100。〉

以上のような「分化」を進めたことにより、果たしてそれが教護院という状態を保っていられるのか否か疑問であるが、ともかく、『教護院運営指針』では、教護院の分化＝教護院の近代化(『指針』：28)を意図して書かれたことが大きな特徴といえる。

注

（1）「院外教護」としては、菊池俊諦（1942）『少年教護論』（pp. 261〜263）に保護者との関係調整の必要性が銘記されている。

（2）その後、旧ＨＢでは「生活指導」「学習指導」「作業指導」になり、現在の新ＨＢではそれぞれ「生活指導（暮らしの教育）」、「学習指導（学ぶ教育）」、「作業指導（働く教育）」と変遷している。また、『教護院運営要領』の「職業指導」は、旧ＨＢから「作業指導」になっていることについて異論を唱える意見もあるが、この「作業指導」ということばは、『教護院運営指針』の中の「2　働く教育」の各論、「イ　働く教育の意義と分野」「ロ　作業指導」「ハ　職業指導」の中に用いられている。

（3）柳田国男に学んだ民俗学者である大藤ゆきは、近代以前の子育ての」ことを「児やらい」（児やらひ、コヤライ、コヤラヒ）ということばを用いて以下のように説明している。「ヤラヒは少なくとも後から追ひ立て又突き出すことでありまして、ちやうど今日の教育といふものゝ、前に立つて引張つて行かうとするのとは、まるで正反對の方法であつたと思われる」（大藤 1944：2）。また、「児やらい」は、親離れだけではなく、大人もまた子離れの準備をしながらそれを受け入れることであるとしている。「子どもの通過していく儀礼を見てくると、段階ごとに、自立させよう、乳ばなれさせようという親の姿勢がみられる。後から追い立てる姿勢で、それは子ばなれでもある」（大藤 1982：196）。

（4）また、元国児学園の小野木義男は、「子どもの背景に目を向けて行くと、家庭や教育環境の被害者である場合が極めて多いことに気付く筈である。その意味において彼は非行少年なのではなく、不幸な少年として捉えるべき」（小野木 1999：14）として、「非幸少年」ということばで表現した。

（5）その後、阿部の文献においては「非行」と「問題行動」とが区別されて表記されているなどの例があるが、その後、「問題行動」ということばが使われた。最近では「子どもの行動上の問題」などといわれている。

（6）第六章注4参照。

第一〇章　教護院の近代化と「ウイズの精神」

はじめに

第Ⅲ部ではこれまで、施設に培われてきた理念・理論が示された主要な文献について、明治時代まで遡り、現在に向かって繙いてきた。本章以降は、これまでの通史的な切り口とはまた別の切り口を以て、施設に培われてきた理念・理論について分析を試みることとする。

第一節　〝二つの方向性〟――「感化」と「近代教護」の分岐点

1.〝教護院消滅の理由〟と治療教育

岩本健一は、「『不良性の除去』という教護院の目的こそ、教護院が消滅に至った本質的な問題性であると考える」（岩本 2003：35）としている。岩本曰く、旧児童福祉法最低基準に定められた「不良性の除去」――「教護院における生活指導、学習指導及び職業指導は、すべて児童の不良性を除くことを目的としなければならない」（第八四条）

――という目的こそが「感化院、少年教護院を通じての理念『独立自営』との訣別であり、不良性の除去のための『治療』を志向したもの」（同：37）に取って変わってしまった、ということである。

岩本は、施設の目的が「独立自営」から「不良性の除去」に変化した背景について、「戦後の特殊な社会情勢を背景に設定されたため」（同：35）としている。戦前は、「親の養育不全から問題行動を起こすに至った子どもを対象」（同：37）としていたのに対して、戦後は「戦争で親を無くした『浮浪児』を対象とした」（同）ことから、「親との関係を問うことはできず、直接子どもの人格改造を目的にした」（同）というのである。このような〝戦後の特殊事情〟で設定された「不良性の除去」という施設目的は、高度経済成長期になると「学校が親に代わって養育機能を発揮していた時代」（同：38）となったため、「その『管理教育』から逸脱する者は、容赦なく『治療教育』の対象」（同）となったことから「教護院の入所児童数がピークを迎える、華やかなりし時」（同）となった。ところが、「学校が養育機能を放棄した九〇年代から、教護院の存在理由を問われだした」（同）、このことが、教護院消滅の理由とは「無関係ではあるまい」（同）としている。

岩本の視点は鋭く、筆者はこれを支持するものである。しかし、一方で少々の疑問も残るのであった。確かに、岩本の指摘する通り、戦後は青木延春や『教護院運営指針』によって「治療教育」が推奨され、それは国立武蔵野学院を中心として実践されていったと考えられる。「治療教育」が推し進められた正にその時代、一九四八（昭和二三）年から一九六五（昭和四〇）年に至り国立武蔵野学院に勤務（その後国立きぬ川学院に勤務）した寮長・戸田森夫[1]によると、「武蔵野時代は兎に角性格の異常を訴えて、治療教育に期待し手を拱いたようで、時々親しかった家近医師に、もっと徹底してやれと助言されたこともありました」（戸田 1994：27）という状態だったようである。

岩本のいうように、この「不良性の除去」を目的とした「治療教育」を推し進めた結果が、〝教護院〟という施設が〝消滅〟したことに大きく影響していることは確かなことであろう。少なくとも――これも岩本が指摘しているように――柏女霊峰らが「施設の閉鎖性や処遇内容（学校教育が未実施など）が時代の要請に合致していないなどの問題」（柏女 1998：164）を〝教護院の消滅〟の理由にすることは、「明らかに九〇年代の大衆消費社会の価値を基盤とするレトリック」（岩本 2003：24）なのだと筆者も考えるからである。なぜならば、「個人の慾望が優先される大衆消費社会にあっては、問題行動を起こした子どもを『規制』する教護院は、その価値観からはどうしても容認できないというのが大前提としてあった」（同：24）のであろうし、また、「教護院が悪いという前提に立つと、処遇から存在理由まですべてのことが『悪い』となってしまう。だが、教護院を利用しなくなった社会状況がすべて『良い』とは言い切れない」（同）と筆者も考えているためである。

岩本の分析は、教護院、という施設が消滅した理由として説得力がある。しかし、筆者がここで着目しておきたいのは、「治療教育」が推し進められた時代にあっても、もう一つの〝流れ〟もまた、途絶えずに継承されたのではないか、ということである。それはつまり〝感化的なもの〟、すなわち、施設の設備及び環境と職員の理念及び実践理論とそしてしくみ及び実践方法とが三位一体となったもの（序章）であり、それは後に児童自立支援施設の時代に入ってもなお認知された〝教護院らしさ〟というものである。

本章では、〝教護〟という理念・実践論が、実際にはどの時点で〝感化的なもの〟から〝治療的なもの〟へと変貌したのか、そして〝感化的なもの〟は、どのような経緯で現代へと受け継がれていったのか、見ていくこととする。

2．環境よりも人が「教護」する

『教護事業六十年』に示された「近代化」目標

それを考える大きな糸口として、『教護院運営要領』発行と『教護院運営指針』発行の間、一九六四（昭和三九）年に編纂された『教護事業六十年』（全国教護協議会編）がある。同書の「第五章　教護事業の課題」に「第二節　教護院運営上の諸問題」「一、近代化と科学性向上」という項目がある。ここには「近代化」した教護院に求められる職員像について以下の通り書かれている。

我々の扱う児童は心理学的或は精神医学的に自我障害、情緒発育不全、パーソナリティ欠陥又は反社会的性格形成、潜在性反社会性等と呼ばれる病気の児童達であるから、単なる愛情や躾などでは充分でない。従って教護院には学識経験共に優秀な職員が多数勤務することが第一要件である。設備や構造も勿論大切であるが治療教育の中心は何よりも人であり、就中、児童と生活を共にする教護、教母である。精神医学者や心理学者の援助は勿論必要であるが、教護、教母こそ中核であることをこの際認識し、それだけの勉強もし、決意を新たにすべきであると思う。

〈全国教護協議会編（1964）『教護事業六十年』全国教護協議会、p. 262。傍点筆者〉

『教護院運営要領』では、「施設全体のふん囲気」ということが重視され、「感情転移と同一化」や「治療教育」という文言が書かれていたとしても、この引用部分のように「設備や構造も勿論大切であるが治療教育の中心は何よりも人であり、就中、児童と生活を共にする教護、教母である」（引用傍点部）ということは書かれてはいなかった。もちろん、寮長が「人柄」重視であった（第六章第二節）ことに違いはないが、それは「人」による「感化」のためであって、環境よりも人が大事ということではなかった。

「近代教護」の〝手引き〟『教護院運営指針』

そこで今一度、このころの教護界で発行された文献を見てみると、『技術編』の編纂の直後、それも翌年の一九五七（昭和三二）年に青木延春の二冊の『非行少年』の内、最初の本である『少年非行　その本態と治療教育』が発行されている。そして先に引用した『教護事業六十年』が一九六四（昭和三九）年の発行、二年後の一九六六（昭和四一）年には機関誌『教護』が『非行問題』に改題され、ロールシャッハ・テスト様の表紙に変更（第一章第二節）された。そして、一九六九（昭和四四）二月二五日に『少年非行の治療教育』が、三月末に『教護院運営指針』が発行されている。[2]

つまり、この一九五七（昭和三二）年から一九六九（昭和四四）年の間に、教護の理念・実践論は、「感化」的な教護から、「治療」を目的とした〝近代教護〟へと変化したものと考えられる。この流れから今一度『教護院運営指針』を見てみると、『教護院運営指針』は正に〝近代教護〟の〝手引き〟といえる。そして『教護院運営指針』における教護とは、教護＝「治療」＋「教育」のうち、「治療」（心理療法部門）と「教育」（学習部門）をそれぞれの専門家に分化し、更には寮長・寮母までも「分化」して、「何もかもを寮舎に持ち込んで、入院から退院までの全教護を、一組の教護と教母が引き受けるというのは、これからのやり方としては避けるべきである」（『指針』：100）としたのであるから、当時主流であった多くの小舎夫婦制の職員たちはその存在意義を失ってしまうことになるだろう。

なによりも、ゲンバの寮長・寮母は実際の子どもたちと暮らしを共にし、心を通わせようとしてきたのである。目の前の子どもに情も移っているであろう、労働環境は決して良いとはいえない中で、『教護院運営指針』のいうように、正に子どもをまるがかえして努力してきたのである。

『教護院運営指針』が職員の間で「小嶋の思い入れに比べると教護界では大きな反響も」（小林 2006：57）なかったことの要因は様々考えられるが、今述べてきたようなことも要因の一つではないだろうか。

3．教護の「近代化」構想とゲンバ

「精神分析」から「生活場面面接」へ

「教護院の近代化」を目指した者たちは、職員（教護）に対して、『治療教育』（児童分析等）を行えるだけの「それだけの勉強もし、決意を新たに」（全国教護協議会編 1964：262）した職員像を求めていたと思われる。しかし、彼らの職員に対する評価は低く、例えば新居浜家庭学園（現えひめ学園）の武田哲夫などは、「心理的精神的な状況を見通しそれに対応する、上手な指導をやって行く能力は極めて低い（中略）、先の指導力、保育力に教護の本質があるのだろうという受け止め方をしている」（全国教護院協議会 1969：11-12）などと述べている。

このような職員を仮に〝従来型の教護〟とすると、彼らは〝近代教護〟の推進論者たちから見ると、「決意を新たに」しようとしないばかりでなく、それどころか科学的な方法（生活場面面接や精神分析等）を「うまく逃げ道具に」（次引用部⑦）使うなどして、ますます従来型の方法を推し進めている。このような「妙に直訳されたご都合主義」（⑦）が蔓延し、そしてそれはモラルの低下まで招いているのに彼らはそれを正そうとしない――このように受け止められていたようである。以下、機関誌『非行問題』掲載の「座談特集」[3]より引用する。

ステテコ教護の感覚

内山　確かに形式で規制される条件はあると思う。これ以外にある形式でたとえば、マカレンコがいっている演技説というか、形式が先行する教護場面は確かにある。だから越中褌いっちょうや腰巻だけでやれる夫婦制はやはりつぶす必要がある（❶）。

武田　だから私は堕落だと言うのだ（❷）。職員が朝会にやって来るのに下駄はいて来る、ツッカケでやってきたり、シャツ一枚で平気な顔してやってくる。この感覚に馴れてしまうと大事な時や場面でもやっぱりそれでやって来る（❸）。（中略）つまり職業倫理という面からは何かピッタリ来ないものがあり、これを突かれるのだ。

内山　青木先生がさりげない人間関係なんて言われると、ジャンパーでもステテコでもさりげなく行けるんだと都合よくこれを前提にしてしまう（❹）。ところが越中褌やステテコでかゝわりを持つときは、それこそおのづから別の場面だと思う。場面面接の約束を自己流に直訳してしまう危険がある（❺）。

青木　その危険が多分にあるネ。

武田　そうだ、例えば授業を見て巡ると大学の先生が講義しているようで、教卓に腰を掛けたり、後を向いて黒板に字を書いたりしている教護が生まれる。そして彼等は授業なんか教護活動のほんの僅かのウエイトしかしめないと言い切る。自分の態度が如何に子どもに影響しているかという点にまで考えが及ばないのだ。

内山　場面場面に応じた生活背景を設定するという演出能力も演技能力も喪失して、くわえタバコにステテコいっちょうで人間形成ができ、相手のパーソナリティに結びつけることができるのだ（❻）。という妙に直訳されたご都合主義（❼）が寮舎の中にはびこってしまうと、どうにも手のつけようがなくなる生活集団になってしまう。

武田　家庭生活の延長を教室の中に持ち込み、また感情の転移とか同一化と言うのが、そういう論理までうまく逃げ道具に使われる（❽）。

青木　世の中の常識からみれば、これは常識はずれなことになるが、結局は閉鎖社会の中に閉じこもるということだろう。確かに習慣は恐ろしいが、それぞれがその場面にふさわしい服装をするのが常識なのだ。結局、それが出来ないのは世の中のことを知らない（❾）んだネ。

武田　いや知っていて、それをしないところに教護の独自性があるのだというふしがある。

青木　その時その場に応じて適切なる服装なり行動なりがとれたらよいのだが、要するに教護院の職員を世の中に出し、現実にぶっつけさす必要がある。

〈全国教護院協議会（1969）「教護院が当面する問題点の追求——主体性は果たして喪失したのか」『非行問題』一五七、p. 14。傍線、括弧内筆者。〉

この会話の中から、彼らが理念・理論を曲解している、としている部分を抜き出すと次のようになる。

青木が「さりげない人間関係」(❹)と記した文献が見つけられなかったので、確証はないのであるが、文脈から「生活場面面接」のことではないかと思われる。また、「この感覚に馴れてしまうと大事な時や場面でもやっぱりそれでやって来る」(❸)の「場面でも」もまた、「生活場面面接」を指すと考えられる。

少なくとも、❻は「生活場面面接」について「自己流に直訳して」(❺)いるとされる例、⑧は「感情転移と同一化」を「うまく逃げ道具に」(❽)にしているとされた例であろう。

生活場面面接とは、フレッツ・レドルの「生活場面面接」であり、青木はこれを機関誌『教護』で「文献紹介　レドルの生活場面面接について」という題で連載している。生活場面面接については、以下徳地昭男の『こどもと共に……「生活場面面接」』から引用する、同書は「第一章は青木延春先生の教護理論・教護哲学の基本的な考え方を、第二章はフリッツ・レドルの『生活場面面接』の翻訳を、第三章は施設現場における『生活場面面接』の具体的な面接方法を記載した」(徳地 2009：はじめに)ものであり、引用箇所は第一章のものである。

(8) 生活場面面接

収容施設に最適の精神療法は生活場面面接(辺縁面接)である。施設では24時間起居を共にしているので、時、場所を約束して行う普通の面接ではなく、もっと適切な面接があるはずである。すなわち児童が起こした問題行為と直接関連する時と場所が面接に最適であることは云う迄もない。又その面接は型にはまったものではなく、随時、彼等の生活の周辺で気楽に行われるものでなければならない。又非行少年の大多数は精神神経症ではなく、反社会的性格形成であるから、自我支持的かつ強化的であることが絶対条件である。普通の個別的精神療法も自我支持、強化が目的であることは同じであるが、その方法において格段と相違する。生活場面面接を初めて提唱したのはレドルであって、彼の説によれば、この面接はいわゆる精神分析的面接の下位につくものではなく、全く同じ位重要であり（i）、その賢明な、正確な処置は臨床的に極めて大きい価値がある（ii）。又この面接は狭義の治療者 therapist 以外の人々、例えば児童の生活の場にある人々、生活指導に当たる寮長寮母、教室での教師、作業場における指導員等によって行われても大きな効果がある。むしろその様々な人々が主としてこの面接に当たっており、又その方が望ましい（iii）。レドルが当初辺縁面接と呼んでいたのは、スタッフの仕事にとって辺縁であり、又児童の生活から見ても辺縁であると感じた為であるが、それは何か価値低きもの、本質的でないものと云う響きを多くの人に与えるマイナス面があるのでこの様に名称を変更したと云う事である。

〈徳地昭男（2009）『こどもと共に……「生活場面面接」』、pp. 22-23。傍線、括弧内筆者。〉

この「生活場面面接」の説明を見ると、これは「精神分析的面接の下位につくものではなく、全く同じ位重要であり」（i）、しかも正確に行えば「極めて大きい価値」（ii）があることで、そしてその担い手は「治療者 therapist 以外の人々」（iii）、つまり「生活指導に当たる寮長寮母、教室での教師、作業場における指導員等によって行われても大きな効果がある」（iii）というものであった。

〝近代教護〟の柱である「治療教育」が、「精神分析」から「生活場面面接」へと変化していることが読み取れる。しかし、ゲンバの〝従来型〟の職員たちは、この「生活場面面接」を含む「近代的な教護」＝「治療教育」について、「自己流に直訳」（❺）したり、あるいは「うまく逃げ道具に」（❽）して、それを実践しようとしない――内山、武田、青木らにはそのように映っていたようである。

夫婦制廃止論へ

一方、〝従来型の教護〟を支えていたのは、石原の教護理念・実践論であると〝近代教護〟推進論者たちには考えられていたようである。先の「座談特集」から引用した部分よりも前に交わされていた会話が次である。

内山　やはり教護院の夫婦制一枚看板みたいのをもっと洗い込む必要を感じる(❿)。もっと体系分類なり指導者のパーソナルを踏まえてのグループ編成など、そういう仕組みの教護院が必要(⓫)だと思う。

武田　そのためには教護院の中にある請負い制度的な雰囲気が一掃されてしまわねば駄目だ(⓬)。そうでないと担当した子どもは勿論のこと寮舎の周辺の土地まですべて自分が開拓したんだというような閉鎖性が出て来て、職業人根性でなく百姓根性になってくる。これがいわゆる行政官が来たとき鼻持ちならないようだ(⓭)。だがこの理論を支えていたのも多少あったと思う(⓮)。例えば監査で誰れかが来たので先生方に集まってくれと言ったら、自分の子どもをおぶってくる教母がいた(⓯)。監査官はたまげて、あれなんだと言う(⓰)、するとその先生は教母とはかくなるものなんだと。石原先生によると教母は家の仕事を一生懸命にしていたら、それが教護を支え、それがはねかえって子どもの教護になるのだと言う(⓱)。そして教護、教母とはこういう特殊なものなんだと一生懸命に説明する。そして結局行政官はこれではいけない、職場の規律もなにもあったものではないと言う(⓲)。

〈『非行問題』編集部（1969）「教護院が当面する問題点の追求——主体性は果たして喪失したのか」『非行問題』一五七、p. 13。傍線、括弧内筆者。〉

武田の発言、「だがこの理論を支えていたのも多少あったと思う」(⓮)というものは、おそらく、「石原先生によると教母は家の仕事を一生懸命にしていたら、それが教護を支え、それがはねかえって子どもの教護になる」(⓱)という、石原登の考え方を指しているものと思われる。

このような〝従来型の教護〟の姿は、近代的な教護院――「体系分類なり指導者のパーソナルを踏まえてのグループ編成など、そういう仕組みの教護院」(⓫)――が必要と考えている内山や、武田、青木らにとっては、相容れない職員像であり、また一方で、戦前の職員像――「出張のときも県立だから県費を使うわけですが、大切な県のお金だから使わないようにと、出張旅費は請求せず、山でもどこでも野宿しました」(鈴木・勝山編 2001：225)――とも異なるものであった。というような、当時の職員に比べたら、養成所ができたこともあり、大学を卒業した後に養成所に進み、他の職種を一切経験せずに教護院に就職してそのまま「一国一城の主」といわれる夫婦制の寮長になる……このような職員が増えてきた時期と重なっていたのかもしれない。

このような〝従来型の教護〟の態度は、行政官に「鼻持ちならない」(⓭)とされたり、監査官に「職場の規律もなにもあったものではない」(⓲)と思われたりしてしまうと武田は指摘している。彼らの〝従来型教護〟への批判は、「堕落だというのだ」(❷)、「世の中のことを知らない」(❾)というものから、「夫婦制はやはりつぶす必要がある」(❶)、「夫婦制一枚看板みたいのをもっと洗い込む必要を感じる」(❿)、「そのためには教護院の中にある請負制度的な雰囲気が一掃されてしまわねば駄目だ」(⓬)というような、〝小舎夫婦制廃止論〟へとなっていったようである。

4．石原登の理念・実践論

青木延春と石原登

青木と石原は正にその時代の双璧を為す「教護理念・理論」を打ち立てた人物であったといってよいであろう。先に、青木が養成所で講義したことを述べたが、石原が受け持った科目は「教護技術」や「教護技術一般」など、中核となる講義であり、また、受け持つ時間も多く、「養成所の授業は石原先生が中心だった[4]」ということである。養成所における講師・石原について戸田は以下のように述べている。

戦後、児童福祉法下になってからの教護院を語ると、何と申しましても武蔵野学院が教護界のメッカ（①）ですから青木先生と石原先生の教護研究の差異をあげねばなりません。単純には精神医学者と哲学者の見解の相違で、養成所の若い我々には精神医学はなかなか取っかかり難しかったし、石原先生の講義は何か魔術の如く理解させられてしまうようでした。運営要領基礎篇に関しましては、石原、伊佐両先生が厚生省辻村教護官（後文部省特殊教育研究所長）と二年近く検討し発刊した教護院のバイブルで、青木先生も推薦されてました。そして、心の接触（石原先生流魔術的表現）を感情転移という医学的用語で解釈されたのですが、それに伴う同一化となりますと凡人教護には、なかなか立入れない聖域だったように思います。こんな状況下にきぬ川学院が設立されました。

お二方は、やはり教護界が生んだ異色の二極化した巨頭で、養成所卒業生にとって雲の上の人でした。

〈戸田森夫（1994）「教護院懐古」『非行問題』二〇〇、pp. 28–29。傍点著者。〉

筆者が国立武蔵野学院の元職員に聴き取ったところでは、《青木先生は医者で石原先生はゲンバの人》と表現していた。そして青木は当時、「青木天皇」と称されるほど、権威ある存在だったという。青木が地方へ出向いた際などは、「青木先生歓迎」の旗を振って職員が駅へ出迎えに並んだというエピソードを先輩から聴いたと語っていた。そして国立武蔵野学院での青木は、《普段は自室に閉じこもって英語の文献の翻訳ばかりしていた》ということである（二〇一四年一二月）。

「二つの方向性」

このように、「教護院の近代化」を象徴する「治療教育」の理念・理論は昭和三〇年代から四〇年代初頭（一九五七年〜一九六九年ごろ）にかけて提唱され、そしてその理念・理論は「教護界のメッカ」（戸田 1994：28）である国立武蔵野学院、あるいは養成所を中心に推し進められたと考えられる。また、そのころの国立武蔵野学院では、寮長経験を積んだ寮長が地方の公立施設の施設長になるなど、人材も送り出していた。

しかし一方で、〝従来型教護〟の実践もパラレルに発展していたと考えられる。青木が国立武蔵野学院長として着任した一九四六（昭和二一）年ごろの『教護』には、石原の「二つの方向性」が巻頭掲載されている。これは「教護の近代化」に対する石原登の理念・実践論が明確に述べられているため、以下に引用する。

18　二つの方向

三型以上の児童の教護では、教える、とか指導する、治療するというようなことは第二義的で、発育の不全の情性（情緒を放出する人間性）を育てることが基本だと私は考えております。それがためには家族関係とか、恋愛とかに似た原始的人間関係による他はない（ⅰ）ようです。全国教護院の八五％が採用している夫婦制が、いろ〳〵いわれながらもなかなかくずれない理由の一つもそこにあるようです。

これに対しそんな原始的方法に頼らず、通勤制、交替制などの普通の勤務形態（ⅱ）にすべきだという意見があることは周知の通りです。

この二つの方向性のどちらを選ぶべきかは、各自の考え方や、対象児童の質等によって決めるべきことで、どちらを採るべきだということは今のところいえないと思います。しかし、教護院を運営する以上、その教護院としてはどちらかにハッキリ態度をきめる必要があるので、教護院側の理念がハッキリしないと、従事職員も行動が不徹底になり、監督官庁や関係機関を迷わせ、結局教護院自体が困ることになります。ですから、

①夫婦制を採るならば、八時間制にすべきだとか二四時間勤務だから給料を三倍よこせなどといわず、この原始的で未分化な形の教護そのものの中に、楽しみと生き甲斐を見出すべき（iii）で、この基本をくずさない範囲内で勤務の合理化や、精神的開放を図る他はない（iv）し、

②勤務を合理化して普通の常識的で教護効果が上がるよう努力すればよいので、その労働が普通の教育方法、治療方法や非行管理だけに終わって、あんまり興味がないものであってもやむを得ないと思うのです（v）。

念のため一つ述べておきたいことがあります。日本式夫婦制は古い教護形態だという人がありますが、それは欧米の方法は何でも日本のものより新しいと考えている欧米迷信です。

日本式夫婦制は日本だけで発達した独特の形態で、欧米のどこの教護院でも古くから試みられたところはありません。近ごろやっとこれと似たようなことが試みはじめられているようですが。

それにしても国家的権威のある教護技術の研究記録がほしい（vi）ですね。通勤制や交替制は古く感化院時代から全国的に実施せられ、それが現在の夫婦制に移行してきたのですが、その経過の分析の権威ある記録がないためにまた同じ失敗が繰り返され、何十年を空費するのが残念です。

〈石原登（1954）「二つの方向」『教護』一二二、pp. 50–51。傍線、括弧内筆者、なお引用にあたっては、「石原　登先生の思い出」編さん委員会（1986）『石原登先生の思い出――残された言葉』を使用した。〉

簡単に補足すると、情性の発達（i）ということは石原が繰り返し述べていたものである（これまでも取り上げてきたのでここでは省略する）が、これが石原の基本的な理念・実践論になっている。

次に「通勤制、交替制」（ii）というのは、現在は交替制というと通勤交替制のことを指すようになったが、当時は住み込みで交替制という施設があったのでこのような区分になっていると思われる（現在は、住み込みというと小舎

夫婦制が主流になり、小舎夫婦制以外の住み込みは、併立制を取る施設など一部の施設である)。

「この原始的で未分化な形の教護そのものの中に、楽しみと生き甲斐を見出すべき」(ⅲ)、「この基本をくずさない範囲内で勤務の合理化や、精神的開放を図る他はない」(ⅳ)、これは夫婦制職員の休暇に関わるものである。現在の夫婦制の休暇の取り方は、大きく分けてⅠ．分散方式、Ⅱ．特別寮方式、Ⅲ．代替職員方式があり(第Ⅰ部第二章)、現在はⅡ．特別寮方式が主流のようである。ところが、当時はまだ職員の休暇は保障されておらず、「私たち寮長にとっては何とか休暇をとり家族団欒を得ることは夢でした」(戸田 1990：26)という状態であった。それで国立武蔵野学院ではⅠ．分散方式による休暇――といってもこれは「自寮の生徒を他寮に分散させて一日八時間面倒を見てもらうことにした」(同)とあるように、〝泊なし〟の、実際には〝〇・五日休〟状態(第Ⅳ部第七章)と思われる――が決定したのであるが、その休暇を導入する際、石原は激怒した――「教務課職員室に怒鳴り込んでこられ、先生には珍しく興奮されて分散の不合理をいわれ反対されましたが、寮長会決定の主張に問答無用と唇をふるわせ乍らお前たちと口もききたくないと、出ていかれた」(同)――ということである。このように、職員の休暇を巡っては、「石原先生は大反対でしたが、さりとて、これに代る他の休暇対策はなく、当時若い寮長に相当の反感が生まれました」(同)ということになったようである。

また、文中、「あんまり興味がないものであってもやむを得ないと思うのです」(ⅴ)、これは、職員のモチベーションと考えられる。例えば、「かつて(中略)中舎制、大舎制への施設改善と共に勤務も交替システムに切替えて、やがて児童不在、あたら有能なる職員の意欲、生き甲斐を失って散っていった幾つかの教護院のあることを私は知っていました」(辻 1990：49)というようなことがいわれている。筆者の聴き取りにおいても、交替制の業務宿直が夜勤制に代わったときに「病んでしまった」職員の例(第Ⅳ部第一章)や、長く普通寮を担当していた寮長が特別寮に移ったとき、《やりがいはないね》と語っていた例(第Ⅳ部第五章)なども同様であろう。また、多くの寮長が自身の〝引退〟について、退職ではなく、普通寮の寮長を降りたときと認識していた(第Ⅳ部第五章)ことを考え合わせると、施設の運営方針が、夫婦制から通勤交替制に変わったときの職員の喪失感は大変なものだったのではないだろうか。

5. きぬ川学院創設と石原登

石原の「きぬ川方式」

そしてこの「二つの方向性」は、理念・理論の相違だけではなく、実践の場においても「二つの方向性」に分岐することになった。

戸田森夫は当時、国立武蔵野学院が「治療教育」にかなりの期待をもってそれを実践していたこと、一方、石原は「情性」の発育を訴え、その考えを支持する職員によってスタートを切ったことを記している。

国立きぬ川学院の創設、そして石原の院長就任は、石原の『十代の危機』が発行された翌年、一九六一年（昭和三六）年であった。そこは正に〝石原のめざす教護院〟――「私のめざす教護院」、「私が考えている教護院」（第七章）――の実践の場だったのであろう。

石原先生は教護とは「情性」の発育を図ることだ、ときぬ川学院の方針として打ち出され、情性が発育すれば非行問題の大部分は解消される、といわれました。（中略）

（中略）

情性が発育するのに適した教護院というのは、ケースワーカーやセラピストである職員が児童を教育したり、治療したりするというのでなくて、その中で生活すれば誰でも自然に情性が成長するような人的物的雰囲気の環境であることが必要である。言いかえれば、一般の教護院は児童の教護を直接担当する職員がいろんな方法によって教護すると考えられているが、それよりもむしろ、その中に生活する全職員・家族・入所している児童及び物的環境設備等全部が醸し出す雰囲気が栄養や刺戟となって児童の情性を育てることを重視する。
そして職員の心得として
（中略）
等を云われ、幸いきぬ川学院の創設からでしたから（石原）先生のもと一丸となって精励し、今日のきぬ川学院に継承されたものと思われます。

〈戸田森夫（1994）「教護院懐古」『非行問題』二〇〇、pp. 27–28。括弧内筆者。〉

以下に引用したのは『石原登先生の思い出』に収録されている石原の講演の内容である。見出しは「きぬ川小舎制」とされ、「一　基本的な考え方」は、これまで述べてきた石原の「情性」の育みを中心とした内容である。「二　寮舎の勤務」には、「備考」として寮母の具体的な仕事の例が挙げられており、その中には「食事に心をいれる」という項目もある。「三　気をつけたいこと」の内容は『教護院運営要領』の内容と重複する部分があるが、より明確に寮長・寮母の職務について書かれている。「四　その他」は次の項目で取り上げる。その他、最後に「参考（教護院運営要領技術編抜粋）」として「第一章心の接触」が引用されている。

このような石原のきぬ川学院における理念・実践論について、「石原登先生の思い出」編さん委員会の世話人代表である村上松五郎は、次のように賞讃している。「先生はこのきぬ川学院を、かねてより目ざしてきた近代的な教護院として建設されるとともに、いわゆる『きぬ川方式』ともいわれる独創的な指導理念を打ち樹てられ、これを学院の職員とともに実践し、名実ともに学院不動の伝統を築きあげられたのであります」（「石原登先生の思い出」編さん委員会 1986 : 10）。

講演メモ（二）

きぬ川小舎制

一　基本的な考え方

1　個人の教育力とか治療力よりもはるかに強力な集団の強化力によって、個々の児童の心身（身体、情性、行動力、知能）の健全な発育を図るという本学院の方針に従い、寮舎はこの単位的役割を受け持つ。

2　集団が好ましい人間関係や、生活態度、習慣等の雰囲気を持ち、これがますます成長してゆけば、この中の児童は自然に教化されるので、一般に行われている教育や治療の方法は、すべてその教化の中に含まれている様な雰囲気の醸成を目指す。

3　情性発育の第二段階（家族関係）、第三段階（仲間関係）の正常な実現が望ましいので、集団構成は、等質集団でなく、年齢、能力、性格等が多様であった方がよい。

4　職員の家族も、集団の雰囲気に寄与することが望ましいので、普通の夫婦制、すなわち、「ただ夫婦が職員として勤務する」というのとは少し違う。

二　寮舎の勤務（以下、中見出しのみ引用、小見出しは省略）

（一）消極面

（二）積極面

（三）具体的な仕事

三　気をつけたいこと。

1　興奮しないこと、あせらないこと
2　寮長、寮母が等質の役割をするのではなく、骨と肉の如く、男性的言動・態度、女性的感覚・態度という特性を生かし、協力して一体となることが必要で、二人並んでしかるようなことはよくない。
3　命令が二途に出てはならない。
4　児童の中傷等に振り回されてはならない（この失敗は大変多い）。
5　児童の悪口を、他につげることは望ましくない。
6　児童の欠点を見、これが次第に少なくなっていくのを見るやり方よりも、児童は全部欠点だらけのものと考え、少しでも美点を見つけたとき、改善した点を発見して楽しむ方がらくである。
7　口やかましいのはいけない。
8　潔癖も度をすぎてはいけない。
9　児童にこびてはいけない。
10　朝からしからない。夕方寂しがらせない。
11　教育は物や形ではない。心だから、無言の教育が大切である。

四　その他

1　責任を持つということが、教育効果の半分を占める。交代制《ママ》で教育がうまくいかないのは、それが大きな原因である。
2　二十四時間児童と一緒にいるからといって、二十四時間勤務だなどと考えたり、いったりするのはおかしい。
3　勤務の苦しさを強調して待遇の向上を図ろうとするのは愚である。未熟なときほど、苦しさが大きいからである。

4　寮舎間の距離は近すぎると、争いその他の問題を起こしやすい。(5)
5　寮舎を、わが家として愛する心は、社会を愛する心（非行をきらう心）と通ずる。
6　寮舎はきりの先のようなものであり、それは重要な部分ではあるが、教護院の機能の全部ではない。

参考（教護院運営要領技術編）
第一章心の接触
（略）

〈「石原登先生の思い出」編さん委員会（1986）『石原登先生の思い出――残された言葉』「石原登先生の思い出」編さん委員会、pp. 88-93。〉

厳しい労働条件と高い理念

先に引用した石原の「きぬ川小舎制」の「四　その他」の項目は、主として職員の心構え等を述べたものであり、これらの条件は、職員の職務が高度な技術、高い理念を要するものであることがわかる。

「1　責任を持つ」ということについて石原は、「寮運営にも寮長独自の運用を望まれ」（戸田 1994：27）たという通り、寮長にはそれなりの権限を与えていたものと考えられるので、それを前提にしたものだと思われる。このような権限と責任は寮運営を柔軟に行える、職員のやる気に繋がるなどの利点が考えられる。しかし反面、場合によっては「寮長に責任を全部押しつけられる」ことにも繋がる可能性がある。筆者の聴き取りでは――これはきぬ川学院の職員からのものではないが――ムガイの責任を寮長ばかりに押しつけられることから、あまりにバカらしいと夫婦制を廃止して交替制にした例（第Ⅳ部第四章）があった。

2、3の内容は、一般の勤め人と同じような労働条件を望むべからず、といった様相を呈している。[6] 職員の休暇について、国立武蔵野学院では、「石原先生は大反対でしたが、さりとて、これに代る他の休暇対策は無く」（戸田 1994：26）、結局「自寮の生徒を他寮に分散させて一日八時間面倒を見てもらうことにした」（同）が、きぬ川学院では「定期的なものでなく、隣寮の寮長に依頼して短時間の休暇をとってました」（同：26）とある通り、当時のきぬ川学院の職員には日単位での休暇はなかったものと思われる。

確かに、寮舎運営が上手く行って毎日が楽しく自然に過ごせているときには、休暇が要らないと感じることもあるようだ。しかし、寮舎運営はそのような時ばかりとは限らない。この要件では、「未熟である」間はまったく休暇が取れないことになり、これは対人援助を行う上で大きなリスクであろう。寮舎運営が上手く行っていない時、石原は「英気を養ってこいと家族で帰省させたり、思いきったことを許可されたりもしました」[7]（戸田 1994：27）ということであるが、それは裏を返せば、職員家族が限界まで頑張ることが前提になっているようにも思われる。

「一　基本的な考え方」の「4　職員の家族も、集団の雰囲気に寄与することが望ましいので、普通の夫婦制、すなわち、『ただ夫婦が職員として勤務する』というのとは少し違う」という項目は、共に施設内に住まい、そこに村社会に似た集団を形成する、ということを指すと考えられるが、このことは一方で、職員家族にも負担を強いる場合があるということがある。特に負担を強いるということではなくても、例えば実子が思春期のときに友だちを連れてこられない、あるいは寮舎に併設した住まいを厭う、というような例があった（第Ⅰ部第二章）。

このような過酷な労働条件と高い職業意識を保つために「足の裏の哲学」（第一章注1）ということばが職員の〝美徳〟を象徴するものとして職員に受け入れられたのかもしれない。

「公教育導入」に反対

石原はまた、職員・関係者がいうところの「公教育導入」に対して強く反対した人物としても知られる。以下は石原が一九六五（昭和四〇）年に発表した「学習問題私見」から一部引用したものである。この時代の日本は、高等学校への進学率が七割を超え、受験戦争と呼ばれる時代が到来していた。石原はそのような世相と学校とを鋭く批判し、もはや文科省下の学校は子どもたちに学ぶ喜びを伝えられておらず、教護院までがそれを真似ることはないと訴えているのである。

> 学習は生物界で人類のみが知っている大きな喜びで、食性《ママ》の本能に比べて勝るとも劣らない人間的欲求です。ところが現在のような学校教育でそういう学習の喜びを感得することができるでしょうか。現状では学習とは入試のための道具であって、知り或は考える喜びではありません。（中略）
>
> この歪んだ学習形態が劣等感を醸成し、集団性（情性）の発育を阻止し、青少年を非行にかりたてているのです。
>
> 私は現在の学校教育のあり方が、この空前の非行少年ブームの大きな淵源の一つであるといっても過言ではないと信じております。
>
> さて教護院の先生方は、この異常な教育の様相をどう考えておられますか。近頃教護界の学習問題ブームを見ていますと、何か教護院が、この異常な教育様相に追随しなければ時代遅れだと一生懸命この学校様式を追いかけておられるように感ぜられるのは私の誤認でしょうか。
>
> 教護児童たちが、こんな教育方法で幸福になれるとお考えになっておられるのでしょうか。教護児童の中には普通知能であっても、教科嫌いの児童や、学習劣等感のものが多いことはご承知の通りですが、その責任の大部分は、今の学習形式にあるとはいえないでしょうか。
>
> だとすれば、「こんな児童に誰がした?」です。教護院までがなぜこんな形式をまねなければならないのですか（筆者注、この段落は字下げされておらず）。

これで教護児童に学習の喜びを覚えさせることができると思っておられるのでしょうか。（中略）ついでですが、受験準備が絶対に必要だと考えている進学児童でも、教護院で個別指導が徹底すれば、強制注入の必要はないと考えております。

法四十八条を改正しろというような声を聞きます。何の必要があってこの法を改正しなければならないのでしょうか。法的にガッチリ規定してもらって、自縄自縛となり、教育委員会の監督下におかれ、学校同様の形式をとらなければならなくなってもかまわないのですか。私は四十八条は稀に見るすばらしい名法文だと考えております。教育基本法に準拠する限り、教護院の教育活動に大きな自由を認め、しかも学校長と同価値の証明書を出し得るというのですから、われわれにとってこんな都合のいい法律はないではありませんか。（中略）私は教護院には教護院でなければできない使命と方とがあると思います。（中略）法を改正して学校教育に追いつけなんというのは、自ら教護院の価値を見くびったもので、あまりにみじめだと思いませんか。「準ずる」も学校以下に準ずるのでなくて、学校以上に準ずると考えられませんか。もちろん謙虚な態度で少なくとも学習に関する限り、専門職たる学校や教職員に多々学ばなければならないのは当然ですが。毒舌をお許し下さい。

〈石原登（1965）「学習問題私見」『教護』一四四、pp. 24-25, 23。傍点、括弧内筆者、なお、引用頁数がpp. 23-25 となっていないのは、同雑面の編集上、「学主問題私見」の掲載が二四頁から始まり二五頁と続き、その続きが二三頁末に掲載されているためである。〉

このような石原の発言は当時の教護界に大きく影響したと考えられる。なお、「公教育導入」及び学籍問題については、すでに第Ⅱ部で述べてきたため、ここでは省略するが、結果として、石原が「学校長と同価値の証明書を出し得る」（引用傍点部）とした「証明書」は、結局、学歴社会の中にあって、当時の児童福祉法第四十八条第二項が定めたように、「各学校長の長が授与する卒業証明その他の証明と同一の効力を有する」というような「効力」を有するには至らなかった。それどころか、「教護院出身の肩書きが少年の社会生活上決してプラスにならないことから、きわめて例外的なケースを除いては、これまで在籍していた小中学校より卒業証書が発行され」（花島 1994：52）ることになったのである。

一方、学校の方は学校の方で「児童を教護院に預けた段階で、もう帰って来ないものと考えてしまう傾向さえあるように思えてならない」（花島 1980：93）というような状態であり、学校と施設との連携が取れず、「時として教護院入所の学籍がなくなってしまったり、また卒業証書が出されなかったりする」（同：53）などの、いわゆる「学籍問題」を招く一因となったと考えられる。

6．再び「独立自営」へ

「治療教育」理念の実際

一方の「治療教育」の実際はどのようであったのだろうか、戸田（以下に引用）によると、特に国立武蔵野学院では「治療教育に期待し」（④）たが、しかし結果は「手を拱いたようで」（④）と、実際には「社会の発展多様化に伴う新しい型の非行」（②）や「社会変革につれ非行の種類も多様化」（⑤）に対する「治療教育」（岩本のいうところの「狭義」の「治療教育」）が容易ではなかったことが記されている。

そして、「果たして科学的に治療教育の技術が如何程発達したのでしょうか」（③）、「治療教育論にふりまわされたように思います」（①）とかつての「治療教育」について懐古している。また一方で、「治療教育論が盛んに叫ばれるのは当然でしたが、逆に教護技術というものは低下したように思います」（⑥）とも述べている。

この「二つの方向性」は実践の場面では国立武蔵野学院と国立きぬ川学院において昭和三〇年代から四〇年代にかけてそれぞれ象徴的に実践されたが、多くの地方の公立施設では「精神分析」的なアプローチや「生活場面面接」は滲透しなかったと考えられる。なお国立武蔵野学院からの地方施設への人材輩出は、昭和四〇年代を最後にその後行われなくなったということである。(8)

昭和四十年代になり、教護技術論が叫ばれて、内容的発達もかなり遂げ研究発表も次々出るようになりましたが、治療教育論にふりまわされたように思います（①）。勿論、科学的教護技術の向上は、社会の発展多様化に伴う新しい型の非行が生まれ当然の如く要求されてきました（②）が、果して科学的に治療教育の技術が如何程発達したのでしょうか（③）。そんな治療教育論を石原先生は如何に思われていたのでしょうか。
退職して十年、老化した今だからこんなことも言えるのかも知れませんが、武蔵野でも、きぬ川でも生徒には随分泣かされました。きぬ川では石原先生の前ですから、余り性格異常という表現は使用しないよう遠慮していましたが、武蔵野（戸田の前の勤務施設）時代は兎に角性格の異常を訴えて、治療教育に期待し手に拱いていたようで（④）、時々親しかった家近医師に、もっと徹底してやれと助言されたこともありましたが、社会変革につれ非行の種類も多様化し教護の難しい時代になり（⑤）、治療教育論が盛んに叫ばれるのは当然でしたが、逆に教護技術というものは低下したように思います（⑥）。山内一郎先生のおっしゃる、所謂教護の腕が落ちた者ばかりになったのでしょう。

〈戸田森夫（1994）「教護院懐古」『非行問題』二〇〇、pp. 27-28。傍線、括弧内筆者。〉

なお、今日の養成所における「治療教育」の講義について、現在、小舎夫婦制寮の寮母を務めるA職員（養成所卒業生）にたずねたところ、以下の通りであった。

武　：養成所の講義で「治療教育」みたいな内容のものはありましたか。
A職員：治療教育？　あー、富田先生がやってたかなー、環境療法みたいな、そんな感じだった。
武　：……それは知識としてって感じの（講義）？
A職員：知識として……うん、知識としてこの（児童自立支援施設の）システム、このパターンをトレーニング的に続けていく、みたいな……
武　：なるほど、確かに環境療法的……
A職員：「そのままでいいよ」みたいな、（最近でも）研修会で（富田先生が）講義してくれて、夫婦制が一番シンプルで、発達障がいの子とかは（特に）人間関係が（夫婦制は）シンプルだから、（心理治療とかそういうことではなく、夫婦制でやってることを）そのまま続ければって……

（二〇一四年一二月、ホ学園、A職員）

「富田先生」とは国立武蔵野学院医務課長・富田拓のことであり、養成所では、青木延春以降、同学院医務課の職員が代々養成所の「治療教育」及びそれに関係する講義を行っていると考えられる。富田の「児童自立支援施設――そこで何が行われているのか」には確かに児童自立支援施設の営みを「環境療法」と位置づけている。富田の考えでは、「環境療法」は中心になるものであり、その他の心理療法や精神医学的治療は「あくまで補助的なものと考えている」（引用傍点部）ということである。

武蔵野学院では院章（院のマーク、学校の校章にあたるもの）に植物の麻とヨモギの葉があしらわれているが、これは荀子「勧学」の中の「蓬生麻中不扶自直（麻中の蓬扶（たす）けずして自ずから直し）[9]」からとられているという。これは、本来蓬は柔弱な曲がりやすい草木であるが、まっすぐな茎に育つ麻畑の中に生えた蓬は、麻の生育に同化して、自然とまっすぐにそだつものである、という意である。(＊1) これは、非行少年の処遇に当たって、非行行為そのものを扱って矯めようとするのではなく、(今の言葉でいえば) 環境療法をとる、という明確な意見表明といえる。この最初の立地点は今もほぼ変わっていない。

環境療法とは、精神医学の概念で、「施設の環境の改善や組織化を通して対象に治療的に働きかける方法」とされる。(＊2) 児童自立支援施設でも、その他の心理治療法や精神医学的治療も行われてはいるが、中心になるのはやはり環境療法である。これは、精神科医と心理療法士が常駐する武蔵野学院においても同じであり、その他の療法等はあくまで補助的なものと考えている。

(＊1) 国立武蔵野学院七十年誌。一九九〇

(＊2) 加藤正明他編：新版精神医学事典。弘文堂、一九九三

〈富田拓 (2005：58)「児童自立支援施設――そこで何がおこなわれているのか」『犯罪と非行』一四三、p.58。傍線筆者。〉

国立武蔵野学院における作業指導

以下は、教護院時代の後半、一九九〇 (平成二) 年発行された『国立武蔵野学院七十年史』の「第五節　職業指導」「3．指導の実際」の項目である。これによると、当時の国立武蔵野学院では、「作業指導」を「治療教育」という位置づけではなく、基本的に感化院時代の「実科教育とは職業的並びに予備的教育を授くるを主眼とすれども兼て勤労労作の習慣を養成するを目的」(②) を引用し、「現在のそれとの間に本質的な違いは無い」(③) としている。

このことはつまり、国立武蔵野学院における「治療教育」は、少なくとも一九九〇年ごろの「作業指導」において

は、「人格の根本改造」を目指す「治療教育」(第八章第二節)ではなく、感化院時代の「独立自営」のための実科、と謳っているのである。

注目すべきは「職業指導の理念は、歴史的な推移の過程で、『生活体験学習』『治療教育』或いは、『生活場面面接』等の説明によって、多用に肉付けされてきてはいる(①)という点である。つまり「作業指導」はかつて、「治療教育」や「生活場面面接」というようなことばで「説明」されてきた、というものである。

国立武蔵野学院では、医務課があり、医師や心理士による「治療教育」(岩本のいう「狭義の治療教育」)も一方では行われていると考えられる。しかし、「作業指導」に当たる職員は、「治療教育」ではないということになる。

3．指導の実際

序説において述べられた職業指導の理念は、歴史的な推移の過程で、「生活体験学習」「治療教育」或いは、「生活場面面接」等の説明によって、多用に肉付けされてきてはいる(①)ものの、現在本院で行われている労作活動の説明要旨として、一九一九年創立当時の要覧に述べられている「本院に於いては毎午後三時間実務教育を授く。入院後若干月は一様に農業を課し其後生徒の性質により農業(一般農業園芸及園芸)、木工(家具及玩具制作)及ミシンの三科に分ち其一を課す、実科教育とは職業的並びに予備的教育を授くるを主眼とすれども兼て勤労労作の習慣を養成するを目的とす(②)。時宜によりては修身科以外の学科時間をも凡て之に充つることあり。」という説明は、現在のそれとの間に本質的な違いは無い(③)。

(中略)特に、農業の稲作における、水田耕作から、田植え、稲刈り、精米に至る米の生産工程は、児童生徒に処遇するに当たっての個別指導―集団指導―段階的指導―という過程そのものといってよい。稲作指導の各段階における「流れ図」とその「役割分担」は、年間を通じてのあらゆる作業についての個別指導、集団指導に当てはまり、又、児童の入院期から退院後に至る段階的指導にも、一致する(④)。これによって、教護院の職業指導というものが、生活指導、学習指導の面からも同時に教護活動を支える一場面となっている（⑤）のである。

（以下略）

〈国立武蔵野学院（1990）『武蔵野学院七十年誌』国立武蔵野学院、p.101。傍線著者。〉

そしてこの「3．指導の実際」引用の後半部では、「稲作指導の各段階」と、「子どもへの段階的指導」とを融合させた、国立武蔵野学院オリジナルの「指導」場面における「指導の実際」が紹介されている。この「教護院の職業指導というものが、生活指導、学習指導の面からも同時に教護活動を支える一場面となっている」（⑤）という部分は、正しく留岡清男が目指した「生活、学習、作業の有機的な結びつき」（第Ⅲ部第四章）に通じるものであると考えられる。

国立武蔵野学院の「職業指導」は、感化院時代、創設当時の理念と「現在のそれとの間に本質的な違いは無い」（③）とする。それはとりもなおさず、「治療教育」の理念が謳われながらも、一方でこのような感化的な理念も継承してきた、ということであろう。

7．『教護院運営要領』と「ウイズの精神」

ここで今一度職員のバイブルとされた『教護院運営要領』に立ち戻って見ると、ここには「治療教育」と「施設全体のふん囲気」の二つのことばが記されているのである。

同著は、これまでの章で見てきた通り、青木の『少年非行の治療教育』と、そして石原の『十代の危機』、この二冊にその多くの部分が重なっていた。しかし青木の『少年非行の治療教育』は精神医学、石原の『十代の危機』は、石原独自の、どの学問にも拠らない正にオリジナルのことばで綴られているものであった。

それら〝二つの方向性〟は、いわば相反する理念・理論でありながら、『教護院運営要領』では奇妙に融合しているのである。そのため、職員に共通したバイブルとなり、その後発行された『新・旧ＨＢ』の核にもなり得たのであろう。

そして実践においては「ウイズの精神」（本章第二節）という〝スローガン〟を合い言葉に――例えば〝二つの方向性〟のどちらの理念・理論に立脚していようとも――感化院時代からの伝統である「共に（生きる）」という方法で職員の意見は統一されているのであった。

第二節　「ウイズの精神」――三種類の〝ウイズ〟

1．内部者による先行研究

筆者はこの項目において「ウイズの精神」といわれているもののルーツを探し、その意味するところを明確にしようとするものである。同じ内容については国立武蔵野学院・阿部惠一郎が機関誌『非行問題』二〇二号に「『WITHの精神』再考」を発表しているので取り上げたいと思う。

阿部のこの論文は、まずそのことばの由来を調べ、次に「with の精神」が示す治療教育の内容について、阿部が依拠する児童精神医学の立場から考察するものであるが、本項目では、主として前者について触れるものである。

阿部は、「教護院の児童処遇を論ずる際に、しばしば用いられる言葉の一つに『ウィズの精神』というものがある」（阿部 1996：186）が、だがしかし、「この言葉を検討していくと、明確に示した文献は見当たらず、曖昧な一つのスローガンのようなものであったという印象を持つ」（阿部 1996：186）ので、まずは「『with の精神』という言葉が教護にどのように導入されたかを検討していくことにする」（同）としている。

彼はまず『旧ＨＢ』を元に、それが青木延春の理念であること、その元は児童精神医学のレオ・カナーの「児童と共にある精神（with の精神）」が由来であることを確認し、青木の文献を調べるが、『with の精神』を論じた彼の文献は極めて少なく、『武蔵野学院50年誌』にみられるのみ」（同：187）であり、同誌においても「with や『with の精神』という言葉が見られるのは彼が教護理念について記述した文書の中でもこの二箇所に過ぎない」（同）としている。

筆者が確認したところ、同誌における執筆分担は明記されておらず、これが青木によるものか確認はできなかったが、阿部は同誌に述べられたその「二箇所」の内容について青木の「with の精神」として考察を行っている。なお、阿部は同著において「青木が出典として引用した Kanner, L.（レオ・カナー）がその著作の中で述べている『with』とは全く違うもの」（同）として、カナーの述べた「with」について整理を行っているが、ここでは省略する。

阿部の理解によると、青木の「with の精神」とは、「二つの側面」（同：188）があり、「一つは、施設全隊の雰囲気、環境が、少年達を『安心させ、所を得た感じを与える』ものになるような職員の態度として要請される精神」（同）であり、「もう一つは、そのような雰囲気の中から『感情転移』が現れ、反社会的性格をもつ少年に対して精神分析的治療を行う上で、治療関係の基礎となる姿勢」（同）であるとした。この表現は途中で「治療環境（暖かい雰囲気）」と「治療教育（児童精神分析）」の二つの方向性と改められ、「前者のみが人口に膾炙し、さらには『共に生活する』という一つのスローガンとしての『ウイズの精神』に変化していったのである」（同：190）としている。

2．青木延春の「ウイズの精神」

子どもと共にという理念

事例集第一巻には、「教護院の教育」として、「教護院の教育の原点にあるのは、こうした大自然の真理・リズムに沿った教育をかたくなに守っているところにあるのである。そして、職員と児童たちが、共に暮らし、共に学び、共に働く、つまり、〝共に〟が教育の基盤になっている。このことを、私たちは〝with の精神〟と呼んでいる」(p. vii) としている。

「ウイズの精神」とは、職員・関係者の間では、「子どもと共に」というような理解であることがいわば一般的であり、教護院時代には、食事もスポーツも、ペナルティの正座でさえ「子どもと共に」行うこととされてきた(第Ⅳ部第二章)。しかし、その根源には先の第三章でも述べた通り、留岡幸助の「寝食を共にし着物も縫ふて着せると云ふ風にして、本当の親のやうには出来ませぬが、親に代わり教育してやる積であります」(留岡 1901b：635) といった、「共に暮らす」があると考えられる。

杉谷[10]は、「今日の福祉関係者の中に『共に生きる』という実践の姿こそが、福祉の望ましいスタンスであるという理念を謳う人が多くなりました。このこと自体は喜ばしいことに違いありませんが、最近の福祉従事者の皆さんが、『共に生きる』を事新しい実践の理念であるような認識をしているとすれば頗る早計でありましょう」(杉谷 1994：9-10) と述べるとともに留岡の理念や、機関誌『教護』が新たに全国誌として創刊されたときの二八号の表紙に「We are living now in the midst of the little delinquents, in order to teach them to live like men.」と印刷されていたことなどを紹介している[11]。また、「同じ頃、武蔵野学院長の青木延春が何よりも肝心なのは『ウイズの精神』と説きました」(同：10) と述べている。

文献が乏しい青木の「ウイズの精神」

先の杉谷と同じく、戸田もまた、同号の『非行問題』において、「感情転移と同一化」と共に「ウイズの精神」は青木の理念であるとしている。

このような感情転移は（中略）いずれ暖かい＋プラスの感情転移になる可能性があるので、辛抱強く待たねばならない。このように児童と共にwithウイズの精神は先ず人間関係設定上、更に進んで各種の治療を行う上で絶対に忘れてはならないことである。我々の仕事は児童のため（for）でもなく、児童に対して（to）でもなく、（with）である。

青木先生のこの理念は、教護界を風靡リードしてきましたが、プラスの感情転移による好ましい同一化をはかることは、極めて困難なことで実感を得難かった。

〈戸田森夫（1994）「教護院懐古」『非行問題』二〇〇、p. 26°〉

『旧ＨＢ』においても、「青木延春の教護理念」（『旧ＨＢ』: 15）の中で、「児童精神医学のカナー（Kanner. L.）は（中略）『児童とともにある精神（with の精神）』は、絶対に不可欠の要件であるとしたが、青木はこの with の精神を日本の文化風土に支えられた教護院の実践の中から生まれた思想として定着させたのである」（同）と書いてあり、『新ＨＢ』にも同様の説明が掲載されている（『新ＨＢ』: 20）。

しかし、青木延春が活字として「ウイズの精神」あるいは「with の精神」を残している文献は見当たらず、『少年非行の治療教育』においては、「第三章　治療教育」「（4）感情転移」の見出しの文中、感情転移の程度の区分について、ハートウェルが二一項目に区分したことを取り上げて、「彼のあげた二十一項目は、項目こそ多いが、アイヒホーンののべた『児童と共に』の思想に通じている」（青木 1969 : 139）と書かれているのみである。

先述の通り阿部の調べによると「『with の精神』を論じた彼の文献は『武蔵野学院50年誌』にみられるのみ」（阿部 1996 : 187）であり、同記念誌には執筆分担が記されておらず、筆者は阿部が指摘する部分が青木の執筆によるものか確認ができなかった。しかし、もし、これが青木の執筆とするならば、同誌は一九六九（昭和四四）年、奇しくも『少年非行の治療教育』と同年の発行である。

しかし、勤務の傍ら、機関誌『教護』（『非行問題』の前誌）の編集作業を務めていた杉谷英樹によると、『教護』二八号発行の同時期は「同じ頃、武蔵野学院長の青木延春が何よりも肝心なのは『ウイズの精神』と説きました」（杉谷 1994：10）と書いていることから、――同誌の発行は一九五三（昭和二八）年なので、青木が『少年非行の治療教育』を発行する一六年前、青木が〝初版〟とする『少年非行　その本態と治療教育』の発行である一九五七（昭和三二）年より前のことになる。それより以前ということになると、養成所の設立が一九四七（昭和二二）年なので、そこで青木が「ウイズの精神」について講義したということなのであろうか。

『武蔵野学院50年誌』によると、青木は創設初年度の一九四七（昭和二二）年より一九五一（昭和二六）年まで養成所の講師を務めているが、「衛生遺伝学」（一九四七年～一九四九年）、「精神分析」（一九五〇年）、「優性遺伝学」（一九五一年）であり、いずれも「教護技術」や「教護一般」などの科目は受け持っていない。しかし、元国立武蔵野学院長・徳地昭男の著書には次のように書いてある。

国立武蔵野学院第三代院長青木延春先生が逝去され（中略）国立武蔵野学院長として、また私が昭和四二年に国立武蔵野学院附属教護事業職員養成所二一期生として入所した当時の養成所長であった。毎週土曜日二時間の「少年非行の治療教育」を中心とした講義は今でも強烈な印象として鮮明に残っている（①）。特に講義の中で「我々は、あせらず、急がず、常に楽天的で明るい態度で安定した情緒を保ち、如何なる時も児童の側に立ち、彼らと共にある態度で気長に信頼と愛情に満ちた好ましい感情転移が起こるのを待たねばならない。」また常に口にされたことは「児童と共に（WITH の精神）を忘れるな、であった。それは先ず人間関係設定上、更には進んで各種の治療教育を行う上において絶対に忘れてはならないことである。我々の仕事は、児童の為に（for）でもなく、児童に対して（to）でもなく、（with）だとされるのもこの為である。この言葉は、寮舎担当者としての自身も一つの救いの、また励みの言葉として捉え、日々児童との生活を楽しんでいたかと思える。また、養成所の教えの中で、「行動力を発揮せよ」という言葉がある。「職員は学校生活で知的教育は十分に受けてきたのだから、これからは行動力であれ」というのである。With の精神と足の裏の哲学と共に養成所の伝統的精神として受け継がれて来た（②）。

〈徳地昭男（2009）『こどもと共に……「生活場面面接」』、「はじめに」のページ。傍線部、括弧内筆者。〉

これによると、青木が養成所で「我々は、あせらず、急がず、常に楽天的で明るい態度で安定した情緒を保ち、如何なる時も児童の側に立ち、彼らと共にある態度で気長に信頼と愛情に満ちた好ましい感情転移が起こるのを待たねばならない」ということや、「ウイズの精神」について繰り返し話していた。そしてそれらは「養成所の伝統的精神として受け継がれて来た」（②）ということである。なお、先の引用の著書である徳地氏本人に確認したところ、この青木の講義では『少年非行　その本態と治療教育』（一冊目の『少年非行』）をコピーして使っていたそうである（氏は一冊目の『少年非行』が発行された後の入学である）。

『国立武蔵野学院五十年誌』で確認したところ、先に引用した戸田は「昭和二三年度（養成部二期生）」、杉谷は「昭和二七年（養成部六期生）」、辻は「昭和三六年度（二部生）」と、いずれも青木が講義を行っている年代の卒業生であった。

彼らは青木から直接講義を受け、「強烈な印象として鮮明に」（①）記憶され、正に「教護界を風靡しリード」（戸田 1994：26）する青木の理念の担い手となったのだと思われた。

変化したと思われる青木の「教護理論」

職員の間で語られる「ウイズの精神」について、これまでで明らかになったことは、青木がレオ・カナーのことばを元に「ウイズの精神」としたこと、そしてそれは「感情転移」と共に語られたことばだったことなどである。

青木が「ウイズの精神」について直接説明した文献（つまり「活字化」したもの）は、今回、探し出せなかったのであるが、青木が退職後に機関誌『非行問題』一七四号の編集部がインタビューを行った際、「ウイズの精神」ということばが出てくるので以下、引用する。


（海外にいかれてどんなことにお気付きになられましたか）

随分古いことになったよ。アメリカに行ったのは昭和二十九年だからね。（中略）レドルとは親しく一緒に飯を食ったなあ。

エカフェ（アジア極東経済委員会）の会議へも行ったが、話しはもっぱら施設職員の質的条件に集中したね（Ⅰ）。結局ね、学問的条件と人間的条件が揃えばよいが、仮に揃っていないとすれば人間的条件を重視せよという結論になったんだよ（Ⅱ）。理論がなくてもウイズの精神（児童と共にある教育）を実践できればいいんだよ（Ⅲ）。

ウイズの精神というのは、考え方と同時に行動の実践なんだよ（Ⅳ）。もっとも、これは私の二十七年間の持論だがね（Ⅴ）。

（教護院では心理療法が成り立たないという人がいますね？）

新任院長研修会で、いつだったか、そんなことを言っていた人がいたね。トータル・セラピー、関係療法なんていっているのも心理療法そのものなんだよ（Ⅵ）。

（レドルのマージナル・インタビューなんかも？）

そうそう、トータル・セラピーのなかに含まれているんだよ（Ⅶ）。（中略）

少年院なんかは心理療法ができないと思われても仕方がない面もあるが、教護院は違うんだよ。手近な仲間の機関である児童相談所の充分な理解が欲しいんだよ（Ⅷ）。私なんか、精神分析学を背景とする教護理論だったのが、精神力動学的な教護理論に変わっていったんだな。（中略）治療的共同体という概念を教護に導入したのは私が最初でね。どうだい、治療的共同体というのはいい言葉だろう。教護院はまさしく治療的共同体そのものなんだよ（Ⅸ）。治療的共同体を維持するのは、児童の人数が多いと出来ないよ。少人数の生活集団が生命なんだ。これを壊しては駄目だよ。夫婦制はなくなっても治療的共同体が維持できればいいんだよ（Ⅹ）。（最後に現今の教護界への指針を一言お願いいたします）人間関係が大事なんだね。それにウイズの精神、―児童と共にある教育、即ち、児童のためにという価値意識でなく、常に児童と共にあれとする指導理念があれば教護は立派にできるんだよ。これからは君達の時代だからね。みんなで頑張って呉れ給え（Ⅺ）。

〈『非行問題』編集部（1976）「明治生まれのO・B大いに語る」『非行問題』一七四、pp. 108-109。傍点、括弧内著者。〉

結論からいうと、青木のいう「ウイズの精神」とは、「児童と共にある教育」（Ⅲ）（Ⅺ）であり、それは「考え方と同時に行動の実践」（Ⅳ）ということであった。そしてこの語りの中での「ウイズの精神」は、「感情転移」という概念ではなく、「治療的共同体」（Ⅸ）という概念と共に語られている。

青木は、この語りの中で、「もっとも、これは私の二十七年間の持論だがね」（Ⅴ）といっている通り、青木の「教護理論」が、国立武蔵野学院における27年間の勤務（あるいは暮らし）を通じて変化してきたということではないか。

そしてその変化は、「学問的条件と人間的条件が揃えばよいが、仮に揃っていないとすれば人間的条件を重視せよという結論になった」（Ⅱ）ということと深く関係していると考えられる。それはつまり、青木の「教護理論」、つまり「治療教育」は、当初、「学問的条件と人間的条件が揃」っている（②）職員を対象として考えられていたが、それは次第に変化していった、ということではないだろうか。

宮澤(12)によると青木は「レオ・カナーの言葉の『二十世紀は児童と共にある（With the children）の精神医学でならぬ』から、『ウィズの精神』と強調された(13)」（宮澤 1987：73）としている。更に阿部の「宮澤修氏からの私信」（阿部 1996：195）によると、「教護界ではウイズの精神が違った意味で取られているのです。本当は力動精神医学、つまり精神分析を導入することなのですが、職員が児童と共にある、共に生活するということが強調され過ぎています」（同：190）とあるように、当初は精神分析を行う人材を職員として想定していたものの現実ではそのような職員で構成される職員集団は望めなかったということであろうか。

そこで考えた結果、「人間的条件を重視」（Ⅱ）して「学問的条件」（Ⅱ）の揃っていない、つまり、「理論がなくてもウイズの精神（児童と共にある教育）を実践できればいい」（Ⅲ）、という考えに至った——それはおそらく「精神分析」ではなく、「生活場面面接」を中心としたものとして——のではないだろうか。このことが『新ＨＢ』が、「青木はこの with の精神を日本の文化風土に支えられた教護院の実践の中から生まれた思想として定着させた」（『新ＨＢ』：20）としている所以ではないだろうか。

但し、青木が「定着させた」という面も確かにあるかもしれないが、どちらかというと、「定着してしまった」という方が正しいのではないだろうか。筆者には、宮澤が「職員が児童と共にある、共に生活するということが強調され過ぎています」（阿部 1996：190）というように、職員の側が「日本の文化風土に支えられた教護院の実践の中から生まれた思想」（『新ＨＢ』：20）、つまり、感化院時代から培われてきた、「共に暮らす」や「共に生きる」と、それを表すことば（「with の精神」）が合体して「ウイズの精神」になり、「定着」してしまったように思われるのである。

阿部（やあるいは宮澤）が定義する「with の精神」は、当初、「治療教育」（精神分析）という意味であったものが、ゲンバの職員らはこれを「共に暮らす」や「共に生きる」として捉え、これらを総称するフレーズとして「ウイズ」や「ウイズの精神」が生まれた。正に「言語化」されたのであって、これにより、「ウイズの精神」は、共通の、しかしその反面汎用性に富んだことばとして伝承され定着していったのであろう。

3. 青木延春の「治療教育」

変化したと考えられる「治療教育」

この変化（当初は「学問的条件と人間的条件が揃」っている〈Ⅱ〉人材を想定していたものが、「人間的条件を重視」〈Ⅱ〉で「理論がなくてもウイズの精神〈児童と共にある教育〉を実践できればいい」〈③〉という変化）はまた、青木の「教護理論」が「学問的条件と人間的条件が揃」っている（Ⅱ）職員による「治療教育」（あるいは宮澤のいう「精神分析」）から、「治療的共同体」（Ⅸ）による「治療教育」（あるいは青木のいう「心理療法」）へと変化していった、ということだと考えられる。

なぜならば、いみじくも青木の述べた通り「教護院はまさしく治療的共同体そのもの」（Ⅸ）なのであって、青木は「治療的共同体という概念を教護に導入したのは私が最初」（Ⅸ）といっているが、それはこのことを説明することばの違いだけであり、キョウゴの世界は感化院の昔からそういう場所であった（前述の通り、治療はしてないが〝良くなった〟〝治ってしまった〟という事実があった）からである。

青木が「治療的共同体」（Ⅸ）としたものは、例えば「トータル・セラピー、関係療法」（Ⅵ）など、青木曰く「心理療法」（Ⅵ）というものであったかもしれない。事実、青木が基盤とした学問の世界ではそのように表現するのであろう。だがしかし、それらはかつて「感化」と呼ばれたものであり、『教護院運営要領』では「施設全体のふん囲気」とされたものである。

『非行問題』の座談特集

筆者は、第七章第四部の7.「治療教育」の項で、『教護院運営要領』の『技術編』に述べられている「治療教育」について、a.医者や心理学者など「教護」（以下寮長）以外のプロフェッション（以下専門職）が行うものか、a'.専門職と寮長が連携して行うものなのか、それともb.専門職が寮長となって行うものなのか、あるいはc.寮長が専門職のような知識を身につけて行うものか、不明確である、というようなことを述べた。

これまでにも述べてきた通り、『教護院運営要領』における「治療教育」について述べたライターが誰であるか特定できなかったため、その考察はできないが、青木が考えている「治療教育」（教護院で行われる際の「治療教育」）については整理ができそうである。そのために、機関誌『非行問題』一五七号に掲載されている「座談特集」(14)で語られた内容を併せて考えるとより具体的に分析できるため、以下、その一部を引用する。

武田　私の経験の範囲内だが、教護の子どもを把握する力というか能力をじっと見ていると、子どもを保育する能力は合格点、子どもを体を使って指導する能力も合格点、しかし学科指導というか教科活動の中で子どもの知的能力を引き伸ばす能力は、一般学校の教師に比較したら不合格、それからこどもの心理的精神的な状況を見通しそれに対応する、上手な指導をやって行く能力は極めて低い⑲と私には経験上見える。そこで私は、子どもを保育する能力と、指導する能力は教護に専門にあたらせ、知的能力を開発するのは教師を入れ、更に子どもの実像を見つけ指導するにはそういう人を入れるか、そういう体制にしたら教護院はうまくいくだろう⑳と考えた。これは養成所の指導のポイントにも関係するが、養成所から来た職員は先の指導力、保育力に教護の本質があるのだろうという受け止め方をしている。そこで私は教護にそういう受け止め方をしている人が多くて、またそういう能力を持っている教護が多い㉑限りでは、中舎制とか大舎制にしては駄目で、これは絶対に小舎でなければならんと思っている。

青木　ありがとう、養成にあたって注意します。この問題は妙なことに日本だけの問題です。アメリカなどでは大多数が里親というか、義務教育を終了した善意のある夫婦が子ども達を預かり、治療方面の中核体はそれぞれ保育、指導、教育、心理と専門職がいて、寮舎から出て来たこどもに当る。だから今の日本の教護院の教護は寮舎から引き揚げて、寮舎は集団里親にという形にすれば、労働基準法の問題など、いっきに解決するのだが㉒、しかし日本の制度の裏には、実際に寮舎で子どもと起居をしている者が、治療教育の主体にならねばならないという考え方があるからだ㉓。この日本の制度は決して悪くは無い㉔。ただそれが労働基準法等の色々な問題にぶつかるので、これを何とか妥協のいく方法が見つかればよいが、完全に労働基準法を護るというわけには行かない。だから児童の福祉と職員の福祉という両方が何か手を握るとすればそこに優秀なスタッフが寮舎を担当することも可能になるのだが㉕。日本で非常に大きなモンダイになるのは里親で無い中核になる職員が寮を持っていることだ㉖。教護院といえばすぐ寮長ということになるが、本当は寮長というのは教育などなくってよい、善意があり子どもを親切に世話してくれればよいという考え方になれば、おのずと問題も違ってこよう㉗。これが我が国にあてはまるかどうかは別だが。

〈全国教護院協議会（1969）「教護院が当面する問題点の追求――主体性は果たして喪失したのか」『非行問題』一五七、p. 12。傍線、括弧内著者。〉

まず、「治療教育」を行う者は、「学問的条件と人間的条件が揃えばよいが」（Ⅱ）とあるので、b.専門職が寮長となって行うもの、あるいはc.寮長が専門職のような知識を身につけて行うもののいずれかということになる。

実は、『技術編』の出版（一九五六年）後、『少年非行の治療教育』の出版（一九六九年）前、その間の一九六四（昭和三九）年に『教護事業六十年』が出版されている。それによると、「治療教育の中心は何よりも人であり（中略）教護、教母こそが中核であることをこの際認識し、それだけの勉強もし、決意を新たにすべきであると思う」（全国教護協議会編 1964：262）と書かれている。これに従うと、c.寮長が専門職のような知識を身につけて行う、ということになる。

このように、寮長・寮母が「治療教育の中心を担う中核」という存在になれば、「今の日本の教護院の教護は寮舎から引き揚げて」（㉒）、寮舎で子どもと暮らす、という役割は別の里親に任せる――「寮舎は集団里親にという形にすれば、労働基準法の問題など、いっきに解決する」（㉒）――。つまり、アメリカなどで行われている方法、すなわち「義務教育を終了した善意のある夫婦が子ども達を預かり、治療方面の中核体はそれぞれ保育、指導、教育、心理と専門職がいて、寮舎から出て来たこどもに当る」（㉒）。この場合、現在の寮長・寮母は「治療方面の中核」として、子どもと一緒には暮らさない、ということになる。

「しかし日本の制度の裏には、実際に寮舎で子どもと起居をしている者が、治療教育の主体にならねばならないという考え方がある」（㉓）――このことは、同じく『教護事業六十年』にも、「就中、児童と生活を共にする教護、教母」が「それだけの勉強もし、決意を新たにするべき」とあるのでそのような考え方で一致していたものと思われる。最後の、「本当は寮長というのは教育などなくってよい、善意があり子どもを親切に世話してくれればよいという考え方になれば、おのずと問題も違ってこよう」（㉗）という部分、これは、寮長（職）は里親にまかせて、今の寮長（教護＝職員）は「治療教育」の中核になればよい、ということであろうか（正直にいって、筆者には解りにくかったのであるが……）。

しかし、いずれにしてもその「治療方面の中核体」（㉒）を担うはずの教護は、武田によると、「心理的精神的な状況を見通しそれに対応する、上手な指導をやって行く能力は極めて低い」（⑲）ので、そのためには「そういう人を入れるか、そういう体制にしたら教護院はうまくいくだろう」（⑳）としている。「そういう人」とは、つまりその専門職ということであろう。この場合は a.医者や心理学者など「教護」（以下寮長）以外のプロフェッション（以下専門職）が行うものか、a'.専門職と寮長が連携して行うもののいずれかのイメージに近いと思われる。

多くの職員は、武田のいうように「治療方面の中核体」（㉒）であるという意識が薄かったのだと思われる。彼らは「教護」であって、教護の仕事については正に「指導力、保育力に教護の本質がある」（㉑）と思っていたであろう。

しかしながら、青木は「この日本の制度は決して悪くは無い」（㉔）ともいっている。それは武田のいう通り、当時は「指導力、保育力に教護の本質があるのだろうという受け止め方をして（中略）またそういう能力を持っている教護が多」かった[15]（㉑）ので、それは当初、青木らが想定していた、専門職が行うような「治療教育」ではなかったものの、その成果があったからではないだろうか。

そしてこのような、いわゆる「教護」（職員）が行う「教護」（実践）のゲンバで過ごす内に、年月を経て、青木はそれを「治療的共同体」（Ⅸ）と概念化したのではないだろうか。そしてその「治療共同体」（Ⅸ）が上手く機能するための職員要件は、「人間的条件を重視」（Ⅱ）した人選であり、その職員たちは「理論がなくてもウイズの精神（児童と共にある教育）を実践できればいい」（Ⅲ）という考えに至ったのだと思われる。それが青木自身が、「もっとも、これは私の二十七年間の持論だがね」（Ⅴ）といった「持論」に到達した経緯ではないかと筆者は考えるのである。

4．児童精神医学の立場からの考察

阿部惠一郎の「『WITH の精神』再考」

以上、筆者は青木の語ったことばの上から、彼の「ウイズの精神」（といわれているところのもの）について考察を行ってきた。先に紹介した阿部惠一郎は、青木と同じ精神医学に依拠する立場から、更に進めて「ウイズの精神」の有効性について考察しているので、ここで触れて置くこととする。以下、先と同じく機関誌『非行問題』二〇二号に掲載された「『WITH の精神』再考」を取り上げる（なお、ウイズの表記について、表題は〝WITH〟、筆者である阿部は

〝ウィズ〟、阿部が文献から引いたと思える部分は〝with〟など併記しているためこの項目では適宜使い分けた）。

彼は「教護院の中で語られる『ウイズの精神』（治療環境としての暖かい雰囲気、共に生活する）は、現在の児童処遇において無効であろうか。児童の処遇からこの言葉の今日的意味を検討してみる」（阿部 1996：190-191）という問を立てている。その結論は、おおむね次の通りである。

> この点から教護院の文脈に即して二つのことが言えるように思われる。一つは、現在の教護院入所児童の多くはエディップス期以前に問題があり（①）、超自我や自己統制力といった概念では解決できないほど病理が深く、処遇面で親の発達促進的役割を明確にして治療教育に導入する必要がある。二つには、青木の「with の精神」の二つの面として述べた治療環境（暖かい雰囲気）と治療教育（児童精神分析）は別個のものではなく、両方とも治療的意味を持ち（②）、治療環境（暖かい雰囲気）は、良い親の受動的態度に繋がるもの（③）でありしかもこの治療効果は言語的には明確にしにくい（④）。しかし良い親の役割を明確にしていくならば（⑤）、表現不可能と思える教護院の治療環境についても言語化し得るように思われる（⑥）。
>
> 青木の「with の精神」に示された二つの方向性は、彼の時代にあっては治療教育の側面があまりに強調され、もう一方の治療環境（暖かい雰囲気）は治療教育を行う場と考えられた（⑦）が、現在では広い意味での治療の「地と図」をなしていると見ることができる。そしてそのような視点は子どもの発達研究から得られたと言えるかもしれない。
>
> 〈阿部恵一郎（1996）「『WITH の精神』再考」『非行問題』二〇二、p.192。傍線、括弧内著者。〉

文中、「エディップス期以前に問題があり」（①）というところの意味するものは以下の通りである。それは、いわゆる戦災孤児などに比べて現在の子どもたちは「親との間に基本的な信頼関係を一度も築いた経験のない児童」（阿部 1996：191）であり、「一旦は正常な家庭生活を営んだことのある戦災孤児が職員との間に信頼関係を結びやすかった否かは分からないが、少なくとも心に深い傷を負う体験を持っている児童ばかりが最近目につくのは事実」（同）であって、そうした子どもたちが「職員との間に信頼関係を築くことが困難であることは想像に難くない」（同）とするものである。

阿部は「児童の変化に伴って、処遇論も変更を追《ママ》られるであろう」（同）として、「青木が『with の精神』と呼んだもののもう一つの側面である児童精神分析的なアプローチが児童処遇に改めて要請されよう」（同）と述べている。[16]阿部は更にこの部分（教護院における児童精神分析的なアプローチによる児童処遇）を考察した「教護処遇論（生活教育と治療教育）」を翌年（次号）の『非行問題』二〇三号に発表している（これについてはまた別途ふれる）。

「治療環境」と「治療教育」

阿部は、「青木の『with の精神』の二つの面として述べた治療環境（暖かい雰囲気）と治療教育（児童精神分析）は別個のものではなく、両方とも治療的意味を持ち」（②）と書いている、「治療環境（暖かい雰囲気）」（②）とするものは、青木が晩年に語った「治療的共同体」（Ⅸ）と同義と考えられる。

しかしこの二面について、青木が「別個のもの」として捉えていたかというと少なくとも青木の「二十七年間の持論」（Ⅱ）においては、明瞭に区分されておらず、阿部のいうように「別個のものではなく、両方とも治療的意味を持つ」（②）と考えられていたのではないだろうか。

筆者には、「（最後に現今の教護界への指針を一言お願いいたします）」（全国教護院協議会 1976：109、本節2. に引用）の問に答えた青木のことば、「人間関係が大事なんだね。それにウイズの精神、―児童と共にある教育、即ち、児童のためにという価値意識でなく、常に児童と共にあれとする指導理念があれば教護は立派にできるんだよ。これからは君たちの時代だからね。みんなで頑張って呉れ給え」（Ⅺ）というメッセージの前には、阿部のいうところの（「治療環境」も「治療教育」も、両方担おうとするのは大変だね、そのすべてができなくてもいいんだよ）というフレーズが隠されていたように思うのだ。

「治療的共同体」

阿部は、「治療環境（暖かい雰囲気）と治療教育（児童精神分析）」（②）の内の「治療環境」（②）、すなわち青木のいう「治療的共同体」（Ⅸ）について、「治療効果は言語的には明確にしにくい」（④）、「表現不可能と思える教護院の治療環境」（⑥）としている。

阿部の見解では、この「治療効果の言語化」（④）の糸口は、「治療環境（暖かい雰囲気）は、良い親の受動的態度に繋がるもの」（③）なので、「良い親の役割を明確にしていく」（⑤）ことができれば「表現不可能と思える教護院の治療環境についても言語化し得るように思われる」（⑥）としている（ちなみに筆者は果敢にも（無謀にも）この、「表現不可能と思える教護院の治療環境についても言語化」（⑥）に取り組むものであるが、それはむろん青木や阿部のようは、精神医学に依拠するアプローチではない）。

筆者は青木が「治療的共同体」（Ⅸ）としたものについて、フィールドワークから〝子どもが変化する〟（不思議な）共同体を捉えたものである。それは青木の著書に出会う以前、まだ研究活動を始める以前にまず気付きがあり、その後研究活動を始め、フィールドワークを重ねる内に筆者の中《うち》で形づくられていった概念であった。今、文献研究を経て、筆者とはまったく立場の違う、精神医学に依拠した青木延春の「二十七年間の持論」（Ⅸ）と不思議な一致を見た、などといったら、あるいは青木先生は気を悪くされるかもしれないが――第Ⅳ部は〝子どもが変化する〟（不思議な）共同体について筆者が「言語化」を試みたものである。

5．石原登の「ウイズの精神」

先に述べた通り青木は（阿部が伊佐から聴き取ったところによると）「力動精神医学、つまり精神分析を導入すること」（阿部 1996：168）がその始まりにあったが、石原は（石原の孫から阿部が聴き取ったところによると）「荀子の『勧学』にある『麻の中の蓮は、助けずして、自ずから直す』を引用した」（同）ということである。

この、「蓮がまっすぐに生長していく過程の中で、麻はその存在を蓮に気づかれることなく、じっと側に寄り添い共に生活をするというイメージがここには込められている」（以下傍点分）という説明は、正に石原登の「足の裏の哲学」（第一章注1）に通じるものである。

家近二郎は祖父の石原登が「ウイズの精神」を説明するのに、荀子の「勧学」にある「麻の中の蓮は、助けずして、自ずから直す」を引用したという。これは、曲がりくねった蓮でも、麻の中ではまっすぐに育つように、人も善人に交わればその感化を受けて自然に善人になることの喩えであり、蓮を児童に、教護職員を麻に見立てているのかもしれない。しかも蓮がまっすぐに生長していく過程の中で、麻はその存在を蓮に気づかれることなく、じっと側に寄り添い共に生活をするというイメージがここには込められている。

〈阿部惠一郎（1996）「『WITH の精神』再考」『非行問題』二〇二、p. 190。傍点筆者〉

（＊）家近二郎氏からの私信による。

このエピソードは、武蔵野学院の院章のモチーフにもなっている。ただし、「武蔵野学院々章の由来」では、麻と蓬（よもぎ）として説明されている。

本院々章は、次頁図の通りのデザインで、麻の葉の紋である6角形を外枠に、「学」の一字を中央に、蓬の葉で囲んだものである。

武蔵野学院々章の由来

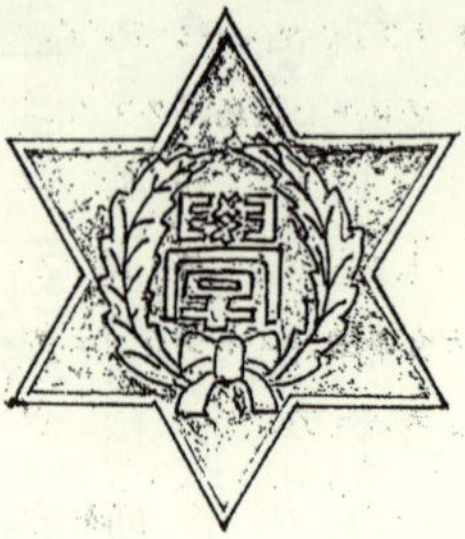

本院々章は、左図の通りのデザインで、麻の葉の紋である6角形を外枠に、「学」の一字を中央に、蓬の葉で囲んだものである。

この由来は、筍子「勧学」の中の

蓬生麻中不扶自直

からとったもので、「蓬（よもぎ）麻中に生ず、扶けずして直し」或いは「麻中の蓬自ずから直し」という故事格言として伝えられている。本来、蓬は柔弱な曲がり易い草木であるが、真っすぐな茎に育つ麻畑の中に生えた蓬は、麻の生育に同化して、自然と真っすぐに育つものである、という意味である。人もまた、よき人の中に入れば、その感化を受けてよき人となることの喩えである。

この由来は、荀子「勧学」の中の

蓬生麻中不扶自直

からとったもので、「蓬（よもぎ）麻中に生ず、扶けずして直し」或いは「麻中の蓬自ずから直し」という故事格言として伝えられている。本来、蓬は柔弱な曲がり易い草木であるが、真っすぐな茎に育つ麻畑の中に生えた蓬は、麻の生育に同化して、自然と真っすぐに育つものである、という意味である。人もまた、よき人の中に入れば、その感化を受けてよき人となることの喩えである。以上は、故石原先生の講義からの聞き書きであるが、『石原先生の思い出』の中にも、残された言葉として次のような一節があるので、付記したい。

「植物を育てるとき、植物そのものに、あれこれと直接手を加えるよりも、植物の成育に最も適した土地、環境に植えることが、よく育つための最大の力となる。教護院は、非行児童にとって、そういう土地、環境であることが第一だと思う。児童の情性が養育されるのに適した教護院というのは、ケースワーカーやセラピストである職員が、児童を単に直接教育しようとしたり、治療しようとするのでなく、その中で生活していると、誰でもが、自然に情性が成長し、豊かになるようなものを持っている、人的、物的雰囲気の環境であることが必要である。

いい換えれば、一般に、教護院では児童の教護を直接担当する職員が、いろいろの方法で児童を改善させるものと考えているが、そうではなくて、その教護院の中に生活する全職員家族（幼児も、家畜も）、全児童及び院内の物的環境、設備全部が醸し出す雰囲気の力が栄養や刺激となって、児童の情性を育てるものであって、この情性的な土壌こそが、最も有効且つ効果的な教護であると考える。

＊　この院章が、いつ制定されたのかについては不明であるが、制定の由来は以上の如きものである。

〈国立武蔵野学院（1990）『武蔵野学院七十年誌』国立武蔵野学院、p. 190。〉

6. 三種類の「ウイズの精神」

「ウイズの精神」とは、阿部が伊佐から聴き取った内容によると、「力動精神医学、つまり精神分析を導入すること」（阿部 1996：190）であったが、それを職員は「共に生きる」という、感化院時代からの伝統と一体化したものとして捉えてしまった。つまり、「ウイズの精神（精神分析の導入）」を「ウイズの精神（精神分析の導入＋共に生きる）」と受け止めたと考えられる。

それと平行して、「共に生きる」ということを単に「ウイズの精神」として捉えた者もあったと推測されるので、「ウイズの精神」の意図するものは、Ⓐ「ウイズの精神（精神分析の導入）」、Ⓑ「ウイズの精神（精神分析の導入＋共に生きる）」、Ⓒ「ウイズの精神（共に生きる）」の、三種類があったと思われる。

先の阿部の「『WITH の精神』再考」が掲載された次の号の『非行問題』に、これに対するレビューが寄せられている。その書き出しは、「教護の理念に『with の精神』というものがある。私には、どうしても with の精神が、理念ではなく教護の方法としか思えない」（山脇 1997：222）というものであった。これは職員が、「ウイズの精神」という用語を子どもたちと「共に生きる」という具体的な行動として捉えている、いうことの現れであろう。そして何よりも青木延春自身でさえ、晩年は「ウイズの精神というのは、考え方と同時に行動の実践なんだよ」(『非行問題』編集部 1976：108) と述べているのである。

精神医学に立脚する者は、「治療(精神分析)」という概念を教護院という土壌に導入するに当たって、それを「治療教育」と定義し、その「治療教育」は、Ⓐ「ウイズの精神(精神分析の導入)」ということばを以て説明された。しかし、その担い手である「教護」は、Ⓑ「ウイズの精神(精神分析の導入＋共に生きる)」として受け止めた。彼らはその理念と方法を以て寮舎運営に当たったたと考えられる。

その際、彼らは「感情転移と同一化」という精神医学な事象が起きることを目標として、あるいは救い[17]としてそれに従事した。その際、彼らは自身が行っているところのものを「教護する」といったり、「治療教育」を行っている、と語っていたものと思われる。しかし、職員は「教護」であり、精神分析専門家ではなかったので、精神医学の立場から見ると、「実際のところ生活教育のみで非行性の除去を図ろうとしてきた」(阿部 1997：103) という状態だったのではないだろうか。つまり、実際のところは精神分析などの「治療教育」による「人格改造」なるものは行われていなかった(あるいは行えていなかった)し、阿部によると、「感情転移と同一化」ということ自体、大変難しいことだったということのようである。

注

(1) 国立武蔵野学院 (1969)『武蔵野学院五十年誌』国立武蔵野学院、で確認した。
(2) 当時の編集長が半ば強引に改題したという経緯がある (第Ⅲ部第一章注6)。
(3) 「座談会」引用部のメンバーについては次の通り。内山：国児学園・内山太郎、武田：新居浜家庭学園 (現えひめ学園)・武田哲夫、青木：国立武蔵野学院：青木延春。なお、武田を知る元職員によると、「交替制勤務の推進者で小舎夫婦制を強烈に批判しており好き勝手言っていた」とのことである (二〇一七年一二月)。

（4）　一九六七（昭和四二）年度入学者への聴き取りによる。

（5）　このことは、現在の職員からも同様のことが聞かれた。「筆者が『A施設は働きやすいですか』というようなことを問いかけた際、A施設a寮母は『うーん……そうですね、これだけ寮舎間が離れていると、隣が何してるのかとか、こっちが何してるのか見られたり見なくて済むし、それがやりやすいと思いますね』（A施設a寮母）」（武 2010a：24）。このインタビューには続きがあって、「（すぐ見える距離に隣の寮舎があるという環境は）やりにくいみたいですね」（同）と同職員は答えていた。

（6）　筆者は以前、キョウゴの世界における独特の働き方（生活の場と就労の場が未分化で常に同時進行している）について、「自営業型就労」（武 2011：71）としたが、現在の小舎夫婦制では四週八休が認められた上での「自営型就労」である。しかし、四週八休を守りながらの「自営型就労」にはまた新たな負担を職員に課していた。

（7）　「寮舎運営に当たっては、寮長の考えを良く支持して下さり、又或る寮で唯一人だけ残り全員が逃走してしまった時、英気を養ってこいと家族で帰省されたり、思いきったことを許可されたりもしました。元来、石原先生は規則とかは余り好まず自由の発想を好み、寮運営にも寮長独自の運用を望まれ、寮担当者の休養は独自運営の責任の範囲内で自由に休めることを理想と考えられていたのではないかと思います」（戸田 1994：27）。

（8）　元国立武蔵野学院長・徳地昭男氏に確認したところ、「昭和四〇年代に武蔵野の寮長が富山学園に行った、これが最後」ということであった。

（9）　〝（麻中の蓬扶（たす）けずして自ずから直し）〟は本文そのまま。

（10）　著者博士論文「感化院から児童自立支援施設に至る施設に培われて来た子育ち・子育て――「教護理論」からキョウゴ・モデルへ」では、「杉谷」とするところを誤って「戸田」としていた。訂正してお詫びしたい。

（11）　杉谷によると同誌を創刊した萩実務学校長・島田正蔵によるものではないかとしているが、しかし杉谷の調べではこの英文の出典については明らかにはできなかったということである。なお、この英文は前号の二七号に、二八号の英文の後半部分がすでに印刷されていたということである。

（12）　著者博士論文（注10）では、「宮澤」とするところを誤って「宮崎」としていた。訂正してお詫びしたい。

（13）　阿部は「カナーの主張する『with』は、period of with（with）の意味であり、子どもと共に子どもの問題を解決しなければならないと考える風潮が一九三〇年になって現れ、それを象徴する出来事として Anne Freud の『児童分析』の開始を挙げ、児童精神医学に精神分析が導入されたことを示すもの」（阿部 1996：189）と述べている。

（14）　この「座談特集」は、「教護院が当面する問題点の追求―主体性は果たして喪失したのか」というタイトルで全国教護会議の議題の焦点になったものを再び検討しようという趣旨のものである。そのときの議題とは、「『教護院は一体どんな構造をしているのか』『あるいはどんな仕組で非行少年の教育を行うべきなのか』というようなこと」（全国教護協議会 1969：5）であり、この座談特集では「教護院の歴史と方向を決定づけていらした国立の青木院長をまじえて、院長会議の議題なり、あるいは『教護院の特異性・主体性は一体どこにあるべきなのか』といった問題を編集委員のメンバーとしてみつめてみたい」（同）と、司会から説明されて始まっている。

(15) 阿部恵一郎は「教護処遇論（生活教育と治療教育）」で、「教護職員は今まで『生活を共にする』処遇ばかりを強調しすぎてきた」（阿部 1997：103）として、「実際のところ生活教育のみで非行性の除去を図ろうとしてきた」（同）と述べている。

(16) 阿部はこの引用につづけて、「しかしながら青木が思い描いていた児童精神分析と今日のそれとは比較にならないほど、理論も技術も進歩している」（阿部 1996：191）と書いている。

(17) 例えば辻光文の「青木延春先生の『我々は、あせらず、急がず、常に楽天的で明るい態度で安定した情緒を保ち、如何なる時も児童の側に立ち、彼等とともにある態度で気ながに信頼と愛情にみちた好ましい感情転移が起こるのを待たねばならない』という言葉なども、中々できることではありませんでしたが、一つの救いの言葉として嚙みしめたことでした」（辻 1990：61）など。

第一一章　ストレングス視点――現代的な視点から

第一節　キョウゴにおける「保護」

1.「保護」――シェルター的な機能

本節では、歴史的な考察を離れ、施設に培われてきた理念・理論について、現代的な視点を持って考察を試みる。第I部で筆者は、キョウゴの世界における独特な「保護」感覚について報告してきた。本節ではまず、その「保護」ということから取り上げたいと思う。

現在の児童自立支援施設は児童福祉法に位置づけられており、子どもを「保護」する機能があると述べても違和感はないかもしれないが、しかし、歴史を振り返ってみると、この施設は、監獄改良に端を発し、世間では、当時の「悪少年」や「不良少年」と呼ばれた子どもたちを〝閉じ込めて懲らしめる〟所として認知されていた。このような時代にあって、当時の感化事業に携わる者たちは、子どもの被害性に着目し、〝保護して育てる〟ことを実践してきた。彼らは、現代を先取りするような先駆的な視点を持っていたといえる。なぜならば、「非行少年」の被害性が注目されたのは、近年、それも二〇〇〇年代に入ってからのことである。「非行少年」と「虐待」の相関を示す調査結果が発表された。(1)国立武蔵野学院医務課長・富田拓は、このことを児童虐待の「再発見」(富田 2005：62) と表現した。彼もまた、留岡幸助の「不良少年の多くは悪むべきものにあらずして寧ろ憐れむべきものなり」(留岡 1901a：4) を胸に、子どもたちに寄り添う実践者の一人である。彼ら職員は、感化院の昔から現在に至るまで、子どもたちが「非行」となる背景に着目し、そうした状態にいる子どもたちをどう呼ぶか、どのように呼んだら世間にこのことが理解されるのか、模索を続けてきた (第Ⅱ部)。いわゆる「非行少年」を〝保護する〟という感覚は――戦前の「遺棄児童」と呼ばれたネグレクトを受けた子どもや、戦後の「戦災孤児」に代表される生きるための盗みなどを行っていた子どもたちに対してはともかく――社会的には理解されにくいことであったし、現在でもそうなのかもしれない。

もし『教護院運営要領』の「栄養法」や石原登の「見えない栄養」を用いてで説明するならば、物質的に豊かな時代の子どもであっても、例えば、コンビニ弁当や子どもたちだけで食べるインスタントラーメン(2)が日々の食事であるなどの生活では、「情緒的な栄養」(石原 1960：42) を吸収することができず、彼らに必要な情緒という栄養を受けていない飢餓状態にある、だから保護の対象である、という説明も可能であろう。しかし、本項目では、また少し別の角度から「非行少年」の「保護」について説明を試みたいと思う。そのためにはまず、「非行」というものをどのように捉えるか、ということから見てみたい。以下は『教護院運営要領』と、『教護院運営指針』の「非行の分類」を整理したもの (第六章第一節、第九章第二節) である。

《『教護院運営要領』における分類》

第一型　不良行為をなす虞れのある心身の状態及《ママ》はそのような環境条件にある者
第二型　不良行為をはじめて行った者
第三型　繰返し不良行為をなしたが、未だそれが習癖となってはいない者

第四型　不良行為が既に習癖となっている者
第五型　不良行為が病的性格に起因している者（例えば性的異常児、残忍性行為常習児、ただしこの傾向が特に強く
　地方の教護院で教護することが困難な者については国立教護院に収容する）

《『教護院運営指針』における分類》
A一時型急性—A優性、一過性非行
B情意障害型（狭義の情緒障害）—B_1不適応非行、B_2感応非行
C特殊型—C_1神経症非行、C_2精神病質非行
D習癖型—D習慣非行

どちらも大別すると、おおよそ次のようになる。①「非行」が常習化しておらず初回、または一過性のもの②「非行」が常習化しているもの③原因が疾病によるもの。①と②はその原因が同じであり、元を正せば被虐待経験（不適切な養育環境）による、と考えられており、③についてもその可能性が指摘されている。

また、例えば万引きの対応などで、慣習的にはこの①と②では「許される」か「許されないか」が判断されることもあり、①と②は、施設の内外で特に区別されてきたところのものである。橋本和明は、著書『虐待と非行臨床』の中で、①は「回避的行動」として「厳密な意味では『非行』と区別されなくてはなりません」（橋本 2004 : 120）としている。橋本によると、「回避的行動」とは、「虐待から逃れるために行う家出や盗みといった行動」（同）であり、「それは虐待に対する適応行動である」（同）、そして「少年の性格の特性と回避行動がお互いに作用しあって、行動が反復されたり常習的となったときに、『虐待回避型非行』が出現して」（同）来る、としている（図14）。[3]

つまり「虐待回避型非行」とは、「最初は虐待の被害から逃れるための家出（『回避行動』）だったはずなのに、不良

仲間と遊びたいがために家を出るといったように目的が変化し、刺激や快楽を求めた非行へと移行して」（同、傍点及び括弧内筆者）、「その非行が常習化していくと、虐待からの回避という意味合いがしだいに薄れていき」（同）、更には「虐待回避型非行は、少年の性格特性や年齢、性別、環境などのさまざまな要因によって、その後は「暴力粗暴型非行」、「性的逸脱型非行」、「薬物依存型非行」、という別な非行タイプに変化していくこともあります」（同）としている（図15）。この説明に先の①、②、③をあてはめると、「回避行動」が①、「虐待回避型非行」が②、「暴力粗暴型非行」、「性的逸脱型非行」、「薬物依存型非行」などは②ないし③であるといえる。

また、子どもが暴力から自分自身を守るプログラム、CAP（Child Assault Prevention 子どもへの暴力防止）では、具体的な方法として「NO・GO・TELL」というフレーズを用いて子どもへ説明している。以下、『エンパワメントと人権』より抜粋し、整理する（森田 1998：52-53）。

NO：「いやだ」「やめて」という意志を表明すること
GO：その場から逃げる、身をはずすこと
TELL：起きたことを誰かに話すこと、相談すること

これを用いて説明を試みるならば、「回避行動」を起こした彼らは、「NO」や「TELL」はできなかった、または試みたかもしれないが受け入れられなかった。しかし、「GO」だけはできた、ということになるのではないか。富田は、「被虐待の末に非行に走ったという点では、彼らは被害者としての面もあり、結果は深刻なのだが、その一方で、中学生年齢までサヴァイバルした上で、非行という外向きの行動化がある意味『可能だった』彼らは、高い精神的エネルギーの持主」（富田 2005：64）だとしている。つまり、橋本のいう「回避行動」の段階で施設に措置された子どもの入所は文字通り「保護」されていた、ということになる（図17）。

図 15

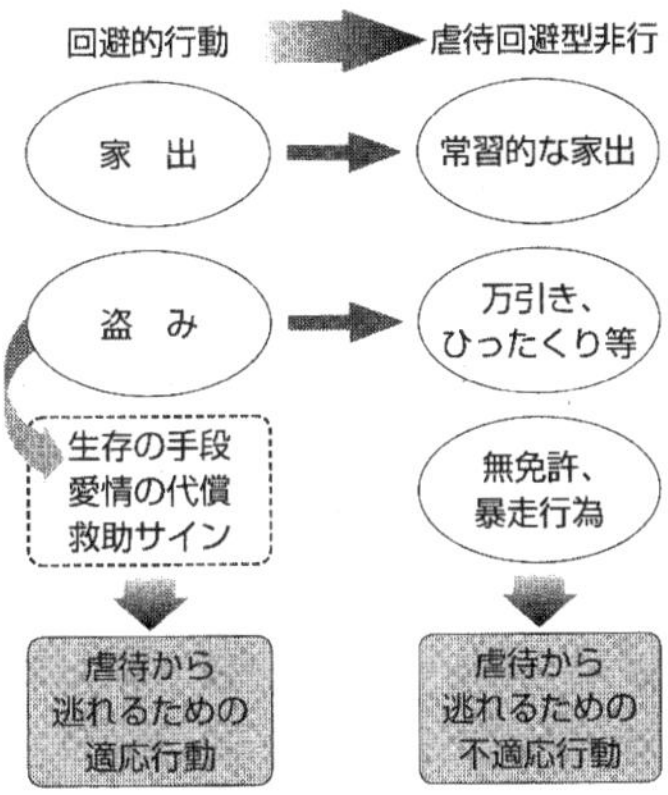

橋本和明（2004）『虐待と非行臨床』創元社、p. 83。

図 16

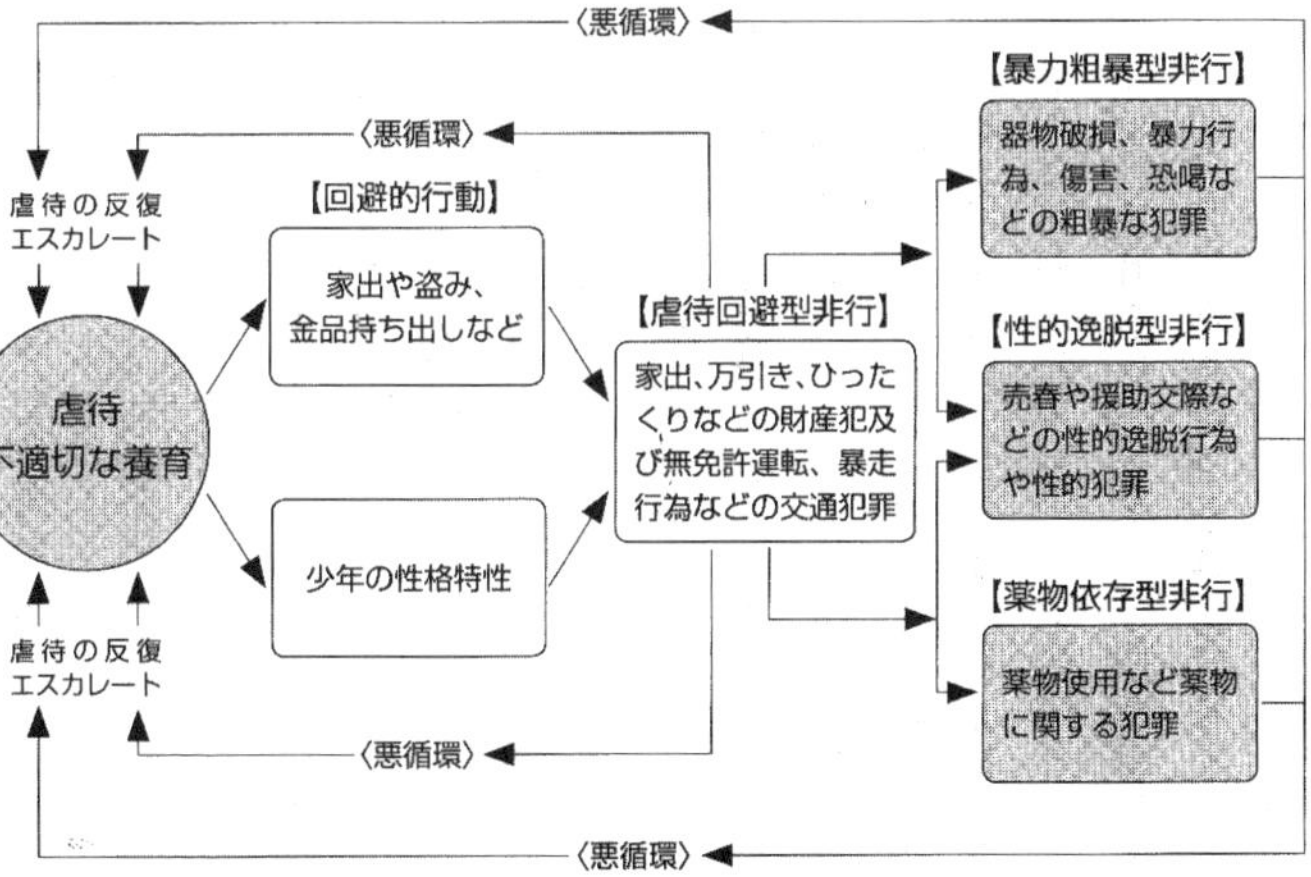

橋本和明（2004）『虐待と非行臨床』創元社、p. 121。

図 17

（一般的な理解：子どもの非行発生 →　各機関に通告　→　施設収容　）

なお、実際の子どものシェルターは、児童自立支援施設とは別のものである。また、行政上の「保護」は児童相談所が行う。子どもたちは必要があれば「一時保護所」を経て施設入所となる（施設が児童相談所から一時保護委託を受けて「一時保護」を行う場合もある）ことを附記しておく。筆者がシェルター的な役割と表現したのは、例えば――虐待通告などではなく――「非行」を主訴としたケースであったとしても、施設がシェルターの機能を果たしている、ということである。

第Ⅰ部第三章では、退所生たちが保護者宅に戻ったことにより、再度被害に遭い、施設に逃げ戻ってくる例を報告した。これらの例は、子どもたちが入所によって〝護られていた〟という経験を持っていたからこそ再度被害にあったときに〝あそこは護ってくれる所だ〟と思うことができ、更に彼らが逃げ出せる力――先ほどのGOする力や、「高い精神的エネルギー」（富田 2005：64）――を発揮できたからこそ、自らの力で施設に逃げ戻ってこられたのである。退所する子どもたちに、「また被害にあったらいつでも戻ってこいよ、逃げてこいよ」（二〇一五年六月、レ学園元職員、C職員）と声をかけていたC職員は、実際に《結構、逃げてきた》（同）と語っていた（第Ⅰ部第三章）。これはすなわち施設がシェルター的な役割、機能を持っていた、ということである。

2．暮らしを通じた権利回復の過程

では「保護」された子どもはその後、どのような経過を辿るのか。第七章第五節で取り上げた『教護院運営要領』における「段階処遇と教護技術」を今一度見て見よう。

第一期　院内に落ちつくまでの時期
第二期　各種不良癖の除去される時期
第三期　一般社会に復帰するための準備の時期

〈厚生省児童局監修（1956）『教護院運営要領　技術編』、p. 186。なお引用は職員のテクストとして『基本編』と『技術編』が合冊されたものを使用した。

次に、この「不良性の除去」される各段階における内容について、子どもの権利回復という視点から見直してみることとする。

〈入所保護〉

まず、子どもは「入所」によって保護される。

それと同時に子どもはそれまでの「非行文化」から分離され、「文句なしに受け入れる施設全体のふん囲気」によって迎えられる。新しい文化様式（服装、居住まい、言葉づかい）に出会う。

それまでの反社会的行動については、忘れさせる。つまり、それまでの自分の行為を自慢したり他の子どもに話したりすることは禁止される。

職員もまた、子どものしてきたことを忘れ、ただ、子ども、として寮内に受け入れる。子どもは自然の豊かな環境で衣食住を保障され、保護してくれる人間、仲間と出会う。職員は「保護してくれる人間」だと子どもが認識するまで、根気よく愛情を持って子どもを受容する。

〈第一期　院内に落ちつくまでの時期―受容される時期〉

子どもは寮舎に配属される。そこでは日課を繰り返す集団生活を行い、生活のリズムを整えていく。これは同時にマンネリズムを意味するが、キョウゴの理念・実践理論ではこのマンネリズムが大切にされて来た。

それまで不適切な養育環境にあった子どもたちにとって、毎日は変化に富むものであり、それは落ち着いた状況ではなく、そのような状況で子どもたちは刹那的な、その日暮らし的な感覚が常になっている場合が多い。

キョウゴの理念・実践理論では、「少人数からなる家族舎の暖かい環境」で「同じ職員が二四時間関わること」や「明日も同じ日課をつづけること」により、日々の安定を得、朝起きて昼活動して三食食べて夜寝る、という生活リズムを得ることで身体の健康を取り戻していくことになる。

〈第二期　各種不良癖の除去される時期―回復と気付きの時期〉

日課の繰り返しが滞りなく出来るようになると、寮舎内で役割が与えられたり、自分よりも年少や後から入寮した子どもの面倒を見るなどの経験をする。褒められたり、認められたりすることも多くなり、子どもたちは次第に自己肯定感が高まり、自信を取り戻していく。

身長が伸びるなど、身体の成長も見られる場合も多い。

〈第三期　一般社会に復帰するための準備の時期―具体的な問題に向き合う時期〉

仲間との集団生活やごくシンプルな暮らしを通じて、子どもたちの中に感謝の気持ちが芽生える、保護者を受容する気持ちが生まれたりする。

この時期はまた、退所に向けての具体的な問題に取り組まなければならない時期でもある。保護者との関係の修復、高校受験あるいは就職活動、場合によっては居住地を探さねばならないこともあり、子どもたちにとっては厳しい時期である。

〈退所〉

子どもは施設を退所し地域社会に戻る。

キョウゴの世界では「アフターケャー三年」（『指針』：154）や「アフターケアー一生」などという用語もあり、退所した子どもについて、職員のボランタリーな関わりが行われて来た。

以上、これはキョウゴの世界におけるいわば理想の実践理論とその成功例に当たるが、考え方としてはこのような過程を経て子どもは成長する、と考えられてきた[4]。

第二節　「不良性の除去」二つの面

1．生活習慣を改善し適切な文化・様式を身につける

教護院時代の「不良性の除去」という法的な目的について、キョウゴの理念・理論では二つのことが考えられた。

一つ目の「不良性の除去」の内容は、現行法でいうところの〝生活指導等を必要とする児童への個々の状況に応じた必要な指導〟とほぼ同じものと考えられる（引用傍点部）。

> 第四四条　児童自立支援施設は、不良行為をなし、又はなすおそれのある児童及び家庭環境その他の環境上の理由により生活指導等を必要とする児童を入所させ、又は保護者の元から通わせて、個々の児童の状況に応じて必要な指導を行い、その自立を支援し、あわせて退所した者について相談その他の援助を行うことを目的とする施設とする。

〈中央法規（2013）『児童福祉法（平成二五年版）』中央法規。傍点筆者。〉

先ほどと同じく、「段階処遇と教護技術」を元に、今度は権利回復の過程に即してその内容説明を試みる。

〈入所　保護〉

安心・安全な場所に移されることで、子どもたちはそれまでの不良文化等の不適切な養育環境と、そしてそこで負わされていた役割から分離される。生きる為に盗んでいた子は盗まなくなり、不良グループのボスだった子どもはその役割ではなくなることになる。

〈第二期　各種不良癖の除去される時期〉

心と体を回復させる期間。日課を中心とした寮舎での生活を通じて基本的な生活習慣が整えられ、衣・食・住について適切な文化様式を学ぶ。険しい表情がなくなり子どもらしい面が出てくる。コミュニケーション能力が高まり、「ありがとう」や「ごめんね」がいえるようになるなど、同じ寮内の子どもとトラブルなく過ごせるようになる。

〈第三期　一般社会に復帰するための準備の時期〉

自身の本来的な力に気付き、それを他者や社会に対して働きかけていく準備を行う時期であり、退所に向けた具体的な取り組みが開始される。帰省を通じて保護者家族との関係修復を試みる、あるいは入所前に所属していた不良グループとの関係等を調整したりする。就職活動や進学のための勉強を行う。

図 18

《キョウゴの理念・実践理論における「全人格的ちから」の成長過程（院内教護）》

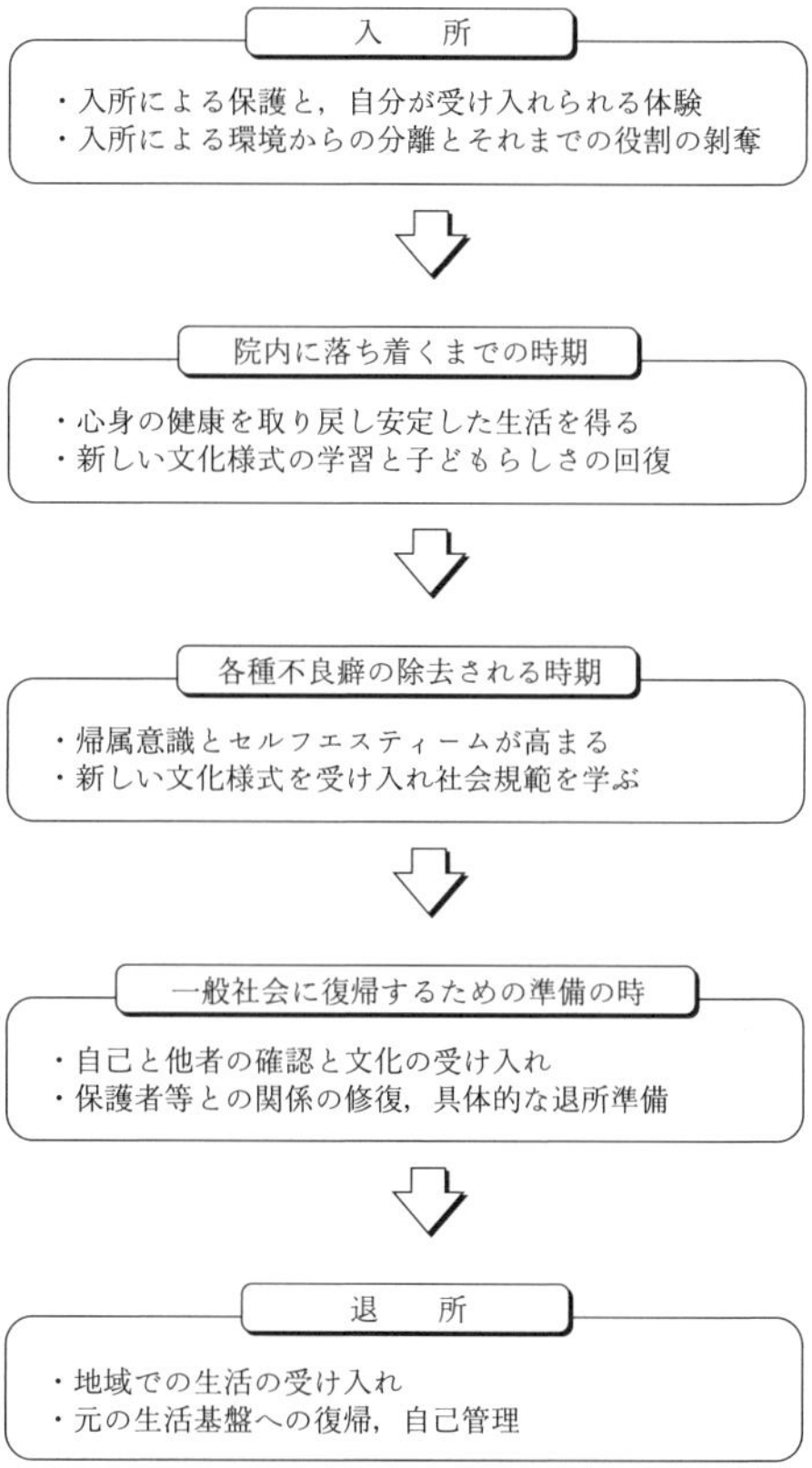

〈退所〉

子どもは施設を退所し地域社会に戻る。アフターケアーについては権利回復の過程ですでに述べたので省略する。

以上、これもいわば理想のキョウゴの実践理論の成功例に当たるが、考え方としてはこのような過程を経て子どもの「不良性」は除去される、と考えられていた。キョウゴの世界の「不良性の除去」とは、つまり成長の過程と同義である。そのため、「不良性の除去」と「権利回復」とが同時進行していることが特徴の一つといえる。図18はそれを簡略図にしたものである（なお、この図では、第二期を更に2つに分けている）。

2．他者の尊重

近年、「不良少年」や罪を犯した子どもの「贖罪」について取り上げられることが多くなった。しかし、キョウゴの世界では、子どもが犯した罪に直接向き合わせる、という方法は取ってこなかった。では、子どもが罪を犯したことは放っておくのか、というとそういうことではなく、方法が違うのである。キョウゴの世界では、子どもの被害性に着目し、まずは子ども自身の回復を目指す、そして自身が尊重される経験を以って、他者を尊重する気持ちを育む、という方法を採ってきたのである。

しかしこのことは、子どもを「甘やかす」ということと同義ではない。このことを北海道家庭学校の第五代校長・谷昌恒は次のように述べている。

「家庭学校には、どのような少年がいますか。そう問われて、私たちは被害者である少年たちがいると答えるのです。しかし、当の本人がもし被害者意識でいる、被害者気取りでいるとしたら、問題はまったく別だと思うのです。少年がいろいろと泣き言をならべ、自分はその被害者だと思っているとしたら、私はその甘えを許さないだろうと思うのです。」(p. 32)

「少年達を被害者として遇し、加害者としての自覚を求めるというのは、奇妙な矛盾ともいえるのです。しかし、人間存在が、本来、そうした矛盾とともにあるのです。」(p. 33)

「子どもを被害者とみて、その擁護をする。あるいは加害者とみて、糾弾する。その一方に偏することは、子

「罪と向き合う」教育

14歳未満も対象

殺人などの重大な非行（事件）を起こして児童自立支援施設にいる14歳未満の子供に対し、厚生労働省は被害者への贖罪《しょくざい》教育を実施する方向で検討を始めた。被害者や遺族の強い要望もあり、すでに実施している少年院の贖罪教育プログラムを参考に、年内にも骨格を固める。しかし、同施設は児童福祉法に基づき、家庭的な環境で子供の立ち直りを図ることを目的としている。14歳未満の子供を「罪」と向き合わせることには疑問の声も根強く、論議を呼びそうだ。【青島顕、川名壮志】

自立施設で　厚労省検討
年内にも骨格

法務省矯正局によると、14歳以上の少年を収容する少年院では、00年度から贖罪教育を本格的に導入した。作文や面接などを通じて被害者の視点から自分の起こした事件を見つめ直させるほか、院によっては被害者を招いて話し合う機会を設けている。非行の程度や内容、少年の状態に合わせてプログラムを作り、個別指導と集団指導を織り交ぜている。

少年犯罪の被害者を講演に招いた西日本の少年院では、落ち着きのない子が話に聴き入ったり、謝罪を真剣に考え始めるなど、更生に効果を上げているという。

贖罪教育は米国の矯正施設で比較的軽微な事件で始められた。生命尊重の大切さを教えたうえで、カウンセリングなどの心理療法を行い、被害者の手記やビデオを見せる。被害者について知り、思いをはせ、自分を見つめ直すことで、他者との関係の認識を深めるようになる。被害者の命日の供養など社会的な謝罪行動をとることで、責任の取り方を具体的に考えるきっかけになるという。

03年の長崎市の男児誘拐殺害事件や昨年の長崎県佐世保市の小6同級生殺害事件を受け、厚労省も贖罪教育に着目。少年院と児童自立支援施設の職員の勉強会などで是非を検討している。

一方、児童自立支援施設は、家庭的に恵まれない子供を福祉の観点から保護、立ち直りのきっかけを与えるのが目的だ。厚労省家庭福祉課は「子供たちにはさまざまなタイプがあり、一人ひとりに合ったやり方を考える必要がある」と話す。

ことば　児童自立支援施設　非行を起こしたり、親の育児能力に欠ける18歳未満の子供を収容する。以前は教護院と言われた。福祉の観点から「育て直す」ことを目指し、寮生活を通じて、生活や学科指導、農作業やスポーツなどの指導をする。矯正や更生を目的とする法務省管轄の少年院とは方針が異なる。14歳未満でも収容できる点も少年院とは違う。全国に58カ所。入所期間は長くて2年前後。

〝再非行〟の防止に

少年院の贖罪教育に参加した西鉄高速バス乗っ取り事件の被害者、[redacted](55)の話　難しい問題だが、可能ではないか。14歳未満の子でも、自分と向き合って反省してほしいし、再び非行を起こす機会は減るのではないか。

法の理念と合わぬ

東京都内の児童自立支援施設に26年間勤務する[redacted](56)の話　施設は安定した生活をしながら子供の成長を見守るところで、贖罪教育は児童福祉法の理念とも合わないと思う。

2005年6月10日毎日新聞。

どもを全体的人間として扱うことにはならないと思うのです」(p. 35)。

〈谷昌恒（1985）『いま教育に欠けているもの――私の道徳教育論』岩波ブックレット45、岩波書店。〉

職員たちは「こんなにいじらしい心根の小学六年生の少年を非行少年と呼ぶ奴がいたらその場で殴り倒してやる」（藤田 1979：115）という気持ちを持ちながら子どもたちと共に過ごしている。その暮らしを通じて彼らは「いくらむしゃくしゃしても、いくら不幸であっても、悪いことだけはしてはいけない！　という基本認識をともどもに持てるようになる」（藤田 1979：11）のである。

かつて筆者は、このような独特なキョウゴの営みを適切な文章に表現することができず、修士論文では「児童自立支援施設には児童自立支援施設独特の〝罪と向き合う〟教育なり援助なりが行われて来た可能性が高い」と書いた。それは決して子どもに直接的に自ら犯した罪に向き合わせる、という意図ではなかったのであるが、それを読んだ故・藤田俊二氏が筆者宅に朝早く電話をかけてこられ、次のように語られた。「武さん、贖罪って……贖罪ってなんですか、こういうことばがあるんですか……ショックだ……子どもに贖罪……子どもに、どうして子どもに贖罪……」氏の声は穏やかであったが静かな怒りに震え、途切れ途切れであった。

なお、国立武蔵野学院では、〝罪と向き合う〟ための面接などを行っているということである、また、二〇〇五年には、児童自立支援施設においても「罪と向き合う」教育を今後実施していく方針が打ち出された（前頁新聞切り抜き）。

今後はどうなるかわからないが、筆者が対象としているキョウゴの世界では、基本的には子どもが入所前に犯した罪については、直接的に向き合う「贖罪」という方法は採られてこなかったと考える。

第三節　ストレングス視点とエンパワメント

1. ストレングス視点

キョウゴの理念は今日でいうところのストレングスの視点であることは、『教護院運営要領』（第六章）を中心に述べてきた。それは、古くは〝感化〟と呼ばれたものであるが、次のように整理されている。なお、この文章は『基本編』のごく初めの頁（p.5）に掲載されている。

教護院に課せられている主要な任務は、一般社会で監護よろしきを得なかった特定児童に、適正な監護を与え、これによってその児童が生まれながらにして持っている、人間としての心身の完全なる生育を遂げるべき権利を保障するという点に存ずるのである。

〈厚生省児童局監修（1952）『教護院運営要領　基本編』、p. 5。なお引用は職員のテクストとして『基本編』と『技術編』が合冊されたものを使用した。〉

これを読むと、施設の行っている（あるいは行うべき）ところのものが、〝矯正〟やいわゆる〝鍛錬教育〟ではないことがよく理解されるものである。中でも筆者が着目するのは「その児童が生まれながらにして持っている、人間としての心身の完全なる生育を遂げるべき権利を保障する」という部分である。これは、近年ストレングス視点、あるいはエンパワメント（後述）といわれるところのものである。

戦後の福祉施策が〝援助〟あるいは〝指導〟ということばに表されるように、あたかも援助者や指導者がそれを受ける者に何かをしてあげるという視点だったのに対して、『教護院運営要領』では、子どもたちはただ一方的に保護され、加護される存在ではなく、彼らが「生まれながらにして持っている」力がある（ストレングス視点）ことが高らかに謳われているのである。このように、キョウゴの世界ではストレングス視点等、これらカタカナ用語が輸入される遥か以前より留岡幸助の「天然の感化」にせよ、菊池俊諦の「児童主体」にせよ、その視点が核となっているのである。

教護院時代にいわれた「不良性の除去」という文言が、あたかも〝矯正〟や〝鍛錬教育〟を連想させ、誤解されがち——「従来用いられている不良性除去という文字は、現象的な悪癖の機械的矯正というような感を与えやすい」

（『技術編』：5）――であり、そして各施設の実践場面では、厳しい指導や体罰があったこともまた事実なので、その誤解を助長した面もあると思われるが――理念的にはまったく違うものである。すでに前の項目で見てきた通り、「不良性の除去」が行われる過程は、子どもの権利回復と成長の過程であり――「従来用いられている不良性除去という文字は、現象的な悪癖の機械的矯正というような感を与えやすいが、実は健全な人格形成のための必要の充足をいうのである」（『技術編』：5）――、「不良性の除去」とは、目的ではなく結果である――「結果に於て確かにそのような作用をしていることは事実」（『基本編』：4）。すなわち、「不良性の除去」、あるいは「教護する」の本質とは、このストレングス視点にあると筆者は考えるものである。

2.「施設全体のふん囲気」

「施設全体のふん囲気」とは、ひとまず、今日でいうところの環境療法を表すものと考えれば理解がしやすいと思われる。これは、留岡幸助が「天然の感化」といったもの、大自然そのものや農業（または農作業）を通じてのそれを更に一歩進めて、教護院という施設、空間そのもの[(5)]――それは人間、つまり職員の子どもへの関わりも含めた――と考えられ、石原登は、「物や機能によって人の心を征服する例もたくさんあります。銀行の建物をすばらしくりっぱにし、これによって人の信頼を得ているとか、（中略）教護院へ子どもが連れてこられたとき、その建物や設備や職員や収容されている子どもや、それらの総合の醸し出す雰囲気が、心から子どもを征服した場合、もうそれだけで教護は半ば達せられたといって良いのです」（石原 1960：146-147）としている。

石原は「明石学園長だった赤羽先生は、『教護院はお風呂屋のようなものだ』といっていました。名言だと思います」（石原 1980：79）と述べているが、その空間は子どもたちを受容する力と癒す力に満ち満ちているものである。この「赤羽先生」の「お風呂のようなもの」という表現を借りれば、施設入所とは、温泉場に湯治に行くようなものなのかもしれない。「症状」に直接作用する注射や薬などの「治療」ではなく、自身の力を回復し健康を取り戻すための空間、それが「施設全体のふん囲気」なのではないか。
このような「施設全体のふん囲気」が充満する空間について、ソーシャルワークを学んだ筆者にとっては、「環境療法」や「治療教育」と説明するよりもエンパワメント、とした方が解りが良い。エンパワメントということばはまだ新しく、人により説明が異なることがあるため、以下に森田ゆりのそれについて引用する。筆者は「施設全体のふん囲気」とは、森田ゆりがいうところのエンパワメントを可能にする空間、として捉えられると思うのである。

エンパワメントとは、わたしたち一人ひとりが誰でももっているパワーや個性をふたたび生き生きと息吹かせることである。すべての人が持つそれぞれの内的な資源《リソース》にアクセスすることである。そのためには社会から受けた不要なメッセージや痛手を一つひとつ取り除いていかなければならない。「どうせわたしにはできない」「ダメな自分」といった自己否定の思いこみを変えていかなければならない。
「もっと自立しなけりゃだめだよ」とか「いまのあなたはまだ十分でないからがんばりなさい」といって元気づけるのではなく、あるがままをまず受容し、内在する資源に働きかけることがエンパワメントである。（以下略）

〈森田ゆり（1998）『エンパワメントと人権』解放出版社、pp. 17-18。なお、引用には二〇〇三年初版第13刷を使用した。〉

注

（1）例えば、『児童自立支援施設入所児童の被虐待経験に関する研究――アンケート調査を視点にして（第一次報告書）』（国立武蔵野学院、二〇〇〇年）、『児童自立支援施設入所児童の自立支援に関する研究――退所児童に関するアンケート調査を視点にして（第一次報告書）』（国立武蔵野学院・国立きぬ川学院、二〇〇三年）、『児童虐待が問題となる家庭事件の実証的研究』（家庭裁判所調査官研修所監修、二〇〇三年、司法協会）等。

（2）事例集⑦「ちいちゃんのねがいごと」では、実父と弟と暮らす小学四年生の女子が、入所前には「わたしんとこ、いつもインスタントラーメンやった」（事例集⑦：101）と語っている。職員は「ラーメンなど麺類が主の食生活では、『噛む』事が身についておらず、また食物にたいしての味、におい等の恐怖があり、同じ小学生の食事に費やす時間と比べてみても、大きな差を生じていた」（同：102）と観察している。

（3）藤田俊二の『もうひとつの少年期』に、藤田の「家庭舎」でTVを観ていたある子どもが、「ふえる一途の少年非行の中でも、家出少年少女の非行が非常に多くなっています」というアナウンサーの言葉に対して、「先生、家出もやっぱり非行かい？」と、「頬杖しながらにこりともしないで聞いた」という件がある（p.98）。

（4）なお、この過程はマズローの「ニーズの階層」または「欲求のピラミッド」と同義なものではないだろうか、と筆者は考えている。

（5）この場合の征服は、石原自身も「一応征服（あまり適切な表現ではありませんが）と申しておきましょう」（石原 1960：142）とし、相手が心から信頼を寄せている様をそう表現していると思われる（第七章第一節）。

第一二章　キョウゴの「言語化」

第一節　用語と「言語化」

1. 職員に伝承された用語

フィールドワークを通じて筆者は、キョウゴの世界にはおびただしい数の専門用語、あるいは隠語があることを知った。例えば「ウイズの精神」「指導の三本柱」「三能主義」「足の裏の哲学」などである。

それらは、職員の職業倫理に関することや、キョウゴの方法を表したものなど多岐に渡る。それらの用語はどれもコンパクトで語呂が良く、覚えやすく、ポータビリティに優れているといえる。

例えば、ソーシャルワーカーには倫理綱領及び行動規範があるが、倫理綱領は前文、価値と原則、倫理基準の三項目からなり、暗唱するのには難しいほどのボリュウムがある。また、ナースには倫理綱領の外にナイチンゲール誓詞というのがある。これはナースの職業倫理を一四行の詩に収めたもので、看護学校の戴帽式の他、授業前などにも復唱されたり暗唱されたりしているものである。

キョウゴの世界に伝わる用語はこれよりも更にコンパクトで、職業倫理だけでなく、先にも述べた通り、キョウゴの方法や、その時代ごとに現れた検討事項を表すものまで多岐に渡る。中には語呂合わせ（例えば「生教分離」、第Ⅱ部第三章）など、洒落が利いているものや、思わず興味をそそって印象に残るものなどがあり、いずれも短文で覚えやすいのが特徴的である。

興味を惹きやすく覚えやすい、しかも短文でキャッチーな用語は伝承能力に優れているといえる。その反面、その内容が常に一定に伝達されるとは限らない。筆者はフィールドワークを通じて、例え同じ用語であってもその説明の内容が、各職員で異なる場合があるということに気付いたものである。なおこのような現象は、話しことばの上だけでなく、活字上（文献上）にも認められる。

2.「言語化」の難しさ

序章にも書いた通り、キョウゴの世界を説明することは大変な困難であり、職員・関係者は長年、その「言語化」に苦心してきた歴史がある。「言語化」は職員や関係者の悲願であり、外部の人々に向けて自分たちのことをわかってほしい、理解してほしいという、「実践」のことば化であり活字化であった。

「教護する」ことの説明を難しくしている理由はいくつか考えられるが、まず、「教護する」ということが、職員による〝指導〟、あるいは〝援助〟や〝支援〟及び〝ケア〟（以下、〝技術〟）のことのみを指すのではないということがある。例えば、「建物も教護する」のように主語に無機物を持ってくることがあり、これは単なる擬人化ではなく、「教護する」のルーツが「感化」にあるためと考えられる。つまり、「教護する」ということは、職員の〝技術〟のみならず、施設の設備や環境、仕組みなどの三位一体（序章、及び第Ⅳ部）を「教護する」というので伝えにくいし理解しにくいのであった。

また、全国に五八ヵ所設置されている施設は、それぞれの成り立ちも違えば設置主体も異なり、そして五八施設の内五六施設が公設公営の施設であることも関係している。人材・設備・立地など、条件により、場合によっては施設の理念よりも自治体の都合が優先することもある。そのため一口に教護院といっても、職員が夫婦で住み込んで子どもたちと一緒に暮らしている施設もあれば、複数の職員が施設の外から通って交代勤務している施設もある、森の中にある施設もあれば住宅街の中にある施設もある、というように様々なのである。このようなキョウゴの特徴について元国児学園職員・小野木義男は、「本らい一人格であるべき教護院だが現実は寮舎の数だけ、いや、職員の数だけ異なる考えを持っている」（小野木 1990：30）と表現している。

各施設の職員は「教護する」という共通理念を（一応）持ちながら、実践は各施設の条件下で行ってきた。その結果、少なくとも五八通りの「教護する」が語られることになり、それは職員の数だけあるともいわれるに至り、「教護する」は実践を経て、共通理念として包括的に説明することが困難になってしまったのである。

更に自体を複雑にしているのが先に挙げた『教護院運営要領』という〃バイブル〃の存在であった。同書は戦後、感化院時代からの各施設の実践を集めて理論化した初の書物であり、多くの職員の支持を集めて教護職員の教科書とかバイブルと呼ばれるようになった。しかし、この〃バイブル〃の解釈が職員により異なり、また、先に述べた通り実践は各施設の条件下で行われるのでますます理論の解釈が異なることになった。

このようなことから、結果として、「教護する」ということの説明は困難を極めることになり、外部の者のみならず、内部者同士の摺り合わせすら困難となっていくことになった。

しかし一方で、キョウゴの世界には、皆が共通に感じる理念・理論——あるいは思想ともいえるかもしれない——それらの共通の塊があることもまた事実である。筆者が考えるに、それらの共通の塊は、確かに共通理解の上に成り立つが、しかし、実際にそれをことばにして説明することは難しく、必ずしも一致した説明にはならない、ということだと考える。だからこそ、職員は「一度来て見てください、そしてできたら泊まっていってください」というのであろう。

このようなキョウゴの世界の「言語化」の難しさは、対外部の者にだけ起きるとは限らない。序説でも記したが、例えば、職員・研究者による各種研究会等では、議題に入る前――あるいは入った後のどこかで必ず各施設における〝理論〟なり、各自の〝実践論〟なりの摺り合わせの作業が必要になってくる。そして多くの場合、この摺り合わせの作業は白熱した議論を呼び、かなりの時間を費やすこととなり、なかなか本来の議題に入れないということもしばしばである(1)。

しかし、筆者はこのような議論を決して否定するものではない。常にほんものの暮らしとほんものの情を交わそうとする(第Ⅳ部)キョウゴの世界にあっては、その実践論を束ねるということは不可能に近いのではないかと考えていること、そして、それが故にマニュアル化や規格化が難しいということこそが、キョウゴの大きな特徴の一つと考えるからである。

第二節　職員間の「技術」の伝承・伝達

1．一般化が難しい「職人芸」

これまでの章でも見てきた通り、子どもの権利の回復過程において職員に求められたのは、「施設全体のふん囲気」づくりや「良い雰囲気を醸し出すこと」であり、職員の絶え間ない愛情であり、「あえて意識化しないレベルの働きかけ」であり、ひいては職員の人格そのものや生き方そのものであった。

これらのことは、ことば――殊に活字にするのが難しいものである。しかも、キョウゴの世界では、職員夫婦がペアになって寮舎運営をするという、小舎夫婦制が重視されてきたため、それらの営みを活字にすることは、時に夫婦のプライバシーに関わるものにもなりうることになる。それらはまた、「施設全体のふん囲気」と同じく、「寮文化」や「寮舎の文化」(第Ⅰ部・第Ⅳ部)といわれるものと一体となり、持ち運ぶことができない概念、と捉えられてきたといえる。

そのため、いわゆる職員の「技術」と呼ばれる、実践上の知恵やコツは「職人芸」といわれ、一般化することが難しいとされてきた。それらの技の伝承は、正に徒弟方式で行われるのであり、多くは男性職員がフリーの時代に先輩の寮舎に入って見て覚える、というような方法に依っていた。しかし、この方法の場合、寮長の技は伝承できるかもしれないが、寮母のそれや、あるいは夫婦一体となって展開される「技術」は伝承しにくいと考えられた。

そのため、「力のある寮」を運営できる寮長はカリスマ的存在となり、その存在は頼りにされ、讃えられるのであるが、その職員の退職により多くの「職人芸」が失われてしまうという一面もあった。また、そうしたカリスマ的存在は「施設全体のふん囲気」にも関係してくるので、正に施設全体に影響を及ぼしかねないのであった。

では、これら、カリスマ性のある職員の「技術」は、本当に伝達することは不可能なのであろうか。それを考える糸口として、筆者は職員の子どもへの関わり方を整理してみたところ、大きく二つに大別された。

A．いわゆる「日課に乗せる」関わり（ソト的関わり）≒指導

B．「あえて意識化しないレベル」での関わり（ウチ的関わり）≒感化

ソト的な関わり

A．いわゆる「日課に乗せる」関わりは、「指導」と同義であり、日課やルールを守らせるための関わりがその代表にあげられる。これを筆者は「ソト的」関わりとした。この関わりは主として寮長の役割とされてきた。これは、子どもの「問題行動」が出たときなどにその力が試されることが多い。このようなソト的な関わりは、「ことば化」→「活字化」→「言語化」という経路を比較的辿りやすいと考えられる（図19）。例えば、「指導」の内容などは、ある程度「活字化」され、『新・旧ＨＢ』や事例集に収録されている。これらは既に〝手引き〟として共通の「言語化」

図19 「言語化」の段階（試案1）

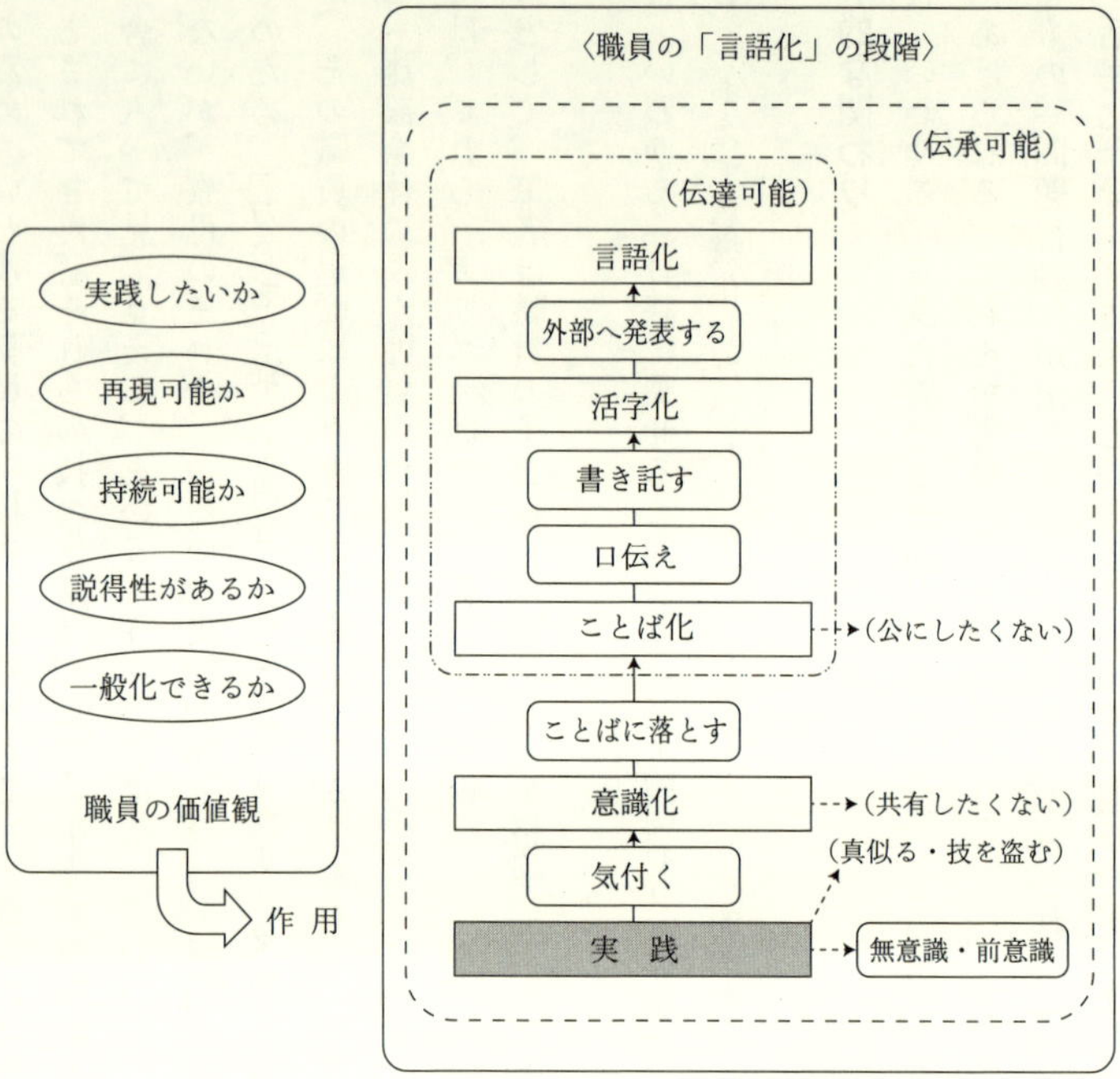

※ 一番下の 実践 からスタートする

が為されたものである。しかし、それらがもちろんすべてではなく、むしろ一部であると考えられる。なぜならば、先述した通り、全国の五八施設はそれぞれの施設のルールや運営方針、運営形態、そして設備等の条件に即した運営を行っており、「指導」もそれによって行われているためである。

更にそれらの内容をどの程度共通認識とするかについても施設によって異なる。例えば、「支援方針の手引き」などの「活字化」に熱心な施設もあれば、「施設の文化」や「寮文化」を重視している施設、あるいは対外的にマニュアル化した印刷物は作成しているが、実際はそれにすべて則るということではなく、「施設の文化」や「寮文化」を尊重していると思われる施設もある、というように、かなり異なると考えられる。

これら各施設が作成している印刷物は、理念・理論の「活字化」という面がある一方、事故予防や事故対応、そして説明責任を果たすための「活字化」（「事故対応マニュアル」や「特別日課実施方針」等に代表される）という面もある。特に二〇〇〇年に入ってからは「自立支援計画票」と共に、後者の作成が進んだと考えられる。

また、これは「指導」といえるかどうか解らないが、経験に裏打ちされた技術の内、例えば筆者が聴き取った例では、ムガイの引き取りに行った際には子どものズボンのベルトを抜いて置く、というものがあった(2)。この類の「コツ」などは、機関誌でもそれほど見かけず、特に時代が新しくなる（号数が進む）につれて見られなくなってきている。このようなものは、あるいは「活字化」の手前、「ことば化」の段階で、職員の口から口へと伝承されていっているのかもしれない（図18）。

ウチ的な関わり

B.「あえて意識化しないレベル」を筆者は「ウチ的関わり」としたが、このことについて『新HB』では、「職員と専門生」の項で説明がなされている。例えば「あえて意識化しない領域の生活そのものによる子どもの指導・援助」（『新HB』：372）や「見えないところへの配慮、あえて意識化しないレベルでのかかわりや働きかけ」（『新HB』：400）であり、後者は「児童生活支援員の重要な役割」（同）――キョウゴの世界ではいわゆる「寮母」――としている。

前者は、しつけなどの他、職員の生き方（人間性、あり方）そのものを示すことや、職員の子どもを愛する気持ちが醸し出す良い雰囲気、そして共に暮らす内に自然に行われる振る舞いなどがこれに当たる。

また、後者は、これこそが、「あえて意識化しないレベルの関わり」として、これまで職員の間でいわれてきたものであり、これは伝統的な「母親的役割」（『新HB』：400）を想定したものである。暮らしの世話を通じたそれと、いわゆる「母性」に期待したものをキョウゴの世界ではそのようにいい表してきたと考えられる。このことは、これまで「母性」ということばに委ねられ、それ以上の「ことば化」以降への段階に向けた「言語化」（図18）への努力が――行われてこなかったとはいわないものの――他の関わりに比べると少なかったように思われる。

これらのことを踏まえて今一度整理を行うと、次のようになる。

A．いわゆる「日課に乗せる」関わり（ソト的な関わり）≒指導

B．「あえて意識化しないレベル」での関わり（ウチ的な関わり）≒感化

{6–1．生活領域での関わり≒手本
{6–2．見えないところへの配慮≒母性

2．関わりの相乗効果と隠された関わり

ウチ的な関わりは、個別的瞬間的関わりであるため、安定提供がしにくいものである。それを安定的に供給しやすくするためには、職員がそこに住まうことであり、また、ソト的な関わりとウチ的な関わりは、相互に関係し合ってこそ効果が発揮されるので、いずれにしても職員は子どもと共に「暮らす」必要があると思われる。

いわゆる「指導の三本柱」では、「学習指導」で失った自信を「生活指導」で補うことや、「作業指導」で回復した自信を「学習指導」に生かすことなどが可能になると考えられるが、その関わりはソト的な関わりのみを通じて行われるよりも、ウチ的な関わりと共に行われることで本来的な意味を成すと考えられる。

ソト的な関わりも、ウチ的な関わりも、それらはパラレルに「意識化」→「ことば化」→「活字化」→「言語化」という経路を辿って「言語化」に至ると筆者は考えている（図18）。しかし、その過程の中で、意識的に「隠された」技術やコツもあると思われるのである。それは、単純にコツを独り占めしたいということから、プライバシーに関係するから教えられない（特に夫婦制の場合）とか、あるいは教えてもいいけれど他の人や寮では実践できない（寮舎内の間取りや〝寮舎の文化〟や〝子ども集団〟などが異なるため）ので意味がない、ということもあるようだ。コツを教えたくないというのは、職員間の関係があまり良くないときなど、特にムガイの責任をすべて寮長一人に押しつけられ

るなどがあると、職員間の連携がなくなり、自然と情報交換が少なくなるという面もある（第Ⅳ部第四章）。また、例えば実子を交えた関わりなど、職員家族の構成員によるものもあり、そのようなものは職員家族によって条件が違うので、意識化していない場合（インフォーマルの状態）だったり、意識的に隠している場合とがあるようだ。

いわゆる〝隠蔽〟などは、このように個人や寮舎単位で行われていることもあるし、施設全体で行われている場合もある。施設全体で行われている場合は、いわゆる〝裏マニュアル〟というものがそれに当たる。筆者が聴き取った例では、寮舎を混乱に陥れてしまうような子どもをわざと逃がすように仕向ける、というものがあった（第Ⅳ部第四章）。留岡が「難物」と表現したような子どもがいる場合、職員が疲弊して閉寮する可能性もある。このような場合は施設で協議の上、児童相談所に再判定をしてもらうなどの手段が考えられるそうであるが、施設内で職員同士が助け合うような雰囲気でない場合や、あるいは児童相談所との関係が良くない、あるいは慣例などから、柔軟な検討が行われにくい場合が考えられる（第Ⅳ部第四章）。

隠されやすい技術の中で最も顕著なものが罰、特に体罰に関するものである。阿部によると「問題行動に対しての『罰則』では、集団に対して一貫したものがある場合は少なく、個別的であることが多い。つまりある問題行動を誰が行っても一律に『罰則』があるのではなく各児童によってあるいは職員によって異なる場合のほうが多い。さらに同じ教護院内にありながら寮舎によって『罰則』が異なることも稀ではない」（阿部 1007：100）としている。

筆者の印象では、ムガイのときなどは、ある程度形式化したペナルティ（コベツやハンセイなど、第Ⅰ部参照）があるように見えた。これに対して体罰などは、隠れた法則なり方法なりができやすいものと考えられる。

第三節　設置主体を初めとする行政への説明

1．誤解を与えやすいキョウゴの世界

先に職員間の「技術の伝達」とその「言語化」について述べたが、このことは、「この施設は何をするところであるか」という説明を行う上でも重要な事項である。その例として、『非行問題』一五七号に掲載された「座談特集」「教護院が当面する問題点の追求――主体性は果たして喪失したのか」の内容を再び引用する。以下は「管理能力とその価値のものさし」という見出しに収録されている会話の一部である。

内山　やはり教護院の夫婦制一枚看板みたいのをもっと洗い込む必要を感じる①。もっと体系分類なり指導者のパーソナルを踏まえてのグループ編成など、そういう仕組みの教護院が必要②だと思う。

武田　そのためには教護院の中にある請負制度的な雰囲気が一掃されてしまわねば駄目だ。そうでないと担当した子どもは勿論のこと寮舎の周辺の土地まですべて自分が開拓したんだというような閉鎖性が出て来て、職人根性でなく百姓根性になってくる③。これがいわゆる行政官が来たとき鼻持ちならないようだ④。だがこの理論を支えていたのも多少あったと思う⑤。例えば監査で誰れかが来たので先生方に集まってくれといったら、自分の子どもをおぶってくる教母がいた⑥。監査官はたまげて、あれなんだという⑦、するとその先生は教母とはかくなるものなんだと。石原先生によると教母は家の仕事を一生懸命にしていたら、それが教護を支え、それがはねかえって子どもの教護になるのだという。そして教護、教母とはこういう特殊なものなんだと一生懸命に説明する⑧。そして結局行政官はこれではいけない、職場の規律もなにもあったものではない

と思う（⑨）。

〈『非行問題』編集部（1969）「教護院が当面する問題点の追求――主体性は果たして喪失したのか」『非行問題』一五七、p. 13。傍線、括弧内著者。〉

この引用部分は、キョウゴの世界を説明するときの難しさ、特に行政側の人間に対して説明する際の難しさをよく表していると考えられる。「自分の子どもをおぶってくる教母」（⑥）は一生懸命寮舎の仕事をこなしているのであるが、それを見た「監査官はたまげて、あれなんだという（⑦）」ことになり、「これではいけない、職場の規律もなにもあったものではない」（⑨）と考えてしまう。このような時、職員は「教母とはかくなるものなんだと」（⑧）「こういう特殊なものなんだ」（⑧）と「一生懸命に説明する」（⑧）けれど、それが行政官には伝わらないのであった。

このように、キョウゴの世界は説明がしにくく、それがために批判の対象になりやすい。このことは夫婦制のあり方に限ったことではなく、例えば人事などにもいえることである。主たる設置主体である都道府県の行政マンにとって、施設は児童福祉法によって定められた公営の施設の一つという認知にすぎない。それで、「子どものことをやったことがない、それどころか福祉でもなんでもない昨日まで水道メーターの検針やってた人が、いきなり行政の異動で児童自立支援施設の職員になったりする」（武 2010a : 21）ということが起きたり、あるいは障がい者福祉施設から大量に人員が異動したりということが起きる。行政の中で、施設と最も関係性の深い児童相談所の職員でさえ施設のことをよく理解していない場合が少なくないという声も耳にする。青木は次のように語っていたという――「手近な仲間の機関である児童相談所の充分な理解が欲しいんだよ」（『非行問題』編集部 1976 : 109）――。

キョウゴの世界を「言語化」することは、長年に渡る職員・関係者の悲願であった。それは職員間の技術の伝達という点だけでなく、行政マンへの説明のためもあったのである。そしてそうした説明は、戦前の単独立法だったころに比べて多くの場面で必要になっているものと考えられる。

2.「改革」の下に〝合理化〟を迫られる

施設は広い敷地を持ち、その敷地内に点在する寮舎（コテージ式）を採っている。このこと一つ取っても設置主体側にとっては――同じ児童福祉施設である児童養護施設が戦後長く大舎制であったのに対して――非常に〝贅沢な〟施設といえる。

そのため、施設は建て替えのたびごとに、その条件として様々な「改革」案――筆者は〝合理化案〟と捉えるが――が設置主体から出されることになる。筆者の聴き取りでは、施設周辺の土地価格が高騰したことから、広い敷地が必要な寮舎（コテージ式）を取り壊して、本館や寮舎などの建物を一元化してビル化せよとの意向が設置主体から告げられてその説明に苦慮したとか、また実際に土地の一部が削り取られて道路にされてしまったという例がある。

また、異なる種別の社会福祉施設（障がい者施設や老人福祉施設）を集めてコロニー化した例もある。この場合は、障がい者施設の職員が多く児童自立支援施設に転勤することになり、前の障がい者施設でのやり方を押しつけられて困ったとか、また、老人福祉施設と食事が共通なので食事の味付けが薄くて子どもたちが気の毒だ、などの語りが聴かれた。

人員配置のことでは、ある施設では夜間の人員を減らすために小舎を二つ繋ぎ合わせて中舎としてカウントすることになってしまったとか、最も最近の例（仮にα施設とする）では、夫婦制を廃止すること、もし夫婦制を継続するならば、その条件として寮舎（コテージ式）を壊して夫婦の職員宿舎（つまり寮舎）を一元化してマンション化すること、などの〝最低条件〟を出された、という例があった。

このような時、職員が設置主体に対して十分な説明を行うことができれば現状維持が図れるであろう。しかし、職員が十分な説明を行えない、あるいは、職員自身が説明する体験や根拠を持たない場合――例えば他分野から行政異動等で着任し、施設における理念・実践理論について知らないという場合など――、設置主体の意向のままに設備や環境が変えられてしまうということが起きる。

「言語化」は、職員にとって理念・実践理論、そして彼らのいう「技術」の伝承・伝達だけでなく、外部の者への説明という面で〝悲願〟だったのである。

第四節　用語や実践のルーツを辿る必要性

1.「言語化」の諸段階

先に筆者は、フィールドワークを通じてキョウゴの世界にはおびただしい数の専門用語、あるいは隠語があること、そしてそれらの用語の説明が各職員で違っていることについて気が付いたと書いた。それに加えてもう一点、職員・関係者のいう「言語化」には、ある段階（あるいは種類）があること、そしてそれらはパラレルに変化していることに気付いた。まず、「言語化」に至る経路を考えて見ると、最初に実践があり、次に実践を意識化する段階を経て、次にこれをことばに落とす段階になり、その後ことばは活字となり、職員の間で共有されて一応の普遍化を見る……、これが更に外部の者に発信され、更なる普遍化を遂げた段階、つまり外部の者と共有できる段階、あるいは共有できるであろうと期待される段階のことを彼らは「言語化」と呼ぶ、ということである。つまり、「言語化」された理念・理論は、いわばフォーマルなそれである（図20）。

筆者はそのフォーマルな「言語化」に加えて、職員が十分にことばに落とし込んでいないと考えられる部分――筆者はこれをインフォーマルとした（図20）――や、あるいは、あえて外部の者には公開していない部分――例えば裏マニュアルなど隠された（図19のヒドゥン）――まで網羅したキョウゴの理念・理論、そして実践について包括的に

図20 「言語化」の段階（試案2）

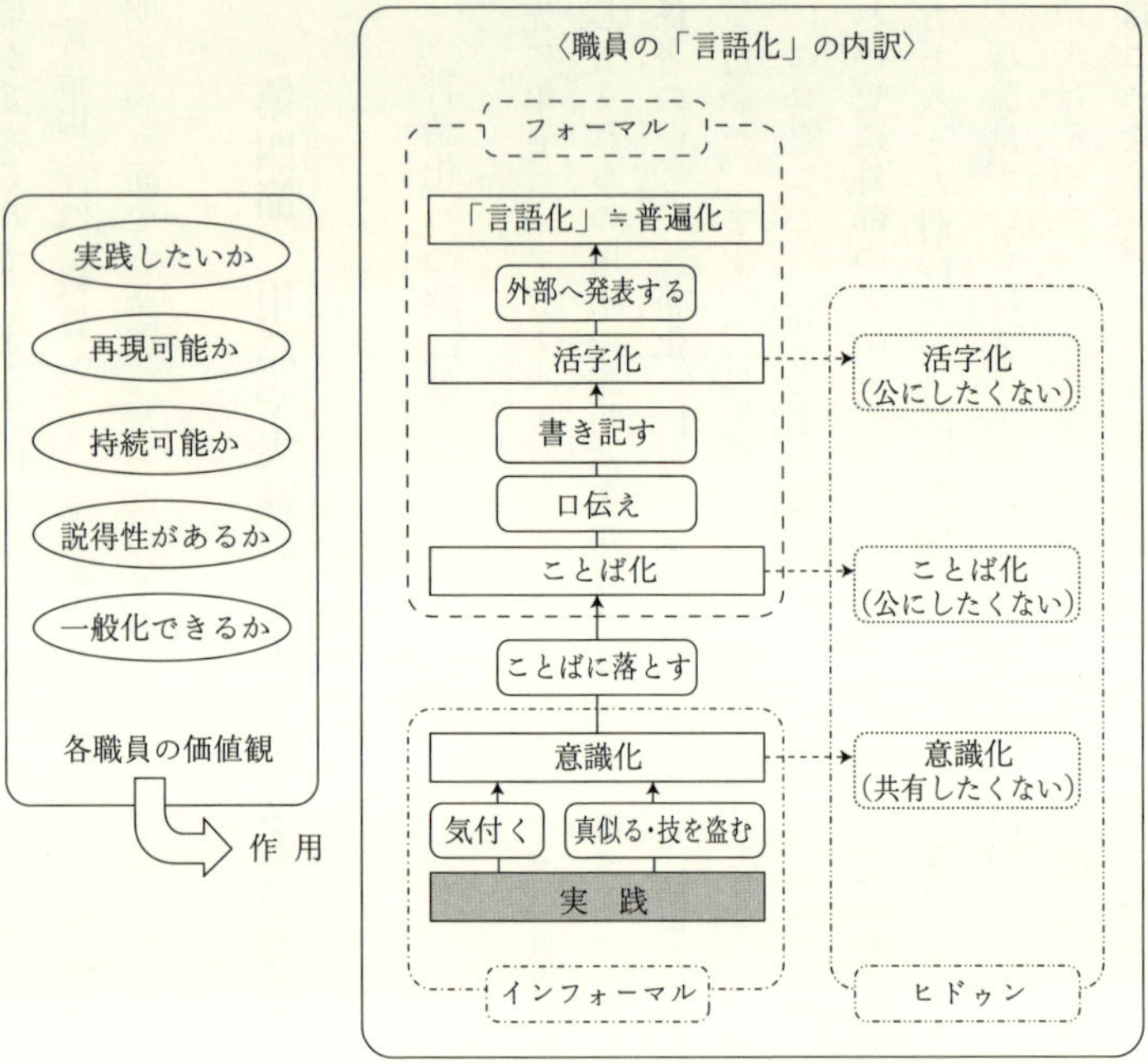

※ 一番下の実践からスタートする

捉え、これをキョウゴ・モデルと表象しようとしているのである。

2.「言語化」以前の理念・理論及び実践

実践が「言語化」されるまでの間には各職員の価値観が作用する。つまり、例えば同じ用語であっても、その言語化の経路には、各職員のバイアスがかかることになる。これは実践が理念・理論にフィードバックされる際も同じである。（図18左側）。そのため、「本らい一人格であるべき教護院だが現実は寮舎の数だけ、いや、職員の数だけ異なる考えを持っている」（小野木 1990：30）ということが起きるのであろう。先にも述べた通り、各種研究会において必ず摺り合わせの作業が必要になってくるのはこのためと考えられる。

このように、現在、職員によって説明（あるいは解釈）が異なる用語、あるいは時代によって変化してきた理念・理論がある一方で、その理念・理論が伝承されていない、あるいは形骸化しているが実践は継続して行われている、というものも観察されている。例えば、筆者がある施設で農作業に参加している際、職員が、「何で農作業をやるのかわからない」と話していたことがあった。内心、大変驚いたがもう少し詳しく話を聴いてみたところ、その職員は本当に何故、児童自立支援施設で農作業を行うのか、その意味や意義をまったく知らないのであった。また、「もう農業をやる人は少ないから、農作業をやっても意味がない」と語る職員もいた。この職員の場合は「作業」を職業訓練と捉えており、そのため、将来、農業に従事する子どもは少ないので「農業をやっても意味がない」としていたのであった。

以上のことから筆者は、施設での観察や職員からの聴き取りから得られたものでキョウゴ・モデルをまとめるだけでは不十分だと考えた。それにはまず、「言語化」（あるいは活字化）された理念・理論及び現在行われている実践のルーツを遡り、本来の意味を辿ることが重要であると考えたのである。

これまでは、職員の「言語化」といわれるところのものについて明らかにし、その種類と「言語化」までの経緯について整理を試みてきた。続く第Ⅳ部では、フィールドワークと文献研究の両面から分析を行い、キョウゴ・モデルとしてまとめてみようと考えている。これは、筆者による「言語化」の試みである。

注

（1）それは正に小野木がいうように「一人格」となって意見を述べなければならないような研究会においても同じようであった。例えば筆者は二〇〇五年から二〇〇六年にかけて厚生労働省が設置した「児童自立支援施設のあり方に関する研究会」を傍聴したが、その際も、会場で求められた答えに対して、各施設の関係者（ＯＢ）がそれぞれの経験を話す場面が多く、「一人格」としての意見に欠ける、という印象を持った。

（2）これと同じような例が『非行問題』の一九六号に、〝新米時代の思い出のエピソード〟として掲載されている。「出発前、先輩たちから連戻についての諸注意があった。排泄は署で必ずすませること。それでも途中でトイレに行きたいといったら、要注意。高窓や汲み取り口から逃走するおそれがあるから、ドアに自分の靴を挟んでこれを防止すること。署を出る時、必ずベルトと靴のひもを抜くこと。車中では乗降口に立ち、私語をさせぬこと。いずれも逃走防止策である」（小野木 1990：34）。

第Ⅳ部　〝繋がり〟を構築するキョウゴ・モデル

第一章　ワク、リョウシャ、ムラ――キョウゴ・モデルの三要素

はじめに

第Ⅰ部では、施設、あるいは職員・関係者への聴き取り等、フィールドワークを通じて、職員・関係者が〝教護院らしい〟とするものの抽出、あるいは事例について収集し、それを〝キョウゴの世界〟としてまとめた。続く第Ⅱ部、第Ⅲ部では歴史研究（文献研究）を行い、特に第Ⅲ部では各施設の設備・環境、各々の職員の考え方、あるいは実践の方法について、それらを裏付ける、あるいはそれらのルーツになる理念・実践理論研究を行った。

本章では、各部で得られた内容――実践、理念・実践理論――を総合的に捉え、〝教護院らしさ〟の要素を抽出し、分類を試みた。抽出した要素は三つの要素、〝ワク〟、〝リョウシャ〟、〝ムラ〟に分類した。これら三つの要素は、後述するキョウゴ・モデルの必須条件である。

第一節　キョウゴ・モデル――普遍化の試み

1．感化的な部分に着眼して――研究活動を振り返って

『教護院運営要領』が発行された当時は、豊かな自然や農業などの〝感化〟的な部分は、半ば自明（最近の用語ではデフォルトということになろうか）のことであったと考えられる。しかし、序章でも述べた通り、高度経済成長以降、施設におけるこの自明と思われた部分が次第に変化していくことになった。筆者の感覚では、フィールドワークを始めた二〇〇四年ごろの施設では、まだ農作業が行われることが多かったように思う。しかし、職員からは「農作業をやる意味がわからない」などの語りが聴かれていた（第Ⅲ部第一二章）。二〇一〇年に入ると、これまで「作業」やスポーツの時間に割り当てられていた午後の時間帯が、分校主体のプログラムとなっている施設が増えた、という印象を持つようになった。そして農作業については、「指導する職員がいない」などとして、廃止や縮小傾向にあることが観察された（関連第四章）。

一方、フィールドワークと併行して行って来た文献研究（二〇〇三年開始）では、『教護院運営要領』を中心とする「教護理論」とは、感化的なもの、すなわち、設備や環境、〝施設全体の雰囲気〟と表現されるものが重視されたものである、ということが理解された（第Ⅲ部）。それにもかかわらず、機関誌『非行問題』誌上においてそれら感化的な部分をテーマにした研究発表が掲載されることは稀で、特集のときなどに限られていた（序章）。

以上のことから筆者は、施設の設備や環境などの感化的な部分については十分な「活字化」がなされていないのではないか、と考えるようになって行った。また一方で、ゲンバでは、設置主体から施設に向けて「寮舎をマンション化せよ」などの要望が出された際に、十分な説明ができる資料の乏しいことを知った（同）。

そこで筆者は、まず、理論研究においては、「教護する」とは、本来感化的なものであること、それには施設の設備や環境が重視されるべきことをテーマに研究発表を行ってきた。二〇〇八年に提出した修士論文では、「不良性の除去」の過程について、まるで職員が子どもを「教護する」「指導する」を行った結果として「不良性の除去」に至

ったと――職員の間でも――考えられがちであるが、職員の〝手引き〟ではそのようではないこと、すなわち、環境療法的なものが重視されているのであって、それは感化的なものであるということについてまとめた。二〇〇九年に発表した「『教護理論』再考――〔教護院運営要領〕における『感情転移と同一化（視）』を中心に――」（『司法福祉研究　第9号』pp. 92-1-5）では、「感情転移と同一化」について、一見治療モデルのようでありながら、「治療モデルというよりは、子どもの権利回復を目指したもの」（武 2009：97）であり、「教護理論」とは、多分に環境療法的・感化的な考え方であるとした。

一方で、全国の施設の整備や子どもたちの暮らす環境がどのようであるか、その状況を調べるべく、二〇〇六年の年末から翌年にかけて悉皆調査（序章：〝筆者が行った二〇〇六年度の調査〟）を行った。この調査では、農場の有無や面積、飼育動物、門や裏門の様子――門扉が付いているか、閉じているか、開いているかなど――、また、夜間の施錠について、環境整備の外部委託を行っているか、あるいは食器はどんなものを使っているか、食事はどこで誰と摂っているかなど、環境と暮らしの様子を細かに聞いている。この調査の結果は、二〇一〇年の「児童自立支援施設における農場の継承と変容――二〇〇六年度悉皆調査結果を手がかりに」（『司法福祉研究　10』pp. 107-121）及び、翌年二〇一一年の「児童自立支援施設における食事――二〇〇六年度悉皆調査を手がかりに」（『司法福祉研究　11』pp. 61-82）で使用した他、二〇一二年に報告書――「児童自立支援施設の設備と運営に関する全国調査――『教護モデル』を念頭に」としてまとめた。

2. 説明のための分類

今回、筆者は「キョウゴの世界」をワク、リョウシャ、ムラの三つの要素に分けて説明を試みたが、このような分類はこれまでも行ってきたものである。例えば、先の「児童自立支援施設における農場の継承と変容」では、今回、キョウゴの世界としたところのもの――当時は「教護する」、あるいは〝「教護理論」〟としていた――を「〝環境〟と

〝人〟という二つの因子に分けて説明」（武 2010b：107）し、そしてこの二つの因子の内、「〝環境〟について、農場という視点からとりあげ」（同）たものである。[1] また、本書の序章では、「教護する」、あるいは〝「教護理論」〟の意味するところのものを、「施設の設備及び環境、職員の理念及び実践理論、しくみ及び実践方法」という三分割を用いて説明を試みている。

しかし、後述の通り、これらの要素は本来一つのもの――「キョウゴの世界」――を便宜的に三方の視点から捉えたものであり、三要素を揃えたからと言って全体になる、という意味合いのものではない。

3．分類の方法

筆者は今回、新たに〝ワク〟、〝リョウシャ〟、〝ムラ〟の三要素を用いて「キョウゴの世界」の説明を試みようとしている。この要素を分類する作業は、ごくオーソドックスに古典的な方法で紙のカードを使用した。ます、フィールドワークを通じて得られた、職員が〝教護らしい〟とか〝教護院らしい〟とするところのものをすべて書き出し、それらを一ワードにつきカード一枚を使って書き付ける、そして同じような性質と思われるカードを集め、数枚がまとまったら一行見出しを付ける、この手順を繰り返して、小さな集まりから大きな集まりへとグルーピングしていく、というＫＪ法における発想法の「グループ編成」の手順と同じである。

ただ、一行見出しの付け方がＫＪ法とはやや異なっている。ＫＪ法では、「（集めた）五枚の内容を包みつつ、圧縮化して表現しうる一行見出しを発見すれば、それを新しく別のメモ用紙一枚に書いて、その五枚一組のチームの紙片の上にのせる」（川喜多 1967：75、括弧内筆者）のだが、この一行見出しについて、筆者はフィールドワークや文献研究から得られた用語を割り当てた。最終的にそのカードの山は三つにグルーピングされたのであるが、その山にはそれぞれ〝ワク〟〝リョウシャ〟〝ムラ〟――これらもまた、職員の口から語られたワードを筆者がカタカナ表記にしただけである――と命名した。

4．子育ち・子育てモデル

仮に「キョウゴの世界」を再現しようとするならば、ワク、リョウシャ、ムラの三要素は必須要件である。しかし、だからといって、この三要素を揃えるだけでは「キョウゴの世界」を再現することはできない。この三つの要素が有機的に繋がり合い、機能し合うこと、すなわち三位一体となってそれぞれの要素が働いている必要がある。そしてそのような状態を以て筆者は「キョウゴ・モデル」と呼ぼうとしているのである。

実は、筆者は当初、キョウゴの世界を抽象化（モデル化、普遍化）することについて、とても消極的であった。感化院から児童自立支援施設に至る施設に培われて来た、そして継承されてきた営みは、説明するだけで困難であったし、ましてや外部者である筆者が抽象化などとはおこがましいにも程がある、と感じていた[2]。しかし、ある元職員が次のような提案をしてくれたことで考えを改めることになった。

例えばね、今の児童自立（支援施設）がなくなっちゃったとして……けど、また始めたいと思ったときに、例えばそれは一〇〇年後かもしれないけど、そのとき、（キョウゴのことを誰も）何も書いてなかったらできないよね、やろうと思っても。だからそれ（筆者の研究）ってすごく意味があることだと思うよ――。

それ以来、それまでただただ「教護する」ところのものを分析する（「言語化」する、あるいは文献を〝翻訳〟する）ことに集中していた筆者の研究活動に、キョウゴの世界の再現性を考える、という新たな（そしてかなり大胆な）目標が加わったのであった[3]。

「キョウゴ・モデル」とは、感化院から児童自立支援施設に至る施設に培われて来た、理念・理論・実践について再構築し、これを普遍化しようとする試みである。筆者は、このモデルは、児童自立支援施設や社会的養護の実践みならず、広く一般の子育て・子育ちにも応用できると考えている。

なぜならば――石原登の『十代の危機』が一般向けの指南書、教育書であったことからも判る通り――施設で行われて来た「感化」や「教護する」そして「不良性の除去」と呼ばれて来たものまでもがすべからく、子育ち・子育ての原点ともいうべきものと考えるためである。キョウゴの世界には、現代社会に失われつつあった、そして近年、着目されつつある視点と方法――天然・自然の力を最大限に活用しつつ、子どもの本来持っている力に着目し（ストレングス視点）、子どもの内にある、自らが育って行く力が発揮されるまで、根気強くサポートする（エンパワメントの関係）――が構築されていると筆者は考えている。

第二節　ワクで〝護る〟

1. 第一の要素〝ワク〟

キョウゴ・モデルの第一の要素、〝ワク〟とは、「枠のある生活」がその由来である（第Ⅰ部第一章）。前述の通り、「枠のある生活」とは、「生活の空間的枠組み」と「時間的枠組み」の二者からなる（『児童自立支援施設の将来像』p.2）[4]。そのうち前者の「生活の時間的枠組み」とは、理念・実践理論上の「施設内処遇」と同義と考えられる。「施設内処遇」とは、施設に入所することで地域社会、あるいは保護者家族等から一時的に子どもたちを分離することである。従って、義務教育である小・中学校は、例えば地域の公立小・中学校ではなく、施設内に設置された「学校」で就学することになり、ここでの学びはいわゆる「指導の三本柱」の内の「学習」に位置づけられていた。

後者の「時間的枠組み」とは、日課を中心とする規則正しい生活のことを指している。この施設では、感化院の時代から午前座学、午後実科という時間の区切りがあり、それは戦後「生活」「学習」「作業」という「指導の三本柱」

として整理されていった。施設生活は、この「生活」「学習」「作業」、即ち、寮舎での暮らし、「学校」での学び、田畑での働きの繰り返しを基本とする。この繰り返し生活が、「生活に律動性」（『基本編』p. 50）を与え、そこで生活する者に「リズムの快感」（『技術編』p. 134）を与える。

また、施設内での生活を円滑に送るため、施設内には大小の細かなルールが存在する。この内、最大のルールは〝無断で施設の外に出ない〟ということである。先にも述べた通り、この施設では施設内での生活を基本としているので、これを逸脱することは許されず、これを破った子どもにはペナルティが課せられる。

一方、細かなルールとは、いわば〝一家のシキタリ〟ともいうべきものであり、それは国立武蔵野学院・富田拓によると「倫理的な要求はあるいは一般の家庭や学校よりもやや高いかもしれないが（中略）家庭内や、学校でのルールとほとんど変わらない」（富田 2005：59、括弧内筆者）ものである。つまり、健康的で市民的な生活を実現するために設けられた生活のルールである。第Ⅰ部でも見てきた通り、これらのルールは一〇人を越える社会的養護にある子どもたちが共同生活を送る上で、互いに安全・安心に暮らすために設けられている。以上、本書における〝ワク〟とは、「施設内処遇」であること、そして日課とルールが作るリズミカルな暮らしのことをひとまず指すこととする。[5]

最後に、「枠のある生活」という用語について、日課やルールではなく、職員と子どもとの信頼関係の上で成り立つものだ、とする職員も存在する（第Ⅰ部第一章）。それがもうひとつのワクである。この、子どもと職員との信頼関係というワクがあることが、互いに武器ももたず、また懲戒権もなく、手錠も施錠もせずに（後述）、「ごく普通の生活」（富田 2005：58）を送れる最大の理由なのだということである。[6] [7]

2．「施設内処遇」——環境から〝護る〟

不適切な養育環境から〝護る〟

先にも述べた通り、施設は「施設内処遇」を基本とし、子どもたちを保護者宅や地域から分離する方法である。入所型の施設は戦後社会福祉行政の中核を担ってきたが、近年は〝脱施設〟が主流となっており、それに伴い各種別の〝施設解体〟が求められる社会となった。そして入所型の施設の中でも特に教護院は、施設内に併設された「学校」に通学するという特徴から「一般社会から隔離された閉鎖的施設」（柏女 1998：164）と批判されることになった。（そのため、九七年法改正の時、〝通所〟利用が新たに盛り込まれた[8]）。

しかし、施設は現在でも「施設内処遇」が主流である[9]。その理由の一つには、社会からの要請があろう。例えば、いわゆる「非行少年」と呼ばれる子ども――その多くが地域の学校から閉め出された子どもたちである――や、児童養護施設などで「問題行動」があるなどとして措置変更された子どもなど、施設はこれまで、様々な場所から排除された子どもたちを受け入れる〝最後の砦〟としての側面がある。つまり、私たち社会の側は、一方で子どもたちを〝閉じ込めるな〟と批判しておきながら、また一方ではそうした子どもたちを〝閉じ込めておけ〟と要請している、ということになる。

一方、施設ではなぜ、子どもを地域から分離する「施設内処遇」を行って来たのであろうか。キョウゴの世界では、子どもたちを〝護る〟ために行う、と考えている（第Ⅲ部）。では、一体何から子どもたちを〝護る〟というのであろうか。それはまず、虐待する保護者のような加害者や、不適切な養育環境から子どもを護っている、ということが挙げられる。そもそも入所の七割から八割はいわゆる福祉的措置の入所である。また、家庭裁判所の決定（約二割程度）の場合でも、本人の「不良性」よりも保護者宅等、子どもの養育環境を考慮して入所の決定が成されることがほとんどである。つまり、子どもたちは、入所の際、彼らの罪の重さではなく、「親に監護能力が無いことを前提として措置される」（富田 2005：59）といえる。（「少年院に比べて児童自立支援施設に措置される児童の家庭環境がより劣悪であることが知られている。機能不全家庭というより崩壊家庭といった方がより正確と思われるような家庭」（富田 2005：60）という報告もある[10]）。

かつて留岡幸助が「不良少年の多くは悪むべきものにあらずして寧ろ憐れむべきものなり」（留岡 1901a：4）と指

摘して以来、ゲンバからは子どもたちの置かれた厳しい状況が報告され続けている。例えば、元国児学園の小野木は、「非行少年」を「非幸少年」と表現し(11)、元阿武山学園の辻は「調査書の上ではたとえどんなに凶悪な恐ろしい言葉が書き留められていても、一人の例外もなく、ただそれはさびしい孤独な子どもでした」（辻 1990：51）と記している。筆者が目にした記録（第Ⅰ部第一章）でも、およそ子ども自身が被害者であるとしか考えられないような事例がほとんどであった。また、その被害が入所当時は、解らない場合――第Ⅰ部第三章のDちゃんの例のように――も含めると、更に多いと考えられる。子どもの「不良行為」と不適切な養育環境とは、表裏一体であると多くの職員は実感している。

施設は一見、子どもたちの空間や時間を制限しながら、実は安全・安心な場を提供しているのである。例えば、同じ児童福祉施設でも、児童養護施設では入所した子どもは地域の学校へ通うので、その登下校に加害者である保護者が子どもを連れ去る可能性がある。また、暴走族からの誘い等(12)、罪を犯す可能性のあるグループから保護することもできる。あるいは、生きるための窃盗や買春に関する行為をしなくて済むようになるなど、「施設内処遇」は、不適切な養育環境や暮らしから子どもたちを護る、シェルター的機能（第Ⅲ部）があると考えられる。

罪を犯す恐れのある環境から〝護る〟

これまで、子どもたちの被害面に着目し、彼らを〝護る〟ことについて述べてきた。今度は、子どもたちの加害面――「不良行為をなし、またはなすおそれのある」子どもたち(13)という側面から見てみると――驚いたことに――キョウゴの世界では、加害という面から見てみても彼らを〝護る〟という理念で説明してしまうのである。これは、私たち外部の者には少々違和感のある概念であるが、これがキョウゴの世界の大きな特徴の一つといえる。

このことは第Ⅰ部第一章で報告した、猪原学園におけるボランティア学生の貴重品の取り扱いに象徴されている。それは子どもたちに盗まれないように貴重品を持ち込まないのではなく、貴重品を持ち込むことで子どもたちに盗み

図1

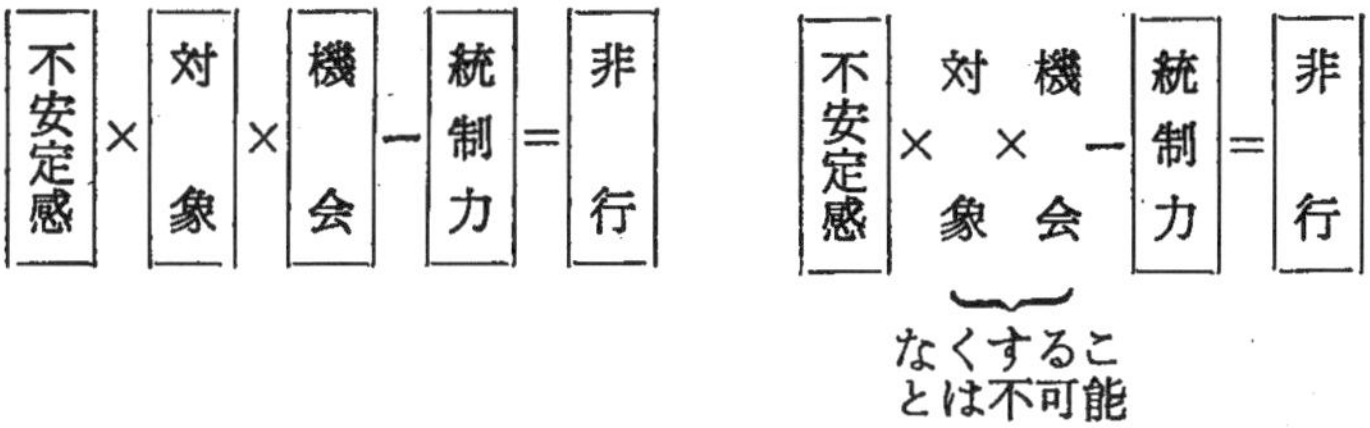

左図：「非行の図式」という項目において「図式」として掲載されたもの
右図：「非行の防止」という項目において「方程式」として掲載されたもの
石原登（1960）『十代の危機』国土社（左図 p. 7、右図 p. 9）。

をさせるような環境にしない――社会から盗みをなくすために子どもたちを隔離するのではなく、子どもたちに盗みをさせてしまうような環境から子どもたちを〝護る〟――という考え方である。

教護院時代には、この考え方を「非行の方程式」として発表した人物が居る。『教護院運営要領』を編纂した石原登である。「非行の方程式」（図1）を用いれば、このキョウゴの独特の保護感覚は容易に説明することができる。曰く「非行の発生を防ぐには（中略）方程式に示されている通り、『対象』か『機会』が無くなれば一番簡単」（石原 1960：8、括弧内筆者）だが、しかし通常の社会生活を営む上でこれらを「なくすることは不可能」（図1右側）なので「非行が起こらないためには、『不安定感』をなくするか、『統制力』を強くするか以外に方法はないのです」（同：9）――。この「非行の方程式」は、石原が一般向けの図書である『十代の危機』に掲載したものであるが、これを逆説的に考えると、「対象」（例えば財布）と「機会」（財布を持ち去るチャンス）をできるだけ取り除いた環境が、すなわち教護院なのであり、従って教護院における環境とは、子どもたちを〝保護〟する環境ということができる。そしてこのような〝保護された環境〟に子どもたちを一時的に置き、子どもたちの「不安定感」をなくし、「統制力」を強化しようと働きかけるのがキョウゴの世界の基本的な考え方、ということなのであろう。

「開放処遇」――ワクがあっても閉じ込めない

キョウゴの世界では、子どもたちを地域から離すことを基本としている。だがしかし、それは子どもたちを〝閉じ込める〟ためではない。キョウゴの世界では、「施設内処遇」――外に出てはいけない――というルールを敷く一方で、「開放処遇」――いつでも外に出られる――という方法を取っている。つまり、キョウゴの世界では、子どもたちを地域から離しはするが、だからといって子どもたちを閉じ込めているわけではないのである。これは、留岡幸助が施設を施設化しないという理念に基づく（第Ⅲ部）。筆者の行った調査においても、施錠をしない施設がほとんどであった（報告書 pp. 56-57）。

一方「開放処遇」の施設では、しばしばムガイ（無断外出）が起きる。記録の上でムガイは〝事故〟扱い、報告事項になり、かつて、教護院の三悪といわれたものである（第Ⅰ部）。ムガイが起きると例えばムガイした先で車を盗むなど、子どもが加害者になって事件を起こすこともあるし、逆に、子どもが亡くなるなど被害者になるケースもある。このようにムガイは常に事件・事故と隣併せなのであるが、しかし一方で、多くの職員がムガイを〝指導のチャンス〟と捉えてきた。筆者の聴き取りにおいても、同様の意見が多数聴かれた。彼らはムガイを〝あるもの〟として受け止めており、むしろ寮舎内で弱い立場の子ども（後述）が逃げ出すことができるなど、肯定的に捉える声も少なくなかった。また、職員は、職員と子どもとの間に信頼関係が構築されると〝子どもの心に鍵がかかる状態〟ができあがり、ムガイはなくなる、と考えており、職員はその状態を目指しているという面があった（第Ⅰ部）。

3. 日課とルール――安心・安全な暮らしを〝護る〟

みんなで暮らすためのルール

キョウゴの世界では、一日の日課が決められているのが一般的である。施設のリーフレットやしおりには日課表が印刷されていることが多い（第Ⅲ部第三章）。しかし実際の暮らしはさらに細分化され、細かく時間が区切られた生活であることは第Ⅰ部で報告した通りである。

また、ルールについても――先にも述べた通り、最大の施設のルールは「『施設から外に出てはいけない』という一点」（富田 2005：59）であるが――実際のリョウシャでは、実に細かなルールが、それこそ山ほどある。例えば、食器の下げ方や掃除の仕方など事細かに決まっている（第Ⅰ部）。このような、食器の下げ方、食器の洗い方、食器の仕舞い方……様々な〝○○の仕方〟の他にも、〝人をおちょくらない〟とか〝メンチを切らない〟など、「○○寮のルール」が壁に貼り出され、寮舎内には無数のルールでその秩序が保たれている。

これらのルールは、それまでの不良文化を捨てるため、思いやりを持つ生活を送るため、子ども間のいじめや喧嘩等のトラブル防止……などなど、いずれも寮舎の中で安全に、互いに気持ち良く過ごすために設けられたルールである。このように、子どもたちの行動は一つ一つ、人付き合いや暮らしに関わることなど生活のほとんどすべてが具体的に細分化され、ルール化されているといえる。つまり、平たくいうと〝イチイチ決まっている〟のである。

これを、人権侵害と批判する人も少なくない。しかし、安全に、互いに気持ち良く暮らす、という経験が失われてきた子どもたち、つまり不適切な養育環境に置かれたことから〝保護〟された子どもたちが一〇人前後、多いときには一五名が集まって共同生活を送る――しかも、身体が触れあう距離で二四時間を共に過ごす――には、このようなルールが必要な時期（期間）は不可欠である。筆者の乏しい経験――函館時代の自立援助ホームでの経験――においても、そのときはたった数名の入居者であったが、それでも、〝暮らし〟を快適にするということが、いかに難解なことであるかを体験したものである。例えば、リビングでの過ごし方について、帰宅して上着を脱いだときにその脱いだ上着をどうするか、床に置く、椅子にかける、畳んでソファに置く、自室に置いてくる……床に置くのが嫌な人は同居人が床に置いたら気になるし、一人目までは床に置いても気にならなかったけれど、三人になると散らかって見えるからやめようとか……しかも、そうしたことは、職員間でも考え方がバラバラなのである――「そこが生活型の難しいところだよ」とホーム長は語っていた。

しかし、私たち外部者の、普段の暮らしにおいても、実は沢山のルール（決まり事）に従って（あるいは無意識に）生きているものだ。普段使いの食器はどれを使うか、食器はどこで洗うか、何で洗うか、何で拭くか、どこにしまうか、ルールとして意識することはないかもしれないが、たいていのことは決まっているものである。それらは大袈裟にいうと一家のシキタリといえる。そしてこれらのルールは大人になって独立してからは、自分で決めることであるが、子どものころは家族のルールに従っていたはずである。つまりそれらは私たちが生まれる前から決められていたことなのであり、これらのシキタリを明文化したもの、これがリョウシャ内のルールに相当すると考えられた。だからこそ、富田は施設のルールについて、「家庭内や、学校でのルールとほとんど変わらない」(富田 2005：59)と書いたのであろう。

リョウシャでは、大人と子どもが併せて一〇人を超える人数で一つ屋根の下で暮らしている、そのことを考えると、リョウシャ内は規則ばかり、というよりは、むしろ最低限の決まりごとで収まっている、という感覚になってくるのである。

弱い者を護るためのルール

以上のような寮舎内のルールは、弱い者(寮舎内で弱い立場の子ども)を護るためにも必要なのだと職員は語る。施設に限らず、集団の中では弱い者は強い者に支配され、虐げられる危険性を常に孕んでいる。特に、寮舎のように共同生活を行う場において、それらは具体的な暮らしの中の、些細なことや小さなことのように見えることから派生する場合が少なくない。一番解りやすい例を挙げれば、配膳のときに食事の量を減らされる、食事の時やおやつの時間に自分の分を横取りされる、などである。[14] このような場合、子ども本人が〝自分では食べられないから○○君にあげた〟などということがあるそうだ(二〇〇七年八月、カ学園、C寮母)。

最初は小さなことや些細なことと思われるようなことであっても、それを糸口に支配関係が強固になっていくことが考えられるので——というか、むしろそのような現象が見られる場合はすでに支配関係が構築されている証拠と捉えた方が適切である——、そのため、寮舎内では、たとえ消しゴム一個であっても貸し借りはしない、などのルールが定められているのである。そしてこのようなルールは入浴の順番や食器洗いの当番などにもいえることである。たいていの寮舎ではそれらの順番が決められており、輪番制、当番制などになっている。〝手の空いた者から、あるいは手の空いた者がやればいいのに、なぜ、わざわざ決めつけるのか〟と考えてしまうのは私たち外部の者の浅はかさであり、「早い者勝ち、強い者勝ちのシステムでは、不公平感が募り、集団を維持できない」（岩本 2003：85-86）のだということであった。

しかしながら、どんなに職員が気をつけていても子どもが「青たんこさえてる」ということはある。子どもは子どもたちの集団で社会を築いており、キョウゴの世界では、その自治をある程度尊重している。キョウゴの世界では、子どもたちを個室で管理したり、監視カメラを付けて二四時間監視したりはしないので、このようなことが起きてしまうこともある。もちろん、職員はその都度対応[15]するが、対応仕切れないこともある。また、本人自身がそこで生き抜く力をつけることも必要――施設の外に出て、またいじめられるであろうことを考えると、それに対応する方法を施設の中にいる内に、自ら作り出すことも大事――だとする職員もいた（一九九七年、白馬学園実習時）。このようなことから、弱い子どもが最後の手段として逃げ出せる（ムガイできる）ことが実は重要（〝命の指導〟、第Ⅰ部第一章）だということである。

誰のためのルールか？

ところで、寮舎内のルールは誰が決めるのであろうか。夫婦で営む小舎夫婦制寮ならば、それらの規則やルールは夫婦の考え方で決まっていくものである。しかし、職員が数人いる通勤交替制の寮ではどうしているのだろうか。こんなことを考えるのは、筆者が大家族の自営業で育ったということが関係しているのかもしれない。一家の家事は就学前から長女である筆者のシゴトであった。筆者に家事を仕込むのは母の役割であるが、しかしそのやり方で家事を行っていると必ず後から祖母が修正するのである。それで祖母のやり方でやっていると、今度は母がそれを見て仕込み直す……と、毎日がこの繰り返しであった。幼い筆者はしばしば母（嫁）と祖母（母からすると姑）の板挟みにあったものである。これは極端な例であるが、しかし（血縁があるなしに関わらず）、集団生活においては、メンバー間それぞれのやり方（シキタリ）の調整は必要であろう。例えば、函館の自立援助ホームでの実践においても、スタッフ間の、いわば生活習慣を合わせることは意外に難しいものだ、と感じたものである。

しかもこれが一寮に五人、多い所で七人という職員が入れ替わる交替制の場合はどうなってしまうのだろうか。職員同士が自らのシキタリと折り合いをつけ、職員全員で細かなルールをすり合わせることは、相当難しいのではないか、子どものためと言いつつ、むしろ複数いる職員間の統一のために寮舎内のルールが細分化する、ということになってはしまいまいか。交替制の元職員に率直に聞いてみたところ、次のような答えが返ってきた。

うん、ハッキリいってルールは大人（職員）のためにあるよね、子どものためじゃなくて。結局、ルールって大人（職員）の都合でどんどん増えてっちゃうんだよね。

（中略）

ある地方（の施設）にね、就職した友だちがいってた。そこは職員がみんな地元の人たちばっかりで田舎なんだって。だから職員間の価値観が揃ってて、だから仕事（寮舎運営）がすっごくやりやすいって。

（二〇一四年六月、レ学園、A元職員）

日課とルールは子どもの人権侵害に当たる、こう訴える人は確かにいる。しかし、このような日課とルールは職員の〝シキタリ〟の統一性を保つことができれば――例えば夫婦制のように――実はかなりの部分で取り去ることができると考えられる。

試しに寮舎内のルールについて、一つ一つ、〝これは一体誰のために設けられたルールなのか〟という視点で分類してみたら、多くのルールが職員間の統一を図るためのものだった、ということになるのではなかろうか。一般に、折り合いをつけるのが難しいと考えられがちなのは、〝問題のある子ども〟の方である。しかし、むしろそれは〝指導員〟などと呼ばれる職員、つまり大人の側のことなのではないだろうか。

4．リズムとマンネリズムの可能性

日課が送れること、つまり、決められたタイムスケジュールに沿って、決められた動作が正しいルールによって行えること、これは入所した子どもたちの誰もがまず、求められることである（第Ⅰ部）。規則正しい生活によって、心身の健康を取り戻し、秩序ある生活が送れるようになる、これは先にも述べた『教護院運営要領』の「律動法」であり、『十代の危機』の「生活のリズム」に相当する（第Ⅲ部）。なお、新ＨＢには次のようにまとめている。

施設に入る前の子どもの生活を考えると、昼夜逆転の生活だったり、体調が崩れたり集中力が低下したりして、情緒的にも安定を失うといわれている。このような生活では、学習やスポーツなどにも集中できず、必要以上にイライラすることにもなりやすい。
子どもが、心身の健康を回復し、いろいろな活動で集中力を発揮し自信をもてるようになるためにも、規則正しい生活のリズムは大切である。

〈全国教護院協議会（1985）『教護院運営ハンドブック――非行克服の理念と実践』三和書房、pp. 107–108。〉

このようなリズムある生活はマンネリズムを産む。筆者はこのマンネリズムこそ、キョウゴにとって大事な要素であると考えている。なぜならば、日常的に暴力を受けたり、目撃したりする環境で育った子どもたちにとって――、極端な例では「殺されると思って育ってきた」（鈴木 2008：36）――人たちにとって、明日という日は不確実で実感を伴わない日と考えられるためである。

このような生活は、子どもの時間感覚に少なからずとも影響を及ぼし、焦燥感に繋がっているのではないか。子どもたちの時間感覚について、岡山成徳学校・金光洋一郎が興味深い報告をしている。以下、いささか長文になるが、「少年の丘」より引用・転記する。

一三、おかしな誕生日

幼い子にとって「年」という時間は、実感としてはわかっていません。

誕生日会をしたとき、たまたま四郎と私がそろって十一月二十六日生まれだということが話題になりました。

先生と同じ誕生日だということで、なんとなくうれしくなっていた四郎が、ふと、へんな顔をして、

「おかしいな、おかしいな。」

「何が？」

「先生とぼくと同じ日に生まれたのに、どうして先生はおとなで、ぼくは子ども？」

あれ？　ほんとうにふしぎ？　という顔の者も三～四名。

（中略）

「年」という時間が知的にのみこめた中学生くらいでも、感覚的にはまだつかめていないというか、感じ方がいろいろになるというか、長い時間に対する情緒的な反応もいろいろです。

とくに就職をひかえた年頃の少年たちは、一日も早く職につきたがって、じりじりしています。元々望んできたわけでもない少年の丘（筆者注：「少年の丘」は岡山成徳学校の愛称）から、早く解放されたい気分もいっぱいな

のでしょう。

（中略）

中には、友人が一歩先に就職したというだけで、せっかく今まで築きあげてきた生活をわらくずのように投げだし、無断外出から非行という線を辿って、ついには少年院送致にまでおち入ってしまうというケースさえありました。

こういう「あせり」を解消するには、（中略）私はせめていくらかの足しにでもと思って、こんなことをしてみます。

教室で、黒板に一本の直線を横にひきます。はしからはしまで長い長い線です。これが人生七〇年をあらわします。

「さあ、君たちが大よそ平均ぐらい生きるとする。それが人生七〇年。この長さだとする。」

こういって、それを七〇に分割します。三メートル五〇センチの線をひいたとして、一年分は五センチになってしまいます。十二ヶ月で割ると一ヶ月は四ミリばかりです。

さてその直線の上にみんなの年齢を赤か何かでとっていくのです。（中略）

そうすると、だれかが一ヶ月早く就職したとか、自分が半年ばかり退所が遅れたとか、それだけを気にしているのはナンセンスではあるまいか……ということが、はっきりと目に見えるわけです。

（中略）

教護院の子どもにとっては、もうすこし「人生ははっきりと永い」ものである方がよいように思います。

彼らは余りにもそれがあいまいで、時には気が遠くなるほど永いがゆえに、時にはすぐ終わるかのようにはかなく短いがゆえに、自分の人生をむだ使いするのではないかと思えます。（後略）

〈金光洋一郎（1971）「少年の丘」『非行問題』一六五、p. 104。括弧内、傍点筆者。〉

筆者は以前、事例集を元に無断外出の記録をデータベース化したことがある。その際、「せっかく今まで築きあげてきた生活をわらくずのように投げだし」（引用傍点部）てしまった例の、実に多いことに驚きを覚えたものであった。このようなあせりや焦燥感を持つ彼らにとって、基準となる生活、すなわちマンネリズムは必要不可欠なものなのであり、それははじめに述べた、安全・安心な空間を明日も持続すると予感させることに繋がっていると考えられた。

5. ワクは外していくもの

ワクの弊害とされるもの

日課とルールというワクについて、キョウゴの世界では、子ども自身を護るためにあるしくみの一つであるということは、すでにこれまでの章で十分述べてきたものである。しかし、このような「枠のある生活」について、社会的な批判があるのもまた事実である。

批判の内容は大きく二つ、一つは、施設を出たときの〝ギャップ〟で子どもが極端な行動に出る怖れがあるから、ワクを緩くしたらどうか、というものである。つまり〝施設っぽさ〟を極力減らして普通の家庭に近づけた方が良いのではないか、という意見である。筆者もまた、最初に施設で実習を行ったときには——襖の縁に溜まる綿埃を見て（第Ⅰ部第一章）——そのように思ったものである。このことについて、ある職員（レ学園、A元職員）は、開口一番、《人が集まればルールは必要だと思う》（二〇一五年一月）と述べた——「《人が集まればルールは必要だと思う。》施設とかじゃなくても、人が集まったら何でもどこでもルールは必要だよね」（二〇一五年一月）——そして先の項目にも記した通り、この職員は「ルールは子どものためよりも、交替制の寮の場合は特に職員の価値観を揃えるために設けられている」（先述、3.）と語っている。しかし一方で、同職員は《施設っ子にしちゃっていいのか》（二〇一三年一二月）とも考えるということであった（以下は同じ話題で日を変えて聴き取りを行ったときの記録）。

人が集まればルールが必要だと思う。（中略）
よく芋と芋をぶつけてきれいにするとか、芋と芋を洗ってお互いをきれいにする、だったかな？　集団生活あっての教護だし。
そもそも、武器も持たずに一緒にいるってこと自体すごいことだよね。前、少年院の法務教官の人たちと交流会をやったとき、鍵も手錠もなくて一緒に生活してるってこと自体、少年院の先生たちからしてみたら驚異だって言われたよ。

（二〇一五年一月、レ学園、A元職員）

「施設っ子にしちゃっていいのか？」ってことは思う。それはダメだけど、でも〝枠のある生活〟が否定されるってことでもない。

（二〇一三年一二月、レ学園、A元職員）

二つ目の批判は、例えば――ペナルティとしての作業のみならず――点呼を取ること、起床時刻が決められていること等、これらをすべて施設内虐待だとする考え方である。子どもは当然の権利として家庭生活が提供されるべきであり、日課やルールなどは言語道断である、施設養護自体が虐待だとする人もいる。なお、このような考え方をつきつめていくと施設養護はすべて廃止、ということになっていく。ある職員（二〇一五年二月、ニ学園、D元職員）に話を伺った。

武　　：ある施設でね、日課とかルールとか当番とか、全部なくしちゃったっていう寮長がいたんだけど。その人が言うのにはね、そうした方が子どもとの関係が付くって言うんだけど……

D職員：それ、やれたから言えたことですよね?!

武　　：?!

D職員：それ、やれたから言えたんですよ。

武　　：……確かに。けど（やってるときは）相当大変だったみたいだけど……ネ。

D職員：（ルールとかは）なくてもいいんだけど、ない方がいいんだけど、ないと困るからあるんですよね？　なくてもできる……少年院だったらできるけど……

D職員：〝（ルールがまったく）なくてもできる〟……でき上がったらできますよ。人間関係と同じ。見極めが難しいですよね。試したり、裏切られたり……人間関係ができるまでは、試したり、裏切られたり（する）。

（二〇一五年二月、ニ学園、D元職員）

D職員の言わんとしていることは、子どもたちが安全に過ごせたから、つまり《やれたから》、結果的に《言えたこと》だ、ということである。外部の人は時に施設のルールを人権侵害と批判する、D職員は「じゃあそれで全部ルールなくして《それでできるならやってほしい》」（二〇一五年二月）と語っていた。

ところで——このD職員もそうであるが——職員の多くは理想論を軽々しく口にしない、という印象がある。フィールドワークを始めたころは、このことが筆者にはよく理解できておらず、戸惑うことが多かった。というのも、大学では理想を語ることが多く、常に〝最先端〟や〝最善〟のことへ関心を向けているものなので、それが癖になり、職員からも、そのような語りが聴かれることを無意識に期待してしまっていたためであろう。しかし、ゲンバの人たちは――特に今現在寮舎を受け持っている職員は――今現在の自分の置かれている立場、自分の所属する施設の現状に即した考え方をし、常にそれらを想定した発言をする――理想論や一般論はほとんど語られない――言い替えれば、常に〝自分なら（今、この現状で）どうするか〟、〝今、この子に何がしてあげられるのか〟というような、超がつくほど現実的な発想に立っているといえる。おそらく、彼らの脳裏には（それが抽象的な話題であったとしても）、今関わっている子どもたち一人ひとりの顔がはっきりと思い浮かんでいるのではないか、そして例えどんなに素晴らしい将来像を想定したところで、それらは所詮、〝今、目の前にいる子どもたち〟には提供できないと判っているものである。ゲンバからの声は、時に私たち外部の者にとっては消極的に感じたり、あるいは意識が低いなどとして批判の対象としてしまうことさえある。しかしそのような彼らの態度は、とりもなおさず、現実に責任を取ろうとする誠実さの現れであることが多いものだ。そんな彼ら職員に対して、私たち外部の者は、あまりにたやすく理想論を押しつけがちなのではないだろうか。

ワクの要らない〝暮らし〟

ワクは、キョウゴのしくみとしては必要だと考える職員は多くあるが、一方で、〝ない方が良い〟と考えている職員も少なくない、というか、ほとんどそうではないだろうか。先のレ学園A職員にしてもニ学園D職員にしても、〝ないと困るから〟という感覚なのだと思われる。つまり職員は、好んで、いわゆる〝鍛錬教育〟やルールを徹底した生活を送らせている、ということではないようだ。

例えば、野球大会などで、挨拶がはっきりしていて機敏な動作をする他施設の子どもたちを見て「あの施設は良い」と評価する、また、活気があって行事に向かう気運などが盛り上がっているリョウシャは一般的に職員の間で評価が高いといえる。しかし、多くの職員が「良い施設」や「良い寮」の、評価の基準としているものは、〝いかに家庭的であるか〃ということ――「ルールなんてなくて、すごく良かった」、「アットホームな施設」、「本当に家庭的な寮」などと言われる――なのである。[16] それは、蝶野学園の職員の多くが、「C先生」(カリスマ寮長)の〃家庭的な寮〃に憧れて蝶野学園で働くことになったこと(第Ⅰ部第二章)に鑑みても明らかであろう。

それは言い換えるなら、穏やかなリョウシャともいえる。穏やかなリョウシャというのは、〃何気なく暮らしているだけに見えるリョウシャ〃である。キョウゴの世界では「叩くは素人、大喝を持って制するは三流、にらみの利くのが二流どこ、無為にして一流玄人」(二〇一五年三月、エ学園、A職員)ということばがあるそうである。このことは、リョウシャにもいえることである。[17] 石原登「私のめざす教護院」には次のように書いてある。第Ⅲ部の引用で省略した7項目の内の一部を以下に転記する。

5 規則や道徳を前面に押し出して物事を解決しようとせず、むしろ、各人の情緒の良識によって一切を解決していくようにする。

6 職員は命ぜられて行動するという、いわゆる勤務意識をできるだけ少なくし、ライフワークの一つとして自分自身が積極的に、そして快適に生活していくために行動するような努力をすること。

7 教護院である以上、非行管理を必要とし、そのためにはある程度の自由の制限、教育的制裁を考えねばならないが、できる限り、児童が生活へ魅力を持つことと、全体や児童のグループの雰囲気の力が児童自身を監督して、一般的な自由制限や制裁が次第に減少し、不要になっていくような努力をすること。

〈「石原登先生の思い出」編さん委員会(1986)『石原登先生の思い出――残された言葉』pp. 85-87。傍点筆者。〉

6. ワクが外れていくとき

外部の者が、時に子ども虐待だと非難しがちなリョウシャのワク（日課とルール）は、職員自身も〝ない方が良い〟とか〝今は必要だからある〟と考えており、また、先の石原の「私のめざす教護院」にある通り、理念上も〝外していく〟のが理想とされている。しかし、これまでも書いてきた通り、ワクは、リョウシャの中の弱い子どもを護る、という役割もあり、ワクをまったく外す、あるいはなくしてしまう、ということはかなり難しいことだと考えられる。

しかし一方で、ワクを緩く外すとか、崩す、あるいは自然と外れていく、という場合もあるようだ。良い雰囲気の時のリョウシャは、職員はほとんど指示を出さないし、子どもたちは自主的に行動しているように見えるものである。

伸縮自在なワク――エ学園A寮の例

第Ⅰ部第二章で報告したエ学園A寮（「魚の骨とって」と言ったPさんの寮舎、小舎夫婦制寮）は、女子寮で非常に穏やかな様子であった。この時のA寮には、ワクはあるにはあるのだが、A寮母が柔軟に外していくというか、崩していくというのであろうか、そのような様子が見られるリョウシャであった。

例えば、子どもたちがテレビを視ていたときのことである、テレビを消す時間になったとき、子どもたちがもう少し視ていたいと言い出したところ、A寮母が《じゃあ、いつまで視たいの？》と聴くと、そのときは歌番組だったので、子どもたちは「次に〇〇が出るの！」とか、「△△も出るんだよ！」などと言い出した。すると寮母が「じゃあ、次の〇〇までね」「えー！　△△みたーい！」「わかった、じゃあ△△までよ」と言うと、子どもたちはその歌手が歌い終わると、ちゃんとテレビを消して次の行動（日課）に移ったのであった（二〇一五年三月、エ学園）。

このようなやりとりが（テレビの視聴時間に限らず）、このリョウシャではしばしば見られたが、その際、子どもたちが不満を漏らしたり、不満そうな顔をしたり、ということは見られなかった。例えば、――テレビを消す時間が決まっていても、あるいは決まっていなくても――子どもたちは、というか、子ども集団というものは、不満を表すことがある。そのような場合は、次の行動（日課）に速やかに移れないとか、トラブルのきっかけにも成りうるものである。なので、A寮母のやりとりのようなことはどのような寮舎、あるいはどのような状況でもできることではない。だからこそ（寮舎の秩序を保つために）ルールが設けられているともいえる。このことについてA寮母に話を伺った。

武：日課やルールに対して、すごく柔軟に対応していますが……例えばテレビのときなんか……

A寮母：あー、あれは、私だって（あいうときは）視たいもの。自分がやられたら嫌なことはやらない。

武：そうなんですね。けれど、人数が増えたときとかでもその方法で大丈夫なんでしょうか？　あと、新入生が続けて入ってきたときとか……

A寮母：そういうときはまた（対応を）変えます（にっこりと微笑んで）。新入生が入ってきたときなら、「今、新入生が入ったから、新入生が混乱するからキチッとやっていこうね」とか（子どもたちに言う）。

武：ルールは弱い子を護るって面もあると思うんですが……

A寮母：そうですね。

武：例えばルールをなくしていくときはどうしていますか？

A寮母：子どもたちに「どうする？」って聴くようにしてます。例えば、パンの焼き方だと、力の強い子がやっぱり先に焼いちゃうので……

武：あ、ホールに置いてあった白いトースターですね？（このトースターは家庭用のごく小さなもので、最大で二枚しか同時に焼くことができないものであった）

A寮母：そうそう、それで焼くんだけど、最初は（食卓の座る順番で）右回りとか左回りとか、（A寮母が）決めてたんですよ、そしたらある日、子どもたちが「〇〇ちゃんいつも三番目で良いな」って言ったんです。そのときは五人だったから、その子、いつも（どっち回りでも）三番目なんですね。
武：なるほど！　そうなりますね。
A寮母：それで子どもたちに「どうしたら良い？」って。そしたら結局、風呂の順番にしたらいい！　って、子どもの側から出てきたんですよ。
武：あーなるほど……お風呂の順番は変わるから……
A寮母：子どもたちに決めてもらったら、みんなが平等で、みんなが損しない方法が子どもの側から出てくるんですよ。

（二〇一五年三月、エ学園）

A寮母との語り、そして観察において再確認したことは、日課やルールはあるからこそ崩せる、ということであった。これはあまり適切な例えではないかもしれないが、芸事や絵画のように「基本」ができているからこそ「崩す」ことが可能になるというように、最初から日課やルールがまったくない状態でのリョウシャ運営は相当難しい、しかし、それらがあった上で崩していくということは、条件が整えばできるということだと考えられる。もちろん、臨機応変にというか、柔軟に崩すことは、簡単なことではない。子どもたちにとっても、職員にとっても、ルールを徹底することのほうが、実は楽な場面も多いものである。だがしかし、――職員がよく「日課に乗る」などと言うが――完全に日課とルールのルーティンによる〝リズムある生活〟が送れているとき、このようなことが可能になるのであった。

誤解を恐れずにいえば、私たち外部の者は、子どもたちに日課やルールを守らせるために施設生活がある、つまり鍛錬教育のためにこのようなワクがある、と思いがちなのではないだろうか――そして実際、そのような施設や職員もいるのかもしれない――。しかし、キョウゴの世界の職員たちが目指しているのは、その先にある〝普通の暮らし〟である。A寮母と子どもたちとの「テレビを消す時間よ」のときのやりとりは、ごく普通の家庭に見られるお茶の間での風景のそれであった。

職員のワクもない――ル学園、A寮の例

ル学園、A寮（小舎夫婦制寮）では起きる時間を決めていない、ということであった。残念ながら筆者が宿泊したときは土・日だったので、子どもたちが登校する風景は見ることができなかったが、週末ということもあり、リョウシャ内は始終、穏やかでのんびりとした雰囲気であった。A寮長はリョウシャのホールや炊事場で粉から――もちろん生地を発酵させて――手作りピザを振る舞ってくださり、筆者は子どもたちと一緒に楽しくいただいた。食後、実はその日のA寮長は休暇だったと知り、思わず「休みだったんですか？」と驚くと、寮長はホールのテーブルの幅に両手を置いて、《だってここ、私の家ですから》と言っておられた。A寮長はこのように、休暇でもたいていはホールに出ている、ということであった。この寮長にとっては、休日だからとか勤務日だからなどはあまり関係なく、ホールにいるもの、という感じである。このリョウシャでは、子どものみならず、職員もまた、勤務表などの施設のルールとは無関係に――といったらいい過ぎかもしれないが――そのようなことを感じさせずに〝暮らしている〟という印象を持つリョウシャであった[18]（二〇〇七年九月）。

ある通勤交替制で働く職員は、「この子と今、もう少し関わっていたい」とかあるいは「今は一緒にいた方が良い」と判断しても、交替の時間になると他の職員から「早く上がって」と、半ば強制的に帰されてしまい、子どものペースで仕事ができない、と言っておられた（二〇一〇年六月、ツ学園、A職員）。ところで、職員の交替時には、職員間の引き継ぎ（申し送り）を行い、職員間で情報を共有するのであるが、ガラス張りの事務室の中でそれが行われてい

る様は、何とも〝施設〟を感じさせる瞬間ではないだろうか――ちなみに、夫婦制における引き継ぎ（情報共有）は、職員が夫婦であるが故、「便所の中でもできる」などと職員から語られている（関連第二章）――。

私たち外部の者は、日課やルールに対しては、それを管理的だと批判するが、このような引き継ぎの光景に対しては、いや、あること自体、気にも留めていないのではないだろうか。日課やルールは施設をより施設らしく見せることがあるが、しかし第Ⅰ部第一章にも書いた通り、一般の家庭であっても決まりごとやシキタリはあるものであるし、小舎夫婦制寮が穏やかに落ち着いているときの日課やルールは――先のエ学園のA寮のように――一家の決まりごとやシキタリとほぼ変わらないように見えるものである。

子どもたちが作ったルール――岡山県立成徳学校の例

エ学園A寮では、子どもたちの発案で風呂の順番でパンを焼く、という〝新ルール〟ができた例を報告した。このように、子どもたち自身が考え、ワクを外し、ワクを外すためのルールを作った例は、教護院時代にも報告されている。一九七二（昭和四七）年の『非行問題』には岡山成徳学校の、あるリョウシャで起きた画期的な取り組みについて掲載されている。それはなんと、子どもたちだけで外出する、というものである。第Ⅰ部第一章にも書いてきたが、施設の最大のルールは〝外に出ないこと〟である。子どもたちだけで外出するなど、中卒児ならともかく、聴いたこともない。次に引用するのは、「施設内処遇」という最大のワクに取り組んだ貴重な例である。

「ぼくらはどうして外へでられんのじゃろう？」

そういったのはマサシでした。

（中略）

「そりゃ悪いことをするからじゃが。」と、すかさず応じたヨシユキも、外へ出たいにはちがいなかったのです。子どもたちは、たちまちせきを切ったように論議をはじめました。

（中略）

「悪いことをせんかったら出てもええのか。」

（中略）

「そうじゃ。せんかったらええはずじゃ」

「なぁ先生、悪いことをせんかったら外へ出てもいいんじゃろう。」

私はちょっと迷いました。（中略）

（中略）

子どもたちの間でも（中略）子どもたちがまとめた結論は、少なくとも一ヵ月、全員がまじめな生活をして、ためしの外出をしてもいいような「信用」をつくろうということになったのです。

〈金光洋一郎（1972）「少年の丘（二）」『非行問題』一六六、pp. 79–80。〉


このような経緯で、子どもたちは「信用」を得るために、「一ヵ月、全員がまじめな生活をして」（同：80）、ついには「ためしの外出」（同）の許しが出たのであるが、子どもたちは「しんぱいじゃなぁ、やっぱり。」（同）と、すぐには外出しようとしなかったのである。それで今度は子どもたち自身で（「先生」＝寮長も手伝ったそうだが）「外出のきまり」（同）を作り上げ、それを模造紙に大きく書いて貼り出して全員で読み上げて、更には出かける前にもう一度、暗唱できた人は外出する、という念の入りようで、そしてようやく「ためしの外出」を行った、この外出はやがて「日曜外出」（同：78）として定着するまでになった、というようなことである。

この事例では、「施設の外に出ない」という〝最大にして唯一のルール〟であるはずのワクでさえ、子どもたちが外し、子どもたち自身によるルールを作ってしまったということになる。しかも当時の「少年の丘（筆者注：岡山県立成徳学校のこと）では、これがきっかけとなって、許可外出が大巾に行われるようになりました」（同：82）ということであるから、一つの寮舎で起きた〝ワク外し〟が、施設全体の〝ワク外し〟にまで発展してしまったのである。[19]なお、この「日曜外出」（同）はその後、「半数以上の者が、『ぼくは、きょうは別に外出したくありません。』という状態になった」（同：81）ということで、実際に外出する子どもの割合は「一〇〇％（全員）が、一年後には三六％、平均四九％という結果になった」（同）ということであった。

赤ちゃんが作ったルール――ト学園、C寮の例

夫婦制を経験した職員や元職員からは、しばしば、「夫婦制の一番良いときは赤ちゃんが生まれたときだよ」と聞くことがある、「なんとなく寮が明るくなって施設全体も明るくなるよ」などといわれる。[20]以下は、職員夫婦の実子がリョウシャのルールを変えてしまったエピソードである。

ト学園のC寮（小舎夫婦制、男子寮）には、C職員夫婦にちょうど第一子が生まれたときに宿泊した。よく日焼けした身体の大きなC寮長が息子を片手で肩に乗せるようにして抱いて、子どもたちと食事を摂っていたのが印象的であった。赤ん坊はニコニコと笑いながらリョウシャの中をハイハイして回っており、子どもたちはそれを見て、あやしたり、遊んだりしてやっている様子であった。

C寮長に話を伺うと、この子（第一子）が生まれてからリョウシャ内のルールが変わったという、それは子どもたちが自ら作ったルールで、例えば、赤ん坊がハイハイするから掃除をちゃんとしようとか、こういうことは危ないから止めようとか、いろいろな事柄が赤ん坊を中心に決まっていったということである。それも、子どもたちが自ら考え、話し合い、決めていったということであった（二〇〇五年九月、ト学園、C寮）。

以上のような〝ワク外し〟の例は、いずれも、あるリョウシャのある時期、あるメンバーによって起こり得た状態であり、どのようなリョウシャであっても調子の良くないときというか、いわゆる「崩れる」可能性がある、という

ことを付記しておく。もう一つ書き添えておくと、先に報告した三例――エ学園A寮（ex. テレビ視聴の時間を一般家庭のように変更する）、ル学園A寮（ex. 職員が休暇であっても自然体でホールにいる）、ト学園C寮（ex. 赤ちゃんを中心に子どもたちがルールを考える）――は、いずれも小舎夫婦制寮での観察であったが、それ以外にも、ある共通点がある。それは――これはまったくの偶然だとは思うのであるが――職員夫婦の実子がまだ幼く、実子が日常的にホールで過ごしている――エ学園A寮では実子が複数おりリョウシャの子どもたちと一緒に遊んでいたし、ル学園A寮では寮母が実子をおぶってホールに出ていたし、ト学園C寮では実子がホールを元気よくハイハイしてまわっていた――ということであった。

7．ワクを外す――ルールをなくした例

「哀しい」ってことを教えてくれた子がいた――ケ学園、A職員の語り

先の項目で報告した例は、生活の中に日課やルールというワクはあるものの、そのワクがワクとして感じなくなっていった例であった。一方、本項目では、ワクそのものを外してしまうというか、なくしてしまう、つまり寮舎内の日課やルールそのものをなくしてしまう、といった取り組みをした例を報告する。

A職員（ケ学園、元夫婦制寮、寮長）はかつて電話で〝寮舎内のルールをすべてなくしたことがある〟と話しておられた。今回、改めてA職員をたずね、このことについてインタビューを行った。A職員は開口一番、《「哀しい」ってことを教えてくれた子がいた》（二〇一五年三月、以下A職員の語りは日付省略）と語り始めた。それは、A職員が初めて女子寮担当になったときのことである。ある日、寮生（仮にEさんとする）がある嫌がらせをしたことからA職員はEさんに暴力をふるうことになった（第Ⅳ部第五章）。しかし、その出来事をきっかけに、A職員はEさんと《仲良くなった》と語った。その、《仲良くなった》後で、A職員がEさんにケ学園に来たときのことを尋ねたところ、彼女は《すごーくかなしかった》と答えた、それを聴いたA職員は、その後、《何でも「哀しい」と思うようになった》

のだということである。この体験をきっかけにA職員は《日本一優しい寮長になろう》と思い、ルールをすべてなくすことにした、ということである。

武　：以前のお電話で、先生はルールを一切なくしたっていっておられました、是非、そのお話を詳しく伺いたいのですが……

A職員：「哀しい」ってことを教えてくれた子がいた。以前は子どもが逃げたら腹立ってたんだけど、「かなしかった」って言った子がいたんだ。

A職員：ケ学園に来ることになったとき、どう思ったんか？　って聞いたとき、「すごーくかなしいと思った」っていって、「かなしかった」っていった子は始めてだった。そういわれたら、すべてがかなしく思えて……喜怒哀楽の〝哀〟だけ、何もかも、哀しいと感じるようになった。俺は腹立ってたんじゃない、哀しかったんだって。（それ以来）自分の気持ちはすべて「哀しい」に落ちるようになった。

武　：そうだったんですね。その「哀しい」ということばを知ったということは、寮舎内のルールをなくしたっていうことに、どのように繋がっていくんでしょうか。

A職員：ルールなくしたっていうのは、「哀しい」ということばを教えてもらえたとき……腹が立たなくないんだからしょうがない……端から見たら「寮崩壊」だけど、このルールなくしたときの子たち（当時の寮生）は予後が良くて……。

A職員：ケ学園に入った時点で「哀しい」というのがある。負からのスタートなんかなぁ……（それからは）「哀しい」というのが（まず）あるべきかな（と思うようになった）。これに気づけたのは良かった。何も考えないというのは良くない。これはこのことばを聞いたからかもしれないし、自分の子どもができたからかもしれないし。

A職員：ルールなくした二年間はいろいろあって「地獄の二年間」の後、「日本一優しい寮長になろう」って思って、「日本一優しい寮長」を目指してルールをなくしたんだ。例えば、食事当番とか掃除当番とか、そういうのって結構大事なんだけど、そういうのも（自分が）先に立ってやった。すると必ず手伝ってくれる子が出てくるんだ。

武　：ルールをなくしたときは、他寮にも随分迷惑かけたといってらっしゃいましたが……

A職員：（子どもの）ルール違反に対して（寮長が）何もいわなかったら「荒れてる」っていうのかなー……（そういう目で見られていた）、ルールなくしたときは問題も一杯出て、けれど、迷惑かけて当たり前って面もあるし……わざと迷惑かけたということもあった。

A職員：（そのころは）ルールなくしただけじゃなくていろいろやった。女子寮で解らないから好きにして、みたいなのもあったし（女子寮のやり方は解らないので、何でも好きにやってみようか、という意味と考えられる）、そのころはいろいろなことがあって、まだ話せない、辛くて……

A職員：寮崩壊してたときの子どもたちとは、（今でも）繋がりがある。ルールなくしてたときの寮の子たちの方が（ルールがあったときの寮の子どもたちに比べて）良い関係が付いたと思う。このこともう一〇年以上前のことで、もう（子どもたちも）みんないい大人。

（二〇一五年三月、ケ学園、A職員）

Eさんの《すごーくかなしいと思った》という発言や、あるいは実子の誕生をきっかけにA職員は《喜怒哀楽の〝哀〟だけ、何もかも、哀しいと感じるように》なり、そして《ケ学園に来た時点で哀しいというのがある》と思うようになったということであった。この体験はA職員にとって、改めて子どもの被害性——その子どもの背負う不幸や悲しみを――（頭ではなく）実感として理解する、ということになったのではないだろうか。このようなことは他の寮長からも――例えば文献上では、「不幸だということは辛いことだとしみじみ思う」（藤田 1979 : 37）、「彼らは非行少年なのではなく、不幸な少年として捉えるべきであろう」（小野木 1999 : 14）、「すべてが徹底してきびしい孤独な子どもの姿でした。このことだけが偽らぬ真実でした」（辻 1990 : 51）など――報告されている。

A職員はこのエピソードがきっかけの一つとなって《日本一優しい寮長になろう》と考えてルールや当番などもすべて廃止し、掃除や片付けなど、自ら率先して行うようになった、ということであった。

ルールをなくした結果

〝寮舎内のルールなど何故あるのか、そんなものなくしてしまえばいいのに〟と、私たち外部の者は簡単に考えがちである。しかし、ルールをなくしたらどうなるか想像してみたことがあるだろうか。A職員も語っていたが、ルールをなくした状態は俗に「寮崩壊」（A職員によると、《子どもがルール違反をしてもそれに対して何も注意しない状態になると「寮崩壊」と呼ばれるようになるのかな》と語っていたが）と呼ばれる状態になることが多い。

一般には、子どもたちは日課に添った行動を取らなくなるので、生活が乱れる、職員への受け答えはなおざりになる、「力の弱い子」（職員がよく使う表現、いわば比喩であり、必ずしも腕力がない、ということだけを指し示さない）はいじめに合う可能性が高くなる、子どもたちの目つきや態度は悪くなり、入所前に身につけた不良文化を再現するようになる、喧嘩・喫煙・ムガイなどの事故（「院内非行」）が起きやすくなる……という状態が想定される。A職員の寮舎でも「《問題が一杯》出た」と語っていた。女子寮ということで、化粧する、男子寮に忍び込んで男女交際する、なども起きたということである。A職員自身も《他寮にも随分迷惑かけた》と語っておられた。

このように、ワクが最初からない状態では、「寮崩壊」となる可能性が非常に高いと考えられる。また、「寮崩壊」に至る以前に――A職員の寮のような、日課やルールを守らせない寮ができると――他寮の子どもたちから不満の声が上がり、他寮にも影響を及ぼすことになるので、結果として他寮の職員の負担も高くなるということである。また、「寮崩壊」の状態が続くと「寮閉鎖」になる場合もある。このような場合、職員が精神的に病んでしまう、ということもしばしば聴かれる。(21)「寮閉鎖」、つまり寮が閉鎖するということは、その寮舎の子どもたちを他の寮舎に分散するなどして対応しなければならないので、他寮の職員の負担は益々高くなる。施設内の寮舎全体が――職員がよく使う表現でいうと「寮舎が回らない」状態になると――施設は措置停止（子どもの入所を受けられなくなる）という事態に追い込まれる場合さえある。措置停止になるということはつまり、施設全体が機能不全に陥ってしまうということであり、すると児童相談所からの信頼まで失ってしまいかねない。

このように、一つの寮で起きた出来事が、施設全体、場合によっては児相まで巻き込んだ問題に発展することもある。A職員の、日課やルールをなくすという取り組みは、かなり大胆なものであったと考えられる。そしてこの「寮崩壊」したA寮を抱えて、それでも持ち堪えたケ学園もまた、かなりの許容力である。A職員の挑戦は、正に先のニ学園のD職員の言った通り、《やれたから言えたこと》なのかもしれない。

8．ワクがワクを外していく

本章第一節にも書いたが、キョウゴの世界はルーティンを基本としている。それは日課とルールというワクに護られた空間で安心・安全な暮らしが、昨日も今日も明日も明後日も継続すること（マンネリズム）にある。そして奇妙なことではあるが、このような「枠のある生活」が軌道に乗ったときこそ、そのワクを外せるチャンスなのだ、ということが、この節では整理されたように思う。言い換えると、日課とルールが不要になる、あるいはなくなったように見える暮らしが送れるということは、子どもたちが成長（あるいは子ども集団が成熟）した証であり、職員はそうなることを目標にしているということである。

先に、ワクに対しては、二つの批判があると書いた。一つは、施設を出た後に、あまりに生活の〝ギャップ〟があるので、もっと、普通の家庭に近づけた方が良いのではないか、というものである。これは、段階を追って減らしていける可能性があると考えられた。その時の寮舎のメンバーによっては、実行が難しいこともあるだろうが、少なくとも、職員はその状態を目指しているのである。

二つ目の批判、日課やルールがあること自体が人権侵害だとする批判に関しては、先（項目4.）に述べたような〝複数の職員が折り合いを付けるためのルール〟の方をまず減らすことを考えるべきではないだろうか。このルールはいわば大人の側の都合でできたルールであって、基本的には子どもの〝リズムのある生活〟に寄与するものではないからである。例えば起床時間などの日課やルールは、子ども達の状態如何では、なくせる可能性がある。しかし、複数の職員が折り合いを付けるためのルールの方はどうかというと、現状では、職員の人数を少なくするなどしないと難しいようである。しかし、換言すれば、職員の就労形態を変える――例えば住み込み制にして少人数で寮舎運営を行うなど――すれば、減らせる可能性があるということである。筆者はむしろこのような〝大人の側の都合でできたルール〟の方にこそ注意を向け、まずこれを大いに議論・改善すべきと考えるものである。

第三節　リョウシャで〝育てる〟

1.　第二の要素〝リョウシャ〟

リョウシャとは文字通り寮舎である。キョウゴの世界では寮舎が子どもたちが寝泊まりする場所、という単なる建築物という概念を越えて、〝力のある寮舎〟とか、〝寮舎集団〟など、まるで寮舎そのものが一つの生命体であるかのように捉える向きがある（第Ⅰ部）。それは『教護院運営要領』に示される「単なる物的な環境ではなく実に生きた教育的環境」（『基本編』1952：21）というところのものなのであろう。

この寮舎が〝単なる物質を越えた存在〟になるためには、いくつかの条件が必要となってくる。それは、まず、日々の暮らしが単調に繰り返されていること――先のリズムとマンネリズムが成り立つこと――、そしてそこに子どもたちのみならず、職員が共に暮らしているか、暮らしているのと同等の帰属意識を持ち、それを子どもたちと共有していること――、そしてそこに暖かい愛情のやりとりが存在していること――つまり、キョウゴの世界に息づく寮舎のことである――これらが最低要件である。

以上の要件を備えたものを本書では〝リョウシャ〟とし、これ以降は〝リョウシャ〟と〝寮舎〟を区別して使用することとする。〝寮舎〟としたときは、建物のことを指すか、あるいは厳密に〝リョウシャ〟とはされないもの、広く一般的な寮舎のことを指すものである。

2．子ども の〝生まれ直し〟

入所――一人の子どもとして〝生まれ直す〟

キョウゴの世界では、ワクの中で子どもを〝護って育てる〟が、それは〝育ち直し〟ではない。いうなれば〝生まれ直し〟まで遡るのである。『教護院運営要領』には、「若し職員が児童と共に、過去の不良行為の一切を忘却することができるならば理想的であろう」（『技術編』：158）と書かれている。これは、子どもたちに自身の過去を忘れさせるだけでなく、受け容れる側の職員（大人）の側もまた、子どもの過去を忘れる――これは留岡が指摘した、人間の持つ〝プレヂュデス〟（第Ⅲ部）というものを極力排除しようとするためであろう。

教護院時代には、子どもを受け入れるとき（入所時）に、担当の職員は子どもの記録――施設に入る前の記録、つまり児童相談所が作成した書類など――を読まずに受け容れた方が良い、というようなことがいわれてきたし、筆者の聴き取りにおいても同様のことが語られた（第Ⅰ部）。[22] 子どもの過去の一切を知らず、その子に何の先入観も持たないで寮舎に受け容れるのが職員たるもの、という考え方であった。このことはつまり、子どもにとっては入所を境に新しい人生が始まるということであり、入所というイベントは、子どもが生まれ変わるとき、――あるいは子どもを主体にした言い方をすれば――〝生まれ直し〟をするとき、ということになる。その端的な例が、「入院の日を誕生日の日にしたり、或は、新しい名前をつけてやったりした」（『技術編』：158）であったと考えられる。

入所手続き――〝生まれ直す〟ための〝儀式〟

施設には、施設によって入所時に行われる手続きがある。次章でまた詳しく書くが、その中には「加入儀礼 initiation」（関連第二章）に見えるものがあり、キョウゴの世界の場合、それが〝生まれ直し〟のセレモニーとも取れるようなものがある。第Ⅰ部では、男子は入所したその日の内に丸刈りにしてしまう、という例を報告した。丸刈りは子どもの権利侵害であるとの批判がある一方で、その批判を受けながらも、清潔の保持や病気の予防、あるいは不良ファッションを改めるなど、様々な理由で続けている施設もある。散髪の時期については、〝子どもがある程度落ち着いたころ〟や〝入所後早い内〟、〝次の散髪の日〟など、施設によって異なってはいたが、入所後すぐ、早い場合には三〇分後には丸刈りにしてしまう、という例もあった。そして職員は、丸刈りを子どもは嫌がるけれど、やってしまうとどこかほっとした表情になると述べていた（第Ⅰ部第一章）。

ツッパリファッションやギャングのような風貌、恐ろしいような気配、ふてぶてしい態度や陰湿な目つき……入所手続きは、それらを身体から分離する、いわば〝禊ぎ〟のようなものである。そして、それら、彼らを飾り付けていたもの、武装してきたものを削ぎ落としたとき――丸刈りになり、施設の用意する服装に着替えたとき――、職員は「本当に子どもらしいね、かわいーい顔になる」（第Ⅰ部第一章）と感想を述べている。キョウゴの世界では、繰り返し職員が子どもを一人の子どもとして、偏見なく受け止めることが強調されてきた。先にも触れたように留岡幸助が「天然の感化」に期待したのは、「天然は『プレヂュデス』[23]と云ふものを不良少年に有つて居りませぬから、自然に子供を感化する」（第Ⅲ部）と考えたためであった。

入寮の際、子どもと職員は双方に互いを選べず、しかも職員の方は担当になった子どもを偏見なく受け容れるだけでなく、彼らを愛することが使命とされているのである。それは、もれなくどんな子どもも、である――『教護院運営要領』には、「ある児童にはどうしても愛情を感じることが出来ない（中略）こんな場合は、どんなに努力しても教護は成功しない（中略）職員自身が、児童に対する愛情の発生、または増加を工夫することは、職員が職務に対する最大の努力ともいってよい」（『技術編』：120、括弧内、傍点筆者）と書いている――。

丸刈りによって、職員は入所してきた子どもを一人の子どもらしい子どもとして認知する、このように認知した職員は、彼に、すべての子どもは愛を受けて当然の存在である、ということを思い出させるであろう。入所手続きとは、『教護院運営要領』のいうところの「愛情の発生、または増加の工夫」（引用傍点部）の一つが様式化したものと考えられた。

入寮――リョウシャに〝授かる〟

キョウゴの世界では、これから担当する（というか、これから共に暮らす）子どもについて、職員が選別するということはまずない。もちろん、入寮の時期も基本的には[24]選べない。第Ⅰ部でも報告したが、子どもとリョウシャのマッチングについて職員に質問すると、〝ウチはほんとに順番〟などと答えるのが一般的であり、子どもの配寮は、施設と寮舎の定員数のバランスと、それから入寮する子どもが罪を犯している（いわゆる、〝悪さ〟をしている）場合などは同じグループに属している子ども同士は避ける（できたら施設を分ける、それが無理ならば寮舎を分ける）、などは考慮するが、それ以外はほとんど考慮せず順番に、〝とりあえずリョウシャに入れる〟という方法を採る。つまり、学校でのクラス編成のように、クラス担任が子どもたちを振り分けたりはしない。最初にこのことを聴き取ったときには、内心、かなりの衝撃を受けたものである。

すなわち、子どもと職員とはランダムに組み合うのであり、そして職員は入寮してきた子どもを一切の偏見なく受け容れ、そして愛さねばならない、というよりも、愛することから始まるのである。『教護院運営要領』には次のように書いてある。

教護者と被教護者との、心の接触なくしては、教護はありえない。
以下述べる幾多の技術も、一切この接触を前提とする。（中略）この心の接触とは、いわゆる愛である。

〈厚生省児童局監修（1956）『教護院運営要領　基本編』、pp. 10–11。なお引用は職員のテクストとして『基本編』と『技術編』が合冊されたものを使用した。〉

職員は、これ等の障壁をとり去って、児童に快く心が接触するよう心掛けるべきである。また、ある児童には心を開くことが出来るが、ある児童にはどうしても愛を感じることが出来ない、すなわち、俗にいう虫のすかない場合がある。こんな場合は、どんなに努力しても教護は成功しない。これは職員として最も苦しい立場である。こんな場合、児童の前歴を見て、その悲惨な過去に同情を感じて、初めて職員の心がとけたり、児童と一緒に生活しているうちに、ふとその特徴に興味を感じ、これからこの児童を次第に愛するようになり、教護に成功した例もある。この意味において、教護院では、職員自身が、児童に対する愛情の発生、または増加を工夫することは、職員が職務に対する最大の努力であるといってよいのである。

〈厚生省児童局監修（1956）『教護院運営要領　技術編』、p. 120。傍点筆者、なお引用は職員のテクストとして『基本編』と『技術編』が合冊されたものを使用した。〉

『教護院運営要領』で強調されている、子どもたちを「文句なく受け入れる施設全体のふん囲気」（『技術編』：123）とは、彼を無条件に、ありのまま受け容れる、ということであり、それはつまり子どもを選ばない、ということである。このことは、どんな親子も互いを選べない（現在では人工授精もあるので選べなかったとすべきか）ということに通じているのではないだろうか。

施設で暮らす子どもたちは大人（職員）に容易に心を開かないといわれている――そもそも子どもたちは望んで入所したわけではない――。職員が心を開き、手を尽くしても、子どもたちは「シゴトダ」と口にして（第Ⅰ部第二章）、それを拒否したり、疑ったり、いわゆる「お試し」[25]をしたりすることがあるという。職員の暖かい気持ちは子どもたちにはなかなか届かないように見えるが、職員は諦めずに子どもたちに寄り添い続けようとする、このような関係が（それでも）成立するのは、実は互いに選ばれずにマッチングした関係だからこそ成り立つのではないか、このように筆者は考えるようになっていった。

例えば、職員が子どもを選んでリョウシャへ受け容れたとしたら、子どもは自身が選ばれた理由を気にかけることになるであろう。別の集団であれば、選ばれた理由を誇りに、あるいは強みにするかもしれない、しかし、リョウシャは限りなく家族に近い、第一次的関係[26]を体現しようとする特別な集団である。

学校においても、クラス編成の決め手になった事項を児童・生徒に詳しく説明することはしないと考えられる。この場合、子どもたちは自分が選ばれた理由を知らないが、職員の内には何らかの作為（理由）が存在する。あるいはバースコントロールされた現代家族における子作りも、大人の側の作為（都合）が存在しているであろう。しかし、キョウゴにおける入寮は（入所ではなく入寮である）、子どもだけでなく、大人（職員）にとっても偶然の一致で行われる。これは正にリョウシャに子を〝授かる〟ことなのだと筆者は捉えている。

3. 子ども集団

寮舎単位での集団行動

子どもは入寮後から退所まで、基本的な施設生活を寮舎単位で行うことになる。第Ⅰ部でも述べた通り、子どもたちはリョウシャで起床後、身支度を整えて掃除をし、朝食を摂った後、敷地内にある「学校」へ登校する。「学校」では、学年単位での座学が行われるが、男女別学級であることが多い（報告書 pp. 35-40）。昼食は学校で給食を食べるのではなく[27]、朝そうしたように、また寮舎単位で帰寮して各リョウシャで昼食を摂る施設が多い。中には全員で食堂に集まって食事をする施設もあるが、その場合は寮舎単位で大きなテーブルに着き、やはり寮舎単位で食事を摂っている。

これまでも述べてきた通り、午前は「学習」、午後は「作業」というのがオーソドックスなキョウゴの一日である。「作業」は「寮作業」などと呼ばれる寮舎単位で行う作業と、「全体作業」などと呼ばれる施設全体で行う作業に分かれている。「全体作業」の場合は、例えば施設内の清掃など一斉に同じ作業を行うが、これもリョウシャ単位に分かれて、A寮は本館の花壇、B寮はプール周辺の除草などと割り当てられる。なお、北海道家庭学校では、リョウシャ集団を離れて、園芸、木工、土木、酪農などの班に分かれて「作業」を行っている（第Ⅰ部第一章）。

行事もリョウシャ単位で行われることが多い。運動会の寮別対抗戦や文化祭や収穫祭などの演し物なども寮舎ごとに行う[28]。なお、このような行事のときでもリョウシャ単位で食事する。例えば〝イノベン〟（第Ⅰ部第一章）も、グラウンドの中でリョウシャごとに固まって食べたし、模擬店で交換したものなどでも、寮舎のスペースに戻って食べるようにしている施設もあった。例外は、部活、若しくはクラブ活動……というかこれはほとんど各種スポーツ大会に向けた練習であり、その際のチーム編成――野球、バレーボール、卓球、ソフトボールなど――はこの限りではなく、本人の希望や、あるいは各リョウシャで選抜された子どもたちなどで編成される。なお、このチームへの参加は、生活面が安定しているなど、一定の基準が設けられているようである。

余暇の時間も基本的にはリョウシャ単位で過ごす。子どもたちは各々自室やホール、リョウシャの庭先等で遊んだり漫画を読んだりして過ごすが、例えば隣のリョウシャへ遊びに行く、ということは禁じられている。他のリョウシャの子どもたちが移動する際に話しかけるのを禁止している施設もあった。夕食が済むと入浴、余暇、おやつ、日記、反省会などを行って就寝する。もちろん、リョウシャ単位である。このように、日々の日課はリョウシャという単位を基本として構成されており、子どもたちは常に同一のメンバーで生活していることになる。

筆者はこれまで何度も、キョウゴの世界では、職員と子どもが二四時間を共にする、と書いてきたが、実は同じリョウシャの子ども同士の方が、職員よりも同じ時間と空間を共にしているのである。そして一度配寮されたリョウシャは基本的には変わらず、退所時まで同じリョウシャで過ごすのである。つまり、子どもたちは嫌でもこの集団に属し、そこで暮らさねばならない。

職員はこの集団について、「寮舎集団」「寮集団」「子ども集団」などと表現する（本書では「子ども集団」に統一）。子ども集団は、入所中の子どもたちにとっては、そこが施設そのものといっても過言ではない。そのため、子ども同士の力関係はそのまま彼らの暮らしに影響を及ぼすことになる、というか直結している。子ども同士は常に勢力関係に左右され、職員もまたこれには常に気を配っている必要がある。

子ども集団のダイナミクス

職員はよく、子どもを「集団に入れる」という言い方をする。入所した子どもについて、「とりあえず集団に入れて見てみる」とか、「集団に入れるだけでたいていは良くなる」などと語るのである。筆者が行った二〇〇六年度の調査では、軽度発達障がいの子どもがどのくらい寮舎内に暮らしているかを問う項目があったのであるが、それについて、調査に協力してくださった全国施設の職員の方から多くの問い合わせをいただいた。問い合わせの内容は、〝ジソウ（児童相談所）から来た書類にはいろいろ診断名がついてきた子だったけど、集団に入れたら落ち着いた。（診断名のような病気じゃなく）普通の子じゃないかと思う。こういう場合はどう記入したら良いか〟というような内容が多数であった。このように、軽度発達障がいや知的障がいとみられる子どもであっても、キョウゴの世界では「とりあえず集団に入れる」のが基本であり、そしてそれだけで「たいていはよくなる」というのである。

第Ⅰ部第三章で報告した寮母は、「《この子は放火の子だからとか、窃盗の子だからとか、殺人の子だからとか》そういうことは一切考えない、《子どもたちが成長するにはやっぱり集団の力》であり、その集団とは、同じような境遇で《お互い苦しみ》を知っている者同士の集団」ということであった。そして、「職員は《その集団をいかに健康的にするか》、そのサポートをするのが役目」と語っておられた（二〇〇七年八月、カ学園、C寮母）。このように、子ども一人一人に働きかける、というよりも〝子ども集団を見る〟と語る職員は多い。第Ⅰ部第三章で紹介した蝶野学園のBくんの例（ある日突然、左右前後裏表等を理解したケース）でも、寮長（D職員）はBくんの世話はしていたものの、Bくんの何かを変えようとか、教えようとしていたわけではない。Bくんが自ら気付くその日まで、リョウシャのメンバー全員で見守り、そしてある日突然気付いたBくんの喜びをリョウシャのメンバー全員が共有し、共に喜び合うことで、Bくんの喜びが倍増し、その行為がBくんの中で肯定的に捉えられ、〝意味あるもの〟として定着していく、というエピソードであった。同じD職員の語りにあったCくんの例（他の子どもに「ちょっかいを出す」方法でしかコミュニケーションが取れなかったケース）では、より顕著に他の子どもたちがCくんを受容し続ける様子が語られている。そして他の子どもたちからの訴えでD職員（寮長）は、《周りに協力してもらってることで寮が成り立ってる》（二〇〇七年一一月、蝶野学園、D職員）と気付くことになり、Cくんを受容しつづけてくれる子どもたちに感謝する、という方向に変化していった、ということであった。職員の多くは、《寮全体が「頑張ろうや」って感じになったときの力》（二〇〇五年七月、カ学園、A職員、以下）が大きいということを経験的に知っている。そして自らの役割について、――個々の子どもへの〝指導〟というよりは――《寮をポジティブな方向に目を向けさせるっていうのが最大の仕事》（同）と捉えるようになっていくものと考えられる。

A職員：生徒同士、似たもの同士集まってるので、いわゆるグループセラピーみたいな効果っていうのはやっぱり明らかにあるので、まぁ、寮全体が割とこう、ポジティブな方に向かっている場合には、職員が「頑張れ」っていうのと、子ども同士が「がんばろうや」っていうのとでは全然効果が違いますよ。そういうグループの力っていうのはおっきいので、まぁ、場合によっては、場合によってはっていうより基本的には寮をポジティブな方向に目を向けさせるっていうのが最大の仕事ですね。

武：舵取りですね？

A職員：うん。一人一人をこう、個別に頑張れって、個別にカウンセリングしてどうこうということよりも、集団をポジティブな方向に向けるかっていう方が大事だと思うので、まぁ、寮長から受ける感化っていうのももちろんあるかと思うんですけれども、それと同時にその……どっちが重いかわかんないくらいなんですけども、仲間から受けるプラスの影響……もちろんその、マイナスのことを学ぶこともあるかもしれませんけども、でも、寮全体が「頑張ろうや」って感じになったときの力っていうのはすごくおっきいですよね。

（二〇〇五年七月、カ学園、A職員）

4. リョウシャの力

「寮舎の安定」と子ども集団

子ども集団の力関係の均衡が取れているときは、「寮舎が安定する」とか「安定した寮」になりやすいといわれる。「寮舎が安定する」という状態は、それぞれの子どもたちが寮に馴染み、ムガイや喫煙、喧嘩などがなく、日課等のルーティンが自主的、積極的にこなせており、子ども同士のトラブルが少なく、職員と子ども集団の関係が良好、というような状態を指す。

リョウシャがこのような状態にあるときの職員は、「日課を送らせること」やケンカの仲裁等、いわゆる〝指導〟から解放され、より快適な暮らしやより興味深い作業やより魅力あるリョウシャ作りに向けて、クリエイティブにその労力を発揮することができる。リョウシャ内は明るく生き生きと活気付き、行事は盛り上がり、子どもも大人（職員）も「毎日が楽しい」状態になり、子ども集団と職員集団の力が相乗的に発揮され「寮舎の力」が「プラスに働いた状態」になるといわれる。そしてこのような寮舎はまた、「力のある寮舎」（後述）といわれる。

一方、子ども集団の力が「マイナスに働く」ときは、寮舎内でのいじめや無断外出等、「院内非行」と呼ばれるトラブルも発生しやすくなる。リョウシャ内の空気も悪くなり[29]、また、子ども集団と職員集団が対立関係になりやすく、職員への暴行、殺人という事件に発展した例や、逆に職員による子どもへの傷害致死事件も起きている（第Ⅳ部第四章）。なお、これら二つの事件はいずれも通勤交替制を採る施設で起きた事件である。

これら〝リョウシャの力〟に際して、筆者は『収容施設のグループワーク』[30]を著したジゼラ・コノプカのことば（以下引用部）を思い出すのである。なお、同著の訳者は著者のコノプカについて次のように書いている。――「ナチスの手を逃れてアメリカへ渡った著者が、グループワークを、人間尊重に根差す民主主義理念を実現する戦略拠点と感じた心の遍歴は、全体主義国家から民主主義国家へ脱皮変貌しようとする我国にとっても、おなじ重さと意味合いを持つものとして、わたくしの目に映じた」（ジゼラ・コノプカ著、福田訳 1967：309）。

わたくしは、集団が、建設的な目的にも、また破壊的な目的にもその力を貸すことができる事実を知っている。しかし、いずれにしても、集団が人生の最大の力のひとつであることを理解しなければならない。そんな力を扱っているのであるから、（ソーシャル・グループワーカーは）ダイナマイトを取扱う技術者の職務と、少なくとも同程度の責任ある仕事だと考えていただきたい。

〈ジゼラ・コノプカ著、福田垂穂訳（1967）『収容施設のグループワーク』日本YMCA同盟出版部、pp. 44-45。傍点、括弧内筆者。なお、引用にあたっては一九七四年発行第六刷を使用した。〉

施設に入所してきた子どもにとって、〝どの寮に配属されるか〟ということはその後の施設生活をある程度決定づけることになるが、同じ寮舎であってもメンバーが違えばまったく違う雰囲気になるため、〝どの時代に配属されるか〟ということは施設生活に大きく影響することになる。中学二年生年齢を中心とした同性の子どもたちが一〇人前後の集団で二四時間を通じて共同生活を送る――、その集団には絶えずシビアな力関係が働いており、リョウシャ内は常にトラブルと隣り合わせである――。何がきっかけで「荒れた寮」になってしまうかわからない、〝寮舎は生き物〟といわれる通り、リョウシャの〝安定〟はしごく微妙なバランスの上に成り立っているのである。

子ども集団と「寮舎の力」

職員から語られたことばを総合的に考えて説明すると、「力のある寮舎」とは、子ども集団が放つダイナミクスが「プラスの方向に働いている」状態にあるリョウシャのことである。確かに、「力のある寮舎」といわれるリョウシャからは、独特のエネルギーを感じ取ることができる。まるで子ども集団がダイナモとなり、次々に何かを成し遂げてしまうような迫力があるものだ。例えば施設内の整備や清掃をする、行事が盛り上がる、野球大会で入賞する……などがある。このような状態になると、職員は「何もしなくて良い」し、子ども職員も「毎日が楽しい」状態になるという。

〝力のあるリョウシャ〟とは、このような活気に満ちた〝力〟を示す一方で、静かで穏やかな力――これは一言でいうと受容する力――を指し示す場合もある。この〝力〟があるリョウシャでは、例えば新入生なども受け入れる力が発揮されるものである。もっとも、リョウシャが落ち着いて見えても、新入生が入寮した途端に安定を欠く場合もあるので一概にはいえないようであるが、一般に「力のある寮」は新入生を受け入れる〝力〟が強く、リョウシャの安定も良いといわれている。このように、受容する力のあるリョウシャでは、例えば軽度発達障がいなど、本来、集団行動に馴染まないといわれる子どもを集団の中に受け容れてしまえる力があるようだ（第Ⅰ部第三章で報告した蝶野学園のBくんの例もそれに当たると考えられる）。[31]

筆者がある研究会――キョウゴの職員、学校の教員、臨床心理士など多分野の現役職員や現場経験者が集う研究会――に参加した際、参加者の一人である学校教員が、「クラスに（軽度）発達障がいの子どもがいるとどうして良いか判らない、たいへん手を焼くのでできればクラスにいてほしくないと思う」、というような発言をした。その際、同席していたある職員（カ学園元職員、F職員）――長年、小舎夫婦制寮の寮長を務めた経験がある――が発言を求められ、《私の経験では、そういう子が一人くらいいてくれた方が、寮舎が明るくなって良い》と笑顔で語っていたのが印象的であった（研究会の後、日を改めてF職員に確認した、二〇一五年二月）。

筆者のような外部の者が施設に入る時には、いわゆる「荒れた寮」といわれる寮舎に配属されることは少ないものである――中には「ありのままを見て欲しい」という趣旨から、あえて避けない、という場合もあったが――と述べた。つまり、外部の者は「安定した寮」や「力のある寮」に配寮されることが多いものである。それは施設の側で良い状態の寮舎を見せたい、ということもあるかと思うが、「力のある寮」には外部の者を受け容れる、あるいは受け止めるだけの力があるからなのであろう。筆者はフィールドワークを行うに当たって、筆者という〝異物〟が、リョウシャの安定を欠く引き金になりはしないかと常に懸念しながら行ってきた。というのも、リョウシャでの参与観察は授業参観のような形では行えず、日々、子どもたちと一緒に――一緒に、というよりも〝新入生〟と同じく、何もかも子どもたちに教えてもらいながら――畑を耕し、雑巾がけをし、風呂に入り、時には卓球に興じ、また時には職員に代わって日記指導を行ったりもするのである。このような関わりを特別な訓練を受けていない筆者がしてよいものか、常に心配しながら行ってきた。それで、ある施設でリョウシャに入るとき（ル学園、A寮）、A職員（寮長）に筆者の気持ちを率直に伝えた所、A職員は次のように語った。

僕も新人の時ね、聞いたんですよ、先輩に。何もわからないから。
本当に何もわからなくて、「どうすれば良いですか」っていったら「好きなようにやれ」って、「変な人物がちょっと入っただけで機能しなくなるようじゃ施設がだめだ」っていわれた。

（二〇〇七年九月、ル学園、A職員）

第Ⅰ部第二章にも述べたが、ル学園では新人職員に〝好きなように〟やらせるのである。〝とりあえず集団に入れる〟という方法は、どうやら〝新入生〟だけに該当する方法ではなく、新人職員や筆者のような外部の者に至るまで、その方法なのである。つまりリョウシャの受容する力とは、〝新入生〟や軽度発達障がいのような特徴的な行動が見られる子どもだけでなく、筆者のように外部からやってくる《変な人物》にも有効であり、その〝力〟はまた、職員のトレーニングにも効果を発揮し、職員夫婦を寮長・寮母に育てる〝力〟にもなる、ということである。

ルールと「寮文化」

ところで、新米寮長・寮母までトレーニングしてしまう「寮舎の力」と聞いて、違和感を覚えた方もあるのではないだろうか。通常の教育機関や訓練機関では、トレーニングするのは職員であり、トレーニングされるのは子どもの方である。しかし、キョウゴの世界では、時に職員より「子ども集団」の方が力を持つときがある。特に小舎夫婦制寮では、子どもたちが先にリョウシャのルールともいえる「寮文化」を持っており、新人職員は職員といえどもそれに従わねばならない。「寮文化」は先に述べた通りリョウシャ内のルールを司っているのである。

これまで筆者は、リョウシャ内では、生活型の施設故に日課やルールが細かく決められていることを述べてきた。それは例えば掃除の仕方なら雑巾の絞り方からたたみ方、もちろん拭き方まで全部決められていたし（第Ⅰ部第一章）、食事のときなら《醤油を右から廻すとか左から廻すとか》（二〇〇七年八月、カ学園、D職員）まで決められていて、そしてそのルールは各リョウシャによって異なるのである。そしてこのルールを知らないと寮舎運営はままならず、いわゆる生徒への指導もできないということになりかねない。ある職員は結婚を機に寮母になったが、この職員の場合は、先に寮長が単独制で寮舎運営をしていたため、寮母はそれまで寮長が単独制寮で培ってきた「寮文化」の中に入ることになった。そのため、《新婚当初は何も知らなくて、生徒にこうだといわれればそれに従って、ほんと、新婚当初はよく生徒に騙されたわよー》（二〇〇五年九月、ワ学園、A職員）と語っていた。しかし幸い、といっていいのかどうかわからないが、寮長・寮母は夫婦なので、寮母は寮長と連携することで《騙された》ことに気付けるし、また対処もできた。しかし、夫婦でリョウシャを引き継いだ場合はそのような訳にはいかない。例えば、ベテランの職員夫婦が寮を降りた後、別の職員夫婦がリョウシャを(32)引き継ぐときなどは、筆舌にし難い苦労があるということである。そのときは、いくら寮長という寮舎の長であっても、まずはリョウシャのルールに準じなければならないことになる。俗に「寮長の色」などともいわれるが、前職員の培ってきた「寮文化」が払拭されるのには三年かかるとか、五年かかるとかいわれているそうだ。それはつまり、以前の寮長・寮母(33)によるルール（「寮文化」）に従ってきた子どもたちが退所しない限り、現寮長は「自分の色」は出せない、ということであった（「新しい寮長・寮母が自らのやり方を押し通すことによって、子どもたちが一時的に混乱することもある(34)」。

このように、生活全般を司る「寮文化」は、リョウシャにおいては時に職員をも優先する絶対的な価値観であり、新しく寮舎に入ってくる人物は、職員も生徒も区別なく、その価値観を理解し、身につけることが必要なのである。

そして「寮文化」を身に付けない限り、職員も生徒も、自分の存在感を子ども集団のメンバーに認めさせることはできないのであった。「ネンキ」(第Ⅰ部第一章)と呼ばれる子どもが、リョウシャ内で一目置かれ、時に職員よりも力を発揮するのは、彼らが「寮文化」の伝承者であると同時に熟練者でもあるためである。

「寮文化」とコモンセンス

先に挙げた「寮文化」は、職員と子どもが共に暮らす間に培われていくものである。そして夫婦が共に暮らす小舎夫婦制寮では、職員夫婦の生活とリョウシャの生活は重複している。つまり、「寮文化」は、職員夫婦の価値観や考え方――つまりコモンセンスが土台となっているのである。基本的な生活習慣から学ぶ必要のある子どもたちが多く暮らすことを考えると、夫婦のコモンセンスは重要な要素であるといえる。また、それ故に〝他寮のやり方を否定することはできない〟ということにもなりやすい。隣の寮のことに口出しするのは、他人の家のことに口を挟むことに通じてしまうからである。以下、「共同研究　教護院の夫婦担当寮舎制度」から引用する。

(4)　夫婦制は独善に陥りやすく、周囲がわからなくなる。閉鎖的な職場の中で、内部の対人関係を一層せまくし、マンネリズムとなる。寮長間、寮母間の人間的交流を妨げ、特に寮母間の関係がむずかしく、公的批判も私的批判にとられがちであり、その私的な利害、打算、感情が加わって、寮舎間対抗的になり、寮舎間の均衡が保てず、職員の不和をまねくことになる(後略)。

〈武蔵野学院教護問題研究会(1974)「共同研究　教護院の夫婦担当寮舎制度」『非行問題』一六九、p. 50。〉

また、特別寮などで他寮の子を預かった場合、特別寮の職員から見て改めた方が良い、と思い、子どもたちに注意したとしても、《自分たちの寮ではこうですって言ってきかない》（二〇〇七年八月、カ学園、D職員）ということであ る。つまり、子どもたちにとっては《醤油を右から廻すとか左から廻すとか》（同）ということも、礼儀作法や生活様式などコモンセンスに関することも、みな一律に〝寮のルール〟であって、「子ども集団」にとって、その秩序が乱れることは許されない——第Ⅰ部第一章で報告したように、〝襖の縁に溜まった綿埃を取り除く〟という決まりが示されない限り、積もり積もっていくのと同様に——のである。

小舎夫婦制に求められる人材について、筆者はかつて（二〇〇七年の法改正時に新たに医師と社会福祉士が加わった[35]ことを機に）インタビュー調査を行った[36]。その際、小舎夫婦制寮の職員を対象に、小舎夫婦制寮にはどのような人材が適切か、あるいはどのような人に来てほしいか訊ねたところ、「マトモな大人なら誰でも」とか「ある程度人付き合いができる人」など、要するに「『資格は関係なく、人柄や人間性が重要』という意見が多く聞かれた」（武 2010a：23）のである。『教護院運営要領』においてもそれは同様で、職員に求められる人材として、人柄が強調されている——「全体を通じて特に必要なのは、常に自ら反省をすることを知る人物である。（中略）これと共に、もう一つ人間と人間社会とに対する不断の興味をもつ人物、及びその結果として人間性に対する真実の愛情を感ずることの出来る人柄ということも欠いてはならない」（『基本編』：10–11、括弧内筆者）——。

つまり、ゲンバの職員が求める人材も、〝教護職員の教科書〟である『教護院運営要領』にも、示されているのは〝良識があって子どもたちに情愛を持てる大人ならばどのような人でも良い〟ということである。これは養成所の募集においても同様で、養成所の基本的な応募資格は〝四年制大学卒〟で「出身学部を問いません」（第六九期募集パンフレットより[38]）としており、この基本的な考え方は設立当初から変わっていない（第Ⅱ部）。つまり、キョウゴの世界は、児童福祉施設でありながら、例えば社会福祉学科卒に限るという要件はなく、広く門戸を広げて〝良識在る大人〟を集めようとしているのである。先の調査においても、かつて養成所で学んだ現役の寮長・寮母からは、養成所で仕事の仕方を教わった、あるいは養成所での学びが役立っている、というようなことはまず聞かれないのであって、語られるのは「○○先生の寮はすごく良かった」など、実習での具体的な体験なのである。みな一様に「この施設に来てから、やりながら覚えた」という内容の語りであった。このことについて、ある寮長は《結局職員は施設が作る。武蔵野（養成所）が職員を作るのではなくて、行った先の施設が職員が作る》（二〇〇七年八月、報告書上のA施設）と語っていた。

つまり、キョウゴの世界では、「寮文化」を初めとする、施設の土壌が職員をトレーニングするということである。そのため、「本らい一人格であるべき教護院だが現実は寮舎の数だけ、いや、職員の数だけ異なる考えを持っている」（小野木 1990：30）ということが起きるのであろう。それ故に、キョウゴの世界を外部の者に伝えることが難しく、職員・関係者の間で長年、「言語化」が探求されている一因になってきたと考えられる。

5．ほんものの情が〝育てる〟

固定したメンバー

子どもは入所後、基本的には同じ寮舎で退所までを過ごし、途中で他の寮に変わる事（転寮）はまずない。それは例えば、一度退所した子どもが再び入寮したとき（「ニドガク」などと呼ばれる）なども、以前暮らしていた寮舎に配寮するということであった[38]。子どもと職員は固定した関係であり、そして施設内は寮舎単位での行動を基本としている。寮舎のメンバーが替わるときは、施設全体の寮舎編成があるとき——新しい寮舎が作られたとき、閉寮するとき、職員の入れ替えがあるとき等——であり、ある子どもだけを転寮させる、ということは行わないのが通常である。

例えば、ある子どもと職員とが合わなかった場合——職員も人なので中にはどうしてもソリが合わない子どもも存在する——、また、ある子どもとある子どもがどうしてもソリが合わないということもある。そのような場合でも途中で他寮に転寮させることはまずないということである。そうした場合、リョウシャ内は常に落ち着かず、トラブルが絶えない状態になるが、だからといって、それを理由にどちらかの子どもを転寮させるということは基本的には行わないという。

また、職員が手を尽くしたが、ある子どもがどうしても落ち着かず、いわゆる〝お手上げ〟になってしまうことがある。そうした子どもは「処遇困難児」などと呼ばれるが、そのような子どもがいる場合でも、その子を他寮に移すというようなことは基本的に行わない（そのような場合は担当する職員もその子どもに振り回されて疲弊し切っていることが少なくないが――）。「処遇困難児」の中にはムガイを繰り返した末に措置変更（例えば国立の施設への措置、あるいは少年審判を受けて少年院送致になるなど）になる場合があるが、それもない場合は配寮された寮舎でその子どもを受け続けることになる。そうなると寮舎内はいわゆる「荒れた」状態になり、職員が精神を病んでしまうなどして閉寮を余儀なくされることもある。ゲンバでは「職員がツブれる」「寮がツブれる」などというが、このように閉寮になるような事態になったとしても、転寮は行わないのが基本である。どうしても（ある子どもを転寮させる）、ということになった場合には、なんと施設内のすべての寮舎を編成し直すのだという（第Ⅰ部）。つまり、リョウシャ内のメンバーは、職員も子どもも、併せて一蓮托生の関係にあるといえる。

なぜそこまでして転寮という手段を避けるのだろうか、もう少し柔軟に他の寮舎を試しても良いのではないか、聴き取りを始めたころの筆者は内心、そのように感じていた。それで折に触れて職員に話を聴いてきたのであるが、転寮についてたずねると、まず、「それはないな」という感じの答えが返ってくる場合が多くあった。そしてその理由を聞くと、「なんでって……それはできないでしょ」や、「え、それは無理でしょ、その寮長の手前」「それは（お互いの寮舎の職員にとって）やりづらいでしょ」などの答えが異口同音に返ってくるのである。[39] 率直にいえば、職員同士は他の寮舎の職員に対して口出しできないし、他寮のやり方を否定することはできない、ということである。それをやってしまうと「職員間の信頼関係が保てなくなる」ということであった。

また、転寮をしない理由について、「その寮でダメだったら別の寮でもダメだから」や「どの寮でも同じだから」と返答する職員もあった（カ学園職員、ト学園職員、ク学園など、運営形態は無関係にそうであった）。これは、リョウシャを一枚岩として考えるということであろうか。しかし、「教護は寮舎の数だけある」といわれているのに、なぜ、「どの寮舎も同じ」なのであろうか。もう少し丁寧に話を聴いていくと、どうやら施設とリョウシャとの信頼関係、ということのようであった。施設（＝本館。本館については第Ⅰ部第一章を参照）は子どもを他機関から受け容れ、そしてしかるべき寮へ配寮し、各寮舎は子どもを受け容れる。施設（本館）は信頼しているリョウシャへ子どもを預けたのだから、そのリョウシャで力を尽くしたということは、その施設が力を尽くしたと見なして良い、ということだという。つまり、〝リョウシャの色〟は違えども、そのクオリティは変わらないということであろう。職員には最後まで責任を取らせ、施設（本館）は肩代わりはしない、そのため、担当職員の負担は大きい、だからこそ、その寮舎や職員をサポートするのが〝ムラ〟の役目（後述、第四節）なのだと考えられた。

替えの利かない関係

「なぜ、転寮がないのか」という筆者の質問は、今思うと愚問であった。それは、先に述べた通り職員間の信頼関係が崩れるとか、他寮に迷惑はかけられないなどの理由があろう。しかし、職員の内《なか》にはもっと感覚的なところで、率直に子どもが可哀想だ、という感覚があるのだろうと思う[40]。それは、キョウゴの世界が〝最後の砦〟といわれることと深く関っている。子どもたちは入所前に複数の施設や里親家庭を経験している場合が少なくない。そこからソチヘンになったということは、程度の差こそあれ、子どもたちの傷になっている。つまり、親に捨てられ、別の施設でも捨てられた、子どもたちはそのような感覚を持っていることが多いようである。また、「里親崩れ」ということばがある。児童福祉施設から里親家庭に措置変更したがそこで（大人の側から見たら）上手くいかず、また施設養護に戻り、大人への（そしておそらく世の中への）不信感を強めてしまった子どもたちのことを表すことばである。付け加えると、非行第三のピーク[41]とされた時代には、学校を追われた多くの子どもたちが教護院に入所していた。『教護院運営要領』には次のように書いてある。「学校の場合のような義務教育免除という如きものは教護院にはない。誰も相手にしなくなった者を最後に引き受ける場所が教護院なのである」（『技術編』：10）。

〝最後の砦〟であるキョウゴの世界には、このような子どもたちが多く暮らしており、職員は、自身が、子どもたちが大人との信頼関係を築く〝最後の砦〟――最後のチャンス――かもしれないという自覚を持っている。そして多くの職員が子どもたちに心から同情し、慈しみの気持ちを抱いている。転察などということは、ゲンバの人たちにとって思いつきもしない愚問だったのだろう、「なぜ、施設では転察がないのですか」、この質問をすると職員はみな一瞬動きが止まり、〝この人は何を言い出すのだ〟とか、〝考えてもみなかった〟という表情で筆者を見つめるのであった。キョウゴの世界で暮らす子どもたちには、固定的、安定的な人間関係が必要であり、そして彼らは〝ほんもの〟しか受け容れない。彼らとともに暮らす職員の多くは、正に『教護院運営要領』に記してある通り、自らの人格を持って子どもたちと心を通わそうとしている（第Ⅲ部）のであった。

〝ほんものの暮らし〟

子どもは職員に容赦なく生の感情をぶつけてくる。その生の感情には、今、目の前にいる大人への感情だけでなく、これまで出会ってきたすべての大人への怒りや世の中への憤りが含まれている[42]と考えられる（逆にそのような表出がなく、滞りなく施設生活を送っている場合、職員は「仮面適応」〈第Ⅰ部〉を疑うことがある）。そして子どもたちは、感情をぶつけた先の大人の反応を良く見ている。彼らには、嘘や誤魔化しは通用しない。だからこそキョウゴの理念では、職員が自らの人格を持って接するとしているのであろう。このようなキョウゴの世界は他の隣接する分野と比べて特殊であるといえる。

例えば、臨床心理の面接は時間を区切った個室で行われることが多い。これまで行われてきた面接の多くは、相談者が心理士を訪ね、面接室に通され、決められた時間内で面接を行うというものであった。心理士の対象とするものは基本的には個人の抱える心理的な問題であり、行われているのは心理治療が主である。

一方、〝福祉職〟と呼ばれるソーシャルワーカーも面接ないし面談を行う。ソーシャルワーカーは心を傾けて話を聴く〝傾聴〟を使ってクライアント、あるいはユーザーの生活問題[43]に対峙する。つまり、ソーシャルワーカーは〝心を使って〟仕事をする。[44]クライアントの暮らしに密着した問題を扱うので、ワーカーはクライアントの暮らしの場や拠点とする場所へ出向いてそれぞれの人の話を聴くのが基本である。しかし一方で、ソーシャルワーカーはその養成課程において、クライアントに同情してはならない、共感を持って接すること、と教育される。なぜならば同情という感情はクライアントに対して対等な立場からのものではない(いわゆる〝上から目線〟)と考えるためであり、近代国家と民主主義に立脚するソーシャルワークにおいては、ワーカー・クライアント関係は常に対等関係であるとするのがソーシャルワークの基本だからである。

キョウゴの世界では、これら臨床心理やソーシャルワークとはまったく別の考え方で成り立っている。職員は子どもに同情をもって接することとされているし、彼らを心から受け容れ、全人格をもって愛することが求められているのである。そして住まいはリョウシャ内にあり、職員は実子や両親などとともにリョウシャ内に住んでいる。住民票もそこにあり、住み込んでいるというよりは、文字通り所帯を構えていることになる。職員は二四時間三六五日を子どもたちと共に過ごし、寝食を共にし、共に泣いて共に笑い、時には喧嘩もする(第Ⅰ部)のである。

このような、職員の就労形態――生活の場と就労の場が未分化で常に同時進行しているという、キョウゴの世界における独特の働き方――について、筆者は以前、「自営業型就労」(武 2011:71)とした。[45]この特殊な状況下で職員は――自らの人格をもって接する、という理念以前に――自らをさらけ出して子どもたちと対峙せざるをえない状況(環境)に置かれているといえる。キョウゴの世界では、子どもたちは施設から逃げ出すことを禁じられているが、職員もまた、施設から逃げ出すことはできないのである。このような濃密な時間と空間を共有するリョウシャには、職員の人生と子どもの人生とが交差する、生々しい生活があり、それは正に〝ほんものの暮らし〟といえる。

その〝ほんものの暮らし〟の中でにじみ出る〝ほんものの情〟――同情や愛情など、人間の内から素直に生まれる感情――を交わすことで、子どもたちと職員は信頼関係という〝繫がり〟（第一次集団的な関係）を構築していくと考えられる。〝共感〟と〝傾聴〟でクライアントに対峙するのがソーシャルワーカーだとすると、先に述べたような〝情〟と〝暮らし〟で子どもたちに対峙するのがキョウゴの世界といえよう。阿武山学園職員・徳永は次のように述べている。

翻って考えてみると、子どもが努力した時、心の底から彼らを褒め、喜ぶことができるのもわれわれである。セラピストのプロ意識とも宗教家のボランティア精神とも異なる公私混同の生（なま）の感情こそがわれわれの道具である。

〈徳永健介（2008）「『虐待』概念に慎重であること――心理療法のパロディに陥らないために」『非行問題』二一四、p.71。〉

6．職員の専門性

適切な距離で暮らす

第Ⅲ部において筆者は、このような公私〝混合〟型の支援方法は、子どもたちに〝Informal な関わりを、二四時間を通して子どもに安定提供する〟可能性について述べた。しかし、この説明ではまるで、職員が子どもたちに常に能動的な〝関わり〟を求めているかのような印象である。また実際に、「寮長と児童が密着しすぎ、児童が半殺しにされている感じがある」（武蔵野学院教護問題研究会 1974：49）と批判される場合もある。しかし、筆者が「自営業型就労」、あるいは公私〝混合〟型ということばを用いて表現したいのは、職員と子どもとが密着して一対一の関係を構築する、ということではない。例えば、寮舎の中で子どもと職員が一対一の〝面談〟や〝面接〟を行う、というイメージとはまったく逆のものであることをここに付記しておく。

確かに、〝ここぞ〟というときには一対一で話しあうこともある。しかし、普段の生活では子どもたちはあくまでも子ども集団の中で集団生活を送っており、そして普段の〝暮らし〟の中で、寮長・寮母はどちらも忙しいものである。そのため、子どもの方で何か職員に話がしたいとか、なんとなくかまってほしい、という場合には、子どもたちの方から――夜の風呂の時間などに(46)――事務室に来ては、「寮母さん、○○貸してください」、「寮母さん、ここ見てください」と、何かと理由をつけては話しかけてきたりするのである（第Ⅰ部第二章第三節）。それでも足りない場合には、消灯後に現れて、事務室で書き物をしたり、本を読んだり、明日の準備をしている職員に話を聴いてもらいにやってきたりするようである。このように、普段一〇人前後の子どもたちと暮らしている職員は、子どもたちに必要以上に干渉しないものであり、むしろ、ああでもない、こうでもないと寄ってくる子どもたちを寮母は上手にいなしながら、しかししっかりと話を聴いている様子である。それは子どもたちに安易に騙されない知恵――例えば「あきらかに私を利用しているな、と思う時があります。奥さんにそれとなく言っておけば寮長の耳にも入って何とかなる、と思うらしく話の内容によっては上手に無視する事も必要です」（軽部 1995：83）――でもあるのだろう。

そして職員は少しでも〝おや？〟と思うことは見逃さず、ムガイの企てを未然に防いだりするのである。キョウゴの世界では「無監督の監督」ということばがあるそうだが、プロの仕事というものは本当に、実にさりげないものである。

〝共に暮らす〟技術

かつて、小舎夫婦制は〝ただ暮らしているだけ〟で高い給料を（しかも二人分）貰っている、と非難されたことがあったそうである（第Ⅰ部第三章、第Ⅲ部など）。確かに、リョウシャは一見、非常におだやかに、〝ただ暮らしているだけ〟に見えるかもしれない。筆者は〝ただ暮らしているだけ〟と思ったことはないが、しかし、外部の者には解らないことが沢山あるものだ……と思った経験がある。例えば、蝶野学園で、まるでリョウシャ全体が繭玉に包まれたように穏やかだったと報告した、あのリョウシャに宿泊していたときのことである。

夕方、一人で風呂焚きをしている寮母に「今日は（髪を）アップにしているんですね」と声をかけた所、寮母は少し顔を赤らめて《シャンプーしてる間がなかったから……》と答えた。つまり、ここ最近は髪を洗う間もないので、汚れてきた髪を束ねて誤魔化していた、ということなのである。そして《ごめんね、今、寮の雰囲気ね、すっごく悪いでしょ？　ごめんねー、ほんとにこんなときに泊まってもらうことになって……》と言っておられたが、恥ずかしながら筆者はそのとき、そこまで寮舎の雰囲気が悪いとは感じていなかったのである。思い当たる節がまったくない、ということではなかったが――例えば、リョウシャの中に一人、少しＩＱが低いかな、と思う子どもがいて、その子は他の子どもたちから邪慳とまではないが、やはり少し避けられているように見えた。それで寮母から《お風呂ね、○○ちゃんと一緒でいいかな？》と言われてその子と二人で入浴したときは、（もしかしたら寮母さんは、この子を他の子どもたちから少し離したいと思っているのかな）と思ったが――そこまで今このリョウシャが大変だとは思っていなかったのである。しかし、そういわれてみれば、「今日はここで良い？」とホールに布団を敷いて寝泊まりしたのも、あるいはムガイの防止に役立っていたのかもしれない[47]……と、その話を聞いたときにようやく思ったものである。前述の通り、リョウシャにとって筆者は〝異物〟であるし、言ってみれば〝お荷物〟である。しかし、ベテラン寮母はそんな〝異物〟である筆者でさえも〝資源〟としてリョウシャ運営に役立てていたのかもしれない。

――と、そんなやりとりがあった数年後、再び同じ寮母を訪ねたとき、彼女は見違えるほど若々しく美しくなっていた。このようなことを筆者は幾度か経験している。寮長でも寮母でも、とても疲れて見えたり、少し老けて見えるときがある。そのようなときはたいてい「寮が大変」なときなのであり、それはそのときそう伝えてくれることもあるし、後から教えてくれることもあった。私たち外部の者は、いわゆる「荒れた寮」になっている寮舎に配属されることは少ないし、何か問題があってもそれに気づけない場合も多いのではないだろうか。なぜならば、たいていのリョウシャは（何か問題があったとしても）日課というルーティンをこなしているからである。

小舎夫婦制で行われていることは、〝ただ暮らしているだけ〟で、それをになう職員には専門性がないといわれがちである。しかし、そこには子どもたちと〝共に暮らす〟こと、そしてそれを継続し、その暮らしを通じて互いが成長するための技と知恵があり、そこには当然ながら専門的な技術がある。第Ⅲ部でも引用した、国立武蔵野学院・富田拓の一節を今一度記しておく。

しかし、ここで想像力を働かせて頂きたい。一人だけで学校全体或いは地域全体を騒動に巻き込むような、ほとんど学校にも通わなかったような非行少年ばかりを集めて、施錠もせず、体罰もなしに、先述したようなごく普通の生活を、しかも集団で送らせることが容易でないことをおわかり頂けるだろうか。

〈富田拓（2005）「児童自立支援施設――そこで何がおこなわれているのか」『犯罪と非行』一四三、pp. 58-59。〉

伝承されにくい職員の〝技術〟

職員が子どもたちと〝ただ暮らしているだけ〟で、特別な技術や専門性がないと誤解されがちなのは、このように〝暮らし〟を通じた方法であるが故、外部の者から気付かれにくいという面があったと考えられる。そもそも職員の技術――これは多くの場合寮長のそれを指し示す――は昔から「職人技」や「職人芸」といわれ、職員・関係者のいうところの、いわゆる「言語化」は難しいとされてきた（第Ⅲ部）。これらは職員間でさえも伝承・伝達が難しいといわれ、また、〝習うより慣れろ〟の徒弟方式で「技は盗む物」という考えも根強かったという。あるいは「足の裏の哲学」や「暗渠の精神」（第Ⅲ部）という考え方も根強く「黙して語らず」の職員が多かったのも事実である。

それでも寮長の「職人技」は作業や行事を通じて〝技を盗む〟チャンスもあろうが、寮母の場合は寮舎内の〝暮らし〟の場面が主であるため、（寮長に比べて）圧倒的にその機会が少ないといえる。そもそも〝暮らし〟の場面は常に流れているのである、これを多忙な寮母自身が記録することなど極めて困難なことといってよい。そのため、寮母の働きは寮長のそれと比べて「活字化」することさえ困難――「分刻みのような日課のなかで、言語化することさえ困難な現象はいっぱいある」（木島 1994：143）――なのである。

一方、現実的に考えて、そうした技は伝えにくい、という面があったとも考えられる。例えば、A寮が何となく良い、安定していると評価されていても、A夫婦の生活様式と一体となった生活の知恵ともいうべきそれらの〝技術〟は、他の職員には伝えにくいと考えられる。また、あまり口外したくない技術（コツや技）、というのもある。ここでは仮に〝裏マニュアル〟としよう。それは、『非行問題』に寄稿される、あるいは研究会で報告されるなど、積極的に発表されることはまずないといってよい。このような裏の〝技術〟は職員間ではあるいは「言語化」され、伝承されているのではあるが、それらは他の施設の人間や、ましてやガクシャを代表とする外部の者には知られたくないというのが本音であろう（第Ⅲ部第十二章第二節）。

第四節　ムラで〝育つ〟

1．第三の要素〝ムラ〟

第三節では、キョウゴの世界における〝暮らし〟について焦点を当てて見てきた。いうまでもなく、その暮らしの場はリョウシャであり、このリョウシャという存在は、キョウゴの世界を司る要素としては欠かせない存在である。

しかし、寮舎が「単なる物的な環境」から「実に生きた教育的環境」であるリョウシャへと変わるのには、あるスペシャルな環境がなくてはならない。そのスペシャルな環境こそが、筆者がここで〝ムラ〟と呼ぼうとするものである。〝ムラ〟とは、むろん〝村〟である。古く留岡幸助が「不良少年を改良するに『インスチチューチョン』ではいかぬ」(留岡幸助 1902：58)として、施設内に「健全なる『ファミリー』」(同)を作り、その「ファミリー」(職員家族)と、そこに住まう子どもたち(入所児童)とが独立自営するための〝新たなる農村〟を作るべく、北海道の地を開墾した(第Ⅲ部)のがそのルーツにある。他の多くの公立施設では、留岡が実行したような大規模農業を行うものではなかったが、彼の「天然の感化」と「家族制度」は、全国の施設と職員に支持され彼らの手本となった。そしてそれらは戦後、小舎夫婦制として発展し、施設はいわゆる施設(〝インスチチューション〟)ではない施設となっていた。職員たちはその、施設なのに施設らしくない状態の我が住まい(施設内環境)について、「猪原村」と呼んだり、「昔は村だった」(二〇一〇年九月、ニ学園、A職員)、あるいは《村みたいなところ》と称したり(第Ⅰ部第一章)した。筆者のいう〝ムラ〟とは、ひとまずこの職員のいう〝村〟である。それは言い替えれば施設内コミュニティのことである。

この施設内コミュニティでは職員とその家族、そして子どもたちとが助け合いながら――共生、協働しながら――ごくシンプルな〝暮らし〟を営んでいる。職員同士は〝お互い様〟に助け合って農作業や行事を行い、あるいはそれぞれの生活を営み、子ども集団を育んでいる。このような施設内コミュニティを護り支えているのが本館の職員集団であり、また、退職者集団や職親とのネットワークである。本館の職員集団とは、主としてリタイアした寮長(いわゆる「寮を下りた」寮長)が役職を務める施設の事務機関であり、ここが村役場のように施設内の調整を行い、また、施設外との調整も執り行うものである。筆者のいう〝ムラ〟とは、施設内コミュニティのみならず、この本館の職員集団や退職者集団等とのネットワークも含めたものを指すものである。

つまり、ムラとはスペシャルな共同体である。それは、寮舎が「単なる物的な環境」から「実に生きた教育的環境」であるリョウシャへ変わるのと同じように、ムラは単なる施設という空間を越えて、子どもを育み、職員を育み、組織を育み、地域との関係をも育む〝ムラ〟というスペシャルな共同体となるのである。そのためにはまず、職員がそこに住まい、暮らし、共同体としての繋がりを持つこと、そして職員全員が協働・協力することでムラは形成されていく。

2．〝暮らしの労作〟のある暮らし

元となる留岡幸助の理念

キョウゴの世界は「天然の感化」を基調とする。感化法制定に尽力した留岡幸助は、この「天然の感化」を強調し、その理念を自ら創設した感化院、家庭学校で実践した。留岡のこの感化理念についてはすでに第Ⅲ部で述べてきたが、ここで今一度整理しておくこととする。

留岡は、人間社会で傷ついた子どもを癒せるのは、彼らに偏見を持っていない自然や動植物であるとして、広大な土地を求めて北海道農場を作る。それは国の感化事業とコロニー政策とを同時に推し進めた壮大なものであった。つまり、留岡は地域作りから始め、その地域の中に感化院を創設したのである。また、留岡が北海道という土地を選んだのは、広大な土地を求めたということだけではない。それは、「農作物でも南は早熟する」ので「熱帯地方では少年の教育上適当であるまいと考へた」のであって、「北は適地であると考へた」からである（留岡 1924：5-6）。つまり、作物も子どももゆっくりと育つ時間と空間を確保したのであった。

留岡は家庭学校の運営にあたり、「不良少年を改良するに『インスチチューション』ではいかぬ」（留岡 1902：58）と考えて、家族制度を取り入れた。それは現在の小舎夫婦制の原型になるものであり、寄宿舎制よりも優れた運営形態として他の施設の手本となっていった。施設内には家庭舎、あるいは家族舎と呼ばれるコテージ（寮舎）が一定の間隔を空けて建ち、学校や畑が設けられ、職員は全員が施設内に住み込んで子どもたちと共に暮らし、施設というよりは小さな村を作ったのである。留岡は、それぞれの家族舎が「獨立自營」できることを目指し、また、成長した子どもたちを小作農として「新農村」に移住させるという計画を持っていた。つまり、家庭学校における農業とは、子どもたちを偏見なく受け入れる〝天然の癒し〟であるとともに、第一次産業が主流であった当時は直接的に「獨立自營」を実現する手段でもあった。

「獨立自營」のための農業は、その後、〝暮らしの労作〟として発展して行った（第Ⅲ部第四章）。現在の北海道家庭学校のほとんどすべてが——土木工事から建築物まで——歴代職員と子どもたちの手によるものである。

家庭学校の〝暮らし〟は、今も昔も子どもたちを〝一人前〟に育てるしくみである。

助け合う暮らし

小舎制は、一つの寮舎に最大一五人までの定員とされているが、実際に生活する人数としては、一二〜一三人が限界であると語る職員が多い。それは物理的な限界と、子どもに十分な手当をしてあげられる限界——いわゆる〝目が届く〟範囲——との両方の意味がある。寮舎の理想の人数は、職員によって違うが、八人ぐらいを理想の人数とする職員が多い(48)という印象である。農作業は〝協働〟を基本とする。何でも助け合って働く必要がある。北海道家庭学校ほどの規模で農業を行う施設は他にないが、農作業を行っている施設は多い（報告書 pp. 41-42）。そして農作業に限らず、助け合って生活しなければならないのは、他の施設でも同じである。施設内の美化、年中行事……業者委託をほとんどせず（報告書 pp. 65-66）、自分たちの手による暮らしを大事にしてきた施設は多くある。そんなキョウゴの世界での生活は、至って素朴で質素であり、薪で沸かす風呂を持っていた施設も多い。田畑を持っている施設では鋤鍬を使って田畑を耕し、鎌を使って草刈りをする。家の中ではほうき、はたき、ちりとり、雑巾で掃除をし、汚れた靴下は軒下の流し台で洗濯板を使って予洗いをしてから洗濯機を使う、それもみんな子どもたち自身が行うのである。年長の者は年少者の面倒を見てやり、年下の者は年上の者を手本にして暮らしの一つ一つを身体で覚えていく（第Ⅰ部第一章）。

職員は施設内に住み込んでおり、その多くがリョウシャに併設された職員舎に暮らしている。このような住環境では、実子がホールで育つ、あるいは自家用車に子どもたちを乗せて釣りに行く、あるいはムガイの心配があるときにはホールで寝る、など公私〝混同〟の〝暮らし〟を送っており、また、休みの日でもホールで過ごす、ムガイがあれば夜中でも捜索する、など就労時間や休暇が明確に分かれていない「自営業型就労」（武 2011：71）であるため、職員同士の生活もまた、互いに助け合いが必要である。職員は、声をかけあって買い物にでかける、実子の保育園の送迎を輪番で行う、他の寮舎の実子を預かるなど、まるで同じ長屋で暮らす者同士の〝ご近所付き合い〟にも似たコミュニティが成立している（第Ⅰ部第二章）。

夜は本館の一室、あるいは職員舎の一部屋等に集まって小さな宴を開く。場を提供したリョウシャの寮母は手料理を振る舞い、料理や飲み物を持ち寄り、各々のリョウシャ運営を終え、タイミングを見計らっては五月雨式に集まり、酒を交わし、互いの意見を交換する。その様子はまるで村の寄り合いのようである。そして筆者のような〝お客さま〟が来たときには、その宴の輪に迎え入れて施設全体で歓迎してくださる。キョウゴの世界では外出が自由にできないため、〝お客さま〟を歓待する傾向にあったと考えられる。

3．〝暮らしの労作〟が人を育てる

いのちを育む共同体

ムラの持つ施設内コミュニティは、もちろん入所する子どもたちが回復し、育つための空間である。しかしその回復とは、「薬を用いないでも自然の回復力により病気がなおるのと同一」（『技術編』：118）で、「或る年月の間に自然によくなるというような形を取るのが大部分」（同：117）という経過を辿るものとされている。それを可能にするのが「雰囲気」――「教護を行なうものは、教護院にある人的及び物的なすべてのものであり、またこれらによって醸し出される雰囲気というようなもの」（『基本編』：10）――である。

そしてこの空間はまた、職員やその実子が育つための空間でもある。小舎夫婦制の場合には、職員夫婦の実子が施設の中で生を享けて実際に成長していく。更にこの空間では、人だけでなく沢山の生き物を育てている。花壇に花を植え育てる、畑を興して野菜を育てる、田圃をシツケて苗を植え育てる……施設や牛が仔牛を産んでその仔牛をまた育てる施設や果樹園や茶畑を持っている施設もある。また、各リョウシャでは猫や犬、アヒル、うさぎなどを育てていることもある（報告書 pp. 41–42）。これらの命もすべて育っていく空間、いうなれば〝ムラ〟の持つという施設内コミュニティという空間は、その存在自体が命を育む子宮のような存在に見える。

牛のお産で気付く

素朴で質素な暮らしを送ることによって、子どもたちはやがて感謝を知ることになる。最も顕著な例を挙げると、牛のお産に立ち会ったことから母への感謝の気持ちを抱いた子どもの作文がある。以下、少し長いが谷昌恒の「汗を流すことでみえてくるもの」から引用する。

僕は一九九〇年六月十四日、酪農部（の仕事）のときに、たまたま牛のお産に立ち会いました。（中略）村上先生（酪農の先生）もいなかったし、そういうときにどういう風にすればよいのかわからないまま、ずっと牛の姿を黙って見ているしかありませんでした。（中略）村上先生が帰ってくるとすぐに「ぬるま湯を用意するように」といわれました。（中略）くさりを何に使うのかと思うと、仔牛の前足にひっかけて、それにさらにロープをつけて、そしたら村上先生が「みんなで引っ張れ」というので、僕は仔牛の前足がとれるかと思ったので、かげんをして引っ張っていたら、村上先生が「もっと強く引っ張れ」といったので、先生のいう事を守って、思い切り引っ張りました。（中略）仔牛はベチャベチャに濡れていて、それにぜんぜん動かないから、僕は死んでるのかと思っていると、（中略）

村上先生が僕に「仔牛の鼻の穴を吸ってやってくれ」といったので、僕は先生に「どういうふうにするんですか」と聞くと、先生が片方をやってくれたので、僕はもう片方の穴を口で吸いました。そうしないと、仔牛は息ができなくて死んでしまうのです。

僕は親牛の姿を見て、すごくたくましいなあと思いました。親牛は仔牛を産むとき、すごく苦しんでいました。僕の母さんも僕をああいうふうに苦しんで産んでくれたのに、僕は母さんに対して、口をあましてみたり、ひどいときには暴力をふるったりして、困らせていたと思うと、すごく悪く感じました。

〈谷昌恒（1996）『教育力の原点』岩波書店、pp. 178-179。〉

この作文のように、仔牛の誕生に立ち会う、という体験は他の施設ではまずないことであろう。しかし酪農を行っていない施設でも、多くの子どもたちが感謝の気持ちを持つような体験をするという。それは素朴で質素な暮らしと、その中で互いに助け合って暮らしていく、その〝暮らし〟そのものから芽生えてくるものであるようだ。

草取りで気付く

キョウゴの世界では作物を作ったり、また〝暮らし〟の労作ともいうべき「作業」が重視されている。第Ⅰ部でも述べた通り、留岡の創設した家庭学校――現在の北海道家庭学校――は現在でも酪農を行い、土木作業など環境・設備のほとんどを子どもと職員との手で作り上げている。しかし、北海道家庭学校ほどの規模でなくても、例えば草取りでも〝暮らし〟の労作のもたらす〝気付き〟はあるということである。

武　：以前、先生が草取りの話をしてくださいましたね……

Ａ職員：子どもに教えられた。あれで全然変わりましたよねー作業にっていうか、仕事に対する気持ちが一遍に変わった……

Ａ職員：ノ学園で草取りしてるときにね、「こうやって、草取りをしてくれている人がいるんだね」って、いう子どものことばを聞いて、「オレは何てバカだったんだ！」って気付かされた、それからもっと楽に（仕事）できるようになった。仕事に対する気持ちが一遍に変わった、子どもに教えられた、「こうやって、今までも、誰かが、草取りしてくれている人がいるんだね」って（ことばで）……

武：そうなんですね……

Ａ職員：要するに、（自分も）ご飯が食べられて、当たり前（の生活を送って来ていた）だったんですよ。そうだよねーって。気付かされた。

（二〇一一年四月及び二〇一五年八月、ノ学園、Ａ元職員）

「作業」の時間に草取りをしたことから、この子どもは〝今までも、誰かが、知らない内に草を取ってくれている人がいたんだ〟ということに、そしてそれまでの自分が多くの人に支えられていたことに気付いたのである。そしてその気付きの瞬間に立ち会ったＡ職員は、《そうだよね、こうやって誰かが草取りしてくれてたんだよね》（二〇一五年八月）と自らも同じ気付きを得る。この気付き――《オレはなんてバカだったんだ》（二〇一一年四月）と気付く――体験は、《ようするに自分もご飯が食べられて当たり前だった》ということと、「作業」を「作業」としてしか理解していなかったことへの気付きの、二種類の〝気付き〟として語られている。〝暮らし〟の労作を通じてこれまでの自分を反省し、感謝を知る、そしてこの〝気付き〟、これこそが真の「作業」の意義である――単に除草する、ということだけでない――ことをＡ職員は語ってくださったのである。Ａ職員が《子どもに教えられた》（二〇一五年八月）と言うように、〝暮らし〟の労作のある日々は、職員もまた、浄化し成長していく土壌なのではないか、筆者にはそのように感じられた。

4．「強いる教育」――手足を労する

「強いる教育」というフレーズ

「強いる教育」といえば谷先生、あるいは「谷昌恒の強いる教育」など、職員の間では「強いる教育」というフレーズがしばしば聴かれる。例えば、元滋賀県淡海学園職員の岩本健一は著書『児童自立支援施設の実践理論』において次のように書いている。

> 子どもの行動に変化をもたらすための方法は、望ましい行動を強化することである。（中略）
> 留岡幸助は、子どもに作業や日課を強制することの意義を説く。北海道家庭学校・谷昌恒も、「強いる教育こそが、子どもを鍛える」といっている。
>
> 〈岩本健一（2003）『児童自立支援施設の実践理論』関西学院大学出版会、p.61。傍点筆者。〉

しかし、文中の注釈に示された引用文献は、谷昌恒の著書ではなく、機関誌『非行問題』に掲載された神戸市立若葉学園職員の原田義彦の特集論文のそれであろうと考えられる。以下、原田の「教護院が生き残るために」より引用・転記する。

> 谷校長いわく、強いる教育こそが、子どもを鍛える。何となれば社会に出れば子ども達は大変厳しい現実に直

> 面しなければならない。本校を子どもたちは精神の道場と呼んでいる。子どもたちが社会に出て人一倍厳しい現実に直面した時に、生存するための必須条件、それは頭だけでなく、手足にも知恵をつけることである。
>
> 〈原田義彦「教護院が生き残るために」(1990)『非行問題』一九六号、p. 83。傍点筆者。〉

原田の特集論文内には「谷校長いわく、強いる教育こそが、子どもを鍛える」（引用部参照）と書かれている。しかし、同論文にもまた、谷の著作を示す注釈はなかった。そのため、この文章が、谷の著作からの引用なのか、谷の著作を参考として原田が編集し直したものなのか、あるいは谷の講演等から直接聴き取ったこと（またはそれらを活字に起こした発行物等からの引用）なのか、確認することができなかった。筆者は谷の著作をあたったが、今回、原田の書いていた「強いる教育こそが、子どもを鍛える」という一文は見つけられなかったものの、谷の著書「北海道家庭学校の教育」に、「強いることが教育なのである」。しかし「少年たちは本校を精神の道場と呼ぶようになっている」（以下引用部参照）と書かれたものを確認することができたので、以下に引用する。

> 人間の手足は労するためにある。私達はそのように至極簡単に考えている。手足を労することは人間の本質的な喜びだと考えている。先年、新聞に投書があった。小学校の教師と名乗る人の投書である。教育予算が少ないという。教育予算が少ないために、各学校に十分な用務員をおくことができない。用務員がおけないから、掃除当番などという、児童生徒の誰もが嫌うものを課さなければならない。教育予算を増やして、掃除当番を全廃せよ。これがその投書の要旨であった。
>
> 掃除当番を廃して、授業時間を増やすのが教育の本道のような議論であったが、大変な間違いではないか。手足を労して、身辺の整頓清潔に努める生活習慣を養うことは、教育の最も基本的なものの一つでなければならな

い。生徒は嫌うというが、嫌なことは何もしなくてもいいというわけのものではない。学校といわず、家庭といわず、およそ子弟の教育にあたるところでは、強いること、課すことが、もっともっと多くなければならない。強いることが教育なのである。

本校はその創設以来、大自然を舞台として、いわゆる生涯教育を力強く推し進めて来た。創立者は、まことに明快に、よく食い、よく働き、よく眠る、三能主義をもって、本校の教育の原理とした。（中略）

本校の教室で使う机、椅子、寮舎での食卓、ロッカーの類はみな木工部の生徒の作品である。洗面所の流しのステンレスの張り替え、倉庫の屋根のトタン葺き、その他、おおよその板金工事は工作部がこなしてしまう。本校の敷地内に三ヵ所の水源地を求め、昭和三〇年頃から、歴代の生徒が綿密な測量を重ねながら、水道管を敷設して給水網を確立した。（以下略）

〈谷昌恒（1977）「北海道家庭学校の教育」『技能と技術』一二二―二、pp. 49-50。傍点筆者、なお、引用は、谷昌恒（1984）『教育の理想――私たちの仕事』評論社、pp. 48-62 を使用した。〉

いつからとなく、少年達は本校を精神の道場と呼ぶようになっている。学習塾でもない、体育の道場でもない。心を強くするところと少年たちは深く心に期しているのである。

〈谷昌恒（1977）「北海道家庭学校の教育」『技能と技術』一二二―二、p. 59。傍点筆者、なお、引用は、谷昌恒（1984）『教育の理想――私たちの仕事』評論社、pp. 48-62 を使用した。〉

「強いる教育」の意味

「強いることが教育なのである」という谷昌恒のことばは、その後、「強いる教育」というフレーズとして職員に伝承されるようになったと考えられる。しかし、職員間に伝承された、この「強いる教育」というフレーズは、谷のオリジナルの文章からではなく、原田義彦の書いた文章、「谷校長いわく、強いる教育こそが、子どもを鍛える」が変化したものではないかと筆者は推測する。[49]

原田はまた、「強いる教育」というフレーズについて、その文中では「頭だけでなく、手足にも知恵をつけること」という、もう一つのフレーズとセットで使用している。この、「手足に知恵をつける」[50]と同様の表現は、『非行問題』一八八号の巻頭論文「いま、教護院を問う」を始め、「今の学校教育に欠けているもの」、「現代社会と子育て」[51]など、谷の著書にはしばしば使われる表現である。先にも述べた通り、原田の論文には引用・参考論文の記載がないため、どの文章から引用、あるいは参考にしたのかは特定できない。以下は「今の学校教育に欠けているもの」より引用・転記するものである。

教育は人である。良い教師がいて、良い教育活動が展開される。しかし、留岡は人と共に自然を考えた。自然が人間に与える感化、影響の深さははかり知れないものがある。（中略）自然と人間は仲良くすべきである。自然と人間が親和するかぎり、自然はいつまでも美しく、人間はこころやさしく、謙虚である。（中略）

流汗悟道。今、この原稿を書いている校長室の隣の教室で、少年達は習字の題材にこの四文字を与えられている。創立以来、この言葉は私たちの生活の基本信条であった。（中略）手足に知恵をつける。頭に入れるものばかりが知恵ではない。しかも、頭につけた知恵はしばしば簡単に忘れられるが一たび身体につけた知恵は終生忘れることがない。大正三年、本校が創設され、良く四年には早くもフォルシュタイン種乳牛を導入して、当地方ではじめて酪農事業に取り組んでいる。山林、土木、木工、板金、そ菜、園芸、果樹、醸造、少年諸君と共に営々と努力している生産活動はまことに多岐にわたっている。身体をつかい、手足を労して、少年たちはさまざまな知恵を会得している。しかも、こうした生産活動の中で、少年たちはまことにいきいきと動く。水を得て魚が勇躍するのににている。

〈谷昌恒（1982）「今の学校教育に欠けているもの」『教育展望』二八―二、pp. 37-38。傍点筆者、なお、引用は、谷昌恒（1984）『教育の理想――私たちの仕事』評論社、pp. 36-47を使用した。〉

先述したとおり、原田の「強いる教育」は、「手足に知恵をつける」というもう一つのフレーズと併せて使用されている。しかし、筆者が職員の口から聴き取ってきた、「強いる教育」というフレーズは、このような用法はなかったように思われる。むしろ原田の「強いる教育こそが、子どもを鍛える」という文章の後半部分、「子どもを鍛える」の（ニュアンスの）方が強調されて語られていたことが多かったように思うのだ。つまり、子どもを鍛えるためには子どもに「嫌なこと」を強いることになるが、それこそが子どもを鍛えるのだ、というように。

なぜこのような変化が起きてしまったのか。まず考えられるのは、先に引用した原田の論文が、北海道家庭学校とサマーヒルの比較論文であり、最初は両者の相違点の考察――「指示的であって、強いる教育」と「被指示的で、できるだけ子どもに強いない教育」の対立軸として展開――が述べられているため、これが要因となって〝強いる〟＝〝鍛える〟というニュアンスが強調されていったのかもしれない（なお、原田の論文は、後半、北海道家庭学校とサマーヒルの共通点の考察へと展開していく）。あるいはただ単に、「強いる教育」ということばの印象――聞いたままの印象――が、そのまま「強いる教育」の意味となっていったのかもしれない。

谷昌恒は繰り返し労作することの大切さを訴えている。谷が「強いることが教育」としたもの――それは北海道家庭学校の取り組みにおいて大事にしてきた「手足を労する」教育である。そのことがもし仮に、いわゆる鍛錬教育を擁護したり、ただ単に子どもに嫌なことを強いる、という意味合いで「(谷の)強いる教育」というフレーズが使用されているとするならば、それは谷昌恒の意思に反しているといわざるをえない。

鍛錬では及ばないこと

施設は――教護院時代は特に――子どもをしごく場所、というイメージが強かったといえる。非行少年をビシビシとしごく、いわゆる鍛錬教育を行う場所である、というイメージである。実際、教護院時代には、農作業よりもマラソンや水泳など、体を鍛えるスポーツに力を入れる施設が多くあり、体罰も行われていた(第Ⅳ部第四章)。筆者が訪問した施設(これは現在の児童自立支援施設になってからの施設である)でも、〝なんで農作業をするのか分からない〟という職員もいた(52)。農作業は労作教育というよりも、午後の時間を過ごすプログラムの一つとして形骸化しているように思われた。

元阿武山学園・辻光文は、農作業の汗にはスポーツの汗では得られないものがあると書いている、以下、引用する。

こうしたことは風呂の話だけにとどまりませんが、知らず知らずの間に、他と切り離れても快適に存在するという自分(本当はアタマだけでしかない自分)に生きることになります。これは、教護院だけの問題ではありません。たとえ、どんなに文明がすすんでも、他と区別はできても、他と切り離しては、何も存在し得ないというのが、いのちの真実です。

(中略)

阿武山学園は、今日でもまだ便所の汲み取りが残されていて、今でも子ども達はいやいやながら、然し時に一番楽しんでやっています。この共同作業も然し消えていくのはもう時間の問題でしょう。

ただこうした、し合わせることが次々と消えて行く中でも、子ども達同志《ママ》、そして教護との心のふれ合いが失われてはなりません。それには又それなりの人間の知恵が必要です。汗を流すことでは、スポーツも農作業も同じだという見解もあります。けれども、常に勝敗にかかわる人間の名声、地位、利得の世界と、大自然を相手にする農作業には汗の科学的分析とは違った大きな人間教育の差異があるように、私には思われてなりません。

〈辻光文（1990）「小舎夫婦制の一教護として――阿武山学園に生きた日々から」『非行問題』一九六、p. 57。〉

スポーツでは、困難を乗り越える屈強な体は作れるかもしれないが、他者を思いやる気持ち――互いに助け合い、互いに感謝し、「ありがとう」や「ごめんね」がいえる体――ができるとは限らない、キョウゴの世界の人たちはこのように考えてきたと思われる。

5. 人材が〝育つ〟

ムラが支える職員の育成

これまで筆者は、職員は子どもそのものに働きかけるというよりも、「子ども集団」を調整することが職員の役割であると捉えている、と述べてきた。そしてそれは〝リョウシャの力〟と呼ばれる「子ども集団の」力、すなわちグループダイナミクスであると述べた。グループワークの第一人者であるコノプカは、このような〝力〟を取り扱うソーシャルワーカーについて、「ダイナマイトを取扱う技術者の職務と、少なくとも同程度の責任ある仕事」（コノプカ著、福田訳 1967：309）としている。ところがキョウゴの世界では、そのダイナマイトを日々取扱わねばならぬ寮長・寮母はというと、さしたるトレーニングも受けぬまま、先輩たちから「好きなようにやれ」とか「おかえりって言ってくれるだけで良い」などと言われて〝とりあえず〟寮舎を持たされる、というようなことが行われてきた（第I部

第二章)。

小舎夫婦制では、結婚を機に寮舎担当になることが多く、「(結婚して)寮舎を持たされた」あるいは「やっと(結婚したので)寮舎を持てた」などと語られることが多い。[53] つまり、小舎夫婦制寮とは、職員の夫婦生活と、寮長・寮母ペアでのリョウシャ運営が同時にスタートするケースが多い、ということである。そして多くの場合、寮長・寮母のペアは、ペアとしての小舎夫婦制寮運営のトレーニングを受けているわけではなく、いわば〝ぶっつけ本番〟でリョウシャ運営に携わるのである。そのため新婚夫妻は、夫婦としての関係と、寮長・寮母ペアとしての(同僚としての)関係を、それぞれ同時に育まなければならない。しかも、寮長の方は養成所を卒業していたり、フリーの職員として小舎夫婦制の補佐をしたり、経験があることも多いが、「寮母の方は交際していた男性がたまたま児童自立支援施設の職員で、結婚を機に寮母となる」(武 2010a：25)場合が多く、社会的養護や児童福祉のことを何も知らずに寮母となる場合も少なくない。

このように、〝ぶっつけ本番〟の寮舎運営は、一見、無謀とも思われるのであるが、小舎夫婦制というしくみではそうせざるをえないことが多い(第Ⅰ部第二章第五節)。しかし、キョウゴの世界では、それを支える仕組みがある。それがル学園の職員が、先輩から言われたセリフ――《変な人物がちょっと入っただけで機能しなくなるようじゃ施設がだめだ》(二〇〇七年九月、ル学園、A職員――)なのである。筆者はこの先輩の言う〝だめじゃない施設〟――新人夫妻が受け持つ寮舎があってもビクともしないような施設――について、ムラ、と呼ぼうというのである。

僕も新人の時ね、聞いたんですよ、先輩に。何もわからないから。
本当に何もわからなくて、《どうすれば良いですか》っていったら《好きなようにやれ》って、《変な人物がちょっと入っただけで機能しなくなるようじゃ施設がだめだ》っていわれた。

（二〇〇七年九月、ル学園、A職員）

リョウシャの営みが、一見、〝ただ暮らしているだけ〟に見えるように、ムラもまた、単なる〝施設〟ではない。それは高い専門性に裏打ちされた施設内コミュニティであり、本館の職員集団であり、そして退職者集団等とのネットワークも含めたものを指す。ムラは新しい寮舎を持つ寮長・寮母を、彼らが一人前の職員になるまで見守り、支え続けていく母胎である。一般に、小舎夫婦制というと、子どもたちと直接関わる寮長・寮母に目が行きがちであるが、この〝ムラ〟があることが、キョウゴの世界が成り立つ要であると筆者は考えている。そしてこれが小舎夫婦制と、地域で子どもを預かる里親制度との大きな違いでもある。

寮母という存在

キョウゴの世界の人たちは、女性性、とりわけ母性に期待する傾向が強いと考えられる。これらについて――本来ならば、根源的な意味を求めて議論を尽さねばならない処ではあるが――ここでは仮に「母性」としておくこととする。キョウゴの世界において「母性」は、理念の上でも重視されてきたものである（第Ⅲ部）。そしてこの視点、あるいは考え方は、寮母のリクルート、トレーニング……それらすべてにおいて色濃く反映されてきた。つまり、寮母には、特別な学問、特別な資格、特別なトレーニングが必要とされている、というよりも、究極的にいえば女性という性を持っている、ということこそが最大の職員要件であり、それは、女性が持つとされている「母性」に期待するためであり、むしろその「母性」こそが専門性（に代わるもの）である、と考えられてきたのである。

筆者は本章第三節において、キョウゴの世界ではいのちが育まれ、その土壌に生き物を置くと植物も動物も人も、生ある者はみな、もれなく育つものだ、というメカニズムについて整理しようと試みている。しかし、キョウゴの世界では、少なくとも理念、あるいは実践理論上においては、寮母という存在だけは、少し違うように見えるのである。

すなわち、キョウゴの理念や方法、しくみの中で、ただ寮母だけが、〝育つ〟よりも〝育てる〟側に置かれているのではないか、ということである。

実際には、寮母も寮母として成長していくものであることに違いはないのであるが、キョウゴの世界では、このように考えられてきたということである。

6. 組織とネットワークが成長する

職員集団の分類

リョウシャの職員を支えるしくみについて、職員集団という視点で整理を試みると、大きく三つに分かれると考えられる。まず、リョウシャ担当の職員を中心とした集団（仮に〝現役集団〟と呼称する）、次世代を担う職員集団（これはまだリョウシャを持っていない職員の集団である。〝若手集団〟とする）、そして小舎夫婦制経験者の集団（〝OB集団〟とする）、の三つである。OB集団は、施設長や指導課長などを中心とした寮長経験者、いわゆる〝叩き上げ〟の集団であり、この集団は本館運営に携わっている。

本館は、第Ⅰ部第一章で、関所のような場所と表現したが、それはいわば外からの視点である。施設の内側から本館を見てみると、そこはまるでムラ役場のような場所である。本館は施設内の調整を行い、また、施設外——設置主体や地域——との調整も行う重要な機関である。施設がキョウゴの世界を保つためには、この三つの職員集団が共に育ち続ける必要があると筆者は考えている。現役集団は互いに助け合いながらリョウシャ運営をし、若手集団を育てる。OB集団は彼らをフォローする。また、彼ら、現役集団が安心して働けるように、施設外との調整（施設運営）を行う、これがキョウゴの世界を支える組織循環のしくみである。

OB集団と本館

キョウゴの世界の人たちはよく「行政の人」という表現をする（後述）。施設の職員は、例えば蝶野学園の職員に見られるように、蝶野学園で働きたいと思って蝶野学園で働いているが、そうではない職員もいる。特に本館の役付の職員は（選考採用ではなく）行政移動で施設勤務になった、という例が多い。かつては、寮長経験者の「叩き上げ」が本館勤務になる場合が多く、人事異動で施設長等になる場合が希だった（序章の〝マンション教護院〟といわれた斯道学園の例のように）が、いわゆる公務員改革以降、このような人事が増えたと考えられる。なお、筆者のフィールドワークの経験では、二〇〇三年、二〇〇四年ごろまでは〝叩き上げ〟の施設長のいる施設がまだ残っていたが、二〇〇六年ごろになると極端に減り、施設長の多くは行政異動の人事──〝叩き上げ〟で本館勤務になるのは課長クラスまで（課長止まりで施設長にはなれない）──という印象を持ったものである（ちなみに、二〇一〇年以降は更に進んで課長クラスでも「行政の人」が着任している、という印象に変わった。しかしこれらの印象はあくまでも筆者の感覚であり、実数を調べた結果ではない、ということをお断りしておく）。

このように、キョウゴの世界では、行政移動で着任した人のことを〝行政の人〟と呼ぶのであるが、そのように話している職員もまた公務員なので、私たち外部の者にとっては（どちらも行政の人では？）と、少々奇妙に感じられるかもしれない。彼らの「行政の人」という表現の中には、キョウゴの世界を知らず、施設に愛着を持っていない人、というニュアンスが込められているようである。(54)

というのも、例えば施設長などの管理職が「行政の人」になると、設置主体からの〝合理化〟案──建物をビル化せよ、寮舎を小舎から中舎、大舎へ移行せよ──などが示された時に、全く疑問を持たないとか、施設の理念や特徴について上手く説明してくれないということが起きたり、あるいはムガイなどが起きたときなどには職員を叱責するなどして理解を示さない、事故が起きることを極端に避けようとするなど、キョウゴの世界の考え方とは相反することもしばしば起こるためである。

ムガイが起きたときこそ指導のチャンス（第Ⅰ部第一章）と捉えるキョウゴの世界では、子どもたちの〝問題〟を封じ込めるのではなく、むしろ出させる方向のアプローチを行う。そのため、施設（側）は設置主体に対しても、また、地域住民に対しても、理解と協力を得られるよう、日ごろから良好な関係性を築いておく必要がある。[55] キョウゴの世界では、管理職によるフロント活動は重要なことあり、それを本館の職員集団やOB集団が担っていると考えられる。

地域との関係が育つ

地域との関係については、第Ⅲ部で挙げた北海道家庭学校と遠軽町の人々のような関係――「無外をした子が、街で何かを盗んだとしても、ガタガタいう人はいませんよ。別に甘やかすというわけじゃありませんが、家庭学校ははじめからこの地域と密接にむすびついているのです」（高瀬 1982：6）といった状態が理想的といえるであろう。しかし、土地を開墾し、集落を築いてからその中に施設を作った北海道家庭学校や、「感化院様が来たからこの地域に電気が来た」（二〇〇五年九月、ト学園）というト学園のような施設は希な例なのかもしれない。あるいは、設立当初は地域住民にも理解があったとしても、施設周辺の都市化などによってそれが変化していく可能性が高い。今後はよりいっそう、周辺地域へ理解を得る必要が出てくるであろう。つまり、ソーシャルワークの用語でいうならば、施設職員は積極的にソーシャルアクションを展開していく（メゾ、マクロに働きかけていく）必要があるといえる。

では、こうした地域への働きかけについて、キョウゴの世界ではどのような方法を採ってきたのであろうか。それは、やはり、子どもや新入職員、そして筆者のような外部の者に対して行ってきたのと同じ方法――すなわち、キョウゴの世界へ〝とりあえず入れる〟のである。具体的にいうと施設内の行事、例えば盆踊りを開いたときに地域の人たちも呼んで一緒に楽しんでもらう、散髪などボランティアを受け入れる、などの取り組みがそれに当たる。このような取り組みは、他の社会運動――抗議活動や意見書を上げるなど――と比べて、大変おだやかで、時間のかかりそうな方法である。その様子はまるで、地域住民でさえもキョウゴの土壌に置いて、育っていってくれるのを待っているかのように見える。なお、地域交流について、筆者の行った二〇〇六年度の調査では、「行っている」と回答した施設が九七％、交流の方法も行事への招待、地域の行事に参加の他、施設の開放なども行っている（報告書 pp. 53-54）。(56)

7．交替制でもムラは形成される

まず、住まうこと、暮らすこと

これまでにも述べてきたことであるが、ムラ（共生・協働する特別な施設内コミュニティ）を形成するためには、職員がそこに住まい、子どもたちとともに〝暮らす〟ことが必要である。そして職員同士、〝お互い様〟で助け合うことで《村みたいな所》（第Ⅰ部第二章）であるムラが形成される。

現在、住み込み制を採る代表的な運営形態は、小舎夫婦制であるが、しかし、夫婦制だからといってムラが形成される、ということではない。住み込み制であっても、夫婦制であっても、そこに有機的な繋がりができない限り、子どもを育み、組織を育み、地域との関係も育むムラという特別な共同体は形成されない。

だが一方でそこで暮らさないことには、そうした有機的な繋がりというものは、形成されにくいようだ。職員が夫婦であることは必ずしもムラの形成にとって重要な要素ではないが、職員がそこに住む、暮らす、ということは極めて重要な要素であると筆者は考えている。

当時の社会背景——C職員の語りから

第Ⅰ部第三章のレ学園のDちゃんの例で、Dちゃんを「アフター」で支え続けたC職員は当時、交替制勤務の職員であった。しかし、当時のレ学園は、職員とその家族は全員施設の中の職員舎で暮らしていた（二〇一五年九月、以下、同日の聴き取りより）ので、C職員も実子を含む家族全員で施設内に暮らしていた。ところが、C職員は当時のことを《住み込みじゃないよ》というので、筆者はしばしば混乱したものである。C職員は若かりしころ、BBS[57]に所属し、いわゆる「不良少年」を自分の部屋に住まわせていたということであるから、彼にとっての〝住み込み〟とは、子どもたちと〝一つ屋根の下〟で暮らすことを指すのであって、施設の中に併設された職員舎に（それも実子を含む家族全員で）暮らしていても、《住み込みじゃない》ということなのかもしれない。

C職員は施設内に住まうことについて、「《当時はそれが当たり前》だった」、と語る。C職員の語りから要約して補足すると、当時――昭和五〇年代初頭――は、レ学園に限らず公務員の多くは施設・機関に併設された職員舎に住むのが一般的であった。それは社会福祉施設に限らず、たとえば屎尿処理場などもそうであり、それは、不測の事態に備えて職員が二四時間対応するためでもあった。そのため、当時は家賃もなく、食事も無料だったが、例え夜中に呼び出されて働いたとしても、危険手当や突勤手当のようなものはなかった、ということである。

レ学園もまた公設公営の施設であることから、職員は施設内の職員舎――「職員舎の中には、寮舎と《壁一枚っていう宿舎もあったんだよ》」ということであるが――に住まい、〝不測の事態〟――レ学園の場合はムガイなどがあったとき――には職員全員で対処する、という決まりだったそうである。C職員は独身のころからレ学園内に併設された職員舎に住まい、結婚して実子もレ学園で育てた、ということであった。実子を育てられるのも夫婦制の良い所（第Ⅰ部第二章）とされているが、レ学園では、昭和五〇年代初頭までは、交替制であっても実子は施設の子どもたちと一緒に遊び、一緒に育っていた、ということである。

共生・協働・協力する特別な共同体――レ学園の例

C職員の語りでは、当時のレ学園は――まるで蝶野学園のように――交替制の施設であっても、職員の実子は施設内で施設の子どもたちと一緒に遊び、夜間にムガイがあったら職員総出で捜索した――《すぐに呼び出されてすぐに対応した、手当も何もなかったから》ということであった。引き続き、C職員（レ学園元職員）の語りから、当時のレ学園の様子をもう少し詳しく伺ってみた（インタビューは二〇一五年九月、以下特に記載がない場合は同日）。

武　：Cさんは、レ学園に住み込んでたんですか？
C職員：住み込んでないよ
武　：え？　前、職員舎に住んでましたよね？
C職員：うん、住んでた、住んでた。
武　：レ学園の中の宿舎に住んでたってことですよね？
C職員：うん、レ学園の中にいた。当時のレ学園は当たり前（施設の中に住むのが）だったんだよ。レ学園の中にいて、非常時のとき、無断外出があるとか、寮が荒れるとか、そういうときにはすぐに呼び出されてすぐに対応した。職員が全員出張らなきゃならないって決まってたんだ。
武　：決められてたんですか、なんか、プロ野球の乱闘みたいですね……
C職員：そうそう。（当時は）単身者もご飯出たんだ。夫婦にも、無料で出る。家賃もタダだけど手当も何もなかったから。
武　：なるほど……レ学園には一家で住んでたんですか？
C職員：もちろん。家族で住んでた。（C職員だけでなく）みんな園内にいた。
武　：どのくらいレ学園に住んでたんですか？
C職員：えーと……何年かな……二人目の子が中学までだから……一七年くらいかな。
武　：そうなんですね。なんでレ学園を出たんですか？
C職員：縛りがなくなったんだ。（職員が施設内に）いなければならないっていう。なんか法律が変わって（職員舎の）使用料取るようになって、（使用料といっても）ほとんどタダみたいなもんだったけどね。

（中略）

C職員：最初は（施設内に）住んでるのが当たり前で、そのあとギョウチョクになって、その後夜勤になったのかな……

武：ギョウチョク？

C職員：業務宿直。

武：ああなるほど。宿直のときは寝て良いんですか？

C職員：寝て良い。

武：どこで寝てたんですか？　ホールで？

C職員：仮眠室あったんだ、まだ、小舎夫婦制の部屋が残ってて、そこに布団敷いて、けど、コベツの子はそこでやるわけ。寮舎の子と一緒にできないから。離さなきゃならないから。トッカン寮はないけど。

武：え！　静養室とかじゃなくってそこで？　じゃあ……（日勤二名、コベツ対応で一名とすると、業務宿直一名としても計四名、すでに交替要員が足りない計算になる）……四人交替でも寮、回らないじゃないですか？

C職員：回らないよ。だから（宿舎に）帰ってなかった。だから住み込みみたいなもんだよ。実質住み込みだね。

（二〇一五年九月、レ学園、C元職員）

当時のレ学園は、職員全員が夜中でも対応する決まりではあったが、職員は《誰もイヤだって言う人はいなかった》ということである。先輩が素晴らしい人たちばかりで、一つ一つ手取り足取り仕事の仕方を教えてくれた、施設一丸となって、困っている寮があればみんなで泊まり込んで助けて、職員全員で子どもたちのことを思っていた、

「アフター」でも何でも、子どものためになることなら《いっくらでもやらしてくれた》、それがレ学園の《伝統だった》という。しかし、当時、他施設の夫婦制寮の職員からレ学園は《教護じゃないって言われた》と批判（否定）されていたし、また、レ学園の「伝統」も、業務宿直から夜勤体制へ、と移行する内に変わっていったということであった。

C職員：今職員がツブれるの、解るよ……誰も助けてくれないもんね。
武　：そうみたいですね……夫婦制でもそういうこと、あるみたいですね……。
C職員：うん、誰にも助けてもらえないんだもん、ツブれるの当たり前だよ。
（中略）
C職員：当時は（先輩たちが）ピカイチの人たちだったんだ。課長クラスの人なんて、オレ、二〇代で（行政異動で他種別施設からレ学園勤務になって）、オレにしてみたら神様みたいな人たちだったよ。すごく助けてくれて、ムガイが出たときなんかも「C、まず家に行け」って一つ一つ教えてくれて、だってムガイの捜索付き沿ってくれるんだよ、一緒に……子どもが自殺したときも辞表出したんだけど（その人たちがみんな助けてくれて）、辞めるなって説得してくれて……「ありがとうございます、教護に一生捧げます」って思ったよ、それが伝統だった。（「アフター」も自分が見てた子だったらずっとやっていいよ、ずーっとその伝統を伝えてきたよね、それがやっぱり人を育てた……
（筆者注：自分が担当した子なら年齢に関係なく、ずっと「アフター」してやっていいよの意と思われる。）
（中略）
C職員：（そのころは）殺人の子も入っててね、ブンヤさんが来る、カメラマンはバシバシ来る……そういうのも全部プライバシー保護して。みんな（どんなときでも）集まってやってた。誰もイヤだって言う人いなかった。あ、すごーく（寮は）荒れてたけどね、業直のときは。けど、みんな助け合ってやってた。

（中略）

C職員：国立の施設なんかからは……誰だっけ、当時の課長の……

武：△△先生……？

C職員：そうそう！　△△先生なんかには、「レ学園は教護院じゃない」って言われた。

武：そうかー……夫婦制の人たちは、威張ってたんですねー……

C職員：威張ってた。徹底的に（交替制の職員を）コケにしてた。人間じゃないって（人間じゃないとまで）言われた。武蔵野学院（の養成所を）出てない人は「教護じゃない」って。（一方で、養成所を出ていない）私立施設の先生からも、谷先生（当時北海道家庭学校長）からも言われた。

C職員：オレは行政異動の一号だったから、（後から赴任する人が）いじめられないように頑張ったよ。（レ学園が夫婦制だったころの職員に）囲まれて、ぶん殴られたことだってあるんだよ。

武：ええ！

（筆者注：ちなみに、その殴った人とはその後、仕事で助けたところ、《悪かったたって土下座》してくれたそうである）

C職員：当時はオレも（仕事が）できなかったから、みんな（寮舎に）先輩が入ってくれて、（中略）伝統だった、オレもそうしてもらったから、オレもそうしたよ、ムガイの時や荒れてる寮なんかに入って……夜中に一回（職員舎に）帰って風呂入って子どもの方（寮舎）で寝て、泊まり（業務宿直）のやつに負担かけないように……

C職員：割り切られて、関係ないってなった（筆者注：職員が考え方を割切るようになって、他の寮舎に入るなどして助けなくなった）のは昭和五〇年代中ごろからだったかな……夜勤化して……

武：そうだったんですね、じゃあ、Dちゃんは、業直のころ、レ学園がまた和気藹々としてたころに受け持った子だったんですね……

C職員：うん、そのころ受け持ってた子だね……業直から夜勤になって、自殺しちゃった人もいた。

武　：……夜勤になったころに？

C職員：夫婦制から交替制になったときも、寮舎は荒れてたけど（職員が助け合ってなんとかなった）、夜勤になったとき、病んじゃった……

武　：職員が亡くなっちゃったんですか？

C職員：子どもも自殺しちゃった子いたけど。職員も。

武　：夜勤になったときに、子どもも職員も亡くなっちゃったんですね……

C職員：病んじゃったんだろうね。辛くなって……○○先生っていうんだけど、（その時はもう転勤になってたんだけど）亡くなったときおばけになって出てきたんだよ。

武　：あー！　その人が……（以前、聴き取ったエピソードの人だと判る）

C職員：隣の部屋の人（◎◎先生）の所にも来たんだ。○○先生が当時、レ学園勤務だったころに作った棚があるんだけど、ガタガタガタガタ……って、で、◎◎先生が、「今、○○先生、来たでしょ！」って（C職員の部屋に飛び込んで来て）。思いがあったんだなーって、教護に来たかったんだーって、やっぱり教護に戻ってきたかったんだなーって……

（二〇一五年九月、レ学園、C元職員）

住み込み交替制施設の「伝統」

これまでも述べてきた通り、C職員は交替制勤務の職員である。しかし、C職員の語りからは、当時のレ学園は、現在のいわゆる通勤交替制の施設とはだいぶ様子が違うということが解ってきた。それは一言でいうと、正に、キョウゴのための共同体（ムラ）、という体なのである。C職員曰く、Dちゃんの「アフター」に限らず、子どものためになることとならば、どんなアイディア、どんな取り組みであっても「《いっくらでもやらしてくれた》、それが《伝統だった》」ということである。その、キョウゴのためなら職員全員が一丸となるという伝統は先輩職員から引き継いだものだという、「《当時、先輩たちはみんなピカイチの人たち》だった、本館の課長クラスの人たちにしてもみんなすごい人たちで《神様みたいな人たち》だった」と語る。

かつて筆者がボランティアとして通っていた猪原学園もまた、このような〝伝統〟を受け継いだ施設の一つなのではないか。C職員のいう「伝統」とは、筆者の定義付けたムラ――単なる施設という空間を越えて、子どもを育み、職員を育み、組織を育み、地域との関係も育むスペシャルな共同体そのもの――と換言できるのではないだろうか。

第Ⅰ部で報告した猪原学園は交替制ではあるが、実に〝教護院らしい〟と感じる施設であった。C職員によると、猪原学園もまた、当時のレ学園と同じように住み込み交替制の施設であった。そして職員は、子どものことを思って一丸となっていたということである（二〇一五年九月）。猪原学園は、こうした《教護の良いところ》（二〇一五年六月）を受け継いだ施設――それは、通勤交替制が主流になった後でも――少なくとも筆者がボランティアを行っていた二〇〇四年から二〇〇六年当時までは確実に継承されていた――C職員曰く「その《伝統》が当時まだ残っていたんだろう」（二〇一五年九月）――だったのである。猪原学園もまた〝ムラ〟を継承した施設であった。

また、序章で取り上げたコ学園のA職員――寮舎のユニット化を阻止しただけでなく、より良いコテージ式に建て替えることに尽力した――も、かつてはコ学園内に住んでいた、ということであった（二〇一五年九月、以下日付同）。A職員は昭和四〇年代後半に着任し、独身時代には寮舎に併設された職員舎（かつて夫婦制だったときに職員夫婦が使用していた《六畳二間の部屋》）での〝住み込み〟を経て、結婚を機に寮舎の隣に建っていた職員舎に家族で住むようになった。そしてそこで子どもたちも生まれ成長した、ということである。当時のコ学園の自治体では（先のレ学園のように）施設内の職員舎に住まなければいけないという義務はなく、通勤する職員の方が多かったが、それは園内にある一戸建ての職員舎がすべて埋まっていたからであるという。その他に独身寮があり、そこに住む若手の職員もいた、ということであった。筆者が、「ご子息が銀杏並木を残してほしいと言った先生が話しておられたことが印象的だった」と伝えると、A職員は、「当時のコ学園の敷地は《二万何千坪あったけど（実子にとっては）自分の庭》で、学園の子は兄ちゃん、姉ちゃん、クリスマス会も一緒に出て、ホールも自由、古き良き時代だったよね」「《銀杏並木……杉並木……ずーっと並木が続いてて、カブトムシに蟬、ザリガニ、猪、猿……子どもにとっては》とても良い環境で、息子は今でも《そのころが一番楽しかった》って言う」と語っておられた。(58)

筆者がフィールドワークを始めてしばらくしたころ、「交替制は交替制でも、交替制を選択して交替制になった施設は良い施設がある」とか、「夫婦制からいきなり交替制になったようなとこはだめだ」とか、「夫婦制がダメになるまでギリギリ夫婦制でやってたとこはだめだ」などということをしばしば耳にした。(59)筆者は当時、その意味するところのものが良く解っていなかったのである。そのため、例えば、《ウチ（テ学園）は、交替制は選んで交替制になったから》（二〇一一年一一月、テ学園職員）などと、（それもちょっと誇らしそうに）言われても、その意図するところのものがいまひとつピンと来ていないのであった。当時の筆者にとって交替制といえば現在の通勤交替制のことであり、住み込みでの交替制ということは頭に無かったためである。一方で職員から「教護員らしい」と紹介される施設は夫婦制の施設であることが多かったが、参与観察では、猪原学園のように通勤交替制であっても、「教護院らしい」施設が存在するということは、理解していた。しかし、それが何故なのか、あるいは、そのことと、ゲンバの人たちが言うように、「いち早く交替制にした施設は良いよ」ということがどのように繋がるのか、当時の筆者にはまだ具体的にイメージできなかったのである。

つまり「いち早く交替制にした」、ということが意味するところのものは、まだ住み込みが主流であった時代に交替制を導入した、ということであろう。一方、「ギリギリまで夫婦制をやっていた」施設もあった。ギリギリまで、というのは、住み込み制が主流ではなくなっても、労働基準法遵守を厳しく役所から言い渡されるような時代になっても、四週八休が導入された後でも、なんとか夫婦制を維持しようと「ギリギリまで」踏ん張った、ということであろう。しかし時代の流れでどうしても夫婦制では立ちゆかなくなったときに、いきなり、住み込み制と夫婦制とを同時に廃止して通勤交替制にする、ということになる。「いち早く交替制にした」施設とは、そうした施設とは違って、住み込み交替制という状態で労働基準法導入も四週八休も経験してきた施設、ということと考えられる。

まだ夫婦制が主流であった時代に積極的に（住み込み）交替制を選択した施設では、（交替制であっても）ムラを形成した施設があり、そうした施設の中には通勤交替制に移行した後でもそのムラを継承した施設があった。その一方で、「ギリギリまで夫婦制をやっていた」施設の中には、通勤交替制への移行と共に、ムラを失ってしまうことが少なくなかった。というよりも、むしろ、移行する以前より〝ムラ〟的な機能は崩壊していたのかもしれない。積極的に交替制を選択した施設の職員がちょっと誇らしそうに「ウチはいち早く交替制にしたから」とか「選んで交替制になったから」などと語るのは、当時の良い雰囲気（筆者がムラとするもの）を今に継承しているからであろう。そしてその中には、「当時、非難され、肩身は狭かった交替制だけれども、交替制の施設だって、子どもたちのために頑張って来たんだぜ」とでもいうような自負も込められているように見えるのである。

注

（1）ちなみに、「児童自立支援施設における食事」では、考察部分において「施設内の共同体的特質（施設内コミュニティ）」（同：70）の使用や、小舎夫婦制における職員の就労の様子を「自営型就労（形態）と呼ぶ」（同：71）など、本研究に通じる視点が盛り込まれている。

（2）抽象化については、博士論文の内部審査の段階より、強化するよう指導されたものであった。

（3）後にこの職員は、この論文の下書き（当時は博士論文の下書き）を読み、本書の第Ⅳ部第二章第一節2．の「ワクと『ウイズの精神』」の項目の後半部に当たる部分について、「このことを書いておけば一〇〇年後の人たちもまちがわずにすむね

(^-^)」というコメントを寄せてくださった（二〇一四年一一月）。大変有り難いことである。

（4）　全国児童自立支援施設協議会（2003）『児童自立支援施設の将来像』全国児童自立支援施設協議会。

（5）　修士論文執筆時、指導教授である森田明美教授と「普通の暮らし」について議論したことがあった——とどのつまり、社会的養護の目的は「普通の暮らし」を提供することではないか。そしてそのような「普通の暮らし」こそ、専門的な技術を要するのではないか——。そのとき、「普通の暮らし」について、もっと相応しい表現があるのではないか、ということになったのであるが、その日はよい答えが見つからなかった。そして後日、森田教授が素晴らしいアイディアを下さった。それは「市民的な暮らし」「市民的な暮らしを支える専門性」というフレーズであった。本文の「市民的な生活」や第六章の「市民的な暮らし」はこうした経緯によるものである。

（6）　懲戒権については少年院法第八条に、また、手錠の使用も同法第十四条の二に定められている（二〇一五年現在）。

（7）　「しかし、ここで想像力を働かせて頂きたい。一人だけで学校全体或いは地域全体を騒動に巻き込むような、ほとんど学校にも通わなかったような非行少年ばかりを集めて、施錠もせず、体罰もなしに、先述したようなごく普通の生活を、しかも集団で送らせることが容易でないことをおわかり頂けるだろうか」（富田 2005：58-59）。

（8）　児童福祉法　第四四条　児童自立支援施設は、不良行為をなし、又はなすおそれのある児童及び家庭環境その他の環境上の理由により生活指導等を要する児童を入所させ、又は保護者の元から通わせて、個々の児童の状況に応じて必要な指導を行い、その自立を支援し、あわせて退所した者について相談その他の援助を行うことを目的とする施設とする。（中央法規（2013）『児童福祉法（平成25年版）』中央法規、を使用した。傍点筆者）。

（9）　現在五八施設中通所のみを行う施設は一施設だけである。なお、新たに設置予定（大阪府堺市）の児童自立支援施設は通所利用を検討中とのことである。また、各施設ではいわゆる高齢児寮や自活寮と呼ばれる中卒時年齢以上の子どもが暮らす寮舎を設置する施設が増えてきており、その寮舎に暮らす子どもたちは、施設内から施設外の高等学校に通学したりアルバイトするなどしている。

（10）　「『俺さ、何故家庭学校に入ることになったか、今も分かんないさ』十五歳の頃と全く変わらないぶっきらぼうな口調で、十五歳の時と同じ不満を僕にぶつけてくるTに、僕もやっぱりその頃答えたように『縁としか言いようがないな』とにやりと笑って答える」（藤田 2001a：125）。文中T君は42歳、15歳のときに「何度も何度も措置会議を重ねたM児童相談所の苦渋の決定」（藤田 2001b：126）で北海道家庭学校に入校したということである。その「苦渋の決定に頷く者として」（同）藤田は「過不足なく無口を続け」ているという。以下は42歳のT君の語った「抗議」（同）である。少し長いが引用する。「『俺さ、本当は養護施設か少年院に入りたかったよ。トラック仲間には養護施設でた奴や少年院でた奴がいっぱい居るけどさ、なんかみんな堂々としているんだよねぃ。養護施設でた奴はみんな家庭に訳があって自分の罪ではない気持ちがあるようだし、少年院でた奴は自分がやったことへのつぐないとして少年院に入った訳だから、なんか堂々と自分の若い頃を話すんだよなあ。それに較べて教護院でた奴は数も少ないんだけどね、俺からして何も語らないんだよなあ。親とか兄姉のことを話したり悪く言ったりするのはとっても惨めだし、悪いことというか非行というかをいっぱいやった気はするけど、それだけで言うなら俺より悪いことをした奴は赤平の中学校にはいっぱい居たけど、あの奴らは無傷だった。その辺のことが今もやっぱり割切れないよ』」(同：125-126、傍点筆者)。

(11) 小野木義男 (1999)『きみが必要だ――非幸少年と共に生きて』オリエンタル印刷。

(12) 未成年者の場合、大人による"買春"とは、すなわち子どもへの性的暴力であると筆者は認識している。そのため従来使用されてきた"売春"ではなく、"買春に関する行為"という表現を用いることとした。

(13) 児童福祉法　第四四条（九七年法改正前・教護院時代）教護院は、不良行為をなし、又はなす虞のある児童を入院させて、これを教護することを目的とする施設とする。（ミネルヴァ書房 (1996)『社会福祉小六法（平成8年版）』ミネルヴァ書房、を使用した。）（現行法・児童自立支援施設）児童自立支援施設は、不良行為をなし、又はなすおそれのある児童及び家庭環境その他の環境上の理由により生活指導等を必要とする児童を入所させ、又は保護者の元から通わせて、個々の児童の状況に応じて必要な指導を行い、その自立を支援し、あわせて退所した者について相談その他の援助を行うことを目的とする施設とする。（中央法規 (2013)『児童福祉法（平成25年版）』中央法規、を使用した。）

(14) 例えば、「食事時の盛り付けが児童集団のヒエラルキーを反映することがある。もし盛り付けの不公平があるとすれば、それが『寮舎の文化』になってすでにかなり前から児童の力関係で食事の盛り付けが決まっている」(阿部 1997：114) など。

(15) 例えば、ナ学園元職員の語りでは次のような方法を取っていた《時々……子どもが青たんこさえてたり……どうしたの？なんて言っても、あの……本当のことは絶対に言いませんからね。棚から物が落ちてきた……とかいろいろ言いますからね、その、誰々ちゃんにやられた、とは絶対に言いませんしね、そんな馬鹿な話ないっていう感じでですね、こう、聴き出して、そしてまた、みんなでいろんなことを話し合いさせるんですよね。そうすると、あの……やった本人だけが悪いんじゃなくって、やられた本人の悪さ……、弱さとか、あの……何ていうんですか、いろんな……こう、職員の前では良い子ちゃんしてても、仲間同士ではやはり……あの……二四時間子どもたちっていうのは施設の中で一緒にいるわけですからね、私たち職員以上に知ってるわけですよね、それでよく話し合いをさせてましたね。そうするとホントに棚から落ちてきた青たんじゃなくって、やられて……っていうことが解って、やられたからそれでアレじゃなくって、やられるにはそれだけのまた理由があってっていうようなので、みんな浮き彫りにして、それ（話し合い）の繰り返しですね》（二〇〇七年八月、ナ学園元職員）。

(16)　これは職員に限ったことではないようだ。例えば、ある職員（二〇一一年七月、キ学園元寮長、退職者、A職員）はリョウシャで《ほぼ毎日晩酌してた》と語っていた。しかもこのリョウシャには「（地域の）《学校の先生も呑みに来てた》、ムガイの捜索で協力してもらったことからリョウシャに来て、ここのことを理解してくれて、良いとこですねって通ってくるようになった」ということである（二〇一一年七月、キ学園、A元職員、第Ⅳ部第二章でこの語りについては再び触れる）。現在ならば公私混同と非難されそうな寮舎内（ホール及び職員舎を含む）での〝晩酌〟であるが、この教員には、寮長が〝自然体で暮らしてる〟感じや〝アットホームな雰囲気〟に好感を持ったようである。

(17)　長く機関誌の編纂に携わった杉谷は、同誌の人気シリーズであった石原の「『カバ』雑言」について次のように書いている——「教護の神様といわれた石原は徹底した夫婦制の擁護者であり、家庭的な暮らしの雰囲気のなかで無為にして化すを教護の理想としました。このシリーズは石原の面目が躍如としています。このほか石原は『教護』の誌面を通じて八時間勤務の安易な導入に対する警鐘を数多く打ち鳴らしました」（杉谷 1994：18）。

(18)　このようなル学園の様子は他の施設の職員にも評判がよく、他施設の職員（交替制の施設職員）からは「関東野球大会のとき、施設みんなで応援に来てて、ビール飲んでる寮長さんとかもいて、すごくアットホームだった、とても羨ましい」などの声が聴かれた（二〇一四年九月、ク学園職員）。

(19)　筆者の金光は後に次のように書いている、一九七四年の『非行問題』に掲載された「『腹がめげる』はなし」より以下引用する。「私は教護院にいたときもそして今も、捨てきれずに夢見ていることがある。（中略）今までの『だんだんわくをはめていく』やり方に対して、『だんだん自由を獲得していく』やり方にしたいのである」（金光 1974：68）。ちなみに、本文引用部「少年の丘（二）」のあとがきには、「この小話集は、思いつくままにかきためていたエピソードをざっとまとめたものです。少年の丘には二十年以上勤めましたので、まだまだたくさんあるのですが、気楽な、ユーモラスなものを主にしたつもりです」（金光 1972：96）と書いている。なお、このあとがきに掲載されている金光の所属は「岡山県庁内青年室」（金光 1972：96）となっており、先の「『腹がめげる』はなし」では「岡山県民生部主幹」（金光 1974：68）となっている。

(20)　ト学園、ロ学園他、小舎夫婦制の施設ではしばしば聴かれたことである。

(21)　むしろ精神的に病むほど職員が追い込まれて「寮閉鎖」になると考えられる。日時や施設名は具体的に記さないが、複数の施設でこのようなことは聴き取ったところである。

(22)　例えば、「寮長によっては『児童票なんか読むと先入観で生徒を見るから、私は一切読まないようにしている。』という人もいるが、私は不安なのでいつも読んでおくようにしている」（事例集③：40）など。

(23)　「プレヂュデス」：prejudice, 偏見。

(24) 通常、子どもの配寮は入所の日に決まる（入所の日が入寮になる）が、国立武蔵野学院では入所後、観察寮と呼ばれるオリエンテーションを兼ねた寮舎があるので、子どもたちは入所後、まず観察寮に入寮する（二週間程度）。その後、普通寮に改めて入寮することになる。このような場合は、寮長が普通寮の様子を考慮して、入寮のタイミングを見るようである。事例集にもその例が掲載されている。「寮の集団の雰囲気と、観察室と開放室の勢力のバランスを考慮して新入生を引き取る」（事例集③：40）、なお引用中の〝開放室〟とは、筆者が先に書いた普通寮のことと思われる。国立武蔵野学院では家庭裁判所の決定により強制的措置がついた場合は施錠可能な観察寮を利用することになる。二〇〇九年の「国立武蔵野学院の概要」によると、家庭裁判所の決定による強制的措置がついたケースは一〇〇％であり、日数の上限で最も多かったのが一五一日〜一八〇日で四七％、次いで多いのが九一日〜一二〇日で二三％である。なお、この上限まで観察寮を使用することはほとんどなく、ほとんどの子どもがその上限日数に関係なく二週間で普通寮に入寮するということであった。

(25) 職員が「お試し」「試し行動」などと呼ぶのは、いわゆる、「試しの行動、リミット・テスティング」といわれるものである。それは「リミットテストをする――限界がどこにあるのか試す」（アルバートE・トリーシュマン他著　西澤訳 1995：83）ことである。つまり、「その環境の限界がどこにあるのか、つまり自分のどのような行動は許容され、どういった行動が制限されるのか、制限される場合には誰がどのような方法で制限するのかを知ろうとすることにある。特に虐待を受けた子どもの場合には、治療者などの大人が自分に攻撃を向けてくるのではないかということを試すことが多い」（西澤 1994：95）ということである。

(26) 「第一次的関係（primary relation）の主要な特徴として、（1）全人格的な対応、（2）親密なコミュニケーション、（3）個人の充足の三つがある」（ブルーム、セルズニック＆ブルーム 1987：90）。

(27) 全国的な施設でも、「学校」での給食という施設は二〇〇六年当時、ほとんどなかったと考えられる。筆者が行った二〇〇六年度の調査では、「学校」での給食という項目を設けなかったが、該当する選択肢としては「その他」になる。ちなみに「その他」の集計は全国五八施設中二校であり、うち一校の回答には「月、水、金は本館（学校）給食。火、木、土、日は寮」というメモが添えられていた（報告書　pp. 80-81）。

(28) 近年は分校化が進んだことから、これまで行っていた施設行事を分校主催の行事として行う施設も出てきており、それに伴い、クラス対抗やクラブ対抗も出てきているようである。

(29) 北海道家庭学校の子どもの作文には、次のように書いてある。「寮の中で一番いやなことは無断外出だ。無断外出があるとみんながっかりしてしまう。そんな寮にならないために、先生初め理事、みんながまとまり、いやなことがあったりしたらすぐ寮常会を開き、住みやすくしていきたい。そのためにも理事ががっちりしないとだめだ。みんなが一つになれば寮対抗などにも良い成績がとれてくるし、おちつくと僕は思います」（花島 1978：77）。

(30) ところで、施設で行われている営みについて、ソーシャル・グループワーク（以下グループワーク）であるとする意見がある。例えば岩本は「児童自立支援施設の実践はまさにグループワークである」（岩本 2003：75）と書いている（関連序章）。筆者の観察では、第Ⅰ部第二章に報告した誕生日ケーキの例のように、正しくそうだなぁと感じたことがある一方で、職員がグループワークの理念を理解していないとか、単に〝グループでプログラム活動を行うこと〟をグループワークと呼んでいたりする場面もまた、多いと感じている。

(31) 第Ⅰ部第三章。事例集では次のような報告がある「寮が比較的安定している状態のときは、『できればもうこれ以上新入生を受け入れたくないなあ。』と思うのは、私一人だけだろうか……。一人の新入生が入っただけで寮の雰囲気がガラリと変わり、今までの落ち着きを失い児童も寮長も糸を張りつめたような緊張感を持つ様になった時は実にイヤな事である」（事例集③：36）。

(32) ちなみに、「寮長」はかつて「族長」（家族長の略）と呼んでいたそうである（二〇一三年七月、ト学園元職員、関連第Ⅱ部）。

(33) 二〇〇七年八月、カ学園、B職員他、（「自分の色」が出せるようになるまでの期間については多少の差があるが）複数の職員から同様のことが語られている。

(34) 女子寮のケース。このケースでは、子どもたちも混乱したし、新しい寮母に子どもたちは反発していたが、やがてリーダー格の子どもが「卒業」するときに、かつて反発した寮母さんの考え方が《目が覚めたことば》に変わり肯定的に受け止めるようになっていた、ということであった（二〇一五年二月、ニ学園元職員）。

(35) 正しくは「社会福祉士となる資格を有する者」（児童福祉施設最低基準第八二条第二号）。八二条第一号に「医師であって、精神保健に関して学識経験を有する者」が、第二号に「社会福祉士となる資格を有する者」が、そして第八三条（児童生活支援員の任用資格要件）の第二号に「社会福祉士となる資格を有する者」がそれぞれ任用資格要件として新たに追加された。

(36) 北海道社会福祉士会による平成一九年度調査研究助成金を受けて行った。調査報告は、武千晴（2010a）「夫婦小舎制における寮担当職員の育成及び養成」『道しるべ』三、北海道社会福祉士会、に収録した。

(37) 国立武蔵野学院附属児童自立支援専門員養成所「六九期生募集ポスター」には、「〇授業料・学費は無料です　〇出身学部を問いません」と印刷されている。

(38) このことについて、ある施設では、「『以前、同じ寮で失敗しているのに、また同じ所に入寮させるのか』ということが施設内で議論になったことがあり、『思い切って違う寮にしてみよう』と別の寮舎に配寮する、という試みを行ったことはあるが、やはり同じ寮舎に戻す、というのが基本」（二〇一四年九月、レ学園元職員）ということであった。

(39)　施設訪問をした施設において、ほぼもれなくしている質問のため、詳細な日付等は省略した。

(40)　二〇〇四年～二〇〇七年当時。この里親は民法に規定される普通養子縁組、あるいは特別養子縁組を結んだ里親、つまり親子関係のある里親家庭のことではなく、児童福祉法に定められた里親制度の里親である。児童福祉法では養育里親、親族里親、短期里親、専門里親の四種を定めていたが、二〇〇六年法改正二〇〇七年施行により、養育里親、専門里親、養子縁組を前提とする里親、親族里親となった。

(41)　「少年刑法犯検挙人員の推移には、昭和二六年をピーク（一六万六四三三人）とする第一の波、三九年をピーク（二三万八八三〇人）とする第二の波、戦後最多を記録した五八年をピーク（三一万七四三八人）とする第三の波という三つの大きな波が見られる」（法務省法務総合研究所（2005）『犯罪白書』国立印刷局、p. 187）。

(42)　「人間は誰しも、過去に他の事情のもとで発生した感情を相手に移すものであるが、教護児童は、多くは、虐待され、放置され、叱責され、満たされなかった悲惨な過去をもっているから（中略）消極的な転移すなわち憎悪を、意識的無意識的に抱くか、または固い殻に入って、表面だけ良好な人間関係を示すかが常である」（『技術編』：122、括弧内筆者）。

(43)　生前の一番ヶ瀬康子による日本女子大学の講義において、「社会福祉学は生活問題を対象とする」と述べておられた。当時学部生としてその講義を受けた筆者は、そのことが大変印象に残っている。

(44)　筆者の友人でソーシャルワーカーとして相談援助をしている友人は、「心理の人ってさ、一日何人とも面接できるよね」と語っていた。「ワーカーは心を使って話聴くし、生活（問題）がかかっているから責任重大だし、本当に疲れちゃう、せいぜい、一日に一人か二人聴くのがやっと」（二〇〇六年、社会福祉協議会元職員）とのことであった。

(45)　「自営業型就労は、かつては商店街などでもよく見られた。例えば乾物屋の店舗が経営者の自宅と一体となっており、休業日や店終い後でも半分雨戸を閉め、店先の電気を点けて就寝まで商いをしているという具合である」（武 2011：71）。なお、筆者は下町にある職人の家に生まれ育ったため、このような例を考えたのであるが、農家の友人の話を聴いたところ、牛を飼っている農家の働き方などは、キョウゴの世界の職員の働き方に近いのではないかと考えるようになった。

(46)　たいていの寮では寮内に風呂があり、子どもたちは複数人の順番で風呂に入る。この時間帯は各自がそれぞれ、当番で掃除をする子、日記を書く子、洗濯物をたたむ子、寝そべってくつろぐ子、風呂に入っている子、もう風呂から上がってパジャマに着替えている子……などなど様々な行動を取っており、活気付く時間帯である。ようするに集団行動が適当にバラけるので、子どもは職員に一対一で話しかけやすい時間帯なのであろう。事務室にいる職員は入れ替わり立ち替わり子どもたちに話しかけられている印象である。

(47)　論文の下書きを読んでいただいた元職員からは《それは武さんを守るためでもあったかもしれないね》という感想をいただ

いた。

(48)　ちなみに、北海道家庭学校では、本格的な農業を行うため、一寮の人数は「《一五人ぐらいいた方が良い》。そのくらいの人数がいないと大変だし、《寮が盛り上がらない》」そうである（二〇〇五年八月、同施設元職員）。

(49)　筆者は谷の主たる著作物を調べたが、筆者が調べた限りでは、谷の文献に「強いる教育」という名詞化したフレーズを使用している例は、今のところ、探し出せていない。筆者が読み落とした、あるいは未読の文献がある可能性もあるため、今回は、「強いる教育」のオリジナルについては確証を得るまでに至らなかったが、キョウゴの世界では、伝承する間に形を変えてきたフレーズというのは他にも存在する。例えば、『新ＨＢ』p. 17には、石原の「足の裏の哲学」について、当初は「足の裏の皮の哲学」であったこと、そしてこのことばは石原自身の発言からではなく、石原の親友の山本有三が「彼は足の裏の皮の様に目立たない存在であるが……」と述べた（石原登が一九六二年菊池寛賞を受賞した際のスピーチ）ことがそのルーツであるとしている。また、「ウイズの精神」というフレーズも「明確に定義した文献は見当たらず、曖昧な一つのスローガンのようなものであったという印象を持つ」（阿部 1996：186）として、阿部はこの語源を辿る研究を行っている。阿部は『「ＷＩＴＨの精神」再考』で、職員のいう「ウイズの精神」は、青木延春がレオ・カナーの「児童と共に（ＷＩＴＨ）」を引用したことから来たと思われるが、職員のいう「ウイズ」と青木が引用したカナーの「ＷＩＴＨ」は「全く違うもの」として同研究を行っている。このように、形を変えたフレーズは、阿部のいうとおり「スローガン」化され、口伝えで語り継がれやすいといえる。しかし反面、その間に内容が変容する、あるいは人によって解釈や説明が異なる、ということも生じる可能性がある。そしてそのフレーズを口にする人全員がそのルーツを知っているとは限らない、という現象が起きると考えられる。岩本が「強いる教育」というフレーズを、谷本人の著作からではなく、原田の原稿から「谷昌恒も」として引用（つまり孫引き）していることを加味すると、職員に伝わる「強いる教育」というフレーズは、谷のことばそのままではなく、あるいはこの原田の表現（岩本が引用した『非行問題』の方）が受け継がれて行ったのではないかと思われる。

(50)　谷昌恒（1982）「今の学校教育に欠けているもの」『教育展望』二八―二。なお、引用は、谷昌恒（1984）『教育の理想――私たちの仕事』評論社、pp. 36-47、を使用した。

(51)　谷昌恒（1984）「現代社会と子育て」『教育の理想――私たちの仕事』評論社、p. 142。なお、初出は同書によると以下の通り。北海道青少年育成協会「家庭のまど」家庭教育資料第一一篇　一九八三年八月。

(52)　日付詳細不明、いずれも通勤交替制の複数の施設で聴いた。

(53)　キョウゴの世界では、寮長が職員としてすでに施設で働いており結婚を機に妻がキョウゴの仕事に携わる場合が多く、「女性の方が寮母を目指して後から男性が寮長になる、というケースはなくは無いが圧倒的に少ない」（武 2010a：25）ということである。

(54) 全国施設五八施設の中で、北海道家庭学校及び横浜家庭学園の二施設以外は全て公設公営の施設である（第Ⅱ部参照）。

(55) キョウゴの世界のOBは二種類ある。定年退職などで退職した者と、移動などで施設は退職したが、まだ同じ設置主体（都道府県）で働いている者である。どちらのOBも現役職員と繫がっている場合が多く、職員の相談を引き受けたりしている。設置主体への交渉や他機関との連携という面では、児童相談所や本庁などで働いているOBが頼りになるようだ。

(56) その他、広報・啓蒙活動も九三％が実施している（報告書p.56）。

(57) 「BBS（Big Brothers and Sisters Movement）は、その名のとおり、少年少女たちに、同世代の、いわば兄や姉のような存在として、一緒に悩み、一緒に学び、一緒に楽しむボランティア活動です」（日本BBS連盟公式サイトより引用）URL.http://bbs-japan.org/ ちなみに筆者もかつてBBS会に所属し活動していた。

(58) A職員が着任した後、その後着任する職員は施設内に住むことはなかったということである。その後A職員は異動でコ学園を去ることになり、職員舎もそのとき退去した、ということであった。A職員は施設内に住むことについて《オレは武蔵野（筆者注：養成所出身）だったから抵抗なかったけど》（二〇一五年九月）と語っている。施設の選考採用がなくなり、異動で初めて施設を知った職員にとってはやはり施設内に住むことは抵抗があったのであろう、約一五年後、A職員が再びコ学園に異動してきたときには、全員が通勤になっていた、ということであった。（筆者注補足：養成生は一年間、国立武蔵野学院の中で生活する——「国立武蔵野学院内にある養成所〈全寮制〉に一年間住み込みながら学びます」〈国立武蔵野学院附属児童自立支援専門員養成所「六九期生募集ポスター」〉。

(59) 日付詳細不明、二〇〇四年〜二〇〇五年ごろの聴き取りにおいて、複数の施設職員から語られていた（現在でもこのようなことは耳にするが）。

第二章　三要素の特徴と機能

はじめに

第Ⅳ部第一章では、Ⅰ部、Ⅱ部、Ⅲ部の各部からそれぞれ得られた成果について総合的に分析し、「教護らしい」とか「教護院らしい」とされる要素を抽出し、分類を試みた。分類した要素はそれぞれワク、リョウシャ、ムラとし、この三要素はキョウゴ・モデルの必須条件であるとした。

本章では、この、キョウゴ・モデルのワク、リョウシャ、ムラの各要素について、更に視点を変えて分析を試みるものである。

第一節 ワク——施設養護について

1．ワクは何故あるのか——トータルインスティテューション様の施設

ゴッフマンの『アサイラム』

筆者がはじめて施設（当時は教護院）を訪れたのは、第一章で書いた通り、一九九六（平成八）年のことであった。宿泊実習の初日から、〝これは典型的な、絵に描いたようなトータルインスティテューションだ〟という感想を持った。第Ⅳ部第一章で整理してきたキョウゴの「ワク」とは、換言すればキョウゴにおけるトータルインスティテューション的な部分（〝閉じ込めと懲らしめ〟に見える部分）のことである。

トータルインスティテューションとは、ゴッフマンによると、社会に存在する多くの収容型（あるいは入所型）の施設を指しており、彼曰く、「多数の類似の境遇にある個々人が、一緒に、相当期間にわたって包括社会から遮断されて、閉鎖的で形式的に管理された日常生活を送る居住と仕事の場所」（E・ゴッフマン著、石黒訳 1984：v）[1] ということである。以下に、ゴッフマンが「欧米社会の全制的施設は、大よそ五つに分類することができよう」（同：4）としたものについて、箇条書きに修正して転記する。

1．〔一定の〕能力を欠き無害と感ぜられる人々を世話するために設置されているもの（盲人・老人・孤児・何らかの障害のある人々のための収容所）

2．自分の身の廻りの世話ができず、自己の意志とは関係がなく社会に対して脅威を与えると感じられる人々を世話するために設置された場所（結核療養所・精神病院・ハンセン氏病療養所）

3. 社会に対して意図的危害を加えることがあると感じられている〔人々から〕社会を守るために組織された全制的施設。この場合、ここに隔離収容される人々の厚生は当面の問題ではない（刑務所・矯正施設・捕虜収容所・強制収容所）

4. 何か仕事らしいことを効果的に遂行することを意図して設置され、ただこの目的遂行の方途〔として適切〕という理由に基づいて〔その設置〕が正当化されている施設（兵営・船舶・寄宿学校・合宿訓練所・植民地商館・使用人居住区劃に住む者の側から見た大邸宅）

5. 世間からの隠棲の場所として設置された営造物。このような場所の中には宗教人を養成・訓練する施設として機能しているものがあるが、その場合も隠棲の場所としての性格は失われてはいない。（僧院・男子修道院・女子修道院・その他の種類の隠棲所）

〈E・ゴッフマン著、石黒毅訳（1984）『アサイラム』誠信書房。pp. 4-5を箇条書きに修正の上、引用した。〉

ゴッフマンの指摘は、そのような施設は入所者の個人を――施設が表向きに掲げている目的に反して――「無力化」してしまうということであった。それで彼はそのような「個人の無力化」が行われる施設のことを「a total institution」（石黒毅訳では「全制的施設」、本書ではトータルインスティテューションと表記）としたのであった。

ゴッフマンは著書『アサイラム』の中で、「個人の自己が無力化される mortified 過程は一般に、どの全制的施設においてもかなり標準化している」（同：16）として、その過程を詳細に述べている。その過程を繙くと、キョウゴの世界と多くの場合、共通しているのであった。つまり、誤解を恐れずにいうならば、キョウゴの世界はトータルインスティテューションのような施設である。

以下、順にキョウゴの世界とトータルインスティテューションの特徴について類似点と違いを述べていくこととする。

入所手続き——過去の役割からの解放

ゴッフマンは入所時に起きることを細かく書いている。トータルインスティテューションに入所すると入所者は外界と遮断される。そして入所手続きによって、入所者はそれまで着ていた衣服をすべて脱がされ、「〈アイデンティティのための用具一式〉an identity kit」（E・ゴッフマン著、石黒訳 1984：22）と「アイデンティティ装備 identity equipment」（同：23）を失うことになる。そして「個人は、自己の通常イメージを他人に呈示することが出来なくなる」（同）というのである。

——要するに、人は自己の個人的外面《パースナル・フラント》を操作するために〈アイデンティティのための用具一式〉an identity kit を必要としているのだ。彼にはまた理髪師とか洋裁師のような装備の専門家を利用する必要もあろう。しかしながら全制的施設への入所に際して、一般的に個人は、自分の通常の外見《アピアランス》ならびにそれを維持するための装備とサービスを剝奪されることになり、その結果体面を失うa personal defacement ことになる。衣服・櫛。針と糸・化粧品・タオル・石鹼・ひげ剃り道具・浴用道具などはすべて、取り上げられるかあるいは使用を認められない。もっとも、彼がもし退所することになったら、そのときは返却されるように、彼の手の届かないところに保管される物もある。

〈E・ゴッフマン著、石黒毅訳（1984）『アサイラム』誠信書房、p. 22。傍線筆者。〉

キョウゴの世界においても、入所と入所手続きには大きな意味があり、それは一見、ゴッフマンの示したトータルインスティテューションのそれと同じに見える。子どもは入所によって保護者宅や地域から離される。入所手続きは、入寮前の本館で行われる。私物はその時点か、あるいは寮舎で着替えが終わった後、保護者等に持って帰ってもらうか、あるいは職員の手により退所まで保管されることになる。子どもたちは施設から支給された衣服を身につけ、持ち物を使用することになる。男子は、当日の内に丸刈りにされてしまう施設もある（第Ⅰ部第一章）。入所（入寮）後は外出が禁じられ、面会や通信は制限されることになる。ゴッフマンは、トータルインスティテューションでは、「外出する特権も最初のうちは完全に差し止められるが、これは過去の様々の役割から完全に遮断され、役割の剝奪が実感されるのを確実にするため」（E・ゴッフマン著、石黒訳 1984：16–17）と書いている。以下、引用を続ける。

全制的施設の場合、その構成員になると、自動的に、役割の予定計画に攪乱が生ずる。というのは被収容者の外部世界からの隔離は終日のことであり、さらに数年にわたって継続することもあるからだ。つまり役割解除 role dispossession が生ずるのである。多くの全制的施設においては、訪問者を許可する特権あるいは該営建造物から外出する特権も最初のうちは完全に差し止められるが、これは過去の様々の役割から完全に切断され、役割の剝奪が実感されるのを確実にするためである。

〈E・ゴッフマン著、石黒毅訳（1984）『アサイラム』誠信書房、pp. 16–17。傍線筆者。〉

傍線部に示された「役割解除」と同じようなことがキョウゴの世界でも起きていると考えられる。ゴッフマンが示した通り、入所によって子どもたちは外部の世界と遮断され、それまでの慣習や文化を剝奪されることになる。例えば、暴走族やギャング集団を思わせるような服装やアクセサリー、髪型等はすべて〝施設の決まり〟に準じたものに置き換えられる。〝入所時の丸刈り〟も、そうしたいわゆる不良文化を剝奪し、例えば暴走族やギャング集団の一員というかつて彼に与えられた役割を解除することになる。子どもはそれを望まないし、嫌がる場合が多いが、しかし一方で、いざ丸刈りにされてしまうと《どこかほっとした表情になる》と職員は述べている（第Ⅰ部第一章）。

しかしここで注目したいのは、キョウゴの世界では、「役割解除」が子どもの加害面だけに作用するのではなく、被害面に対しても作用すると考えられる点である。例えば、事例集に収められた「ちいちゃんのねがいごと」（事例集⑦：99–114）には、九歳で三歳の弟の面倒を見て、家事一切を引き受けている「小さなお母さん」の役割を負わされていた「ちいちゃん」の例が報告されている。その他にも、『AV女優』――四二名のAV女優のインタビューを収録――には、教護院（当時）に入所した経験のある小沢なつみさんのインタビュー[2]が掲載されているが、それによると、彼女は小六の時からその後中学生時に家出するまでの間、養父のセックスの相手になっていたことが語られている（永沢 1996：128–129）。筆者の聴き取りにおいても、肉親から性的虐待を受けていたDちゃんの例（第Ⅰ部第三章）があった。彼らはいずれも「不良少年」や「非行少年」、あるいは「浮浪・徘徊」など「問題行動」のある子どもとして入所に至っているのであり、その被害面についてはクローズアップされてこなかったと考えられる。Dちゃんの例では、入所中に性的被害について打ち明けられることはなかったし、小沢なつみさんの例では、「悪いことをしているという気持ちはなかった。養父と肌を合わせていると暖かくて安心できたし、妻に逃げられた男がかわいそうでもあった。自分が慰めてあげられるなら……」（永沢 1994：129）と、本人自身に被害を受けている認知がなかったことが語られている。このように、被害を訴える術のない子どもたちがかつて負わされていた〝役割〟もまた、入所によって解除されることになる。

ゴッフマンは、入所手続きと従順性テストには、「一種の加入儀礼 initiation にまで仕上げられているものがある」（E・ゴッフマン著、石黒訳 1984：20）と書いている。例えば先に挙げた丸刈りなど、実施していた施設ではイニシエーションと呼ぶにふさわしいイベントなのではないかと考えられた。つまり、キョウゴにおけるイニシエーションは、それまで子どもたちが負わされていた、社会や養育家庭（あるいは保護者家族）における役割や、見えない役割（あるいは隠された役割）から子どもたちを解放する意味があると考えられた。

施設生活の受け入れ――かつての生活を諦める

施設生活に入ると入所者は、ゴッフマンの示した通り、日課に従った生活を受け入れ、新しい文化を受け入れ、施設の食物を受け入れていくことになる。ゴッフマン曰く、施設の提供する物は食べ物も含めて彼を「汚辱《インディグニティズ》」（E・ゴッフマン著、石黒訳 1984：25）するもの、あるいは「汚染」するものである。

> 右に挙げた汚辱《インディグニティズ》の形態あるいは源泉が何であれ、〔このような場合〕個人は、その象徴的意味合いが彼自身の自己像とは両立しない場面《アクティヴィティ》に参加しなくてはならないのだ。この種の無力化のもう少し曖昧な例は、自分が自分にとって無縁と考えている日課を受け容れる――つまり、自己のアイデンティティが失われる役割を引き受ける――ことを求められる場合に生ずる。
>
> 〈E・ゴッフマン著、石黒毅訳（1984）『アサイラム』誠信書房、p. 25。傍線筆者。〉

ゴッフマンによると、入所者は施設の提供するそれらの「汚辱」を受け容れることにより、「体面を失う a personal defacement ことに」なり、「新米の被収容者の自己は一連の貶め abasement's、降格 degradations、辱め humiliations、非聖化 profanations を受け始め（中略）組織的に屈辱を経験する」（同：18）ことになる。つまり、入所者はトータルインスティテューションでの生活を受け容れることによって、「アイデンティティが失われる役割を引き受ける」（同：25）ことになるのである。

キョウゴの世界でも、これと同じようなことが起きる。入所後は日課に従い、ことば遣いも改められ、そして施設の食事を毎食摂る。そして子どもたちは意に反する価値観、文化、暮らしを受け容れていかなければならない。そのとき、確かに子どもたちは屈辱を味わうことになるかもしれないが、しかし彼らは施設での暮らしを受け容れることによって、それまでの不健康な生活から健康的な生活となり、本来の生きる力を取り戻していくことになる。

第Ⅰ部第一章で、筆者に「ここ（猪原学園）に来るとイノハラタイケイになるんだよ」とつぶやいていた女子生徒について、筆者は淋しいような、そして同時に何となく安堵したようなおだやかな表情を見て取った。おそらく、その時の彼女は施設での暮らしを受け容れ始め、それと同時に、施設に来る前のポジションやステイタスを失うことを受け容れ始めた所だったのではないだろうか。また、こんな例もあった。あるリョウシャでは、子どもたち（男子）がみな丸刈りだったので、てっきりそれが決まりなのかと思っていたが、寮母に確認したところ「ちがうのよ、自分からやってくれーって言うのよ、みーんな。入所してしばらく経つと、（おしゃれとかは）もういいやーって思うのかな？　みーんな、自分から、やってくれーって。サッパリするし、やっぱり楽だしねー」（二〇〇九年一月、ハ学園、B職員）ということであった。

施設での具体的な日課や暮らしを受け容れることが過去の生き方を諦めることに繋がっていく、このことを示す顕著な例として、キョウゴの世界で語り継がれる「チャリンコの芳」という事例がある。チャリンコとはスリの隠語であり、筆者は「チャリンコの芳」をある職員から聴き取ったことがある。[3] 以下はその「チャリンコの芳」が活字となって発表されたものである。筆者が聴き取ったときのエピソードとは異なるが、教護院で暮らす「芳」がスリを諦めた瞬間の様子がよく表われている。

ぼくはスリです。スリの腕利きなのです。そこらそんじょのヘッポコスリには負けない自信はあるのです。ですのに先生は煙草をふかしながら、〈今日はぽかぽか暖かいぞ、一つ畑の草取りでもやろうか〉こういって、ぼくと草取りをやりました。こうして草取りや鍬を握ることが手を潰すことをぼくはよく知っていました。夜布団の中で、もうこれでスリもできないと思うといわれもない涙がほほを伝わってきました。

〈井上肇（1959）「『チャリンコの芳』から神学生まで――ある国立教護院退院生の行方」『青少年問題』六―一一、p. 50。〉

「芳」は施設での作業（と職員の愛）を通じてスリという役割を放棄した。「芳」は「スリは泥棒じゃない。職人だ。技を磨くんだ。名人芸だ」（井上 1959：51）というように、自身の技に誇りを持っていたと考えられる。そしてその技は実際に「名人芸」であり、彼の生活を支えていたのである。彼はそのアイデンティティを剝奪されて嘆くが、それはまた、スリとは別の生き方を始めるチャンスが訪れる瞬間でもあった。

場面分離の消失――二四時間を通じたまなざし

施設の「指導」内容は、「学習」「作業」「生活」の大きく三つに分かれており、これは「指導の三本柱」といわれる（第Ⅲ部他）。また、施設は「施設内処遇」であり、二四時間を施設内で過ごすため、「学習」も「作業」も「生活」もすべて施設内で行われている（第Ⅰ部他）。この「指導の三本柱」のそれぞれの〝指導〟にあたる職員も基本的にはすべて同じ施設職員（子どもたちと寝食を共にする寮舎担当職員）が行っている。子どもたちは朝、寮長とともに施設内の「学校」へ向かう。そして「学校」でそれぞれに分かれて、寮長は「先生」になって学習指導を行い（「職員方式」、あるいは「教護方式」）、子どもたちは各クラスの「生徒」になって「学習」する様子は、第Ⅰ部で報告した通りである。これらはみな、キョウゴの「全人教育」（第Ⅲ部）を支えるしくみである。このように、キョウゴの世界では、「学習」「作業」「生活」の各領域は、場面を変えながらも分離はしていない。これはゴッフマンのいう「（場面の）分離の消失」（E・ゴッフマン著、石黒訳 1984：38）に当たると考えられる。

全制的施設における〔場面の〕分離の消失も、別の度を失わせる場合である。（中略）全制的施設においては生活の各領域は分離してはいないので、職員は、一つの生活場面における被収容者の言動を、別の脈略における彼の言動の批判・照合〔基準〕として被収容者につきつけて来るのだ。診断あるいは治療場面で、自己を充分指南力もあり反抗的態度も採らない者として呈示しようとする精神障害者の努力は、レクリエーション中で彼が示した無関心を示す証拠とか、あるいは彼が兄弟宛の手紙――これは受信人から病院の管理者に送り返され、患者に関連する書類ファイルに加えられ、面接に際してもち出される――で示した痛烈な批評〔を指摘されること〕によって真っ向から反撃されるのである。

〈E・ゴッフマン著、石黒毅訳（1984）『アサイラム』誠信書房、pp. 38-39。括弧内筆者。〉

ゴッフマンは「〔場面の〕分離の消失」（同）は、「一つの生活場面における被収容者の言動を、別の脈略における彼の言動の批判・照合〔基準〕として被収容者につきつけ」（同）る、としている。キョウゴの世界でも似たようなことが行われている。例えば、「生活」場面（つまり寮舎内）では真面目に見える子どもであっても、「作業」場面では今ひとつ取り組めていない、など職員間で常に連絡を取り合っている。他にも、クラブのときに使用する鞄がいつもより少し膨らんでいる、と気付いたクラブ担当の職員が寮長に報告し、ムガイを未然に防いだ（二〇〇七年一一月、ハ学園職員）などの例があった。

しかしキョウゴの世界では、このようにキョウゴの世界でも「〔場面の〕分離の消失」が、「彼の言動の批判・照合〔基準〕として被収容者につきつけ」（同）る場面はある。しかしキョウゴの世界では、それが批判だけでなく「褒める」あるいは「認める」というところが異なっている。例えば、事例集に収録された「佐名のこと」では、「土木二班」の担当職員である「軽部先生」が寮長に、「佐名」君のことを報告している様子が記録されている。

九月二六日　軽部先生の話「佐名がですねい……」一人でやる仕事は何とか出来る様になりました。皆と一緒になると、なんかこういつもしゃべっていないと気が済まない様になってしまうんですけど、一人での仕事になるとしゃべる相手も居ないし、まあ、様になっています。」

寮に帰ってから佐名にその事を話したら、大好きな軽部先生の言葉だけになんとも素直にうなずいて「今度からはしゃべらないでやりますよ……」と、後の方は歌う様に僕の前から居なくなってしまった。「あれだから駄目なんですよね……」とは光の話し。

〈藤田俊二（1991）「佐名のこと」『非行克服現場からの報告⑥　明日にはばたけ』全国教護院協議会、p. 14。〉

「軽部先生」の報告は、「佐名」君の課題点を挙げながらも、「まあ、様になっています」と褒めている。また、報告を受けた寮長は、おそらく「軽部先生」から報告を受けた通りを佐名君に話して聞かせたのだと思われる。この記録からは、寮長と「軽部先生」が「佐名」君の変化を認め、成長しつつある様子を暖かく見守っている様子が伝わってくる。一方、厳しい意見を述べているのは「佐名」君と同じ寮舎に住んでいる「光」君の評である。このように、キョウゴの世界では、子どもと大人（職員）の関係だけでなく、子ども同士の関係もまた、〝濃い〟――先のゴッフマンの例で表現すると、子ども同士においても「〔場面の〕分離の消失」が生じる――のが特徴の一つである（なお、「光」君は、このときには厳しいことを言っているものの、寮長曰く「優しい」性格である。同事例には、身の回りのことが「幼児の様に全く出来なかった」「佐名」君の面倒を、本当に根気強く見続けている彼の様子が描かれている）。その他、筆者が聴き取った語りの中でも――特に男子では――水泳やマラソンなど、スポーツでの頑張りが生活態度の向上に繋がるとか勉強にも身が入るようになるとか、あるいは他の仲間と仲良くできるようになる、などの報告が少なくない。

先にも述べた通り、キョウゴの世界でも「〔場面の〕分離の消失」（E・ゴッフマン著、石黒訳 1984：38）が、「一つの生活場面における被収容者の言動を、別の脈略における彼の言動の批判・照合〔基準〕として被収容者につきつけ」（同）られる、という側面はある。しかし、一方で、職員が絶えず子どもたちに暖かいまなざしを向け、小さな変化を見逃さず、彼らの成長を認め、受け止め、それを本人のみならず、皆で共有する、という面も持っている。キョウゴの世界では、職員集団の二四時間を通じた絶え間のない、暖かいまなざしが、子どもの自尊心や自信の回復に繋がっていると考えられる

2．回復するための時間と空間

ワクと「ウイズの精神」

キョウゴにおけるワクは、施設に入所する子どもたちを護ると同時に、彼らに必要な特別な時間と空間を護るために存在している。特別、というのは入所者の特性に依る。キョウゴの世界に入所している人たちは、加害者であり、同時に被害者であり、そして子どもである、という特性を持つ。そのような特性を持つ入所者のために、特別に用意されたしくみの一つがワクである。

しかし、そのワクは、一見、子どもたちの権利を剥奪しているようにも見える。ゴッフマンのトータルインスティテューションを例にすると、キョウゴの世界はそれと多くの共通点を持っていた。例えば、「自己が無力化される mortified 過程」にしても、キョウゴの世界にはそれと類似の過程が存在している。しかし、その意味するところはまったく別のものである、ということは先に述べた通りである。すなわち、キョウゴにおけるワクとは、子どもたちを「無力化」する装置ではなく、彼らの権利を回復し、アイデンティティを育むための特別な時間と空間を担保するしくみの一つだということである。

なぜ、キョウゴの世界はトータルインスティテューションのような施設でありながら、そうではないのか。その理由の一つに、「ウイズの精神」（第Ⅲ部）が関係しているのではないかと考えられる。「ウイズの精神」は、職員の間ではほとんどスローガンになっており、「子どもとともに」ということは、彼らの行動規範となっている。「ウイズの精神」は、子どもと職員とが二四時間を共にして、同じ釜の飯を食い、同じ屋根の下で寝て、子どもたちとともに笑い共に泣くだけでなく、かつてはマラソンや正座といったペナルティも子どもとともに行っていたという（第Ⅲ部第一〇章）。

その二四時間を通じた営みの中で、職員は時に厳しく指導しながらも、〝暖かいまなざし〟を子どもたちに向けている。職員の絶え間のない〝まなざし〟、これこそがキョウゴの世界をトータルインスティテューション化させないための鍵であり、トータルインスティテューションとキョウゴの世界とを分けるものである。つまり、職員の視線が〝監視〟ならば前者になり、〝暖かいまなざし〟であれば後者になると考えられる。

〝暖かいまなざし〟から〝見えないまなざし〟へ

二四時間を通じた職員の〝暖かいまなざし〟は、やがて子どもの心の中に蓄積し、〝見えないまなざし〟となって内在化する可能性がある。この内在化された〝見えないまなざし〟とは対象関係といわれるところのものであり、また、医学博士・斎藤学が「安全な場所」（斎藤 1998：33）とするものに近いと考えられる。

家庭は子どもにとって「安全な場所」でなければなりません。

（中略）

赤ん坊は少し大きくなってくると、好奇心のおもむくまま、母親のひざもとから離れ、冒険にでかけるようになります。そこで不安や危険をわずかでも感じると、声を張り上げて泣き出したりあわてて戻ってきます。そのとき、「よしよし、もう怖くありませんよ、もう大丈夫ですよ」と抱きしめ、受け止めてくれる母親がそこにいることで、安心してまたもう少し遠くへとでかけられるようになります。（中略）

（中略）

ときには母親に対して腹をたてることもあります。（中略）けれども、どんなに怒りをぶつけても、母親は自分を見捨ててしまわずにやっぱりそこにいて、また自分をかわいがってくれます。ちょっと怒ったくらいでは母親はびくともしないし、自分との関係も壊れてしまうことはないのです。

腹をたてたときには怒ったり、怖いときには泣いたり、不安なときにはその気持ちを言葉に出して訴えたり、見たり感じたりしたことを話し、受け止めてもらいながら、子どもの心は健康に成長していきます。

こうして育った子どもは、母親が常に目の前にいなくても、離れていても、「お母さん」に抱きとめてもらえる「家庭」という安全な場所があるという感覚を持てます。心の中に「お母さんといっしょにいる」感覚（基本的信頼関係）を持つことで、安心してひとりで外の世界に向かっていけるようになるのです。

ところが、こういう基本的な信頼感と安心感を子どもに与えてやれない親もいます。その場合、子どもは「自己」を発達させることができません。

〈斎藤学（1998）『インナーマザーは支配する――侵入する「お母さん」は危ない』新講社、pp. 33-34。括弧内、傍線筆者。〉

先にも述べた通り、キョウゴの世界における二四時間を通じた〝暖かいまなざし〟は、〝見えないまなざし〟となって子どもの中《うち》に内在化する可能性があると筆者は考えている。このことは、斎藤のいう「お母さんと一緒にいる」（同：34）感覚と同じものであろう。それは、職員の言う、「関係が付く」とか、「子どもとの信頼関係」、あるいは

「繫がり」というところのものであり、『教護院運営要領』に示された「自我は強められ、超自我は深く形成され」（『技術編』：124）る可能性を秘めている。

このことを、今一度キョウゴのしくみに立ち返って考え直してみると、二四時間を通じた〝暖かいまなざし〟が提供されること――住み込み制度であり、また、職員が「学校」で教える「職員方式（あるいは教護方式）」ということになる。つまり、優先されることは職員が子どもたちと暮らしを共にしている――施設内で生活している、つまり住み込んでいる――ということであり、それは職員が夫婦であるか否かということよりも、より重視される条件であると筆者は考えている。子どもたちに最優先で提供されるべきものは「安全な場所」（同：33）――もっというと子どもが安全を確認できる場所――の提供である。つまり、「どんなに怒りをぶつけても、自分を見捨ててしまわずにやっぱりそこに」（同：34）いる人物、または「自分をかわいがって」（同）くれる人物、そして「ちょっと怒ったくらいでは（中略）びくともしないし、自分との関係も壊れてしまうことはない」（同、括弧内筆者）人物の存在が不可欠であり、その最低条件は〝やっぱりそこにいる〟ということではないだろうか。

服部朗は教護院時代の後半に、機関誌『非行問題』に次のようなことばを残している――「重要なのは、一日二四時間を単位とする暮らしがあることである。暮らしのなかには、実に多くのことが詰まっている。その一つひとつが、子どもの自立に必要不可欠なものであろう。（中略）教護院が『暮らし』という原点、そして、『児童』という原点で結ばれ、将来に向けて確実な歩みを進めてほしいと心から願わずにいられない」（服部 1993：51）――。

昨今、〝育ち直し〟ということをよく耳にするようになった。しかし、キョウゴの世界で暮らす子どもたちの中にはそもそも育つ機会に恵まれなかった子どもたちが存在する。彼らは〝育ち直す〟前に、まず、自己を育てるための十分な時間と空間とを必要としている。あるいはまた、キョウゴの世界で暮らす子どもたちの中には、不適切な役割を負わされた子どもたちが存在する。彼らは自己が未発達か、それらの役割とともに自己を発達させてきたため、やはり〝育ち直す〟前に、一度それらの役割から解放される必要があると考えられる。

キョウゴにおけるワクとは、そのような特徴を持つ彼らの権利を回復するために考えられた特別な装置であり、しくみである。そして「枠のある生活」（第Ⅰ部第一章）を送る施設をトータルインスティテューションとしないためには、職員の二四時間を通じた〝暖かいまなざし〟が必要不可欠であり、そのためには職員が施設の中に住み込んで――更にいうなら住み込むだけでなく、そこにムラという共同体を形成し――子どもたちと「共に暮らす」ことで達成されると考えるものである。

3. ワクが砦になるとき

子どもにとってのワクと砦

施設が「最後の砦」と称されることについて、これまで筆者は二つの面から説明をしてきた。一つは、家庭や学校、あるいは他の児童福祉施設などから、いわゆる行き場のなくなった子どもたちが最後に行きつく施設――その施設でだめならもう児童福祉法の「保護」の範疇を越えてしまう――その範疇を超えた先には、例えば法務省が管轄する少年院という施設が想定される――というラインの「最後の砦」である。もう一つは、いわば保護され、愛しみを受ける存在としての「子ども」でいられることのできる「最後の砦」とでもいおうか――かつて、教護院時代には「一五の自立」といわれる通り、多くの子どもたちが中学卒業年齢で施設を退所し、自活を余儀なくされてきたのである――。中学卒業年齢で自活しなければならない子どもたちにとって、施設は、若年者として社会的に保護してもらえる「最後の砦」といえる。

しかし、いずれにしてもこれらの「最後の砦」とは、私たち、大人の側の感覚である。入所している子どもたちの多くは早く自由になりたいと考えているものである。そのため、在所中からワクを破ってムガイを繰り返したり、作業や勉強を頑張れば早く退所できると思い、ワクの中で我慢したり努力したりする子どももいる。彼らがワク――施設（施設内処遇）と施設での暮らし（日課とルール）――が、実は自分自身を護る〝砦〟だったのだ、と気付く日が来るのは、多くの場合は彼らの退所後のことである。あるいは、ここより酷い所（嫌な所）へ連れていかれる、と感じたとき――例えば、事例集には、ムガイ中に覚醒剤を使用し、鑑別所で少年院送致が望ましいとされた子どもが「学園に帰りたい」と訴えて、再び施設へ戻ってくる事例が報告されている（事例集②：38）。この事例では、試験観察付で施設に戻った後の六か月間、彼女はムガイをしなかった。その理由について、「私は試験観察がついたから無断外出せんとじゃなかとよ。鑑別所から帰ったとき、学園の門に入れて『ああ帰った！　帰った！　あの気持ちが忘れられんから逃げんとよ』（同）と語っている――である。

このように、入所中の子どもたちにとっては多くの場合、施設は自分たちを閉じ込めて懲らしめる枠でしかない。彼らがあれは自分たちを護る〝砦〟だったのだ、と思うのは、たいていの場合は退所後（あるいは退所直前）のことである。自活生活が苦しいとか、本当は悪い誘いに乗りたくないのに乗らざるをえないことになってしまったとか、独りで淋しいとか、そのようなときにふと「あのときは良かったな」と振り返ったときに初めて、あの忌々しい施設生活の記憶が、彼らの中で〝砦〟として変化していくきっかけになるようである。

ワク（砦）のソトの暮らし

先にも述べた通り、入所中の子どもたちは多くの場合、早く施設を出たい、施設にいたくない、と考えている。特に入所直後はその傾向が強く、その時期はムガイが起きやすい。しかし、『家のない少女たち』（鈴木大介著、二〇〇八年）に収録された遥馨《はるか》さんは違っていたようだ。同著に収録されている遥馨さんへのインタビューは、施設に入所中の彼女がムガイしている最中――「現在逃亡中の少女」（鈴木 2008：33）――に行われている。同著によると、遥馨さんは、施設入所前は児童養護施設で暮らしていたようだ。彼女は「児童養護施設では周囲に馴染めなかった」（同：45）が、「児童自立支援施設は意外にも居心地が良かった」（同：46）と語っている。更に彼女は施設では「もう脱走はしないと決心していた」（同）ということである。

児童自立支援施設に送致（＊）されたばかりの頃、遥馨はもう脱走しないと決心していた。今までのような脱走生活を続けた末路が、見えてきたというのである。

「そういう（家庭環境が遥馨より良い）人でも、脱走すれば、どんどん悪いことして上（少年院）に行って、いずれ刑務所行くじゃん？　実際、脱走はできる感じだった。柵あるけど、出ようと思えば誰でも出られるよ。たまに先生が引率して外出もするし。だけど、ウチは逃げないって思ってた。やっぱ外の世界見ちゃうと、戻れないって思ったから。あと脱走するとペナルティが重いのもあるし。捕まったら、そこが中間だから、次は少年院じゃんって。ほんと何人も上に行ってるからヤバイぞって。そうやって脅すんだよ先生って。ウザい。」

〈鈴木大介（2008）『家のない少女たち　10代家出少女18人の壮絶な性と生』宝島社、p. 46。括弧内筆者。〉

（＊）筆者注：「児童自立支援施設に送致」とあるが、「児童相談所の出した結論は」（p. 45）とあるので、おそらく家庭裁判所の決定（送致）ではなく、措置入所だったと考えられる。

遥馨さんは「外の世界見ちゃうと、戻れないって思った」（同：45）と語っている。児童養護施設から「長期の脱走」（同：45）をしたことを指しているのであろうか。彼女にとって施設は、外界から護ってくれる〝砦〟とまではいかないが、ひとまず「外の世界」よりはマシな場所だとは認知していたようである。それにもかかわらず遥馨さんはムガイしている。そのいきさつについて、次のように語っている。

ここ（筆者注「東京都内の児童自立支援施設」〈p. 45〉）を脱走すれば、次は国立の児童自立支援施設、そしていずれ少年院。そんな人生は送りたくない、と遥馨は思った。

「でもね……」

遥馨の瞳が曇る。

児童自立支援施設に暮らすようになって数週間、早くも遥馨は、選択を迫られていた。週に一度、寮の先生と二人きりのカウンセリングがある。三十代の女の先生は、遥馨に諭《さと》した。

「遥馨はこのあと、どうしたいと思う？」

「どうしたいって、わかんないよ。どういうこと？」

「このあとね、遥馨がここを出て行ったあと、里親さんを見つけてそこで暮らすって選択もあるけどね。でも先生たちとしては、できれば遥馨に中三までにお母さんと仲良くできるようになって、また家族で暮らせるようになったらいいって思うのね」

「は?!　ありえねーからそんなの。今度戻ったら、あたし殺されるよ」

「でも、あなたが逃げてきただけで、今まで遥馨は本気でお母さんと向き合ったことないでしょ？」

向き合ったら殺されそうになったんです、と返答する気力は、遥馨の中に残されていなかった。

ダメだ、この人も児童相談所のカウンセラーと同じだ。


〈鈴木大介（2008）『家のない少女たち　10代家出少女18人の壮絶な性と生』宝島社、pp. 47-48。括弧内筆者。〉

このインタビューでは、職員が子どもの入所後、早い段階から退所を視野に入れた「見通し」について語りかけている様子がうかがわれる。その職員——「三十代の女の先生」（同：47）——が本当に彼女に対して「選択を迫った」——「早くも遥馨は、選択を迫られていた」（同：47）——ものであったのか、果たして職員にその意図があったものかは判らないが、少なくとも遥馨さんにとってはそのように受け止めた出来事だったのであろう。

従来のキョウゴの方法は（第Ⅰ部あるいは第Ⅲ部で見てきた通り）、一言でいうと〝手間と時間をかける〟方法であった。子どもをひとまずリョウシャに受け入れて、とりあえず生活が始まる。入所した子どもは「落ち着く」まで、ムガイや試し行動を繰り返すなどして「問題」を噴出させる。その時期を職員は根気強く寄り添い続け、また、同じ寮の先輩が務める「オヤ」がその子の面倒をすべて見る。その時期が過ぎるとマンネリズムともいえる日々が繰り返される。このころにやるとようやく職員は本来のシゴト――子どもたちと苦楽を共にする経験を重ね、彼らと「繋がり」（後述）を作る――ができるようになる。

しかしこのような方法は一方で、子どもたちや周囲の者――保護者や児童相談所の職員、時には他寮の職員――にとっては、入所から退所までの経緯が見えにくい――「職員の心の中では、個々の児童が段階的に扱われている場合が多い」（『技術編』：186、関連第Ⅲ部第七章）ものの――ということがあった。それで近年は「自立支援計画票」を作成するなど、子どもにも見通しの立った施設生活を提供するよう、務めているようだ（後述、第三章）。遥馨さんの例では、「週に一度、寮の先生と二人きりのカウンセリングがある」（鈴木 2008：47）とあるので、職員が「自立支援計画票」を活用しながら、あるいは念頭に置きながら、あるいはそれを作成するために面接を行っていた、ということも考えられる。

筆者はこのような近年の方法を否定するものではないし、またそうした立場にもないが、キョウゴの方法とは異なる、ということはいえそうである。というか、そもそも筆者は「自立支援計画票」の活用事実について、まだそれほど聴き取っているわけではない。というのも、実は、「自立支援計画票」はどの施設でも活用が始まってまだ年数が浅く、次のような状態――「はっきりいって最近まで使ってなかったんですよ……八年前くらいからもうあったんですけど、そのときはほんと、形式的なもので……（中略）今はジソウにもガッチリ入ってもらって作ってます。やっと活用できるようになったかな……《根性論が通じなくなったから計画しっかり立てろ》ってことで……」（二〇一四年九月、ク学園職員)。――のようである。繰り返し述べるが、文中には「自立支援計画票」についての記載がなく、職員の質問との関係は不明である。しかし、遥馨さんには比較的早い段階から退所を見込んだ面接が行われており、そのことが、遥馨さんがムガイするきっかけの一つになっていたことが書かれている。インタビューを行った著者は次のように彼女の気持ちを表現している。

ここで頑張って中学を卒業して、その後どうなるのか？　あの母親の元に戻るのか？　施設にいられる一年足らずの時間が過ぎた後のことが、まったく見えない。そんな絶望に、矯正施設（＊）の意味合いも持つ児童自立支援施設の生活苦が加わった。

（＊）筆者注：児童自立支援施設は矯正施設ではなく、児童福祉法に定められた児童福祉施設である。文中の「矯正施設の意味合い」について、文中には示されていないためその内容は明らかではないが、少なくとも、根拠法である児童福祉法第四十四条の施設の目的には、そのような内容は明記されてはいない。

〈鈴木大介（2008）『家のない少女たち　10代家出少女18人の壮絶な性と生』宝島社、p. 48。括弧内筆者。〉

このルポルタージュは私たちに、改めて子どもたちがワク（砦）の外で生きていくことがどんなに厳しいことであるか、教えてくれるものである。遥馨さんの例から――繰り返しになるが――まず、子どもたちには安心・安全な場所の提供が必要であること、そして彼らがそれを実感できる支援が必要であること、が確認できる。そしてそれに加えて、退所後の暮らしについて子どもと相談することの難しさと、それに関連して、子どもたちには退所後の暮らしが想像できるような、彼らにとって身近で具体的なモデルを示すことの重要性について示唆しているといえる。

退所後の暮らしについて、どのようなタイミング・方法で子どもたちに具体的なモデルを示すことができるのか、例えば、キョウゴの世界では、「退園生」がその一端を担っていた――かつての寮生が職員夫婦を訪ねてくることで、元寮生が現在の寮生に地道に働いている様子を見せる（第Ⅰ部第一章）等――ということがあった。一方で、近年の例では、提携型グループホームから高等学校に通うというルートを示すなどの取り組みが始まっている（後述、第六章）。

〝オヤ〟のバトン

大藤ゆきの『子どもの民俗学』には、「大ぜいの親の目」（大藤 1982：107）という項目がある。大藤によると「今では親といえば、生みの親しか考えられないが、村の生活では一人前になるまでには、生みの親の他に多くのカリオヤをもつという風習があった」（同）ということである。カリオヤの種類は、帯親、取上親、乳つけ親、名付け親、拾い親、養い親、里親、守り親、フンドシ親、ユモジ親、エボシ親、カネツケオヤ（鉄漿付け親）など、多種である。

キョウゴの世界でも、寮長・寮母や他寮の職員など、大勢の暖かいまなざしがあったと考えられる。そしてかつては退所後、すぐに就職・自活生活する、いわゆる「一五の自立」が主流であったことから、寮長・寮母は退所後の彼らのために、職親を探すことも珍しくなかったようである。施設を出たら就職する、それも中小企業への住み込み就職でオヤカタ夫婦が面倒見てくれる――このしくみは、施設のソトとウチを繋ぐ〝オヤ代わり〟のリレー――保護者というオヤから、施設の寮長・寮母など職員がオヤに代わってオヤになり、その後は職親がそのオヤ役割を受け継ぐ――であったといえるのではないだろうか。

キョウゴの世界、あるいは社会福祉施設に限らず、施設では、そこでの生活がある程度の期間を過ぎると、施設生活とのギャップから退所後の生活が困難になる場合がある。いわゆる〝施設病〟やホスピタリズム、あるいはゴッフマンのいうところの「文化剝奪」（E・ゴッフマン著、石黒訳 1984：15）や「学習解除・阻碍」（同）[4]――職員は「施設っ子」と表現することがある（第Ⅳ部第一章）――という状態になることがある。職親宅への住み込み就職の場合、例えばオヤカタ夫妻が〝オヤ代わり〟を引き継ぐため、退所後、子どもが大きく「崩れてしまう」――これは、例えば昔の仲間の所を泊まり歩き、「不良行為」を再開するなど――ことが予防できたものと考えられる。だからこそ、職員はこのような職親との関係を大事にしたし、就職先として子どもたちを送り出していた(5)と考えられる。

退所生の中には、オヤカタ夫妻の〝オヤ代わり〟が過干渉と感じたり、窮屈と感じたり、疎ましいと思ったり、あるいは職親家族への疎外感など(6)から職親宅を飛び出してしまう、ということもあったようだ。しかし、多くの職親が彼らの「一五の自立」を支える、貴重な社会資源の一つであったこともまた事実である。

彼ら職親を社会資源と捉えたとき、先に述べたようなリスクがある一方、少なくても次のような利点もあったと考えられる。まず、多くの場合、就職後も継続して寮長・寮母、あるいは施設との関係・連絡があること、そして就労支援と生活支援を兼ねていること、である。未成年の就労者を支援する法的なしくみ、あるいは行政サービスは充実しているとはいえないので、そういう点においても職親は貴重な存在といえる。

4．ほんとうのワク外し

ワクのソトの担い手

私たち外部の者は、社会的養護にある子どもたちを――特に罪を犯した子どもや「不良少年」と呼ばれる子どもたちを――ワク（施設）の中に閉じ込めておいてほしいと願い、例えばムガイをすると「ちゃんと閉じ込めておけ」と非難しがちである。しかしその一方で、ワク（施設）の中に子どもたちを集めて生活することは人権侵害だと批判したりもする。施設は、そのどちら側の声の批判にも晒されて一一〇年以上の時を経てきたと考えられる。そしてその間、私たち外部の者は、〝柴〟を出た後の子どもたちに対してあまりに無関心で冷たい社会を作ってきたのではないだろうか。

歴史を振り返ってみれば、「院外教護」の担い手として、小河滋次郎の地方委員は法制度化せず、その後、ようやく法制度化にこぎつけた少年教護委員は一部の地域を除いて機能してこなかった（第Ⅱ部及び第Ⅲ部）。戦後から高度経済成長末期まで、子どもたちの「一五の自立」を支えてきたのは、彼らの就職先の職親たちであり、そして子どもたちと〝繋がり〟を維持してきた善意の職員たちである。

ワクのソトの意識改革

本当に子どもたちのワクを外すためには、ワクのウチではなく、実はソトの問題の方が大きいのではないだろうか。私たち大人はまず、子どもたちを施設養護に追いやらない環境やその予防について整備しなければならない。例えば、望まない妊娠をした母親への支援、あるいは子どもを虐待・不適切な養育環境に置く保護者への支援など——彼らには現在、施策らしい施策も、支援サービスもほとんどないのが現状である。

次に、施設で過ごした子どもたちの〝出口〟を暖かく受容（そしてできたら支援）することである。そのために重要なことは、施策や行政サービスもさることながら、実は私たち一般市民の意識改革が鍵になっているといえる。例えば、田澤は留岡の独立自営に際して次のように述べている。

> 他者に対する責任が生じ社会的な責任の主体となることで、ようやく独立自営が完成するという見方は、独立自営という感化教育課題が制度の整備や実務家の努力といった作為的な営みのみを通じては達成され得ないことを示している。むしろそれ以上に、非行児童をとりまく社会が、その児童の成長の跡を認めて本人を許し、受け入れるかどうかに独立自営の完成の鍵が預けられている。
>
> 〈田澤薫（1999）『留岡幸助と感化教育　思想と実践』勁草書房、p. 86。〉

子どもたちを施設へ追いやる環境を作り出すのも、施設へ隔離しようとするのも、何れも私たち、大人の側である。これは施設の責任ではないし、ましてや子どもたち自身の責任ではない。かつて菊池俊諦が示した「大人の反省」は、そのまま現代の私たちにも必要なものである。私たちは今こそこのことに向き合わねばならない。

二、大人の反省

児童の福祉を増進する為に、我々の注意すべきことは極めて多いが、中でも、最留意すべきことは、児童少年にのみ、責任を科してはならぬことである。児童少年、殊に特殊な児童少年に対する世人の心的態度を大観するに、往々にして、周囲の者の責任を問わずして、独り児童少年を責むる傾きがある。児童少年の立場から見れば、家庭においても、社会においても、或は年長者においても、同年者においても、児童少年を害する加き原因事情をつくり出している場合が、非常に多いのである。然るにも係らず、大人達は、自らを許すことは、頗る寛大なるに係わらず、児童少年に対しては假借しない傾きが非常に多い。児童少年自身に、罪のある場合は、無論少なくないが、その近因遠因を追求すれば、家庭や、社会の中に、彼等を毒するものの、存在することが少なくない。我々は彼等を責める前に、先ず自らを反省せねばならぬ。或る意味では、児童少年は、最大なる犠牲者であることを、反省せねばならぬ。

〈菊地俊諦（1971）『児童福祉百題』pp. 7–8。〉

私たち外部の者、そして国連子どもの権利条約に批准（我が国は一九九四年に批准）した国の市民として行うべきことは、短絡的に施設を批判することではなく、施設とその営み、そしてそこに暮らす子どもたちへの理解であると筆者は考えている。

第二節　リョウシャ――小舎夫婦制の再考

1. しくみとしての小舎夫婦制

小舎夫婦制はキョウゴの世界の、最もキョウゴの世界らしい運営形態といえる。これまでも述べて来た通り、筆者は夫婦制を唯一無二の、あるいは最善な運営形態と考えてはいないが、リョウシャという要素を体現する方法として、この運営形態は実に合理的で安定的に再現しやすい〝しくみ〟だと捉えている。

小舎夫婦制はこれまで、独善的になる、公私混同になる、子どもが職員家族をひがむなどの批判があった（第Ⅲ部）が、しかしこのような批判がありながらも、伝統的な運営形態として一目おかれ、これを評価する声は、施設関係者のみならず家庭裁判所の調査官など、他分野からも期待が高い運営形態である。[7]近年では、調査統計でも「児童の自立を支援する上で、小舎夫婦制が望ましいということを示唆する結果が出ている」（国立武蔵野学院、国立きぬ川学院 2003：141）など、その優位性が再評価されてきている。しかし一方で、存続の危機といわれ続けてきた運営形態であり、関係者が集まる研究会等では、必ずといってよいほど、「小舎夫婦制はあとどのくらい残っているのか」、ということが話題に登るものである。施設の多くが公設・公立で営まれ、職員が公務員であることから、小舎夫婦制は最も人事異動がしにくく、また、近年では労働基準法に抵触する恐れがあるなど、設置主体側からしてみたら管理のしにくい運営形態、ということがいわれている（序章）。[8]施設側にしても、最も後継者不足に悩まされる運営形態（何しろほんものの夫婦で、互いに法的要件を満たした公務員でなければならないのである）であるといえる。

本節では「小舎夫婦制」という運営形態、しくみを、今一度見つめ直すことを通じて、その機能や特徴を再評価しつつ、筆者がリョウシャと表現するところのものを浮き彫りにして行きたいと考えている。そのために、まずはこの運営形態の利点を二つの視点から捉え直してみたいと思う。それは、a．職員が夫婦である、ということと、b．職員夫婦がそこで暮らしている、ということである。ご周知の通り、「小舎夫婦制」については、これまでも職員・関係者を中心に多くの研究がなされてきたが、これまでの小舎夫婦制の利点として挙げられてきたことは、主としてa．職員が夫婦である、という切り口からであり、b．職員夫婦がそこで暮らしている、ということについては、潜在的に語られることはあっても、明瞭に「言語化」されてこなかったという印象があるためである。なお、これらすべての小舎夫婦制の利点として挙げられる項目は、ペアである職員夫婦が持続的に良好な関係であることを前提（第Ⅳ部）としている。

2．職員が夫婦であることの利点

これまで語られてきた利点

まず、職員が夫婦であることの利点について、これまで語られてきたことを書き出してみると、およそ次のようなことである。

1．申し送りや連携がスムースにできる。
2．実際の夫婦で子どもに関わるため、子どもにあたかも「親代わり」と感じさせるような関わりを可能にする。
3．夫婦のモデルを見せることができる。
4．両性による関わりが可能になる。
5．他の運営形態に比べてコストがかからない。

以下、順次補足していく。まず、

1．申し送りや連携がスムースにできる――これは、職員が夫婦である故、暮らしの中で適宜行える、ということである。筆者が聴き取った例では、「それこそ便所の中だって申し送りができる」（ト学園元職員）ということであった。二四時間を共にするキョウゴの世界では、申し送りだけでなく、面談や記録など、福祉現場で行われている業務はおよそすべてそれ専用の時間を割いていられないことが多い。また、専用の時間を作ったとしても、そのための時間や人員は補塡されることは希なので、結果としてその時間は、スタッフが〝手薄〟になってしまうことになる。また、何よりもキョウゴの基本である〝暮らし〟が途切れることは、空気が途切れるようなものであろう。その点、小舎夫婦制はその〝暮らし〟の流れを断ち切らないといえる。第一章でも触れたが、例えば看護師同士の申し送りや、あるいは通勤交替制の寮での申し送りの時間は、スタッフがガラスの中（ナースステーションや事務室等）に集まって行われる。その様子は一目で〝引き継ぎ〟や〝申し送り〟をしていると判るものである。ところが小舎夫婦制では夫婦の立ち話に見えるような場面でも、重要な伝達が行われていたりするものである。

2．子どもにあたかも「親代わり」と感じさせるような関わりを可能にする――小舎夫婦制では、よく、ほんものの親に代わって養育する、ということがいわれてきた。『教護院運営要領』においても、「教護院は（中略）教護という特殊な監護を親に代わって行うところ」（『基本編』：4）と書かれている。これは国親思想に基づいていると考えられる（第Ⅱ部）。しかし、一口に「親代わり」といっても、実践するには様々な困難や葛藤――それは子どもと職員の双方に――が伴うものである。キョウゴの世界では、それぞれの時代に様々な夫婦制を行う職員夫婦が、「親ではないけれども親のような愛情を持って夫婦で接する」ということを模索してきた（後述）。

3．夫婦のモデルを見せることができる――これも「親代わり」と同様、小舎夫婦制の利点とされてきたことである。実際の夫婦の姿を子どもたちに見せることにより、子どもから「先生のところの夫婦げんかは物が壊れないんですね」(富田 2005：60)という発言が見られたり、「寮長が実子を叱った後、その子が普通に寮長に話しかけているのを見て寮生が感心したり」(富田 2005：60)というようなことが起こる。つまり子どもは、それまで自身が目にしてきた保護者夫婦の関係性や行動パターンなどとは異なる、それ以外の夫婦の関係性や行動パターンを知ることになり、やがてはそれをお手本に自身の将来のモデルになる、ということである。

4．両性による関わりが可能になる――「バランスのとれた両性の社会の中で生育するのが望ましい」(『技術編』：137)、これは『教護院運営要領』からの引用であるが、この文言通り、あるいは類似した説明――「両性のバランスが取れる」など――する職員は多く、このことも小舎夫婦制の利点とされている。

5．他の運営形態に比べてコストがかからない――施設最低基準に沿った人員確保をする場合、小舎夫婦制は通勤交替制に比べてコストがかからないという試算をした施設もある。[10] 単純に計算したとしても、交替制であれば夜勤を含めて最低五名から七名(昼間二名、夜間一名を配置するローテーション)は必要であり、現在の施設の多くがこの範囲でシフト勤務を組んでいる。仮に小舎制の寮舎を五寮運営するとして、七人体制で内二名は非常勤職員でまかなうとしても常勤職員は一寮に五名配置しなければならない。すると単純計算で、五名×五寮で二五名の常勤職員が必要になってくる。一方、小舎夫婦制では基本的に常勤職員は職員夫婦の二名なので、その夫婦が休みを取るときに利用する特別寮(第Ⅰ部第二章第一節)を一寮設置するとして、合わせて六寮体制での運営になる。その特別寮も夫婦制で営めば、単純計算で、二名×六寮で一二名、特別寮を二寮に増やし、また、フリーの職員を二名足したとしても二人×七寮＋二人＝一六名、ということになる(実際には夜勤時の人員や非常勤職員との組み合わせもあり、より複雑な計算をしなければならないし、例えば四週八休を実現するならば、特別寮も一寮では足りない計算になってくるであろうが)。

小舎夫婦制の「親代わり」について

職員夫婦が正に「親代わり」となって子どもたちに愛情を注ぐ――。この「親代わり」こそ、小舎夫婦制という運営形態に最も期待されてきた役割であろう。実際に、小舎夫婦制寮の職員たちは、例えば教育費用を肩代わりするなど、業務を越えた「親代わり」を行ってきた例（第Ⅰ部第二章）が多くある。

しかし一方で、こうした「親代わり」の難しさもまた、報告されてきた。職員夫婦が家族のように思ってしたことが、却って子どもを傷つけてしまうことになる——例えば、帰省できずに寮舎に残された子どもと実子とで「家族」旅行に出かけたが、実は子ども自身にとってはとても辛い経験だった——などの例がある。筆者の聴き取りでも、子どもから「私を寮母さんの子どもにして」と、何度も懇願されたという例があった（第Ⅰ部第二章）。このようなとき、目の前の子どもたちにどのように答えるか、どのように接するか、あるいは距離を取るか、職員はその時々で難しい対応をしてきたといえる。

また、施設というと〝孤児〟やいわゆる〝みなしご〟など、身寄りのない子どもたち、戦争直後のイメージが残っているきらいがあるが、現在は実母や継母がいる場合が多い（実母・実父の両方が揃っていることは少ないが）(9)。子どもたちはそのような状態で施設に入所しており、職員は子どもたちの「家庭復帰」のために支援（「家族調整」や「家庭調整」などという）を行っているのである。職員夫婦はいわば〝ほんものの親〟に代わって愛情を注ぐことが求められているが、その一方で、〝ほんものの親〟との関係を調整しなければならない存在なのである。そのため、職員夫婦の存在とはどう在るべきか、ということがそれぞれに模索されている。このような複雑な「親代わり」というあり方について、『教護院運営指針』では、「親ほどの愛と意気を持ちながら、親になってしまってはならない。まことにむつかしい役である」（『指針』：61）としている。また、淡海学園・岩本健一は「夫婦小舎制は、親代わりの機能を持つものではなくて、子どもにとって『親とみなしてもよい』と思わせるほどの信頼関係を結ぶ機能を有している」（岩本 2003：76）と述べている。事例集では、「借り物のおかーさん」という表現をしている職員がいる。筆者は、この、「借り物のおかーさん」というものが、夫婦制における「親代わり」を如実に表していると思うものである。以下、引用する。

時に学園に、子どもの家族が顔を見にやってくることがあります。家族と会うときは、やっぱり違います。満面の笑みをたたえる子、ぷすっとして見せる子。だけど、面会が始まると、きまって家族の暖かい雰囲気が伝わってくるものです。

すると、なかなか面会に来てもらえない子はというと、教母を相手に、

「あいつんち、よく面会来ますね。」

「ちょっと長くないですか。」

「いいよな。」

「教母さん、僕んちはね……」

とそばにいる借り物のおかーさんで面会のようなことを始めている。中には小さい弟や妹を連れてくるお母さんもいて、かみさん（教母）が生んだ子どもと一緒になって遊ぶんですね。かみさんと子どもの母親が、子育てについて井戸端会議を始めます。

〈全国教護院協議会（1996）『教護院ふれあい物語⑪　このヤロー!!　そして、ありがとう　少年の叫びと自立への軌跡』法政出版、p. 152。傍点筆者、執筆者不明、見出しは「家族のように」〉

〝夫婦のモデル〟について

何故子どもたちに〝夫婦のモデルを見せる〟ことが重要なのか、改めて（いわば社会学的な）意味について考えてみたい。

まず、リョウシャとは、限りなく家族に近い第一次集団的な存在である（第Ⅲ部第七章）。そしてこの第一次集団の

役割とは、「幼少期において社会化の機能を、成熟期においてパーソナリティの安定化の機能を果たしている点こそ重要である」（本間ら 1976：124）ということにある。つまり、〝夫婦のモデルを見せる〟ことが重要なのは、夫婦という単位が現代社会において社会の最小単位である（あるいはかろうじて）から、と考えられる。

社会の最小単位だからこそ、社会規範のモデルとなり、施設の外の世界、すなわち子どもたちが社会に出たときに生き抜く知恵と技を「倣う」に値するのであろう。このことは、いわれて見れば当たり前のことであり、あるいは潜在的には語られてきたのかもしれないが、筆者のこれまでの聴き取りや文献研究において、職員から明瞭に語られる、あるいは明確に示した文献に触れる、などの記憶がなかったため――そもそもこのような抽象的な意味理解に対しては、ゲンバの人たちはほとんど興味・関心を示さないものである――改めてここに書き示すこととした。

3．夫婦がそこで暮らしていることの利点

〝暮らし〟が定着する

現在、住み込みを基本とする運営形態は、小舎夫婦制、単独制、併立制等があるが、現在、住み込み型の運営形態の主流といえば、やはり小舎夫婦制である。かつては、交替制でも職員が施設の中に住み込んでいたが、現在ではほとんど見られなくなった（交替制の場合、職員が住み込まない通勤交替制が主。第Ⅰ部第一章、第Ⅲ部第一章）。一般に、小舎夫婦制寮の職員は長期間働くことで知られており、阿部祥子の行った調査においても、小舎夫婦制寮の職員は他の運営形態に比べて「全体的に長期間働き続け、平均勤続年数が安定している」（阿部 2005：42）ということが示されている。筆者の聴き取りにおいても、勤続二〇年を越える職員夫婦は珍しくない、という印象である。小舎夫婦制寮の職員・元職員は「いや、ウチはそんなに長くないよ、二〇年しかやってない」とか、「ウチは二五年越えてないよ」など、彼らの内には二五年という価値基準があるように思う。流石は「最初の一〇年は執行猶予がついてるから失敗しても良い、後の一〇年は恩返ししてくれ、後の一〇年は結果を出してくれ」（二〇一二年一〇月、ニ学園、A職

員）といわれる世界である。

職員の定着率が高いということは、入所中の子どもたちに安定した環境を提供しやすいということである。社会的養護にある子どもたちにとって、子どもの入所から退所まで、同じ職員が継続的に関わりを持てる可能性が高い、ということは小舎夫婦制の持つ大きな利点の一つである。

職員の〝暮らす〟姿を資源として引き出す

以前、通勤交替制寮に勤める職員（レ学園、A元職員）と、小舎夫婦制の利点である〝夫婦のモデルを見せる〟ということについて話し合っているとき、A職員がふと、こんなことを言った――「通勤交替制では《働いてる自分を見せている、職場の私な気がする》（二〇一四年九月）――。人は誰でも幾つかの顔を持っている、職場で見せる顔、親に見せる顔、きょうだいに見せる顔、恋人に見せる顔……このように私たちは、職場での自分、自宅での自分、かつての学舎での自分……と、場面ごとの〝自分〟があり、それらは程度の差こそあれ使い分けられているものである。

しかし、キョウゴの世界では、職員は職場と住居、プライベートとパブリックが混在する生活にある。共に暮らすことは互いに暮らしを見せることであり、それは通常ならば開示されない公私の〝私〟、わたくしの姿を見せることである。つまり、職員はほぼすべての場面における〝私〟を子どもたちに見せながら生活していることになり、家族ぐるみでリョウシャに住まう小舎夫婦制はその枠といえるものであろう。それが他の運営形態と《夫婦制との決定的な違い》（同）ではないか、と双方の意見が一致した。つまり、夫婦制では夫婦（同士）の人間関係のモデルを見せているが、交替制では職員同士が互いに〝同僚〟であり、〝同僚〟同士の人間関係を子どもたちに見せている、ということである。

キョウゴの理念の一つである「全人教育」が、「子どもの全人格を捉え、職員もまた全人格を以てそれに当たる」（第Ⅲ部第九章）とするならば、これはすなわち、職員が全人格を見せること、つまり共に暮らすことで成立するのではないか。換言すれば小舎夫婦制は、職員が自身の人間性と〝暮らし〟とをさらけ出さざるをえない運営形態ということである。つまり、リョウシャでの暮らしは、子どもたちの全人格を手当てするための方法のようでありながら、実は、職員自身という一つの資源を最大限に活用するためのスペシャルなしくみ（就労環境）でもある、ということである。

信頼関係と帰属意識が構築される

第Ⅰ部第三章で引用した小舎夫婦制のC寮母へのインタビューでは、「盗みにはこの薬、殺人の子にはこの注射……っていうのがあったらね、ほんと、どんなにかいいんですけどね……」と言っておられたことが非常に印象的であった。そしてC寮母は繰り返し、「丹念に生活すること」「子どもたちと一緒に生活すること」と〝共に暮らす〟ことを強調しておられた。それが「子どもたちの信頼を貰うため」であり、「薬も注射も、何も術を持たない私たちの唯一の武器」（二〇〇七年八月、カ学園、C寮母）であると語っていた。

ある職員は、少年院との交流研修を行った際、少年院の法務教官との会話を元に次のように語っていた「鍵も手錠もなく生活を共にしていること自体、考えられないって。そう考えてみたらさ、武器も持たずに一緒にいるってこと自体、すごいことだよね」（二〇一五年一月、レ学園、A職員）。C寮母は「共に暮らすことで子どもたちの信頼を貰える」（同）と言っておられたが、そもそも、武器も何も持たずに一緒に暮らし始める、このこと自体がすでに信頼関係の始まり、ということなのであろう。そして特に小舎夫婦制では――他の運営形態でも住み込み型はあるものの――職員のみならず、実子を初めとする職員家族全員の命すらさらけ出して生活しているのである。このような環境の下で信頼関係を積み上げた経験は、子どもと職員の双方にリョウシャへの帰属意識をもたらすと考えられる。なお、帰属意識についてはまた次の項目で詳細に述べることとする。

公私〝混合〟型の〝暮らし〟

先にも述べた通り、小舎夫婦制の利点というと、a．職員が夫婦である、ということに注目が集まりがちであり、b．職員夫婦がそこで暮らしている、ということについてはあまり重視されてこなかったと筆者は捉えている。人々の関心が向けられているのは、職員が夫婦であるか否かということであり、職員がそこに暮らしているか否かということについてはあまり触れられないか、むしろ、公私混同しやすい、などの課題点として着目されることの方が多かったように思うのだ。しかし、そのような就労環境（「自営業型就労」）は、職員が、職員の暮らしと人格、そのすべてを使って子どもたちに対応することを可能にするスペシャルな就労形態であると先の項目で述べた。それは、〝公私混同〟というよりも、公私〝混合〟型の支援方法、とした方が適切なのではないだろうか。

ある施設に宿泊した際、寮長が休日なのにホールに出ていることがあった。それについて触れると「だってここ、私の家ですから」（二〇〇七年九月、ル学園、A職員）と笑って答えていた。この職員にとっては（職員舎だけでなく）ホールも含めて〝俺んち〟なのである。また、「昔は寮長がホールで晩酌していた」ということもしばしば語られることである。キ学園元職員（A職員）もそのような寮長の一人である。――〝寮長が晩酌などして、夜間のムガイは大丈夫なのか〟――筆者がそのような質問をしたということではないのだが、元職員は自ら次のように語っておられた――「俺が晩酌した日は子どもは逃げない。《破られたのは一回だけ、ほぼ毎日晩酌してた》。けど、子どもが逃げるのは夜じゃなくて、昼間にげる」（二〇一一年七月、キ学園、A職員）――更にこのリョウシャには「（施設の外の）《学校の先生も呑みに来てた》、ムガイの捜索で協力してもらったことからリョウシャに来て、ここのことを理解してくれて、良いとこですねって通ってくるようになった」（同）ということであった。――流石にお客様が来たときはホールで酒を酌み交わす、ということはないのではないか、これは〝第二の居間〟でのエピソードではないか――そう思ったものの、その場では確認しそびれてしまった。というのも、職員の語りでは、そもそもホールと〝第二の居間〟を区別して語っている様子が見られなかったのである。このように、小舎夫婦制の職員にとって〝寮舎〟といえば、職員舎もホールもすべて含めて〝俺んち〟という感覚なのであり、この感覚こそが筆者の示す〝リョウシャ〟――公私〝混合〟型支援の要――なのである。

　ちなみに、これは別の施設の職員が語ったことあるが、「フリーの職員だったころはまったくお酒が呑めなかった」（二〇一〇年六月、ツ学園、B元職員）と語る職員もいる。「呑めない」とは下戸、という意味ではない。呑めるような環境下になかった、ということである。別に規則で定められていた訳ではないのだが、《いつマイクロでの引き取りがあるかわからない》（同）、つまり、いつ何時、ムガイ中の子どもが保護された、という連絡が入るかわからないので、そしてその場合は施設のマイクロバスを運転する人が必ず必要になってくるので、それに備えて、《何年もまったくお酒が呑めなかった》（同）ということであった。寮長の〝晩酌〟の影には、このようなフリーの職員の支え（小舎夫婦制を支える職員集団、後述〝ムラ〟）があった、という裏話である。ちなみに、筆者はこのような寮長の晩酌について、それが是か非かを述べる立場にはないが――もし仮にこれをジャッジするとしたら、休暇とか時間外ならホールでも良いとか、いやホールでは一切だめなんだとか、細かな議論が必要であろう――、例えばこれが里親宅（養子縁組をしない養育里親等）であったらどうであろうか、里親が晩酌をすることはごく自然のことではないだろうか。

　リョウシャ（ホールも〝第二の居間〟も含めて）で晩酌する職員は、今、晩酌をしても大丈夫か否かを感覚で知っていると思われる――先の〝晩酌した日はムガイがない〟、という例は、ムガイはしないと知っているから晩酌している、ということがあるのだろう――。逆に、ムガイがありそう、と感じているときには、「ホールに布団を敷いて寝ていた」（二〇一〇年一〇月、カ学園職員）ということもある。このように、職員は常に子どもたちの様子を見ながら〝暮らして〟いるといえる。このようなシゴトのあり方と、休暇や労働時間を固定してしまう労働基準法というものは、まったく水と油なのである。ある職員は、当時、全く休みがなかった小舎夫婦制職員の休暇を確保するために、労働組合運動もやったということである。その結果、念願の休みは手に入れたのではあるが、代わりに今度は日常が管理されることになってしまった――「休みはほしいといったが、（そのために）勤務時間を決められてしまうとは思わなかった」（二〇一四年一二月、ト学園、Ａ職員）――と語っておられたのが大変印象的であった。

〝公私混同〟と批判されがちな小舎夫婦制であるが、その実、職員の私益にはなっておらず、むしろ〝持ち出し〟になっていることが多いものである。例えば、小舎夫婦制寮で見かける場面――ホールに布団を敷いて寝る、職員舎で作ったおかずやおやつをホールで振る舞う……などである。あるいは、米飯の朝食が食べたい、という子どもたちに対して、私費で実行した例（第Ⅰ部第二章）もある。これらボランタリーな行為もみな〝公私混同〟といえばそうなのである。それらをすべて禁じたり、定めたり、書類を書いて許可を得ることは、〝暮らし〟の中で、とても不自然なことである。例えば、交替制では、寮生の誕生日を寮内で祝ってあげたい、という職員の願いを「予算が組み込まれてないからやってはいけない」と禁じられる（第Ⅰ部第二章）、時間が来たら子どもたちがたとえどんな状態であっても勤務を切り上げなければいけない（第Ⅰ部第一章）といったことが起きるし、夫婦制寮においても、子どもと職員夫婦とが、同じ食卓に着いてはいるがそれぞれ別の食事（子どもたちは施設が配食するメニューだが、職員は手続きした上で食費を支払わないと同じものが食べられない。そのため、職員は別のものを用意しているなど）を摂っている、というようなことが起きてくる。

職員らが求めている――そして筆者がここで説明しようとしている――公私〝混合〟の暮らし[(11)]とは、職員が私益のために〝公私混同〟することを指すのではない、例えば、「日曜日にふと思い立って自家用車に子どもたちを乗せて近所の川に釣りに行ったり、イルミネーションを子どもたちと見に行ったり」（二〇〇七年八月、ノ学園元職員）ということが手続きなしにできる、そんな自然な〝暮らし〟のことを指すものである。

4．信頼関係と帰属意識が育まれる

退所生の訪問――他形態・多種別のケースから

退所生はしばしば施設を訪れる。筆者が訪問したときにも、偶然、退所生が訪問してきたことが幾度もあった（第

Ⅰ部第三章）。中には退所後六〇年を経過した後に、訪れる退所生[12]もおられた、ということである。ある職員（レ学園、A元職員）は通勤交替制の施設に勤務していたが、非常勤職員でありながら高校受験のサポートを通じて子どもたちと深く関わってきた職員である。その時サポートした子どもの二人（男子。Aくんとする）は高校に進学し退所したが、その後、定期的にレ学園を訪れていた――《毎学期ごとに成績表を見せに来る感じ》――そうである（二〇一四年九月及び一一月の聴き取り、以下日付は省略する）。A職員の話では、Aくんが帰園するときは「元寮舎をたずねてきてて、たまたま私と勤務日が重なると会えていたって感じ」で、特に「私の勤務に合わせて帰園しているわけではなかった」ということであった。しかし、ある日Aくんが帰園した際、A職員が退職したと聞いた。「そのとき、Aくん、《ショックでガーンって感じだったよ、その後Aくん来てないんだよ》」と、かつての同僚から聞いたということである。A職員は、《Aくんのことがすごく気掛かりで心配してる》と語っていた。おそらくAくんは連絡せずに訪問――連絡せずに退所生が訪れたり、直前に連絡してくる、ということはよくあることである――していたのだろう。通勤交替制の、しかも非常勤職員であれば、勤務している時間自体が少ないし、また、勤務していたとしても寮舎に入っているときなどは面会できないことも多く、AくんがA職員に会える確率は低いと考えられる。そしてAくんはそのことを承知していた。つまりAくんはどうしてもA職員に会いたい、ということではなく、“会えたら会いたい”くらいの感覚で施設を訪れていた――おそらく職員はそのように捉えていたと考えられる。しかしある日、A職員の退職を耳にすることで、Aくんの訪問がなくなってしまった。このことをA職員は次のように語った。《今日は会えなかったけどここに来れば会えるかもっていう感覚、そういう感覚があるだけでも違うと思う》。おそらく、Aくんは、二つの気持ち――A職員に実際に会いたいという感覚と、Aくんをよく知っているA職員の存在を確認したい――を持ってA学園を訪れていたのではないだろうか。

　このように、退所生が訪ねてくることは児童養護施設も同じである。これは筆者の体験であるが、筆者がかつて児童養護施設に併設された児童家庭支援センターで非常勤相談員をしていた（序章）折、何十年か前の退所生が訪ねてきたことがあった。そのようなときに、施設はどのような対応をするのか、記してみたいと思う。まず、職員は退所生を迎え入れ、そして担当の職員がまだ勤務していればその職員を呼び、その人が退職している場合はその職員の同僚の職員を、そうした同僚がいない場合は、その世代の職員のことを知っている後輩職員を呼んでその人たちと話をしてもらう。それも叶わない場合は、訪ねてきた人に、その人が居たときのこと――施設の建物や庭の様子、あるいは街の様子などの話をしてもらい、それを聴いた職員は、「そのことは聞いたことがあります」など、相槌を打つのである。その様子は訪問者と施設との接点を、本人と職員とが互いに見つけていく作業である。このやりとりはつまり、〝あなたは、確かにここにいました〟という事実を、互いが確認し合う作業なのである。だから、職員の中に訪ねてきた退所生のことを知っている人がいる場合と、いない場合とでは大きな違いが出てくる。

それはおそらく、自身の存在を確認したい、ということではないだろうか。先にA職員が《そ、う、い、う、感覚があるだけでも違う》と語ったのはこのことであろう。Aくんは、Aくんを知っているA職員の存在を確認することで、自身の確認を行っていた、そしてA職員に真摯に向き合ってもらえた〝価値ある自分〟を確認したかったのだと考えられる。だからこそA職員は、「何も告げずに退職してしまったことを今、とても後悔している」という。そして「《Aくんのことを気にしながら辞めたってことだけでも伝えたかった》、Aくんにその理由を告げて、《ああ、（自分は）捨てられたんじゃなかったんだって判ってほしい》」と語っておられた。

〝故郷〟を共有する小舎夫婦制

先のA職員は、退職するときにAくんに手紙を残そうと思ったのだが、《男子ということもあってその判断に迷って》結局手紙を残さずに退職したそうである。そして、《そんなの、（子どもにしてみたら）置き去りにされるのと一緒だよ》と、子どもたちにお別れをせずに退職したことを、「今とても後悔している」、と語っておられた。《子どもにとって、「先生にとってはオレはそんなもんだったんだ」ってことになると思うから》と彼女は語っていた。子どもたちは入所に至るまでに様々な傷つき体験を持っており、年齢に関係なく、自尊心が低い、自我の形成が未成熟、また、その自我が危機にさらされやすい、などの困難を持つ場合がある。そのため施設は留岡幸助の時代から、その回復を目標としているのである（第Ⅲ部）。彼らにとって職員の退職とは、時にアイデンティティクライシスを起こすほどの出来事なのかもしれない。

私たちは普段、無意識に自分の存在を確認し、それを自尊心へと繋げており、そしてそれは容易にできる環境にあるといえる。実家に電話して母の声を聞けば安心するし、赤ちゃんや、幼児だったころの話を聞かされると、恥ずかしいけれどあたたかい気持ちになるものだ。──子どもたちが暮らす施設では、子どもの誕生日にカードを作ったりアルバムを作ったりしている。先のA職員は、レ学園を退職後、母子生活支援施設[13]に勤めたが、このようなカードを作るときには、Aくんとの経験を生かしつつメッセージを書いているということであった。《そのカードは捨てられてしまうかもしれないけれど、もし残されていれば、その子がみんなに愛されていたということを、将来その子が確認できるかもしれないから》とA職員は語っていた。以下、A職員から送られた書簡より引用する。

「おてもあんよもうしろすがたもぜーんぶかわいい♪　だっこさせてもらうところまであったかくなります♡　ありがとう！　すくすく大きくなってね」

「〇〇ちゃんがげんきで大きくなりますように、ママといっしょにみんなでねがってます」

あとは「最近はたくさんおしゃべりしてくれる」「最近はでんしゃが大好き」などの最近の様子を書いてみたり。大人になってから、自分の小さい時のことをきくのはきっとうれしいから。

（二〇一四年一一月受信、レ学園職員、A元職員の書簡より）

社会的養護のゲンバでは、虐待など、今、危機にさらされている子どもたちを物理的に護ることが第一義である。しかしそれだけでは不十分であり、子どもたちが生きていく（育って、生を持続する）ためには、〝愛された記憶〟が必要不可欠なのである。このことは、社会的養護に携わる人なら誰でも、種別を問わず実感している。さらに、退所した子どもたち自身が〝愛された記憶〟をいつでも確認できるしくみが必要ではないだろうか。そのしくみの一つとして、小舎夫婦制という運営形態は、他の運営形態と比べて、そして他の入所型の児童福祉施設と比べてアドバンテージがあると筆者は考えている。

先にも述べたが、小舎夫婦制の〝夫婦がそこに所帯を持っている〟感覚は、子どもたちに〝先生は今もあそこに住んでいる〟という感覚を持たせることになる。例えば、北海道家庭学校に三十年勤務した藤田俊二の『まして人生が旅ならば』には、藤田が退職する際、「先生は死ぬまで家庭学校にいるのかと思ったら、いなくなるのかい！」（藤田 2001b：225）と「教え子」（筆者注：元寮生のこと）にいわれるエピソードが掲載されている。このような感覚は、たとえ会いに行かなかった（行けなかった）としても、〝会いに行こうと思ったら会える〟という感覚を退所生たちに、あるいは無意識に抱かせることになり、今は独り立ちしている（あるいはせねばならない）彼らの内に自身の存在と自尊心とを確認する一助となっていると考えられる。

同じく藤田が事例集⑥によせた「佐名のこと」には、退所生の「保坂」さんがアパートで独り亡くなる前、「石上館名物、大盛カレーライス」の絵を描いていたエピソードが掲載されている（藤田俊二 1991：14）。〝石上館〟は、保坂さんと藤田が共に暮らしたリョウシャである。「保坂」さんの中で〝石上館〟という存在は、まるで心の故郷のように彼を支えていたのではないだろうか、そしてこのような〝故郷〟感覚は、職員の内にも存在するようである。これが小舎夫婦制の大きな特徴の一つといえる。藤田と退所生は、石上館というリョウシャに共通の帰属意識――〝故郷〟感覚を持っている。それは藤田だけではなく、多くの小舎夫婦制の元寮長・寮母に見られることであった。このような無意識で、しかも確かな〝繋がり〟感覚は、やはり〝共に暮らして〟来たからに違いないし、また、彼らが暮らしたかつての建物は、〝寮舎〟という建築物を越えた別の存在――筆者はこれを「リョウシャ」と表現してきた――になっているのであろう。まるで恋しいように、かつての寮舎生活を語る職員の姿、そして退所生も、職員の実子も、自分たちの大事な人（子どもや恋人、同僚など）を寮舎に連れて帰る姿（第Ⅰ部第三章）を見るとき、筆者は『教護院運営要領』の見出し、「五、設備」の冒頭の文章を思い出すのである。

五、設備

教護するものは単に教護職員だけではない。

土地建物その他の設備のすべて悉くが教護職員の活動につれて活潑な教護活動をする。それらは単なる物的な環境ではなく実に生きた教育的環境として捉えられなければならない。（p. 21、傍点筆者）

〈厚生省児童局監修（1952）『教護院運営要領　基本編』。なお引用は職員のテクストとして『基本編』と『技術編』が合冊されたものを使用した。〉

第三節　ムラ――施設の専門性

1. ムラの子育てと農作業

一人前に育てる

「児やらい」とは、児やらひ、あるいはコヤラヒ、コヤライともいい、かつて農村で使われたことば――例えば、『おまさんもコヤライがすんであんきなもんじゃや、あたしはまだ五、六年はコヤライで旅もできん』というようにいう」(大藤 1982：196)――である。つまり、現在でいうところの養育や子育てに相当するが、しかし、それらの近代的なことばにはない意味があるということである。それは、「後方から子どもの生まれるのを驅り立てる心持ち」(大藤 1944：12)――であり、大藤ゆきは次のように書いている――「柳田先生は子供を養育する意味のコヤラヒといふ言葉から後方から子供の生まれるのを驅り立てる心持ちのあることを説かれてゐます」(同)――。

児やらいとは、現在の子育てといわれる所の物、あるいは近代的な教育とは多くの点で相違がある。日本女子大学教授・森田伸子は「近代教育は上から引っ張り上げるのに対して、児やらいは後から追い立てるもの[14]」と説明していた。児やらいは、このように「後から追い立て突き放してやることで」(①)、「段階ごとに、自立させよう、乳離れさせよう」(②)として子どもを〝一人前〟に育てるが、その過程は同時に「子の親ばなれとともに、親の子ばなれを」(③)行うものであったということである。

児やらいということばは、子育てを意味する中国、四国地方の方言であるが、ヤラウというのは、節分の鬼ヤライなどのように、後から追い立て突き放してやることである(①)。子どもの通過していく儀礼を見てくると、段階ごとに、自立させよう、乳ばなれさせようという親の姿勢がみられる（②）。後から追い立てる姿勢で、それは子ばなれでもある。（中略）子どもの世話になやむことがコヤライで、追いまわすだけでなく、大きく成長してゆく子を母の手から放すことを意味している。

ヤラウというのは過酷のようであるけれども、どこかに区切りをつけないと一人立ちができず、親も優れた人間になれないということを、人を育てるちえとしてもっていたのである。丈夫なたくましい、人にもたれかかろうとしない若ものを送り出すことが社会のためであり、同時に若もののためでもあることを、伝承された生活のちえとして日本の母たちは身につけていた。

十五歳を目標として、子どもが十三歳くらいになると、親の方もいよいよ精神的な乳離れのための心がまえを成長させていったのである。

男子の成人式には（中略）十五の祝いをけじめとして、家庭の中でも、もう子どもではなく一人前として取り扱った。子の親ばなれとともに、親の子ばなれを行ったわけで、これが「児やらい」である（③）。

（中略）

以前は十五歳を一人前の目標としたが、十五歳で完全な一人前になったわけではない。十五歳をこども社会から脱する区切り、ケジメとしていたのである。

〈大藤ゆき（1982）『子どもの民俗学――一人前に育てる』草土文化、p. 197。傍線、括弧内筆者。〉

児やらいはつまり、〝一人前〟になる過程であるが、この各〝段階〟の名残が現在に残る子どもの各種行事や節句である。そしてそれらの段階は、〝シツケル〟ということばにも見られるように、仕事の段取り、つまり農業の段取りとそれを主とする暮らしに沿ったものでもあったということである。このシツケも大藤によると、いわゆる現在でいうところの〝躾け〟ではなく――「柳田国男先生は『躾などと書く新しい宛て字が和製される頃から、シツケは行儀作法の別名のようになった』といわれている」（大藤 1982：103）――、「田畑の作業をシツケル、植え育てる場合にもいう」（同：104）ことばであるとする――。〝田圃をシツケル〟、この表現は筆者も聴いたことがある。筆者の友人で、大学で働く傍ら実家の農家を手伝っている人（三〇代前半）がおり、彼の農作業の様子を見に行った際、「あの辺（の田んぼ）はまだシツケてない」などと話していた。――シツケルは、農業に従事する人たちにとっては今も自然に使われている生きたことばなのであろう。

第Ⅲ部第一〇章で、国立武蔵野学院の「作業指導」が、水田耕作の段取りに沿って行われるとしていたが、この意図するところは、この児やらいに通じるものなのではないだろうか。また北海道家庭学校における理事会制度などは、農村等（村落共同体）におけるコドモグミの存在とよく似ていると考えられる。かつて留岡が「インスチチューションではいかぬ」（留岡 1902：58）と考えて新農村を創り、その中に家庭学校を作り、家庭学校の中に小さな村を作って農業を行い、「独立自営」を目指した、このことを思えば、キョウゴの世界に児やらいと良く似た点があるということは、何の不思議もないのであろう。しかし一方で、キョウゴの世界に児やらいと同じ要素を見つけたときに、筆者は再確認するのである――この事業は、子どもたちに〝疑似家族〟を提供しようとしたのではなく、地域そのものを提供しようとした取り組みであったということを――。

テシオにかける

先にも書いた通り、「村の社会では、しつけの目標は、子どもを『一人前』の大人に育てあげるということ」（大藤 1982：104）にあり、「家庭でも村社会でも『一人前』という目標に向かって、子どもを育てた」（同）ということである。その際、幼児期のしつけの担当は母親であるが、それは「とくべつのやかましい作法ではなくて、基本的な生活習慣と、いいこと、わるいこと、あぶないことの判断を身につけさせること」（同：105）であり、「『テシオ（手塩）

にかける』とは、こまごまと心をくばり自分の目で子どもを見、自分の手で子どもにさわって自分のちえで育てる」（同）ことを指すという。

キョウゴの世界では、リョウシャでこれと同じことが行われると考えられる。入寮した子どもの中には基本的な生活習慣が整っていない子どももいるし、また、かつては夜尿も非常に多かったということである。但し、必ずしも寮母一人がこれを行うということではなく、寮長が中心に行うこともあれば、オヤトコ（第Ⅰ部第一章）のオヤ役の子どもがこれを引き受けることもある。

2．群による子育て——子ども組とリョウシャの子ども集団

かつて、子どもという存在は〝七つまでは神の内〟といわれ、〝七つまでは神の子〟であった。それは「昭和の初め頃まで乳幼児の死亡率は非常に高く、七つまでの幼児は心身ともにきわめて不安定だと考えられていた」（大藤 1982：96）ためである。つまり、〝七歳までの子どもはいつ神の下に連れ戻されてしまうかわからない不安定な状態で、その期間の子どもはいわば神から預っている状態だった〟(15)ということである。「七つまでの幼児はまだ社会的な人格とみとめられていなかったので、七歳の祝いに氏神にまいって改めて氏子入りをして、はじめて神からも社会からも人間として承認された」（同）のである。

子どもたちはイエの中でシツケをされるが、七歳の祝いを境に今度は「子ども組などの子ども仲間の群の生活に入って、一人前の大人となるための準備期となる」（大藤 1982：100）ということであった。当時は、「家庭の中だけでは与えられない、集団の群の規律にしたがって行動するという社会生活の一端を学ぶこと、幼年期を終わった少年期には、群の訓練、しつけが必要だと考えられていた」(4)ためである。

子ども組の地域単位は、ふつう部落または組などで、七歳から十四〜五歳までの男の子が集まって最年長者を

> カシラとかオヤカタ、大将などとよぶ。大将は組を統率し、子ども組に入ると下の子はよろこんで上の者のいいつけをきいて、おかしいほどまじめに子どもの自治が行われていた。大人はこの組織に口を出さず、どうしても指導をする場合は若い衆組の青年があたった。
>
> 男の子の仲間にしても、女の子の仲間にしても、子ども組に入るということは、子ども自身に自分の成長を自覚させる機会でもあった。家ではわがまま一杯の子も、ここへくるとすなおに大将のいくことをきく。
>
> 子ども組はふだんは遊びが主であるけれども、村の年中行事や祭りには、一時期主催者となって参加する。（中略）その中の幾つかの行事を、子ども集団が主体となって行うということは、村社会の中で一つの役割をもっていたわけで、社会生活への参加であり、責任ももたされていた。
>
> 家庭の中だけでは与えられない、集団の群の規律にしたがって行動するという社会生活の一端を学ぶこと、幼年期を終わった少年期には、群の訓練、しつけが必要だと考えられていた④。子ども同士の、大人の世界から独立した約束ごとを守ること、勝手なふるまいをしたり、約束を破ること「仲間はずし」となることなど、子ども仲間からのしつけがある⑤。自立していく子どもたちの力を、すなおにみとめてのばす、子どもの自治を承認していくというこの方法は、思春期に入っていく子どもたちを扱う一つのちえであった⑥。
>
> 〈大藤ゆき（1982）『子どもの民俗学――一人前に育てる』草土文化、pp. 173-174。傍線、括弧内筆者。〉

このような子ども組における「群れの訓練、しつけ」④と同じように、キョウゴの世界もまた、「子どもたちは集団の場から力を受けて、自律を促進していく」（『新ＨＢ』：253）と考えられ、そうした集団作りが行われてきた。筆者の聴き取りにおいても職員の多くが、子どもは子ども集団の中で育つこと、職員の職務はその集団を健全に保つこと（第Ⅰ部、蝶野学園・Ｄ職員、レ学園・Ａ元職員、カ学園、Ｃ職員など）と捉えていた。

一般に施設というと、大人が子どもを導くとか、指導するというようなイメージを持ちがちであるが、キョウゴの世界では、実は子ども同士の力が大きく作用し、その子ども集団はかつての児やらいに見られる、群れによる子育てに類似した点があると筆者は捉えている。

3. 〝一人前〟に育ち合うしくみ

待つ時間の担保

農村における子育ては、子育てといいながらも主体性は常に子どもの側にある子育てである⑦。例えば、父親が農仕事を教えるときには「親はだまって仕事をし、子どもはまねて見習う。あくまでも押しつけでなく子どものやったあとを、『こうやるのだよ』と教えるというやり方であった」（大藤 1982：120）ということである。

親の働く姿をまねて見習うというのが、作業技術を身につけるしつけの基礎であった。仕事を通して父親との交流があり、見習ってコツを覚えるという行動を通しての感化、生きるための仕事というものを感じとらせた。教えこむというのではなくて、時間はかかるが子ども自身が見習っておぼえこむ、学びとるという方法で、主体性は子どもの側にある。これが伝統社会のしつけの本質であった⑦。親は子どもの年齢や能力に応じて、あまり無理をさせずに何がこの子にできるかをすなおに見ていた⑧。

〈大藤ゆき（1982）『子どもの民俗学――一人前に育てる』草土文化、pp. 121-122。傍線、括弧内筆者。〉

農村における子育ちは仕事や暮らしとともに時間をかけて行われる。それは誰かを蹴落とそうとしたり、他より優れた人にしようというものではなく、「子どもの年齢や能力に応じて、あまり無理をさせずに何がこの子にできるかをすなおに見えていた」⑧ということである。キョウゴの世界でも、寮長は段階を追って子どもに作業をさせたり役割を与えたりしている。それは時間のかかることである。

児やらいの各段階では、大人は時間をかけて子どもを「待つ」ことが求められる。大藤は「現代では早教育の時代である。だが民俗学の立場から、伝統的な子どもの育て方をみるとき、それは一つのゆがみとして映る」⑨と書いている。かつて、留岡幸助が、南国では何でも早熟で作物も早く育つので、感化教育には適さないとして、北海道遠軽の地を選んだ（第Ⅲ部第三章第三節6.）ものに通じるものである。

キョウゴの世界では時間をかけて子どもが育つのを「待つ」という方法を採る。これは児やらいの方法――「教えこむというのではなくて、時間はかかるが子ども自身が見習っておぼえこむ、学びとるという方法で、主体性は子どもの側にある」⑦――に共通している。そしてキョウゴの世界では、職員もまた、同じ方法で――時間をかけて、他の職員や時には子どもたちからも〝待って〟もらいながら一人前になる（第Ⅰ部第二章）ことが、待徴の一つである。

「待つ」こころ

子どもの能力を少しでも早くひき出してやりたいという親心であろうか、現代では早教育の時代である。だが民俗学の立場から、伝統的な子どもの育て方をみるとき、それは一つのゆがみとして映るのである⑨。農山漁村を民俗調査で歩いて感じることは、農業という生産に根ざした主婦たちのたくましさとともに、村の生活経験の中から自然に身につけた人の人生を見通す目である。

農家の人たちは、子育ても目先のことだけでなく、「待つ」ということを知り、長期的な視野でとらえていた⑩。それは多分に、農作業という仕事からきていると思われる⑪。農業は、工業製品とちがい、生きているものを育てる仕事である。大地を耕して種をまき、苗を育て、肥やしをやり、手入れをして風雪に耐え、育てあげ実らせるという辛抱づよい仕事であって、待つということを余儀なくさせられるものだからである。作物は一定の成長段階を経なければ育たない。子育てもまた、赤ちゃんから一足とびに大人になるというわけにはいかない（⑫）。

極度に工業化された現在の社会では（中略）一生を見通す目が失われがちである。作物を育てるばあい、まず第一に土地の手入れが必要であるが、水や肥やしをやりすぎてもいけないし、足りなくてもいけない。いろいろな作物によって、与える時期というものがある。日をあてた方がよいもの、日のあたらぬ方がよいもの、水をやった方がよいもの、あまりやらぬ方がよいものなど、一律ではない細心の注意がいる。それはひとりひとり個性のちがう子育てに共通する面を多分にもっている（⑬）。

〈大藤ゆき（1999）『子育ての民族――柳田国男の伝えたもの』岩田書院、pp. 48-49。傍線、括弧内筆者。〉

集団生活の中における個別化

キョウゴの世界について、集団生活の中で個別的な対応が可能なのか、というようなことがいわれることがある。結論から先にいえばそれは可能である。確かに、キョウゴの世界では、リョウシャ単位で集団行動を取っているが、一見、ルーティン化して変化のないように見える日課の中で、職員はこまごまとそれぞれの子どもに応じた対応をしている。そしてそれが日々の暮らしの中で繰り返されていくのである。第Ⅰ部第三章で報告したBくん（左右・前後・裏表が分からなかった）に、寮長は繰り返し、繰り返し、その都度左右前後裏表を教えてやっていたという、寮長は子どもに最初から服を着せてやるのではなく、子どもが間違えていたときに（それは結局毎回のことになるのであるが）、根気よく、教えてやっていたというのである。

大藤は、かつての「待つ」子育ては「農作業という仕事からきていると思われる」（⑪）としている。そして農作業と子育ては「ひとりひとり個性のちがう子育てに共通する面を多分にもっている」⒀と書いている。それならば、職員自身が農作業を行うことは重要なことではないだろうか。あるいはかつて、第一次産業が主であった時代には、人々の内にはこのような「待つこころ」や「子育てもまた、赤ちゃんから一足とびに大人になるというわけにはいかない」⑿ということが自明であったのかもしれない。しかし現在においては大藤ゆきが指摘する通り、私たちにはその視点が失われがちなのではないか。

キョウゴの世界で農業が重視されてきたのは、留岡幸助の〝天然の感化〟、あるいは〝独立自営〟という理念――つまり子どもが自然に癒され、そして〝一人前〟に一人立ちするための職能としてのそれ――があった。しかし、現代においては、職員自身が農業を通じて子育てを学ぶ、という側面も期待できるのではないだろうか。

「ありがとう」と「ごめんね」

第Ⅳ部第一章で報告した牛のお産の作文を書いた子どもは、自身の体験や気持ちを作文にすることができたが、子どもたちは、彼のように立派な作文が書ける子どもばかりとは限らない。施設では時々、子どもたちが全員の前で作文を読む機会があり、筆者も時々こうした場面に立ち会うことがある。ある日――その日も体育館には施設全員の子どもたち・職員が集まっていた。前には中学生年齢と思われる女子がマイクの前に立ち、発表していた。その様子は本当につたなく、たどたどしく、声も弱々しくてマイクを通してもやっと聞こえるか聞こえないかの音量で、内容もようやく作文になっている、という体であった。しかし、その姿を見守る職員の目には涙が溢れ出そうになっている。発表が終わると「よく頑張った、よく頑張った」とハンカチを手に感極まる職員もいた（二〇一一年三月、ト学園にて）。

第Ⅰ部第一章で書いた白馬学園のAちゃんについて、B職員――B職員は、当時、Aちゃんを担当していたA職員夫妻の後を引き継ぎ、Aちゃんの担当となった（第Ⅲ部第三章）――が語ったときにも同様の様子が見られた。語られた内容は、寮舎内で誕生日会があったとき、Aちゃんがみんなの前で初めてお祝いの言葉を言ったときのことである。

（Aちゃんが）入ってきたときって、（日課にも）何も乗らないって感じだったのね、本当に少しずつ、徐々に徐々に、ちょっとずつしゃべるようになったというか、特にね、あの子特にみんなの前でしゃべるのが本当にできない子だったから……

（入所してから）数か月経ったころ、みんなの前で、誕生日会のときにお祝いの言葉をいってあげてて、感動したもんなー、あーAがみんなの前でお祝いのことばをいってあげられてるーって

（二〇一四年一月、白馬学園、B職員）

B職員の感動は少しも劣化することなく、彼の内《なか》に存在していた様子であった。職員の多くはこのように一人一人の子どもの成長――それは他人から見たら小さな成長に見えるかもしれない――を鮮明に記憶している。施設で生活する多くの子どもは、自分の気持ちをことばにして相手に伝えることが難しいと考えられる。また、気持ちを伝えるということを諦めてしまっていたり、忘れてしまっていたり、そもそも思いつかないという子もいると思われる。それどころか日常的に使うことば、例えば醬油を取ってもらって〝ありがとう〟と言うとか、すれ違うときにちょっと肘が当たってしまったときに〝ごめんね〟と言うなど、日常の何気ない一言、人と人とが互いにうまくやっていく上で必要なことばが発せられない、あるいはいう必要を感じていないことが多い。これを私たち外部の者は礼儀がなってないとか躾けが悪いなどと思いがちである。

4．軒遊びとリョウシャ

ひとり遊び、軒遊び、外遊び

大藤ゆきは、子どもの遊ぶ場から子どもの遊びを見て、「遊びの場を通して見ても成長に応じた自然な順序というものがあった」（大藤 1982：170）と記している。この段階を理解するためには、当時の農村に暮らす人々の世界観というか、空間を認識する感覚を理解せねばならない。まず、空間は大きく二つ、神の国と人間界とに分けられる。曰く「人間が生まれるということは、人間界への加入を承認するということ」（同：9）だという。

そして人間界への加入とは、当時は共同体への加入と同義であったと考えられる。しかし、子どもは生まれてすぐに共同体の仲間に入れるということではなく、『七つまでは神のうち』という子ども観によって、誕生から七歳までを子どもの時期（幼年期）」（同：25）とし、「七歳からは子どもの仲間の群（子供組）の生活に入る」（同：26）ということであった。

つまり、子どもは生まれてすぐは神からの預かり物として家族が預かり、七歳から共同体（コドモグミ）に加入する――「七歳からは子ども仲間の群（子供組）の生活に入る」（大藤 1982：26）――ということである。先には、この群れによる子育てについて触れたが、ここではそれ以前の、幼年期における遊びと遊びの場について触れる。

先にも述べた通り大藤は、「子どもの遊ぶ場所から遊びを見ると、その社会性や成長の段階がよくとらえられる」（同：165）としている。それは「ひとり遊び」から「軒遊び」を経て「外遊び」という段階を経るというもので、仮にイエの中をウチとして共同体をソトとすると、子どもたちは段階を経て、ウチからソトへ、遊びを通じて出ていくということである。「ひとり遊び」とは、年齢がまだ低く「友だちとはまだ遊べないし、屋内での親に密着したひとり遊び」（同）のことである。その次の段階の「軒遊び」では、「母親べったりのそばから少し離れた屋内の縁側や軒下での遊び」（同：166）へ、そして「だんだんと大きくなるにつれて、親の注意のとどかぬところで勝手に遊ぶのを好むように」（同）なっていき、やがては「庭さきから家のまわり、道路へと遊びの場所がひろくなる」（同：170）という、この過程はウチからソトへ向かう、成長の道のりでもある。

「軒遊び」様のまなざし

子どもが軒遊びをしているとき、大人は子どもを見ているとも見ていないともいえない状態にある。これは大人は仕事をしながら、子どもを目で確認してはいないが気配は感じている、そんな状態だと考えられる。子どももまた同じであり、親の気配を感じながら安心して遊び、あるいは親の目を盗んでいたずらをしていたりもする。大藤は次のように表現している。

子どもはだんだんと親たちの注意の外へ出て行くものであるが、母親のいるところから姿は見えず何をしているかわからないけれども、そこにいるはずだというような場合には、たいてい縁側で遊んでいた。縁側は家に母親以外にも手があれば、だれかがそれとなく見ている場所であって、目に見えない長い糸のようなものが、幼い子どもの腰のあたりにつながっている距離であった。子どもも安心してひとり遊びができる場所であった。

〈大藤ゆき（1982：167）『子どもの民俗学——一人前に育てる』草土文化、p. 167〉

鹿山学園の旧A寮を〝繭玉に包まれた寮舎〟と表現した（第Ⅰ部第二章）、あのときはまさにそのような状態であったと筆者は考えている。A寮長はそのとき、事務仕事を行っていた。A寮長は子どもたちに必要以上に干渉しない、また、子どもたちもA寮長にはA寮母に求めるほどの直接的な関わりは求めていないようだった。しかし、A寮長がホールの隅に置かれた机に座っているあの午後の時間帯の時だけ、ホールは大きな縁側に、そこで遊ぶ子どもたちは正しく「だれかがそれとなく見ている場所（中略）子どもも安心してひとり遊びができる場所」（大藤 1982：167）で行う、軒遊びをしているように見えたのである。

施設全体のふん囲気

子どもの中には、いわゆる〝赤ちゃん返り〟を起こす場合があるという。子どもは一日中、寮母に甘え切りになったり、ベッドに入った切りになったりして、団体行動が取れなくなる（筆者もフィールドワーク中、このような様子を何度か目にしたことがある）。子どもたちは、リョウシャという安全に護られた空間で、かつて得られなかった時間を取り戻そうとしているのであろう。

このような退行現象は、リョウシャの中で一人の子どもが起こす場合もあるが、リョウシャ全体が、ゆったりとした退行現象を起こす場合もあるという、ある職員は、「寮舎が良いムードのときというのは、寮舎が全体的に子どもっぽいとき、寮舎全体が緩慢的に退行しているとき」だと語っていた（二〇〇五年七月、カ学園、A職員）。この、「寮舎が全体的に子どもっぽいとき」、「寮舎が良いムードのとき」という感覚は、筆者が体験した〝繭玉に包まれた寮舎〟に近いのではないかと考えている。そしてその雰囲気というものは、先の「軒遊び」の時のような職員のまなざしが作り出しているのではないだろうか。そしてこのようなまなざしが『教護院運営要領』が示すところの「施設全体のふん囲気」（第Ⅲ部第七章）を作り出すことに繋がっていくのだと考えるのである。

職員は、常に、楽天的な明るい態度で、安定した情緒をもち、いかなる時も、児童の側にたち、彼等と共にある態度で、気長に、積極的な感情転移が起きるのを待たねばならない。これと共に、彼等を、文句なしに受け入れる施設全体のふん囲気や、少人数からなる家族舎の暖い環境が、児童の安定感、信頼感をまし、積極的の感情転移が次第に芽生えてくる。

〈厚生省児童局監修（1956）『教護院運営要領　技術編』、p. 123。傍点筆者。なお引用は職員のテクストとして『基本編』と『技術編』が合冊されたものを使用した。〉

5．対象関係の構築――職員のまなざしと専門性

寮長の定位置

リョウシャ全体が軒遊び様の空間に見えたとき（第Ⅰ部第二章、鹿山学園A寮）、前述の通り、その現象は――筆者の観察した限りでは――A寮長がホールに一人で座っているときだけに訪れていた。A寮長はただ座って、黙々と作業をこなしているだけなのであるが、A寮長がそこに座ったときにだけ、あの、不思議とおだやかな状態が生まれていたのである。しかしなぜ、A寮長が一人でホールにいるときだけなのだろうか――優しいまなざし、という点では、寮母も間違いなく優しいのである。寮母にはあたたかい情があり、面倒見が良く、子どもたちが大変に懐いて、好かれている様子であった――。

A寮母一人がホールにいるときは、寮長一人がホールにいるときとはまた別の雰囲気がある――子どもたちは何かと寮母に話しかけたりしてまとわりつき、リョウシャ全体が明るくかしましい――。このように、寮長がいない時のホールは、筆者の感覚ではガチャガチャとした雰囲気である。ガチャガチャとした雰囲気というのは、一言でいえば子どもたちが落ち着かない状態である。活気はあるが、何かちょっとしたことでいさかいが起きてしまいそうな雰囲気とでもいおうか、そのような状態のことである。

この違いはなんなのであろうか、筆者が考えるには、このリョウシャにおいてA寮母が一人でホールにいるときには、いわば〝お母さんの取り合い〟のような状況が生じているのではないだろうか。その時の子どもたちは、〝お母

さん、こっちを向いて〟〝お母さん私の話を聞いて〟という、〝お母さんの愛を勝ち得たい〟という気持ちがあり、A寮母と目線を合わせたい――まるで授乳の時のそれのように――という欲求があるのではないだろうか。一方、A寮長が一人でホールに座って仕事をしているときは、子どもたちはそれぞれに遊んでいる。父親について大藤は、以下のように書いている。

村の生活では、子どもが幼い間直接子どもに接して世話をするのは、もちろん母親である。（中略）父親はこまごまとした養育にはあまり手を出さない。けれども家庭の中での父の座は、イロリの座席にも示されているように厳然としており、子ども達へも目を配っている。

〈大藤ゆき（1982）『子どもの民俗学――一人前に育てる』草土文化、p. 120。括弧内筆者。〉

社会の中で一家を支えている父親の自信と気魄、仕事に対する自信、人生に対する自信は母親のもたぬ男らしさ、があるはずである。黙って座っているだけでも母親とは一味ちがうきびしさがあるはずである。母親の父親に対する信頼と愛情のもとに、子どもはすこやかに育って行くのではないだろうか。

父と母の二人の親の役割は本質的にちがい、しかも両方とも子どもの成長には欠けてはならないものである。（中略）広い視野で子どもをとらえるという父親の役割があると思われる。

〈大藤ゆき（1982）『子どもの民俗学――一人前に育てる』草土文化、pp. 122-123。括弧内筆者。〉

寮長が一人でホールに座っているとき、このときはおそらく、子どもたちはそれぞれにくつろいでいる、それが可能なのは、大藤が「黙って座っているだけでも母親とは一味ちがうきびしさ」（大藤 1982：122）と表現したようなものを、子どもたちが寮長に対して感じ取っているからではないだろうか。

例えばリョウシャの中でいじめがあったとき、あるいはパーソナルスペースが確保できないときなど、子どもたちは安心してくつろげない怖れがある、しかし、寮長が一人でホールに座っているときには、少なくともそのようなトラブルは起きないか、起きても寮長が仲裁してくれる、という安心感が子どもたちの内にあるので、あの、繭玉のような安心、安全と感じる、穏やかな空間が生まれるのではないだろうか。

専門性のあるまなざし

A寮長のような「軒遊び」様のまなざしは、もちろん、A寮母にも存在する。注意深く観察していると、A寮母は一人の子どもと目を合わせて話をしながらも、他の子どもたちの様子を一人一人意識しているし、その様子を把握して、必要があればそれぞれに声をかけたり表情を見せたりしているのである。視線を合わせない、あるいは直視はしないが、確かにこどもを見つめるまなざしがそこにはあった。

本章第一節においても述べたが、キョウゴにおける〝暖かいまなざし〟は監視とは明らかに違う視線である。このまなざしは、子どもを想う暖かい気持ちの現れであり、それは日常に溶け込むさりげないものであるが、しかし一方で、確かな技術に裏打ちされたキョウゴのプロの目線なのだと考えられる。

先の軒遊び様のリョウシャの様子を観察しているとき、筆者には、A寮長がわざわざホールで事務仕事を行っているように見えた。つまり、意識的に軒遊び様のまなざし——子どもを見ているとも見ていないともいえないまなざし——を作り出していたように見えたのだ。後に、あのホールに置かれた机と本棚についてA寮長に確認した所、《ああ、あれは勝手に机を置いてた》（二〇一五年三月）ということであった。A寮長曰く、当時、事務室はあるにはあったが、職員居室に近い所で、ホールからは見えない離れた所にあったため、A寮長が《勝手に》ホール内に机や本棚を置き、事務仕事をしていたとのことであった。リョウシャ運営を行う上で、あの位置で事務仕事をするのが適切だということを寮長はよく知っていたのであろう。

専門的な役割分担

『教護院運営要領』で、「両性の社会の中で生育するのが望ましい」（『技術編』：137）と書かれたところのもの、また、特に教護院時代に推奨された寮長・寮母の役割分担のイメージ――ここぞというときに叱る寮長、叱られた子を受け止め諭す寮母（第Ⅲ部第六章第二節）――は、先に引用した大藤の、共同体における「父と母の二人の親の役割」（大藤 1982：123）に近しいと考えられる。

ホールに机を置いてそこを指定席としていたA寮長の姿は、一見、いろりの定位置に座る無口で怖い父親のようである。しかし、A寮長の実際は違っている。筆者が知る限り、A寮長は大変優しい人柄の、常に穏やかな気性の人物である。体は大きく存在感があり、そういう点では威厳があるといえるが、声は体の大きさの割にはやや高い、そして大変朗らかな声をしており、A寮母に対しても、乱暴な物言いや横柄な態度を取ったことなど見たことがなかった。よく、男尊女卑の象徴のように夫婦制を揶揄したり、また実際、「私の時代は本当に男尊女卑の世界だった」と語る寮母も存在する（第Ⅰ部第二章第五節）。寮長の側からも、《昔の教護は楽だった。殴って酒呑んで、発散して。（中略）良い時代だったんだなぁ》（二〇一一年九月、ロ学園、D寮長）などという語りがみられる通り、教護院時代には、正に男尊女卑を地で行くような職員夫婦も存在していたと考えられる。しかし、A寮長とA寮母の関係はまったく違っていた。どちらかというと寮母がリードしているように見えるし、互いに尊重しあった同僚、という感じのする、いわば大変民主的なカップル、という印象である。これは本人たちに直接確認したことはないのだが、A夫妻は小舎夫婦制寮の寮長・寮母として、理想の役割――ここぞというときに叱る寮長、叱られた子を受け止め諭す寮母（第Ⅲ部第六章第二節）――を担おうとしているのではないか、と筆者は考えている。というのも、このように考えている職員夫婦は彼らだけではないように思えるからである。

また、キョウゴの世界では、リョウシャの中での生活は寮母が、リョウシャの外での活動（学習、作業、スポーツ等）は寮長が担当するので、必然的にシツケは母親（寮母）、シゴトは父親（寮長）という役割分担となる。これはつまり大藤ゆきのいう、〝児やらい〟[16]における父母の役割分担とほぼ同じである。しかし、寮母の中には積極的に作業を行う寮母もいるし、また、ニ学園のA寮母などは、正にリョウシャの中を取り仕切る〝良妻賢母〟そのものと感じた寮母の一人であるが、しかし実は「作業やスポーツなんか一緒にやりたい方」（二〇一〇年九月、ニ学園、A寮母）だと語っておられた。つまり何がいいたいのかというと、どんなペアであっても、職員夫婦は、自分たちの、現在のリョウシャ運営にとって〝何が最善の寮長・寮母なのか〟ということを絶えず模索している、ということである。よく、小舎夫婦制は「疑似家族」などと表現されるが、「疑似家族」と聞くと、まるで実際の夫婦と他人の子どもたちが暮らしてさえすれば「疑似家族」である、というようなイメージがないだろうか――筆者は今、「疑似家族」の定義を明らかにしようとしているのではない。また、小舎夫婦制が「疑似家族」か否かについて論じようとしているのでもない――そうではなくて、小舎夫婦制というしくみは、実際の夫婦と他人の子どもたちが暮らしてさえいれば、つまり職員が夫婦であるというだけでは成り立たないのではないか、ということを述べたいのである。

また、外部の者が彼らの生活の様子を見て、〝ただ暮らしているだけ〟などと表現することがある。一方、彼ら寮長・寮母の方でも、彼らの営みをそのように表現したり――「仕事をしているのか休んでいるのか、遊んでいるのか、イヤ生活をしているのだ」（西浪 1998：204）、それを目標とする場合――《普通じゃない（筆者注：〝普通じゃない〟は、〝普通ではない〟ではなく、〝普通だよね〟〝普通じゃん〟という意味）ってみんなに言わしめる、施設じゃない、じゃなくて、普通じゃない、普通の家じゃない、それを目指してレイアウトもしてきましたし、心遣いもしてたし》（二〇〇七年一一月、ハ学園、A職員）がある。外部の者は批判的にその表現を用いるがキョウゴの世界の人たちは逆である。それは、さりげなく暮らしている姿こそ、優れた寮長・寮母であるという価値観――〝感化〟的な価値観――に基づいている。

夫婦でペアを組んでいるからといって、ペアが夫婦である、ということだけで寮長・寮母が務まる、ということではないし、実際の夫婦が暮らしているからといって、それだけで〝さりげない暮らし〟（〝ただ暮らしているだけ〟に見えるほどの暮らし）が成り立っているということでもない。つまり、それらはすべからく専門的な技術に裏打ちされたプロの仕事に他ならないのである。

6．共同体の中の個人

先に、「軒遊び」というのは、「内遊び」と「外遊び」の中間に位置しており、それはウチとソトを繋ぐ段階であるということを述べた。共同体の中で〝一人前〟になるということは、言い替えるなら共同体の中のアイデンティティを確立する、ということである。子どもたちは「内遊び」と「軒遊び」の段階で、まず個としてのアイデンティティを形成していく、そして「外遊び」を経て、やがてはコドモグミという共同体の一員になっていくことになる。

キョウゴの世界では、リョウシャに配寮されたときに子どもたちは新しく〝生まれ直す〟と考えられてきた（第一章第三節2.）。入寮後、子どもはまずリョウシャ内の日課とルールを覚えることに専念する。それが滞りなくできるようになり、生活が落ち着いてくると、やがて施設内の野球部などに参加することが許される（第一章第三節3.）ようになる。子どもたちはリョウシャ内の人間関係から施設内の人間関係と活動の幅を広げ、クラブ活動や全体作業、あるいは行事を通じて施設内コミュニティ（ムラ）の一員となっていくのである。

そして更に生活が落ち着いてくると、今度は帰省ができるようになる。これは施設の外に出て、地域で暮らす準備も兼ねている。まるで「軒遊び」と「外遊び」を行ったり来たりするように、子どもたちは年に二度の帰省を介して施設の外で生きていくための〝お試し〟をすることになる。キョウゴの世界では、このように段階を経て子どもたちの成長をサポートするしくみがあると考えられる。

注

(1) 同書の頁について、「はしがき」、「序言」、目次、凡例まではローマ数字ⅰ〜ⅸが振られており、本論「序論」からは算用数字の3から振り直されている。

(2) 事例集⑦「ちいちゃんのねがいごと」には、実父、弟と暮らす小学四年生の「ちいちゃん」が、「『せんたく、おちゃわんあらい、ぜんぶしよったよ。せんたく、一日に四回しよったとよ。ああ、また家に帰ったらせんたくせんといかんけん、すかんね。』」(事例集⑦：101)と語る通り、家事などしていたようである。その「ちいちゃん」について職員が「小さなお母さん」と表現したエピソードがあり、それは、職員(おそらく小舎夫婦制の寮母と思われる)の作成した算数の問題を解いている場面である。以下、少し長いが引用する「『ちいちゃんは、おとうさんから二〇〇円の鉛筆を買いました。帰りに三〇円でおやつを買いました。始めのお店で三〇円の鉛筆を買いました。帰りに三〇円でおやつを買いました。さて、お父さんにいくらおつりを渡したのでしょうか』」(同：104)について、他の子どもたち「中学生の姉ちゃん」(同)は、「95＋20＋20＝155　200−155＝45　答え　45円」(同)としたのに対して、「100−95＝5　50−30＝20　5＋20＝25　25＋20＝45　こたえ　45えん」(同)と解き、「『へんなの。』(中略)『こんなの、たまたま答えが同じになっただけやん。』」(同、括弧内筆者)といわれて「目にいっぱいの涙を浮かべていた」(同)。それで職員がなぜそうしたのか聞いた時のやりとりが以下のようであった「『二〇〇円もらったって、一〇〇円玉二つもらったことやろ。この買い物、べつべつのところでしたんやけん、さいしょの店で九五円のノート買うときは、二つのうちの一〇〇円だしてね、五円のおつりもらえるやろ。そしてつぎの店でね、三〇円のえんぴつかうとき、もう一つの一〇〇円をだしたとよ。そしたらおつりが、七〇円やろ。七〇円って、五〇円玉と一〇円玉二つやろ。かえりにおやつ買うときは、五〇円玉だしてね、二〇円おつりもらったとよ。だから五円と二〇円。そしてさいごのおつりが二〇円。だから二五円と二〇円、あわせて四五円やろ。どっこもおかしくないもん。わたし、ぜったいまちがってないもん。』『ちいちゃんは、おうちのお手伝い、いっぱいしたもんね。小さなお母さんやったもんね。ちっとも間違ってなんかないよ。一番正しい答えよ。』私は、大きな声でそういった」(同：104-105、傍点筆者)。

(3) 筆者の聴き取りでは、スリの名手であった「芳」は、入所後、しばらくはスリの利き手である右手、特に指先をかばって作業をしていた、しかしいつの間にか「芳」が両手を使って作業をしていることに気付いた、そこで職員は、「芳」はもうスリを生業とするのを諦めたのだな、と判断した、というエピソードであった。

(4) 「これはたとえば、被収容者の［収容所における］滞在が長引くと〈文化剝奪〉disculturation —— いい替えれば、もし外部世界に戻ることができるようになるとしても、そのときそこでの日常生活における様々の事態に、一時的にせよ、対応し切れなくさせるような〈学習解除・阻碍〉untraining——とよばれて来た状態が起きる、ということである」（E・ゴッフマン著、石黒訳 1984：159）。

（5）職親について、二〇一五年の聴き取りでは次のような語りが聴かれた。「徒弟……職親なくなって、もともとなかった（少なかった）からキツい。住み込み（就職）はなかなかない。（住み込みで寮などがある）ホテルの仕事はあるにはあるけど（就職しても子どもの方が）続かない」（二〇一五年八月、カ学園職員）。

（6）例えば、『もう一つの少年期』には、次のような例がある『『僕なんてのは、あんまり幸せそうな家庭を見ると腹ばかりたってきて、とっても住込みでなんか働けなかったよ。こんな僕の気持など先生にはわからないと思うけど……』と、懐かしそうに僕を見ながらもニヒルな口調でいってた鈴木君を辛く思い出しながら、赤平駅に降りる」（藤田 1979：211）。

（7）『児童自立支援施設入所児童の自立支援に関する研究（第一次報告書）』は、子どもの「生活上の問題等の悪化・改善傾向」を運営形態（同報告書によると「ケア形態」）別に調査した、おそらく初めてのアンケート調査であったと考えられる。同報告書によると、二〇〇二年に行ったアンケート調査では、「ケア形態と児童の生活上の問題等の悪化・改善傾向との関係（全体）であるが、〈中略〉すべてのカテゴリーにおいて小舎夫婦制が児童の施設生活上の問題等における悪化傾向の割合が低い」（国立武蔵野学院、国立きぬ川学院 2003：136、〈中略〉筆者）、また、「児童の施設生活上の問題等における改善傾向」（同）においても「改善傾向の割合が高いのは、やはり小舎夫婦制」（同）ということである。また、「被虐待経験あり群におけるケア形態と児童の生活等の悪化・改善傾向との関係」（同：138）についても「九つのカテゴリーのうち七つのカテゴリーにおいて、小舎夫婦制が児童の施設生活上の問題等における悪化傾向の割合が低い」（同）など、「児童の自立を支援する上で、小舎夫婦制が望ましいということを示唆する結果が出ている」（同：141）という結果であった。

（8）全国五八施設の内、二施設を除いてすべての施設が公立公営（国立、都道府県立及び市立）であるため、ほとんどの職員が公務員であった（なお、現在は公務員法の改正が行われ、法的にはこの限りではなくなったが、公設・公営の施設が民営化するなどの例はまだなく、非常勤職員の採用など変化はあるものの、現在でも施設職員は公務員が主流である。関連第五章）。

（9）例えば「国立武蔵野学院の概要　平成二四年四月一日　現在」によると、在籍児童数二九名の内、保護者の内訳は、実父・実母八・三％、養父・実母四・一％、継父・実母四・一％、実父・継母四・一％、父のみ八・三％、母のみ六六・七％、養父・養母四・一％、祖父・祖母〇・〇％、なし〇・〇％である。東京都立誠明学園「事業概要　平成一八年度」では、「平成一八年度三月現在」で在籍数一三二名の内、「ひとり親」が一三二名中四四名で六五％である。

（10）今回は現物入手が間に合わなかったのであるが、ト学園では、かつての教護院時代に、小舎夫婦制を存続するに当たり、このような試算を出し、設置主体側に積極的に夫婦制の存続維持を訴えた、ということであった（ト学園元職員へ複数回確認）。

(11)　ル学園では自家用車を公用車として登録するなど、工夫していた（二〇〇七年九月）。
(12)　横浜家庭学園広報『家庭』Vo. 11 にこのような例が掲載されている。
(13)　九七年法改正前の母子寮、児童福祉法第三八条を根拠法とする。以下同法写しである「母子生活支援施設は、配偶者のない女子又はこれに準ずる事情にある女子及びその者の監護すべき児童を入所させて、これらの者を保護するとともに、これらの者の自立の促進のためにその生活を支援し、あわせて退所した者について相談その他の援助を行うことを目的とする施設とする」。
(14)　一九九四年度日本女子大学人間社会学部教育学科森田伸子教授の講義「教育学概論」の筆者のノートより。
(15)　注14に同じ。
(16)　例えば「私は寮長みたいな寮母なの」（二〇〇五年九月、ロ学園元職員）など。同寮母は積極的に作業やスポーツを子どもたちとともに行ったということであった。

第三章　キョウゴ・モデル――三位一体で成立する

はじめに

第一章では、「教護らしい」とか「教護院らしい」と職員が表現するところのもの――筆者はこれを〝キョウゴ〟あるいは〝キョウゴの世界〟とした――を分類し、〝ワク〟〝リョウシャ〟〝ムラ〟の三要素を抽出した。そして第二章でその分析を試みた。これらの要素は、互いが有機的に繋がり合い、働き合うこと――三位一体となることで、初めてキョウゴの世界は再現される。この中で――キョウゴの世界で――子どもたちは〝回復〟し、育っていく。キョウゴの世界ではなぜ子どもたちが〝蘇る〟のか、本章で改めて考えてみたい。

第一節　三位一体の重要性

キョウゴの世界ではなぜ、子どもたちが〝蘇る〟のか――この考察を始める前に、今一度、キョウゴ・モデルが成り立つ条件について確認しておくこととする。

序章でも述べた通り、施設の設備及び環境、職員の理念及び実践理論、しくみ及び実践方法が三位一体となることで「教護する」ということが成り立つ。このことと同様に「教護らしい」とか「教護院らしい」とするところのものから導き出されたキョウゴ・モデルの三要素――ワク、リョウシャ、ムラ――もまた、三位一体でなければ成り立たない。(1)

というよりも、ワク、リョウシャ、ムラの三要素も、施設の設備及び環境、職員の理念及び実践理論、しくみ及び実践方法の三分割にしても、あるいは、施設で従来使われてきた、生活、学習、作業の「指導の三本柱」――『教護院運営要領』では作業指導、学科指導、職業指導――(第Ⅲ部)においても、すべてそれら三つのピースが有機的に繫がり合う――つまり筆者のいうところの三位一体となる――ことが重要であり、そうでなければ本来成り立たない性質のものである。

それはなぜなのか、一言でいうならば、もともと一体だったものを、便宜上、三つのピースに分けることで、これを説明しようとする試みだったためである。先の「三本柱」について、『教護院運営要領』には次のように書いている――「教護院内に於ける児童に対する教護活動は一つの統一された全体過程であるが、強いて分析すると、これを大きく、生活指導、学科指導、職業指導という三つの面にわけることが出来る」(『技術編』:44、傍点筆者)、「これら三者は、それぞれが完結した構成部分で、これを三つ集めれば教護になるというような性質のものではなく、一つの教護という活動を三つの窓からのぞいた姿態である」(同)、「勿論、三つの分け方の他に別な立場からの分析を考えられないわけではない」(同)――。これに従えば、キョウゴ・モデルの三分類も、「教護する」の三分割も、正しく、「別の立場からの分析」(同)を試みたものであり、そしてこれらを三つ集めれば全体になる、ということではないのである。

冒頭でも述べた通り、ワク、リョウシャ、ムラの三要素は、互いに有機的に繫がり合い、働き合うこと――三位一体となることで、初めてキョウゴの世界は再現される。キョウゴ・モデルとは、この三位一体での運営までを含めた概念である。

第二節　子どもの回復と〝育ち〟

1．子どもたちの快・不快の感覚

快楽の中にいるように見える子どもたち

「不良少年」「非行少年」と呼び習わされている子どもたちは一般に快楽の中にあると考えられがちである。彼らは一切の我慢をせず、好きなときに好きな物を食べ、好きなときに好きなだけ寝て、自由奔放に生き、振る舞っているように見える。

しかし実際に、彼らがそのような状態を本当に快いと感じているかというと疑問が残る。なぜならば、彼らはそもそも〝快い〟と感じた経験――それも自身の体感を通じて――が[2]、乏しいと思われる子どもたちが、少なくないと考えられるからである。例えば、保護者から虐待を受けて育った子、保護者間でDVがある子、養育者が何度も変わっている子、常に借金取りが来る家で暮らしている子……十分な食事が提供されず、ずっとインスタントラーメンで育ってきた子ども[3]や万引きで食いつないできた子どももいる[4]、ゴミだらけの中で育った子どももいる。ケース記録、事例集、あるいは聴き取りにおいても、このような養育環境が多数報告されている。

第二章で紹介した小沢なつみさん（永沢光雄著『AV女優』収録）の例では、出生時から養育者が何度も変わり、小六のときには保護者（養父）のセックスの相手になっていた。その後、「養母がなつみを引き取りに来た（中略）ところがなぜか養母は自分の家になつみを連れていかず、別れた夫の弟に」（永沢 1996：129）なつみさんを預けたため、そこでもなつみさんは「その養父の弟に犯された」（同）という経験をしている。なつみさんが養母にそのことを話したのは、「やっと養母がなつみを引き取りに来てくれた」（同）後のことであった。それで養母が警察に通報したことから養父とその弟は警察につかまり、「なつみも警察に呼ばれ、いろいろと話を聞かれた」（同：130）ということであった。しかし警察の〝事情聴取〟は十四歳のなつみさんにとって、耐えがたいものだったのかもしれない。彼女は家出をし、「金がなくなると、売春まがいのことも」（同）しながら生活し、そして教護院（当時）へ入所することとなった。

つまり、施設で暮らす子どもたちは入所に至るまで――酷い場合には生まれたときから――十分に我慢を重ねてきたのであって、その末に、家出から浮浪徘徊を重ね、施設措置となるケースが――私たちが考えるよりも――多いものと考えられる。

我慢を強いられてきた子どもたち

第Ⅲ部第十一章で筆者は、非行少年と呼ばれる子どもたちは「NO・GO・TELL」（嫌だという、その場から逃げる、相談する）の内、「GO」だけができたのかもしれないと書いた。彼らにとって、「NO」と「TELL」は私たちが考えるよりもずっと困難なことなのであろう。なぜならば、加害をしているその人が子どもの養育者である場合、「NO」や「TELL」を行うことは、自分を養育してくれる人を失うことになりかねないからである。また、子どもたちは虐待を受けても保護者のことを慕っており[5]、嫌われたくない、邪魔になりたくない、愛してほしいと願っている、という報告も少なくない。

また、先のなつみさんは、養父のセックスの相手をさせられることについて、「別に悪いことをしているという気持ちはなかった」（長沢 1996：129）とインタビュアーに語っている。あるいは、子どものころから〝盗って食べる〟ことが当たり前になっている子どもは盗むことは生きることである。本人に盗むことが悪いことだという感覚があるときとないときがあるにせよ、生きるために行ってきた行為であることには変わりがない。

かつては、子どもへの虐待について今ほどには認知が進んでおらず、特に保護者が加害者である場合は、子どもが訴えても〝他人の家のこと〟として取り合ってもらえないということがあった。また、子どもが性被害を訴えたとしても、〝まさかお父さん（あるいはお母さん、お兄さん等）がそんなことをするはずはない〟と、信じてもらえないということも多くあった(6)。また、お仕置きや躾と称して保護者が加害に及んでいる場合もある。実母の恋人あるいは再婚後の夫が加害者である場合には、被害を知った実母が、被害者である娘に嫉妬して虐待するケースや、逆に恋人をつなぎとめようとして娘にセックスの相手をするよう要求するケースもある(7)。

施設で暮らす子どもたちは、罪の重さではなく、「親に監護能力が無いことを前提として措置される」ことは先に第一章で述べた通りである（富田 2005：59）。筆者が目にしたケース記録（第Ⅰ部第一章）においても、入所する子どもたちのほとんどが被害体験を持っていた。国立武蔵野学院・富田拓によると、「二〇〇四年の国立武蔵野学院の措置児童のうち、両親がいる家庭は三割を切っているが、両親がいても、通常の家庭としての機能を果たしていないことがほとんどである。父親がアルコール依存で母子に暴力をふるい、母親もまた覚醒剤で逮捕歴がある、というような家庭が少なくない。親戚をたらい回しにされている例も多く、記録に目を通すとこれで普通に育ったら不思議だと思われるような生育歴のほうが多いと言っても過言ではない」（同：62）ということである。

このように、「不良少年」、「非行少年」と呼ばれる子どもたちは、一見、自由奔放で、快楽の中にいるように見える。しかし彼らは、その養育過程において、ずっと我慢を強いられてきた子どもたちである可能性が高いということを、まず私たち大人は知っておかねばならない。

行政サービスの限界

ところで、子どもがなんとかして「ＴＥＬＬ」（相談する）したとしても、事態は変わらないと、このように子どもたちが感じている場面もまた、多いのではないだろうか。第二章で取り上げた遥馨（はるか）さん（一〇代の家出少女へのインタビューを集めた鈴木大介著『家のない少女たち』に収録）は、実母から命の危険を伴うような虐待を受けて育ってきたということであった。遥馨さんは、児童養護施設に措置されたが、そこからの飛び出しを繰り返したため、児童自立支援施設に措置されていた（ちなみに、収録されたインタビューは、なんと彼女が児童自立支援施設をムガイしている最中に行われている）。

このインタビューによると、遥馨さんは彼女を〝保護〟しうる、それも複数の機関・施設──児童委員、児童相談所、児童養護施設、児童自立支援施設と繋がっており、そして実際に〝保護〟されているのであるが、しかし、そのいずれも彼女を〝助ける〟には至っていない（と本人は感じている）のである。そのことについてインタビュアーは、遥馨さんの気持ちについて次のように表現している──「母親を逮捕してくれるわけでもなく、殺してくれるわけでもなく、本当に助けてくれるわけでない大人への失望」（鈴木 2008：39）。

保護者に明らかな加害行為がある場合、現在ならば逮捕ということも珍しくなくなってきたが、例え保護者が逮捕されたからといって、被害を受けた子どもが必ずしもハッピーになれる、ということではない。子どもは「TEL」の末、児童福祉法で保護することができるかもしれないが、保護者の方は何の手当もなされない場合も少なくないと考えられる。なぜならば、そもそもそのような保護者に対応する福祉行政サービスは少なく、また児童福祉法ではカバーしにくい、ということがある。例えば、保護者が生活保護を受けている場合は福祉事務所と、精神科疾患を持っている場合なら保健所と繋がっている場合もあるが、それ以外の、例えば貧困やギャンブル依存症、あるいは暴力団である等の場合では、それに該当する福祉行政サービスというものはないに等しい。児童福祉司が面談を行う場合もあるが、現在、どの児童相談所の児童福祉司もすでに沢山のケースを持っており、手が回らない、というのが現状であろう。

筆者は第Ⅰ部第一章において、〝行事や帰省を通じて成長した子どもを保護者に見せ、その変化を通じて保護者を成長させる〟という、キョウゴの世界における保護者対応の方法について報告した。このような「保護者対応」は、一見、消極的に見えるかもしれないが、そもそも、児童福祉施設の職員である彼らは、保護者の認知や行動を直接的に修正したりケアしたりする立場にはなく、基本的には児童相談所がその役割を担うのである。保護者を支援する職員も少なくないが、それは子どものために、いわばボランタリーに行ってきたものである。現在では、施設にファミリーソーシャルワーカーを置く動きもあるが、職員と兼任する場合が多く、現時点ではファミリーソーシャルワークと呼べるまでの機能を果たしているかというと、難しいといわざるをえない施設が多いと考えられる。

このようにたとえ子どもが「ＴＥＬＬ」できたとしても、「根本的な解決＝『虐待を止めさせる』に導けない」（鈴木 2008：39）と感じて、施設を飛び出し、家出生活を続ける遥馨さんのような子どもがいるのも事実である。

2．お互い様の暮らし――快・不快の区別

快・不快が未分化な子どもたち

「不良少年」、「非行少年」などと呼ばれ、自由奔放に見える子どもたちが、実は我慢を強いられてきた子どもたちであることを、ゲンバの人たちは知っている。だからこそ、「非行少年」ではなく「非幸少年」と表現するのであろう（第一章）。考えるに彼らの多くはことばが未分化ではないか。例えば、彼らがよく使うことばにはウザい、むかつく、シネ、コロスなどがあるが、それらの意味するところのものは、しんどい、疲れた、嫌だ、分かってほしい、なんで分かってくれないの、分かってよ、などの意味が込められていることが多い。ちょうど、赤ん坊が、眠たい、おしめ取り替えて、お腹空いた、などをすべて泣いて知らせるように、彼らは多くの〝不快〟を、限られたことばによって表現しているように見えるのである。

『その後の不自由』（上岡・大嶋著、二〇一〇年）は、薬物・アルコール依存から回復しようとする「ダルク女性ハウス」の女性たちと、それを支える援助者の様子が綴られた本である。この本には、「疲れたっていえば良いのにいえずに自殺未遂しちゃう人たち」（上岡、大嶋 2010：103）のことが書かれている。彼らは、「雨続きで洗濯物が乾かない」「せっかく片付けたのに、また散らかす！」「お腹すいた」「眠い」（同：109）などの気持ちを「死ぬ」という

ことばで表現してしまい、また実際に行為に及んでしまうことさえあるということである。

「シネ」「コロス」ということばを使う施設に暮らすこどもたちと、「シヌ」「シニタイ」ということばを使う「ダルク女性ハウス」の女性たちとは、表出の方法はそれぞれ他害と自傷とで異なるが、根本は同じであると筆者は考えている。それは大嶋のことばを借りると、「想像を絶するレベルで身体の感覚がわからなくなって」(同：94) いる人たちであり、緊張した養育環境の中で生理的な欲求を訴えることができない、あるいはその感覚すらなくしてしまった人たち、ということである。大嶋は「生理的欲求というのも実は、その表現の仕方を教えられて初めて表出できることなのです」(同：95) と書いている。彼らの援助者で著書の一人である大嶋栄子は、「『死にたい』しかいえないそんな人達に、『自分のなかの小さな不満や不安をいってもいいんだよ』と伝えたい」(同：108) と述べている。そして「ダルク女性ハウス」では、「あえてグチをつくってみよう」(同：101) という取り組みを行っている。

「死にたいしかいえないそんな人達に、「自分のなかの小さな不満や不安をいってもいいんだよ」と伝えたいのである。開かれたグチの正当化、グチの復権ですね。グチを少しずつ言ったり書いたりしていくことこそが、「死にたい」という〝大問題〟(8) を少しずつほどいていくのではないかと思っています

〈上岡陽江、大嶋栄子 (2010)『その後の不自由――「嵐」のあとを生きる人たち』医学書院、p. 108。〉

「NO」までの道のり

「NO」と言うためには、その根本に、快と不快の区別が必要であると筆者は考えている。自分が本当に快いと思う感覚を知らなければ、快と不快の区別はつかない。〝快〟の状態を体感し、習得して初めて〝不快〟の状態が分かることになる。〝不快〟の状態が分かること、そしてさらに自身を護るための自尊心が芽生えなければ「NO」とい

う気持ちは持てない。「NO」という気持ちを持つこと、そして他者にそれを示す必然（自尊心）があること、さらにそれを「嫌だ」「やめて」などのことばに置き換えること――「NO」を実行するまでにはこのように多くの段階が必要になってくる。その第一段階が、まず、根源的な〝快〟の体験を重ねることである。

〝普通に〟育った子どもたちには、嫌な目にあったとき、怖い人に遭ったときには「NO」と言うのよ、と教えれば済むかもしれないが、施設で暮らす子どもたちにとって、それだけでは十分ではない。よく〝育ち直し〟と――それも私たちはいとも簡単に――言うが、それがどれだけ困難であるかということを、私たち外部の者たちは、実はよく解っていないのではないだろうか。

ほんものの〝快〟の体験

先に引用した『その後の不自由』で報告されている「ダルク女性ハウス」は、大人の、しかも回復を望んでいる人たちの集まりであるため、バーバルコミュニケーションを生かした方法を取ることが可能である。例えば、「あえてグチをつくってみよう」（上岡、大嶋 2010 : 101）と、〝小不満〟を口に出す場を設けるとか、ミーティングを行うとか、ということである。

しかし、施設で暮らす子どもたちは、自ら進んで入所しているわけではない――《ここに来た子っていうのは一人として好きで来た子、いませんからね》（二〇〇七年八月、カ学園、C寮母）――のである。つまり、被害者という意識が乏しいことがある反面、自分の行動規範を改めようという意識もまた乏しいことがある――だからこそ、職員と子どもとがリョウシャで二四時間を共に暮らし、〝問題〟が表出した瞬間を捉えて対応するということが重要なのである。

また、同時に、キョウゴの世界の質素で素朴な暮らし――〝お互い様に助け合う〟ムラの暮らし――は子どもたちの〝快い〟という感覚を目覚めさせ、その体験を通じて〝快・不快〟の区別が育まれるのではないか、と筆者は考えている。いわゆる古くさい暮らし、不便な暮らし――洗濯板を使って洗濯するとか、亀の子束子で洗剤も使わずプールの苔をこするとか、薪で湧かす風呂を使うとか、木綿の雑巾をしぼって〝ホール流し〟をするとか――について、時代錯誤であるとか人権侵害などとして批判の対象になることもしばしばである。確かに、筆者自身も、冬の寒空の下で小学生年齢（か、あるいは中学生年齢かもしれないが）の子どもが、リョウシャの前に設置された屋外の流し台で洗濯板を使って靴下を擦っている姿を目にしたときなどは、胸が苦しくなってしまったことがある。しかし、そうした「日常必要な仕事」（山下 2006：7）を子どもたちが自分たちの手で行うことは、彼らに「忍耐、根性といった精神力を身につけさせようとしているわけでは」（山下 2006：4）なく――つまり鍛錬教育ということではなく――それらを通じて「『お互いが協力する事で生活が成り立っている』ということを伝えようとして」（同）いるのである。

子どもたちはまずワクによって守られ、そして日課とルールという〝リズムある暮らし〟が〝快い〟ことを知る。そして質素で素朴で〝助け合う〟ムラの暮らしを通じて子どもたち自身が〝快〟の感覚を重ねていく。それは、風呂を沸かしてもらって気持ちが良いとか、メロンを育てて、そしてそれを食べて美味しかったとか、おねしょを片付けてもらって嬉しいとかいった、直接的に身体に感じる〝快〟を多く体感していくことである。元阿武山学園職員・辻光文は、風呂――「昔の教護院はどこでもそうでしたが、阿武山学園も亦僻地にあって、半長州の薪でたく風呂でした」（辻 1990：56）について次のように書いている。

> 風呂当番という交替システムは今でもあるでしょうが、当時、風呂当番になるということは、大変に苦労なことでした。当番になる週は、山へ行って薪の用意をすることからはじまり（中略）担当の週以前からはじまることも日常にありました。
>
> 雨の日、風の日もあってのことで、責任を果たすにはそれなりの時間をかけた計画、配慮が必要でした。当日になれば、当番の人は、入浴する者の湯加減をつきっきりで心配しなければなりませんでした。

「オイ、湯加減はどうや」「もう少し熱くしてくれ」「まだぬるいで」「もうエーか」「いいわ、オーキニ」といった具合の言葉会話、心の交流なしにできませんでした。しかもお互いに当番の日は、一番最後に入浴することとなり、汚れ具合も気になります。

（中略）

ガス風呂になってしまうと、風呂場を洗う位が当番の仕事になってしまい、他は何もなくなってしまいました。風呂は後先があるだけで、他人との関係無く、ガチッ！　ガチッ！　ガチッと湯加減などを勝手に自由にできる便利さがありました。それだけにかつて交わされた思いやりのある子ども同志《ママ》の交流も全く必要なくなってしまいました。

〈辻光文（1990）「小舎夫婦制の一教護として――阿武山学園に生きた日々から」『非行問題』一九六、p. 56。〉

辻は次のように述べている――「しあわせには少なくとも自と他の仕合わせるという、生理的、感覚的また情緒的な共感が必要なのだとおもいます。仕合わせ＝し合わせた時の具合。という語源からも考えられますが、何かを『仕合わせる』心と心が快くふれ合ってお互いがよく認め合ったり、確かめ合ったりする中で得られるものです」（同：55）。それはつまり〝お互い様で助け合う暮らし〟を通じて――お互いに風呂を焚く、お互いに暮らしの労作を仕合う――子どもたちはほんものの〝快〟の経験をする、ということではないかと筆者は考えるのである。

3．「不良性の除去」までの過程

このような〝快〟の経験を重ねることによって〝快〟と〝不快〟の区別がつくようになり、そしてやがていつか自尊心の芽生え――自身について〝快〟を与えられるに足る存在である、というような――に繋げていけるのではないだろうか。そして職員の変わらぬ受容的な態度や、リョウシャの〝子ども集団〟の中で自身が受け入れられることにより、いわば初めて他者という者が自身と同じ、大事にされるべき存在であると気付くのではないだろうか。

入所時に、子どもたちの罪をも含む〝過去を忘れさせる〟(第Ⅰ部第一章)ということがいわれてきたのは、本当に忘れてしまう(なかったことにしてしまう)ためではなく、彼らが本当に大事にされる体験を持つためである。子どもたちが自尊心を育み、他者を思いやる気持ちを持つためには、彼ら自身がまず大事にされる体験が必要である。口で何度も「美味しい」といわれても腹がくちくならないのと同じように、子どもたちには実際に愛されたり、実際に快いと感じる体感が必要不可欠なのだと筆者は考える。そしてキョウゴの世界では、ほんものの〝暮らし〟を通じて、それらを育む環境としくみがあるといえる。『教護院運営要領』には次のように書かれている。

一、生活指導

教護院の方法は、ただ言葉による訓戒説得だけではほとんど効果を期待し難く、正しい実生活の各場面の中から自然にその真の味わいを知らせ、或は自らそうせざるを得ないようにしむけることに技術がある(中略)教護院に於ける生活指導の目標は、第一に心身の健全な、規則正しい生活に対する児童の興味を自覚させることである。一般社会に於ける普通人の健全な日常生活というものの基調は、実は、平凡な、いわゆる日常茶飯事の繰返しである。そこには、退屈も感じられるが、同時に、米の飯のような味わいがある。普通の世間人はこの基調から甚だしい逸脱はしない。

ところが、教護院に来るような児童は大がいは不健全な生活を営んで来て居り、平凡な生活の快さを知らない。従って先ず第一に、児童、職員及びその家族が一寮内で全体として気持ちのよい日常の生活を営むことが出来るようになったとすれば、これで教護の第一段階は達成されたといってよい。

〈厚生省児童局監修（1952）『教護院運営要領　基本編』、p. 45。なお引用は職員のテクストとして『基本編』と『技術編』が合冊されたものを使用した。〉

このような過程——子どもの保護から権利回復、そして〝育つ〟過程——を経て、最初は機械的に発していた「アリガトウ」や「ゴメンネ」（第Ⅰ部第一章）にも、少しずつ実感が込められていき、やがては親に感謝する、加害を加えた相手に対して申し訳なかったという気持ちが芽生える、ということに繋がっていくものと考えられる。これがキョウゴの世界の目指す、「不良性の除去」である。本当に、まったく、実に、時間のかかる過程である。『教護院運営要領』には「大きな技術の要素から成り立っている教護システム、教護院の運営、職員の人間そのもの等によって、或る年月の間に自然とよくなるというような形を取るのが大部分である」（『技術編』：117）と書かれている。

このことはキョウゴの中の〝感化〟的な部分(9)をよく表していると思われる。そしてそれは現在、環境療法と呼ばれるもの——国立武蔵野学院医務課長・富田拓は「非行行為そのものを扱って矯めようとするのではなく、（今の言葉でいえば）環境療法をとる(10)」（富田 2005：58）としている——である。また、この富田の論文に遡ること四七年前、一九五八年（昭和三三）年に同院医務課長に就任した宮澤修(11)は教護院の治療は「漢法《ママ》的な発想」と発言している（『非行問題』編集部 1972：89）。ちなみに、辻光文（先の項目で風呂の話を引用した）によると、宮澤は次のようであった——「お互いが文字通り裸のつきあいで語り合う風呂場は固苦《ママ》しいデスクワークなどの及びもつかぬ世界であり、武蔵野学院での研修生時、当時観察寮長だった宮沢《ママ》修先生が又どんなに忙しい日でも生徒と順番に入られていたことが、深い印象としてあります」（辻 1990：55）。以下、『非行問題』に収録された「全国教護院会議報告」より、宮澤の発言部分を抜粋して引用する。

> 教護院の治療は、いわば医療に比較したら、漢法的《ママ》な発想である。一つ一つの薬がどこでどういう作用があって効きめがあったというのではなく、全体にいつとはなしに抵抗になっているというものだ。精神医学だとか心理学とかヨーロッパやアメリカの翻訳ばっかり扱ってると、どうしてもその点西洋医学的な非常に強い薬を使って、それを治すのが治療だという考え方だけが出て来がちである。しかしほんらいは西洋医学よりも漢法的《ママ》な処方によって、徐々に健康をとりもどす方がはるかに本筋である。
>
> 〈『非行問題』編集部（1972）「全国教護院長会議報告――対象の質的変化に対応する教護院のあり方」『非行問題』一六七、p. 89。〉

この宮澤の、「一つ一つの薬がどこでどういう作用があって効きめがあったというのではなく、全体にいつとはなしに抵抗になっているというもの」（『非行問題』編集部 1972：89）という語り口もまた、キョウゴの感化的な特徴をよく表しているものであり、「盗みにはこの薬、殺人の子にはこの薬っていうようなのじゃないですからね」と語っておられたカ学園C寮母（第Ⅰ部第三章）や、「このきっかけがあったら必ずこうなるっていうのがわかってるならいいけれど、それはわからないんです」と言っておられた蝶野学園D職員（同）のことが思い出されるようである。

4. ほんものの〝子育ち〟――〝待つ心〟とその環境

昨今、〝子育ち〟ということばをよく耳にするようになった。この表現の根底には、子どもはもっぱら養育されるだけの存在ではなく、自ら主体となって育っていく力があるのだ、というストレングス視点――子どもの〝育つ〟力に着眼した考え方――があるためであろう。つまり、子どもは大人に育てられるばかりの存在ではなく、自ら育っていく存在である、ということである（第Ⅲ部第一一章）。

しかし、現代社会において、〝子育ち〟は成立しているのであろうか。子が自らの力で育っていくためには、時間が必要である。大人が「待つこころ」を持つことが必要である。そして育つための土壌と「テシオにかける」人の手が必要である（第二章）。現在、子どもたちにはそのような時間と空間、そして人の手が十分にかけられているであろうか。大人たちは子どもたちが育つ時間に寄り添いながら、待っているであろうか。筆者は現在使われている〝子育ち〟ということばには、ある種の欺瞞を感じるのである。

また、〝子育ち〟ということばとともに〝地域〟ということばもよく聞かれるようになった。社会福祉行政では、〝施設から地域へ〟はスローガンになり、社会的養護においても同じことがいわれている。一般社会においても、〝地域で子育て〟ということがよく聞かれるようになった。しかし、そのような〝地域〟とは、果たして存在するのであろうか。現代社会には、欧米型の隣人やコミュニティも、農村社会的な共同体も、すでに存在していないのではないだろうか、世間でいわれている〝地域〟とは、果たしてどのようなものなのであろうか。

〝待つ心〟とその環境が備わっているキョウゴの世界では、『『非行問題』を発生させた土壌としての環境とは異なる、『いのち』の蘇生を可能にできる環境」（池口 1990：68）を保ってきた施設といえる。そこでは、ワク、リョウシャ、ムラの三要素が三位一体となって、子どもの回復と育ちをもたらしてきた。つまり、〝ほんものの子育ち〟が行われてきたのだと筆者は考えている。

キョウゴの世界における子どもの育ちに着眼すると、そこから社会が見えてくる。キョウゴの世界は、まるで現代社会を映し出す鏡のように世の中を浮き彫りにするのである。しかし現在、そのキョウゴの環境もまた、変わりつつあるといえる。社会的養護に携わる人々——それはゲンバの人たちだけでなく、行政マンも含めて——には是非、このことについて議論を尽くしていただきたいと筆者は考えている。そして本研究が、その一助（議論の際の材料）となれば幸いである。

第三節 境界線を越え合う暮らし

1．からだの境界線

〝お互い様の暮らし〟に基づくキョウゴの世界は沢山の〝ふれあい〟で満ちている。しかしこの〝ふれあい〟は、時として不適切な形で行われることがあり、その最も象徴的なものが暴力であろう。〝ふれあい〟も暴力も、互いのパーソナルスペースの中に入り込むことである。

フェミニスト・カウンセラーであるリンダ・ジンガロは著者『あなたが悪いのではない』において、「からだの境界線」という小見出しで、次のように述べている。なお、文中の「サバイバー」について、同著では「一九六〇年代後半に始まったフェミニズム運動の中で、女性たちは自分の性暴力体験を語り始めた。勇気をふりしぼってのつらい作業であった。その勇気にたいする敬意を込めて彼女らをサバイバー（生存者）と呼ぶようになった」（リンダ・ジンガロ著 田上訳 1996：14）と注釈をつけている。また、著書のジンガロは監訳者の田上によると、「自ら性的虐待のサバイバーであると早い時期から公表してサバイバーにたいする社会的な偏見などと闘っている女性であること、当時としてはまだまだ一般的ではなかった性暴力のカウンセリングを専門にするサバイバー・カウンセラーのパイオニアである」（同：ii）[1]ということである。

次は「境界線」という問題に移りましょう。まず最初は「からだの境界線」についてです。私たちは自分のからだの輪郭の外側に自分が安心できる適正な広さというのをそれぞれに持っています。だれかがあなたの後から手を近づけてきた時にある距離まで近づいてくるとあなたはそれを感じると思います。どれくらいで感じるかその距離は人によって違いますが、それがあなたのからだの境界線なのです。文化的な違いはあってもだれにでも自分にとって不快感のない適正なスペースを持っており、その限度が「境界線」になります。

ところが、サバイバーはこの適正なスペースがわからなくなっているのです。子どもの頃に性的虐待を受けたことでからだの境界線が壊されてしまったからです。プライバシーを侵され、攻撃され、肉体的にいやな接触を強いられ、侵害されたのですから、自分が損なわれたと感じていますし、自分にとっての適応スペースもわからなくなってしまったのですね。

〈リンダ・ジンガロ著　田上時子訳（1996）『あなたが悪いのではない』木犀社、p. 62。〉

ジンガロのいう「境界線」とは、俗にパーソナルスペースといわれるものと同義と考えて良いであろう。ジンガロはこの項目で、クライアントが時としてカウンセラーの境界線をなくしてしまう怖れがあること、それに対するカウンセラーの注意すべき点について書いている。曰く、「サバイバーには境界線の感覚が欠如していることが多いので、カウンセラーの境界線もなくしてしまう怖れがあります。クライアントが境界線をつくり得ない状況では、カウンセラーが明確に境界線をつくっていくことがとても重要なのです」（リンダ・ジンガロ著　田上訳 1996：64）――。

しかし、ジンガロはカウンセラーがクライアントに触れること（からだの境界線を越えて触れること）を否定しているわけではない(2)。ジンガロ自身がカウンセリングを行う際は「私の場合は、クライアントが手を握ってほしいとか、抱きしめてほしい時にはそういってくださいねとまず最初にいっておきます。クライアントからの要望でそうする方がお互いに安全であるし、たやすいからなのです」（同：63）としている(3)。

2．からだとこころの境界線

施設で暮らす子どもたちの中には、虐待を受けた子ども、その疑いのある子どもなどが混在しており、虐待を受けたという自覚についても様々な認識を持っていると思われる。しかし共通していえそうなのは、自分がどうしてほしいか判らないとか、あるいはそのことをどのように伝えて良いか解らない子どもたちが多いであろうということである。彼らは自分の快や不快に対する認知、それに対して要望を伝えることが実は難しい（第三章）ということがあり、それはボディタッチにおいても同じことが考えられるのである。

からだの境界線について、他者との適切な距離を摑む、ということは、こころの境界線でその距離を摑むということと重なっているか、あるいはほぼ同義であると筆者は考えている。なぜならば、「サバイバーには境界線の感覚が欠如していることが多い」（リンダ・ジンガロ著　田上時子訳 1996：64）のは、からだの境界線を犯されることに対して、快・不快を判断するための自尊心（第三章）が傷付いていたり、あるいは育っていないためであると考えられるからである。

こころとからだの境界線について、第Ⅲ部第七章で紹介した石原の「情緒の衣」（図1）を思い出していただければと思う。曰く、「情緒の衣を着ている人間は人と接する際に情緒で接触しますから、他人の気持ちというようなものがよくわかります。（中略）また他から彼を傷つけようとしても情緒の衣が保護をします」（石原 1960：43-44）――この「情緒の衣」は、そのまま「適切な境界線」ということができるであろう。以降、この節ではからだの境界線とこころの境界線を厳密に区別せずに考えることとする。

なお、石原は、この「情緒の衣」（適切な境界線）を作る要素として、「味覚外の栄養物」や「見えない栄養」という表現を用いていた。このことは、愛情を込めた手料理だけでなく、暖かいまなざしや、子どもたちとの日常の何気ない触れ合いも含まれているものと考えられる（第Ⅲ部第七章）。

3．境界線を越え合う暮らし

これまでも見てきた通り、キョウゴの世界は職員が子どもたちと文字通り衣食住を共にする、公私〝混合〟型である。暮らしの中では、職員が子どもと常に〝共に〟ある——職員のいう〝ウイズ〟——であることが是とされており、一緒に入浴することもあれば職員が一晩中子どもと手を繋いで寝ることもある、共に喜ぶときは抱き合って喜び、慰めるときには背中をさすり、涙を拭いてやる、病気になれば世話をして、夜尿の後片付けもする……日常は触れ合いに満ちた生活といえる。

そして、職員が情緒を以て子どもの情緒に働きかけることが推奨されてきたキョウゴの世界では、職員は積極的に自らの境界線を壊し、子どもの境界線をその中に取り込むイメージで子どもに働きかけていると考えられる。このような働きかけは公私〝混合〟型の暮らし、あるいは支援方法と密接に関わっている。公私〝混合〟型の暮らし（支援方法）では、職員の境界線と子どもの境界線が近づいたり、離れたり、時には越えあったりしながら日々を送ることになる。それは子どもの情緒を育む可能性がある一方で、職員が無自覚に子どもを傷つけてしまう可能性もある。ちょうど、職員の〝暖かいまなざし〟が〝監視〟に変わればたちまちキョウゴの世界がトータルインスティテューションと化してしまう（第二章）ように、〝境界線を越え合う暮らし〟もまた、〝境界線を犯し合う暮らし〟に転じてしまうことをここで確認しておきたいと思う。

また、子どもたちの居室は基本的には相部屋であるため、子ども同士が触れあう機会が多く、喧嘩を始め、子どもから子どもへの性的虐待（「性非行」などといわれる）など、子ども同士でこころとからだの境界線を犯してしまう、ということがあり、特に性的虐待については近年大きな問題となっていることを付記しておく。

第四節　育ち合う環境

1. 〝問題〟を回避する傾向

公私〝混合〟の暮らしを送り、子どもたちとほんものの情を交わすことで、いわば情緒の衣（図1）を身につけていくキョウゴの世界では、子どもも職員も、あるいは子ども同士も、互いにからだの境界線を越え合う生活をしている。そのため、暴力ということが起きることもある。

施設では、教護院時代の体罰に象徴される職員からの暴力を見直す取り組みが行われてきている。例えば、現在の児童自立支援施設では、教護院時代のようなペナルティとしての暴力は排されており、コベツなどの特別日課は稟議を通して行うようになっている。また、その内容についても、施設ごとにマニュアル化が進み、職員がその度内容を考えて行う、ということは見られなくなってきている。

また、接触によるトラブル――先の項目で述べた、境界線を越え合う暮らしのリスク――を回避するため、ある施設では、「ボディタッチ禁止」というルールが設けられていた（なお、すべての寮舎で実施されているということではないそうである）。それは、例えばちょっとした子ども同士の小突き合いから喧嘩になるなど、ボディタッチを介して問題に発展することが多いことから、《だったら最初から問題を回避しちゃえ》（二〇一五年四月、レ学園、B職員）ということで、子ども同士のボディタッチを禁ずるルールができたという。そのため、子ども同士で小突き合うことはもちろん、何か嬉しいことがあったときなどに抱き合って共に喜びを分かち合うことも「禁止」ということであった。なおこのルールは職員にも適用されるため、職員と肩を叩き合って喜ぶなども「禁止」だそうである。

職員との「ボディタッチ禁止」には少々驚いたが、先に述べたような、職員が無自覚に子どもの境界線を犯してしまうということは回避できるであろう。また、いわゆる〝体罰〟など、職員が子どもに暴力を振るうことが抑止できたり、あるいは、子どもが職員に暴力を振るわれたと誤解されることも減るであろう。

2.〝問題〟を出させる方法

このように、近年、施設や寮舎では施設内の暴力を初め、問題やトラブルが発生する要因を極力防止しようという努力が見て取れる。しかし、誤解を恐れずにいえば、トラブルや問題を回避しようとする方法は、そもそもキョウゴの環境や方法ではない。問題を回避するのではなくて、寧ろ暮らしの中で問題が出てくること、問題を出させることを重視してきたのがキョウゴの世界である。

問題やトラブルが発生した瞬間を逃さず、タイミング良く対応するのがキョウゴの方法であり、それを可能にするのがキョウゴの環境――職員と子どもたちとが公私〝混合〟で暮らし合う――である。さらにキョウゴの世界では、そのとき対応（対処、あるいは対峙）する者が職員に限らない、という特徴がある。《芋と芋を洗ってお互いをきれいにする》（二〇一五年一月、レ学園、Ａ元職員）といわれる通り、集団の中で子ども同士で学び合うということが多いためである。

例えば、大人なら、ＳＳＴ（ソーシャルスキルズトレーニング）などのプログラムに参加することで、自分の持つ〝生活問題〟[4]に対して対処する方法について訓練することができるであろう――「べてるの家」の当事者参加によるミーティングなどは、当事者同士でＳＳＴを行う好例である――しかし、子どもの場合、これまでにも書いてきた通り、そもそも自身の行動が〝問題〟だと認知している場合が少ないものである。大人の場合は、自分の抱える問題に困っているとか、苦しんでいる、あるいは悩んでいるということがあるかもしれないが、子どもの場合はそもそも子ども自身が、自身の言動に不都合を感じていない場合も少なくない。つまり、本人が困っていないという場合が少なくないと考えられる。

キョウゴの世界では、大人である職員と、同年代の子どもが共に暮らしながら、日々の暮らしの中で起きる様々な問題をその都度、暮らしの中で解決している。それは、言い換えるなら"暮らしの中のSST"とでもいおうか、それを、繰り返す暮らしといえるのではないだろうか。だからこそ、職員は「問題が出たときが指導のチャンス」と考えるのであろう。つまり、キョウゴの方法は、"問題"をまったく遠ざけてしまうとか、リスクを回避してしまうような環境では成り立たないということである。

3．トレーニング中の職員の存在

第Ⅰ部にも記した通り、キョウゴの世界では、「叩くは素人、大喝を持って制するは三流、にらみの利くのが二流どこ、無為にして一流玄人」（二〇一五年三月、エ学園、A職員）ということばがあるという（第五章でテ学園のA職員が、「暴力でしか伝えられない《俺は下の下》」といっていたのは、このような認識が職員にある程度共通していたためであろう）。このフレーズは、職員のいうところの「職人芸」や「職人技」が目指すべき所をよく表しているものである。それと同時にキョウゴの世界では、職員もまた、子どもと共に育ち、成熟していく存在である、ということも表しているように思うのである。寮を始めたばかりのころは、子どもたちにナメられていた寮長が、子どもたちと真剣に向き合い、喜怒哀楽を分かち合い、また一方で自身の子どもが生まれ、成長していく中で、「職人芸」や「職人技」を修得し、いつしか「無為にして一流玄人」になっていく――。

このことは、つまり、キョウゴのムラという環境（第一章、第二章）は、子どもたちへのサービス提供の場でありながら、同時に職員のトレーニングの場でもあると考えられるのだ。そのため、必然的に「無為にして一流玄人」になる前の段階の職員が存在することになり、彼らもまた、寮長としてリョウシャ運営を担っているのである。「無為にして一流玄人」になる前の段階の職員のすべてが暴力を行うということではないが、私たち外部の者は、サービス提供の場とトレーニングの場が一緒で、しかも「叩くは三流」などと聞いてしまうと、"そのような段階の職員に寮長を任せるのはいかがなものか〟と考えてしまうのではないだろうか。そして、〝なぜもっと十分なトレーニングを積んだ職員を着任させせないのだ〟と考えるであろう。

しかし、キョウゴの世界では、これまで書いてきた通り、職員も子どもも「とりあえず集団に入れる」という方法を採る。従って職員は日々の中で自分なりのやり方を自分なりに習得していくしかない。つまり、リョウシャとは、運営する職員の人生の歩みと一体化して成熟していくのである。だからこそ、頭での理解を超えた、実感を伴う気付きや、子どもへの〝ほんものの情〟が築かれると筆者は考えている。

このようなしくみあるいは方法を成立させるためには職員が成熟するまでを支える施設内環境──第一章で示した〝寮文化〟やあるいは職員集団……筆者のいうムラ──が不可欠なのである。

4.〝お互い様〟を遠ざける近代化

子どもたちと共に職員も育ち合う、このしくみは未成熟な職員が働く、という課題がある一方で、職員を使い捨てにしない、という利点があると考えられる。キョウゴの世界では職員が時間をかけて育ち、世代交代していく……。つまり、施設の中は新陳代謝しているのである。

近年、児童養護施設における職員の離職率が問題になっているが──むろん、施設側としては職員を使い捨てにするつもりなどなく、長く務めてもらいたいと思っているのであろうが──結果として、民設民営で営む施設が主流の児童養護施設では、新卒で採用した職員が二年、三年でバーンアウトし退職する……施設はまた給料の安い新卒採用をする……ということが起きていることもまた、事実である(5)。

様々な段階の、いわば未成熟な寮長が存在するキョウゴの世界では、その未成熟な寮長（あるいはリョウシャ）を支える仕組みがあると考えられる。まず、第一章のレ学園・C職員の語るような、大変なときには寮舎に泊まり込んででも職員が助け合う、この職員集団の（仕事上での）助け合いである。このような助け合いは職員同士が日ごろから、日常生活上でも助け合う――第Ⅰ部第二章にみられる寮母同士の助け合いのように――ことで積み上げられていくと考えられる。すなわち筆者のいうところのムラが形成される必要がある。

このような職員同士の助け合いが失われたり、希薄になっていくなどしたときは「責任を押しつける」(第四章)ということが起きることになる。〝弱ってきた寮〟の職員は、非難され、追い詰められて職員間の信頼関係はさらに失われていくことになる。また、職員の労働基準法を遵守するということから、いわゆる〝四週八休〟が導入されたが――これは労働者としての当然の権利が担保されたということに違いはない――しかし一方で、「前は、《ちょっとお願いねって(隣に)お願いして歯医者に行ったりできた》けれど、今は休みの日がきちんと決められていて、休みの日に全部やれって感じになって却って働きにくい」(二〇〇七年六月、夫婦制・寮母)というように〝ご近所同士の助け合い〟のようなやりとりがしにくくなった、という声は異口同音に聴かれた(ニ学園、ハ学園)。

さらに、本館の職員が寮舎担当の職員に〝問題を出させないこと〟に強いプレッシャーを与えている場合や、無理解な場合(第四章)も同様である――「実はムガイの責任を寮長ばかりに押しつけられて、それがあまりに責任ばっかり押しつけられるから、それじゃあバカバカしいっていうんで、じゃあ交替制にしようって話になった」(二〇一〇年六月、W学園元職員)――。先にも述べた通り、キョウゴの世界では、様々な成熟段階の職員が共に暮らし、その中で助け合い、分かち合いながら寮舎運営に携わっている。「叩き上げ」の職員の一部はリョウシャを降りた後は本館勤務となり、本館勤務となった元寮長はリョウシャで働く職員を支えつつ、また、設置主体を初めとする外部機関との相互理解に努めながら施設運営を支える……このようなしくみ(職員の循環)も合わせて筆者はムラとしたのである(第一章)。

しかし、いわゆる「行政の人」といわれる人物が役職につき、〝問題〟を出させない、出したときには責任を職員に押しつける、というようなことが起きると、本館と職員との信頼関係はバランスを欠いていくことになる。職員は追い詰められ、子どもたちは縛られるようになり、職員も子どもも萎縮し不満が溜まり、結果として――問題を起こさせないことが——大きな事件・事故へと繋がる可能性は否定できない。施設で事件・事故が起きるまでには様々な要因があり、一概にはいえない——職員自身に問題があったり、子どもと施設とのマッチングがそもそも不適当だったということもあるかもしれない——、しかし、行政の都合、ひいては社会そのもののひずみのようなもの（筆者は管理的な成果主義へと変化しているように感じている）が関係している、ということがあるのではないだろうか。

人一人育つためには多くの時間と労力を必要とする。このことは当たり前のことであるのに、施設はわずか二年足らずの期間で子どもの〝生まれ直し〟から思春期の乗り越え、そして〝自立〟までをも期待されている。しかも、そのための環境（ヒト・モノ・カネ）が、公設・公営というだけで、他の業態と同じ一律の法律で決定・管理されてしまうことに、筆者は強い懸念を覚えるものである。

第五節　様々な〝繋がり〟

1．一人前に育てる——留岡幸助の理念

留岡幸助の理念は、キョウゴの理念の大きな核の一つであると考えられる。これまでにも（第Ⅲ部、第Ⅳ部第一章）述べてきたが、留岡の感化理念は子どもを〝一人前〟に育てることにあり、その範囲は〝子どもが結婚して子を産むまで〟と考えられていた。つまり、留岡の考える家庭学校の目的は、家庭の再生産を目的としていたことになる。

彼の創設した私立感化院・家庭学校は、巣鴨に始まり、その後、北海道に分校を開いた。その分校には、北海道の開墾・植民（コロニーシステム）と連動した、大規模な農場が建設された（なお、彼の地では〝卒業生〟を小作として定住させる構想があったが、この構想は実際にはあまり機能しなかったことはすでに第Ⅲ部で述べてきた通りである）。

留岡の家庭学校は現在、北海道家庭学校として運営されているが、その北海道家庭学校で一九六三（昭和三八）年

から一九九三（平成五）年まで寮長を務めた藤田俊二は、自身が共に暮らした子どもたちの記録を元に、二つの著書、『もうひとつの少年期』『まして人生が旅ならば』を出版している。それらによると、子どもたちは入所後、藤田の寮・石上館で逞しく成長し、そして多くが中学卒業年齢の十五歳の春に石上館を、北海道家庭学校を巣立っていく様が描かれている。退所前には、藤田を初め、学校（施設）の職員が手を尽くして家族との調整や就職先の斡旋などを行い、彼らの退所を手助けしている。子どもたちが退所した後も、藤田は、時に法廷に出廷し、時に金を貸し、時に裏切られながら、時にまったく無力と思われる場面もありながら、それでも彼らの〝退所後の人生〟に寄り添い続けている。

『もうひとつの少年期』に描かれた、〝卒業生〟たちが直面する人生における困難の一つ一つは筆舌に尽くし難いものがある[17]。同書は、先にも述べた通り藤田の書いた子どもたちの記録——藤田が共に暮らす子どもたちや、かつて共に暮らした〝卒業生〟たちの記録——であるが、見方を変えると、そんな子どもたちに、どこまでも寄り添い続けようとする寮長・藤田の記録でもある。

藤田は退職後、五年を過ぎてから〝卒業生〟を訪ね歩く旅に出ている。それらの記録は『まして人生が旅ならば』に収録されているが、それによると、その旅は、藤田曰く「単なる物好き、お節介の類」（藤田 2001b：9）だというのであるが、また一方で、「これが彼らに逢える最後になりはしないか、という思い」（同：9）があって出かけた旅であるという。それは正に、留岡が示した「子どもが結婚して子を産むまで」を見届けようとする、藤田の寮長としての責任感と、人間・藤田の情愛の現れと筆者は捉えている。

2．アフターケアー一生——〝退所後の人生〟を支える〝繋がり〟

施設で暮らす子どもたちの退所は、本人自身の状態のみで決まるわけではない。入所後、本人の状態が落ち着いて、この子はもう施設にいる必要はない、と職員が判断しても——つまり、かつての教護院時代に期待されていた「不良性の除去」に至ったとしても――それで直ちに退所となるわけではない。このことはこれまでにも述べてきた通りである。

私たち外部の者からすると、〝子どもが良くなれば施設を出られる〟と考えがちであるが、実際はそうではない。

誤解を恐れずにいえば、そもそも子どもは環境を変えるだけでたいていは〝良くなる〟ので、退所はむしろ子どもを〝悪くした〟環境に戻すことである。そこが養育家庭（保護者宅）であるならば、そことの調整が付かない限り子どもたちは戻せない（戻れない）、つまり退所できないことになる。そのため、もう施設にいる必要がなくても、施設で暮らすことを余儀なくされていたり、あるいは、少々保護者宅に問題があっても家庭引き取りとしてしまう、という場合も少なくないようだ。

また、他施設からソチヘンで入所した場合――例えば、「問題行動」があるなどとして養護施設（当時）から措置変更で入所に至った場合など――、私たち外部の者は、「問題行動」があってソチヘンしたのだから、それがなくなれば元の施設に戻されるだろう、と考えがちである。しかし、実際には、ソチヘンされた子どもが元の施設に戻ることは少ない。花島の調べによると（これは教護院時代の統計であるが）、養護施設から教護院への措置変更は「多い県で二〇％を越えるところも」（花島 1990：45）あるが、その逆の「教護院から養護施設への措置変更は（中略）全国平均では二・八％にすぎず（中略）なかなか養護施設への措置変更は容易ではない」（同：45-46）と報告している。[18]

このように、職員がもう退所させたい、と思っても、子どもの「進路」――「一五の自立」に伴う退所について〝進路〟と一言でいってしまうのはかなりの抵抗があるが、ひとまず「進路」としておく――が決まらない限り、子どもは退所できない、ということがある。その一方で、職員がまだ早い、この子はもう少し施設に置いておきたい、と願っても、いわゆる〝措置の切れ目〟で退所させなければならない、という場合もある。現在では、高等学校へ進学した場合はその卒業時まで、あるいは二十歳までの入所も可能となったが、かつては、中学卒業年齢時の十五歳で退所することが多く、「一五の自立」などといわれていた。

そして施設を退所した子どもたち――彼らの〝退所後の人生〟には様々な困難が待ち受けている。学歴によるハンディキャップ[19]、入所前の不良グループといわれる交友関係の復活――職員からは「ヤクザに就職」などという語りも聴かれた（カ学園元職員、ト学園元職員など）――保護者家族が抱える問題や本人が受けた傷による精神的な苦痛、障がい、あるいは生きにくさ等……彼らの自助・自立・自活生活は困難に満ちたものである。そのため、彼らには適切なサポート、いわゆる「アフターケア」が必要であり、またそれは、再犯の予防にも貢献すると考えられる。

しかし、「アフターケア」を担う公的な資源は少なく、キョウゴの世界では、職員がボランタリーに支えてきた（第Ⅰ部第三章）ということがある。歴史に鑑みれば、小河が構想した「地方委員」、菊池の「院内教護」と「院外教護」を双璧とした「少年教護」の概念と、それを支える「少年教護委員」等、施設関係者たちは感化法成立以前から、子どもたちを施設内だけでなく、地域で見守る必要性と、そのしくみを説いてきたのであった。しかしそれらはいずれも法制度化されず、あるいはされても十分な機能を果たせないままに終わっている（第Ⅱ部）。「アフターケア」はその後、一九九七年の児童福祉法の一部改正、翌一九九八年施行（以降、九七年法改正）の際に施設の目的の一つとして明文化されたが、法施行後の現場での具体的な変化としては、例えば一年後に退所した子どもの様子を見に行く際の交通費が予算化されるなどに留まり、依然として職員のボランタリーな行為に拠ることが多いようである[20]（第Ⅰ部第三章）。

以上のような制度の中にありながら、キョウゴの世界では「アフターケア一生」ということがいわれてきたという[21]（第Ⅰ部第三章）。キョウゴの世界には、先の藤田のように職務の範囲を越えて、子どもたちの〝退所後の人生〟に寄り添い続ける職員が多く存在したのである。事例集では、かつての寮生の専門学校の費用を自費で支払った例や、筆者の聴き取りでも、退所生を自宅に保護したりなどの例が見られた（第Ⅰ部第三章）。このように、「アフターケア」と呼ばれる職員と子どもとの継続した関わりは、小舎夫婦制の職員から多く報告されているが、中には小舎交替制の職員の例も見られる。例えば、第Ⅰ部第三章で報告したレ学園のDちゃんの例（手当なし交通費自己負担の「アフター」で支え続けた例）は、交替制の職員であるC職員の語りであった。C職員は、Dちゃんの他にも沢山の退所生たちと《今でも繋がっている》（二〇一五年九月、レ学園、C元職員）ということである。

3．職員の目安と目的――〝繋がり〟の重視

〝教護達成〟は退所の日

かつて、教護院時代には「不良性の除去」という表現が用いられていた。また、「教護達成」「教護未達成」（現在の「児童自立達成」――「自立目標達成」や「自立準備達成」などの表記もあり）という区分があった。平たくいえば、「不良性の除去」が行われると「教護達成」となり退所する、ということなのであるが、実際の退所に当たっては――先の項目で見てきた通り――子どもの状態だけでなく、むしろ受け入れ先の状況によって決まることが多く、そのため、中学校卒業年齢での退所――いわゆる「一五の自立」――になる子どもが少なくなかった。ちなみに「教護未達成」というのは、ムガイしたまま少年院送致になるとか、行方不明になる、あるいは家庭で強制引き取りになるなどして施設に戻れなかった（戻せなかった）ケースのことを差す。

また、子どもたちの在所期間はあらかじめ決められているわけではない。先述の〝措置の切れ目〟という入所期間の限界(17)はあるが、入所時に、いついつまで、と子どもの入所期間と措置解除の日が決まっているということではないのである。また、子どもたちの退所の目安（かつての「不良性の除去」の目安）について――近年は「自立支援計画票」を作成することになり、入所から退所までの経緯を解りやすくする取り組みが始まっているが――、かつては（あるいは現在においても）、なにとなにができたら退所する、などというハッキリとした決まりがあるわけではない。一方、法務省管轄の施設である少年院は、在院期間があらかじめ決められており（家庭裁判所の審判の際、送致する少年院の種類や期間が決められる）、また、階級制を採っており、バッチが色分けされる(23)など、出院までの目安が目に見える形で表されている。そのため、子どもたちに「〝収容期間〟が少年院みたいに決まってないでしょ。あの先の見

えなさってのは、どうしょうもなく辛い」（田埜 1998：58）、「収容期間がないので、下手すれば一九、二〇才までも残ることになりかねない」（同：134）という感想を持たれる場合もあるようだ。

『教護院運営要領』の三段階

これまでも述べてきた通り、子どもたちには明確な在所期間はなく、施設は、例えば病院のように病気が治ったから退院する、というわけにはいかないところである。しかし、職員はそれぞれの目安（段階の目安）を持っているようだ。その目安とは、子どもの成長度合いと言い替えて良いのかもしれない。

『教護院運営要領』では、このような職員の目安（段階）について、第一期から第三期の三段階に整理・説明している（第Ⅲ部第七章）。事例集では、しばしばこの三段階を用いたと思われる解説がなされている。また、掲載されている事例もこの三段階に沿ったものが多いが、これは、むしろケース・スタディとして使いやすいように、この三段階に沿った編集を施しているものと考えられる。

とはいえ、同じような段階の感覚を職員たちが持っていることは確かである。よく語られる目安は次のようである。まずは日課が送れてルールが守れることになること、つまり施設での暮らしが滞りなく送れるようになる時期――「生活が落ち着く」などといわれる。次は「日課に乗ってくる」ころ――入所当時はいやいややっていた作業やスポーツへの取り組みが熱心になり、例えば何メートル泳げるようになるなどの目標に向かって努力する。他の子どもたちとの関係も深くなり、やがては仲間のことを思いやれるようになるなどの変化が起きる。そしてやがては保護者の気持ちを汲めるようになるなどする。このころになるともう最終段階で（退所の時期が迫っているということもあり）、子ども自身にも「退所」が視野に入ってくる――職員は退所後の具体的な目標を設定し、以降、その目標に向かって頑張れるよう、支援していくことになる――というようなことである。

しかし、一方で、このような段階は「男子には当てはまるけれども女子には当てはまらない」と語る職員（寮母）

もいる。曰く、「男子はスポーツで結果が出ると勉強も頑張るようになったり、施設の中での頑張りが家庭復帰への頑張りに繋がるけれども、女子は逆で、家庭のことが（ある程度）解決しないと施設でのことも取り組めない、スポーツで成績を上げても『だから何』って……」ということである（二〇一〇年九月、ハ学園、D職員）。以下、その時のインタビューメモより抜粋して転記する。

（女子寮は大変といわれているけれど）女子寮はやりがいがある。

男子はことばにできないことを態度で表す、けど、男子にはことばが芯まで入っていかない。（その点）女子は言葉は通じる。男子は意思表示が少ないので家族調整ができない。女子の方がダイレクト。肯定してほしいことが出てくる。男子は、（例えば）運動ができるとそっちへ行く。アプローチが逆。男女で逆。

学園のことは、頑張ればできることばかり。男子は褒めて（あげて）、学園のことで自信を積んで——卓球できるとか、何かがちょっとずつできる（ようになるとか）、できることが増えることで「親にも挑戦してみよう！」（筆者注：保護者との関係修復にも取り組んでみよう）ってなるけど、女子は、何ができても「だから何、それとこれとは別」って感じ。

男子は、十人いたら一人くらいまでしか親支援までにはいかない。男子は（保護者宅に）戻す前に、本人が変わるから親も言うことを聞いてくれる。（けれど）女子の場合はまず家族調整（が先）。

——そりゃ、家庭調整も一緒にやるよ、やれないこと（は一緒に）やるよ、運動会に来てもらおう、けど親は来てくれないって場合に、「兄さんが来てくれるから良い」（って本人はいうけれど）、「でも先生は（親に）見てほしい、お兄さんにあなたの将来の権限はない」って（言って説得する）。（子どもは）「先生がかけあうのは許して」って（言うので、本人から来てほしいと伝える支援をしたり）。

母親から「呼んでもらって良かったです、普通の運動会と思ってたから」って（言ってもらえて、子どもも）

「よく頑張ったね」って（言ってもらえたりすると）。子どもも「先生の言うこと本当だった」って思う――

（二〇一〇年九月、ハ学園、D職員）

また、子どもの方では職員の考えるそうしたパターンを見破っていて、見かけだけそのように振る舞うことがあり、これを職員は「仮面適応」などと呼んでいる。この「仮面適応」も含めて、職員はその時期を見計らっているものである。

〝繋がり〟があれば大丈夫

『教護院運営要領』に示されるような三段階を経て退所に至る……このような形の退所が仮に理想の退所とするならば、現実にはそうではない退所も多いものである。むしろ多くの場合、職員は、不安や懸念を持ちながら子どもたちを退所させていると考えられる。つまり「もう大丈夫！」と思って退所させるばかりではない（ある職員は「ほとんどそうだよ！」と語っておられたが……）。

子どもの退所について職員は、今なら保護者が受け入れてくれそうだとか、いや、今だとまだ悪い誘いを断り切れないだろうとか、ニドガク（再入所）になっても良いから一度（保護者宅に）戻そうかとか……様々な考えを巡らせる。あるいは、「一五の自立」を前に、まだ不安だなとか、きっと（生活が）崩れてしまうだろうと考えたときに、やっぱりもう少し置いておいた方が良いかとか、いや、ここは思い切って退所させようなど、判断を迫られることになる。

このようなとき、職員は先ほどの三段階の目安とはまた別の目安を頼りにするようだ。それが、彼らが「繋がり」――子どもとの「関係性」や「信頼関係」「関係が着く」などともいわれる、以下〝繋がり〟に統一――と呼ぶものである。この〝繋がり〟とは、子どもと職員、一対一の信頼関係のことを指しており、これをキョウゴの理念で説明すると、「感情転移」、あるいは「心の接触」と表現されたものに当たると考えられる。

かつては、「感情転移と同一化」の「同一化」の段階に入ることが理想の「教護達成」と考えられてきたが、しかし職員からは、「プラスの感情転移による好ましい同一化をはかることは、極めて困難なことで実感を得難かった」（戸田 1994：26）という声があった。ところが現実は待ってはくれない。子どもたちが「同一化」の過程に入らなくても、あるいは、職員が「教護達成」という実感を得られなくても、子どもの措置解除の期限は迫ってくるのである。このような状況で、職員が退所を考える際の一つの基準としているのが、この〝繋がり〟なのである。元北海道家庭学校長・小田島好信は「教護院から児童自立支援施設へ」（一九九九年の『非行問題』に掲載）で、「自立に向けて一　つながり合うこと」という見出しの段落に、次のように書いている。「極端なことをいえば、施設でしっかり関係が出来、教護、自立支援の取り組みが出来てきた者は、退所後をそんなに心配しなくても、その子供なりに社会を生きていくように思います。苦労しながらでもなんとかやっていっているように思われます」（小田島 1999：11）。

例えば、まだ生活態度等に問題があり、退所が早いと感じながらも退所させなければならないときなどは、職員の内に「繋がった」という感覚がある場合には「大丈夫だろう」と思ったり、逆に、生活態度が良好で退所に値する状況であっても、この「繋がり」を実感できないときには、退所にためらいの気持ちを持ったりするようである。このように、職員は子どもたちと「繋がった」あるいは「繋がれなかった」という感覚を持っている。彼らがいわゆる「失敗事例」の話をするときなどは、「あの子とはね、最後まで繋がれなかった」（二〇一四年一月、白馬学園、B職員）などの語りが見られるものである（というか、「繋がれなかった」という感覚のときは「失敗事例」という感覚を持つようである）。

筆者の聴き取りでは、職員の多くが、この〝繋がり〟を構築することを目標として子どもたちと関わっていた。それは、子どもたちと共に暮らし、一対一で濃密な時間を過ごす形態の代表である夫婦制の職員に限らず、交替制の職員も同じであった。例えば、「子どもの担当職員じゃなくても良い、五人いる寮舎担当の内の、誰でも良い、誰かと繋がってくれれば（と思っている）」（二〇一二年一二月、レ学園、D職員）などという発言も見られた。

北海道家庭学校寮長・藤田俊二の著書には、共に暮らした子どもについて、時折、「もう大丈夫だ」と安堵の表現を記している場面がある。以下、一部抜粋して引用する。

> 去年、登別近くの虎杖浜で会った六年前の卒業生長田君は仕事に出て不在。かつてのヤクザ仲間から隠れつづけている長田君についてきた奥さんは、虎杖浜で会ったときより元気になっていたし、朗らかだったし、子どもさんもずいぶん可愛くなっていて、もう大丈夫だなあ！　とほっとしながら富良野へ向かう。
>
> 〈藤田俊二（1979）『もうひとつの少年期』晩聲社、p. 212。傍点筆者。〉

> 〈昭和六四年　年賀状〉
>
> 「先生、女の子が生まれました。幸子《こうこ》と名前をつけました。幸福になるように幸子とつけたんです。今度は絶対大丈夫です。安心して下さい。」
>
> 幸子ちゃんを抱いた妻君と郷田の幸せそうな写真の年賀状を見ながら、僕はもう大丈夫だと深く安堵していた。
>
> 〈藤田俊二（2001）『まして人生が旅ならば』教育史料出版会、p. 224。傍点筆者。〉

このような場面から、藤田が、「卒業生」たちが成長し、結婚し、子を儲け、新たな家族が暮らしている様を見届けたときに、「もう大丈夫だ」と安堵の表現を書き付けていることがわかる。その様は、いみじくも留岡幸助が求めた独立自営が達せられるまで——あるいは藤田にそのような自覚はなかったのかもしれないが——退所生に寄り添い続けた姿に他ならない。

職員は、子どもの「教護達成」と実際の退所日が一致しないという現実の中において、退所していく子どもたちの身を案じて、最低限、〝繋がり〟ができていれば、もしかしたら何かあったときに逃げ帰ってこられるかもしれない、助けを求めてくるかもしれない……助けることができるかもしれない、と考えているのではないだろうか。第Ⅰ部第三章で報告した、退所生へのボランタリーな対応——Dちゃんへの「アフター」を始め、性的被害を受けて逃げ込んで来た沢山の退所生を受け入れたレ学園の例、不適切な養育環境が改善しない保護者の元へ出向き、退所生を引き取ってきた蝶野学園F職員の例など——を見ると、〝繋がり〟と語られるものは、職員たちの切なる、そして最低限度の目標なのではないかと思うのだ。

Dちゃんへの「アフター」を行ったレ学園のC元職員は、これまでに一一名の寮生や退所生を失っている（二〇一五年九月）。一一名というのは筆者の聴き取りの中でも多い方であるが、インタビューではほとんどの職員が寮生や退所生の自死を初めとする〝若くして亡くなる〟死を経験していた（第Ⅰ部第三章）。子どもたち（退所生たち）の傷付きの深さが窺い知れるものである。

職員は——時にむなしさや無力さに打ちのめされながらも——それでも退所後の子どもたちと〝繋がり〟続けようとしてきた。多くの職員が「アフターケア一生」の文言を胸に、あるいはその文言を知らなかったとしても、〝伝統〟として当然のように、子どもたちの〝退所後の人生〟を支え続けてきたのである。そんな彼らは、施設職員でありながら、その身分に関係なく——在職中でも転勤後でも、あるいは退職後であっても——子どもたちの措置解除の日から、まるで将棋の駒が成るように、職員から社会資源の一つとしてその使命を変えているのである。「アフターケアー一生」とは、そのような彼らの生き方を示しているのであろう。

“繋がり”——職員の実質的な目的

先に述べたように、職員が子どもと「繋がった」という感覚は、退所生の“その後の人生”を支える第一歩になっていた。それは、在所期間のみではとても達成することのできない施設の目的、“自立支援”に対する、職員の内なる目的となっていったのではないだろうか。

『教護院運営要領』の発行（一九五六年発行の技術編）から四〇年余を経て、当時、教護界を風靡しリードしてきたはずの「感情転移と同一化」に疑問が投げかけられることになった。国立武蔵野学院医務課・阿部惠一郎は、『非行問題』誌上で「『WITH の精神』再考」（一九九六年）、「教護処遇論（生活教育と治療教育）」（一九九七年）を相次いで発表し、いわゆる戦災孤児とは違い、戦後の子どもたちと信頼関係を築くことは極めて困難であると指摘したのである——「親との間に基本的な信頼関係を一度も築いた経験のない児童が、職員との間に信頼関係を築くことが困難であることは想像に難くない」[25]（阿部 1996:191）、「教護院の教科書に従来記載されてきた『転移』などの問題は、実際の処遇にあっては実は極めて困難なことだったのである」（阿部 1997：115）——。

しかし、高度経済成長期に職員として働いたキョウゴの世界の人たちは、阿部の指摘する「信頼関係を築くことが困難」な「戦後の子どもたち」に対して、「感情転移」を経て「同一化」の過程に入ることを目標とし（この「理論」を信じて）努力し続けてきた職員たちであった。彼らは、子どもたちに傷つけられ、裏切られ、その過程——「感情転移」を経て「同一化」の過程に入る——ことが、実際には「極めて困難」であることを——「プラスの感情転移による好ましい同一化をはかることは、極めて困難なことで実感を得難かった」（戸田 1994：26）——思い知らされながら（また一方では“学籍問題”に象徴される学力社会へとつき進んでいく世の中と対峙しながら）、それでも実直に子どもたちの「一五の自立」を支えてきた人たちであった。

このような厳しい状況の中で、職員の内には——「不良性の除去」でも「同一化」でもない——もっと現実的な目安、目標として、子どもたちとの“繋がり”というものが意識化されていったのではないだろうか。そしてその“繋がり〟は、子どもが職員から愛情を分け与えてもらう臍の緒のようなものになり、そして退所後は、何かの危機のときに頼りにしてよい命綱のようなものに、また、生きるのが辛くなったときに〝愛された記憶〟や〝大事にされた経験〟あるいは〝そこで暮らした経験〟をかろうじて確認するための細い糸のようでもあったと考えられる。

つまり、〝繋がり〟とは、子どもたち自身が〝生きていて良いんだ〟と実感することができるその日まで、一生をかけて〝繋がって〟いようとする職員の覚悟の表れでもある。彼ら職員は、児童福祉法の縛りや、あるいは自身が公務員であること、施設の法的な目的や社会的な意義、あるいは世の中の期待などを超越して、しかも施設のわずかな在所期間で〝自立支援〟なんて不可能でしょ、などという不平・不満は決して言わずに——「ウイズの精神」「足の裏の哲学」「暗渠の精神」で——〝繋がった〟彼らを支え続けてきたと考えられる。

4. 寮舎や施設への帰属意識——様々な〝繋がり〟

リョウシャやムラとの〝繋がり〟

職員が〝繋がり〟というとき、それは先に挙げたような職員と子どもの一対一の信頼関係のことを指している。しかし〝繋がり〟はそれだけではない。リョウシャや施設（ムラ）への帰属意識という、もう一つの〝繋がり〟がある。「アフターケアー一生」とは、正に職務を越えた〝繋がり〟であるが、それを可能としているものは、職員と子どもとの〝繋がり〟のみならず、子どもとリョウシャとの〝繋がり〟や職員の施設への帰属意識という〝繋がり〟をも含む〝繋がり〟なのだと筆者は考えている。

キョウゴの世界では、子どもも職員も、まるで故郷のようにリョウシャやムラを認識していることがある。例えば、赤ちゃんを抱いて施設に〝里帰り〟する退所生や、まるで帰省するように、妻や同僚を連れてリョウシャを訪れる退所生（第Ⅰ部第三章）もいる。あるいは、リョウシャには寄らないけれど、毎年夏になると虫を捕りに来る子もいるそうである——「夏になると来る子、っていうのがいる、《夜に……夜中に来る子、勝手に来る子。クワガタとかカブトムシとか捕って帰る。》（採った虫を）我が子（自分の子）にあげる。《勝手に来て勝手に帰る》」（二〇一〇年九月、蝶野学園、A職員）――。子ども（退所生）にとって、施設――そこは少年法の保護処分の受け入れ先の一つとなっている――で暮らした経験は、差別や偏見の対象にもなりかねない。(26) しかし、キョウゴの世界では、その施設での暮らしを肯定的に受け止める雰囲気作りが行われてきたと考えられた。

第Ⅰ部で報告した猪原学園の例では、「猪山ムラ」や「イノベン」という施設のオリジナリティを示す表現が多く見られた。これは猪原学園に愛着と帰属意識のある職員の気持ちの表れであり、そして彼らは積極的にそうした気持ちを表現している様子であった。おそらく職員は、こうした表現が施設の団結力を高め、施設全体が良い雰囲気になり、その良い雰囲気が子どもと大人（職員）の区別なく、さらに施設への愛着と帰属意識の高まりをもたらすのだと、経験的に知っているのであろう。

このようなムラやリョウシャへの帰属意識は、多くの職員・関係者が大事にしてきたものであるが、職員と子どもとの〝繋がり〟のように、職員が意識的に目標に掲げている、ということではない。だがしかし、リョウシャやムラへの帰属意識という〝繋がり〟もまた、職員と子どもの信頼関係という〝繋がり〟と同様、退所生たちの〝その後の人生〟を支える重要な〝繋がり〟の一つなのではないだろうか。

Aちゃんとリョウシャ

子どもたちは職員が退職した後でも、職員個人を頼ってくることがある。しかし一方で、職員個人ではなく、施設そのものへ救いを求めることもあるようだ。第Ⅰ部第三章で報告した白馬学園のAちゃんの例を挙げよう。Aちゃんは当時一二歳（しかし学年は小学五年生）で、一九九六年、筆者が白馬学園で実習を行った日の同日に入所した。Aちゃんは A夫婦が寮長・寮母を務めるA寮に入寮した。しかしA寮長・寮母が退職したため、B職員が主として（Aちゃんが退所するまでの間、担当は何度か変わったそうである）引き継いだ。筆者は、実習から一五年以上の時を経て、

A寮長夫妻に一度、そしてB職員に三度、Aちゃんのことについてインタビューしている。以下はB職員の語りである。（なお、インタビューは二〇一四年一月中に日を開けて三回行った。以下、インタビューの日付は省略する）

「Aはね、半年……いや八か月くらいかな、そのくらいしかA先生（A寮母）とはいなかったんだよね、（中略）俺ともね三年間（時間は）あったんだけど、そんな関係（A寮母とAちゃんのような関係）は作れなかったな。俺も（Aちゃんを）可愛がったんだけどね、すっごく可愛がったんだけど……やっぱりA（ちゃん）はA先生と離れてしまったことがショックだったのかな。（後略）」

「そういうふうにいうの（職員としては）嫌だけど、バレー（ボール）とか水泳とか、何かアイテムを使わないとダメだったんだよね、Aとは。Aがくっつきたがる何かを持っていないと、（Aちゃんは）俺の方には来てくれなかったよね。単純に、一緒にいてお父さんみたいとか、安心するとかいうのが感じられない……もっとかわいがってあげられた、おんぶでも、だっこでも、してあげられたけど、何となく思い出しても、寮舎のパーティでも必ず誰かが（間に）いる感じだったし、何かがないと（Aちゃんは自分に）近づこうと思わなかった。でも、今だったらできるのかというと、自信ないけどね、（中略）俺の中で、A先生だったらもっと何かしてやれたって、だから上手くいかないのかなって思いがずっとあったんだろうね……（後略）」

そう語るB職員にとって、Aちゃんのケースはどちらかというと話しにくい、いわゆる「失敗事例」と受けとめているケースのようであった。[27] しかし、この後、B職員は興味深い話を始めたのである。

あの子（Aちゃん）にとっては、俺は嫌な人だったんだなぁと思って。あ、でも、前に話したことがあったけど、その割にアイツやめてから（退所してから）、二年……三年ぐらいしてからかなぁ、夕方の掃除終わってから、掃除終えて（寮舎に子どもたちと）帰ってきて、押し入れ開けたらAがいたんだ。生徒が「先生、押し入れに誰かいる！」って。本当に行くとこなかったんだろうなーって思うけど（後略）」

白馬学園には、もちろん、Aちゃんが慕っていたA寮長・寮母はいない。三年経っていれば、かつて同じ寮の仲間だった子どももほとんど退所しているであろう。そしてB職員の認識では、AちゃんにとってB職員は《嫌な人》であり、《最後まで関係が付かなかった》人物である。それでもAちゃんは、かつて自分が暮らした寮舎に戻ってきた。このことは注目すべき点である。社会福祉サービスに携わる者たちやその周辺の人たち（ソーシャルワーカーや相談員、ボランタリーな支援者など）は、よく、社会資源とユーザーとが〝繫がった〟という表現をする。それは、ユーザーにとって〝相談〟ということが、実はとても難しいこと[28]（〝繫がる〟こと自体が難しいこと）だからであろう。

本当に行く所がなかったとき、Aちゃんは、白馬学園を訪れることができた。それはAちゃんの中に、白馬学園で暮らした経験があったからである。ちなみに、その日Aちゃんは職員に駅まで送られて帰っていったのであるが、その後、リョウシャのラジカセがなくなっていることが発覚した。――《でかい鞄持ってってたから、ああ、それに入れたんだなーと思って》――。しかしB職員はそれを知りつつラジカセを取り返さなかったという。なぜそうしなかったのだろうか。筆者の質問に対してB職員は――「（当時Aちゃんは）《実家にいたけど転々としてて、つかまえようにもつかまえられないし、取りに行くっていっても（引き取りに行った場所にAちゃんが）来るかわからないし、それよりも学園に来たってことの方が、〝ああ、まだ繫がってたんだなぁ〟ってことの方が嬉しかった。じゃあ、はい、〝お土産〟って》……」――と言って笑っておられた。

そこで〝暮らした〟経験

職員との一対一の信頼関係――それは〝社会化の機能〟と〝パーソナリティの安定化の機能〟を可能にするような――が構築できなくても、施設、あるいはリョウシャへの帰属意識や、もっというと〝そこで暮らした経験〟は、子どもたちの〝退所後の人生〟を支える一つの力というか〝助け〟になる可能性があると筆者は考えている。

次の事例は、リョウシャでの暮らしが深く心の内に刻まれている例である。以下、北海道家庭学校寮長・藤田俊二の記録「佐名のこと」から引用する。

九月九日　今日は保坂の姉さんから悲しい電話。保坂が「クモ膜下出血」で、二日前に一人住まいしていたアパートでひっそり亡くなっていたという。「テーブルに石上館名物、大盛カレーライスと書いた絵があったので、先生にはお知らせしなければと電話しました」消え入る様な声で話してくれた姉さんも、どこかで一人住まいしているはず。母親がいなくなって、家族がばらばらになって、北高、北大は楽に行けるだけの学力もゆうに持っていた聡明な保坂が、この一年は日にウイスキー一本を飲んで酒浸りだったという。享年二三歳。唯悲しく合掌。

〈藤田俊二（1991）「佐名のこと」『非行克服現場からの報告⑥　明日にはばたけ』全国教護院協議会、p. 14。〉

この文面から察するに、「酒浸り」の期間、彼が藤田寮長へ連絡してくることはなかったのであろう。しかし、彼は亡くなる直前まで、まるで故郷の風景のように石上館のことを思い出していたのではないだろうか。他にも、藤田の石上館をまるで自分の実家のように捉えている例がある。以下は藤田の元寮生の「郷田君」の記録、彼と結婚した「A子さん」が藤田に宛てた手紙の写しである。

昭和五〇年四月二日。A子さんより便り。

拝啓
先日は突然にお邪魔しました上に高いお土産まで頂き、どうもすみませんでした。（中略）父母に猿の腰掛を持って行きましたら、（中略）私達は、毎日学校のことばかり話し合っています。私はいつも料理のことで奥様に比較されて叱られ、先生のおっかないことも何べんも何べんも聞かされ、すっかり頭に入った程です。（後略）

〈藤田俊二（1979）『もうひとつの少年期』晩聲社、pp. 164–165。〉

文中の「学校」とは北海道家庭学校のことであり、「奥様」とは藤田の妻である寮母のことである（北海道家庭学校では、寮長・寮母ではなく、先生・奥さんと呼ぶ）。A子さんの手紙からは、「郷田君」が毎日のように石上館のことを話している様子が伺える。そして「奥様に比較されて叱られ」ているA子さんは、まるで夫のイエの味（姑の味）を出せずに苦しんでいるかのようである。このような例は、筆者の聴き取りにおいても――退所生が妻を連れてリョウシャを訪れ、まるで実家のような感覚でいる様子――が語られていた（第Ⅰ部第三章）。

帰属意識というと、私たちは母校やクラブチームなどを思い浮かべるかもしれない。あるいは、家族や町内会などを連想するかもしれない。私たちは生まれながらに様々な集団、あるいはネットワークに所属し、そしてそこに帰属意識を持っている。そしてその集団やネットワークに自身が属している、という事実の確認は、意識しなくても、あるいはあまり苦労しなくても日常的に確認できるのが常であろう。

しかし、白馬学園のAちゃんや藤田寮長の「保坂」、「郷田君」の例、あるいは筆者が聴き取ってきた、施設を訪れる退所生の例（第Ⅰ部第三章）を見ると、彼らが生育歴の中で所属した、あるいは帰属する、または意識される集団ないしネットワークはごく限られたものであったことが読み取れる。彼らの内に、施設やリョウシャへの帰属意識があったか否か、本当のところはわからない。しかし、〝そこで暮らした経験〟が子どもたちの〝退所後の人生〟を支える何らかの助けになっていたのではないだろうか。

昨今、〝居場所〟や〝連携〟ということばがよく聞かれるようになった。しかし、本当に頼る者のない人たち、あるいはそのように感じている人たちにとっての〝居場所〟や〝連携〟とは、もっと命の根源に関わるものではないだろうか。社会資源として、今、目の前の危機から救うための機関や活動（例えば炊き出しやシェルターなど）はもちろん必要である。だがしかし、それ以外にも、第二章に書いたような、本人の存在、あるいは〝愛された記憶〟や〝大事にされた経験〟など、目に見えない〝居場所〟と、それを確認できる〝繋がり〟の確保もまた、とても重要なことなのではないだろうか。

5. ほんものの〝自立支援〟

キョウゴ・モデルと〝繋がり〟

職員のいう〝繋がり〟とは、子どもと職員との信頼関係のことを指す。このことは、かつていわれていた子どもと職員との「同一化」をゴールとした過程で説明するならば、〝始まり〟といってもよい必須要件（いわば手段）なのかもしれない。しかし、実際のゲンバでは、養成所の講義や〝教護職員の教科書〟でいわれていたような「同一化」に至るには、様々な困難があったといわれている。その現実の中で職員は、子どもの退所というリミットを前に、子どもたちと――彼らが入所している間に――〝せめて繋がること〟を目標にしてきたと考えられる。それは言い換えるなら、子どもたちの措置解除――それは施設養護、そして社会的養護の〝終わり〟を意味することが多かった――を念頭に置いた、まるで祈りにも似た目標であった（ある）ように筆者には感じられるのである。

キョウゴの世界にも多くの限界はあるが、それでも子どもたちと、彼らの〝退所後の人生〟を支える一助となってきたことは確かなことである。それを可能にしたのは、子どもと職員との信頼関係という〝繋がり〟であり、また、施設や寮舎（ムラやリョウシャ）への帰属意識という〝繋がり〟でもあったと考えられる。

かつて、筆者は文献研究の成果を中心に発表を行ってきた（序章）が、次第にそれだけでは不十分であると——現代社会では、施設の設備や環境、そしてしくみや方法までもが大きく変化しつつあり、当時の文献を〝翻訳〟するだけでは、本来の趣旨は正しく伝わらないのではないか——と考えるようになっていった。文献上の「教護する」の中で抜け落ちているものは何か……何を足したら本来の「教護する」が再現されるのか……筆者はフィールドワークの内容を集め、紙カードに書き付けていった。その作業は膨大な手間と時間がかかったが、やがて浮かび上がってきたものが〝ムラ〟の要素であった。

ほんものの〝自立支援〟

第二節で筆者は、ワク、リョウシャ、ムラの三位一体が子どもの回復と育ちをもたらす、これが〝ほんものの子育ち〟ではないかと述べた。これに対して、〝繋がり〟——職員と子どもとの〝繋がり〟、あるいは子どもとリョウシャ、あるいは子どもとムラとの〝繋がり〟（帰属意識）——ができること、そして職員は、その〝繋がり〟を目指し、またその〝繋がり〟によって退所生の〝その後の人生〟を支えてきた——これら一連の営みは、あるいは子どもへの〝自立支援〟——この用語には抵抗があるが——と呼べるのではないだろうか。

子どもの自立支援とは何か、筆者はキョウゴを対象とした研究活動を通じて長年考えてきた。実際の施設では、家庭調整とか、高校進学とか、あるいは就労支援やアパート探しなど、日々〝自立支援〟が行われているのであるが、しかし、施設の目的や方法としてのそれは依然として見えてこないのだ。今後の施設が何に比重を置くのか「家庭復帰」か、「自活生活」か、あるいは「進学」か、何をもって〝自立支援〟とするのか、また、その置いた比重と〝キョウゴらしさ〟はどの程度共存しうるのか……。あるいは〝キョウゴらしさ〟を捨て去ってしまうことが、むしろ現代社会を生き抜くための〝自立支援〟となるのか……〝児童自立支援施設らしさ〟という共通の価値観は筆者にはまだ見えていないが、遠くないうちにそれは認知されるのであろうか……。それとも、そのような〝らしさ〟が固まる前に、施設は解体されてしまうのか……いずれにしても、子どもたちの側に立つ〝自立支援〟であってほしいと心から願うものである。

注

(1) このことはもちろん、かつて「〝環境〟と〝人〟という二つの因子に分けて説明」(武 2010b：107)を行った時も同様である。その際は「両者はどちらが欠けても成り立たない、そしてこの二つの因子と、その因子同士が相乗的に織りなす独自のふん囲気(『全体のふん囲気』)や職員のテクニック、エビデンス等を網羅して『教護理論』ということばで表象」(同：108)した、と説明を行った。

(2) 例えば事例集③「アニマル・弘志がやってきた」の例を挙げると、保護者による虐待内容は次のようである。「母親は、『猫にやる餌はあるが、おまえにやる餌はない。』と弘志には食事もろくに与えず、何かにつけ弘志をほうきの柄で叩き、弘志の頭には沢山の傷あとがハゲとなって今でも残っている(中略)猫がいなくなれば一か月でも探しまわるが、弘志が家を出ても探した事は一度も無く『この子が中学を出たら、どこで生きようが、どこで野たれ死のうが関係無い。』と公然と言う。弘志は、三歳の時に父親の実家に預けられ、小学校入学時に父母に引き取られた。しかし、養育を放棄されて小学校三年生から六年生の二月末まで、虚弱児施設に入っていた。(中略)そんな弘志は、学校が大好きで、(中略)日曜日も来るのである。しかし、自分の椅子には五分と座っておれず、(中略)給食だけはしっかり食べ、他の生徒の残り物を袋に入れて持ち帰る。(中略)先生が自分の家に連れて帰らない日は、学校の体育館の倉庫や公園の便所で寝泊まりしている」(事例集③：37-38)。

(3) 「『わたしんとこ、いつもインスタントラーメンやった。』『日曜日はね、おとうさんとおとうとと三人で、パチンコに朝からずっといっとった。ごはんも食べんでずっとよ。おもしろくないけん、おとうととウロウロしよった。』(中略)食生活が豊かでなかった彼女にとって、学園での食事はほとんどが初めてみるもので(中略)ラーメンなど麵類が主の食生活では、『嚙む』事が身についておらず、また食物にたいしての味、におい等の恐怖があり、同じ小学生の食事に費やす時間と比べてみても、大きな差を生じていた」(事例集⑦：102)。

(4) 「『私は正男の母親です。この前から正男があちこちからお金を盗ったことで調べを受けました。先日も駅前のスーパーにいたおばさんのハンドバッグを盗み(中略)私は五千円を貰って米を買いました。いつも正男はよそから盗って来た金を私に分けてくれるのです。ですから『盗って来たのかい』と聞かなくても分かっているので黙って貰うのです(中略)正男は盗んだ金品を遊び金として浪費しているが、その一部を母親に渡し、母親も分かっていながら受け取り生活していたのである」(事例集

③：136)。

(5)　例えば、注2で保護者からの虐待ケースで紹介した「弘志」という子どももそのようなケースと考えられる。以下、引用する。「十二月二十四日、弘志が新入生を専門に受け入れる寮にやってきた。臭くて、臭くてたまらない。紙袋を一つ下げていた。(中略)『荷物は、こちらで預かるから出してごらん。』『いやだ。これは名前は言えないがある人からもらったオレの命から二番目に大事な物だからテメーラに渡せるものか。』と胸にしっかり抱きかかえてわめきちらす。強引に取り上げて中を見ると歯ブラシ一本、石けん一個と便せんが入っていた」(事例集③：39)。「八月三日に退園の日は決定した。父親とAさんが迎えに来た。弘志は、学園から四キロほど離れたAさんの家に住み込んで就職をした。弘志の荷物は、私の古着と『命から二番目に大事な、歯ブラシと石けんと便せん』であった。これらは、鑑別所に入っていた時に父親と母親が面会に来て置いていった物であった」(同：49)。

(6)　例えば斎藤学『封印された叫び』には、著者で精神科医である斎藤のクリニックに自傷行為で受診した若い女性の例が報告されている。彼女は「中学二年のときから父親が毎晩のように寝室へやってきて私を触る。寝たふりをして我慢している」(斎藤 1999：229)ということを母親にも信じてもらえなかった。しかし母も性的虐待を懸念するようになり、斎藤のクリニックを受診する前に別の病院の精神科医に「『もしかしたら夫は本当に娘を……』と言いかけると、その精神科医は大声で笑い出したという。『そんなこと、あるわけないじゃないですか』」(同)といわれた、ということである。斎藤はこの事例について、「『出来事』が起こってから、それを母に漏らすまでに二年近く、母が医療機関の第三者に話すまでに四年かかっている。性的被害の場合、犠牲者が被害を語り出すまでには驚くほどの時間がかかる」(同：230)と書いている。なお、注7も併せて参照されたい。

(7)　これらのケースについて、詳細は記さないが、筆者が聴き取ってきた事例やケース研究会等で読んだ実際の記録などである。なお、森田ゆりの『沈黙をやぶって』は「子ども時代に性暴力を受けた女性たちの証言」(副題)を綴ったものである。同書によると、性暴力を受けた被害者がそのことを打ち明けたとしても、次のような扱いを受けてしまうという。「『あの人がそんなことするはずないでしょ』と信じてもらえず、たとえ信じてもらえたとしても『犬にかまれたと思って忘れなさい』とたいしたことではないとみなされ、さらには『あんたが誘ったんじゃないの？』と逆に罪の責任を着せられてしまう。だから被害者は黙ってしまいます」(森田 1992：8)。

(8)　〝大問題〟とは「問題が相当からまった状態」(上岡・大嶋 2010：106)を指す。大嶋曰く「〝大問題〟になってしまったら、何が問題なのかわからなくなっているし、話しても話してもどうにもならない。だったら〝小不満〟の段階で話すしかないのです」(同：106-107)としている。また、この〝大問題〟と〝小不満〟の説明の前には〝小相談〟と〝大相談〟ということが書かれている――「相談にもいろいろあります。たとえば『ぎっくり腰になったけど、どこの病院に行ったらいいか』みたいなこともあるし（中略）これらは〝からんでない〟段階の「小相談」です。だけどダルク女性ハウスでいつも受け付けているような相談は、もっと〝からんでいる〟。たとえば依存症の問題だったら『お酒が止まったら今度は買い物が止まらなくなってしまって、ネットオークションの前で八時間動けない、借金もしている』とか。アルコール依存という問題ひとつ解決したようにみえても、今度は潜在していた別の依存が深刻になったりする」（同：81）、「表面にあらわれているそのようなことだけでも大変なのですが、さらに裏側に、子どものころ学校でいじめにあったり、不登校になったり、非行になったりの問題があって、成長に必要なケアや教育を受けてきていないという背景がある。さらにまたその裏側には、幼少時に暴力の目撃や虐待があって、深く傷ついている。そうやって何年、何十年にもわたって積み重なってきた問題を相談しようとすると、相談するほうもされるほうも圧倒されてしまって、どうしていいかわからなくなっちゃうんです。だから、実際は『大相談』って相談できないんですね。何が問題かわからなくなっているから」（同：83-84）——。

（9）　修徳学院・平井光治は次のように書いている——「暮らすとは共に生活する事である。教護とは、指示、指導よりは感化である。無目的の目的心を以って、児童に接して、児童を回復させることである。こう考えるとやはり暮らすことが望ましい」（平井 1997：29）。

（10）　富田はこのことを武蔵野学院の院章に植物の麻とヨモギの葉があしらわれていることに即して「（院章の意味は）環境療法をとる、という明確な意見表明といえる」（富田 2005：58）としている。なお、同院章については第Ⅲ部第一〇章参照のこと。

（11）　国立武蔵野学院（1969）『武蔵野学院五十年誌』国立武蔵野学院、で確認した。なお、同誌によると宮澤は「宮沢」であったが、本人による原稿——宮澤修（1987）「教護院の戦後を築いた人々　青木延春、石原登両先生の事ども」『向陵』二九—一（一高同窓会誌）——では「宮澤」であったため、これに統一した。

（12）　引用部は「出版にあたって——監訳者まえがき」から引用した。これには頁が印刷されていなかったので、筆者が任意に頁数をつけた。〝ii〟としたのは、「出版にあたって——監訳者まえがき」の二頁目ということである。

（13）　「ここでカウンセラーとしてはそれぞれの人の適正なスペースを認識しておくことです。そしてカウンセリングではカウンセラーの方が力を持っている関係だということをよくふまえた上で、カウンセラーがクライアントに触れる時にはどんな時でも必ず本人の許可を得なければなりません」（リンダ・ジンガロ著　田上訳 1996：63）。

（14）　その他、これはカウンセリングの場面ではないが、筆者が二〇〇五年に参加したリンダ・ジンガロの講演会では、参加したサバイバーと見られる女性を優しく抱き止める姿が見られた。

（15）　「べてるの家」の概要は、公式サイト http://bethel-net.jp/beteltoha.html によると、次の通りである——「べてるの家は、一九八四年に設立された北海道浦河町にある精神障害等をかかえた当事者の地域活動拠点です（中略）生活共同体、働く場としての共同体、ケアの共同体という三つの性格を持っていて、一〇〇名以上の当事者が地域で暮らしています」――。べてるの家では、「三度の飯よりミーティング」といわれるほど、ミーティングを重視する暮らしを行っており、当事者たちはそのミーティングを通じて生活の中の様々な具体的な問題（例えば、お金貸してといわれたときに断る方法など）について仲間とともに話し合っている。また、「当事者研究」を行うことで、当事者が、自ら自身の障がいについて、その対処法を導き出しているということである。例えば、「『爆発』の研究」では、なぜ、自分は親や他の人に暴力を振るってしまうのか、ということについて「研究」したものである。その結果、「寿司を食べたい」と（本人が）いい出すことが「爆発」の萌しであることに本人が自分で気付き、また、なぜ寿司なのか……と、その原理から対処法まで考えていくのであった。なお、「当事者研究」については、『べてるの家の「非」援助論――そのままでいいと思えるための25章』（浦河べてるの家著、二〇〇二年、医学書院）の「第17章　当事者研究はおもしろい　『私』を再定義する試み」（浦河べてるの家 2002：157-161）の内容を要約した。なお、ミーティングについては、先に加えて、向谷地生良（2009）『統合失調症を持つ人への援助論――人とのつながりを取り戻すために』金剛出版：川村敏明、向谷地生良（2008）『退院支援、べてる式。』医学書院：伊藤絵美、向谷地生良（2007）『認知行動療法、べてる式。』医学書院、なども併せて参考にした。

(16)　児童養護施設園長から聴き取った。また、児童養護施設では、いわゆる〝中抜け〟（第Ⅲ部第三章注1）での継続勤務が行われている。このことが離職率と直接関係しているか否かは今回調べられなかったが、職員の就労条件としてはかなり厳しいのではないかと考えられる。また、一九九六年に筆者が実習を行った養護施設（当時）でも、同様のことが起きていた（第五章注11参照）。

(17)　著者の藤田俊二は「幸福な家庭はひとつひとつがすべて幸福なのに対して、不幸な家族はすべてが不幸な方に不幸な方につながっている」（藤田 2001b：136）と表現している。そもそも彼らはそのために施設での生活を余儀なくされたと考えられる。

(18)　花島の調べでは一九八五年から一九八七年までの三か年で当時の教護院から当時の養護施設へ措置変更されたケースは「わずかに二・八％にとどまっている」（花島 1994：135）である。

(19)　高等学校への進学率の低さに加えて、かつては「時として教護院入所時の学籍がなくなってしまったり、また卒業証書が出されなかったりする」（花島 1994：53）というケースまであった。関連第Ⅱ部第三章、第Ⅲ部第一〇章など。

(20)　現在では、ファミリーソーシャルワーカーの設置なども進められているが、専用の職員が派遣されるということではなく、施設職員が兼任している場合が多いようである。

(21)　筆者が聴き取った例では「アフターケアー一生」という語りが聴かれたが、『教護院運営指針』には「教護院には『アフターケヤー三年』というスローガンがある」（『指針』：154）と記してある。

（22）中には退所時に措置解除とせず、措置停止で退所させて様子を見る、という場合もある。

（23）かつて、教護院より少年院の方が良い、と入所後に語る子どもはしばしばいたようである。例えば、「一日目　尚子、入園。『あーあ、少年院の方がいいよー。』今日の日記の最後に書いてあった言葉」（事例集⑦：133）など。また、少年院の方が良い、ということではないが養護施設（当時）でも少年院でもない、教護院で過ごした、ということを複雑な思いで受け止めている退所生もいるようだ。以下、藤田俊二『まして人生が旅ならば』より引用する――「『俺さ、家庭学校を卒業したんだぞ！　っていくら大きな声で言ってもさ、この辺の人は［家庭と学校くっついてるの？　面白い学校ね］ってくすくす笑うだけなんだよ』そばで妻君が『私はいまでもそう思っているわよ。八〇周年記念式のときに行ってほんとにそう思ったし、お父ちゃんいい学校にいたのよって子どもたちにもちゃんと話したわ』とにこにこしながら話したら、中野が少しむきになって、『俺さ、それは家庭学校を卒業してよかったという気持ちもあるけれどさ、家出と養護施設を逃げ出してばかりいたけど、悪いことなんかなんにもしていないのに、なして教護院である家庭学校へ入ったんだろうということになると、いまも納得していないんだよなー』と少しマジになって僕に問いただしてきた。（中略）トラックの運転手仲間でずいぶん友だちもいるんだけどさ、少年院出た奴って明るいのね。もう一五、六歳になって自分がやったことの意味もよくわかっているし、なんでも明るく喋れるんだよねえ。それにくらべればさ、東京の教護院とか大阪とか名古屋の教護院出た奴、家庭学校を出た俺もふくめて、そういう話しになると暗いよ。子どものころの話、親とか家のこととか暗いこととか辛いことが多いからさ。そのころの自分の惨めな気分が眼の前によみがえってきて、いやーな気持ちになるのね。養護施設出た奴は出た奴で結構自分の苦労話をけろっと話しながら、そういう苦労しても自分は教護院に行くような悪いことはしなかったと俺等を顔で見下すさ。頭にくるけど、教護院出た俺等はなんも反論できないから黙ってしまうしかないんだよ』」（藤田 2001b：176-177）――。

（24）教護院時代は、「教護達成」「教護未達成」という表現が使われていた。この表現は現在も引き継がれ「自立支援達成」「自立支援未達成」などといわれる。「達成」とは、職員あるいは施設がもう退所するに値する状態だと判断した上での退所、「未達成」は例えばムガイのまま施設に戻ることなく退所になってしまった場合などが想定されている。また、子ども自身が「達成」状態にあっても、様々な理由から即時退所とならないことは、これまで述べてきた通りである。

（25）阿部は同著作において「児童の変化に伴って、処遇論も変更を迫られるであろう。今日、『麻の中の蓮』、だけではすでに対応できなくなっており、『処遇の専門性』が求められる状況にある」（阿部 1996：191）と書いているが、具体的な「処遇」についての提案はなされていない（このことについて、後に著者である阿部本人に確認したところ、「うん、書いてないよ。そんなもの、ないもの」と言っておられた。なお、文中にある「麻の中蓮」（関連：第Ⅲ部第一〇章）について阿部は次のように書いている――「家近二郎は祖父の石原登が『ウイズの精神』を説明するのに、荀子の『勧学にある『麻の中の蓮は、助けずシテ、自ずから直す』を引用したという。これは曲がりくねった蓮でも、麻の中ではまっすぐに育つように、人も善人に交わればその感化を受けて自然に善人になるとの喩えでであり、蓮を児童に、教護職員を麻に見立てているのかもしれない。しかも蓮がまっすぐに生長していく過程の中で、麻はその存在を蓮に気づかれることなく、じっと側に寄り添い共に生活をするというイメージがここには込められている。そして、児童の問題を児童と共に解決するという『ウイズ』から、共に生きる、共に生活することが強調されていったのであろう」（阿部 1996：190）。

(26) 施設のスティグマ性については第Ⅰ部でも述べてきたものである。事例としては『もうひとつの少年期』で、寮長・藤田が元寮生の「奥山君」をたずねた際、「僕が家庭学校出身だからということをA子には隠しているので、先生も黙っていてね」（藤田 1979：205）といわれて「『歌志内中学校の藤田という者です。このたびは本当におめでとう』と、なんとなく妙な気分で挨拶する」（同）と、藤田が元寮生の婚約者に挨拶する場面が描かれている。結局、この縁談は結婚詐欺で、元寮生の「奥山君」は被害に遭ってしまうのであるが、施設で暮らした経験のある子どもたちが、施設職員との〝繋がり〟を肯定しながらも、施設経験については差別や偏見を懸念している様子がよく現れている事例の一つと考えられる。

(27) B寮長に限らず、失敗事例については話したくない様子、というのはしばしば見られることである（もちろん、筆者のインタビュアーとしての力量が関係するのであるが）。B寮長とは良好な関係が一〇年近く継続しており、今回、改めてAちゃんのことを中心にインタビューをお願いした。当初、一回のインタビューを予定していたが、三回になり、一か月間をかけて語ってもらうことになった。下手くそなインタビューに根気よくお付き合いくださり、話しにくいことを語ってくださったB寮長に心から感謝したい。

(28) 日本における社会行政上のサービスは、多くの場合、ユーザーが「相談」する、という形を想定している。しかし、社会福祉サービスを求める人の多くにとって、適当な窓口を自ら選んでそして出向いて更に「相談」して自分の要求を説明する、ということは、実は大変な困難を伴うことである。ユーザーと支援者の療法の立場から書かれた『その後の不自由』では、「相談はなぜ難しいのか」（上岡・大嶋 2010：74）という項目で、社会福祉サービスが必要な人にとって「相談」がいかに困難なことであるかについて具体的に報告されている。是非、参考にしていただきたい。

第四章　施設内の暴力——実践上のリスク

第一節　三位一体のバランスを欠いたとき

先日、ある会合で関係者の一人から「名称は変わったが（中身は）何も変わってないのではないか」との発言があった。その後、転退職者交流会の席上でも同じ様な発言があった。その場の状況を説明しないと理解していただけないと思うが、全く意味の違うものであった。前者は、「旧態依然とした、閉鎖的、独善的なところ」といった批判的な意味が込められており、後者は、「今も、自分たちが培ってきた暮らしの教育を中心として、家庭的な雰囲気の中で子ども達が安心して生活できるところ」という肯定的な意味に受け取れた。

〈久保繁（2002）「巻頭言」『非行問題』二〇八、p.1。〉

引用冒頭の、「名称は変わったが（中身は）何も変わってない」（久保 2002：1）とは、教護院から児童自立施設に名前は変わったけれど、中身は何も変わっていない、という意味である。執筆者の久保は、別々の場面でこのフレーズを聞いたが、その意味するところのものはまったく異なっていた、ということである。この、施設を巡る、相反する二つの意見――一方では「『旧態依然とした、閉鎖的、独善的なところ』といった批判的な意味が込められて」（同）いると評され、もう一方では「『今も、自分たちが培ってきた暮らしの教育を中心として、家庭的な雰囲気の中で子ども達が安心して生活できるところ』という肯定的な意味が込められて」（同）いると評される――を読んだとき、これは本当によくキョウゴの世界を表したエピソードだなぁ、と感じたものである。

執筆者の久保は「その場の状況」について書いていないが、例えば、二つの施設を見れば二種類の感想が出る、ということはごく自然なことである。しかし、キョウゴの世界の場合、同じ施設を見たとしても、否定的な意見と肯定的な意見の両方の意見が出る可能性がある。例えば、ある施設の「施設内処遇」（入所型の施設で、子どもたちは施設内にある「学校」に通い、許可がない限りは自由に外出できない）の様子を見て、Aさんは〝子どもを隔離して閉じ込めている〟と否定的に捉えたが、Bさんは〝虐待する保護者や不適切な養育環境から護られた安全な場所〟と肯定的に捉えた、などというように――。

菊池俊諦が、子どもの悪い面ばかりに着目して悪い子だと決めつけず、子どもを多角的に見て、まるごとその子を理解することだ（第Ⅲ部第五章）と考えたのは、世の中の人たちが、「非行少年[1]」の加害面ばかりに意識を向けていたからであった。このように、私たちは、ある一面から全体を評価してしまいがちであるが、このことを前提として、しかし一方で、明らかにバランスを崩している状態、というのはあるものだ。最も象徴的なことが体罰に代表される施設内の暴力である。特に、暴力がしくみの中に取り込まれて一体化しているような場合、その行為はエスカレートする傾向にあると考えられる――それは、おそらくどのような施設、あるいは集団においても同様であろうが[2]――。

どのような施設でも〝三位一体〟のバランスは崩れてしまう可能性がある。「教護する」ことが容易に「指導する」にすり替わってしまう危険があるのと同様に、キョウゴ・モデルもまた、同じリスクがあると考えられる。すなわち、三要素がバランスよく調和していれば、子どもたちを護り育むキョウゴの世界を再現できる可能性があるが、しかし、ひとたびそのバランスを欠いてしまったなら、それは個人を剥奪し無力化するトータルインスティテューションを再現することになってしまうのである。このことは、身体の境界線を越えて暮らし合う、つまり「ウイズの精神」をモットーとするキョウゴの世界の宿命ともいえること――施錠して空間を分断し、互いに触れ合うことのない施設とは異なるため――である。

筆者は、教護院や児童自立支援施設のすべてがトータルインスティテューションである、とは考えていない――もし、M・フーコーが生きていたなら、彼はそうだというであろうが――、しかし、過去に――あるいは現在においても――トータルインスティテューションと化してしまった施設はある。本章は施設がそのような状態にあったと考えられる例――教護院時代に起きた実際の死亡事件の例――を元に、キョウゴ・モデルが内包する、避けては通れない暴力のリスクについて考察を試みるものである。

第二節　「体罰」を巡るフィールドワーク

1．教護院時代の死亡事件

第二章で筆者は、職員の〝暖かいまなざし〟が、〝監視〟という視線になるならば、キョウゴの世界はトータルインスティテューションそのものになってしまうだろう、というようなことを述べた。つまり、トータルインスティテューションのような施設と、トータルインスティテューションは、紙一重といえる。

社会福祉のゲンバでは、〝見守り〟ということばがよく使われているが、この〝見守り〟は、ともすれば施設の中では〝監視〟へと変化してしまう可能性があるし、特に「枠のある生活」を基本とするキョウゴの世界では、〝護って育てる〟が〝閉じ込めて懲らしめる〟へ――子どもの権利擁護が権利侵害へ――と変化してしまう怖れが常に伴うと考えてよい。

教護施設で体罰死

職員7人が竹の棒で殴る

鹿児島

鹿児島県国分市にある教護施設、[redacted]（[redacted]園長）で、三日夜、入園児に職員七人が体罰を加えて死亡させ、四日未明、[redacted]署に傷害致死容疑で逮捕された。

逮捕されたのは、指導課長[redacted]（四五）（[redacted]市[redacted]）ら教護係などの職員七人。

調べによると、[redacted]らは、同園の男子中学一年生A君（一三）がたびたび脱走するのに腹を立て、三日午後五時半ごろ、教室にA君を正座させたうえ、粘着テープで後ろ手に縛り上げ、竹の棒などで殴りつけた。A君は間もなく呼吸困難になり、午後八時半過ぎ知らせで救急隊員がかけつけた時には既に死亡していた。死因について[redacted]署で司法解剖して調べる。

調べに対して、七人は「全員で顔をこぶしで殴ったり、足でけったり、投げつけたりもした。この間、夕食はとらせなかった」と供述している。死因について、同署は全身打撲による外傷性ショック死ではないかとみている。

学園の話では、A君は十月一日に入園したばかり。たびたび園を抜け出し十一月八日には学園近くで自転車を盗むなどして神戸に行き、三日昼すぎ、職員が園に連れ戻した。

同園は、大正七年四月に発足した教護院。児童福祉法に基づき、盗みや、シンナー吸引など非行を犯した少年を更生させる施設。現在入っているのは、小学四年相当から高校一年相当までの四十四人。職員は三十三人。

1987年12月4日読売新聞。

そして実際に、施設では体罰の告発や痛ましい事件が起きている。告発者の代表としてまず挙げられるのが、法学者・菊田幸一である。菊田は一九七八（昭和五三）年に『少年棄民』を刊行し、少年院、鑑別所など少年司法における施設を紹介しているが、同書における教護院（当時）を紹介する項目の見出しは、「体罰が日常化している教護院」であった（第Ⅱ部第三章）。また、関連機関からの報告もある。保護観察官である加藤暢夫は一九八三（昭和五八）年発行の機関誌『非行問題』に、鑑別所においても〝教護院では体罰が酷い〟といわれていることを報告している（以下一部抜粋）。

保護観察官に直接関係する少年院においては、戦後まもなくは、教官や少年同志の体罰や私刑は目に余るものであったと聞くが、少なくとも、教官による体罰は、戦後のある時期を過ぎてからは、表だって久しく聞かない。それにひきかえ、教護院における体罰は、鑑別所の教官に「〇〇学園では、これ（ゲンコツを示して）が凄いんですってね。歯を折ったりしてるんですってね。今、教護院を無外（筆者注：無断外出、第Ⅰ部）して来て入ってる子の話ですよ」と言わせしめている。

〈加藤暢夫（1983）「体罰の克服を」『非行問題』一八六、p. 172。〉

このような外部からの指摘があったのにもかかわらず、このころ（教護院時代後半）には深刻な事件が連続している。一九八二（昭和五七）年、沖縄県立沖縄実務学園（現沖縄県立若夏学園）では当時一四歳の男子を体罰により死亡させる事件が、一九八七（昭和六二）年、鹿児島県立牧ノ原学園（現鹿児島県立若駒学園）にも当時一四歳の子どもが同じく職員による体罰で死亡している（前頁新聞切り抜き、第三節）。(3)

2. 菊田幸一『少年棄民』とその衝撃

このように、子どもの権利侵害――その中でも最も権利を侵害する事件である死亡事件が起きたのにもかかわらず――職員・関係者の間でこのような危険性について深く、あるいは具体的に分析・考察したという印象は薄い。例えば、機関誌『非行問題』誌上での議論もほとんど見られないのである。一方、外部の者は施設を〝子どもの権利〟を称え理念的に批判するばかりで、やはり深い、あるいは具体的な分析・考察を加えるアカデミックな姿勢に乏しかったように思うのである。

時代の変化に伴って、体罰は〝ダメなもの〟〝あってはならないもの〟〝いけないもの〟という認識が広まるとしたら、今度はそれが強いプレッシャーとなり、却って体罰を隠蔽する方向へと向かわせてしまうのではないか――それはいじめなどにもいえると思うのだが――と筆者は懸念している。事件が大きくなったときには第三者委員を入れて、内部者はいわば〝まな板の鯉〟、外部者は〝膿をすべて出す〟という態度に出がちであるが、しかし、それ以前の段階では、〝いけないもの〟という認知で、双方とも具体的なことは考えずに済ませてしまっているのではないだろうか。

そこでまず、実際のことを知りたいと思うのであるが、しかしそれには大変な困難があった。筆者がフィールドワークを始めたのは二〇〇四年からであるが、そのころはまだ、菊田ショックとでもいおうか、『少年棄民』の影響が色濃いと筆者は感じていた。施設の見学や聴き取りの際には、「もう全国の施設は巡ったんですか」などと聞かれることがしばしば（そして今でも聞かれる）であった(4)。職員がよく使うこのフレーズは、菊田の影響、あるいは小野木が『非行問題』に寄稿した文章の影響があると考えられる。以下は、小野木義男の「或る化石教護の独白」から引用したものであるが、文中、「この本」とあるのが昭和四九（一九七四）年発行の『少年教護』、「別の本」とあるのが昭和五三（一九七八）年発行の『少年棄民』であると考えられる。

それにしても、教護院ほど周囲から叩かれ避難を浴びる職場は、他に例がないのではあるまいかと、つくづく思う。夏休みの片手間に全国の教護院を一巡して、それを一冊にまとめるだけで一躍、この道の専門家になってしまう学者がいる。（中略）それでもこの本で、教護院が「非行少年処遇の最後のトリデ」であり、われわれの営みが「世界的にもまれな、すぐれた処遇を行っており、世界にこそ紹介されるべきである」と持ち上げられてすっかりいい気になっていると、同じ著者が別の本で、教護院を、「体罰が日常化している」として捉え、いかに非人間的な扱いをしているかを描き、（中略）教護院はもはや「ほんの一握りの犠牲者をいけにえとして収容する施設であるにすぎない」と、完膚無きまでにこき降ろしてくれている。

〈小野木義男（1990）「或る化石教護の独白――失うものと、失ってはならぬものと」『非行問題』一九六、pp. 30–31。傍点筆者〉

小野木が書いている通り、一九七四（昭和四九）年発行の『少年教護』に菊田は、「二　非行少年処遇最後の〝トリデ〟」という見出しで始まる文中に、「わたくしは教護院の教護活動は、すぐれた処遇を現に行っており、世界にこそ紹介されるべきであると確信するにいたっている」（菊田 1974：21）と書いている。そして翌年一九七五（昭和五〇）年には全国教護院長会議に招かれて、全国から集まった院長を前に講演を行っている。(5) しかしそれから間もなくの一九七八（昭和五三）年、菊田は『少年棄民』を著すのである。小野木の「持ち上げておいてこき降ろされた」という印象はこのような経緯から来るものであろう、小野木の文章からは、〝ガクシャは全国の施設を巡り、その上辺だけを見て、さも解ったつもりで表面的なことばかりを書き連ねる〟という皮肉（批判）が見て取れる。そしてこのような感覚は少なからずゲンバの人たち共通の気持ちであり、『少年棄民』の出版以降、職員は程度の差こそあれ、外部者を排除したい気持ちや、あるいは恐れる気持ちを持ったのではないだろうか。「もう全国の施設は巡ったんですか」というフレーズには、『少年棄民』をすでに読んでいる外部者へは釘を刺す効果があり、また、読んでいない者には訪問の意図を探り、この施設のことをどれだけ理解しているかを図る物差しになっていると考えられる。それと同時に、この人物は〝本当に子どもの側に立つ人物か否か〟ということもジャッジされているのかもしれない。千葉県立生実学校・池口紀夫「『少年棄民』に応える」によると、『少年棄民』執筆の裏には次のようなことがあった――「A少年との対話を事例として提出し、その対話をもって問題点を指摘している。私の寮生と面接したことも私は知らないし、どの子供と面接したのかわからないので（中略）少なくとも担当職員にことわらず面接をするルポのあり方が私にはよくわからない（中略）氏の『ここにいると中三まで入れられるよ』という言い方は事実にも反するし、本当に子どもの気持ちや不安や生活を丸ごと心配する者は、こんな挑発的な物の言い方はしないものである」

（池口 1982：71-72）――。菊田『少年棄民』を確認すると、確かに同様のフレーズ――「ここにいると中三まで入れられるよ」（菊田 1978：103）が収録されている。池口のいうように、訪問者が職員の許可なく子どもにインタビューを行い、しかも「ここにいると中三まで入れられるよ」と子どもに直接言った、ということがもし事実であれば、職員が訪問者に対して憤りと強い不信感、そして恐怖を覚えることはごく自然な反応であろう。

このような、『少年棄民』ショックに加えて、一九九〇年の子どもの権利条約批准以降は、それまで以上に〝子どもの権利〟が意識され、〝子どもの権利侵害〟の基準事態も変化していくことになった。例えば、「子どもの方から叩いてください！　って言ってきたり[6]」、保護者から《先生、コイツ、一発殴ってやってくださいよー》（二〇一五年一月、レ学園、A元職員）などと言われて、もし職員がそれに応じて子どもを叩いてしまったら人権侵害とされる――当然それまでも人権侵害に変わりはないのであるが――。体罰だけではない、それまで当たり前のように行っていた丸刈りが人権侵害とされる、あるいは子どもたちの学籍を得るのに遁走し、そして多くの負担の上に成り立ってきた「学校」が人権侵害とされる、点呼、整列、穴掘り、日課……これまで当たり前にやって来たことや、〝良い〟とされてきたこと、あるいは職員の善意や負担の上で行ってきたことまで――視察に来た人たちなど、外部の者からある日突然〝人権侵害〟と非難されるのである――教護院時代の末期には、そんなふうにゲンバの人たちは感じていたのではないだろうか。

このように、ゲンバの人たちにとっては、いわば何が人権侵害と非難されるかもよく判らないという感覚があり、また、筆者がフィールドワークを始めた二〇〇四年ごろは、体罰のことなど、〝語るのも聴くのもタブー〟という空気があったように思う。またそのころは、プライバシーの保護という観点から、施設でのフィールドワークは困難になりつつある時代でもあった。それで筆者はとにかく、時間をかけることにしたのである。

3．〝論外〟の体罰とそうでない体罰

体罰を取り上げるにあたって

二〇〇四年から現在に至るまで、ゲンバの人たちは筆者をリョウシャに受け入れ続けてくださった（その成果が第I部である）、それは「黙して語らず」といわれるキョウゴの人たちの姿勢なのかもしれない。彼らはおそらく批判を恐れながらも受け入れることで――キョウゴの世界のことを正しく理解してほしいと願っていたのではないだろうか。

筆者がハッキリと〝体罰〟という文言を使って聴き取りを始めた（可能になった）のは、フィールドワーク開始から一〇年を経過したころからであった。そして体罰についての語りを聴く内に、職員の中には、「ただの体罰」とそうでない体罰が存在しているということに気付いたのである。このようなことを書くと、〝ただの体罰じゃない体罰は良い体罰だとでもいうのか、お前は、体罰を行う職員を擁護するつもりか〟という批判が聞こえてきそうである――実際、研究発表の場などでは毎回、このような批判を受け、体罰というテーマを取り上げることさえ困難な状態であった――。もちろん、筆者は体罰を是としているわけでも、それを行う職員を擁護するものでもない。先にも述べた通り〝いけないこと〟としている限りは、解決の糸口は得られないと思っているだけである。

改めて書くが、体罰はもちろん、子どもの人権を侵害する行為である。特に社会的養護にある子どもたちへの暴力など許されないことである。だがしかし、先にも述べた通り、理念論で批判あるいは否定するだけでは思考停止に陥っているのと同じではないだろうか、結局は原因解明や再発防止等には結びついていかないのではないだろうか――『少年棄民』には、次のように書いている――「『教育が悪い』と言い放つだけなら、今どき誰だって言っている（中略）少なくとも、思想状況に関わる知識人は自らの専門領域を起点にして、子供を異常な状態にまで追いやっている現象を内側から検討しようとしなければ、単なるアジテーターになり、それは全く変革の力にはならない」（池田 1982：78）――。池田は教育の問題を巡ってこのような発言をしているのであるが、また、筆者は知識人ではないのであるが、〝ダメだと言い放つだけではまったく変革の力にはならない〟ということについては、まったく同意見である。

体罰……といっても職員によって認識が違うので、ここではひとまず、施設内の暴力と捉え直して考えてみたい。また、施設内での暴力についてもまた、ひとまずごく大まかに職員から子どもへの暴力、子どもから職員への暴力、子どもから子どもへの暴力、と分類しておく。ここでは、職員から子どもへの暴力（いわゆる〝体罰〟に代表される）について整理することとする。

三種類の暴力

ゲンバの人たちから職員が子どもに暴力を振るった（振るってしまった）時のことを語ってもらった所、大きく二つの場合が考えられた。それは、子どもが何か具体的なルール違反をしたときの暴力（仮に〝ペナルティとしての暴力〟とする）と、それ以外の暴力である。そして（実は職員から子どもへの暴力には）もう一種類ある。それが先に挙げた「ただの体罰」――、「あれは職員が悪い、あんなのただの体罰だ」などとして語られる――暴力である。これは仮に〝論外の暴力〟とする。外部者からしてみると、暴力はすべからく〝論外〟なのであるが、ゲンバの人たちの中にはそこには明らかな区別があったのである。〝論外の暴力〟については後述するが、当初、職員から「ただの体罰」とされるものは、職員にとっては〝論外〟の暴力であったため、筆者がこのことについてインタビューしても、話が嚙み合わないのであった。何度かインタビューするうち、ようやくこのこと――冒頭で述べた〝体罰〟の認識が違うこと――に気が付き、職員が「ただの体罰」というところのものを〝論外の暴力〟としたのである。

第三節　ペナルティとして行われる暴力

1. ルール違反とペナルティ

これまでも述べてきたが、施設は——少年法の保護処分の受け入れ先の一つとして位置づけられていることから——子どもに矯正、あるいは矯正教育を行うものと誤解されがちである。しかし施設はもちろん、それらは行わないし、それどころか、子どもたちが過去に犯した罪に直接向き合う贖罪教育なども行われていない（第Ⅰ部）。第Ⅲ部でも見てきた通り、「教護する」の理念の根本は、子どもを護って愛してやることにあり、子どもの成長を以て自然に不良性が除去される、と考えられてきた。

このように、施設では、子どもが過去に犯した罪に対して直接的に働きかける——いわゆる〝償い〟の類——は行わないのであるが、ペナルティは存在する。それは、子どもが施設のルールに違反したとき——ムガイや喫煙、煙草の持ち込み等——である。子どもに課せられるペナルティは、正座、マラソン、穴掘りなどの他、コベツ（第Ⅰ部第一章）が行われたりする。これらのペナルティについてはどの施設でもある程度共通していると考えられ、これらはいわば、フォーム化したペナルティ(7)といえる。

一方で問題が発覚した直後——ムガイが発生(8)した直後、煙草が見つかったその時点——の職員は、臨機応変に対応しなければならない。このような場面で寮舎運営をどう行うか——「問題が起きたときこそが指導のチャンス」をどう実行するか——これは、職員の経験や力量の出やすい、いわば〝腕の見せ所〟ともいえる。筆者の聴き取りにおいても、ベテラン職員の「捌き」を感動をもって学んだ若手職員の語りを聴いたことがある（二〇一三年一二月、ロ学園）。しかし、この時の職員、あるいは職員集団に問題——経験が浅い、施設内で孤立している、あるいは日常的に暴力で子どもを従わせているなど——があると、職員の「指導」は子どもの命をも奪うような事件へと変化してしまう。

特にムガイの時が深刻で、先の沖縄の事件も、鹿児島の事件も、子どもがムガイしたことを発端としている。

このことについてある職員（a学園、a職員）は、沖縄、鹿児島の事件があった当時の教護院は、どこも同じようだったと語る。

a職員：沖縄の事件があって、その後鹿児島の事件が大きく新聞に載って、正直みんな「運が良かった」って思ったよ、（自分の施設でも）同じことやってるのになんで？　って。

武：鹿児島の事件では、ムガイから戻った子どもを後ろ手に縛って殴ったとか……そんなことは……（やってないのでは？）

a職員：やってたよ。

武：そうなんですか！　花島先生のご本にはこの事件のことが書いてあるんですが、それを読む限りでは、新人の先生が多かったとか（九八四頁）、なので鹿児島の事件は特殊なケースという印象だったんですけど……

a職員：いや、ベテランもいたでしょ？　（当時は）どこも（同じようなこと）やってたよ。

武：そうなんですか……

武：私は九六年に当時の教護院で実習させていただいたのが初めてだったんですが（中略）教護院時代も含めて、今まで職員が子どもに暴力を振るう場面は目にしたことはないんですね。だから教護院イコール体罰という印象がないんです。実は、同じ年に養護施設（筆者注：現在の児童養護施設のこと）でも実習をしているんですが、養護施設の方が体罰が酷かったんです。それに比べて教護院の方は、マラソンやったり作業がキツかったり、ということはあるけれど、暴力は目にしなかったし、〝厳しい指導〟もあるけど愛も沢山あるという印象で……

a職員：……

武：（実習した児童養護施設では）保育士さんが全員、一日中子どもを叩いていて、まだ幼児さんなのに、頭や顔をぶったり、顔に水をかけたり、ヒステリックに腕を摑んで外に放って閉め出したり……（中略）例えば食事の場面でも、まだ幼児さんなんだから、ちゃんと食べられないのは当たり前なのに、ちゃんとしないって保育士さんが何度も叩いて……

ａ職員：（ここまで聞いて突然）あーそれはないね。

武　：？

ａ職員：日常的な体罰は（教護院・児童自立支援施設では）ない。（キッパリとした口調で）それはない、普段（の職員）は優しいし、（日常生活は）平穏。ただ、許せないことやったときの激しさが常識を越えてるっていうか、すごく激しいんだよ、教護院の場合は。例えばタバコとかムガイのときとか。

（二〇一五年三月、ａ学園、ａ職員）

ａ職員へのインタビューで気付いたのは、職員の「体罰」と、筆者の〝体罰〟の認知に大きな開きがある、ということだった。『少年棄民』の見出しでは、「体罰が日常化している教護院」と書かれていたが、筆者の実習での経験では（インタビュー中にある通り）、それはむしろ養護施設（当時）の方であって、教護院・児童自立支援施設ではそのような光景は目にしたことがなかった（話には聴いたことがあるが）のである。ａ職員は《日常的な体罰はない》とかなりキッパリとした口調でいっておられた。しかし、子どもがルール違反をしたときには《激しさが常識を越えてる》暴力がふるわれる、ということであった。

2. 集団リンチと化す要因

体罰をタブー視しない時代背景

第Ⅱ部でも触れたが、沖縄、鹿児島の事件があった昭和五〇年代後半の一九八〇年代は、「戦後最多を記録した五八年をピーク（三一万七四三八人）とする第三の波」（法務総合研究所 2005：187）、暴走族の構成員数が「昭和五六年及び五七年の四万台をピーク」（同：202）であった。ちなみに当時ツッパリファッションで一世風靡した横浜銀蝿は昭和五五（一九八〇）年のデビューである。(9) いわゆる、ツッパリ全盛時代（一九八〇年横浜銀蝿デビュー、一九八一年～一九八二年暴走族構成員数のピーク、一九八三年非行第三のピーク）であった。

このような時代背景にあって、教護院における体罰は当時それほどタブー視されることはなかったと考えられる。むしろ男性職員はツッパリグループのボスにも屈することのない、〝腕っ節の強さ〟が求められていた時代であり、保護者側も「《先生、コイツ、一発殴ってやってくださいよー》という感じ」（二〇一五年一月、レ学園、A元職員）があったということである。当時は、いわゆる鍛錬教育といわれるものが（現在よりも）世の中に受け入れられていたと考えられる。なお、補足として、丁度この時代に中学生年齢であった筆者――昭和四二（一九六七）年生まれ、昭和五五（一九八〇）年春から昭和五八（一九八三）年春にかけて中学校時代を過ごした――筆者自身の市立中学校での体験を以下に記しておく。

当時、いわゆる「不良」と呼ばれる生徒たちはみなツッパリファッションに身を包み、グループを形成していた。彼らは教員に反抗する、学校の備品を壊す、あるいは落書きする、授業をサボタージュする、給食を盗み食いするなどしていたと記憶している。このような風潮に対して学校・教員側は規律を徹底することで――それも学年ごとに――対応していたように思う。具体的にいうと、まず、服装や髪型の徹底である。筆者の学年では、中学三年間で制服を身につけたのは入学式と卒業式のみであり、普段からジャージの上下を着用するよう指導を受けていた。そして

ヨット校長逮捕

県警[redacted]

訓練の名で暴行

2コーチも傷害致死の疑い

[redacted]ヨットスクール事件を捜査していた[redacted]警捜査一課と半田署は十三日午後六時四十分、東京都内で校長の[redacted]=を、昨年十二月十二日、訓練中に外傷性ショックで死亡した[redacted]、同市立[redacted]中学一年[redacted]君（当時一三）に対する傷害致死容疑で逮捕した。また、十三日午後九時二十分、同ヨットスクールでコーチの[redacted]（三〇）、[redacted]（二〇）を同容疑で逮捕した。ほかに、別の暴走族への監禁事件で逮捕ずみのコーチ六人中、五人を近く傷害致死容疑で再逮捕の予定。

（22・23面に関係記事）

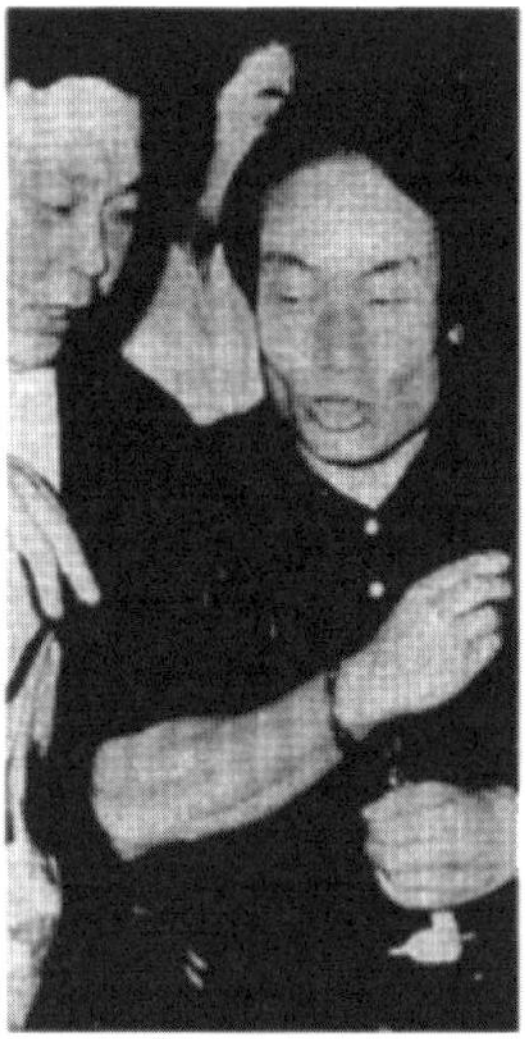

こだま299号で東京から連行されてきた[redacted]＝13日午後10時20分、国鉄名古屋駅で

[redacted]ヨットスクールは常識を超えるスパルタ訓練で、五十四年以来、[redacted]を含め死者三人、行方不明一人を出したが、訓練生の事故で初の逮捕となった。これまで問題を起こすたび、[redacted]は「訓練方法に落ち度はない」と世間の非難に耳をかさず、しごきを繰り返してきた。が、捜査のクサビが打ち込まれたことでスクールは存続の岐路に立たされる。

調べによると、[redacted]は、[redacted]ヨットスクール株式会社の代表取締役。同コーチの[redacted]らコーチ六人と共謀の上、昨年十二月五日から十二日までの間に、[redacted]の同ヨットスクールで、訓練生の[redacted]君（当時一三）に対し、態度が気にくわないなどと因縁をつけ、ヨット訓練などに名を借りた制裁として、それぞれ木刀、鉄けん、ヒザなどで頭や腹など全身を数回にわたり繰り返し殴ったり、けったりした。また堤防上から海中に突き落とすなど暴行を加え、その結果、十二日午後十一時三十分ごろ、[redacted]で外傷性ショックにより死亡させた疑い。

[redacted]君の死

[redacted]君は「体力を強くしたい」という本人や両親の希望で同月五日に同スクールへ入校したばかりだった。

[redacted]は、[redacted]君が死んだ翌日の記者会見で「全身の傷はヨットの中でころんだりして出来たもの。体罰はこの学校の特色で、故意の暴行によるものではない」と言い、テレビや雑誌では「あれは医者がリンゲルの点滴と、強心剤を打ったのが死因」と語っていた。

[redacted]は、[redacted]君の体に無数の傷があり、解剖の結果、死因は殴られたりしたとき起こる外傷性ショック死と断定。[redacted]署は同スクールと[redacted]校長宅を捜索して関係書類などを押収、解明を急いでいた。

今年四月二十四日、数人のコーチらが同スクール前の国道を走り回る暴走族に腹を立て、殴るけるの制裁を加え、五人にけがをさせた。この事件で同署は五月二十六日、コーチ六人を暴行などの疑いで逮捕。

これを[redacted]君死亡事件への突破口として、裏付け捜査を進めた。この結果、[redacted]君の入校後一週間、[redacted]とコーチらが必要以上に殴ったり、けったりしていた事実を突き止めた。

このため、体力的に劣っているのにかかわらず、[illegible]への指導範囲を逸脱した暴行を加え、さらに体調の異常に気付きながら適切な処置を欠くなど、「故意性」の疑いが強くなった、として強制捜査に踏み切り、十三日、[redacted]の[redacted]ホテル前の路上で[redacted]を逮捕した。

近く再逮捕される五人は、[redacted]ヨットスクールでは、五十四年二月に中学一年生が化のう性腹膜炎、五十五年十一月には二十一歳の浪人中の青年が肺炎の疑いで訓練中に死亡している。中学生については、[redacted]署が[redacted]とコーチ二人を業務上過失致死の疑いで書類送検したが、一昨年、名古屋地検が嫌疑不十分で不起訴に。青年の場合では、[redacted]とコーチ五人が傷害致死の疑いで書類送検、名古屋地検の処分は未定となっている。

1983年6月14日 朝日新聞。

このジャージは、色やデザイン（特に腕や脚部分に縫い付けられたライン）で中学校名及び学年が市民の誰もが一目で分かるよう工夫されており、胸には名刺の倍はあろうかというほどの大きな名札が縫い付けられていた。つまり、このジャージを着ていれば○○中学○年の誰それ、ということが一目で分かるのであって、これは市内の公立中学校全域にほぼ滲透していた。そして学内では、頭髪・服装検査が厳しく執り行われ、その執行には竹刀を持った男性の体育教員があたっており、違反した者には体罰もあった。

朝は始業前から清掃活動が行われ、また、放課後は部活動（特に運動部）が強く推奨され文化部よりも内申書が良くなる――というか文化部だと〝内申書に響く〟――といわれていた。部活動を行わない生徒は「ルンペン」などと呼称され、ハンパ者のレッテルが貼られていた。彼らはツッパリグループではないが、同等の扱いを受けていたように思う。つまり、ツッパリグループが反社会的とするならば、「ルンペン」と呼ばれる生徒たちは非社会的というイメージで、いずれも学内から排除しようとする雰囲気が作り出されていたように思う。また、部活動は試験期間以外の毎日、終業直後から夜七時ごろ（一番遅いときは二三時に及んだこともあった）まで行われていた。このように、当時は教護院に限らず、一般の公立中学校でも体罰や〝厳しい指導〟が行われていた。なお、戸塚ヨットスクールにおける傷害致死事件が大きく報道されたのもこのころ、一九八三（昭和五八）年のことである（新聞切り抜き参照）。

鹿児島の事件から

先に挙げた鹿児島の事件は、内容から考えてペナルティとして行われる暴力がエスカレートし、集団リンチへと変化した例の一つと考えられる。しかし、鹿児島の事件について、キョウゴの世界の人たち――職員や元職員――に感想や意見を求めた所、たいていは「あれは職員が悪い」という感じで、取り合ってもらえないというか、〝論外〟という様子なのである（ト学園元職員、カ学園元職員など多数）。『非行問題』誌上においても、特に特集を組むなどして分析・考察などは発表されておらず、わずかに、元北海道家庭学校職員、当時宮城教育大学教授・花島政三郎が著書にて鹿児島の事件について触れているのが見られる程度である。以下、その部分を引用・転記する。

　事件のあった鹿児島の教護院では、一五人の教護と六人の教母、合わせて二一人の職員がいたが、そのうち教護院勤務一年目の者が七人、二年目の者が七人、三年目の者が五人といった具合で、職員全体の九九％が三年未満の職員で占められている。しかも、事件に関与したとされる、七人の内三人は二三歳と二四歳の新採用の職員だったという。そうした職員にとって、教護院の子どもたちは、正に「別世界の人間」に見えたという。そして、『別世界の人間達』を普通の世界に従わせる、ほとんど唯一の手段として体罰を続けてきた」ともされている。
　また、教護院幹部のOBのお言葉として、「確かに教護院に異動になることは左遷という気持ちにならないとは言い切れない。学園に赴任して三年目になると、次の異動を考え、事なかれ主義になりやすい」とか、「（略）ごく稀な人を除いて希望者のいるはずがない。それで県も若い新採の独身者を配置せざるを得なかった。県職員のゴミ捨て場みたいなところ」とも評されている。正に教護院の問題の深さを痛感させられる思いである。

〈花島政三郎（1994）『教護院の子どもたち　学習権の保障をもとめて』ミネルヴァ書房、二三二頁。傍点筆者〉

　花島の報告を見ると、急速に〝合理化〟された当時の施設（序章、第Ⅱ部第三章）の様子が浮かび上がってくるようである。かつての、感化院時代からの伝統――子ども福祉をリードする、といったような気概――は失われ、施設は「県職員のゴミ捨て場みたいなところ」になっていた。行政異動で配置された職員は、若年の、施設のことはよく知らないと思われる職員たちである。その彼らにとって、施設で暮らす子どもたちは「別世界の人間」であり、職員集団は「唯一の手段」として「体罰を続けて」いた――このような状況下でムガイが起きた。ムガイは「事なかれ主義」の職員にしてみれば、県に報告を上げなければならない〝事故〟であり、むろん、「指導のチャンス」などではない。ルール違反を犯した子どもへの「体罰」が——おそらく集団で行ったことによりエスカレートしたのではないだろうか——集団リンチと化し、一三歳の子どもの命を奪ってしまったと考えられる。

ペナルティも〝共に〟

鹿児島の事件について花島は特に職員の年齢や経験について指摘していたが、それに加えて筆者は、通勤交替制という運営形態（職員の勤務形態）及び「ウイズの精神」との関係を考えてみたいと思うのだ。よく聴かれるのは、「小舎夫婦制では子どもたちと衣食住を共にするので、子どもたちが疲れたときには職員も同じように疲れるが、交替制では職員が入れ替わるため、常に元気な職員が子どもたちに対応する」[10]ということである。しかし、たとえ交替制であっても、また、経験の浅い職員であっても、「ウイズの精神」が実践されていれば、職員は（そのときだけではあるが）子どもと同じように疲れるものである。b職員（男性職員、教護院時代から児童自立支援施設を通じて交替制の施設に勤務）は、『ハンセイ』（コベツと同義）の二〇kmマラソンでも一緒に走った」と語っていた。b職員曰く、「《寮長がそういう雰囲気だった》ので、とにかくなんでも一緒にやったし、スタッフも若かったからできた」ということであった（二〇一五年四月、b学園、b職員）。

（着任してしばらくは）子どもたちからも「お試し」[11]があって、言うことなんて聞いてもらえなかった。なのでとにかく一生懸命やるしかなかった、畑仕事でも一緒になって八時間、剪定から石拾いから（子どもたちと）一緒に目一杯やるんです。私はミミズとか幼虫とか触れなかったんですけど我慢してやってました。毎日連続してやるんです、一緒に汗水垂らしてやる、もう技術がないからやるしかないんです。

ハンセイ生活っていうのがあるんですけど、それも何をするかっていうと（当時は）そのときの（受け持ちの）職員が考えなきゃならない、それで、その日の先生に送るぞ（宿直のb職員から遅番や次の宿直の職員へ引き継ぐこと）ってなったら、昼飯まで走るんです、もう二〇kmも走る、（一緒に走るので）こっちもヘロヘロです、そうするともう怒る気もなくなって「もうするなよ」って（それで容赦する）……

（二〇一五年四月、b学園、b職員）

※後日、b職員に、なぜ、このように子どもたちと〝共に〟走ったのか尋ねてみると、《寮長がそういう雰囲気だった》ということであった（以下語り）。

武　：先日、先生が「技術がないから走るしかない」って言ってたことがとても印象的だったんですけれど、もう少し詳しく教えてくださいませんか。
b職員：たまたま寮に入ったときが、元猪原学園（第Ⅰ部第一章参照）の〇〇さんが寮長さんだったんだ……
武　：そうだったんですね！
b職員：年も俺と二、三歳しか違わない、寮自体が若かったから、担当全員で走った、みんな三〇代だった、たまたま若い寮で、考えるより先に体動かすみたいな感じで……
武　：そうだったんですか。ではやっぱり寮長の影響力というか……
b職員：……寮長がそういう雰囲気だった。

（二〇一五年四月、b学園、b職員）

このように、キョウゴの世界のことを知らない職員――「ウイズの精神」ということばを知らない職員――であっても、b職員の例のように「寮文化」や「寮長の色」などといわれる雰囲気（第一章）が、子どもたちと〝共に〟何でも行う――それは正座でもマラソンでも何でも〝共に〟行う――姿勢が常である場合には、〝ペナルティ〟の内容がエスカレートしにくいと考えられた。

〝ウイズ〟が伝承されない要因

第Ⅰ部第一章で報告した猪原学園で、ある日こんなことがあった。本館で、ある職員（A職員）と話しているとき、ふと、その職員がグラウンドに目をやって、「あー……」と声を漏らした。視線の方向に目を向けると、一人の子どもが走っており、男性職員が一人、グラウンドの中心で見守っている。A職員は「ああいう職員は今までこの施設にはいなかったんだけどね……」とつぶやいた。筆者は、その、一見何の変わった様子のないグラウンドの風景を見ながら、A職員の真意をつかめずにいた。するとそれを察したのか、A職員は、「子どもと一緒に走らないなんて……そんな職員はウチにはいなかった……ああいうタイプの人は新しいタイプだよ」と続けた。

確かに、猪原学園の職員は、筆者が見る限り何でも子どもたちと一緒にやっていた。作業も、クラブ活動も、行事も、そしてクラブも行事のときも、職員はみな休暇返上で学園に集まっていたし、率先して下働きをしているように見えた。職員はそれらのことを当たり前のように楽しんでおり、猪原学園が好きで仕方がない、というように筆者には見えたのである。猪原学園の職員は、笑顔が多く、よく体が動く、という印象であった。そのような職員に対して、確かに今、グラウンドに立っている男性職員は筆者の目にも少し異質に見えた。よく見ると、でっぷりと太っていて、いかにも腰が重そうなタイプというか、とても子どもと一緒に走ろうという感じではなかった。しかし、そう感じさせるのは体型のせいではないようだ。筆者はこれまで埃まみれ汗まみれで走る職員の姿を――太っていても痩せていても、一生懸命、子どもたちよりもずっと遅れたとしても――目にしてきたからだ。

その職員は、子どもに声を掛けるでもなく、苦しそうに走り続ける子どもに厳しい視線を向けている。まるで見張っているかのようである。そして時々その視線をストップウォッチに向けてはまた視線を子どもに戻す……まるで「早く走り終われよ」とでもいいたそうな表情で子どもを見つめているのであった。

今思うと、あのマラソンはペナルティとしてのマラソンだったのであろう。筆者は内心、A職員はなぜ、先輩職員として注意しないのだろう……と思ったものである。実は、先に語りを報告したb職員からは、次のようなことも聴いていた。

武　：先日先生のお話を伺って、先生がペナルティとしてのマラソンも一緒に走るっていっておられたのが大変印象的でした。

b職員：一緒に走ったりしたね……先生（方）も（みな）若かったし、だんだん年取ってきて、若い人が入ってこないから、（子どもと一緒に走るのは）体力的なものもあるね、そうすると（職員は一緒に走らずに）タイム取ったり、何回走ったか記録したり（するようになる）……（職員が）高齢化していって、できなくなっていく、ということもある。

b職員：昔はコベツ（日課の内容）も職員にまかせられてて……今はマラソンでも距離が長いと虐待っていわれるしネ、今はコベツは園長決裁になっちゃったり。

（二〇一五年四月、b学園、b職員）

若い人が入ってこないというのは、選考採用（その施設だけの勤務で地方自治体の人事異動がない）がないとか、あるいは、設置主体である地方自治体自体の新採用がないなどの理由で施設に若い人材が少ないということと考えられる（後述）。このような人事が続くと、新任で入ってきた人でも中高年ということになる。先のグラウンドに立って

心解かした温もり

とりで ⑤

転機の児童自立支援施設

時に厳しく　時に優しく

「態度悪いんだよ」。3年前、四国巡りの観光バスの中。添乗員の純人さん(25)＝仮名＝は突然、中年男性に言いがかりをつけられた。「すみません」。自分に落ち度があるとは思えなかったが、頭を下げた。大事な仕事だから……と自分に言い聞かせた。

幼いころ両親が離婚した。小学4年から父の元で暮らした。父親は酔って暴れ、金属バットやベルトをたたきつけた。首を絞められて気絶した。家にいつけず、万引きを繰り返すようになった。父の暴力はやまず、自ら警察に駆け込み、中1の秋、首都圏の児童自立支援施設に入所した。

酔った父親が寮に怒鳴り込んできたが、大柄な男性職員が立ちはだかってくれた。刺激がほしくて無断外出を繰り返したが、その職員、[redacted]さん(56)は見放さなかった。罰で科された草むしりにも付き添った。「本気で自分をしかってくれる初めての他人」と純人さんは思った。

それでも、純人さんは施設を飛び出した。出先で万引きし、行きずりの男児を恐喝した。かつて自分がさらされた暴力をぶつけ、傷害容疑などで補導された。

「他の子をやるんじゃない。父親に立ち向かわないとだめなんだよ」

さらに飛び出そうとした時、[redacted]さんにグラウンドで投げ飛ばされた。

中学卒業と同時に施設を出て家に戻り、ラーメン店に勤めながら定時制高校に通った。しかし、半年で実家を飛び出し、定時制高校もやめた。飲食店や電話会社の営業を転々とした。疲れると施設に足が向いた。[redacted]さんは何も言わず1週間、寮で休ませてくれた。

好きになった女性のいる関西に行った。仕事を探したが、求人は高卒がほとんど。資格もない。父親以外に履歴書に書ける保証人もなかった。不安定になり、精神安定剤を大量に服用。アパートで手首を切り、意識を失った。退院後は生活保護を受け、アパートに数カ月こもった。

「元気か」。[redacted]さんは年に数回、電話をくれた。声の温もりが胸に染みた。体調が回復するにつれ、手当たり次第に求人雑誌を読み、インターネットを検索し始めた。20社以上に履歴書を出し、旅行代理店に就職。猛勉強し、旅程管理主任の資格を取った。「毎日が必死。過去を振り向けば、闇にはまりこむような……。でも、前に進むしかない」

×　×

児童自立支援施設を退所後、4分の1の子供が再び問題を起こし、家庭裁判所に通告・送致されている(02年調査)。非行から立ち直っても、社会で孤立する子も多い。「問題行動の根元にある心の傷が癒えずに、他人との関係が築きにくい」。[redacted]さんは今春、退所した子供らを受け入れる自立援助ホームの長になった。これまで32年間の職員生活で200人以上の子と暮らした。10人以上が事故や病で逝った。

3年前の夏。四国最南端の足摺岬にある寺で、純人さんは手を合わせた。「亡くなった施設の子供のために祈ってほしい」。四国八十八カ所の巡礼の旅の途中、[redacted]さんから電話があった。「もっと生きたかったよな」。胸の中でつぶやいた。

【野倉恵】

＝おわり

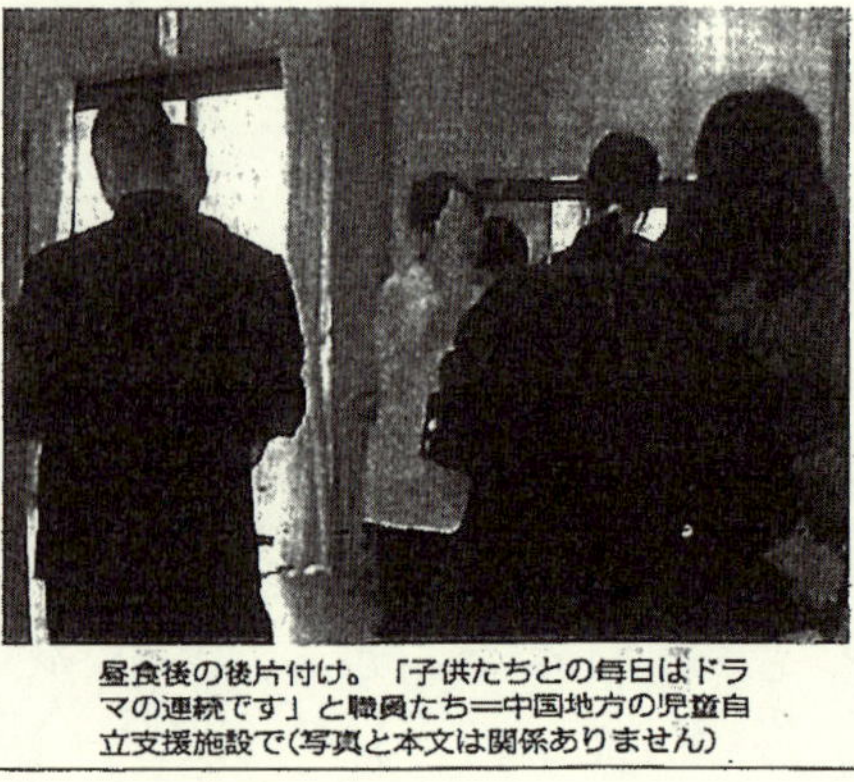

昼食後の後片付け。「子供たちとの毎日はドラマの連続です」と職員たち＝中国地方の児童自立支援施設で(写真と本文は関係ありません)

2005年10月13日毎日新聞。

いた職員もまた、人事異動で着任した職員であった。

また、「日常的な体罰はない」と語っていた先のa学園のa職員は、職員が子どもとともに作業やスポーツを行うことについて、《子どもにさせる方が多かったかな》（二〇一五年三月、a学園、a職員）と語っていた。

武　：作業やスポーツは職員も一緒にやってましたか？
a職員：いや、子どもにさせてた。職員も一緒にやったけど、子どもにさせる方が多かったな。
武　：そうなんですか。「ウイズの精神」じゃなかったんですか？
a職員：大人はズルいからね。先にやってる（経験してる）から子どもより何でも良くできるからね、野球でも何でもちょっとやってみせると子どもが「おー！」って感心する、それで「後はやっとけ」って。作業ではやらせる方が多かった。

（二〇一五年三月、a学園、a職員）

この語りを聴いて、筆者はある職員（カ学園、C職員）が語っていたことを思い出していた。A職員は夫婦制の寮母であるが、もう退職した大先輩の寮母が以前、「小手先で仕事をするようになったら寮長はおしまい」と言っていたのだそうだ。曰く、「寮長経験が長くなってくると、いろいろなコツを覚えてきて、子どもをある程度自由にすることができるのだという。しかし、それにあぐらをかいて、体も動かさず、口先だけ動かして、何でも小手先だけで仕事をするようになったら寮長はもうおしまい、辞めた方が良い」というようなことであった（二〇〇七年六月、ワ学園、A職員）。

また、ある交替制の職員によると、「職員が一緒にマラソンなどを走ることが禁止されている場合がある」ということである。なぜ禁止になるかというと、「あなたはできるからいいよね」「けど、できない人だっているんだから」という理由だという。つまり、「子どもたちと何でも一緒にやる職員の方が子どもたちが懐くし、関係性もできてくる、すると、その職員が担当のときは（子どもたちは）言うことをきくけれど、他の職員が担当のときには言うことをきかないってことになって、そうするときいてもらえない職員が嫉妬して、その嫉妬で〝ウイズ〟禁止になった[12]」、ということであった。〝共に〟行うことを基本とする施設のはずが、できない（あるいはしたくない）職員のために、理念や実践の方を変化（しかも「禁止」）させてしまう……そのようなゲンバも実際にはあるということである。

〝ウイズ〟になりやすい農作業

前頁の新聞記事には、ムガイをした子どもに対して職員が「罰で科せられた草むしりにも付き添った[13]」と書いてある。草むしりや農作業は年齢・性別を問わず、子どもたちとともに作業がしやすいものの一つであろう。〝天然の感化〟もさることながら、「作業はスポーツと違ってどのような子どもであっても劣等感を感じさせることなく達成感を得る体験を提供でき、また、成果がはっきりと目に見えるので効果が得やすい」と語る職員もいた（ワ学園元職員、B職員、第Ⅰ部第一章）。しかし、現在、農作業は縮小傾向にあり、その理由として分校になったことや、指導ができる人材が退職するなどで縮小する、などが挙げられている[14]。

キョウゴの方法として基本にあったはずの農作業（農業）であるが、しかし教護院時代にはそれを減らしてスポーツに力を入れる施設が増えた（第Ⅰ部第一章、第Ⅱ部第二章）。では何故スポーツが重視されてきたのか、そしてこのような傾向（スポーツ重視）について、職員はどのように考えてきたのか。一九九〇年発行の『非行問題』一九六号に掲載された座談会、「今、われわれに何ができるか」には次のようなことが語られている。

◎文化活動の重視

下川　教護院が自己反省をしないといけない所は、なぜあれほどスポーツに力を入れるのかということがあると思うんです。それしか子どもを引っぱるものはないのかと思う。スポーツは確かに勝ち負けが出てきますね。だから、勝ち負けという目標があると子どもを引っ張り易いんです。

西嶋　スポーツはバレーにしても野球にしても、ひとつのボールで、生徒も職員も、それさえ見て追いかけていればいいんですね。皆の目がそこに集まりますよ。でも、寮の子どもたちなんかを見てたら、一〇人おれば、一〇人みな違うから、十色かそれ以上に、場面場面をみてやらないといけないんですね。

岩崎　スポーツは今まで十分与えてきましたから、これからは文化面をもっと発掘していくべきだと思いますね。たとえば、何とか全国レベルで、生徒が主体にした統一文化展みたいなものをやれないでしょうかね。

〈近畿ブロック編集委員会（1990）「座談会『今、われわれに何ができるか』」『非行問題』一九六、p. 103。〉

この座談会で阿武山学園・下川は、教護院ではスポーツに力を入れてきたこと、スポーツが「子どもを引っ張り易い」（近畿ブロック編集委員会 1990 : 103）こと、そしてそのようなあり方について「自己反省しないといけない面」（同）があると発言している。奇しくも、引用部と同号の『非行問題』には、下川と同じ阿武山学園・元職員辻が「小舎夫婦制の一教護として」と題して次のように書いている――「汗を流すことでは、スポーツも農作業も同じだという見解もあります。けれども、常に勝敗にかかわる人間の名声、地位、利得の世界と、大自然を相手にする農作業には汗の科学的分析とは違った大きな人間教育の差異があるように、私には思われてなりません」（辻 1990 : 57）。

しかし、「座談会」は――辻のいうように、本来の方法である農作業を見直す、という方向へは向かわず――「文化活動」の重視、という方向で――「◎　文化活動の重視」という見出しが示す通り、少なくても紙面上は――まとめられている。それも、「全国レベルで、生徒が主体にした統一文化展みたいなものをやれないか」（岩崎）という提案がなされており、これは、既に行われている全国野球大会を彷彿させるものである。確かに、全国大会は盛り上がるし、子どもたちの取り組みも熱心なものになるであろう。しかし、それでは下川が指摘しているような「勝ち負けという目標があると子どもを引っ張り易い」という、スポーツ重視の考え方と何ら変わらないのではないだろうか。

農作業が子どもたちにとってどれほど有益で、また作業の中でも優れたものであるかについては、これまで繰り返し述べてきたものである。しかし実は農作業は、職員にとっても大変助かる、やりやすい作業なのではないだろうか。もし筆者が職員であれば、マラソンよりも草取りの方が断然〝ウイズ〟したいと思うのである。

第四節 職員が追い詰められた末の暴力

1. 沖縄の事件

鹿児島の事件が複数の職員による暴行だったのに対して、沖縄の事件は職員単独による事件だったということである。聴き取りによると、宿直担当の男性職員が、被害者である子どもをムガイから引き取り、寮舎に連れて帰った後、子どもに暴行を加えた事件、ということである。当時、亡くなった子どもと同じ寮舎の子どもの話(15)では、翌朝の様子について、「朝起きたら寮母さんが（被害者である子どもの死を知って）泣いていた」といっていたということであった。なお、語りの中では「寮母さん」といっているが、該当施設の沿革で確認すると、当時の運営形態は、職員五人による交替制であったようだ。(16)

2. 追い詰められる職員

ムガイと担当職員の責任

これまでも書いてきたが、ムガイは施設の記録としては「事故」になり、事故報告として設置主体への報告も行わなければならないし、その責任も負わねばならない。また、ムガイした先で、窃盗、万引きなど、子どもが罪を犯すこともあり、その場合はその対応も迫られることになる。しかし、いわゆる「叩き上げ」の施設長は、そんなことで部下である寮長たちに「ムガイは出すな」などとはいわないということである。次に引用するのも、そのような施設長の一人であろう。

振り返ってみると着任以来、（ムガイが続いて）約五ヶ月の間、休みらしい休みは一日もなく、外出といえば、警察への身柄引き取りぐらいしか記憶にない。（中略）

（中略）

（中略）「突然だが、今夜、寮長たちで映画を見に行こう」と、園長から誘いがあった。（中略）園長の配慮に感謝して喜び勇んでついて行った。

ところが、最初の一本も見終わらないうちに「国児学園の小野木サマァー」の呼び出し、電話がかかっていると言う。受話器を耳に当てるや否や「夜になると子どもをほったらかして出歩いているとはけしからんじゃあないか」と、激しい口調の主は、教師であった。（筆者注：ムガイした子どもが原籍校に忍び込んだところを宿直の教師が捕えて施設に電話したところ「男子職員は目下観映中」と知らされ劇場に電話してきたという経緯である。）

（中略）タクシーを拾い、学校へ急行したが、改めてその教師からこってり油を絞られ、ようやく連れ戻したが、どうも気持ちが収まらない。（中略）五ヶ月ぶりの外出だったともいえず、黙って引き下がって来たくやしさもある。こんな割に合わぬ仕事はないと思うと我慢が出来ず、辞表を書いて園長寮へ。

「私だって寮長をしていた頃、一度に八人の生徒に逃げられたことがあるんだよ。でも考えてみると不思議じゃあないか。いくら逃げ出す者がいるといっても、この学園が空っぽになったことは一度もない。それどころか鍵も掛けず、塀も全くない開放施設に、殆どの連中は生活しているのだものなあ。まあ、とにかく第三寮から全員逃げ出したら考えよう。それ迄この辞表は預かっておこう」と、なんだかうまく交わされてしまった。（以下略）

〈小野木義男（1990）「或る化石教護の独白」『非行問題』一九六、pp. 35-36。括弧内筆者。〉

このように、ムガイについては、当然、〝あるもの〟だということを前提に対応する施設長がいる一方、ムガイが出ると、職員を責め、防止するよう強く迫る施設長もいるという、職員の話では特に、「行政の人」にその傾向が強いということであった。

このように、ムガイが起きると施設が責任を負わされるだけでなく、担当職員に強いプレッシャーを与えることがあるようだ。ある施設では、夫婦制を廃止して交替制に移行した経緯について、「実はムガイの責任を寮長ばかりに押しつけられて、それがあまりに責任ばっかり押しつけられるから、それじゃあバカバカしいっていうんで、じゃあ交替制にしようって話になった」（二〇一〇年六月、W学園元職員）と語っていたほどであった。

他職員からの厳しい視線

ムガイの責任を担当の職員ばかりに負わせる、という語りは異口同音に、そしてこれは運営形態に関係なく聴かれたことであった。

ところで、この「責任」とは、具体的にはどのようなことを指すのであろうか。交替制の寮長（先のb学園、b職員）と、小舎夫婦制の寮長でもあった、c元学園長（c職員）に話を伺った。

〈b職員の語り〉

武　：よく、ムガイの責任を寮長一人が負わされるって聴くんですけど、外部の者にとってはちょっとピンと来ないんです……具体的にはどういうことなのでしょうか。

b職員：何か（の機会に）報告すると、例えば、朝会なんかあったときに（ムガイがあったと）報告すると、アドバイスと称して、責められる……。

………。

子どもが見てるからね。

武　：？

b職員：子どもは見てるから。例えば性非行なんかあったら子どもはよく見てる。廻ってやられた方はやるようになる。子どもたちは良く見てるから、同じ寮だと止められない。なんとなく、あの寮はいつも同じようなことやってるんだっていう目で見られちゃったり……子どもが入れ替わったら何でもなかったり。

b職員：非難というのじゃなくても、そういう目で見られちゃう。

※筆者補足　b職員がいわんとしていることは、ムガイに限らず、何か寮内で問題や事件・事故が起きた場合（この場合は子どもから子どもへの性的な暴力――「性非行」などといわれる）、問題の中心になる子どもがいる限り、同じような問題が連続して起きてしまう。そのとき、他の寮の職員からは、いつも同じような問題を起こしているという目で見られてしまう、ということだと思われる。

（二〇一五年四月、b学園、b職員）

〈c職員の語り〉

武　：責任を押しつけるというのは具体的にどういうことなんでしょうか、外部の者にはちょっと解りにくくて……例えば県に上げる書類が大変だとか、そういうことなんでしょうか。

c職員：口ではいわないけど……お前の所の寮舎運営が悪いんだっていう……他の寮舎からもそういう目で見られる……暗黙の……っていっちゃだめなのかな、無言の圧力が（ある）……。継続的にやってると（連続してムガイが起きると）、何やってるんだってことに（なってくる）……。上の人間（上司）が理解してやれば……

武　：そういうことなんですね。けれど、例えば原因となっている子どもが退所するとすっかり収まる、ということもあるそうですね。

c職員：そうそう、そうなんだよな。上の人間（上司）が理解してやるとか、上の人間だけでなく、周りの人間（同僚）も理解してやって、一緒に考えてあげようとか、そういう雰囲気があればいいけど……

武　：みんな一杯一杯だから……

c職員：そうだねぇ……

（二〇一五年四月、c学園、c職員）

この二つの語りでは、どちらも共通する内容――〝問題の中心とされる子ども〟と〝それがために問題を繰り返す寮舎〟、〝そうした寮舎を責める傾向にある職員集団〟――ということが語られていた。歴史を振り返ると、感化院時代の巣鴨家庭学校では「難物」とされた子どもを小笠原へ送るということが行われていた（第Ⅲ部第二章）。集団行動の中で、次々に問題を起こすとされる子どもという存在は、時代に関係なく、一定の人数で存在するものなのであろう。第Ⅲ部第一二章で触れた〝裏マニュアル〟――問題の中心となっていると見られる子どもを、わざとムガイするように仕向けて寮舎から追い出す――について触れた。この語りは内部告発に近いものなので詳細は書けないが、筆者が聴き取りを行った職員は、その問題の中心とされる子どもを追い出せないでおり、そのことで随分と先輩職員に責められて、とても辛い、と語っておられた。

また、ムガイは寮舎内を非常に険悪なムードにするということでも語られている（第一章）。この険悪なムードは寮舎を越えて、施設内のムードも悪くすると考えられる。そのような空気の中で責められる職員は、精神的にかなり追い詰められてしまうものと考えられる。

「責任を押しつけられる」の真実

〝問題の中心とされる子ども〟と〝それがために問題を繰り返す寮舎〟、〝そうした寮舎を責める傾向にある職員集団〟……このような状況が、本当にこの職員を追い詰めたのだな……と感じる語りがある。d寮長は併立制寮、小舎夫婦制寮の寮長を歴任した人物である。d寮長夫妻がかつて別の施設（e学園）で担当していた寮にも、やはりどうしても問題行動が収まらない子どもがおり、それがために他の子どもにも深刻な被害が及んでいたそうである。ちなみにd寮長は「《暴力は劇薬。劇薬だから効くけど副作用が大きすぎる、そして暴力は連鎖する》ので絶対にやらない」と語っておられた。

d寮長：俺ね、わざと子どもに（自分を）殴らせて、（結果として寮から）子どもを追い出した（筆者注：措置変更にした、の意と思われる）ことあるよ、ほんと、職員としては駄目な職員だけどね……

武　：そうだったんですか、先生、怪我したんですか？

d寮長：うん、骨何本か折ったよ。こーんな（と手で背丈を示す）大きな子でね、俺よりずっとでかくて、そいつの挑発にわざと乗って、わざと殴らせたんだ。
武：そうだったんですか……ある施設では、そういう子がいる場合、先輩職員からわざとムガイさせて追い出せって迫られたって話を聴いたのですが、子どもをわざと逃がすとか、わざと子どもに殴らせて骨折るとか、そんなところまで行かないと子どもを寮舎から出すってことはできないもんなんですか？
d職員：それ以外の方法あったら、とっくにやってるよ！
武：そうですよね……
d寮長：（子どもを）動かす方法あったらとっくにやってる、動かす方法はそれしかなかった。
武：そうなんですね……そこまで……
d寮長：事件化しないと（施設内で全然取り合って貰えなかった）、事件になって、ほら見ろよって感じだった。
武：そうだったんですか……施設によっては一度児相に戻して再判定してもらうっていうのをやってるようなんですけど……
d寮長：（そのころは）児相もd学園もいっぱいいっぱいで……（そんなことはまず無理だった）
武：確かに、（児童）養護施設は戻してくれないっていうことは、みなさんそうおっしゃいますね。国立もダメだったんですか？
d寮長：国立はまだ何も（事件を）起こしてないのに取ってくれないよ……国立は特に夫婦制ではダメ。国立は夫婦でダメならウチでもダメって、取らない（措置変更は受け付けない）風潮があるみたいで……
武：なるほど、確かに、さっきの一度児相に戻すっていう施設は交替制の施設でした……
d寮長：高齢児なんて、本当、どこも受けてくれないし。
武：高齢児だったんですか!?

d寮長：高齢児だった。
武　：そうだったんですか……それじゃあ確かにどこも（児童養護施設も国立も）受けてくれないですよね……（もし、該当児童が）中学生年齢だったらどうしましたか？
d寮長：そしたら見るよ。（即答して）
武　：そうなんですね！
d寮長：もちろん、それなら（次に行く所が決まっていれば）それまで（中学校卒業年齢まで）は何としてもウチで見るよ。

（二〇一五年三月、d学園、d寮長）

d寮長が最後に、《そんなの決まってる（ウチで面倒見るよ）》と即答したのが筆者には意外であった。そこまで追い詰められ、思いあまった末にわざと暴力事件を起こした（と聞こえた）のにもかかわらず、子どもの退所が保障されていれば退所までの期間はなんとか見る、そこまでは責任持つ、というのである。そこにベテラン寮長の手腕というか、落ち着きというか、自信とプライドというか、d寮長ご自身が、己の実力と限界を把握している様子が表現されているようであった。同席していたd寮長の妻、d寮母は《引き際ってあるよね》と語っていた。《無理だなって思ったら》ギブアップする引き際、というものがあるのだ、という意味であろう。

3．本当に行き場のない子どもたち

例えば子どもから子どもへの性的暴力など、現時点では児童自立支援施設で受けるべきか否か判断が難しいとされる子どもがいる。また、先のb学園・b職員の語りにあるとおり「性非行は被害に遭うと被害に遭った子が加害の側に廻ってしまい、同じ寮だと止められない」（二〇一五年四月、b学園、b職員）が、一方で、「その子が退所すると問題がぴたっと収まってなんでもなくなる」（同）ということもある。d寮長の語りも〝問題の中心とされる子ども〟が居た例の一つと考えられる。このような、――かつて留岡が「難物」とした――子どもは他施設が受けてくれる可能性は低い。なぜならば、そもそもその子は、どこにも受ける場所がなかったから、どこにも行く場所がなかったから、〝最後の砦〟である児童自立支援施設措置になった可能性が高いからである。児童養護施設でも、国立の児童自立支援施設であっても、児童相談所経由での措置変更の場合、施設間の調整は児童相談所が取ることになる。つまり、表向きは児童相談所を介して措置変更しているが、内情としては、あらかじめ施設間で連絡を取り、入所の打診をするなど調整を行っておくことがある。つまり、（家庭裁判所の決定ではない）児童福祉法の措置では、受け入れ先の施設が受け入れない限り措置変更は難しいということになる。『教護院運営要領』の「教護院の職員」の項目に、入所する子どもについて、「対象の選択は許されない。（中略）誰も相手にしなくなった者を最後に引き受ける場所が教護院なのである」（『基本編』：10）と書いてあるが、このような状況は現代になってもあまり変わっておらず、〝最後の砦〟の施設で働く職員にとって、子どもを〝見られない〟ということは絶対に許されない状況にあるようだ。[17] 家庭、学校、あるいは他の児童福祉施設から、問題のあるとされる子や難しい子どもといわれる子どもを児童自立支援施設に押しつける、施設では寮舎に子どもを押しつける、そしてひとたび職員が子どもを受けてしまったら、そこから「動かす」術はない――事件・事故が起きない限り――。a職員の語りから、「責任を押しつけられる」とは、他の職員から白い目で見られる、ということだけでなく、実際の子どもの身柄を押しつけられる、という面もあるのだと知ることになった。

注

（1）いわゆる〝キャラ〟ということばが示すように、近年は、ますますその傾向が強まっているような感覚を筆者は持っている。

（2）どんなに悲惨な状況でも繰り返されれば鈍化する、それが集団であれば尚更その度合いは加速する。それは、罪悪感や責任が分散されるからではないだろうか。
（3）「平成元年第七回沖縄県議会（定例会）第七号一〇月一二六日」で確認した。なお、議事録は沖縄県のサイト内にある「沖縄県議会」で検索・閲覧した。沖縄県議会の頁：http://www2.pref.okinawa.jp/oki/Gikairep1.nsf/
（4）この質問は、いわばお決まりのように聴かれる質問である。
（5）『非行問題』一七二号（一九七五年発行）には、このときの講演を元にした菊田の「教護院に期待するもの」が掲載されている。
（6）「子どもの方から《叩いてくださーい！　って》」。「《寮母さん、ぼく、こんなこと寮母さんに言ったから、あのときはカーッとして言ったから、けど、今思ったら寮母さんに何クソババアー！　とか言ったんですよ、喧嘩したときに。けど僕あのときカーッと来てたからあんなこと言ったけど、だから寮母さん、僕、叩いてください！》っていう子もいたんですよ。《それでヨシわかった！　ヨシ！　パーン！　って》子どもと関係ができてくると子どもの方から本当にそう言ってくるんですよ。そういう関係になっているからこそ、バシン！　って行ったときに初めて生きてくるんですけど、今の子はそれでは引っ張ってこられない」（二〇〇七年一一月、f学園、f職員）。
（7）なお、現在では、コベツなどのペナルティはマニュアル化し、施設長決裁を経て実行する、という傾向にあるようだ。
（8）ちなみに、子どもたちがムガイする理由は、誘われて遊び半分で（事例集②：139）、勉強や作業が大儀だった（事例集⑤：168）、いじめに堪えきれなかった（事例集⑨：158）、寮長一家との旅行が嫌だと言えずに（事例集⑧：199）、誕生日を彼女や友だちに祝ってほしかった（事例集⑧：68）、ネグレクトの状態になっている弟妹が心配だった（事例集③：25）、父の死後、幼少のころ駆け落ちしていった母を探して（事例集⑧：196）、然したる理由もなく衝動的に飛び出してしまう（二〇〇五年七月、カ学園、A職員）など実に様々である。職員はその都度、臨機応変に対応している。とてもマニュアル化できない世界である。
（9）ウェブサイト「TCR横浜銀蝿RSR公式」（http://ginbae.info/）で確認した。なお、横浜銀蝿の正式名称は「THE CRAZY RIDER 横浜銀蝿 ROLLING SPECIAL」ということである。
（10）現在は交替制というと、通勤交替制が主流になっているが、かつては、職員が施設内に住み込んでの交替制という形態もあった（第一章）ため、ここでは交替制と表記した。
（11）職員が「お試し」「試し行動」などと呼ぶのは、いわゆる、「試しの行動、リミット・テスティング」といわれるものである。それは「リミットテストをする――限界がどこにあるのか試す」（トリーシュマン他著　西澤訳 1995：83）ことである。つまり、「その環境の限界がどこにあるのか、つまり自分のどのような行動は許容され、どういった行動が制限されるのか、制限される場合には誰がどのような方法で制限するのかを知ろうとすることにある。特に虐待を受けた子どもの場合には、治療者などの大人が自分に攻撃を向けてくるのではないかということを試すことが多い」（西澤 1994：95）ということである。

(12) 二〇一五年、日付詳細、施設名などは伏せることとする。

(13) 新聞記事のインタビュイーである前田信一氏に直接確認したところ、「草取りだけじゃなく、マラソンでも何でも一緒にやった」とのことであった（二〇〇六年四月）。

(14) レ学園他複数の施設で聴き取った。

(15) 二〇一五年四月。なお、筆者はこの子どもから直接話を聴いたわけではなく、この話をした子どもを（その後）、担当した職員から聴き取ったものである。

(16) 沖縄県立若夏学院『平成一一年度　業務概要（平成八〜一一年度実績）の「沿革」によると、「昭和五一（一九七六）年四月一日　一寮五人制として教護三名増員される。ただし、女子教護各寮一名は昼間勤務のみとする。」とあり、事件があった昭和五七（一九八二）年まで、寮舎運営に関する職員体制の記述はないため、当時は五人の職員による交替勤務と考えられる。しかし、本文中に書いた通り、該当寮舎の子どもが「寮母さんが泣いていた」と言っていた、ということであるので、もしかしたら一部に小舎夫婦制寮が残っており、事件はそこで起きたのではないかとも考えて、事件当時の運営形態については調べてみたが今回は確認することができなかった。なお、夫婦制を廃止する際、夫婦をそのまま交替制勤務のローテーションの中に組み入れる施設もあることを附記しておく。

(17) なお、『教護院運営要領』は「精神薄弱」の子どもについては、次のように書いている――「なお、反社会的あるいは非社会的な行為と、精神薄弱とは関係があるといわれている。従って、精神薄弱児で不良性をもったものが、教護院に送られて来るということは、当然予想されることである。不良傾性の強い児童を取り扱う技術は、他の児童福祉施設には期待できないから、教護院でこれを引き受けなければならないことではあるが、ただ、その浮浪性が直接精神薄弱なるが故の非社会的性に由来し、充分な施設的養育保護を行いさえすればそれで不良行為が消滅するというような児童については、これを精神薄弱児施設の保護の手に委ねるが妥当である」（『基本編』：9）――。

第五章　予防の糸口――暴力を止めた職員へのインタビュー

第一節　職員から子どもへの暴力

1. 「ペナルティとして行われる暴力」との違い

第Ⅳ部第四章では、職員が子どもに暴力を振るった（振るってしまった）時の語りから、ペナルティとして行われる暴力とそれ以外の暴力があること、そしてペナルティとして行われる暴力がエスカレートした結果、〞論外〟の暴力――職員からは「あんなのただの体罰だ」などと語られる――となってしまう危険性について、実際の事件を元に考察を試みた。続く本章では、それらの暴力以外の暴力――〞それ以外の暴力〟――について考えてみたいと思う。

〞それ以外の暴力〟は、基本的には分類しにくいものである。ABCDと明確に分けられればよいが、それは難しい。しかし――未分化ながら――そこから何か共通の特徴であるXを取り出す、ということならばできそうである。例えば、〞カミナリオヤジのゲンコツ〟の類などがこれにあたる。これは、職員が子どもの行動（あるいは考え方）を正したり、善悪を教えようとするときのものである。ところで、ルール違反を犯したときのペナルティはどうであろうか。これも、子どもの行い、あるいは考え方の癖のようなもの（認知と行動）を修正する要素を含むものではないだろうか――だからこそ、職員は「問題行動が起きたときこそ指導のチャンス」と捉えてきた[1]と考えられる。この二者、即ち、善悪を教えようとする行為としての暴力と、ルール違反を正そうとするときの暴力とは、一見、同じことのように見える。あまり使いたくないことばだが、「指導」といってしまえばどちらも職員の「指導」なので、外部の者には区別がつきにくい。しかし、両者は性質の違うもののようなのだ。

先にも述べた通り、ペナルティとして行われる暴力は、ものごとの善悪を正すという面もあるかもしれないが、それよりも、リョウシャの中での人間関係を円滑にするためのしくみを学ぶためのもの――あるいは集団を健全に保つためのもの、といっていいかもしれない――という意味合いが強いと考えられる。例えば、子どもがムガイしたときなどは、コベツやハンセイというペナルティが課せられるが、その内容は、ムガイした子どもを一定期間、子ども集団から分離して別行動とする、というものである(第Ⅰ部)。このペナルティには、ムガイの連鎖を予防する――ムガイした子どもがそのときの話をする、それを聞いて触発された別の子どもがムガイする、というように――という面もあるが、それが主たる目的ではないように見える。コベツやハンセイは、集団におけるルール違反を犯した者に対して、その集団のメンバーたりうる資格を一時的に剝奪するペナルティである。つまり、共同体における村八分のような状態を一時的に作り出すしくみといえる。

一方、〝カミナリオヤジのゲンコツ〟様の暴力は、「ゲンコツでできたたんこぶは治っても、一度、性根が曲がってしまったら一生治らないかもしれない[2]」と職員が考えたときに行使された暴力である。つまり、基本的な善悪やモラルを教えるためのものであり、躾と重なる部分が多いと考えられる。

2.「懲戒に係る権限」と〝オヤジのゲンコツ〟――g学園、g職員の語りから

〝カミナリオヤジのゲンコツ〟様の暴力について、次のような例を聴き取った。それは、同じ寮生に対する差別発言があった(在日コリアンの子どもに対して差別的な発言、悪口をいった)とき、発言した子どもの頬を張った、という

ものである（二〇一五年八月、g学園、g元職員）。ちなみにg職員は他の職員から「g先生は優しいよ」と語られることの多い職員である。ある職員は、「優しいし、なんか、ユーモアがある」という――「g先生が寮長のときね、みんなで本館に行くとき、寮の前で整列してたんだけど、ある日、ある子どもがg先生が着てたシャツを（お洒落だって）冷やかしたら、g先生着替えてきて。そんな、子どもたちが冷やかせるような関係がある先生（子どもたちが萎縮するような怖い先生ではなく、優しい先生）だったよ[3]」――。筆者は残念ながらg職員の寮長時代を知らないが、彼を知る職員の語りを聴く限り、〝カミナリオヤジのゲンコツ〟というよりは、〝オヤジのカミナリ〟という方が近いのかもしれない。

これらのゲンコツやあるいはビンタなどは、（親が子にするような）躾と重なるものであったと考えられる。そしてこのような暴力はかつて――特に教護院時代には――ある程度認められていたと解釈できる。なぜならば、児童福祉法第四七条において、児童福祉施設の長には「懲戒に係る権限」――俗にいう懲戒権――が与えられていたからである[4]。懲戒権は現在でも児童福祉法に明記されているが、一九九八年の児童福祉施設最低基準の一部を改正する省令により、「懲戒に係る権限の乱用禁止」が盛り込まれることとなった。そのこともあってか、現在では、施設内虐待として取り扱われることが一般的になってきたようだ。なお、繰り返しになるが、職員から子どもへの暴力は、いずれの場合にも子どもの権利侵害である。また、どのような暴力もエスカレートする危険を孕んでいることを附記しておく。

第二節　暴力をやめたきっかけ――職員の語りから

1.「なぜ殴るのをやめたのですか?」――偶然が生んだインタビュー

暴力についての聴き取りを始めた当初、筆者は、職員や元職員に対して〝どのような場面で（あるいは条件が重なって）暴力を振るってしまう（あるいはしまった）のか〟という質問を用意していた。しかし、その切り口では、職員の本当に思う所や、それに関係するエピソードを聴き取ることは、無理ではないが困難なことであった。それで、積極的な問いかけは半ば諦めて、聴き取りの流れの中に機会を伺うことにしたのである。そして五、六年も経ったころであろうか、偶然そのチャンスは訪れた。そのときの詳細は記さないが、ある職員へのインタビュー中、〝何故、暴力をふるうのをやめたのですか〟と率直に切り出すことができた。相手の職員は――これまで筆者に暴力の事実を語ったことはなかったので――かなり驚いておられたが、すぐに冷静になり、質問に答えてくださった。

この偶然が生んだ方法は、インタビューイーが過去に暴力を振るった事実を筆者がある程度は知っている状態――なんとなく本人から近い話を聴いたことがあるとか、本人以外から聴いているなどして――で切り出すことになる。そのため、機会を伺うだけでなく、それ以前の準備が相当必要なので――というか、そもそも筆者は、暴力を振るったことがある職員をターゲットにインタビューを行ってきたのではなく、たまたまインタビューの機会があった職員の内、たまたま過去の体罰などについて筆者が知っており、たまたまそのときの会話が切り出してもよさそうな流れになっていたときにのみ質問する、ということである。このように、決して効率の良い方法とはいえないが、幸い、一〇年以上のフィールドワークの蓄積があったため、いくつかのエピソードを聴き取ることができた。

先述の通り、筆者の中でたずねるための条件が揃ったときに限り、しかしたずねるときには率直に、〝なぜ殴るのをやめたのですか?〟と質問すると、たいていはすぐに簡潔な答え(後述)が返ってくるのであった。このように、あまり迷わずことばが出てくる場合は――暴力のことに限らず――その人が過去にそのことについて文章にしたことがあるとか、文章にしないまでも、過去に十分に考えたことがある場合に多いと筆者は考えている(5)。誤解を恐れずにいえば、子どもに暴力をふるうことは――特に先輩が行っているときなどは――あまり考えずに叩いたり、ビンタを張ったりしていたかもしれないが、それをやめた職員はみな――少なくても筆者が質問した職員は――、そのことについて立ち止まり、深く考えた様子が伺えるものであった。

以下は、暴力(体罰、厳しい指導など含む)をやめた理由について、簡潔に語られたものを抜き書きしたものである。これはいわば、最初に筆者が質問を切り出したときの、質問への〝答え〟である。実際のインタビューでは、この初めの語り(語り出し)を糸口として、さらに詳しいエピソードを聴き取っていった。詳しい内容については、以降、順次、考察していく。

「伝わらないんだもん。伝えたいことが伝わらなくなる。それだけが一人歩きするようになって……」(二〇一四年一月、h学園、h職員、以下日付省略)

「許すことと話すことの大事さが解ったから。(学園の子たちが)かわいそうな子、どうしても被害者に見えてきちゃって……」(二〇一五年四月、i学園、i職員、以下日付省略)

「暴力はいらないって思ったから。子どもが本当に可愛くなって、暴力は必要ない、って思った……」(二〇一四年一二月、j学園、j職員、以下日付省略)

「かなしいって思ったから。「かなしい」っていうことを教えてくれた子がいたんだ。その子が力で支配できないことを教えてくれた……」（二〇一五年三月、ケ学園、A職員、以下日付省略）

なお、これらの聴き取りは、主として教護院時代のものである。また、これは暴力を振るってよい条件には決してならないが、当時はいわゆる「行動化する子」が多く入所していた――「暴力が主訴で入所した子なんて職員なんてボコボコにするよ、一声かけたら一晩で三〇万も集まるような、当時のお金で、総番長だった子、ものすごいエネルギー持ってる子」（二〇一五年九月、レ学園元職員）――時代のことである。

2. 叩いても伝わらない――h学園、h職員の語りから

今の子は叩いても伝わらない

h職員は教護院時代から児童自立支援施設を通じて併立制の寮長をしていた男性職員である。明るく、正直で、面倒見の良いお兄さんという雰囲気である。《俺は情の人だから》と語り、h学園を愛する気持ちを隠さない、訪問するといつも必ず歓迎してくれる人物である。

武：（子どもを）叩くのやめようって思ったのっていつごろからですか？

h職員：一〇年前くらいからかな。

武：なんでやめようって思ったんでしょうか？

h職員：伝わらないんだもん（叩いても）。伝えたいことが伝わらなくなる。それだけが一人歩きするようになって……（殴った、という事実が施設内虐待として事件になり、「虐待した」ということだけが「一人歩き」する、という意味と考えられる）

h職員：もともとは、それ（暴力）でしか伝えられないのか、俺は下の下（のランクの職員）だろうと思ってた。こんなことしてて、伝えられないんだって。

武　：叩いても伝わらないっていうのは？

h職員：今の子は親から叩かれて育ってないから。叩かれてる場合は虐待とかで……そういう（身体的虐待）じゃなくて叱られてない、親からも先生からもそういうふうにされてないから、叩いても伝わらない。

いわゆる〝カミナリオヤジのゲンコツ〟

h職員が〝子どもを叩くのをやめた理由〟は比較的シンプルである。先の懲戒権の範囲と考えられてきた〝カミナリオヤジのゲンコツ〟を親に代わって行っていたが、世の中全体が叩いて躾けるという時代ではなくなってきたこと、また、子ども自身も保護者などから〝カミナリオヤジのゲンコツ〟を受けて育った経験がないので（職員のいわば〝親心〟はくみ取れずに）ただ単に暴力として捉えられてしまうこと、さらに、第三者機関など、外部の人にとってみたらそれは虐待になるので叩くのをやめた、ということである。

叩くときは〝完全に勝ってるとき〟

h職員は《伝わらない》ということばを使っていた。それはつまり、伝えたいことがあるということである。伝えたいことがあるときに〝叩く〟という手段を用いることがある、ということである。h職員はまた、女子を叩くときには、《完全に勝ってるときじゃないとダメ》という表現を用いていた。

h職員：（女子寮では）たたくのは、完全に勝ってるときじゃないとダメ。

武　：？　女子でですか？　男子寮の場合はよく、動物のマウンティングじゃないけど、寮長の方が強いっていうのを見せないとだめっていうのは聴きますが……

h職員：上下関係できてる中で、信頼している先生を裏切っちゃいけないな、という空気っていうのかな……。

《勝ってるとき》というフレーズを聴いて、筆者は石原登の「征服」、そして『教護院運営要領』の「征服」ということばを思い出した。それはおそらく、h職員が《勝ってるとき》と表現するものと同じことではないだろうか。

どんなに教育的処置も相手が受け入れなければ何もなりません。

よく聞いてないお説教を長々とやっている人がありますが（中略）前述のような訓戒中毒を深めるという害があるだけです。（中略）

これは相手に対して精神的優位に立たなくてはなりません。これを一応征服（あまり適切な表現ではありませんが）と申しておきましょう。

〈石原登（1960）『十代の危機　間違いのない子にする導きかた』国土社、pp. 141-142。〉

とくに、被教護者は、自ら求めて教護されるのではない。はじめは、さざえのように反感、恐怖、侮辱、慢心、ひねくれ等の固い殻をかぶっていて教護を受け付けようとしない場合が非常に多く、こんなときに、どんなに教護方法を工夫をしてみても一切は無駄である。これが何か心を打たれるような教護者の行動に接して、驚嘆、または感謝等によって心が征服されるとか、無理のない接触の中に自然にうち解けるとかして、この殻が除かれ、はじめて、教護効果が現れはじめるのである。

〈厚生省児童局監修（1956）『教護院運営要領　技術編』、p. 119。傍点筆者、なお引用は職員のテクストとして『基本編』と『技術編』が合冊されたものを使用した。〉

h職員の《勝ってるとき》というのは即ち、相手が職員を尊敬していたり信頼していたりしている状態を指すのであろう。そして職員がよくいうところの〝信頼関係ができている〟状態——《信頼している先生を裏切っちゃいけないな、という空気》——が必要だということである。この〝信頼関係ができている〟状態というのは、他の職員に共通して聴き取れることであった。

3．可哀想な子どもと実感して——i学園、i職員の語りから

叩かないといけないのかと思った

i職員は現在、ゲンバを実質的に取りまとめる男性職員である。若手職員の育成を始め、ソーシャルワークの視点を取り入れた家庭調整や保護者支援、あるいは施設の広報活動などにも積極的に取り組む、いわば職員として〝一番脂がのってる〟年代の職員であり、単独制寮や併立制寮などの寮長経験を持ち、勉強熱心で、いつも丁寧に対応し、物腰がおだやかな印象の職員である。

武　：以前、「殴る価値のあるやつだけは殴る」と先輩が言っていたというお話を伺いましたが……
i職員：はい、今、その先輩に聴いたら、そんな話した記憶はないって、もしかしたら言うかもしれないですが
……
武　：いえ、私自身も、直接、（その先輩職員から）、同じようなお話を伺ったことがありました。
i職員：「殴るときは仕事をかけて殴る」とか、あと「関係のできてない子には殴らない、だから新入生は殴っ

ちゃだめ」とか、入って(施設に勤務して)間もなく、二年目、三年目ごろだったかな、先輩方がそんな話をしてくださったように思います。そのころ、懲戒権の禁止が通達されて……平成一〇年でしたかね、それが施行になって……

(中略、後述)

武：そのころは、i先生ご自身も(子どもを)殴ってたんでしょうか。

i職員：そうですね。そのとき(時代)はやっちゃってましたね。というか、先輩たちが叩いてたので、そういうもんだと思ってました。そうしないといけないのかなって、思ってました。

武：そうだったんですね。先輩たちが殴ってたので、とお話する方は他にもいらっしゃいました。

武：それで、殴ることについても、先輩から「関係のできてない子には殴らない、だから新入生は殴っちゃだめ」とか、そういうことも教わったんですね。

i職員：はい、それは先輩方が言っておられました。時代(の変化の中)で、叩くことがダメだってことにもなってきてましたし、(それでも)叩くのなら、「仕事かけてやれ」って。(自分自身としても)「感情転移と同一化」ができてて、信頼関係があってじゃないとダメだとか、それがあった上でなら、(叩くのは)アリだなって思ってました。

武：「感情転移と同一化」はどこで(学んだのですか)?(i職員は養成所出身ではないと聴いていたことと、i職員と同じ年代の職員に「感情転移と同一化」を知っている職員が少ないと感じていたため、質問した)

i職員：ハンドブックとかで読みました。それから、以前の施設長がよく教護の話をしてくれて……『石原先生の思い出』を貸してくれたり……

武：そうだったんですね。

暴力の伝承――筆者の体験

ⅰ職員は、先輩が子どもたちを殴っていたのでこの仕事ではこのようにするものだと思って先輩と同じようにしていた、と語っていた。このようなことは他の職員からも語られたことであった。実は、筆者も似たような経験をしたことがある。しかし、それは教護院・児童自立支援施設での体験ではなく――先の通り、筆者自身は教護院や児童自立支援施設で職員が子どもに暴力を振るっている場面を目にしたことはない――養護施設（現在の児童養護施設）での体験である。

一九九六年、学部生のときに養護施設で実習[6]を行ったときのことである。その施設（仮にX養護施設とする）では、保母（現在の保育士）や児童指導員[7]がそこに暮らす子どもたちに日常的に暴力を振るっていた。そして保育士は、実習生である筆者に対しても、「ちゃんと叩いて」と、子どもを厳しく叱ることや叩くことを強要したのである。暴力を隠蔽するどころか実習生にすら叩けと強要するのであるから、職員が子どもに暴力を振るうことはX養護施設にとって当然のことになっていたと考えられる。職員のほぼ全員が、子どもたちを（幼児も含め）――まるで叩くのが仕事のように――叩いており、顔に水を掛けたり、外に閉め出したりしていた。彼らはただ一人の職員（女性職員、後述）を除いて、子どもたちに暴力を振るうことについて何の疑問を持っている様子はなかったのである。施設全体がそのようになっており、先輩から後輩へ、そしてその施設の文化として、暴力は申し送られ、定着したのであろう。

このような、〝負の申し送り〟ともいうべきことは、X養護施設に限らず、また、種別に限らず他の社会福祉施設や病院でも起こりうることである。X養護施設で唯一、子どもに手は上げるが、まだためらいがある、といった様子の職員（先述の女性職員）がいた。その職員はまだ新人の部類に入る方であり、「実習で行った施設の方が良かった。子どもにもっとやさしかった」と言っておられた。そんな彼女もまた、ここではこういうやり方なのでそうせざるをえない、という様子が見て取れた。

児童養護施設と違い児童自立支援施設の場合、ほとんどの施設が公設公営のため、人事異動で着任する職員も少なくない。その場合、キョウゴのこと以前に、福祉のことをまったく知らない場合――「（ある県では）子どものことをやったことがない、それどころか福祉でもなんでもない昨日まで水道メーターの検針をやってた人が、いきなり行政の異動で児童自立支援施設の職員になったりする」（武 2010a：21）――もある、このような、学びも経験も乏しい新任職員が、先輩職員から、仕事のやり方として暴力を用いた方法を教えられた結果、暴力だけが唯一の方法――『〈別世界の人間達〉を普通の世界に従わせる、ほとんど唯一の手段として体罰を続けてきた』ともされている」（花島 1994：232）――になっていく、ということは十分考えられることである。

ただの体罰とそうでない体罰

先輩が後輩へ、誤った方法、あるいは不適切な方法を教える場合、教える人間がそのことが不適切な方法だと知りつつ教える場合と、不適切だと認識せずに教えている場合とがあると考えられる。先のa職員（第四章第三節）は、「体罰って今はみんな（施設内）虐待っていうけど、虐待って感覚なかった」と語っていた。i職員も、「時代もそういう時代でしたよね……中学（校）でも普通に体罰やってましたし」と語っていた。

i職員の語る先輩職員が、体罰についてどのように認識していたのかは定かではないが、先輩職員はi職員に「関係のできてない子には殴らない、だから新入生は殴っちゃだめ」という申し送り――これは第Ⅲ部第一二章に書いた、〝裏マニュアル〟の類であろう――をしていた。また、a職員は次のようにも語っていた。

a職員：体罰って今はみんな（施設内）虐待っていうけど、虐待って感覚なかった。

武：ある職員が、子どもを殴ったときのことを一つ一つ、どんな子に、どんなシチュエーションで、どのように殴ったか、細部に渡ってかなり鮮明に覚えていたんです。

a職員：俺は覚えてないな。（子どもに後から）「先生、あのときぶったよねー」とかいわれても、「そうだっけー？」とか、その逆もあって、本人（A職員）結構殴った（という記憶がある）けど、本人（子ども）ケロっとしてるとか、全然気にしてないとか、関係付いてるから（退所した今でも）よく連絡してくるし……。

a職員：俺、多分、誰からも恨まれてないと思う。なんとなく、その自信だけはあるんだ。恨まれたら絶対だめ。恨まれるようなら叩いちゃだめ。

（二〇一五年、三月、a学園、a職員）

a職員がいうように、子どもが《ケロっとしてる》からといって、そのことについて子どもが忘れているとは限らないとは思うが……。a職員はまた、「子どもが訴えるケースなんてまずないよ、子どもはたいてい、納得してる」と語っていた。この、「子どもは納得してる」という語りは異口同音に聴かれたフレーズであった。

第四章で、ただの体罰とそうでない体罰について触れたが、この両者を分ける要因はこの辺に有りそうである。それは、一言でいえば〝暴力を受ける方が納得している暴力〟――しかしこれはもちろん、職員の語りにおける〝納得〟であって、実際の子どもがそのときどのような気持ちであったかについては確認できないが――である。このように、職員の内には、子どもに納得してもらえる、あるいは受け止めてもらえる（それは今でも将来でも）、という手応え――もしくは確信、あるいは思い込みかもしれないが――がある場合があり、その手応えがあった上で行う暴力が〝そうでない体罰〟、それを伴わないものが〝ただの体罰〟であり「そんなの論外」といわれるもののようである。

これまでも述べてきた通り、外部の者にしてみれば、暴力はそれ自体が許されない、〝いけない〟ことなのであって、すべからく〝論外〟である。実際同僚職員から〝体罰事件〟として内部告発される場合もある。また、暴力を振った職員自らが申し出て、訴えられた例もある。以下は、子どもを殴って怪我を負わせてしまった職員（k施設、k職員）が、自ら事件を報告して事件化した例である。

k職員：俺、（暴力で）訴えられたことあるよ。
武：そうなんですか。それは内部告発で？
k職員：？　いや、自分から言ったよ。子どもに怪我させちゃって……
武：そうだったんですね……。
k職員：（子どもがいうには）ジソウから聞かれるままに答えたらこうなっちゃったって。それで「先生が訴えられるなんて！」ってジソウに乗り込もうとして……その子今でも（会いに）来るけど。「先生、謝ってほしくない！」って言って……「俺はお前が解ってくれてよかったよ」って……
武：そうなんですね。お話を伺うと先生方の中には何か、そのときの、殴る、殴らないの判断があるようなんですが、それが外の者にはまったく解らないんですよね。
k職員：わからなくていいんだよ。
k職員：確信犯的に、〝俺は悪者で良いです〟っていう感覚はあるよね。

（二〇一五年五月、k施設、k職員）

k職員は、暴力について《昔だって認められてた訳じゃない》と言う。《俺だって高校のとき先生に往復ビンタされたけど、そのときだってそんなの認められてた訳じゃない、それでも殴ってくれたってことは感じて、目が覚めた》と語っておられた。〝暴力は、イリーガルで認められないことだ、それでも必要な場合は先のi職員が先輩からいわれたように《仕事をかけて》行う覚悟を持て〟、このような意識が職員の中にはあるようだ。それが、職員のいう、「ただの体罰」ではない体罰なのだと考えられた。

「ただの体罰」が起きやすい要因

施設ではしばしば「中堅がいない」ということが聞かれる。定年間際の職員と、新卒、そして新任の職員が多くて、主力になる中堅層が薄く、基幹職員となる人材がいない、ということである。このことは、全国五八施設ある施設の中で、都道府県市立の施設が五四施設（内市立は四施設）であることと無関係ではない。総務省のホームページによると、地方公務員の総職員数は、「平成二六年四月一日現在、二七四万三六五四人で、平成六年をピークとして平成七年から二〇年連続して減少。対前年比は、八八三〇人の減少[8]」ということである。

他の社会福祉施設が民間委託への移行が進んでいるのに対し、公設公営の施設が多いということがこの施設の特徴の一つである。児童自立支援施設は少年法の保護処分の受け入れ先でもあることから、他の社会福祉施設に見られるような流れ――事業団化を経て民設民営という〝民営化〟――には抵抗の声が高かった（あり方検討会、第Ⅱ部第三章）。それに対して国（厚労省）は「職員資格だけの廃止で、抜本的な議論がないまま民間委託の道筋をつけていく」（前田　2010）[9]という方法で〝公務員減らし〟を行ってきたといえる。

二〇〇九（平成二一）年一〇月、地方分権改革推進勧告、続く一二月の地方分権改革推進計画の閣議決定、そして二〇一〇（平成二二）年三月、地域主権改革推進一括法が通常国会に提出され、翌年二〇一一（平成二三）年から施行となった。これによって、それまで国の基準で定められてきた児童福祉施設の最低基準は都道府県等の条例で定めることとなった。それに伴い、児童自立支援施設の職員の身分に関する規定も撤廃された（構造改革特別区域推進本部決定）。これで法律上、民設民営の施設を新設することができなかった児童自立支援施設に〝民間委託の筋道〟がついたのである、しかし、採算の合わない、しかも大きなリスクを伴う児童自立支援施設に参入しようという新規事業者はおらず、現在の所、新たな民設民営の施設はできていない。

では実際の施設でどのようなことが起きているのかというと、専任新規採用が一〇年、二〇年の単位で止まり、その代わり地方公務員の職員人事の中で職員が異動してくることになる。設置主体によっては福祉職の採用がなく、どんな職種にいる職員でも——水道メーターの検針をやってる人でも（前述）——漏れなく児童自立支援施設に配属される可能性が出てくる。このような人事で施設に着任し、そしてようやく施設に慣れてきたとしても、職員は三年単位で人事異動してしまうのである。キョウゴの世界では、「一〇年経ったらものをいえ」とか、「生涯一寮長」というフレーズがあるように、同じ施設で働き続けることが理想とされている、というか必要とされる世界、しくみなのである。職員が二年、三年で異動してしまうようにはつくられていない。それに加えて現在は職員は全員公務員といってもそれは正規職員だけではない。非正規職員を〝常勤的非常勤〟として配置している施設も見受けられる。また、非正規職員だからプロフェッショナルではないかというとそういうことでもなくて、中には、養成所出身で児童自立支援施設のことをよく知っている職員が〝常勤的非常勤〟の身分で働き、学びも経験も少ない一般地方公務員が正規職員という場合もある。つまり、児童自立支援施設においては、〝見せかけの公務員減らし〟という状況が起きているのである（というが、施設がこのような人事の場合、児相など、他のゲンバでも同じような職員体制——都道府県など設置主体が同じなので——になっている）。また、夜間の人員補助に学生アルバイトやシルバー人材を活用する施設もある。それも、夜間の人員削減という理由から、小舎を二つ繋いで接続部分にドアを作り、中舎化した寮舎にしていた施設もあった（序章）。

このような人員で昼間二人、夜間一人のローテーション勤務、しかも通勤交替制での寮舎運営……この状況で、もし仮に先輩たちから方法としての暴力を教えられたらどのようなことになるか——火を見るよりも明らかである。むしろ、事故が起きないことの方が不思議な感覚になってくるものだ。

実子の子育てを経験して

ｉ職員の語りに戻ろう、ｉ職員は、先輩職員が子どもを殴っていたので自身も「そうするものだ」と思い、むしろ《そうしないといけないのかな》と思っていたという。そのようなｉ職員は何をきっかけに子どもに対して暴力を振るわなくなったのであろうか。

ｉ職員：そのころ、懲戒権の禁止が通達されて……平成一〇年でしたかね、それが施行になって……

武　：そうですね、それで（懲戒権の乱用の禁止を受けて）体罰を是正しようとか、施設の中でそういう話し合いが持たれたとか、そういうことだったのでしょうか？

ｉ職員：いえ、そのころはｉ学園でもいろいろ問題があったんですよ、それで検討委員会が設置されて……

武　：そうだったんですね。

ｉ職員：やっぱり、（体罰ではなく）「許すことと話すことが大事」って思うんです。子どもに、特に女子に解らせるためには、まず子どもの話を聴いて聴いて聴いて、その上でこれは違うだろっていわなきゃ聴いてもらえないし、とか、（そのころ）自分の子どももできて……子どもってこんなに思い通りにならないもんなんだーって解って……

武　：そうなんですね……

ｉ職員：自分の子を見てて（手で子どもの背丈を示す仕草をする、そこに筆者はつかまり立ちをやっとし始めたころの幼児を想像した）、この子、本当に幸せだなって、（転じて）ｉ学園の子が本当に可哀想な子なんだなって（思って）……そりゃ頭では解ってましたよ、子どもの被害性とか、解ってたんですけど（改めて実感した）……やっぱり（不良少年や非行少年に厳しく、というような風潮に対して、子どもたちが）被害者に見えちゃって……

武　：そうなんですね、ちょうど、懲戒権の（乱用の）禁止のころと、ｉ先生の子育て期間が重なった、ということだったんですね……ご自身が子育てを経験していく中で、仕事の仕方も変わった、ということでしょうか。

i職員：そうです。自分の子どもを叩いて育てなかったので。やっぱり（叩くのは）違うなって思って。子育てを始めて、ほんと、子どもってこんなに思い通りにならないもんなんだって解って、だったらテ学園の子なんてもっとダメだ（思い通りにしてはならない）よねって思って……

i職員：許すことが多くなって、今まで（施設では子どもに対して）、これはダメだよね、これはダメだよねって（テ学園の子どもに）言ってたものが、（自分が子育てしてみて）、こんなもんだよねっていうふうになって、（子どもが成長して）思春期ならこんなこともあるよねって、（施設の子どもも我が子と同じように）許せるようになっていったんですね。

i職員が子どもを叩くことをやめたのは、実子を持ったことが大きく影響していた。第Ⅰ部第二章で筆者は、〝ある日突然寮長の顔になる〟男性職員の様子について触れた。そしてそれは、寮長の顔になるのか、父の顔になるのか、一家を背負っている顔になるのか、それはよく解らないと書いた。しかし、i職員は、自身の子育て経験と子どもへの支援方法が影響し合っていることに対して自覚的に捉えていた。そしてその事実を筆者に解りやすく伝えてくれたのだと思われる。

『教護院運営要領』には、職員が心を開けない子どもや、「俗にいう虫のすかない」（『技術編』：120）子どもの場合でも、「児童の前歴を見て、その悲惨な過去に同情を感じて、始めて職員の心がとけたり、児童と一緒に生活しているうちに、ふとその特徴に興味を感じ、これからこの児童を愛するようになり、教護に成功した例もある」（同）としている。

一方、ソーシャルワークの理念では、ワーカー・クライアント関係は対等であることを基本とするため、同情ではいけないと学生は学ぶ、共感が対等な立場であるのに対して同情は、同情する方の〝上から目線〟だというのである（第一章）。しかし、『教護院運営要領』に書かれている「同情」とは、子どもは生まれながらに愛され、愛しまれる存在である、ということを担保しようとするものと考えられる。それはいうなれば、〝上から目線〟ではなく、〝親からの目線〟ではないだろうか。i職員はまた、自身の子育てを通じてi学園の子どもたちが得られなかったもの――i職員が実子に感じ、与えてきた愛情――に気付き、子どもの持つ被害性について、体感として理解することとなったと思われる。i職員の実感したものとは、おそらく、次のようなものであろう。

親というのは（中略）。人間が二足歩行するのは当たり前なのに、「立った立った」といって大騒ぎする。「よくできた、よくできた」といっておだてる。

「おまえは愛されて当たり前なんだ、大事にされて当然なんだ。そうじゃない人がいたら、その人の方がおかしい」とかわいがり、「自分は幸福で運がよい」と子どもに思い込ませる。親の仕事はこれにつきるのです。

〈斎藤学（2004）『インナーマザー――あなたを責めつづけるこころの中の「お母さん」』新講社、pp. 228-229。なお、引用は二〇〇八年発行第一五刷を使用した。〉

先の引用の著者、斎藤はまた、「こうした母親的な無条件の愛は、必ずしも現実の母親だけしか与えられないわけではありません。父親もあたえられますし、社会が与える場合もあります」（斎藤 2004：229）として、ある乳児院の例を挙げている。i職員の語ったことは、実子の子育てをすることで、斎藤のいう「立った立った」と喜んであげる時期がi学園の子どもたちにはなかった、あるいは十分でなかったこと、そしてその期間はもう永遠に失われてしまったのだということを、《頭では解っていたけれど》実感したので、《許す》ことが大事だと思うようになった、ということだと思われる。そしてこの《許す》範囲は、実子の成長に応じて範囲が広がっていった、ということであった。

4. 子どもが本当に可愛くなった――j学園、j職員の例

自分の子じゃないっていうか……

j職員は、ベテラン男性職員である。教護院時代から児童自立支援施設を通じて、複数の施設で小舎夫婦制寮の寮長として勤務している。日ごろ、「弱い者を護る」寮舎運営を心掛けており、リョウシャ内にいじめなどが起きないよう、常に気を配っているということである。後輩職員からも慕われており、「j寮長は絶対暴力なんてふるわない」と他の職員からいわれているような人物である。

武：実は、私、j先生が子どもを殴ってたっていう話を耳にしたことがあるんです……

j職員：え?!

武：多分、随分前の話だと思うんですけど……多分、教護院時代の……

j職員：あー……若いころにね、特別寮（夫婦制の職員夫婦が休暇のときに代行する寮舎。第Ⅰ部第二章）だったころに……そのころは、はい、やってました。

武：そうだったんですね。私も、聴いたときにはちょっと信じられなくて……j先生は弱い者を護らなきゃだめだって、弱い者を護るリョウシャ運営をしてるんだって言っておられましたし、j先生のリョウシャを知っている人はみな、それを認めて「良い寮だ」っていっておられます。殴らなくなったのは、何かきっかけがあったんですか。

j職員：暴力はいらないって思ったから。子どもが本当に可愛くなって、暴力は必要ない、って思った……特別寮のときは、いろんな寮舎の子を預かるわけだから、自分の子じゃないっていうか……それが、普通寮（の担当）になって、毎日毎日一緒に暮らしてて、本当に子どもたちが可愛くなって……暴力は要らな

いって、必要ないって思った……

喜びの少ない特別寮

『教護院運営要領』には、「職員自身が、児童に対する愛情の発生または増加を工夫することは、職員が職務に対する最大の努力といってもよいのである」(『技術編』: 120) とあり、職員が子どもに愛情を持てない場合は「どんなに努力しても教護は成功しない」(同) としている。

特別寮というのは、小舎夫婦制寮の職員夫婦が休暇を取るときに、子どもたちがその寮舎に移動して、休暇の間だけ過ごす寮舎である (第Ⅰ部第二章第一節)。特別寮は若い職員が併立制などで担当する場合もあるが、ベテランの夫婦による夫婦制など (通常の夫婦制の他、例えば寮長である夫が年上で、寮母である妻より先に退職する場合などは、寮長が退職後嘱託勤務となってそのまま夫婦制を続けている場合や、退職した夫の代わりに若いフリーの男性職員が寮長として入り併立制を組む場合などもある) が受け持つ場合が多い。このように、ベテランの職員が受け持つことが多いのは、退職前の職員では長く寮が持てない、ということもあるのであろう。

特別寮はまた、常に子どもたちが入れ替わるので、また特別な苦労があるようだ――これは普通寮 (一般の寮舎) の場合でも、寮舎の職員が入れ替わるときなどに同様のことが起きるが――一言でいえば、「寮文化」の違いからくるものである。「寮舎の文化」あるいは「寮文化」についてはすでに報告してきたが (第Ⅰ部第一章、第Ⅳ部第一章など)、特別寮では、子どもたちは自分の寮舎の〝文化〟を主張するので、特別寮の職員――あるいは新しく寮舎に入った職員夫婦――の言うことをきかないというのである。特別寮では、この苦労が毎日一年中、しかも日替りの「寮文化」と対峙しなければならないのである。また、特別寮は職員にとって、喜びの少ない寮舎だともいわれている。

以下は、普通寮から特別寮勤務となって間もなくのｍ学園、ｍ職員 (ベテラン寮長) を訪問したときの記録である。

武：特別寮はどうですか。

i職員：思ったより大変ということが判った。

武：では、やりがいは……？

i職員：（即答して）やりがいはないね。やりがいはないけど大変。思ったことがあっても（筆者注：子どもが特別寮に来たときに、何か気付いたことがあったとしても何も）言わないで帰す。他の（寮の）子だからね、ウチの子じゃないから。本当に旅館？　ホテル？　みたいな。宿泊所？　泊まりに来るだけ、繋がらない。

（二〇一九年一〇月、m学園、m職員）

特別寮の職員もそこに住み込んでいるのであるが、預かる子どもたちは他寮の子どもであるので継続して関わることは難しい。本当の意味では子どもとの関係は付かないし、また逆に、関係が付きすぎても困るという面もある。なぜならば、子どもたちにとって関係を繋げるべきなのは、〝自分の寮〟の職員夫婦であり、特別寮の方が居心地が良い、ということは本来的にはあってはならないことだからである。その本来の担当夫婦を差し置いて特別寮の職員が深い愛情を注ぐことはできないし、躾などについてもやりにくい――担当する寮舎の寮長・寮母のやり方に口を挟むことになってしまうので――そのため、特別寮は負担が大きく、喜びが少ないということである。

退職前、あるいは退所後の寮長や元寮長にインタビューをしていると、彼らの多くが、自身の〝引退〟について、退職したときではなく、普通寮の担当を外れたとき、と捉えていた。普通寮を「下りた」後、本館勤務や他施設・機関に転勤したのなら、そこに〝引退〟の線引きをするのは理解できるが、まだ特別寮で寮長をやっている場合でも、なのである。例えば、「ボクが現役を退いたときは――」とか「オレが寮を下りたときに――」などと語るのである。やはり普通寮と特別寮ではかなり質が違うのであろう。

これは余談であるが、職員の〝引退〟について、次のようなエピソードがある。ある職員夫婦は、寮長だけが先に定年退職し施設を離れたが寮母はまだ定年まで期間があったので、寮を下りた後は施設内で別の仕事をしていた。すると、かつての寮母であった職員を慕って、「《寮母さーん、寮母さーん》って毎日生徒が会いに行ってしまった、それで、新しく担当になった寮母さんが毎日泣いていた」（二〇一四年一二月、カ学園、F職員）――。このように、子どもの方は、よほどのことがない限り、「それまで一緒に暮らしてきた寮長・寮母が良い」（同）、ということである。これほどの〝繋がり〟は、やはり二十四時間を共に過ごす、ということから起きるものと考えられる（第一章・第二章）。それは職員にとっても同じで、〝繋がり〟は二十四時間を共に過ごすことで、子どもに〝情〟を感じるからこそ構築されるのであろう。ある職員は、「ほんとに、どんなに（子どもたちが）憎たらしいと思ったことか！　けど、寝てるときの顔なんか見るとさ、本当にみんな可愛くて……」（二〇〇七年八月、カ学園、D寮母）と語っておられた。

暴力は「いらない」までの過程

特別寮で、自分の寮のやり方を押し通して反発する子ども集団に対して、特に若い寮長は手を焼くことが多いと考えられる。若い職員は子どもたちになめられがちであるし、また、年齢を問わず多くの職員は、子どもたちになめられない、ということを心掛けているものである。このことは、それが他の職員の、あるいは子どもたちからの評価にも繋がってくるので、特に若手の職員はなめられないように必死、ということである[10]。ましてや当時の教護院は、地域の「総番長」や「二番手くらいにいる子」など、喧嘩馴れしている子どもが多く入所していた。そのような時代には、子どもを暴力で従える方法で寮運営をしているような寮長もおり、それを後輩が受け継ぐという面もあったと考えられる。j職員はまだ若年の頃に特別寮を担されたと言っていた。当時の彼もまた、子どもたちになめられないよう、暴力を振っていたのかもしれない。

ところがそんなj職員も特別寮から普通寮に担当が変わったことをきっかけに暴力を排するようになる。その理由は「子どもが本当に可愛いと思うようになった」から、それが暴力を《いらない》ものにした。このことは、大いに着目すべきことである。

私たちは常日ごろ、暴力は〝いけない〟ものだと教えられている。しかし、禁止されているものは、常に破られる虞れを伴うものである。それに対して、必要がなくなったものはつまり欲するものがなくなったのであるから、それを必要とする可能性は低いと考えられる。〝いらない〟と〝いけない〟は一文字違いだが、そこには大きな隔たりがある。j職員は自身の担当する寮生に対して、《自分の子》あるいは《ウチの子》と表現しておられた。普通寮の担当になり、《自分の子》ができて心から《ウチの子》がかわいいと感じた。暴力は〝いけない〟ではなく〝いらない〟に辿り付いたj職員の暴力を排する気持ちには、彼自身の経験からくる実感が伴っている。こうした気持ちはそうそう壊れるものではないだろう。

先の沖縄、鹿児島の事件を振り返ると、鹿児島は交替制、沖縄もおそらく交替制[11]の施設で起きた事件であった。また、子どもが職員を襲って死亡させたとされる名古屋の事件[12]も通勤交替制の施設で起きた事件である。職員がそこに住まって子どもたちと共に暮らす、という勤務形態は、ごく自然なかたちで職員の中に子どもへの愛情を芽生えさせる具体的な方法でありしくみである。このことはまた、暴力をエスカレートさせにくい、一つの優れた方法なのだと考えられた。

5.「哀しい」って思った――ケ学園、A職員の例

A職員の語りから

A職員は、寮舎内の「すべてのルールをなくした」寮の寮長（第一章）である。ベテラン男性職員であり、教護院時代から児童自立支援施設を通じて同じケ学園に勤務している。以前は夫婦制で寮長をしていたがその後、施設が交替制に移行したため、以後は交替制の職員として勤務している。《生涯一寮長ってことばがあるけど》とA職員が語

っていたそのことばの通り、実直に、子どもと直接関わるゲンバで働き続けてきた職員の一人である。以下は、A職員が、小舎夫婦制寮の寮長だったころのエピソードである。

（第一章に引用した語りの後に続いて）

武　：以前のお電話で、先生はルールを一切なくしたっていっておられました、是非、そのお話を詳しく伺いたいのですが……

A職員：「哀しい」ってことを教えてくれた子がいた。以前は子どもが逃げたら腹立ったんだけど、「かなしかった」っていった子がいたんだ。（その子は）力で支配できないってことを教えてくれた子なんだ。

A職員：男子は叩かれて（子どもは）「ハイ」と言うしかない。男子寮だと脅かしたり、怒鳴ったり……（できたけど、男子寮担当から女子寮担当に変わって）、怒っても（子どもが）言うこと聞かないっていうのは初めて（の経験）だった。女子寮で怒鳴って言うこと聞かないと、（女子寮を持った経験がないので）どうしていいか解らないし、女子には手が出せないし――。

A職員：ある女子で、消灯後、電気を消したらわざと（電気を）点ける（子がいた）、それが一時間、二時間と続く嫌がらせをした子がいて――。

A職員：（それでその子を）叩いて、髪を摑んで引きずりまわして、「絶対良い子になれる！」「お前だって絶対良い子になれるから！」って言った、そしたらその子が突然、「私でも普通の子になれるかな？」って言ってわあわあ泣いて……その子は女子寮第一号（の退園生）で、（今でも）節目、節目に連絡してくる、五〜六年に一回あるかないかだけど、今は介護施設で働いてる――。

ギリギリの状況での判断

この語りは、職員が子どもへ暴力を振るった一つの例であるが、その暴力をきっかけに、子どもが心を開いた例の一つでもある。このエピソードは――活字に起こしたときにそのような印象があるかどうか解らないが――A職員の語りを聴いたときには、その子に対して暴力を振るったときのA職員のギリギリの判断というか、この機を逃さず子どもと対峙して、体当たりでぶつかった、という印象があった。だからこそ、A職員の想いが子どもに伝わり、このことをきっかけとしてこの女子は大きく変わっていったのではないだろうか。そのときのことを再度A職員に確認することとした。

武：確認したいんですけど、「哀しい」ってことを教えてくれた子と、力で支配できないってことを教えてくれたっていう子は同じ子で良いのでしょうか。
A職員：そう、同じ子。
武：施設に来ることになってどう思ったかって聴いたのは、あの、電気のことがあってからですよね？
A職員：そう、仲良くなった後にね。落ち着いたときじゃないとそういうことは聴けないし。
武：電気のことをきっかけに仲良くなった、関係が付いたってことなんですね。その後、「哀しい」っていう話になるんですね？
A職員：そう、穏やかなときでないと、そういうこと、聞けないのでね。その子、電気を一本一本消して回ったり、変わったことをしたがる子でね、親の方は結構一人勝手なこととしてて……（その子の行動はまるで）我が儘な子の反発した、反発が度を超してるっていうか（そういうふうに見えた）……（あのときは）「普通の子になれるんだ、だから普通の子になれ」って（叫んで）……
武：そういう時って、職員の方もギリギリだっていう場合だと思うんです……

A職員：それは間違いなくギリギリですね。いつもそうですけどね（笑）。腹も立つんですけどね、危ない、ギリギリの所。

A職員：けど、こっちは仕事でしてるだけだけど、子どもの方は一生だから、もし、（それで）傷ついたら一生傷付くわけだから……

武：そうですね。けれど、子どもの方は職員がギリギリかどうか、解ってますよね？　子どもの方がギリギリの所で関わってくることを望んでいる場面もあるんじゃないでしょうか？

A職員：うん。その子が発するものがそうなんでしょうね。そのときは俺ももう一〇年以上の経験があったし、また別の子だったらまた別のことしますしね。感じるものがあったんでしょうね。（他のケースだったら）あまり深く考えないで（また）別のことしますけど。

（二〇一五年四月、ケ学園、A職員）

子どもと対峙するとき、職員の多くがこのような極限を迎えることがあると考えられる。そのような場面で子どもは、正に〝待ったなし〟の状態である可能性が高い。また、共に暮らしている間には、職員側から見ると、正に、逃してはならない瞬間というものがあると考えられる。そしてその時々に応じて、職員は表情やことば、あるいは雰囲気で対応したり、もしくはあえて何もしないときもあるだろう。そしてその選択肢の中に、時には暴力という方法が入る場合もある。

例えば、「殴るときは仕事かけてやる（殴る）から」という語りを筆者は複数の職員から聴き取っている。その意味は、子どもを殴ったことで自分が失職するかもしれない、それでも、自分の仕事を賭けたとしても、後悔しない覚悟で殴る、ということである。中には、「そのくらいの価値がある子でなければ殴らない」と語る職員もいた。つまり、自分の職業人生を賭けてでも、その子に解ってもらいたいことがある場合、そしてその方法しかそのときの様々な状況（後述するがそれは職員の未熟さも含めて）において、手段がない極限状態のときに行う（行った）暴力、ということである。

〝繋がり〟のきっかけになった暴力

私たちはかつて――ドラマなどでしばしば、学校の熱血先生が不良男子を殴りつけ、殴られた男子が泣きながら改心する、というようなシーンを目にしてきたのではないだろうか。このように、先生の〝愛の鉄拳〟一発で子どもの気持ちが変わる、ということは、ドラマの中と同様、キョウゴの世界でも起こることである。だがしかし、私たち外部の者は一発改心したドラマの続きを想像することはあまりない。あったとしてもそれは〝ハッピーな続き〟を想像しがち、あるいはそう思いたいという無意識の希望が私たちの内にはあるのではないだろうか。だからこそ、ドラマのエピローグではしばしば〝今は改心して、社会で真面目にやってます〟というような場面が流れるのではないだろうか。

しかし現実では当然のことながら〝その後はハッピー〟という訳にはいかないものである。子どもの気持ちが変化しても、あるいは〝先生〟と心が通じあったとしても、その子の〝退所後の人生〟（第三章）は苦難に満ちていることの方が多いと考えられる。先ほどのA職員が話していた女子の〝退所後の人生〟は次の通りである。

A職員：その子ね、ちょっと知的（に低い）というか変わった子で……家族みたいな（感じで）、何年に一回、電話くれて……

A職員：その子もね、人生としては酷い人生……前話したと思うけど。

武　：刑務所に入ってたっていう子でしょうか？

A職員：そう、刑務所も入ってて、酷い人生だけど、何年かに一回、連絡くれて……

武　：（その子が）介護の仕事をしてるっていう子ですか？
Ａ職員：そう、介護の仕事の子、（それ以前には）フーゾク（の仕事）もやってるけど、その都度、立ち直ろうとしてるっていうか……今は介護の仕事してて、子どもができたからだと思うけど。
武　：そうなんですね。
Ａ職員：刑務所出て、子どもできて、ダンナにそんなの要らないっていわれて、シングルマザーで、介護の仕事して、だから自立はしてるんでしょうね、きっと。（そういうことを）節目、節目で教えてくれるんですよ。

（二〇一五年四月、ケ学園、Ａ職員）

Ａ職員が髪の毛を掴んで引き回した、このことは職員の子どもへの暴力であるが、それをきっかけにその子どもは変化していったという。私たち外部のものは、この変化を――無意識に、まるでドラマのように――〝一発改心〟したように勘違いしてしまう、あるいはそのように思い込みたいという欲求が心のどこかにあるのではないだろうか。だからこそ、子どもが再び問題を起こしたとき、〝あれで改心したと思ったのに〟とか、〝やっぱりダメなヤツだった〟とか、〝施設のやり方がおかしいんじゃないか、効果が上がってないじゃないか〟などと、子どもも施設も批判しがちなのではないだろうか。

第三章にも書いてきた通り、子どもたちは〝退所後のその後〟も紆余曲折の人生を歩んでいることが少なくない、事件を起こしたり、自暴自棄になったり、自死してしまう場合もあり、職員は退職後もそれに寄り添い続けており、Ａ職員もそのような職員の一人なのであろう。

鍛錬教育の延長ではない暴力

職員が、退所後も子どもたちに寄り添い続けられるのは、子どもと職員、あるいは施設、あるいはリョウシャとの〝繋がり〟があるから、そして〝繋がり〟続けているからである（第三章）。その〝繋がり〟のきっかけとなったエピソードの中には――ケ学園A職員の語りに見るように――暴力を介したものもあった、ということが見えてきた。そのときの暴力は、筆者がX養護施設で見た暴力とは異なるものであった。前者は職員が子どもに何か伝えたいという、いわばコミュニケーションの手段としての暴力であるが、後者はコミュニケーションを否定する暴力である（もちろん、コミュニケーションの手段といっても、これは職員の側からの解釈であり、また、筆者はこれを是としているわけではないことを再度お断りしておく。なお、最後に、X養護施設での筆者の体験を記しておく）。

私たち外部の者は、職員が子どもに暴力を振るうとき、いわゆる、鍛錬教育の行きすぎで暴力を振るっていると考えがちではないだろうか。確かに、そのようなこともあった（ある）と思われる。しかし、実際にはそうではない暴力も存在しているのである。その一つが、子どもが大人（職員）と関係を結ぶ上で、何かギリギリの場面で――子どもが、「誰か助けて」と思わず伸ばした手を掴み取るように――暴力という手段が採られた、ということではないかと筆者は考えるのである。

コミュニケーションを否定する暴力――X養護施設（当時）での体験

X養護施設の子どもは、筆者にいきなり殴りかかってきたり、蹴ったりする子どもが多くいた。特に幼児から小学校低学年位までの子どもは、ほぼすべてがそのようであった。当時四歳くらいだったろうか、ある女児が背後からいきなり筆者に殴りかかってきたので、振り向いて腰を落とし、「どうしたの？」と微笑んだところ、その子はとても驚いて、きょとん、としてしまった。おそらく、このように殴りかかったりしても、多くの職員（保育士、当時は保母、以下〝保母〟）は叱るだけなので、いきなり別のパターンの対応――殴る→叱られるというやりとりではなく、殴る↓問いかけられるという別のパターン——が返って来たために、このような双方向型の〝先生〟とのやりとりに不慣れだった女児はびっくりしてしまったのであろう。

きょとん、として固まってしまった子の前で、そのまましばらく微笑み続けていると、その子は困った様子で「だって……お姉ちゃんの目がまんまるなんだもん！」と言って駆けて逃げてしまったのである。その子はおそらく、保母に対して「ねえねえ、話を聴いて」とか「遊んで」などといったコミュニケーションの方法を知らなかったのではないだろうか。実際に、X養護施設の保母を見ていると、子どもとの何気ない会話がまったくといっていいほどなく、子どもたちの話をゆっくりと聴いたりする様子はほぼ見られなかったのである。(13) 子どもに話しかけるときは、早くご飯を食べてとか、早く着替えてとか、歯を磨いてなど、何かやらなければならないことがあるときのみで、その度ごとにぶったり叩いたりしながら、子どもたちは泣き叫びながらなされてゆくのであった。

（一九九六年、X養護施設における二週間の実習のメモから）

第三節　予防の糸口——特に職員から子どもへの暴力について

暴力が起きた場面について、これまで様々な要因について整理してきた。第四章では教護院時代に起きた二つの死亡事件を取り上げて、職員の勤務形態やトレーニング等の問題がその背景にあること——いわば構造的な問題があること——が確認された。キョウゴ・モデルを用いて説明するならば、キョウゴ・モデルの三要素が充たされていない場合、あるいは三要素は充たされているかもしれないが、それらが三位一体となって働いていない場合——三位一体のバランスが崩れている場合——には、暴力がエスカレートしやすいということが確認された。

第五章では、どのような状況であっても——仮にキョウゴ・モデルの三要素が揃い、それらが三位一体となって働いている場合であっても——起こりうる暴力について考えた。例えばそれは職員の〝親代わり〟（懲戒に係る権限）として行使された暴力であったり、職員と子どもとが共に暮らす中で発生した、激しい感情のやりとりの末に振るわれた暴力であったりした。もちろん、それらの暴力はいずれも子どもの権利を侵害するものである。決して許されるべきものではなく、子どもへの虐待に他ならない。しかし一方で、そのような暴力の一つ一つを注意して見てみると、それぞれが別の性質を持ったものであることが理解できる。

今回、筆者がインタビューを行った職員はみな、今は暴力を手段としていない（と考えられる）職員ばかりであった。暴力をやめた職員の語りからは、暴力を介さずに子どもと〝繫がる〟方法が隠されていると考えられた。今回はその十分な考察までには至らないかもしれないが、今後、より多くの職員からより深く話を聴き取り、分析・考察を重ねることで、その方法は整理・理解・洗練されていくと期待して、今後もこのインタビューを継続して行きたいと考えている。

最後にもう一点、今回の暴力を止めた職員へのインタビューで再確認したことがある。それは、職員と子どもとの距離が近い、ということ、つまり、職員が子どもと〝共に〟に暮らす＝職員のいう「ウイズ」の環境下で発生した暴力であったということである。それは、言い替えるならば、〝からだの境界線を越え合う暮らし〟（第三章第三節）といえるのではないだろうか。

注

（1）特に、「ムガイは指導のチャンス」（第一章）はよくいわれることである。その他、より直接的な修正方法として、「生活場面面接」が、これは特に国立武蔵野学院を中心として推奨された。なお生活場面面接については第Ⅲ部に述べた。

（2）二〇一五年一月、レ学園、A元職員による。ただし、これはA元職員がこのように考えているということではなく、筆者と共に〝カミナリオヤジのゲンコツ〟について考えていたとき、このような思いで行われていたのであろう、ということで発言されたものである。

（3）同職員によると、「A先生はことば少なく、パンパンパーンとビンタ（する）」、とのことであった。

（4）繰り返しになるが、教護院は一九九七年児童福祉法改正、翌一九九八年四月一日施行により児童自立支援施設となった。施設最低基準の改正は二月に通達されたため、厳密にいうと、教護院時代の最後の約二か月間は、すでに「懲戒に係る権限の乱用禁止」が通達されていたことになる。

（5）例えば、インタビューをしていて、よどみなく話されたエピソードの中には、筆者があらかじめ知っているものが多いのであった。例えば『非行問題』や事例集に掲載されているものと酷似しているとか、文中に使用されていたことばと同じことばが使われているとか（特に子どもが発したことばなどにその傾向がある）、あるいは、インタビュー後に施設が発行している発行物を当たると類似のエピソードが書かれていたりする、などである（序章第三節）。

（6）正確にいうと「社会福祉援助技術現場実習」、社会福祉士国家資格取得のための現場実習であり、筆者は学部三年のときに当時の教護院（現在の児童自立支援施設）と養護施設（現在の児童養護施設）にてそれぞれ半月ずつ、宿泊実習を行った。

（7）ちなみにX養護施設では資格に関係なく、「女なら〝保母〟、男なら〝児童指導員〟としている」と、男性職員（〝児童指導員〟）から説明を受けた。つまり、社会福祉士の資格を持つ児童指導員であっても、女性ならば〝保母〟の仕事をする決まりになっている、ということであった。

（8）総務省ホームページ「地方公務員数の状況」で確認した。URL:http://www.soumu.go.jp/iken/kazu.html

（9）前田信一（2010）「児童自立支援施設の公設民営」日本司法福祉学会第一一回大会第四分科会配布資料。

（10）運営形態に限らず、また男女を問わず、複数の職員から聴き取った。

（11）沖縄の事例について、事件当時の運営形態について、今回はハッキリとした確証は得られなかった。第四章注16。

（12）子どもが職員を襲って死亡させたとされる名古屋の事件とは、『非行問題』二一四号に掲載された「愛知学園のあり方に関する報告書」によると、「平成十四年十月四日午前〇時ころ、学園から逃走を図った男子児童（十五歳一名、十四歳二名、十二歳一名）が、けんかを偽装し当直職員をおびき出し、職員の首を絞めたうえ、事務室の鍵と現金を奪ったもの。十四歳及び十五歳の三名は、強盗殺人で初等少年院送致の保護処分、十二歳の児童は、別の児童自立支援施設送致になった」（愛知学園のあり方に関する検討委員会 2008：255）というものである。なお、この検討委員会は、この二〇〇二（平成一四）年の事件に関して設置されたものではなく、二〇〇六年（平成一八年）に起きた事件を受けて設置された外部有識者を含む検討委員会ということである。同委員会は、二〇〇六年の事件を受けて計三回の委員会を開いたが、その後二〇〇七（平成一九）年に別の事件が起きたため、急遽、第四回目の委員会を開いてその事件についても議論を行った。そして『非行問題』二一四号に掲載された「愛知学園のあり方に関する報告書」は、「愛知学園から出された調査報告書や改善方針案を基に、委員会において検討した内容を、取りまとめたもの」（同）ということである。ちなみに、二〇〇六年の事件とは、「平成十八年九月二十六日及び二十九日の両日に、女子児童全員から職員（二十六日は新任嘱託職員一名、二十九日は新任正規職員一名）が集団暴行を受けるという事件が発生した」（同：254）、二〇〇七年の事件とは、「平成十九年二月十三日、学園児童が冬季帰省中の窃盗により警察に任意同行させる際に他の入所児童の目から隠すことなく対応した出来事があり、児童への配慮に欠けるとの批判を受けた」（同：254-255）というものである。

(13)　このような状況になっているのも、保母（現在の保育士）――については注6を参照のこと――自身が非常に劣悪な就労環境におり、常に余裕がない様子なのであった。例えば、夜勤明けは朝八時で帰宅してよいシフトになっているのであるが、午後三時までは絶対に残らなければならないという暗黙の決まりがあって、だいたい午後五時くらいまでは休憩も取らずに――シフト上は〝サービス残業〟なので休憩も取れない――働き続けなければならないのであった。それも、本人が望んでそうするのではなく、そうしないと最年長の保母からイヤミを言われるからであった。休憩もなかなか取れず、一〇時間、二〇時間と働き詰めで、それでも最年長の保母からは「昔はもっと大変だった」と、日に何度もイヤミを言われる、その上、掃除や子どもたちの洗濯――大舎制、だいたい幼児だけで三〇人分以上はあっただろうか――などもしなければならなかった。それも、子どもたちは常に衣服を汚してしまうので（汚さないように世話をする余裕がないので）、日に三度は着替えることになり、その洗濯だけでも大変なものであった。X養護施設には赤い羽根共同募金で寄付された業務用の大型乾燥機が設置されていたが、それを使用することは「もったいない」「心がこもっていない」と先の最年長の保母が使用を許さなかった。筆者も実習日はその洗濯を行ったが、一人でその大量の洗濯物を日に三度は外に干さなければならなかった。当然、乾き切ることはなく、夕方取り込むことになるのだが、そこで初めて最年長保母の〝お許し〟が出て乾燥機を使うことになる、という状態であった。その大量の洗濯物は当然、乾燥機から出した後、畳んですべてしまわなければならならず、洗濯だけでもそれにかける時間は膨大なものであった。どちらにせよ乾燥機を使うのであれば、その時間を子どもたちとの時間に振り向けた方が良いのではないか……そんな感想を持ったものである。子どもたちの大量の靴を洗うとき、筆者が腰かけて洗っていると、最年長保母は露骨に嫌な顔をして見せた。どうやら、保母が苦労すればするほど子どもへの愛情の証になる、と思い込んでいるようだ、と筆者は感じた。

　最年長の保育士は、「今の若い保育士はすぐ辞めてしまう、もって二年とか」と述べるが、〝それはそうだろうなぁ〟というのが筆者の素直な感想であった。当時は、なぜこの最年長の保母に誰も異を唱えないのか不思議だったのであるが、今振り返ると一言でいえばX養護施設には彼女が必要なのであった。〝若い保母〟たちとは一〇歳以上年が離れており、そして、〝若い保母〟はすぐ退職してしまうので、X養護施設のことを何でも知っていて結局頼れるのはその最年長の保母なのであった。また、実質の施設長である管理職の男性職員（〝児童指導員〟）と同年代で仲が良いので他の職員は誰も彼女に逆らうということができない、ということもあった。ちなみに最年長の保母が二言目には「昔はもっと大変だった」というのは、かつてX養護施設は職員が住み込みだった時代があり、彼女も当時X養護施設に住み込んでいたことから、かつて、二四時間を拘束されていたころに比べたら「楽になっている」ということのようであった。

さらに驚くべきことは、管理職の男性職員（〝児童指導員〟）が「ここで働く保母は、ちぃちぃぱっぱで保母養成所でお遊戯などの勉強しかしてないのに、ここで働いている」と話していたことであった。つまり、保母資格を持つ職員の多くは、被虐待経験を持つ子どものケアや、社会的養護のことすらほとんど学ばずに就職し、二年ないし三年という期間で退職する、管理職はそれをわかっているのに研修など行う様子はなく、まるで人材の使い捨てのように女性職員（〝保母〟）を酷使する……ということなのである。

このような状況で、女性職員（〝保母〟）の顔にはまったく笑顔がなく、常にヒステリックに叱り、子どもたちを叩き、顔に水をかけ、外に閉め出すなどしていた。そして子どもたちはそれが職員との唯一のコミュニケーション手段であるかのように、大人をやぶからぼうに叩いたり、蹴ったりしている、という印象であった。よく、〝職員よりもまず子ども〟という人がいる。それはまったくその通りなのであるが、しかし現実の所では、まず職員の人権が護られない限り、子どもの人権も護られないのではないか……X養護施設での実習を通じて筆者はそのように考えるようになったのである。

第六章　キョウゴ・モデルと現代社会

第一節　現行法とキョウゴの世界――〝家庭的養護〟とキョウゴ・モデル

厚生労働省は子どもの社会的養護に対して、これまでの施設養護から里親を初めとする〝家庭的養護〟へと大きく舵を切った(1)。このことについて国は、子どものためとしているが、実は〝施設解体〟によるコスト削減が、本当の狙いなのではないかと筆者は懸念している。このことは、児童養護施設における大舎制を――国内外から多くの批判があったのにもかかわらず――排してこなかったことを見ても明らかであろう(2)。少なくとも、児童自立支援施設では、これまでも「改革」という名の〝合理化〟に苦しめられてきたし、そしてこれからもそれは変わらない。というか、今後はますます厳しい状況になると考えられる。現在、多くの社会福祉施設が社会福祉法人などの民設・民営で営まれている中、公設・公営で、しかも広い土地や豊かな自然環境を有する児童自立支援施設は、解体の危機にあるといっても過言ではない。

施設には、施設でありながら施設を施設化させないしくみがある。その一つが少人数によるケア形態である。施設は一〇〇年以上も前からコテージ式と「家族制度」を軸とした少人数による支援を行っており、それは戦後、小舎夫婦制として全国的に実践された。この方法は、現在でいうところのユニット式と、里親による支援との、両方の利点を兼ね備えた、優れたしくみ――〝家庭的養護〟を実現するための――だと筆者は考えている。

筆者のいう〝家庭的養護〟とは、専門的な技術や環境に裏打ちされた普通の暮らし、当たり前の暮らし――健康で市民的な生活――を指すのである。そのためには、単に職員が夫婦だから、あるいは、地域の里親家庭だから実現する、ということではない。序章で述べた通り、施設の設備及び環境、職員の理念及び実践理論、しくみ及び実践方法が三位一体となって――筆者のいうところのワク、リョウシャ、ムラが三位一体となったキョウゴ・モデルが実践されて初めて――実現するのである。

しかし現在、施設を巡る「改革」ないし〝合理化〟は、それが実践しにくい状況になっている。本節では、それらについて繙いてみることとする。

1. 労働基準法と小舎夫婦制

小舎夫婦制寮における〝四週八休〟

労働基準法は職員の労働条件を保障し、労働者の権利を護る法ではあるが、キョウゴの世界でこれを遵守することは、大変な困難と問題があった。一言でいえば、この法はキョウゴの世界には馴染まないのである。特にいわゆる〝四週八休〟を保障することは、キョウゴの要である職員と子どもとの、〝共にある暮らし〟を分断してしまうことになる。

現在、住み込み型就労の主流となっている小舎夫婦制を運営する施設の多くが、特別寮（第Ⅰ部第二章第一節）を設けることで、職員夫婦の休暇を確保している。かつて、休みがないのが当たり前だった時代――それは夫婦制に限らず、交替制も当時は住み込みで職員は二四時間対応することになっていた（第一章）――。次に引用するのは、一九六八年の『非行問題』に掲載された職員による「座談」である。これには大変興味深いことが語られている。

図2

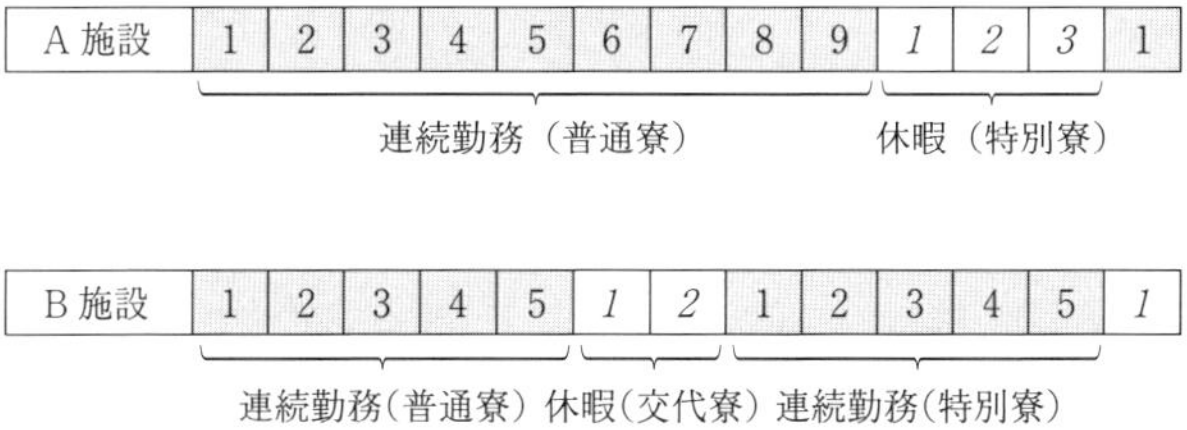

金子　結局結論としては、勤労問題なんかは考え無いようなやり方をということで、現在の夫婦制は理想なんだが。しかし社会全般が五日制だ、やれ四日制の勤務だということになってくると、教護院だけが一人請負制というのは、なかなかむづかしくなってくる。

司会　合理化にあるじの席をゆずった場合に、教育とか夫婦制とかが一週間のうち四日だけ発動されるとか三日休むとか言うのがありうるのだろうか。

金子　それはないけれど、一応は割切るという形になって来るだろう。（後略）

司会　それで五十年先には四日ずつぐらいで交代していく小舎夫婦制が残るであろうということですネ。

〈『非行問題』編集部（1968）「座談特集　変貌する寮舎運営の主体性　五十年後の展望とその可能性」『非行問題』一五四、p.19。括弧内筆者。〉

正に、この座談の司会が「五十年先には四日ずつぐらいで交代していく小舎夫婦制が残る」と言った通り、小舎夫婦制は、特別寮を設置・運営することによって〝生き残って〟行くことになった。ちなみに、この特別寮は県立埼玉学園が一九七二（昭和四七）年に全国に先駆けて〝試行〟したのが始まりとのことだが、当時を知る職員の話では、大変な非難を浴びた――「ボロクソに言われた。職員が休むとは何事だ。その時間があるなら子どもたちに関われ！　の声が多かった」（二〇〇五年九月、当時の埼玉学園長他、複数の職員や元職員から聴き取った）ということである（第Ⅰ部第二章）。このように、当初は《ボロクソに言われた》

特別寮が、五〇年も経たない内に小舎夫婦制の休暇方法として主流になったのである（報告書pp. 31-32)[3]。

しかし、同じ特別寮を利用する休暇であっても、そのローテーションの方法は施設によって異なる。図2は、A施設とB施設の一人分の勤務状況を簡略化して図に示したものである。なお、実際の勤務表はこのような簡単なものではなく、かなり複雑なものである——夫婦で一緒に休みを取るか、一人ずつなのか、各寮舎の順番や特別寮の職員の休暇、職員の希望なども考慮するほか、休暇の方法もいくつか種類があり（第I部第二章）、施設によってはそれらの方法を組み合わせてシフトを組んでいる——。しかし、今回は勤務日数と休暇の関係を説明するため、とりあえずこのような簡略図を用いることとする。

図2を説明すると、まず、網掛けの部分が職員にとっての勤務日であり、子どもたちにとっては自身が所属する寮舎（普通寮）で生活する日である。白地に斜体文字部分が職員の休暇、すなわち子どもたちが普通寮を離れ、特別寮で過ごす日を示している。これによると、A施設では、連続で九日間勤務をした後、休暇が三日続くというローテーションになっている。この、九日勤務＋三日休暇を一つの単位として各寮舎で順番に休暇を取ることになる。一方、B施設の場合は、職員の連続勤務が五日間＋休暇が二日間という単位で休暇を取っている（実際はこのローテーションを軸に、連休を入れるようなシフトを組む）。Bのローテーションで休みを取る施設職員からは、「子どもとちっとも一緒にいられない」「子どもとじっくり関われない」（二〇一五年八月）などの意見が聴かれた[4]。

またA施設では、勤務日の一日目の朝に職員が寮舎に戻ればよいことになっているそうだ。これはどういうことかというと、職員舎を兼ねる寮舎には三日三晩、子どもたちが帰ってこない状態がつづく、ということである。このように、夜間の休暇がある（夜間に子どもたちが寮舎にいない）状態のことを職員は「泊付き」と呼ぶ。A施設では、休みが三日連続して取れるというだけでなく、二泊の「泊付き」休暇が付く、ということになる。一方、B施設では休暇一日目の朝子どもたちを特別寮へ送り出し、二日目の午後五時には職員は寮舎に戻らなければならない（二日目の夕方に子どもたちが特別寮から普通寮に戻ってくるので、それを迎えなければならない）のだそうだ。つまり、職員は一見

「四週八休」の一泊二日の休暇をとっているようでありながら、二日間の休暇のいずれも、寮舎には〝出勤〟することになる。職員からは、「二週間で一・五休、月に一度だけ土日休みになるが、一・五休の〝〇・五〟が、意味がない。八時半から一七時までが休暇になるが、結局朝も夕方も寮舎にいなくてはならないから、実質の休暇という感じではない」（二〇一一年九月）ということが語られていた。

自営型就労と労働基準法

また、「休んでも、その後のことを考えると休まない方がずっと楽、だから休暇を取りたくない」と語る職員もいた(5)。子どもたちは少しの変化でも不安定になることがあるため、大きな不安定要素である職員の不在はなるべく減らしたいということである。また、子どもたちとの〝繋がり〟の時間を途絶えさせたくないということから、「勤務表上は〝休暇〟であっても寮舎で過ごす」という職員や、「職員にとってはそこが自宅なので、休暇でも寮舎にいるのは自然なことだ」という考え方をする職員もいた（第一章）。

かつての小舎夫婦制寮の職員は、一日二四時間三六五日を寮舎で過ごしており、基本的に職員夫婦が寮舎を空けることはなかったということである。たとえ休暇を決めたとしても、ムガイなど、そのときに何か起きたらその対応をせざるをえない、「だからここでは休日を決めたって意味がない。それよりも適当に息抜きをするのが無理のない方法」（小野木 1990 : 35）といわれていたのである。職員の休みが確定されていないということは、子どもたちの様子に応じた勤務が可能であった、つまり子ども本位の勤務であったということである。寮舎が安定しているときならば、職員は息抜きをすることもできたし、目を離してはいけないというときには〝つきっきり〟で寮舎に入ることもできた。そのため、寮舎が安定していれば自ずと休みは取れるのであって、休めないのは寮舎運営が上手く行っていないということなのだから自業自得だ、というようなことがいわれていたようである。

休暇が決められていなかった時代には子どもたちの様子や寮舎の状態を見計らっては「（実子の）保育園のお迎え

や授業参観などにも行ける」（武 2010a：24）、「《ちょっとお願いねって（隣に）お願いして歯医者に行ったり》」（二〇〇七年六月、夫婦制・寮母）するなどして、職員同士が〝お互い様〟で助け合う（第Ⅰ部第二章）、という場面も多かったようである。「休みがきちんと決められてしまってからは、全部その休みの中でしなさいって感じで、言い出しにくくなってしまって、却って働きにくくなった」（同）と職員は語っていた。このように、ゲンバでは、休暇が定められてしまったことにより、〝助け合い〟がしにくくなる、ということが起きることになった。

ある職員は職員の休暇を保障するため、かつては労働組合運動もやったということであるが、「休みはほしいといったが、（そのために）勤務時間を決められてしまうとは思わなかった」（二〇一四年一二月、ト学園、A職員）と言っておられた（第二章）。いわゆる〝四週八休〟がキョウゴの世界と相容れないということは、A職員のこの発言に集約されているように感じられる。

先に述べた通り労働基準法は労働者の権利を守る法律であり、遵守されなければならないことはいうまでもない。しかし、小舎夫婦制に象徴される住み込み型の施設では、――特に、四週八休を導入するには無理があり――むしろ職員の負担が高くなってしまう場合も考えられた。このことは、入所する子どもたちの負担も高くなる、ということを意味している。

これまでも述べたきたが、施設、特に小舎夫婦制は設置主体にとって労務管理がしにくいということがある。休暇のことだけではない。採用や人事など、他の公務員とは同じように管理できない。なにしろ、職員の婚姻により成立するのである。また、かつて主流であった住み込み交替制についても、公務員を減らしたい各設置主体にとっては――公務員を減らせないどころか――〝公務員住宅〟まで設置しなければならないことになるので、よほどの理解がない限り再設置は難しい、というのが現状であろう。それと同時に、現在職員舎を持つ施設では、入居する職員が減っている――「みんな使いたがらない」(6)――そうである。実は、キョウゴの世界に馴染むよう、「労働基準法などを調整していくことは可能だ」（二〇一四年一二月、ト学園元職員、A職員）とする元職員もいる。もしA職員のいうように、法的整備が可能であるとするならば、「自営型就労」であるキョウゴ・モデルを運営するに当たり、課題となるものは、むしろ担い手の意識——職場と自宅、仕事とプライベートを明確に分けたいと考える、私たち現代人の常識——なのかもしれない。

2.「公教育導入」と施設内の「学校」

分校・分教室を推進する理由

「準ずる教育」論争はその後、「公教育導入」のスローガンで語られ、そして小嶋直太朗の訴えで〃学習権の保障〃へと変化を遂げたことは、すでに第Ⅱ部第三章で述べたことである。しかし、ここで着目しておきたいのは、「公教育導入」が、施設内に分校を設置する方向で進んだことである。小嶋によると、このことは当初、厚生相は「反対だが黙認する」（小嶋 1965：29）という立場だったはずである。小嶋はまた、教護院の「学校」（学習指導）が職員の犠牲の上に成り立っていることを指摘し、厚労省に対して、「最低基準制定の時には、人的に何の考慮も払わず涼しい顔をして来た」（同：26）と批判している。確かに、施設最低基準の「職員」の項目には、教護や教護、あるいは栄養士などについては定めているが、「学習」を行うための職員の配置は明記されていなかったのである。(7)

これまでも述べてきた通り、キョウゴの世界では、感化院のころから暮らしに密着した〃学び〃を追求し、また、〃暮らし〃を共にする職員が共に働き、「学校」で教えることで、それらが相乗効果を持ち、優れた教育が実現できると考えられてきた。しかし、この、〃暮らしを共にする職員が学習にも当たる〃という方法——教護院の中の「学校」——は、当時の厚生省側にとって、特別な経費をかけずに〃準ずる教育〃を実行できる、安上がりな方法だったということが透けて見えてくるようである。だからこそ、ゲンバでは「学校」の充実について予算獲得の声——「現在教護界では法改正よりも必要な予算を獲得するのが近道だとする意見がある。職員《ひと》、設備《もの》、費用《かね》を得ることは大切で大運動を起こさねばならぬ」（同：29）——があったのではないだろうか（ちなみに、小嶋は「実を取りさえすれば名はどうでもよいとユダヤ的根性でよいのか」〈同〉とあくまでも法改正を求めている）。

子どもたちの学籍を保障してほしい、卒業証書を出してほしいというゲンバの願いから始まった「学校」の問題に、当局は長年、積極的に取り組もうとはしてこなかった。それが何故、その後――九七年法改正後一〇年以上も経ってから――「分校化」を強く押し進めるという形で推し進めたのか――少なくとも厚労省の発行する資料その他からは、その理由は見つけられないのである。例えば二〇一一（平成二三）年の「社会的養護の課題と将来像」には、次のように書いてある。

> （4）児童自立支援施設の課題と将来像
>
> （中略）
>
> ④学校教育の実施
>
> ・平成九年の児童福祉法改正で、児童自立支援施設についても学校教育への就学義務が課され、施設内の分校、分教室が推進されてきたが、現時点でも施設が学科指導を行う経過措置で対応している措置が残っており、早期の解消が課題である。
>
> 〈厚生労働省（2011）「社会的養護の課題と将来像」、p. 15。波線筆者。〉

いつ、どのような理由で「施設内の分校、分教室が推進」（波線部）されるに至ったのであろうか、「公教育導入」の理由として、「学習権の侵害」状態の回復、あるいは法改正で就学義務が課せられたから、という理由（あるいは命題）は記載されているものの、その理由や経緯については書かれていないのである。一方、厚労省の資料によく掲載されているのが分校を設置した施設と、まだ設置してない施設の数である。そして「早期の解消が課題である」

（波線部）としており、このことは、「公教育導入」に対して「分校化」以外の選択肢を認めず、分校化したくない、という意志を持つ施設に対して未だに分校化していない、という圧力をかけているように見える。

ここからは筆者の推測である――「公教育導入」が人権問題として扱われることになった以上、厚労省としては早くこれを解決したい。導入にあたっては、これまで文科省側は「教員方式」（学校教育の委託）を認めてこなかった。「教員派遣方式」を採るためには交渉が必要だ。しかし「分校方式」なら導入に当たってそれほど面倒はないだろう、「分校」制を採っている施設はすでにあるし、それに「分校方式」なら、導入時だけでなく、導入後の人員配置（公務員数）や給料などもすべて教育委員会に〝お任せ〟で厚生相側の管理下におかなくて済む。法的根拠ができた（九七年法改正による就学義務の明記）以上、地方の教育委員会もこれを拒めないであろう。導入に当たっては、各施設と該当する教育委員会との交渉になるからこれも〝お任せ〟できる――つまり、第Ⅰ部第三章で書いた卒業証書のことと同じく、「地方地方で折衝して実績を積んでくださいと、まるで他人事のような態度」（小嶋 1966：26）ということであり、そして「この論旨で滋賀、長野、京都等としきりに応酬して居られた」（『教護』編集部 1966：15）ように、（文科省側へ働きかけるのではなく）各施設に詳しい説明もなく、ただ当局の決定（分校・分教室の導入）を押しつけている、ということなのではないだろうか。そして実際に、卒業証書のことは、各施設の努力で原籍校と交渉し、また、都道府県の通達を以てこれを解決してきたという〝実績〟があるのだ。(8)

このような筆者の推測が――仮に万が一――当たっているとするならば、それらはいずれも〝大人の側の都合〟ではないだろうか。果たしてかつて小嶋直太朗が問いかけた（引用傍線部）ことに対して、平成の大人たちは、十分に考えに考えを重ね、その結果として、「分校」という形を採用するに至ったのであろうか、疑問が残る。

教護院には日々新しい子が入院し又は退院して社会に出て行く。（中略）カリキュラムを作っても、教具を購入しても、なかなか実践活用が出来ない（中略）数えあげればむづかしいことだらけである。（中略）

更にこれらの事情に挟まれながら常にわれわれの脳裏に去来するものがある。教護と学科指導との関係はどうなのか、主と従か、目的か手段か。学科指導はやってもよしやらずともよしなのか、本質的にはやらねばならないものなのか。そして新しい教護思潮はこれに対してどう断定を下そうとするのか――等々真剣に考えれば疑問はつきない。義務教育だからやるのだ、日課に組んだ方が都合がよいから、保護者が勉強を教えて貰わねば困ると言うから、よい所へ就職をさせるために、等といった理由からするのではなく、眞に新しい教護理念に合致する本質的意味を持つところの学習指導とは何なのか。これが解明されずに行う指導ならば、たとえ外面的には同じように授業は展開されていても空疎なものになってしまう。これらがわれわれを悩ます。

〈小嶋直太朗（1966）「学習指導正当化への長い道」『教護』一四四、pp. 27–28、傍線筆者。〉

〝就学義務〟とキョウゴ・モデル

〝教育とは近代教育、学校教育にあらず〟これは、日本女子大学の「教育学概論」の講義で森田伸子教授が伝えていたことである。曰く、「今、教育というと学校教育を指すことのようになっているけれども、教育とは本来そんなことではない」のであり、森田教授は同講義においてルソーや民俗学の児やらい等について取り上げ、初めて教育学に触れる筆者は森田教授のいわんとする〝教育〟――本来の教育、教育の原点――について知ろうと必死であった。

北海道家庭学校の創設者である留岡幸助がルソーに学んだこと（第Ⅲ部第四章）、そして谷昌恒が留岡清男に求められて北海道家庭学校第三代校長になったのは、そこに「理科生の私が一高の時代から」（谷 1996：259）読んでいたという『ペスタロッチー伝』や『フレーベル自伝』の世界を見たからではないだろうか（なお、谷は第二回ペスタロッチー教育賞を受賞している）。そして筆者がまとめたムラの要素では、キョウゴの世界で行われていることは共同体における〝教育〟である児やらいに近い部分があることを報告した。正に、キョウゴの世界は先に引用した谷の著書のタイトル通り『教育力の原点』——それも我が国の文化に根ざした〝助け合いによるコミュニティ〟を土台にした——があるのだと考えられる。

『教護院運営要領』を手がけた石原登は当時の学校教育法による学校教育について「現在のような学校教育でそういう（筆者注：食欲の本能に比べて勝るとも劣らない人間的欲求である）学習の喜びを感得することができるでしょうか。現状では学習とは入試のための道具であって、知り或は考える喜びではありません」（石原 1965：24-25、括弧内筆者）、「この歪んだ学習形態が劣等感を醇成し、集団性（情性）の発育を阻止し、青少年を非行にかりたてているのです」（同）と鋭く批判し、かつての「準ずる教育」を定めた児童福祉法第四八条について改正すべしとの声が教護界から挙がっていることについて疑問を投げかけた。このことも影響してキョウゴの世界では学校教育を施設内に導入することについて強い抵抗があったと考えられる。

施設の学習免除と「準ずる教育」、そして「公教育導入」についてはすでに第Ⅱ部第三章で述べたが、キョウゴの考え方に従うならば、「教護方式」（あるいは「職員方式」）で授業を行い、子どもの原籍校に働きかけて連携・調整し、適切に単位を振り替えてもらうということになるであろう。実際に、花島は次のように書いている——「教護院のなかに分校を設置することも一つの解決策であるが、これまでに教護院側が強く求めてきたのは、教護院への『教育委託』である。北海道などでは、一九五七年に道教育長通達が出され、『義務教育課程にある児童が教護院入所と決定した場合、現に在籍する学校に在籍のまま教護院に学校教育を委託する』ということになっている」（花島 1994：53）、この「教育委託」とは、実質的には「教員方式」で単位を振り替えるというものである——。

しかし一方で、「職員方式」では職員の負担が高いということもいわれていた。『非行問題』誌上では、夫婦制を廃止しないことの条件として寮長の「学習」の負担を減らすことを挙げた例があった。筆者の聴き取りにおいても、「生活」「作業」「学習」の「指導の三本柱」を軸としたしくみについて、《ターミネーターじゃないんだから……それができるひともいるけど……（自分には）無理》（二〇一五年三月、エ学園、A寮長）と語る職員もいた。(9)また、施設

大阪市立の児童自立支援施設では、教員ではない施設職員も授業を実施している

免許なし職員も授業

子供の不利益 現場は懸念

自立支援施設 学校教育未実施

入所する小中学生を就学させることが義務づけられた児童自立支援施設の一部で法改正後も12年にわたり、学校教育が行われていない実態が明らかになった。施設の現場では改善を求める声も強く、専門家も「憲法で保障されている権利が守られていない事態は早く改めるべきだ」と指摘する。〈本文記事1面〉

[redacted]にある市立[redacted]入所する中学生12人は寮生活をしながら、学習や作業、クラブ活動を行い、施設内で1日を過ごす。学習は施設の福祉職員5人が指導する。

ある教室では、録画したテレビのバラエティー番組が流れる中、男子生徒が寝そべったりしながらパズルやプリント学習を行っていた。

「集中力が続かず、3、4時限目はリラックスする時間にしている」。[redacted]園長はそう説明する一方、「職員は教員ではない。子供の学習意欲や集中力を引き出す力が不足しているのも事実」と打ち明けた。

[redacted]学園（[redacted]）では、入所する小中学生44人の中には、親から虐待を受けたり、発達障害を抱えたりする子供もいる。学籍は入所前に通っていた小中学校にある。

[redacted]教委の教員2人、教員免許を持つ非常勤講師5人が配置され、小中学校と同様に時間割を組んで学習指導しているが、正規の学校教育ではない。教員免許がない施設職員も授業を担当しなければならず、授業時間は学習指導要領で定められた6～7割程度だ。

[redacted]園長は「学校教育を早期に実施したい。福祉職員は、子供と信頼関係を築き、生きる自信も引き出しながら、自立を支援するプロ。施設での教育は、職員と教員の連携が不可欠」と訴える。

施設を管轄する[redacted]子育て支援部は「分校などを設置すると、校名から施設出身者とわかる可能性がある。入所する子供の不利益とならない方法の検討も続けている」と釈明する。

[redacted]大教授（児童福祉論）の話「教育を受ける権利が公の施設で守られていない事態は、法の改正時、国が十分に議論しないまま、各自治体に施設での教育のあり方を任せたのが原因で、早急に改善すべきだ」

2010年6月23日読売新聞東京版。

の中には「学校」専用の職員を多く配置している施設もあるが、このような設置主体は希である。これまでも述べてきた通り、施設のほとんどが公設・公営であり、そして地方自治体は公務員の数を減らしたいのである。施設最低基準にも明記されていないような、余分な人員を割くことは難しいのであろう。

従来の「職員方式」が「公教育」として認められない、あるいは職員の負担が高くて実施が難しい、ということであるならば、次にキョウゴの考え方を活かせる方法は「教員派遣方式」（施設が設置されている地域の教育委員会に教員を派遣してもらう）を採用することであろう。少なくとも筆者はそのように考えるのが自然であると考えていた。しかし先にも書いた通り、厚生労働省は〝分校化〟することで「公教育導入」（学校教育導入）を推し進める方向を採った。新聞においては〝分校化〟しない施設について〝憲法違反〟〝人権侵害〟というような内容で報道し、〝教員派遣方式〟についても「正規の学校教育ではない」と評した[10]。また一方で、〝分校化〟するに当たっては――「施設には府県全域から児童が集まるのに、『施設がある自治体が負担するのはおかしい』という意見がある」（前頁新聞切り抜き）――つまり、施設は県立なのに、市立の分校を併設するのはおかしい、という意見もあるようだ。

〝分校化〟は大半の時間を学校教育法の学校で過ごすことになるため、基本的にはキョウゴの方法を実行し得ないことになる。作業時間[11]は学校教育に置き換えられ、行事は分校主体へと変化していくことになる。そして分校の教員は教育委員会に所属する教員であり、キョウゴへの理解は深いとはいえない。筆者が見学したある分校では、補助教員として寮長が教室に入って授業を行っていた。筆者の観察では、まるで寮長が（教員の代わりに）子どもたちの授業態度を注意する役を負わされているように見えたものである――実際に、「叱り役がこっちばかりは違う気がする。分校で緩んで、寮でしめて、という感じで……けれど、（緩むという感じは）くつろぐ、という感じでもない」という語りもきかれた[12]――。また、「分校に赴任してくる先生は、駄目な先生が来ると、（そうした教員の場合は）分校を『僻地』扱いする。市立の学校ではクラスを持てないような人が派遣されてくる」――というような声も聴かれた[13]。このようなことがもし本当ならば、地域の学校は子どもたちを排除し、また「駄目な先生」もまた排除していること

児童自立支援15施設
学校教育 行われず
法改正から12年

1998年の改正児童福祉法の施行で、入所する児童生徒を就学させることが義務づけられた全国58の児童自立支援施設◎のうち15施設で、「学校教育」が実施されていないことが読売新聞の調べでわかった。改正法は経過措置を認めていたが、既に12年が経過しており、事実上の違法状態といえる。全国児童自立支援施設協議会（[redacted]会長）は23日、施設を所管する厚生労働省に改善を求める要望書を提出する。

読売新聞の調査に、15施設を管轄する山形、富山、愛知、広島、宮崎県、大阪府や横浜市など2府10県、2市が「学校教育が行われていない」と回答。11施設では実施のめどが立っていない。15施設に入所する小中学生は約300人。大半の施設では、教員ではない職員らが学科を指導しており、学習指導要領で決められた授業時間より少ない施設が多いのが現状という。

改正前は、入所する小中学生は就学猶予や免除の対象となり、「学校教育に準ずる学科指導」が認められていた。しかし、「学校教育を受ける権利を奪っている」などの批判が強まり、改正法で施設長に入所児童を就学させることが義務付けられた。実際には施設外の学校に通わせることは困難なため、施設内に分校などを設置する必要がある。

改正後も対応が遅れているのは、分校などに配置する教員の確保や経費負担を巡り、都道府県と施設のある自治体などの間で調整が難航しているためだ。京都府や福島県の担当者は「施設には府県全域から児童が集まるのに、『施設がある自治体だけが負担するのはおかしい』という意見がある」と話す。

全国児童自立支援施設協議会の[redacted]会長は「法で定められていることであり、全国すべての施設で早急に学校教育を導入すべきだ」と訴えている。厚労省は「自治体が判断すべきことだが、法改正から既に10年以上が過ぎており、改善が好ましい」としている。

＜関連記事14面＞

◎児童自立支援施設　非行を繰り返したり、虐待被害を受けたりした子供について、作業や学習を通して自立を支援する施設。主に小学生以上、18歳未満の児童が家庭裁判所や児童相談所の判断で入所する。2008年10月現在の入所者は1808人。施設は、国立2、都道府県立49、政令市立5、社会福祉法人2。

2010年6月23日読売新聞東京版。

になる。そして分校に赴任した教員は、寮舎担当の職員を〝監視〟役に使い、彼ら自身は偏見というまなざしを子どもたちに向け続ける……ということになる。しかも、職員が通勤している場合は、〝監視〟を〝あたたかいまなざし〟に変えるチャンスはかなり少ないと考えられる。

〝分校化〟が高等学校への進学率へと繋がり、それによる学力差別、あるいは子どもたちの不利益が緩和されることに期待を寄せる人があるかもしれない、また、子どもの学習差別、あるいはそれに伴う不利益やスティグマ性の緩和という面で期待が持てるのではないか、あるいは、職員の負担の軽減などを考え合せると、「分校化」もまた、安易に否定することはできないであろう。だがしかし、子どもと職員との〝繋がり〟を大事に育むキョウゴの方法は――子どもたちが傷付きや自己肯定感を回復し、〝生きていて良いんだ〟と実感すること、そしてそれを〝退所後の人生〟でも確認できること（第Ⅳ部第三章）――。このことに鑑みると――まず「生きて」こその学習ではないのだろうか、〝分校化〟の全国設置を推し進める前に、議論を尽くさねばならぬことがあるのではないか。

近年、文科省では教育特区の設置を始めた。この教育特区は、キョウゴ・モデルと「公教育導入」を融合させる新しい選択肢の可能性があるのではないかと筆者は考えている。それと同時に、改めて、施設における「学校」について議論を――〝大人の側の都合〟ではなく、真に子どもの立場に立った学習支援を考えるための議論をするチャンスではないかと希望を抱いている。そのためにはまず、ゲンバの人たちは服部のいうように、「足元にいる児童が何を求めているのか、その声を」（服部 1993：50、以下引用）聴くことであり、私たち外部の者たちは、ゲンバの方々と手を取り合い、心を一つにして、共に子どもの権利が最大限に保障される方法について考えるときだと思うのである。

第二節 〝教護院らしさ〟の消滅

1. 教護院の消滅

高度経済成長とともに繁栄した教護院であるが、一九八〇年代に入ると在籍者数が減る、あるいは体罰問題や死亡事件などが起こり、教護院への批判は次第に高まりを見せていった。協議会も危機感を持ち、一九九〇（平成二）年の『非行問題』に、「特集・教護院は生き残るか」を組むなどして、教護院は〝内部改革〟ともいうべきものを模索した。しかし、一九九七（平成九）年児童福祉法が改正し、一九九八（平成一〇）年の施行により、教護院は児童自立支援施設になり、教護院は〝消滅〟した。[16] ここまでのことはすでに第Ⅱ部第三章で述べてきた通りである。

しかし、本当に九七年法改正のとき、教護院は消滅したのだろうか。小林によると──小林はこのことを否定的に書いているが──「今回の改正は、『駅伝方式』『リレー方式』などといわれているが、『次の法改正までは何も変わらない』と豪語する職員も現存して」（小林 1999：54）いたそうである。筆者の感覚では、二〇〇三年、二〇〇四年ごろまでは、児童自立支援施設というよりは、どちらかというと教護院、という感じを受けることが多かった。それがだいたい二〇〇六年ごろになるとその〝変化〟が顕著になってきたように思う。そして施設は沢山の書類を作るようになっていった。「児童自立支援計画」もその一つである。コベツを行うのに稟議を通すようになり、心理職が配置され、非常勤の職員や、他の福祉施設などから異動してきた職員が増えている、という印象があった。そのころの職員への聴き取りでは、異動してきた職員との足並みが揃わないとか、意見が合わないなどの語りを聴いている。[17]

教護院の消滅──それは名称が児童自立支援施設になった時点を指すのではなく、〝教護院らしさ〟を失ったときであると筆者は考える。それは、施設の設備及び環境、職員の理念及び実践理論、しくみ及び実践方法の三位一体が崩れたとき、とも言い換えられる。服部朗は法改正五年前の一九九二年の『非行問題』に「教護院のゆくえ」を寄せているが、同稿は次の文章でしめくくられている。

私は冒頭で、教護院は嵐のなかで揺れている、と書いた。その嵐とは、教護院にいる少年たちのことを忘れかけようとしている嵐ではないだろうか。教護院における生活と教育とが分離され、生活自体も分割されようとしていくなかで、職員からみて児童とのかかわりも「何分の一かのもの」という意識が進行し、もしも、その先に、無外の児童を、たんに「負担」としか感じられなくなるような状況が現れたときは、教護院はもはや教護院ではなくなるときであろう。今こそ、教護院は、物言わぬ主人公の声を羅針盤として正しく舵をとらねばならないときである。

〈服部朗（1992）「教護院のゆくえ」『非行問題』一九八、pp. 43-44。〉

服部がまるで予言したかのように書いた、〝子どもたちのことを忘れたとき、教護院はもはや教護院ではなくなる〟こと、これが真の〝教護院の消滅〟だと筆者は捉えている。正確にいえば、このような現象は、個々の施設ではすでに――高度経済成長――昭和四〇年代からの――施設の〝合理化〟とともに始まっていたと考えられる（第Ⅱ部第三章）。しかし、その中でも、ゲンバの職員たちは、各自が置かれた条件の中で努力をしてきたであろうし、また、〝伝統〟を受け継ぐ職員のいなくなった、あるいは少なくなった施設へは協議会のメンバーが出向くなどして、その〝問題性〟について機関誌にレポートを掲載し、誌上討論を行い、問題共有を行ってきた。〝マンション教護院〟が批判されたのも（序章）、初期の特別寮が《ボロクソ》に言われたのも（第Ⅰ部第二章）、分校化が大いに議論を呼んだのも（第Ⅱ部第三章）、感化院時代から続く価値観が、まだ各々の職員の内に核として存在していたから成り立ったことである。だいたい二〇〇〇年代前半まで位の施設には、この当時の価値感がまだ残っていたように思う。しかし、二〇一〇年に入ると、施設を訪問したときに、そこはもう、〝教護院ではない〟という印象を持つことが多くなった。これは運営形態に限らず――たとえ夫婦制であったとしても――正に服部がいったように、「教護院における生活と教育とが分離され、生活自体も分割され」(服部 1992：43)ているような状態が、スタンダードになりつつあると感じたときであった。分校化が進み――「生活と教育が分離され」(同：43)、夫婦制は交替制になり――「生活事態も分割され」(同)る、ということだけでなく、そのような環境が次第に職員の意識を変えていくことになる。例えば交替制の職員が、自分の受け持つ時間内だけ無難に過ごせれば良い(18)――「職員からみて児童とのかかわりも『何分の一かのもの』という意識が進行」(同)していく――など。

〝暮らし〟を共にし、その日々の中で〝問題〟が出たらその都度対処する、という本来のキョウゴの方法は受け入れられなくなり、寮舎担当の職員が(本館の「行政の人」ではなく、直接子どもと対峙する職員が)、子どもに問題を出してほしくない、あるいは出させないように仕向けるとき、正に「無外の児童を、たんに『負担』としか感じられなくなるような状況」(同)が現れるものと考えられる。

2．〝教護院らしさ〟に代わる価値観の不在

先述の通り、筆者は二〇〇六年ごろから〝教護院らしさ〟が失われつつある――換言すると〝教護院らしい〟施設が急速に減ってきている――と感じていたものが、二〇一〇年に入ると、もう、そこは教護院ではない、という印象を持つことが多くなっていた。だがしかし、そこは児童自立支援施設でもない、という印象なのである。

各施設が置かれている状況(人員配置や設備や環境、そして児童相談所の措置の傾向に至るまで)はこれまで以上に多様化している。また、施設訪問の際には、職員に元気がない、という印象を受けることが多くなった。実際に、「ベテランの職員がツブれてる」とか、「寮閉鎖してる」、などの語りも聴かれた。施設を訪問し、施設全体から〝教護院

らしい〞空気を感じる施設は極端に減っていた。今の時代は「施設全体のふん囲気」として〝教護院らしさ〞を感じるのではなく、職員の個人の内にそれを発見するのが精一杯、という印象を受けることもある。そしてそのような――熱意を持って子どもの側に立つ職員は――序章に書いた通り、――孤軍奮闘する傾向にあるように思う。

しかし、彼らが奮闘する相手（現在の施設のマジョリティ）とは、一体、何者なのであろうか。先にも述べたように、それは児童自立支援施設らしいというほどの塊にはなっていないように思う。どのように表現したらよいのか適当なことばが見つからないが、教護院でもないし、これを児童自立支援施設とするのには――服部が指摘したような、子どもたちのことを「忘れかけようとしている嵐」（服部 1992：43）に吹き飛ばされてしまった後の状態だとするならば――あまりに淋しすぎるのである。

第三節　教護院から児童自立支援施設へ

1．教護院でも児童自立支援施設でもない施設

おそらく、施設は戦後以降、第二の過渡期にあるのではないだろうか。歴史を振り返れば、戦後、それまでバラつきのあった施設が〝小舎夫婦制を是とする価値観〞に向けてまとまりを見せていった――寄宿舎制は廃止され、大多数の施設が小舎夫婦制へ切り替えていった――ように、現在は、いくつかのキーワードに沿って各施設が変化していっている時期に見える。しかし、それらのキーワードは、戦後の〝小舎夫婦制を是とする価値観〞のように、まだ圧倒的な牽引力を見せていない。つまり、かつての〝教護院〞のような統一感（教護院らしさ）はまだ感じられず、筆者には〝旧教護院〞の行きつく先が未だ見えないでいる。

〝教護院〞とも、〝児童自立支援施設〞ともいえない施設――このような感覚は筆者だけが感じているということ

ではなく、ある職員（ソ学園Ｄ職員）は現在の施設（あるいは将来の目標とすべき施設）についてたずね、「千晴さんならどんな名前にしますか？」とのお便りをくださった。しかし筆者もまた、この研究活動を始めた当初より「いいネーミング」（以下）をフィールドワークの中でキャッチする日を待ち望んできた一人なのである。

千晴さん（筆者の名前）がこの業界に名づけるとしたら、どういう名前にしますか？　私は〝教護院・児童自立支援施設〟という名前が適切ではないと感じています。大人が子どもに手をさしのべている感（上下）があるからです。一緒にくらしを作っている中で、自然に治ってしまうことがある（かもしれない）、そこに重きを置きたいいネーミングはないでしょうか。

（二〇一五年六月、ソ学園、Ｄ元職員、論文感想より）

以上、本項目では、未だこれこそが児童自立支援施設といった塊が見えてこない、ということを書いてきた。しかし近年、一部の施設で〝これが（未来の）児童自立支援施設というものなのかもしれない……〟と感じる体験をしたため、次項にて特に印象的だった二施設を取り挙げることとする。なお、これらの施設はいずれにしてもまだ少数派である。

2．高等学校卒業まで支援する――誠明学園の例

これまでの中学卒業年齢の子どもへの支援

施設では、中学校卒業年齢の子どもについて、――中卒児とか高齢児という呼び方をする――かつては、一人くらいはそのような子どもが寮舎に残っていたり、また、寮舎の庭にプレハブ部屋などを設置して「自活寮」としたりと、

各施設で工夫していた（第Ｉ部第三章蝶野学園の例など）が、近年は、「高齢児寮」などと呼ばれる、中学校卒業年齢の子どもたちのみが暮らす専用の寮舎を設置する施設が多くなった。高齢児寮の子どもたちは、「研修生」などと呼ばれ、施設内で就労準備をしたり、施設の外にアルバイトへ出たり、夜間高校へ通ったりしている。このような高齢児寮の歴史は（感化院から現在に続く歴史に鑑みれば）まだ浅いものである。例えば二〇〇〇年の『非行問題』に「中卒児を一つの寮に集める試み」と題して、福岡学園が高齢児寮を設置するに至るまでの報告がなされているなど、二〇〇〇年代に入っていてもまだ「高齢児寮」を設置する施設は少なかったと考えられる[19]（なお、福岡学園では、一九九九年に「中学卒業児を集めた寮」〈佐藤 2000：65〉を設置）。

また、九七年法改正施行により、一九九八（平成一〇）年、自立援助ホームが法制度化[20]するに伴い、埼玉県では教護員のＯＢが中心となり、自立援助ホームの設置が進められた。まず一九九九年に「埼玉に自立援助ホームを！の会」が発足、そして二〇〇一年、「青少年の自立を支える埼玉の会」としてＮＰＯ法人登記とともに自立援助ホーム「ベアーズホーム」が開設[21]された。同法人の自立援助ホーム第一号であるベアーズホームは教護員の元職員である理事長（当時）が自宅アパートを提供・改築して始めたものであった。このように、元職員による自立援助ホーム――「いわゆる『教護系（児童自立支援系）』自立援助ホーム」（伊田 2006：51）――はその後、各地に設置が進み、退所生たちの受け皿として期待された。なお自立援助ホームは就労支援を基本としており[22]、夜間高校に通学する例はあるが、全日制の高等学校へ通うことは想定されて来なかった――例えば入居者は自身の収入から毎月利用料を納めなければならないなど――所である（二〇〇六年に法改正あり。注22参照）。

都立誠明学園の高齢児寮と提携型ＧＨとの連携

都立誠明学園の高齢児寮では、これまでにない、新しい取り組みを行っている。それは、高齢児寮を高校進学のための準備期間と捉えて、受験勉強を行うというものである。また、そのために、施設外から積極的に学習ボランティアを受け入れており、このことも画期的なことである。このように同学園の高齢児寮はこれまでのように、残ってしまった子どもたちの受け皿ではなく、高校進学を目指す子どもたちが、いわば積極的に活用するための寮ということである。

さらに画期的なことに高校に合格した子どもたちは提携型グループホームに移り、これを高齢児寮の職員が通って適宜支援する、という体制を採っている。提携型グループホームは、誠明学園とは別の施設で、社会福祉法人が運営する児童養護施設の分園（地域小規模児童養護施設、分園型小規模グループケア）である。この分園は誠明学園の高齢児寮の子どもたちの専用のホームとして二〇〇六年二月一日に開設したものである（以下、提携型GH）。

提携型GHは誠明学園とは別の施設だが、誠明学園の高齢児寮と密に連携しており、必要な場合はいつでも高齢児寮のスタッフがかけつけ、それでも困難な場合は一時的に高齢児寮に子どもを戻し、再び提携型GHへ返す、ということも行ってきたということである。第I部第三章では、教護院時代のレ学園の「アフター」の例を紹介した。このように、勤務時間であっても職員が地域に出ていけるのは、近年では珍しいことではないだろうか。

この高齢児寮と提携型GHとの連携を発案し、中心となって育ててきた誠明学園の職員へ話を伺った。その職員は、このような高齢児寮を作った理由として、「たとえ高校に受かったとしても退所した子どもの多くは中退してしまう、なんとか高校三年間を続けて、高校を卒業できるような支援がしたかった」（二〇一五年七月訪問時）と語っておられた。そして「この『提携』が軌道に乗るまでは苦労があったが、今では寮舎で暮らす子どもたちが、退所後を想像できる具体的なモデルとなっており、子どもたちに安心感や希望を与えている」（同）とのことであった。

かつて、花島政三郎は学歴差別によって教護院を出た子どもが暴力団に入ってしまうこと、そして高校進学を閉ざされた子どもたちが「一九八五年一二月の通知[23]が出されて以来、高校進学者はまったくなくなり、教護施設入所の少年の間にも、高校進学は出来ないものという無力感が定着しつつある」（花島 1990：41）と報告し、「教護施設を退所した後の生活を考えた場合、少年達にどのような希望を持たせられるか」（同 1990：41-42）と訴えていたが、誠明学園のこの取り組みは、正に子どもたちに高校進学が続けられる、という希望になっていると考えられた。

なお、序章でも記した通り、都立誠明学園の提携型ＧＨの取り組みについては、二〇一〇年発行の機関誌『非行問題』二一六号に「高齢児寮における高校生の支援と提携型グループホームとの連携について」が掲載されているので、詳細についてはそちらを参照していただきたい。

3.「近代化」した施設――フ学園の例

〝古い〟教護院的な施設の場合

かつて、職員は先輩たちから「好きなようにやれ」といわれていきなり夫婦で寮舎を持たされた。新婚初夜から寮舎だったというエピソードはよく聴かれるものである。夫婦に期待されていたのは、富田の表現したように、「ごく普通の、規則正しい、健康的な生活」（富田 2005：58）を子どもたちと共に送ること、そして職員の夫婦や家族の有様そのものを子どもたちに見せることにあった。職員は子どもたちの〝手本〟であれ、とされるのと同時に、実際の暮らしぶりを子どもたちにあけすけに見せ、また、子どもたちと〝ほんものの情〟を交わすことで、子どもたちの躾けから「不良性の除去」までを支援してきたことはこれまで述べてきた通りである。

ところが近年、このような施設に変化が現れているように思う。ある施設では食卓の味噌汁とご飯が逆におかれていたり、またある施設では子どもたちと食卓を囲む職員が肘をついていたこともあった[24]。ある小舎夫婦制寮母の語りでは、今までにないタイプの寮母がいて、その寮母のやり方を他の寮母にも押しつけるので困っている、ということであった。その寮母は、施設の子も実子と同じにする、という理由から、何種類もの靴を用意したり、子どもが退所する度に布団を使い捨てにしてしまい、「これではものを大切にするということを子どもたちに教えられない」と言っておられた[25]。このことからまた改めて、「ごく普通の、規則正しい、健康的な生活」（富田 2005：58）とは、つまり、職員の良識やモラルによって支えられているのだな、と実感するのである。

施設の朝は早く、小舎夫婦制の女性職員は実子をおんぶして朝から晩まで子どもたちの面倒を見ていた。男性職員は、午前は学校で座学を教え、午後は子どもたちと真っ黒になって作業やスポーツに打ち込み、夜は飛び出した子どもを夜通し捜索していた。休暇などなく、実子の学校行事にも行けなかった。寮舎生活は〝ご近所づきあい〟に似たようなやりとりがあり、プライバシーもなかったが、互いに助け合う暮らしができていた。寮舎は戦後建てられた木造建築であり、古い建物故に採光も現在の寮舎ほどはよくなかったように思う。風呂は薪風呂で子どもたちは洗濯板で洗濯していた。職員はそのような環境の寮舎に一家で住み込まなければならなかった。しかし、かつての寮長・寮母たちにとって、そのような生活は――大変なことではあったかもしれないが――それほど違和感はなかったことと思われる。(26) しかし、世の中が変われば、「ごく普通の、規則正しい、健康的な生活」(冨田 2005：58)も変化し、〝素朴で質素な暮らし〟や〝お互い様に助け合う暮らし〟など、キョウゴの世界の柱となっていた暮らしぶりは、〝古い〟、〝時代遅れ〟などといわれ、現代社会とは相容れない状態になってきていると考えられる。

〝新しい〟寮舎と充実した分校のフ学園

先に述べたような、〝古い〟建物、〝古い〟考え、〝古い〟生活様式の〝教護院らしい〟施設とは打って変わって、フ学園は大変明るく近代的な施設である（訪問は二〇一五年三月、以下日付略）。特に分校の充実ぶりは他施設よりも一歩抜きん出ているという印象――例えば、少人数でも複式学級などにはせず、各学年のクラスはもちろん、知的障がい特別支援学級や情緒障がい特別支援学級も整備されている――である。本館の職員室は――他の施設がそうであるのと同じように――「学校」の職員と寮舎の職員の机が並んでいるが――フ学園の場合は、他の施設よりもはるかに「分校」の教員の占める空間が多いように感じた。

また分校の教員も熱意があり、ある教員（X教諭とする）は、「ここの子どもたちは本当に、驚くほど学力が伸びるんです。環境が変わればこんなに学力が上がるもんなんだーって実感しています。ここでは生活がちゃんとしてるから……」と語っておられた。かつて小嶋直太朗が「教護と学科指導との関係はどうなのか、主と従か、目的か手段か」（小嶋 1966：27）と書いていたが、フ学園は分校が主で寮舎が従に――筆者には――見えたのであった。つまり、子どもたちの「就学義務」の手段としての分校というよりは、学校教育や「義務教育」を果たすために、子どもたちは施設で暮らしているような感覚を受けたのである。X教諭が、「ここは本当に普通の分校です」と、何度も繰り返し話しておられていたからかもしれない。

続いてフ学園の寮舎を見学させていただいた。フ学園は交替制（職員は全員通勤制）を採用しており、寮舎はまだ新しく、木材をふんだんに使った明るい寮舎であった。フ学園の寮舎は全三寮で、その内の二寮を男子寮、一寮を女子寮として使用していた。男子二寮は、相互に往き来できる作りになっており、いわゆるユニット式である。驚いたのは、その三寮がY字型に繋がっていることであった。そしてその三寮が交わる要の部分には、事務室が設置されており――ここで筆者はさらに驚くのであるが――事務室には常に鍵がかけられており、職員はその事務室から出入りするたびに、腰から下げた鍵をポケットから取り出して、施錠したり解錠したりするのであった。

ある職員は事務室に鍵をかけるのは「怖い」といっていた。「名古屋の事件のこと（第五章）もあるし……子どもたちが鍵を狙ってくるかもしれないし……」（二〇一五年三月、小舎夫婦制・寮母）。そして、「共に暮らす上では子どもたちとの信頼関係が必要で、その信頼関係を作るためにはまず鍵をかけないこと」なのだと彼女は語っていた（同）。互いに武器も持たずに共に〝暮らす〟ことができるのは、そこに信頼関係があるから――「子どもたちの信頼を貰うためには丹念に子どもたちと暮らすこと、それが薬も注射も何も持たない私たちの唯一の武器」（カ学園、C寮母）――ということは本書で繰り返し述べてきたものである。

例えば、老人福祉施設などでは事故防止に事務室やエレベーターに鍵をかける施設もある――別に驚くことではない……そう、私が驚いたのは、ここがかつて教護院と呼ばれた施設と思ったから驚いたのだ――。部屋は明るいし、子どもたちも身ぎれいにしているし、職員もほがらかだ……そう考えると何の問題もないように思えた。しかし、ここからさらに驚くことがあったのである。それは事務室から女子寮へ行く場合のみではあるが、そこが二重ロックになっていたのである。まず、事務室のドアの鍵を開けると、そこに踊り場のような小さな部屋のような空間があり、その空間の前後にドアがあり、それぞれ鍵を開けたり閉めたりして往き来するようになっている。つまり、事務室から女子寮に入る通路には、二枚のドアがあり、その二枚のドアはいずれも常に施錠した状態になっているのであった。職員の説明によると、男子が事務室を通って女子寮に行けてしまうので、このようになっている、ということであった。

この施錠の仕方には、正直、驚愕してしまった。というのも、筆者がこれまでの人生で訪問したり働いたりしてきた施設の中で、このような施錠の仕方をしていたのは法務省管轄の施設（すなわち少年院、鑑別所、刑務所、医療刑務所）と、病院の精神科病棟であり、他の社会福祉施設では見たことがなかったからである。もちろん、フ学園はそれらの施設の様子とはまったく違って、明るく素敵な建物なのであるが、しかし、筆者にとってはそれを上回る衝撃であった。

フ学園を訪問した後、他の施設の職員数人にY字型の寮舎を見学したことを話した。バイアスがかかることを恐れて、なるべく淡々と、「男子寮二寮と女子寮一寮の計三寮がY字に繋がっていてね……この真ん中には事務室があるの……」というように説明を始めると、それを聴いた職員は決まって、「……なんか刑務所みたい」とか「府中刑務所みたい」と異口同音に感想を述べたのであった。(27) 彼ら職員が――そして筆者も――連想したものは、いわゆる刑務所に代表される〝一望監視方式〟（フーコー曰く「一望監視装置」〈フーコー著、田村訳 1977：247〉）である。繰り返し述べるが、フ学園の寮舎は刑務所的な雰囲気は微塵もなく、木もふんだんに使った明るい寮舎である。しかし、「開放処遇」の寮舎ばかり見てきた筆者にとっては――おそらく先の職員らも同じであろう――やはりこのような間取りと二重施錠には違和感を越えて衝撃を覚えてしまうのであった。

一一〇年以上前、監獄から子どもたちを分離するべく感化法ができ、留岡幸助は自身が創設した感化院にコテージ

図3

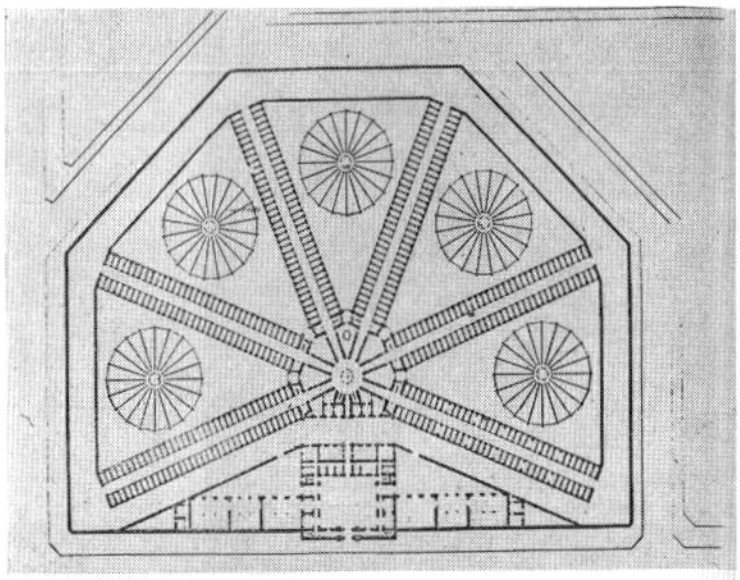

23 マザス獄の平面図〔パリに1850年創設〕。本文247ページ参照。

24 〈少年教護院〉監獄。本文247ページ参照。

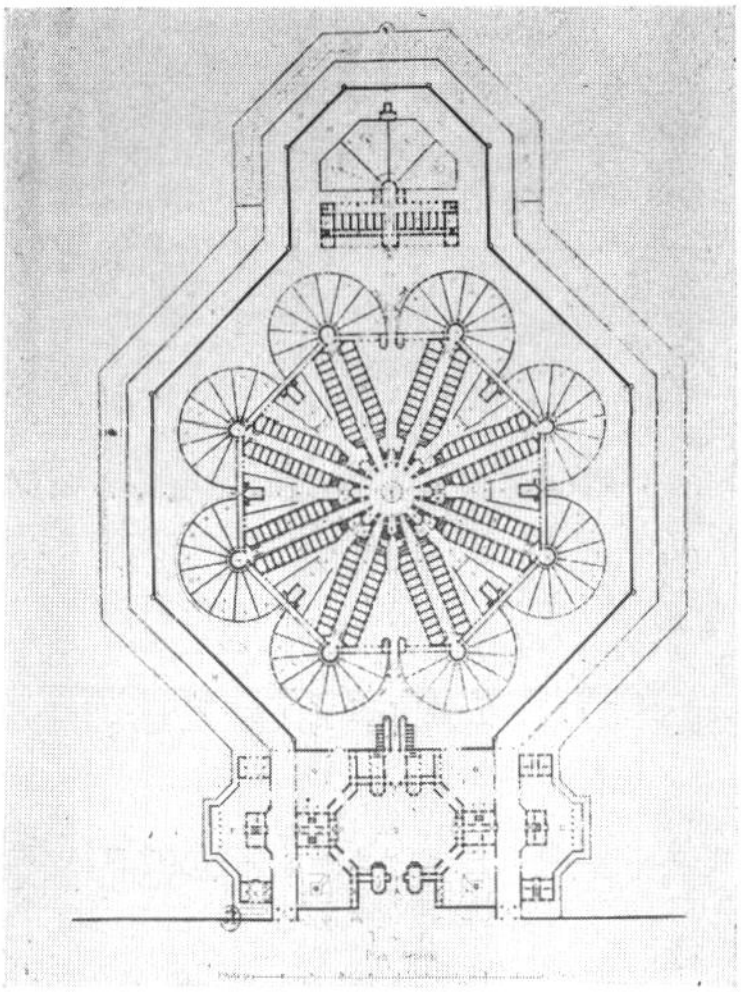

22 A・ブルーエ作、585名の受刑者を収容する独房監獄の設計図（1843）。本文247ページ参照。

ミシェル・フーコー著、田村俶訳（1977）『監獄の誕生――監視と処罰』大進堂。※左下の写真の説明には、「〈少年教護院〉監獄。本文247ページ参照。」と書いてあり、247頁には、「一望監視装置」の説明がされている。

式を取り入れた。留岡のコテージ式は「寮舎」と呼ばれて発展し、戦後の教護院では多くの施設がこれを採用した。そこから月日は流れ高度経済成長を経て、二一世紀の世になると、その寮舎はなんと、かつてそこから子どもたちを分離したはずの、監獄を連想させる形状に変化していたのである。しかも、その寮舎は鉄格子がはまった鉄とコンクリの薄暗い建物と長い廊下で構成されているわけではなく、ほんとうに明るく、清潔で、どこから見ても〝近代的な〟、立派な建築物なのである。おそらく、この寮舎もまた、子どもたちのことを思って建てられたものなのだ――採光に配慮し、日当たりもよく、木材をふんだんに使用して暖かみを出そうとしている――そのうらはらさが、何だか現代社会そのもののように感じられて、筆者には目眩がするようであった。

　歴史を振り返って見れば、学校教育法の学校が、石原曰く「現状では学習とは入試のための道具」（石原 1965：24）であり、そして「就学した瞬間から十数年受験準備の鎖につながれ」（同）た世で目標とされてきたものは、〝良い大学に受かる〟ということであった。〝良い大学〟とは、いわゆる「エリート大学」といわれるものである。そしてトロウ・モデルの生みの親であるマーチン・トロウは、「エリート高等教育は学生に多くのことを要求する。その意味でエリート高等教育の構造は、アービング・ゴフマンが『全体施設』（total institution）とよんだものに近い」（マーチン・トロウ著、天野・喜多村訳 1976：136）と述べている。受験戦争が過熱したころ、もっともトータルインスティテューション（アサイラム）的だと見なされていた施設である教護院という施設は、実は、子どもたちのアジール（世俗の力の及ばない聖域）だったのかもしれない。

注

（1）厚生労働省（2011）「社会的養護の課題と将来像」参考。
（2）戦後の養護施設（現在の児童養護施設）の大舎制は、国内はもちろん、国際的にもしばしば批判を受けながら、当時の厚生省は抜本的な改善策を打ち出しては来なかったし、里親制度も重視してこなかった。厚生省→厚労省は施設養護、しかも大舎制による社会的養護を戦後五〇年以上擁護してきた。しかし、児童養護施設の公設公営を排し、その後新自由主義的な道理が導入されるや否や、今度は〝施設養護〟を排する施策を打ち出してきたのである。
（3）他の方法としては、子どもたちを二～三人の単位で分けて、複数の寮舎に預ける分散方式や、子どもたちは寮舎を移動せず、休暇代行の代替職員が寮舎に入る方法などがある（第Ⅰ部第二章）。
（4）いずれも小舎夫婦制寮の寮長からの聴き取り、なお、施設が特定されやすくなるため、施設記号等は省略することとする。
（5）小舎夫婦制寮の職員、複数名から聴き取った。
（6）二〇一一年三月、ある交替制施設の本館職員に聴き取った。
（7）児童福祉施設最低基準第七九条「教護院の設備の基準のうち、学科指導に必要な設備については、小学校、中学校又は養護学校の設置基準に関する学校教育法の規定を、その他の設備については、第四十一条の規定を準用する。ただし、男子と女子の居室は、これを別にしなければならない。」同八〇条「教護院には、教護（教護院において、〈中略〉）（中略）嘱託医及び精神科の診療に相当の経験を有する医師又は嘱託医、栄養士並びに調理員を置かなければならない。ただし、児童四十人以下を入所させる施設にあっては、栄養士を置かないことができる。（以下略）」（傍点筆者）。なお、児童自立支援施設になってからも、同七九条「学科指導に関する設備については（中略）学校教育法の規定を準用する。（以下略）」、同八十条「児童自立支援施設には、児童自立支援専門員（児童自立支援施設において児童の自立支援を行う者をいう。〈中略〉）嘱託医及び精神科の診療に相当の経験を有する医師又は嘱託医、栄養士並びに調理員を置かなければならない。ただし、児童四十人以下を入所させる施設にあっては、栄養士を置かないことができる。（以下略）」（傍点筆者）。なお、児童福祉施設最低基準は、二〇一一（平成二三）年「地域の自主性及び自立性を高めるための改革の推進を図るための関係法律の整備に関する法律」により児童福祉法第四五条が改正され、それまで「厚生労働大臣は児童福祉施設の設備及び運営（中略）について、最低基準を定めなければならない」となっていたものが、「都道府県は、児童福祉施設の設備及び運営について、条例で基準を定めなければならない。（後略）」となった。

（8）花島によると「教護院のなかに分校を設置することも一つの解決策であるが、これまでに教護院側が強く求めてきたのは、教護院への『教育委託』である。北海道などでは、一九五七年に道教育長通達が出され、『義務教育課程にある児童が教護院入所と決定した場合、現に在籍する学校に在籍のまま教護院に学校教育を委託する』ということになっている。しかし、こうした『教育委託』を行っている北海道においても、時として教護院入所児の学籍がなくなってしまったり、また卒業証書が出されなかったりするのである」（花島 1994：53）。

（9）筆者の聴き取りでは《ターミネーター》という例が語られていたが、文献上においても、「スーパーマン」の例えが掲載されている。それは一九七五年の『非行問題』に掲載された「座談会」において、当時の福岡学園の園長――彼は「当学園での在籍が一年数ヶ月しかない」（『非行問題』編集部 1975：109）――が、「夫婦制の教護院では（中略）一貫性をとなえているが、一人の人間がスーパーマンの如く全てを子供に教え、その範になれるなど私には理解できない」（同：116）と述べている。なお座談会では福岡学園が分校を採用した経緯が語られている（県立福岡学園は、いち早く、というか、九七年法改正以前より積極的に「分校方式」を採用した施設の一つである）。

（10）二〇一〇年六月二三日読売新聞東京版夕刊四版一四頁、見出し「免許なし職員も授業」より転記すると、「大阪市教委の教員二人、教員免許を持つ非常勤講師五人が配置され、小中学校と同じように時間割を組んで学習指導している」と大阪市立阿武山学園の例を挙げている。この阿武山学園の方法は、「職員方式」と「教員派遣方式」とを融合させた実に上手い方法だと筆者は考えたが、紙面では「正規の学校教育ではない」と評されている。

（11）「作業」の時間について、留岡清男が提唱したような、「生活の原理」が生活や学習に有機的に結びつくような「作業」を行うならば、その時間は単に身体を動かす時間や就労支援ではなく、「学習」（座学）と表裏一体のものである。北海道家庭学校では、子どもたちが土木班では土木の、酪農班ではそれに応じた学習成果を収穫感謝際で発表している。筆者は残念ながらその発表を見たことはないが、そのときに使われた発表資料（模造紙にまとめられたポスター資料）を閲覧したことがある。その内容はかなり専門的であり、工業高校や農業高校の文化祭で目にする内容と遜色ないように感じられた。

(12) 二〇一二年一〇月、注12及び注13の職員はいずれも通勤交替制、小舎制寮の寮長二名より同時に聴き取った。なお、内容に配慮して施設記号等は記さないこととする。

(13) 注12に同様。

(14) ところで、「分校化」が九七年法改正以降約一〇年の間進まなかった（あるいは〝遅れた〟）理由は、施設の側がキョウゴの考え方を大事にしてきたから、ということだけではなさそうである。一〇六二頁新聞記事にもあるように「分校などに配置する教員の確保や経費負担を巡り、都道府県と施設のある自治体などの間で調整が難航しているため」ということもある。他にも、「地元の中学校の反対」という声も聴かれた。「不良が入る施設である児童自立支援施設の中に分校が作られることになったら、我が子の通う中学校に傷が付くではないかとばかりに地域住民から「分校化」を反対された」ということであった。このようなことは、とりもなおさず「非行少年」と呼ばれる子らが学校教育から排除され、差別されてきたことを象徴するようである。

(15) 引用した文章のタイトルは「教護院のゆくえ（二）――公教育の導入を中心に――」であるが、これについて著者である服部朗は次のように書いている「本稿を閉じるにあたり、以下のことを記しておきたい。実は、当初、本稿は記さないつもりでいた。長々と述べておきながら、不思議に思われるかもしれないが、拙稿に対し質問を受けたり、執筆依頼を受けたりする度に、私は、次のように申し上げてきた。『いや、そうではないのです。まず皆さんの足元にいる児童が何を求めているのか、その声を聴いて下さい。私のような臨床場面をもたない者が、こうしろああしろと言っても真の解決にはならないでしょう。言葉の議論の前に、もっと実質的な議論が必要なはずです。その上でもし法律の改正が必要というのであれば、一緒にかんがえましょう』」（服部 1993：50–51）。

(16) 岩本健一は『児童自立支援施設の実践理論』（関西学院大学出版会、二〇〇三年）において、「教護院の消滅」という表現を用いている。

(17) 詳細は省略するが、ツ学園、マ学園の職員などから聴き取っている。

(18) 例えば、『私の宿直のときは何の問題もないのに』といった発言がみられるとき、また宿直を無難に乗り切るために最低のルールさえ緩める、あるいは見過ごすといった職員がいるとき、ここに施設崩壊の最大要因があると私は結論づけました。夫婦小舎制では考えられない指導の不統一です」（垣本 2006：138）。

(19) 筆者の行った二〇〇六年度の調査では、高齢児寮の設置は一九％（報告書 p. 32）であるが、この調査のときよりも確実に増えていると考えられる。今後、機会があれば追加調査を行いたい。

(20) 自立援助ホームは一九九八（平成一〇）年に、児童福祉法第六条の二「児童居宅生活援助事業」の内、「児童自立生活援助事業」（第二種社会福祉事業）として位置付けられた（現行法では第六条の三に「児童自立生活援助事業」として位置付けられている）。

(21)「特定非営利活動（NPO）法人『青少年の自立を支える埼玉の会』設立一〇周年　感謝の集い」式次第とともに印刷されていた『『青少年の自立を支える埼玉の会』一〇年のあゆみ」で確認した。

(22) これまでの自立援助ホームは就労支援が中心であった――「児童生活支援事業は、第2種社会事業である自立援助ホームにおける事業を指す。（中略）具体的な事業内容は、住居（自立援助ホーム）において、①就へのとり組み姿勢及び職場の対人関係についての指導・援助、（中略）③職場の開拓や安定した職業に就くための援助・指導及び就労先との調整（中略）。これら事業は、『児童の自立支援を図る視点から、義務教育終了後、児童養護施設、児童自立支援施設等を退所し、就職する児童等に対して』行われる」（山縣、柏女編 2000：140）。また、通学について、（地域によっては）全日制高校に通う例も見られたが、殆どなかった。しかし、二〇一六の児童福祉法改正により、今後は大学生も受け入れが可能となった。なお、自立援助ホームの対象者について以下、ごく簡単に整理しておく。法制度化された一九九八（平成一〇）年は一八歳未満（二〇歳までの延長可能）の児童養護施設等の退所者、二〇〇九（平成二一）年改正時は二〇未満（第三十三条の六義務教育終了児童等への援助が加わる）、そして二〇一六（平成二八）年児童福祉法の改正により、「学校教育法第五十条に規定する高等学校の生徒、同法第八十三条に規定する大学の学生（中略）満二十歳に達した日から満二十二歳に達する日の属する年度の末日まで（略）」が追加されることになった。

(23)「一九八五年一二月二三日付の文部省助成局長通知（『義務教育費国庫負担金の額の算定の基本となる児童生徒数の適正な把握について』）は都道府県に対して重大な影響を及ぼしている。即ち教護施設入所児童は就学猶予ということで除籍され、各中学では評価のしようがないということで内申書の作成に極めて消極的であったり、拒否的であったりする事例が数多く報告されている」（花島 1990：41）。

(24) 詳細は記さないが、通勤交替制の男子寮のことであった。

(25) 詳細は記さないが、小舎夫婦制の職員より聴き取った。

(26) 筆者のフィールドワークでは、現在、五〇歳代後半以上の寮母には特にこの傾向があるようだ。いわゆる高度経済成長時代を教護院とともに歩んだ世代である。しかし、四〇代前半であっても、「違和感がない」とする職員もおり、その場合は「実家が田舎で違和感がなかった」とか、都会住まいでも「実家でもそうだった」ということであった。

(27) 運営形態、男女、年代を問わず、数名が同じ感想であった。

終　章　キョウゴ研究が拓く視座と課題

第一節　本研究による新たな視座

1.『教護院運営要領』を鑑みて

今、改めて『教護院運営要領』を開くと、これが包括的にキョウゴの世界を捉えた初の書であることを再確認する。正に職員から〝バイブル〟といわれた通り、職員ではない筆者でさえ、常に新たな発見があり、また、書物としても読み進めたくなる魅力がある。果たして筆者はこの〝バイブル〟を上手く〝翻訳〟することができたであろうか。

『基本編』の冒頭「一、この『教護院運営要領』編述の目的」(『基本編』：1) には次のような一節がある。

　然しながら教護事業は日月と共に絶えず進歩しなければならない性質のものであり、従ってこの種の『運営要領』も、その事業の方法と進化と共につねに新たに改められなければならないことになる。それで、この点を余り顧慮しすぎると、抽象的な理念論、精神論に始終して、必要な実際問題に触れることが出来なくなってしまうので、この『要領』ではむしろ出来るだけ大胆卒直に、具体的に記述する態度を執りたいと考える

〈厚生省児童局監修（1952）『教護院運営要領　基本編』、pp. 1-2。傍点筆者、なお引用は職員のテクストとして『基本編』と『技術編』が合冊されたものを使用した。〉

『教護院運営要領』は感化院時代から教護院に至る施設——実に明治・大正・昭和に亘って——に培われてきた理念・実践理論、そして実践を包括的に捉えたものである。本研究は、その理念・実践理論史を捉え直すこと、そして高度経済成長以降の教護院時代の変化を捉えること、さらに教護院の末期から現在の児童自立支援施設に至るまで——新自由主義が押し寄せてきつつある現代に残された〝教護らしさ〟のようなもの、それを筆者は内心、キョウゴの尻尾と呼んでいるが——を捉えることを目標としてきたものである。筆者の目的は『教護院運営要領』の改訂版を作ることではなかったが、作業目的としては『教護院運営要領』にある「事業の方法と進化と共につねに新たに改め」（同、引用最初の下線部）る、ということと同義であった。その目的が十分に達せられたか否か、それは今後、ゲンバの方々からご批判を仰ぐ中で次第に明らかになっていくことであろう。しかし、少なくとも筆者はこの作業に真摯に向き合ってきたつもりである。

先に引用した「大胆卒直に、具体的に記述する態度」（傍点部後半）は、筆者も目標の一つに挙げたものである。本書では、女性職員（寮母）間の〝ご近所づきあい〟の例や、食器洗いや台拭きのことなど、暮らしの細かな部分を報告したことで、これまでにはない視点を加えられたのではないかと考えている。そしてこのような細かな観察の積み重ねが、実は〝施設全体のふん囲気〟という抽象的な概念を説明する鍵になるのではないかと筆者は考えている。

「一、この『教護院運営要領』編述の目的」（同：1）にはまた、次のように書いてある。「なお、ここに附言しておきたいことは、この要領は、教護院の実務者に対する参考書であって、一般世間むけの教護事業概論や教護院紹介書ではないことである」（同：2）。筆者は、キョウゴの世界を普遍化することを目的の一つとしたものの、これは筆者にとって大変大きな目的であり、その如何もまた、今後明らかになっていくことと思うが、作業目的である「平易なことばを使用する」ということについては、ひとまず達成できたのではないかと考えている。少なくとも、筆者がこれまで行ってきた〝社会福祉、あるいは福祉的用語への置き換え〟のように、他分野の用語を使用することなく、キョウゴの世界を「言語化」したと考えている。

2. 批判せず褒めそやさず

「武さん、ゲンバの人を褒めそやしてはいけないよ」これは、筆者がフィールドワークを学ぶ上で、都市社会学者の大坪省三教授から伝授されたものである。正直にいうと、筆者のインタビューがそのような態度で行われているのではないかと懸念した大坪教授が、筆者をたしなめたのである（実際、今、録音したインタビューを聞き返してみると、まったく調査者としては〝なってない〟のである）。しかし一方で、大坪教授は「批判は絶対にしてはいけない」とも言っておられた。

大坪教授の教えは、いわば質的調査のイロハのイなのであるが、私たち外部の者はこれまで、施設の営みについてあまりに批判するか褒めそやすかの二方向へ分かれがちではなかっただろうか。そしてそのことを最も象徴するのが菊田幸一の『少年教護』であり『少年棄民』であったように思うのだ。確かに、職員の方々の献身的な取り組みを目にすると、褒めそやすつもりはなくても心から打たれ、感心してしまうし、また、日課に沿った生活を目の当たりにすると「人権侵害」だと非難したくなるのも無理からぬことである。しかし、キョウゴの世界を研究対象として見据え、科学的に捉えようとするならば、そのどちらの道も歩んではならず、そのどちらも心に留めながら研究活動を進めていかなければならなかった。このことは正直にいって〝行うは難し〟であったように思う。しかし、キョウゴの世界を〝ただ、真っ直ぐに捉える〟努力だけはしてきたと自負している。

キョウゴの世界の人たちと強い信頼関係で結ばれながら、いや、結ばれているからこそ、適宜適切な提言をしてこられた服部朗氏、あるいは、膨大な資料の数々と長年向き合い、淡々と史実を重ねて研究成果を積み上げてこられた二井仁美氏の研究姿勢、〝外部者〟であるこのお二人の先行研究者の姿勢に、本研究が少しでも近づくようであればと願うものである。

第二節　今後の研究課題

これまでの研究活動の中で、いつかは暴力の問題と女性職員の働き、そしていわゆる〝女子教護〟といわれる女子の対応――女子寮担当を肯定的に受け止める職員がいる一方で、多くの職員が「女子寮は難しい」と語り、ベテラン寮長であっても寮を持ったその期間は、「地獄を見た」（二〇〇七年八月、元女子寮担当職員）と語るほどである――について網羅したいと考えてきた。その三つの内、暴力の問題と女性職員の働きについてはある程度網羅できたのではないかと考えている。しかし〝女子教護〟については、まだ取り上げたという段階で、――これは暴力の問題についても同様であるが――分析・考察までには至ってはいないと考えている。これらは今後の課題としたいと思う。

以上に加えて二〇一四（平成二六）年、新たなハンドブックが厚生労働省家庭福祉課により編纂された。残念ながら今回の論文執筆中には同著を入手することができず、本研究には盛り込めなかったため、同文献研究についても今後の課題としたい。

また、近年特に職員から声が上がっているものに性的虐待の問題がある。これは主として子どもから子どもへの性的虐待を指し、いわゆる「性非行」と呼ばれているものである。しかし、このことは現代に限った問題ではなく過去にも起きていた、という声もある。実数が増えているのか、それとも〝問題〟視する傾向が高まったのか、あるいは〝問題〟として声を挙げることが多くなったのか……これらのことも含めて、今後は注意深く捉えていかなければならないと考えている。

おわりに

本書は博士論文「感化院から児童自立支援施設に至る施設に培われて来た子育ち・子育て――「教護理論」からキョウゴ・モデルへ――」に、若干の修正を加えて改題し、書籍化したものである。刊行にあたっては、「平成二九年度科学研究費助成事業（研究成果公開促進費）」の「学術図書」の助成を受けた。このような機会に恵まれたことに心から感謝したい。

序章でも述べたが、筆者は二〇〇三年の修士課程進学以来、一貫して〝キョウゴの世界〟をテーマとした研究活動を行ってきた。博士論文をまとめるまでの一二年間、本当に沢山の方々のご協力をいただいた。この場をお借りして心よりお礼申し上げたい。

まず、博士論文を審査してくださった日本女子大学・教育学専攻の岩木秀夫教授、藤田武志教授、清水睦美教授、社会福祉学専攻の増田幸弘教授、そして愛知学院大学法学部・服部朗教授に心から感謝したい。主査である岩木先生とは、振り返ってみればもう二〇越しの師弟関係である。本当によく面倒見ていただいた。副査の藤田先生、清水先生から頂いた数々のご指摘・ご助言は、博論の修正のみならず今後の研究活動への指標となった。増田先生から社会福祉学の視点から建設的なご意見と暖かい励ましをいただいた。遠方から審査に駆け付けてくださった服部先生、先行研究先行研究者として多くのご示唆を賜った。各先生方に心よりお礼申し上げたい。

次に、第二の母校である東洋大学の先生方に感謝したい。森田明美教授には児童福祉学を今一度、基礎から学び直す機会をいただいた。大坪省三教授には、フィールドワークやインタビュー調査のイロハを教えていただいた。また、報告書の編纂にあたり、しばしばご自宅にお邪魔してはご夫妻にご迷惑をおかけした。お詫びしたい。また、ゼミの先輩で先行研究者であり、ゲンバの職員でもあった前田信一氏には、研究活動のみならず、社会的養護の実践者として多くのことを教えていただいた。感謝したい。

そしてゲンバの先生方に心からお礼申し上げたい。子どもと、先生方のプライバシー保護のため、みな様のお名前を申し上げることは差し控えたいが、ゲンバの先生方のご協力なくして、この研究活動は成立しなかった。心から感謝したい。

また、併せて、ゲンバの先生方による各種研究会にも参加させていただいた。これらの研究会の先生方にはひとかたならぬお世話になった。心よりお礼申し上げたい。

まず、関西地方を中心とする小舎夫婦制の先生方による「小さな会」では、研究活動開始直後よりお世話になり、キョウゴの世界の初歩からご指南いただいた。

同じく関西地方を中心とした女性職員による研究会——通称〝寮母会〟——は貴重な学びの場であった。同会の先生方は〝寮母〟であるだけでなく、人生の先輩でもあり、沢山のことを教えていただいた。

そして二〇一二年春、「小舎夫婦制を考える会」の立ち上げメンバーとしてお声がけいただいた喜びは今でも忘れない。以降、事務局として会の運営をお手伝いしながら、月に一度、浦和で開催される研究会に参加させていただいている。同会の先生方には、博士論文の下書きを読んでいただいたり、また、本書の原稿修正に当たって基本的な事項についてご確認下さったりと、多くのご協力をいただいた。

資料の閲覧及び収集にあたっては全国の児童自立支援施設様にご協力をいただくほか、各施設の先生方、OG・OBの先生方より貴重な資料を貸与・譲渡いただいた。また、明海大学・川上孝之先生には新聞記事の検索・収集でお力添えいただいた。

博士論文の書籍化にあたり、元日本女子大学・森田伸子教授より具体的かつ的確なご指摘をいただいた。学部生のころから憧れていた森田先生にご助言いただき、大変な励みとなった。心よりお礼申し上げたい。

助成金公募時には勁草書房・藤尾やしお様、日本女子大学学務部・越田はるか氏が力になってくださった。そして勁草書房・橋本晶子様には本当に最後の最後までご面倒をおかけした。心よりお詫びし、感謝したい。

最後にぼっと舎・大西寿男さん、プロの校正者・編集者でありながら古い友人の一人として、時になぐさめ、時に励まし、何度も何度も下書きを読み、本当に最後の最後まで「書き手」である筆者の心に寄り添って下さった。今、心の底から沸き出るような、いや、しみじみと染み出るような感謝の気持ちを筆者は未だ適当なことばに落とし込むことができない、どうかお許しいただきたい。

公益財団法人いわさきちひろ記念事業団様、いわさきちひろ作「バラにかくれるこども」の借用をお許しくださりありがとうございます。このカバーには、〝一人の子どももれなく〟という、社会的養護に携わる人々の想いと、傷付いた子どもたち、そしてかつての子どもたちに〝あなたも等しく愛される存在、価値あるあなた〟というメッセージを込めたくて、借用をお願いし致しました。同財団様、そして故いわさきちひろさんに心からの感謝を申し上げます。

・・・・・

二〇〇四年から現在にかけて本当に沢山の施設、寮舎にお邪魔した。改めて全国の施設のみな様にお礼申し上げます。そしてなによりも、一緒に風呂に入り、丼飯をかっこみ、天地返しをしてくださいました寮生のみなさま、見知らぬ筆者を温かくお迎えくださり、心より感謝いたします。本当にどうもありがとうございました。

あなた方のどなたかが、もし、何かのご縁でこの本を手に取ることがあったとき、「うーん、ちょっと違うけど……ま、だいたいこんなもんだったよ！」と言っていただけるよう、頑張ったつもりです。けれどもし、「ぜんっぜん違うね！　こんなの嘘っぱちだね！」と感じたときには、どうぞご連絡くださいませんでしょうか。そして、どうか、ほんとのことを教えてください。これから施設を利用するかもしれない、子どもたちのために、どうぞよろしくお願い致します。

・・・・

——武さん、これは新しい教護理論だよ、ぜひ、本にしよう！

修士論文に黒線、赤線……沢山の線を引きながら読んで下さった藤田俊二先生、先生がそんなふうに言ってくださったのは、私が函館への引っ越しを終えたばかりの春、二〇〇七年のことであった。それからちょうど一〇年、筆者の論文は、この度、助成を得て、このような大部の本に生まれ変わった。

——僕は人より一〇年遅れの人生だ。武さんも……そうでしょう？

——はい、一〇年じゃなくて二〇年くらいは遅れてると思います

——そうでしょう、そうだよねぇ、はははは……

大野のご自宅の白い壁の前で、藤田先生がかけてくださったことば。辛いとき、苦しいとき、この藤田俊二先生のことばが必ず耳に蘇った。先生が「本にしよう！」と言ってくださってからすでに一〇年、藤田先生、私はまた一〇

年遅れてしまっていますネ。沢山の感謝を込めて、この本を故・藤田俊二先生に捧げます。

二〇一七年一二月

武　千晴

著者略歴
群馬県伊勢崎市生まれ
日本女子大学大学院人間社会研究科博士課程後期修了
博士（教育学）
社会福祉士
精神保健福祉士
現　在　日本女子大学学術研究員
主要論文　「児童自立支援施設における農場の継承と変容」『司法福祉学研究』第 10 号（2010）
「児童自立支援施設における食事」『司法福祉学研究』第 11 号（2011）など

児童自立支援施設の歴史と実践
子育ち・子育てを志向する共生理念

2018 年 2 月 17 日　第 1 版第 1 刷発行

著　者　武《たけ》　千《ち》　晴《はる》
発行者　井　村　寿　人
発行所　株式会社　勁《けい》　草《そう》　書　房
112-0005 東京都文京区水道 2-1-1　振替　00150-2-175253
（編集）電話 03-3815-5277／FAX 03-3814-6968
（営業）電話 03-3814-6861／FAX 03-3814-6854
精興社・牧製本

ISBN978-4-326-70105-6　Printed in Japan

事項索引

あ 行

か 行

さ 行

た　行

な　行

は　行

ま　行

ら　行

わ　行

人名索引

あ 行

か 行

た 行

は 行

ま　行

や　行

ら　行

引用文献・資料

論文名・書名

相田良雄（1941）「逃走と環境」『児童保護』11（10）.

――――（1934）「ロボツトとなるの記」『兒童保護』4（1）.

――――（1943）「少年教護十年を顧みて」『兒童保護』13（10）.

愛知学園のあり方に関する検討委員会（2008）「愛知学園のあり方に関する報告書」『非行問題』214.

青木延春（1969）『少年非行の治療教育』国土社.

阿部惠一郎（1996）「「WITHの精神」再考」『非行問題』202.

――――（1997）「教護処遇論（生活教育と治療教育）」『非行問題』203.

阿部祥子（2005）『もうひとつの子どもの家　教護院から児童自立支援施設へ』ドメス出版.

沖縄県立若夏学院（1999年度）『平成11年度　業務概要（平成8～10年度実績）』.

――――（2011年度）『平成23年度　業務概要（平成8～10年度実績）』.

有馬純彦（1937a）「少年教護委員の活動實例（一）」『兒童保護』7-1.

――――（1937b）「少年教護委員の活動實例（完）」『兒童保護』7-2.

池上雪枝編（1886）『こよみの友』池上本局.

池口紀夫（1990）「教護はどこに立つか――自覚のための表現」『非行問題』196.

池田千年（1923）「家族主義の保護教育所（感化院）に於て職員子弟に如何なる影響ありや」『感化教育』2．なお，引用は1985年発行復刻版『感化教育　一巻（一～五号）』湘南堂．を使用した.

――――（1923）「保護教育（感化教育）の將來」『感化教育』1, 5.

池田紀夫（1982）「菊田幸一氏著　『少年棄民』に答える」『非行問題』185.

池末茂樹（1937）「院外教護の實際」『兒童保護』7-2.

石川進，笠原一男，児玉幸多他（1996）『解説　日本史』山川出版社.

石原剛志（2004）「菊池俊諦児童保護思想の研究（1）――社会連帯思想の人格主義的解釈と啓蒙としての「児童の権利」論」『社会事業誌学会第6回大会　自由論題報告』におけるレジュメより.

――――（2005）「菊池俊諦児童保護論の展開と「児童の権利」概念――1920年代後半における業績の検討を中心に」『中部教育学会紀要』5.
石原登（1954）「二つの方向」『教護』122. なお，引用は，「石原登先生の思い出」編さん委員会（1986）『石原登先生の思い出――残された言葉』を使用した.
――――（1960）『十代の危機　間違いのない子にする導きかた』国土社.
――――（1966）「教護コーラン――カバ雑言（五）」『教護』146.
――――（1980）「私が考えている教護院」『非行問題』180.
「石原登先生の思い出」編さん委員会（1986）『石原登先生の思い出――残された言葉』.
伊田和泰（2006）「自立援助ホーム『ぐんま　風の家』の設立報告」『非行問題』212.
井上肇（1959）「『チャリンコの芳』から神学生まで――ある国立教護院退院生の行方」『青少年問題』6-11.
岩木秀夫（2004）『ゆとり教育から個性浪費社会へ』筑摩書房.
岩木秀夫，大淀昇一（2011）『教育入門――文献で読み解く教育の社会的基盤』放送大学教育振興会.
岩本健一（2003）『児童自立支援施設の実践理論』関西学院大学出版会.
印出井達夫（1986）「特集・施設ルポ（1）　岩手県立杜陵学園を訪ねて」『非行問題』192.
上岡陽江，大嶋栄子（2010）『その後の不自由――「嵐」のあとを生きる人たち』医学書院.
浦河べてるの家（2002）『べてるの家の「非」援助論――そのままでいいと思えるための25章』医学書院. なお，筆者は2003年第4刷を参考にした.
大阪府立修徳学院編（1939）『池上雪枝女史小伝』.
大阪府立修徳学院（1939）『池上雪枝女史小伝』大阪府立修徳学院. なお，引用は，大阪府立修徳学院／熊野隆治他共編／池上社（1988）『伝記・池上雪枝　池上雪枝女史小伝／少年感化の母池上雪枝／雪枝草紙』大空社. を使用した.
大阪府立修徳学院編（1988）『池上雪枝女史小伝』大空社.
大阪府立修徳学院（2008）『大阪府立修徳学院創立100周年記念誌』.
大谷嘉行（1988）「児童と共に」『非行克服現場からの報告③　よみがえる子どもたち』法政出版.
大藤ゆき（1944）『兒やらひ』三國書房.

――――（1982）『子どもの民俗学――一人前に育てる』草土文化.
――――（1999）『子育ての民族――柳田国男の伝えたもの』岩田書院.
大原社会問題研究所編（1921）『日本社会事業年鑑．大正10年』同人社書店.
岡山県立成徳学校（2006）『年報　平成17年度』.
――――（2014）『年報　平成25年度』.
小河滋次郎（1920）『非少年法案論』博愛社印刷.
小河滋次郎著，土井洋一・遠藤興一・伏木芳雄編（1980）『小河滋次郎集　社会福祉古典叢書2』鳳書院.
小野木義男（1990）「或る化石教護の独白」『非行問題』196.
――――（1999）『きみが必要だ――非幸少年と共に生きて』オリエンタル印刷.
垣本保（2006）「崩壊そして……」『非行問題』212.
柏木千秋（1959）「少年法のできるまで」『刑政』70-1.
柏女霊峰（1998）『改正児童福祉法のすべて――児童福祉法改正資料集』ミネルヴァ書房.
家庭学校（1914d）『家庭学校』（『今日の家庭学校』）．なお，引用は，同志社大学人文科学研究所（1979）『留岡幸助著作集　第三巻』pp. 307〜320を使用した.
加藤暢夫（1983）「体罰の克服を」『非行問題』186.
金光洋一郎（1971）「少年の丘」『非行問題』165.
――――（1972）「少年の丘（二）」『非行問題』166.
――――（1974）「『腹がめげる』はなし」『非行問題』171.
――――（1979）『少年の丘と子どもたち』三省堂.
叶原土筆（編集部）（1981）「訪問記（埼玉学園）（1）特別寮の運営」『非行問題』183．なお，タイトルは目次の表記であり，該当ページでは「埼玉学園インタビュー（その一）　特別寮の運営」となっている.
シェリルL・カープ，トレイシーL・バトラー著，坂井聖二，西澤哲訳（1999）『虐待を受けた子どもの治療戦略　被害者からサバイバーへ』明石書店.
鴨谷亮一代表（1989）『最新看護学入門　4巻　1989年度版』メヂカルフレンド社.
軽部洋子（1995）「強さとあたたかさと」『非行問題』201.
川上重治（1978）『川上重治写真集　家庭学校と留岡幸助』北海道新聞社.
川喜田二郎（1967）『発想法　創造性開発のために』中央公論.

川越兒童保護學校（1906）『保護兒童ノ研究』川越兒童保護學校．なお，引用は，児童問題史研究会監修『日本児童問題文献選集25　保護兒童ノ研究（川越児童保護学校編）』日本図書センター．を使用した．

感化院長協議会編（1910）『第一回　感化院長協議会速記録』．なお，引用は，児童問題視史研究会監修（1984）『日本児童問題文献選集24』日本図書センター．を使用した．

感化法改正期成同盟会（1935）『少年教護法制定顛末録』改正期成同盟会．

菊田幸一（1974）『少年教護――法規と実際』誠文堂．

――――（1978）『少年棄民――施設収容少年の人権』評論社．

――――（1985）「監獄法の改正について（二）」『法律論叢』58-1．

菊池俊諦（1923）「巻頭言」『兒童保護』7（10）．

――――（1928）「感化院に關する各種の思潮」『感化教育』感化教育会．

――――（1931）『児童保護論』玉川學園出版部．

――――（1942）『少年教護論』成美堂書店．

――――（1943）「少年教護法の誕生まで」『兒童保護』13（10）．

――――（1971）『児童福祉百題』．

木島治代（1994）「何もない　しかし，何もかもある」『非行問題』200．

『教護』編集部（1965）「教護院における学習指導論議の歴史的経過と今後の展望」『教護』144．

矯正協会編集（1984）『少年矯正の近代的展開』少年法施行六十周年記念出版．

近畿ブロック編集委員会（1990）「座談会『今，われわれに何ができるか』」『非行問題』196．

金田一京助他編（1978）『新明解国語辞典　第二版』三省堂．

久保繁（2002）「巻頭言」『非行問題』208．

熊野隆治（1925）「故小川博士を追憶して」『感化教育』5．

熊野隆治，柳政一，波頭忠雄共編（1940）『少年感化の母　池上雪枝』大阪朝日新聞社會事業團．なお，引用は，修徳学院／熊野隆治他編／池上社（1988）『伝記・池上雪枝　池上雪枝女史小伝／少年感化の母池上雪枝／雪枝草紙』大空社．を使用した．

熊野隆治（1943）「少年教護法議會上程の當時を想し將來の日本教護に及ぶ」『兒童保護』13（10）．

来栖守衛（1923）「感化事業振興上の急務」『感化教育』1, 5．

群馬県立群馬学園（2008）『きぼう　創立100周年記念誌』．

刑務協会（1943）『日本近世行刑史稿　下巻』刑務教会．

厚生省児童局監修（1952）『教護院運営要領　基本編』．なお，引用は，職員のテクストとして『基本編』と『技術編』が合冊されたものを使用した．

――――（1956）『教護院運営要領　技術編』．なお，引用は，職員のテクストとして『基本編』と『技術編』が合冊されたものを使用した．

厚生労働省（1950）「児童相談所での児童虐待相談対応件数」『平成25年度の児童相談所での児童虐待相談対応件数等』（別添1）厚生労働省ホームページより．

――――（2011）「社会的養護の課題と将来像」（児童養護施設等の社会的養護の課題に関する検討委員会・社会保障審議会児童部会社会的養護専門委員会とりまとめ）．

国立武蔵野学院（1969）『武蔵野学院五十年誌』国立武蔵野学院．

――――（1990）『武蔵野学院七十年誌』国立武蔵野学院．

国立武蔵野学院，小田島良信編（1996）『国立武蔵野学院附属　教護事業職員養成所50年誌』．なお，表紙には「五十周年記念誌」と表記されている．

国立武蔵野学院編（1997）『国立武蔵野学院附属　教護事業職員養成所五十年誌』国立武蔵野学院．なお，奥付には「編集者兼　国立武蔵野学院　小田島好信」と記載されている．

国立武蔵野学院（2000）『児童自立支援施設入所児童の被虐待経験に関する研究――アンケート調査を視点にして（第一次報告）』．

国立武蔵野学院，国立きぬ川学院（2003）『児童自立支援施設入所児童の自立支援に関する研究――退所児童に関するアンケート調査を視点にして（第一次報告書）』．

国立武蔵野学院・国立武蔵野学院附属児童自立支援施設専門員養成所『自立を目指して』．（2005年11月に頂いた）

国立武蔵野学院（2012）「国立武蔵野学院の概要（平成24年4月1日　現在）」．

――――（2009）「国立武蔵野学院の概要（平成21年8月1日　現在）」．

――――（2009）『武蔵野学院九十年誌』国立武蔵野学院．

国立武蔵野学院・国立きぬ川学院（2003）「児童自立支援施設入所児童の自立支援に関する研究――退所児童に関するアンケート調査を視点にして（第1次報告書）」国立武蔵野学院・国立きぬ川学院．

国連ウィーン事務所著，平野裕次訳（2001）『少年司法における子どもの権利国際基準および模範的慣行へのガイド』現代人文社．

小嶋直之（2010）「父（小嶋直太朗）の歩んだ道」『滋賀県淡海学園創立100周年記念誌』滋賀県淡海学園．

小嶋直太朗（1964）「教護院における学習指導について」『教護』127.
――――（1966）「学習指導正当化への長い道」『教護』144.
――――（1989）「教護について思うこと」『非行問題』195.
小田島好信（1999）「教護院から児童自立支援施設へ」『非行問題』205.
国家医学会雑誌発行所（1901）『国会医学会雑誌』174.
E・ゴッフマン著，石黒毅訳（1984）『アサイラム』誠信書房．なお，引用は1993年発行第4刷を使用した．
ジゼラ・コノプカ著，福田垂穂訳（1967）『収容施設のグループワーク』日本YMCA同盟出版部．なお，引用は1974年発行第6刷を使用した．
小林英義（1992）『愛と哀しみの少年たち』教育史料出版会．
――――（1999）『児童自立支援施設とは何か　子どもたちへの真の教育保障のために』教育史料出版会．
――――（2006）『児童自立支援施設の教育保障――教護院からの系譜』ミネルヴァ書房．
小林英義・小木曾宏編（2004）『児童自立支援施設の可能性』ミネルヴァ書房．
小林英義・吉岡一孝編著（2011）『児童自立支援施設の子どもと支援』明石書店．
小山温（1909）「監獄行政と感化事業」『感化救済事業講演集　上』内務省地方局．
最高裁判所事務総局（1959）「家庭裁判所十年の歩み」『家庭裁判月報』11-1.
埼玉学園（2006）『あゆみ　100周年記念誌』埼玉県・埼玉学園．
斎藤学（1998）『インナーマザーは支配する――侵入する「お母さん」は危ない』新講社．なお，引用は2008年発行第15刷を使用した．
三枝茂典（1987）「知られざる教護院の舞台裏」『非行問題』193.
堺市（2012）「堺市立児童自立支援施設基本構想」．
佐久間健（1969）「『監禁太郎』の研究――無断外出予測の試み」『非行問題』156.
佐々木光郎・藤原正範（2000）『戦前　感化・教護実践史』春風社．
佐々木光郎（2005）「昭和戦前期の少年教護における「実科」」『静岡英和学院大学紀要』第3号．
笹森一哉・斎藤やよい（2010）「高齢児寮における高校生の支援と提携型グループホームとの連携について」『非行問題』216.
佐藤達夫（1979）「教護の退職にあたり」『非行問題』178.
佐藤春洋（2000）「中卒児を一つの寮に集める試み」『非行問題』206.

重松一義（1976）『少年懲戒教育史』第一法規出版.
――――（1985）『図鑑日本の監獄史』雄山閣出版.
――――（2001）「養育院・孤児院・感化院への分岐事情――北海道の監獄照会文献からの一考察」『中央学院大学法学論叢』14.
四国教護新聞，2001年3月5日掲載.
児童福祉法研究会（1979a）『児童福祉法成立資料集成　上巻』ドメス出版.
――――（1979b）『児童福祉法成立資料集成　下巻』ドメス出版.
司法省編（1939）『司法沿革誌』法曹界.
司法省保護課編（1933）『少年保護団体要覧』日本少年保護協会.
白木澤英一（1983）「教護院における中舎寮舎運営の諸問題」『非行問題』186.
リンダ・ジンガロ著，田上時子訳（1996）『あなたが悪いのではない』木犀社.
杉谷秀樹（1980）「全教協機関誌小史」『非行問題』180.
――――（1994）「教護事業の変遷映して二百号――全教協機関誌「教護」「非行問題」の役割を考える」『非行問題』200.
鈴木明子・勝山敏一編著（2001）『感化院の記憶』桂書房.
鈴木大介（2008）『家のない少女たち　10代家出少女18人の壮絶な性と生』宝島社.
全国養護問題研究会編（1992）『春の歌うたえば――養護施設からの旅立ち』ミネルヴァ書房.
全国教護協議会（1969）『非行問題』157.
全国教護院協議会（1983）『非行問題』186.
――――（1972）『非行問題』167.
――――（1973）『非行問題』168.
――――（1974）『非行問題』170.
――――（1975）『非行問題』172.
――――（1976a）『非行問題』173.
――――（1976b）『非行問題』174.
――――（1982）『非行問題』185.
――――（1986）『非行問題』192.
――――（1987）『非行問題』193.
――――（1988）『非行問題』194.
――――（1989）『非行問題』195.
――――（1990）『非行問題』196.
――――（1992）『非行問題』198.

———— (1993)『非行問題』199.
———— (1994)『非行問題』200.
———— (1997b)『非行問題』203.
———— (1998)『非行問題』204.
———— (1999)『非行問題』205.
———— (2000)『非行問題』206.
———— (2001)『非行問題』207.
———— (1997a)『全国教護院運営実体調査　平成9年1月』.
全国教護院協議会編 (1985)『教護院運営ハンドブック——非行克服の理念と実践』三和書房.
全国教護協議会編 (1964)『教護事業六十年』全国教護協議会.
全国教護協議会 (1967)『非行問題』149.
———— (1969)『教護院運営指針——非行からの回復とその方法論』全国教護協議会.
全国児童自立支援施設協議会編著 (1999)『新訂版　児童自立支援施設（旧教護院）運営ハンドブック　非行克服と児童自立の理念・理論』三学出版.
全国児童自立支援施設協議会 (2000)『児童自立支援事業100周年記念誌　百代に花開く』全国児童自立支援施設協議会.
———— (2003)『児童自立支援施設の将来像』全国児童自立支援施設協議会.
———— (2005)『全国児童自立支援施設運営実態調査』全国児童自立支援施設協議会.
高瀬真卿 (1897)『東京感化院創業記』東京感化院院司.
高瀬善夫 (1982)『一路白頭ニ到ル——留岡幸助の生涯』岩波書店.
高村直助，高埜俊彦他 (2016)『日本史A』山川出版社.
武千晴 (2009)「『教護理論』再考——〈教護院運営要領〉における『感情転移と同一化（視）』を中心に」『司法福祉学研究』9.
———— (2011)「児童自立支援施設における食事——2006年度悉皆調査を手がかりに」『司法福祉学研究』11.
———— (2012)「児童自立支援施設の設備と運営に関する全国調査——『教護モデル』を念頭に」. なお，文中では“報告書”と表記.
———— (2010a)「夫婦小舎制における寮担当職員の育成及び養成」『道しるべ』3.
———— (2010b)「児童自立支援施設における農場の継承と変容——2006

年度悉皆調査結果を手がかりに」『司法福祉学研究』10.
田澤薫（1999）『留岡幸助と感化教育　思想と実践』勁草書房.
伊達友美（2006）『食べてやせる魔法のダイエット』宝島社.
田中亜紀子（2005）『近代日本の未成年者処遇制度』大阪大学出版会.
田中幹夫（1988）「はるかなる道のり」『非行問題』194.
谷昌恒（1974-1998）『ひとむれ』第一集〜第九集，評論社.
――――（1977）「北海道家庭学校の教育」『技能と技術』122-2．なお，引用は，谷昌恒（1984）『教育の理想 ―― 私たちの仕事』評論社，pp. 48〜62 を使用した.
――――（1982）「今の学校教育に欠けているもの」『教育展望』28-2．なお，引用は，谷昌恒（1984）『教育の理想 ―― 私たちの仕事』評論社，pp. 36〜47 を使用した.
――――（1984）「現代社会と子育て」『教育の理想 ―― 私たちの仕事』評論社.
――――（1985）『いま教育に欠けているもの ―― 私の道徳教育論』岩波ブックレット 45，岩波書店.
――――（1991）『教育の心を問い続けて ―― 北海道家庭学校の実践』岩波ブックレット 185，岩波書店.
――――（1993）『森のチャペルに集う子ら　北海道家庭学校のこと』日本基督教出版局.
――――（1996）『教育力の原点』岩波書店.
田埜哲文（1998）『少年院に行って参りました！』廣済堂出版.
中央法規（2013）『児童福祉六法（平成 25 年版）』中央法規.
辻光文（1990）「小舎夫婦制の一教護として ―― 阿武山学園に生きた日々から」『非行問題』196.
土田健治（1971）「無断外出　その行動様式の実態」『非行問題』165.
寺脇隆夫（1996）『続　児童福祉法成立資料集成』ドメス出版.
土井洋一（1993）『家庭学校の同行者たち』大空社.
――――（1980）「小河滋次郎の感化教育論」『小河滋次郎集　社会福祉古典叢書 2』鳳書院.
東京都福祉保健局（2005）『東京の児童相談所における非行相談と児童自立支援施設の現状 ―― 子どもの健全育成と立ち直り支援の取り組み』東京都福祉保健局.
東京都立誠明学園（2006）『事業概要　平成 18 年版』.

徳地昭男（2009）『こどもと共に……「生活場面面接」』.
「特定非営利活動（NPO）法人『青少年の自立を支える埼玉の会』設立 10 周年　感謝の集い」（2011 年 11 月 26 日上尾市文化センターで行われた同会における配布物〈式次第〉）
徳永健介（2008）「『虐待』概念に慎重であること ── 心理療法のパロディに陥らないために」『非行問題』214.
戸田森夫（1994）「教護院懐古」『非行問題』200.
富田拓（2005）「児童自立支援施設 ── そこで何がおこなわれているのか」『犯罪と非行』143.
留岡清男（1961）「大いなる疑問 ── 念頭の課題」『一群』北海道家庭学校機関誌. なお，引用は，星屋千重編集発行（1981）『留岡清男先生遺作集』pp. 141〜146 を使用した.
────（1964）『教育農場五十年』岩波書店.
────（1967）「創立満五十三年の日に」『ひとむれ』297. なお，引用は，川上重治（1978）『家庭学校と留岡清男』pp. 196〜199 を使用した.
────（1956a）「創立四十一周年記念式々辞」『一群』北海道家庭学校機関誌. なお，引用は，星屋千重編集発行（1981）『留岡清男先生遺作集』pp. 57〜63 を使用した.
────（1956b）「公聴会のなかみ」『一群』北海道家庭学校機関誌. なお，引用は，星屋千重編集発行（1981）『留岡清男先生遺作集』pp. 63〜69 を使用した.
────（発行年不明）『留岡幸助と北海道家庭学校』北海道家庭学校.（筆者が北海道家庭学校訪問時に複写させて頂いた資料）
留岡幸助（1900）「感化事業に就て」『社会』2-13. なお，引用は，同志社大学人文科学研究所（1978）『留岡幸助著作集　第一巻』同朋舎，pp. 539〜543 を使用した.
────（1902）『家庭学校二編』. なお，引用は，留岡幸助著，児童問題史研究会監修，津曲裕次解説（1983）『家庭学校　家庭学校二編』日本図書センター. を使用した.
────（1904）「川越幼年監獄を観る」『監獄協会雑誌』17-7. なお，引用は，同志社大学人文科学研究所（1979）『留岡幸助著作集　第二巻』pp. 76〜86 を使用した.
────（1909）『家庭學校回顧十年』家庭學校. なお，同書の奥付では「編輯兼發行者　家庭學校」となっている. また，引用にあたっては，同

志社大学人文科学研究所（1979）『留岡幸助著作集　第二巻』pp. 495～496を併用した.

――――（1915）「三能主義」『人道』123．なお，引用は，同志社大学人文科学研究所（1979）『留岡幸助著作集　第三巻』pp. 379～383を使用した.

――――（1924）『自然と児童の教養』警醒社書店.

――――（1929）「家庭學校創設に至るまで」『留岡幸助君古稀記念集』.

――――（1931）「奉教の由来」『人道』308．なお，引用は，同志社大学人文科学研究所（1980）『留岡幸助著作集　第四巻』pp. 660～669を使用した.

――――（1987）『感化事業之発達』警醒社.

――――（1999）『自叙／家庭学校』日本図書センター.

――――（1901a）『家庭學校』警醒社書店.

――――（1901b）「感化教育」『社会』3-6．なお，引用は，同志社大学人文科学研究所（1978）『留岡幸助著作集　第一巻』pp. 625～641を使用した.

――――（1912a）「家庭学校の過去十四年」『人道』92．なお，引用は，同志社大学人文科学研究所（1979）『留岡幸助著作集　第三巻』pp. 227～230を使用した.

――――（1912b）「感化教育　感化事業實施方法」（大正元年十一月感化救済事業講習会に於ける講義草稿）．なお，引用は，留岡幸助君古稀記念事務所（1933）『留岡幸助君古稀記念集』pp. 421～499を使用した.

――――（1914a）「農業と慈善事業」『人道』105．なお，引用は，同志社大学人文科学研究所（1979）『留岡幸助著作集　第三巻』pp. 284～287を使用した.

――――（1914b）「余が感化農場を建設せんとする動機」『斯民』9-1．なお，引用は，同志社大学人文科学研究所（1979）『留岡幸助著作集　第三巻』pp. 298～299を使用した.

――――（1914c）「感化農場と新農村」『人道』108．なお，引用は，同志社大学人文科学研究所（1979）『留岡幸助著作集　第三巻』pp. 299～327を使用した.

アルバートE・トリーシュマン，ジェームズK・ウィテカー，ラリーK・ブレンドロー著，西澤哲訳（1992）『生活の中の治療　子どもと暮らすチャイルドケアワーカーのために』中央法規．なお，引用は2004年発行第4刷を使用した.

マーチン・トロウ著，天野郁夫・喜多村和之訳（1976）『高学歴社会の大学――エリートからマスへ』東京大学出版会.

マーチン・トロウ著，喜多村和之編訳（2000）『高度情報社会の大学　マスからユニバーサルへ』玉川大学出版部.
内閣官報局（1889）『法令全書』.
内務省社会局編（1930）『感化事業回顧三十年』平文社.
内務省社会局編・土井洋一解説（1998）『感化事業回顧三十年』久山社.
内務省地方局（1909a）『感化救済事業講演集　上』内務省地方局.
――――（1909b）『感化救済事業講演集　下』内務省地方局.
永沢光雄（1996）『AV 女優』ビレッジセンター出版局.
長沼友兄（2000）「感化法案の作成過程とその背景」『非行問題』206.
中村優一ら編（1982）『現代社会福祉事典』社会福祉協議会．なお，引用は1995 年改新版第 8 刷を使用した.
成田學園編（1936）『成田學園五十年史』.
難波義雄（1923）「根本問題に觸れた感化院の實例」『感化教育』1,5.
二井仁美（1999）「第二次感化法施行期（1908-1922 年）における家庭学校の生徒の動態 ―― 東京・北海道・小笠原・硫黄島」『大阪教育大学紀要』第 48 巻第 1 号.
――――（2010）『留岡幸助と家庭学校 ―― 近代日本感化教育史序説』不二出版.
西澤哲（1994）『子どもの虐待 ―― 子どもと家族への治療的アプローチ』誠信書房．なお，引用は，2004 年発行第 14 刷を使用した.
――――（1997）『子どものトラウマ』講談社現代新書.
西澤稔（1995）『わが国の少女非行についての史的考察のために ―― 横浜家庭学園の沿革を通して』.
西嶋嘉彦（2001）「児童自立支援施設を言語化する」『非行問題』207.
日本感化教育会（1934-1943）『児童保護』日本感化教育会.
日本少年保護協会東京支部編（1935）『東京少年審判所十年史　東京少年審判所開庁十年記念』日本少年保護協会東京支部.
乳児保護協会（1961）『乳幼児の福祉を求めて四十年』精興社.
野田正人ほか（2004）「非行問題に対応する福祉サービスのあり方に関する調査研究」『厚生労働科学研究（子ども家庭総合研究事業)』.
野呂昶（1974）「教護院探訪（二）　二，秋田県立『千秋学園』」『非行問題』171.
橋本和明（2004）『虐待と非行臨床』創元社.
長谷川仏教文化研究所／淑徳大学アーカイブス（2011）『近代日本における感

化教育の黎明記——東京感化院と千葉感化院』.
服部朗（1992）「教護院のゆくえ」『非行問題』198.
————（1993）「教護院のゆくえ（二）——公教育の考えを中心に」『非行問題』199.
————（1996）「事例集から見る教護院」『非行問題』202
————（2006）『少年法における司法福祉の展開』成分堂.
花島政三郎（1978）『サナプチの子ら——北海道家庭学校の生活』評論社.
————（1980）「教護院と在籍校との連携をめざして」『非行問題』180.
————（1990）「教護院における指導のあり方をめぐる諸問題」『非行問題』196.
————（1994）『教護院の子どもたち　学習権の保障をもとめて』ミネルヴァ書房．なお，引用は1997年初版第2刷を使用した.
————（1996）『10代施設ケア体験者の自立への試練——教護院・20歳までの軌跡』法政出版.
濱嶋朗・竹内郁郎・石川晃弘編（1977）『社会学小辞典〔新版〕』有斐閣．なお，引用は2003年発行新版第6刷を使用した.
早崎春香（1909）「少年犯罪者の訓育」『感化救済事業講演集　上』内務省地方局.
早崎春香稿，池田千年編（1933）『ひとり子の園』魚住村児童自治会.
早崎ムラ（1959）「土山の十年」『創立五十周年記念誌』兵庫県立明石学園.
林勝造（1984）「明治・大正・昭和にかけて非行少年の教育に一生を捧げた医者——池田千年」『非行問題』188.
原田義彦「教護院が生き残るために」（1990）『非行問題』196.
『非行問題』編集部（1968）「座談特集　変貌する寮舎運営の主体性　五十年後の展望とその可能性」『非行問題』154.
————（1969）「教護院が当面する問題点の追求——主体性は果たして喪失したのか」『非行問題』157.
————（1972）「全国教護院長会議報告——対象の質的変化に対応する教護院のあり方」『非行問題』167.
————（1975）「一，座談会『福岡学園の分校制度について』『非行問題』172.
————（1976）「明治生まれのO・B大いに語る」『非行問題』174.
————（1977）「1. 座談会　変貌する四国の教護院——毅然と立ち上がるもの」『非行問題』176.

――――（2006）「きゅう」『非行問題』212.
――――（1980a）「編集言」『非行問題』180.
――――（1980b）「特集　南九州探訪（二）　みやざき学園を訪ねて」『非行問題』180.
ひとむれ編集委員会（2014）『ひとむれ創立100周年記念誌』北海道家庭学校.
兵庫県立明石学園（2009）『創立100周年記念誌』.
平井光治（1997）「私の教護への思念」『非行問題』203.
平戸ルリ子（2000）「児童自立支援施設に期待すること」『ふれあい物語⑮　十四歳：喜怒哀楽　not どうでもいいッス！』三学出版.
――――（2002）「児童自立支援施設へのふりかえりと今後の処遇への視点」『中国児協2002』中国地方児童自立支援施設協議会.
廣渡修（1981）「教護院運営『要領』及び『指針』のアンケートの結果」『非行問題』183.
福山雅史（1987）「特集・施設ルポ（2）　山形県立朝日学園を訪ねて」『非行問題』192.
ミシェル・フーコー著，田村俶訳（1977）『監獄の誕生――監視と処罰』大進堂.
藤井常文（1992）『留岡幸助の生涯　福祉の国を創った男』法政出版.
――――（2003）『北海道家庭学校と留岡清男』三学出版.
藤里好古（1940）「故　池上雪枝女史を語る」（1988）『池上雪枝女史小傳』大阪府立修徳學院．なお，引用は，大阪修徳学院，熊野隆治他共編，池上社（1988）『池上雪枝女史小伝／少年感化の母池上雪枝／雪枝草紙』大空社．を使用した.
藤田俊二（1979）『もうひとつの少年期』晩聲社.
――――（1982）「立春以降」『非行問題』185.
――――（1991）「佐名のこと」『非行克服現場からの報告⑥　明日にはばたけ』全国教護院協議会.
――――（1993）「続　もうひとつの少年期」『非行克服現場からの報告⑧　親って　家族ってなあに』法政出版.
――――（2001a）「旅の途中」『非行問題』207.
――――（2001b）『まして人生が旅ならば』教育史料出版会.
古川孝順（1984）「解説」『日本児童問題文献選集24』日本図書センター．なお，同書には『第一回感化院長協議会速記録』が収録されており，タイトルの「解説」は，その巻末に収録された「解説」のこと.

法務省刑事局（1970）『少年法及び少年院法の制定関係資料集』法務省刑事局.
法務省法務総合研究所編（1997）『犯罪白書（平成 9 年版）』大蔵省印刷局.
―――――（2005）『犯罪白書（平成 17 年版）――少年非行』国立印刷局.
法務省法務総合研究所（2012）『犯罪白書（平成 24 年版）――刑務所出所者等の社会復帰支援』日経印刷.
ホクレン農業協同組合連合会施設資材部資材課「土管マニュアル」. ホクレン資材情報「地平線. NET」http://www.shizai.hokuren.or.jp/ よりダウンロードした.
星屋千重編集発行（1981）『留岡清男先生遺作集』.
北海道家庭学校（2006）「ひとむれ収穫感謝特集号」『ひとむれ』803.
本間康平ら編（1976）『社会学概論――社会・文化・人間の総合理論［新版］』有斐閣大学双書. なお，引用は 1996 年新版第 9 刷を使用した.
前田信一（2010）「児童自立支援施設の公設民営」日本司法福祉学会第 11 回大会第四分科会配布資料.
松原康雄（2005）「小河滋次郎と児童保護　小河滋次郎著『児童保護問題』他解説」『［児童問題文献］解説』日本図書センター.
松村明・三省堂編修所編（2006）『大辞林　第三版』三省堂.
松矢勝浩（2005）「菊池俊諦著『児童保護論』解説」日本図書センター.
三砂ちづる（2004）『昔の女性はできていた――忘れられている女性の身体に“在る”力』宝島社.
ミネルヴァ書房編集部編（1996）『社会福祉小六法　1996 平成 8 年版』ミネルヴァ書房. なお，引用は初版第三刷を使用した.
宮崎県立みやざき学園（2003）「施設概要　平成 15 年度版」.
宮澤修（1987）「教護院の戦後を築いた人々　青木延春，石原登両先生の事ども」『向陵』（一高同窓会誌）29-1.
三吉明（1967）『有馬四郎助』吉川弘文館.
武蔵野学院教護問題研究会（1974）「共同研究　教護院の夫婦担当寮舎制度」『非行問題』169.
村井美紀・小林英義編著，遠藤浩・小木曾宏・山田勝美著（2002）『虐待を受けた子どもへの自立支援』中央法規出版.
百瀬孝（2001）『内務省　名門官庁はなぜ解体されたか』PHP 研究所.
森田明（1993）『大正少年法（上）日本立法資料全集 18』信山社.
―――――（1999）『未成年者保護法と現代社会』有斐閣.
―――――（2005）『少年法の歴史的展開――〈鬼面仏心〉の法構造』信山社.

森田宗一（1989）「少年裁判所（案）から家庭裁判所へ……」『ジュリスト』938.
森田ゆり（1998）『エンパワメントと人権』解放出版社．なお，引用は2003年発行初版第13刷を使用した．
守屋克彦（1977）『少年の非行と教育　少年法制の歴史と現状』勁草書房．
文部科学省「卒業者数，就職者数及び就職率等の推移［中学校］」『平成20年度学校基本調査速報』．
山内一郎（1985）『非行児と共に此の道一筋』．
山内・山崎・小田編（1984）『改訂版　児童福祉概論』誠心書房．なお，引用は1994年発行改訂版を使用した．
山縣文治・柏女霊峰編（2000）『社会福祉用語辞典　第9版』ミネルヴァ書房．なお，引用は2014年発行第9版第3刷を使用した．
山崎道子（1949）「兒童福祉法の審議に當つて」『こどものしあわせ』清水書房．なお，引用は，網野・柏女・新保編（2005）『児童福祉基本法制　第2巻』に収録されたものを使用した．
山下圭介（2006）「北海道家庭学校における作業」『ひとむれ』797.
山高しげり（1949）「兒童福祉法を語る」『こどものしあわせ』清水書房．なお，引用は，網野・柏女・新保編（2005）『児童福祉基本法制　第2巻』に収録されたものを使用した．
山地美恵子（1983）「家庭科指導と子供たちとのかかわり」『非行問題』187.
横浜家庭学園（2013）広報『家庭』Vo. 1.
吉田久一（1990）『改訂増補版　現代社会事業史研究』川島書店．
読売新聞見出し「免許なし職員も授業」2010年6月23日，読売新聞東京版夕刊4版14頁．

事例集一覧

全国教護院協議会編（1996）『非行克服現場からの報告①　いじめいじめられて』法政出版．

――――（1987）『非行克服現場からの報告②　私を見すてないで』法政出版．

――――（1988）『非行克服現場からの報告③　よみがえる子どもたち』法政出版．

――――（1989）『非行克服現場からの報告④　15歳自立への出発』法政出版．

———— (1990)『非行克服現場からの報告⑤　お母さん　聞いてよ』法政出版.
———— (1991)『非行克服現場からの報告⑥　明日に　はばたけ』法政出版.
———— (1992)『非行克服現場からの報告⑦　かがやけ　笑顔』法政出版.
———— (1993)『非行克服現場からの報告⑧　親って　家族ってなぁに』法政出版.
———— (1994)『非行克服現場からの報告⑨　ぬくもりを胸に　夢発進』法政出版.
———— (1995)『非行克服現場からの報告⑩　教護院ふれあい物語』法政出版.
———— (1996)『教護院ふれあい物語⑪　このヤロー!!　そして，ありがとう　少年の叫びと自立への軌跡』法政出版.
———— (1997)『教護院ふれあい物語⑫　うちの勝手や!!　……波瀾万丈かわいた少女の心に響く暮らし』法政出版.
全国児童自立支援施設協議会編 (1998)『ふれあい物語⑬　えーっマジ!?　心に優しいってなあに』全国児童自立支援施設協議会.
———— (1999)『ふれあい物語⑭　やめんけ!!　大人はズルい』三学出版.
———— (2000)『ふれあい物語⑮　十四歳：喜怒哀楽　not どうでもいいッス！』三学出版.

施設訪問等フィールドワークの記録

【1996 年度：学部生時】

学部 3 年生時，白馬学園にて約半月，宿泊実習（社会福祉援助技術現場実習）を行う．このときの実習がその後のキョウゴ研究のきっかけとなる．

【2003 年度〜2004 年度】

2003 年秋学期より修士課程へ進学，文献研究から開始する．

2004 年初夏，猪原学園を訪問，同学園にてボランティア活動（BBS 会の活動の一環として，猪原学園のクラブ活動のお手伝いなど）を開始，合わせて BBS 会の支部へ所属する．猪原学園では毎週 1 回のボランティア活動のほか，行事への参加，寮舎訪問，施設職員へのヒアリングなど，以降 2007 年まで継続して行う．

夏以降，主に関東ブロックを中心に児童自立支援施設職員・関係者へのヒアリングを開始，小舎夫婦制職員による研究会「小さな会」のことを知る．その後，年明けに同会へ初参加．以降，現在に至るまで年2回の研究会へ可能な限り参加している．

猪原学園，蝶野学園，カ学園，ハ学園，イ学園などを訪問する．元北海道家庭学校・藤田俊二氏との文通が始まる．

【2005年度～2006年度】

修士論文執筆（文献研究を中心とする）と併行してフィールドワークを行う．訪問施設は，猪原学園，鹿山学園，蝶野学園，ワ学園，カ学園，ロ学園，ヨ学園，ト学園，ヘ学園，レ学園，ソ学園，ネ学園，イ学園など．また，白馬学園元職員宅などOB・OG訪問，自立援助ホーム，児童相談所への訪問等も併行して行った．

訪問できない施設については，「小さな会」や全国児童自立支援施設協議会の行事へ参加するなどした際，各施設職員へヒアリングを行った．また，2006年度の調査では，全国の施設へ訪問，あるいは電話にて連絡を取り，全施設の情報を得るよう努めた．

猪原学園でのボタンティアは継続して行い，その他，子どものシェルターでの宿泊ボランティアの機会を得るなどした．

【2007年度～2008年度】

修士課程修了後，春から函館に渡り，自立援助ホーム・ふくろうの家のスタッフとなる．

キョウゴ研究とそのためのフィールドワークは継続して行っており，この間の訪問施設は蝶野学園，ワ学園，カ学園，ナ学園，ル学園，ハ学園など．また，北海道社会福祉士会の研究助成を受け，3施設でインタビュー調査を行った．

【2009年度～2012年度】

函館より関東へ戻り，研究生を経て博士課程へ進学する．

フィールドワークは継続して行い，2009年度は蝶野学園，カ学園，ハ学園，ワ学園などを訪問のほか，ワ学園元職員宅等を訪問した．2010年度は蝶野学園，カ学園，ツ学園，ナ学園，ハ学園，ニ学園，ト学園，チ学園，レ学園などを訪問するほか，全国児童自立支援施設協議会や同協議会関西ブロックなどの行事や研究会へ参加し，訪問できない施設職員へヒアリングを行うなどした．

研究会は「小さな会」への参加のほか，自主ゼミと称して，レ学園，ネ学園の職員・関係者との研究会，レ学園の職員，児童福祉施設職員との研究会等を行った．そのほか，自立援助ホームや児童養護施設などを訪問した．

2011年度は白馬学園，鹿山学園，ト学園などを訪問したほか，ヲ学園，ネ学園，ヨ学園，キ学園，ネ学園職員・元職員などからお話を伺う機会を得た．そのほか，医療刑務所，刑務所，少年鑑別所などを見学，自立援助ホーム，児童養護施設等を訪問した．2012年度はノ学園，カ学園などを訪問するほか，少年鑑別所を見学するなどした．

また，2010年より，関西を中心とした女性職員による研究会・分科会，通称“寮母会”に参加──「小さな会」のほか，「女性職員対象研修会」(2010年)，「全国職員研修」(2012年）等──し，女性職員を中心にヒアリングを行った．

そのほか，2012年度春より「小舎夫婦制を考える会」の事務局を担当し，以降，現在に至るまで月1回の研究会を開催，参加している．

【2013年度〜2015年度】

2013年度は白馬学園，ノ学園，カ学園，ナ学園，ヨ学園などを訪問するほか，少年鑑別所を見学した．また，博士論文の執筆ということもあり，電話によるインタビューも積極的に取り入れ始めた．

2014年度・2015年度は鹿山学園，イ学園，ケ学園，フ学園，エ学園，コ学園，ロ学園，レ学園などを訪問するほか，各施設の職員，OB・OGへのインタビューを行った（訪問，面接，電話，あるいは追加調査等も含めて2年間でのべ80回以上）．